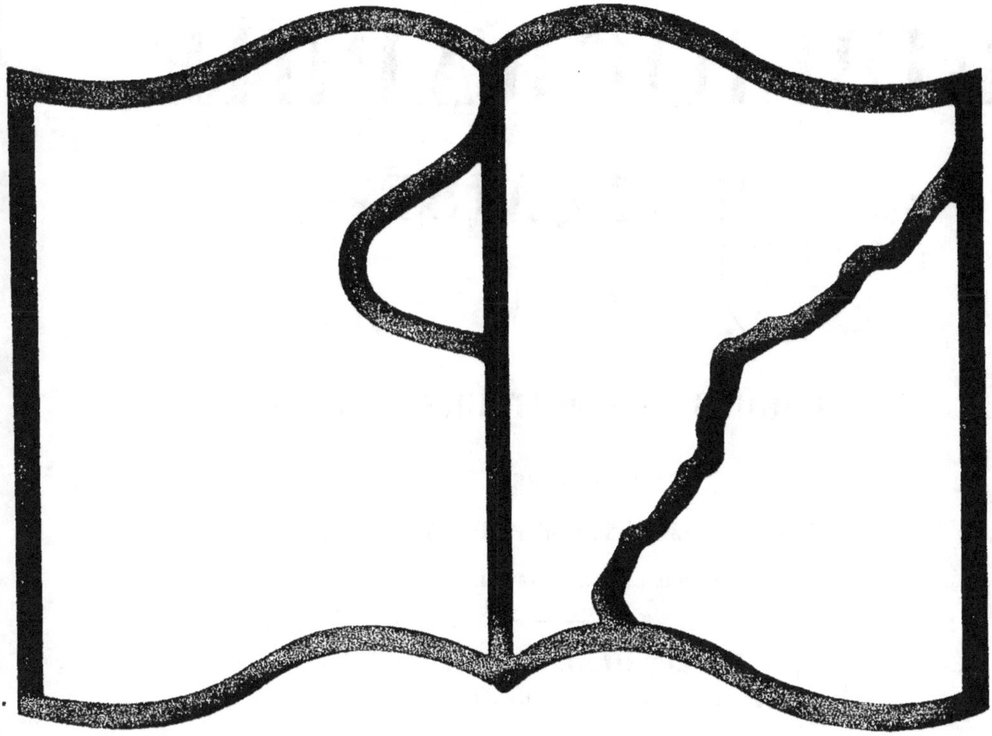

Texte détérioré — reliure défectueuse

NF Z 43-120-11

H. LE SOUDIER

BIBLIOGRAPHIE FRANÇAISE

RECUEIL

DE

CATALOGUES DES ÉDITEURS FRANÇAIS

ACCOMPAGNÉ

D'UNE TABLE ALPHABÉTIQUE PAR NOMS D'AUTEURS

ET D'UNE TABLE SYSTÉMATIQUE

DEUXIÈME ÉDITION

REVUE, CORRIGÉE ET CONSIDÉRABLEMENT AUGMENTÉE

TOME VII

CATALOGUES

Lib — Non

PARIS

LIBRAIRIE H. LE SOUDIER

174, BOULEVARD SAINT-GERMAIN, 174

1900

BIBLIOGRAPHIE

FRANÇAISE

CATALOGUES

Lib — Non

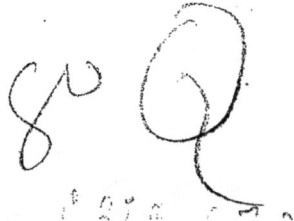

PARIS. — L. MARETHEUX, IMPRIMEUR, 1, RUE CASSETTE.

H. LE SOUDIER

BIBLIOGRAPHIE
FRANÇAISE

RECUEIL

DE

CATALOGUES DES ÉDITEURS FRANÇAIS

ACCOMPAGNÉ

D'UNE TABLE ALPHABÉTIQUE PAR NOMS D'AUTEURS

ET D'UNE TABLE SYSTÉMATIQUE

TOME VII

CATALOGUES

Lib — Non

PARIS
LIBRAIRIE H. LE SOUDIER
174, BOULEVARD SAINT-GERMAIN, 174

1900

La BIBLIOGRAPHIE FRANÇAISE se trouve continuée régulièrement et mise à jour chaque semaine par le MÉMORIAL DE LA LIBRAIRIE, Revue hebdomadaire des Livres.

LIBRAIRIE AGRICOLE
de la Maison Rustique

LIBRAIRIE AGRICOLE
DE LA
MAISON RUSTIQUE
RUE JACOB 26 PARIS

CATALOGUE GÉNÉRAL

La Librairie agricole de la Maison Rustique envoie franco, à toute personne qui en fait la demande, son catalogue le plus récent.

DIVISION DU CATALOGUE

Pages.

I. — Traités généraux d'agriculture..................... 3
II. — Économie rurale. — Comptabilité. — Mélanges d'agriculture (*Voyages, annales, congrès, enquêtes. — Études agricoles appliquées à des régions particulières. — Monographies d'exploitations rurales.*)........................ 8
III. — Chimie agricole. — Sols, engrais amendements. — Géologie et météorologie agricoles................ 15
IV. — Cultures spéciales (*Céréales, fourrages, vigne, plantes industrielles etc.; maladies des plantes, animaux et insectes nuisibles*). 20
V. — Animaux domestiques (*Économie du bétail, races, élevage, maladies, etc.*)... 27
VI. — Industries agricoles (*Laiterie, beurre et fromages, vins et cidres, apiculture, sériciculture, arts agricoles divers.*)........ 35
VII. — Génie rural, drainage, irrigations; machines et constructions agricoles.. 38
VIII. — Botanique. — Horticulture. — Serres................ 40
IX. — Eaux et forêts. — Chasse et pêche................... 52
X. — Droit usuel. — Économie domestique. — Hygiène. — Cuisine... 55

Bibliothèque agricole et horticole à 3 fr. 50 le volume......... 57
Bibliothèque du Cultivateur à 1 fr. 25 le volume............. 60
Bibliothèque du Jardinier à 1 fr. 25 le volume............... 62
Bibliothèque d'horticulture et de jardinage................. 63
Journal d'agriculture pratique............................ 66
Revue horticole... 68
Table alphabétique des noms d'auteurs..................... 71

SÉRIE D, N° 4. — JUILLET 1900.

JUILLET 1900

AVIS IMPORTANT

La Librairie agricole, ne pouvant ouvrir un compte à toutes les personnes qui s'adressent à elle, est forcée de n'exécuter que les commandes accompagnées de leur paiement.

Toute commande de livres doit donc être accompagnée du montant de sa valeur et des **frais de port**.

Envois par la poste. — Si l'envoi doit se faire par la poste, ajouter pour les frais de port 0 fr. 25 au montant de toute commande inférieure à 2 fr. 50, et 10 0/0 du montant de la commande au-dessus de 2 fr. 50.

Envois par colis postaux. — Si l'envoi peut se faire par colis postal, le prix d'un colis postal de 3 kilogr. étant de 0 fr. 60 pour l'expédition en gare, et de 0 fr. 85 pour l'expédition à domicile, calculer le montant des frais de port à raison d'un colis postal par commande de 20 francs.

Nos clients peuvent payer leurs commandes par l'envoi de mandats-poste dont le talon sert de quittance, bons de poste, chèques ou mandats sur Paris, à l'ordre du *Directeur de la Librairie agricole de la Maison rustique*. (Les très petites sommes ou les appoints peuvent être envoyés en timbres-poste français.)

On ne reçoit que les lettres affranchies.

Conditions spéciales offertes aux abonnés
du Journal d'Agriculture pratique et de la Revue horticole.

Les abonnés du *Journal d'Agriculture pratique* et de la *Revue horticole* ont droit à une remise de 10 % *sur tous les livres qui figurent au présent catalogue*, lorsqu'ils viennent les prendre directement à la Librairie agricole, rue Jacob, 26, à Paris.

Au lieu de la remise de 10 % ci-dessus spécifiée, les abonnés ont droit à *l'envoi franco*, quand les livres doivent leur être remis à domicile; mais ce droit à *l'envoi franco* est réservé aux abonnés de France; il ne s'applique à l'étranger que si l'expédition peut se faire par la poste, et reste comprise dans l'*Union postale*.

La commande doit toujours être accompagnée du montant de sa valeur.

TRAITÉS GÉNÉRAUX D'AGRICULTURE.

I

TRAITÉS GÉNÉRAUX D'AGRICULTURE

Maison rustique du XIXᵉ siècle, publiée sous la direction de MM. Bailly, Bixio et Malepeyre. — 5 volumes grand in-8° à deux colonnes comprenant ensemble 2.700 pages avec 2.500 fig.................................. 39 fr. 50
   Prix des 5 volumes, reliés : 50 fr.
Chaque volume se vend séparément : broché, 8 fr., relié, 10 fr.

Tome Iᵉʳ. — Agriculture proprement dite : climat, sol et sous-sol; amendements, engrais, défrichement, dessèchement; labours, ensemencements, façons d'entretien, arrosements, irrigations; récoltes; voies de communication, clôtures; céréales, légumineuses, plantes-racines, plantes fourragères; maladies des végétaux, animaux et insectes nuisibles. — 1 vol. gr. in-8° de 568 pages avec 778 fig.................................. 8 fr. »

Tome II. — Cultures industrielles; animaux domestiques. — Plantes oléagineuses, textiles, médicinales, aromatiques, tinctoriales, etc; vigne, houblon, mûrier, olivier, noyer, arbres de bordures, de vergers. — Anatomie des animaux domestiques, physiologie, conformation extérieure; chirurgie, traitement des maladies, pharmacie et médecine vétérinaires, ferrure; économie du bétail, principales races de chevaux et leur élève; harnachement; âne, mulet; races bovines, ovines, porcines, commerce des bestiaux; chèvre, lapin, basse-cour; chiens. — 1 vol. gr. in-8° de 560 pages avec 329 fig..... 8 fr. »

Tome III. — Arts agricoles. — *Produits des animaux:* du lait et de ses emplois; moyens d'utiliser les animaux morts; règles pratiques sur l'incubation des œufs et l'éducation des poulets; lavage des laines, conservation des viandes; éducation des vers à soie, des abeilles. — *Produits des végétaux :* vins, eaux-de-vie, vinaigre, cidre, poiré, bière, boissons économiques; sucre de betterave, lin, chanvre; fécule, huiles; charbon de bois et de tourbe, potasse, soude, résines; meunerie, boulangerie. — *Produits minéraux :* extraction du sel, des sables; fabrication de la chaux; arts agricoles divers. — 1 vol. gr. in-8° de 480 pages avec 531 fig.......... 8 fr. »

Tome IV. — Agriculture forestière; législation et administration rurale. — Pépinières, plantation, aménagement, exploitation, produits et estimation des forêts; construction et produits des étangs. — Sources de la richesse agricole; législation des eaux; droits de propriété, bail, cheptel, biens communaux; police rurale. — Choix d'un domaine, estimation, acquisition, location; améliorations, capital, personnel, attelages, mobilier, bétail, engrais; systèmes de culture, profits et revenus; ventes et achats, comptabilité. — 1 vol. gr. in-8° de 576 pages avec 250 fig............................ 8 fr. »

Tome V. — Horticulture : terrain, engrais, outils de jardinage, couches, bâches, orangerie et serres; semis, greffes, taille, pépinières; jardin fruitier, jardin potager, culture forcée des végétaux comestibles; floriculture, plans de jardins, calendrier du jardinier, du forestier, du magnanier. — 1 vol. in-8° de 504 pages avec 523 fig.................................. 8 fr. »

Il n'y a pas d'agriculteur éclairé, pas de propriétaire, qui ne doive posséder la *Maison rustique du XIXᵉ siècle*, qui fut l'expression la plus complète de la science agricole et qui est l'un des ouvrages que l'on ait le plus de profit à consulter assidûment.

TRAITÉS GÉNÉRAUX D'AGRICULTURE.

Borie (Victor). — *Les Travaux des champs* (*Bibl. du Cultiv.*) : préparation du sol, amendements, engrais, drainages, labours; assolements; céréales, fourrages divers, plantes industrielles, ensemencements, récoltes. — 1 vol. in-18 de 488 pages avec 421 fig. .... 1 fr. 25

— *Les Jeudis de M. Dulaurier*, promenades du jeudi d'un instituteur avec ses élèves; cours élémentaire d'agriculture sous forme de causeries. — 2 vol. in-18 de 216 pages avec 67 fig. .... 1 fr. 50

Dombasle (Mathieu de). — *Traité d'agriculture*, publié sur le manuscrit de l'auteur par Ch. de Meixmoron de Dombasle, son petit-fils. — 4 vol. in-8° ensemble de 1.702 pages avec 25 fig. .... 20 fr. »

Chaque volume se vend séparément.

TOME Ier. — ÉCONOMIE GÉNÉRALE. — Introduction : des mœurs et des habitudes sociales en France dans leurs rapports avec l'état de l'agriculture et de la propriété foncière. — Choix du domaine, capital d'exploitation, produit brut et net de la terre; métayage, bail à ferme; qualités du bon cultivateur, personnel, bâtiments ruraux. — 1 vol. in-8° de 410 pages. .... 5 fr. »

TOME II. — PRATIQUE AGRICOLE, 1re PARTIE : connaissance pratique des sols, défrichements, améliorations, engrais et amendements, assolements, instruments. — 1 vol. in-8° de 456 pages avec 19 fig. .... 5 fr. »

TOME III. — PRATIQUE AGRICOLE, 2° PARTIE : cultures préparatoires, semailles et soins d'entretien; céréales, fourrages, racines, prairies; récolte et conservation des produits. — 1 vol. in-8° de 400 pages avec 6 fig. .... 5 fr. »

TOME IV. — LE BÉTAIL : de la diversité des races et de l'influence des croisements; élève des chevaux; des bêtes à cornes, des bêtes à laine, des porcs; alimentation et engraissement. — 1 vol. in-8° de 436 pages. ..... 5 fr. »

— *Calendrier du bon cultivateur :* indication, mois par mois, de tous les travaux à faire aux champs, à la ferme, au jardin, et dans les forêts; conditions nécessaires pour la bonne conduite des entreprises d'améliorations agricoles; administration du personnel; irrigations; engrais et amendements; assolements; entretien et amélioration du bétail; instruments d'agriculture. — 12° édition. 1 vol. in-18 de 904 pages avec 100 fig. .... 4 fr. 75

— *Abrégé du Calendrier*, ou manuel de l'agriculteur praticien (*Bibl. du Cultiv.*); indication mois par mois de tous les travaux à exécuter aux champs, à la ferme, au jardin et dans les forêts; instruments d'agriculture, irrigations, assolements, succès ou revers dans les entreprises d'améliorations agricoles; fumier, entretien et amélioration du bétail à cornes. — 1 vol. in-18 de 280 pages. .... 1 fr. 25

— *Extrait de l'Abrégé du Calendrier.* — Succès ou revers dans les entreprises d'améliorations agricoles, fumier, entretien et amélioration du bétail; instruments d'agriculture. — 1 vol in-12 de 98 pages. .... 0 fr. 60

Fruchier (Dr J.-A.). — *Traité d'agriculture théorique et pratique*, plus spécialement appliqué aux conditions agricoles du midi de la France : notions de botanique et de chimie; nutrition des végétaux; irrigations; engrais; climats; cultures des terres; assolements; animaux domestiques; utilisation des produits agricoles; maladies et ennemis des végétaux. — 1 vol. in-8° de 816 pages avec 140 fig. .... 8 fr. »

TRAITÉS GÉNÉRAUX D'AGRICULTURE.

Gasparin (Comte de). — *Cours d'agriculture.* — 6 vol. in-8° ensemble de 4.118 pages avec 235 fig. .... 39 fr. 50

Chaque volume se vend séparément.

Tome Ier. — Terrains agricoles, propriétés physiques des terres et circonstances qui les modifient ; géologie agricole, formation et classification des terrains agricoles ; appréciation et détermination de la valeur des terrains ; alimentation végétale, amendements, stimulants, fumiers, engrais divers. — 1 vol. in-8° de 696 pages avec 7 fig .... 7 fr. »

Tome II. — Météorologie agricole : l'air, la chaleur, la lumière, l'eau atmosphérique, l'électricité atmosphérique ; influence des saisons sur la végétation ; climatologie ; du vent, des pluies, de la neige ; détermination des régions agricoles. — Architecture rurale : disposition des bâtiments ; matériaux et construction. — 1 vol. in-8° de 574 pages avec 47 fig............. 7 fr. »

Tome III. — Mécanique agricole : des forces motrices ; vent, eau courante, vapeur, travail mécanique de l'homme, du cheval, de l'âne, des bœufs ; instruments et machines. — Agriculture générale : défrichements, cultures annuelles, engrais, semailles, cultures d'entretien, récoltes. — Cultures spéciales : céréales, froment, épeautre, seigle, orge, avoine, etc., plantes légumineuses. — 1 vol. in-8° de 807 pages avec 164 fig...................... 7 fr. »

Tome IV. — Cultures spéciales (suite) : plantes à racines alimentaires, plantes oléagineuses, annuelles à fruits charnus, à bulbes comestibles, plantes cultivées pour leurs organes floraux, plantes et racines tinctoriales, tabac, plantes textiles ; prairies permanentes, temporaires ; arbres de la région de l'oranger, de l'olivier ; vigne ; châtaignier, noyer, pommier, poirier, cerisier, groseillier. — 1 vol. in-8° de 787 pages avec 11 fig......... 7 fr. »

Tome V. — Assolements et systèmes de culture. — Éléments de l'entreprise agricole : terre, capital, intelligence directrice, détermination du système agricole. — Administration de la propriété rurale, comptabilité. — 1 vol. in-8° de 640 pages avec 2 fig................................ 7 fr.

Tome VI. — Principes de l'agronomie : alimentation des végétaux, engrais, tableaux des engrais, engrais spéciaux des plantes, durée d'action des engrais. — Habitation des plantes : circonstances propres à modifier la chaleur et l'humidité que reçoivent les plantes, ténacité du sol, moyens de modifier la cohésion du sol. — Appendices divers sur l'analyse des terrains, sur les engrais, sur les machines, etc. — 1 vol. in-8° de 614 pages... 7 fr. »

Gaudelette. — *Leçons pratiques d'agriculture et lectures agricoles.* — Ouvrage conforme au programme de l'enseignement agricole dans les écoles rurales. — 1 vol. in-18, avec 32 fig............................ 1 fr. »

Girardin et Du Breuil. — *Traité élémentaire d'agriculture.* — 2 vol. in-18, ensemble de 1500 pages avec 935 fig........................ 16 fr. »

Tome Ier. — Agronomie ; le sol, assainissement, irrigations, labours, amendements et engrais ; défrichements ; arts agricoles ; plantes alimentaires cultivées pour leur semence ; céréales, plantes légumineuses.

Tome II. — Plantes fourragères à racines alimentaires ; prairies artificielles et naturelles ; plantes textiles, tinctoriales ; plantes potagères de grande culture, assolements, organisation d'un domaine, exploitation.

Ces deux volumes ne se vendent pas séparément.

TRAITÉS GÉNÉRAUX D'AGRICULTURE.

Heuzé (Gustave). — *Cours d'Agriculture pratique*. — 13 volumes parus. 45 fr. 50
Chaque volume se vend séparément (Voir page 21).
    LA PRATIQUE DE L'AGRICULTURE. (Voir page 21). — 2 vol. in-18.............. 7 fr. »
    LES PLANTES CÉRÉALES. (Voir page 22). — 2° édition. 2 vol.-18............ 7 fr. »
    LES PLANTES FOURRAGÈRES. (Voir page 22) — 2 vol. in-18................ 7 fr. »
    LES PATURAGES, LES PRAIRIES NATURELLES ET LES HERBAGES (Voir page 23).
    1 vol. in-18 de 373 pages avec 47 fig...................................... 3 fr. 50
    LES PLANTES INDUSTRIELLES. (Voir page 23). — 3° édition. 4 vol. in-18.... 14 fr. »
    LES PLANTES LÉGUMIÈRES CULTIVÉES EN PLEIN CHAMP (Voir page 23). — 2° édition. 1 vol. in-18.. 3 fr. 50
    LES PLANTES ALIMENTAIRES DES PAYS CHAUDS. (Voir page 21). — 1 vol. in-18. 3 fr. 50

Joigneaux (Pierre). — *Le livre de la ferme et des maisons de campagne*, publié sous la direction de M. P. Joigneaux, avec la collaboration d'un grand nombre de savants et de praticiens, formant une véritable encyclopédie. Nouvelle édition entièrement refondue et augmentée. — 2 vol. in-4°, ensemble de 2116 pages in-4° à deux colonnes avec 1829 fig......... 32 fr. »
Prix des deux volumes reliés : 40 fr.

    TOME Ier. — *Agriculture proprement dite* : terrains et engrais; labours, roulages, binages; méthodes de culture et instruments; assolements et cultures spéciales; céréales, légumineuses, racines, fourrages, plantes industrielles, plantes nuisibles. — *Zootechnie générale* : élevage des bestiaux; chevaux, ânes, mulets; bœufs, vaches laitières, laitages et laiteries; moutons, porcs; basses-cours et colombiers; abeilles et vers à soie; pisciculture; animaux et insectes nuisibles.

    TOME II. — *Arboriculture et horticulture* : généralités, pépinières, semis; vignes; vendanges et vinification; eaux-de-vie et vinaigres; jardin fruitier, poirier, pommier, pêcher, cerisier, etc.; vergers; culture potagère; fleurs; parcs et jardins paysagers; arbres et arbustes d'ornement, sylviculture. — *Connaissances utiles* : Hygiène de l'homme et du bétail; comptabilité, droit civil, pêche et chasse; recettes diverses.

    Ces deux volumes ne se vendent pas séparément.

    — *Petite École d'agriculture* : l'outillage agricole de l'enfant; le fumier, le drainage, les labours, les grains, les semis, les soins d'entretien; le jardin fruitier; l'herbier de l'enfant; les insectes utiles et nuisibles; la récolte; petit bétail et petite volaille; des petites industries. — 1 vol. in-18 de 124 pages avec 42 fig., cartonné toile........................ 1 fr. 25

Laurençon. — *Traité d'agriculture élémentaire et pratique* : Sol, terres, engrais, amendements, instruments aratoires, assolements, jachère, plantes alimentaires, fourragères, industrielles. — Animaux domestiques, fabrication du beurre et du fromage, horticulture, arbres fruitiers, viticulture, fabrication du vin, comptabilité agricole. — 2 vol. in-18, ensemble de 248 pages avec 44 fig................................... 1 fr. 50

Olivier de Serres. — *Le Théâtre d'agriculture et mesnage des champs*, dans lequel est représenté tout ce qui est requis et nécessaire pour bien dresser, gouverner, enrichir et embellir la maison rustique; édition conforme au texte original, augmentée de notes et d'un vocabulaire, publiée par la Société centrale d'agriculture de Paris qui voulut conserver avec son style simple et naïf, ce livre remarquable à tant de titres, qui est l'un des chefs-d'œuvre de la littérature agricole. — 2 forts vol. gr. in-4° ensemble de 1856 pages.. 50 fr. »

TRAITÉS GÉNÉRAUX D'AGRICULTURE.

Tome Ier. — Du devoir du Mesnager, c'est-à-dire de bien cognoistre et choisir les Terres; du Labourage des Terres à grains; de la Culture de la Vigne : du Bestail à quatre pieds, et des Pasturages.

Tome II. — De la Conduicte du Poulailler, du Colombier, du Rucher et des Vers à Soye; des Jardinages pour avoir des Herbes et Fruicts potagers, des Fleurs odorantes, des Herbes médicinales et des Fruits des Arbres; de l'eau et du bois; de l'usage des Aliments.

Ces volumes ne se vendent pas séparément.

Schwerz. — *Préceptes d'agriculture pratique*, traduction par MM. de Schauenburg et J. Laverrière (1839-1847), ouvrage ayant obtenu la grande médaille d'or de la Société centrale d'agriculture de France. — 4 vol. in-8°, ensemble de 1442 pages, reliés.. 16 fr. »

Chaque volume se vend séparément.

1re Partie. — Préceptes généraux, climat et sol, amendements, engrais animaux, végétaux et minéraux, litières et fumiers, valeurs comparatives et application des engrais. — 1 vol. in-8° de 330 pages, relié............... 4 fr. »

2e Partie. — Culture des plantes à grains farineux, céréales et plantes à cosses; froment, épeautre, seigle, orge, avoine, maïs et millet. — Pois, vesces, lentilles, fèves, haricots, sarrazin. — Assolements, labours, quantité de semence, récolte et son rendement, paille, son rapport avec le grain, ses propriétés comme fourrage. — 1 vol. in-8° de 472 pages, relié............ 4 fr. »

3e Partie. — Culture des plantes fourragères, trèfle, luzerne, esparcette; fourragères supplétives. — Navets, betteraves, choux-raves, carottes, pommes de terre, topinambours, choux, leur récolte, leur conservation et leurs différents emplois économiques dans l'alimentation des chevaux et du bétail. — 1 vol. in-8° de 408 pages relié.. 4 fr. »

4e Partie. — Culture des plantes économiques, oléagineuses, textiles et tinctoriales, trad. par M. Laverrière. Lin, chanvre, colza, navette, pavot, tabac. — Gaude, pastel, garance, etc. — 1 vol. in-8° de 232 pages, relié...... 4 fr. »

Teisserenc de Bort (Edmond). — *Petit Questionnaire agricole.*
— 8e éd. 1 vol. in-18 de 192 pages avec 16 fig............................ 1 fr. 25
Cet ouvrage, sous forme de questions et réponses, traite d'une manière élémentaire les phénomènes de la vie des plantes, ce qui concerne la préparation du sol, les pâturages et prairies artificielles, les plantes sarclées, les céréales, les animaux de la ferme, la culture potagère et fruitière, en s'appliquant plus spécialement aux pays de pâturage.

Thoüin. — *Cours de culture* comprenant la grande et la petite culture des terres, celle des jardins, les semis et plantations, la taille, la greffe des arbres fruitiers, la conduite des arbres forestiers et d'ornement, un traité de la culture de la vigne et des considérations sur la naturalisation des végétaux, publié par Oscar Leclerc (1845). — 3 vol. in-8° ensemble de 1618 pages et un atlas de 65 planches, reliés................................ 18 fr. »

Ces volumes ne se vendent pas séparément.

Vidalin (Félix). — *Agriculture du centre de la France*: agents naturels de la végétation, le soleil, l'air, l'eau; le sol, le fumier et les engrais complémentaires du fumier; instruments de culture; assolements, plantes sarclées, céréales, prairies; assainissement et fumure des prés, les mauvaises herbes; les arbres fruitiers, le chataignier, les arbres verts. — 1 vol. in-18 de 300 pages avec 33 fig., cartonné.............................. 1 fr. 50

ÉCONOMIE RURALE. — COMPTABILITÉ. — MÉLANGES D'AGRICULTURE.

II

ÉCONOMIE RURALE — COMPTABILITÉ
MÉLANGES D'AGRICULTURE

VOYAGES, ANNALES, CONGRÈS, ENQUÊTES. — ÉTUDES AGRICOLES APPLIQUÉES A DES RÉGIONS PARTICULIÈRES. — MONOGRAPHIES D'EXPLOITATIONS RURALES.

Maison rustique du XIXe siècle, TOME IV : LÉGISLATION ET ADMINISTRATION RURALES (*Voir page* 3).

Almanach de la Gazette du Village, avec ses nombreuses recettes, connaissances pratiques, procédés de toute nature intéressant les campagnes, publié chaque année au mois de septembre, avec un calendrier des travaux de chaque mois, un résumé de l'année politique et agricole, et de nombreux articles sur l'agriculture, la viticulture, le droit rural, le bétail, etc., etc. — Un beau volume de 240 pages imprimé sur deux colonnes avec de nombreuses fig. et une belle couverture artistique tirée en couleur..... 0 fr. 50

Almanach du Cultivateur, publié chaque année au mois de septembre, et comprenant toutes les nouveautés agricoles, avec causeries sur l'agriculture, la vigne et le vin, le bétail, etc. 192 pages in-32 et nombreuses fig. 0 fr. 50

Agenda agricole et viticole, par Vermorel, publié chaque année au mois d'octobre et destiné à inscrire les notes journalières, avec un recueil des renseignements les plus utiles. — Carnet de poche, avec poche intérieure et fermoir élastique.

    Édition ordinaire : reliure simple, tranches rouges, de 384 pages....... 1 fr. 25
    Édition de luxe : reliure anglaise souple, coins dorés, de 384 pages...... 2 fr. 50

Agenda vinicole et du commerce des vins et spiritueux, par Vermorel, à l'usage des négociants, propriétaires, viticulteurs, maîtres de chaix, cavistes, etc., publié chaque année au mois d'octobre et destiné à écrire les notes journalières, avec un recueil des renseignements les plus utiles. — Carnet de poche, reliure anglaise souple, tranches rouges, de 384 pages............. 2 fr. 75

Agenda des agriculteurs et des syndicats agricoles, publié chaque année par Silvestre, destiné à inscrire les notes journalières, avec un recueil des renseignements les plus utiles.

    Édition de poche : cart. toile avec fermoir élastique................. 1 fr. 25
    —   —   rel. souple................................ 2 fr. »
    Édition de bureau : gr. in-4° cart. toile d'environ 400 pages............ 2 fr. 50

Annales de l'Institut agronomique de Versailles (1852). Rapports sur l'administration, par Lecouteux; sur l'alimentation du bétail, par Baudement; sur les insectes du colza, par Focillon; recherches sur l'alucite des céréales, par Doyère. — 1 vol. in-4° de 418 pages avec 3 pl. cart...... 5 fr. »

Borie (Victor). — *Étude sur le crédit agricole et le crédit foncier en France et à l'étranger.* — 1 vol. in-8° de 304 pages................ 5 fr. »

    « J'ai voulu, dit l'auteur dans sa préface, utiliser au profit de l'agriculture, à laquelle j'ai consacré la meilleure partie de ma vie, l'expérience que j'ai pu acquérir en me trouvant mêlé pendant près de dix ans, aux grandes opérations financières de notre temps. » Tous ceux qui s'intéressent à la question, depuis si longtemps à l'étude, du crédit agricole, liront avec profit l'ouvrage de M. Victor Borie.

Cormouls-Houlès (Gaston). — *Vingt-sept années d'agriculture pratique dans la Montagne Noire.* Mémoire sur diverses améliorations exécutées au domaine des Faillades (Tarn) de 1871 à 1898 : prairies, pommes de terre, céréales, ensilages, économie du bétail, reboisements, etc. — Un vol. de 196 pages.................................. 2 fr. 50

ÉCONOMIE RURALE. — COMPTABILITÉ. — MÉLANGES D'AGRICULTURE.

Desbois. — *Le Barême agricole* pour l'évaluation des terres, des prés, des vignes et le prix de leur fermage ; pour l'évaluation des récoltes en grains, vins, huiles, foin, paille ; pour l'évaluation du rendement des grains en farine et en huile, etc. — Broch. in 4° de 108 pages ou tableaux........ 2 fr. »

Dombasle (Mathieu de). — *Annales agricoles de Roville* (1829-1837), avec une table alphabétique et raisonnée des matières contenues dans l'ouvrage. — 9 vol. cartonnés... 45 fr. ,

Extrait de la table générale des matières : Administration d'un établissement agricole ; inventaires ; comptabilité. — Bail de Roville. — Améliorations foncières ; défrichements, labours, irrigations, amendements, écobuage ; façons du sol, hersages, binages, etc., systèmes de culture. — Chimie agricole et physiologie végétale ; nutrition des plantes ; engrais, fumiers. — Animaux de trait, attelages ; bétail ; bœufs et vaches, bêtes à laine, chevaux, porcs, etc. ; engraissement. — Céréales, froment, seigle, orge, avoine, maïs ; betteraves, carottes, navets, pommes de terre, fèves, gesses, trèfle, luzerne, sainfoin, raygrass, chanvre, colza, houblon, vigne, tabac, forêts et plantations. — Bâtiments de la ferme et instruments aratoires.

— *Économie générale* (Tome 1ᵉʳ du *Traité d'agriculture*, voir p. 4). — vol. in-8°, 410 pages.. 5 fr. »

— *Enseignement public agricole* (1861). Premier et deuxième degré d'enseignement ; quelques mots sur les écoles d'arts et métiers ; l'enseignement théorique et pratique de l'agriculture dans les écoles primaires, dans les instituts agricoles, en Allemagne, en Angleterre et en France. — Broch. in-18 de 104 pages.. 1 fr. »

Dreuille (de). — *Du Métayage et des moyens de le remplacer* (1865) : état du métayage à cette époque, et coup d'œil sur le passé ; causes d'infériorité ; moyens de remplacer le métayage par le bail à ferme ; la régie intéressée sur le produit brut et sur le produit net ; modèles d'écritures à tenir pour évaluer le produit net. — 1 vol. in-18 de 104 pages........... 1 fr. »

Dubost et Pacout. — *Comptabilité de la ferme.* (*Bibl. du Cultiv.*) Notions générales de comptabilité agricole, inventaire, comptabilité-matières, comptabilité-espèces, compte moral, produit brut et bénéfices. — 1 vol. in-18 de 124 pages ou tableaux.. 1 fr. 25

— *Registres pour la comptabilité de la ferme*, cinq registres in-folio avec instructions pratiques... 10 fr. »

Chaque registre se vend séparément.

Livre d'inventaire, avec instructions pratiques. — 1 vol. de 76 pages....... 2 fr. »

Livre de magasin de la ferme, avec instructions pratiques. — 1 vol. de 108 pages.. 2 fr. »

Livre de magasin à l'usage de la fermière (ménage, laiterie, basse-cour), avec instructions pratiques. — 1 vol. de 102 pages........................ 2 fr. »

Livre de caisse de la ferme, avec instructions pratiques. — 1 vol. de 102 pages.. 2 fr. »

Livre de caisse de la fermière (ménage, laiterie, basse-cour) avec instructions pratiques. — 1 vol. de 100 pages..................................... 2 fr. »

Durrieux. — *Monographie du paysan du Gers :* sol, industrie, population, mœurs, caractères, statistique, histoire de la famille, aliments, hygiène, habitation, moyens d'existence, étude sur le régime des successions. — 1 vol. in-18 de 260 pages....:................................ 3 fr. 50

ÉCONOMIE RURALE. — COMPTABILITÉ. — MÉLANGES D'AGRICULTURE.

Felizet (Ch. L.). — *Le petit Berquin agricole,* dialogues ruraux entre un fermier, sa famille, ses serviteurs et quelques amis. — 1 vol. in-18 de 406 pages avec 12 planches.. 3 fr. 50

Le fermier explique l'utilité des différents animaux de la ferme, la manière de les soigner, et d'en retirer le plus de profit. Il parle aussi de la terre, des engrais, des différentes espèces de culture et donne quelques notions de comptabilité agricole.

Fontenay (L. de). — *Voyage agricole en Russie* (1870). Lettres sur la situation agricole de la Russie. Modes d'exploitation, situation des paysans, élevage du bétail, etc. — 1 vol. in-18 de 570 pages.................... 3 fr. 50

L'auteur, qui avait déjà visité, au point de vue agricole, l'Angleterre, l'Écosse, le Danemark, la Suède et la Norvège a complété cette étude sur le nord par une excursion en Russie. Son voyage comprend 70 lettres dont 37 sont relatives à l'agriculture et à ce qu'il a vu dans les quarante exploitations agricoles qu'il a visitées; les autres ne renferment, sous une forme vive et humoristique, que des détails de mœurs, des descriptions, des observations et des incidents inévitables dans un tel voyage.

François. — *Manuel de l'expert des dommages causés par la grêle:* (*Bibl. du Cultiv.*), effets de la grêle sur les différentes natures de récoltes; maladies et insectes dont les dégâts ne doivent pas être confondus avec ceux de la grêle; des expertises. — 1 vol. in-18 de 108 pages......... 1 fr. 25

Gasparin (Comte de). — ORGANISATION ET ADMINISTRATION DE L'ENTREPRISE AGRICOLE, etc. (TOME V du *Cours d'Agriculture,* voir page 5) — 1 vol. in-8° de 640 pages.. 7 fr. »

— *Fermage* (*Bibl. du Cultiv.*), évaluation de la rente dont un domaine est susceptible; examen des améliorations et réparations qu'exige une terre avant de contracter un bail; choix du fermier: règles légales et formes du bail; moyens d'en surveiller l'exécution et conduite à tenir pendant sa durée. — 1 vol. in-18 de 216 pages.. 1 fr. 25

— *Métayage* (*Bibl. du Cultiv.*), sa définition, son histoire. Ses effets sur la condition du propriétaire, sur celle du colon et sur le pays; améliorations de l'agriculture par le métayage; moyens de passer du métayage au fermage, et de la culture servile au métayage; exemples de métairies en Vaucluse. — 1 vol. in-18 de 164 pages..................................... 1 fr. 25

Hérisson (Albert). — *Registre de feuilles de semaine des exploitations rurales* disposées pour qu'on puisse y inscrire rapidement : les travaux de la semaine, jour par jour, le mouvement de la caisse avec la désignation des recettes et des dépenses, et enfin le mouvement du magasin et des animaux, c'est-à-dire toutes les indications nécessaires à un contrôle efficace. Ce registre cartonné toile souple, contient 60 feuilles doubles, c'est-à-dire un peu plus du nombre nécessaire pour une année (une instruction pratique expliquant l'usage de ces feuilles de semaine est jointe à chaque registre)... 5 fr. »

Les mêmes *feuilles de semaines des exploitations rurales,* par collections de 60 feuilles volantes avec la même instruction pratique expliquant l'usage de ces feuilles de semaine.. 4 fr. 50

N. B. — Pour se rendre compte de la méthode de M. Hérisson on peut demander séparément, au prix de 30 centimes l'*instruction pratique pour l'usage des feuilles de semaine des exploitations rurales;* cette instruction contient un modèle en blanc de ces feuilles et un autre avec écritures copiées dans une comptabilité de ce système.

ÉCONOMIE RURALE. — COMPTABILITÉ. — MÉLANGES D'AGRICULTURE.

Imbart-Latour. — *La crise agricole de 1888* relative à la vente et à la consommation du bétail en France, notamment en ce qui concerne le Nivernais. — Broch. in-8° de 62 pages.................................... 1 fr. 50

Laudet (F.). — *L'enseignement de l'agriculture à l'école primaire :* Tentatives faites pour développer l'enseignement agricole en le mettant à la portée du petit cultivateur, et méthode à employer pour en assurer le développement. — Broch. in-16 de 76 pages.................................... 1 fr. »

Lavergne (Léonce de). — *Économie rurale de la France depuis 1789.* — 4° édition. 1 vol. in-18 de 490 pages........................... 3 fr. 50

Après un coup d'œil sur la progression agricole depuis 1789, l'auteur recherche quel rôle chaque partie de la France a joué dans le mouvement.
Pour embrasser ce sujet si vaste, l'auteur a divisé la France en six régions, nord-ouest, nord-est, ouest, sud-est, sud-ouest et centre. Il a pris à part chacun de ces groupes et a peint par ses traits les plus généraux leur condition présente avec la mesure des pas qu'ils ont faits depuis 1789. Il termine par l'indication sommaire des moyens qui lui paraissent les plus propres soit à corriger l'excessive inégalité qu'ils présentent, soit à hâter le progrès général.
En résumé, c'est l'exposé le plus complet et le plus méthodique des progrès agricoles de la France depuis 1789 à 1877.

— *Essai sur l'économie rurale de l'Angleterre, de l'Écosse et de l'Irlande* (1857) : le sol et le climat de l'Angleterre, les moutons, le gros bétail, les cultures, le produit brut, les rentes les profits, les salaires; constitution de la propriété et de la culture; la vie rurale, les institutions politiques, les débouchés, la réforme douanière, le haut fermage; les comtés; le pays de Galles et les îles; l'Écosse; l'Irlande. — 5° édition, 1 vol. in-8° de 474 pages.. 8 fr. 50

— *L'Agriculture et la Population :* enquête sur la condition des classes rurales en France en 1857. — 1 vol. in-18 de 472 pages............... 3 fr. 50

Comment combattre le ralentissement de l'accroissement de la population, et la dépopulation des campagnes au profit des villes? Tel est le but de l'ouvrage. C'est une protestation contre les tendances qu'ont nos populations à déserter le village. Toutes ces idées ont été développées dans divers chapitres consacrés à l'étude des bestiaux, des machines, des produits agricoles et des produits forestiers.

Lavergne (Bernard). — *Agriculture des terrains pauvres :* assainissement des terrains humides; prairies naturelles et artificielles; reboisements; vigne; économie agricole, engrais, bestiaux, comptabilité. — 2° éd. 1 vol. in-18 de 302 pages.. 3 fr. »

Lecouteux (Ed.). — *Cours d'économie rurale*, professé à l'Institut national agronomique. — 2° éd, 2 vol. in-18, ensemble de 1060 pages....... 7 fr. »

TOME Ier. — LES MILIEUX ÉCONOMIQUES : les richesses sociales et leur valeur; les agents directs de la production, la population, la propriété, la terre, le capital; l'État et ses institutions; les débouchés et le régime commercial, l'œuvre économique du dix-neuvième siècle.

TOME II. — LES ENTREPRISES AGRICOLES ET LES SYSTÈMES DE CULTURE : l'entrepreneur et ses moyens d'action, le domaine, le capital d'exploitation, le travail, les engrais; les produits agricoles; les systèmes de culture; administration et comptabilité agricoles.

Ces deux volumes ne se vendent pas séparément.

ÉCONOMIE RURALE. — COMPTABILITÉ. — MÉLANGES D'AGRICULTURE.

Lecouteux (Ed.). — *Principes de la culture améliorante :* principes généraux de la culture améliorante; culture de temporisation, culture intensive; défoncements, défrichements, irrigations, dessèchements et drainage; labours, emblavures, récoltes; prairies et pâturages; amendements, fumiers de ferme et engrais chimiques; assolements et rotations. — 5° édition, 1 vol. in-18 de 412 pages.. 3 fr. 50

— *L'Agriculture à grands rendements :* lois naturelles et lois économiques de l'agriculture; récoltes moyennes et maxima; défoncements; sous-solages et labours; fumures maxima; production et prix de revient du fumier et des purins; fumures vertes ou engrais végétaux; sélection des semences; le capital en culture intensive, etc. — 1 vol. in-18 de 368 pages. 3 fr. 50

Lefour. — *Comptabilité et géométrie agricoles* (*Bibl. du Cult.*) : calculs et données numériques; systèmes des poids et des mesures; comptabilité et applications de géométrie agricole. — 1 vol. in-18 de 214 pages avec 104 fig.. 1 fr. 25

Lescure (J.). — *L'agriculture algérienne :* considérations générales, assolement, labour et engrais; plantes fourragères, légumineuses et graminées, à racines et à tubercules; céréales, plantes industrielles, la vigne, moyens de lutter contre la sécheresse; le bétail, le bœuf, le mouton, la chèvre, etc.; le cheval, le chameau, etc.; la basse-cour, le jardin potager, le verger, l'olivier, l'eucalyptus; sériciculture et apiculture; calendrier agricole général, etc. — 1 vol. in-18 de 370 pages avec 26 fig.................. 3 fr. 50

Lullin de Chateauvieux. — *Voyages agronomiques en France* (1843) : état de l'agriculture en France à cette époque; des améliorations en agriculture; comment s'opère l'amélioration rurale d'un pays; des assolements, des cultures exclusives pratiquées en France; des animaux domestiques; description agricole du territoire de la France; des améliorations rurales applicables à l'agriculture des diverses régions de la France. — 2 vol. in-8° ensemble de 1032 pages............................... 12 fr. »

Malézieux. — *Études agricoles sur la Grande-Bretagne* (1858) : climat, plantes, opérations agricoles; cheval, bœuf, mouton, porc, volaille. — 1 vol. in-8° de 642 pages avec 14 planches................................ 7 fr. 50

Méheust. — *Économie rurale de la Bretagne :* sol, eaux; baux à ferme, ouvriers, machines, systèmes de cultures; cultures exportables, cultures fourragères; landes; animaux; engrais. — 1 vol. in-18 de 220 pages.. 2 fr. 50

Millet-Robinet (Mme). — *Maison rustique des enfants.* —1 beau vol. in-4° imprimé avec luxe, de 320 pages, 120 fig. dans le texte, dessins de Bayard, O. de Penne, Lambert, etc., et 20 planches hors texte............. 8 fr. »

Prix du volume richement relié : 13 fr.

Comme son nom l'indique, ce livre est destiné aux enfants; et sous la forme d'un roman des plus attrayants, les notions les plus utiles à la vie à la campagne sont présentées sous la forme la plus heureuse. Deux des principaux interlocuteurs représentent l'un le progrès, l'autre la routine, et on devine qu'ils sont en lutte perpétuelle. Le sujet est égayé par une grande variété de personnages et de scènes dramatiques ou comiques.

ÉCONOMIE RURALE. — COMPTABILITÉ. — MÉLANGES D'AGRICULTURE.

Nicolle. — *Assolements et systèmes de culture :* de la fertilité et des exigences des récoltes ; assolement de trois ans et sidération : assolements qui conviennent aux différents sols et climats. — 1 vol. in-18 de 446 pages.. 3 fr. 50

— *La Culture pratique dans l'Ouest :* assolements ; céréales ; plantes sarclées ; légumineuses ; la prairie ; le bétail. — 1 vol. in-16 de 192 pages... 2 fr. 50

Noailles, duc d'Ayen (J. de). — *L'Agriculture et l'industrie devant la législation douanière* (1881). — Broch. in-8° de 80 pages...... 1 fr. 50

Pichat. — *Pratique des semailles à la volée* (1845) : marche du semeur ; rapports entre la quantité de semence à répandre par hectare, les pas, les poignées et les jets de semence. — 1 vol. in-8° de 40 pages avec 16 fig. 2 fr. »

Pichat et Casanova. — *Examen de la question agricole en Dombes* (1860) : climat, sol ; leurs rapports avec les engrais et les travaux ; ce que sont les étangs au point de vue agricole ; quel est le meilleur système de culture à suivre. — 1 vol. in-8° de 72 pages avec tableaux............. 1 fr. 50

Poirson. — *De la production de la viande* et de ses conséquences dans l'économie rurale. Conférence faite en 1883 pour encourager les cultivateurs à donner leurs soins à l'élève du bétail, la production de la viande étant, de toutes les opérations agricoles, la plus fructueuse. — 1 vol. in-8° de 36 pages.. 1 fr. »

Rayer. — *Étude sur l'économie rurale du département de Seine-et-Marne :* sol et climat, bétail, céréales, prairies naturelles et artificielles, vignes, vergers, bois ; débouchés, valeur foncière, salaires ; capital d'exploitation ; crédit agricole, améliorations foncières. — 1 vol. in-18 de 320 pages... 2 fr. 70

Riondet. — *Agriculture de la France méridionale :* ce qu'elle a été, ce qu'elle est, et pourrait être : culture des terres sèches, cultures arbustives ; vigne et vinification ; olivier, murier et sériciculture ; arbres fruitiers ; cultures annuelles et cultures fourragères en terres sèches ; des bois ; des terres d'alluvion et des terres arrosables ; jardins fruitiers et potagers. — 1 vol. in-18 de 384 pages.. 3 fr. 50

Risler (Eug.). — *La Crise agricole* en France et en Angleterre (1885). — Broch. in-16 de 86 pages avec avant-propos................................. 1 fr. »

Saintoin-Leroy. — *Manuel de comptabilité agricole pratique*, en partie simple et en partie double, avec modèles des écritures d'une exploitation rurale pour une année entière. — 3° édition. 1 vol. gr. in-8° de 192 pages ou tableaux... 3 fr. »

— *Comptabilité simplifiée, agricole et commerciale*, mise à la portée de la moyenne et de la petite culture. — 1 vol. gr. in-8° de 96 pages ou tableaux.. 2 fr. »

— *Registres pour la tenue de la comptabilité.* — Quatre registres gr. in-4° oblong.. 11 fr. »

Ces registres se vendent séparément.

REGISTRE-MÉMORIAL DE L'AGRICULTEUR (comptabilité-matières), réunion de tous les tableaux nécessaires à la constatation de tous les faits d'une exploitation rurale. — Gr. in-4° oblong... 3 fr. »

LIVRE DE CAISSE (comptabilité-espèces), registre en tableaux. — Gr. in-4° obl. 2 fr. 50

JOURNAL, registre en blanc réglé. — Gr. in-4° oblong..................... 2 fr. 50

GRAND-LIVRE, registre en blanc réglé et folioté. — Gr. in-4° oblong........ 3 fr. »

ÉCONOMIE RURALE. — COMPTABILITÉ. — MÉLANGES D'AGRICULTURE.

Saintoin-Leroy. — *Registre unique du cultivateur* pour l'application dans les écoles, de la comptabilité simplifiée. — Petit in-4° oblong, de 25 pages. ... 0 fr. 60

Schwerz. — *Manuel de l'agriculteur commençant* (*Bibl. du Cult.*), traduit par Villeroy, choix des plantes à cultiver suivant les sols et les climats, et les conditions particulières; rotation des récoltes, influence des circonstances naturelles ou accidentelles sur le choix d'un assolement; exemples et développements des divers systèmes de culture, agriculture pastorale, pastorale mixte, biennale, triennale, etc. — 1 vol. in-18 de 332 pages..... 1 fr. 25

— *Assolements et culture des plantes de l'Alsace :* culture des plantes fourragères, blé, seigle, avoine, maïs; légumineuses, féveroles haricots, pois, pommes de terre, navets, carottes, betteraves; trèfle, luzerne, sainfoin; culture du chanvre, tabac, colza, œillette, moutarde, garance. Ouvrage traduit par V. Rendu (1859), couronné par la Société centrale d'agriculture. — 1 vol. in-8° de 312 pages... 3 fr. »

Suchetet (André). — *Des droits sur les graines oléagineuses et du relèvement des droits sur les huiles végétales :* raisons en faveur de l'établissement de ces droits, objections et réponses. — Broch. de 88 pages.. 1 fr. »

Tourdonnet (Comte de). — *Traité pratique du métayage :* partage des fruits, apports mutuels, charges domaniales, comptabilité et baux; améliorations domaniales; développement du métayage. — 1 vol. in-18 de 372 p. 3 fr. 50

Troguindy (Comte de). — *Mémoire sur le domaine du Brohet-Beffou :* plans, climat, cultures, matériel, bétail, comptabilité, etc. — 1 vol. in-4° de 150 pages avec plans... 4 fr. »

Turot (Paul). — *L'Enquête agricole de 1866-1870 résumée :* ouvrage honoré d'une médaille d'or par la société nationale d'agriculture: documents généraux; la propriété; capitaux et moyens de crédit; salaires et main-d'œuvre, amélioration du sol; situation des différentes branches de la production agricole; débouchés, circulation des produits; viabilité; législation douanière, civile et générale, fiscale; forêts. — 1 vol. in-8° de 520 pages, 8 fr. »

Wagner (J. Ph.). — *Mathématiques et Comptabilité agricole :* arithmétique élémentaire appliquée à l'agriculture et à la vie usuelle; arithmétique agricole; renseignements et problèmes divers relatifs à la culture du sol, aux engrais, semailles et plantations, à l'alimentation et à l'élevage du bétail, à l'économie rurale; cours théorique et pratique de comptabilité agricole; géométrie pratique appliquée au calcul des surfaces, à l'arpentage, au nivellement, au levé des plans, au cubage, jaugeage, etc.; éléments de mécanique et d'hydraulique agricoles, irrigations et drainage. — 1 vol. in-8° de 740 pages avec 568 fig.. 5 fr. »

La première partie de cet ouvrage : *Arithmétique élémentaire appliquée à l'agriculture*, spécialement destinée aux écoles rurales, se vend séparément. — 1 vol. in-8° de 202 pages avec 33 fig.................. 1 fr. 25

CHIMIE AGRICOLE — SOLS, ENGRAIS, AMENDEMENTS.

III

CHIMIE AGRICOLE — SOLS, ENGRAIS, AMENDEMENTS
GÉOLOGIE ET MÉTÉOROLOGIE AGRICOLES

Dehérain (P.-P.). — *Traité de chimie agricole :* du développement des végétaux, germination; assimilation du carbone, de l'azote; composition minérale des végétaux; nutrition minérale des plantes; accroissement et maturation, etc. La terre arable : formation, constitution chimique. — Amendements et engrais : minéraux, végétaux, d'origine minérale; leur prix et leur valeur. — 1 vol. in-8° de 916 pages avec 54 fig. .... 16 fr. »

— *Les Engrais et les ferments de la terre :* matières nécessaires au développement des végétaux; fumier de ferme; gadoues, viande, sang, cuir, laine, guano; matières excrémentielles; sulfate d'ammoniaque; nitrate de soude; engrais végétaux, tourteaux, engrais verts; amendements calcaires; plâtre, phosphates; engrais de potasse; la fraude dans le commerce des engrais; emploi des engrais chimiques; les ferments du sol, l'azote atmosphérique; fixation de l'azote dans le sol; utilisation de l'azote du sol : nécessité des engrais azotés, origine, composition et transformation de l'humus; la nitrification dans la terre arable, étude des eaux de drainage; cultures dérobées d'automne. — 1 vol. in-18 de 228 pages............ 3 fr. 50

Dombasle (Mathieu de). — *Voir* Tome II du *Traité d'agriculture*, page 4.

Gain. — *Manuel juridique de l'acheteur et du marchand d'engrais et d'amendements :* commentaires des lois et règlements concernant la répression de la fraude dans le commerce des engrais; produits ou engrais protégés par la loi; contrats donnant lieu à l'action pénale; fraudes prévues et punies; pénalité, compétence, prescription, échantillonnage, etc. — 1 vol. in-12 de 372 pages................................. 3 fr. 50

Grandeau (Louis). — *Traité d'analyse des matières agricoles.* — 3ᵉ édit. 2 vol. in-8° de 1200 pages avec 171 fig. dans le texte, une pl. en couleur hors texte et 50 tableaux pour le calcul des analyses, brochés.... 18 fr. »
Prix des deux volumes reliés en percaline souple : 20 fr.

Tome I. — Méthodes générales d'analyse, analyse des sols, des argiles et des calcaires, analyse des engrais industriels, législation des engrais.

Tome II. — Analyse de l'air, des eaux; analyse des végétaux, des fourrages; analyse des produits animaux, fumier, laine, lait; analyse des corps gras et des boissons fermentées.

Ces deux volumes ne se vendent pas séparément.

— *La Fumure des champs et des jardins.* — Instruction pratique sur l'emploi des engrais commerciaux, nitrates, phosphates, sels potassiques. Céréales; culture maraîchère et potagère; plantes; vignes et arbres fruitiers. — 1 vol. in-16 de 200 pages.. 1 fr. 75

— *Les Scories de déphosphoration :* origine et composition des scories, production des aciéries de l'Europe, utilisation pour la fumure des plantes sarclées, des céréales, des prairies; mode d'emploi et condition d'achat des scories, titre et finesse. — 1 vol. in-16 de 160 pages.............. 1 fr. 50

CHIMIE AGRICOLE. — SOLS, ENGRAIS, AMENDEMENTS.

Grandeau (Louis). — *Tables de Wolff*. — Composition moyenne des matières fertilisantes des végétaux et des aliments du bétail. I. Engrais organiques, engrais minéraux. Phosphates naturels. — II. Teneur en azote et en matière minérale des végétaux. — III. Fourrages et aliments du bétail. (Teneur en principes digestibles). — Broch. in-8° de 35 pages.............. 1 fr. »

Lefour. — *Sol et Engrais* (*Bibl. du Cult.*) : propriétés physiques, classification, répartition géologique et fertilité des sols ; engrais minéraux, animaux et végétaux, déjections animales, fumiers, terreaux, boues, composts et engrais factices. — 1 vol. in-18 de 176 pages, 54 fig...................... 1 fr. 25

Lévy. — *Amélioration du fumier de ferme* (*Bibl. du Cult.*) par l'association des engrais chimiques et la création de nitrières artificielles : principes généraux de la nutrition des plantes ; composition, traitement et application des fumiers de la ferme ; les engrais chimiques ; les terres nitrées, leur préparation et leur emploi. — 1 vol. in-18 de 152 pages......... 1 fr. 25

Marchand (Eug.). — *Le Blé à Rothamsted*, résumé des expériences de MM. Lawes et Gilbert et discussion des résultats. — Br. in-8° de 48 pag. ou tableaux.. 2 fr. 50

— *Le Blé, l'Avoine et l'Orge à Rothamsted*, résumé des expériences de MM. Lawes et Gilbert et discussion des résultats, 2° partie : origine, utilisation et déperdition de l'azote. — Broch. in-8° de 48 pages ou tableaux.. 2 fr. 50

Marguerite-Delacharlonny. — *Le Fer dans la végétation* : expériences du docteur Griffiths, amélioration des plantes par le fer ; doses nécessaires. — Broch. in-18 de 80 pages.................................. 1 fr. »

Marié-Davy. — *Météorologie et physique agricoles :* l'atmosphère, sa composition, ses propriétés ; températures de l'air, du sol, des végétaux : vents et tempêtes ; eau atmosphérique, orages, pluies ; physique agricole, action des vents, de la chaleur, de la lumière et de l'eau sur la végétation ; régime des eaux courantes ; limites des cultures ; régions agricoles ; pronostics du temps. — 1 vol. in-18 de 384 pages avec 53 fig......... 3 fr. 50

Masure. — *Leçons élémentaires d'agriculture*, à l'usage des agriculteurs praticiens.

TOME Ier. — Les plantes de grande culture. (*Epuisé*.)

TOME II. — Vie aérienne des plantes agricoles : l'atmosphère, la chaleur, la lumière, rôle de l'eau dans la végétation des vents, application des principes de la météorologie à la prévision du temps ; climats des régions agricoles de France. — Vie souterraine des plantes : conditions essentielles de la fertilité des terres, constitution et propriétés agricoles des terres arables ; leur classification, leurs amendements, leur culture rationnelle. — 1 vol. in-18 de 477 pages avec 20 fig.. 3 fr. 50

Mauroy (de). — *Utilité, composition, emploi des engrais chimiques* (*Bibl. du Cultiv.*) ; notions chimiques indispensables ; généralités sur les engrais chimiques ; leur composition ; résumé des notions nécessaires à leur emploi, leur application aux prairies naturelles et artificielles, aux céréales et aux plantes racines. — 2° édition. 1 vol. in-18 de 140 pages..... 1 fr. 25

Muller (Dr P.-E.). — *Recherches sur les formes naturelles de l'humus et leur influence sur la végétation et le sol*, traduit de l'allemand, par Henry Grandeau : formes de l'humus dans les sols siliceux et argileux des forêts de hêtres, dans les forêts de chênes et dans les landes ; formation de landes, importance des vers de terre pour la formation de l'humus ; travail du sol, recherches physiques et chimiques sur le sol des forêts et des landes. — 1 vol. in-8° de 252 pages avec 7 tableaux......... 10 fr. »

CHIMIE AGRICOLE. — SOLS, ENGRAIS, AMENDEMENTS.

Mussa (Louis). — *Pratique des engrais chimiques*, suivant le système de Georges Ville (*Bibl. du Cult.*) : les engrais chimiques usuels, comparaison avec les fumiers ; formules des fumures ; emploi des engrais chimiques, moyens de se les procurer ; leur conservation ; préparation du sol qui doit les recevoir ; leur utilité ; prix du fumier et des engrais chimiques. — 1 vol. in-18 de 144 pages.. 1 fr. 25

Oberlin. — *Effets du sulfure de carbone sur les sols épuisés ou fatigués par la culture*, avec considérations particulières sur le renouvellement des vignes sans jachère ni culture intermédiaire. — Br. in-16 de 68 pages. 0 fr. 60

Petermann. — *La Composition moyenne des principales plantes cultivées*. Tableau colorié indiquant ce que mille parties des principales plantes cultivées renferment d'azote, d'acide phosphorique, de potasse, de chaux et de magnésie.. 2 fr. 50

Pierre (Isidore). — *Chimie agricole* ou l'agriculture considérée dans ses rapports avec la chimie. — 2 vol. in-18 ensemble de 778 pages avec 23 fig. 7 fr. »

Chaque volume se vend séparément.

Tome Ier. — L'ATMOSPHÈRE. L'EAU, LE SOL ET LES PLANTES : l'air, sa constitution, ses altérations, etc. ; l'eau atmosphérique ; composition chimique des plantes, cendres ; composition chimique et analyse des sols, irrigations et amendements ; théorie chimique des assolements. — 1 vol. in-18 de 378 pages avec 14 fig.. 3 fr. 50

Tome II. — LES ENGRAIS : considérations générales ; engrais organique d'origine végétale, engrais verts, pailles, etc. ; engrais d'origine animale, urines, déjections, excréments ; engrais mixtes, litières et fumiers ; engrais d'animaux divers ; composts, boues, etc. ; engrais minéraux ou salins, sel ammoniacaux, nitrates, phosphates, etc. — 1 vol. in-18 de 420 pages avec 9 fig.. 3 fr. 50

Risler. — *Géologie agricole*. — 4 vol. gr. in-8°, ensemble de 1233 pages, avec une carte géologique.. 32 fr. 50

Chaque volume, ainsi que la carte se vendent séparément.

Tome Ier. — Utilité de la géologie pour l'étude des terres arables ; terres formées par la décomposition des roches : granit, gneiss, etc. Vosges, Morvan, Beaujolais, plateau central, Bretagne et Vendée, les Alpes et les Pyrénées, Corse et Algérie, Suède et Norvège) ; terres formées par la décomposition des roches volcaniques : trachytes, basaltes, laves, etc. ; terrains de transition (Bretagne, Anjou et Maine, Bocage normand, Ardennes, sud de la France, Algérie, Espagne, Allemagne, Russie, Angleterre) ; terrains houillers, permiens, pénéens ; le trias (Lorraine et autres parties de la France, Allemagne, Angleterre) ; terrains jurassiques, le lias et le système oolithique, (ouest et midi de la France, le Jura et les Alpes, Bourgogne, Lorraine, Ardennes, Autriche, Grèce, Angleterre, Allemagne.) — 1 vol. gr. in-8° de 400 pages.. 7 fr. 50

Tome II. — Terrains infracrétacés du Jura, du sud et du nord de la France, de l'Angleterre, etc. ; terrains crétacés du nord et du sud de la France, de l'Angleterre, de la Belgique et de l'Allemagne ; terrains tertiaires du nord et du centre de la France. — 1 vol. in-8° de 424 pages avec 11 pl... 7 fr. 50

Tome III. — Les terrains tertiaires et quaternaires : Suisse, Savoie, la Bresse, les Dombes, le Dauphiné, la Provence, le Bas-Languedoc, le Roussillon, la Cerdagne, l'Aude, l'Aquitaine, le Béarn, la Chalosse, les landes de Gascogne, la Gironde. — 1 vol. grand in-8° de 409 pages avec 6 planches.... 7 fr. 50

CHIMIE AGRICOLE. — SOLS, ENGRAIS, AMENDEMENTS

Tome IV. — Les terrains tertiaires et quaternaires du sud-ouest de la France (suite), les terrains quaternaires du nord et du centre de la France, alluvions anciennes et limons des plateaux. Terrains de formation moderne, les dunes, la Camargue et le Graisivaudan, les marais du Poitou, etc. Surface occupée par les différentes formations géologiques en France, terres complètes et incomplètes. — 1 vol. in-8° de 446 pages avec 7 pl. .... 7 fr. 50

N. B. — Une table placée à la fin du 4ᵉ volume donne pour chaque département et pour chaque pays l'indication des volumes et des pays où sont étudiées les formations géologiques de ce département et de ce pays.

Carte géologique et statistique des gisements de phosphate de chaux exploités en France.. 2 fr. 50

Risler. — *Météorologie agricole*, observations faites à Calèves (Suisse) de 1867 à 1876, sur les températures moyennes de l'air à l'ombre, sur la température du sol, sur la pluie et l'évaporation, etc. — Broch. in-8° de 22 pages avec 3 figures.. 1 fr. »

— *Recherches sur l'évaporation du sol et des plantes*, observations faites de 1867 à 1871, sur les quantités d'eau évaporées chaque mois; et sur la transpiration des plantes. — Br. in-8° de 72 pages avec 3 fig. ...... 1 fr. »

Ronna. — *Rothamsted. — Un demi-siècle d'expériences agronomiques de MM. Lawes et Gilbert.* — La ferme de Rothamsted, les champs d'expériences, MM. Lawes et Gilbert, le laboratoire, plan des expériences de culture. — *Expériences culturales* : les céréales, les racines, les légumineuses, la prairie permanente, les prés irrigués, l'assolement quadriennal. — *Recherches diverses* : la plante, le sol, l'azote atmosphérique; le froment; mémoires de Rothamsted publiés de 1847 à 1899. — 1 vol. gr. in-8° de 607 pages avec 26 fig.. 10 fr. »

— *Chimie appliquée à l'agriculture, travaux et expériences de Dʳ A. Woelcker* : caractères et analyse des sols arables; analyse des produits agricoles; des différentes plantes agricoles; des engrais : amendements et écobuage; expériences sur les céréales, les racines, le trèfle et les prairies; les assolements; expériences sur l'alimentation du bétail; recherches et travaux divers. — 2 vol. in-8°, ensemble de 1008 pages........ 16 fr. »

— *Eaux d'égout de la ville de Reims* : irrigation ou épuration chimique des eaux d'égout (1878). — Broch. in-8° de 76 pages ou tableaux........ 2 fr. »

Sacc. — *Chimie du sol* (*Bibl. du Cult.*) : composition des sols, analyse, amélioration; l'eau; l'atmosphère. — 1 vol. in-18 de 148 pages................ 1 fr. 25

— *Chimie des végétaux* (*Bibl. du Cult.*) : composition anatomique et chimique; analyse chimique; culture; produits; maladies des plantes agricoles diverses : céréales, légumineuses. — 1 vol. in-18 de 220 pages........ 1 fr. 25

— *Chimie des animaux* (*Bibl. du Cult.*) : formation des animaux; amélioration des animaux agricoles, composition des matières animales, produits animaux divers : viande, lait, etc., maladies.—1 vol. in-18 de 154 pages. 1 fr. 25

Stockhardt. — *Chimie usuelle*, appliquée à l'agriculture et aux arts, traduite par Brustlein : réactions chimiques; l'eau et la chaleur; métalloïdes : oxygène, hydrogène, azote, carbone, soufre, phosphore, chlore, etc.; acides : azotique, carbonique, sulfurique, phosphorique, etc.; métaux : potassium, sodium, calcium, etc.; fer et ses combinaisons, zinc, étain, plomb, cuivre, etc., etc.; matières végétales : cellulose, amidon et fécule, sucres, alcools, éthers; huiles, beurres, savons; matières colorantes, etc.; matières animales : œufs (albumine), lait (beurre, caséine), sang (fibrine), chair, os (phosphate de chaux), urines, etc. — 1 vol. in-18 de 524 pages avec 225 fig........ 4 fr. 50

CHIMIE AGRICOLE. — SOLS, ENGRAIS, AMENDEMENTS.

Ville (Georges). — *Les Engrais chimiques* : entretiens agricoles donnés au champ d'expériences de Vincennes. — 3 vol. in-18 ensemble de 1236 pages. 10 fr. 50
Chaque volume se vend séparément.

Tome Ier. — Les engrais chimiques, les principes et la théorie : les végétaux, l'atmosphère, le sol, l'analyse, les champs d'expérience, le fumier, les engrais chimiques, les assolements, balance des cultures, justification pratique des lois exposées, emploi exclusif des engrais chimiques, emploi mixte des engrais chimiques et du fumier de ferme, conservation et préparation des engrais chimiques, — 1 vol. in-18 de 408 p. avec 2 planches..... 3 fr. 50

Tome II. — Les engrais chimiques, les cultures spéciales : application raisonnée des principes exposés dans les entretiens du tome Ier, application à divers groupes de plantes : plantes à sucre (betterave, canne à sucre, maïs, sorgho, etc.); plantes à fécule; plantes à huile; plantes textiles. — 1 vol. in-18 de 408 pages avec 2 planches.................... 3 fr. 50

Tome III. — Les engrais chimiques, le fumier et le bétail; la pratique fécondée par la théorie : l'analyse de la terre par les plantes, ce que l'on gagne à ne cultiver qu'avec du fumier, les formules d'engrais, les lois de leur application, le prix du fumier, ses effets comparés aux engrais chimiques; le bétail, son rôle dans une exploitation, son rationnement; les champs d'expérience. — 1 vol. in-18 de 420 pages avec 2 planches........ 3 fr. 50

— *La production végétale et les engrais chimiques.* Conférences faites au champ d'expériences de Vincennes. — 3e édition. 1 vol. gr. in-8° de 478 pages, 9 fig. et 3 planches......................... 8 fr. »

Ce sont ces conférences qui ont donné pour la première fois une forme systématique aux résultats des recherches de M. Georges Ville sur la végétation. On y trouve une théorie complète de la production végétale et l'exposé de la loi des *dominantes*, qui a conduit à des règles certaines sur les moyens d'entretenir la fertilité du sol. Dans ces conférences, la science occupe la première place, tandis que dans le traité des *Engrais chimiques* c'est au contraire la pratique et ses nécessités. Ces deux ouvrages s'appellent et se complètent.

— *Les Engrais chimiques.* Conférences de Bruxelles; la betterave; la doctrine des engrais chimiques; l'analyse de la terre par les végétaux. — 2e édition. 1 vol. in-18 de 172 pages........................ 2 fr. »

— *Le Propriétaire devant sa ferme délaissée.* Conférences de Bruxelles. La production agricole, définition de son caractère; résumé complet de la doctrine des engrais chimiques; loi des dominantes. Causes de pertes et d'insuccès : insuffisance de la fumure, de la préparation de la terre; emploi exclusif du fumier; mauvais aménagement des forces. — Appendice : tableaux résumant et justifiant les points principaux de la doctrine; la sidération. — 4e édit. 1 vol. in-18 de 220 pages.............. 2 fr. »

— *L'École des Engrais chimiques*, premières notions de l'emploi des agents de fertilité. — 1 vol. in-18, de 140 pages avec 1 planche........... 1 fr. »

Wagner (Paul). — *La fumure rationnelle des plantes agricoles*, traduit de l'allemand par Pierre de Malliard; dosage des engrais. — Broch. in-8° de 70 pages avec 15 planches.......................... 1 fr. 50

Wolff (Dr Émile). — *Les Engrais*, traduit par Ad. Damseaux, sur la 10e édition. — Rôle de l'air atmosphérique et de l'eau dans la vie des plantes; éléments nutritifs indispensables à toutes les plantes. Le sol, propriétés absorbantes des terres pour les substances nutritives, leurs caractères physiques, fumier d'étable; exploitation au fumier de ferme. Fumure des terres avec le secours des résidus et des déchets industriels; l'engrais humain, les engrais chimiques ou artificiels; traitement et emploi rationnel des principaux engrais artificiels. Tableaux de la composition moyenne des produits agricoles et de la composition moyenne des engrais. — 1 vol. in-18 de 326 pages avec un supplément contenant de très intéressants tableaux..... 3 fr. 50

CULTURES SPÉCIALES.

IV

CULTURES SPÉCIALES

CÉRÉALES, FOURRAGES, VIGNE, PLANTES INDUSTRIELLES, ETC.; MALADIES DES PLANTES ANIMAUX ET INSECTES NUISIBLES.

Maison rustique du XIXe siècle, TOMES I ET II (*voir page 3*).

Borit. — *Viticulture de l'Anjou :* guide pratique sur la direction de la plantation de la vigne, la taille, l'installation des treillages, le pinçage, l'ébourgeonnage et l'effeuillage, les labours et la culture en général etc. — 1 vol. in-18 de 440 pages.. 1 fr. 50

Bosredon (A. de) *Almanach du Trufficulteur pour 1900.* — Exposé complet des travaux à faire chaque mois pour l'entretien des truffières en production et la création de truffières nouvelles ; culture de la truffe ; la truffe comme aliment. Récolte de la truffe, jurisprudence; recettes culinaires, conserves; marchés aux truffes. — 1 vol. in-18 de 148 pages...... 1 fr. 25

Brunet (Raymond). — *Les maladies et insectes de la vigne.* — Maladies cryptogamiques : oïdium, mildiou, rots, anthracnose, mélanose, pourridié, cryptogames diverses. Parasites animaux : phylloxéra, gribouri, vespère de xatart, altise, hannetons, otiorhynques etc.; pyrale, cochenilles, attelabe, cochylis, sphinx, noctuelles, insectes divers, escargots, erinose. Accidents et maladies diverses : coulure, millerandage, effets des gelées, de la grêle et des vents, chlorose, maladies diverses. — 1 vol. in-18 de 228 pages avec 12 planches coloriées et 53 fig.................................... 4 fr. 50

Courtin. — *Utilisation et effets de l'eau sur les prés;* utilité de l'irrigation, systèmes divers, ensemencement et entretien du pré, engrais. — Br. in-8°, de 78 pages avec 16 fig... 2 fr. »

Daurel (Joseph). — *Les Raisins de cuve de la Gironde et du Sud-Ouest de la France;* détermination des cépages divers. Liste générale des principales espèces et variétés. — 1 vol. grand in-4° de 42 pages orné de 16 pl. col. et de 5 pl. noires.. 7 fr. »

Déjernon. — *Les Vignes et les vins de l'Algérie.*
   TOME Ier. — L'Algérie agricole et viticole; compte d'un hectare algérien complanté en vignes. — Physiologie de la vigne; climats, terrains, situation, exposition, engrais et amendements; moyens de reproduction de la vigne monographie de dix-sept cépages et leur façon de se conduire en Algérie. — 1 vol. in-8° de 320 pages.. 5 fr. »
   Tome II (*épuisé*).

Demoor. — *Du tabac :* description historique, botanique et chimique. Climat. Culture. Récolte. Frais. Produits. Modes de dessiccation. Séchoirs. Conservation. Commerce. Législation. — 1 vol. in-18 de 184 pages avec 21 fig... 2 fr. 50

Dombasle (de). — *Pratique agricole :* culture des plantes, récolte et conservation des produits, etc. (tome III du *Traité d'agriculture*, voir p. 4). — 1 vol. in-8° de 400 pages.. 5 fr. »

Doyère. — *Recherches sur l'alucite des céréales :* (1852); histoire naturelle de l'alucite, origine, nature et étendue de ses ravages, moyens de destruction. — 1 vol. in-4° de 146 pages.................................... 2 fr. »

Fallot. — *Le Noyer et ses produits.* — Noix. — Huile. — Tourteaux. Broch. gr. in-8 de 26 pages.. 1 fr. »

CULTURES SPÉCIALES.

Gasparin (Cte de). — *Cours d'agriculture, tomes III et IV :* cultures spéciales, céréales, plantes légumineuses, plantes-racines, tinctoriales, textiles, fourragères etc. (voir page 5).

Gramont (A. de). — *Étude sur les spores de la truffe.* Germination et fécondation. — Broch. in-4° de 42 pages avec 35 figures.................. 1 fr. 50

Grandvoinnet (J.). — *Les cépages américains pour la reconstitution du vignoble français.* Description des 48 variétés principales porte-greffes et producteurs directs avec planches de grandeur naturelle. — 1 vol. gr. in-8° de 106 pages avec 48 pl. col.......................... 3 fr. 50

Guillaud. — *L'Olivier et le Mûrier.* Histoire et description botanique de l'Olivier, variétés, culture, maladies et insectes nuisibles, récolte et production. Histoire et description botanique du Mûrier, espèces existantes, culture, maladies et insectes nuisibles, cueillette et production. — 1 vol. in-18 cartonné-toile, de 320 pages, avec 74 fig........................ 3 fr. »

Guyot (Jules). — *Culture de la vigne et vinification.* Cultures en lignes basses et sur souche, taille, etc.; engrais et amendements cépages : façons à donner à la vigne ; création des vignobles, conduite de la vigne depuis sa plantation jusqu'à sa pleine production. — Vinification; vendanges, égrappage, foulage, pressurage, cuves et cuvaison, soutirage, collage. — Classification des vins : vins rouges, vins rosés, vins de macération, vins artificiels, sucrage des vins, vins de liqueur, vins mousseux, marcs, maladie des vins, dégustation. — Coup d'œil sur la création d'un vendangeoir. — 2° éd., 1. vol. in-18 de 426 pages avec 30 fig.................. 3 fr. 50

— *Viticulture de la Charente-Inférieure* (1861). Rapport au ministre de l'agriculture sur les modes de culture de la vigne appliqués à cette époque dans le département, et sur les procédés nouveaux employés. — 1 vol. in-4° de 60 pages... 2 fr. 50

— *Viticulture de l'est de la France* (1862). Rapport au ministre de l'Agriculture sur les modes de culture de la vigne dans les départements de la Savoie, de la Haute-Savoie, du Jura, de l'Ain, de la Loire et du Rhône. — 1 vol. in-4° de 204 pages avec 46 fig.................................. 3 fr. 50

Heuzé (Gust.). — *La Pratique de l'agriculture.* — 2 vol. in-18 ensemble de 710 pages et 212 fig.. 7 fr. »

Chaque volume se vend séparément.

Tome Ier. — Les agents de la production, agents atmosphériques, sol et sous-sol; les opérations culturales, labours, hersages, roulages, ploutrage, défrichements; les applications des engrais; les semailles; vocabulaire du laboureur et du semeur. — 1 vol. in-18 de 340 pages avec 141 fig.......... 3 fr. 50

Tome II. — Cultures d'entretien : sarclages, binages, arrosages etc.; fenaison, fauchage, fanage, bottelage, conservation du foin; moisson : coupe des céréales, mise en gerbes, conservation des gerbes, battage; récoltes diverses; nettoyage et conservation des produits; organisation et direction d'une exploitation : choix du domaine, capitaux, personnel, matériel, bâtiments, bétail etc. — 1 vol. in-18 de 360 pages avec 74 fig............... 3 fr. 50

— *Les Plantes alimentaires des pays chauds.* — Zones climatériques. — *Plantes céréales :* riz, mil à chandelles, sorgho, eleusine, paspale, bambou, quinoa, amarante alimentaire, etc. *Plantes légumineuses :* dolics, embrevade, etc. *Plantes à racines féculifères :* batate ou patate douce, igname, manioc, mazanta, balisier à fécule, cocolase ou taro oxalide, apios, souchet, salep, etc. *Plantes à troncs féculifères :* sagoutiers, *Plantes à fruits alimentaires :* bananier, ananas, gombo, arbre à pain, cocotier, rondier éventail, figuier de Barbarie, etc. — 1 vol. in-18 de 368 pages avec 59 fig.. 3 fr. 50

CULTURES SPECIALES.

Heuzé (Gust.). — *Les Plantes céréales.* — 2e éd. 2 vol., ens. de 796 pages avec 159 fig.. 7 fr. »
Chaque volume se vend séparément.

TOME Ier. — *Le Blé* : espèces et variétés agricoles, leur distribution en France. Mode de végétation du blé, terrain, fertilisation du sol et épuisement par le blé. Semences et semailles. Opérations et cultures d'entretien. Plantes indigènes nuisibles, altérations, maladies. Insectes, et animaux nuisibles dans les champs et dans les greniers. Moisson. Conservation des grains. Rendement du blé, commerce des blés et des farines. Pays producteurs de blés. Emploi des produits. Production de la paille à chapeaux. — 2e édition. 1 vol. in-18 de 404 pages avec 135 fig......................... 3 fr. 50

TOME II. — Le seigle et le méteil, l'orge, l'avoine, le sarrazin, le millet, le panis et le maïs : Espèces et variétés agricoles, composition, terrain, semences et semailles. Plantes, insectes et animaux nuisibles, maladies. Récolte, rendement, emplois des produits. Prix et commerce. — 2e édition. 1 vol. in-18 de 392 pages avec 84 fig... 3 fr. 50

— *Les Plantes fourragères.* — 2 vol. in-18, ens. de 720 p. avec 142 fig.. 7 fr. »
Chaque volume se vend séparément.

TOME Ier. — LES PLANTES A RACINES ET A TUBERCULES, ET LES PLANTES CULTIVÉES POUR LEURS FEUILLES : betteraves, carottes, panais, raves, navets, rutabagas, pommes de terre, topinambours, choux à vaches, — 5e édit. 1 vol. in-18 de 324 pag. avec 89 fig.. 3 fr. 50

TOME II. — LES PRAIRIES ARTIFICIELLES : luzerne, sainfoin, raygrass, trèfle, lupuline, vesce, gesse, jarosse, serradelle, moha de Hongrie, sorgho, maïs, etc., etc.; fourrages mélangés, feuilles d'arbres, plantes diverses proposées et non encore acceptées; météorisation; calendrier aide-mémoire. 5e édition. 1 vol. in-18 de 396 pages avec 53 fig............................. 3 fr. 50

— *Les Pâturages, les prairies naturelles et les herbages.* Pâturages permanents et temporaires. Classification des prairies naturelles, influence du climat et du terrain, flore des prairies, création, entretien et irrigation des prairies, fenaison, valeur alimentaire des produits, rendement et défrichement des prairies. Création des herbages, clôtures et abreuvoirs, soins d'entretien. Usages locaux relatifs à la location des herbages. — 1 vol. in-18 de 372 pages avec 47 fig............................ 3 fr. 50

— *Les Plantes industrielles* : 3e édition. 4 vol. in-18 ensemble de 1550 pages avec 222 fig.. 14 fr. »
Chaque volume se vend séparément.

TOME Ier. — PLANTES TEXTILES OU FILAMENTEUSES, *de sparterie, de vannerie et à carder* : lin, chanvre, cotonnier, ramie, alfa, papyrus, agave, aloès, roseau canne, bambou, osier, etc.; chardon. — 1 vol. in-18 de 364 p. avec 50 fig.... 3 fr. 50

TOME II. — PLANTES OLÉAGINEUSES, TINCTORIALES, SAPONAIRES, TANNIFÈRES ET SALIFÈRES : colza, navette, pavot-œillette, ricin, safran, épine-vinette, garance, bois de Brésil, henné, indigotier, cactus à cochenille, arbres à huile et à suif, écorces à tannin, etc. — 1 vol. in-18 de 432 pages avec 69 figures. 3 fr. 50

TOME III. — PLANTES AROMATIQUES, A PARFUMS, A ÉPICES ET CONDIMENTAIRES : houblon, anis, fenouil, angélique, rosier, jasmin, tubéreuse, cassis, héliotrope, géranium rosat, menthe, lavande, vanille, benjoin, citronelle, iris, vetivert, patchouly, bois de santal, eucalyptus, poivrier, cannellier, girofflier, muscadier, moutarde, etc. — 1 vol. de 360 pages avec 48 figures............ 3 fr. 50

TOME IV. — PLANTES NARCOTIQUES, SACCHARIFÈRES, PSEUDO-ALIMENTAIRES, LACTIFÈRES, RÉSINEUSES, ASTRINGENTES, MÉDICALES ET FUNÉRAIRES : tabac, pavot à opium, caféier, chicorée, cacaoyer, thé, coca, canne à sucre, betterave, saccharine, camphrier, cachou, gingembre, sandarac, caoutchouc, réglisse, rhubarbe, absinthe, guimauve, quinquina, camomille, aloès, ipecacuanha, immortelle d'Orient, etc. — 1 vol. de 394 pages avec 55 fig.................. 3 fr. 50

CULTURES SPÉCIALES.

Heuzé (Gust.). — *Les plantes légumières cultivées en plein champ*. Légumineuses à cosses : haricot, fève et féverolle, lentille, lupin blanc, pois, gesse. — *Plantes cultivées pour leurs racines et tubercules :* carotte, betterave, navet, salsifis et scorsonère, panais, pomme de terre. — *Plantes cultivées pour leurs bulbes :* oignon, ail, échalote, poireau. — *Plantes cultivées pour leurs parties herbacées :* artichaut, asperge, cresson de fontaine, chicorée, endive, chou, oseille, persil, champignon comestible. — *Plantes cultivées pour leurs fruits :* melon, pastèque, concombre, courge, potiron, tomate, aubergine, piment, fraisier. — 2° éd. 1 vol. in-18 de 472 pages avec 153 fig. .... 3 fr. 50

Hoolbrenk. — *Fécondation artificielle des céréales*. Broch. in-8° de 24 pages .... 6 fr. 50

Joigneaux (Pierre). — *Les Champs et les Prés* (*Bibl. du Cult.*), entretiens sur l'agriculture : sols et sous-sols; labourage, engrais; semis, plantation et récoltes; plantes-racines, légumineuses, fourragères, oléagineuses, textiles; prairies naturelles. — 1 vol. in-18 de 154 pages............... 1 fr. 25

— *Traité des graines de la grande et de la petite culture* (*Bibl. du Cult.*) : importance et choix des bonnes graines; durée des facultés germinatives; fixation des variétés, porte-graines de la grande culture, du potager, du parterre, etc. — 1 vol. in-18 de 168 pages................... 1 fr. 25

Joulie. — *La Production fourragère par les engrais; prairies et herbages* : classification usuelle et composition chimique des fourrages; flore des prairies et des herbages, exigences de la production du foin; valeur alimentaire du foin; composition des terres de prairies, eaux météoriques et d'irrigation; formation, entretien, régénération, défrichement des prairies et herbages. — 1 vol. in-8° de 320 pages ou tableaux................ 3 fr. 50

Jullien. — *Topographie en 1866 de tous les vignobles français et étrangers :* position géographique, genre et qualité des produits de chaque cru; lieux où se font les chargements et le principal commerce des vins; nom et capacité des tonneaux et des mesures en usage, moyens de transport ordinairement employés. Ouvrage couronné par l'Institut. — 1 vol. in-8° de 580 pages... 7 fr. 50

La Laurencie (Comte de). — *Pratique de plantation et greffage des vignes américaines* (*Bibl. du Cult.*). Choix des cépages selon les terrains; plantation des greffons. Choix du bois et des variétés du greffage; différentes espèces de greffe; soins et entretien; des principaux cépages français; dégénérescence des vignes américaines porte-greffes; des engrais. — 1 vol. in-18 de 180 pages avec 31 fig................................ 1 fr. 25

Lecouteux (Ed.). - *Le Blé*, sa culture intensive et extensive, rendements; le blé dans les différentes parties du monde; les terres à blé, les engrais; le blé dans les assolements. Culture, les blés sur défrichement, les blés d'irrigation. La moisson : battage et conservation des grains; paille; moulins agricoles. Commerce du blé, prix de revient. Le libre-échange, la protection, la douane-impôt. — 1 vol. in-18 de 422 pages avec 60 fig........... 3 fr. 50

CULTURES SPÉCIALES.

Lecouteux (Ed.). — *Le Maïs et les autres fourrages verts, culture et ensilage;* les fourrages verts et l'alimentation du bétail : rôle alimentaire des fourrages, semis et récoltes, composition chimique, valeur nutritive, valeur vénale, rendements par hectare. De l'ensilage : les meilleurs types de silos, méthodes de conservation procédés d'emplissage et d'extraction, matériel de hachage. Culture du maïs et autres fourrages verts : préparation du sol, engrais, variétés de graines, semis et repiquages, récoltes, etc. Conséquences agricoles et économiques de leur ensilage sur les assolements et sur la production du pain et de la viande. — 1 vol. in-18 de 320 pages avec 45 fig. .... 3 fr. 50

Lenoir. — *Traité de la culture de la vigne et de la vinification.* Préceptes généraux de culture, théorie de la fermentation, et application à la fabrication des vins rouges et blancs, des vins de liqueur naturels, artificiels, des vins mousseux; soins à donner aux vins, etc. — 1 vol. in-8° de 618 pages avec 8 planches.. 7 fr. 50

Lesparre (Duc de). — *Phylloxera et plants américains.* Conférence sur les plants américains et la création d'une pépinière. — 1 vol. in-18 de 160 pages avec 47 fig. .... 1 fr. »

Martin (Léon). — *Reconstitution des vignobles* par les Riparias géants glabres, et les Jacquez fructifères : semis, bouturage, greffage, engrais, insecticides. — Br. in-8° de 68 pages... 1 fr. 50

Michiels. — *Les prairies-vergers* : Utilité de créer des prairies-vergers pour produire de la viande, du laitage et des fruits; économie de temps et d'argent. Connaissance des plantes fourragères; choix des graines, préparation du terrain; cultures préparatoires; soins d'entretien des prairies-vergers. Prairies temporaires, prairies permanentes, plantes sarclées; choix, plantation et entretien des arbres fruitiers. Variétés recommandées; conservation et commerce des fruits. Fabrication et distillation des cidres et poirés; utilisation des fruits. Le bétail. — 1 vol. in-18 de 323 pages avec 89 fig. 3 fr. 50

Mouillefert. — *Les Vignobles et les vins de France et de l'étranger,* territoire, climat et cépages des pays vignobles avec la description, la culture et la vinification des principaux crus. La viticulture en France : le Midi, le Bordelais, les Charentes, la Bourgogne, la Champagne, et autres régions de France. — Classification des vins de France. — Vignobles et vins étrangers : Espagne, Baléares, Canaries, Portugal, Madère, Açores, Italie, Suisse, Alsace-Lorraine, Allemagne, Autriche, Hongrie, Serbie et Roumanie, Russie, Grèce, Turquie d'Europe, Bulgarie, Crète, Turquie d'Asie, pays d'Orient, cap de Bonne-Espérance, Australie, Nouvelle-Zélande, Amérique. Classification des vins étrangers. — 1 vol. in-8° de 560 pages avec 7 cartes coloriées (répartition des vignes dans le monde, régions viticoles de France, cartes des vignobles de la Gironde, des Charentes, du Beaujolais et du Mâconnais, de la Bourgogne, de la Champagne) et 117 fig................ 10 fr. »

— *La Truffe* : histoire naturelle, production, récolte; qualités et emplois. — Broch. in-18 de 88 pages avec 18 fig. .... 1 fr. »

Muhlberg et Kraft. — *Le Puceron lanigère* : sa nature, les moyens de le découvrir et de le combattre. — Broch. in-8° de 64 pages avec une planche coloriée, représentant l'insecte et ses ravages..................... 2 fr. »

CULTURES SPÉCIALES.

Nanot. — *Culture du pommier à cidre, fabrication du cidre, et modes divers d'utilisation des pommes et des marcs* : généralités ; culture dans la pépinière, semis, repiquages, etc. ; culture en plein champ, plantation, soins, maladies ; récolte des pommes. — Fabrication du cidre, de l'eau-de-vie et du vinaigre ; cidres mousseux ; maladies du cidre. — Conservation des pommes ; marmelade, gelée, etc. — 1 vol. in-18 de 324 pages avec 50 fig.. 3 fr. 50

Naudin (Ch.). — *Nouvelles recherches sur les nodosités ou tubercules des légumineuses et sur leurs rapports avec ces plantes.* — Brochure in-18 de 75 pages... 4 fr. »

Nicolle. — *Les Engrais chimiques et la culture du chanvre.* Des exigences de cette plante, et de l'emploi des engrais chimiques complémentaires dans la culture du chanvre. — Br. in-16 de 30 pages............. 0 fr. 40

Nijpels. — *Les champignons nuisibles aux plantes cultivées, et les moyens de les combattre* : Notions générales sur les champignons, et les moyens de les combattre ; les principaux remèdes ; champignons attaquant les céréales, les plantes fourragères, les cultures économiques et industrielles, les plantes fourragères, les cultures diverses, les arbres fruitiers. — Broch. in-12 de 96 pages avec 64 fig............................. 2 fr. »

Noffray (abbé E.). — *Mémoire sur les plantes nuisibles aux prairies.* Description technique des espèces, leurs noms vulgaires, leur force de production, caractères de leur nocuité. Leur qualité au point de vue fourrager, espèces vénéneuses. — 1 vol. in-18 de 163 pages.............. 2 fr. »

Odart (Comte). — *Ampélographie universelle* ou Traité des cépages les plus estimés dans tous les vignobles de quelque renom : considérations préliminaires sur le choix des cépages, la variation des espèces, le système de classification ; plan et division de l'ouvrage ; étude des diverses régions. — 6e éd. 1 vol. in-8° de 650 pages.. 7 fr. 50

Paillieux. — *Le Soya*, sa composition chimique, ses variétés, sa culture, ses usages. — 1 vol. grand in-8° de 128 pages..................... 2 fr. 50

Patrigeon (Dr G.). — *Le Mildiou*, son histoire naturelle, son traitement, suivi d'une description comparative de l'*érinose de la vigne* : caractères extérieurs, développement, effets du mildiou ; traitements, bouillie bordelaise, solution simple de sulfate et d'acétate de cuivre, ammoniure de cuivre ; examen comparatif, description, avantages des principaux pulvérisateurs ; l'Érinose, caractères, effets et traitements. — 1 vol. in-18 de 216 pages avec 38 fig. et 4 planches coloriées........................... 3 fr. 50

— *Un Nouveau Parasite* de la vigne, le *lopus albomarginatus* : Description et mœurs du lopus à ses différentes phases, dégâts. — Br. in-18 de 92 pages avec 12 fig... 1 fr. »

Prudhomme. — *Guide pratique pour la reconstitution des vignes phylloxérées.* — Br. in-18, 28 pages.......................... 1 fr. »

Robert (G.). — *Résumé sur les campagnols et les mulots*, ravages, caractères zoologiques ; caractères distinctifs ; mœurs comparées ; Moyens de destruction ; action administrative. — Br. in-8°, 56 pages, avec 8 fig.... 1 fr. »

Royer. — *La Ramie*, utilisation industrielle, culture et récolte, prix de revient. — Broch. in-18 de 80 pages................................... 1 fr. »

Schauenburg. — *Culture du houblon* en France (1836). — Broch. in-8° de 84 pages avec 4 planches.. 2 fr. »

Sol (Paul). — *Étude pratique sur l'Anthracnose.* — Broch. in-8° de 16 pages... 0 fr. 60

CULTURES SPECIALES.

Stebler et Schrœter. — *Les Meilleures Plantes fourragères*, figurées en planches coloriées et décrites d'après les rubriques suivantes : Dénomination, historique, valeur agricole, description botanique, variétés, habitat, exigences relatives au climat et au sol, engrais, végétation, récolte, mode d'exploitation et rendement, qualités, impuretés et falsifications des semences; semis; maladies.

Ce remarquable ouvrage, publié au nom du département fédéral suisse de l'agriculture, renferme l'étude approfondie des trente meilleures plantes fourragères. Chaque plante est en outre figurée en une planche coloriée, d'une exécution très soignée, représentant le port de la plante et sa description botanique complète.

2 beaux vol. grand in-4°, ensemble de 200 pages, avec 30 planches coloriées et de nombreuses figures noires .... 12 fr. »

Ces deux volumes ne se vendent pas séparément.

— *Les Plantes fourragères alpestres*, comprenant les 33 espèces les plus utiles pour l'exploitation des pâturages alpestres, figurées en planches coloriées et décrites d'après les les rubriques suivantes : valeur fourragère caractères botaniques, distribution géographique, relations au climat et au sol, rôle de l'engrais, mode de végétation, récolte de la semence, culture et espèces affines; avec une introduction sur l'importance de l'économie alpestre de la Suisse et les progrès à y réaliser ainsi que sur le climat et la végétation des Alpes. — Un beau vol. grand in-4° de 200 pages, avec 46 planches coloriées et de nombreuses figures noires........................... 7 fr. 50

Truelle. — *Guide pratique des meilleurs fruits de pressoir employés dans la vallée d'Auge.* Variétés à cultiver, monographie des pommes et des poires. Du mélange rationnel des variétés (pommes et poires) pour la fabrication du cidre et du poiré. — 1 vol. de 220 pages avec 64 fig... 3 fr. 50

— *Atlas des meilleures variétés de fruits à cidre.* Étude de chaque variété au point de vue historique, synonymique, descriptif et analytique. Mélange rationel de ces variétés pour la préparation du cidre, de la répartition des variétés pour la composition d'un verger de mille pommiers. — 1 vol. in-4° cart. toile contenant 20 planches chromolithographiques représentant 43 variétés dessinées d'après nature et 100 pages de texte.......... 12 fr. »

Vivier. — *Manuel pratique de reconstitution des vignobles* à l'usage du viticulteur bourguignon et des viticulteurs des régions jurassiques : le phylloxéra et les plants américains, greffage, plantation d'un vignoble. — Brochure de 132 pages.. 0 fr. 75

ANIMAUX DOMESTIQUES.

V

ANIMAUX DOMESTIQUES

ÉCONOMIE DU BÉTAIL, RACES, ÉLEVAGE, MALADIES, ETC.

Maison rustique du XIX° siècle, tome II (*voir page 3*).

Aujollet. — *La Vache et ses produits.* (*Bibl. du Cult.*). Des races, et de leur amélioration. Des races laitières, de boucherie, de travail. De la reproduction, des veaux. Hygiène et alimentation du bétail; lait, viande, fumier, travail. — 1 vol. in-18 de 252 pages avec 20 fig.......................... 1 fr. 50

Bardonnet des Martels. — *Traité des maniements* ou de l'appréciation des animaux domestiques; des épreuves, et des moyens de contention et de gouverne qu'on emploie sur les espèces chevaline, bovine, ovine et porcine, suivi de la coupe des animaux de boucherie en France et en Angleterre. — 1 vol. in-18 de 463 pages avec 67 fig......................... 4 fr. 50

Bénion. — *Traité des maladies du cheval.* Pharmacie vétérinaire : description, préparation et administration des médicaments; formulaire vétérinaire. — Chirurgie vétérinaire : procédés d'assujettissement, petites opérations nouvelles, pansements. — Médecine vétérinaire : des maladies en général, maladies externes, de l'appareil respiratoire, de l'appareil digestif des yeux, des oreilles, du pied, de la peau etc., maladies contagieuses. Jurisprudence vétérinaire. — 1 vol. in-18 de 140 pages avec 25 fig............ 3 fr. 50

Bernardin (Léon). — *La Bergerie de Rambouillet et les mérinos.* Historique du troupeau; ses qualités et aptitudes primitives; Aptitudes à l'engraissement et qualité de la viande du mérinos. — Les grands et les petits mérinos comme producteurs de laine. — 1 vol. in-8° de 440 pages... 3 fr.

Bonneval (Comte de). — *Les Haras français,* de 1806 à 1833. Relation historique des haras en France; les étalons les plus remarquables; choix des étalons et des poulinières, reproduction et amélioration, monte et saillie, précautions pendant la gestation, hygiène des poulains. Influence du sol et du climat, choix des poulains; éducation des chevaux en France. — 1 vol. in-8° de 308 pages.. 5 fr.

Borie (Victor). — *Les Animaux de la Ferme, espèce bovine;* races françaises : flamande, normande, bretonne, parthenaise, charollaise, limousine, comtoise, garonnaise, etc.; races étrangères : Durham, Hereford, Angus, Schwitz, Fribourg, Hollandaise, etc. — 1 très beau vol., grand in-4°, imprimé avec luxe, de 336 pages avec 65 gravures dans le texte et 46 planches coloriées d'après les aquarelles d'Ol. de Penne, représentant tous les types de la race bovine. Cartonné.. 35 fr.

Richement relié, 50 fr.

Brechemin (Louis). — *La Basse-cour productive:* les *Poules.* — Choix d'une race; installation générale; l'alimentation pratique de l'élevage, élevage naturel, l'incubation artificielle; résultats de l'exploitation; la basse-cour à la ferme. 1 vol. in-18 de 212 pages avec 40 fig.............. 2 fr. 50

ANIMAUX DOMESTIQUES.

Corblin et Gouin. — *Les Races Bovines* : races françaises, anglaises, belges, hollandaises, danoises, suisses et italiennes. Valeur des diverses races suivant les conditions culturales et les milieux économiques; étude comparative des différentes méthodes d'élevage; choix judicieux des améliorations pratiques à réaliser et des races dont l'introduction serait avantageuse dans une région déterminée. — 1 vol. in-8° de 384 pages...... 3 fr. 50

Dampierre (de). — *Races bovines* (*Bibl. du Cult.*). Emploi de la race bovine. Travail comparé du bœuf et du cheval. Alimentation, amélioration, principales races françaises, anglaises, suisses et hollandaises, — 2° éd. 1 vol. in-18 de 192 pages avec 28 fig.................................. 1 fr. 25

Devaux (G.). — *Le blé à 27 francs les 100 kilos par son emploi dans l'alimentation du bétail.* Le froment donné aux bestiaux en grains crus ou cuits et comme nourriture aux chevaux. Le pain dans l'alimentation du cheval et des bêtes bovines. Les farines cuites dans l'alimentation de la race porcine. — 1 vol. in-16 de 228 pages.................. 1 fr. 50

Dombasle (de). — *Le Bétail* (tome IV du *Traité d'agriculture*, voir page 4). — 1 vol. in-8° de 436 pages... 5 fr. »

Gayot. — *Les chevaux de trait français* : Origines et familles; trait léger et gros trait; l'étalon et la jument; le boulonnais, le percheron, le breton, l'ardennais, le franc-comtois, le poitevin mulassier; élevage, alimentation, travail. — 1 vol. in-18 de 360 pages avec 2 fig........................ 3 fr. 50

— *Achat du cheval*, ou choix raisonné des chevaux d'après leur conformation et leurs aptitudes (*Bibl. du Cult.*). Structure du cheval, et conformation extérieure. Les allures; les boiteries; les qualités. Le cheval en vente, vices rédhibitoires. — 1 vol. in-18 de 216 p. avec 40 fig..................... 1 fr. 25

— *Poules et Œufs* (*Bibl. du Cult.*). De l'aménagement du poulailler, parcs, terrain d'élevage et dépendances; les races; les croisements; les reproducteurs; ponte, conservation des œufs. Qualités de la poule couveuse, préparation des nids, éclosion. Élevage des petits, hygiène et alimentation; nourriture des adultes. Des différents modes d'engraissement. — 1 vol. in-18 de 216 pages avec 40 fig... 1 fr. 25

— *Lapins, lièvres et léporides* (*Bibl. du Cult.*). Le lièvre d'Europe, le furet, élevage du lièvre en captivité. Le lapin de garenne, élevage et destruction; races de lapins domestiques, clapiers, reproduction, nourriture, hygiène, élevage et engraissement, maladies; le léporide. — 1 vol. in-18 de 180 pages avec 15 fig... 1 fr. 25

— *Mouches et Vers* : la mouche domestique, la mouche bleue et la mouche dorée; les moucherons et les terribles, les parasites; les vers; ascarides, trichines, tænias et cysticerques. — 1 vol. in-18 de 248 pages avec 33 fig....... 3 fr. 50

Geoffroy Saint-Hilaire. — *Acclimatation et domestication des animaux utiles.* Examen des principales questions relatives à l'acclimatation, à la naturalisation et à la domestication des animaux utiles. De l'introduction et de l'acclimatation faites ou essayées d'un grand nombre d'animaux. Origines zoologiques et géographiques des animaux domestiques. Espèces animales récemment introduites ou dont l'introduction serait utile. Notions sur les établissements affectés à l'acclimatation et à la domestication des animaux utiles. — 4° éd. 1 beau vol. in-8° de 534 pages avec 47 fig. 9 fr. »

ANIMAUX DOMESTIQUES.

Grandeau (L.). — *Études expérimentales sur l'alimentation du cheval de trait,* mémoires présentés à la Compagnie générale des voitures à Paris.

1er et 2e mémoires. — Historique des expériences sur l'alimentation du cheval. — Plan général des expériences entreprises dans les laboratoires de la Compagnie générale des voitures. — Description des laboratoires, du manège et des stalles d'expériences. — Méthodes suivies. — Travail au trot. — Rations et coefficients de digestibilité. — Camionnage. — Variations du poids des chevaux. — Valeur dynamique des aliments. — 1 fort vol. in-4° de 203 pages ou tableaux avec figures et 18 planches in-folio hors texte........ 25 fr. »

3e mémoire. — Expériences d'alimentation au foin, expériences au pas, au trot, avec la voiture ; discussion des résultats. — 1 vol. gr. in-8° de 118 pages et 11 planches hors texte.. 7 fr. 50

4° mémoire. — Expériences d'alimentation avec l'avoine et avec un mélange de paille et d'avoine. Valeur nutritive de l'avoine donnée seule au cheval ou consommée en même temps que la paille d'avoine. — 1 vol. gr. in-8° de 138 pages ou tableaux... 5 fr. »

5e mémoire. — Expériences d'alimentation avec le maïs. Détermination de la valeur alimentaire du maïs pour le cheval. — 1 vol. gr. in-8° de 180 pages ou tableaux.. 6 fr. »

6e mémoire. — Expériences d'alimentation avec un mélange de féverolle et de paille d'avoine. Étude de la valeur alimentaire de la féverolle. — 1 vol. gr. in-8° de 105 pages ou tableaux........................... 4 fr. »

7° mémoire. — Expériences d'alimentation avec un mélange de tourteau et de paille d'avoine. Travail produit. Comparaison entre les essais au tourteau et les essais antérieurs. Conclusion. — 1 vol. gr. in-8° de 128 pages ou tableaux.. 4 fr. »

— *La Forêt et la Disette de fourrage. Instruction pratique sur la ramille alimentaire pour la nourriture du bétail.* Règles générales de l'alimentation du bétail. La Ramille alimentaire : récolte, préparation, conservation, ensilage et utilisation. Les feuilles de vigne. Ensilage. Valeur comparée des ramilles, du foin et de la paille. — 1 vol. in-16 de 124 pages avec avant-propos.. 1 fr. 25

— *Le sucre et l'alimentation de l'homme et des animaux.* — I. La question sucrière. II. Rôle et valeur du sucre dans l'alimentation. III. La mélasse et l'alimentation du bétail. — Broch. in-8° de 56 pages..... 1 fr. 50

Grollier. — *Les tribus du Durham français :* origine, histoire, mérite. — 1 vol. in-18 oblong, cartonné de 192 pages........................ 10 fr. »

La vogue est aux races pures. Sur tous les points de la France, on veut créer des livres d'origine et on poursuit l'amélioration de chaque race au moyen de la sélection et par l'emploi de reproducteurs de choix, qu'on ne va plus chercher en dehors de la race qu'on veut perfectionner. Une table alphabétique rend les recherches faciles, et permet de voir à quelle tribu se rattache un Durham français dont on connaît seulement le pedigree.

— *Causeries sur le Durham,* recueil d'articles parus dans le *Journal d'Agriculture pratique* de 1882 à 1895, réunis et publiés par les soins de Mme C. Grollier-Dehaynin. — La race Durham, ses croisements ; le Durham aux concours français ; le Durham en France, tribus, élevage, les ventes de reproducteurs ; la vacherie de Corbon ; le Durham aux concours anglais ; le Durham en Angleterre, visites aux principales étables d'Angleterre et d'Écosse ; le Durham en divers pays. — 1 vol. in-8° de 692 pages........... 6 fr. »

ANIMAUX DOMESTIQUES.

Hays (Charles du). — *Le Merlerault*. Nature et spécialité des herbages les plus fameux de cette contrée ; les principaux éleveurs, et les chevaux qu'ils ont produits. Le Haras du Pin. — Les herbages de la Plaine d'Alençon et du Mesle-sur-Sarthe. — 1 vol. in-18 de 182 pages.................................... 3 fr.

— *Le Cheval percheron* (*Bibl. du Cult.*). Production, élevage ; dégénérescence de la race, moyens de l'améliorer ; foires importantes, vitesse et tenue du percheron. — 1 vol. in-18 de 176 pages.................................... 1 fr. 25

Heuzé (Gustave). — *Le Porc*, historique, caractères, races ; élevage, engraissement, alimentation et maladies du porc, abatage, coupage et utilisation ; conservation de la viande, emploi de la peau, des soies et du fumier ; données statistiques, poids brut et net des porcs, valeur de la viande, commerce, concours pour l'espèce porcine. Vocabulaire et calendrier du porcher. — 6° éd. 1 vol. in-18 de 322 pages avec 50 fig........................ 3 fr. 50

Huart du Plessis. — *La Chèvre* (*Bibl. du Cult.*) : Origines, races diverses, la chèvrerie, multiplication, maladies, lait, fromages, viande, fumier. — 1 vol. in-18 de 164 pages avec 42 fig.................................... 1 fr. 25

Jacque (Ch.). — *Le Poulailler :* monographie des poules indigènes et exotiques, aménagements, croisements, élève, hygiène, maladies, etc. 6° éd. texte et dessins par Jacque. — 1 vol. in-18 de 360 pages avec 117 fig......... 3 fr. 50

Dans cet ouvrage, depuis longtemps classique, l'auteur, qui s'était livré à l'élevage des poules, a voulu faire profiter ceux qui suivraient son exemple de tout ce qu'une longue expérience lui avait appris à lui-même, et leur épargner les erreurs et les tâtonnements, en faisant connaître d'une façon positive les différentes races et leurs qualités particulières, en montrant tout ce qu'on peut faire à l'aide de croisements judicieux, et en décrivant les procédés les moins coûteux pour établir les constructions. Il est inutile de faire remarquer de quel intérêt sont les types des races diverses de poules, puisque l'auteur des dessins et du texte n'est autre que le célèbre peintre d'animaux.

Le Conte (J.). — *Traité pratique de l'élevage des veaux :* (*Bibl. du Cult.*) *La mère :* Gestation ; vêlage ; hygiène et maladie de la vache après le vêlage. — *Le veau :* Hygiène de l'élevage ; premiers soins à donner aux veaux ; allaitement naturel, mixte et artificiel ; sevrage ; choix des veaux d'élevage ; engraissement ; maladies ; castration. — Exemples pratiques d'élevage en France et à l'étranger et d'engraissement des veaux. — 1 vol. in-18 de 180 pages avec 9 fig.. 1 fr. 25

Lefour. — *Animaux domestiques, zootechnie générale* (*Bibl. du Cult.*) : Définitions, idée générale et composition du corps de l'animal ; appareils et fonctions ; tempéraments et aptitudes ; reproductions des animaux et amélioration des races ; alimentation ; hygiène générale. — 1 vol. in-18 de 154 pages avec 33 fig.. 1 fr. 25

— *Cheval, Ane et Mulet* (*Bibl. du Cult.*) : Espèces, variétés et origines du cheval, reproduction, types et races, élevage, entretien, utilisation, emploi du cheval de trait, de selle ; l'âne et le mulet ; extérieur, élevage, régime, utilisation. — 1 vol. in-18 de 180 pages avec 136 fig................. 1 fr. 25

ANIMAUX DOMESTIQUES.

Léouzon. — *Manuel de la porcherie* (*Bibl. du Cult.*) : Les races porcines françaises et anglaises, installation de la porcherie; les reproducteurs, gestation, castration; élevage; engraissement; commerce des porcs; abattage, découpage des porcs; viande, peau, soies; fumier; profits de la porcherie; maladies du porc. — 1 vol. in-18 de 168 pages avec 38 fig............ 1 fr. 25

— *La race Durham laitière :* Des qualités laitières de cette race, qui, possédant la conformation la plus admirable, est douée au plus haut degré de la précocité et de l'aptitude à l'engraissement. — 1 vol. in-8° de 68 pages avec 1 fig... 1 fr. 50

Leroy (Alfred). — *Le Mouton charmoise.* — Genèse et exploitation de la race. — Broch. in-18 de 124 pages.................................. 1 fr. »

Leroy (E.). — *Aviculture :* outillage spécial; éclosion; animaux nuisibles; reproduction en volière; repeuplement des chasses; faisans, perdrix, cailles, etc., etc. — 1 vol. in-18 de 422 pages avec 51 fig...................... 3 fr. »

— *La Poule pratique,* par un praticien : races de parquet; races de ferme; hygiène et nourriture des poules; exploitation de la volaille, couveuses naturelles et artificielles, incubation, éclosion, élevage. — 1 vol. in-18 de 320 pages avec 57 fig.. 3 fr. »

Magne. — *Choix des vaches laitières* (*Bibl. du Cult.*). Signes qui font connaître les qualités des vaches; choix, classification, nourriture, rendement et production des vaches laitières; qualités, composition et altération du lait; production du beurre. — 1 vol. in-18 de 144 pages, avec 39 fig. 1 fr. 25

Malézieux. — *Manuel de la fille de basse-cour,* contenant des instructions pour élever, nourrir, engraisser et soigner tous les animaux de la basse-cour, poules, dindons, pintades, oies, canards, pigeons, lapins, vaches et cochons. — 1 vol. in-18 de 332 pages, avec 39 fig................ 3 fr. »

Millet-Robinet (Mme). — *Basse-cour, Pigeons et Lapins* (*Bibl. du Cult.*). De la basse-cour; poule et coq, dindon, oie, canard; du poulailler : Les races, amélioration; ponte, incubation, soins à donner aux mères et aux petits; engraissement, maladies, chair. — Le faisan, la pintade, le pigeon. — Le lapin : clapier, races, multiplication et élevage, nourriture, maladies. — 1 vol. in-18 de 180 pages avec 26 fig............................ 1 fr. 25

Pagès (Calixte). — *Hygiène des animaux domestiques dans la production du lait.* Action des aliments sur la sécrétion et la nature du lait; hygiène des femelles laitières en général et dans la production du lait-fromager, du lait-beurrier, du lait-aliment, du lait-médicament; hygiène de la truie laitière, de la chienne laitière, de la jument laitière, de l'ânesse laitière, de la brebis laitière, de la chamelle laitière, de la chèvre laitière et de la vache laitière. — 1 vol. in-18 de 340 pages..................... 3 fr. »

Pelletan. — *Pigeons, Dindons, Oies et Canards* (*Bibl. du Cult.*). Espèces et races, élevage, engraissement, hygiène et maladies produites, etc. — 1 vol. in-18 de 180 pages avec 20 fig.................................... 1 fr. 25

ANIMAUX DOMESTIQUES.

Rossignol et Dechambre. — *Éléments d'hygiène et de zootechnie à l'usage des écoles pratiques d'agriculture.* — 2 vol. in-18 ensemble de 748 pages avec 159 fig.. 7 fr. »

Chaque volume se vend séparément.

TOME Iᵉʳ. — *Anatomie et physiologie :* Classification zoologique des animaux domestiques; appareils de la locomotion, de la digestion, de la respiration, de la circulation, etc. *Extérieur des animaux domestiques :* la tête; le tronc; les membres; robes et signalement; âge. *Hygiène :* Utilisation des animaux moteurs; alimentation; ferrure et entretien du pied. *Zootechnie générale :* Modes et lois de l'hérédité; origine des espèces; méthodes de reproduction, d'exploitation. — 1 vol. in-18 de 410 pages avec 98 fig.. 3 fr. 50

TOME II. — *Les équidés, les bovins, les moutons et les chèvres :* races, procédés d'élevage, d'exploitation et d'amélioration. *Les porcs :* races, règles et pratique de la reproduction; engraissement du porc. *Animaux de basse-cour :* Les poules; le pigeon; le dindon; le canard et l'oie; le lapin. — 1 vol. in-18 de 333 pages avec 61 fig.. 3 fr. 50

Roullier-Arnoult. — *Instructions pratiques sur l'incubation et l'élevage artificiels des volailles* (Bibl. du Cult.). Le poulailler; les races de poules; reproduction; incubation artificielle; élevage, nourriture; éjointement et castration, engraissement; du commerce de la volaille; dindons, oies, canards; maladies des volailles; calendrier de l'éleveur — 4ᵉ édition. 1 vol. in-18 de 172 pages avec 49 fig................................ 1 fr. 25

Saint-Pol (Vᵗᵉ de). — *La volaille à la ferme :* Amélioration des races de ferme; soins à la volaille. Alimentation. Choix des œufs. Incubation naturelle et artificielle. Élevage naturel et artificiel. Canards, oies, dindons, lapins. Vente de la volaille. — 1 vol. in-18 de 176 pages..................... 3 fr. »

Sanson (André). — *Traité de zootechnie* ou *Économie du bétail*, nouv. éd. — 5 vol. in-18, ensemble de 2,016 pages avec 236 fig.............. 17 fr. 50

Chaque volume se vend séparément.

TOME Iᵉʳ. — Objet de la zootechnie; fonctions physiologiques et économiques du bétail; appareils de la locomotion, de la digestion, de la respiration, de la circulation, de la dépuration urinaire, de l'innervation, des sens et de la génération. — 1 vol. in-18 de 404 pages avec 71 fig.................. 3 fr. 50

TOME II. — Lois de l'hérédité, de la classification zoologique, de l'extension des races; méthodes de reproduction, de gymnastique fonctionnelle, d'exploitation, d'encouragement, de classification. — 1 vol. in-18 de 193 pages avec 23 fig... 3 fr. 50

TOME III. — Fonctions économiques des équidés; races chevalines brachycéphales et dolichocéphales; populations métisses; races asines; mulets et bardots; production des équidés; institutions hippiques; production et exploitation de la force motrice. — 1 vol. in-18 de 382 pages avec 50 fig.. 3 fr. 50

TOME IV. — Fonctions économiques des bovidés; races bovines dolichocéphales et brachycéphales; populations métisses; production des jeunes bovidés; production du lait, de la force motrice et de la viande. — 1 vol. in-18 de 363 pages avec 48 fig.. 3 fr. 50

ANIMAUX DOMESTIQUES.

Tome V. — Fonctions économiques des ovidés ; races ovides brachycéphales et dolichocéphales ; races caprines ; production des jeunes ovidés ; production du lait et de la viande. — Races porcines ; production des jeunes suidés ; production de la chair de porc. — 1 vol. in-18 de 372 pages avec 49 fig..... 3 fr. 50

Sanson (André). — *Alimentation raisonnée* des animaux moteurs et comestibles (*Bibl. du Cult.*). Digestion, aliments, boissons ; alimentation des bovidés, équidés, ovidés, suidés ; tables de la composition chimique des aliments. — 1 vol. in-18 de 180 pages ou tableaux avec 3 fig............... 1 fr. 25

— *Notions usuelles de médecine vétérinaire* (*Bibl. du Cult.*). Signes de l'état de santé ; signes généraux et spéciaux d'état morbide. Maladies, médicaments, opérations chirurgicales usuelles. — 1 vol. in-16 de 174 pages avec 13 fig... 1 fr. 25

— *Les Moutons* (*Bibl. du Cult.*). Histoire naturelle, anatomie, races, fonctions économiques et zootechnie des moutons. — Administration et récolte des produits du troupeau. — 1 vol. in-18 de 168 pages avec 56 fig.......... 1 fr. 25

— *La Maréchalerie,* ou ferrure des animaux domestiques (*Bibl. du Cult.*). Anatomie du pied ; production de la corne ; ferrure usuelle, perfectionnée, normale, péri-plantaire ; atelier de maréchalerie, instruments ; ferrure orthopédique, thérapeutique, à glace ; ferrure de l'âne, du mulet, et du bœuf ; accidents ; blessures de la sole, etc. — 1 vol. in-18 de 164 pages avec 34 fig. 1 fr. 25

Serres (E.). — *Guide hygiénique et chirurgical pour la castration et le bistournage* du cheval, du taureau, de la vache, du bélier, du verrat, etc., etc., âge auquel on doit châtrer les animaux ; influence de la castration sur l'amélioration des races chevalines, sur la production de la viande des autres animaux ; procédés de castration, les différentes méthodes ; accidents de la castration. — 1 vol. in-18 de 560 pages avec 10 fig... 3 fr. 50

Simonoff et Moerder. — *Les Races chevalines* avec une étude spéciale *sur les chevaux russes* :

Le cheval en général et *l'origine du cheval domestique :* type occidental, type oriental, produits du croisement. — *Les chevaux russes :* Les chevaux sauvages et demi-sauvages ; les chevaux du type rustique, les chevaux de haras : trotteurs, chevaux de selle, chevaux de gros trait. — *Les chevaux anglais :* Origine. Le pur sang anglais ; chevaux de gros trait ; les races primitives de la Grande-Bretagne. — *Les chevaux français :* Origine ; les pur sang en France ; les chevaux de trait : boulonnais, percherons, etc. ; les chevaux de selle et de trait léger : landais, camargues, etc. Les anglo-normand, les trotteurs français. — *Les chevaux allemands :* Origine ; les chevaux est-prussiens, hanovriens, oldenbourgeois. — *Les chevaux austro-hongrois :* Origine ; les haras et les dépôts d'étalons ; état actuel de l'élevage. — *Les chevaux des autres pays de l'Europe :* suédois, belges, hollandais, danois, italiens, espagnols, etc. — *Les chevaux de l'Amérique et de l'Australie :* Ouvrage précédé d'une lettre du général baron *Faverot de Kerbrech,* inspecteur général permanent des remontes en France, et orné de 32 planches en chromolithographie d'après les aquarelles de M. Samokisch et de M. Bounine, et de 70 photogravures d'après les dessins de M. Samokisch. 1 vol. in-4° de 332 pages, broché.. 32 fr.

Prix du volume, relié, genre amateur avec fers spéciaux : 38 fr.

ANIMAUX DOMESTIQUES.

Teisserenc de Bort (Edmond). — *Considérations sur la pureté et les qualités de la race bovine du Limousin.* — Broch. in-8° de 28 pages avec 5 fig. .... 0 fr. 50

Thierry (Émile). — *Le Bœuf :* zoologie, anatomie et physiologie : appareil locomoteur; appareils de la digestion, de la circulation, de la respiration, de l'urination, de l'innervation, des sens, de la génération; extérieur; signalements. Races bovines, production, exploitation, caractères. Fonctions économiques des bovins, production des jeunes bovins, choix de la vache laitière, du bœuf de boucherie et des animaux de travail. Amélioration des bovins. Hygiène et maladies, habitations, pansage, tondage, alimentation, engraissement, traite, travail, ferrure, maladies. — 1 vol., cartonné, en forme d'album, avec 37 figures dans le texte, et 5 planches coloriées découpées et superposées montrant : l'extérieur du bœuf, le squelette, l'appareil de la circulation, les muscles et les viscères, le cœur, l'estomac, les intestins, les poumons, les organes de la reproduction, etc. 3 fr. 50

En préparation : LE PORC. — LE MOUTON. — LE CHEVAL. — L'ABEILLE.

Vallée de Loncey. — *La saison de monte des chevaux en France pour 1900* (Bibl. du Cult.) : conseils pratiques aux éleveurs, aux agriculteurs et aux fermiers; saillie, fécondation des juments, gestation; les haras et l'industrie étalonnière, stations de monte, étalons recommandés pour la saillie de 1900, liste des haras particuliers possédant des étalons approuvés. — 1 vol. in-18 de 188 pages........................ 1 fr. 25

Vial (A.-A.). — *Connaissance pratique du cheval :* traité d'hippologie à l'usage des sportsmen, officiers de cavalerie, vétérinaires, marchands de chevaux, éleveurs, cultivateurs, etc. De l'organisme du cheval; examen pratique du cheval : connaissance de l'âge, aplombs, formes extérieures, tares et boiteries, des allures. Des races. Élevage, hygiène, maladies; de la ferrure et du mors; règles générales pour la conduite des chevaux. — 4° édition. 1 vol. in-18 de 372 pages avec 72 fig .... 3 fr. 50

Vial. — *Engraissement du bœuf* (Bibl. du Cult.). Choix des animaux; étables, alimentation, engraissement, condiments, boissons, rendement, maladies, etc. — 1 vol. in-18 de 180 pages avec 12 fig..................... 1 fr. 25

Villeroy. — *Manuel de l'éleveur des bêtes à cornes* (Bibl. du Cult.). Choix du bœuf de travail, de la vache laitière et de la bête d'engrais; amélioration des races; étables; pansage, soins, alimentation; engraissement; races, reproduction; élevage des veaux, fumier, trayage des vaches, castration, ferrage, maladies, etc. — 1 vol. in-18 de 308 pages avec 65 fig........... 1 fr. 25

Wolff (Dr Émile). — *Alimentation des animaux domestiques,* traduit par Ad. Damseaux sur la 5° édition. Lois de la nutrition animale; formation de la viande et de la graisse; production de la force. Éléments constituants des fourrages, digestibilité des matières alimentaires. Examen spécial des fourrages (foin de prairie, trèfle, luzerne, pailles, etc.), des aliments concentrés (graines de céréales, de légumineuses, tourteaux, etc.), des tubercules et racines (pommes de terre, betteraves, carottes, etc.). Rationnement des animaux domestiques. Tables de la composition moyenne des aliments en éléments digestibles; tables des conditions de la digestibilité des aliments; tables des rations types pour les animaux domestiques. — 1 vol. in-18 de 400 pages.. 3 fr. 50

INDUSTRIES AGRICOLES.

VI

INDUSTRIES AGRICOLES

LAITERIE, BEURRE ET FROMAGES. — VINS ET CIDRES.
APICULTURE — SÉRICICULTURE. — ARTS AGRICOLES DIVERS.

Maison rustique du XIXe siècle, tome III (*voir page 3*).

Bertrand. — *Conduite du rucher,* calendrier de l'apiculteur mobiliste : reines, ouvrières, mâles, pondeuses; maladies des abeilles; essaimage, récolte du miel; animaux nuisibles, outillage de l'apiculteur; ruches et ruchers; hydromel, eau-de-vie et vinaigre de miel. 8e édit. — 1 vol. in-16 de 300 pages, 84 fig. et 1 pl.. 2 fr. 50

— *La Fausse teigne* ou teigne des ruchers; description et moyens de la combattre, ouvrage de A. de Rauschenfels, traduit par Ed. Bertrand. — Broch. in-16 de 32 pages... 0 fr. 60

— *La Ruche Dadant modifiée,* description et construction avec 17 figures. — Broch. de 32 pages.. 0 fr. 60

Bisseuil (A.). — *Les Bouilleurs de cru :* 2e édition faite après le dépôt (mai 1895) du dernier projet de la commission du budget sur la réforme des boissons. — Broch. in-8° de 46 pages................................. 1 fr. »

Boiret (H.). — *Évaluation rapide de la richesse en fécule de la pomme de terre :* vente de la pomme de terre industrielle au poids ou à la densité; différentes méthodes de dosage de la fécule; tables donnant le taux de fécule d'après la densité; usage de la densité dans la recherche du meilleur plant. — Br. in-4° de 18 pages.............................. 1 fr »

Boissy (l'abbé). — *Le Livre des abeilles,* ou manuel d'apiculture : reines, ouvrières, pondeuses, bourdons; multiplication des abeilles, essaimage; maladies des abeilles, remèdes; animaux nuisibles; ruches et ruchers, miellée; calendrier apicole. — 5e édit. 1 vol. in-18 de 312 pag. avec 6 planches. 2 fr. 50

Boullenois (de). — *Conseils aux éducateurs de vers à soie :* observations préliminaires sur l'industrie de la soie; mûriers; plantation, taille, culture; de la magnanerie, mobilier et installation; des vers à soie, éducation, maladies; filature des cocons. — 3e édit. 1 vol. in-8° de 248 pages..... 3 fr. 50

Brunel et Poussier. — *Étude sur le fromage de Géromé.* — Fabrication, dans les marcairies, à l'école de laiterie de Saulxures; composition chimique du fromage de Géromé suivant son état de maturation. — 1 vol. in-18 de 130 pages avec 59 fig. et 2 pl............................. 2 fr. »

Colbert-Laplace (Comte de). — *Les Bouilleurs de cru :* Examen critique des accusations portées contre eux et des propositions législatives qui les concernent. — Broch. in-8° de 56 pages........................... 1 fr. »

INDUSTRIES AGRICOLES.

Coupin. — *La conservation des fruits, des légumes, des graines et des racines bulbeuses* : Conservation des fruits frais, emballage; fruits en bouteilles, à l'eau-de-vie; séchage des fruits; fabrication des fruits secs, des pâtes et des gelées; procédés divers pour conserver les légumes frais et secs; conservation des graines et des racines tuberculeuses; durée de vitalité; les ennemis des graines. — 1 vol. in-18 cartonné de 472 pages.. 2 fr. »

Derosne. — *Exposé sommaire de l'apiculture mobiliste;* description et emploi de la ruche-album: récolte du miel, outillage de l'apiculteur. — 1 vol. in-18 de 180 pages avec 3 planches et supplément............. 2 fr. »

Durier. — *Étude sur la flacherie* : circonstances dans lesquelles se développe cette maladie; des moyens de la guérir et de la prévenir. — Broch. gr. in-8° de 32 pages.. 1 fr. »

Figuier (Louis). — *Le Raffinage du sucre en fabrique et ses nouveaux procédés :* procédé général; procédés par la strontiane et l'ébullition; procédé par l'osmose. — Broch. de 60 pages gr. in-8° avec 8 fig..... 2 fr. »

Fillol (Olivier de). — *Histoire du bon vin.* Origines du vin : choix du terroir, greffage, différents systèmes; mise des greffes en pépinière; préparation du terroir, plantation du vignoble, soins à donner aux plants greffés. Berceau du vin, taille de la vigne, taille à deux arcs, palissage; fumiers et engrais, façons à donner aux vignes; accidents, maladies et insectes nuisibles. Jeunesse du vin : vendanges; au cuvier; au cellier. Maturité du vin : clarification des moûts; soins spéciaux à donner aux vins rouges; maladies des vins rouges; soins communs à donner aux vins blancs et aux vins rouges; soins spéciaux aux vins blancs. Vieillesse du vin : mise en bouteilles; à la cave; service du vin. — 1 vol. in-8° de 161 pages............. 3 fr. 50

Fouard (E.). — *Pasteurisation et stérilisation du lait :* Conservation, filtration, pasteurisation, différents procédés de stérilisation. — Broch. in-18 de 120 pages... 1 fr. 50

Givelet (Henry). — *L'ailante et son bombyx :* culture de l'ailante, éducation de son bombyx; instruction pratique pour l'exploitation séricole de l'ailante; dépenses et produits; valeur et emploi de l'ailante. — 1 vol. in-8° de 164 pages avec 19 planches....................................... 5 fr. »

Guyot (Jules). — *Culture de la vigne et vinification :* Principes de la culture de la vigne; culture en lignes basses et sur souche, taille, etc.; engrais et amendements; cépages : façons à donner à la vigne; création des vignobles, conduite de la vigne depuis sa plantation jusqu'à sa pleine production; vinification; principes généraux, vendanges, égrappage, foulage, pressurage, cuves et cuvaison, soutirage, collage; classification des vins : vins rouges, vins rosés, vins de macération, vins artificiels, sucrage des vins, vins de liqueur, vins mousseux, marcs, maladies des vins, dégustation; coup d'œil sur la création d'un vendangeoir. — 2ᵉ éd. 1 vol. in-18 de 426 pag. avec 30 fig.. 3 fr. 50

Langstroth. — *L'Abeille et la Ruche,* ouvrage traduit, revu et complété par Ch. Dadant. Histoire naturelle des abeilles; comment elles construisent : miel, cire, propolis, rayons et cellules; nourriture des abeilles; ruches à rayons fixes, ruches à rayons mobiles; essaimage naturel et artificiel; élevage des reines; différentes races; expédition et transport; le rucher; alimentation des abeilles; flore mellifère; hivernage et dépopulation du printemps; production, extraction, préparation, vente et usages du miel, hydromels; la cire et ses emplois; maladies et ennemis des abeilles; calendrier des apiculteurs. — 2ᵉ édition. 1 fort vol. in-16 de 650 pages avec 183 fig., richement cartonné...................................... 7 fr. 50

INDUSTRIES AGRICOLES.

Martin (de). — *Rapports sur l'œnotherme Terrel des Chênes et sur les chaudières à échauder la vigne.* Compte rendu du Congrès viticole de Lyon (1872). — Broch. in-8° de 24 pages avec deux planches... 1 fr. 50

Nanot. — *Culture du pommier à cidre, fabrication du cidre et modes divers d'utilisation des pommes et des marcs.* (Voir page 25.) — 1 vol. in-18 de 324 pages avec 50 fig...................... 3 fr. 50

Nanot et Tritschler. — *Traité pratique du sechage des fruits et des légumes.* La culture fruitière en France, en Allemagne, en Autriche, au Canada, etc. La dessiccation des fruits; production et consommation des fruits en France; importation et exportation. — Considérations générales sur la dessiccation : les différents systèmes employés pour conserver les fruits; la dessiccation, ses avantages, etc. — Appareils servant à sécher les fruits. — Dessiccation des pommes, des poires, des pêches, des abricots, des prunes, des cerises, du raisin, des figues, des châtaignes, des légumes. — 1 vol. in-18 de 300 pages avec préface et 27 fig............. 3 fr. 50

Personnat. — *Le Ver à soie du chêne* (Bombyx Yama-mai), son histoire, sa description, éducation et acclimatation; rendement et bénéfices. — 4° éd. 1 vol. in-8° de 132 pages, 2 grav. noires, et 3 pl. coloriées......... 3 fr. »

Pouriau. — *La Laiterie*, art de traiter le lait, de fabriquer le beurre et les principaux fromages français et étrangers. Du lait, des microbes du lait; procédés de conservation; établissement d'une laiterie; vente du lait en nature. Industrie beurrière : du crémage et de la crème; le beurre, sa composition, ses propriétés; fabrication, appareils et méthodes de conservation, salaison; commerce; plans et devis de petites, moyennes et grandes laiteries; la margarine. Industrie fromagère : présures et caillettes, fromages de consistance molle frais et affinés, fromages à pâte ferme. — Essais des laits et des beurres. — 5° édit. 1 vol. in-18 de 908 pages, 423 figures et 4 planches................. 7 fr. 50

Sagot et Delépine. — *Les Abeilles* (Bibl. du Cultiv.), leur histoire, leur culture avec la ruche à cadres et greniers mobiles : notions sur les abeilles, description et fabrication de la ruche, manière de s'en servir habilement; calendrier apicole indiquant ce qu'il faut faire mois par mois; matériel de l'apiculteur, législation. — 1 vol. in-18 de 180 pages avec 45 fig.... 1 fr. 25

Séguin-Rolland. — *Soins à donner aux vins fins de la Côte-d'Or*, depuis la vendange jusqu'à leur mise en consommation. Broch. gr. in-8° de 20 pages avec 7 fig.. 1 fr. »

Silvestre (B.). — *L'Apiculture au vingtième siècle :* Méthode rationnelle, simple et économique de cultiver les abeilles et d'utiliser leurs produits; établissement d'un rucher; essaimage; des ruches; maladies et ennemis des abeilles, outils et instruments d'apiculture; travaux d'automne, du printemps, de l'été; récolte; le miel et la cire; leurs usages; hydromel et eaux-de-vie de miel. — 1 vol in-18 de 138 pages avec 41 fig............ 1 fr. 25

GÉNIE RURAL. — MACHINES ET CONSTRUCTIONS AGRICOLES.

VII

GÉNIE RURAL — DRAINAGE, IRRIGATIONS MACHINES ET CONSTRUCTIONS AGRICOLES

Maison rustique du XIXe siècle, tome Ier et IV (*voir page* 3).

Auberjonois. — *Les Constructions agricoles du domaine de Beau-Cèdre,* album de 35 planches in-plano représentant le plan général et les plans, coupes et élévations des constructions du domaine, hangars, bâtiments avec détails, écuries et remises, vacherie, porcherie, laiterie, basse-cour, forge, buanderie, four, etc., avec notice explicative de 30 pages. 20 fr. »

Barral. — *Drainage des terres arables.* — 3e éd. 2 vol. in-18 ensemble de 960 pages, 443 fig. et 9 planches.. 7 fr. »

Tome Ier. — Histoire du drainage. — Drainage sans tuyaux. — Des terres drainables. — Fabrication des tuyaux de drainage : choix des matériaux, préparation des terres, formes à donner aux tuyaux, étirage des tuyaux. — Description des machines à étirer les tuyaux. — Fabrication des tuiles, briques ordinaires et briques creuses. — Fours à cuire; cuisson.

Tome II. — Exécution du drainage : levé du plan des terres à drainer, nivellement, exemples de drainage; saisons convenables pour l'exécution; tracé des drains, forme des tranchées, règlement des pentes, pose des tuyaux et remplissage des tranchées.

Les volumes ne se vendent pas séparément.

— *Législation du drainage, des irrigations et autres améliorations foncières permanentes.* — Situation par département, du drainage en France. — Du drainage dans les colonies. — Du drainage en Belgique, dans la Grande-Bretagne, en Suisse, en Italie, en Allemagne, en Danemark, en Russie, aux États-Unis. — Législation anglaise sur le drainage et les autres améliorations agricoles permanentes. — Législation belge, allemande. — Législation française : lois, arrêtés et circulaires relatives au drainage. — 1 vol. in-18 de 664 pages, avec 28 fig. et 1 planche. 7 fr. »

Bertin. — *Des Chemins vicinaux* (1853). La question des chemins vicinaux en 1853; de l'association des communes; des cantonniers. — 1 vol. in-8° de 111 pages.. 1 fr. »

— *Code des irrigations* (1852) Historique et législation, exercice du droit d'irrigation; règlements; canaux d'irrigation; servitude de conduite d'eau; barrage; servitude d'appui. Législation étrangère.— 1 vol. in-8° de 182 pages. 3 fr. »

Bouchard-Huzard. — *Traité des constructions rurales.* Épuisé (*une nouvelle édition, entièrement refondue, est en préparation*).

Dumur et Cugnet. — *Les Bâtiments agricoles;* conditions générales qu'ils doivent remplir, locaux divers considérés dans leurs détails; plans et devis de bâtiments d'exploitation pour une propriété de 20 hectares. *Mémoires couronnés par la Société d'agriculture de Lausanne.* — 1 vol. in-8° de 232 pages avec un atlas de 115 fig. donnant, à l'échelle, les plans, coupes et élévations des bâtiments et des détails............................. 10 fr. »

Duplessis. — *Traité de nivellement,* comprenant les principes généraux, la description et l'usage des instruments, les opérations et les applications. — 1 vol. gr. in-8° de 364 pages avec 112 fig...................... 8 fr. »

Gasparin (Comte de). — *Cours d'agriculture, tomes II, III et VI,* constructions rurales, mécanique agricole, machines, etc. (voir page 5).

GÉNIE RURAL — MACHINES ET CONSTRUCTIONS AGRICOLES.

Grandvoinnet (J.-A.). — *Traité élémentaire des constructions rurales* (*Bibl. du Cult.*) : *Principes généraux de construction :* terrassement, maçonnerie, charpenterie, couverture, menuiserie, serrurerie, plomberie, peinture et vitrerie. — *Bâtiments ruraux :* habitations, écuries, bouveries, bergeries, porcheries, poulaillers, granges, fenils, greniers, laiteries, etc. — 2 vol. in-18 ensemble de 308 pages avec 306 fig................ 2 fr. 50
Ces deux volumes ne se vendent pas séparément.

— *Les Bergeries :* considérations générales sur les habitations du mouton ; parcs temporaires ou mobiles ; parcs permanents ou refuges ; abris plantés ; bergeries couvertes, condition d'établissement, constructions, dispositions d'ensemble ; matériel. — 1 vol. in-18 de 314 pages avec 169 fig...... 5 fr. »

Lefour. — *Culture générale et instruments aratoires* (*Bibl. du Cult.*). Défrichement, assainissement, drainage, labours et façons du sol. — 1 vol. in-18 de 174 pages avec 135 fig.. 1 fr. 25

— *Comptabilité et géométrie agricoles* (*Bibl. du Cult.*). Calculs et barèmes, système métrique, comptabilité, arpentage, cubage, nivellement et levé des plans. — 1 vol. in-18 de 214 pages avec 120 fig................. 1 fr. 25

Pignant (P.). — *Principes d'assainissement des habitations* des villes et de la banlieue ; travaux divers d'assainissement, épuration et utilisation agricole des eaux d'égout. — 1 vol. in-8° de 528 pages avec atlas de 36 pl. in-folio.. 30 fr. »

Ringelmann (Maximilien). — *Les moteurs thermiques et les gaz d'éclairage applicables à l'agriculture :* Des différents combustibles des moteurs à explosion : gaz de houille et d'éclairage, gaz pauvres, acétylène, pétrole, alcool. — Théorie générale des moteurs à explosion, mélanges tonnants, cycles des moteurs à explosion. — Moteurs à pétrole lampant, principes, classification, description, expériences. — Moteurs à gaz d'éclairage, moteurs à gaz divers, moteurs à air chaud : classification, description, travail. — Résumé et conclusion. 1 vol. in-8° de 300 pages, avec 276 fig.. 9 fr. »

— *Machines et ateliers de préparation des aliments du bétail.* Les Brise-tourteaux du broyage, description, travail et prix de revient du travail des brise-tourteaux. De la cuisson des aliments du bétail ; combustibles et condition de combustion ; Description des appareils à cuire ; données pratiques. Des appareils à chauffer l'eau : Des soupes ; appareils à chauffer l'eau ; chauffeurs d'eau américains. Du broyage des tubercules ; description des broyeurs de tubercules. Ateliers mus : par un manège, par un moteur à vapeur ou à pétrole, par un moulin à vent, par un moteur électrique. — 1 vol. in-8° de 132 pages avec 120 fig....................... 3 fr. 50

Ringelmann et Danguy. — *Traité de mécanique expérimentale.* Leçons professées à l'École nationale d'Agriculture de Grignon. Notes prises au cours et rédigées par J. Danguy ; étude des mouvements ; étude des forces ; du travail ; des machines simples ; résistance des matériaux hydraulique et pneumatique. Quelques mots sur l'histoire de la mécanique. — 1 vol. in-18 de 370 pages avec 350 fig..................................... 3 fr. 50

Ronna (A.). — *L'Agriculture et les cours d'eau :* Régime des cours d'eau ; travaux de conservation, de défense des cours d'eau ; curage des cours d'eaux. Broch. grand in-8° de 65 pages, avec 65 figures............. 2 fr. 50

Vidalin (F.). — *Pratique des irrigations* en France et en Algérie (*Bibl. du Cult.*). Aménagement des eaux, du sol ; utilisation de l'eau, submersion des vignes. Emploi des faucheuses. — 1 vol. in-18 de 180 pages avec 22 fig.. 1 fr. 25

BOTANIQUE. — HORTICULTURE. — SERRES.

VIII

BOTANIQUE. — HORTICULTURE. — SERRES

Maison rustique du XIX⁰ siècle, tome V (voir page 3).

Almanach du jardinier, publié chaque année au mois de septembre, comprenant les nouveautés horticoles, avec des articles sur la culture potagère et fruitière, la floriculture de pleine terre et de serre, etc. — 192 pages in-32 avec gravures.. 0 fr. 50

Le Bon Jardinier, almanach horticole *pour 1900* (142⁰ édition), par Poiteau, Vilmorin, Decaisne, Naudin, Neumann, Pepin, Carrière, Heuzé, etc. — *Ouvrage couronné par la Société nationale d'horticulture de France.*

1ʳᵉ *partie*. — Calendrier du jardinier, ou indication mois par mois des travaux à faire dans les jardins. Aide-mémoire, et vocabulaire des principaux termes de jardinage et de botanique; principes généraux de culture : notions de botanique et de physiologie végétale, chimie et physique horticoles, climats; abris pour la conservation des plantes, outils, façons du sol; multiplication des plantes, semis, marcottes, boutures, greffes; taille des arbres, maladies des plantes et insectes nuisibles; arbres fruitiers : des jardins fruitiers et du verger; description et culture des meilleures sortes de fruits; plantes potagères, description et culture; propriétés et cultures des principales plantes médicinales; grande culture : plantes à fourrage, céréales et plantes économiques.

2⁰ *partie : Plantes et arbres d'ornement.* — Caractères des familles naturelles; description et culture des plantes et arbres d'ornement de pleine terre et de serre, classés par ordre alphabétique; les listes de variétés recommandées ont été revues avec le plus grand soin; variétés anciennes les plus méritantes, et variétés nouvelles; classement des végétaux de pleine terre suivant leur emploi dans les jardins; création et entretien des gazons.

(La 1ʳᵉ édition du *Bon Jardinier* remonte à 1754 : une édition nouvelle a été publiée régulièrement chaque année depuis 1755, à cinq exceptions près : 1815, 1871, 1888, 1892 et 1893.)

Un vol. in-18 de 1700 pages... 7 fr. »
Cartonné, 8 fr. — Cartonné en 2 vol., 9 fr.

Gravures du Bon Jardinier. (*La 24⁰ édition, qui sera entièrement refondue, est en préparation.*)

Amé. — *Le Jardin d'essai du Hamma* à Mustapha près d'Alger, description des familles, groupes et genres les mieux représentés au jardin, Broch. in-8⁰ de 64 pages avec 7 pl.. 2 fr. »

André (Ed.). — *L'art des jardins,* traité général de la composition des parcs et jardins : Historique depuis l'antiquité; jardins paysagers; esthétique. Principes généraux de la composition des jardins; division et classifications; la pratique; lever du plan, travaux d'exécution; exemples de parcs et jardins classés suivant leur destination; constructions et accessoires d'utilité et d'ornement.

PREMIÈRE PARTIE : Les jardins dans l'antiquité. — Les jardins depuis l'empire romain jusqu'au dix-huitième siècle. — Les jardins paysagers. — Développement du style actuel des jardins en France; de l'idée du beau et

BOTANIQUE. — HORTICULTURE. — SERRES.

de l'origine du goût, du sentiment de la nature. — Principes généraux de la composition des jardins : utilité, proportion, lumière, lois de la vision ; des genres ; des scènes ; du style ; amélioration des résidences rurales. — Division et classification des jardins : Parcs privés et publics ; jardins privés d'agrément, d'utilité.

Deuxième partie : la pratique : Examen du terrain, lever du plan, devis. — Travaux d'exécution : Tracé sur le terrain, les instruments, les vues et percées, les chemins, les terrassements, les eaux, les rochers, les plantations, les gazons, les fleurs et les feuillages d'ornement. — Exemples et descriptions de parcs et de jardins, botaniques d'acclimatation, d'hospices, de collèges, d'exposition, pépinières, etc., etc. — Constructions et accessoires d'utilité et d'ornement : communs, poulaillers, cabanes pour bateaux et oiseaux d'eau, embarcadères, ruchers, volières, faisanderies, kiosques, ponts, statues, grilles d'entrée, clôtures, etc.

1 vol. gr. in-8° de 900 pages, avec 11 pl. en chromolith. et 500 fig. Cartonné toile, tranches jaspées.. 35 fr. »

André (Ed.). — *Bromeliaceæ Andreanæ*, description et histoire des Broméliacées récoltées dans la Colombie, l'Ecuador et le Venezuela, par Ed. André ; 143 espèces et variétés, dont 91 nouvelles. — 1 vol. gr. in-4° de 130 pages, illustré de 39 planches figurant toutes les espèces nouvelles......... 25 fr. »

— *L'École nationale d'horticulture de Versailles*, sa fondation ; le potager de Versailles ; plan et description de l'école ; cultures ; jardins d'hiver et serres ; pépinières et école de botanique ; enseignement, avenir de l'école ; programmes des cours et règlement de l'école. — Broch. gr. in-8° de 64 pag., ornée d'un plan colorié avec 12 fig..................................... 2 fr. »

Audot. — *Traité de la composition et de l'ornementation des jardins.* 6° éd. (1859) représentant en plus de 600 fig. des plans de jardins, modèles de décoration, machines pour élever les eaux, etc. Des divers genres de jardin ; des sites ; du jardin fruitier, du jardin potager, des jardins fleuristes ; des jardins paysagers ; des eaux, moyens d'élever les eaux, habitations, ponts. — 2 vol. in-4° oblong avec 168 pl. gravées......................... 25 fr. »

Baltet (Ch.). — *L'Art de greffer* arbres et arbustes fruitiers, arbres forestiers et d'ornements, et reconstitution du vignoble. Définition, but, et conditions de succès du greffage ; outils, ligatures, engluements ; choix des sujets et des greffons ; procédés de greffage ; liste par ordre alphabétique des arbres, arbrisseaux et arbustes, avec le mode de greffage à appliquer à chacun d'eux. — 6° édit. augmentée de la greffe des végétaux exotiques et des plantes herbacées. 1 vol. in-18 de 504 pages avec 192 fig.............. 4 fr. »

— *Traité de la culture fruitière commerciale et bourgeoise :* Fruits de dessert, de cuisine, de pressoir, de séchage, de confiserie, de distillation ; choix des meilleurs fruits pour chaque saison ; plantations de vergers et de jardins fruitiers ; taille et entretien des arbres ; animaux nuisibles et entretien des arbres ; animaux nuisibles et maladies ; récolte des fruits, leur emballage et leur emploi. — 2° éd. épuisée. — 3° éd. sous presse.

— *De l'action du froid sur les végétaux* pendant l'hiver 1879-1880, ses effets dans les jardins, pépinières, parcs, forêts et vignes. — 1 vol. in-8° de 340 pages.. 5 fr. »

— *L'Horticulture française :* ses progrès et ses conquêtes depuis 1789, conférences de l'exposition universelle de 1889. — Broch. in-8° de 64 pages... 3 fr. 50

BOTANIQUE. — HORTICULTURE. — SERRES.

Bellair. — *Traité d'horticulture pratique :* Culture maraîchère, arboriculture fruitière, floriculture, arboriculture d'ornement, multiplication des végétaux, maladies des animaux nuisibles. La première partie comprend : la culture potagère en pleine terre et de primeur; l'arboriculture fruitière normale et forcée; le greffage des arbres fruitiers. La deuxième : les fleurs de pleine terre, les plantes de serres, les arbres et arbustes d'ornement. — 2ᵉ éd. 1 vol. in-18 cart. toile, de 1294 pages avec 598 fig............ 8 fr. »

— *Les Plantes pour appartements et fenêtres, les fleurs et feuillages pour bouquets :* Choix des plantes, plantes à feuillages, à fleurs, à fruits, plantes aquatiques, rampants etc... Bouquets, fleurs fraîches, sèches, feuillage, confection et conservation des bouquets. — 1 vol. in-18 cart. toile de 152 pages avec 81 fig.. 2 fr. »

Bellair et Saint-Léger. — *Les plantes de serre,* description, culture et emploi des espèces ornementales ou intéressantes cultivées dans les serres de l'Europe. — Un beau vol. gr. in-8°, cartonné de 1,672 pages avec 627 fig.. 16 fr. »

La première Partie du volume traite de la construction, de l'arrangement des serres et locaux vitrés *(jardin d'hiver, orangerie, serre à multiplication, etc.)* des systèmes de chauffage, des abris non vitrés, des terres et composts, de la poterie, des eaux et engrais, de la multiplication des plantes de serre, des soins de culture, des traitements parasiticides et anticryptogamiques.

Dans la seconde partie, qui comprend une étude détaillée de tous les végétaux de serre classés alphabétiquement, MM. BELLAIR et SAINT-LÉGER se sont attachés à faire connaître exactement chaque espèce par une description précise, une nomenclature synonymique complète, l'indication de son pays d'origine, de l'époque de son introduction, de la serre qui lui est propre; puis il est indiqué avec tous les détails nécessaires, les procédés de culture et de multiplication particuliers à chaque plante, le parti qu'on en peut tirer au point de vue de la décoration ou du commerce horticole, selon son tempérament, son aspect et sa valeur pécuniaire. Les Orchidées tiennent naturellement une place importante dans l'ouvrage; nous citerons comme exemple le genre *Cattleya* qui, à lui seul, est représenté par 10 figures et 28 pages de texte.

La troisième partie est une série de listes où les végétaux de serre sont groupés par ressemblance de constitution, conformité de port ou similitude d'emploi : *Espèces de serre froide et d'orangerie, de serre tempérée, de serre chaude.* — *Espèces grimpantes ou sarmenteuses de serres diverses.* — *Espèces aquatiques, espèces pour décoration d'appartements, espèces pour la production des fleurs coupées, etc.* Une dernière liste, alphabétique et par famille, des genres traités dans l'ouvrage termine le volume et facilite les recherches.

Bellair et Bérat. — *Les Chrysanthèmes :* Description, histoire, classification. Notions générales de culture : matières premières et ustensiles; multiplication, semis, greffage, bouturage, rempotage, etc. Cultures spéciales : chrysanthèmes à grande fleur, capités buissonnants, nains uniflores, tardifs, précoces, etc. Animaux nuisibles et maladies. Décoration des appartements. — 1 vol. in-18 cart. toile de 18 pages avec 25 fig............. 2 fr. »

Bohnhof. — *Dictionnaire des Orchidées hybrides* comprenant la liste de tous les hybrides artificiels et naturels connus au 1ᵉʳ janvier 1895, le nom de leur obtenteur ou introducteur, la date de leur apparition, ainsi que des clés établissant pour chaque espèce tous les semis obtenus et leurs synonymes. — 1 vol. in-18 cart. toile de 140 pages................ 4 fr. »

« Cet ouvrage, dit l'auteur, s'adresse aussi bien aux collectionneurs proprement dits, qu'il renseignera complètement sur l'origine de chaque hybride, qu'à tous ceux qui s'occupent spécialement d'hybridation; car il permettra à ceux-ci de retrouver rapidement tous les gains obtenus pour chaque espèce. »

BOTANIQUE. — HORTICULTURE. — SERRES.

Boncenne. — *Cours élémentaire d'horticulture.* Organisation des végétaux, culture potagère, culture des fleurs. — Végétaux ligneux, pépinières, multiplication, plantations, taille des arbres à fruits, culture de la vigne. — 2 vol. in-12 ensemble de 310 pages avec 85 fig.................. 1 fr. 50

Boucher et Mottet. — *Les Clématites, Chèvrefeuilles, Bignones, Glycines, Aristoloches et Passiflores.* Description, culture, multiplication, emplois horticoles, etc. — 1 vol. in-18 cart. toile de 164 pages avec 30 fig...................................... 2 fr. »

Bosredon (A. de). — *Culture des Kakis du Japon :* variétés diverses, greffage, plantation, taille et mise à fruit. — Broch. de 15 pages........... 0 fr. 50

Butret (Baron de). — *Taille raisonnée des arbres fruitiers* et autres opérations relatives à leur culture (1873), 21e éd. avec les diverses espèces de greffes et de la conservation des fruits. — 1 vol. in-18 de 148 pages avec 4 pl... 2 fr. »

Buyssens. — *Culture des fougères exotiques :* Caractères botaniques fougères épiphytes, stériles, exotiques en horticulture, multiplication, semis de culture, arrosage, aérage, serres, fougères en appartement, maladies, animaux nuisibles et utiles; principales espèces; description et culture. — 1 vol. in-18 cart. de 290 pages avec 22 fig...................... 2 fr. »

Carrière. — *Encyclopédie horticole :* vocabulaire raisonné de tous les termes employés en botanique et en horticulture. — 1 vol. in-18 de 550 pag. 3 fr. 50

— *Semis et mise à fruit des arbres fruitiers* (*Bibl. du Jard.*). — Considérations générales sur les arbres fruitiers de semis, description des espèces. — 1 vol. in-18 de 158 pages...................................... 1 fr. 25

— *Pommiers microcarpes ou pommiers d'ornement* (*Bibl. du Jard.*). Pommiers à fleurs doubles, de la Chine, baccifères, de Sibérie, etc. — 1 vol. in-18 de 180 pages avec 18 fig.................................... 1 fr. 25

— *Les Pépinières* (*Bibl. du Jard.*). De la pépinière; du sol, travaux préliminaires; outils, ustensiles et objets nécessaires à l'exploitation d'une pépinière; organisation, multiplication, plantation et travaux divers. — 1 vol. in-18 de 134 pages avec 29 fig...................................... 1 fr. 25

— *Production et fixation des variétés dans les végétaux :* Modifications des dimensions des plantes et des fleurs; de la précocité et de la tardivité; des couleurs; obtention des panachures des fleurs et des feuilles; modification des formes, duplicature des fleurs, variétés, fécondation artificielle, du pollen et de sa conservation; variétés obtenues par accident, dimorphisme et dichroïsme. — 1 vol. in-8° de 72 p. avec 13 fig. et 2 pl. col. 1 fr. 50

— *Description et classification des variétés de pêchers et de brugnonniers :* arbre généalogique du groupe pêcher; description de quelques variétés de pêchers et de brugnonniers : pêcher perséquier, pêcher albergier, etc.; pêchers à fruits plat, pêcher douteux ou mixte, amandier pêcher. — 1 vol. in-8° de 165 pages avec 1 planche................ 2 fr. »

— *Du sulfatage horticole et industriel :* Définition et importance du sulfatage; préliminaires pratiques; emploi de sulfatage en horticulture; en économie domestique, et dans l'industrie. — 1 vol. in-18 de 104 pages... 1 fr. 25

Catros-Gérand et Daurel. — *Manuel pratique des Jardins et des champs,* pour le sud-ouest de la France. La culture des fleurs; des oignons à fleurs; culture maraîchère. Description des plantes fourragères. Notes sur la formation des gazons, sur les meilleurs arbres fruitiers. Notions utiles d'horticulture, etc. — 3e édition. 1 vol. in-8° de 636 pages avec 83 figures. Broché, 4 fr. Cartonné toile grise imprimée........... 4 fr. 50

Chabanne et Choulet. — *Culture des Chrysanthèmes.* — Broch. in-12 de 64 pages... 1 fr. 25

BOTANIQUE. — HORTICULTURE. — SERRES.

Cochet-Cochet et Mottet. — *Les Rosiers.* Historique, classification, nomenclature, description, culture en pleine terre et en pots, taille, forçage en terre et sous châssis; multiplication, bouturage, greffage, et marcottage; fécondation artificielle, choix et variétés horticoles; maladies et insectes. — 1 vol. in-18 cart. toile, 282 pages avec 53 fig.................. 2 fr. 50

Correvon. — *Les Plantes alpines et de rocailles.* Plantes des rochers, acclimatation et culture, construction des rocailles; jardins alpins, liste des principales plantes de montagnes cultivées dans les jardins. — 1 vol. in-18 cart. toile de 248 pages avec 19 fig......................... 2 fr. »

— *Les Fougères de pleine terre et les prêles, lycopodes et sélaginelles rustiques.* — Structure, fécondation, variabilité et hybridation, espèces cultivées, description et culture, reproduction par semis, bulbilles ou éclats; les fougères exotiques en appartement et semi-rustiques. — 1 vol. in-18 cart. toile de 150 pages avec 68 fig........................ 2 fr. »

Curé (J.). — *Les Jardiniers de Paris et leur culture à travers les siècles.* — Considérations historiques, développements successifs du jardinage au moyen âge, l'évolution maraîchère depuis La Quintinie; les maraîchers de l'époque contemporaine. — 1 vol. in-8° de 459 pages......... 5 fr. »

Dauthenay (H.). — *Les Géraniums* (*Pelargonium zonale et inquinans*). classement des variétés obtenues; culture et choix des meilleures variétés pour massifs, corbeilles et plates-bandes, répertoire alphabétique des variétés. — 1 vol. in-18 cart. toile de 290 pages avec 22 fig.... 2 fr. 50

Decaisne et Naudin. — *Manuel de l'amateur des jardins,* traité général d'horticulture. — 4 vol. petit in-8° ensemble de plus de 3.000 pages, comprenant plus de 800 fig.................................. 30 fr. »

Chaque volume se vend séparément:

Tome Ier. — Notions élémentaires de botanique et de physiologie végétale, à l'usage de l'horticulture. Principes généraux du jardinage; opérations de la culture pratique. — 1 vol. de 748 pages avec 203 fig............. 7 fr. 50

Tome II. — Culture des plantes d'agrément de plein air et d'appartements dans les différents climats de France. — 1 vol. de 832 pages avec 214 fig... 7 fr. 50

Tome III. — Culture des arbrisseaux, des arbres forestiers et d'agrément; des végétaux de serre. — 1 vol. de 865 pages avec 109 fig................ 7 fr. 50

Tome IV. — Culture des légumes des arbres fruitiers de pleine terre, des plantes alimentaires de serre chaude. — 1 vol. de 658 pages avec 225 fig. 7 fr. 50

Delchevalerie. — *Les Orchidées.* (Bibl. du Jard.). Des serres à orchidées : chauffage, aération. Manière de traiter les orchidées qui arrivent en Europe; culture en serre; multiplication et propagation des orchidées; revue des genres et des espèces à cultiver dans les collections d'amateur — 1 vol in.-18 de 134 pages avec 32 fig................................ 1 fr. 25

— *Plantes de serre chaude et tempérée.* (Bibl. du Jard.). Construction des serres, culture, et multiplication des plantes; plantes d'agrément à cultiver en serre chaude et tempérée; liste choisie des plantes de serre chaude et tempérée. — 1 vol. in-18 de 156 pages avec 9 fig.............. 1 fr. 25

Des Cars (Comte). — *L'élagage des arbres,* traité pratique de l'art de diriger les arbres forestiers et d'alignement, d'activer leur croissance et d'augmenter leur valeur (Voir page 53). — Broch. de 84 p., avec 74 fig.... 1 fr. »

Dupuis. — *Arbrisseaux et Arbustes d'ornement de pleine terre* (Bibl. du Jard.). Rôle décoratif des arbrisseaux; données climatologiques, Arbrisseaux et arbustes à feuilles caduques et à feuilles persistantes, culture. — 1 vol. in-18 de 122 pages avec 25 fig................. 1 fr. 25

BOTANIQUE. — HORTICULTURE. — SERRES.

Dupuis. — *Arbres d'ornement de pleine terre* (*Bibl. du Jard.*). Rôle décoratif des arbres. Description et culture. Travaux généraux, plantation, soins d'entretien, élagage ou taille. — 1 vol. in-18 de 162 pages avec 40 fig... **1 fr. 25**

— *Conifères de pleine terre* (*Bibl. du Jard.*). Rôle décoratif des conifères. — Études des espèces. — Culture : sol, multiplication, plantation. — 1 vol. in-18 de 159 pages avec 47 fig.. **1 fr. 25**

Duval (Léon). — *Les Broméliacées.* Histoire. Les Broméliacées à l'état naturel et comme plantes décoratives. Fécondation, semis, soins à donner aux jeunes plantes, multiplication; culture générale, maladies et insectes. Les ananas. Choix des Broméliacées les plus jolies ou les plus intéressantes avec leur description et quelques explications sur leur culture et leur emploi. — 1 vol. in-18 cart. toile de 102 pages avec 40 fig......... **2 fr. »**

— *Les Azalées.* — Historique, multiplication, culture et soins, culture hivernale, forçage, semis, variations des azalées, maladies et insectes, terres et engrais à employer. — 1 vol. in-18 cart. toile, de 120 pages avec 24 fig... **2 fr. »**

Duvillard et R. de Noter. — *Manuel de culture potagère*, dans le nord et le midi de la France et en Algérie, comprenant aussi la culture forcée sous châssis et en serre. — 1 vol. in-18, cart. toile de 368 pages avec 132 fig... **4 fr. »**

Duvillers. — *Parcs et Jardins*, ouvrage récompensé de 21 médailles ou diplômes. — 2 vol. grand in-folio, sur beau papier, ensemble de 160 pag. de texte avec 80 planches imprimées avec luxe représentant les plans de squares et jardins publics, de parcs particuliers, jardins paysagers, fruitiers, potagers, écoles pratiques, etc. — Prix des 2 vol. avec pl. en noir..... **200 fr. »**
Prix des 2 vol. avec planches en couleur.................................. **260 fr. »**
Chaque partie, comprenant 80 pag. de texte et 40 pl., se vend séparément; avec pl. en noir : 100 fr.; — avec planches en couleur..................... **130 fr. »**

Dybowski. — *Traité de la culture potagère*, petite et grande culture; procédés employés par les spécialistes, 2ᵉ éd. entièrement revue, avec quelques notes concernant la culture des légumes dans les colonies françaises. — 1 vol. in-18 de 472 p. avec 145 fig........................ **5 fr. »**

Ecorchard (Dʳ). — *Nouvelle Théorie élémentaire de la botanique*, suivie d'une analyse des familles des plantes qui croissent en France, ou y sont cultivées, et d'un dictionnaire des termes de botanique. Étude du phyton, élément des plantes. Organes de la nutrition et organes de la reproduction. Des classifications. — 1 vol. in-18 de 520 pages avec 210 fig..... **6 fr. »**

Forney. — *La Taille des arbres fruitiers*, avec une étude sur les bons fruits. Nouvelle édition entièrement refondue. — 2 vol. in-18 ens. de 680 pages avec 349 fig.. **7 fr. »**
Chaque volume se vend séparément.

Tome Iᵉʳ. — Principes généraux, étude de l'arbre, multiplication, plantation, taille; le poirier et le pommier : conduite des productions fruitières, charpente et formes, restauration, maladies et insectes nuisibles; choix des poires et des pommes; les arbres du verger. — 1 vol. in-18 de 320 pages avec 169 figures dessinées par l'auteur................................. **3 fr. 50**

Tome II. — Le pêcher, taille, restauration, maladies et insectes, choix des pêches; — l'abricotier, le prunier, le cerisier; — la vigne, taille, formes pour le vignoble, formes pour l'espalier, treille à la Thomery; maladies et insectes; choix des meilleures variétés; — le figuier, le framboisier, le groseiller; — les espèces non soumises à une taille régulière; amandier, cognassier, néflier, noyer, noisetier; récolte et conservation des fruits. — 1 vol. in-18 de 360 pages avec 180 fig... **3 fr. 50**

BOTANIQUE. — HORTICULTURE. — SERRES.

Guihéneuf. — *Les Plantes bulbeuses, tuberculeuses et rhizomateuses ornementales de serre et de pleine terre.* Culture et soins généraux, distribution géographique, choix du sol, engrais, exposition, châssis, plantes en pot, plantation, culture, serre chaude et tempérée, culture forcée, arrachage, conservation, multiplication, semis, semis en serre, en terrine, étiquetage. Description, culture et multiplication des plantes bulbeuses, turberculeuses, etc. classées par ordre alphabétique. Calendrier des époques de floraison. — 1 vol. in-18 de 700 pages avec 227 fig. .... 6 fr. »

Hardy. — *Traité de la taille des arbres fruitiers*, Notions sur le développement des arbres; la plantation. — But, époque de la taille, forme à donner aux arbres, pyramide, vase, buisson, espalier, etc. — Taille du poirier, pommier, pêcher, cerisier, abricotier, prunier. — Culture de la vigne dans les jardins, treille à la Thomery. — Du verger. — Culture du figuier, groseiller, framboisier, cognassier, noisetier. — De la greffe : principes généraux; greffes en fentes, par scion et en couronne; greffes en approche; greffes en écusson; du marcottage et de la bouture. — Récolte, conservation et emballage des fruits. — Maladies des arbres fruitiers et animaux nuisibles. — Engrais, labour, chaulage, arrosements. Nomenclature de principales variétés de fruits. — 10e éd. 1 vol. in-8° de 436 p. avec 140 fig. 5 fr. 50

Hérincq, Jacques et Duchartre. — *Manuel général des plantes, arbres et arbustes*, classés selon la méthode de Decandolle; origine, description et culture de 25.000 plantes indigènes d'Europe ou cultivées dans les serres, leur application aux jardins d'agrément, à l'agriculture, au forêts, aux usages domestiques, aux arts et à l'industrie. — 4 vol. grand in-18 jésus à 2 colonnes, ensemble de 3.200 pages, cartonnés.................. 36 fr. »

C'est un recueil à la fois scientifique et pratique. La botanique et la culture ont été réunies dans cet ouvrage. Les espèces et variétés anciennes et nouvelles y sont décrites avec la plus scrupuleuse exactitude; leur culture et leur entretien y sont traités avec le même soin. Ce livre convient également aux savants et aux praticiens.

Ces volumes ne se vendent pas séparément.

Joigneaux (Pierre). — *Conférences sur le jardinage et la culture des arbres fruitiers* (Bibl. du Jard.) légumes semis et travaux d'entretien; arbres fruitiers taille et soins d'entretien; récolte et conservation des produits. — 1 vol. in-18 de 144 pages.......................... 1 fr. 25

— *Traité des graines* de la grande et de la petite culture (Voir page 24). 1 vol. in-18 de 168 pages.. 1 fr. 25

— *Les Cultures maraîchères de Paris pendant le siège* (du 11 octobre 1870 au 28 janvier 1871). — Br. in-8° de 80 pages...................... 1 fr. »

Joulie et Desbordes. — *Les Engrais en horticulture.* Théorie générale des engrais et leur emploi pratique en horticulture. — 1 vol. in-18 cart. toile de 150 pages avec tableaux.................................... 2 fr. »

La Blanchère (de). — *La Plante dans les appartements :* soins généraux et particuliers aux diverses plantes d'appartement : balcons, terrasses, fenêtres, jardinières, corbeilles, suspensions, serres de salon. — 1 vol. in-18 de 208 pages avec 91 fig... 3 fr. »

Lachaume. — *Le Rosier* (Bibl. du Jard.), culture et multiplication ; considérations générales sur la culture; semis, boutures, marcottes, greffes; taille et entretien du rosier; variétés; insectes nuisibles. — 1 vol. in-18 de 180 pages avec 34 fig... 1 fr. 25

BOTANIQUE. — HORTICULTURE. — SERRES.

Lachaume. — *Le Champignon de couche* (*Bibl. du Jard.*), vocabulaire des termes employés dans la pratique; mode de formation et de reproduction du champignon. — Culture dans les carrières et dans les caves du champignon de couche; culture en plein air; méthode pour obtenir des champignons sans fumier; animaux nuisibles et maladies; récolte, conservation et commerce. 1 vol. in-18 de 108 pages avec 8 fig.................... 1 fr. 25

Larbalétrier. — *Les Animaux utiles et nuisibles à l'horticulture* (*insectes exceptés*). Caractères, mœurs, dégâts, utilité, destruction ou protection : chauve-souris, hérisson, musaraigne, taupe, lapin, campagnol etc. Oiseaux nuisibles : moineau, corbeau, pigeon domestique, etc. Oiseaux utiles : hibou, chouette, hirondelle, alouette, fauvette, etc. Grenouille, crapaud, reptiles. Animaux invertébrés : araignées, vers de terre, limaces, etc. — 1 vol. in-18 cart. toile de 164 p. avec 24 fig....................... 2 fr. »

— *Essais pratiques de chimie horticole* : instruments et réactifs d'un usage général; analyse physico-chimique et chimique des terres. Eaux d'arrosage, essais hydrotimétriques. Fumiers et composts, engrais organiques employés en horticulture; chaux, marnes et plâtres, engrais chimiques; soufres, sulfates de cuivre et bouillies cupriques. Produits insecticides employés en horticulture; sulfure de carbone. — 1 vol. in-18 cart. toile de 132 pages avec 24 fig...................... 2 fr. »

Laumaille. — *Culture et soins à donner aux plantes en appartement* : nomenclature, et description sommaire des plantes à fleurs et à feuillage employées à l'ornementation des appartements; arrosage mensuel, air et lumière des plantes. — Br. in-8° de 59 pages................ 1 fr. »

Le Bèle (Dr Jules). — *Les Clématites*, étude sur les espèces et variétés introduites depuis cinquante ans (1845-1895), suivie d'un essai de classement des hybrides ou clématites à grandes fleurs. Maladie parasitaire des clématites. Un mot sur leur culture. — Br. in-12 de 63 pages.................. 1 fr. »

Le Breton (Mme). — *A travers champs;* botanique populaire pour tous, histoire des principales familles végétales, 2e édition, revue par M. Decaisne. — 1 beau vol. in-8° de 550 pages avec 746 fig.......................... 7 fr. »

Lemaire. — *Les Cactées* (*Bibl. du Jard.*). Histoire, patrie, organes de végétation, culture raisonnée des cactées, insectes nuisibles. — 1 vol. in-18 de 140 pages avec 11 fig... 1 fr. 25

— *Les Plantes grasses autres que les Cactées* (*Bibl. du Jard.*). Histoire, patrie, genre, espèces, soins à leur donner : serres, arrosements, rempotements, engrais, multiplication, culture en appartement, insectes nuisibles. — 1 vol. in-18 de 136 pages avec 13 fig........................... 1 fr. 25

Le Maout et Decaisne. — *Flore élémentaire des jardins et des champs,* avec les clefs analytiques conduisant promptement à la détermination des familles et des genres. Des herborisations et de l'herbier; de l'emploi des clefs analytiques; séries des familles; synopsis de la clef analytique des familles, genres et espèces; vocabulaire des termes techniques. — 1 vol. gr. in-18 de 94 pages, cart................................ 9 fr. »

Leroy (André). — *Dictionnaire de Pomologie* contenant l'histoire, la description, la figure des fruits anciens et modernes les plus généralement connus et cultivés. — 6 vol. gr. in-8° de 3000 pages avec 1755 figures noires..

  1re partie (épuisée) : 2 vol. — Poires........ 915 variétés.
  2e partie : 2 vol. — Pommes.... 527 variétés........................ 40 fr. »
  3e partie : 2 vol. — Fruits a noyau. 170 variétés.................. 40 fr. »

Les deux volumes de chaque partie ne se vendent pas séparément.

BOTANIQUE. — HORTICULTURE. — SERRES.

Loisel. — *Asperge, culture naturelle et artificielle* (*Bibl. du Jard.*). Origine, semis, plantation, récoltes, cultures diverses, emballage et transports des griffes, ennemis des asperges. — In-18 de 108 pages avec 8 fig..... 1 fr. 25

— *Melon* (*Bibl. du Jard.*); culture sous cloches, sur buttes et sur couches, arrosements, abris, fécondation; récolte; maladies, animaux et insectes nuisibles, grêle; culture sous châssis. — 1 vol. in-18 de 108 pages avec 7 fig. 1 fr. 25

Maffre. — *Culture des jardins maraîchers du midi de la France*, contenant la culture de chaque espèce de légumes, les travaux journaliers d'exploitation d'un jardin maraîcher, le choix et la récolte des graines, et tout ce qui concerne les cultures hâtives, salades, melons, fraises, etc. (1844). — 1 vol. in-8° de 475 pages............................. 5 fr. 50

Maron (Ch.). — *Les Fougères*, traduit de l'anglais de MM. Hoocker, Baker et Smitte. Organographie, classification, multiplication, culture. — 1 vol. in-18 cart. toile de 424 pages avec 320 fig........................... 4 fr. »

Millet (A.). — *Les Fraisiers*. Histoire des fraisiers; variétés; fraisiers remontants et fraisiers des bois; culture; forçage; culture en pot, haute primeur; culture en plein champ; maladies et insectes nuisibles; nomenclature des variétés. — 1 vol. in-18 de 218 pages, cart. toile avec 55 fig..... 2 fr. 50

— *Les Violettes*. Historique. Culture sous bois, dans les jardins. Préparation des plants. Chauffage. Culture en pots. Récolte des graines, semis. Maladies et insectes nuisibles. Confection de bonbons fins à bases de violette. — 1 vol. in-18 de 168 pages cart. toile avec 23 fig............... 2 fr. »

Morange (Amédée). — *Le Guide de l'élagueur* dans les parcs et les forêts (*Bibl. du Jard.*). « Cet ouvrage, dit l'auteur, est une suite de notes que j'ai prises comme élagueur forestier; c'est le résultat d'un travail et d'une expérience de vingt années. Il est essentiellement pratique. » — 1 vol. in-18 de 144 pages avec 20 fig................................ 1 fr. 25

Moreau et Daverne. — *Manuel pratique de la culture maraîchère de Paris* (1870). Histoire de la culture maraîchère de Paris; outils et instruments; culture des primeurs, pour les divers légumes, salades, melons, fraises, etc., ouvrage ayant obtenu la gr. méd. d'or de la Société centrale d'horticulture de France. — 4° édition, 1 vol. in-3° de 376 pages... 5 fr. »

Mottet. — *La Mosaïculture*. Histoires et considérations générales, choix des couleurs, tracé, plantation, entretien, description, emploi, rusticité et multiplication des espèces employées à cet usage, etc. — 2° édition revue et très augmentée. 1 vol. in-18 cart. de 150 pages avec 42 fig., dont un grand choix de dessins de mosaïques avec légendes explicatives........ 2 fr. »

— *Petit Guide pratique du Jardinage*. — Création et entretien d'un petit jardin, culture et multiplication des végétaux, plantes potagères, arbres fruitiers, arbres et arbustes d'ornement, principales fleurs rustiques, gazons, etc. — 1 vol. in-18 cart. toile de 370 pages avec 317 fig......... 3 fr. 50

— *Guide élémentaire de multiplication des végétaux*. Étude des différents moyens d'effectuer les semis, boutures, marcottes; greffes et divisions. — 1 vol. in-18 cart. toile de 204 pages et 85 fig.................. 2 fr. »

Naudin. — *Le Potager* (*Bibl. du Jard.*), jardin du cultivateur; établissement du potager; terrains, travail des terres; instruments; principes généraux de culture; cultures naturelles, de primeurs et forcées; culture des divers légumes. — 1 vol. in-18 de 180 pages avec 35 fig.................. 1 fr. 25

BOTANIQUE. — HORTICULTURE — SERRES.

Naudin et Muller. — *Manuel de l'Acclimateur*, ou choix des plantes recommandées pour l'agriculture, l'industrie et la médecine : acclimatation, genre des plantes déjà utilisées ou qui peuvent l'être; énumération des plantes, leurs usages, leur culture. — 1 vol. in-8° de 572 pages et 1 fig...... 7 fr. »

Le but que nous nous proposons, dit l'auteur, est de venir en aide à ces nombreux expérimentateurs qui s'intéressent à la naturalisation des végétaux exotiques, et d'aider à la propagation et à la culture à l'air libre de toutes les plantes capables de se plier en chaque lieu déterminé au climat qui y règne.

Nicholson (G.). — *Dictionnaire pratique d'Horticulture et de Jardinage*, comprenant la description succincte des plantes connues et cultivées dans les jardins de l'Europe; la culture potagère, l'arboriculture, la description et la culture de toutes les Orchidées, Broméliacées; Palmiers, Fougères, Plantes de serre, Plantes annuelles, vivaces, etc.; le tracé des jardins; le choix et l'emploi des espèces propres à la décoration des parcs et jardins; l'Entomologie, la Cryptogamie, la Chimie horticole; l'anatomie et al physiologie végétales; la Glossologie botanique et horticole; la description des outils, serres et accessoires employés en horticulture, etc., etc.

Cet ouvrage traduit, mis à jour et adapté à notre climat, à nos usages, par S. Mottet, publié par livraisons in-4° de 48 pages, contenant chacune une planche chromolithographique, est aujourd'hui complet et forme 5 magnifiques volumes in-4°, ensemble de 3,826 pages illustrés de près de 5,000 figures et de 80 planches chromolithographiées hors texte................. 120 fr.
Les 5 volumes reliés maroquin.. 145 fr.
Chaque volume comprenant 16 livraisons et 16 planches chromolithographiques se vend séparément : broché, 24 fr. — Relié................... 29 fr. »
Chacune des 81 livraisons se vend aussi séparément au prix de......... 1 fr. 50

Noisette. — *Manuel complet du jardinier* (1860). 5 vol. in-8°, cartonnés, ensemble de 2.500 pages et 25 planches............................ 25 fr. »

Noter (R. de). — *Les Orangers, Citronniers, Cédratiers et autres aurantiacées comestibles.* Culture dans la zone méditerranéenne, dans le nord, description des principales espèces connues et cultivées, leur emploi, etc. — 1 vol. in-18 cart. toile de 218 pages avec 69 fig.............. 2 fr.

— *Les Palmiers de serre froide.* — Leur culture dans la zone méditerranéenne et dans le nord de l'Europe; nomenclature des espèces cultivées. — 1 vol. in-18 cart. toile de 176 pages avec 52 fig.......................... 2 fr. »

Opoix (O.). — *Culture du Poirier.* — Sol, engrais convenant à la culture; traitement, formation de la pyramide; contre-espalier; greffe, maladies, récolte et conservation des fruits; choix des meilleures variétés de poires. — 1 vol. in-18 cart. toile de 208 pages avec 112 fig............................ 2 fr. 50

Paillieux et Bois. — *Le Potager d'un curieux* : histoire, culture et usages de 250 plantes comestibles, peu connues ou inconnues. — 3° édition entièrement refaite. — 1 vol. in 8° de 694 pages avec 82 fig................ 10 fr. »

L'expérience nous a prouvé, disent les auteurs, que telle plante qui se montre rebelle à la culture sous notre climat présente quelquefois des variétés hâtives qui, n'exigeant pas un aussi long cours de végétation que leur type, peuvent prendre place dans nos jardins. Il faudra découvrir ces variétés. — Nous avons pour but l'extension du domaine de l'horticulture; s'il arrive que nous ayons aidé à la propagation des plantes utiles en si petit nombre que ce soit, nous nous estimerons très heureux.

4

BOTANIQUE. — HORTICULTURE. — SERRES.

Ponce (J.). — *La culture maraîchère pratique des environs de Paris* (1869); composition d'un jardin maraîcher; engrais, travaux préparatoires; soins généraux; soins spéciaux à donner aux divers légumes; cultures spéciales des ananas, champignons et fraisiers; calendrier du maraîcher, tableau des semis et plantations. — 1 vol. in-18 de 320 pag. et 15 pl. ... 2 fr. 50

Préclaire. — *Traité théorique et pratique d'arboriculture* (1864). Théorie sur la circulation de la sève. Formation de l'œil; du pincement, de la fructification; direction des branches; formation des racines. Culture et formes des arbres; insectes nuisibles et maladies. Des différentes méthodes de la taille en vue de la fructification; opérations de la taille. — 1 vol. in-8° de 182 pages et un atlas in-4° de 15 pl. .... 5 fr. »

Puvis. — *Arbres fruitiers*, taille et mise à fruit (*Bibl. du Jard.*). Principes généraux de la taille; arbres fruitiers à pépins; végétation et taille du pêcher; fécondation des arbres fruitiers; moyens de l'obtenir; théorie de la fructification et marche de la végétation. — 1 vol. in-18 de 163 pages....... 1 fr. 25

Rafarin. — *Traité du chauffage des serres*. Éléments de physique; des combustibles; construction et établissement des appareils; calorifères, appareils à vapeur; thermosiphon. — 1 vol. in-8° de 76 pages avec 25 fig. .... 3 fr. 50

Rudolph (Jules). — *Calcéolaires, Cinéraires, Coleus, Héliotropes, Primevères, etc.* Description et culture. — 1 vol. in-18 cart. toile 179 pages avec 38 fig............ 2 fr. »

— *Caladium, Anthurium, Alocasia et autres aroïdées de serres*. Énumération des espèces et culture. — 1 vol. in-18 cart. toile de 222 pages avec 22 fig............ 2 fr. »

— *Les crotons et leur culture*. Étude botanico-horticole sur les crotons. Broch. in-18 de 25 pages............ 1 fr. »

Saint-Briac (J. de). *L'Arbre fruitier des jardins*. *L'arbre inculte* : la terre végétale, développement de l'arbre inculte, fructification. *L'arbre cultivé* : préparation du sol, plantation des arbres, formes à leur donner, multiplication des arbres, greffe, soins à donner aux arbres et aux fruits; maladies; animaux nuisibles. — 1 vol. in-18 de 172 pages avec 20 fig........ 2 fr. »

Sirodot (E.). — *Maladies des arbres fruitiers* : maladies causées par des insectes, par des végétaux, généralement cryptogamiques, et maladies attribuées à des causes diverses autres que des parasites. — 1 vol. in-18 cart. toile de 180 pag. avec 50 fig............ 2 fr. »

Truffaut (G.). — *Sols, terrains et composts utilisés par l'horticulture*. Le sol, soutien des plantes; source d'aliment des plantes; les sols naturels en place; les sols modifiés par les amendements; mousses et sables; terres modifiées artificiellement. Composition de 23 plantes cultivées (cannas, chrysanthèmes, etc... pommes de terre, haricots, blés...) Exemple de culture raisonnée des azalées. — 1 vol. in-18 cart. toile de 316 pages...... 4 fr. »

Valette. — *Notice sur la culture des fraisiers*; préparation du terrain, plantation, multiplication, cueillette et emballage des fraises; culture forcée; ennemis des fraisiers. — 1 vol. in-18 de 88 pages............ 1 fr. 25

Vauvel. — *Culture de l'Asperge à la charrue*, culture forcée au thermosiphon et au fumier. — Broch. in-18 de 108 pages............ 1 fr. »

Vialon (P.). — *Le Maraîcher bourgeois* (*Bibl. du Jard.*); outillage, qualités des terres, culture des divers légumes. — 1 vol. in-18 de 128 pages. 1 fr. 25

BOTANIQUE. — HORTICULTURE. — SERRES.

Vilmorin-Andrieux. — *Les Fleurs de pleine terre*, description, culture et emploi. — 4e édition, 1 volume in-8° de 1360 pages illustré de plus de 1600 figures.. 16 fr. »

    Première partie. — Semis des graines de fleurs de pleine terre : Plantes annuelles, bisannuelles, vivaces, bulbeuses de pleine terre, aquatiques, alpines; fougères; plantes pittoresques et d'ornement pour les pelouses et les corbeilles des jardins paysagers, squares etc. — Description, culture et emploi des fleurs de pleine terre. Cette partie qui est de beaucoup la plus importante de l'ouvrage (1100 pages sur les 1360 pages du volume) comprend l'étude, par ordre alphabétique, des 524 espèces avec leurs principales variétés.

    Deuxième partie. — Liste des plantes de choix, classées suivant leur nature et leur emploi; choix des plantes annuelles et bisannuelles; de plantes vivaces, bulbeuses, tuberculeuses ou rhizomateuses; de plantes pour bordures; de plantes propres à faire des gazons et tapis d'ornement; de plantes grimpantes; de graminées ornementales; de plantes à fruit d'ornement; de fleurs odorantes; de fleurs à couper pour bouquets et garnitures; de plantes pour rochers, rocailles et talus rocailleux; de plantes croissant à l'ombre ou dans les lieux frais; des plus belles ou des plus curieuses espèces et variétés de fougères rustiques de pleine terre; de plantes aquatiques, de plantes pittoresques. — Création et entretien des gazons. — Calendrier des semis, des plantations, des floraisons. — Exemples d'ornementation : Plans de jardins et de parcs paysagers, par Ed. André. — Modèles divers de combinaisons florales, pour corbeilles, plates-bandes et bordures : mosaïculture. — Classification par couleurs des principales plantes mentionnées dans l'ouvrage.

— *Les Plantes potagères*, description et culture des principaux légumes des climats tempérés. — 2e éd. 1 vol. in-8° de 750 p. avec 670 fig........ 12 fr. »

    Après avoir fait connaître la place qu'occupe chacune des plantes dans la classification des espèces végétales, les auteurs se sont efforcés d'indiquer les différents noms sous lesquels la plante en question est connue, tant en France que dans les principaux pays étrangers, l'identité de la plante étant ainsi précisée, ils en ont fait connaître le pays d'origine et l'histoire. Les descriptions proprement dites ont été l'objet d'un long travail et de beaucoup de soin, et la description de la graine a été faite avec une attention particulière; le plus souvent les descriptions sont complétées par une figure de la plante elle-même, sans prétendre remplacer des ouvrages spéciaux de culture, les auteurs ont résumé brièvement en tête de l'article concernant chaque légume, les indications sur les principaux soins de culture qu'il exige; et à la fin, les données relatives à l'usage auquel on l'emploie, et aux parties de la plante qui sont utilisées.

    Il est inutile de faire remarquer que cet ouvrage signé de MM. Vilmorin-Andrieux et Cie est le résultat d'une expérience, plus que centenaire, et que les auteurs ont cultivé et vu vivantes les variétés décrites ou même simplement mentionnées.

    Une table générale alphabétique renvoyant aux pages correspondantes, donne avec des caractères particuliers pour chaque catégorie : les différentes espèces botaniques, les groupes de variétés similaires formés dans une même espèce, les variétés qui font l'objet d'un article spécial, et enfin les synonymes, les noms botaniques et les noms étrangers des variétés décrites.

— *Instructions pour les semis de fleurs de pleine terre* avec l'indication de la hauteur des plantes, leur coloris, époque de semis, de floraison, culture, etc.; suivies de classements divers suivant leur emploi et d'une notice sur la formation des gazons. — 7e édition revue et augmentée. 1 vol. in-8° de 152 pages avec 34 fig., cartonné............................... 2 fr. »

EAUX ET FORÊTS: — CHASSE ET PÊCHE.

IX

EAUX ET FORÊTS — CHASSE ET PÊCHE

Maison rustique du XIX siècle, tome IV (*voir page 3*).

Adrian (A.). — *Barême forestier.* Tableaux de calculs du cubage des bois en grume, par la circonférence et le diamètre, au volume réel, des bois équarris, des sapins sur pied, des futailles. Évaluation en sciages et bois de chauffage; débitage des bois en grume en pièces équarries; Mesurage des volumes; évaluation de la puissance motrice d'une chute d'eau; Tarifs de douane et poids des bois. — 4ᵉ édition, 1 vol. in-12 de 200 pages. ... 3 fr. »

Arbois de Jubainville (d'). — *Observations sur la vente des forêts de l'État* (1865). — Br. in-8° de 12 pages ... 0 fr. 50

Baudrain (Victor). — *Des dégâts causés aux champs par les lapins*: Responsabilité des propriétaires et locataires de chasse, existence du dommage, preuve procédure; arrêts et jugements. — 1 vol. in-8° de 124 pages ... 2 fr. 50

Bel (Jules). — *Les Champignons supérieurs du Tarn,* avec 32 planches coloriées. Description des champignons; tableau des familles décrites; table alphabétique des noms vulgaires et des noms scientifiques. Empoisonnements par les champignons, etc. — 1 vol. in-8° de 200 pages ... 8 fr. »

Bouchon-Brandely. — *Traité de pisciculture pratique et d'aquiculture* en France et dans les pays voisins, ouvrage publié avec l'encouragement du ministère de l'agriculture. — 1 beau vol. grand in-8° de 500 pages avec 40 fig. et 20 planches hors texte ... 20 fr. »

Brocchi. — *Traité d'ostréiculture,* organisation et classification des mollusques, étude anatomique de l'huitre, les centres de production, d'élevage et d'engraissement; législation; maladies et ennemis des huîtres, pratique ostréicole actuelle. — 1 vol. in-18 de 300 pages ... 3 fr. 50

Brunet (Raymond). — *Le Pin maritime* (*Bibl. du Cult.*), sa culture, ses produits, son gemmage et son rôle dans la fixation des dunes. Manuel du résinier, du fabricant de produits résineux et du propriétaire. — 1 vol. in-18 de 134 pages avec 25 fig. ... 1 fr. 25

Dastugue. — *Chasse et pêche,* traité pratique. Lièvre, lapin, renard, chasse au chien courant et au chien d'arrêt; loup; caille, perdrix rouge, perdrix grise; oiseaux de passage : bécasse, grive, alouette, canard sauvage, etc.; chasses amusantes et utiles : corbeau, geai, pic; fusils, cartouches, règles du tir; conseils à un jeune chasseur; pêche : barbeaux, goujons, carpes, etc., etc. Appâts et amorces; calendrier du pêcheur. — 1 vol. in-18 de 328 pages et nombreuses figures ... 3 fr. »

EAUX ET FORÊTS. — CHASSE ET PÊCHE.

Des Cars (Comte). — *L'élagage des arbres,* traité pratique de l'art de diriger les arbres forestiers et d'alignement, d'activer leur croissance et d'augmenter leur valeur; nécessité et conditions d'un bon élagage; application du système; étude des quatre âges des arbres de réserve; traitement des anciennes plaies; époque de l'élagage; choix des élagueurs; élagage des taillis et des futaies pleines; arbres épars; têtards; des bois blancs; arbres d'alignement; plantations dans les champs cultivés; conduite et élagage des haies vives; conclusion. — Broch. de 84 pages, avec 71 fig........ 1 fr. »

Gurnaud. — *La Double du Périgord,* aménagement des eaux et des bois; la réforme forestière; étude technique; description générale, animaux domestiques; étangs, marais, pâtis; bois. Exploitation forestière, culture et accroissement des futaies, traitement et aménagement; méthode du contrôle. Régime des eaux, pâturage et défensabilité. — Broch. in-8° de 48 pages... 1 fr. 50

— *La Sylviculture française :* méthodes forestières, comparaison de la méthode allemande et de la méthode française; exposé d'une méthode nouvelle donnant le moyen pratique de fixer la coupe par volume, sans cesser de l'exploiter par contenance. — Broch. in-8° de 94 pages.......... 1 fr. »

— *La Sylviculture française et la méthode du contrôle.* Réponse à la brochure de M. Grandjean. La sylviculture avant la méthode du contrôle; le contrôle, expériences, origine et progrès de la méthode. — 1 vol. gr. in-8° de 124 pages.................... 3 fr. »

— *La Méthode du Contrôle à l'Exposition universelle de 1889.* La classe 49 à l'exposition de 1889 « Matériel et procédé des exploitations rurales et forestières » était naturellement indiquée pour contenir les méthodes de traitement et d'aménagement des forêts. La méthode du contrôle y figurait seule. On trouvera ici l'exposé de notre méthode, et la démonstration de ses avantages par rapport à la méthode ancienne. — Broch. in-8° de 16 pages....................... 0 fr. 75

Hennon. — *Géodésie pratique des forêts* à l'usage des agents forestiers, des propriétaires, régisseurs, agents-voyers, etc., Instruments propres au levé des plans de forêts, triangulation; problèmes divers. Assiette et réarpentage des coupes; Aménagement; Cartes forestières; Cubage des bois en grume et équarris. — 1 vol. in-8° de 172 pages et 8 planches.............. 4 fr. 50

Henri (G.). — *Pièges et appâts* (*Bibl. du Cult.*). Procédés nouveaux pour détruire au moyen de pièges perfectionnés et d'appâts spéciaux les animaux et insectes nuisibles, suivis de renseignements sur les appâts les meilleurs pour la pêche à la ligne. — 1 vol. in-18 de 144 pages avec 39 fig............ 1 fr. 25

Koltz. — *Traité de pisciculture pratique :* nomenclature des poissons; fécondation artificielle, frayères; incubation et éclosion, appareils, élevage des jeunes poissons; maladies; transport des œufs et des poissons; frais d'établissement et d'exploitation. — 1 vol. in-18 de 186 pages, avec 60 fig... 2 fr. 50

Levavasseur. — *Traité pratique du boisement et reboisement des montagnes, landes et terrains incultes :* avantage de boiser en arbres résineux les landes et autres terrains incultes au double point de vue du prix de revient et du produit, produit que ces plantations peuvent donner au bout d'un certain temps. — 1 vol. in-8° de 56 pages............ 1 fr. 25

EAUX ET FORÊTS. — CHASSE ET PÊCHE.

Martinet. — *Considérations et recherches sur l'élagage des essences forestières.* But de l'élagage, ébourgeonnage, nettoiement, ébranchage. De l'élagage au point de vue physiologique et au point de vue physique. Règles de l'élagage ; instruments et moyens. — 1 vol. in-12 de 180 pag. avec 44 fig.. 1 fr. 50

— *Le Pin sylvestre* et sa culture en Sologne. — Broch. in-8° de 48 pages. 1 fr. »

Morange (Amédée). — *Le Guide de l'élagueur* dans les parcs et les forêts (*Bibl. du Jard.*). « Cet ouvrage, dit l'auteur, est une suite de notes que j'ai prises comme élagueur forestier ; c'est le résultat d'un travail et d'une expérience de vingt années. Il est essentiellement pratique. » — 1 vol. in-18 de 144 pages avec 20 fig.. 1 fr. 25

Mortillet (H. de). — *Vade-mecum du mycophage* pour les 12 mois de l'année, publié sous les auspices de la société horticole Dauphinoise. Bonnes espèces ; préjugés relatifs à l'usage alimentaire des champignons ; description des espèces alimentaires les plus répandues dans les champs et dans les bois ; choix et consommation de ces cryptogames pendant les douze mois de l'année. — Broch. in-8° de 64 pages................. 1 fr. 50

Nanot (Jules). — *Établissement et entretien des plantations d'alignement, et élagage des arbres : Nouvelle édition en préparation...*

Noirot. — *Traité de culture des forêts* ou de l'application des sciences agricoles et industrielles à l'économie forestière. 2° édition (1839) croissance des arbres, méthodes d'aménagement des taillis et des futaies, choix des essences, réglage des coupes, élagage, pratique des semis et plantations, exploitations, cubage, etc. — 1 vol. in-8°, 484 pages..................... 7 fr. 5

Rousset (Antonin). — *Culture et exploitation des arbres,* application des conditions climatériques et des principes de la physiologie végétale aux conditions normales d'existence, de propagation, de culture et d'exploitation des arbres isolés ou en massifs. — 1 vol. in-8° de 448 pages...... 7 fr. »

Taillasson (R. de). — *Les Plantations résineuses* de la Champagne crayeuse de 1878 à 1895. — Invasion de la chenille Lasiocampa Pini en 1892, 1893, 1894 et 1895. — 1 vol. in-8° de 42 pages avec une planche en chromolithographie... 1 fr. 50

Thomas. — *Traité général de la culture et de l'exploitation des bois* (1840) ; désignation et qualités des arbres forestiers, bois durs, blancs et résineux ; pépinières, semis, plantations, aménagements, coupes ; conservation des bois ; maladies des arbres ; exploitation des bois : sciages, charpente, merrain, ete., etc. ; charbonnage ; cubage et mesurage ; flottage, etc. — 2 vol. in-8°, ensemble de 1.076 pages........................ 10 fr.

DROIT USUEL. — ÉCONOMIE DOMESTIQUE.

X

DROIT USUEL — ÉCONOMIE DOMESTIQUE — HYGIÈNE

CUISINE

Audot (L.-E.). — *La Cuisinière de la campagne et de la ville* ou la nouvelle cuisine économique, 74º édition mise au courant du progrès annuel. — 1 vol. in-12 de 716 pages avec 400 fig. .... 3 fr. »

Baron (G.). — *Sucres, mélasses, sels et tabacs destinés aux usages agricoles.* Conditions dans lesquelles leur emploi est autorisé par la régie avec la franchise ou la modération des taxes. — Broch. in-18 de 88 pages.. 1 fr. »

Bertrand (Alph.). — *L'organisation française.* — Le Gouvernement, l'Administration, Guide du citoyen et manuel à l'usage des écoles. — 1 vol. in-18 de 868 pages.. 3 fr. 50

Cayasse et Rabaté. — *Connaissances pratiques sur le droit rural et le cadastre.* — Broch. in-18 de 152 pages........................ 1 fr. »

Desclozeaux (J.) — *Code des falsifications* agricoles, industrielles et commerciales. Manipulations permises et sophistications ; lois, décrets, ordonnances, circulaires, jurisprudence et documents divers avec commentaires. — 1 vol. in-18 de 498 pages............................... 6 fr. »

Dreyfus. — *Manuel populaire du conseiller municipal,* la commune ; loi du 5 avril 1884 ; division, réunion et formation des communes, formation des conseils municipaux, leur fonctionnement ; fonctions et attributions des maires et des adjoints. Biens, travaux et établissements communaux, actions judiciaires, budget communal, comptabilité des communes ; biens et droits indivis entre plusieurs communes, application de la loi à l'Algérie et aux colonies ; les syndicats. — 1 vol. in-18 de 358 pages........ 1 fr. 25

Durand-Caubet (J.). — *Trésor médicinal des familles ou la santé par les plantes.* Les plantes médicinales ; leur nom scientifique et populaire, description ; parties de la plante à employer ; notions sur ses propriétés médicinales, son mode d'administration, sa dose ; maladies dans lesquelles elle est indiquée ; caractères et symptômes des maladies les plus ordinaires, leur traitement ; pharmacie populaire ; recettes médicinales : baume, élixir, sirops, vins médicinaux, etc. — 1 vol. in-16 de 590 pages, *avec nombreuses fig. coloriées représentant les plantes médicinales, cartonné*..... 3 fr. 50

Emion (Victor). — *La Taxe du pain,* histoire de la boulangerie avant 1789 et de 1789 à 1863, régime de la boulangerie à l'étranger. La taxe du pain fait payer le pain plus cher. Résultats de la liberté de la boulangerie en Angleterre et en Belgique. — 1 vol. in-8º de 168 pages................. 4 fr. »

DROIT USUEL. — ÉCONOMIE DOMESTIQUE

George (Dr H.). — *Traité d'hygiène rurale,* suivi des premiers secours en cas d'accidents, comprenant : alimentation, préparation des aliments; viande de boucherie, de porc, de cheval; gibier, volaille, poisson; œufs, lait, fromage, beurre, aliments farineux, légumes verts, fruits; eau potable, ses caractères, eaux de source, de puits, de pluie, de rivières ou de fleuves; eaux impures, leur purification; les boissons fermentées; piquette, cidre, bière, vin, les boissons alcooliques et aromatiques; le régime alimentaire, les repas, l'obésité; l'air; la chaleur et l'électricité atmosphériques; la sécheresse et l'humidité; le froid; la lumière et l'éclairage, le travail, l'exercice musculaire; les fonctions cérébrales, les maladies contagieuses, peste, fièvre jaune, choléra, fièvre typhoïde, dysenterie, etc., etc., les accidents, empoisonnements, asphyxies, blessures, congestion, apoplexie, syncope. — 3e éd. 1 vol. in-18 de 432 pages avec 12 fig............. 3 fr. 50

Millet-Robinet (Mme). — *Maison rustique des dames,* tenue du ménage, manuel de cuisine, médecine domestique, jardin et ferme (*Voir pour le détail des chapitres,* page 64). 15e éd. — 2 vol. in-18 comprenant ensemble 1.400 pages avec 225 fig................................... 7 fr. 75
Les 2 vol reliés, 11 fr. — Reliés, tranches dorées, 13 fr.
Ces volumes ne se vendent pas séparément.

— *Économie domestique* (*Bibl. du Cultiv.*), notions élémentaires sur les travaux d'une maîtresse de maison; lessive; provisions et conserves; confitures, liqueurs et fruits à l'eau-de-vie; utilisation du porc; etc. — 1 vol. in-18 de 228 pages avec 77 fig.................................... 1 fr. 25

Millet-Robinet (Mme) et le **Dr Émile Allix**. — *Le Livre des jeunes mères,* la nourrice et le nourrisson (*Voir pour le détail des chapitres,* page 65). — 1 vol. in-18 de 392 pages avec 48 figures et une planche de patrons pour la layette.................................... 3 fr. 75
Le volume relié : 5 fr.

Pennetier (Dr G.). — *Leçons sur les matières premières organiques :* matières alimentaires, lait, œufs, viandes, féculents; épices et aromates; fibres textiles; matières tinctoriales et tannantes; gommes, gommes-résines, baumes, essences, etc.; matières oléagineuses; substances médicinales; dépouilles et débris d'animaux; tabacs.
Chacune des matières premières organiques fait l'objet d'une étude complète : origine, provenances, caractères, composition chimique, sortes commerciales, altérations, falsifications et moyens de les reconnaître, importance commerciale et usage de chaque produit.
1 vol. in-8° de 1.018 pages avec 334 fig.......................... 18 fr. »

Rocquigny (Cte de). — *L'assurance mutuelle du bétail,* avec statuts modèles des divers types d'association. — 1 vol. in-18 de 250 pages....... 3 fr. »

BIBLIOTHÈQUE AGRICOLE ET HORTICOLE.

BIBLIOTHÈQUE AGRICOLE ET HORTICOLE

59 VOLUMES A 3 FR. 50

N. B. — Pour l'analyse succincte des ouvrages composant cette bibliothèque, se reporter à la page du Catalogue indiquée à la suite de chaque ouvrage.

Cours d'Économie rurale, par Ed. Lecouteux. 2 vol. (Voir p. 11).
   Tome Ier. Les milieux économiques. } Ces 2 vol.
   — II. Les entreprises agricoles et les systèmes de culture. } ne se vendent pas séparément.

Principes de la Culture améliorante, par Ed. Lecouteux. (Voir p. 12).
L'Agriculture à grands rendements, par E. Lecouteux. (Voir p. 12).
Assolements et systèmes de culture, par F. Nicolle. (Voir p. 13).
La Pratique de l'Agriculture, par G. Heuzé, 2 vol. (Voir p. 22).
   Tome Ier. — Agents de la production, labours, hersages, roulages, application des engrais, semailles. } Ces 2 vol.
   Tome II. — Cultures d'entretien, fenaison, moisson, nettoyage et conservation des produits, direction du domaine. } se vendent séparément.

Économie rurale de la France depuis 1789, par L. de Lavergne. (Voir p. 11).
L'Agriculture de la France méridionale, par Riondet. (Voir p. 13).
L'Agriculture Algérienne, par J. Lescure. (Voir p. 12).
Traité pratique du Métayage, par le Comte de Tourdonnet. (Voir p. 14).
Traité d'Hygiène rurale, suivi des premiers secours en cas d'accident, par le Dr H. George (Voir p. 56).

Chimie agricole, ou *l'agriculture considérée dans ses rapports principaux avec la chimie*, par Isidore Pierre. 6e édit. 2 vol. (Voir p. 17).
   Tome Ier. L'atmosphère, l'eau, le sol et les plantes. } Ces 2 vol.
   — II. Les engrais. } se vendent séparément.

Les Engrais et les ferments de la terre, par P. P. Dehérain. (Voir p. 15).
Les Engrais chimiques, par Georges Ville. 3 vol. (Voir p. 19).
   Tome Ier. Les engrais chimiques, les principes et la théorie. } Ces 3 vol.
   Tome II. Les engrais chimiques, les cultures sociales. } se vendent
   Tome III. Les engrais chimiques; le fumier et le bétail, la pratique fécondée par la théorie. } séparément.

BIBLIOTHÈQUE AGRICOLE ET HORTICOLE.

Les Engrais, par Wolff, traduit par Damseaux sur la 10e édition (Voir p. 19).
Manuel juridique de l'acheteur et du marchand d'engrais et d'amendements, par G. Gain. (Voir p. 15).
Météorologie et physique agricoles, par Marié-Davy. (Voir p. 16).

Le Blé, sa culture, commerce, prix de revient, tarifs et législation, par Ed. Lecouteux. (Voir p. 23).
Les Plantes céréales, par G. Heuzé. 2 vol. (Voir p. 22).
   Tome Ier. — Le Blé.
   II. — Le Seigle, l'Orge, l'Avoine, le Maïs, etc.   } Ces 2 vol. se vendent séparément.
La Production fourragère par les engrais, prairies et herbages, par H. Joulie. (Voir p. 23).
Les Plantes alimentaires des pays chauds, par G. Heuzé. (Voir p. 24).
Les Plantes légumières cultivées en plein champ, par G. Heuzé (Voir p. 23).
Les Plantes fourragères, par Gustave Heuzé. 2 vol. (Voir p. 22).
   Tome Ier. Les plantes à racines et à tubercules, et les plantes cultivées pour leurs feuilles.
   Tome II. Les prairies artificielles.   } Ces 2 vol. se vendent séparément.
Les Pâturages, prairies naturelles et herbages, par G. Heuzé. (Voir p. 22).
Les Prairies-vergers, par Michiels (Voir p. 24).
Les Plantes industrielles, par Gustave Heuzé. 3e édition, 4 vol. (Voir p. 22).
   Tome Ier. Plantes textiles ou filamenteuses de sparterie, de vannerie et à carder.
   Tome II. Plantes oléagineuses, tinctoriales, saponaires, tannifères et salifères.
   Tome III. Plantes aromatiques, à parfums, à épices et condimentaires.
   Tome IV. Plantes narcotiques, saccharifères, pseudo-alimentaires, lactifères, résineuses, astringentes, médicinales et funéraires.   } Ces 4 vol. se vendent séparément.
Le Maïs et les autres fourrages verts, culture et ensilage, par Ed. Lecouteux. (Voir p. 23).
Culture de la Vigne et vinification, par J. Guyot. (Voir p. 24).
Le Mildiou, suivi d'une description de l'Érinose, par Patrigeon. (Voir p. 25).
Culture du pommier à cidre, fabrication du cidre et utilisation des pommes et marcs, par J. Nanot. (Voir p. 24).

BIBLIOTHÈQUE AGRICOLE ET HORTICOLE.

Traité de Zootechnie, par A. Sanson, 2ᵉ éd. 5 vol. (Voir p. 32).
   Tome Iᵉʳ. Organisation, fonctions physiologiques et hygiène des animaux domestiques agricoles.
   Tome II. Lois naturelles et méthodes zootechniques.
   Tome III. Chevaux, ânes, mulets.
   Tome IV. Bœufs et buffles.
   Tome V. Moutons, chèvres et porcs.
                           Ces 5 vol. se vendent séparément.

Éléments d'hygiène et de zootechnie, à l'usage des écoles pratiques d'agriculture, par Rossignol et Dechambre. 2 vol. (Voir p. 32).
   Tome Iᵉʳ. Anatomie, extérieur, hygiène, zootechnie générale.
   Tome II. Les Équidés, les bovins, moutons, chèvres, porcs, animaux de basse-cour.
                           Ces 2 vol. se vendent séparément.

Alimentation des animaux domestiques, par Wolff, traduit par Damseaux sur la 5ᵉ édition (Voir p. 34).
Connaissance pratique du cheval, traité d'hippologie, par A.-A. Vial. (Voir p. 34).
Les Chevaux de trait français, par Gayot. (Voir p. 28).
Traité des Maladies du cheval, par Bénion. (Voir p. 27).
Les Races bovines, par H. Corblin et R. Gouin. (Voir p. 28).
Le Porc, par Gustave Heuzé. (Voir p. 30).
Guide hygiénique et chirurgical pour la castration et le bistournage des animaux domestiques, par M. E. Serres. (Voir p. 33).
Le Poulailler, par Ch. Jacques. (Voir p. 30).

Encyclopédie horticole, par Carrière. (Voir p. 43).
La Taille des arbres fruitiers, par Forney, 2 vol. (Voir p. 45).
   Tome Iᵉʳ. — Principes généraux; le poirier et le pommier; les arbres de verger.
   Tome II. — Pêcher, prunier et autres fruits à noyau; vignes, figuier et petits fruits.
                           Ces 2 vol. se vendent séparément.

Traité pratique du séchage des fruits et des légumes, par J. Nanot et L. Tritschler. (Voir p. 37).
Traité d'Ostréiculture, par P. Brocchi. (Voir p. 52).
Conseils aux éducateurs de vers à soie, par de Boullenois. (Voir p. 35).
Traité de mécanique expérimentale, par Ringelmann et Danguy. (Voir p. 39).

BIBLIOTHÈQUE DU CULTIVATEUR.

BIBLIOTHÈQUE DU CULTIVATEUR

48 VOLUMES IN-18 A 1 FR. 25

N. B. — Pour l'analyse succincte des ouvrages composant cette bibliothèque, se reporter à la page du Catalogue indiquée à la suite de chaque volume.

Abrégé du Calendrier du bon cultivateur, manuel de l'agriculteur pratique, par Mathieu de Dombasle. (Voir p. 4).
Manuel de l'Agriculteur commençant, par Schwerz. (Voir p. 14).
Fermage, guide des propriétaires des biens affermés, par de Gasparin. (Voir p. 10).
Le Métayage, guide des propriétaires des biens soumis au métayage, par de Gasparin. (Voir p. 10).
Comptabilité de la ferme, par Dubost et Pacout. (Voir p. 9).
Comptabilité et géométrie agricoles, calculs, barème, poids et mesures, arpentage, cubage, levé des plans, par Lefour. (Voir p. 12).
Traité élémentaire des Constructions rurales, par J.-A. Grandvoinnet. 2 vol. (Voir p. 39).

  Tome Iᵉʳ. Principes généraux de construction.   } Ces 2 vol.
  Tome IIᵉ. Bâtiments ruraux.   } ne se vendent pas séparément.

Culture générale et instruments aratoires, défrichement, assainissement, drainage, labours et façon du sol, par Lefour. (Voir p. 39).

Sol et engrais, précédé de notions de chimie et météorologie agricoles, par Lefour. (Voir p. 16).
Amélioration du Fumier de ferme, par l'association des engrais chimiques et la création de nitrières artificielles, par Lévy. (Voir p. 16).
Utilité composition et emploi des Engrais chimiques, par de Mauroy. (Voir p. 17).
Pratique des Engrais chimiques suivant le système de Georges Ville, par L. Mussa. (Voir p. 17).
Chimie du sol, par le Dʳ Sacc. (Voir p. 18).
Chimie des végétaux, par le Dʳ Sacc. (Voir p. 18).
Chimie des animaux, par le Dʳ Sacc. (Voir p. 18).

Traité des Graines de la grande et de la petite culture, par P. Joigneaux. (Voir p. 23).
Les Champs et les Prés, par Joigneaux. (Voir p. 23).
Les Travaux des champs, par Victor Borie. (Voir p. 4).
Pratique des Irrigations en France et en Algérie, par Vidalin. (Voir p. 39).
Pratique de Plantation et greffage des vignes américaines, par le Cᵗᵉ de La Laurencie. (Voir p. 24).
Le Pin maritime, par Raymond Brunet. (Voir p. 52).

BIBLIOTHÈQUE DU CULTIVATEUR.

Les Animaux domestiques, zootechnie générale, par Lefour. (Voir p. 30).

Alimentation raisonnée des animaux moteurs et comestibles, par Sanson. (Voir p. 33).

Notions usuelles de Médecine vétérinaire, par Sanson. (Voir p. 33).

Le Cheval, l'Ane et le Mulet, extérieur, races, élevage, utilisation, équitation, etc., par Lefour. (Voir p. 30).

Le Cheval percheron, par Ch. du Hays. (Voir p. 30).

Achat du Cheval ou choix raisonné des chevaux d'après leur conformation et leurs aptitudes, par Gayot. (Voir p. 28).

La Maréchalerie, ou ferrure des animaux domestiques, par A. Sanson. (Voir p. 33).

La Saison de monte des chevaux en France, par Vallée de Loncey (Voir p. 34).

Manuel de l'éleveur des Bêtes à cornes, par Villeroy. (Voir p. 34).

Races bovines de France, d'Angleterre, de Suisse et de Hollande, par Dampierre. (Voir p. 28).

Engraissement du bœuf, par Vial. (Voir p. 34).

Choix des Vaches laitières, par Magne. (Voir p. 31).

La Vache et ses produits, veau, lait, viande, travail, fumier, par Aujollet. (Voir p. 27).

Traité pratique de l'élevage des Veaux, par Jules Le Conte. (Voir p. 30).

Les Moutons, histoire naturelle et zootechnie, par A. Sanson. (Voir p. 33).

Manuel de la Porcherie, par L. Léouzon. (Voir p. 31).

La Chèvre, par Huard du Plessis. (Voir p. 30).

Basse-cour, Pigeons et Lapins, par Mme Millet-Robinet. 5e édition. (Voir p. 31)

Poules et Œufs, par E. Gayot. (Voir p. 28).

Instructions pratiques sur l'Incubation et élevage artificiels des volailles, poules, dindons, oies, canards, par Roullier-Arnoult. (Voir p. 32).

Pigeons, Dindons, Oies et Canards, par Pelletan. (Voir p. 31).

Les Lapins, Lièvres et Léporides, par Eug. Gayot. (Voir p. 28).

Les Abeilles, par l'abbé Sagot, édition revue par l'abbé Delépine. (Voir p. 37).

Pièges et Appâts, procédés nouveaux pour détruire les animaux et insectes nuisibles, par G. Henri. (Voir p. 53).

Manuel de l'expert des dommages causés par la Grêle aux récoltes de toute nature, par François. (Voir p. 10).

Économie domestique, par Mme Millet-Robinet. (Voir p. 56).

BIBLIOTHÈQUE DU JARDINIER.

BIBLIOTHÈQUE DU JARDINIER

19 volumes in-18 a 1 fr. 25.

N. B. — Pour l'analyse succincte des ouvrages composant cette bibliothèque, se reporter à la page du Catalogue indiquée à la suite de chaque ouvrage.

Conférences sur le jardinage et la culture des arbres fruitiers, par Joigneaux. (Voir p. 46).
Semis et mise à fruit des Arbres fruitiers, par Carrière. (Voir p. 43).
Arbres fruitiers, taille et mise à fruits, par Puvis. (Voir p. 50).
Le Potager, jardin du cultivateur, par Naudin. (Voir p. 48).
Le Maraîcher bourgeois, par P. Vialon. (Voir p. 50).
Culture naturelle et artificielle de l'Asperge, par Loisel. (Voir p. 48).
Le Melon, culture sous cloches, sur buttes et sur couches, par Loisel. (Voir p. 48).
Le Champignon de couche, culture bourgeoise et commerciale, récolte et conservation, par J. Lachaume. (Voir p. 47).

Les Pépinières, par Carrière. (Voir p. 43).
Arbres d'ornement de pleine terre, par Dupuis. (Voir p. 45).
Arbrisseaux et Arbustes d'ornement de pleine terre, par Dupuis. (Voir p. 44).
Conifères de pleine terre, par Dupuis. (Voir p. 45).
Pommiers microcarpes ou pommiers d'ornement, par Carrière. (Voir p. 43).
Plantes de serre chaude et tempérée, par Delchevalerie. (Voir p. 44).
Les Orchidées, culture, propagation, nomenclature, par Delchevalerie. (Voir p. 44).
Les Cactées, par Ch. Lemaire. (Voir p. 47).
Les Plantes grasses autres que les Cactées, par Ch. Lemaire. (Voir p. 47).
Le Rosier, culture et multiplication, par Lachaume. (Voir p. 46).
Guide de l'Élagueur dans les parcs et les forêts, par Morange. (Voir p. 54).

BIBLIOTHÈQUE D'HORTICULTURE ET DE JARDINAGE.

BIBLIOTHÈQUE D'HORTICULTURE ET DE JARDINAGE
Publiée sous la direction de M. F. Heim
Professeur agrégé d'histoire naturelle à la Faculté de médecine de Paris
19 VOLUMES A 2 FR.; — 4 VOL. A 2 FR. 50; — 2 VOL. A 4 FR.

N. B. — *Pour l'analyse succincte des ouvrages composant cette bibliothèque se reporter à la page du Catalogue indiquée à la suite de chaque ouvrage.*

Manuel de culture potagère, par Duvillard et R. de Noter. (Voir p. 45).	4 fr. »
Guide élémentaire de multiplication, par S. Mottet. (Voir p. 48)......	2 fr. »
Sols, terrains et composts utilisés par l'horticulture, par G. Truffaut. (Voir p. 50)..	4 fr. »
Les engrais en horticulture, par Joulie et Desbordes. (Voir p. 46).....	2 fr. »
Essais pratiques de chimie horticole, par A. Larbalétrier (Voir p. 47).	2 fr. »
Les Animaux utiles et nuisibles à l'horticulture (sauf les insectes), par A. Larbalétrier. (Voir p. 47).................................	2 fr. »
La Mosaïculture, par S. Mottet. (Voir p. 48)...........................	2 fr. »
Les Plantes pour appartements et fenêtres, les fleurs et feuillages pour bouquets, par G. Bellair. (Voir p. 42).....................	2 fr. »
Les Plantes alpines et de rocailles, par H. Correvon. (Voir p. 44).....	2 fr. »
Les Azalées, par Léon Duval. (Voir p. 45).............................	2 fr. »
Les Broméliacées, par Léon Duval. (Voir p. 45)........................	2 fr. »
Calcéolaires, Cinéraires, Coleus, Primevères, etc., par Rudolph, Jules. (Voir p. 50)...	2 fr. »
Les Clématites, Chevrefeuilles, Glycines, etc., par G. Boucher et S. Mottet. (Voir page 43)...	2 fr. »
Caladium, Anthurium, Alocasia et autres aroïdées de serre, par J. Rudolph (Voir page 50)..	2 fr. »
Les Chrysanthèmes, par Georges Bellair. (Voir p. 42)..................	2 fr. »
Les Fougères de pleine terre et les Prêles lycopodes et Sélaginelles rustiques, par G. Correvon. (Voir p. 44)........................	2 fr. »
Culture des Fougères exotiques, par Adolphe Buyssens. (Voir p. 43)..	2 fr. »
Les Geraniums (Pelargonium zonale et inquinans), par H. Dauthenay. (Voir p. 44)...	2 fr. 50
Les Orangers, Citronniers, Cédratiers par R. de Noter. (Voir p. 49).	2 fr. »
Les Palmiers de serre froide, par R. de Noter. (Voir p. 49)..........	2 fr. »
Les Rosiers, par Cochet-Cochet et S. Mottet. (Voir p. 44).............	2 fr. 50
La Culture du Poirier, par O. Opoix. (Voir p. 49)....................	2 fr. 50
Maladies des arbres fruitiers, par E. Sirodot. (Voir p. 50)..........	2 fr. »
Les Fraisiers, par A. Millet. (Voir p. 48)............................	2 fr. 50
Des Violettes, par A. Millet. (Voir page 48)..........................	2 fr. »

MAISON RUSTIQUE DES DAMES.

MAISON RUSTIQUE DES DAMES
Par Mme MILLET-ROBINET
Membre correspondant de la Société centrale d'agriculture de France

QUINZIÈME ÉDITION

L'ouvrage est divisé en cinq parties : dans la première, *Tenue du ménage*, l'auteur passe en revue les devoirs et les travaux d'une maîtresse de maison, étudie dans tous ses détails la maison proprement dite et son mobilier, de la cave au grenier ; les procédés de chauffage et d'éclairage ; le blanchissage du linge, l'entretien des étoffes ; les procédés de conservation des viandes, des légumes ; les confitures ; enfin, tout ce qu'on désigne ordinairement sous le nom de provisions de ménage.

La deuxième partie est un manuel complet de cuisine bourgeoise : pas de mets extravagants, pas de sauces compliquées, le plus souvent inexécutables dans les ménages, mais une cuisine bonne, saine, peu coûteuse et facile à faire. Une liste de tous les mets classés par catégories et 600 menus de déjeuners et dîners complètent ce manuel de cuisine.

La troisième partie est un petit cours de *Médecine domestique*, c'est-à-dire l'exposé de ce qu'il faut faire avant l'arrivée du médecin, que l'auteur se garde bien de vouloir remplacer, avec une description sommaire des maladies et de leurs symptômes.

La quatrième partie, *le Jardin*, est exclusivement réservée aux fruits, aux légumes et aux fleurs ; enfin, dans la cinquième partie, *la Ferme*, l'auteur passe en revue tout ce qui est surtout du domaine de la fermière ; il va sans dire que la basse-cour et la laiterie y tiennent la plus large part.

Quatorze éditions épuisées sont la meilleure preuve de l'accueil bienveillant que les dames ont fait à son ouvrage, en même temps que la plus flatteuse récompense des efforts constants faits pour l'améliorer. Son succès va croissant. C'est qu'en effet Mme Millet-Robinet a pris le vrai moyen de le faire durer en tenant chaque édition nouvelle au courant des progrès réalisés dans l'économie domestique et en agriculture ; la quinzième édition, dont nous venons de parler, a été, comme les précédentes, complètement revue et très sensiblement modifiée.

I. — Tenue du ménage.

La vie à la campagne.
Devoirs et travaux de la maîtresse de maison.
Des domestiques. — De l'ordre à établir.
Comptabilité. — Recettes et dépenses.
La maison et son mobilier. — Entretien de la maison et du mobilier. — Linge. — Blanchissage.
Cave et vins. — Boulangerie et pain.
Provisions de ménage. — Conservation des viandes, fruits et légumes.
Confitures. — Pâtes de fruits, sirops et liqueurs.

II. — Manuel de cuisine.

Manière d'ordonner un repas.
Potages et soupes. — Jus, sauces, garnitures et accessoires.
Viandes de boucherie. — Volailles. — Gibier. — Poisson.
Légumes. — Purées. — Pâtes.
Entremets. — Pâtisserie. — Bonbons.
Liste des mets classés par catégorie. — 60 menus de déjeuners et dîners.

III. — Médecine domestique.

Pharmacie. — Médicaments.
Hygiène et maladie des enfants.
Médecine et chirurgie.
Empoisonnement. — Asphyxie.

IV. — Jardin.

Dispositions générales du jardin.
Travaux et outils de jardinage. — Culture forcée.
Jardin fruitier, potager, fleuriste.
Calendrier horticole.

V. — Ferme.

La ferme et son mobilier. — Ordre à établir dans la ferme.
Nourriture. — Éclairage.
Basse-cour. — La poule et le coq, le dindon, l'oie, le canard, le faisan, le pigeon, le lapin.
Vacherie. — Laiterie et fromagerie.
Bergerie. — Porcherie.
Abeilles et vers à soie.

2 volumes in-18 de 1400 pages et 225 figures dans le texte. — 7 fr. 75.
Prix de l'ouvrage relié : 11 francs.
(Les 2 volumes ne se vendent pas séparément.)

LE LIVRE DES JEUNES MÈRES.

LE LIVRE DES JEUNES MÈRES
LA NOURRICE ET LE NOURRISSON
Par M.me **MILLET-ROBINET**
Auteur de la *Maison Rustique des Dames*
et le Docteur **ÉMILE ALLIX**
Médecin-inspecteur du service de la protection des enfants et des crèches à Paris.

SIXIÈME ÉDITION

Méthodique et complet, ce nouvel ouvrage renferme tout ce qui concerne *la nourrice et le nourrisson*; écrit avec la délicatesse de la femme et la science du médecin, il est vraiment ce que dit son titre, le *Livre des Jeunes Mères*. — Le résumé de la table des matières montrera d'ailleurs, mieux que tout ce qu'on pourrait dire, ce qu'est l'ouvrage de M.me Millet-Robinet et de M. le D.r Émile Allix :

I. — Le devoir maternel.

II. — Le berceau et la layette.
Berceau en fer et en osier; sa garniture. — Layette; méthodes diverses; description, composition, entretien; planche de patrons.

III. — La grossesse.
Durée, signes, hygiène, choix de l'accoucheur.

IV. — L'accouchement.
Disposition des lits et de la chambre: l'accouchement et la délivrance, soins à la mère et au nouveau-né après l'accouchement.

V. — Les maux de sein.
Inflammations localisées. — Abcès au sein. — Gerçures et crevasses. — Engorgement des seins.

VI. — L'allaitement.
ALLAITEMENT MATERNEL. — Le lait doit être la seule nourriture du nouveau-né. — Commencement de l'allaitement. — Manière de donner le sein. — Quantité de lait nécessaire à l'enfant. — Fréquence des tétées. — Le lait maternel. — Hygiène de la nourrice.
ALLAITEMENT MERCENAIRE : Nourrices sur lieu et nourrices de campagne. — Choix de la nourrice. — Les bureaux de placement. — Surveillance de l'allaitement mercenaire. — Rapports de la mère avec la nourrice.
ALLAITEMENT ARTIFICIEL : Cas où il faut l'accepter. — Laits employés. — Modes d'allaitement artificiel. — Biberons. — Règlement de l'allaitement artificiel.
ALLAITEMENT MIXTE.

VII. — Sevrage et dentition.
Préparation au sevrage. — Les nouveaux aliments de l'enfant. — Réglementation de la nouvelle alimentation de l'enfant. — Sevrage définitif. — Précautions à prendre par la nourrice. — Dentition.

VIII. — Hygiène du nourrisson.
L'enfant dans son berceau. — Toilette, soins de propreté, bains. — Habitudes de propreté à donner à l'enfant. — Les sorties et les promenades. — L'enfant sur un tapis et à quatre pattes. — Les premiers pas. — Les hochets.

IX. — L'enfant en état de santé, comment il vit, agit et se développe.
RESPIRATION.
CIRCULATION : Nombre des battements du cœur : quantité de sang qui circule chez l'enfant.
DIGESTION : Organes digestifs du nourrisson. La tétée. Les selles de l'enfant.
SENSATIONS ET MOUVEMENTS : Les premières sensations de l'enfant. Le toucher, l'odorat, le goût, l'ouïe, la vue; la physionomie de l'enfant; le cri et la première parole; les mouvements.
DÉVELOPPEMENT PHYSIQUE DE L'ENFANT : Taille, poids.

X. — Maladies de l'enfant.
Muguet, angine, indigestion, diarrhée, constipation, vers, croup, bronchites, coqueluche, scarlatine, rougeole, variole, convulsions, etc., etc. Maladies de la peau, des oreilles, des yeux; blessures, plaies, brûlures, etc.

XI. — Éducation morale de l'enfant.
Commencement de l'éducation. — Habitudes et manies. — Colère, bouderie, flatterie, peur; langage des enfants. — Divers conseils pour l'éducation des enfants.

XII. — La protection de l'enfance.
LES CRÈCHES : But et utilité des crèches; comment on fonde une crèche, emplacement, local, personnel, le séjour à la crèche. — LES SOCIÉTÉS DE PROTECTION DE L'ENFANCE. — LES SOCIÉTÉS MATERNELLES.

Un volume in-18 de 392 pages et 48 figures, avec une planche de patrons pour la layette. — 3 fr. 75.
Prix de l'ouvrage relié : 5 francs.

JOURNAL D'AGRICULTURE PRATIQUE.

64ᵉ ANNÉE

JOURNAL
D'AGRICULTURE PRATIQUE

64ᵉ ANNÉE

MONITEUR DES COMICES, DES PROPRIÉTAIRES, ET DES FERMIERS

Fondé en 1837 par Alexandre Bixio

PARAIT TOUS LES JEUDIS PAR LIVRAISON GRAND IN-8° DE 48 PAGES
IL PUBLIE UNE PLANCHE COLORIÉE PAR MOIS
ET FORME CHAQUE ANNÉE DEUX BEAUX VOLUMES IN-8° DE 1,900 PAGES
AVEC 12 MAGNIFIQUES PLANCHES COLORIÉES
ET DE NOMBREUSES GRAVURES

Rédacteur en chef : L. GRANDEAU O. ✻

Membre du Conseil supérieur de l'agriculture
Inspecteur général des Stations agronomiques
Professeur au Conservatoire national des arts et métiers
Doyen honoraire de la Faculté des sciences de Nancy. — Professeur honoraire
de l'École nationale forestière
Directeur de la Station agronomique de l'Est
Membre honoraire de la Société royale d'agriculture d'Angleterre, de la Société
impériale libre de Moscou, de l'Académie royale agricole
de Suède, de Turin, etc.

Secrétaire de la rédaction : A. DE CÉRIS ✻.

Directeur-Gérant : L. BOURGUIGNON.

PRINCIPAUX COLLABORATEURS : A. Muntz, Prillieux, membres de l'Institut; A.-Ch. Girard, Gustave Heuzé, Lavalard, Lindet, Schribaux, Ringelmann, Risler, membres de la Société nationale d'agriculture; Bouscasse, de Clercq, Convert, Destremx, Duplessis, Georges Emion, Dʳ George, Guerrapain, Hitier, P. de Laffitte, L. Léouzon, A. Lesne, H.-V. de Loncey, Marie-Davy, L. Mangin, Millardet, Mouillefert, J. Nanot, Pageot, Dʳ Patrigeon, A. Ronna, Sabatier, Saillard, Émile Thierry, Zolla, etc.; et un nombre considérable d'agriculteurs, de savants, d'économistes, d'agronomes de toutes les parties de la France et de l'étranger.

Fondé en 1837 par Alexandre Bixio, le *Journal d'Agriculture pratique* compte aujourd'hui **soixante-trois ans d'existence**, et son succès n'a fait que croître chaque année. Il a vu reconnaître ses longs services par l'Académie des Sciences, qui lui a décerné le **Prix Morogues**, comme à l'ouvrage ayant fait faire le plus de progrès à l'agriculture.

Le *Journal d'agriculture pratique* publie **12 planches coloriées par an**, d'une exécution irréprochable, représentant les portraits de nos animaux les plus remarquables de nos fermes et de nos concours, ainsi que les insectes nuisibles, les maladies des plantes, etc.

JOURNAL D'AGRICULTURE PRATIQUE.

Depuis la mort de M. Ed. Lecouteux, la rédaction en chef du *Journal d'agriculture pratique* est confiée à M. L. Grandeau, l'agronome universellement connu, que M. Ed. Lecouteux avait déjà choisi pour le suppléer dans sa chaire d'agriculture du Conservatoire national des arts et métiers.

Le journal publie des chroniques agricoles, des comptes rendus des séances de la Société nationale d'agriculture; des articles de jurisprudence; des articles consacrés à l'examen des questions de pratique pure, une revue mensuelle de météorologie et une revue étrangère.

L'économie rurale, l'économie du bétail, l'économie forestière, la culture de la vigne, de la betterave, de toutes les plantes industrielles, aussi bien que celle des céréales et des plantes fourragères; la culture des eaux, l'apiculture, la mécanique agricole, l'architecture rurale; les questions de chimie appliquée à l'agriculture; en un mot toutes les branches de l'agriculture sont traitées avec l'importance qu'elles comportent.

La partie commerciale a reçu tous les développements qu'elle mérite. Des mercuriales hebdomadaires, et une revue de tous les marchés français et étrangers, tiennent le lecteur au courant des fluctuations des cours, pour tous les produits agricoles : céréales et farines, bétail, graines fourragères et oléagineuses, fourrages et pailles, chanvres et lins, houblons, etc.; vins, alcools et eaux-de-vie; sucres, amidons et fécules, engrais divers, cuirs et peaux, suifs et saindoux, beurres, fromages et œufs, volailles et gibier, etc.

Enfin, le *Journal d'Agriculture pratique* a pensé que, pour donner tout ce que promettait son titre même, il devait se mettre à la disposition de ses abonnés pour les *Renseignements agricoles* dont ils pourraient avoir besoin.

Si la question posée est d'un intérêt général, la réponse est faite dans le journal, soit sous la rubrique *Correspondance* où l'abonné la trouve par l'indication de son numéro d'abonnement et de son département; soit en un article spécial lorsque les développements que nécessite cette réponse spéciale sont assez considérables pour le motiver. Si au contraire la question ne touche qu'un intérêt particulier, la réponse est faite directement par lettre.

On comprend sans peine que cette *Correspondance* que le *Journal d'Agriculture pratique* a l'un des premiers installée dans ses colonnes, ait rendu tout de suite de grands et réels services, et qu'elle ait bien vite obtenu auprès des abonnés un succès légitime.

PRIX DE L'ABONNEMENT { FRANCE : Un an : 20 fr. — Six mois : 10 fr. 50. — Trois mois : 5 fr. 50
ÉTRANGER : Un an 23 fr. — Six mois : 12 fr. — Trois mois : 6 fr.

Prix du numéro.................................... 50 centimes.
— avec planche coloriée............ 75 centimes.

Les abonnements partent du 1er de chaque mois
Les abonnements pour la France sont reçus sans frais dans tous les bureaux de poste.

La Librairie agricole possède encore quelques collections complètes du *Journal d'Agriculture pratique* (de 1837 à 1899) et quelques collections de 1885 à 1899 (nouvelle période avec planches coloriées), ainsi qu'un certain nombre de certaines années à vendre séparément.

Prix de la collection complète (de 1837 à 1899) : 107 vol...... 740 fr.
Prix de la collection de 1885 à 1899 : 28 vol.................. 240 fr.
De 1837 à 1891 inclusivement, chaque volume vendu séparément. 7 fr. 50
De 1892 à 1899, chaque volume vendu séparément............ 10 fr.

☞ Un numéro spécimen **avec planche coloriée** est envoyé à toute personne qui en fait la demande.

Bureaux du journal : 26, rue Jacob, à Paris.

LIBRAIRIE AGRICOLE
de la **Maison Rustique**.

REVUÉ HORTICOLE.

72ᵉ ANNÉE — REVUE — 72ᵉ ANNÉE

HORTICOLE

JOURNAL D'HORTICULTURE PRATIQUE

FONDÉ EN 1829 PAR LES AUTEURS DU BON JARDINIER

PARAISSANT LE 1ᵉʳ ET 16 DE CHAQUE MOIS PAR LIVRAISON GRAND IN-8° DE 32 PAGES.
AVEC UNE PLANCHE COLORIÉE ET DE NOMBREUSES FIGURES
ET FORMANT CHAQUE ANNÉE UN BEAU VOLUME IN-8° DE 580 PAGES

AVEC 24 MAGNIFIQUES PLANCHES COLORIÉES
ET DE NOMBREUSES GRAVURES

Rédacteur en chef : ED. ANDRÉ, Architecte paysagiste
Professeur à l'École nationale d'horticulture de Versailles
Membre de la Société nationale d'agriculture de France
Membre honoraire de la Société nationale d'horticulture de France, de la Société royale
d'agriculture et de botanique de Gand, de la Société royale d'horticulture de Londres, etc.
Secrétaire de la rédaction : H. DAUTHENAY.

Directeur-gérant : L. BOURGUIGNON.

PRINCIPAUX COLLABORATEURS : MM. René-Ed. André. — Ch. Ballet. — Georges Bellair. — Ernest Bergmann. — D. Bois. — Georges Boucher. — Cᵗᵉ de Castillon. — Catros-Gérand. — Ferdinand Cayeux. — Chabanne. — Auguste Chantin. — Constant. — H. Correvon. — J. Curé. — J. Courtois. — J. Dybowski. — J. Foussat. — G. Gibault. — Ch. Grosdemange. — E. Lambert. — P. Lesne. — Louis Mangin. — Ch. Maron. — Marc Micheli. — Millet fils. — Fr. Morel. — S. Mottet. — J. Nanot. — Félix-Ch. Naudin. — Pierre Passy. — G. Poisson. — Ringelmann. — Jules Rudolph. — Numa Schneider. — Maurice de Vilmorin. — Philippe de Vilmorin.

La *Revue horticole*, **fondée en 1829** par les auteurs du *Bon Jardinier*, et dont les **soixante et onze ans d'existence** suffisent à affirmer le succès, est aujourd'hui le journal indispensable pour la **bonne tenue des jardins, des parcs et des serres**. Soins à donner au jardin potager, culture et conservation des légumes, taille des arbres fruitiers, choix des meilleures variétés, jardin fleuriste, jardin paysager, marcottes, boutures, greffes, outils et appareils de jardinage, culture forcée, serres, orangeries, plantes nouvelles; arbres et arbrisseaux d'utilité et d'agrément, toutes ces questions y sont traitées par les auteurs les plus compétents et les praticiens les plus habiles.

REVUE HORTICOLE.

Des gravures de fleurs, fruits, outils, serres, etc., contribuent à la clarté des descriptions, et des **planches coloriées** d'une exécution remarquable, d'après les aquarelles d'éminents artistes, donnent la figure des plantes nouvelles et des fruits nouveaux les plus intéressants, des insectes nuisibles, etc.

Une chronique très complète tient le lecteur au courant de tous les faits qui peuvent intéresser l'horticulture : comptes rendus d'expositions et de congrès, programmes des concours, listes des récompenses, séances de la société nationale d'horticulture de France, etc., etc.

Enfin, la *Revue horticole* se met à la disposition de ses abonnés pour les renseignements horticoles dont ils peuvent avoir besoin.

Si la question posée est d'un intérêt général, la réponse est faite dans le journal, soit sous la rubrique *Correspondance* où l'abonné la trouve par l'indication de son numéro d'abonnement et de son département; soit en un article spécial lorsque les développements que nécessite cette réponse sont assez considérables pour le motiver. Si au contraire la question ne touche qu'un intérêt particulier, la réponse est faite directement par lettre.

On comprend facilement quels grands et réels services cette *Correspondance* rend aux abonnés de la *Revue horticole*, et le légitime succès qu'elle a bien vite obtenu.

A l'Exposition universelle de Paris en 1889, le jury a reconnu l'importance des services rendus par la *Revue horticole*, en lui décernant une **médaille d'or**. Déjà précédemment, en 1885, à l'Exposition internationale d'horticulture, la Revue avait obtenu la **grande médaille d'honneur** fondée par le maréchal Vaillant, ancien président de la Société d'horticulture.

PRIX DE L'ABONNEMENT
France : Un an : **20 fr.** — Six mois : **10 fr. 50**. — Trois mois : **5 fr. 50**.
Étranger : Un an : **22 fr.** — Six mois : **11 fr. 50**. — Trois mois : **6 fr**.

Prix du numéro : **90 centimes**.

Les abonnements partent du 1er de chaque mois

Les abonnements pour la France sont reçus sans frais dans tous les bureaux de poste.

La librairie agricole ne possède pas de collection complète (1829 à 1899) de la *Revue horticole*; mais elle possède encore quelques collections de 1882 à 1899, ainsi qu'un certain nombre de volumes de certaines années à vendre séparément.

Prix de la collection 1882 à 1899 : 17 vol. . . . . 285 francs.
De 1829 à 1860 inclusivement, chaque volume vendu séparément. 10 fr.
De 1861 à 1891 inclusivement, chaque volume vendu séparément. 15 fr.
De 1892 à 1899, chaque volume vendu séparément. . . . . 20 fr.

☞ Un numéro spécimen est adressé à toute personne qui en fait la demande.

Bureaux du journal : 26, rue Jacob, à Paris

BULLETIN D'ABONNEMENT

(1) Nom et prénom.

(2) Adresse exacte avec indication du bureau de poste.

(3) Un an, six mois ou trois mois.

(4) Indiquer s'il s'agit du *Journal d'agriculture pratique* ou de la *Revue horticole*.

(5) Mandat-poste ou chèque, pour les abonnements de six mois ou d'un an. — Timbres-poste pour les abonnements d'essai d'un mois.

(6) Un an . . . . 20 fr. »
Six mois . . . . 10 fr. 50
Trois mois d'essai . . . 5 fr. 50
(Pour l'étranger, voir les prix pages 67 et 69).

Je soussigné (1) _____

_____

demeurant à (2) _____

_____

demande un abonnement de (3) _____

à partir du _____

à (4) _____

Pour le paiement j'envoie ci-joint en (5) _____

la somme de (6) _____
ou j'autorise l'administration à me faire présenter par la poste une quittance du montant de l'abonnement, augmentée des frais de recouvrement.

(SIGNATURE.)

☞ **Adresser lettres et mandats à M.** l'administrateur du Journal d'agriculture pratique et de la Revue horticole, 26, rue Jacob, à Paris.
Les abonnements pour la France sont reçus sans frais dans tous les bureaux de poste.

LIBRAIRIE AGRICOLE de la Maison Rustique.

TABLE ALPHABÉTIQUE DES NOMS D'AUTEURS

Adrian (A.) 52
Allix (D' Emile), *Voy. Millet-Robinet*,........ 56, 65
Amé................... 40
André (Éd.)......... 40, 41
— *Voy. Revue horticole*... 68
Arbois de Jubainville (d'). 52
Auberjonois.............. 38
Audot (L.-E.)....... 41, 55
Aujollet................. 27
Bailly, *Voy. Maison rustique*. 3
Baltet.................... 41
Bardonnet des Martels ... 27
Baron 55
Barral................... 38
Baudrain................ 52
Bel (J.).................. 52
Bellair (G.).............. 42
Bénion 27
Berat (V.), *Voy. Bellair*... 42
Bernardin (Léon)........ 27
Bertin................... 38
Bertrand................ 35
Bertrand (Alph.)......... 55
Bisseuil (A.)............. 35
Bixio, *Voy. Maison rustique* 3
— *Voy. Journal d'agriculture pratique* 66
Bohnhof................ 42
Boiret (H.).............. 35
Bois, *Voy. Pailleux*..... 49
Boissy................... 35
Boncenne............... 43
Bonneval (de)........... 27
Borie (Victor)...... 4, 8, 27
Borit................... 20
Bosredon 20, 43
Bouchard-Huzard........ 38
Boucher................ 43
Bouchon-Brandely...... 52
Boullenois (de).......... 35
Brechemin............. 27
Brocchi................. 52
Brunel (L.)............. 35
Brunet (Raymond).... 20, 52
Butret (B^{on} de)........ 43
Buyssens............... 43
Carrière................
Casanova, *Voy. Pichat* ... 13
Catros-Gérand.......... 43
Cayasse................. 55
Céris (de), *Voy. Journal d'Agriculture pratique*..... 66
Chabanne (G.).......... 43
Choulet (A.), *Voy. Chabanne*
Cochet-Cochet........... 44
Colbert-Laplace (Cte de).. 35
Corblin (H.)............. 28
Cormouls-Houlès........ 8

Correvon................ 44
Coupin.................. 36
Courtin................. 20
Cuguet, *Voy. Dumur*..... 38
Curé 44
Dadant, *Voy. Langstroth*.. 36
Dampierre (de).......... 28
Damseaux, *Voy. Wolff*. 19, 34
Danguy, *Voy. Ringelmann*. 39
Dastugue............... 52
Daurel (J.).............. 20
— *Voy. Catros Gérand*. 43
Dauthenay.............. 44
Daverne, *Voy. Moreau*... 48
Decaisne............... 44
— *Voy. Bon Jardinier*. 40
— *Voy. Le Maout*..... 47
Dechambre (P.) *Voy. Rossignol*............... 32
Dehérain (P.-P.) 15
Déjernon 20
Delchevalerie........... 44
Delépine, *Voy. Sagot*.... 37
Demoor................. 20
Derosne................ 36
Desbois................. 9
Desbordes, *Voy. Joulie*... 46
Des Cars (Cte) 44, 53
Desclozeaux............ 55
Devaux (G.)............. 28
Dombasle (M. de). 4, 9, 15, 20, 28
Doyère............... 8, 20
Dreuille (de)............ 9
Dreyfus................. 55
Du Breuil, *Voy. Girardin*. 5
Dubost................. 9
Duchartre, *Voy. Hérincq*.. 46
Dumur................. 38
Duplessis.............. 38
Dupuis (A.)......... 44, 45
Durand-Caubet (J.)..... 55
Durier.................. 36
Durrieux............... 9
Duval (L.).............. 45
Duvillard............... 45
Duvillers............... 45
Dybowski............... 45
Écorchard.............. 45
Emion (Victor).......... 55
Fallot.................. 20
Félizet (Ch. L.)......... 10
Figuier................ 36
Fillol (O. de).......... 36
Fontenay (de).......... 10
Forney................. 45
Fouard................. 36
François............... 10
Fruchier............... 4

Gain................... 15
Gasparin (Cte de). 5, 10, 21, 38
Gaudelette............. 5
Gayot (Eug.)........... 28
Geoffroy St-Hilaire..... 28
George (D^r)........... 56
Girardin............... 5
Givelet (Henri)......... 36
Gouin (R.), *Voy. Corblin*.. 28
Gramont (A. de)........ 21
Grandeau (Louis). 15, 16, 29
— *Voy. Journal d'Agriculture pratique*...... 66
Grandeau (Henry), *Voy. E. Muller*............... 16
Grandvoinnet........ 21, 39
Grollier................ 29
Guihéneuf.............. 46
Guillaud............... 21
Gurnaud............... 53
Guyot (Jules)....... 21, 36
Hardy.................. 46
Hays (Charles du)..... 30
Hennon................ 53
Henri (G.)............. 53
Hérincq............... 46
Hérisson (Albert)...... 10
Heuzé (G.). 6, 21, 22, 23, 30
Hooïbrenk............. 23
Huard du Plessis...... 30
Imbart-Latour......... 11
Jacque (Ch.).......... 30
Jacques, *Voy. Hérincq*... 46
Joigneaux (P.)..... 6, 23, 46
Joulie 23, 46
Julien................. 23
Koltz.................. 53
Kraft, *Voy. Muhlberg*... 24
La Blanchère (de)...... 35
Lachaume........... 46, 47
La Laurencie (Cte de)... 23
Langstroth (L. L.)..... 36
Larbalétrier........... 47
Laudet (F.)........... 11
Laumaille............. 47
Laurençon............ 6
Lavergne (Bernard)... 11
Lavergne (de)........ 11
Le Bêle............... 47
Le Breton (Mme)....... 47
Le Conte............. 30
Lecouteux....... 8, 11, 12, 23
Lefour........ 12, 16, 30, 39
Lemaire 47
Le Maout.............. 47
Lenoir (B. A).......... 24
Léouzon............... 31
Leroy (E.)............. 31
Leroy (Alfred)........ 31

TABLE ALPHABÉTIQUE DES NOMS D'AUTEURS.

Leroy André	47
Lescure (J.)	12
Lesparre (Duc de)	24
Levavasseur	53
Lévy	16
Loisel	48
Lullin de Châteauvieux	12
Maffre	48
Magne	31
Maison Rustique du XIXᵉ siècle	3
Malezieux	12, 31
Malliard (Pierre de) *Voy. Wagner*	19
Malepeyre, *Voy. Maison rustique*	3
Marchand	16
Marguerite-Delacharlonny	16
Marié Davy	16
Maron (Ch.)	48
Martin (de)	37
Martin (Léon)	24
Martinet	54
Masure	16
Mauroy (de)	16
Méheust	12
Michiels	24
Millet (A.)	48
Millet-Robinet (Mᵐᵉ)	12, 31, 56, 65
Mœrder, *Voy. Simonoff*	33
Morange	48, 54
Moreau	48
Mortillet (H. de)	54
Mottet	48
— *Voy. Cochet-Cochet*	44
— *Voy. Boucher*	43
Mouillefert	24
Muhlberg	24
Müller (Bᵒⁿ F. von), *Voy. Naudin*	49
Muller (Dʳ P.-E.)	10
Mussa (Louis)	17
Nanot	24, 37, 54
Nanot (J.) et Tritschler	37
Naudin	24, 48, 49
Naudin, *Voy. Decaisne*	44
— *Voy. Bon Jardinier*	40
Nicolle	13, 25
Nicholson (G.)	49
Nijpels	25
Noailles (de)	13
Noirot	54
Noisette	49
Noffray (abbé E.)	25
Noter (de)	49
— *Voy. Duvillard*	45
Oberlin (Ch.)	17
Odart (comte)	25
Olivier de Serres	6
Opoix	49
Pacout, *Voy. Dubost*	9
Pagès (Calixte)	31
Pailleux	25, 49
Patrigeon	25
Pelletan	31
Pennetier	56
Personnat	37
Petermann	17
Pichat	13
Pierre (Isidore)	17
Pignant (P.)	39
Poirson	13
Poiteau, *V. Bon Jardinier*	40
Ponce (J.)	50
Pourian	37
Poussier B., *Voy. Brunel*	35
Préclaire	50
Prudhomme	25
Puvis (A.)	50
Rabaté, *Voy. Cayasse*	55
Rafarin	50
Rayer (H.)	13
Ringelmann (Max.)	39
Riondet	13
Risler	13, 17, 18
Robert (G.)	25
Rocquigny (Cᵗᵉ de)	56
Ronna	18, 39
Rossignol (A.)	32
Roullier-Arnoult	32
Rousset	54
Royer	25
Rudolph (J.)	50
Sacc	18
Sagot	37
Saint-Briac (de)	50
Saint-Léger, *Voy. Bellair*	42
Saint-Pol (Vᵗᵉ de)	32
Saintoin-Leroy	13, 14
Sanson (André)	32, 33
Schauenburg	25
Schroeter, *Voy. Stebler*	26
Schwerz	7, 14
Séguin-Rolland	37
Serres (E.)	33
Silvestre (C.)	8
Silvestre (B.)	37
Simonoff	33
Sirodot	50
Sol	25
Stebler	26
Stockhardt	18
Suchetet	14
Taillasson (R. de)	54
Teisserenc de Bort	7, 34
Thierry	34
Thomas	54
Thouin	7
Tourdonnet (Cᵗᵉ de)	14
Tritschler, *Voy. Nanot*	37
Troguindy (Cᵗᵉ de)	14
Truelle (A.)	26
Truffaut (G.)	50
Turot	14
Valette	50
Vallée de Loncey	34
Vauvel	50
Vermorel	8
Vial	34
Vial (A.-A.)	34
Vialon	50
Vidalin	7, 39
Ville (Georges)	18, 19
Villeroy	34
Vilmorin, *Voy. Bon Jardinier*	40
Vilmorin-Andrieux	51
Vivier	26
Wagner	14
Wagner (Paul)	19
Wœlcker, *Voy. Ronna*	18
Wolff	19, 34

Typographie Firmin-Didot et Cⁱᵉ. — Mesnil (Eure).

Extrait

du CATALOGUE

DE LA

LIBRAIRIE DE
L'ART ANCIEN ET MODERNE

Ancienne Maison J. ROUAM et Cie

14, rue du Helder

PARIS

1901

DIVISIONS DU CATALOGUE

Beaux-Arts, Archéologie . . . . Pages 3 à 16
Arts Décoratifs . . . . — 17 à 28
Littérature, Histoire, Romans, Voyages, etc. . . . — 29 et 30
Théatre et Poésies. . . . . — 31 et 32

Table Alphabétique des Noms d'Auteurs

Ardouin-Dumazet.	29-30	Korolenko (W.)	29
Avezac-Lavigne (Ch).	16	Lafenestre (G.)	10
Babelon (E.)	10	Lalauze	9
Bapst (Germain)	15-29	Lalique (R.)	20
Bastard	20	Larroumet	20
Bauzon (Louis)	27	Lavalley	9
Beillard (Alfred)	28	Le Couteux	9
Bénédite (L.)	10-12	Ledru (A.)	20
Beraldi (H.)	10	Lefebvre (C.)	20
Bigaux (L.)	20	Lefort (Paul)	15
Boilvin	11	Le Nain	9
Bonnier (Louis)	20	Lepère (Aug.)	20
Bracquemond	10	Lostalot (A. de)	27
Burney	10	Lunois	9
Calmettes (F.)	11	Magne (L.)	20
Causé (Emile)	20	Majorelle (L.)	20
Chabry	15	Marcel	30
Chalon (L.)	20	Mazé (Jules)	30-32
Champier (Victor)	13-20-25-28	Michel (Marius)	20
Crombaz (G.)	20	Molinier (E.)	27
Dampt (J.)	20	Mucha	20
Demaison (M.)	10	Niermans (Ed.)	20
Dézarrois	11	Nocq (H.)	20
Dillon	11	Piat (F.-E.)	25
Ehrtone (Miss E.)	32	Plumet	20
Fantin-Latour	11	Prouvé (Victor)	20
Fourcaud (Louis de)	10	Rémon (Georges)	21
Freycinet (de)	29	Richaud (L.)	32
Garnier (E.)	11	Robert (E.)	24-27
Génuys (Ch.)	20	Roger-Milès (L.)	14-27
Georges-Jean	20	Royer (Alphonse)	20
Gérôme	15	Ruban (P. J.)	20
Ginisty (Paul)	29	Rudnicki	20
Giraldon (A.)	20	Sandier (Al.)	20-22
Golschmann (L.)	29	Selmersheim (P.)	20
Grandmougin (Ch.)	30-31-32	Selmersheim (T.)	20
Guadet (J.)	10	Sœhnée (F.)	30
Guimard (Hector)	17	Soulier (G.)	18
Hallays (A.)	10	Tapissier (Edm.)	20
Hart (Georges)	29	Tourrette	20
Havard (Henry)	11	Valabrègue (Antony)	16
Jacquet (A.)	11	Wiéner (R.)	20
Jacquot (Albert)	16	Wolfers (Ph.)	20
Jaubert (Ernest)	29	Wyzewa (Th. de)	27

Ancienne Maison ROUAM et Cie

BEAUX-ARTS — ARCHÉOLOGIE

LA
REVUE DE L'ART
Ancien et Moderne
Paraissant le 10 de chaque mois

CINQUIÈME ANNÉE

COMITÉ DE PATRONAGE DE LA FONDATION

MM. Prince d'ARENBERG, de l'Académie des Beaux-Arts.
AYNARD, Député.
BERTHELOT, Secrétaire perpétuel de l'Académie des Sciences.
Gaston BOISSIER, Secrétaire perpétuel de l'Académie française.
P. CASIMIR-PÉRIER, Sénateur.
Comte H. DELABORDE, Secrét. perpét. de l'Académie des Beaux-Arts
DELAUNAY-BELLEVILLE, Prés. de la Chambre de Commerce de Paris.
DERVILLÉ, ancien Président du Tribunal de Commerce de la Seine.
Comte de FRANQUEVILLE, de l'Ac. des Sciences morales et politiques.
GRÉARD, de l'Académie française, Vice-Recteur de l'Académie de Paris.
LABEYRIE, Gouverneur du Crédit foncier.
Alfred PICARD, Commissaire général de l'Exposition univers. de 1900.
Alfred SOMMIER.
Marquis de VOGÜÉ, de l'Ac. des Inscriptions, ancien Ambassadeur.

Directeur : **JULES COMTE**

PRIX DE L'ABONNEMENT
Édition ordinaire

	Un an	Six mois	Trois mois
Paris	**60** francs	**31** francs	**16** francs
Départements	**65** francs	**33** francs	**17** francs
Union postale	**72** francs	**38** francs	**20** francs

Un numéro vendu séparément, 7 fr. 50

Édition des amateurs

Paris	Un an	**120** francs
Départements	—	**125** —
Union postale	—	**135** —

Pour cette édition, il n'est accepté que des abonnements d'un an, datant du 1er janvier.

Librairie de l'Art ancien et moderne

La *Revue de l'Art* entre dans sa cinquième année et, n'était la crainte d'employer un cliché fatigué, nous dirions volontiers qu'elle répondait, lors de son apparition, à un véritable besoin. Il en est peu en effet qui s'intéressent, comme elle, à **toutes les manifestations de l'Art**; il n'en est point qui offrent au lecteur des pages aussi savamment écrites, aussi abondamment illustrées, aussi luxueusement éditées.

Et, cette constatation, nous ne sommes pas les seuls à la faire, puisque *le Jury de la Librairie de l'Exposition universelle l'a jugée digne, seule parmi tous les périodiques français et étrangers, de recevoir* **UNE MÉDAILLE D'OR**.

Son directeur est M. JULES COMTE, ancien inspecteur général de l'enseignement du dessin, directeur honoraire des bâtiments civils et des palais nationaux, commandeur de la Légion d'honneur, le même qui fonda, avec l'éditeur Quantin, cette *Bibliothèque de l'Enseignement des Beaux-Arts* dont la réputation est vite devenue universelle.

Autour de lui se sont groupés les plus réputés de nos écrivains d'art, tous ceux dont la parole savante fait foi, tous ceux dont la critique est le plus attendue et le plus écoutée; et l'extrait rapide que nous donnons ci-dessous, de la liste des articles publiés au cours de ces dernières années, est la meilleure preuve en faveur de cet éclectisme de bon aloi dont nous parlions tout à l'heure :

ARCHÉOLOGIE

Babelon (E.), membre de l'Institut, conservateur du Cabinet des médailles. — *Les origines du Portrait sur les monnaies grecques.*

Collignon (Max.), membre de l'Institut. — *Le style décoratif à Rome au temps d'Auguste.* — *Orchestre et danseurs* (figurines en terre cuite trouvées à Égine), etc.

Heuzey (Léon), membre de l'Institut. — *La toge romaine étudiée sur le modèle vivant.*

Homolle, membre de l'Institut, directeur de l'école d'Athènes. — *L'école française d'Athènes.* — *Le bronze de Delphes.*

Maspero (G.), membre de l'Institut. — *Une trouvaille de bijoux égyptiens.*

HISTOIRE DE L'ART

Bouchot (Henri), conservateur du Cabinet des estampes. — *Une artiste française pendant la Révolution : Mme Vigée-Lebrun.* — *Un portrait de François Clouet à Bergame.* — *Boilly, etc.*

Fourcaud (de), professeur d'esthétique et d'histoire de l'Art à l'École des Beaux-Arts. — *Jean-Baptiste Siméon Chardin.*

Lafenestre (Georges), membre de l'Institut. — *Les nouveaux achats du Louvre.* — *Les portraits de John Julius Angerstein et de sa femme.* — *Le portrait de Marie Leczinska, etc.*

Michel (Émile), membre de l'Institut. — *Rubens au château de Steen.*

Molinier (E.), conservateur au Musée du Louvre. — *Les bibelots du Louvre.* — *Deux portraits du maréchal Trivulce.*

Müntz (E.), membre de l'Institut. — *Vittore Pisanello.*

Nolhac (P. de), conservateur au Musée de Versailles. — *L'art de Versailles ; la chambre de Louis XIV ; l'escalier des Ambassadeurs.* — *La création de Versailles, d'après des documents inédits.* — *Marie-Antoinette et Mme Vigée-Lebrun.*

ART CONTEMPORAIN

Bénédite (Léonce), conservateur du Musée du Luxembourg. — *Artistes contemporains : Fantin-Latour.* — *Deux idéalistes : Gustave Moreau et sir Edward Burne-Jones.* — *La lithographie originale.* — *Alphonse Legros.* — *Un peintre explorateur : Maurice Potter, etc.*

Benjamin-Constant, membre de l'Institut. — *La galerie de peinture à Chantilly.*

Demaison (Maurice). — *M. Bartholomé et le Monument aux morts.* — *Dalou.*

Fierens-Gevaert. — *Albrecht de Vriendt.* — *Le Nouvel Opéra-Comique.* — *L'Hôtel-de-Ville de Paris.*

Foville (A. de), membre de l'Institut. — *Daniel Dupuis et ses dernières œuvres.*

Gallet (Louis). — *Camille Saint-Saëns.*
Larroumet, membre de l'Institut. — *Luc-Olivier Merson.*
Michel (Émile), membre de l'Institut. — *Les peintures de M. Cormon au Museum.*
Molinier (E.), conservateur au musée du Louvre. — *Les arts décoratifs aux Salons de 1897, 1898 et 1899.*
Pascal (J.-L.), membre de l'Institut. — *L'architecture aux Salons de 1897, 1898 et 1899.*
Séailles (G.), — *Artistes contemporains : Henner.*
Spielmann (M.-H.), — *Artistes contemporains : Watts.*

VARIÉTÉS

Beraldi (H.), — *Propos de bibliophile.*
Delisle (Léopold), administrateur de la Bibliothèque nationale. — *Le cabinet des livres à Chantilly.* — *Les heures du connétable de Montmorency au musée Condé.*
Gérôme (J.-L.), membre de l'Institut. — *La société de l'art précieux en France.*
Guadet (J.). — *L'Église du Sacré-Cœur.*
Guiffrey (Jules), membre de l'Institut, administrateur de la manufacture des Gobelins. — *Les broderies de la ville de Beaugency.* — *Les Boucher des Gobelins.*
Mézières (Alfred), de l'Académie française. — *Le duc d'Aumale.* — *Chantilly : les propriétaires.*
Pit (A.), conservateur du Musée royal d'Amsterdam. — *Un ivoire du musée d'Amsterdam.*
Saint-Saëns (C.), membre de l'Institut. — *Le mouvement musical* — *La défense de l'opéra-comique.* — *Louis Gallet.*

Tels sont les auteurs dont les études remplissent chaque mois les *quatre-vingt huit pages* du numéro.

Une cinquantaine d'illustrations dans le texte ajoutent encore à l'intérêt de ces articles.

Enfin *quatre hors-texte* au moins, *tirés en taille-douce*, dont un burin, une eau-forte ou une lithographie, complètent le fascicule, véritable œuvre d'art, comme on voit.

Ancienne Maison ROUAM et Cie

Nous avons nommé quelques-uns des écrivains, citerons-nous aussi les artistes ? Il faudrait donner la liste de tout ce qui a un nom dans la gravure et la lithographie : Ardail, Barbotin, Boilvin, Bracquemond, Burney, Chahine, Chauvel, Chiquet, Crauck, Dézarrois, Jacquemart, Achille Jacquet, Lalauze, Jean-Paul Laurens, Le Couteux, A. Legros, Le Nain, A. Lepère, Daniel Vierge, etc., voilà pour les graveurs et les aquafortistes ; Chéret, Dillon, Fantin-Latour, Fauchon, Fuchs, Lunois, etc., voilà pour les lithographes.

En outre, la *Revue* a publié, au cours de ses quatre premières années, plus de *cent héliogravures* tirées en taille-douce d'après les maîtres anciens et modernes.

Un tel résumé est le meilleur des programmes et se passe de commentaires.

La **Revue de l'art ancien et moderne** qui paraît régulièrement le 10 de chaque mois, comprend deux éditions distinctes :

1° **L'édition ordinaire**, qui est déjà une édition de luxe, tirée sur papier spécial, du format de 31 sur 23 centimètres ;

2° **L'édition des amateurs**, imprimée sur papier vélin expressément fabriqué pour la *Revue*, avec hors-texte tirés sur Japon, comportant *double épreuve avant lettre et avec lettre*, et, quand il y a lieu, les divers *états* de chacune des gravures au burin, eaux-fortes, lithographies, etc.

Les exemplaires de cette édition sont numérotés à la presse et paraphés par le Gérant.

PRIX DES ANNÉES PARUES :

	ÉDITION ORDINAIRE	ÉDITION DES AMATEURS
Année 1897 (9 numéros).	45 fr.	90 fr.
— 1898......	60 »	120 »
— 1899......	60 »	120 »
— 1900......	60 »	120 »

Librairie de l'Art ancien et moderne

Tous les abonnés de la REVUE reçoivent *gratuitement*
son SUPPLÉMENT HEBDOMADAIRE

LE BULLETIN DE L'ART

ANCIEN ET MODERNE

Le *BULLETIN* est destiné à tenir les lecteurs au courant des découvertes archéologiques, des expositions et des concours, du mouvement des musées, des ventes publiques, des nouveautés musicales ; en un mot, de tout ce qui, de près ou de loin, en France et à l'étranger, se rapporte à l'art et à la curiosité.

Un Numéro : **50** centimes

ABONNEMENT ANNUEL pour les personnes non abonnées à la REVUE

FRANCE : 12 francs. — ÉTRANGER : 15 francs

Les abonnements sont reçus aux **bureaux** de la **REVUE** et du **BULLETIN, 28, rue du Mont-Thabor**. *L'Administration se charge d'en faire recouvrer le montant aux adresses qui lui sont indiquées ; les chèques, mandats-poste, bons de poste ou autres valeurs doivent être mis au nom de M. l'Administrateur.*

L'ART

A

L'EXPOSITION UNIVERSELLE DE 1900

Texte par MM.

E. Babelon, L. Bénédite, H. Beraldi, F. Calmettes, M. Demaison, L. de Fourcaud, E. Garnier, A. Hallays, H. Havard, G. Lafenestre, J. Guadet, G. Migeon, etc.

Gravures et lithographies de MM.

Boilvin, Bracquemond, Burney, Chiquet, Dézarrois, Dillon, Fantin-Latour, A. Jacquet, Lalauze, Lavalley, Le Couteux, Le Nain, Lunois, D. Vierge, etc.

Publié sous la direction de M. JULES COMTE

Depuis quelques mois, l'Exposition a fermé ses portes, et bientôt, palais rasés, jardins bouleversés, palissades abattues, il ne restera rien de cette féerie gigantesque dont nous fûmes les spectateurs extasiés. Quelques rares témoins de pierre et de fer échapperont seuls à la pioche et se chargeront — avec les innombrables publications qui s'annoncent de tous cotés — de perpétuer la mémoire de ces grandes assises internationales.

Parmi ces publications de toutes sortes et de valeurs bien différentes, les unes ont voulu tout passer en revue et sont tombées dans la confusion ; d'autres n'ont envisagé qu'une partie restreinte, une classe, voire un groupe, et, partant, ne s'adressent qu'aux spécialistes. Rares sont celles à l'élaboration desquelles présida un choix bien entendu, un but bien déterminé.

Pour nous, qui avions la tâche immense d'examiner la place occupée par *l'Art à l'Exposition*, une division s'imposait, dont la logique nous évita les tâtonnements malheureux et les digressions inutiles ; trois parties composent notre livre : L'**Art rétrospectif français**, les **Beaux-Arts**, les **Arts décoratifs**.

Mais ce n'est pas tout de savoir se borner, parmi tant de merveilles entassées dans tant de palais, encore faut-il trouver des écrivains capables de les présenter, de les commenter, de les faire valoir : rien n'est plus simple quand on veut — comme nous n'avons pas hésité à le faire — s'adresser aux savants et aux artistes que leurs études et leurs travaux désignent tout spécialement pour ces comptes rendus.

Et, si l'on veut parcourir la liste des chapitres de notre livre, on reconnaîtra sans peine que nous avons su frapper aux bonnes portes.

PREMIÈRE PARTIE : **L'Art rétrospectif français**

Peinture, sculpture, ivoires, céramique, orfèvrerie, émaillerie, bronzes, bijouterie, dinanderie, horlogerie, armes, cuirs, tapisseries, mobilier, par M. GASTON MIGEON, conservateur-adjoint au Musée du Louvre.

SECONDE PARTIE : **Beaux-Arts**

Architecture, par M. J. GUADET, inspecteur général des Bâtiments civils.

Peinture française : Potsdam à Paris, le XIXe siècle, la décennale, par M. LOUIS DE FOURCAUD, professeur d'esthétique à l'École nationale des Beaux-Arts.

Peinture étrangère, par M. GEORGES LAFENESTRE, membre de l'Institut, conservateur des peintures et dessins au Musée du Louvre.

Sculpture française, par M. MAURICE DEMAISON.

Sculpture étrangère, par M. LÉONCE BÉNÉDITE, conservateur du Musée du Luxembourg.

Gravure en médailles, par M. ANDRÉ HALLAYS.

Gravure en pierres fines, par M. E. BABELON, membre de l'Institut, conservateur du cabinet des médailles à la Bibliothèque nationale.

L'Estampe, par M. HENRI BERALDI.

Troisième partie : **Arts décoratifs**

La Terre. — Les arts du feu, porcelaine, faïence, grès, verrerie, par M. E. Garnier, conservateur des collections et du musée de la Manufacture nationale de Sèvres.

Le Bois. — Mobilier, etc., par M. Louis de Fourcaud, professeur d'esthétique et d'histoire de l'art à l'École nationale des Beaux-Arts.

Le Métal. — Or, argent, fer, étain, plomb, bronze, etc., par M. Henry Havard, inspecteur général des Beaux-Arts.

Les Tissus. — Tapisseries, broderies, dentelles, etc., par M. Fernand Calmettes, membre de la commission supérieure de la Manufacture des Gobelins.

La Reliure, par M. Henri Beraldi.

Voilà pour le texte. — Mais ce texte tout attrayant et documenté qu'il soit, devient plus expressif encore quand il est appuyé par la représentation des objets; quand le livre parle aux yeux en même temps qu'à l'esprit. C'est pourquoi nous avons fait grande la part de l'illustration.

On juge du parfait ensemble que peut offrir au lecteur l'élite de nos écrivains d'art ainsi unie à l'élite de nos graveurs : un ouvrage de haut luxe, un memento précieux, dont la lecture n'éveille pas seulement des souvenirs, mais charme et instruit.

L'ouvrage est orné de *394 illustrations dans le texte,* et de *101 gravures hors-texte,* dont : *13 burins et eaux-fortes,* par MM. Boilvin, Bracquemond, Burney, Chiquet, Dézarrois, Achille Jacquet, Lalauze, Lavalley, Le Couteux, Le Nain, Daniel Vierge, etc. ; *3 lithographies,* par MM. Dillon, Fantin-Latour, Lunois; *25 héliogravures* et *60 simili-gravures.*

Prix : broché.. . . . . **40** fr.
— relié, demi-reliure amateur.. . . . . **50** fr.
Il a été tiré 60 exemplaires numérotés sur papier vélin, avec tailles-douces sur Japon.
Prix ... . **80** fr.

Librairie de l'Art ancien et moderne

LES DESSINS
DE
PUVIS DE CHAVANNES
AU MUSÉE DU LUXEMBOURG

Par Léonce BÉNÉDITE

Conservateur du Musée national du Luxembourg

Etude et Catalogue des Dessins exposés

Une élégante plaquette in-4 (31 × 23) de 22 pages, illustrée de 8 gravures dans le texte, de 5 planches hors texte, dont deux héliogravures.
Edition ordinaire. Prix . . . . 4 fr.
Edition de luxe sur grand papier vélin, avec hors texte sur japon, tirage à 50 exemplaires numérotés. Prix . 7 fr.

LE MUSÉE DU BARDO A TUNIS
et les fouilles de M. Gauckler à Carthage

Par Georges PERROT

Membre de l'Institut, Directeur de l'Ecole normale supérieure

Une élégante plaquette de 35 pages, format 31 × 23, illustrée de 25 gravures dans le texte et de 2 héliogravures hors texte, tirées sur japon.

Tirage à 100 exemplaires numérotés

Prix . . . . 7 fr. 50

Étude des Ornements

par J. PASSEPONT
*Professeur à l'École régionale des Arts
et à l'École pratique d'Industrie de Saint-Etienne*

Cet ouvrage s'adresse non seulement aux artistes et aux élèves des écoles de dessin, mais aux femmes du monde et à toute la jeunesse actuelle qui, sans poursuivre profondément l'enseignement spécial de l'art, comprend la nécessité de plus en plus impérieuse d'en acquérir les notions essentielles.

L'originalité du livre de M. Jules Passepont et ce qui en fait le mérite principal consiste en ceci, c'est qu'il est d'une lecture facile, on peut même dire attrayante, grâce à la méthode suivie par l'auteur.

M. J. Passepont a pensé, avec raison, que, pour être compris du plus grand nombre, il faut avant tout être clair et ne point effrayer le lecteur par l'étalage rébarbatif de considérations prétentieuses. En consequence, il a adopté le principe absolument logique de la méthode historique, et il a, de la sorte, éclairé son sujet d'une manière toute nouvelle et singulièrement aimable. Prenant à part chacun des ornements caractéristiques qui ont été employés depuis le commencement du monde chez tous les peuples, et qu'on retrouve à toutes les époques, il en dit les origines, parfois bien curieuses, raconte les transformations successives qu'ils ont subies, montre le rôle qu'ils ont joué dans le développement artistique des nations et explique les causes de leur perfection ou de leur décadence.

C'est ainsi qu'il retrace successivement l'histoire de ces ornements typiques, que l'on désigne sous les noms de *grecques*, de *dauphins*, de *guirlandes*, de *flots grecs*, de *bucrânes*, d'*écailles*, etc. Il nous fait, pour ainsi dire, assister à leur genèse, et toucher du doigt, par les innombrables images semées dans son texte, les raisons pour lesquelles ils se décomposent en infinies variétés se rattachant à des principes identiques.

Ainsi que le dit M. Victor Champier dans la préface du livre de M. J. Passepont : « Il n'est pas d'artiste qui résiste à l'intérêt d'un pareil inventaire des formes créées par ses prédécesseurs. Il n'est pas d'élève, dans nos écoles de dessin, qui, d'un seul coup d'œil, ne soit capable de comprendre l'enseignement qui s'en dégage. »

Un volume in-8º colombier, illustré de **651** gravures dans le texte et une planche hors texte.

Prix, broché. . . . . **10 fr.**
— relié. . . . . **15 fr.**

Albums des Beaux-Arts

ARCHITECTURE — PEINTURE — SCULPTURE

Pour compléter l'œuvre de vulgarisation artistique entreprise avec notre série d'Albums de **Dessins et Modèles**, où nous avons réuni les productions anciennes et modernes les plus remarquables des industries d'art, nous publions, sous le titre de **Beaux-Arts**, une nouvelle série d'Albums, où sont reproduits les chefs-d'œuvre de l'*Architecture*, de la *Peinture* et de la *Sculpture* dans l'ordre chronologique de leur création, depuis l'Antiquité jusqu'à la Renaissance. Cette nouvelle série comprend trois Albums : l'Antiquité, le Moyen-Age, la Renaissance, Ils s'adressent aussi bien aux artistes, aux amateurs et aux gens d'étude désireux de retrouver un document qu'aux enfants des écoles pour qui ils sont un instrument très suggestif d'initiation à l'histoire de l'Art. Pour chacun d'eux, l'introduction a été confiée à M. Roger-Milès, le critique et l'historien d'Art depuis longtemps apprécié ; M. Roger-Milès étudie sommairement l'histoire de l'Art aux différentes époques de son évolution, présentant ainsi une synthèse complète de ce qu'a créé le génie humain dans ces arts dénommés : *Arts plastiques*.

Cette série comprend trois albums :

I. L'Antiquité — Album comprenant 185 gravures.
II. Le Moyen-Age. — Album comprenant 175 gravures.
III. La Renaissance. — Album comprenant 140 gravures.

Prix :
3 fr. 50 chaque Album cartonné. — Relié toile : **5 fr.**

La Femme dans l'Art ; *Les Protectrices des Arts, les Femmes Artistes*, par Marius Vachon. Magnifique volume in-8° colombier, contenant 620 pages et 400 gravures. — Prix, broché. **30 fr.** »
   Relié . . . . **35 fr.** »

Murillo et ses élèves, suivi du catalogue raisonné de ses principaux ouvrages, par Paul Lefort, inspecteur des Beaux-Arts. Un joli volume in-8° jésus, tiré sur beau papier, illustré de 22 gravures dans le texte et de deux eaux-fortes par Waltner et Léopold Flameng.
   Prix, broché . . . . **6 fr.** »
   Relié . . . . **7 fr. 50**
   Sans les eaux-fortes. Prix, broché . . . . **5 fr.** »

Michel-Ange. — *Sa vie, son œuvre,* suivi du catalogue de ses principales œuvres, par L. Roger-Milès. Un joli volume in-8° jésus, illustré de 40 gravures. — Prix, broché . . . . . . **3 fr. 50**
   Relié . . . . **5 fr.** »
Ouvrage honoré d'une souscription du ministère de l'Instruction publique et des Beaux-Arts.

Les Biscuits de porcelaine, par Ch. E. de Ujfalvy. Ouvrage in-4° colombier, orné de 36 gravures. — Prix, broché . . . **5 fr.** »

Petit Dictionnaire des Marques et Monogrammes des Biscuits de porcelaine, suivi d'une étude sur les marques de Sèvres, par Ch. de Ujfalvy. Ouvrage petit in-4°, illustré de nombreuses reproductions de marques et monogrammes, tiré à 350 exemplaires numérotés. — Prix . . . . **10 fr.** »

Les Révolutions de l'Art, par Maurice Valette, avec une lettre-préface de M. Gérôme, *membre de l'Institut*. In-8° illustré, de 500 pages. — Prix, broché . . . . **12 fr.** »

Artistes contemporains des pays de Guyenne, Béarn, Saintonge et Languedoc : Léon Bonnat, Maxime Lalanne, Fromentin, Brascassat, Goya, Rosa Bonheur, Falguière, Léo Drouyn, Chabry, Diaz, Ingres. Ouvrage in-8°, orné de nombreuses illustrations dans le texte et de dix planches hors texte.
   Prix, relié . . . . **10 fr.** »

Les Germain, orfèvres-sculpteurs du Roy. — *Études sur l'Orfèvrerie française au XVIII° siècle,* par Germain Bapst. 1 volume in-8°, comprenant une héliogravure, 5 planches hors texte et 100 dessins reproduisant des objets d'art des collections de S. M. l'Empereur de Russie, S. M. le roi de Portugal, S. A. I. le grand-duc Alexis, S. E. le marquis da Foz, M. le baron Pichon, de tous les grands amateurs de France et de l'Étranger. — Prix, broché. **15 fr.** »
   Relié . . . . **20 fr.** »
   25 exemplaires sur papier du Japon, numérotés . . . **50 fr.** »

Pierre Wœiriot ; les Wiriot-Wœiriot, orfèvres-graveurs lorrains, par Albert JACQUOT, (I. ✿), correspondant du Comité des Sociétés des Beaux-Arts, de l'Académie de Stanislas, etc. Un volume in-8° jésus, tiré à 200 exemplaires, orné de gravures dans le texte et de planches hors texte en héliotypie.— Prix, **10 fr.** »
Quelques exemplaires tirés sur hollande . . . . . . **20 fr.** »

Notes sur Claude Deruet, peintre et graveur lorrain (1588-1660), par Albert JACQUOT (I. ✿), correspondant du Comité des Sociétés des Beaux-Arts des Départements, à Nancy. Préface de M. le marquis Ph. de Chennevières. Etude suivie de l'inventaire des œuvres et objets d'art du maître, de la généalogie de sa famille, et accompagnée de 7 planches hors texte. Un volume in-8°, tiré à 200 exemplaires. — Prix, broché . . . . **10 fr.** »

Le peintre Lorrain Claude Jacquard, *suivi de* **Un Protecteur des Arts : le prince Charles-Alexandre de Lorraine,** par Albert JACQUOT. Un volume in-8°, tiré à 200 exemplaires, accompagné d'une planche hors texte.
Prix, broché . . . . **8 fr.** »

Les Adam et les Michel et Clodion, par Albert JACQUOT. Un volume in-8°, tiré à 200 exemplaires, illustré de 8 planches hors texte et de nombreux fac-similé d'autographes dans le texte.
Prix, broché . . . . **8 fr.** »

Charles Eisen, par Albert JACQUOT.
Petite brochure in-8°. Prix . . . . **1 fr. 50**

Essai de répertoire des artistes lorrains. Peintres, verriers, faïenciers et émailleurs, par Albert JACQUOT.
Un volume in-8°, illustré de 5 pl. hors texte en héliotypie.
Edition ordinaire. Prix, broché . . . . **10 fr.** »
— de luxe sur papier de Hollande. Prix, broché **15 fr.** »

Une artiste française en Russie (1766-1778). — **Madame Falconet,** par Antony VALABRÈGUE. Une plaquette accompagnée d'une planche hors texte.
Prix . . . . **2 fr.** »

Comptes rendus sténographiques du Congrès des Arts Décoratifs, tenu à l'Ecole Nationale des Beaux-Arts, du 18 au 30 mai 1894, sur l'initiative et par les soins de *l'Union centrale des Arts Décoratifs.* Un fort volume in-8° raisin de 724 pages.
Prix, broché. . . . . **20 fr.** »

L'histoire moderne par la gravure, ou catalogue raisonné des portraits historiques avec renseignements iconographiques, par Ch. AVEZAC-LAVIGNE. Un volume in-8°, sur papier vergé.
Prix. . . . . **4 fr.** »

Ancienne Maison ROUAM et Cie

ARTS DÉCORATIFS

L'art dans l'habitation moderne

Le Castel Béranger

Œuvre de **HECTOR GUIMARD**,
Architecte, professeur à l'École nationale des Arts décoratifs

Ouvrage adopté par la Ville de Paris pour ses écoles professionnelles et honoré de souscriptions du Ministère du Commerce.

Parmi les décorateurs modernes, **Hector Guimard** est un des rares artistes qui aient affirmé, au milieu des hésitations et des incohérences où se débat l'art décoratif, une note vraiment neuve, une formule d'art vraiment originale et susceptible de devenir celle de demain.

S'inspirant des incomparables exemples des artistes du moyen âge et du XVIIIe siècle, qui n'empruntaient pas à la nature ses éléments pour les copier servilement et les appliquer avec plus ou moins d'à-propos, mais s'efforçaient au contraire de dégager de ces éléments mêmes, des principes de décoration, Hector Guimard abandonna complètement la décoration florale et la stylisation à outrance, mise à la mode par certains artistes français et étrangers, et chercha dans la nature les lois d'un art tout à la fois gracieux et puissant par sa formule d'expression, harmonieux par ses couleurs et qui répondît mieux à nos besoins que toutes les réminiscences des siècles passés.

Les premières tentatives d'Hector Guimard, qui remontent à quelques années seulement, le désignèrent tout de suite à l'attention des amateurs d'art moderne ; une dame, Mme veuve Fournier, charmée par la nouveauté de cette affirmation, eut l'heureuse idée de lui proposer l'édification d'une maison de rapport, lui laissant toute liberté d'action. Hector Guimard accepta de résoudre ce difficile problème : construire une maison moderne qui serait comme l'application vivante de ses principes et permettrait de donner à la propriétaire un revenu suffisant du capital engagé, sans que la location dépassât un prix normal.

Pendant plus de trois ans, il se consacra exclusivement à la construction de cet immeuble; dressant ses plans, dessinant les papiers peints, les étoffes de tentures, les tapis d'escaliers, les vitraux, donnant lui-même le ton des peintures, modelant jusqu'aux boutons de portes; en un mot surveillant jusqu'au moindre détail.

De cet immeuble élevé à Passy, 16, rue Lafontaine, et l'une des six maisons primées par le jury du Concours de façades de la ville de Paris, nous avons voulu réunir en un luxueux volume les ensembles et les détails architecturaux, ainsi que la décoration ; et qu'il nous soit permis, de l'ajouter ici, si l'œuvre a été discutée et critiquée, comme il est d'usage que soit discutée et critiquée toute tentative audacieuse, il y a eu l'unanimité la plus complète pour reconnaître la merveilleuse présentation des documents en cet ouvrage. De toutes parts, en France, les écoles et les musées d'art décoratif, les artistes et les amateurs tinrent à honneur de ratifier les hardiesses d'Hector Guimard; et, dernière consécration, les souscriptions affluèrent bientôt de l'étranger... de l'étranger qui nous avait montré la voie nouvelle et qui se trouvait soudainement égalé, sinon devancé.

Cet ouvrage comprend les plans, façades, détails d'architecture et de décoration (papiers peints, tentures, revêtements, cheminées, vitraux, ferronnerie, mosaïques, tapis, ameublements d'intérieurs, bronzes, grès, faïences, etc., etc.), composant l'ensemble des modèles exécutés pour l'édification du **Castel-Béranger**.

Il forme un magnifique album petit in-4° colombier (43×31,5), de 65 planches en couleurs, fac-similés d'aquarelles, imprimées sur papier fabriqué spécialement et enfermées dans un emboîtage de luxe avec rabats, orné de compositions inédites d'Hector Guimard, qui a dirigé lui-même l'impression de l'ouvrage.

Prix.. . . . . **100** fr.

Études sur le Castel Béranger

Œuvre de HECTOR GUIMARD, par MM. G. Soulier et P. N.

Exposé des théories de Hector Guimard

Une élégante plaquette in-4° de 44 pages, illustrée de 12 gravures dans le texte et d'une planche hors texte en couleur (*Vue générale du Castel Béranger*).

Prix. . . . . **3 fr. 50**

Ancienne Maison ROUAM et Cie

DOCUMENTS D'ATELIER

ART DÉCORATIF MODERNE

Modèles nouveaux pour les Industries d'Art

Architecture, Meubles, Céramique, Orfèvrerie, Bijouterie, Tissus, etc.

Dans la concurrence effrénée que se font actuellement les nations sur le terrain économique, une vérité s'impose nettement : c'est que l'art, dans ses applications à l'industrie, reste plus que jamais la condition essentielle du succès.

Depuis une vingtaine d'années surtout qu'on a évalué toute la portée de ce principe, les efforts se sont multipliés, dans chaque pays, en vue de développer le goût, de répandre l'enseignement des arts décoratifs et de sortir vainqueur de cette lutte pacifique. Après avoir commencé par l'imitation des styles d'autrefois, on cherche à faire surgir des talents nouveaux qui ouvriront des voies nouvelles. Car on sent que la victoire appartiendra, en définitive, à la nation qui aura su, dans ses arts du décor, unir la plus grande somme de charme original à cette pondération du goût, sans laquelle le beau ne saurait exister.

Créer un style nouveau qui traduise l'âme inquiète de notre temps et réponde aux besoins modernes : voilà désormais l'objet des recherches passionnées d'une foule d'artistes novateurs. Mais pour le public, pour les fabricants, pour les artistes eux-mêmes, comment se reconnaître au milieu du chaos de tentatives qui se manifestent de toutes parts en ce sens? Comment discerner l'originalité judicieuse, guidée par la logique, de l'incohérence et l'excentricité qui visent au tapage et aboutissent au néant?

M. Victor Champier, directeur de la *Revue des Arts décoratifs*, propose le présent ouvrage, pour résoudre ce problème difficile; il se recommande à l'attention et à l'étude de quiconque s'occupe aujourd'hui d'art décoratif et il y a mille façons de s'en occuper : depuis l'artiste qui crée et le fabricant qui édite, jusqu'à la femme du monde qui a le souci d'orner avec goût sa demeure.

Les quatre cents modèles inédits qu'il renferme ont été composés par des artistes d'élite, par des décorateurs qui puisent leurs inspirations non dans l'imitation des styles passés, mais aux sources vives de la fantaisie, et dont l'originalité est faite de science autant que de verve — Qualités que M. Gustave Larroumet, secrétaire perpétuel de l'Académie des Beaux-Arts, a justement mises en valeur dans la brillante préface qui accompagne la première série.

L'ouvrage comprend deux séries, formant chacune un album de 60 planches en couleurs, fac-similés d'aquarelles, format in-8º colombier (31,5×22,5), enfermées dans un emboîtage de luxe à trois rabats.

Collaborateurs de la première série.

MM. Bonnier, Emil Causé, Edme Couty, J. Dampt, Ch. Génuys, R. Lalique, Marius Michel, Mucha. H. Nocq, Plumet, V. Prouvé, E. Robert, Rudnicki, A. Sandier, Selmersheim, Tourrette, etc., etc.

Collaborateurs de la deuxième série.

MM. Bastard, L. Bigaux, L. Chalon, G. Crombaz, Edme Couty, J. Dampt, Georges-Jean, A. Giraldon, Hector Guimard, A. Ledru, C. Lefebvre, Aug. Lepère, L. Magne, L. Majorelle, A. Mucha, Ed. Niermans, Plumet, V. Prouvé, E. Robert, P. J. Ruban, L. Rudnicki, A. Sandier, P. Selmersheim, Edm. Tapissier, R. Wiéner, Ph. Wolfers, etc., etc.

Prix de chaque série. . . . . **50 francs**

En souscription

INTÉRIEURS MODERNES
Par Georges RÉMON
ARCHITECTE-DÉCORATEUR

L'ouvrage comprendra **60 planches** en couleurs, format in-8° colombier (45×31,5), exécutées d'après les aquarelles *inédites* de l'auteur, par le procédé de reproduction en fac-similé employé précédemment, avec le succès que l'on sait, pour le *Castel Béranger et les Documents d'atelier*, etc.

Ces soixante planches représenteront :

20 *intérieurs vus en perspective* : vestibules, salons, salles à manger, salles de billard, chambres à coucher, cabinets de toilette, salles de bains, salles de théâtre, etc., etc.

20 *vues géométrales* d'une des faces non représentée dans chacun des 20 intérieurs vus en perspective ;

20 *planches donnant les détails d'ameublement et de décoration* de ces intérieurs.

Les soixante planches composant l'ouvrage seront publiées en quatre séries de quinze planches chacune.

Les trois premières séries sont en vente ; la quatrième paraîtra en février 1901.

En même temps que cette quatrième et dernière série, les souscripteurs recevront le titre, la table et l'emboîtage à trois rabats destiné à enfermer les 60 planches de l'ouvrage. Cet emboîtage sera orné de compositions inédites de Georges Rémon.

Prix de souscription : 120 francs.

Dès l'apparition de la quatrième série le prix de l'ouvrage sera porté à . . . . **150 fr.**

Les séries ne sont pas vendues séparément.

En souscription

2800 FORMES DE VASES

PAR

ALEXANDRE SANDIER

ARCHITECTE

DIRECTEUR DES TRAVAUX D'ART A LA MANUFACTURE DE SÈVRES

Il n'y a aucune exagération à constater que l'Exposition Universelle de 1900 nous a valu quelques succès incontestés, parmi lesquels celui de notre **Manufacture Nationale de Sèvres** brille aux premiers rangs.

Son exposition, en effet, fut une surprise pour tous. Plus de bleu de Sèvres, plus rien des formes vieillottes et compliquées empruntées aux Grecs et aux Romains, mais une série de vases aux profils simples et étudiés spécialement pour la porcelaine, agrémentés d'une décoration aux couleurs douces et harmonieuses et tirée directement de la nature.

C'est toute la genèse de ces formes nouvelles que présente **M. Sandier**, architecte, directeur des travaux d'art de la manufacture de Sèvres, dans l'ouvrage que nous publions sous le titre de « **2800 Formes de Vases** ». Mais qu'on n'y cherche pas uniquement des modèles de vases, ce serait méconnaître la pensée de l'auteur ou l'interpréter mal. **M. Sandier** a eu une visée plus large et, en exposant un système de classement des divers profils, il a voulu prouver que rien n'était plus facile et plus sûr *de découvrir un nombre infini de formes inédites*, et ce théorème, il ne s'est pas contenté de le formuler, il en a assuré la démonstration de 2800 manières différentes, chaque planche de schémas est suivie d'une planche d'exemples de formes tirées de ces mêmes schémas. Ces planches constituent l'ensemble le plus curieux, le plus ingénieux et le plus absolument nouveau qu'on ait jamais tenté de réunir en ce genre.

Cet ouvrage comprendra **116** planches, format in-8 colombier, dont **58** de schémas et **58** d'applications (exemples de formes tirées des schémas). Il sera publié en **10** livraisons, les neuf premières composées de chacune 12 planches (6 de schémas et 6 d'applications), la dixième de 8 planches. La première livraison contient, en outre, le titre de l'ouvrage et la notice explicative de M. **Alexandre Sandier**.

Les souscripteurs recevront, en même temps que la dernière livraison, un emboîtage destiné à contenir les **116** planches de l'ouvrage.

Les six premières livraisons sont en vente, les suivantes paraîtront mensuellement.

Prix de souscription : **60** francs.

Le prix sera augmenté après la publication de la dernière livraison.

Les livraisons ne seront pas vendues séparément.

L'Art de la Ferronnerie

ANCIENNE ET MODERNE

Ses procédés et ses applications

Par E. ROBERT

FERRONNIER D'ART

M. E. Robert, qui s'intitule si modestement « ferronnier » et que le jury de l'Exposition universelle vient de sacrer « prince des ferronniers », résumait jadis le programme de cette Revue en quelques pages suggestives. « La ferronnerie, disait-il excellemment, est un art complexe et délicat. Elle exige de la part de celui qui l'exerce une grande entente de la décoration et de sérieuses connaissances qui ne s'acquièrent que par une longue pratique. »

Or, puisque ni les bonnes volontés, ni les brillantes qualités ne manquent en France parmi les ouvriers de cette industrie d'art, il importait de leur faire entendre la bonne parole, en les groupant autour d'un périodique qui, tout en leur retraçant l'histoire de la ferronnerie d'autrefois, les initiât aux tentatives modernes, leur apprît les éléments nécessaires du décor et leur aplanît, par la clarté des explications et le nombre des figures, les difficultés techniques.

Avec, pour directeur, un homme comme M. E. Robert — qui non seulement possède à fond l'histoire du fer, mais pratique la forge depuis près de trente ans — on comprend que cette revue ne fut pas purement rétrospective et qu'elle ouvrît toutes grandes ses portes à ce qui est la vie même de l'art du ferronnier : les productions de chaque jour.

Conçue de la sorte, *L'Art de la Ferronnerie* ne tarda pas à se faire un nom, et ses volumes furent bientôt recherchés pour les études techniques en même temps que pour les innombrables illustrations dans le texte et hors texte qu'ils renferment ; et sans doute n'est-elle pas étrangère aux succès nombreux que la ferronnerie d'art vient d'obtenir à l'Exposition.

Cet ouvrage comprend deux volumes illustrés de nombreuses gravures dans le texte et de **60** planches hors texte.

Prix de chaque volume . . . . 25 fr.

ART DÉCORATIF

Trente-cinq compositions inédites
CROQUIS AU FUSAIN
par F. EUGÈNE PIAT

Extrait de la Préface de M. V. Champier.

« La publication de cet ouvrage est, on peut le dire, une
« véritable bonne fortune pour tous ceux qui ont le culte des
« arts, et particulièrement pour les sculpteurs qui, de plus en
« plus nombreux aujourd'hui, appliquent leur talent aux
« recherches décoratives.

« L'auteur, en effet, est un de ces maîtres sculpteurs dont
« l'autorité et l'expérience s'imposent depuis si longtemps, et
« avec tant d'éclat, dans les industries que l'art rehausse de
« son prestige, qu'on ne saurait négliger de recueillir avec
« empressement leurs précieuses leçons.

« F.-Eugène Piat, depuis plus de quarante ans, alimente
« de ses modèles, avec une fécondité prodigieuse, l'industrie
« du bronze, pour laquelle il a plus spécialement travaillé, et
« ses œuvres, qui ont procuré tant de succès à notre pays
« dans les Expositions Universelles, lui ont valu les plus
« hautes récompenses qu'il pouvait ambitionner.

. . . .

« Il s'est dit, le vieil artiste, qu'aux approches de l'Expo-
« sition de 1900, l'art français avait un effort suprême à tenter.
« Et lui qui, durant toute sa vie, a dû, pour obéir aux exi-
« gences de son temps, imprégner ses œuvres des souvenirs
« des styles d'autrefois, il se met à composer des modèles qui
« semblent jaillir de l'inspiration la plus libre et la plus jeune !
« Ce ne sont que des dessins au fusain, mais comme le
« vieux maître sait les faire, avec son habitude de rendre les
« formes en relief, et témoignant de son expérience pratique,
« c'est-à-dire se prêtant facilement à l'exécution.

. . . .

« Un tel ouvrage est de ceux auxquels il n'est pas besoin
« de souhaiter bon succès : leur mérite est le garant de l'accueil
« qui leur est réservé. »

Un album in-folio (48 × 32), contenant 35 planches en héliotypie.

Prix. . . . . 35 fr.

Albums de Dessins et Modèles

Publication honorée de souscriptions importantes du Ministère de l'Instruction publique et des Beaux-Arts, du Ministère du Commerce et de la Ville de Paris.

Vulgariser le goût et la pratique des belles choses, tel est le but de notre publication de *Dessins et Modèles*.

Il n'y a point dans nos Albums de dissertations esthétiques mais une courte notice historique sur les arts qui en font l'objet, suivi d'une quantité considérable d'exemples empruntés à toutes les industries artistiques tributaires du bois, du métal, de la pierre, de la terre, etc.

En un mot, nos Albums sont un **véritable Musée graphique** où sont reproduits, avec une netteté parfaite, les objets d'art les plus remarquables de toutes les époques et de tous les pays, et qui font la richesse des plus célèbres collections publiques ou privées.

Les modèles contenus dans cette collection sont classés dans l'ordre chronologique; ils sont accompagnés de légendes explicatives comprenant le nom de l'objet représenté, son époque, sa provenance, et, autant que possible, l'artiste ou l'artisan qui l'a conçu ou exécuté. Ce classement constitue un enseignement immédiat et complet de l'art décoratif : par les yeux, plus facilement qu'au moyen de démonstrations verbales ou écrites, on arrive à saisir le caractère décoratif et ornemental particulier à chaque époque, c'est-à-dire à *juger* les **styles**.

Si notre publication de *Dessins et Modèles* est d'un intérêt indiscutable pour l'enseignement du dessin, nous croyons encore sincèrement que cet ensemble considérable de documents, mis sous les yeux de la jeunesse, doit rendre plus saisissantes les leçons d'histoire et de philosophie : les productions de l'art ou de l'industrie sont, en effet, le reflet des âges passés; elles nous disent aussi clairement que les textes et les traditions quels ont été les usages, les mœurs et le développement intellectuel de l'humanité à travers les civilisations.

Notre série de **DESSINS ET MODÈLES** est formée des six Albums suivants :

I. — Les Arts du Bois (3ᵉ édition). — *Sculpture sur bois.* — *Meubles.* — Notice par A. de Lostalot. Contient 175 gravures.

II. — Les Arts du Feu (2ᵉ édition). — *Céramique.* — *Verrerie.* — *Émaillerie.* — Notice par M. T. de Wyzewa. Contient 223 gravures.

III. — Les Arts du Métal. — *Orfèvrerie.* — *Bijouterie.* — *Ferronnerie.* — *Bronze.* — Notice par M. E. Molinier. Contient 200 gravures. (Epuisé.)

IV. — Les Arts du Tissu. — *Étoffes.* — *Tapisseries.* — *Broderies.* *Dentelles.* — *Reliures.* — Notice par M. A. de Champeaux. Contient 150 gravures.

V. — La Peinture décorative. — *Fresques.* — *Panneaux.* — *Dessins d'ornement.* — Notice par M. L. Roger-Milès. Contient 200 gravures.

VI. — La Sculpture décorative. — *Statues.* — *Groupes.* — *Bas-Reliefs.* — Notice par M. Louis Bauzon. Contient 166 gravures.

Chaque Album, tiré sur beau papier grand in-8° jésus, comprend 150 pages, environ, et se vend séparément.

Prix uniforme : **3 fr. 50** chaque Album (cartonné ou en portefeuille. — Relié toile : **5 fr.**

Revue des Arts Décoratifs

Organe de l'Union Centrale des Arts Décoratifs
Directeur : Victor CHAMPIER.

Publication périodique fondée en 1880.

Chaque année forme un magnifique volume de 400 pages, non compris les planches hors texte.

Tomes I, II, III et IV (en très petit nombre), prix de chaque volume, broché . . . . **40 fr.**
— V à XIV, prix de chaque volume, broché : **25 fr.**
— relié : **30 fr.**
— XV, comprenant dix-huit mois de la publication (de Juillet 1894 à Décembre 1895).
1 volume broché, prix . . . . **37 fr. 50**
— relié — . . . . **45 fr.** »
— XVI, XVII et XVIII (années 1896, 1897 et 1898).
Prix de chaque volume, broché . . . . . **25 fr.**
— relié . . . . . **30 fr.**

Le Métal

(Horlogerie, Bijouterie, Orfèvrerie, Optique, Gravure, Ciselure, Electricité, Mécanique de précision, etc.)

Revue Encyclopédique illustrée des Arts et Industries du Métal, comprenant 17 fascicules de 16 pages, illustrées de nombreuses gravures dans le texte, format in-8° jésus.

Prix de chaque fascicule. . . . . **0 fr. 50**
La collection complète. . . . . **7 fr. 50**

Recherches sur l'Horlogerie, ses inventions et ses célébrités

Notice Historique et Biographique, d'après les divers documents de la collection de l'École d'Horlogerie d'Anet, par Alfred BEILLARD, Directeur-Fondateur de cette École. Ouvrage orné de nombreuses illustrations dans le texte.

Un volume in-8° cavalier . . . . . Prix, broché : **5 fr. 50**

Littérature, Histoire, Romans, Voyages, etc.

Une Armée dans les neiges. — Journal d'un volontaire du corps franc des Vosges (campagne de l'Est 1870-71), par Ardouin-Dumazet, rédacteur militaire du *Temps*, avec une lettre-préface de M. de Freycinet. In-8° raisin, orné de 55 gravures.
    Prix, broché.. . . . . **6 fr.** »
    Relié toile.. . . . . **7 fr. 50**

Le Musicien aveugle, par W. Korolenko, traduit du russe avec l'autorisation de l'auteur, par Léon Golschmann et Ernest Jaubert. In-8° raisin, orné de 40 gravures.
    Prix, broché. . . . . **4 fr.** »
    Relié toile.. . . . . **5 fr.** »

Le Tsar, son armée et sa flotte, par Nicolas Notowitch, in-8° orné de 80 gravures. — Prix, broché. . . . . **1 fr.** »
Ouvrage honoré de souscriptions du ministère de la Guerre.

De Paris au Cap Nord. Notes pittoresques sur la Scandinavie (Danemark, Norvège, Laponie, Suède), par Paul Ginisty. Un volume grand in-8° jésus, tiré sur beau papier et orné de 47 gravures. — Prix, broché. . . . . **8 fr.** »
Ouvrage honoré de souscriptions de la Ville de Paris.

Le Violon, ses luthiers célèbres et leurs imitateurs, par Georges Hart, traduit de l'anglais par Alphonse Royer. Un beau volume in-8° de viii-412 pages, contenant de nombreuses gravures sur bois, d'après les photographies des violons de Stradivari, de Guarneri, d'Amati, etc. — Prix, broché. . . . . **12 fr.** »
Édition de luxe in-4°, tirée sur papier Whatman, avec 19 planches hors texte. — Prix, broché . . . . **75 fr.** »

Souvenir d'un canonnier de l'armée d'Espagne. (1808-1814), par Germain Bapst. Beau volume in-4°, imprimé à 250 exemplaires sur papier de Hollande et orné de six lithographies originales de Lunois, tirées sur Chine.
    Prix, broché. . . . . **30 fr.** »

Les Grandes Manœuvres de l'Est en 1891, par Ardouin-Dumazet, rédacteur militaire du *Temps*. Un volume in-18, orné de portraits et de cartes topographiques. — Prix . . **3 fr. 50**
Ouvrage honoré de souscriptions du ministère de la guerre.

L'Armée et la Flotte de 1891 à 1892. — *Les Grandes manœuvres navales et militaires de 1892*, par M. ARDOUIN-DUMAZET, rédacteur militaire du *Temps*. Un volume in-18, orné de cartes topographiques. — Prix . . . . **3 fr. 50**
Ouvrage honoré de souscriptions du ministère de la guerre.

Coin de province, par Jules MAZÉ. Préface de Charles Grandmougin. Un volume petit in-18 jésus, illustré d'un dessin de A. Borne. — Prix . . . . **3 fr. 50**

La Traversée de l'Empereur Charles. Traduit de **Uhland**, par F. SŒHNÉE. Illustré page à page de compositions décoratives se rapportant au texte.

Texte et dessins lithographiés par l'auteur, M. MARCEL. Préface de M. V. CHAMPIER.

Il a été tiré de cet ouvrage : 8 exemplaires sur papier de Chine, numérotés de 1 à 8. Prix : **15 fr.**, et 991 ex. sur papier similijapon, numérotés de 9 à 997. Prix : **5 fr.** Plus 2 ex. sur papier des Manufactures Impériales du Japon (marqués A. B.), tirés seulement en noir, et coloriés par l'auteur avec une aquarelle originale différente pour chacun d'eux. Prix : **100 fr.** Et 3 ex. sur papier des Manufactures Impériales du Japon (marqués C. D. E.), tirés en couleurs avec une aquarelle originale différente pour chacun d'eux. Prix : **25 fr.**

L'ouvrage ne sera jamais réimprimé.

Tribord-Amure. — Conte maritime.

Un album oblong illustré page à page de lithographies en couleurs de M. MARCEL encadrant le texte. — Prix . . . **3 fr. 50**

Ancienne Maison ROUAM et Cie

THÉATRE ET POÉSIES

L'Empereur (1807-1821). — Drame épique, en vers, en quatre actes et treize tableaux, par Charles GRANDMOUGIN.
Prix . . . . **2 fr.** »
Il a été tiré de cet ouvrage 100 exemplaires sur magnifique papier dit *Perfection*, signés et numérotés par l'auteur.
Prix . . . . **5 fr.** »

L'Enfant Jésus, mystère en cinq tableaux : les Mages, les Bergers, Hérode, la Crèche, la Fuite en Égypte, par Ch. GRANDMOUGIN. Magnifique volume in-4°, tiré sur beau papier, orné de lithographies originales de MM. DAGNAN-BOUVERET, FANTIN-LATOUR, L. MOUCHOT, A. DE RICHEMONT, WENCKER, TROCHSLER. Reliure élégante sur couverture tirée en couleurs et ornée d'une gravure sur bois, d'après un dessin de L. MOUCHOT. — Prix . . **15 fr.** »
Ed. ordinaire, sans les lithographies. — Prix, broché. **3 fr. 50**
Il a été tiré de cet ouvrage quelques exemplaires avec deux séries de planches, l'une avec la lettre et l'autre avant toute lettre, sur papier de Chine Reliure dite d'amateur.
Prix . . . . **30 fr.** »

Le Christ, drame sacré en cinq tableaux et une apothéose : *la Résurrection*, par Charles GRANDMOUGIN. Un joli volume sur beau papier in-8° coquille (cinquième mille). — Prix . . . . **2 fr.** »
Ouvrage honoré d'un prix de mille francs par l'Académie française et d'une souscription du ministère de l'Instruction publique.

Le Réveillon, pièce en un acte, en vers, contenant la *Légende du vieux Tambour*, par Charles GRANDMOUGIN. — Prix. **1 fr.** »

De la Terre aux Etoiles. — Poésies, par Charles GRANDMOUGIN. Un volume in-16. — Prix . . . . **2 fr. 50**

Visions chrétiennes. — Récits en vers, par Charles GRANDMOUGIN. Un volume in-16. — Prix . . . . **2 fr. 50**

Les Chansons du Village, par Charles GRANDMOUGIN. Un volume in-16. — Prix . . . . **3 fr.** »

Rimes de Combat, par Charles GRANDMOUGIN. — Un volume. Prix . . . . **3 fr.** «

Les Siestes, poésies, par Charles GRANDMOUGIN. Un volume.
Prix . . . . 3 fr. »

Biographie de Charles Grandmougin, par Jules MAZÉ. Une brochure in-16 de 28 pages, accompagnée du portrait de Grandmougin. — Prix. 1 fr. »

Sophocle. — *Œdipe-Roi, Œdipe à Colone, Antigone.* — Traduction en vers français, par L. RICHAUD, agrégé de l'Université, ancien Proviseur. Un joli volume, imprimé avec luxe.
Prix, broché . . . . 3 fr. **50**

Ouvrage honoré d'une souscription du ministère de l'Instruction publique et des Beaux-Arts.

L'Aube d'une Femme, par Miss E. EHRTONE. Préface de M. L. ROGER-MILÈS. Un joli volume in-16 raisin, orné de fleurons et de culs-de-lampe. — Prix, broché. . . . . 3 fr. **50**

Paris. — Imprimerie de l'Art, E. MOREAU et Cie, 41, rue de la Victoire.

CATALOGUE GÉNÉRAL

DE LA

LIBRAIRIE

DES

ASSURANCES

(Maison fondée en 1866)

L. DULAC

PARIS — 30, rue Le Peletier, 30 — PARIS

Janvier 1900

TABLE DES MATIÈRES

Table alphabétique par noms d'auteurs. . . . .   3 à 8

Table systématique :

Assurances sur la vie. . . . .   9 à 15
Assurances contre l'incendie . . . . 16 à 17
Assurances maritimes   18
Assurances contre les accidents.   19
Assurances agricoles.   20
Ouvrages divers.   21

Journaux :

« Moniteur des Assurances »   22
« Bulletin des Actuaires français »   23
« Bulletin financier des Assurances et des Valeurs industrielles ».   24

AVIS

Toutes les demandes doivent être accompagnées d'un mandat-poste.

Aucune expédition n'est faite contre remboursement.

TABLE ALPHABÉTIQUE

PAR

NOMS D'AUTEURS

A

	Pages
About (Edmond). Le capital pour tous. 0 fr. 25	10
— — Les assurances sur la vie. 0 fr. 50	9
— — Les questions d'argent, l'Assurance. 2 fr.	13
— — Les rentes viagères. 0 fr. 50	13
Adan (H. F. G.). Etude sur la nature du contrat d'assurance-vie. 2 fr. 50	11
— — Responsabilité civile des patrons. 0 fr. 75	19
Arnaudeau. Tables des Nues propriétés et usufruits des obligations. 5 fr.	14
Assolant. Le droit des femmes 3 fr. 50	11

B

Bailly (Paul). De la transmission du bénéfice du contrat d'assurances sur la vie. 10 fr.	10
Beauquesne. (De). Notions élémentaires de l'assurance-vie. 1 fr. 50	12
Bégault (Amédée). Traduction française du Text-Book de l'Institut des actuaires de Londres. 1re et 2me parties. 50 fr.	15
Bergeron. Aux Riches. 0 fr. 50	13
— Entre femmes. 0 fr. 50	11
— L'Avenir des familles. 0 fr. 50	9
— La Confession de Madame X... 0 fr. 50	10
— Le Talisman. 0 fr. 50	14
— Qu'est-ce que l'assurance sur la vie ? 0 fr. 50	13
— Question brûlante. 0 fr. 50	17
— Une pierre de touche. 0 fr. 50	13
— La Providence des Artistes. 0 fr. 50	13
— Un rêve de banquier philanthrope. 0 fr. 50	13
— OEuvres complètes sur les assurances. 10 fr	13
Bertrand (De). Manuel de l'assurance en cas de décès. 0 fr. 50	12
Béziat d'Audibert. Théorie élémentaire des assurances sur la vie. 10 fr.	15
Bienaymé. Loi des grands nombres. 1 fr.	•21
Boissoudy (De). Des règlements de sinistres (assurances-vie). 0 fr. 50	13
Bonneville de Marsangy. Jurisprudence générale des assurances terrestres. 30 fr	12
Borie (Victor). Le patrimoine universel. 0 fr. 50	13
Buval. Conseils pratiques sur l'assurance contre l'incendie. 2 fr.	16

C

Cadol (Edouard). Mme Ve Emilie. 1 fr.	12
— — Un brevet de bonne santé. 0 fr. 50	10
Candiani (A.). L'assurance des industries chimiques. 10 fr.	16
— L'assurance des industries mécaniques. 15 fr.	16
— Un nouveau gaz d'éclairage. *L'Acétylène*. 1 fr.	16
Carlier. Le patrimoine et l'assurance. 0 fr. 75.	13
Cauvin et Sainctelette. Manuel de jurisprudence des assurances terrestres.	12
C. de C***. L'assurance porte malheur. 0 fr. 30.	9
Cerise (Baron G.). La lutte contre l'incendie avant 1789. 3 fr.	17
Chamberet. (P. de). Conférence sur les assurances sur la vie. 0 fr. 50.	10
Colom-Delsuc. Le commerçant et ses enfants. 0 fr. 25.	10
Corréa (E.). Théorie mathématique des assurances sur la vie. 3 fr. 50	15
Couteau. Du bénéfice de l'assurance sur la vie. 1 fr.	10
— Traité des assurances sur la vie. 16 fr.	15
Courcy (Alfred de)	

1° Assurances sur la vie :

L'Assurance sur la vie et la propriété. 0 fr. 50.	9
Les Sociétés étrangères d'assurances (autorisation et surveillance). 3 fr.	14
Les Caisses de prévoyance et le clergé. 0 fr. 50.	10
Le Domaine patrimonial. 0 fr. 50	11
La Philosophie de l'assurance. 0 fr. 50.	13
Précis de l'assurance sur la vie. 3 fr.	13

2° Assurances maritimes :

Le Commencement et la fin des risques. 1 fr. 50.	18
Commentaire des polices françaises. 3 fr.	18
La double assurance. 1 fr.	18
Questions de droit maritime. 20 fr.	18
L'exagération des valeurs assurées. 2 fr.	18
Un procès d'assurance maritime. 1 fr. 50.	18
Protection de la vie des navigateurs. 1 fr.	18
Responsabilité des propriétaires de navires. 1 fr. 50.	18
Traité des réassurances maritimes. 1 fr. 50.	18
Les veuves des marins disparus. 1 fr.	18

3° Divers :

L'assurance par l'Etat. 3 fr.	9
Les assurances. 1 fr.	21
Caisses de prévoyance des employés et des ouvriers. 3 fr.	21
Examen de la loi du 24 juillet 1867. 3 fr.	21
La participation aux bénéfices. 1 fr.	21

4° Ouvrages épuisés :

Théorie des annuités viagères et des assurances sur la vie.
Essai sur les lois du hasard.
Assurance et loterie.
Actionnaires et assurés.
Le droit et les ouvriers.

D

Dabancour. Applications des assurances sur la vie aux diverses situations sociales. 0 fr. 25.	9
Demarcy. Un moyen de s'enrichir. 0 fr. 50.	12
Desfrançois. Commentaire de la police-incendie. 1 fr. 50.	16
Desrousseaux. A propos d'assurance. 0 fr. 50.	9
Dormoy (Emile). Théorie mathématique du jeu de baccarat. 5 fr.	21
Dubois (A.). Droits de l'époux survivant. 1 fr. 50.	11
— Du bénéfice de l'assurance sur la vie. Instructions pratiques. 1 fr.	10
Duvernois. La vérité en matière d'assurance sur la vie. 0 fr. 50.	15

E

Esselin. Je ne veux pas que mon mari s'assure sur la vie. 0 fr. 50 11
— Manuel de l'assuré sur la vie. 1 fr. 12

F

Fadat (L.). La fortune pour tous. 0 fr. 50 11
Fadat (Mme Léon). Le devoir de la mère de famille. 0 fr. 40. 10

G

G***. Un devoir. 0 fr. 50 10
— Aux mères. 0 fr. 50. 12
Gabriel (H.). Les avantages de l'assurance combinée. 0 fr. 25 9
Gauffreteau. Assurances à la campagne. 0 fr. 50 9
Gauvin (Paul). Manuel de l'inspecteur d'assurance contre l'incendie. 15 fr. . 17
Ginel (A.). Une surprise agréable. 0 fr. 50. 14
Grün et **Joliat.** Traité des assurances terrestres. 5 fr. 50. 15

H

Hamon (G.). Petit dictionnaire des assurances. 1 fr. 50 11
— Cours d'assurances. 10 fr. 21
— Histoire générale de l'Assurance, en France et à l'Étranger. 20 fr. 21
Hecht. La prime et la cotisation. 5 fr. 17
H. de B. Etude pratique des assurances sur la vie. 1 fr. 11

J

Jaaf. Banalités sur l'assurance en cas de décès. 0 fr. 50. 10
Jardy. Un père. 0 fr. 50. 13
— Les quatre âges. 0 fr. 50. 13
— Assurance, prévoyance. 0 fr. 25 9
J. B. Guide pratique des assurances sur la vie. 0 fr. 50. 11
Jouault. Théorie pratique des donations. 1 fr. 15
Jourdan. Lettres sur les assurances. 0 fr. 50 12
Judenne. L'agent d'assurances sur la vie. 2 fr. 50. 9
— J'y penserai. 0 fr. 40. 12
— N'hésitez pas. 0 fr. 40. 12
— Un nouveau préjugé. 0 fr. 40. 13
— Près d'un berceau. 0 fr. 40. 13

K

King (George). Le « Text-Book » de l'Institut des actuaires de Londres, traduction française de M. A. Bégault. 50 fr 15

L

Lassaigne (A.). Manuel des assurés contre l'incendie. 1 fr. 50. 17
— Manuel des assureurs contre l'incendie. 3 fr. 50. 17
Lefrançois (E.). De la tacite reconduction dans les assurances terrestres. 1 fr. 50 17
Le Hir. Recueil complet de législation et de jurisprudence. 6 fr. 13
Le Grandais. Notions pratiques de l'assurance-vie. 1 fr. 13
Léobardy. L'assurance, l'opulence et l'impôt. 2 fr. 50. 9
Lesur (V.). La plus sage des précautions. 0 fr. 50. 13
— Sauvons-nous par l'épargne. 0 fr. 40. 14
Levieux. Une courte réponse à quatre questions. 0 fr. 50. 10
— Histoire d'une assurance sur la vie. 0 fr. 50. 11
— Les idées d'épargne et de prévoyance. 0 fr. 50. 11
— La meilleure loterie. 0 fr. 50. 12
Lireux. Après moi la fin du monde. 0 fr. 50. 9

M

Martres (de). Manuel pratique de l'inspecteur d'assurances sur la vie. 1 fr. 75. 12
Mauret de Pourville. Moyens de prévenir les incendies. 3 fr. 50. 16
Marigaud (Eter). Dialogues des morts. 0 fr. 50 11
Meunier. Traité des causes des incendies. 10 fr. 50. 17
Molineau. Jurisprudence des assurances sur la vie. 6 fr. 12
Mortier. Mémoires de Bompart. 0 fr. 50. 12

O

Oudiette. Patente des agents et des sous-agents d'assurances. 0 fr. 50. . . 21

P

Pagot (E). Etude sur le contrat d'assurance contre les accidents. 10 fr. . . . 19
Parant. Mortalité du bétail. 1 fr. 50. 20
Perriaud. Assurance contre la Grêle. 1 fr. 20
— L'Assurance Grêle. 0 fr. 50. 20
Péreire (Eugène). Tables de l'intérêt composé, des annuités et des rentes viagères. 10 fr. 14
Ponson du Terrail. L'assurance de François. 0 fr. 50. 9
Poterin du Motel. Usage et ajustement des Tables de mortalité. 2 fr. . . . 14
— — Théorie des assurances sur la vie. 25 fr. 15
Pouget (Louis). Du père de famille. 2 fr. 13
— — Des successions. 2 fr. 14
— — Guide du créancier hypothécaire. 2 fr. 50 16
— — Manuel de l'agent d'assurances pour le recouvrement des primes. 2 fr. 17
Prieur (A.) Le Chêne et Roseau. 0 fr. 50 10
— La Cigale et la Fourmi. 0 fr. 30 10
Puech (Xavier). Discours sur les assurances sur la vie. 0 fr. 50. 9

Q

Quéant (Abbé). Assurance et religion. 0 fr. 50. 9
— Moralité des assurances et des rentes viagères. 0 fr. 50 . . 12
Quiquet (A.) Tables de survie et de mortalité (2 vol.) 7 fr. 14

R

Reboul (Eugène). Cinquante moyens pour obtenir des assurances. 3 fr. 50.   10
— Développement du crédit par l'assurance. 0 fr. 75. . . .   10
— Jetons de la Société alimentaire de Grenoble. 0 fr. 50. .   11
— Le monde renversé. 0 fr. 50.   12
— La morale de l'assurance. 0 fr. 75.   12
— Qui s'assure s'enrichit. 0 fr. 50.   13

S

Sainctelette et Cauvin. Manuel de jurisprudence des assurances terrestres. 3 fr. 50. .   12
Sarcey (Francisque). Est-ce trop cher ? 0 fr. 50.   11
— — Faut-il s'assurer ? 0 fr. 50.   11
Schwanhard. Arithmétique (Petite) des assurances sur la vie. 2 fr. 50. . .   9
Second (Albéric). A la recherche d'un gendre. 0 fr. 50.   13
Serbonnes (G. de). Simple dialogue sur la théorie de la réserve, 0 fr. 50. .   14
Simeson. Sécurité exceptionnelle des Compagnies-Vie. 0 fr. 50.   10
— Logique et devoir. 0 fr. 50.   12
— La Tirelire merveilleuse. 0 fr. 50.   15
Stan. Petite explication illustrée de l'assurance sur la vie. 0 fr. 50. . . .   11

T

Tengiof. Souvenir d'une partie de chasse. 0 fr, 30.   13
— Histoire fin de siècle. 0 fr. 20.   11
Thoman (Fédor). Table des logarithmes à 27 décimales. 5 fr.   14
Thomereau (Alfred). L'assurance-Panacée. 0 fr. 75.   16
— Des incendies criminels. 0 fr. 50.   16
— Les assurances agricoles, 1 fr. 50.   20
— Quelles sont les limites de l'intervention de l'Etat en matière d'assurances ? 0 fr. 50   21
— Pourquoi l'Assurance ne doit jamais être obligatoire ? 0 fr. 50   21
— La question des assurances agricoles. 0 fr. 50. . . .   20

V

Varennes (R. de). L'assurance contre l'incendie en mutualité. 3 fr.   16
Vauzanges. Le pacte de longue vie. 0 fr. 50.   13
Vermot (Edouard). Catéchisme théorique et pratique de l'assurance sur la vie (2 vol.). 4 fr. 50   10
Versigny. Guide pratique du droit en assurances-vie. 2 fr.   11
Vignes. L'assurance sur la vie. 0 fr. 50.   9
Violeine. Tables pour les calculs des probabilités sur la vie humaine. 10 fr.   14

W

Weber (Louis). Étude sur les Tables de mortalité d'invalides et sur les Tables d'invalidité, au point de vue des calculs d'assurances. 3 fr, ...   21
Willocq. Petit manuel pratique de l'assurance sur la vie. 0 fr. 50.   12

LIBRAIRIE DES ASSURANCES   L. DULAC

X

X... A quoi sert l'assurance viagère. 0 fr. 50.	9
— Désignation des bénéficiaires dans les contrats d'assurances sur la vie 0 fr. 75	10
— Traité complet de l'examen médical dans les assurances sur la vie. 10 fr.	11
— Loi du 24 juillet 1867 sur les Sociétés. 1 fr.	12
— Loi du 1er avril 1898 sur les Sociétés de Secours mutuels. 1 brochure in-8°. 1 fr.	21
— Loi du 9 avril 1898, concernant les responsabilités des accidents dont les ouvriers sont victimes dans leur travail et Décrets portant règlement d'administration publique pour l'exécution des articles 26, 27 et 28. 1 fr.	19
— Documents législatifs préparatoires de l'article 1734. 5 fr.	16
— Table de logarithmes en une seule page. 0 fr. 50.	21
— Extrait des tables de mortalité de l'Institut des Actuaires français. 1 fr.	14
— Manuel de l'agent d'assurances pour le recouvrement des primes. 2 fr.	17

L'ASSURANCE

DES

INDUSTRIES CHIMIQUES

ÉTUDE THÉORIQUE ET PRATIQUE

SUR LES INDUSTRIES CHIMIQUES

leurs *Procédés de fabrication*,

leurs *Dangers d'incendie et les Primes y relatives*

PAR

ALBERT CANDIANI

Inspecteur de la *Métropole-Incendie*.

Un volume in-8°. — PRIX : **10** FRANCS

L. DULAC, ÉDITEUR

PARIS — 30, RUE LE PELETIER, 30 — PARIS

ASSURANCES SUR LA VIE

Agent d'Assurances sur la vie (L'), ses fonctions, ses devoirs, ses procédés pour réussir, par Em. Judenne. 1 volume in-16.. . . . . 2 fr. 50
    franco par la poste. . . . . 2 fr. 75

Application des Assurances sur la vie aux diverses situations sociales, par G. Dabancour, docteur en droit. 1 brochure in-16. . . . . 0 fr. 25

Après moi la fin du monde, par Lireux, 1 brochure in-8. . . . . 0 fr. 50

A propos d'assurance, par Alfred Desrousseaux, 1 brochure. . . 0 fr. 50

Arithmétique (Petite) **des Assurances sur la vie,** par Schwanhard 2 fr. 50
    franco. . . . . 2 fr. 75

Assurance combinée (Les avantages de l'), par Gabriel (H.). . . 0 fr. 25

Assurance de François (L'), par Al. Ponson du Terrail. . . . . 0 fr. 50

Assurance et religion, par l'abbé Quéant, curé-doyen d'Asfeld (Ardennes), 1 brochure. . . . . 0 fr. 50

Assurance (L'), l'opulence et l'impôt, par Paul de Léodardy, ancien élève de l'Ecole polytechnique. 1 volume de 84 pages grand in-8 . . . . . 2 fr. 50
    franco par la poste. . . . . 2 fr. 75

Assurance par l'État (De l'), par Alfred de Courcy, 4ᵉ édition, suivie de **Les Sociétés étrangères d'assurances sur la vie** (autorisation et surveillance) du même auteur. 1 brochure in-8 raisin . . . . 3 fr. »
    franco par la poste. . . . . 3 fr. 25

Assurance porte malheur (L'), par C. de C. . . . . 0 fr. 30

Assurance, prévoyance, par Jaudy, 1 brochure. . . . . 0 fr. 25

Assurances sur la vie (Les) par Edmond About, 1 brochure. . 0 fr. 50

Assurance sur la vie (L'), par Edouard Vignes, brochure in-8. . 0 fr. 50

Assurances sur la vie, extrait du discours prononcé à l'audience de rentrée de la Cour d'Agen, le 3 novembre 1877, par Xavier Puech, avocat général. 1 brochure in-16. . . . . 0 fr. 50

Assurances sur la vie à la campagne (Les), par Gauffreteau. 0 fr. 50

Assurance sur la vie (L') **et la propriété,** par Alfred de Courcy. 1 brochure in-16. . . . . 0 fr. 50

Assurance viagère (A quoi sert l'), procédés pour la formation, l'accroissement et la garantie du capital. 1 brochure. . . . . 0 fr. 50

Avenir des Familles, (L'), par L. Bergeron, 1 brochure in-16. . . 0 fr. 50

LIBRAIRIE DES ASSURANCES L. Dulac

Banalités sur l'assurance en cas de décès, par Jaaf, 1 broch.   0 fr. 50

Bénéfice de l'assurance sur la vie (Du), instructions pratiques par A. Dubois.
1 brochure. . . . .   1 fr. »
    franco par la poste. . . . .   1 fr. 10

Bénéfice de l'assurance sur la vie (Du), par Couteau, docteur en droit.
1 brochure grand in-8 . . . .   1 fr. »
    franco par la poste. . . . .   1 fr. 10

Brevet de bonne santé (Un), par Édouard Cadol. 1 brochure in-16.   0 fr. 50

Caisses de Prévoyance (Les) **et le clergé**, par Alfred de Courcy.   0 fr. 50

Capital pour tous (Le), plus de prolétaires, 38 millions de bourgeois! par Edmond About . . . .   0 fr. 25

Catéchisme théorique et pratique de l'Assurance sur la vie, par E. Vermot,
2 volumes . . . .   4 fr. 50
    1re partie. Exposition théorique . . . .   1 fr. 50
    2e partie. Exposition pratique. . . . .   3 fr. »
    franco par la poste. . . . .   4 fr. 95

Chêne (Le) **et le Roseau**, pastiche de La Fontaine, par A. Prieur   0 fr. 50

Cigale et la Fourmi (La) par A. Prieur. 1 brochure in-32. . . . .   0 fr. 30

Cinquante moyens pour obtenir des assurances, par Eugène Reboul.
1 volume in-18. . . . .   3 fr. 50
    franco par la poste. . . . .   3 fr. 85

Commerçant (Le) **et ses enfants** (fable imitée de La Fontaine), par Colom-Delsuc . . . .   0 fr. 25

Conférence sur les assurances sur la vie, par P. de Chamberet.   0 fr. 50

Confession de Madame X... (La), par L. Bergeron. 1 brochure..   0 fr. 50

Considérations pratiques sur les causes de la sécurité exceptionnelle que présentent les Compagnies d'assurances sur la vie, par E. Simeson.
1 brochure in-16. . . . .   0 fr. 50

Courte réponse à quatre questions (Une). Pourquoi, Quand, Comment, Où faut-il s'assurer? par F. Levieux. . . . .   0 fr. 50

De la Transmission du bénéfice du contrat, par Paul Bailly, avocat, chef du Contentieux de la Compagnie *le Monde.* 1 vol. in-8 raisin.   10 fr. »
    franco par colis postal . . . .   10 fr. 85

Désignation des bénéficiaires (De la) dans les contrats d'assurance sur la vie . . . .   0 fr. 75

Développement du Crédit par l'assurance *ou de la garantie du capital des Sociétés industrielles par les Compagnies d'Assurances sur la vie*, par Eugène Reboul, 1 brochure in-8. . . . .   0 fr. 75

Devoir (Un), par G*** 1 brochure in-16. . . . .   0 fr. 50

Devoir de la mère de famille (Le) **devant l'assurance sur la vie**, par Madame Léon Fadat, professeur de littérature et de mathématiques.   0 fr. 40

Dialogues des morts, par Éter Mérigaud. 1 brochure in-16. . . . 0 fr. 50

Dictionnaire des assurances (Petit) 2ᵐᵉ édition, par Georges Hamon, avec une préface de M. Édouard Vermot. 1 volume de 150 pages . . . . 1 fr. 50
    franco par la poste. . . . . 1 fr. 65

Domaine patrimonial (Le) et les assurances sur la vie, par Alfred de Courcy. 1 brochure in-16 . . . . 0 fr. 50

Droit des Femmes (Le), par Alfred Assolant. 1 vol. in-12 jésus, 2ᵉ édit. 3 fr. 50
    franco par la poste. . . . . 3 fr. 85

Droits de l'époux survivant (Les) Etude sur la loi du 9 mars 1891, par A. Dubois. 1 brochure. . . . . 1 fr. 50
    franco par la poste. . . . . 1 fr. 65

Entre Femmes, *Causerie intime,* par L. Bergeron. 1 brochure. . . 0 fr. 50

Est-ce trop cher? Petit dialogue instructif, par Francisque Sarcey. br. 0 fr. 50

Étude pratique des assurances sur la vie, lettres à un ami, par H. de B. 1 brochure. . . . . 1 fr. »

Étude sur la nature du Contrat d'assurance sur la vie, par H.-F.-G. Adan. . . . . 2 fr. 50
    franco par la poste. . . . . 2 fr. 65

Examen médical (Traité complet de l') dans les assurances sur la vie. 1 volume in-8 de 650 pages. . . . . 10 fr. »
    franco par la poste. . . . . 10 fr. 75

Explication de l'assurance sur la vie (Petite). 1 brochure illustrée, par G. Fraipont, conversation par Stan . . . . 0 fr. 50

Faut-il s'assurer? par Francisque Sarcey. 1 brochure. . . . . . . 0 fr. 50

Fortune pour tous par l'assurance (La), par Fadat. 1 broch. in-16 0 fr. 50

Guide pratique des assurances sur la vie, par J.-B...., inspecteur d'assurances, un petit volume in-18. . . . . 0 fr. 50

Guide pratique du droit en matière d'assurances sur la vie, par Versigny, ancien avoué. 1 volume grand in-8. . . . . 2 fr. »
    franco par la poste. . . . . 2 fr. 20

Histoire d'une assurance sur la vie, Avant — Pendant — Après, par F. Levieux. 1 brochure. . . . . 0 fr. 50

Histoire fin de siècle, par Tengiof. 1 brochure. . . . . 0 fr. 20

Idées d'épargne et de prévoyance (Les), dans les fables de La Fontaine, par F. Levieux. 1 brochure . . . . 0 fr. 50

Je ne veux pas que mon mari s'assure sur la vie, par Ferdinand Esselin, avocat. 1 brochure. . . . . 0 fr. 50

Jetons de la Société alimentaire de Grenoble (Les), par Eugène Reboul. 1 brochure in-8. . . . . 0 fr. 50

LIBRAIRIE DES ASSURANCES L. DULAC

Jurisprudence des assurances sur la vie en France et en Belgique, par Molineau, ancien notaire. . . . . 6 fr. »
    franco par la poste. . . . . 6 fr. 60

Jurisprudence générale des assurances terrestres, par Bonneville de Marsangy. 1 volume grand in-4, broché, reste quelques exemplaires à vendre, au lieu de 45 francs . . . . 30 fr. »
    franco par colis postal. . . . . 31 fr. »

J'y penserai, par Judenne. 1 brochure in-16. . . . . 0 fr. 40

Lettres sur les assurances, par Louis Jourdan. . . . . 0 fr. 50

Logique et devoir ou **l'assurance obligatoire,** par E. Simeson. 1 brochure in-16. . . . . 0 fr. 50

Loi sur les Sociétés (24 juillet 1867 et 1er août 1893), suivie de la Note concernant les obligations des Sociétés envers l'administration de l'Enregistrement, des Domaines et du Timbre. . . . . 1 fr. »

Madame veuve Émilie, par Édouard Cadol. 1 brochure. . . . . 1 fr. »
    franco par la poste. . . . . 1 fr. 10

Manuel de jurisprudence des assurances terrestres, par Paul Cauvin et Georges Sainctelette. 1 volume in-8. . . . . 3 fr. 50
    franco par la poste. . . . . 3 fr. 85

Manuel de l'assuré sur la vie, par Esselin, avocat. . . . . . . 1 fr. »
    franco par la poste. . . . . 1 fr. 10

Manuel pratique (Petit) de l'assurance sur la vie, par Henri Willocq. 1 brochure. . . . . 0 fr. 50

Manuel pratique de l'Inspecteur et de l'Agent d'assurances sur la vie, par De Martres. . . . . 1 fr. 75
    franco par la poste. . . . . 1 fr. 90

Manuel théorique et élémentaire de l'assurance en cas de décès, par de Bertrand. 1 brochure in-18. . . . . 0 fr. 50

Meilleure loterie (La), par Levieux. 1 brochure. . . . . 0 fr. 50

Mémoires de Bompart, par J. Mortier, dessins par P. Perroud. . 0 fr. 50

Mères (Aux), par G***, 1 brochure. . . . . 0 fr. 50

Monde renversé (Le), par Eugène Reboul. 1 brochure. . . . . . 0 fr. 50

Morale de l'assurance (La), par Eugène Reboul. 1 brochure in-16. 0 fr. 75

Moralité des assurances sur la vie et des rentes viagères, par l'abbé Quéant. 1 brochure. . . . . 0 fr. 50

Moyen de s'enrichir (Un) à coup sûr, par L. Demarcy. . . . . . 0 fr. 50

N'hésitez pas. 1 brochure in-16, par Em. Judenne. . . . . 0 fr. 40

Notions élémentaires de l'assurance sur la vie, par de Beauquesne. 1 fr. 50
    franco par la poste. . . . . 1 fr. 65

Notions pratiques de l'assurance sur la vie, par A. LE GRANDAIS. .	1 fr. »
franco par la poste.	1 fr. 10
Nouveau préjugé (Un), par Em. JUDENNE. 1 brochure.	0 fr. 40
Œuvres de L. Bergeron sur les assurances, un beau volume in-8 orné du portrait de l'auteur	10 fr. »
franco par colis postal	10 fr. 85
Pacte de longue vie (Le), *nouvelle*, par VAUZANGES. 1 brochure . .	0 fr. 50
Partie de chasse (Souvenir d'une), par TENGIOF. 1 brochure	0 fr. 30
Patrimoine et l'assurance (Le), par CARLIER. 1 brochure	0 fr. 75
Patrimoine universel (Le), par Victor BORIE, avec une introduction par M. Michel CHEVALIER. 1 brochure in-16.	0 fr. 50
Père (Un), deuxième édition, par P. JARDY	0 fr. 50
Père de famille (Du) *ou de l'effet de l'assurance dans les successions,* par Louis POUGET. 2 brochures in-8	2 fr. »
franco par la poste.	2 fr. 20
Philosophie de l'assurance (La), par DE COURCY. 1 brochure in-18.	0 fr. 50
Pierre de touche (Une), par L. BERGERON. 1 brochure.	0 fr. 50
Précautions (La plus sage des), par V. LESUR. 1 brochure.	0 fr. 50
Précis de l'assurance sur la vie, par Alfred DE COURCY. 1 vol. in-18	3 fr. »
franco par la poste.	3 fr. 30
Près d'un berceau, par Em. JUDENNE. 1 brochure in-16.	0 fr. 40
Providence des Artistes (La), par L. BERGERON, 1 brochure. . . .	0 fr. 50
Quatre âges (Les), l'enfance, la jeunesse, l'âge mûr, la vieillesse, par P. JARDY	0 fr. 50
Qu'est-ce que l'assurance sur la vie? *Causeries familières,* par L. BERGERON 1 brochure (35e édition).	0 fr. 50
Questions d'argent (Les), *l'assurance*, par Ed. ABOUT, 2e édition, 1 volume in-18 de 160 pages	2 fr. »
franco par la poste.	2 fr. 20
Qui s'assure s'enrichit! par Eugène REBOUL. 1 brochure	0 fr. 50
Recherche d'un gendre (A la), poésie, par Albéric SECOND. 1 brochure	0 fr. 50
Recueil complet de législation et de jurisprudence en matière d'assurances sur la vie, par L. LE HIR, docteur en droit. 1 volume grand in-8	6 fr. »
franco par la poste.	6 fr. 60
Règlements de sinistres (Des), par R. DE BOISSOUDY	0 fr. 50
Rentes viagères (Les), par Edmond ABOUT. 1 brochure	0 fr. 50
Rêve de banquier philanthrope (Un), par L. BERGERON. 1 brochure	0 fr. 50
Riches (Aux), par L. BERGERON. 1 brochure.	0 fr. 50

LIBRAIRIE DES ASSURANCES L. DULAC

Sauvons-nous par l'épargne, par LESUR. 1 brochure in-12. . . . 0 fr. 40

Simple dialogue sur la théorie de la réserve, par G. DE SERBONNES.
1 brochure in-8. . . . . 0 fr. 50

Sociétés étrangères (Les) d'assurances sur la vie, autorisation et surveillance, par Alfred DE COURCY. . . . . 3 fr. »
   franco par la poste. . . . . 3 fr. 25

Successions (Des), *ou du droit des bénéficiaires,* par Louis POUGET. 1 brochure
in-8. . . . . 2 fr. »
   franco par la poste. . . . . 2 fr. 20

Surprise agréable (Une), par A. GINEL. . . . . 0 fr. 50

Tables de l'intérêt composé, des annuités et des rentes viagères,
par M. Eugène PÉREIRE. 1 volume in-4, nouvelle édition. . . . . . 10 fr. »
   franco par la poste. . . . . 10 fr. 70

Tables de mortalité (Extrait des) de l'Institut des Actuaires français, suivies des
Tables de Duvillard et Deparcieux et des Tables anglaises, allemandes,
américaines. . . . . 1 fr. »

Tables de mortalité (Usage et ajustement des) par âges à l'entrée, par
H. POTERIN DU MOTEL. 1 brochure in-8. . . . . 2 fr. »
   franco par la poste . . . . 2 fr. 20

Tables des logarithmes à 27 décimales, pour les calculs de précision, par
M. FÉDOR THOMAN. 1 volume in-4 broché. . . . . 5 fr. »
   franco par la poste. . . . . 5 fr. 50
le volume relié. . . . . 6 fr. 50
   franco par la poste. . . . . 7 fr. 15

Tables des nues-propriétés et usufruits des obligations de 500 francs,
2 1/2, 3, 3 1/2, 4, 4 1/2, 5 0/0, d'après le temps qui reste à courir jusqu'à la fin
des emprunts, par ARNAUDEAU 1 brochure in-8. . . . . 5 fr. »
   franco par la poste. . . . . 5 fr. 25

Tables pour faciliter les calculs des probabilités sur la vie humaine,
par VIOLEINE. 1 volume. . . . . 10 fr. »
   franco par la poste. . . . . 10 fr. 70

Tables de survie et de mortalité. Aperçu historique sur les formules
d'interpolation des tables de survie et de mortalité, par A. QUIQUET, 1 brochure
in-8. . . . . 3 fr. »
   franco par la poste. . . . . 3 fr. 25

Tables de survie. — Leur représentation algébrique. — Généralisation des lois
de Gompertz et de Makeham, par A. QUIQUET. 1 brochure in-8. . . 4 fr. »
   franco par la poste. . . . . 4 fr. 30

Talisman (Le), *souvenirs d'un assuré sur la vie,* publiés par Louis BERGERON.
1 brochure in-16. . . . . 0 fr. 50

L. DULAC   LIBRAIRIE DES ASSURANCES

« **Text-Book** » **de l'Institut des Actuaires de Londres,** par M. GEORGE KING, traduit en français par AMÉDÉE BÉGAULT. Traité complet des opérations viagères, 2ᵉ partie, 1 volume in-8. . . . . 40 fr. »
  franco par la poste. . . . . 42 fr. »
(Le premier volume, relatif aux opérations financières à long terme, est en préparation. Son prix est, dès à présent, fixé à 10 francs.)
Cet ouvrage ne se vend pas séparément.

Théorie des assurances sur la vie, par H. POTERIN DU MOTEL, membre agrégé de l'Institut des Actuaires français, Examinateur à l'École des Hautes-Études Commerciales. 1 volume in-8 raisin. . . . . 25 fr. »

Théorie élémentaire des assurances sur la vie, par E. BÉZIAT D'AUDIBERT. 1 volume in-8. . . . . 10 fr. »
  franco par la poste. . . . . 10 fr. 85

Théorie mathématique des assurances sur la vie, par E. CORREA   3 fr. 50
  franco par la poste. . . . . 3 fr. 65

Théorie pratique des donations par contrat d'assurance en cas de décès, par Alphonse JOUAULT. 1 brochure in-8. . . . . 1 fr. »
  franco par la poste. . . . . 1 fr. 10

Tirelire merveilleuse (La), par E. SIMESON. 1 brochure. . . . . . 0 fr. 50

Traité des assurances sur la vie, *doctrine, jurisprudence, législation,* par COUTEAU, docteur en droit, 2 volumes grand-in-8. . . . . 16 fr. »
  franco par colis postal. . . . . 16 fr. 85

Traité des assurances terrestres et des assurances sur la vie, par GRUN et JOLIAT. 1 volume in-8. . . . . 5 fr. 50
  franco par la poste. . . . . 6 fr. »

Vérité en matière d'assurance sur la vie (La), par Clément DUVERNOIS, ancien ministre de l'agriculture et du commerce. 1 brochure in-18. 0 fr. 50

THÉORIE
DES
ASSURANCES SUR LA VIE
PAR
H. POTERIN DU MOTEL
Membre agrégé de *l'Institut des Actuaires français,*
Examinateur à l'École des Hautes Études Commerciales

Un volume in-8º raisin. — Prix : **25 francs.**
En vente à la LIBRAIRIE DES ASSURANCES, *30, rue Le Peletier, Paris.*

LIBRAIRIE DES ASSURANCES   L. DULAC

ASSURANCES CONTRE L'INCENDIE

Acétylène (L'). Un nouveau gaz d'éclairage, par A. CANDIANI. . . .   1 fr. »
Assurance contre l'incendie (L') en mutualité, par R. DE VARENNES.
1 volume in-12. . . . .   3 fr. »
    franco par la poste. . . . .   3 fr. 30
Assurance-panacée (L') (Questions à l'ordre du jour), par Alfred THOMEREAU.
1 brochure in-8. . . . .   0 fr. 75
Commentaire des conditions générales de la police (Assurance contre
l'incendie), par Florian DESFRANÇOIS. 1 brochure in-8. . . . .   1 fr. 50
    franco par la poste . . . .   1 fr. 65
Documents législatifs préparatoires de l'article 1734 (nouveau) du Code civil,
exposé des motifs, rapports et discussions à la Chambre des députés et au
Sénat. 1 volume grand in-8. . . . .   5 fr. »
    franco par la poste. . . . .   5 fr. 50
Entretiens et Conseils pratiques sur l'assurance contre l'incendie, par
Frédéric BUVAL. . . . .   2 fr. »
    franco par la poste. . . . .   2 fr. 20
Guide du créancier hypothécaire ou moyen à employer par les créanciers
hypothécaires pour garantir leurs gages contre les conséquences de l'incendie,
par Louis POUGET. 1 brochure in-8. . . . .   2 fr. 50
    franco par la poste. . . . .   2 fr. 75
Incendies criminels (Des), par A. THOMEREAU. 1 brochure in-8. . .   0 fr. 50
Incendies (Les), **des moyens de les prévenir et de les combattre**, par
MAURET DE POURVILLE. 1 volume in-18. . . . .   3 fr. 50
    franco par la poste. . . . .   3 fr. 85
Industries Chimiques (L'Assurance des), Étude théorique et pratique sur
leurs Procédés de fabrication, leurs Dangers d'incendie et les primes y relatives,
par Albert CANDIANI. 1 volume in-8 . . . .   10 fr. »
    franco par la poste. . . . .   10 fr. 50
Industries mécaniques (L'Assurance des), Monographies industrielles sur les
Moteurs modernes, les Filatures, les Tissages, les Scieries de bois, les Constructions de machines, etc., par Albert CANDIANI, 2 volumes in-8. . . .   15 fr. »
    franco par la poste. . . . .   15 fr. 85
1re partie : Les Industries textiles, 1 volume in-8 . . . .   7 fr. 50
    franco par la poste. . . . .   8 fr. »
2e partie : Industries travaillant le Bois, le Fer et les Métaux, les Matières
osseuses et cornées, le Liège, etc., 1 volume in-8 . . . .   7 fr. 50
    franco par la poste. . . . .   8 fr. »

Lutte contre l'incendie avant 1789 (La), par G. Cerise. 1 br. in-8   3 fr. »
     franco par la poste. . . . . 3 fr. 30

Manuel de l'agent d'assurances pour le recouvrement des primes. 1 volume in-18. . . . . 2 fr. »
     franco par la poste. . . . . 2 fr. 20

Manuel de l'Inspecteur de l'assurance contre l'incendie par Paul Gauvin, 2 volumes grand in-8. . . . . 15 fr. »
     franco par colis postal . . . . 15 fr. 85

Manuel des assurés contre l'incendie, *Conseils pratiques pour s'assurer régulièrement*, par Auguste Lassaigne. 1 volume in-18. . . . . . 1 fr. 50
     franco par la poste. . . . . 1 fr. 80

Manuel des assureurs contre l'incendie, *Instructions pratiques, contentieux*, par Auguste Lassaigne. 1 volume in-18. . . . . 3 fr. 50
     franco par la poste. . . . . 3 fr. 85

Prime (La) et la cotisation dans l'assurance contre l'incendie, par Ernest Hecht, docteur en droit. . . . . 5 fr. »
     franco par la poste. . . . . 5 fr. 50

Question brûlante, par L. Bergeron. . . . . 0 fr. 50

Tacite reconduction (de la) dans les assurances terrestres, par E. Lefrançois, 1 brochure. . . . . 1 fr. 50

Traité des causes des incendies, guide pratique pour l'emploi des moyens préservatifs contre l'incendie, par Meunier, 1 volume grand in-8 . . 10 fr. 50
     franco par colis postal. . . . . 11 fr. 35

L'ASSURANCE
DES
INDUSTRIES MÉCANIQUES

MONOGRAPHIES INDUSTRIELLES

sur les Moteurs modernes, les Filatures, les Tissages, les Scieries de bois, les Constructions de Machines, les Broyages de graines, etc.

Par Albert CANDIANI
Inspecteur de la Compagnie *La Métropole*.

1re Partie : *Les Industries textiles.*

2me Partie: *Industries travaillant le bois, le fer, les matières osseuses et cornées, le liège et autres matières diverses.*

Deux volumes in-8°. . . . . **15 fr.**

L. DULAC, Éditeur

LIBRAIRIE DES ASSURANCES   L. DULAC

ASSURANCES MARITIMES

Commencement et la Fin des Risques (Le) dans l'assurance des navires, par Alfred DE COURCY, 1 brochure in-8. . . . . 1 fr. 50
    franco par la poste. . . . . 1 fr. 65
Commentaire des polices françaises d'assurance maritime, par Alfred DE COURCY. 1 volume in-18. 2ᵉ édition . . . . 3 fr. »
    franco par la poste. . . . . 3 fr. 30
Double assurance (La) (article 359 du Code de commerce), par Alfred DE COURCY. 1 brochure. . . . . 1 fr. »
    franco par la poste. . . . . 1 fr. 10
Droit maritime (Questions de) par Alfred DE COURCY. 4 vol. in-8. . 20 fr. »
    franco par colis postal. . . . . 22 fr. »
Chaque volume se vend séparément. . . . . 5 fr. »
    franco par la poste. . . . . 5 fr. 50
Exagération des valeurs assurées (L'), mémoire présenté au Congrès international de droit commercial d'Anvers, par Alfred DE COURCY. 1 brochure in-8. . . . . 2 fr. »
    franco par la poste. . . . . 2 fr. 20
Procès d'assurance maritime en Angleterre (Un), par Alfred DE COURCY. 1 volume in-8. . . . . 1 fr. 50
    franco par la poste. . . . . 1 fr. 65
Protection de la vie des navigateurs (La), par Alfred DE COURCY. 1 volume in-18. . . . . 1 fr. »
    franco par la poste . . . . 1 fr. 10
Responsabilité des propriétaires de navires (La) en France et en Angleterre, par Alfred DE COURCY. 1 brochure in-8 . . . . 1 fr. 50
    franco par la poste, ... 1 fr. 65
Traité des réassurances (Les deux sortes de), par A. DE COURCY. 1 brochure in-8 . . . . 1 fr. 50
    franco par la poste. . . . . 1 fr. 65
Veuves des marins disparus (Les), *mémoire adressé au ministre de la marine*, par Alfred DE COURCY. 1 brochure in-8. . . . . 1 fr. »
    franco par la poste. . . . . 1 fr. 10

L. DULAC   LIBRAIRIE DES ASSURANCES

ASSURANCES CONTRE LES ACCIDENTS

Étude sur le contrat d'assurance contre les accidents, par E. PAGOT. volume in-8 raisin. . . . . 10 fr. »
        franco par la poste. . . . . 10 fr. 50
Loi du 9 avril 1898, concernant les responsabilités des accidents dont les ouvriers sont victimes dans leur travail et Décrets portant règlement d'administration publique pour l'exécution des articles 26, 27 et 28 . . . . . 1 fr. »
Responsabilité civile des patrons. De l'article 1382 du Code civil et de la faute lourde en matière d'assurances, par H.-F.-G. ADAN . . . . . . 0 fr. 75

ŒUVRES DE L. BERGERON
SUR LES ASSURANCES SUR LA VIE

Un beau volume in-8° raisin, orné du portrait de l'auteur.

Prix : **10 francs.**

ASSURANCES CONTRE L'INCENDIE

MANUEL DE L'INSPECTEUR
PAR
M. Paul GAUVIN, Directeur du *Soleil-Incendie*.

(Deuxième Édition)

2 volumes in-8°. — PRIX : **15** francs, *franco* : **15 fr. 85** c.
En vente à la *Librairie des Assurances*, 30, rue Le Peletier, Paris.

ASSURANCES AGRICOLES

Assurances Agricoles (Les). — Etat actuel de la question, par Alfred Thomereau. 1 brochure in-8. 1 fr. 50
        franco par la poste. . . . . 1 fr. 65

Assurance contre la Grêle (L'). — Cours faits à l'Institut des Assurances, par Jean Perriaud . . . . 1 fr. »
        franco par la poste. . . . . 1 fr. 10

Assurance Grêle (L'), conférence faite à l'Institut des Assurances, par Jean Perriaud . . . . 0 fr. 50

Mortalité du bétail (Assurances contre la) système mutuel localisé par Parant, 1 brochure in-8. . . . . 1 fr. 50
        franco par la poste. . . . . 1 fr. 65

Question des Assurances agricoles (La) au point de vue de la statistique, par Alfred Thomereau. 1 brochure in-8. . . . . 0 fr. 50

THÉORIE ELÉMENTAIRE

DES

ASSURANCES SUR LA VIE

PAR

E. BÉZIAT D'AUDIBERT

UN VOLUME IN-8 RAISIN. — PRIX : **10** FRANCS

L. DULAC, ÉDITEUR
PARIS. — 30, rue Le Peletier, 30 — PARIS

DIVERS

Assurances (Les), par Alfred DE COURCY . . . . 1 fr. »

Baccarat (*Théorie mathématique du jeu de*), par Emile DORMOY, ingénieur des mines, avec une préface par Francisque SARCEY. 1 vol. grand in-8. . 5 fr. »
    franco par la poste. . . . . 5 fr. 50

Caisses de prévoyance des employés et des ouvriers, et les pensions de l'Etat (Les), par Alfred DE COURCY. 1 volume in-18. 3 fr. »
    franco par la poste. . . . . 3 fr. 30

Cours d'assurance, ou abrégé historique et pratique des Assurances maritimes, incendie, vie, accidents, agricoles, par G. HAMON . . . . . . 10 fr. »
    franco par la poste . . . . 10 fr. 60

Histoire générale de l'assurance en France et à l'Étranger, par G. Hamon. 1 volume in-8 jésus. . . . . 20 fr. »
    franco par colis postal . . . . 20 fr. 85

Loi des grands nombres par J.-J. BIENAYMÉ, membre de l'Institut. Brochure, in-8 . . . . 1 fr. »
    franco par la poste. . . . . 1 fr. 10

Loi du 24 juillet 1867 sur les Sociétés anonymes (Examen de la), par Alfred DE COURCY. 1 volume in-18. . . . . 3 fr. »
    franco par la poste. . . . . 3 fr. 30

Loi du 1er avril 1898. sur les Sociétés de Secours mutuels, 1 brochure in-8. . . . . 1 fr. »
    franco par la poste. . . . . 1 fr. 10

Participation aux bénéfices (La), par A. DE COURCY. 1 vol. in-18. 1 fr. »
    franco par la poste. . . . . 1 fr. 10

Patente des Agents et des sous-agents d'assurances, par C. OUDIETTE. 1 brochure in-8. . . . . 0 fr. 50

Pourquoi l'Assurance ne doit jamais être obligatoire, par Alfred THOMEREAU . . . . 0 fr. 50

Quelles sont les limites de l'Intervention de l'État en matière d'assurances? par ALFRED THOMEREAU. 1 brochure in-18 jésus. . . 0 fr. 50
    franco par la poste. . . . . 0 fr. 60

Table de logarithmes en une seule page (avec explication élémentaire). — Prix, en feuille, 50 centimes; cartonné . . . . 2 fr. »

Tables de Mortalité d'invalides (Étude sur les) et sur les Tables d'invalidité, au point de vue des calculs d'assurances, par Louis WEBER. 1 broch. 3 fr. »
    franco par la poste. . . . . 3 fr. 15

LE
MONITEUR DES ASSURANCES

REVUE MENSUELLE
Fondée en 1868 par M. Eugène REBOUL ✻

CONDITIONS DE LA SOUSCRIPTION

Le **Moniteur des Assurances** paraît le 15 de chaque mois.
LES ABONNEMENTS SONT ANNUELS ET PARTENT DU 15 JANVIER.

PRIX DE L'ABONNEMENT :

Paris, les Départements et l'Algérie		15 fr.
Étranger { Union postale		16 fr.
{ Autres pays		20 fr.

NUMÉROS RECOMMANDÉS : **3** FRANCS EN PLUS.

PRIX DES NUMÉROS ISOLÉS

POUR L'ANNÉE COURANTE :		POUR LES ANNÉES ANTÉRIEURES :	
Numéro de Juillet	2 fr. 50	Numéro de Juillet	5 fr.
Les autres numéros	1 fr. 25	Les autres numéros	2 fr. 50

ON S'ABONNE, SANS FRAIS, DANS TOUS LES BUREAUX DE POSTE.

COLLECTION DU MONITEUR DES ASSURANCES

La collection complète du MONITEUR DES ASSURANCES comprend 31 volumes
(1868 à 1899 inclus)
Prix net (*envoi franc de port*) . . . . . . **465 fr.**

(L'achat de la collection donne droit au service gratuit de l'année courante)

VOLUMES DÉTACHÉS

Le tome 1er (année 1868) contient un recueil complet de Législation et de Jurisprudence en matière d'assurances sur la vie. — Prix de ce volume seul. **25 fr.**
Les années 1869, 1879 et 1881 ne sont pas vendues séparément.
Les autres volumes sont vendus séparément, chaque volume. . . . . **15 fr.**

DÉPOT DE NUMÉROS
DU

MONITEUR DES ASSURANCES
aux Bureaux du Journal, 16, rue Milton
et à la Librairie des Assurances, 30, rue Le Peletier, PARIS

INSTITUT DES ACTUAIRES FRANÇAIS

Reconnu comme établissement d'utilité publique par décret du 30 octobre 1896

BULLETIN TRIMESTRIEL

MÉDAILLES D'OR A L'EXPOSITION UNIVERSELLE DE LYON (1894)
ET A L'EXPOSITION NATIONALE ET COLONIALE DE ROUEN (1896)
GRAND PRIX A L'EXPOSITION INTERNATIONALE DE BRUXELLES (1897)

SIÈGE DE LA SOCIÉTÉ

PARIS — 5, rue Las Cases — **PARIS**

Adresser toutes les communications concernant l'Institut des Actuaires français à

M. Léon MARIE, *Secrétaire général*, 32, rue Jouffroy.

Prière d'envoyer les ouvrages destinés à la Bibliothèque au Siège Social, 5, rue Las Cases.

Les communications relatives aux abonnements ou à l'acquisition des numéros du *Bulletin* sont reçues par l'Éditeur :

M. L. DULAC, *Librairie des Assurances*, 30, rue Le Peletier

Prix de l'abonnement annuel. { France, 10 fr. Étranger, 11 fr.

Prix d'un numéro isolé : 3 fr.

Les abonnements partent du 1ᵉʳ janvier

BULLETIN FINANCIER

DES

ASSURANCES

ET DES

VALEURS INDUSTRIELLES

PARAISSANT DU 1er AU 5 ET DU 15 AU 20 DE CHAQUE MOIS

PUBLIÉ PAR

MM. CHOPY ET Cie, Banquiers

BUREAUX A PARIS, RUE SAINT-MARC, 18

PRIX DE L'ABONNEMENT

Un an : France, 4 francs. — Union postale, 5 francs.

TRAITÉ COMPLET

DE

L'EXAMEN MÉDICAL

DANS LES

ASSURANCES SUR LA VIE

1 volume in-8° de 650 pages, broché : **10** francs.

LIBRAIRIE COMPTABLE & ADMINISTRATIVE

Institut de Comptabilité rationnelle et de précision.
Cabinet de Consultations comptables. Bureau d'organisation et de tenue de Comptabilités de précision. Leçons, Répétitions et Cours.

PARIS — 37, Faubourg Poissonnière, 37 — PARIS

Médailles d'or uniques, 1889, 1891, 1893, 1894, 1895, 1897.

Grand diplôme d'honneur unique au Congrès international des Comptables.

MÉDAILLE D'OR A L'EXPOSITION DE PARIS 1900
(La plus haute Récompense accordée à la Comptabilité)

LA SCIENCE DES COMPTES
Mise à la portée de tous
TRAITÉ THÉORIQUE ET PRATIQUE
DE COMPTABILITÉ DOMESTIQUE, COMMERCIALE, INDUSTRIELLE ET AGRICOLE

Par MM. Eugène LÉAUTEY, ✻, ✪ 1, ✠, et A. GUILBAULT, ✪ A.

Cet Ouvrage a obtenu cinq médailles d'or uniques aux Expositions de Paris 1889 et 1891, Gênes 1893, Lyon 1894, Bordeaux 1895, ainsi que le grand Diplôme d'honneur au Concours international de Comptabilité de Lyon.

Honorée des souscriptions du Ministère de l'Instruction publique, du Ministère du Commerce, de la Ville de Paris, des Ecoles supérieures de Commerce, des grands Etablissements de crédit, etc., et de l'approbation des sommités du monde économique, la *Science des Comptes* est considérée comme le manuel comptable des capitalistes, des commerçants, des fabricants, des agronomes et des administrateurs qui ont souci :

1° De l'ordre comptable ;

2° De déterminer le prix de revient exact des marchandises ou matières quelconques qu'ils échangent, transforment ou produisent ;

3° D'organiser un contrôle rigoureux des existants en caisse, en portefeuille, en magasins, en ateliers, en chantiers ou en greniers ;

4° De connaître ainsi la situation effective des valeurs qu'ils mouvementent et d'obtenir, par les comptes, la *permanence* de leur inventaire ;

5° D'être renseignés d'une manière *constante* sur les résultats de leurs opérations ;

6° Enfin, d'obtenir un bilan clair, exact et rationnel de leur actif et de leur passif.

Avec la *Science des Comptes mise à la portée de tous*, chacun peut apprendre la comptabilité à fond. A simple lecture de ce livre, les personnes demeurées étrangères à la comptabilité se forment des idées nettes et rationnelles en matière d'organisation comptable.

Un beau volume grand in-8° de 530 pages, **16° Edition**

Prix *franco* : **7 fr. 50**. Relié : **10** francs contre mandat, chèque ou timbres français.

MANUEL UNIVERSEL
DE
COMPTABILITÉ AGRICOLE
PRATIQUE ET RATIONNELLE
AVEC MODÈLES D'APPLICATION

1º POUR LES PETITES ET MOYENNES FERMES
2º POUR LES GRANDES EXPLOITATIONS RURALES

PAR

Eugène LÉAUTEY, ✻, ❦ I, ❦, et Adolphe GUILBAULT, ❦ A.

Cet ouvrage donne la solution de tous les problèmes que l'Industrie agricole pose à la Comptabilité.
Il est l'objet de souscriptions du Ministère de l'Agriculture pour ses Écoles.

Magnifique volume in-8º raisin de plus de 400 pages.
Envoi franco en postal à domicile contre mandat, timbres français ou chèque.
Broché **12 fr.**; relié, **15 fr.**

~~~~~~~~~~~~~~~~

L'ENSEIGNEMENT COMMERCIAL
Et les Écoles de Commerce
EN FRANCE ET DANS LE MONDE ENTIER

Par M. Eugène LÉAUTEY, ✻, ❦ I, ❦.

ANCIEN CHEF DE DIVISION AU COMPTOIR D'ESCOMPTE DE PARIS
EXPERT CONSULTANT

Cet ouvrage contient l'histoire de l'Enseignement Commercial dans les divers pays, les monographies détaillées des grandes Écoles de commerce françaises et étrangères, l'examen critique de leurs programmes et de leur pédagogie, une étude des réformes dont ils sont susceptibles, un plan complet d'enseignement économique aux trois degrés, primaire, secondaire et supérieur, etc.

Il a été honoré, avec la *Science des comptes*, de cinq médailles d'or et d'un grand diplôme d'honneur.

Un beau volume in-8º raisin, de 770 pages

4º Édition. Prix *franco* : **7 fr. 50.** Relié : **10 fr.** (mandat, chèque ou timbres français)

~~~~~~~~~~~~~~~~

PETITE COMPTABILITÉ COMPLÈTE DU FOYER DOMESTIQUE
Par M. Eugène LÉAUTEY, ✻, ❦ I, ❦.

La *Petite Comptabilité complète du foyer domestique* comble une lacune de l'économie domestique, car elle permet aux travailleurs et aux petits capitalistes de se rendre exactement compte de leurs affaires. Fonctionnant au moyen **d'un seul registre**, mise à la portée de tous par sa simplicité même, elle leur donne la statistique « par nature » de leurs recettes et de leurs dépenses ; elle leur indique ce qu'ils doivent et ce qui leur est dû ; elle leur donne le contrôle des valeurs qu'ils possèdent ; enfin, elle montre les résultats en perte ou en bénéfice et elle établit leur bilan de fin d'année.

La *Petite Comptabilité complète du foyer* peut être tenue par toute personne sachant lire et écrire ; elle n'exige pas de connaissances comptables préalables. Cette comptabilité peut être commencée à toute époque de l'année. Le registre contient les instructions très simples pour s'en servir. Il peut durer plusieurs années.

Beau registre pouvant servir plusieurs années. Prix : **7 fr. 50**, *franco* contre mandat, chèque ou timbres français.

PRINCIPES GÉNÉRAUX DE COMPTABILITÉ

Par MM. Eugène LÉAUTEY, ✻, ✪ I, ✦, et A. GUILBAULT, ✪ A.

Ce Traité classique, conforme au programme des Écoles supérieures de commerce, a définitivement placé la Comptabilité au rang des sciences exactes. Il expose les principes de cette science dans 563 formules raisonnées. Il contient un questionnaire composé de 566 questions.

C'est le *vade mecum* comptable des chefs de comptabilité, des Administrateurs de sociétés, des Industriels, des Économistes et des Commerçants, des Commissaires et Experts aux écritures, des Jurisconsultes et, en général, des personnes qui veulent approfondir la science des comptes et raisonner ses applications. Il est considéré comme le livre du Maître, dans l'enseignement primaire supérieur de la comptabilité, dans l'enseignement secondaire et dans l'enseignement supérieur.

Prix, relié percaline : **5 francs**. *Franco* : **5 fr. 75** (mandat, chèque ou timbres français).

COURS DE COMPTABILITÉ ET DE TENUE DE LIVRES

Par M. Eugène LÉAUTEY, ✻, ✪ I, ✦.

Ce traité classique, conforme au programme des Écoles primaires supérieures, convient : 1° Aux élèves des écoles spéciales, relevant tant du Ministère de l'Instruction publique que du Ministère du Commerce et du Ministère de l'Agriculture ; 2° aux adultes qui suivent les cours du soir institués, à Paris et en province, par les diverses Sociétés d'enseignement et les Municipalités ; 3° aux personnes quelconques qui désirent apprendre seules à tenir et à organiser les livres d'un Capitaliste ou d'un Commerçant. Les instituteurs et, d'une manière générale, les professeurs des divers degrés, y trouvent la matière d'un enseignement élémentaire très soigneusement gradué, qu'ils approprieront eux-mêmes à l'âge et au degré d'instruction de leurs élèves. *(Voir ci-dessus : Livre du Maître.)*

Il comprend — sous forme de monographie exposant l'histoire comptable d'un homme d'ordre — des *Exercices pratiques* soigneusement gradués de comptabilité domestique et de comptabilité commerciale, au moyen desquels chacun peut s'exercer, sur des *Cahiers-Registres de Cours* disposés à cet effet, à tenir les livres, à régler un inventaire et à établir un bilan d'une manière rationnelle.

Un beau volume in-12 de 386 pages. — 2e ÉDITION de 5.000.

Prix cartonné : **2 fr. 50**. *Franco* : 3 francs (mandat, chèque ou timbres français).

CAHIERS-REGISTRES DU COURS

Ces Cahiers-registres, disposés comme des livres de commerce, sont de deux sortes :

1° COMPTABILITÉ DES NON-COMMERÇANTS

Prix de la série complète de cahiers-registres : **2 francs**. — *Franco* : **2 fr. 85**

2° COMPTABILITÉ DES COMMERÇANTS

Prix de la série complète de cahiers : **4 francs**. *Franco* : **4 fr. 85**

Les deux séries ensemble, *franco* : **6 fr. 85**

TRAITÉ DES INVENTAIRES ET DES BILANS

Au point de vue Comptable, Économique, Social et Juridique

à l'usage :

Des Administrateurs de Société, des Censeurs et Commissaires aux Écritures, des Capitalistes *(Actionnaires, Obligataires et Commanditaires)* des Commerçants, des Comptables, des Publicistes Financiers et des Jurisconsultes

Par M. Eugène LÉAUTEY, ✻, ✤ I, ✤.

Beau volume in-8° — Prix : **7 fr. 50** broché. (Relié, **10 fr.** — 3ᵉ ÉDITION.)
Envoi franco contre mandat, chèque ou timbres français

La première partie traite des **Comptes**; la seconde partie traite des **Livres**; la troisième partie traite de l'**Inventaire**; la quatrième partie traite du **Bilan**; la cinquième partie traite de la **Réforme de la loi belge**; la sixième partie traite de la **Réforme de la loi française** sur les Livres de commerce.

TRAITÉ DE COMPTABILITÉ INDUSTRIELLE
de PRÉCISION

avec Modèles d'application à une

BRASSERIE-MALTERIE

Montrant à obtenir des Prix de revient secrets réels ainsi que la Permanence de l'inventaire

Par MM. Eugène LÉAUTEY, ✻, ✤ I, ✤, et F. WATTEBLED, Brasseur

Magnifique volume in-8°. *Franco*
Contre mandat-poste, chèque ou timbres français.
Broché, **12 fr.**; relié, **15 fr.**

COMPTABILITÉ ET NOTIONS DE COMMERCE

Par M. Eugène LÉAUTEY, ✻, ✤ I, ✤

Cet ouvrage, conforme aux programmes officiels, est adopté dans l'Enseignement Commercial.

Un beau volume de 500 pages, 3ᵉ **Edition** de 5,000
Prix : Cartonné, **4 fr.**; *franco* contre mandat ou chèque.

PRÉCIS DE COMPTABILITÉ AGRICOLE
SIMPLIFIÉE ET RENDUE FACILE POUR TOUS

avec Modèles d'application pour les

PETITES ET MOYENNES FERMES

Par M. Eugène LÉAUTEY, ✻, ✤ I, ✤

Un beau volume in-8°. — Prix : broché, **3 fr.**; relié, **4 fr.**
contre mandat, chèques ou timbres français.

OUVRAGES A PUBLIER PROCHAINEMENT :

1° **Monographies comptables à inventaire permanent**; — 2° **Comptabilités des cafés-restaurants, hôtels et entreprises théâtrales**; — 3° **Comptabilités des petits commerçants**; — 4° **Comptabilité de Banque et de Bourse**; — 5° **Comptabilité de la Famille**, etc.

45144. — Imprimerie de la Bourse de Commerce (Ch. Bivort), 33, rue J.-J.-Rousseau.

ANCIENNE MAISON MOREL

Librairie Centrale d'Architecture

13, rue Bonaparte — 2, rue Mignon

SOCIÉTÉ
DES
Libraires - Imprimeries Réunies

SUCCESSEURS

ACTUELLEMENT

5, rue Saint-Benoît, 5

Maison commencée par M. Bance, continuée en 1857 par M. Morel, puis par M. Des Fossez, et reprise, depuis 1886, par la Société actuelle.

ARCHÉOLOGIE

	fr.
Armes et Armures. Extrait de *l'Art pour Tous.*	30
Art pour Tous. Périodique mensuel. Abonnement annuel : Étranger, 26 francs ; France.	24
Aubert. — Trésor de l'Abbaye de Saint-Maurice d'Agaune.	75
Basilewski et **Darcel.**— Collection Basilewski.	250
Boutowski (de). — Histoire de l'ornement russe.	400
Cahier. — Suite aux Mélanges d'archéologie.	100
Charvet. — Enseignement de l'art décoratif.	25
Décorations extérieures. Extrait de *l'Art pour Tous.*	30
Décorations intérieures. Extrait de *l'Art pour Tous.*	50
Deville. — Histoire de la Verrerie dans l'antiquité.	150
Dieulafoy. — L'Art antique de la Perse.	175
Étoffes. Extrait de *l'Art pour Tous.*	50
Faïences. Extrait de *l'Art pour Tous.*	65
Ferronnerie. Extrait de *l'Art pour Tous.*	30
Foucquet (Jehan). — Œuvres.	370
Gailhabaud.—L'Architecture du vᵉ au xviiᵉ siècle	400
Gelis-Didot et **Laffillée.** — Peinture décorative du xiᵉ au xviᵉ siècle.	200
Guilhermy. — Itinéraire archéologique de Paris.	8
Heuzey. — Les Figurines antiques de terre cuite du Musée du Louvre.	60
Labarte. — Histoire des arts industriels au Moyen âge et à la Renaissance.	300
Laffolye.—Le Château de Pau.	30
Lafon et Marcel. — L'Hôtel du Bourgtheroulde à Rouen.	50
Meubles. Extrait de *l'Art pour Tous.*	40
Musée de Cluny. La Pierre.	35
Musée de Cluny. Le Bois.	40
Popelyn et **Piccolpassi.** — Les Trois Libvres de l'art du Potier.	15
Prisse d'Avennes.—L'Art arabe.	1000
Raguenet. — Petits Édifices historiques, périodique mensuel. Abonnement annuel : Étranger, 23 francs ; France.	20

	fr.		fr.
Rohault de Fleury.—Le Latran au Moyen âge.	100	Roller. — Les Catacombes de Rome	250
Rohault de Fleury. — Mémoire sur les instruments de la Passion de Notre Seigneur Jésus-Christ.	40	Saulcy (de). — Jérusalem	20
		Sauvageot et Ménard. — Vie privée des Anciens.	100
Rohault de Fleury.—La Messe.	560	Stuart, Revett et Hittorff. — Antiquités d'Athènes et de l'Attique.	125
Rohault de Fleury. — Monuments de Pise au Moyen âge.	60	Viollet-le-Duc. — Dictionnaire raisonné de l'Architecture française du XIe au XVIe siècle.	300
Rohault de Fleury.—Les Saints de la Messe, le vol.	85		
Rohault de Fleury. — La Toscanne au Moyen âge.	180	Viollet-le-Duc. — Dictionnaire raisonné du Mobilier français.	300

ARCHITECTURE

	fr.		fr.
Baudot (de).—Églises de bourgs et villages	120	Chabat. — Les Tombeaux modernes	50
Baudot (de). — Encyclopédie d'architecture, le vol.	40	Coste. — Monuments modernes de la Perse.	160
Benois, Resanoff et Krakau. — Monographie de la cathédrale d'Orvieto	75	Dardel. — Le Palais du Commerce de Lyon	100
		Decloux et Doury. — La Sainte-Chapelle.	65
Berty. — La Renaissance monumentale en France.	90	Farge. — Les Concours de l'École d'architecture, périodique mensuel. Abonnement annuel: Étranger, 50 francs; France.	45
Boussard. — L'Art de bâtir sa maison.	30		
Boussard.—Concours de l'École des Beaux-Arts	60		
Boussard. — Constructions et décorations pour jardins.	60	Farge. — Les Concours publics d'architecture, périodique mensuel. Abonnement annuel : Étranger, 35 francs ; France.	30
Boussard. — Fontaines décoratives	50		
Boussard. — Petites habitations françaises	140	Favier. — L'Architecture et la Décoration aux palais de Versailles et de Trianon.	100
Calliat.—Parallèle des maisons de Paris.	100		
Celtibère et Viollet-le-Duc.—Monographie de Notre-Dame de Paris.	120	Gailhabaud. — L'Architecture du Ve au XVIIe siècle.	400
		Guilbert. — Monument commémoratif (Bazar de la Charité).	30
Chabat.—La Brique et la Terre cuite, 2e série	150	Gelis-Didot et Lambert.—Hôtels et Maisons de Paris.	150
Chabat.—Cours de dessin géométrique.	25	Lance. — Dictionnaire des architectes français.	25
Chabat. — Dictionnaire de la construction.	120	Letarouilly.—Édifices de Rome moderne.	366

Letarouilly et Simil. — Le Vatican et la basilique de Saint-Pierre de Rome.	500
Magasins. Extrait. Journal de menuiserie.	55
Menuiserie, Charpenterie. Journal de menuiserie.	60
Menuiserie intérieure. Journal de menuiserie.	90
Menuiserie religieuse. Journal de menuiserie.	75
Motifs de Serrurerie.	40
Narjoux. — Architecture communale.	120
Narjoux. — Architecture scolaire	75
Narjoux. — Écoles publiques, le volume	7 fr. 50
Narjoux. — Paris. Monuments élevés par la Ville	350
Narjoux et Viollet-le-Duc. — Habitations modernes.	220
Normand. — Monuments funéraires.	100
Parvillée. — Architecture et décoration turques.	120
Percier et Fontaine. — Maisons de plaisance de Rome	100
Pfnor.—Château de Heidelberg.	50
Pfnor. — Époque Louis XVI.	125
Pfnor. — Palais de Fontainebleau.	180
Portes extérieures. Extrait du *Journal de Menuiserie*. . . .	85
Raguenet. — Petits Édifices historiques, périodique mensuel. Abonnement annuel : Étranger, 23 francs ; France.	20
Revoil. — Architecture romane.	300
Ruprich-Robert. — L'Architecture normande aux xi° et xii° siècles	275
Sauvageot. — Palais et Châteaux.	300
Stuart, Revett et Hittorff. — Antiquités d'Athènes et de l'Attique	125
Thierry. — L'Arc de Triomphe de l'Étoile.	50
Viollet-le-Duc. — Dictionnaire raisonné de l'Architecture française.	300
Viollet-le-Duc. — Compositions et dessins	150
Viollet-le-Duc. — Entretiens sur l'Architecture.	120
Viollet-le-Duc et Narjoux.—Habitations modernes.	220

ARTS INDUSTRIELS

Art pour Tous. Périodique mensuel. Abonnement annuel : Étranger, 26 francs ; France.	24
Aubert. — Trésor de l'Abbaye de Saint-Maurice d'Agaune.	75
Basilewski. — Collection Basilewski	250
Bronzes d'art. Extrait de *l'Art pour Tous*	50
Céramique. Extrait de *l'Art pour Tous*.	65
Céramique, Verrerie. Extrait de *l'Art pour Tous*.	35
Cole et Haussoullier.—Les Dentelles anciennes.	80
Faïences. Ext. de *l'Art pour Tous*.	65
Farge. — Décoration ancienne et moderne, périodique mensuel. Abonnement annuel : Étranger, 30 francs ; départements, 27 francs ; Paris . .	25
Ferronnerie d'art. Extrait de *l'Art pour Tous*.	30
Forty. — Œuvres.	40
Fourdinois.— Nouveau Recueil d'ameublements.	200
Labarte. — Histoire des Arts industriels au Moyen âge et à la Renaissance	300
Meubles d'art. Extrait de *l'Art pour Tous*.	40

	fr.		fr.
Musée de Cluny. La Pierre	35	Riester et Clerget. — Ornements des quatre Écoles.	120
Musée de Cluny. Le Bois.	40		
Orfèvrerie. Extrait de *l'Art pour Tous*.	50	Sartel (du). — La Porcelaine de Chine.	200

BEAUX-ARTS

Audran. — Proportions du corps humain.	9	Du Housset. — Le Cheval	13
		Flaxman. — Œuvres	50
Bouchot (Henri). — Musée du Cabinet des Estampes de la Bibliothèque nationale, la série.	100	Goujon (Jean). — Œuvres.	65
		Heuzey et Jacquet. — Figurines antiques du Musée du Louvre.	60
Bouchot (Henri). — Bibliothèque nationale. Pièces choisies de l'École française.	250	Raphaël. — La Fable de Psyché et l'Amour.	25
		Reveil et Ménard. — Musée de Peinture et de Sculpture.	120
David d'Angers. — Œuvres.	100		

DÉCORATION

Adams. — Décorations intérieures et meubles des époques Louis XIII et Louis XIV.	100	xvie siècle	200
		Journal-Manuel de Peintures. Périodique mensuel. Abonnement annuel : Étranger, 28 francs; France.	25
Art pour Tous. Périodique mensuel. Abonnement annuel : Étranger, 26 francs; France.	24		
		Lepautre. — Choix de ses plus belles compositions.	60
Baudot (de) et Mieusement. — La Sculpture française.	265		
		Liénard, Gsell, Rambert. — L'ornementation au xixe siècle.	55
Berain. — Décorations intérieures Louis XIV.	30		
		Musée de Cluny. La Pierre.	35
Bourgoin. — Les Arts arabes	200	Musée de Cluny. Le Bois.	40
Charvet. — Enseignement de l'art décoratif	25	Parvillée. — Architecture et Décoration turques	120
Coste. — Monuments modernes de la Perse	160	Pfnor. — Architecture, Décoration et Ameublement, époque Louis XVI.	125
Decloux et Doury. — La Sainte-Chapelle.	65		
		Plauszewski. — Bourgeons et Fleurs	50
Du Cerceau. — Œuvres.	558		
Farge. — La Décoration ancienne et moderne, périodique mensuel. Abonnement annuel : Étranger, 30 francs; départements, 27 francs; Paris	25	Plauszewski. — Orchidées et Plantes de serre	25
		Prisse d'Avennes. — L'Art arabe.	1000
		Raguenet. — Petits Édifices historiques, périodique mensuel. Abonnement annuel : Étranger, 23 francs; France.	20
Favier. — L'Architecture et la Décoration aux Palais de Versailles et de Trianon	100		
		Viollet-le-Duc et Ouradou. — Peintures murales des chapelles de Notre-Dame de Paris.	220
Gelis-Didot et Laffillée. — La Peinture décorative du xie au			

LIBRAIRIE DU MAGNÉTISME

23, rue Saint-Merri, IVe, PARIS

VOIR, PAGE 8, LA TABLE ALPHABÉTIQUE DES NOMS D'AUTEURS

MAGNÉTISME

BARADUC (D^r. — *Observations sur le Magnétisme. Électro-Magnétisme* . . . . » 50

BAYONNE (D^r). — *De l'Ignium, ou Magnétisme animal* . . . . 3 »

BERCO. — *Analogies et Différences entre le Magnétisme et l'Hypnotisme*, avec 8 Portraits. . . . . » 60

CAZENEUVE (J. DE). — *Les Grands hommes caractérisés par leurs noms* Lamartine, Flammarion, V. Hugo, le baron du Potet), avec Appendice sur le Magnétisme . . . . 3 »

CHEVILLARD. — *Études expérimentales sur certains phénomènes nerveux, et Solution rationnelle du problème, dit spirite*. 4e édition, revue, corrigée et précédée d'un aperçu sur le Magnétisme . . . . 2 »

DAVID (D^r). — *Magnétisme animal,* suggestion hypnotique et post-hypnotique 2 50

DECRESPE. — *Recherches sur les Conditions d'expérimentation personnelle en physio-psychologie.* . . . . » 75

DELBŒUF. — *L'Hypnotisme, et la liberté des réunions publiques* . » 2

DUBET (ALBAN). — *Les Hallucinations*. Étude synthétique des états physiologiques de la veille, du sommeil naturel et magnétique, de la médiumnité et du magisme . . . . 2 »

DURVILLE (H.). — *Traité expérimental de Magnétisme,* Cours professé à l'École pratique de Magnétisme et de Massage.

Physique Magnétique, avec Portrait, signature autographe de l'auteur, têtes de chapitres, vignettes et nombreuses figures. 2 volumes reliés. Chaque volume . . . . 3 »

Théories et Procédés, 2 volumes reliés, avec Portraits, têtes de chapitres et figures. Chaque volume . . . . 3 »

— *Théories et Procédés du Magnétisme,* avec 8 Portraits et 39 fig. dans le texte (Extrait de l'ouvrage *Théories et Procédés,* t. II, par H. Durville) 1 »

— *L'Enseignement du Magnétisme, du Spiritisme et de l'Occultisme*. Réglements statutaires. Programme des Études et Renseignements divers » 60

— *Le Massage et le Magnétisme* sous l'empire de la loi du 30 novembre 1892 sur l'exercice de la médecine . . . . » 30
— *Le Magnétisme considéré comme agent lumineux*, avec 13 fig. » 30
— *Le Magnétisme des animaux*. Zoothérapie. Polarité . . . . » 30
— *Lois physiques du Magnétisme. Polarité humaine.* Traduction espagnole, par **Ed. E. Garcia** . . . . » 30
— *Procédés magnétiques de l'Auteur*. Traduction espagnole, par **Ed. E. Garcia**. . . . . » 30
— *Idem.* Traduction italienne, par E. **Ungher**. . . . . » 30
— *Le Massage et le Magnétisme menacés par les médecins*. Le procès Mouroux à Angers et à Paris . . . . » 20
— *Application de l'Aimant au traitement des maladies*, 6ᵉ édition, avec Portraits, Figures et Vignettes . . . . » 20
— *Idem.* Traduction espagnole, avec figures, par **Ed. E. Garcia**. . » 20
— *Idem.* Traduction allemande, avec figures, par **von Pannitz** . . » 20
— *Idem.* Traduction italienne, avec figures, par **G.-F. Pons** . . . » 20
EDWARDS (Dʳ Paul). — *Explication de la guérison mentale*. . . 2 »
FABIUS DE CHAMPVILLE. — *La Transmission de pensée*. . . » 20
— *La liberté de tuer, la liberté de guérir*. Le Magnétisme et l'alcoolisme » 20
GÉRARD (Dʳ J.). — *Mémoire sur l'état actuel du Magnétisme* . . 1 »
HUGUET. — *Mémoire sur le Magnétisme curatif*. . . . . . . 1 »
LOBET (L.). — *L'Hypnotisme en Belgique, et le projet de loi soumis aux Chambres*. . . . . » 50

LE MAGNÉTISME HUMAIN appliqué au soulagement et à la guérison des maladies. Rapport général, d'après le compte rendu des séances du Congrès international de 1889, avec préface de Camille Flammarion . . 6 »

PÉLIN (G.). — *La Médecine qui tue ! Le Magnétisme qui guérit. Le Rêve et les Faits magnétiques expliqués. Homo duplex* . . . . » 30

PERRONNET. — *Note sur l'Hypnagogisme et l'hypnexodisme*. . » 50
— *Force psychique et Suggestion mentale*. Leur démonstration, leur explication et leurs applications à la thérapeutique et à la médecine . 3 »

ROUXEL. — *Histoire et Philosophie du Magnétisme*. 2 vol. illustrés de nombreuses figures. Reliés
I. — *Chez les Anciens* . . . . 3 »
II. — *Chez les Modernes* . . . . 3 »

VINDEVOGEL. (Dʳ J.). — *Suggestion, Hypnotisme, Religions*, Ou éléments de la solution de la Question sociale. . . . . 6 »
— **Trilogie médicale**
1ʳᵉ partie. — *Histoire de la médecine* . . . . 3 »
2ᵉ partie. — *La Matière médicale définie*, en vers et en prose . . 3 »

SPIRITISME ET OCCULTISME

ANTONIO DE NOCERA. — *Anarchie et Spiritualisme*. Réponse d'un anarchiste spiritualiste à ses camarades matérialistes. . . . . . « 20

BERGER-BIT. — *Solution du Problème de la Vie*, donnée par les Esprits. Avec préface de M. Améd.-H. Simonin, suivie du *Credo de la Renaissance morale* . . . . 2 »

CAMPET DE SAUJON. — *L'Idée, la Vie, la Survivance* . . . . 2 »

FABIUS DE CHAMPVILLE. — *Le Magisme*. Etude de vulgarisation. 1 »

— *La Science psychique* et l'œuvre de M. Simonin, avec 1 figure coloriée . . . . » 20

FERLIN. — *Grandes Révélations Spirites* 1 50

GRANGE (Lucie). — *Manuel de Spiritisme* . . . . » 30

La Graphologie pour tous. Exposé des principaux signes permettant très facilement de reconnaître les qualités ou les défauts des autres par l'examen de leur écriture, etc., avec figures . . . . » 30

HAWEIS (H.-R.). — *Les Tendances du Spiritualisme moderne*. . » 20

JOUNET (A.). — *Principes généraux de Science psychique* . . » 20

— *La Doctrine catholique et le Corps psychique* . . . . . . » 20

LEBEL. — *Essai d'Initiation à la Vie spirituelle*. . . . . . . » 30

LEMAITRE. — *Le Problème du Mal*. . . . . » 25

MAX THÉON. — *La Doctrine spirite et l'Œuvre d'Allan Kardec*. Etude critique du Spiritisme . . . . » 50

PAPUS (D' Encausse). — *Le Spiritisme* . . . . » 20

— *L'Occultisme*. . . . . » 20

Perplexités d'un médium consciencieux . . . . » 25

Psychologie expérimentale (La). Manifeste adressé au Congrès Spiritualiste de Londres, par le *Syndicat de la Presse spiritualiste de France*. » 30

RAGON. — *La Messe et ses Mystères* comparés aux Mystères anciens. . . . . 6 »

REVEL. — *Esquisse d'un Système de la Nature* fondé sur la loi du hasard, suivi d'un essai sur la Vie future considérée au point de vue biologique et philosophique . . . . » 30

— *Lettre au D' J. Dupré sur la Vie future*, au point de vue biologique. Complément du sommaire des *éditions de 1887-90-92*. Rêves et apparitions. » 60

ROUXEL. — *Théorie et pratique du Spiritisme*. Consolation à Sophie. L'âme humaine. Démonstration rationnelle et expérimentale de son existence, de son immortalité et de la réalité des communications entre les vivants et les morts. . . . . » 20

LIBRAIRIE DU MAGNÉTISME

— 4 —

SIMONIN (Am.-H.).— *Dialogues entre de Grands esprits et un vivant.*   3 50

SUIRE (A.). — *Tableau phrénologique.* . . . . 1 »

VICÈRE (J.). — *Le Prophète de l'Apocalypse.* Annonce du deuxième avènement social du Christ en esprit dans l'intelligence des peuples . . 1 50

DIVERS

Littérature, Médecine, Hygiène, Philosophie

CHESNAIS. — *Le Trésor du Foyer.* Poisons et Contrepoisons, Recettes, Conseils . . . . » 30

CHRISTIAN fils.—*La Reine Zinzarah.* Comment on devient Sorcier. 3 »

CORNÉLIE (Mme). — *A la Recherche du Vrai.* Mélanges littéraires et philosophiques. . . . . 3 »

DANIAUD. — I. *L'Art médical.* — II. *Notes sur l'enseignement et la pratique de la médecine en Chine*, par un Lettré chinois. — III. *Extrait de la Correspondance* Congrès du libre exercice de la médecine). — IV. *Articles de journaux* (même sujet).

DEGEORGE. — *L'Imprimerie en Europe aux XVe et XVIe siècles.* Les premières productions typographiques et les premiers imprimeurs . . 1 50

DERONZIER (Mme). — *Sur un cas d'internement arbitraire.* . . . » 20

DURVILLE (H.). — *Le Libre exercice de la médecine réclamé par les médecins.* 2 brochures, l'une . . . . » 20

— *Rapport au Congrès* sur les Travaux de la *Ligue* et l'organisation du *Congrès.* Appréciations de la presse, arguments en faveur du Libre exercice de la médecine. . . . . » 20

— *Compte-rendu des travaux du Congrès* (libre exercice de la médecine). Discours, discussions, réponse aux questions du programme, vœux et résolutions . . . . » 20

ENCAUSSE (Dr G.) (Papus). — *Cours de Physiologie*, professé à l' « Ecole pratique de Magnétisme et de Massage », avec figures, relié. . . . 3 »

GÉRARD (D. J.). — *Le Livre des Mères* . . . . 1 »

GRAVIER. — *La Culture et la Taille des arbres fruitiers.* Guide pratique à l'usage des amateurs et des petits propriétaires, orné de figures explicatives et précédé de la *Théorie de l'action du Magnétisme humain sur les végétaux* 1 50

GUÉNEAU (L.). — *Etudes scientifiques sur « la Terre ». Evolution de la vie à sa surface.* Son passé, son présent, son avenir, (ouvrage d'Emmanuel Vauchez, abrégé par) . . . . 1 »

— *Respect à la Loi ! A la porte les Jésuites !* 2e édition . . . . . » 60

Guérison immédiate de la Peste, de toutes les Maladies infectieuses et autres Maladies aiguës ou chroniques . . . . » 30

LECOMTE (J.-B.). — *Etudes et Recherches sur les Phénomènes biologiques et sur leurs conséquences philosophiques.* . . . . 2 »

LETOQUART. — *La Médecine jugée* par Broussais, Bordeu, Barthez, Bichat, Stahl, Magendie, Raspail, etc. etc. . . . . » 30

LOTUS (G. DE). — *Le Livre du Chasseur.* Mémoires d'un disciple de Saint-Hubert. . . . . 2 »

MANUEL-GUIDE *du collectionneur de timbres poste.* . . . . . » 30

MERCIER. — *Communications avec Mars,* avec cartes hors texte. 1 »

MESSIMY (D' G. DE). — *Thèse sur le Libre exercice de la médecine,* soutenue en faveur de l'humanité souffrante . . . . » 20

PEROT. - *L'Homme et Dieu.* Méditation physiologique sur l'Homme, son Origine, son Essence, avec photographie de l'Auteur. . . . . . 3 »

RIPAULT (D'). — *La Science éclectique* (physique, médecine et cosmos). 1 50
— *L'Univers macranthrope* . . . . » 20

ROUXEL. — *La Liberté de la médecine* (2 brochures).
   I. — *Pratique médicale chez les anciens* . . . . » 20
   II. — *Pratique médicale chez les modernes* . . . . . . » 20

SAINT-REMY (**Marie de**). — *Les Dieux des Anarchistes,* avec 7 portraits tirés à part. 3 50

SOFIA, marquise de CICCOLINI. — *L'Inspiration profonde,* active, inconnue en physiologie. 1 »

STREBINGER. — *Nouvelles Slaves,* traduites du russe, du croate et de l'allemand 1 50

TUREAU (P.). — *Les secrets du Braconnage dévoilés et expliqués.* » 30

VAUCHEZ (Emmanuel). — *La Terre.* Evolution de la vie à sa surface. Son Passé, son Présent, son Avenir. 2 gros vol., illustrés de 66 figures et d'un tableau en couleurs. . . . . 15 »

— *Préservation sociale.* — Suppression des Congrégations religieuses. Séparation des Eglises et de l'Etat. Enquête. Deux fascicules, l'un. 1 »

PORTRAITS

En photogravure à 30 centimes

AGRIPPA, AKSAKOFF, ALLAN KARDEC, APOLLONIUS DE THYANE, BERTRAND, BRAID, BUÉ, CAGLIOSTRO, CAHAGNET, CHARCOT, CHARPIGNON, W. CROOKES, G. DELANNE, DELEUZE, LÉON DENIS, DURAND (DE GROS), DURVILLE, G. FABIUS DE CHAMPVILLE, GREATRAKES, VAN HELMONT, KIRCHER, l'abbé JULIO, LAFONTAINE, LAVATER, LIEBAULT, LUYS, MESMER, MOUROUX, PAPUS, PARACELSE, PETETIN, DU POTET, le marquis de PUYSÉGUR, RICARD, A. DE ROCHAS, ROGER BACON, SWEDENBORG, TESTE.

En phototypie à 1 franc

ALLAN KARDEC, J.-M.-F. COLAVIDA, ESTRELLA, C. FLAMMARION, MARIETTA.

Photographies à 1 franc

CAHAGNET, DELEUZE, LUCIE GRANGE, VAN HELMONT, LE ZOUAVE JACOB, LAFONTAINE, DU POTET, DE PUYSÉGUR, RICARD, ROSTAN, SALVERTE, LE *tombeau* D'ALLAN KARDEC.

TRAITÉ EXPÉRIMENTAL DE MAGNÉTISME

Cours professé à l'*Ecole pratique de Magnétisme et de Massage*

par H. Durville

Cet ouvrage, avec deux sous-titres différents, est divisé en deux parties indépendantes, et chaque partie comprend deux volumes in-18 reliés. Prix de chaque volume : 3 fr.

1° Physique magnétique, avec Portrait. Signature autographe de l'auteur, Têtes de chapitres, Vignettes spéciales et 56 figures dans le texte

C'est un véritable traité de physique spéciale, dans laquelle l'auteur démontre que le Magnétisme — qui est tout différent de l'hypnotisme — s'explique parfaitement par la *théorie dynamique*, et qu'il n'est qu'un mode vibratoire de l'éther, c'est-à-dire une forme de mouvement.

Des démonstrations expérimentales, aussi simples qu'ingénieuses, démontrent que le corps humain, qui est polarisé, émet des radiations qui se propagent par ondulations, comme la chaleur, la lumière, l'électricité, et qu'elles peuvent déterminer des modifications dans l'état physique et moral d'une personne quelconque placée dans la sphère de leur action.

Par une méthode expérimentale à la portée de tout le monde, l'auteur étudie comparativement tous les corps et agents de la nature, depuis l'organisme humain, les animaux et les végétaux jusqu'aux minéraux, sans oublier l'aimant, le magnétisme terrestre, l'électricité, la chaleur, la lumière, le mouvement, le son, les actions chimiques et même les odeurs. Il démontre que le Magnétisme, qui se trouve partout dans la nature, n'a rien de mystérieux, comme on l'a pensé jusqu'à présent, et qu'il est soumis à des lois que l'on peut réduire à des formules précises.

Avec la polarité pour base, le Magnétisme tant discuté depuis trois siècles sort enfin de l'empirisme pour entrer dans le domaine de la science positive.

2° Théories et Procédés, avec Portraits, Têtes de chapitres, Vignettes et Figures dans le texte.

Le premier volume expose la pratique des principaux Maîtres de l'art magnétique depuis trois siècles. Leur théorie est fidèlement analysée, leurs procédés sont minutieusement décrits, et de longues citations de chacun d'eux sont reproduites. Dans l'*Introduction*, on a une idée des frictions, attouchements et autres procédés de l'antiquité ; puis on étudie les écrits des auteurs classiques : Ficin, Pomponace, Agrippa, Paracelse, Van Helmont, Fludd, Maxwell, Newton, Mesmer, de Puységur, Deleuze, du Potet, Lafontaine.

Le second volume contient la Théorie et les Procédés de l'auteur, la théorie des Centres nerveux, avec de nombreuses figures : la façon d'établir le diagnostic des maladies, sans rien demander aux malades ; la marche des traitements et tous les renseignements nécessaires pour appliquer avec succès le Magnétisme au traitement des maladies.

Le *Traité expérimental de Magnétisme* du professeur H. Durville, écrit dans un style concis, clair et parfois poétique, qui amuse autant qu'il instruit, est à la portée de toutes les intelligences. Il constitue le manuel le plus simple, le plus pratique et le plus complet que l'on possède sur l'ensemble de la doctrine magnétique. Il est indispensable à tous ceux qui veulent exercer le Magnétisme au foyer domestique, comme à ceux qui veulent exercer la profession de masseur ou de magnétiseur.

JOURNAL DU MAGNÉTISME

Directeur : H. Durville

Fondé en 1845 par le Baron Du Potet, paraît tous les mois en un fascicule de 32 pages sous couverture.

Il publie les principaux travaux de la *Société magnétique de France* dont il est l'organe, ainsi que le *Compte rendu* de ses séances ; le programme des Cours de l'*École pratique de Magnétisme et de Massage ;* des *Travaux originaux* sur le Massage, le Magnétisme, le Spiritisme. l'Occultisme, et en général sur toutes les questions philosophiques et sociales qui s'agitent en ce moment ; des *Cures magnétiques ;* des *Conseils pratiques* permettant à tous ceux dont la santé est équilibrée d'appliquer avec succès le Magnétisme et le Massage magnétique au traitement des diverses maladies ; des notes relatives à la *Médecine* usuelle et à l'*Hygiène ;* une *Revue des Livres nouveaux; des Actualités,* des *Informations,* etc. Une *Tribune pour tous* et ensuite une *Insertion* d'une ligne sur la couverture met directement les lecteurs en relation les uns avec les autres.

Ayant toujours été dirigé par les Maîtres de la Science magnétique, le *Journal du Magnétisme* forme aujourd'hui une collection de 28 volumes qui est, sans contredit, le répertoire le plus complet des connaissances magnétiques. Les 20 premiers volumes (de 600 à 800 pages, petit in-8) furent publiés par le Baron du Potet, de 1845 à 1861 ; les volumes suivants (de 300 à 450 pages, grand in-8°, impression sur deux colonnes), par le directeur actuel.

Prix de chacun des 23 premiers volumes de la collection. . 10 fr.
Prix du 24° volume . . . . 5 fr.
Prix de chacun des 25°, 26° et 27° volume . . . . 4 fr.

*Prix de l'abonnement annuel (*pour toute l'*Union postale :* 10 fr. — Prix d'un numéro : 75 centimes.

ANNONCES, *la ligne.* . . . . . 2 fr.

TABLE ALPHABÉTIQUE DES NOMS d'AUTEURS

ANTONIO DE NOCERA. — *Anarchie et Spiritualisme.* 3
BARADUC. — *Observ. sur le Mag.* . 1
BAYONNE. — *De l'Ignium* . . . 1
BERCO. — *Analogies.* 1
BERGER-BIT. — *Solution du Probl.* 3
CAMPET DE SAUJON. *L'Idée, la Vie* 3
DE CAZENEUVE. *Les Grands Hommes* 1
CHESNAIS. — *Trésor du Foyer* . . 4
CHEVILLARD. — *Etudes expérim.* 1
CHRISTIAN. — *La Reine Zinzorah.* 4
CORNÉLIE. — *Recherche du Vrai.* 4
DANIAUD. — *L'Art Médical* . . . 4
DAVID. — *Magnétisme animal* . . 1
DECRESPE. *Recherches s. les cond.* 1
DÉGEORGE. *L'Imprimerie en Europe* 4
DELBŒUF — *L'Hypnotisme* . . . 1
DERNZIER. *Un cas d'internement* 4
DUBET. — *Les Hallucinations* . . 1
DURVILLE. *Traité exp. de Mag.* 1 et 6
  — *Théories et Procédés du Mag.* 1
  — *Enseignement du Magnétisme.* 1
  — *Massage et Mag. s. l'emp. de la loi* 2
  — *Magnét. comme agent physique* 2
  — *Magnétisme des animaux.* . . 2
  — *Lois physiques du Magnétisme.* 2
  — *Procédés magnétiques* 2
  — *Massage et Magnét. menacés.* . 2
  — *Application de l'aimant* . . . 2
  — *Le Libre exercice de la Médec.* 4
  — *Rapport au Congrès* 4
  — *Compte-rendu des travaux* . . 4
  — *Journal du Magnétisme* . . . 7
EDWARDS — *Explications.* . . . 2
ENCAUSSE. — *Cours de physiologie* 4
FABIUS DE CHAMPVILLE. — *Transmission de pensée. Liberté de tuer.* 2
  — *Le Magisme. - Science psychique* 3
FERLIN. *Grandes Révélations spir.* 3
GÉRARD. *Mém. sur le Magnétisme.* 2
  — *Le Livre des Mères* 4
GRANGE. — *Manuel de Spiritisme.* 3
GRAVIER. *Culture et taille des arbres* 4
GUÉNEAU. *Etudes sur « la Terre ».*
  — *Respect à la loi* 4
HAWEIS. — *Tendances du spiritual.* 3
HUGUET. *Mém. sur le Magnétisme* 2

JOUNET. — *Principes de Science psychique.* — *Doctrine catholique.* 3
LEBEL. — *Essai d'initiation* . . . 3
LECOMTE. — *Etudes et Recherches* 5
LEMAITRE. — *Le Problème du mal* 3
LETOCQUART. — *La Médecine jugée* 5
LOBET. — *L'Hypnotisme en Belgique* 2
DE LOTUS. — *Le Livre du Chasseur* 5
MAX THÉON. — *Doctrine spirite.* . 3
MERCIER. — *Comm. avec Mars.* . 5
DE MESSIMY. — *Libre exercice de la médecine* 5
PAPUS. — *Le Spiritisme. L'Occultiste* 3
PÉLIN. — *La Médecine qui tue* . . 2
PÉROT. — *L'Homme et Dieu.* . . 5
PERRONNET. — *Force psychique.*
  — *Notes sur l'Hypnagogisme* . . 2
RAGON. — *La Messe et ses mystères* 3
RÉVEL. — *Esquisse d'un système.*
  — *Lettre au docteur Dupré.* . . . 3
RIPAULT. — *Science éclectique.* —
  Univers macranthrope. 5
ROUXEL. — *Hist. et philos. du Mag.* 2
  — *Théorie du spiritisme* 3
  — *Liberté de la médecine* . . . 5
DE SAINT-REMY. — *Les Dieux des anarchistes* . . . .
SIMONIN. — *Dialogue entre grands esprits.* 5
SOFIA. — *L'Inspiration profonde* . 5
STRÉB.NGER. *Nouvelles Slaves* . . 4
SUIRE. — *Tableau phrénologique* . 4
TUREAU. — *Secrets du braconnage* 5
VAUCHEZ. — *La Terre. — Préservation sociale.* 5
V'SCÈRE. *Prophète de l'apocalypse.* 4
VINDEVOGEL. — *Suggestion, Hypnotisme. — Trilogie médicale.* . . 2

Anonymes

Magnétisme humain 2
Graphologie pour tous. 3
Perplexités d'un médium . . . 3
Psychologie expérimentale . . . 3
Guérison de la peste 4
Manuel du collectionneur de timbres 5

PSYCHOLOGIE

CATALOGUE

DE LA

LIBRAIRIE DES SCIENCES PSYCHIQUES

ET SPIRITES

42, Rue Saint-Jacques, 42

(Près la Sorbonne et le Collège de France)

SPIRITISME

MAGNÉTISME — HYPNOTISME — OCCULTISME

THÉOSOPHIE — PHILOSOPHIE

REVUE SPIRITE

Journal mensuel d'études psychologiques, fondé par ALLAN KARDEC, publié par la librairie des Sciences psychiques et spirites, paraissant du 1er au 5 de chaque mois, depuis le 1er janvier 1858, 64 pages grand in-8 et 8 pages de garde supplémentaires, soit 72 pages.

PRIX DE L'ABONNEMENT

France et Algérie. . . . . 10 francs par an.
Etranger. . . . . 12 — —

Collection de la Revue Spirite depuis 1858. — Chaque année est vendue séparément, toute brochée, au prix de 5 francs. L'année qui précède l'année courante, prise séparément, même prix que l'abonnement de l'année. Reliure 2 fr. 50 en plus par volume; à partir de 1893, les revues étant d'un format plus grand et le nombre de pages se trouvant doublé, la reliure est de 3 francs.

LIBRAIRIE DES SCIENCES
PSYCHIQUES ET SPIRITES

LIVRES FONDAMENTAUX DE LA DOCTRINE SPIRITE

Par Allan Kardec (Prix 3 fr. 50 *franco*)

Le Livre des Esprits, partie philosophique, contient les principes de la doctrine spirite sur l'immortalité de l'âme, la nature des esprits et leurs rapports avec les hommes, les lois morales, la vie présente, la vie future et l'avenir de l'humanité selon l'enseignement donné par les Esprits. 39e édition, in-12, 475 pages.

Le Livre des Médiums, partie expérimentale ou guide des médiums et des évocateurs, contient l'enseignement spécial des esprits sur la théorie de tous les genres de manifestations, les moyens de communiquer avec le monde invisible, le développement de la médiumnité, les difficultés et les écueils que l'on peut rencontrer dans la pratique du spiritisme. 30e édition, in-12, 510 pages.

L'Evangile selon le Spiritisme, contient l'explication des maximes morales du Christ, leur concordance avec le spiritisme et leur application aux diverses positions de la vie. 32e édition, in-12, 450 p.

Cet ouvrage peut se diviser en 5 parties : Les Actes ordinaires de la vie du Christ. — Les Miracles. — Les Paroles qui ont servi à l'établissement des dogmes de l'Eglise. — L'enseignement. — Les Prédictions.

Le Ciel et l'Enfer ou la Justice divine selon le Spiritisme contient l'examen comparé des doctrines sur le passage de la vie corporelle à la vie spirituelle, les peines et les récompenses futures, les anges et les démons, les peines éternelles, etc., suivi de nombreux exemples sur la situation réelle de l'âme pendant et après la mort. 14e édition, 500 pages.

La Genèse, les miracles et les prédictions selon le Spiritisme, contient le rôle de la science dans la Genèse, les systèmes du monde, anciens et modernes ; l'Esquisse géologique de la terre ; la Théorie de la terre ; l'Uranographie générale, etc., etc., etc. 16me édition, 465 pages.

Ce livre a pour objet l'étude de trois points diversement interprétés et commentés jusqu'à ce jour ; il y est parlé des deux forces qui régissent l'Univers : *l'élément spirituel* et *l'élément matériel* ; de l'action simultanée de ces deux principes, naissent des phénomènes spéciaux que l'auteur a décrits d'une manière rationnelle.

Œuvres posthumes. Ce livre comprend la biographie d'Allan Kardec, sa profession de foi spirite raisonnée, comment il est devenu spirite ; aussi les divers phénomènes auxquels il a assisté.

Ce livre renferme des extraits, *in extenso*, tirés du Livre des prévisions concernant le spiritisme et le discours prononcé par Camille Flammarion à l'enterrement d'Allan Kardec (les manuscrits du Maître qui ont servi à composer ce volume n'avaient jamais été publiés). 2e édition, in-12, 450 pages. La première édition n'a été publiée qu'en janvier 1891.

Pour la reliure des ouvrages d'Allan Kardec, 1 fr. de plus par volume ; reliure demi-toile, marron, dos et plat doré.

BROCHURES DE PROPAGANDE

Par Allan Kardec.

Qu'est-ce que le spiritisme ? Broché, 1 franc, relié . . 2 fr.
Le Spiritisme à sa plus simple expression. . . . . 0 fr. 15
Caractères de la Révélation spirite. . . . . . . 0 fr. 15
Résumé de la loi des phénomènes spirites. . . . 0 fr. 15
Esquisse géologique de la Terre. . . . . 0 fr. 25
Les Fluides . . . . 0 fr. 25
  Instructions pratiques pour l'organisation des groupes. 0 fr. 50
Planchette à médium perfectionnée 5 fr. et 5 fr. 50, emb. comp.

COLLECTION DES MEILLEURS OUVRAGES ETRANGERS

Relatifs aux sciences psychiques.

Traduits et publiés sous la Direction du Colonel de ROCHAS

Les côtés obscurs de la nature ou Fantômes et Voyants. Par MISTRESS CROWE. (Traduit par Z.) In-8° de 510 pages. Prix : 5 fr. Port payé. . . . . 6 fr.
Rapport sur le Spiritualisme, par le Comité de la Société dialectique de Londres, avec les attestations orales et écrites. Traduit de l'anglais par le Dr DUSART. In-8° ; port payé . . . . 5 fr.
Enseignements Spiritualistes. Reçus par WILLIAM STAINTON MOSES (M. A. Oxon) Traduit de l'anglais, par X. — Prix. Port payé 5 fr.
E. D'ESPÉRANCE. — **Au pays de l'Ombre.** Traduit de l'anglais, par A. B. Avec 28 planches hors texte, d'après des dessins et des photographies. . . . . 4 fr.
La Voyante de Prévorst, par le Docteur JUSTINUS KERNER. Traduit de l'allemand par le Dr Dusart. . . . . . . 4 fr.

A

AKSAKOF (ALEXANDRE), Conseiller d'Etat de Sa Majesté l'Empereur de Russie, directeur du *Psychische Studien* de Leipzig. — **Animisme et Spiritisme**, volume in-8 illustré, de 700 pages, sur beau papier. Traduction de B. Sandow, ouvrage épuisé, reste quelques exemplaires à. . . . . 20 fr. »
ALMIGNANA (ABBÉ). — **Du Somnambulisme des tables tournantes et des médiums.** . . . . 0 fr. 50
ARNAULT (ELISE). — **Réfutation du livre de l'abbé Fresquet.** . . . . 1 fr. »

X... (ABBÉ). — **Rénovation religieuse**. . . . . 2 fr. 50
ANGLEMONT (D'). — **Dieu et l'être universel**. . . . 3 fr. 50

B

BLACKWELL (MISS ANNA). — **Essai sur le spiritisme**. Brochure couronnée par la Société spiritualiste de Londres. . . . 1 fr. »
BADAIRE. — **La joie de Mourir**, avec un autographe de V. Sardou. . . . . 1 fr. »
BONNAMY (MICHEL). — Juge d'instruction. — **La Raison du Spiritisme** in-12 de 340 pages . . . . 1 fr. »
BESANT (ANNIE). — **Discours prononcé à la réunion de l'Alliance Spiritualiste de Londres** . . . . 0 fr. 25
BONNEFONT. — **Leçons de spiritisme aux enfants** en 45 leçons. . . . . 0 fr. 15
BONNEMÈRE (EUGÈNE). — **L'Ame et ses manifestions à travers l'histoire**. Lauréat du prix Guérin. . . . . 3 fr. »
— **Le Roman de l'Avenir**, œuvre médianimique. . . . 3 fr. »
BOURDIN (ANTOINETTE). — **Les Deux Sœurs**, histoire de deux jeunes filles, médiums écrivains, livre renfermant dans son ensemble les principes de la doctrine spirite. . . . . 3 fr. »
— **Entre deux globes**, œuvre médianimique obtenue au moyen du verre d'eau. . . . . 3 fr. »
— **Cosmogonie des Fluides**. Le Christ protecteur de la terre . . . . 1 fr. 50
— **Souvenirs de la folie**, aperçus nouveaux inattendus sur la folie, phénomène complexe qui déroute la science (œuvre médianimique). . . . . 3 fr. »
— **La Consolée** (œuvre médianimique). . . . . 1 fr. 25
— **Les Esprits professeurs** . . . . 1 fr. 50
— **Pour les Enfants**. . . . . 2 fr. »
BOSC (Mme E.). — **Nouvelles ésotériques**. . . . . . 3 fr. »

C

CAHAGNET (ALPHONSE). — **Thérapeutique magnétique et du somnambulisme**, appropriée aux maladies les plus connues et les plus communes, avec l'emploi des plantes les plus usuelles en médecine ; renseignements sur la composition et sur l'application des remèdes conseillés : planches anatomiques, avec des explications philosophiques. . . . . 5 fr. »
CAILLIÉ (RENÉ). — **Résumé des Quatre Evangiles Roustaing** . . . . 2 fr. 50
CARON. — **Etudes économiques dictées reçues dans un groupe spirite Bisontin**. . . . . 0 fr. 60
— **Etudes spirites dictées reçues dans un groupe Bisontin** . . . . 1 fr. »
COLLIGNON (Mme EMILIE). — **Entretiens familiers sur le Spiritisme**, Brochure in-8. . . . . 0 fr. 25
— **Esquisses contemporaines** . . . . 0 fr. 25
Congrès International spirite de Barcelone en 1888. 2 fr. »
CORDURIE (M. B.). — **Lettres à Marie sur le Spiritisme**, 1 vol. in-12. . . . . 1 fr. »
— **Lettres aux paysans sur le Spiritisme**, 1 vol. in-12. 1 fr. »
COUTANCEAU (Mme MÉLINE). — **Petit dictionnaire de morale**. Dernières pensées d'une femme spirite, bonne, spirituelle et intelligente. . . . . 1 fr. 25

CRÉPIEUX (Jules). — **Cours de magnétisme humain**, historique, théorique et pratique, très recommandé, 1 vol. in-12 . . 3 fr. »
CROOKES (William), membre du bureau de la Société royale de Londres, chimiste éminent. — **Recherches sur les phénomènes psychiques**, volume de 210 pages avec figures . . . . 3 fr. 50
Relié . . . . 4 fr. 50
CROUZET. — **Répertoire du spiritisme**. Broché . . . 3 fr. 50
Relié . . . . 5 fr. »

D

DENIS (Léon). — **Après la mort**. Exposé de la philosophie des Esprits, ses bases scientifiques et expérimentales, ses conséquences morales. Volume très bien fait et d'un grand intérêt, complètement spirite (12º mille) . . . . 2 fr. 50
— **Pourquoi la vie ?** . . . . 0 fr. 15
DENIS (Léon). — **Christianisme et spiritisme**, rénovation. 2 fr. 50

F

FALCOMER (Professeur). — **Introduction au spiritualisme expérimental moderne** . . . . 1 fr. 50
FAUVETY (Ch.). — **Nouvelle Révélation ; La Vie**. Méthode de la connaissance, 1 vol. in-18, 300 pages . . . . 3 fr. 50
— **La Religion laïque** en 2 grands volumes in-4 . . . 10 fr.
— **La Solidarité**, 2 vol. in-4. . . . . 10 fr.
— **Règne de l'Esprit pur**, relié. . . . . 2 fr. 50

G

GARDY (Louis). — **Cherchons** . . . . 2 fr.
GAUNY. — **Les Fleurs**, poésies spiritualistes. . . . . 2 fr.
GINOUX. — **Etudes sur Dieu, sur l'âme et le libre arbitre**. . . . . 2 fr. ».
GRENDEL. — **La Famille Desquiens**. Etude de mœurs de province. . . . . 2 fr. »
— **Une heure d'oubli**. . . . . 1 fr. »
— **Blidie**, roman philosophique. . . . . 1 fr. »
GRESLEZ (Armand). — **Souvenirs d'un spirite**. . . 2 fr. »
GRIMARD (Ed). — **Une échappée sur l'Infini**. . . 3 fr. 50
GUIDE PRATIQUE DU MEDIUM GUÉRISSEUR, indispensable à toutes les personnes qui veulent soulager elles-mêmes leurs semblables.
1 fr. »
GUÉRIN. — **Le Spiritisme en Amérique**. . . . . 0 fr. 50
GUILLET (J.-E). — **La Chute originelle** selon le spiritisme, en français et en italien. . . . . 3 fr. 50
— **Études sur les quatre évangiles Roustaing** et le Livre des Esprits. . . . . 1 fr. »
GUILLET (J.-E.). — **L'Amour et le Mariage** selon le spiritisme.
3 fr. »
GULDENSTUBBE (Baron de). — **La Réalité des Esprits** et le phénomène de leur écriture directe, in-8, avec figures très curieuses.
5 fr. »
— **La Morale universelle**. . . . . 1 fr. 50
— **Pensées d'outre-tombe**. . . . . 0 fr. 15
GYEL (Dr E.). — **Essai de revue générale et d'interprétation synthétique du spiritisme** . . . . 2 fr. 50

H

HOOLIBUS. — **Histoire d'un autre monde**, brochure obtenue par la typtologie. . . . . 0 fr. 50
HUGUET (Dr). — **Spiritomanes et spiritophobes**, in-8. 1 fr. »

J

JAUBERT (Président de Tribunal). — **Fables et poésies**, par l'Esprit frappeur de Carcassonne. . . . . 2 fr. 25
JÉSUPRET (Fils). — **Catholicisme et spiritisme**. . . 1 fr. »

K

KATIE-KING. — **Histoire de ses apparitions**, gravures hors texte. . . . . 2 fr. »

L

LAVATER. — **Correspondance avec l'impératrice Marie de Russie** sur l'immortalité de l'âme. . . . . 0 fr. 50
LEBEL. — **Essai d'initiation à la vie spirituelle**. . 0 fr. 20
LERUTH. — **Correspondance entre un pasteur évangéliste et un spirite**. . . . . 0 fr. 60
LEYMARIE (P.-G.). — **Mutualité sociale**, association du capital et du travail ou extinction du paupérisme par la consécration du droit naturel des faibles au nécessaire et du droit des travailleurs à partiper aux bénéfices de la production. . . . . 0 fr. 50
LIEUTAUD (Casimir). — **Les temps sont arrivés**. . . 0 fr. 50
LOUIS F. (Magistrat). — **Secret d'Hermès**, physiologie universelle, 1 vol. in-18 de 410 pages. . . . . 2 fr. 50
LOUISE-JEANNE. — **Causeries spirites** ou dialogues sur les questions que le spiritisme a soulevées et éclairées dans le passé, le présent et l'avenir de l'humanité. . . . . 3 fr. »
— **Le Messie de Nazareth**, ou Jésus est-il Dieu ? . . 2 fr. 50

M

MAJEWSKI (Adrien). — **Médiumnité guérissante** par l'application des fluides électriques, magnétiques et humains, 24 figures hors texte. . . . . 3 fr. »
MALET (Colonel). — **Vies mystérieuses et successives** ou l'être humain et l'être terre considérés analogiquement au point de vue spirituel, fluidique et matériel . . . . 6 fr. »
METZGER. — **Essai de Spiritisme scientifique** . . . 2 fr. 50
— **Perplexités d'un médium consciencieux** . . . . 0 fr. 25
MIKAEL. — **La Vision du prophète** . . . . 1 fr. »

N

NARTZOFF (Alexis de). — **La Religion de l'avenir** . . 0 fr. 50
NŒGGERATH (Rufina). — **La Survie**, Echo de l'au-delà . 3 fr. 50
NUS (Eugène). — **Les Grands Mystères**, 4e édition . 3 fr. 50
— **Choses de l'autre monde**, in-12. Ouvrage épuisé . . 5 fr. »
— **Nos Bêtises**, excellent ouvrage très recommandé. . . 3 fr. 50
— **Les origines et les fins**. . . . . 1 fr. 50

O

OLCOTT (Henri S.). — **Le Bouddhisme selon le canon de l'Église du Sud**, sous forme de catéchisme, par H. Olcott, président de la Société théosophique ; approuvé et recommandé pour l'usage, dans les écoles bouddhistes, par H. SUMANGALA, grand-prêtre de Sripada (pic d'Adam) et de Galles, et principal de Widyodaya Pariveno (Ecole de théologie bouddhiste). Traduction française sur le texte de la 14ᵉ édition, par le Commandant COURMES . 1 fr. 50

P

PALAZZI (P.). — **Les Occultistes contemporains** sont-ils réellement les continuateurs de la doctrine des initiations antiques ? Traduit de l'italien par M. A. DUFILHOL, ancien commandant supérieur, décoré de la Légion d'honneur, de la Valore militaire et de la médaille d'Italie . . . . 0 fr. 30
PAPUS. — **Considérations sur les phénomènes du Spiritisme, rapports de l'Hypnotisme et du Spiritisme**, nouvelles règles pratiques pour la formation des médiums, influence du périsprit dans la production des phénomènes spirites, avec gravures spirites . . . . 1 fr. »
PIERART. — **Histoire de Saint-Maur-des-Fossés**, 2 vol. grand in-8. . . . . 8 fr. »
POMAR (Duchesse de) Lady Caithness. — **Marie Stuart, reine d'Ecosse et de France** gr. in-8º . . . . 6 fr. »
— **Révélations d'En-Haut sur la Science de la Vie**, reçues par Lady Caithness, Duchesse de Pomar . . . . . . 2 fr. »
— **Je me suis éveillé**. — Conditions de la Vie de l'autre côté, communiqué par écriture automatique . . . . 2 fr. »
— **Fragments glanés** dans la Théosophie occulte d'Orient. 1 fr. 50
— **L'ouverture des Sceaux** . . . . 3 fr. 50

R

RAGAZZI. — **Cours de magnétisme humain** . . . 2 fr. 20
RECUEIL DE PRIERES et **Méditations spirites**, relié . 1 fr. 50
RIENZI. — **Immortalisme et libre pensée** . . . . 0 fr. 30
ROCHAS (Comte A. de). — **Recueil de documents relatifs à la lévitation du corps humain** ; illustré. . . . . 2 fr. 50
ROCA (l'abbé). — **Le glorieux centenaire**. . . . . . 7 fr. 50
— **La fin de l'ancien monde ; les nouveaux cieux et la nouvelle terre** . . . . 5 fr. »
— **Le Christ, le Pape et la Démocratie** . . . . 3 fr. 50
— **La Crise fatale et le Salut de l'Europe** . . . . 1 fr. »
ROSSI DE GUSTINIANI. — **Le Spiritualisme dans l'histoire** . . . . 2 fr. 50
ROSSI PAGNONI ET Dʳ MORONI. — **Quelques essais de médiumnité hypnotique**, traduit de l'italien. . . . . . 2 fr. »
ROUSTAING (J.-B.), bâtonnier de l'ordre des avocats à Bordeaux. — **Les Quatre Évangiles** suivis des commandements expliqués en esprit et en vérité par les Evangélistes, 3 volumes in-12 formant en tout 1840 pages (prix réduit) . . . . 5 fr. »
ROUXEL. — **Rapports du Magnétisme et du Spiritisme**, grand in-8 . . . . 4 fr. »
— **Spiritisme et Occultisme**, brochure de propagande. 0 fr. 50

S

STECKI (H.). — **Le Spiritisme dans la Bible**. Essai sur les idées psychologiques des anciens Hébreux, 1 vol. in-12. . . . 1 fr. »

T

THIBAUD. — **Souvenirs du groupe spirite Girondin** . 2 fr. 25
TOLÉRANT (Jacques). — **Le Spiritisme et l'Église**, réimpression d'une controverse publiée dans le « Journal de Maurice » entre Mgr Meurin, S. J. archevêque de Nizibe, évêque de Port-Louis, et Jacques Tolérant (Victor Ducasse), éminent avocat de cette ville. Grand in-8 carré . . . . 3 fr. 50
TOURNIER (V.). — **Le Spiritisme devant la raison**, 2 brochures :
1° Les faits. . . . . 1 fr. »
2° Les doctrines . . . . 1 fr. »
— **Réponse au Mandement** de Mgr l'archevêque de Toulouse contre le spiritisme . . . . 0 fr. 25
— **Philosophie du bon sens** grand in-8 de 775 pages. . 7 fr. 50

V

VALLÈS (François), inspecteur général des Ponts et Chaussées. — **Entretiens sur le spiritisme**. Comme on doit le comprendre et l'interroger . . . . 1 fr. 50
— **Le Surnaturel**, considéré dans ses origines et dans les conséquences utiles des apparitions. . . . . 2 fr. »
— **Etudes physiologiques et psychologiques**, sur la loi naturelle de la propagation de l'espèce . . . . 1 fr. »
— **Conférences spirites**, 1882-1883-1884, 3 brochures . 5 fr. »
VAN-DER-NAILLEN. — **Dans les temples de l'Himalaya**, illustré 3 fr. 50
— **Dans le sanctuaire**, illustré . . . . 3 fr. 50

W

WACHMEISTER (Comtesse) — **Le spiritisme à la lumière de la Théosophie**. . . . . 0 fr. 50
WAHU (Dʳ). — **Le spiritualisme dans l'antiquité et dans les temps modernes** . . . . 3 fr. 50
— **Hygiène des nouveau-nés**, de l'enfance et de l'adolescence 1 fr. 75
— **Conseils aux pères de famille**, relativement à l'internat et à l'externat des enfants et adolescents des deux sexes. . . 0 fr. 75
WALLACE (Sir Alfred Russell). — **Les Miracles et le moderne spiritualisme**, traduit de l'anglais. Volume présenté aux lecteurs en un beau format in-8. sur très beau papier, avec portrait de l'auteur, broché. . . . . 5 fr. »
relié. . . . . 6 fr. »
LE COLONEL WALTER JOCHNICK. — **Les questions les plus importantes de l'humanité**. Edition française en 2 brochures.
1° Esquisse de l'histoire de l'esprit. . . . . 1 fr. »
2° Sur le rapport entre les esprits libres et les esprits incarnés : le suicide . . . . 1 fr. »
WICHART. — **La route de la pensée**. Volume de haute philosophie, spécialement spiritualiste, grand in-8 de 748 pages. . . . 2 fr. »

Février 1900

CATALOGUE GÉNÉRAL
de la Maison de la Bonne Presse

LIBRAIRIE

Adresse télégraphique : *Croix Paris*

TÉLÉPHONE : Nos 514-36, 524-45

PARIS

8, RUE FRANÇOIS Ier, 8

AVIS

Tous les Prix annoncés dans ce Catalogue annulent ceux des Catalogues précédents.

CONDITIONS de VENTE

Tous les volumes sont annoncés au prix net ; mais sur les quantités nous faisons les remises suivantes :

Quand on prend 6 exemplaires d'un même ouvrage on en reçoit 7
» 12 » » » 15
» 50 » » » 70
» 100 » » » 150

Ces remises ne portent jamais sur les reliures ; il faut donc payer la reliure de tous les volumes reçus.

Ces remises ne s'appliquent pas non plus à deux ouvrages, dont le prix a été réduit et qui sont indiqués dans le Catalogue. Ce sont : *L'Histoire des Pèlerinages français de la T. S. Vierge,* page 26, et *l'Histoire de la Vendée Militaire,* page 15.

NOTA. — Si MM. les libraires le préfèrent, au lieu de ces remises nous pouvons leur faire 15 0/0.

PORT

Nous indiquons toujours le prix du port par la poste, à cause des pays où les colis-postaux ne pénètrent pas encore. Mais il y a souvent avantage à choisir le mode des colis-postaux. Voici les prix :

Un colis de 3 kil. coûte en gare 0 fr. 60, à domicile 0 fr. 85
» 5 » 0 fr. 80 » 1 fr. 05
» 10 » 1 fr. 25 » 1 fr. 50

NOTA. — Demander les Catalogues spéciaux :
    des *Journaux et Publications* de la Bonne Presse ;
    de l'*Imagerie ;*
    des *Projections lumineuses ;*
    des *Phonographes.*

Table alphabétique des Matières.

Abeilles. — Duquesnois, *Causeries sur les abeilles*, p. 32.
AGRICULTURE. — Voir ce chapitre, p. 32.
Albums. — *Album de Terre Sainte*, p. 27 ; *Carte mosaïque de Madaba*, p. 27 ; *Albums pour les enfants*, p. 33.
Almanachs. — *Almanach du Pèlerin*, p. 34 ; *Mon Almanach*, p. 34.
Animaux domestiques. — Voir le chapitre **Agriculture**, p. 32.
ANNUAIRES. — Mgr Battandier, *Annuaire pontifical catholique*, p. 34 ; *Œuvres de mer*, p. 34 ; *Orphelins de la mer*, p. 34.
Apiculture. — Duquesnois, *Causeries sur les abeilles*, p. 32.
Archéologie. — Voir collection du *Cosmos*, p. 35, et des *Echos de Notre-Dame de France à Jérusalem*, p. 36.
Armée. — La Ramée, *Vers la Caserne*, p. 29 ; René Gaell, *Récits militaires*, p. 24.
Art vétérinaire. — Adenot, *Manuel de médecine vétérinaire*, p. 32.
AUTEURS CHOISIS. — Voir ce chapitre, p. 16.

Basse-cour. — Garnot, *Manuel populaire d'élevage*, p. 32.
BIOGRAPHIE. — Voir ce chapitre, p. 14, et la collection des *Contemporains*, p. 35.
Botanique. — *Plantes de serres*, p. 32.

Cartes géographiques. — *Carte mosaïque de Madaba*, p. 27.
Chevalerie. — Voir la **Nouvelle Bibliothèque bleue**, p. 23.
Contes et légendes. — Voir la Bibliothèque à 0 fr. 40, p. 22 ; Bibliothèque du Noël, p. 24 ; *Le monde des histoires pittoresques*, p. 25.
Controverse. — Voir le chapitre **Apologétique et défense religieuse**, p. 30.

DOCTRINE. — Voir ce chapitre, p. 7.
Dogme. — Voir le chapitre **Doctrine et piété**, p. 7.
Droit canonique. — P. Berthier, *Compendium theologiæ et Abrégé de théologie*, p. 7.

Economie politique. — Chabry, *Bimétallisme, l'usure*, etc., p. 29.
Economie rurale. — Louis Durand, *Manuel des caisses rurales*, p. 29 ; H. de Gailhard-Bancel, *Syndicats agricoles*, p. 29 ; *Assurances mutuelles contre la mortalité du bétail*, p. 29.
ECRITURE SAINTE. — Voir ce chapitre, p. 5 ; Berthier, *Sententiæ*, p. 8.
Editions populaires et livres de propagande. — *Evangiles*, p. 5 ; *Encycliques de Léon XIII*, p. 28.

Franc-Maçonnerie. — Un Patriote, *La Franc-Maçonnerie et le Panama, l'État c'est nous*, p. 31.

Guides. — *Lourdes*, p. 26 ; *Jérusalem*, p. 26 ; *Paris*, p. 33.

HAGIOGRAPHIE. — Voir ce chapitre, p. 13, et la collection des *Vies de Saints*, p. 34.
HISTOIRE. — Voir ce chapitre, p. 15.
Horticulture. — *Plantes de serres*, p. 32.

Instruction religieuse. — Voir le chapitre **Doctrine et piété**, p. 7.

LETTRES. — S. François de Sales, *Lettres spirituelles*, p. 17 ; Bossuet, *Lettres spirituelles*, p. 17 ; Pie IX, Grégoire XVI, Léon XIII, *Lettres apostoliques*, p. 16.

Littérature française. — Farochon, *Essai littéraire sur la Bretagne contemporaine*, p. 25 ; voir aussi le chapitre **Auteurs choisis**, p. 16.
Littérature latine. — Voir le chapitre **Auteurs choisis**, p. 16.
Liturgie. — *Etudes préparatoires au Congrès eucharistique*, p. 27.
Livres d'éducation et de récréation. — Voir spécialement les chapitres **Auteurs choisis**, p. 16 ; **Variétés**, p. 19 ; **Théâtre chrétien**, p. 18.
Livres d'étrennes. — Voir spécialement les chapitres **Ecriture Sainte**, p. 5 ; **Doctrine et piété**, p. 7 ; **Hagiographie**, p. 13 ; **Biographie**, p. 14 ; **Pèlerinages**, p. 26 ; **Variétés**, p. 19.
Livres de piété. — Voir les chapitres **Ecriture Sainte**, p. 5 ; **Doctrine et piété**, p. 7 ; **Auteurs choisis**, p. 16.
Livres de prières. — *Prières pour la messe*, p. 5 ; *Chemin de la Croix*, p. 12 ; *Neuvaine à saint Roch*, p. 12 ; *Livre du pèlerin*, p. 26 ; *Manuel du pèlerinage à Lourdes*, p. 26.
Livres de prix. — Les mêmes que pour les étrennes.

Médecine vétérinaire. — Adenot, *Manuel de médecine vétérinaire*, p. 32.
Mélanges littéraires. — Voir les ouvrages de Pierre l'Ermite, p. 19 ; et le chapitre **Variétés**, p. 19.
Météorologie. — Abbé Maze, *Les armées météores*, p. 25.

Patrologie. — *Saint Denys l'Aréopagite*, p. 16 ; *saint Augustin*, p. 10 et 16.
PÈLERINAGES. — Voir ce chapitre, p. 26.
Philosophie. — Blanc de Saint-Bonnet, *La Douleur*, p. 9 ; Berthier, *Abrégé de théologie et de philosophie*, p. 7.
PIÉTÉ. — Voir ce chapitre, p. 7.
Poésies. — Germer-Durand, *Pages d'Album*, p. 25 ; M. de Belloy, *Les quatre saisons*, p. 25. Voir aussi **Théâtre**, p. 18.
Politique. — Voir les chapitres **Sociologie**, p. 28, et **Défense religieuse**, p. 30.
PROPAGANDE. — *Petits Evangiles*, p. 5 ; *Grande Histoire Sainte*, p. 6.

Questions ouvrières. — Doal, *Secrétariat du peuple*, p. 29.

Religion. — Voir les chapitres **Ecriture Sainte**, p. 5 ; **Doctrine et piété**, p. 7 ; **Hagiographie**, p. 13 ; **Biographie**, p. 14 ; **Pèlerinages**, p. 26.
ROMANS. — Voir le chapitre **Variétés**, p. 19 ; et la collection de l'*Album de la Croix*, p. 35.

Sciences agricoles. — Voir le chapitre **Agriculture**, p. 32.
Sermons. — Saint François de Sales, Bossuet, Bourdaloue, Massillon, p. 16, 17 ; Mgr Freppel, *Conférences*, p. 18 ; Poulin et Loutil, *Conférences de Saint-Roch*, p. 9 ; Berthier, *Recueil de sermons*, p. 7 ; *Les Évangiles commentés*, p. 6.
SOCIOLOGIE. — Voir ce chapitre, p. 28.

THÉATRE. — Voir ce chapitre, p. 18, et **Bibliothèque du Noël**, p. 21.
THÉOLOGIE. — P. Berthier, *Théologie* en latin ou en français, p. 7 ; P. Lodiel, *Nos raisons de croire*, p. 9 ; *Où allons-nous ?* p. 10.

Vie des Saints. — Voir le chapitre **Hagiographie**, p. 13, et la collection de la *Vie des Saints*, p. 34.
VOYAGES. — Voir les chapitres **Pèlerinages**, p. 26, et **Variétés**, p. 19.
VARIÉTÉS. — Voir ce chapitre, p. 19.

CATALOGUE GÉNÉRAL

PAR ORDRE LOGIQUE DES MATIÈRES

I. — Écriture Sainte.

LES ÉVANGILES, traduction nouvelle des Augustins de l'Assomption, avec des notes tirées des Pères de l'Eglise et des auteurs ecclésiastiques, approuvée par Mgr l'évêque de Nîmes en 1891. Cette traduction en est déjà à son 435e mille, en trois éditions différentes illustrées.

ÉDITION IN-32
avec notes à la fin de chaque chapitre.

Évangile selon saint Matthieu. 190 pages, 28 dessins de A. Lemot. Couverture rose gaufrée. 58e mille.
 Broché, **0 fr. 20**; *port*, **0 fr. 10.** Cartonné, **0 fr. 35**; *port*, **0 fr. 15.** Relié toile noire, **0 fr. 45**; *port*, **0 fr. 15.**

Évangile selon saint Marc, suivi des Prières de la Messe. 142 pages, 16 dessins de A. Lemot. Couverture rose gaufrée. 26e mille.
 Mêmes prix que pour le précédent.

Évangile selon saint Luc. 192 pages, 24 dessins de A. Lemot. Couverture rose gaufrée. 36e mille.
 Mêmes prix que pour le précédent.

Évangile selon saint Jean. 144 pages, 21 dessins de A. Lemot. Couverture rose gaufrée. 31e mille.
 Mêmes prix que pour le précédent.

Les quatre Évangiles, suivis des Prières de la Messe. 668 pages, 89 dessins de A. Lemot. Couverture jaune gaufrée. 40e mille.
 Broché, **0 fr. 60**; *port*, **0 fr. 25.** Cartonné, **0 fr. 85**; *port*, **0 fr. 30.** Relié toile noire, **1 franc**; *port*, **0 fr. 30.** Relié basane anglaise pleine, **2 francs**; *port*, **0 fr. 30.**

ÉDITION IN-8°
avec notes en manchettes intérieures à l'endroit qu'elles expliquent.

Le saint Évangile selon saint Matthieu. 96 pages, 37 gravures du P. Natali, S. J., publiées à Anvers en 1595. Couverture brique. 51e mille.
 Broché, **0 fr. 40**; *port*, **0 fr. 20.** Relié toile, **0 fr. 85**; *port*, **0 fr. 40.**

Le saint Évangile selon saint Marc et selon saint Luc. 128 pages, 30 gravures du P. Natali, S. J. Couverture brique. 51e mille.
 Mêmes prix que pour le précédent.

Le saint Évangile selon saint Jean. 64 pages, 16 gravures du P. Natali, S. J. Couverture brique. 27e mille.
 Mêmes prix que pour le précédent.

S'il y a avantage pour le port à prendre des colis postaux, voir leurs différents prix page 2.

Les quatre Évangiles et les Actes
des Apôtres. 320 pages, 83 gravures du P. NATALI, S. J. Couverture brique. 57e mille.
Broché, **1 franc**; *port*, **0 fr. 50**. *Relié toile*, **1 fr. 50**; *et avec tranches dorées*, **1 fr. 75**; *port*, **0 fr. 75**.

ÉDITION DE LUXE IN-8º
avec titres et explications en manchettes extérieures; texte latin au bas de chaque page; notes après chaque Évangile.

Les quatre Évangiles.
440 pages, 100 gravures refaites avec soin d'après le P. NATALI, S. J. 5e mille.
Broché, **4 francs**; *port*, **2 fr. 10**. *Cartonné percaline*, **5 fr. 50**; *port*, **2 fr. 20**. *Relié toile fers or*, **7 francs**; *port*, **2 fr. 20**. *Relié demi-basane*, **6 francs**; *port*, **2 fr. 30**. *Relié amateur chagrin bleu*, **8 francs**; *port*, **2 fr. 40**. *Relié grand luxe*, **12 francs**; *port*, **2 fr. 40**.

« Nous n'avons cessé de répéter, avec M. l'abbé Garnier, qu'il faut revenir à l'Évangile, que la première cause de nos maux, c'est de l'avoir abandonné. Ah! faisons lire ce Livre des livres, donnons-le aux enfants, aux familles, dans les écoles, dans les catéchismes. Tâchons surtout qu'on reprenne l'habitude de le lire le soir en famille, avec le respect souverain que mérite la parole de Dieu. C'est l'Évangile qui a converti le monde; lui seul peut le convertir de nouveau. »
(*La Croix*, 24 avril 1890.)

Les Évangiles commentés,
pour tous les dimanches de l'année. Un vol. in-8º de 212 pages, avec 52 gravures du P. NATALI, S. J.
Edition ordinaire, couverture brique, 7e mille.
Broché, **0 fr. 60**; *port*, **0 fr. 30**.
Edition sur papier fort, couverture grise gaufrée. 7e mille.
Broché, **1 franc**; *port*, **0 fr. 65**. *Relié percaline*, **1 fr. 50**; *et avec tranches dorées*, **1 fr. 75**; *port*, **0 fr. 85**.

Cette série de prônes du dimanche peut rendre de grands services aux prêtres chargés du ministère des paroisses. Ils y trouveront de quoi élever les âmes et leur faire du bien.

La généalogie de Notre-Seigneur
Jésus-Christ et de la Très Sainte Vierge, expliquée d'après les Pères de l'Eglise et les interprètes modernes, par l'abbé **V. DUMAX**, du clergé de Paris. Un vol. in-12 de 400 pages.
Broché, **1 franc**; *port*, **0 fr. 35**.

C'est une importante étude d'exégèse sacrée sur les sens et les difficultés du texte; sur la chronologie qu'on peut dresser des ancêtres du Messie; sur le symbolisme de leurs noms; sur les conséquences théologiques qui se peuvent déduire des deux listes de saint Matthieu et de saint Luc.

« Le système exposé par M. l'abbé Dumax, loin d'infirmer l'autorité de la Bible, la fortifie, au contraire; il résout les difficultés auxquelles ne pouvaient répondre les chronologies anciennes; il montre l'harmonie parfaite du Livre Saint avec les faits certains de l'histoire et les découvertes récentes de la science. »
(*Moniteur de Rome.*)

Le livre de Ruth,
Essai d'interprétation morale offert aux méditations des âmes pieuses, par l'abbé **TARDIF DE MOIDREY**. Un vol. in-12 de 105 pages, papier de luxe.
Broché, **1 franc**; *port*, **0 fr. 20**.

C'est un petit chef-d'œuvre de vérité et de piété, digne du prêtre instruit et apostolique qui l'a écrit.

Grande Histoire Sainte illustrée.
Un vol. in-8º, de 280 pages, orné de 135 dessins de G. LE DOUX.
Edition ordinaire, couverture brique, 3e mille.
Broché, **1 franc**; *port*, **0 fr. 35**. *Relié toile*, **1 fr. 50**; *et avec tranches dorées*, **1 fr. 75**; *port*, **0 fr. 55**.
Edition sur papier fort, couverture grise gaufrée, 3e mille.
Broché, **2 francs**; *port*, **0 fr. 80**; *relié toile*, **2 fr. 50**; *et avec tranches dorées*, **3 francs**; *port*, **1 franc**.

Grâce à ce livre et à ses illustrations, les enfants peuvent apprendre avec goût et célérité les grands faits de l'histoire du monde avant la venue de Notre-Seigneur.

Encyclique de S. S. Léon XIII
sur l'Ecriture Sainte, du *18 novembre 1893*. Une brochure in-12 de 32 pages. 5e mille.
Prix, **0 fr. 05**; *port*, **0 fr. 05**. *Grande remise sur les quantités.*

Très utile à étudier et à consulter.

NOTA. — *Voir au Catalogue spécial de l'Imagerie de la Bonne Presse les séries des Bons points du Nouveau et de l'Ancien Testament.*

S'il y a avantage pour le port à prendre des colis postaux, voir leurs différents prix page 2.

II. — Doctrine et Piété.

Compendium Theologiæ dogmaticæ et moralis, una cum præcipuis notionibus theologiæ canonicæ, liturgicæ, pastoralis et mysticæ, ac philosophiæ christianæ. — 4ᵃ editio, aucta et emendata, auctore P. J. BERTHIER, M. S. Un vol. in-8° de 708 pages.

Broché, **6 francs**; *port*, **1 franc**.

« En publiant cet ouvrage, le P. Berthier veut offrir aux prêtres les plus absorbés par les travaux du ministère un moyen facile de se remettre en mémoire les notions importantes des diverses branches de la science sacrée. En ses pages, faciles à lire, il leur présente toute la substance des manuels les plus justement estimés et les plus répandus. Il suffirait de lire chaque jour deux pages de cet abrégé des abrégés pour revoir en une année tout l'enseignement du Séminaire. » (*Le Polybiblion.*)

Abrégé de Théologie dogmatique et morale avec les notions les plus importantes de droit canon, de liturgie, de pastorale, de théologie mystique et de philosophie chrétienne, par le P. J. BERTHIER, M. S. Un vol. in-8° de 800 pages. 8ᵉ mille.

Broché, **6 francs**; *port*, **1 franc**; *relié demi-basane*, **8 francs**; *port*, **1 fr. 20**.

« Cette édition nouvelle peut se présenter avec la confiance d'être accueillie favorablement. Rien n'a été négligé pour la rendre plus complète. La *Somme* de saint Thomas a été étudiée tout entière dans ce but, ainsi que les auteurs de théologie dogmatique et morale les plus recommandables et les plus récents. L'auteur a butiné sur chacun ce qui lui a paru le plus pratique, sans sortir des limites de la brièveté qu'il s'est imposées. Par là, il a réussi à faire un ouvrage qu'on pourrait justement appeler le *Trésor du prêtre*. »
(Mgr F. MUSSEL, vic. gén. de Grenoble.)

Le Prêtre dans le ministère de la prédication, ou Directoire du prédicateur en chaire et au saint tribunal, et Recueil de sermons pour les missions, les retraites, les dimanches et les fêtes de l'année, de panégyriques et d'allocutions de circonstances, par le P. J. BERTHIER, M. S. Un vol. in-8° de 980 pages. 17ᵉ mille.

Broché, **6 francs**; *port*, **1 franc**; *relié demi-basane*, **8 francs**; *port*, **1 fr. 20**.

C'est une mine inépuisable, où l'on trouve les avis utiles à donner en toutes circonstances, la matière des prônes du dimanche, 8 conférences dialoguées, 52 instructions et 190 sermons.

« Nous croyons, dit Mgr MUSSEL, devoir faire des vœux sincères pour que ce livre si substantiel et si pratique soit de plus en plus connu des prêtres qui exercent le saint ministère, et des jeunes lévites qui s'y préparent dans les Grands Séminaires. »

« L'auteur a joint la pratique à la théorie..... Tout est simple dans ce travail, mais tout est clair, solide, substantiel. »
(*La Croix.*)

Le Sacerdoce, son excellence, ses obligations, ses droits, ses privilèges, par le P. J. BERTHIER, M. S. Nouvelle édition revue et augmentée. Un vol. in-12 de 850 pages.

Broché, **2 francs**; *port*, **0 fr. 60**.

« Les détails les plus pratiques abondent dans ce livre, fruit d'une longue expérience aussi bien que de sérieuses études. Nous l'approuvons donc de tout cœur, et notre vœu le plus sincère est qu'il devienne le manuel des séminaristes et des prêtres. »
(Mgr MUSSEL, vic. gén. de Grenoble.)

Paroles et traits historiques les plus remarquables, par le P. J. BERTHIER, M. S. Un vol. in-8° de 488 pages.

Broché, **2 francs**; *port*, **0 fr. 55**.

L'auteur a recueilli en ce volume tout ce qu'il a trouvé de remarquable dans plus de 30 ouvrages parcourus en ce but. Les prêtres y trouveront donc une mine abondante pour leurs instructions. Une table générale leur permettra de trouver plus vite les traits qu'ils voudront.

Le Livre des petits enfants, par le P. J. BERTHIER, M. S. Un vol. in-16 de 210 pages.

Broché, **1 franc**; *port*, **0 fr. 50**.

Le titre de ce livre indique assez son but. Il s'impose à toutes les familles chrétiennes comme premières lectures des enfants.

Le Livre de tous, par le P. J. BERTHIER, M. S.
Edition in-16 illustrée. Un vol. de 480 pages. 24ᵉ mille.

Broché, **1 franc**; *port*, **0 fr. 35**. *Relié percaline*, **1 fr. 50**; *et avec tranches dorées*, **1 fr. 75**; *port*, **0 fr. 40**.

Edition in-8° illustrée. Un vol. de 150 pages. 10ᵉ mille.

S'il y a avantage pour le port à prendre des colis postaux, voir leurs différents prix page 2.

Broché, **1 franc**; *port*, **0 fr. 50**.
Relié percaline, **1 fr. 50**; et avec tranches dorées, **1 fr. 75**; *port*, **0 fr. 70**.

On a appelé ce livre la *Théologie du peuple*. Rien n'est plus exact. Aussi a-t-il eu, dès le début, la faveur des prêtres et des fidèles, puisque plus de 30 000 exemplaires en deux formats ont déjà été propagés, lus et médités. Mgr Mussel, vicaire général de Grenoble, recommande d'en lire un chapitre par jour dans les familles, au moins le dimanche, et pendant les veillées d'hiver.

Le jeune Homme comme il faut,
par le P. **J. BERTHIER**, M. S.
Edition in-16. Un vol. de 544 pages. 8e mille.
Broché, **1 franc**; *port*, **0 fr. 35**. Relié percaline, **1 fr. 50**; et avec tranches dorées, **1 fr. 75**; *port*, **0 fr. 40**.
Edition in-8° illustrée. Un vol. de 454 pages. 2e mille.
Broché, **1 franc**; *port*, **0 fr. 50**. Relié percaline, **1 fr. 50**; et avec tranches dorées, **1 fr. 75**; *port*, **0 fr. 70**.

Pour former la jeunesse et la diriger vers le bien, rien ne vaut les leçons et les enseignements si concis et si pratiques du P. Berthier. Pour s'en convaincre, il suffit de parcourir ces pages mûries dans la prière.

La jeune Fille et la Vierge chrétienne
à l'école des saints, par le P. J. BERTHIER, M. S. Un vol. in-16 de 396 pages. 27e mille.
Broché, **1 franc**; *port*, **0 fr. 35**. Relié percaline, **1 fr. 50**; et avec tranches dorées, **1 fr. 75**; *port*, **0 fr. 40**.

« La première partie de cet ouvrage traite des vertus que la jeune personne et la vierge chrétienne doivent pratiquer envers Dieu, envers les supérieurs et le prochain, et envers elles-mêmes. La deuxième les prémunit contre les écueils qu'elles doivent redouter et fuir. La troisième leur indique les moyens de pratiquer la vertu et de surmonter les obstacles qui s'opposent à leur sanctification. Ce plan embrasse les sujets les plus pratiques. » (*Extrait de l'approbation.*)

L'Homme tel qu'il doit être,
par le P. J. BERTHIER, M. S. Un vol. in-16 de 572 pages. 5e mille.
Broché, **1 franc**; *port*, **0 fr. 35**. Relié percaline, **1 fr. 50**; et avec tranches dorées, **1 fr. 75**; *port*, **0 fr. 40**.

Le P. Berthier a eu en vue tous les états et tous les âges de la vie : il s'adresse, en cet ouvrage, aux hommes formés, pour leur dire, au nom de Dieu et de l'Eglise, ce qu'ils ont à faire. C'est un bon et beau livre, bien approprié à son genre de lecteurs.

La Mère selon le cœur de Dieu,
par le P. **J. BERTHIER**, M. S. Nouvelle édition illustrée et augmentée. Un vol. in-16 de 404 pages. 5e mille.

Broché, **1 franc**; *port*, **0 fr. 35**.
Relié percaline, **1 fr. 50**; et avec tranches dorées, **1 fr. 75**; *port*, **0 fr. 40**.

Ce livre, destiné aux mères de famille, leur expose d'une manière complète leurs devoirs; il peut être lu avec fruit par les institutrices et par les religieuses qui s'occupent de l'éducation, sujet qu'il traite longuement.

L'État religieux,
Son excellence, ses avantages, ses *obligations*, ses *privilèges*, par le P. **J. BERTHIER**, M. S. Nouvelle édition revue et augmentée. Un vol. in-16 de 468 pages. 2e mille.
Broché, **1 franc**; *port*, **0 fr. 30**. Relié percaline, **1 fr. 50**; et avec tranches dorées, **1 fr. 75**; *port*, **0 fr. 40**.

« Les avantages de l'état religieux, établi par Notre-Seigneur et si estimé de tous les saints et de tous les vrais chrétiens, les obligations qu'il impose, sont exposés brièvement, clairement et avec la précision de doctrine qui caractérise les autres ouvrages du même auteur. Nous espérons que ce livre ne tardera pas d'être le manuel de toutes les âmes consacrées à Dieu. » (*Extrait de l'approbation.*)

Des états de Vie chrétienne et de la
vocation, d'après les Docteurs de l'Eglise et les théologiens, par le P. J. BERTHIER, M. S. Nouvelle édition revue et augmentée. Un vol. in-16 de 274 pages. 5e mille.
Broché, **0 fr. 75**; *port*, **0 fr. 30**.
Relié percaline, **1 fr. 25**; et avec tranches dorées, **1 fr. 50**; *port*, **0 fr. 40**.

« Presque tous les ouvrages modernes renferment sur ce point capital de la vocation des notions et des règles complètement opposées à la doctrine des grands docteurs catholiques. Or, c'est la vraie doctrine catholique que renferme ce livre. »
(*Messager du Sacré Cœur de Jésus.*)

Sententiæ et exempla biblica e veteri
et novo Testamento excerpta et ordinata, auctore P. **J. BERTHIER**, M. S. Nova Editio. Un vol. in-32 de 402 pages.
Broché, **0 fr. 75**; *port*, **0 fr. 30**.

C'est une sorte de dictionnaire des textes, par ordre alphabétique. Il donne sous chaque titre les versets de la Bible qui s'y rapportent naturellement; et dans les sujets les plus importants, ces textes sont si nombreux, si bien choisis et ordonnés, qu'avec ce seul livre, on pourrait exposer la vérité de la manière la plus complète et la plus saisissante.

Notre-Seigneur Jésus-Christ,
Ce que nous lui devons, par le P. **J. BERTHIER**, M. S. Un vol. in-16 de 184 pages.
Broché, **0 fr. 75**; *port*, **0 fr. 20**.

Cet opuscule fait connaître l'Homme-Dieu, ce qu'il

S'il y a avantage pour le port à prendre des colis postaux, voir leurs différents prix page 2.

est en lui-même, ce qu'il est pour nous, ce que nous lui devons. Est-il une connaissance plus belle et plus nécessaire?

La Vierge Marie, Son culte, la dévotion envers elle, par le P. J. BERTHIER, M. S. Un vol. in-16 de 160 pages.

Broché, 0 fr. 75; port, 0 fr. 20.

« Cet ouvrage condense en quelques pages la doctrine des saints et des théologiens sur la Sainte Vierge. Il justifie son culte, fait connaître en quoi il consiste, expose les principales pratiques de dévotion envers Marie. Il excitera les âmes à recourir à elle avec confiance, tout en préservant leur dévotion de toute illusion. » *(Extrait de l'approbation.)*

Quelle est ma vocation, et que dois-je conseiller sur le choix d'un état? Entretiens de Théophile avec un missionnaire, par le P. J. BERTHIER, M. S. 3e édition. Un vol. in-32 de 102 pages. 8e mille.

Broché, 0 fr. 50, port, 0 fr. 10; relié, 0 fr. 75; port, 0 fr. 15.

C'est un petit volume, écrit sous forme de dialogue, et qui se lit avec intérêt. Il résume le traité des *Etats de vie*; il a fait déjà beaucoup de bien.

Dieu, Son existence, sa nature, sa Providence, ses droits sur l'homme. Conférences de Saint-Roch, par les abbés L. POULIN et E. LOUTIL, Un vol. in-12 de 256 pages. 4e mille.

Broché, avec couverture glacée vert pâle, 2 francs; port, 0 fr. 45.

« Ces conférences, d'un genre nouveau, ont réuni au pied de la chaire de Saint-Roch, durant le Carême de 1898, un auditoire de plus d'un millier d'hommes. C'est dire leur succès et le motif qui les a fait publier. Elles ont pour objet Dieu, son existence, sa nature, sa providence, ses droits sur l'homme. Ces grandes questions sont mises à la portée du peuple, dans un langage simple, populaire, plein d'entrain et de charmes. Les auteurs sont fort instruits, mais ne cherchent pas à le paraître. » *(Revue générale de Bruxelles.)*

L'Ame, Son existence, sa spiritualité, son immortalité, sa liberté, sa responsabilité. Conférences de Saint-Roch, par les abbés L. POULIN et E. LOUTIL. Un vol. in-12 de 280 pages. 2e mille.

Broché, avec couverture glacée vert pâle, 2 francs; port, 0 fr. 50.

« Ces conférences, qui continuèrent, en 1899, celles du Carême de 1898, ont été publiées telles qu'elles ont été dites, et c'est à peine si, par-ci par-là, on a supprimé des incorrections trop criantes. C'est donc de la parole bien vivante, bien émue..... » *(La Croix.)*

Le Crucifix, dans l'histoire et dans l'art, dans l'âme des Saints et dans notre vie

par le P. J. HOPPENOT, S. J. Un vol. in-8° cavalier, de 232 pages, beau papier, orné de 29 illustrations, avec une lettre d'approbation de S. Em. le cardinal LANGÉNIEUX, archevêque de Reims. 10e mille.

Broché, 2 francs; port, 0 fr. 55; relié avec fers blancs, 3 francs; et avec tranches dorées, 3 fr. 25; port, 0 fr. 65.

« Voici un ouvrage d'une haute portée spirituelle, et qui, tout savant qu'il soit, par les recherches qu'il suppose et les lectures qu'il a nécessitées, paraît sorti du cœur, plus encore que de la science. C'est un de ces volumes qui font du bien, qui vous élèvent, qui vous rendent meilleurs, et nul éloge plus sérieux ne peut être fait à un ouvrage quelconque. C'est l'histoire de la croix du Sauveur et de ses clous, de son invention, des parcelles sacrées qui nous en restent, de la couronne d'épines, puis, par conséquence, des saints crucifiés. C'est l'histoire ensuite de tout ce que l'art a fait pour reproduire les traits du divin crucifié. Puis, c'est le récit de l'empreinte indélébile et profonde que le crucifiement a mise au fond de l'âme des Saints et des vertus divines qui ont jailli de ce culte. Enfin, ce sont de précieux conseils sur l'usage du crucifix dans la vie quotidienne : au lever du jour, dans l'atelier, dans le cabinet de travail, dans le salon, pendant les souffrances, les tentations, à l'article de la mort. L'ouvrage est à recommander à tout vrai chrétien, et même à ceux qui sont en voie de le devenir. » *(L'Univers.)*

La Douleur, par A. BLANC DE SAINT-BONNET. Un vol. in-12 de 290 pages, avec un portrait de l'auteur en héliogravure. 5e édition.

Broché avec couverture grise gaufrée, 2 fr. 50; port, 0 fr. 60; relié demi-basane, 3 fr. 50; port, 0 fr. 70.

C'est le chef-d'œuvre de l'auteur, et nul ouvrage n'arrive plus à son heure et ne peut faire plus de bien.

Nos Raisons de croire, Étude historique et critique sur les motifs de crédibilité que présente l'Eglise catholique, par le P. D. LODIEL, S. J.

Edition in-12 de 536 pages. 3e mille.

Broché, 2 fr. 50; port, 0 fr. 60; relié 3 fr. 25; et avec tranches dorées, 3 fr. 50; port, 0 fr. 70; relié demi-basane 3 fr. 50; port, 0 fr. 70.

Edition in-8° de 656 pages, illustrée de nombreuses gravures. 5e mille.

Broché, 3 francs; port, 1 fr. 50; relié toile, 4 francs; et avec tranches dorées, 4 fr. 50; port, 1 fr. 65; relié demi-basane, 4 fr. 75; port, 1 fr. 65.

« Les apologistes, théologiens ou orateurs, se contentent le plus souvent d'affirmations générales, de vues d'ensemble... Autre est la manière du P. Lodiel. Il ne nous présente pas seulement la plaidoirie, il nous fait assister à l'audition des témoins. Quelques récits de martyres sont plus éloquents parfois que tous les développements oratoires, plus convaincants pour

---

S'il y a avantage pour le port à prendre des colis postaux, voir leurs différents prix page 2.

beaucoup que tous les arguments en forme..... On devine les avantages du procédé. Grâce aux « histoires », ce livre d'apologétique devient un livre de lecture fort intéressant. Et cette lecture, pleine d'intérêt, est singulièrement efficace et réconfortante. » (*Etudes*.)

L'Ordre du monde physique et sa cause première, d'après la science moderne, par L. D. DE SAINT-ELLIER.

Edition in-16 de 290 pages. 3e mille.
Broché, 0 fr. 75; *port,* 0 fr. 25.
Edition in-8° de 454 pages, avec illustrations. 4e mille.
Broché, 3 francs; *port,* 1 fr. 35.
Relié, 4 francs; *et avec tranches dorées,* 4 fr. 50; *port,* 1 fr. 50.

Magnifique démonstration de l'existence de Dieu, d'après les témoignages les plus récents de la science.

Où allons-nous ? Etude sur la vie future.
Faits intimes, raisons, manifestations d'outre-tombe, par le P. LODIEL, S. J. Un vol. in-16 de 206 pages.
Broché, 0 fr. 75; *port,* 0 fr. 20.

« *Où allons-nous ?* Ce problème, l'auteur l'aborde au point de vue de l'observation intime, de la raison et de la foi. Il montre les bases cachées de notre immortalité, les exigences de l'ordre moral qui l'appellent, les autorités irréfragables sur lesquelles s'appuie l'espoir du chrétien, et, sur chacune de ses preuves, il cite les pages les plus éloquentes des savants et des hommes de génie. C'est donc un ouvrage plein d'intérêt, dont la lecture est facile et réconfortante. Au delà des horizons glacés de la vie présente, elle nous montre l'aurore d'un jour éternel où règne la justice, où l'âme peut trouver un bonheur qui réponde aux tendances de ses plus nobles facultés. » (*La Croix*.)

Le Rosaire et les trois âges de la vie. Le Rosaire et les Saints Lieux, par UN ANCIEN PÈLERIN DE JÉRUSALEM. Nouvelle édition revue et corrigée.

Edition in-16 de 242 pages, avec 37 illustrations. 2e mille.
Broché, 0 fr. 75; *port,* 0 fr. 20.
Edition grand in-8° de 130 pages, avec 38 grandes illustrations. 7e mille.
Papier ordinaire, 0 fr. 40; *port,* 0 fr. 20.
Papier fort, 1 franc; *port,* 0 fr. 35.

Nous avons ici les tableaux des 15 mystères du Rosaire, avec descriptions et vues des Lieux Saints qui s'y rapportent. On peut ainsi méditer avec les yeux, l'esprit et le cœur.

Explication du grand Catéchisme en images, par l'abbé FOURRIÈRE, curé de Moislains (Somme). Un vol. in-16 de 270 pages. 5e mille.
Broché, 0 fr. 75; *port,* 0 fr. 25.

En envoyant à l'auteur l'approbation de S. Em. le cardinal Langénieux, archevêque de Reims, M. le chanoine Girard ajoute :

« L'œuvre la plus urgente d'aujourd'hui est de répandre, sous toutes les formes, la doctrine de Notre-Seigneur, et d'en saisir les jeunes intelligences par la parole, par l'écriture, par l'image, en un mot par tous les moyens qui donnent entrée dans l'âme. »

Le but de ce livre est d'aider à cet apostolat.

Combat spirituel, traduction littérale, précédé d'un Essai sur la vie spirituelle, par GABRIEL DE BELCASTEL. Un vol. in-32 de 212 pages. 5e mille.
Broché, 0 fr. 50; *port,* 0 fr. 10. *Relié toile noire,* 0 fr. 75; *port,* 0 fr. 20.

Cette édition se recommande d'elle-même à la piété des fidèles. Du reste, S. Em. le cardinal Desprez, ancien archevêque de Toulouse, en loue « l'exactitude et l'élégance du style. » L'essai, qui lui sert de préface, a mérité aussi tous les éloges.

Méditations de saint Augustin, traduites par le P. LAURENT, des Augustins de l'Assomption. Un vol. in-32 de 220 pages. 3e mille.
Broché, 0 fr. 50, *port,* 0 fr. 10. *Relié toile noire,* 0 fr. 75; *port,* 0 fr. 15.

On connaît, au moins de réputation, ces substantielles méditations du grand Docteur. La traduction qu'en donne le P. Laurent, loin de les amoindrir, en fait ressortir toute la beauté.

Soliloques de saint Augustin, ou Entretiens de l'âme avec Dieu, traduits par le P. LAURENT, des Augustins de l'Assomption. Un vol. in-32 de 200 pages. 2e mille.
Broché, 0 fr. 50; *port,* 0 fr. 10. *Relié toile noire,* 0 fr. 75; *port,* 0 fr. 15.

Sous une autre forme, c'est la suite des méditations de saint Augustin. Le grand évêque d'Hippone y apprend l'âme à converser avec Dieu.

Quelques opuscules de piété, suivis d'un supplément renfermant les Evangiles et les Psaumes commentés dans ces opuscules, par BOSSUET. Un vol. in-32 de 320 pages. 3e mille.
Broché, 0 fr. 50, *port,* 0 fr. 15. *Relié toile noire,* 0 fr. 75; *port,* 0 fr. 20.

Ces opuscules contiennent des élévations admirables du grand évêque de Meaux sur la prière et l'oraison, sur la Sainte Messe, sur la Communion, sur l'abandon de soi à Dieu, sur l'entrée en religion et les vœux, sur la pénitence, la préparation à la mort et divers autres sujets. Il y a aussi des prières, des retraites, des homélies, des discours et des réflexions utiles. Les âmes y trouveront grand profit.

S'il y a avantage pour le port à prendre des colis postaux, voir leurs différents prix page 2.

MAISON DE LA BONNE PRESSE

LIBRAIRIE 11

La Famille selon les Livres Saints.
Le mariage, les devoirs des époux, l'éducation, par le P. **PAUL CLAIR**, des Frères Prêcheurs. 3e mille. Un vol. in-32 de 240 pages.
Broché, **0 fr. 50**; *port*, **0 fr. 15**. *Relié toile noire*, **0 fr. 75**; *port*, **0 fr. 25**.

« Tout ce qui intéresse la famille dans nos Saints Livres a été extrait avec goût, classé avec ordre, serti avec talent, et cela forme ce délicieux petit volume. Sous ces gros caractères elzéviers, agréables à l'œil, on découvre une mine précieuse de leçons et de bons conseils. Le style en est clair, facile, bien adapté au sujet. »
(*Le Mois littéraire et pittoresque*.)

Où trouver le Bonheur? par le Cte DE LAMBEL. Un vol. in-32 de 186 pages.
Broché, **0 fr. 50**; *port*, **0 fr. 10**. *Relié toile noire*, **0 fr. 75**; *port*, **0 fr. 20**.

La préface indique le but de ce petit livre, qui veut combattre le préjugé que la piété attriste et assombrit les cœurs. Car, en indiquant les défauts à combattre, les vertus à pratiquer, en énumérant les devoirs de la vie chrétienne, il montre que leur accomplissement peut, seul, consoler efficacement les épreuves de la vie, procurer le bonheur possible ici-bas, et préparer les joies du ciel.

Les noms de Saints et les noms de Baptême, par le P. **ALFRED DESCHAMPS**, S.J. 6e édition. Un vol. in-32 de 116 pages. 3e mille.
Broché, **0 fr. 50**; *port*, **0 fr. 10**. *Relié toile noire*, **0 fr. 75**; *port*, **0 fr. 15**.

« Ce petit livre « en titre » est plus spécialement sur « les noms » de Saints, car l'auteur a voulu viser le point le plus pratique, mais, « de fait, il est surtout sur les Saints eux-mêmes ». Satan, qui a de l'esprit, se mit à attaquer avec rage, par le calendrier révolutionnaire, les noms des Saints; mais, par là, c'était bien la dévotion aux Saints qu'il voulait détruire, et, par suite, la religion toute entière. » (*L'Univers*.)

Traité pratique des Indulgences,
par l'abbé **CANTEGRIL**, vicaire général de Carcassonne. Un vol. in-32 de 104 pages.
Broché, **0 fr. 50**; *port*, **0 fr. 15**. *Relié toile noire*, **0 fr. 75**; *port*, **0 fr. 20**.

« Dans ce substantiel écrit, à la portée de tous, nous trouvons d'abord quelques notions générales sur les indulgences, puis des détails particuliers (confréries et associations, scapulaires, objets de piété indulgenciés, pratiques et prières enrichies d'indulgences, jubilé); enfin le catalogue des principales indulgences plénières que l'on peut gagner. Ce petit volume, d'un caractère bien modeste, est donc destiné à rendre de grands services aux personnes pieuses. »
(*Le Mois littéraire et pittoresque*).

La pensée de la Mort, par le P. **LADISLAS**, des Frères Mineurs Capucins. Avec l'approbation des supérieurs. Un vol. in-32 de 110 pages. 10e mille.
Broché, **0 fr. 40**; *port*, **0 fr. 10**.

« Une *danse des morts* moderne, disait F. Coppée, dans la *Bonne souffrance*, une farandole macabre, au goût du jour, cela ne serait pas inutile et nous ferait un peu réfléchir sur quelques-unes de nos vanités. Ne peut-on se figurer la mort conduisant à la tombe et à l'éternel oubli les représentants de la société contemporaine? » — Ce livre a répondu d'avance à ce désir.

La Douleur calmée, ou le soulagement offert à ceux qui souffrent, par l'abbé **CLÉMENT**, licencié ès lettres et ès sciences. Un vol. in-32 de 120 pages. 2e mille.
Broché, **0 fr. 20**; *port*, **0 fr. 05**.

« La *Douleur*, l'éternel sujet qui fait le thème de toutes les lamentations humaines et de toutes les méditations chrétiennes! Son origine, sa justice, ses surprises, ses gloires, ses remèdes, son modèle : c'est sur quoi M. l'abbé Clément vient jeter, après tant d'autres, toutes les clartés et les tendresses de la foi. »
(*L'Ami du clergé*.)

L'Image du Sacré Cœur, par l'abbé **PH. CLÉMENT**, chapelain de Paray-le-Monial. Un vol. de 32 pages. Avec illustrations de MONNIER. 2e mille.
Broché, **0 fr. 20**; *port*, **0 fr. 05**.

Ces pages ont été écrites à l'ombre du sanctuaire de la Visitation de Paray-le-Monial, où l'auteur a le bonheur de vivre. Elles se ressentent de cette lumineuse et chaleureuse influence pour continuer leur apostolat.

Jésus-Christ, par Mgr **GOUTHE-SOULARD**, archevêque d'Aix, Arles et Embrun. Un vol. in-32 de 200 pages. 95e mille.
Broché, **0 fr. 50**; *port*, **0 fr. 10**. *Relié toile noire*, **0 fr. 75**; *port*, **0 fr. 20**.

« En quelques pages, il y a mieux qu'un sermon, plus qu'un gros livre. C'est la suprême vérité revêtant tout l'intérêt d'un travail fait uniquement pour plaire. »
(*La Croix*.)

Histoire de la Sainte Vierge, en 31 chapitres, par l'abbé **NADAL**, doyen du chapitre de Valence. Nouvelle édition revue et augmentée. Un vol. in-32 de 190 pages. 2e mille.
Broché, **0 fr. 50**; *port*, **0 fr. 10**. *Relié toile noire*, **0 fr. 75**; *port*, **0 fr. 20**.

Cette *Histoire* est divisée en 31 chapitres et peut servir utilement de lectures pour le mois de Marie. On y sent un cœur rempli d'amour pour la Sainte Vierge et pour son culte.

Mois du Sacré Cœur, par le P. **VINCENT JEANROY**, de la Société des Prêtres du Cœur de Jésus. Nouvelle édition. Un vol. in-32 de 184 pages. 3e mille.
Broché, **0 fr. 50**; *port*, **0 fr. 10**. *Relié toile noire*, **0 fr. 75**; *port*, **0 fr. 20**.

S'il y a avantage pour le port à prendre des colis postaux, voir leurs différents prix page 2.

Ce nouveau *Mois du Sacré Cœur* est tiré presque exclusivement des écrits des Saints, des Pères de l'Église et des auteurs ascétiques. Chaque jour, un récit bien choisi apporte l'autorité de l'exemple à celle de la doctrine. Enfin, des prières très utiles et un ordinaire de la Messe entendue en union avec le Sacré Cœur complètent à merveille ce petit livre de piété.

Mois de l'Enfant Jésus, par le P. LAZARE,
des Augustins de l'Assomption. Un vol. in-32 de 234 pages. 2e mille.
Broché, **0 fr. 50**; *port*, **0 fr. 10**. *Relié toile noire*, **0 fr. 75**; *port*, **0 fr. 20**.

Ce petit *Mois* comprend 39 jours, puisqu'il va du 26 décembre au 2 février. L'auteur y étudie les rapports de tous les fidèles avec le Divin Enfant et en tire les leçons utiles à chacun.

Mois de Marie, rédigé par les Saints.
Un vol. in-8° de 132 pages, avec 31 copies de tableaux et 31 vues de pèlerinages. 25e mille.
Broché, **1 franc**; *port*, **0 fr. 25**.

Ce *Mois de Marie* est enrichi de nombreux exemples et il décrit 31 des plus célèbres pèlerinages en l'honneur de la Sainte Vierge.

Mois du Sacré Cœur, à l'usage des personnes occupées.
Une brochure in-32 de 64 pages. 55e mille.
Prix, **0 fr. 10**; *port*, **0 fr. 05**.

Mois de Marie, à l'usage des personnes occupées.
Une brochure in-32 de 64 pages. 55e mille.
Prix, **0 fr. 10**, *port*, **0 fr. 05**.

Mois du Rosaire, à l'usage des personnes occupées.
Une brochure in-32 de 64 pages. 30e mille.
Prix, **0 fr. 10**; *port*, **0 fr. 05**.

Dans chacun de ces *Mois populaires*, on trouve des considérations courtes et substantielles, des exemples, des prières et des résolutions pour chaque jour. Ces petits volumes plaisent beaucoup aux fidèles.

Comment il faut aimer le bon Dieu.
Un vol. in-32 de 62 pages, couverture en deux couleurs. Collection bijou. 220e mille.
Broché, **0 fr. 10**; *port*, **0 fr. 05**.

La grande diffusion de cet opuscule indique assez l'estime où on le tient et le bien qu'il a fait et qu'il fera encore.

Les Indulgences du Rosaire.
Un vol. in-32 de 48 pages, avec couverture en deux couleurs. Collection bijou. 85e mille.
Broché, **0 fr. 10**; *port*, **0 fr. 05**.

Comme il n'existait pas d'ouvrage donnant une énumération complète des indulgences authentiques accordées à la dévotion du Rosaire, le Ministre général des Frères Prêcheurs, par ordre du Souverain Pontife, a dressé, en 1899, un catalogue de ces faveurs si précieuses. La Sacrée Congrégation des Indulgences l'a revu et approuvé, et en a envoyé un exemplaire aux évêques du monde entier, accompagné d'une lettre de son préfet, S. Em. le cardinal Gotti. Le présent opuscule contient la traduction fidèle de ces documents officiels. Il est indispensable à tous les fidèles, car ce catalogue est définitif, et toutes les indulgences sur le Rosaire qui n'y sont pas mentionnées sont abrogées.

Les Indulgences les plus usuelles.
Un vol. in-32 de 32 pages, avec couverture en deux couleurs. Collection bijou. 65e mille.
Broché, **0 fr. 10**; *port*, **0 fr. 05**.

Ce recueil contient, comme son titre l'indique, les indulgences les plus usuelles, et complète le volume des indulgences du Rosaire.

Le Jubilé de 1900.
D'après les documents pontificaux. Un vol. in-32 de 64 pages, avec couverture en deux couleurs. Collection bijou. 10e mille.
Broché, **0 fr. 10**; *port*, **0 fr. 05**.

Cet opuscule explique quelle est la nature du Jubilé et les conditions requises pour le gagner.

Courtes Méditations pour le Chemin de la Croix.
Un vol. in-32 de 16 pages, avec gravures représentant les 14 stations. Couverture en deux couleurs. Collection bijou. 50e mille.
Broché, **0 fr. 10**; *port*, **0 fr. 05**.

Opuscule très utile et facile à répandre.

Petite vie de saint Roch, sous forme de neuvaine, par l'abbé FOURIÉ.
Un vol. in-32 de 64 pages, avec couverture en deux couleurs. Collection bijou. 5e mille.
Broché, **0 fr. 30**; *port*, **0 fr. 05**.

« Nous offrons, disait l'auteur dans la 1re édition, nous offrons à tous les fidèles désireux de connaître et d'honorer saint Roch, une petite vie de ce Saint admirable, dont la protection est si grande en temps d'épidémie. Il a été publié des livres d'une valeur remarquable sur la vie de ce Vincent de Paul du XIVe siècle, comme on l'a si bien appelé; mais tous sont d'un volume et d'un prix qui ne leur permettent pas de pénétrer assez dans le peuple. Ce que nous offrons est une petite vie populaire. C'est pourquoi nous avons voulu que sa forme fût celle d'un très modeste résumé, et son prix, le plus accessible possible. Ce petit livre est à la fois une histoire, une neuvaine et un manuel de la dévotion à saint Roch. »

S'il y a avantage pour le port à prendre des colis postaux, voir leurs différents prix page 2.

III. — Hagiographie.

Sainte Clotilde, par l'abbé L. POULIN. Avec une lettre d'approbation de S. G. M₉ʳ HAUTIN, archevêque de Chambéry. Un vol. in-12 de 412 pages.
 Broché, *couverture bleue glacée,* **2 fr. 50**; *port,* **0 fr. 65.** *Relié,* **4 fr.**; *port,* **0 fr. 75.**

« M. l'abbé Poulin a eu raison de faire revivre cette suave et forte physionomie de reine et de sainte. Son travail, documenté et sérieux, où son âme apostolique se fait jour presque à chaque ligne, mérite de fixer l'attention, en ce moment surtout, où les vrais patriotes souffrent si douloureusement. Puisse-t-il être une consolation, un encouragement pour les luttes présentes et un gage de triomphe à venir! »
(*Le Mois littéraire et pittoresque.*)

Saint Vincent Ferrier, par le P. FAGES, des Frères Prêcheurs. Avec approbation de son Ordre et une lettre de M. l'abbé DUCHESNE, de l'Institut. Deux vol. in-12 de 508 et de 554 pages. 2ᵉ mille.
 Brochés, **5 francs**; *port,* **1 fr. 20.**

« Votre ouvrage, écrit à l'auteur M. l'abbé Duchesne, est assez riche en preuves de toutes sortes, pour que nul, désormais, ne puisse s'occuper de saint Vincent Ferrier ou de son époque sans vous consulter. Je souhaite à votre livre tout le succès que mérite un travail aussi consciencieux, entrepris dans une intention si élevée, poursuivi avec tant de courage, de patience et d'érudition. »

La Vie de sainte Élisabeth, ornée de gravures et d'une carte, par UNE MAMAN. Un vol. in-8° de 154 pages. 3ᵉ mille.
 Broché, couverture brique illustrée, **1 fr.**; *port,* **0 fr. 50.** *Relié percaline,* **1 fr. 50,** et avec tranches dorées, **1 fr. 75**; *port,* **0 fr. 70.**

Ce volume, en gros caractères, est destiné surtout aux enfants. Une maman leur raconte avec charme la vie et les miracles de sainte Élisabeth de Hongrie.

Saint Ignace de Loyola, Vie populaire. Un vol. in-12 de 90 pages, avec de nombreuses illustrations. 3ᵉ mille.
 Broché, couverture gaufrée, **0 fr. 50**; *port,* **0 fr. 20.** *Relié,* **0 fr. 75**; *port,* **0 fr. 30.**

L'épigraphe de ce volume est mot de sainte Marie-Madeleine de Pazzi : « L'esprit d'Ignace, c'est l'esprit de Jean. » Et l'auteur le prouve en ces pages intéressantes et vraiment apostoliques.

Nouvelle Vie populaire de saint Vincent de Paul, par l'abbé HENRI DEBOUT. Un vol. in-16 de 156 pages. 6ᵉ mille.
 Broché, **0 fr. 40**; *port,* **0 fr. 20.** *Relié,* **0 fr. 65**; *port,* **0 fr. 25.**

Dédié à Mgr Dennel, mort évêque d'Arras.

Histoire populaire de saint Julien, *premier évêque du Mans,* par dom PAUL PIOLIN, Bénédictin de la Congrégation de France, président de la Société historique et archéologique du Maine. Un vol. in-16 de 224 pages. 3ᵉ mille.
 Broché, **0 fr. 75**; *port,* **0 fr. 20.** *Relié,* **1 fr. 25**; *port,* **0 fr. 25.**

Le titre et l'auteur de cet ouvrage indiquent suffisamment ce qu'il promet, et il le donne largement.

Vie du saint prophète Élie, *fondateur et patriarche de l'Ordre du Carmel,* par le P. ALBERT-MARIE DU SAINT-SAUVEUR, provincial des Carmes. Un vol. in-8° de 96 pages, illustré de 40 gravures anciennes. 6ᵉ mille.
 Broché, **1 franc**; *port,* **0 fr. 15.**

Outre la vie du Saint, cet opuscule raconte, dans une préface, l'origine et l'histoire de l'Ordre des Carmes.

Saint Antoine de Padoue. Reproduction de sa vie en 53 gravures de J. KAUFFMANN, avec texte latin et traduction française. Un vol. in-8° de 112 pages, illustré. 12ᵉ mille.
 Broché, **1 franc**; *port,* **0 fr. 20.**

C'est une bonne fortune que cette réédition, en un temps où le thaumaturge de Padoue est si universellement invoqué, à cause de la multitude de ses bienfaits. Ces images et légendes naïves accroîtront encore la dévotion de ceux qui recourent à lui.

Le Sanctuaire de la Croix, Histoire illustrée de tous les crucifiés, d'après le livre publié en 1634, à Anvers, par le P. PIERRE BIVERUS, S. J. Un vol. in-8° de 96 pages, illustré de 67 gravures. 6ᵉ mille.
 Broché, **1 franc**; *port,* **0 fr. 15.**

Depuis Notre-Seigneur Jésus-Christ jusqu'au bienheureux Perboyre, la liste est longue de tous les saints crucifiés. On apprend, en ce livre, à les connaître, à les aimer et à les invoquer.

NOTA. — *Voir au chapitre XIV la collection de la* Vie des saints, *en plusieurs volumes.*

S'il y a avantage pour le port à prendre des colis postaux, voir leurs différents prix page 2.

IV. — Biographie.

La Vénérable Jeanne d'Arc, par l'abbé **HENRI DEBOUT**, missionnaire apostolique. Un vol. in-16 de 344 pages, illustré de 36 gravures. 35ᵉ mille.
Broché, 0 fr. 75; *port*, 0 fr. 25. Relié, 1 fr. 25, *et avec tranches dorées*, 1 fr. 50; *port*, 0 fr. 35.

Quarante évêques de France ont approuvé cette vie populaire de notre libératrice, qui a reçu aussi un accueil si encourageant dans le public catholique.

L'histoire admirable de Jeanne d'Arc, Pucelle d'Orléans, par l'abbé **HENRY DEBOUT** et **ÉMILE EUDE**. Un vol. in-8° de 442 pages, 100 gravures, vignettes ou cartes, sur beau papier, 3ᵉ mille.
Broché, couverture de MALATESTA, 5 francs; *port*, 1 fr. 35. Relié avec luxe, 9 francs; *port*, 1 fr. 70.

Le prédicateur du pèlerinage français de Domremy et l'architecte du monument national de Vaucouleurs ont associé, en ce travail, les ressources de leur esprit et de leur cœur pour rendre hommage à la Pucelle. Ils ont fait une œuvre de valeur.

La vie et les instructions de la Vénérable Mère Anne de Saint-Barthélemy, compagne et coadjutrice infatigable de la sainte et séraphique Mère Thérèse de Jésus, fondatrice de plusieurs couvents de Carmes déchaussés en France et de celui d'Anvers en Belgique, et vies des plus illustres de ses filles, par UN **SOLITAIRE DU SAINT DÉSERT DE MARLAIGNE**, Reproduction de l'édition de 1708, par les Carmélites déchaussées de Fontainebleau. Un vol. in-12 de 456 pages. 3ᵉ mille.
Broché, 2 fr. 50; *port*, 0 fr. 55.

Les nombreuses approbations que ce livre a reçues indiquent qu'il peut faire beaucoup de bien aux âmes auxquelles il est destiné.

La vénérable Philomène de Sainte-Colombe, religieuse Minime déchaussée, sa vie et ses écrits, par le R. P. PIE DE LANGOGNE, des Frères Mineurs Capucins. Un vol. in-12 de 256 pages, avec un portrait.
Broché, 1 fr. 50; *port*, 0 fr. 35. Relié, 2 francs; *et avec tranches dorées*, 2 fr. 25; *port*, 0 fr. 45.

Dans sa préface, le savant religieux explique l'histoire de cette œuvre, appelée à faire tant de bien.

« Une photographie fortuitement aperçue d'une tête de religieuse Minime, visiblement prise sur un buste de marbre; une visite pour voir ce buste original, et partant le sculpteur Félix Ferrer, qui avait su lui donner cette expression céleste et qui était précisément le propre frère de la vénérable Philomène: tout est là. »

Vie du T. R. P. Jean-Bapt. Rauzan, fondateur et premier Supérieur général de la Société des Missions de France, aujourd'hui Société des Prêtres de la Miséricorde, sous le titre de l'Immaculée-Conception, fondateur de la Congrégation des Dames de Sainte-Clotilde, par le P. A. DELAPORTE, de la Miséricorde. Nouvelle édition. Un vol. in-12 de 440 pages, avec portrait. 3ᵉ mille.
Broché, 1 fr. 50; *port*, 0 fr. 35. Relié, 2 francs, *et avec tranches dorées*, 2 fr. 25; *port*, 0 fr. 45.

Le P. Rauzan est un de ceux dont le nom survivra à cause des grandes œuvres qu'il a faites au début du XIXᵉ siècle. On apprendra à les connaître et à le mieux apprécier, en ce volume qui est la réimpression, sans changements, de la première édition publiée en 1857 par les PP. de la Miséricorde.

Vie de M. de Cissey, promoteur de l'œuvre dominicale en France, par Mᵐᵉ L. BASTIEN. Un vol. in-12 de 318 pages avec illustrations et portraits. 3ᵉ mille.
Broché, 1 fr. 50; *port*, 0 fr. 35. Relié, 2 francs, *et avec tranches dorées*, 2 fr. 25; *port*, 0 fr. 45.

Ce volume a été honoré des lettres laudatives de S. Em. le cardinal Rampolla, de S. Em. le cardinal Richard, et de plusieurs archevêques et évêques.

Un disciple de saint Vincent de Paul au XIXᵉ siècle, ADOLPHE BAUDON (1819-1888), par l'abbé J. SCHALL. Ouvrage couronné par *l'Académie française*. Un vol. in-8° de XXIX-740 pages, orné d'un portrait en héliogravure. 5ᵉ mille.
Broché, 6 francs; *port*, 1 fr. 10.

« Ce beau livre retrace dans un récit des plus attrayants l'histoire du mouvement catholique de notre époque, auquel Adolphe Baudon a eu une large part. C'est un excellent manuel charitable et social pour les hommes d'œuvres et d'action. Dans le cercle de la famille, il offre la matière de lectures aussi agréables qu'instructives. »
(*La Croix d'Auvergne.*)

NOTA. — *Voir au chapitre XIV les diverses séries des* Contemporains.

S'il y a avantage pour le port à prendre des colis-postaux, voir leurs différents prix page 2.

V. — Histoire.

Mémoires du cardinal Consalvi, par J. CRÉTINEAU-JOLY. Nouvelle édition illustrée, augmentée d'un fascicule inédit sur le Concile de 1811. Publiée par le P. JEAN-EMMANUEL DROCHON, des Augustins de l'Assomption. Un vol. in-8° de XL-816 pages, avec 90 gravures et une couverture en couleur. 2e mille.

Broché, **10 francs**; *port*, **2 fr. 65**. *Relié amateur en chagrin*, **15 francs**; *port*, **3 francs**.

Dans sa préface, le R. P. Drochon indique la valeur littéraire et historique de cet ouvrage, dont l'importance n'a jamais été contestée, et c'est à cause d'elle, qu'il a donné à ce livre le luxe d'une édition soignée et d'une remarquable illustration.

Histoire de la Vendée militaire, par J. CRÉTINEAU-JOLY. Edition nouvelle et illustrée, enrichie d'une carte en couleurs et de superbes portraits et dessins, annotée et augmentée d'un 5e volume, par le P. JEAN-EMMANUEL DROCHON, des Augustins de l'Assomption. 5 volumes in-8°, chacun de 500 pages environ, et de nombreuses gravures. 3e mille. Cet ouvrage a été honoré d'une souscription du ministère de la Guerre.

Chaque volume broché, **5 francs**; *port*, **1 fr. 50**. *Relié demi-basane*, **7 francs**; *demi-chagrin grenat*, **7 fr. 50**; *demi-chagrin luxe, avec coins et tête dorée*, **8 francs**. *Port*, **1 fr. 75**.

Les 5 volumes brochés, **25 francs**. *Reliés demi-basane*, **34 francs**; *demi-chagrin grenat*, **37 francs**; *demi-chagrin luxe*, **40 francs**. *Port, un colis de 10 kilos*.

NOTA. — *Il ne peut y avoir ni réduction ni remise sur ces prix.*

La publication de cet ouvrage si considérable a été regardée avec raison comme un événement dans le monde des lettres. La presse l'a annoncé avec empressement et éloge, et la première édition a été rapidement écoulée. C'est un vrai succès.

La Petite Église, Essai historique sur le schisme anticoncordataire, avec carte et portraits, par le P. JEAN-EMMANUEL DROCHON, des Augustins de l'Assomption. Un vol. in-12 de 432 pages. 3e mille.

Broché, avec couverture gaufrée, **2 fr. 50**; *port*, **0 fr. 50**.

S. Em. le cardinal Bourret, ancien évêque de Rodez, écrivait à l'auteur, le 22 août 1893 : « Ce travail sera un heureux complément de l'histoire de l'Eglise de France, au commencement de ce siècle, et de tout ce qui se rattache au Concordat..... Par ce que j'ai vu de votre travail, j'augure bien de son esprit et de sa rédaction. »

Les Chevaliers de Saint-Jean de Jérusalem, appelés ensuite Ordre de Rhodes, puis de Malte, par FAROCHON, licencié ès lettres. Un vol. in-8° de 448 pages, avec 64 illustrations de LEMOT, et 4 cartes. 3e mille.

Broché, couverture brique, **2 francs**; *port*, **0 fr. 75**. *Relié*, **3 francs**; *ou avec tranches dorées*, **3 fr. 50**; *port*, **1 franc**.

C'est une instructive et intéressante histoire, car elle nous donne un aperçu du génie et des victoires de l'Eglise, des sentiments héroïques qu'elle inspire à ses soldats et à ses enfants.

La Bataille de Lépante, Saint Pie V et don Juan d'Autriche, par FAROCHON, licencié ès lettres. Un vol. in-8° de 112 pages, avec illustrations de LEMOT. 4e mille.

Broché, **1 franc**; *port*, **0 fr. 20**. *Relié* **1 fr. 50**, *ou avec tranches dorées*, **1 fr. 75**; *port*, **0 fr. 30**.

Ouvrage intéressant et captivant, car il montre la toute-puissance de la prière.

Histoire de la Mission fondée à Madagascar par saint Vincent de Paul. Un vol. in-8° de 96 pages, orné d'une série de gravures du XVIIIe siècle. 6e mille.

Broché, **1 franc**; *port*, **0 fr. 15**. *Relié*, **1 fr. 50**; *port*, **0 fr. 50**.

D'après les lettres mêmes des missionnaires et les récits des contemporains.

Jeanne d'Arc et les Archives anglaises, par l'abbé H. DEBOUT, missionnaire apostolique. Un fascicule in-12 de 32 pages.

Broché, **0 fr. 20**; *port*, **0 fr. 10**.

Recueil intéressant de documents anglais, recueillis à Londres par l'auteur, et qui jettent un jour nouveau sur la grande héroïne française.

S'il y a avantage pour le port à prendre des colis postaux, voir leurs différents prix page 2.

VI. — Auteurs choisis.

BIBLIOTHÈQUE A 1 FRANC LE VOLUME

Chaque volume in-12° broché, **1 franc;** *port,* **0 fr. 45.** *Relié demi-basane,* **2 francs;** *port,* **0 fr. 55.**

« Votre œuvre est vraiment excellente. Rien de mieux n'avait été fait pour vulgariser les chefs-d'œuvre de la littérature chrétienne. Par l'heureux choix des ouvrages, par les notices historiques et explicatives dont vous les avez enrichies, vos publications serviront à former la bibliothèque de toutes les personnes cultivées; elles offriront aux directeurs des écoles chrétiennes une collection parfaite de LIVRES DE PRIX et de LIVRES DE LECTURES accessible aux plus modestes bourses. Vous contribuez ainsi à les éloigner de ces ouvrages insignifiants qui pullulent partout aujourd'hui, et vous exercez excellemment l'apostolat de la presse. »

† ERNEST, év. de Rodez et de Vabres.

PIE IX, GRÉGOIRE XVI ET PIE VII. *Lettres apostoliques, Encycliques, Brefs,* etc. Un vol. de 320 pages.

Texte latin et traduction française en regard. Notice bibliographique et portrait de chacun de ces Papes. Table alphabétique.

LÉON XIII. *Lettres apostoliques, Encycliques, Brefs,* etc. 5 vol. de 320, 316, 272, 324 et 340 pages. 3ᵉ mille.

Notice biographique et portrait de S. S. Léon XIII. Texte latin et traduction française en regard. Table générale alphabétique des cinq volumes.

L'IMITATION DE JÉSUS-CHRIST. *Traduction nouvelle, avec des réflexions à la fin de chaque chapitre,* par l'abbé F. DE LAMENNAIS. Nouvelle édition. Un vol. de 352 pages.

Avis de l'auteur. Éloges de l'*Imitation*, par Bellarmin, saint François de Sales, Fontenelle, Lamartine, de Sacy, Nisard, H. Martin, Montalembert, Darboy, La Harpe, etc. Bibliographie. Préface de Lamennais. Table alphabétique.

SAINT DENIS L'ARÉOPAGITE. *Œuvres, traduites du grec,* par Mgr DARBOY, archevêque de Paris, et précédées d'une Introduction. Reproduction de l'édition originale de 1845. Nouvelle édition. Un vol. de CLXXI-330 pages. 2ᵉ mille.

Introduction de Mgr Darboy sur l'authenticité des Œuvres de saint Denis l'Aréopagite, la doctrine qu'elles renferment et l'influence qu'elles ont exercée au moyen âge. Traduction du *Livre de la Hiérarchie céleste;* du *Livre de la Hiérarchie ecclésiastique,* du *Livre des noms divins,* du *Traité de la théologie mystique* et de 10 *Lettres de saint Denis.*

SAINT AUGUSTIN. *Extraits de ses ouvrages, distribués selon l'ordre des jours et des fêtes de l'année, pour la formation du chrétien,* par le P. FÉLIX MAYR, des Ermites de Saint-Augustin, traduits du latin par le P. CHARLES LAURENT, des Augustins de l'Assomption. 3ᵉ mille. Quatre vol. de 412, 280, 272 et 300 pages.

Préface. Appendice contenant les fêtes fixes. Ouvrage de méditations apprécié du clergé et des fidèles.

SAINT THOMAS D'AQUIN. *Méditations sur les trois vies purgative, illuminative et unitive, pour les retraites de dix jours, avec la pratique de ces méditations, ou Traité des principales vertus,* par le P. ANTONIN MASSOULIÉ, des Frères Prêcheurs. Édition nouvelle d'après celle de 1685, faite sous la direction du P. CHARLES LAURENT, des Augustins de l'Assomption. Un vol. de 348 pages. 2ᵉ mille.

Préface de cette édition par le T. R. P. Picard, supérieur général des Augustins de l'Assomption. Dédicace et introduction du P. Massoulié. Approbations.

SAINT THOMAS D'AQUIN. *De l'Humanité de Jésus-Christ Notre-Seigneur,* opuscule traduit du latin par le P. GÉRY DELALLEAU, des Augustins de l'Assomption. Un vol. de 348 pages.

Quatre livres: du mystère de la divine Incarnation; du mystère de la Rédemption, considéré dans le premier avènement de Jésus-Christ; du mystère de la Rédemption, considéré dans le deuxième avènement; du mystère de la Rédemption, considéré dans le troisième avènement.

SAINT FRANÇOIS DE SALES. *Introduction à la vie dévote.* Un vol. de 365 pages.

Portrait et autographe de saint François de Sales. Avis de l'éditeur. Bulle de canonisation de saint François de Sales. Notice biographique. Bref du doctorat de saint François de Sales. Éloges. *Introduction à la vie dévote,* analyse, appréciations, texte intégral, d'après

S'il y a avantage pour le port à prendre des colis postaux, voir leurs différents prix page 2.

l'édition revue par saint François de Sales lui-même, et vocabulaire.

SAINT FRANÇOIS DE SALES. *Traité de l'Amour de Dieu.* 2 vol. de 350 et 370 pages.

Avant-propos, analyse, appréciations, texte intégral, d'après l'édition princeps, vocabulaire.

SAINT FRANÇOIS DE SALES. *Œuvres oratoires.* Un vol. de 392 pages.

Avis de l'éditeur. Traité de la prédication. Sermons authentiques. Oraison funèbre du duc de Mercœur. Choix des sermons et des entretiens rédigés par ses auditeurs. Opuscules. Vocabulaire.

SAINT FRANÇOIS DE SALES. *Lettres spirituelles.* Un vol. de 346 pages.

Avis de l'éditeur. Étude sur saint François de Sales, modèle et docteur des directeurs des âmes, par M. l'abbé Bacuez. 122 Lettres spirituelles. Huit opuscules divers. Analyse et extraits de quelques écrits de circonstance, d'après M. Hamon. Table alphabétique des 5 volumes.

BOSSUET. *Œuvres philosophiques.* Un vol. de 528 pages.

Portrait et autographe. Vie abrégée, d'après ses biographes. Lettres à Innocent XI. Réponse du Pape. Lettre au Dauphin. Introduction aux œuvres philosophiques. De la connaissance de Dieu et de soi-même. Traité du libre arbitre. La logique. Traité des causes. Appendice : Sentences. Extraits de la morale d'Aristote.

BOSSUET. *Œuvres historiques.* Un vol. de 456 pages.

Discours sur l'histoire universelle. Appendice : continuation de ce discours. Histoire de France.

BOSSUET. *Oraisons funèbres.* Un vol. de 336 pages.

Avis de l'éditeur. Introduction aux œuvres oratoires de Bossuet. Jugements de la Harpe, de l'abbé Maury et de Villemain. Sur le style et la lecture des écrivains et des Pères de l'Église pour former un orateur. Essai sur l'oraison funèbre. Appréciations de Mrs Freppel, de Villemain, de Nisard, de Jacquinet. Les 6 Oraisons funèbres classiques. Les 4 non classiques. Sermons pour vêtures, professions et discours aux religieuses. Pensées chrétiennes et morales.

BOSSUET. *Sermons.* Trois vol. de 352, 354 et 356 pages.

Avis de l'éditeur. Appréciations du P. de Neuville, du cardinal Maury, de Nisard. Sermons pour les dimanches et fêtes de Notre-Seigneur, de la Toussaint à la Septuagésime, — de la Septuagésime à Pâques, de Pâques à la Toussaint ; — pour les fêtes de la Sainte-Vierge (Immaculée-Conception, Purification, Compassion, Annonciation, Visitation, Assomption, Nativité, Rosaire) ; — pour les fêtes des Saints (sainte Catherine, saint André, saint Jean l'Évangéliste, saint Thomas de Cantorbéry, saint François de Sales, saint Joseph, saint Pierre, saint Paul, saint Bernard, saint François d'Assise, sainte Thérèse).

BOSSUET. *Élévations sur les Mystères.* Un vol. de 398 pages.

Avant-propos de l'éditeur. Texte des 238 Élévations, réparties inégalement en 25 semaines.

BOSSUET. *Méditations sur l'Évangile.* Deux vol. de 338 et 380 pages.

Avant-propos de l'éditeur. Lettre dédicatoire. Sermon sur la montagne. Préparation à la dernière semaine du Sauveur. La dernière semaine du Sauveur. La Cène. Table alphabétique.

BOSSUET. *Mélanges.* Un vol. de 358 pages.

Avant-propos de l'éditeur. Quelques lettres sur la piété. Sermon sur l'unité de l'Église. Bossuet et le protestantisme : Exposition de la Doctrine catholique ; Histoire des variations. Bossuet et le jansénisme. Bossuet et le gallicanisme. Le quiétisme. Pensées. Opuscules et prières. Tables générales des dix premiers volumes des œuvres choisies de Bossuet.

BOSSUET. *Lettres de piété et de direction.* Trois vol. de 322, 370 et 380 pages. 2e mille.

4 Lettres à une demoiselle de Metz. — 165 Lettres à la Sœur Cornuau. — 233 Lettres à Mme d'Albert de Luignes, religieuse de l'abbaye de Jouarre. — 133 Lettres à l'abbesse et aux religieuses de l'abbaye de Jouarre. — 101 Lettres à des religieuses de différents monastères. — 24 lettres à Mmes de la Maison, fort.

FÉNELON. *Œuvres philosophiques.* Un vol. de 392 pages.

Portrait. Avant-propos de MM. Vallet et Barbe. Traité de l'existence de Dieu et de ses attributs. Entretien de Fénelon et de M. de Ramsay sur la vérité de la religion. Sept lettres sur divers sujets de métaphysique et de religion.

BOURDALOUE. *Retraite.* Un vol. de 296 pages. 3e mille.

Méditations et considérations pour huit jours.

BOURDALOUE. *Choix de sermons.* Deux vol. de 320 et 304 pages.

Avant-propos. Préface biographique par le P. Bretonneau. Lettres, éloges du P. Martineau, de M. Lamoignon. Études littéraires par Nisard. 23 sermons. Tables.

MASSILLON. *Petit Carême et Sermons choisis.* Deux vol. de 334 et 286 pages.

Avis de l'éditeur. Appréciations du P. Jannart, de La Harpe, de Maury, de Châteaubriand, de Nisard, de Sainte-Beuve, de Blampignon. Vie de Massillon, par le P. Bougerel. Petit carême (10 sermons). 4 sermons de l'Avent. 14 sermons de Carême. Analyses et notices.

MASSILLON. *Conférences ecclésiastiques et Discours synodaux.* Un vol. de 390 pages.

Portrait. Étude sur le Sacerdoce considéré dans les temps présents, d'après Léon XIII, par M. Icard. 16 Conférences ecclésiastiques et 17 discours synodaux.

S'il y a avantage pour le port à prendre des colis postaux, voir leurs différents prix page 2.

PASCAL. *Pensées et Opuscules.* Un vol. de 400 pages.

Avis de l'éditeur. Profession de foi de Blaise Pascal. Vie de Pascal, par sa sœur. Système de Pascal, par M. Vallet. Préface de l'édition de 1870. *Pensées*, texte intégral d'après l'autographe, avec les principales additions de l'édition princeps conservées entre crochets. *Opuscules* : Lettre de Pascal sur la mort de son père. Lettres à Mlle de Roannez. Prière pour demander à Dieu le bon usage des maladies. Préface sur le traité du vide. De l'esprit géométrique. Entretien avec Sacy sur Épictète et Montaigne. Appendice sur les erreurs jansénistes et le probabilisme.

JOSEPH DE MAISTRE. *Les Soirées de Saint-Pétersbourg.* Deux vol. de 296 et 270 pages.

Avis de l'éditeur. Biographie. Préface du premier éditeur. *Les soirées de Saint-Pétersbourg* (11 entretiens). *Éclaircissement sur les sacrifices.* Table.

JOSEPH DE MAISTRE. *Du Pape.* Un vol. de 384 pages.

Avis de l'éditeur et appréciations. Lettre à Pie VII. Constitution sur l'infaillibilité du Pape (18 juillet 1870), texte latin et traduction française. Variante. Fragments inédits. Discours préliminaire. *Du Pape.* Table.

JOSEPH DE MAISTRE. *Considérations sur la France.* Un vol. de 368 pages.

Considérations sur la France, texte intégral d'après l'édition revue par l'auteur. *Lettres opuscules.* Pensées de Joseph de Maistre. Table alphabétique.

FRAYSSINOUS. *Défense du Christianisme.* Deux vol. de 406 et 420 pages.

Portrait et biographie. Appréciations. Épître dédicatoire au roi. *Défense du christianisme* ou Conférences sur la religion prêchées à la jeunesse française, dans l'église de Saint-Sulpice, à Paris, de 1803 à 1809 et de 1814 à 1822. Appendice sur l'infaillibilité du Pape, par le P. Monsabré.

FREPPEL. *Conférences sur la Divinité de Notre-Seigneur Jésus-Christ.* Un vol. de 272 pages.

Notice biographique et portrait. Discours préliminaire. Douze *Conférences* prêchées à la jeunesse des écoles.

NOTA. — *D'autres ouvrages d'auteurs choisis sont en préparation.*

VII. — Théâtre chrétien.

Le grand Mystère de Bethléem, composé de Noëls, tant vieux que nouveaux, par le P. J. **GERMER-DURAND**, des Augustins de l'Assomption. Un vol. in-16 de 104 pages. 4e mille.
Broché, **0 fr. 20**; port, **0 fr. 10**.

Introduction. Mystère en 5 actes avec 30 personnages et des figurants.

Sainte Eustelle, drame en trois actes, par l'abbé **GERMAIN**. Un vol. in-16 de 60 pages. 2e mille.
Broché, **0 fr. 20**; port, **0 fr. 05**.

Drame pour jeunes filles, en prose et vers. Pour la musique, s'adresser à l'auteur, à nos bureaux.

Saint Jean Calybite, ou le mendiant de Byzance. Drame en un acte et en vers, par F. **GODEFRING**, officier d'Académie. Un vol. in-16 de 36 pages. 3e mille.
Broché, **0 fr. 20**; port, **0 fr. 05**.

Pour jeunes gens; sept personnages et des figurants.

Vrai père et vrai fils. Drame en prose en deux actes et trois tableaux, par F. **GODEFRING**, officier d'Académie. Un vol. in-16 de 64 pages.
Broché, **0 fr. 20**; port, **0 fr. 10**.

Pour jeunes gens; huit personnages et des figurants.

Une visite embarrassante. Comédie-vaudeville en trois actes, en prose et en vers, par F. **GODEFRING**, officier d'Académie. Un vol. in-16 de 100 pages. 3e mille.
Broché, **0 fr. 20**; port, **0 fr. 10**.

Comédie pour jeunes filles; onze personnages.

Déodat, ou le triomphe de la foi, par **MINIME**. Un vol. in-12 de 78 pages.
Broché, **0 fr. 50**; port, **0 fr. 20**.

Drame chrétien en trois actes et en vers, pour jeunes gens; huit personnages.

Le filleul de saint Louis. Tragédie en cinq actes et en vers, par l'abbé **CAMILLE ARTIGES**. 2e édition. Un vol. in-16 de 132 pages, avec musique.
Broché, **0 fr. 75**; port, **0 fr. 15**.

« Une action simple et émouvante, une inspiration élevée, une versification aisée, une extrême facilité de mise en scène, telles sont les principales qualités de cette œuvre excellente. » (*La Croix.*)

NOTA. — *Voir d'autres drames et saynètes à la Bibliothèque du Noël, pages 21 et 22.*

S'il y a avantage pour le port à prendre des colis postaux, voir leurs différents prix page 2.

VIII. — Variétés, Voyages, Romans.

OUVRAGES ILLUSTRÉS DE PIERRE L'ERMITE

Chaque volume in-12, broché, avec couverture en couleurs, 2 fr. 50; port, 0 fr. 70. Relié percaline, 3 fr. 25, ou demi-bradel, 3 fr. 50; port, 0 fr. 80.

Restez chez vous! Un vol. de 400 pages. Illustrations de DAMBLANS et de l'auteur. 14e mille.

Vivante représentation des ruines causées par l'attrait des villes; le rire et les pleurs se mêlent en ce récit, dont la fin est d'un si poignant intérêt.

Lisez-moi ça! Un vol. de 400 pages. Illustrations de DAMBLANS, LEMOT, ENAULT, etc. 16e mille.

« Les pages de ce livre sont comme les feuillets d'un album de croquis rapides, où le spirituel auteur, très amoureux de son sujet, a crayonné, dans des scènes vécues, des types de nos sociétés modernes dans leurs rapports avec l'Église.... Son livre consolerait une seule douleur, redresserait une seule idée, mettrait un seul éclair de gaieté dans la solitude, triste parfois, d'un pauvre presbytère de campagne, qu'il aurait bien mérité de Dieu. Pierre l'Ermite est un de ces semeurs de bon grain qui ont pour devise : Moraliser et instruire en amusant. »
(*Mémorial de la Librairie française.*)

Et ça! Un vol. de 450 pages. Illustrations de DAMBLANS, LEMOT, ENAULT, MALHARRO, MONTÉGUT. 12e mille.

« On y retrouve, tout entier, avec sa belle humeur, son rire en fusée, sa puissance et son universalité d'observation, le Pierre l'Ermite de *Lisez-moi, ça*. Une vraie séance de cinématographe, avec les paroles en plus, et le jeu complexe des passions. Mais j'ai oublié la plus belle partie : les enfants! Ce sont comme les rayons de soleil, de bonheur, dont s'éclairent, au tournant des pages sombres, dans un coin de nouvelles douloureuses, les vrais drames de la vie que raconte Pierre l'Ermite. Le livre leur est dédié... »
(*Le XXe siècle.*)

Et de quatre! Un vol. de 400 pages. Illustrations de DAMBLANS et de MALHARRO. 8e mille.

Dans ce quatrième volume de récits humoristiques, d'histoires vécues, de scènes délicieuses, nous retrouvons ces portraits si prestement croqués, ces tableaux si vivement brossés de la vie moderne étudiée à la lumière de l'Évangile, qui sont le genre et qui ont fait le succès de l'auteur.

Le grand Mufflo. Un vol. de 300 pages. Illustrations de ENAULT, HOCHEID, MONTCABRIER. 8e mille.

« C'est une bonne croisade que mène Pierre l'Ermite, la croisade de l'esprit et du bon sens contre la sottise incrédule, lâche et triomphante. Il ne se peut que vous Mufflo mérite de sonner à travers le monde comme les noms glorieux de Don Quichotte et de Tartarin de Tarascon. Les aventures de ce grotesque franc-maçon, qui finit ses jours dans un hôpital de fous, où une bonne Sœur le soigne dans son gâtisme sénile, sont proprement épiques. Il ne se peut que vous n'ayez rencontré, dans la rue ou ailleurs, l'original de ce portrait authentique. Vous le reconnaîtrez dans le livre de Pierre l'Ermite, qui, sans doute, pour observer si bien le monde et la vie contemporaine, a déserté parfois son ermitage. »
(*Études.*)

La grande Amie. Un vol. de 400 pages. Illustrations de DAMBLANS. 5e mille.

Ce roman de haute portée sociale a paru d'abord dans le *Mois littéraire et pittoresque*, qui annonce ce livre en disant « qu'il fera époque dans les annales de notre librairie artistique et augmentera encore la vogue dont jouit Pierre l'Ermite auprès du public chrétien. »

Le même ouvrage, édition de luxe, avec 75 illustrations de DAMBLANS, dont 20 hors texte, broché, **5 francs**; port, **1 fr. 30**. *Pour l'avoir relié, ajouter* **3 francs** *ou* **5 francs**, *selon le luxe qu'on désire. Port, un colis de 3 kilos.*

BIBLIOTHÈQUE ILLUSTRÉE
DE LA BONNE PRESSE

SÉRIE A 1 FR. 50

« Ces volumes de lectures constituent la récréation la plus saine et la plus agréable. Ils sont en gros caractères, afin de plaire aux jeunes et aux vieux; ils sont bon marché afin d'être à l'abri des objections du budget. »
(*La Croix.*)

Légendes de sainte Odile, patronne de l'Alsace, et de saint Didier, évêque de Langres, par ELISABETH BASTIEN. Un vol. in-8o cavalier de 152 pages. Illustrations de V. NEHLIO et de A. LEMOT. 3e mille. *Broché,* **1 fr. 50**; *port,* **0 fr. 65**. *Relié,* **2 fr. 25**; *port,* **0 fr. 75**.

Deux intéressantes et pieuses légendes écrites avec goût.

S'il y a avantage pour le port à prendre des colis postaux, voir leurs différents prix page 2.

Une gerbe de Légendes, par CHARLES D'AVONE.
Nouvelle édition revue et augmentée. Un vol. in-8° cavalier de 228 pages. Illustrations de PICHOT. 3e mille.
Broché, **1 fr. 50**. port, **1 franc**. Relié, **2 fr. 25**; port, **1 fr. 15**.

« Ce sont neuf récits très alertes et d'une grande élévation morale, où l'histoire et la légende sont mises en œuvre par la fiction et la fantaisie personnelle. Or, ce n'est pas livre de savant, encore qu'il ait sa place dans toutes les bibliothèques et qu'il soit, *experto crede*....., charmant à lire pour tout le monde ; c'est livre populaire à distribuer aux enfants de l'école, aux paysans de notre bonne terre, aux pêcheurs de nos côtes..... »
GABRIEL AUBRAY (*Revue de Saintonge*).

Un Mariage sous la Terreur, par ALFRED DE BESANCENET.
Un vol. in-8° cavalier de 250 pages. Illustrations de LEMOT. 5e mille.
Broché, **1 fr. 50**; port, **1 fr. 05**. Relié, **2 fr. 25**; port, **1 fr. 20**.

C'est un émouvant et poignant épisode de la sombre époque qui acheva le XVIIIe siècle.

Sans Dieu, par ALFRED DE BESANCENET.
Un vol. in-8° cavalier de 200 pages. Illustrations de LEMOT. 5e mille.
Broché, **1 fr. 50**; port, **0 fr. 80**. Relié, **2 fr. 25**; port, **0 fr. 95**.

En ce roman contemporain, l'auteur montre ce que nous sommes, hélas! devenus; mais il prouve aussi ce que nous pouvons devenir en revenant à Dieu.

Les Épreuves d'une mondaine, par LUCIEN DARVILLE.
Un vol. in-8° cavalier de 228 pages. Illustrations de LEMOT. 5e mille.
Broché, **1 fr. 50**; port, **0 fr. 90**. Relié, **2 fr. 25**; port, **1 fr. 05**.

Publié en feuilleton dans *La Croix*, cet ouvrage a eu beaucoup de succès; il n'en aura pas moins en ce volume illustré.

Fin de siècle, par DE KADENOLE.
Un vol. in-8° cavalier de 200 pages. Illustrations de LEMOT. 3e mille.
Broché, **1 fr. 50**; port, **0 fr. 80**. Relié, **2 fr. 25**; port, **0 fr. 95**.

« L'auteur nous montre dans *Fin de Siècle* les effets du divorce et de l'éducation sans Dieu. Inutile de dire que ces effets sont déplorables. En cela, le pinceau de l'écrivain est fidèle. Heureusement, quelques âmes dévouées jusqu'au sacrifice nous reposent de ces tristes spectacles. On sent que l'auteur a été témoin de misères semblables à celles qu'il raconte, et qu'il a admiré et même encouragé, au fond de quelques pauvres mansardes, les touchantes vertus qu'il dépeint. »
(*Études*.)

Aouïna, la nièce du curé, Souvenirs d'Afrique, par P. FAROCHON.
Un vol. in-8° cavalier de 204 pages. Illustrations de LEMOT. 3e mille.
Broché, **1 fr. 50**; port, **0 fr. 80**. Relié, **2 fr. 25**; port, **0 fr. 95**.

L'auteur raconte en ce volume un fait historique dont il a connu les personnages et qu'il a rapporté de ses souvenirs d'Afrique. On le lira avec plaisir.

Les trois Vierges noires de l'Afrique équatoriale, par FL. BOUHOURS.
Un vol. in-8° cavalier de 230 pages. Illustrations de LEMOT. 3e mille.
Broché **1 fr. 50**; port, **0 fr. 85**. Relié, **2 fr. 25**; port, **1 franc**.

« Sous forme de roman d'aventures, l'auteur traite la question de l'esclavage africain au point de vue humanitaire et chrétien. Ce sont des pages d'un intérêt poignant, où le drame épouvantable de la traite du nègre se déroule au milieu d'une nature superbe, parfois désolante, et sombre souvent. »
(*Mémorial de la Librairie française*.)

Le Franc-Maçon de la Vierge, par FL. BOUHOURS.
Un vol. in-8° cavalier de 252 pages. Illustrations de LEMOT. 3e mille.
Broché, **1 fr. 50**; port, **1 franc**. Relié, **2 fr. 25**; port, **1 fr. 15**.

Intéressant roman, qui a eu de nombreuses éditions.

Nouvelles (1re série), par la Csse D. DE BEAUREPAIRE DE LOUVAGNY. (ROUXEL-LECRAI).
Un vol. in-8° cavalier de 262 pages. Illustrations de LEMOT. 5e mille.
Broché, **1 fr. 50**; port, **1 fr. 05**. Relié, **2 fr. 25**; port, **1 fr. 20**.

Sept récits composent ce volume : La laïque au village. Une bonne leçon. Sac au dos. Une première confession. Gloire à Marie. Histoire d'hier. Mauvais arbre, mauvais fruits.

Nouvelles (2me série), par GASTON DE SALVY.
Un vol. in-8° cavalier de 350 pages. Illustrations de LEMOT. 3e mille.
Broché, **1 fr. 50**; port, **1 fr. 30**. Relié, **2 fr. 25**; port, **1 fr. 45**.

« Ce sont des récits dramatiques et émouvants, dont la jeunesse profitera pour éviter bien des erreurs dans la vie tourmentée que le défaut d'éducation morale offre à ceux qui y entrent pour n'y chercher que les plaisirs, sans se préoccuper de leur salut. »
(*Mémorial de la Librairie française*.)

Nouvelles (3me série), par GASTON DE SALVY.
Un vol. in-8° cavalier de 310 pages. Illustrations de LEMOT. 3e mille.
Broché, **1 fr. 50**; port, **1 fr. 10**. Relié, **2 fr. 25**; port, **1 fr. 25**.

Ce volume comprend six *Nouvelles*.

S'il y a avantage pour le port à prendre des colis postaux, voir leurs différents prix page 2.

Dieu et Patrie, par RENÉE GOURAUD. Un vol. (double) in-8° cavalier de 376 pages. Illustrations de DAMBLANS. 3e mille.

Broché, **3 francs**; *port*, **1 fr. 35**. *Relié*, **4 fr. 50**; *port*, **1 fr. 50**.

« Voulez-vous des émotions douces ou terrifiantes? Lisez ce livre. Sous un titre abstrait, il cache des scènes délicieuses ou douloureusement émouvantes, selon les événements qui font la trame d'une vie comme celle de Michelle Hartfeld. Pauvre orpheline de Bretagne, recueillie sur sa falaise par un officier allemand qui l'épouse, obligée d'habiter hors de France, sur un sol protestant, elle conserve sa foi et sa nationalité, et gagne, par son prosélytisme, des âmes à l'une et à l'autre, en convertissant son mari et en donnant un de ses fils à l'armée française. L'intérêt ne languit point, et l'esprit se repose de temps en temps sur des pages charmantes. Cette œuvre fait du bien. »
(*Le Mois littéraire et pittoresque*.)

BIBLIOTHÈQUE DU « NOEL »

SÉRIES A 1 FR., 0 FR. 50, 0 FR. 25

Grandeur et Décadence de Domino, Souvenirs d'un caniche, par JEAN DE MONTHÉAS. Un vol. in-8° cavalier de 168 pages. Illustrations de DAMBLANS. 5e mille.

Broché, **1 franc**; *port*, **0 fr. 70**. *Relié avec fers spéciaux et tranches dorées*, **2 fr.**; *port*, **0 fr. 80**.

« Tour à tour chez une concierge, chez un marchand de chiens, dans le bon monde, dans le beau, dans la maison du riche, dans celle du pauvre, le chien *Domino* tire partout son épingle du jeu, ou, pour parler plus exactement, son os de l'écuelle. Aucun de ses maîtres n'échappe à son observation aiguisée. Il dévoile l'hypocrisie, dénonce la coquetterie, gémit des défauts, hurle aux vices, jappe joyeusement aux vertus, et finit le plus heureusement du monde chez une aveugle; car c'est là qu'il se sent le plus utile et découvre à son profit la sublime vertu de reconnaissance. »
(*La Croix*.)

Les Épreuves de Madeleine, suivies des *Aventures d'un serin*, par JEAN DE MONTHÉAS. Un vol. in-8° cavalier de 136 pages. Illustrations de DAMBLANS et de MONTÉGUT. 5e mille.

Broché, **1 franc**; *port*, **0 fr. 55**. *Relié avec fers spéciaux et tranches dorées*, **2 francs**; *port*, **0 fr. 65**.

« Mme Eliot, injustement condamnée pour un vol qu'elle n'a pas commis, n'est jamais soupçonnée par sa fille aînée qui partage sa vie entre le soin de prouver l'innocence maternelle et celui d'élever une petite sœur dans l'amour et le respect de sa mère comme dans la confiance en Dieu. La tâche est trop sainte pour que Dieu ne la couronne pas de succès. Après les émotions d'un récit aussi émouvant, il fait bon de se reposer : l'auteur l'a compris, en faisant suivre, dans le même volume, les *Épreuves de Madeleine* des très amusantes et spirituelles *Aventures d'un serin*. »
(*La Croix*.)

Le petit Jean chez les Auvergnats, par EXPÉDIT. Un vol. in-8° cavalier de 116 pages. Illustration de LEMOT. 3e mille.

Broché, **1 franc**; *port*, **0 fr. 50**. *Relié avec fers spéciaux et tranches dorées*, **2 francs**; *port*, **0 fr. 60**.

« C'est l'histoire d'un orphelin, recueilli dans une famille chrétienne de l'Auvergne, où il puise les enseignements qui en feront un de ces hommes, forts par l'honneur et la foi, que cette terre privilégiée a fournis à la France. Après bien des traverses, il retrouve sa fortune dont nous prévoyons sûrement l'usage charitable. »
(*La Croix*.)

Jacques et Jacqueline, par YVONNE KERMARIA. Un vol. in-8° cavalier de 124 pages. Illustrations de LEMOT. 3e mille.

Broché, **1 franc**; *port*, **0 fr. 50**. *Relié avec fers spéciaux et tranches dorées*, **2 francs**; *port*, **0 fr. 60**.

« *Jacques et Jacqueline* sont deux enfants volés. Élevés chrétiennement, nul mauvais exemple n'a prise sur leur cœur pur, nul mauvais traitement n'abat leur courage, et quand, à la fin, ils sont rendus à leurs chers parents, recevant ainsi la récompense de leur persévérance dans le bien, la joie est grande dans la famille, elle est grande au ciel, grande aussi chez le lecteur. »
(*La Croix*.)

L'Idole des Idoles, Histoire d'enfants gâtés, par V. DE P. BAILLY. Un vol. in-12 de 60 pages, illustré de gravures originales. 5e mille.

Broché, **0 fr. 50**; *port*, **0 fr. 20**. *Relié toile*, **0 fr. 75**; *port*, **0 fr. 30**.

« Le R. P. Bailly est un maître semeur de bon grain. Il a trouvé un rébus hindou que le roi de Bengale est obligé, paraît-il, de résoudre, sous peine d'être tourmenté par le mauvais esprit, et, laissant le pauvre souverain dans l'embarras, il a eu vite fait de déchiffrer l'énigme, en semant à pleines mains la féconde leçon dans un récit alerte et gai approprié à chaque gravure. L'enfant gâté gourmand et l'enfant gâté avare sont si sévèrement punis que la morale se dégage toute seule : « Ne jamais être *enfant gâté*, mais chercher toujours à plaire à ses parents et au bon Dieu. »
(*La Croix*.)

La Filleule de Saint-Roch, Histoire du bon vieux temps, par MARIE LECOMTE. Un vol. in-12 de 64 pages. Illustrations de E. LE B. 5e mille.

Broché, **0 fr. 50**; *port*, **0 fr. 20**. *Relié toile*, **0 fr. 75**; *port*, **0 fr. 30**.

« Une instruction solide et une direction chrétienne valent mieux que richesses et grandeurs. Le berger Saint-Roch paraissait un maigre parrain pour Marie-

S'il y a avantage pour le port à prendre des colis postaux, voir leurs différents prix page 2.

Désirée. Il fut pris, faute de riches et de titrés. Pourtant, les riches et les titrés sur lesquels les parents avaient jeté les yeux font de mauvaises affaires ou s'éloignent du pays, tandis que le modeste berger vit auprès de l'enfant, l'aime, lui communique le savoir qui aide dans la vie, lui enseigne la foi qui gagne le ciel, et procure ainsi le bonheur à sa filleule, ainsi que l'aisance aux parents de Marie-Désirée. »
(*La Croix.*)

Saint Nicolas, Légende chrétienne en 3 actes, par le baron DE VILLEBOIS-MAREUIL. Un vol. in-12 de 64 pages. Illustrations de LEMOT. 5e mille.

Broché, **0 fr. 50;** *port,* **0 fr. 20.** *Relié toile,* **0 fr. 75;** *port,* **0 fr. 30.**

« Cette *Légende* offre un intérêt qui serait poignant si le lecteur n'était rassuré par la visite du grand Saint à la famille chrétienne, dès le premier acte. Ce n'est pas pour rien qu'il s'est dérangé, que Cécile lui a chanté le joli *Noël des oiseaux,* et que saint Nicolas lui a répondu par ce beau chant: *Grâce soit rendue au divin Enfant.* Après une telle faveur, les enfants ont beau courir les plus grands périls, ils seront sauvés; ils ont beau mourir, ils seront ressuscités..... le bon Saint veille sur eux. » (*La Croix.*)

La Fille du Colonel, Comédie en un acte, par J. BOUVATTIER. Un vol. in-12 de 76 pages. Illustrations de DAMBLANS.

Broché, **0 fr. 50;** *port,* **0 fr. 20.** *Relié toile,* **0 fr. 75;** *port,* **0 fr. 30.**

« Dans cette comédie pour jeunes filles et enfants, on voit la cantinière, Victoire, à la recherche de la fille de son colonel, mort glorieusement à Gravelotte. On assiste aux luttes de la brave femme avec la méchante tutrice de l'enfant; on rit de ses reparties, on frissonne de ses menaces; on pleure à ses dramatiques récits; on comprend la conversion des mauvais; on applaudit à la récompense des bons...... »
(*La Croix.*)

Nadalette, Comédie en un acte, par J. BOUVATTIER. Un vol. in-12 de 85 pages. Illustrations de SIMONT.

Broché, **0 fr. 50;** *port,* **0 fr. 20;** *Relié,* **0 fr. 75;** *port,* **0 fr. 30.** *Relié,* **0 fr. 40;** *port,* **0 fr. 30.**

Pour petites filles.

Le petit oiseau de Jésus, Légende, par LUOSIE. Un vol. in-16 de 32 pages. Illustrations de DAMBLANS. 3e mille.

Broché, **0 fr. 25;** *port,* **0 fr. 10.** *Relié,* **0 fr. 40;** *port,* **0 fr. 15.**

« Dans cette gracieuse légende, dès qu'on a entendu la prière de l'orpheline, agenouillée sur la marche de la grande croix de pierre : « Bon Jésus, venez à notre secours », on est rassuré..... le bon Jésus viendra, et l'on ne met pas un instant en doute que le petit oiseau qui, sorti d'une touffe d'aubépine en fleur, chante si délicieusement sur le sommet de la croix, soit son envoyé. » (*La Croix.*)

PETITE BIBLIOTHÈQUE
A 0 FR. 40

Une gerbe de Légendes, par CHARLES D'AVONE. Un vol. in-16 de 96 pages. Couverture brique. 6e mille.

Broché, **0 fr. 40;** *port,* **0 fr. 10.** *Relié,* **0 fr. 65;** *port,* **0 fr. 15.**

Journal d'un Ouvrier, par GASTON FROLOIS. Un vol. in-16 de 132 pages. 3e mille.

Broché, **0 fr. 40;** *port,* **0 fr. 15.** *Relié,* **0 fr. 65.** *port,* **0 fr. 20.**

Un Mariage sous la Terreur, par ALFRED DE BESANCENET. Un vol. in-16 de 166 pages. 3e mille.

Broché, **0 fr. 40;** *port,* **0 fr. 20.** *Relié,* **0 fr. 65;** *port,* **0 fr. 25.**

Sans Dieu, par ALFRED DE BESANCENET. Un vol. in-16 de 152 pages. 5e mille.

Broché, **0 fr. 40;** *port,* **0 fr. 20.** *Relié,* **0 fr. 65;** *port,* **0 fr. 25.**

Les Épreuves d'une mondaine, par LUCIEN DARVILLE. Un vol. in-16 de 184 pages. 3e mille.

Broché, **0 fr. 40;** *port,* **0 fr. 20.** *Relié,* **0 fr. 65;** *port,* **0 fr. 25.**

Les trois Vierges noires de l'Afrique équatoriale, par F. BOUHOURS. Un vol. in-16 de 186 pages. 7e mille.

Broché, **0 fr. 40;** *port,* **0 fr. 20.** *Relié,* **0 fr. 65;** *port,* **0 fr. 25.**

Le Franc-Maçon de la Vierge, par F. BOUHOURS. Un vol. in-16 de 220 pages. 8e mille.

Broché, **0 fr. 40;** *port,* **0 fr. 20.** *Relié,* **0 fr. 65;** *port,* **0 fr. 25.**

Nouvelles, par la Ctesse DE BEAUREPAIRE DE LOUVAGNY (ROUXEL-LECRAI). Un vol. in-16 de 224 pages. 3e mille.

Broché, **0 fr. 40;** *port,* **0 fr. 20.** *Relié,* **0 fr. 65;** *port,* **0 fr. 25.**

Le Sire de Champtercier, suivi de La Clé d'Or, par JEAN BRÉDA. Un vol. in-16 de 204 pages. 3e mille.

Broché, **0 fr. 40;** *port,* **0 fr. 20.** *Relié,* **0 fr. 65;** *port,* **0 fr. 25.**

S'il y a avantage pour le port à prendre des colis postaux, voir leurs différents prix page 2.

NOUVELLE BIBLIOTHÈQUE BLEUE
A 0 FR. 40

Chaque volume, broché, **0 fr. 40**; *port,* **0 fr. 10**. *Relié,* **0 fr. 65**; *port,* **0 fr. 15**.

« Une *Bibliothèque bleue* a publié autrefois, sans discernement, et avec quelque hostilité à la foi, les histoires et poèmes de gestes des vieux temps. Une *Nouvelle Bibliothèque bleue*, dirigée par un érudit de talent, M. le B⁰ⁿ d'Avril, ancien ministre plénipotentiaire, restitue à la Maison de la Bonne Presse la richesse nationale oubliée ou profanée de nos vieux romans. Publiés dans ces conditions, la *Nouvelle Bibliothèque bleue* a sa place marquée dans les collections destinées aux écoles, aux patronages et à toutes les bibliothèques populaires. » (*La Croix*.)

Mystères du Moyen Age.
Mystères liturgiques, par le baron **A. D'AVRIL**. Un vol. in-16 de 104 pages. 3ᵉ mille.

Quelques mots sur le théâtre d'éducation. — *Mystères* avec préambule historique et bibliographique : Les prophètes du Christ. L'adoration des Mages. La résurrection de Lazare. Les vierges sages et les vierges folles. La résurrection de Notre-Seigneur. La conversion de saint Paul. — *Appendice* : Le maître du jeu, à propos du théâtre chrétien.

Les Enfances Roland.
Cycle de geste, par le baron **A. D'AVRIL**. Un vol. in-16 de 100 pages. Illustrations de ZIER, etc. 3ᵉ mille.

Les trois branches de la geste : Rolandin. De la bataille en Aspremont. Dans une île du Rhône. — Appendice : La bataille de Vienne, par V. Hugo.

Le Mystère de Roncevaux.
Drame héroïque, par le baron **A. D'AVRIL**. Un vol. in-16 de 144 pages, avec une carte et des gravures. 3ᵉ mille.

Au lecteur, sur les grandes épopées. — Les six tableaux du drame. — Iconographie.

Girart de Rossillon.
C'est l'histoire véritable de l'illustre duc de Bourgogne, qui porta le charbon pendant sept ans, par le baron **A. D'AVRIL**. Un vol. in-16 de 92 pages. Estampes, d'après un manuscrit de la Bibliothèque nationale. 3ᵉ mille.

Au lecteur. — L'histoire de Girart. — Un regard en arrière : la forme, la langue, la phrase de nos vieilles poésies.

Guillaume Bras-de-Fer,
le marquis au court nez, et son neveu Vivien. Chanson de geste, par le baron **A. D'AVRIL**. Un vol. in-16 de 142 pages. 2ᵉ mille.

Ce récit a été tiré de huit anciennes Chansons de geste.

Le Chien de Montargis.
Chanson de geste, par le baron **A. D'AVRIL**. Un vol. in-16 de 104 pages. 3ᵉ mille.

Au lecteur. — La reine Sibille, la forêt de Bondy, le chien d'Aubri, l'âne de Varocher. — La versification française au moyen âge. La Société des anciens textes français.

Du Temps que la reine Berțe filait.
Chanson de geste, par le baron **A. D'AVRIL**. Un vol. in-16 de 80 pages. 3ᵉ mille.

Quelques mots sur les Chansons de geste. — Récit tiré d'une vieille Chanson de geste. — Notice historique et critique.

Le Cid Campéador.
Chanson de geste, par le baron **A. D'AVRIL**. Un vol. in-16 de 122 pages. 3ᵉ mille.

Les trois branches de la geste tirée de la tragédie de Corneille, du Romancero et de la geste de mon Cid. — Appendice : Quelques mots sur l'histoire et la légende.

Le Mystère du Siège d'Orléans,
par le baron **A. D'AVRIL**. Un vol. in-16 de 128 pages, avec une carte. Portrait de Charles VII et gravures. 3ᵉ mille.

Mystères d'Orléans en 4 scènes : A la Tour de Londres, à Notre-Dame de Cléry, à Chinon, à Orléans. — Appendice : Ce qu'est un *Mystère*.

Les 9 volumes brochés, **3 francs**; *port,* **0 fr. 90**. *Relié,* **5 francs**; *port,* **1 fr. 25**.

« La *Nouvelle Bibliothèque bleue* se distingue de la plupart des publications destinées à la lecture populaire et enfantine par le caractère chrétien et chevaleresque du récit, par l'élégance et la simplicité du style. Depuis qu'elles ont été traduites en prose courante, nos admirables *Chansons de geste* sont arrivées, de chute en chute, à une vulgarité désespérante. Il fallait remonter aux sources ; c'est ce qu'a entrepris le rhapsode de la nouvelle collection. Il a tiré directement sa traduction des textes primitifs, devenus inintelligibles, même pour les personnes qui ont reçu l'instruction secondaire. Il a éliminé les longueurs, il a supprimé impitoyablement les détails de mœurs qui pourraient choquer aujourd'hui. » (*L'Univers*.)

OUVRAGES VARIÉS

Cœurs vaillants,
par **PERROT D'ABLANCOURT**. Un vol. in-4⁰ carré, de 292 pages. Illustrations de DAMBLANS. 3ᵉ mille.

Broché, **3 fr. 50**; *port,* **1 fr. 90**. *Relié,* **4 fr. 50**; *et avec tranches dorées,* **5 francs**; *port,* **2 fr. 15**.

« C'est un récit simple et charmant où la nature est décrite par quelqu'un qui sait voir et qui sait écrire. » (*Le Nord*.)

S'il y a avantage pour le port à prendre des colis postaux, voir leurs différents prix page 2.

Poupée, par BENOIT DE LESNEVALLE. Un vol. in-4° carré de 233 pages. 23 illustrations de DAMBLANS. 2e mille.
Broché, 3 fr. 50; port, 1 fr. 90. Relié, 4 fr. 50, *et avec tranches dorées,* 5 francs; port, 2 fr. 15.

Ce roman a vivement intéressé les abonnés de la *Croix*; il satisfera de même façon les lecteurs de ce volume.

Ruines et Mausolées japonais, par l'abbé MICHEL RIBAUD. Un vol. in-4° carré de 190 pages, avec 48 gravures sur bois, d'après des photographies. 2e mille.
Broché, 3 fr. 50; port, 1 fr. 90. Relié, 4 fr. 50, *et avec tranches dorées,* 5 francs; port, 2 fr. 15.

L'auteur a vu ce qu'il décrit, et, des souvenirs et des photographies qu'il a rapportés du Japon, il a fait ce volume, qui fait connaître merveilleusement les mœurs d'un peuple presque inconnu de nous......

Un Chevalier-Apôtre, Célestin Godefroy Chicard, missionnaire au Yun-Nan, par le P. JEAN-EMMANUEL DROCHON, des Augustins de l'Assomption. Nouvelle édition, enrichie de vignettes, d'une carte et de quatre portraits originaux. Un vol. in-8° de 438, pages papier fort. 10e mille.
Broché, 3 francs; port, 1 fr. 50. Relié, 4 francs, *et avec tranches dorées,* 4 fr. 50; port, 1 fr. 65.

« Chicard fut tout en contraste, rêveur à la fois et pratique, assommeur de bandits et père de pauvres gens; et finalement, ce qui domine chez lui, c'est cette soif inextinguible qu'il eut de convertir des âmes; aussi peut-on affirmer qu'il fut l'un des plus audacieux soldats de ces admirables troupes que nos Missions étrangères lancent à l'assaut des pays idolâtres et aussi l'un des plus résistants et des plus avisés de ces bons grognards parmi lesquels se recrute la « vieille garde de l'armée de Dieu ».
(HUYSMANS, dans l'*Echo de Paris*.)

Soutane noire et culottes rouges, par RENÉ GAELL. Un vol. in-12 de 240 pages. Illustrations de LEMOT. 10e mille.
Broché avec couverture en couleurs, 1 fr. 50; port, 0 fr. 40. Relié demi-bradel, 2 fr. 50; port, 0 fr. 60.

« Tous ceux qui ont intérêt à connaître par le menu ce qui se passe dans l'armée feront bien de lire ce livre, où l'auteur raconte avec beaucoup d'humour la vie menée dans le milieu militaire par un séminariste appelé au service. Les anecdotes y abondent, prises sur le vif et la plupart piquantes. »
(*Bulletin de la Société d'éducation et d'enseignement*.)

Mes Campagnes à vélo, par RENÉ GAELL. Un vol. in-12 de 340 pages. Illustrations de F. ÉNAULT. 5e mille.
Broché avec couverture en couleurs, 2 fr. 50; port, 0 fr. 60. Relié demi-bradel, 3 fr. 50; port, 0 fr. 70.

« Dans *Mes campagnes à vélo*, le séminariste-soldat est devenu cycliste du régiment; il est en contact journalier et immédiat avec les officiers, et non plus seulement avec les soldats. On les retrouve néanmoins, et que de bonnes aventures nous sont narrées! Mais le côté moral et vraiment français domine, et combien de fois, en lisant ces pages, nous avons tressailli d'émotion devant les accents de foi et de patriotisme! »
(*Le Mois littéraire et pittoresque*.)

Fusains, par ANDRÉ BESSON. Un vol. in-12 de 296 pages, papier de luxe. 5e mille.
Broché avec couverture en couleurs, 2 francs; port, 0 fr. 55.

Recueil de nouvelles et récits avec cette épigraphe :
Allez, mes *Fusains*, par le monde,
Tout petits sous le ciel si grand!
Afin que nul ne vous confonde
Avec ceux que la boue inonde,
La Croix sera votre garant.

Entre cousins, Roman de caractère, par G. D'AZAMBUJA. Un vol. in-12 de 360 pages.
Broché, 2 fr. 50; port, 0 fr. 60.

« Dans ce nouveau livre, l'auteur s'est appliqué à montrer, avec la verve qui est le propre de son talent bien connu des lecteurs catholiques, la méthode anglo-saxonne au seul point de vue des luttes de la vie telles qu'elles se présentent actuellement aux pays anglo-saxons. En ce tableau pris sur le vif, il n'a pas pu considérer les accroissements que la sève catholique apporterait à la thèse, ce sera peut-être l'objet d'un livre futur. »
(*Préface des éditeurs*.)

Jean Christophe, par PAUL DESCHAMPS. Nouvelle édition. Un vol. in-12 de 522 pages. 2e mille.
Broché, 2 fr. 50; port, 0 fr. 65.

« Il paraît que Louis Veuillot avait conçu le projet d'écrire un *Frère Christophe*. Est-ce en souvenir de lui que l'auteur distingué, caché sous le pseudonyme de Paul Deschamps, fit paraître *Jean Christophe* en feuilleton dans l'*Univers*? On l'affirme. Louis Veuillot rêvait le roman chrétien que d'aucuns déclaraient impossible; un de ses disciples, longtemps vaillant lutteur dans la presse quotidienne, a eu foi dans son idée, et il a tenté pour son compte un heureux essai. Tous ceux qui liront ce volume l'en féliciteront, croyons-nous, et l'en remercieront comme d'un service à la bonne cause. »
(*Etudes*.)

Les Tribulations de M. Dufraisfort, par LODOIS. Un vol. in-12 de 144 pages. Illustration de H. BOLLOT. 2e mille.
Broché, 1 franc; port, 0 fr. 25. Relié, 1 fr. 50; port, 0 fr. 30.

Ce sont les aventures héroï-comiques d'un maire sectaire abominablement refait pour avoir risqué sa prose dans un journal radical contre son curé.

S'il y a avantage pour le port à prendre des colis postaux, voir leurs différents prix page 2.

La Légende de saint Irénée, par Mme GAS-
TON FEUGÈRES. *Ouvrage couronné par l'Aca-
démie française.* Un vol. in-8° de 210 pages.
Illustration de NEHLIO. 3° mille.
  Broché, **1 franc**; *port,* **0 fr. 40**. *Relié,*
2 francs; *port,* **0 fr. 60**.

<small>Le prix obtenu par ce livre à l'Académie française suffit à faire son éloge.</small>

Essai littéraire et moral sur la
Bretagne contemporaine : Poètes et prosateurs, par **A. CHARAUX**, professeur à l'Université catholique de Lille, chevalier de Saint-
Grégoire le Grand. Un vol. in-12 de
140 pages. 2° mille.
  Broché, **1 fr. 50**; *port,* **0 fr. 25**. *Relié,*
2 francs, *et avec tranches dorées,* **2 fr. 50**;
port, **0 fr. 35**.

<small>Études critiques sur Chateaubriand, Hippolyte de la Morvonnais, Elisa Mercœur, Brizeux, Duclesieux, Hipp. Violeau, V. Hugo, Lamennais, pleines de foi chrétienne et patriotique.</small>

Voyage au Pays des Fiords. De Paris
au cap Nord, de Bergen à Stockholm,
par **LÉON DUMUYS**, chevalier du Saint-
Sépulcre, membre de plusieurs Sociétés
savantes. Un vol. grand in-8° de 220 pages,
orné d'une carte et de nombreuses gravures.
3° mille.
  Broché, **1 franc**, *port,* **0 fr. 40**. *Relié,*
2 francs; *port,* **0 fr. 55**.

<small>« L'entrain de ce récit, fait au jour le jour, donne au livre un charme particulier. »
                    (*Préface des éditeurs.*)</small>

Dramatique Voyage autour du Monde
accompli par Georges Anson, publié par
F. GODEFRING. Un vol. grand in-8° de
260 pages, avec cartes, portraits et gravures. 5° mille.
  Broché, **1 franc**; *port,* **0 fr. 40**. *Relié,*
2 francs; *port,* **0 fr. 55**.

<small>Ce sont les notes du chapelain, Richard Walter, compagnon de route du commodore Anson, que l'auteur suit pas à pas, et il les complète par le récit d'un autre survivant de l'escadre.</small>

Excursion dans les Montagnes
bleues, par des moines de Notre-Dame
de France à Jérusalem. Un vol. in-8° de
80 pages, avec nombreuses photographies.
  Broché, **1 franc**; *port,* **0 fr. 25**.

<small>Récit vivant et exploration d'un pays peu connu.</small>

Le Monde des Histoires pittoresques.
(1re série.) Un vol. grand in-8° de 190 pages,
avec de nombreuses gravures. 6° mille.
  Broché, **1 franc**; *port,* **0 fr. 30**. *Relié,*
1 fr. 75; *port,* **0 fr. 45**.

<small>Ce sont 48 récits, nouvelles et légendes, fleurs choisies du *Pèlerin*, où elles ont vivement intéressé.</small>

Le Monde des Histoires pittoresques.
(2e série.) Un vol. in-8° de 190 pages, avec
de nombreuses gravures. 4° mille.
  Broché, **1 franc**; *port,* **0 fr. 30**. *Relié,*
1 fr. 75; *port,* **0 fr. 45**.

<small>Ce volume contient 51 récits, d'un charme et d'un intérêt aussi captivants que les précédents.</small>

  NOTA. — *Les deux séries réunies en un
seul volume,* broché, **2 francs**; *port,*
0 fr. 75. *Relié,* **3 francs**; *port,* **0 fr. 85**.

Pages d'Album. Impressions et souvenirs. Poésies chrétiennes, par **EUGÈNE**,
CÉCILE et **JOSEPH GERMER-DURAND**. Un vol.
in-16 de 274 pages.
  Broché, **2 francs**; *port,* **0 fr. 30**.

<small>Après avoir d'abord reproduit, en ce charmant recueil, les poésies de son père, où l'on trouve « plus de philosophie dans l'inspiration », et celles de sa mère, qui ont « plus de couleur et de spontanéité », le R. P. J. Germer-Durand, des Augustins de l'Assomption, ajoute les siennes. « Aujourd'hui, dit-il, qu'on explique tout par l'atavisme, je n'ai pas à dire pourquoi, moi aussi, j'ai suivi l'attrait de la poésie ; je l'ai trouvée dans mon berceau, et c'est de la poésie Reboul qui m'a tenu sur les fonts du baptême. » Une notice historique de M. A. de Lamothe sert d'introduction.</small>

Fleurs des quatre Saisons. Poésies,
par **MARIE DE BELLOY**. Un vol. in-12 de
50 pages, papier de luxe.
  Broché, **1 franc**; *port,* **0 fr. 15**.

<small>« Le sentiment qui domine en ces poésies vivantes, c'est l'amour maternel... Le patriotisme vibre en maint endroit... Le souffle religieux anime le recueil d'un bout à l'autre. »
                        (*La Croix.*)</small>

Les Armées météores. Étude historique
et scientifique sur les apparitions d'armées dans les airs, par l'abbé **C. MAZE**,
membre du Conseil de la Société de météorologie. Un vol. in-16 de 70 pages.
  Broché, **0 fr. 20**; *port,* **0 fr. 05**.

<small>Intéressante et curieuse étude.</small>

<small>S'il y a avantage pour le port à prendre des colis postaux, voir leurs différents prix page 2.</small>

IX. — Pèlerinages.

Histoire des Pèlerinages français de la Très Sainte Vierge, par le P. JEAN-EMMANUEL DROCHON, des Augustins de l'Assomption. Un vol. in-4° de 1300 pages, orné de plus de 300 gravures et de 20 cartes en couleurs.
Prix net, sans remise, broché, **12 fr. 50**.
Relié percaline, **16 francs**, ou amateur, **18 francs**. Port, un colis de 5 kilos.

« Le livre du P. Drochon est à la fois une œuvre de piété et de patriotisme; il mérite beaucoup de lecteurs. Il fera mieux encore : il suscitera aux sanctuaires français de la Sainte Vierge de nouveaux pèlerins. » (*Etudes*.)

LOURDES

Manuel du Pèlerinage national de Notre-Dame de Salut à Lourdes. Un vol. in-32 de 288 pages. 52° mille.
Broché, **0 fr. 50**; port, **0 fr. 15**.

Avis, renseignements, guide, prières.

Cantiques pour les Pèlerinages de Notre-Dame de Salut. Une brochure de 48 pages. 20° mille.
Broché, **0 fr. 10**; port, **0 fr. 05**.

42 cantiques et chants liturgiques.

Jubilé du Pèlerinage national à Lourdes (1872-1897). Un vol. in-8° cavalier de 200 pages, illustré de portraits et photographies instantanées. 18° mille.
Broché avec couverture en couleurs, **0 fr. 75**; port, **0 fr. 30**. Relié, **1 fr. 25**; port, **0 fr. 40**.

« On y trouve, avec le résumé des apparitions de Lourdes et l'historique de l'Association de Notre-Dame de Salut, des Pèlerinages nationaux, des Hospitalités du Salut et de Lourdes, le récit même, très exact et très vivant, du Jubilé de 1897, préparé avec le concours des « miraculés »...... Il restera donc, comme l'écrivait l'*Univers*, « le mémorial de ces fêtes ». (*Le Pèlerin*.)

Notre-Dame de Lourdes. Quelques miracles constatés. Une brochure in-16 de 64 pages. 3° mille.
Broché, **0 fr. 20**; port, **0 fr. 10**.

Dissertation réfutant les erreurs modernes de Renan et des autres rationalistes sur le miracle.

Lourdes, depuis 1858 jusqu'à nos jours, par le Dr BOISSARIE. Un vol. in-12 de 524 pages. 5° mille.
Broché, **2 fr. 50**; port, **0 fr. 55**.

Les apparitions et les rapports des médecins avec Bernadette et les malades guéris.

Discours prononcé à Lourdes, à l'occasion du Pèlerinage national d'hommes, le 19 avril 1899. Le réveil de la foi, par le P. BOUVIER, S. J. Une brochure de 16 pages. 2° mille.
Broché, **0 fr. 05**; port, **0 fr. 05**.

C'est un souvenir de cette magnifique manifestation qui alla prier pour la France et qui montra déjà le réveil de la foi en notre pays.

ROME

Rome en cinq jours. Souvenir du Pèlerinage de Pénitence de 1893. Une brochure de 70 pages.
Broché, **0 fr. 05**; port, **0 fr. 05**.

Le Pèlerinage de Pénitence passant à Rome, en 1893, à l'occasion du Jubilé pontifical de S. S. Léon XIII, cette brochure lui servit de guide et elle en reste le souvenir.

JÉRUSALEM

Le Livre du Pèlerin. Pèlerinage populaire de Pénitence à Jérusalem et aux Lieux Saints de Palestine. Nouvelle édition, augmentée du Voyage en Egypte. Un vol. in-16 de 540 pages. 10° mille.
Broché, **1 franc**; port, **0 fr. 30**. Relié, **2 francs**; port, **0 fr. 40**.

Avant-propos : Brefs du Souverain Pontife, avis et renseignements. — Prières liturgiques, hymnes, cantiques. — Guide et notes géographiques et historiques pendant le pèlerinage : Marseille, Egypte, Galilée, Judée.

Les Légendes du Saint-Sépulcre, par le comte A. COURET, ancien magistrat. Un vol. in-12 de 154 pages. 25 dessins de L. ALLEAUME, gravés par MARIE. 2° mille.
Broché, couverture gaufrée, **1 fr. 50**; port, **0 fr. 30**. Relié percaline **2 francs**.

S'il y a avantage pour le port à prendre des colis postaux, voir leurs différents prix page 2.

et avec tranches dorées, **2 fr. 25**; port, **0 fr. 40**.

Le préambule explique ce que c'est que la légende par rapport à l'histoire; puis l'auteur nous raconte, avec les détails d'une érudition charmante, les légendes qui se rattachent aux quatre basiliques qui abritèrent le Saint-Sépulcre, de 326 à 1808.

Aux Pays du Christ. Etudes bibliques en Egypte et en Palestine, par l'abbé LANDRIEUX, vicaire général de Reims. Ouvrage couronné par l'Académie française. Un vol. in-8° de 650 pages, avec cartes et index biblique, orné de 150 gravures et dessins inédits, dont 9 croquis de JAMES TISSOT. 4° mille.

Broché, couverture en couleurs, **7 fr. 50**; port, **2 fr. 40**. Relié percaline, **9 fr. 50**, ou amateur, **12 fr. 50**. Port, un colis de 3 kilos.

Ce magnifique ouvrage, auquel l'Académie française a rendu hommage, et qui a reçu du public catholique un si chaleureux accueil, mérite plus que nous ne saurions dire. Il faut le lire et le savourer.

En Terre promise. Notes de mon voyage en Egypte et en Palestine (16 avril-4 juin 1890), par le comte A. COURET, ancien magistrat. Un vol. in-16 de 260 pages.

Broché, **0 fr. 40**; port, **0 fr. 30**.

Récit charmant, érudition de bon aloi, remarques judicieuses.

Quelques Souvenirs de mon Pèlerinage aux Lieux Saints (avril-mai 1891), par l'abbé FRANÇOIS TALON, des missionnaires de Notre-Dame de Myans. Un vol. in-12 de 112 pages. 2° mille.

Broché, **1 franc**; port, **0 fr. 25**.

« Court et simple panorama, où tous les souvenirs d'un pareil pèlerinage sont rappelés, chacun avec sa note et son charme spécial. »
(*Le Mois littéraire et pittoresque.*)

Pèlerinage national à Rome et à Jérusalem, Jubilé épiscopal de Léon XIII, VIII° Congrès eucharistique international (1893), par le colonel PRÉVOT, officier de la Légion d'honneur. Un vol. in-12 de 220 pages.

Broché, **1 fr. 50**; port, **0 fr. 35**.

Dédicace. Introduction. Récit vivant. Conclusions. Cantique des pèlerins.

Etudes préparatoires au Pèlerinage eucharistique en Terre Sainte et à Jérusalem (avril-mai 1893). Un vol. in-12 de 382 pages.

Broché, **1 franc**; port, **0 fr. 40**.

Brefs et Lettres de S. S. Léon XIII sur le Pèlerinage eucharistique. Etudes liturgiques. *Appendice.*

Etude comparative de la messe grecque et de la messe latine.

Le Pèlerinage eucharistique et l'Orient chrétien, par le R. P. EDMOND BOUVY, docteur ès lettres, des Augustins de l'Assomption. Une brochure in-16 de 38 pages.

Prix, **0 fr. 20**; port, **0 fr. 05**.

Sermon prêché à Orléans. Extraits des *Études préparatoires au Congrès eucharistique de Jérusalem.*

Le XV° Pèlerinage de Pénitence à Jérusalem, Rhodes, Constantinople, la Grèce (22 avril-11 juin 1896). Un vol. in-8° de 88 pages, avec nombreuses illustrations.

Broché, **1 franc**; port, **0 fr. 20**.

Récit d'un pèlerin au jour le jour, poésies et discours *in extenso*, nombreuses photographies inédites.

Le XVII° Pèlerinage de Pénitence à Jérusalem (1897), par le chanoine A. BARBIER. Un vol. in-12 de 644 pages.

Broché, couverture en couleurs de MALHARRO, **3 francs**; port, **0 fr. 85**.

Récit sous forme de lettres. Approbations épiscopales. Nombreuses gravures inédites.

Souvenir des Pèlerinages de Pénitence en Terre Sainte. Un album de 192 pages. 6° mille.

Broché, **1 franc**; port, **0 fr. 30**.

Gravures sans texte sur la Palestine et les Lieux Saints. Les 14 stations du Chemin de la Croix, avec explications.

Album de Terre Sainte. Trois séries in-folio de 144 photographies artistiques.

Chaque série, **6 francs**; port, **1 franc**. Relié chromo, **7 francs**; mosaïque, **7 fr. 50**; port, **1 fr. 30**.

Les deux premières séries (288 photographies) réunies en un album relié chromo, **15 francs**; mosaïque, **18 francs**; Port, un colis de 3 kilos.

Les trois séries (432 photographies) réunies en un album relié demi-bradel, **22 francs**, ou chagrin amateur, **25 francs**. Port, un colis de 5 kilos.

C'est un album absolument unique et original sur la Terre Sainte, ses monuments, ses paysages et ses souvenirs. Au bas de chaque photographie se trouve une notice en français ou en anglais.

La Carte mosaïque de Madaba. Découverte importante. 1897. Un album de 12 photographies.

Prix, **0 fr. 50**; port, **0 fr. 10**.

NOTA. — *Voir au chapitre XIV la collection des* Echos de Notre-Dame de France à Jérusalem.

S'il y a avantage pour le port à prendre des colis postaux, voir leurs différents prix page 2.

X. — Sociologie et Œuvres catholiques.

Encyclique sur la condition des ouvriers, par S. S. LÉON XIII. Une brochure de 64 pages. 12e mille.
Prix, 0 fr. 05 ; port, 0 fr. 05.
C'est la base nécessaire de toutes les études qu'on peut faire sur la question sociale.

Manuel social chrétien, rédigé par la Commission d'études sociales du diocèse de Soissons, sous la présidence de M. le chanoine DEHON, et publié avec l'approbation de S. G. Mgr l'évêque de Soissons. 5e édition remaniée et considérablement augmentée. Un vol. in-12 de 320 pages. 9e mille.
Broché, 1 fr. 50 ; port, 0 fr. 35. Relié, 2 francs ; port, 0 fr. 45.
Ce *Manuel* a reçu les encouragements les plus bienveillants de S. Em. le cardinal archevêque de Reims, de NN. SS. les évêques de Soissons, Liège, St-Dié, Nevers, Langres, Blois, Agen, Vannes, Séez, Evreux, Luçon, La Rochelle, Limoges, Le Puy, Bayeux, St-Brieuc, Dijon, Orléans, Moulins, Angoulême, Contances, Digne, Bayonne, Châlons et Nîmes. Il est devenu classique dans plusieurs Séminaires.

Nos Congrès, par L. DEHON, supérieur des prêtres du Sacré-Cœur de Jésus. Une brochure in-8o de 30 pages.
Prix, 0 fr. 50 ; port, 0 fr. 10.
Discours prononcé à Rome.

La Notion chrétienne de la Démotie, par le professeur G. TONIOLO. Traduction autorisée et revue par l'auteur. Une brochure in-8o de 54 pages. 2e mille.
Prix, 0 fr. 50 ; port, 0 fr. 10.
Le savant professeur, dont l'autorité est incontestée, émet ici les principes sur lesquels on doit s'appuyer pour étudier et comprendre la vraie démocratie.

Le Mouvement catholique populaire moderne et le Prolétariat, par le professeur G. TONIOLO. Traduction autorisée et revue par l'auteur. Une brochure in-8o de 64 pages.
Prix, 0 fr. 50 ; port, 0 fr. 10.

Quelques notes sur l'Histoire sociale de l'Eglise, par GABRIEL ARDANT. Nouvelle édition revue et augmentée. Une brochure in-8o de 120 pages. 4e mille.
Prix, 0 fr. 50 ; port, 0 fr. 10.

Le Curé de campagne. Résultat d'une enquête récente faite par un homme d'œuvres. Nouvelle édition. Une brochure in-8o de 130 pages. 5e mille.
Prix, 0 fr. 50 ; port, 0 fr. 10.

La mission du Prêtre dans l'Action catholique, par Mgr RADINI-TEDESCHI, camérier secret de Sa Sainteté. Une brochure in-12 de 16 pages. 2e mille.
Prix, 0 fr. 20 ; port, 0 fr. 05.
Discours prononcé au XIVe Congrès catholique d'Italie, à Fiesole, en septembre 1896.

Terre et Famille, par GABRIEL ARDANT. Un vol. in-12 de 176 pages.
Broché, 1 franc ; port, 0 fr. 25.
« C'est une heureuse idée qu'a eue l'auteur de réunir en ce volume les articles pleins de verve et de bon sens qu'il a publiés çà et là sur la nécessité d'assurer à la famille un foyer insaisissable, de lier la terre ; c'est une idée heureuse encore que d'avoir obtenu de son beau-père, le vénéré M. Léon Harmel, une introduction où le Bon Père résume les traditions familiales qui ont assuré la prospérité patriarcale de la famille industrielle du Val des Bois. »
(*La Quinzaine.*)

Histoire du Château-Blanc. Monographie d'une maison de retraites, par le P. LEROY, S. J. Un vol. in-8o carré de 416 pages, avec illustrations et portraits. 2e mille.
Broché, 2 fr. 50 ; port, 0 fr. 60.
« La monographie du Château-Blanc est intéressante, a-t-on dit, comme un roman. C'est vrai. Mais il n'est que juste aussi d'affirmer qu'elle présente un intérêt bien plus élevé aux esprits sérieux et réfléchis. Par elle, ils connaîtront mieux les exercices de saint Ignace. Les documents spéciaux et les renseignements utiles abondent dans ce livre, surtout dans le recueil précieux des pièces annexes. C'est un trésor que les hommes d'œuvre et les prêtres tiendront à conserver pour y recourir au besoin. » (*Messager du Cœur de Jésus.*)

S'il y a avantage pour le port à prendre des colis postaux, voir leurs différents prix page 2.

Conversations apostoliques entre les retraitants du Château-Blanc, par le P. LEROY, S. J. Une brochure in-8° carré de 82 pages. 2e mille.
Prix, **0 fr. 50**; port, **0 fr. 10**.
Extrait de l'*Histoire du Château-Blanc*.

Esquisse de Sujets d'entretien, pour membres des Conférences de Saint-Vincent de Paul, par le P. WATTRIGANT, S. J. Une brochure in-8° carré de 8 pages. 2e mille.
Prix, **0 fr. 20**; port, **0 fr. 10**.
Extrait de l'*Histoire du Château-Blanc*.

Programme général d'Action catholique, pour les villes, pour servir aux réunions d'hommes d'œuvres, par le P. WATTRIGANT, S. J. Une brochure in-8° de 32 pages. 2e mille.
Prix, **0 fr. 30**; port, **0 fr. 10**.
Extrait de l'*Histoire du Château-Blanc*.

Petit Décalogue agricole, ou Examen d'après l'ordre du Décalogue des œuvres utiles à la classe agricole, pour servir aux réunions des apôtres des habitants des campagnes, par le P. WATTRIGANT, S. J. Une brochure in-8° carré de 24 pages. 2e mille.
Prix, **0 fr. 30**; port, **0 fr. 10**.
Extrait de l'*Histoire du Château-Blanc*.
« C'est tout un programme d'action catholique, dont le but est le relèvement religieux, social, économique de nos campagnes. » (*Chronique picarde*.)

Confrérie de Notre-Dame des Champs. Une brochure in-32 de 32 pages. 5e mille.
Prix, **0 fr. 05**; port, **0 fr. 05**.

Manuel pratique des Caisses rurales, par LOUIS DURAND, président de l'Union des Caisses rurales et ouvrières. 4e édition, adaptée à la jurisprudence du Conseil d'Etat. Une brochure in-8° de 60 pages. 10e mille.
Prix, **1 franc**; port, **0 fr. 15**.

Petit Manuel pratique des Syndicats agricoles, par H. DE GAILHARD-BANCEL, député de l'Ardèche. 5e édition, avec une préface de M. EMILE DUPORT. Un vol. in-8° de 96 pages.
Prix, **0 fr. 50**; port, **0 fr. 20**.

Les Caisses d'Assurances mutuelles contre la mortalité du bétail. Une brochure in-16 de 48 pages. 3e mille.
Prix, **0 fr. 20**; port, **0 fr. 10**.

Le Secrétariat du Peuple. Guide pratique, par A. DOAL. Une brochure in-16 de 44 pages. 6e mille.
Prix, **0 fr. 20**; port, **0 fr. 10**.

Vers la Caserne. Conseils aux conscrits et aux anciens soldats, par LA RAMÉE. Un vol. in-32 de 000 pages, illustré. 4e mille.
Prix, **0 fr. 40**; port, **0 fr. 10**.
Très apprécié de tous ceux qui s'occupent des soldats et des œuvres militaires.

L'esclavage en Afrique et la croisade noire, par JOSEPH IMBART DE LA TOUR, docteur en droit, avocat à la Cour d'appel de Paris, lauréat de l'Académie des sciences morales et politiques. Un vol. in-12 de 200 pages, 2e mille.
Broché, couverture gaufrée, **1 fr. 50**; port, **0 fr. 35**. Relié percaline, **2 francs**, ou avec tranches dorées, **2 fr. 50**; port, **0 fr. 50**.
C'est le récit de la lutte de l'antiesclavagisme contre la traite noire. Son but, ses moyens, ses inspirateurs, ses soldats, ses missionnaires, ses apôtres, ses chefs, son influence, ses bienfaits, nous apprenons ici à les connaître, pour vulgariser autour de nous l'idée de cette croisade noire, dernière tache du paganisme en notre civilisation chrétienne. L'auteur y ajoute le charme de son style, et ce n'est pas peu pour aider à faire triompher la vérité.

L'Usure au temps présent, Étude au point de vue de la morale et de l'économie sociale, par le chanoine DEHON, supérieur des prêtres du Sacré-Cœur de Jésus, de Saint-Quentin. Une brochure in-16 de 64 pages. 2e mille.
Prix, **0 fr. 40**; port, **0 fr. 15**.

Bimétallisme et Monométallisme, par Mgr WALHS, archevêque de Dublin, traduit par A. CHABRY. Un vol. in-8° de 116 pages. 3e mille.
Broché, **1 franc**; port, **0 fr. 25**.
Étude toute d'actualité.

L'Usure suprême, ou les dangers du crédit à l'heure actuelle, par A. CHABRY, secrétaire de la Ligue bimétallique française. Une brochure in-32 de 22 pages. 2e mille.
Prix, **0 fr. 15**; port, **0 fr. 05**.

La Domination de l'or, Rapport au Congrès de Lyon (1896), par A. CHABRY. Une brochure in-32 de 32 pages.
Prix, **0 fr. 15**; port, **0 fr. 05**.
NOTA. — *D'autres livres et brochures sont en préparation.*

XI. — Apologétique et défense religieuse.

Du Silence et de la Publicité, par Mgr PARISIS, évêque de Langres. Un vol. in-16 de 96 pages.
Broché, 0 fr. 40 ; port, 0 fr. 10.

« En novembre 1845, l'illustre évêque de Langres fit un écrit très remarquable sur et contre le parti du silence..... Cet écrit, un des plus importants à notre sens du vigoureux défenseur de l'Eglise, était devenu très rare et très recherché. Nous avons pu le réimprimer, grâce à l'obligeance d'un prêtre du Nord, qui nous a confié son exemplaire. » (*La Croix*.)

Divine Notion de l'Eglise, par Mgr FRANÇOIS MAUPIED, prélat de Sa Sainteté. Un vol. in-16 de 128 pages.
Broché, 0 fr. 40 ; port, 0 fr. 15.

Ecrit rendu nécessaire par la trop grande ignorance de la divine notion de l'Eglise, cause de multiples erreurs de doctrine et de conduite pour ceux qui ne sont chrétiens que de nom et qui travaillent sous l'influence satanique de la Franc-Maçonnerie.

Les Chrétiens des premiers siècles et Bossuet en face des pouvoirs publics, par l'abbé J. L. MONESTÈS, du diocèse d'Agen. Un vol. in-12 de 48 pages.
Broché, 0 fr. 50 ; port, 0 fr. 15.

Quelques notes historiques, qui sont bien d'actualité en ce moment.

De la Constitution politique des Etats de l'Eglise, par A. FRESNEAU, sénateur. Un vol. in-8° carré de 242 pages.
Broché, 2 fr. 50 ; port, 0 fr. 40.

Ecrit en 1860, ce livre a été honoré, en 1888, d'un Bref de S. S. Léon XIII.

M. de Quatrefages et l'Anthropologie, par l'abbé D. LE HIR. Un vol. in-12 de 162 pages. 2e mille.
Broché, 0 fr. 50 ; port, 0 fr. 15.

Extrait de la *Revue des questions scientifiques*.

Lettres valaisanes, par GABRIEL ARDANT. Un vol. in-12 de 60 pages.
Broché, 0 fr. 50 ; port, 0 fr. 15.

Etude comparée, sous forme de lettres, des catholiques et des protestants dans les cantons suisses.

Debout! Pressant appel au clergé et aux catholiques de France, par MIRIAM. Un vol. in-16 de 122 pages. 4e mille.
Broché, 0 fr. 40 ; port, 0 fr. 15.

« Nous félicitons l'auteur de son succès ; les approbations qu'il a reçues disent que ce succès est mérité. Notons, parmi ces approbations, celles de Mgr Trégaro et de Dom Sarda. » (*L'Univers*.)

En Avant sur le Terrain catholique! par MIRIAM. Edition corrigée et augmentée. Un vol. in-16 de 280 pages. 4e mille.
Broché, 0 fr. 40 ; port, 0 fr. 25.

Suite de *Debout*. Ouvrage traduit en espagnol et en portugais dès son apparition.

Dans la Mêlée, par MIRIAM. 9e mille. Un vol. in-12 de 86 pages.
Broché, 0 fr. 40 ; port, 0 fr. 15.

Faisant suite à *Debout* et à *En avant*. Traduit en espagnol dès son apparition.

Le Terrain catholique et les divers partis politiques, par MIRIAM. Une brochure in-16 de 30 pages. 2e mille.
Prix, 0 fr. 20 ; port, 0 fr. 10.

Conclusion des précédents.

Les Bases de l'Union catholique, par le P. BOUVIER, S. J. Une brochure in-12 de 16 pages.
Prix, 0 fr. 10 ; port, 0 fr. 05.

Discours prononcé dans la basilique de Montmartre, le 5 décembre 1897, à la clôture du Congrès national catholique.

La Persécution en France sous la troisième République, par J. MARTELLO, docteur en droit. Une brochure in-12 de 32 pages. 3e mille.
Broché, 0 fr. 20 ; port, 0 fr. 10.

Lugubre défilé de toutes les lois sectaires et de tous les projets élaborés par les Loges.

La Persécution depuis quinze ans, par UN PATRIOTE. Une brochure in-16 de 62 pages, 3e mille.
Broché, 0 fr. 15 ; port, 0 fr. 05.

La Franc-Maçonnerie et le Panama, par UN PATRIOTE. Une brochure in-16 de 64 pages. 30e mille.
Broché, 0 fr. 15 ; port, 0 fr. 05.

S'il y a avantage pour le port à prendre des colis postaux, voir les différents prix page 2.

L'Etat c'est nous! Nos francs-maçons actuels dévoilés, par UN PATRIOTE. Une brochure in-16 de 140 pages. 4ᵉ mille.
Broché, 0 fr. 40 ; *port,* 0 fr. 15.

Ce volume comprend trois parties : les francs-maçons intolérants, les francs-maçons politiciens, la Franc-Maçonnerie grande agence électorale.

La Question de l'Enseignement, par M. DE LA GUILLONNIÈRE. Une brochure in-12 de 16 pages.
Prix, 0 fr. 10 ; *port,* 0 fr. 05.

Rapport présenté au Conseil général de Maine-et-Loire.

L'Ame de nos Enfants, par MAURICE DES AUBRAIS. Une brochure in-16 de 40 pages. 10ᵉ mille.
Prix, 0 fr. 10 ; *port,* 0 fr. 05.

Conseils aux parents sur le choix d'une école.

Justice-Egalité, Récit de la campagne en faveur des enfants des écoles. Une brochure in-16 de 38 pages.
Prix, 0 fr. 10 ; *port,* 0 fr. 05.

Lettre à un ami sur la loi scolaire, par Mgr GOUTHE-SOULARD, archevêque d'Aix. Une brochure in-32 de 24 pages.
Prix, 0 fr. 05 ; *port,* 0 fr. 05.

La Question des Fabriques, consultation, par JULES JAMET, avocat de la Cour d'appel à Paris. Une brochure in-12 de 32 pages. 2ᵉ mille.
Prix, 0 fr. 15 ; *port,* 0 fr. 05.

Ligne de conduite à tenir par les trésoriers de Fabrique. Adhésion du Comité de Jurisconsultes catholiques de Paris. Texte de la pétition à signer.

Le prétendu Monopole des Bureaux de bienfaisance devant la loi et devant l'histoire, par LÉON LALLEMAND, avocat. Une brochure in-12 de 56 pages.
Prix, 0 fr. 15 ; *port,* 0 fr. 05.

Pierre et son Curé. A propos de la loi d'abonnement contre les religieux. Une brochure in-32 de 20 pages. 15ᵉ mille.
Prix, 0 fr. 05 ; *port,* 0 fr. 05.

Observations sur le Droit d'Accroissement réclamé aux Congrégations autorisées. Une brochure in-32 de 32 pages.
Prix, 0 fr. 05 ; *port,* 0 fr. 05.

A propos d'Accroissement ou d'Abonnement, par F. DE CHANTERAC. Une brochure in-16 de 16 pages.
Prix, 0 fr. 05 ; *port,* 0 fr. 05.

Les Lois Brisson-Ribot contre les Congrégations, par A. ROBERT, avocat. Une brochure in-12 de 64 pages.
Prix, 0 fr. 20 ; *port,* 0 fr. 10.

Résistance ou Soumission, par XX. Une brochure in-12 de 32 pages. 2ᵉ mille.
Prix, 0 fr. 20 ; *port,* 0 fr. 10.

Ni Criminels, ni Dupes, par P. A. ADELANTE. Une brochure in-12 de 44 pages.
Prix, 0 fr. 20 ; *port,* 0 fr. 10.

Attitude passive des Congrégations religieuses en présence de la loi d'abonnement, par le R. P. ANGE LE DORÉ, Supérieur général des Eudistes. Une brochure in-8° de 108 pages.
Prix, 0 fr. 50 ; *port,* 0 fr. 20.

En garde! En faveur des Congrégations, par PIERRE L'ERMITE. Une brochure in-8° de 32 pages. Illustrations de LEMOT et MONTÉGUT.
Prix, 0 fr. 20 ; *port,* 0 fr. 10.

Une Loi libérale, nous vous en supplions! par le P. TIMOTHÉE, des Frères Mineurs Capucins. Une brochure grand in-8° de 16 pages. 10ᵉ mille.
Prix, 0 fr. 10 ; *port,* 0 fr. 05.

La Mise hors la Loi des Congrégations, par L.-M. DELAMARRE, avocat. Une brochure in-8° de 12 pages.
Prix, 0 fr. 10 ; *port,* 0 fr. 05.

La Vérité sur le Droit d'Accroissement, par L.-M. DELAMARRE, avocat. Une brochure in-16 de 28 pages. 3ᵉ mille.
Prix, 0 fr. 20 ; *port,* 0 fr. 10.

Consultation, avec Adhésions, sur les Impôts exigés des Congrégations (1897-1898-1899). Une brochure in-8° de 32 pages. 2ᵉ mille.
Prix, 0 fr. 40 ; *port,* 0 fr. 15.

Les Congrégations religieuses en France, par l'abbé X., du clergé séculier. Une brochure in-8° de 44 pages.
Prix, 0 fr. 25 ; *port,* 0 fr. 10.

S'il y a avantage pour le port à prendre des colis postaux, voir leurs différents prix page 2.

XII. — Agriculture.

Manuel théorique et pratique d'Horticulture, par un religieux ayant 26 ans de pratique et d'enseignement. Un vol. in-12 de 708 pages.
Broché, 4 francs ; *port*, 0 fr. 80.

« C'est un ouvrage très complet, qui contient tous les renseignements utiles pour établir et conduire un jardin : sol, amendement, engrais, notions de botanique, culture du jardin potager, arboriculture fruitière, calendrier des travaux du jardinage, fleurs en plein air, etc. Les renseignements les plus divers sont donnés avec clarté et précision. On sent, chez l'auteur, l'homme savant doublé du praticien. »
(*La Croix.*)

Plantes de Serres. Reproduction, multiplication des plantes d'orangerie et de serre froide, leur culture, par Un ancien horticulteur-fleuriste, ancien professeur d'horticulture. Un vol. in-12 de 276 pages.
Broché, 1 fr. 50 ; *port*, 0 fr. 35.

Ce volume a reçu des éloges de tous les connaisseurs.

Manuel de Médecine vétérinaire, à l'usage des agriculteurs et gens du monde, par P. ADENOT. Un vol. in-12 de 236 pages. 3ᵉ mille.
Broché, 1 franc ; *port*, 0 fr. 25. Relié, 1 fr. 50 ; *port*, 0 fr. 30.

Très apprécié.

Les Animaux de la Ferme, Espèce chevaline, par F. HERMIER. Un vol. in-12 de 126 pages, avec illustrations. 3ᵉ mille.
Broché, 1 franc ; *port*, 0 fr. 25.

Premier volume d'une série sur l'élevage des animaux domestiques.

Manuel populaire d'Élevage, d'hygiène et d'engraissement des animaux domestiques et de basse-cour, à l'usage des petits laboureurs, par E. GARNOT. Un vol. in-16 de 96 pages. 3ᵉ mille.
Broché, 0 fr. 40 ; *port*, 0 fr. 10.

Cet ouvrage a obtenu la médaille d'or du prix Lamayran.

Le Vin. Sa composition, sa vie, sa santé, ses maladies. Remèdes, soins, précautions, par FRANK TABERNE. Un vol. in-16 de 104 pages. 2ᵉ mille.
Broché, 0 fr. 40 ; *port*, 0 fr. 10.

Notes pratiques sur la Culture de la vigne, extraites du *Laboureur*. Un vol. in-12 de 96 pages. 4ᵉ mille.
Broché, 0 fr. 40 ; *port*, 0 fr. 15.

Prairies, Fourrages, Racines Fourragères, alimentation du bétail. Notes pratiques du *Laboureur*. Un vol. in-12 de 122 pages. 3ᵉ mille.
Broché, 0 fr. 40 ; *port*, 0 fr. 15.

L'Ensilage des Fourrages verts et l'ensilage des racines, par UN PETIT LABOUREUR. Une brochure in-32 de 24 pages. 9ᵉ mille.
Prix, 0 fr. 05 ; *port*, 0 fr. 05.

La Culture aux Engrais chimiques, par UN PETIT LABOUREUR. Une brochure in-32 de 38 pages. 9ᵉ mille.
Prix, 0 fr. 05 ; *port*, 0 fr. 05.

Culture de la Pomme de terre, par PAUL GENAY. Une brochure in-32 de 32 pages. 3ᵉ mille.
Prix, 0 fr. 05 ; *port*, 0 fr. 05.

La Vendange et la Vinification, par FRANK TABERNE. Une brochure in-32 de 62 pages. 3ᵉ mille.
Prix, 0 fr. 05 ; *port*, 0 fr. 05.

De la Fabrication du Cidre par lixiviation, par E. GARNOT. Une brochure in-32 de 30 pages. 8ᵉ mille.
Prix, 0 fr. 05 ; *port*, 0 fr. 05.

Causeries sur les Abeilles, par l'abbé DUQUESNOIS, du diocèse de Versailles. Une brochure in-32 de 28 pages. 9ᵉ mille.
Prix, 0 fr. 05 ; *port*, 0 fr. 05.

NOTA. — Voir, au chapitre *XIV*, la collection du *Laboureur-Revue*.

XIII. — Guides et Albums.

NOUVEAU GUIDE

Guide national et catholique du voyageur en France. Première partie : PARIS. Un vol. in-16 de 550 pages, avec plans, cartes et photographies.
Relié cartonnage souple, **5 francs** ; port, **0 fr. 60**.

Notices religieuses, historiques et biographiques. Pèlerinages, stations balnéaires. Renseignements divers. Cartes, plans et gravures, tables alphabétiques, etc. Plus de 200 photographies très réussies et une superbe carte en couleurs.
Comme le dit la *Préface*, rien n'a été négligé pour rendre ce *Guide* aussi intéressant que possible, tout en lui donnant ce caractère religieux et catholique qu'on cherchait en vain dans les autres Guides.

POUR LES ENFANTS

Album des enfants, Tableaux célèbres. Un vol in-4° de 110 pages, beau papier, tirage en 12 couleurs, 2ᵉ mille.
Broché, avec couverture bleue, **3 francs** ; port, **0 fr. 90**. Relié, percaline bleue, avec fers spéciaux argent, **4 francs**, et avec tranches dorées, **4 fr. 50** ; port, **1 fr. 50**.

Ce magnifique recueil illustré comprend 84 grands dessins de maîtres ou d'artistes, 14 pages humoristiques et 12 petits dessins ou portraits. Le tout est accompagné de légendes explicatives, qui font de ce volume un spirituel délassement.

Alphabet illustré des enfants, et premières lectures. Un vol. in-8° de 32 pages avec nombreuses gravures en couleurs.
Broché, couverture bleue et rouge, **1 franc** ; port, **0 fr. 20**.

Outre l'alphabet vivant et colorié, la numération, les syllabes, la ponctuation et accents, les phrases, les premières notions du temps, de l'arithmétique, le tout entrecoupé d'images, de traits, de couleurs, on trouve encore des lectures intéressantes, à la portée des enfants, de petites poésies, et les premières prières à leur apprendre : oraison dominicale, salutation angélique, Symbole des apôtres, confession des péchés, commandements de Dieu et de l'Eglise.

Fables choisies de La Fontaine. Illustrations en couleurs de LEMOT. Un vol. in-8° de 96 pages.
Broché, couverture en couleurs, **1 franc** ; port, **0 fr. 30**. Relié percaline, **1 fr. 50**, et avec tranches dorées, **1 fr. 75** ; port, **0 fr. 50**.

46 des meilleures fables de La Fontaine et 1 page d'introduction sont traduites par l'artiste en scènes enfantines, d'une grâce charmante. Le texte du fabuliste est au verso.

Histoire sainte illustrée. Un vol. in-4° de 120 tableaux en chromo avec texte.
Broché, couverture gaufrée, **0 fr. 75** ; port, **0 fr. 20**.

Ces images, imitées du genre d'Epinal, produisent partout la meilleure impression et permettent aux enfants d'apprendre et de retenir plus facilement l'histoire du peuple de Dieu.

Souvenirs des fêtes de Reims, XIVᵉ centenaire de la France. Une brochure in-8° contenant 12 compositions de MALATESTA.
Broché, couverture artistique en couleurs, **0 fr. 25** ; port, **0 fr. 10**.

Ces douze tableaux au style archaïque et si gracieux ont vivement intéressé les lecteurs du *Noel* qui les recevaient en prime ; c'est ce succès qui a décidé à les grouper en ce recueil.

Catéchisme en images, 70 tableaux en chromolithographie, 0ᵐ,66 sur 0ᵐ,48, l'œuvre la plus considérable qui existe en ce genre. Plus de 300 000 tableaux ont déjà été demandés pour cet utile apostolat de l'enseignement par les yeux.
Prix, **100 francs**, *port en sus*.

Demander les conditions spéciales de vente.

NOTA. — Voir, page 27, l'ALBUM DE TERRE SAINTE, en trois séries, à 6, 15 ou 22 francs, et la CARTE MOSAÏQUE DE MADABA, à 0 fr. 50.

S'il y a avantage pour le port à prendre des colis postaux, voir leurs différents prix page 2.

XIV. — Annuaires et Collections de périodiques.

Annuaire pontifical catholique, par Mgr A. BATTANDIER, protonotaire apostolique. Un vol. in-16 à 2 colonnes, illustré de nombreuses gravures, couverture en couleurs.
Trois volumes ont déjà paru :
1898, avec 380 pages et 63 illustrations ;
1899, avec 600 pages et 140 illustrations ;
1900, avec 650 pages et 130 illustrations.
Chacun de ces volumes, broché, **3 fr. 50** ; *port,* **0 fr. 60.**

« Le succès de votre œuvre ne m'étonne pas. Vous avez su condenser énormément de choses et de choses fort utiles en un format réduit et dans un ordre parfait. J'ai placé votre *Annuaire* sur mon bureau, et c'est bien souvent que j'ai dû recourir à ses indications, toujours si précieuses et si exactes. »
(Mgr *l'évêque de Viviers.*)

Almanach du Pèlerin, paraissant depuis 1879 :
Prix, dans l'année, **0 fr. 50** ; *port,* **0 fr. 15.**
Un exemplaire des années écoulées, **1 franc** ; *port,* **0 fr. 15.**
Cinq années réunies en un vol. relié, **3 francs** ; *port,* **1 franc.**
Dix années réunies en un vol. relié, **5 francs** ; *port,* **1 fr. 30.**
Les années 1880, 1881, 1890, 1892, 1893, 1894, 1897, 1898 sont épuisées.

Mon Almanach, paraissant depuis 1894.
Un exemplaire, **0 fr. 15** ; *port,* **0 fr. 10.**
Ne se vend pas en collection.

Le Pèlerin, illustré depuis le 1er janvier 1877, en couleurs depuis mars 1896 (1). La collection forme, en 1900, 23 volumes.
Chaque année, brochée, **5 francs** ; *port,* **1 fr. 80.** *Reliée,* **7 fr. 50** ; *port,* **1 fr. 90.**

Vie des Saints, illustrée et populaire,
paraissant depuis 1880 (1). Elle forme actuellement plusieurs collections.

Vies des Saints pour tous les jours de l'année. Deux vol. in-8°.
Reliés toile, **7 francs** ; *demi-basane,* **9 francs** ; *port,* **4 fr. 30** *ou un colis de 5 kilos.*

Vies des Saints selon l'ordre des fêtes. Quatre vol. in-8°.
Reliés, **12 francs** ; *et avec tranches dorées,* **14 francs** ; *port, un colis de 10 kilos.*

Vies des Saints dans l'ordre de leur publication. Collection complète. Neuf vol. in-8°, contenant chacun 104 *Vies.*
Chaque volume relié, **3 fr. 50** ; *port, un colis de 3 kilos. Les 9 volumes reliés,* **30 francs** ; *port, un colis de 10 kilos.*

Causeries du dimanche, exposé populaire et illustré des vérités de la religion, paraissant depuis novembre 1897 (2). Elles forment actuellement trois volumes :

Pourquoi suis-je catholique ? (1re série.) Un vol. in-8° de 256 pages.
Broché, **1 franc** ; *port,* **0 fr. 35.** *Relié,* **1 fr. 50** ; *port,* **0 fr. 65.**

Qu'ai-je trouvé dans l'Église romaine ? (2me série.) Un vol. in-8° de 244 pages.
Broché, **1 franc** ; *port,* **0 fr. 35.** *Relié,* **1 fr. 50** ; *port,* **0 fr. 65.**

Pourquoi les Congrégations religieuses ? (Extrait du précédent). Un vol. de 64 pages.
Broché, **0 fr. 20** ; *port,* **0 fr. 10.**

Les Contemporains, biographie hebdomadaire en 16 pages illustrées d'un personnage célèbre du siècle (3). Plusieurs collections ont paru.

(1) Abonnement : un an, **6 francs** ; papier de luxe, **10 francs.**
(1) Abonnement : un an, **8 francs** ; **1 fr. 20** seulement pour les abonnés du *Pèlerin.*
(2) Abonnement : un an, **3 francs.**
(3) Abonnement : un an, **6 francs** ; **3 fr. 60** seulement pour les abonnés du *Pèlerin.*

S'il y a avantage pour le port à prendre des colis postaux, voir leurs différents prix page 2.

Collection complète des Contemporains. Quinze vol. in-8ᵈ comprenant chacun 25 biographies.
 Chaque volume : broché, **2 francs**; port, **1 fr. 20**. Relié, **3 francs**; et avec tranches dorées, **3 fr. 50**; port, **1 fr. 40**. Relié demi-basane, **3 fr. 75**; port, **1 fr. 40**.

Les gloires contemporaines de l'Eglise. Cinq vol. in-8°, extraits des Contemporains, comprenant chacun 25 biographies.
 Chaque volume : broché, **2 francs**; port, **1 fr. 20**. Relié, **3 francs**; et avec tranches dorées, **3 fr. 50**; port, **1 fr. 40**. Relié demi-basane, **3 fr. 75**; port, **1 fr. 40**.

Les gloires militaires contemporaines. Trois vol. in-8°, extraits des Contemporains, comprenant chacun 25 biographies.
 Chaque volume : broché, **2 francs**; port, **1 fr. 20**. Relié, **3 francs**; et avec tranches dorées, **3 fr. 50**; port, **1 fr. 40**. Relié demi-basane, **3 fr. 75**; port, **1 fr. 40**.

Les femmes célèbres du siècle. Un vol. in-8°, extrait des Contemporains, comprenant 25 biographies.
 Broché, **2 francs**; port, **1 fr. 20**. Relié, **3 francs**; et avec tranches dorées, **3 fr. 50**; port, **1 fr. 40**.

Album de la Croix, recueil de romans illustrés et de tableaux de maîtres (1). Il forme actuellement 5 volumes.
 Chaque volume, broché, **2 fr. 50**; port, **1 franc**. Relié, **4 francs**; et avec tranches dorées, **4 fr. 50**; port, **1 fr. 50**.

Le Noël, journal des enfants, paraissant depuis mars 1895 (2). Il forme actuellement 10 volumes.
 Chaque volume, broché, **3 francs**; port, **1 franc**. Relié, couverture en chromo, **4 francs**, et avec tranches dorées, **4 fr. 50**; port, **1 fr. 20**.

Le Mois littéraire et pittoresque, revue illustrée, paraissant depuis janvier 1899 (3). Il forme 2 volumes par an.
 Chaque volume relié avec tranches dorées, **8 fr. 50**; port, **1 fr. 85**; les deux volumes de 1899, **16 francs**; port, **3 fr. 70**.

Cosmos, revue catholique des sciences et de leurs applications, fondée en 1852, par l'abbé Moigno, reprise et illustrée par la Maison de la Bonne Presse en février 1885, forme 3 volumes par an (1). La nouvelle série compte actuellement 40 volumes.
 Chaque volume, broché, **8 francs**; port, **1 fr. 10**. Relié demi-chagrin, **10 francs**; port, **1 fr. 35**. Les trois volumes d'une année, brochés, **20 francs**. Reliés, **25 francs**, port en sus.

Les Questions actuelles, revue documentaire, paraissant chaque semaine depuis janvier 1887 (2). Ils forment 5 volumes par an. Les 5 premiers volumes (janvier 1887-juin 1889) sont condensés en un seul. Il y a actuellement 47 volumes en vente.
 Chaque volume, broché, **1 franc**; port, **0 fr. 15**. Un colis de 3 kilos en contient 7.

Table générale, indiquant par ordre alphabétique toutes les matières contenues dans les 30 premiers volumes.
 Prix, **0 fr. 75**; port, **0 fr. 15**.

C'est une collection unique de documents indispensables aux journalistes, aux orateurs, aux prêtres, à tous les hommes d'étude.

Échos de Notre-Dame de France, à Jérusalem, revue mensuelle des Pèlerinages de Pénitence en Terre Sainte, paraissant depuis 1888 (3). Six volumes ont paru.
 Chaque volume broché, **3 francs**; port, **0 fr. 65**.

Bulletin des Congrégations, revue hebdomadaire des intérêts des communautés, paraissant depuis 1896 (4). Trois volumes ont paru.
 Chaque volume, **6 francs**; port, **1 fr. 80**.

La Croix-Revue, ayant paru chaque mois de 1880 à 1883, avant l'existence de la Croix quotidienne.
 Chaque volume, relié, **12 francs**; les trois volumes reliés, **30 francs**; Un colis postal de 3 kilos ne contient qu'un volume.

Le Laboureur-Revue, paraissant tous les trois mois depuis 1897, et formant chaque année un volume in-8° (5). Trois volumes ont paru.
 Chaque volume, broché, **3 francs**; port, **1 fr. 20**. Relié, **4 francs**; port, **1 fr. 40**.

---

(1) Abonnement : un an, **3 fr. 50**.
(2) Abonnement : un an, **7 francs**, et avec primes en couleurs, **10 francs**.
(3) Abonnement : un an, **12 francs**.

(1) Abonnement : un an, **25 francs**.
(2) Abonnement : un an, **6 francs**.
(3) Abonnement : un an, **3 francs**.
(4) Abonnement : un an, **6 francs**.
(5) Abonnement : un an, **3 francs**.

S'il y a avantage pour le port à prendre des colis postaux, voir leurs différents prix page 2.

Table alphabétique des auteurs.

Les ouvrages sans nom d'auteur sont inscrits selon l'ordre alphabétique de leur titre.

Adelante. — *Ni criminels ni dupes*, format in-12, prix 0 fr. 20, page 31.
Adenot. — *Manuel de médecine vétérinaire*, in-12, 1 franc, p. 32.
Albert-Marie du Saint-Sauveur (R. P.). — *Vie du saint prophète Elie*, in-8°, 1 franc, p. 13.
Album de Terre Sainte, in-folio, 6 francs, 15 francs ou 22 francs, p. 27.
Album des enfants, in-4°, 3 francs, p. 33.
Almanach du Pèlerin, in-8°, 0 fr. 50, p. 34.
Alphabet illustré des enfants, in-8°, 1 franc, p. 33.
Ardant (Gabriel). — *Lettres valaisanes*, in-12, 0 fr. 50, p. 30.
Ardant (Gabriel). — *Quelques notes sur l'Histoire sociale de l'Eglise*, in-8°, 0 fr. 50, p. 28.
Ardant (Gabriel). — *Terre et famille*, in-8°, 1 franc, p. 28.
Artiges (Abbé). — *Le filleul de Saint Louis*, in-16, 0 fr. 75, p. 18.
Aubrais (Maurice des). — *L'âme de nos enfants*, in-16, 0 fr. 40, p. 31.
Augustin (Saint). — *Extraits de ses ouvrages*, 4 vol. in-12, 4 francs, p. 16.
Augustin (Saint). — *Méditations*, in-32, 0 fr. 50, p. 10.
Augustin (Saint). — *Soliloques*, in-32, 0 fr. 50, p. 10.
Avone (Ch. d'). — *Une gerbe de légendes*, in-8° cavalier, 1 fr. 50, p. 20; in-16, 0 fr. 40, p. 22.
Avril (Baron d'). — *Du temps que la reine Berthe filait*, in-16, 0 fr. 40, p. 23.
Avril (Baron d'). — *Girart de Rossillon*, in-16, 0 fr. 40, p. 23.
Avril (Baron d'). — *Guillaume Bras-de-Fer*, in-16, 0 fr. 40, p. 23.
Avril (Baron d'). — *Le chien de Montargis*, in-16, 0 fr. 40, p. 23.
Avril (Baron d'). — *Le Cid Campeador*, in-16, 0 fr. 40, p. 23.
Avril (Baron d'). — *Le mystère de Roncevaux*, in-16, 0 fr. 40, p. 23.
Avril (Baron d'). — *Le mystère du siège d'Orléans*, in-16, 0 fr. 40, p. 23.
Avril (Baron d'). — *Les enfances Roland*, in-16, 0 fr. 40, p. 23.
Avril (Baron d'). — *Mystères du moyen âge*, in-16, 0 fr. 40, p. 23.
Azambuja (G. d'). — *Entre cousins*, in-12, 2 fr. 50, p. 24.
Bailly (R. P.). — *L'idole des idoles*, in-12, 0 fr. 50, p. 21.

Barbier (Abbé). — *Le XVIIᵉ Pèlerinage de pénitence à Jérusalem*, in-12, 3 francs, p. 27.
Bastien (Mᵐᵉ L.). — *Vie de M. de Cissey*, in-12, 1 fr. 50, p. 14.
Bastien (Mᵐᵉ L.). — *Légendes de sainte Odile et de saint Didier*, in-8° cavalier, 1 fr. 50, p 19.
Battandier (Mᵍʳ). — *Annuaire pontifical catholique pour 1898, 1899 et 1900. Trois vol. in-16, à 3 fr. 50, p. 35.
Beaurepaire (Cᵗᵉˢˢᵉ de). — *Nouvelles* (1ʳᵉ série), in-8° cavalier, 1 fr. 50, p. 20; in-16, 0 fr. 40, p. 22.
Belcastel (Gabriel de). — *Combat spirituel*, in-32, 0 fr. 50, p. 10.
Belloy (Marie de). — *Fleurs des quatre saisons*, in-12, 1 franc, p. 25.
Berthier (Abbé). — *Abrégé de théologie*, in-8°, 6 francs, p. 7.
Berthier (Abbé). — *Compendium theologiæ*, in-8°, 6 francs, p. 7.
Berthier (Abbé). — *Des états de vie chrétienne*, in-16, 0 fr. 75, p. 8.
Berthier (Abbé). — *La jeune fille et la vierge chrétienne à l'école des Saints*, in-16, 1 franc, p. 8.
Berthier (Abbé). — *La mère selon le cœur de Dieu*, in-16, 1 franc, p. 8.
Berthier (Abbé). — *La Vierge Marie*, in-16, 0 fr. 75, p. 9.
Berthier (Abbé). — *Le jeune homme comme il faut*, in-16 et in-8°, 1 franc, p. 8.
Berthier (Abbé). — *Le livre des petits enfants*, in-16, 1 franc, p. 7.
Berthier (Abbé). — *Le livre de tous*, in-16 et in-8°, 1 franc, p. 7.
Berthier (Abbé). — *Le prêtre dans le ministère de la prédication*, in-8°, 6 francs, p. 7.
Berthier (Abbé). — *Le sacerdoce*, in-12, 2 francs, p. 7.
Berthier (Abbé). — *L'état religieux*, in-16, 1 franc, p. 8.
Berthier (Abbé). — *L'homme tel qu'il doit être*, in-16, 1 franc, p. 8.
Berthier (Abbé). — *Notre-Seigneur Jésus-Christ*, in-16, 0 fr. 75, p. 8.
Berthier (Abbé). — *Paroles et traits historiques*, in-8°, 2 francs, p. 7.
Berthier (Abbé). — *Quelle est ma vocation ?* in-32, 0 fr. 50, p. 9.
Berthier (Abbé). — *Sententiæ et exempla biblica*, in-32, 0 fr. 75, p. 8.
Besancenet (A. de). — *Sans Dieu*, in-8° cavalier, 1 fr. 50, p. 20 ; in-16, 0 fr. 40, p. 22.

BESANCENET (A. de). — *Un mariage sous la Terreur,* in-8° cavalier, 1 fr. 50, p. 20; in-16, 0 fr. 40, p. 22.
BESSON (André). — *Fusains,* in-12, 2 francs, p. 24.
BIVERUS (R. P.). — *Le sanctuaire de la Croix,* in-8°, 1 franc, p. 13.
BLANC DE SAINT-BONNET. — *La Douleur,* in-12, 2 fr. 50, p. 9.
BOISSARIE (Dr). — *Lourdes, depuis 1858 jusqu'à nos jours,* in-12, 2 fr. 50, p. 26.
BOSSUET. — *Elevations sus les mystères,* in-12, 1 franc, p. 17.
BOSSUET. — *Lettres de piété et de direction,* 3 vol. in-12, 3 francs, p. 17.
BOSSUET. — *Méditations sur l'Evangile,* 2 vol. in-12, 2 francs, p. 16.
BOSSUET. — *Mélanges,* in-12, 1 franc, p. 17.
BOSSUET. — *Oraisons funèbres,* in-12, 1 franc, p. 17.
BOSSUET. — *OEuvres historiques,* in-12, 1 franc, p. 17.
BOSSUET. — *OEuvres philosophiques,* in-12, 1 franc, p. 17.
BOSSUET. — *Quelques opuscules de piété,* in-32, 0 fr. 50, p. 10.
BOSSUET. — *Sermons,* 3 vol. in-12, 3 francs, p. 17.
BOUHOURS. — *Le franc-maçon de la Vierge,* in-8° cavalier, 1 fr. 50, p. 20; in-16, 0 fr. 40, p. 22.
BOUHOURS. — *Les trois vierges noires de l'Afrique équatoriale,* in-8° cavalier, 1 fr. 50, p. 22; in-16, 0 fr. 40, p. 22.
BOURDALOUE. — *Choix de sermons,* 2 vol. in-12, 2 francs, p. 17.
BOURDALOUE. — *Retraite,* in-12, 1 franc, p. 17.
BOUVATTIER. — *La fille du colonel,* in-12, 0 fr. 50, p. 22.
BOUVATTIER. — *Nadalette,* in-12, 0 fr. 50, p. 22.
BOUVIER (R. P.). — *Discours prononcé à Lourdes,* in-16, 0 fr. 05, p. 26.
BOUVIER (R. P.). — *Les bases de l'union catholique,* in-12, 0 fr. 10, p. 30.
BOUVY (R. P.). — *Le Pèlerinage eucharistique et l'Orient chrétien,* in-16, 0 fr. 20, p. 27.
BRÉDA (Jean). — *Le sire de Champlercier,* in-16, 0 fr. 40, p. 22.
Bulletin des Congrégations, 3 vol. à 6 francs, p. 35.
Caisses d'assurances mutuelles contre la mortalité du bétail, in-16, 0 fr. 20, p. 29.
CANTEGRIL (Abbé). — *Traité pratique des indulgences,* in-32, 0 fr. 50, p. 11.
Cantiques pour les pèlerinages de Notre-Dame de Salut, in-12, 0 fr. 10, p. 26.
Carte mosaïque de Madaba, in-4°, 0 fr. 50, p. 27.
Catéchisme en images, in-folio, 100 francs, p. 33.
Causeries du dimanche, 2 séries, 2 francs, p. 34.
CHABRY. — *Bimétallisme et monométallisme,* in-8°, 1 franc, p. 29.
CHABRY. — *La domination de l'or,* in-32, 0 fr. 15, p. 29.
CHABRY. — *L'usure suprême,* in-32, 0 fr. 15, p. 29.
CHANTERAC (F. de). — *A propos d'accroissement,* in-16, 0 fr. 05, p. 31.
CHARAUX. — *Essai littéraire et moral sur la Bretagne contemporaine,* in-12, 1 fr. 50, p. 25.
CLAIR (R. P.). — *La famille selon les Livres Saints,* in-32, 0 fr. 50, p. 11.

CLÉMENT (Abbé). — *La douleur calmée,* in-32, 0 fr. 20, p. 11.
CLÉMENT (Abbé Ph.). — *L'image du Sacré-Cœur,* in-32, 0 fr. 20, p. 11.
Comment il faut aimer le bon Dieu, in-32, 0 fr. 10, p. 12.
Confrérie de Notre-Dame des Champs, in-32, 0 fr. 05, p. 29.
Congrégations religieuses en France, in-8°, 0 fr. 25, p. 31.
Consultation sur les impôts exigés des Congrégations, in-8°, 0 fr. 40, p. 31.
Contemporains, 15 vol. in-8°, 30 francs, p. 34.
Cosmos, 40 vol. in-8°, à 8 francs, p. 35.
COURET (Comte). — *Les légendes du Saint-Sépulcre,* in-12, 1 fr. 50, p. 26
COURET (Comte). — *En Terre promise,* in-16, 0 fr. 40, p. 27.
Courtes méditations pour le chemin de la croix, in-32, 0 fr. 10, p. 12.
CRÉTINEAU-JOLY. — *Mémoires du cardinal Consalvi,* in-8°, 10 francs, p. 15.
CRÉTINEAU-JOLY. — *Histoire de la Vendée militaire,* 5 vol. in-8°, 25 francs, p. 15.
Croix-Revue (La), 3 vol. à 12 francs, p. 35.
Curé de campagne (Le), in-8°, 0 fr. 50, p. 28.
DARBOY (Mgr). — *OEuvres de saint Denis l'Aréopagite,* in-12, 1 franc, p. 16.
DARVILLE (Lucien). — *Les épreuves d'une mondaine,* in-8° cavalier, 1 fr. 50, p. 20; in-16, 0 fr. 40, p. 22.
DEBOUT (Abbé). — *Jeanne d'Arc et les Archives anglaises,* in-12, 0 fr. 20, p. 15.
DEBOUT (Abbé). — *La vénérable Jeanne d'Arc,* in-16, 0 fr. 75, p. 14.
DEBOUT (Abbé). — *Nouvelle vie populaire de saint Vincent de Paul,* in-16, 0 fr. 40, p. 13.
DEBOUT (Abbé) et EUDE. — *L'histoire admirable de Jeanne d'Arc,* in-8°, 5 francs, p. 14.
DEHON (Chanoine). — *L'usure au temps présent,* in-16, 0 fr. 40, p. 29.
DEHON (Chanoine). — *Manuel social chrétien,* in-12, 1 fr. 50, p. 28.
DEHON (Chanoine). — *Nos Congrès,* in-8°, 0 fr. 50, p. 28.
DELALLEAU (R. P. Géry). — *De l'humanité de Jésus-Christ,* in-12, 1 franc, p. 16.
DELAMARRE. — *La mise hors la loi des Congrégations,* in-8°, 0 fr. 40, p. 31.
DELAMARRE. — *Le vérité sur le droit d'accroissement,* in-16, 0 fr. 20, p. 31.
DELAPORTE (R. P. A.). — *Vie du T. R. P. Jean-Baptiste Rauzan,* in-12, 1 fr. 50, p. 14.
DENIS L'ARÉOPAGITE (Saint). — *OEuvres,* in-12, 1 franc, p. 16.
DESCHAMPS (R. P. Alfred). — *Les noms de saints et les noms de baptême,* in-32, 0 fr. 50, p. 11.
DESCHAMPS (Paul). — *Jean Christophe,* in-12, 2 fr. 50, p. 24.
DOAL. — *Le secrétariat du peuple,* in-16, 0 fr. 20, p. 29.
DROCHON (R. P.). — *Histoire de la Vendée militaire,* 5 vol. in-8°, 25 francs, p. 15.
DROCHON (R. P.). — *Histoire des Pèlerinages*

français de la Très Sainte Vierge, in-4°, 12 fr. 50, p. 26.
Drochon (R. P.). — *La Petite Église,* in-12, 2 fr. 50, p. 15.
Drochon (R. P.). — *Mémoires du cardinal Consalvi,* in-8°, 10 francs, p. 15.
Drochon (R. P.). — *Un chevalier apôtre,* in-8°, 3 francs, p. 24.
Dumax (Abbé). — *La généalogie de Notre-Seigneur Jésus-Christ,* in-12, 1 franc, p. 6.
Dumuys (Léon). — *Voyage au pays des fiords,* in-8°, 1 franc, p. 25.
Duquesnois (Abbé). — *Causeries sur les abeilles,* in-32, 0 fr. 05, p. 32.
Durand (Louis). — *Manuel pratique des caisses rurales,* in-8°, 1 franc, p. 29.
Echos de Notre-Dame de France, 5 vol. à 3 francs, p. 35.
Etudes préparatoires au Pèlerinage eucharistique de Jérusalem, in-12, 1 franc, p. 27.
Eude (Emile) et H. Debout. — *L'histoire admirable de Jeanne d'Arc,* in-8°, 5 francs, p. 14.
Evangile selon saint Mathieu, in-32, 0 fr. 20, p. 5; et in-8°, 0 fr. 40, p. 5.
Evangile selon saint Marc, in-32, 0 fr. 20, p. 5.
Evangile selon saint Luc, in-32, 0 fr. 20, p. 5.
Evangile selon saint Marc et saint Luc, in-8°, 0 fr. 40, p. 5.
Evangile selon saint Jean, in-32, 0 fr. 20, p. 5, et in-8°, 0 fr. 40, p. 5.
Evangiles réunis, in-32, 0 fr. 60, p. 5.
Evangiles et Actes des apôtres, in-8°, 1 franc, p. 6.
Evangiles, édition in-8° de luxe, 4 francs, p. 6.
Evangiles commentés, in-8°, 0 fr. 60 et 1 franc, p. 6.
Excursions dans les montagnes bleues, in-8°, 1 franc, p. 25.
Expédit. — *Le petit Jean chez les Auvergnats,* in-8° cavalier, 1 franc, p. 21.
Fages (R. P.). — *Saint Vincent Ferrier,* 2 vol. in-12, 5 francs, p. 13.
Farochon. — *Aouïna,* in-8° cavalier, 1 fr. 50, p. 20.
Farochon. — *La bataille de Lépante,* in-8°, 1 franc, p. 15.
Farochon. — *Les chevaliers de Saint-Jean de Jérusalem,* in-8°, 2 francs, p. 15.
Femmes célèbres du siècle, in-8°, 2 francs, p. 35.
Fénelon. — *Œuvres philosophiques,* in-12, 1 franc, p. 17.
Feugères (Mme G). — *La légende de saint Irénée,* in-8°, 1 franc, p. 24.
Fourié (Abbé). — *Petite vie de saint Roch,* in-32, 0 fr. 30, p. 12.
Fourrière (Abbé). — *Explication du grand catéchisme en images,* in-16, 0 fr. 75, p. 10.
François de Sales (Saint). — *Introduction à la vie dévote,* in-12, 1 franc, p. 16.
François de Sales (Saint). — *Lettres spirituelles,* in-12, 1 franc, p. 17.
François de Sales (Saint). — *Œuvres oratoires,* in-12, 1 franc, p. 17.
François de Sales (Saint). — *Traité de l'amour de Dieu,* 2 vol. in-12, 2 francs, p. 17.
Frayssinous (Mgr). — *Défense du christianisme,* 2 vol. in-12, 2 francs, p. 18.

Freppel (Mgr). — *Conférence sur la divinité de Jésus-Christ,* in-12, 1 franc, p. 18.
Fresneau (Sénateur). — *De la Constitution politique des Etats de l'Eglise,* in-8° carré, 2 fr. 50, p. 30.
Frolois (Gaston). — *Journal d'un ouvrier,* in-16, 0 fr. 40, p. 22.
Gaëll (René). — *Soutane noire et culottes rouges,* in-12, 1 fr. 50, p. 24.
Gaëll (René). — *Mes campagnes à vélo,* in-12, 2 fr. 50, p. 24.
Gailhard-Bancel (H. de). — *Petit manuel pratique des Syndicats agricoles,* in-4°, 0 fr. 50, p. 29.
Garnot. — *De la fabrication du cidre par lixiviation,* in-32, 0 fr. 05, p. 32.
Garnot. — *Manuel populaire d'élevage,* in-16, 0 fr. 40, p. 32.
Genay. — *Culture de la pomme de terre,* in-32, 0 fr. 05, p. 32.
Germain (Abbé). — *Sainte Eustelle,* in-16, 0 fr. 20, p. 18.
Germer-Durand (R. P.). — *Le grand mystère de Bethléem,* in-16, 0 fr. 20, p. 18.
Germer-Durand (R. P.). — *Pages d'album,* in-16, 2 francs, p. 25.
Gloires contemporaines de l'Église, 5 vol. in-8°, 10 francs, p. 35.
Gloires militaires contemporaines, 3 vol. in-8°, 6 francs, p. 35.
Godefring. — *Dramatique voyage autour du monde,* in-8°, 1 franc, p. 25.
Godefring. — *Saint Jean Calybite,* in-16, 0 fr. 20, p. 18.
Godefring. — *Une visite embarrassante,* in-16, 0 fr. 20, p. 18.
Godefring. — *Vrai père et vrai fils,* in-16, 0 fr. 20, p. 18.
Gouraud (Renée). — *Dieu et Patrie,* in-8° cavalier, 3 francs, p. 21.
Gouthe-Soulard (Mgr). — *Jésus-Christ,* in-32, 0 fr. 50, p. 11.
Gouthe-Soulard (Mgr). — *Lettre à un ami sur la loi scolaire,* in-32, 0 fr. 05, p. 31.
Grande Histoire Sainte illustrée, in-8°, 1 franc, et 1 fr. 50, p. 6.
Grégoire XVI. — *Lettres apostoliques,* in-12, 1 franc, p. 16.
Guide national et catholique : Paris, in-16, 5 francs, p. 33.
Guillonnière (M. de la). — *La question de l'enseignement,* in-12, 0 fr. 10, p. 31.
Hermier. — *Les animaux de la ferme,* in-12, 1 franc, p. 32.
Histoire sainte illustrée en couleurs, in-4°, 0 fr. 75, p. 33.
Histoire de la mission fondée à Madagascar par saint Vincent de Paul, in-8° 1 franc, p. 15.
Hoppenot (R. P.) — *Le Crucifix,* in-8° cavalier, 2 francs, p. 9.
Imbart de la Tour. — *L'esclavage en Afrique,* in-12, 1 fr. 50, p. 29.
Imitation de Jésus-Christ, in-12, 1 franc, p. 16.
Indulgences du Rosaire, in-32, 0 fr. 10, p. 12.
Indulgences les plus usuelles, in-32, 0 fr. 10, p. 12.

JAMET. — *La question des Fabriques*, in-12, 0 fr. 15, p. 31.
JEANROY (R. P.). — *Mois du Sacré Cœur*, in-32, 0 fr. 50, p. 11.
Jubilé de 1900, in-32, 0 fr. 10, p. 12.
Jubilé du Pèlerinage national à Lourdes, in-8° cavalier, 0 fr. 75, p. 26.
Justice-Egalité, in-16, 0 fr. 10, p. 31.
KADENOLE (De). — *Fin de siècle*, in-8° cavalier, 1 fr. 50, p. 20.
KAUFFMANN. — *Saint Antoine de Padoue*, in-8°, 1 franc, p. 13.
KERMARIA (YVONNE). — *Jacques et Jacqueline*, in-8° cavalier, 1 franc, p. 21.
Laboureur-Revue, 3 vol. in-8° à 3 francs, p. 35.
LADISLAS (R. P.). — *La pensée de la mort*, in-32, 0 fr. 50, p. 11.
LALLEMAND. — *Le prétendu monopole des bureaux de bienfaisance*, in-12, 0 fr. 15, p. 31.
LAMBEL (Cte de). — *Où trouver le bonheur?* in-32, 0 fr. 50, p. 11.
LAMENNAIS (F. de). — *Traduction de l'Imitation de Jésus-Christ*, in-12, 1 franc, p. 16.
LANDRIEUX (Abbé). — *Aux pays du Christ*, in-8°, 7 fr. 50, p. 27.
LA RAMÉE. — *Vers la caserne*, in-32, 0 fr. 40, p. 29.
LAURENT (R. P.). — *Extraits de saint Augustin*, 4 vol. in-12, 4 francs, p. 16.
LAURENT (R. P.). — *Méditations de saint Augustin*, in-32, 0 fr. 50, p. 10.
LAURENT (R. P.). — *Méditations de saint Thomas d'Aquin*, in-12, 1 franc, p. 16.
LAURENT (R. P.). — *Soliloques de saint Augustin*, in-32, 0 fr. 50, p. 10.
LAZARE (R. P.). — *Mois de l'Enfant Jésus*, in-32, 0 fr. 50, p. 12.
LECOMTE (Marie). — *La Filleule de Saint-Roch*, in-12, 0 fr. 50, p. 21.
LE DORÉ (R. P.). — *Attitude passive des Congrégations*, in-8°, 0 fr. 50, p. 31.
LE HIR (Abbé). — *M. de Quatrefages et l'anthropologie*, in-12, 0 fr. 50, p. 30.
Le livre du Pèlerin de Jérusalem, in-16, 1 franc, p. 26.
LÉON XIII. — *Encycliques*, plusieurs brochures, in-32, 0 fr. 05, p. 6 et 28.
LÉON XIII. — *Lettres apostoliques*, 5 vol. in-12, 5 francs, p. 16.
LEROY (R. P.). — *Conversations apostoliques*, in-8° carré, 0 fr. 50, p. 28.
LEROY (R. P.). — *Histoire du Château-Blanc*, in-8° carré, 2 fr. 50, p. 28.
LESNEVALLE (B. de). — *Poupée*, in-4° carré, 3 fr. 50, p. 24.
LODIEL (R. P.) — *Nos raisons de croire*, in-12, 2 fr. 50 ; in-8°, 3 francs, p. 9.
LODIEL. — *Où allons-nous ?* in-16, 0 fr. 75, p. 10.
L. D. de SAINT-ELLIER. — *L'ordre du monde physique*, in-16, 0 fr. 75, et in-8°, 3 francs, p. 10.
LODOIS. — *Les tribulations de M. Dufraisfort*, in-12, 1 franc, p. 24.
LOUTIL (Abbé) et POULIN. — *Dieu*, in-12, 2 francs, p. 9.

LOUTIL (Abbé) et POULIN. — *L'âme*, in-12, 2 francs, p. 9.
LUOSIE. — *Le petit oiseau de Jésus*, in-16, 0 fr. 25, p. 22.
MAISTRE (Joseph de). — *Considération sur la France*, in-12, 1 franc, p. 18.
MAISTRE (Joseph de). — *Du Pape*, in-12, 1 franc, p. 18.
MAISTRE (Joseph de). — *Les soirées de Saint-Pétersbourg*, 2 vol. in-12, 2 francs, p. 18.
Manuel du Pèlerinage national à Lourdes, in-32, 0 fr. 50, p. 26.
Manuel théorique et pratique d'horticulture, in-12, 4 francs, p. 32.
MARTELLO. — *La persécution en France sous la troisième République*, in-12, 0 fr. 20, p. 30.
MASSILLON. — *Conférences ecclésiastiques et discours synodaux*, in-12, 1 franc, p. 17.
MASSILLON. — *Petit Carême et sermons choisis*, 2 vol. in-12, 2 francs, p. 17.
MASSOULIÉ (R. P.) — *Méditations tirées de saint Thomas d'Aquin*, in-12, 1 franc, p. 16.
MAUPIED (Mgr). — *Divine notion de l'Eglise*, in-16, 0 fr. 40, p. 30.
MAYR (R. P.). — *Extraits des ouvrages de saint Augustin*, 4 vol. in-12, 4 francs, p. 16.
MAZE (Abbé). — *Les armées météores*, in-16, 0 fr. 20, p. 25.
MINIME. — *Déodat*, in-12, 0 fr. 50, p. 18.
MIRIAM. — *Dans la mêlée*, in-12, 0 fr. 40, p. 30.
MIRIAM. — *Debout!* in-16, 0 fr. 40, p. 30.
MIRIAM. — *En avant!* in-16, 0 fr. 40, p. 30.
MIRIAM. — *Le terrain catholique*, in-16, 0 fr. 20, p. 30.
Mois de Marie rédigé par les Saints, in-8°, 1 franc, p. 12.
Mois de Marie à l'usage des personnes occupées, in-32, 0 fr. 40, p. 12.
Mois du Rosaire à l'usage des personnes occupées, in-32, 0 fr. 10, p. 12.
Mois du Sacré-Cœur à l'usage des personnes occupées, in-32, 0 fr. 40, p. 12.
Mois littéraire et pittoresque, 2 vol. in-8°, 16 francs, p. 35.
Mon Almanach, in-16, 0 fr. 15, p. 34.
Monde des histoires pittoresques (2 séries), in-8°, 2 francs, p. 25.
MONESTÈS (Abbé). — *Les chrétiens des premiers siècles et Bossuet en face des pouvoirs publics*, in-16, 0 fr. 40, p. 30.
MONTHÉAS (Jean de). — *Grandeur et décadence de Domino*, in-8° cavalier, 1 franc, p. 21.
MONTHÉAS (Jean de). — *Les épreuves de Madeleine*, in-8° cavalier, 1 franc, p. 21.
NADAL (Abbé). — *Histoire de la Sainte Vierge*, in-32, 0 fr. 50, p. 11.
Noël (Le). — 10 vol. à 4 francs, p. 35.
Notes pratiques sur la culture de la vigne, in-12, 0 fr. 40, p. 32.
Notre-Dame de Lourdes, in-16, 0 fr. 20, p. 26.
Observations sur le droit d'accroissement, in-32, 0 fr. 05, p. 31.
PARISIS (Mgr). — *Du silence et de la publicité*, in-16, 0 fr. 40, p. 30.

PASCAL. — *Pensées et opuscules*, in-12, 1 franc, p. 18.
Pèlerin (Le). 23 vol. in-8° à 6 francs, p. 35.
Pèlerinage de Pénitence à Jérusalem (XVe), in-8°, 1 franc, p. 27.
PERROT D'ABLANCOURT. — *Cœurs vaillants*, in-4° carré, 3 fr. 50, p. 23.
PIE VII et PIE IX. — *Lettres apostoliques*, in-12, 1 franc, p. 16.
PIE DE LANGOGNE (R. P.). — *La vénérable Philomène de Sainte-Colombe*, in-12, 1 fr. 50, p. 14.
Pierre et son curé, in-32, 0 fr. 05, p. 31.
PIERRE L'ERMITE. — *En garde*, in-8°, 0 fr. 20, p. 31.
PIERRE L'ERMITE. — *Et ça!* in-12, 2 fr. 50, p. 19.
PIERRE L'ERMITE. — *Et de quatre!* in-12, 2 fr. 50, p. 19.
PIERRE L'ERMITE. — *La Grande Amie*, in-12, 2 fr. 50, et in-8°, 5 francs, p. 19.
PIERRE L'ERMITE. — *Le grand Mufflo*, in-12, 2 fr. 50, p. 19.
PIERRE L'ERMITE. — *Lisez-moi ça*, in-12, 2 fr. 50, p. 19.
PIERRE L'ERMITE. — *Restez chez vous*, in-12, 2 fr. 50, p. 19.
PIOLIN (Dom). — *Histoire populaire de saint Julien*, in-16, 0 fr. 40, p. 13.
Plantes de serre, in-12, 1 fr. 50, p. 32.
POULIN (Abbés) et LOUTIL. — *Dieu*, in-12, 2 francs, p. 9.
POULIN (Abbés) et LOUTIL. — *L'âme*, in-12, 2 francs, p. 9.
POULIN (Abbé). — *Sainte Clotilde*, in-12, 2 fr. 50, p. 13.
Prairies, Fourrages, in-12, 0 fr. 40, p. 32.
PREVOT (Colonel). — *Pèlerinage national à Rome et à Jérusalem*, in-12, 1 fr. 50, p. 27.
Questions actuelles, 47 vol. à 1 franc, p. 35.
RADINI-TEDESCHI (Mgr). — *La mission du prêtre dans l'action catholique*, in-12, 0 fr. 20, p. 28.
Résistance ou soumission, in-12, 0 fr. 20, p. 31.
RIBAUD (Abbé). — *Ruines et mausolées japonais*, in-4° carré, 3 fr. 50, p. 24.
ROBERT. — *Les lois Brisson-Ribot*, in-12, 0 fr. 20, p. 31.
Rome en cinq jours, in-32, 0 fr. 05, p. 26.
SCHALL (Abbé). — *Adolphe Baudon*, in-8°, 6 francs, p. 14.
Saint Ignace de Loyola, in-16, 0 fr. 50, p. 13.
SALVY (Gaston de). — *Nouvelles* (2e série), in-8° cavalier, 1 fr. 50, p. 20.

SALVY (Gaston de). — *Nouvelles* (3e série), in-8° cavalier, 1 fr. 50, p. 20.
Souvenir de Reims, XIVe centenaire de la France, in-8°, 0 fr. 50, p. 33.
Souvenir des Pèlerinages de Pénitence en Terre Sainte, in-8°, 1 franc, p. 27.
TABERNE (Frank). — *La vendange et la vinification*, in-32, 0 fr. 05, p. 32.
TABERNE (Frank). — *Le vin*, in-16, 0 fr. 40, p. 32.
TALON (Abbé). — *Quelques souvenirs de mon pèlerinage aux Lieux Saints*, in-12, 1 franc, p. 27.
TARDIF DE MOIDREY (Abbé). — *Le livre de Ruth*, in-12, 1 franc, p. 6.
THOMAS D'AQUIN (Saint). — *De l'humanité de J.-C. N. S.*, in-12, 1 franc, p. 16.
THOMAS D'AQUIN (Saint). — *Méditations*, in-12, 1 franc, p. 16.
TIMOTHÉE (R. P.). — *Une loi libérale*, in-8°, 0 fr. 10, p. 31.
TONIOLO (Prof.). — *La notion chrétienne de la démocratie*, in-8°, 0 fr. 50, p. 28.
TONIOLO (Prof.) — *Le mouvement catholique populaire*, in-8°, 0 fr. 50, p. 28.
UN ANCIEN PÈLERIN DE JÉRUSALEM. — *Le Rosaire et les trois âges de la vie*, in-16, 0 fr. 75, et in-8°, 1 franc, p. 10.
UNE MAMAN. — *La Vie de sainte Elisabeth*, in-8°, 1 franc, p. 13.
UN PATRIOTE. — *La Franc-Maçonnerie et le Panama*, in-16, 0 fr. 15, p. 30.
UN PATRIOTE. — *La persécution depuis quinze ans*, in-16, 0 fr. 15, p. 30.
UN PATRIOTE. — *L'Etat, c'est nous*, in-16, 0 fr. 40, p. 31.
UN PETIT LABOUREUR. — *La culture aux engrais chimiques*, in-32, 0 fr. 05, p. 32.
UN PETIT LABOUREUR. — *L'ensilage des fourrages verts*, in-32, 0 fr. 05, p. 32.
UN SOLITAIRE. — *La vie et les instructions de la Vénérable Anne de Saint-Barthélemy*, in-12, 2 fr. 50, p. 14.
Vie des Saints, plusieurs volumes in-8°, p. 34.
VILLEROIS-MAREUIL (Baron de). — *Saint Nicolas*, in-12, 0 fr. 50, p. 22.
WALSH (Mgr). — *Bimétallisme et monométallisme*, in-8°, 1 franc, p. 29.
WATTRIGANT (R. P.). — *Esquisse de sujets d'entretien*, in-8° carré, 0 fr. 20, p. 28.
WATTRIGANT (R. P.). *Petit Décalogue agricole*, in-8° carré, 0 fr. 30, p. 29.
WATTRIGANT (R. P.). *Programme général d'action catholique*, in-8° carré, 0 fr. 30, p. 29.

Imprimerie E. PETITHENRY, 8, rue François Ier, Paris.

CATALOGUE

D'OUVRAGES DE

Médecine, Chirurgie, Hygiène

ET

Sciences accessoires

A. MALOINE

ÉDITEUR

23-25, rue de l'École-de-Médecine, 23-25

PARIS

JANVIER 1900

TABLE SYSTÉMATIQUE

	PAGES
Acide borique (Paillettes d'). Puistienne.	32
Accouchements. Bouquet, Crouzat, Verrier.	8-30-32
Agrégation (Concours d'). Bérillon.	30
Aliénés en Russie. Vallon et Marie.	26
Aliénés processifs. Béra.	30
Alimentation du nouveau-né. Chineau, Joly.	30-31
Allaitement artificiel. Joly.	31
Amélie-les-Bains. Van Merris.	32
Anatomie pathologique. Abadie-Leroy, Treves.	3-25
Ancêtres (Nos). Millot-Carpentier.	31
Ancienne Faculté. Corlieu.	30
Angines. Dufaud, Farez.	31
Annuaire des Eaux minérales. Morice.	30
Annuaire de la Roumanie. Kohos.	30
Antisepsie. Forgue, Monteuuis.	31
Appendicite. Pauchet.	32
Assistance aux Opérations. Thierry.	24
Astigmatisme. Salis.	32
Bassins viciés. Prouvost.	32
Berceau (Autour du). Contant.	30
Boues minérales. Lavielle.	31
Byron. Laurent.	31
Cardiaques (Troubles). Redhon.	32
Certificats médicaux dans l'armée. Durand.	11
Chirurgie. Sébileau.	23
Chorée. Dettling, Duchâteau.	31
Circulation veineuse. Thiroux.	32
Cirrhoses du foie. Saingery.	32
Climatologie. Bagot.	30
Clinique chirurgicale. Duret.	12
Compendium de médecine. Maurans.	21
Consultations et Ordonnances. Malbec.	20
Contrexeville. Mabboux.	31
Convulsions. Monteuuis.	31
Courant continu en gynécologie. Gautier.	31
Crâne. Garnault.	31
Cuir chevelu. Valcke.	26
Dermatologie. Chatelain.	9
Déventrés. Zabé.	29
Diagnostic et Propédeutique. Hagen et Tolson, Lavrand.	15-19
Dictionnaire. Garnier et Delamare.	13
Digestion. Mora.	32
Digitale. Bernheim.	30
Diphtérie, Sérumthérapie. Variot.	26
Dissection. Fort.	12
Dyspepsie, Cause première. Zabé.	29
Dyspeptiques et obèses du ventre. Zabé.	28
Électricité. F. de Courmelles, Gautier et Larrat, Van Langermeersch.	31-32
Electrothérapie oculaire. Pansier.	22
Enfants (Mal. des). Ausset.	3
Enfants aux bains de mer. Monteuuis.	32
Épilepsie. Dimitropol.	31
Exercices acoustiques. Urbantschitsch.	26
Exercices physiques. André.	31
Exploration de l'estomac. Cornet.	30
Femme (La), la Mère et l'Enfant. Weiss.	28
Femmes (Maladies des). Bernard, Fritsch, Lutaud.	30-12-20
Fièvres des pays chauds. Legrain.	32
Folie des femmes enceintes. Paris.	32
Formulaires. Bernheim.	5
Formule médicale (La). Dupuy.	11
Franklinisation. Moutier.	32
Greffes urétérales. Trékaki.	25
Grippe. Divaris.	31
Grossesses triples. Charbonnier.	30
Guide Médical Parisien.	31
Gymnastique suédoise. Kellgren.	31
Gynécologie. Phocas, Vaucaire.	22-27
Hémothorax. Figueiredo.	31
Histologie. Berdal, Brandeis.	4-8
Hygiène. Amblard.	3
Hygiène et Allaitement. Rougeot.	32
Hygiène de l'enfance. Monteuuis.	32
Hystérie. Voronoff.	32
Hystéroscopie. Duplay et Clado.	10
Indépendance médicale. Bernheim et Laurent.	29
Indigènes algériens. Legrain.	31
Infection puerpérale. Laran.	31
Injections. Serrand et Jordanis.	32
Kinésithérapie gynécologique. Stapfer.	23
Lavage de l'Estomac. Deléage.	30
Lavements. Monteuuis.	32
Laryngologie (Archives Int. de). Dr Saint-Hilaire.	29
Leucoplasie. Clémenceau de la Loquerie.	30
Little (Maladie de). Roux.	32
Lysol. Darteyre.	30

	PAGES
Maladies nerveuses. Verrier.	32
Maladies de l'Oreille. Courtade, Garnault, Gélineau.	10-31-13
Maladies vénériennes. Berdal.	5
Mal de mer. Farez.	31
Mariages consanguins. Laurent.	18
Médecine des âmes. Laurent.	19
Médecine légale. Bergeron.	30
Médecine militaire. Chavigny, Gils.	10-14
Médicaments chimiques. Lajoux et Grandval.	18
Médicaments (Classification des). Dupuy.	31
Micro-organismes. Rapin.	32
Microphotographie. Itzerott et Niemann.	15
Minéralogie biologique. Gaube.	14
Monde médical. Le Maguet.	31
Monument. Duchenne de Boulogne.	31
Morphinomanie. Magoulas.	31
Myxœdème. Combe.	30
Nasales (Affections). Massé.	31
Neurasthénie. Laurent, Moutier.	18-32
Neuro-hypnologie. Joire.	16
Neurologie. Levillain.	19
Neuropathologie viscérale. Levillain.	31
Oculaires (Maladies). Valude.	32
Oculistique (Annales d'). Drs Valude, Sulzer, Morax.	30
Œil artificiel. Pansier.	22
Onychophagie (L'). Bérillon.	30
Ophtalmologie. Truc et Valude.	25
Organes génitaux. Hofmeier.	15
Parnasse Hippocratique. Minime.	31
Pathologie générale. Krehl.	17
Pathologie interne. Bernheim et Laurent, Strümpel.	6-23
Peau (Maladie de la) Chatelain.	9
Pharmacie. Delhan, Dupuy.	11
Philosophie. Jousseaume.	31
Phosphate bicalcique. Barillé.	30
Phtisie pulmonaire. Dimitropol.	31
Pipérazine. Atlaix.	30
Plombières. (Eaux de) Bernard.	30
Poésie décadente. Laurent.	31
Poids (Carnet de). Olivier.	32
Polyarthrite. Quilliot, Thiroux.	32
Posologie infantile. Nogué.	21
Projectile du fusil Mannlicher. Démosthen.	31
Prostitution. Laurent.	31
Psychiatrie. Krafft-Ebing.	17
Puberté. Barbaud et Lefèvre.	4
Questions d'Externat.	22
Questions d'Internat.	22
Rabelais médecin. Brémond.	8
Racolage. Le Pileur.	31
Radiographie. Méheux.	31
Rage (Traitement de la). Suzor.	24
Rectum. Lapointe.	31
Sanatorium des Tuberculeux. Bernheim.	30
Savoie et Haute-Savoie. Linarix.	20
Scoliose. Pierre.	32
Seins (Anecdotes et Curiosités sur les). Witkowski.	28
Sensations d'Orient. Laurent.	31
Sens chromatique. Bénaky.	30
Sérumthérapie. Bernheim.	6
Service militaire des étudiants.	32
Service de Santé. Heuyer.	31
Sourds de l'École (Les). Gilles.	31
Splanchnologie. Vigot.	27
Station thermale. Verrier.	32
Stigmates ophtalmoscopiques. Antonelli.	30
Subinvolution utérine. Poulat.	32
Surdi-Mutité. Astier et Aschkinasi.	10
Surdité. Garnault.	31
Syphilis. Bernoud, During, Fournier, Solari.	30-11-32
Système nerveux. Charcot.	30
Technique de l'exploration oculaire. Vignes.	27
Technique microscopique. Boneval.	8
Tuberculose. Beaulavon.	30
Tumeurs. Dupont, Guinchebertière, Marchal.	31
Urée. Quinquaud.	31
Urines (Analyse des). Laache, Liotard.	18-20
Utérus (Extirpation de l'). Pichevin, Vanderhagen.	32
Vaccination. Verrier.	32
Vélocipédie. Mirovitch.	31
Verres isométropes. Bourgon (de), Wolffberg.	8-32
Vie à deux (Hygiène du mariage). Surbled.	24
Vie de l'homme. Surbled.	24
Vieillards (Maladies des). Charcot.	30
Voix. Garnault.	13
Yeux. Mathieu.	31

PRÉCIS ÉLÉMENTAIRE D'ANATOMIE PATHOLOGIQUE

Par ABADIE-LEROY, de la Faculté de Paris.

In-18, 1887, de 228 pages. Prix . . . . 4 fr.

HYGIÈNE ÉLÉMENTAIRE, PUBLIQUE & PRIVÉE

Par le Docteur **A. AMBLARD**

Ancien interne des hôpitaux, membre de la Société de médecine publique.

Précédé d'une Introduction par E. BERTIN-SANS

Professeur d'hygiène à la Faculté de médecine de Montpellier.

1 vol. in-18, 1891, avec figures, cartonné à l'anglaise. Prix : 6 fr.

LEÇONS CLINIQUES sur les MALADIES des ENFANTS

Faites à l'Hôpital Saint-Sauveur
1896-97, 1897-98, 1898-99

Par E. AUSSET, Professeur agrégé à Lille.

3 vol. in-8 . . . . 15 fr.

Les 2e et 3e séries se vendent séparément au prix de . . . . 5 fr.

L'école des Bretonneau, des Louis et des Trousseau, si fertile en enseignements pratiques, et qui consiste à classer dans des leçons cliniques les différents chapitres de la pathologie humaine, est de plus en plus abandonnée. Tandis que les ouvrages didactiques, les manuels, les traités de pathologie schématique se succèdent et se multiplient, nous rencontrons rarement un chef de service qui recueille au jour le jour des observations pour les couler dans le même creuset nosologique et en présenter un ensemble parfaitement classique et intéressant. C'est ce que M. Ausset a cherché à réaliser dans un ouvrage aussi riche en observations cliniques qu'en indications thérapeutiques.

Division de l'ouvrage.

1re SÉRIE. — 1re Leçon : Généralités. Notions générales de séméiologie infantile. — 2e Leçon : De l'alimentation des enfants. Notions d'hygiène infantile. — 3e Leçon : Accidents de la dentition. — 4e Leçon : De l'athrepsie. — 5e Leçon : Le gros ventre tympanique. — 6e Leçon : Le gros ventre flasque. — 7e, 8e et 9e Leçons : La fièvre typhoïde infantile. — 10e et 11e Leçons : La coqueluche. — 12e Leçon : La tuberculose des ganglions bronchiques. — 13e Leçon : Sur l'application des rayons Roentgen au traitement de la tuberculose. — 14e, 15e et 16e Leçons : La tuberculose infantile. Son étiologie, ses formes cliniques et anatomo-pathologiques.— 17e Leçon: Sur un cas de méningite à pneumocoques consécutive à une panophtalmie. — 18e Leçon : Ophtalmoplégie externe bilatérale, compliquée d'hémiplégie droite, chez un enfant de 12 ans. — 19e Leçon : La chorée de Sydenham. — 20e Leçon : A propos d'une psychose choréique. — 21e Leçon : Endocardite aiguë consécutive à un érythème noueux.

2e SÉRIE. — 1re et 2e Leçons : Les maladies congénitales du cœur. — 3e Leçon : La péricardite aiguë. — 4e Leçon : Endocardite et rhumatisme. — 5e Leçon : Le cœur dans la chorée. — 6e Leçon : De la prétendue hypertrophie cardiaque de croissance. — 7e et 8e Leçons : Sur un cas de syphilis héréditaire avec pseudo-paralysie syphilitique de Parrot. — 9e Leçon : Sur deux cas d'ictère catarrhal dit épidémique.—10e Leçon : La péritonite tuberculeuse chronique. — 11e Leçon : Albuminurie et hématurie très abondantes, chez un enfant de huit ans; difficulté du diagnostic étiologique. — 12e Leçon : Pathogénie de la dilatation des bronches chez l'enfant. — 13e Leçon : Les abcès multiples de la peau chez le nourrisson. — 14e et 15e Leçons : La rougeole. — 16e Leçon : La rubéole. — 17e, 18e et 19e Leçons : La scarlatine. — 20e Leçon : La varicelle.

3e SÉRIE. — 1re et 2e Leçons : Les convulsions chez les enfants. — 3e Leçon : La paralysie faciale. — 4e Leçon : Sur un cas d'ophtalmoplégie nucléaire progressive. — 5e Leçon : Des spasmes laryngés dans la diphtérie. — 6e, 7e et 8e Leçons : Le rachitisme. — 9e Leçon : A propos d'un cas de spléno-pneumonie. — 10e, 11e et 12e Leçons : Les pleurésies. — 13e Leçon : La bronchite chronique simple. — 14e et 15e Leçons : La dilatation des bronches. — 16 Leçon : La bronchite fibrineuse.

LA PUBERTÉ CHEZ LA FEMME

Étude physiologique, clinique et thérapeutique

Par les Docteurs **BARBAUD & LEFÈVRE**

In-18, 1897 . . . . 4 fr.

Cette intéressante monographie débute par une description très fouillée des divers **processus physiologiques**, dont l'ensemble marque cette délicate période de la vie féminine. Une telle description impliquait forcément un exposé **anatomo-histologique** résumé des organes, en voie d'évolution, qui concourent à la production de ces phénomènes. — Comme suite logique à cette entrée en matière, vient la discussion de l'**influence des climats, des conditions sociales** et de bien d'autres facteurs susceptibles d'imprimer à ce premier acte de l'existence de la femme une décisive tournure. — Ce premier acte est, en effet, d'une importance capitale, et ne doit pas être confondu avec la nubilité. Cette distinction amène tout naturellement la critique de notre **législation** au sujet des mariages et surtout des mariages trop précoces. Il y a dans nos lois de saisissants illogismes, qui sont mis en évidence de la plus nette autant qu'originale façon. Très curieuse aussi la narration clinique des **signes physiques et psychiques de la puberté**, tant dans la classe riche que dans la classe pauvre. La psychologie de la virginité et de la « demi-virginité » est touffue de détails analytiques fort clairs.

Nous arrivons ensuite à l'exposition des états pathologiques si complexes, dont les causes sont détaillées avec le plus grand soin. Cette partie du travail présente un vif intérêt, surtout celle qui a trait aux désordres de l'appareil utéro-ovarien et aux troubles nerveux si variés et si protéiformes. Cela d'autant plus que les auteurs ne se contentent point de disserter en philosophes, et qu'ils nous indiquent, après la symptomatologie et le diagnostic, une méthode thérapeutique rationnelle.

Sur ce point encore, de nombreux détails abondent, simples, précis, qui doivent apporter le correctif nécessaire aux manifestations morbides communes à cette période critique de la vie des jeunes filles. Nous entendons parler ici du **traitement hygiénique et moral**, applicable à cette phase si souvent troublée de l'existence virginale. Cette étude se termine par un ensemble de considérations sur le **traitement des troubles et complications** inhérents à cet âge.

Docteur HENRI BERDAL

NOUVEAUX ÉLÉMENTS
D'HISTOLOGIE NORMALE

A l'usage des Étudiants en Médecine

CINQUIÈME ÉDITION

Entièrement revue et considérablement augmentée

Un volume in-8, 1899, avec 348 figures dans le texte . . . . 8 fr.

Les quatre premières éditions de l'*Histologie Normale* de H. Berdal (René Boneval) se sont épuisées avec une rapidité qui nous dispense de faire ici l'éloge de ce livre.

L'accueil favorable que nous avons trouvé auprès des étudiants en médecine et même du corps enseignant est dû à ce que l'ouvrage de M. H. Berdal est rédigé avec une grande clarté et toujours tenu au courant des nouvelles découvertes qui surgissent chaque jour en histologie, tant en France qu'à l'étranger.

Les figures qui accompagnent le texte, la plupart schématiques, ont le grand avantage de représenter les faits avec une plus grande netteté et d'une manière plus frappante que ne pourrait le faire le dessin des préparations les mieux réussies.

TRAITÉ PRATIQUE DES MALADIES VÉNÉRIENNES

AFFECTIONS BLENNORRHAGIQUES
ULCÉRATIONS VÉNÉRIENNES NON SYPHILITIQUES
AFFECTIONS PARAVÉNÉRIENNES

Par le Docteur **BERDAL**

Médecin de consultation à l'Hôpital Saint-Louis.

PRÉFACE DU DOCTEUR TENNESON

Un vol. in-8, 1897, avec fig. et planches . . . . **10 fr.**

Nous ne pouvons mieux faire pour présenter ce livre que de donner ici un extrait de la Préface du Dr TENNESON, médecin de l'hôpital Saint-Louis.

« A tort ou à raison, les maladies vénériennes ont des hôpitaux spéciaux, un enseignement spécial, et tant qu'elles seront une spécialité, les médecins auront besoin de livres spéciaux pour les apprendre. De tels livres abondent : plusieurs sont excellents ; M. BERDAL les fait connaître ; et il les complète, car la science marche si vite que les plus récents ne sont déjà plus au point.

« Malgré sa compétence en histologie, l'auteur a écarté de son plan l'anatomie pathologique. En revanche les symptômes, le diagnostic et le traitement sont exposés avec tous les développements qu'ils réclament.

« L'auteur écrit exclusivement pour les médecins.

« Les livres antérieurs de M. BERDAL sont classiques. Il a désiré néanmoins que ce nouveau livre soit présenté à ses confrères par un de ses maîtres. Tous eussent accepté la mission.

« Elle m'est particulièrement facile, car mieux que tous peut-être j'ai pu apprécier l'homme, le praticien et le savant ».

FORMULAIRE CLINIQUE
Formules pratiques recueillies à la Polyclinique de Vienne

TRADUIT SUR LA 15e ÉDITION

Par le Dr **S. BERNHEIM**

In-18, cart. 1895 . . . . **4 fr.**

Ce livre, qui contient plus de 2.000 *formules originales*, a été rédigé en collaboration par des professeurs de l'Université et de la Polyclinique de Vienne. Il est divisé en cinq parties. *Dans la première partie* sont étudiées, par ordre alphabétique, les ordonnances afférentes à chaque maladie. *Dans la deuxième partie*, les médicaments usités pour les injections sous-cutanées et leur dosage, les médicaments usités pour les inhalations, le tableau de gouttes, les antidotes, le tableau comparatif des échelles thermométriques sont passées en revue. *La troisième partie* est consacrée à l'étude des parfums et de leur emploi. Le tableau des médicaments officinaux et non officinaux, leur dose maxima, les médicaments explosibles, sont exposés *dans la quatrième partie*.

Enfin la cinquième partie renferme de nombreux documents biologiques et cliniques. C'est ainsi que la mortalité et la durée moyenne de la vie, la longueur et le poids du corps, la croissance et l'augmentation des enfants sains, la dentition normale, la période d'incubation des maladies infectieuses, l'élimination des médicaments, l'analyse du suc gastrique et des urines, l'examen des yeux, de l'oreille et du larynx, les indications obstétricales, le calendrier de la grossesse, l'immunisation et la sérumthérapie, les villes d'eaux, les bains médicinaux y sont étudiés avec beaucoup de précision.

La simple énumération des titres des nombreux chapitres démontre la richesse des documents renfermés dans ce formulaire.

IMMUNISATION & SÉRUMTHÉRAPIE

Par le Docteur Samuel BERNHEIM
2ᵉ édition augmentée

Un volume in-12, 1897. — Prix . . . . 4 fr.

Partisan convaincu de cette nouvelle méthode thérapeutique, le Dʳ Bernheim a fait, lui-même, dès qu'il a connu les communications de Behring, des expériences personnelles sur l'immunisation et la sérumthérapie. Ces recherches remontent à plus de cinq ans. Aujourd'hui l'auteur les expose dans ce livre, qui est un travail d'ensemble, non seulement de ce qui a été fait dans la diphtérie et la tuberculose, mais encore pour un certain nombre d'autres maladies infectieuses où la sérumthérapie a été expérimentée.

Ce livre, fort intéressant, est divisé en trois grands chapitres :

Tout d'abord l'auteur étudie l'immunité naturelle, c'est-à-dire l'état réfractaire particulier à chaque espèce animale. Il explique les causes de cette immunité et expose d'une façon claire et précise les théories qui ont cours. Il défend personnellement l'opinion de Buchner et de Bouchard.

La 2ᵉ partie est consacrée tout entière à l'immunité acquise ; cette partie est elle-même subdivisée en deux grands chapitres : 1° la vaccination ; 2° l'immunisation.

Rien n'est plus intéressant que de lire l'exposé de nombreuses recherches faites depuis la découverte de Jenner jusqu'aux travaux si retentissants de Pasteur. Le Dʳ Bernheim étudie successivement les vaccinations pathologiques et expérimentales, interprète les méthodes d'atténuation des virus et finit par distinguer la vaccination de l'immunisation. L'auteur insiste particulièrement sur la caractéristique de chacune de ces deux méthodes, et il attache la plus haute valeur à cette différence sur laquelle il revient à plusieurs reprises.

Puis l'immunisation et la sérumthérapie sont étudiées d'une façon générale. Le Dʳ Bernheim attribue le principal mérite de cette nouvelle découverte à Behring.

Dans la 3ᵉ partie de ce livre les diverses maladies auxquelles la sérumthérapie a déjà été appliquée sont exposées avec une grande richesse de détails. C'est ainsi que l'auteur passe en revue le **tétanos**, la **diphtérie**, la **tuberculose**, la **pneumonie**, le **choléra**, la **variole**, la **septicémie**, la **syphilis**, la **fièvre typhoïde**, l'**influenza**, les **venins** et le **charbon**.

Enfin, l'ouvrage est terminé par une bibliographie très abondante, que chacun pourra consulter pour retrouver les travaux originaux où l'auteur a puisé ses documents.

Vient de paraître :

TRAITÉ PRATIQUE DE MÉDECINE
CLINIQUE ET THÉRAPEUTIQUE

PUBLIÉ SOUS LA DIRECTION

De MM. Samuel BERNHEIM et Émile LAURENT

2ᵉ ÉDITION REVUE ET CORRIGÉE

COLLABORATEURS :

MM. **Archambaud** (de Paris), prof. **Assimis** (d'Athènes), **Bacchi** (de Paris), **Paul Barlerin** (de Paris), **Baumel**, prof. agr. (à Montpellier), prof. **Bianchi** (de Naples), **Bilhaut** (de Paris), **Bloch** (de Paris), **Boeteau** (de Villejuif), **Bonnet** (de Paris), **Bonvalot** (de Paris), **Bosc**, chef de clin. (à Montpellier), **Boncour** (de Paris), **Bouton** (de Besançon), **Bovet** (de Pougues), **Brousse**, prof. agr. (à Montpellier), **Brunet** (de Paris), **Cazenave de la Roche** (de Menton), **Chapplain**, chef de clin. (à Marseille), **Chatelain** (de Paris), **Chrétien** (de Poitiers), **de Christmas** (de Paris), **Cornet**, méd. de l'Hôp. Intern. (de Paris), **Coudray** (de Paris), **Coutagne** (de Lyon), prof. **Coutenot** (de Besançon), prof. **Christiani** (de Genève), prof. **Crocq** (de Bruxelles), **Cuilleret**, chef de clin. (à Lyon), **Dechamp** (d'Arcachon), prof. **Delyanis** (d'Athènes), **Dervillez** (de Paris), **Destarac**, méd. des hôp. (de Toulouse), **Diamantberger** (de Paris), **Dubreuilh**, prof. agr. (à Bordeaux), **Duhourcau** (de Cauterets), prof. **Ferran** (de Barcelone), prof. **Fienga** (de Naples), **Fouchard**, méd. des hôp. (du Mans), **Garnault** (de Paris), **L. Garnier** (de Paris), **Gibert**, méd. des hôp. (du Havre), **Girod** (de Clermont-Ferrand), prof. **Gottstein** (de Breslau), **Goureau** (de Paris), **Guelpa** (de Paris), prof. **Hagen** (de Leipzig), **Hajeck** (de Vienne, Autriche), **Jocqs** (de Paris), **Jouin** (de Paris), **Kohos** (de Paris), **Leriche** (d'Eaux-Bonnes), **E. Levy**, prof. agr. (à Strasbourg), **Levrat**, chirurg. des hôp. (de Lyon), **Liandier** (de Paris), **Lichtwitz** (de Bordeaux), **Lorain**, chef de clin. (de Nancy), **Mascarel**, méd. des hôp. (de Châtellerault), **Masoin**, prof. (à Louvain), prof. **Mejia** (de Mexico). prof. **Minovici** (de Bucharest). prof. **Moldenhauer** (de Leipzig), **Albert Moll** (de Berlin). **Mook** (de Paris), prof. **Moreau** (d'Alger), **Morin** (de Paris), **Perrenot**, méd. des hôp. (de Hyères), **Henri Picard** (de Paris), **Piole** (de Paris), **Polguère** (de Paris), **Puech** (de Bordeaux), **Vau Renterghem** (d'Amsterdam), **Rémond**, méd. des hôp. (de Toulouse), prof. **Sanchez Herrero** (de Madrid), **Sauvez** (de Paris), prof. **Semmola** (de Naples), **Sérieux** (de Villejuif), prof. **Sormani** (de Pavie), **Stieffel** (de Joinville). **Suss** (de Paris), **Tison**, méd. de l'Hôp. Saint-Joseph (de Paris), prof. **Tobeitz** (de Gratz). **Trénel** (de Paris), de **Tymovski** (de Schintznach), **Vautrin**, prof. agr. (à Nancy), **Vermel** (de Moscou), **Voronoff** (de Paris), de **Yong** (de la Haye), prof. **Ziem** (de Dantzig), **Zilgien**, prof. agr. (à Nancy).

Six beaux volumes in-8, 1895, de 700 à 900 pages environ chacun.

PRIX DE L'OUVRAGE QUI EST COMPLÈTEMENT PARU

Les six volumes, brochés. . . . . 50 Fr.
— — reliés. . . . . 60 »

DIVISION DES SIX VOLUMES
DU
TRAITÉ PRATIQUE DE MÉDECINE
Qui se vendent aussi séparément

TOME I. — **Maladies infectieuses.**
  In-8 de 556 pages. — Prix . . . . 10 fr. —
TOME II. — **Affections nerveuses, Maladies mentales et Médecine légale des aliénés.**
  In-8 de 771 pages. — Prix . . . . 12 fr. —
TOME III. — **Maladies des voies respiratoires.**
  In-8 de 524 pages. — Prix . . . . 10 fr. —
TOME IV. — **Maladies de l'appareil respiratoire, du sang et de la nutrition, Intoxications, Maladies des reins et de la vessie.**
  In-8 de 796 pages. — Prix . . . . 14 fr. —
TOME V. — **Maladies du tube digestif et de ses annexes.**
  In-8 de 645 pages. — Prix . . . . 10 fr. —
TOME VI. — **Maladies des dents, du nez, des oreilles, des yeux, de la peau et des organes génitaux ; Syphilis.**
  In-8 de 963 pages. — Prix . . . . 14 fr. —

Notre époque est particulièrement féconde en productions scientifiques de toutes espèces. Malgré cette pléthore de livres et de manuels, le praticien manque absolument d'un **Traité de Pathologie récent** et bien au courant des progrès rapides de la science médicale. Il ne possède pas ce *vade-mecum* indispensable pour surmonter les difficultés quotidiennes de la pratique de l'art de guérir. En effet, les ouvrages qui ont été publiés jusqu'à ce jour, ont paru tome par tome, lentement, avec des intervalles de plusieurs années, de sorte que, quand les derniers volumes voient le jour, les premiers sont déjà frappés de vétusté et ne sont plus au courant des découvertes modernes.

L'ouvrage que nous présentons aujourd'hui au public savant a été conçu et rédigé d'une façon toute différente. Les nombreux chapitres ont été traités **simultanément par des professeurs, des médecins d'hôpitaux ou des spécialistes** qui tous, séduits par l'idée de se rendre utiles et de créer une œuvre nouvelle, se sont mis ensemble à la besogne et ont produit en peu de temps, un ouvrage essentiellement pratique. **Les 6 volumes du Traité pratique de Médecine clini**que et thérapeutique paraissent ensemble, d'un seul coup, avec les mêmes **idées modernes**, sans faiblesse d'aucun chapitre. Cet ouvrage, qui n'a rien omis des notions anatomo-pathologiques et bactériologiques, a laissé cependant la plus large place à **la clinique et à la thérapeutique** : c'est ce qui justifie son titre.

Comme la division l'indique, chaque volume renferme l'étude des affections d'un organe ou d'une région anatomique. Nous attirons cependant l'attention du praticien sur la conception de ce Traité de Médecine, en lui faisant remarquer qu'il comprend un volume dit de **maladies spéciales (affections des yeux, des oreilles, du nez, de la peau, syphilis**, etc.), partie à peine ébauchée ou omise dans la plupart des ouvrages de pathologie de ce genre.

Dans notre Traité de Médecine, ces questions sont étudiées, comme celles des autres volumes, du reste, avec la plus grande clarté et dans un esprit pratique. Aussi sommes-nous convaincu d'avoir rempli une lacune dans la bibliothèque médicale en présentant aujourd'hui au praticien un ouvrage complet et utile.

MALOINE — 8 —

NOUVEAU GUIDE PRATIQUE DE
TECHNIQUE MICROSCOPIQUE
APPLIQUÉE A L'HISTOLOGIE ET A L'EMBRYOGÉNIE
Suivi d'un formulaire indiquant la composition des réactifs employés en anatomie microscopique.

Par **René BONEVAL**

Un vol. in-8, 1890, avec 21 fig. dans le texte. . . . . **4 fr.**

THÉORIE ET PRATIQUE
DES ACCOUCHEMENTS EN TABLEAUX SYNOPTIQUES

Par le Docteur **BOUQUET**, Médecin de la Maternité de Brest.

Un vol. in-8, cart. souple, 1900. **15 fr.**

Cet ouvrage, dont le besoin se faisait sentir, car il ne fait double emploi avec aucun autre, présente, sous la forme originale de tableaux synoptiques, une étude complète de l'art des accouchements, ainsi qu'un résumé très soigné des principaux états pathologiques et vices de conformation du nouveau-né.
C'est un travail impartial, clair, précis, parfaitement présenté, qui permettra aux sages-femmes et aux étudiants d'étudier l'obstétrique d'une façon méthodique et de revoir en quelques instants, à la veille des examens, chacune des questions de leur programme.
Les médecins eux-mêmes consulteront ce livre avec avantage et y trouveront toutes les indications théoriques et pratiques nécessaires.

LES NOUVEAUX VERRES D'OPTIQUE
LES VERRES ISOMÉTROPES
MATIÈRE ISOMÉTROPE & LENTILLES ISOMÉTROPES

Par le Docteur **De BOURGON**

Un vol. in-8, 1899, avec 5 pl. hors texte et 6 fig . . . . **5 fr.**

TRAITÉ ÉLÉMENTAIRE D'HISTOLOGIE PATHOLOGIQUE

Par le Docteur **BRANDEIS**

Un vol in-18 cart., 1899, 124 fig. **5 fr.**

RABELAIS MÉDECIN
NOTES ET COMMENTAIRES

Par le Docteur **Félix BRÉMOND**

Tome I. — GARGANTUA
Avec portrait à l'eau-forte, fac-simile de l'écriture de Rabelais, figures anatomiques.

In-18, 1879. . . . . **3 fr.**

Tome II. — PANTAGRUEL
Avec une préface de M. le Dr HAHN, bibliothécaire en chef de l'École de Médecine et un portrait.

In-18, 1888 . . . . **3 fr.**

PRÉCIS ICONOGRAPHIQUE
DES
MALADIES DE LA PEAU

Par le Docteur E. CHATELAIN (de Paris)

Ouvrage accompagné de 50 **PLANCHES HORS TEXTE, EN COULEURS**

Représentant les principales Maladies de la Peau

REPRODUITES D'APRÈS NATURE

Par Félix MÉHEUX

Dessinateur des services de l'Hôpital Saint-Louis.

DEUXIÈME ÉDITION, REVUE ET CORRIGÉE

Fort vol. in-8, 1896, relié toile, tête dorée. . . . . 25 fr.

Le Précis iconographique des maladies de la peau, que nous publions aujourd'hui, est une œuvre absolument nouvelle visant un but essentiellement pratique et destiné à rendre les plus grands services aux médecins dans la pratique courante.

Jusqu'à ce jour, en effet, il n'existait aucun ouvrage complet de **dermatologie** offrant au lecteur, en regard de la **description classique des diverses maladies de la peau,** une **reproduction exacte, en couleurs,** des types les plus intéressants de ces affections.

Il était d'ailleurs malaisé de réaliser un semblable programme et les difficultés matérielles d'une bonne exécution avaient sans doute empêché jusqu'à présent la publication d'ouvrages de cette nature.

Grâce au talent d'un spécialiste distingué, **M. le Docteur E. Chatelain,** de Paris, qui n'a ménagé ni son temps, ni sa peine pour mener à bien l'œuvre qu'il avait conçue, nous espérons combler aujourd'hui une véritable lacune dans l'enseignement des maladies de la peau.

Le précis iconographique des maladies de la peau sera évidemment d'une très grande utilité à tous ceux qui, de près ou de loin, s'intéressent aux études dermatologiques ; les étudiants et les médecins y trouveront, rédigé dans un style clair et précis, l'exposé actuel et complet de toutes les principales questions afférentes à cette branche de la médecine ; les dermatologistes de profession, des chapitres à peine ébauchés dans les publications similaires ; enfin, les uns comme les autres ne pourront manquer d'attacher un grand prix aux figures en couleurs qui accompagnent l'ouvrage dont l'exécution a été confiée à **M. Félix MÉHEUX, l'éminent dessinateur des services de l'hôpital Saint-Louis,** c'est dire qu'elles sont irréprochables ; toutes, en effet, ont été **scrupuleusement exécutées d'après nature** et le talent de l'artiste est un sûr garant de leur exactitude. Ces figures, dont le choix a été fait avec beaucoup de soin et d'un commun accord entre l'auteur et le dessinateur, sont ici le complément indispensable du texte.

Nous n'avons, quant à nous, reculé devant aucun sacrifice pour seconder les efforts de M. le docteur Chatelain et de son collaborateur M. Méheux et pour assurer, malgré son prix modique, **la parfaite exécution typographique, tant au point de vue du texte qu'au point de vue des planches,** d'un livre destiné, croyons-nous, à devenir bientôt classique.

NOMENCLATURE DES 50 PLANCHES EN COULEURS
Du Précis Iconographique des Maladies de la Peau

1. Lésions élémentaires. — 2. Acné vulgaire. — 3. Chloasma. — 4. Ecthyma. — 5. Eczéma de la face. — 6. Eczéma impétigineux. — 7. Eczéma du sein. — 8. Eczéma de la main. — 9. Eczéma variqueux. — 10 Eléphantiasis. — 11. Erythème copahique. — 12. Erythème noueux. — 13. Erythème polymorphe.— 14. Herpès iris. — 15. Favus de la tête et du corps.— 16. Gale. — 17. Lésions axillaires de la gale. — 18. Gale pustuleuse. — 19. Ichtyose. — 20. Impétigo. — 21. Intertrigo. — 22. Kératose pilaire faciale. — 23. Lentigo. — 24. Lèpre tuberculeuse. — 25. Lèpre maculeuse. — 26. Leucoplasie buccale. — Lichen plan. — 28. Lichen simplex chronique. — 29. Lupus érythémateux. — 30. Lupus vulgaire. — 31. Molluscum contagiosum. — 32. Mycosis fongoïde. — 33. Nævi. — 34. Pelade. — 35. Pemphigus. — 36. Impétigo granulata. — 37. Pédiculose du corps. — 38. Pityriasis rosé de Gilbert. — 39. Pityriasis rubra pilatre. — 40. Pityriasis versicolor. — 41. Prurigo de Hebra. — 42 Psoriasis. — 43. Morphée. — 44. Eczéma séborrhéique. 45. Sycosis. — 46. Tricophytie du cuir chevelu. — 47. Tricophytie cutanée. — 48. Urticaire. — 49. Vitiligo. — 50. Zona.

MALOINE

AIDE-MÉMOIRE THÉRAPEUTIQUE DU MÉDECIN MILITAIRE
Par le Docteur CHAVIGNY
AVEC PRÉFACE DE M. LÉON COLIN

In-18, cart., 1898. . . . . **2 fr.**

Le formulaire pharmaceutique officiel des hôpitaux militaires est un ouvrage destiné surtout aux pharmaciens militaires qui y trouvent tous les médicaments groupés d'après leur mode de préparation. Mais les médecins eux aussi, sont souvent obligés d'avoir recours à ce formulaire, puisqu'ils doivent prescrire les médicaments qui y sont inscrits à l'exclusion de tous les autres.

L'ordre dans lequel y sont classés les médicaments ne correspond nullement aux besoins des médecins.

A côté de renseignements très détaillés sur les manipulations pharmaceutiques, renseignements qui lui sont rarement utiles, le médecin cherche en vain une quantité de notions usuelles, qui échappent facilement à la mémoire.

Quels sont les médicaments qu'on peut employer dans un hôpital militaire ?

Quels sont ceux qui sont réservés à l'infirmerie régimentaire ?

Quels sont ceux qu'on peut ou ne peut pas prescrire à titre remboursable ?

Quels sont ceux dont on disposerait en temps de guerre, soit dans une ambulance, soit dans un hôpital de campagne ?

L'Aide-Mémoire thérapeutique du Médecin militaire donne tous ces renseignements d'une façon pratique et surtout, c'est son principal mérite, il groupe toutes les préparations diverses d'une même substance médicamenteuse, en les réunissant d'après leur action thérapeutique principale.

En un mot, c'est un formulaire médical, destiné aux médecins militaires. Il rendra grand service aux médecins de l'armée active dont les occupations deviennent chaque jour plus nombreuses, mais il sera très utile aussi aux médecins de réserve, à tous ceux qui sont appelés temporairement à se trouver aux prises avec une réglementation très simple au fond, mais hérissée de difficultés quand l'habitude en fait défaut.

De courtes notices rappellent les renseignements utiles à connaître sur l'alimentation des malades, l'usage des eaux minérales, des bains de mer, la sérothérapie, etc., etc.

C'est un petit carnet de poche qui remplace de gros volumes, dispense de longues recherches.

TRAITÉ D'HYSTÉROSCOPIE
INSTRUMENTATION, TECHNIQUE OPÉRATOIRE, ÉTUDE CLINIQUE
Par les Docteurs DUPLAY et CLADO

Un volume in-18, 1898, avec fig. . . . . **3 fr.**

MANUEL PRATIQUE
DU
TRAITEMENT DES MALADIES DE L'OREILLE
Par le Docteur Antoine COURTADE
Ancien interne des hôpitaux de Paris, membre de la Société d'otologie,
de la Société de thérapeutique, de la Société de médecine et de chirurgie pratiques.

Un volume in-12, de 338 pages, 1895. . . . . **4 fr.**

A côté des ouvrages didactiques d'otologie que le praticien n'a pas toujours le temps de consulter dans lesquels le chapitre traitement est plus ou moins développé, il y avait place pour un ouvrage où la thérapeutique des maladies de l'oreille est l'objectif principal.

Laissant de côté les affections et les complications rares, le docteur A. Courtade s'est attaché à la pratique courante de la pathologie auriculaire. En dehors de la symptomatologie et du diagnostic de chaque affection, la technique des pansements par les injections, les instillations, etc., des petites opérations que le praticien peut être appelé à faire, comme le cathétérisme, la paracentèse, l'ablation des polypes, etc., est exposé avec tous les détails que comporte le sujet.

Le mode opératoire et les indications de la trépanation de l'apophyse, des opérations de Stacke, de Küster, l'ablation des osselets, y sont aussi exposés avec des détails suffisants.

Le praticien trouvera dans ce *Manuel pratique de traitement des maladies de l'oreille* tous les éléments pour le guider dans le choix du traitement à instituer dans chaque affection de l'organe auditif ; un chapitre sur la prophylaxie des maladies de cet organe complète l'ouvrage.

Ce Manuel de thérapeutique fait suite à l'ouvrage sur l'anatomie, physiologie et séméiologie du même auteur, qui s'adonne spécialement au traitement des maladies du larynx, de la gorge, du nez et des oreilles ; le grand nombre des malades qui viennent se faire soigner à l'hôpital Lariboisière dans le service de M. le docteur Gouguenheim, qui a chargé le docteur Courtade de la consultation particulière des affections de l'oreille, est une garantie que le Manuel est conçu dans un esprit essentiellement pratique.

LEÇONS CLINIQUES SUR LA SYPHILIS

Par le Docteur **Von DURING**.

Traduit par le Docteur **DERVILLE**.

Un volume in-8, cart., 1898. . . . . **10 fr.**

Pour tous les médecins, connaître la syphilis est devenu un devoir pressant, urgent, une nécessité de tous les jours.

On ne peut mettre en doute les progrès effrayants de la syphilis. Si, jusque dans ces derniers temps, cette maladie sévissait surtout sur les populations urbaines, il n'en est plus ainsi aujourd'hui. Les obligations militaires ont favorisé le développement de la syphilis, tant à la ville qu'à la campagne et le temps n'est plus où le praticien de nos campagnes pouvait jusqu'à un certain point se désintéresser de l'étude de cette maladie redoutable.

EDMOND DUPUY

Professeur à la Faculté de Médecine et de Pharmacie de Toulouse.

COURS DE PHARMACIE

3 vol. in-8, 1894-95. . . . . **40 fr.**

On vend séparément :

T. II. Fasc. 1ᵉʳ Médicaments chimiques appartenant à la chimie minérale, 1 vol. . . . . **10 fr.**
T. III. Médicaments chimiques appartenant à la chimie organique. . . . . **12 fr.**

CERTIFICATS MÉDICAUX DANS L'ARMÉE

Par **DURAND**

Un volume in-18, 1897. . . . . **4 fr. 50**

Ce volume de 287 pages in-8, contient 80 certificats libellés entièrement et selon les prescriptions ministérielles. Il supprime les difficultés qu'entraînent certains cas embarrassants, surtout quand le médecin militaire n'a pas sous la main les Règlements, les Circulaires, les archives où il peut puiser les renseignements qui lui sont nécessaires.

En un mot, c'est un livre utile à tous les médecins militaires, surtout quand ils sont chefs de service ou quand ils préparent l'examen pour l'avancement au choix.

LA FORMULE MÉDICALE

PRINCIPES GÉNÉRAUX DE PHARMACOLOGIE
sur lesquels reposent sa rédaction et son exécution

Par **Edmond DUPUY**

Professeur à la Faculté de Médecine et de Pharmacie de Toulouse.

In-18, rel. souple, 1897. . . . . **4 fr.**

Pour rédiger et exécuter les formules médicales, il est nécessaire de posséder des connaissances pharmacologiques souvent méconnues ou négligées par beaucoup de praticiens. Ce livre a pour but de leur rappeler les principes généraux sur lesquels reposent cette rédaction et cette exécution. C'est un véritable guide de l'art de formuler qui rendra les plus grands services aux médecins et aux pharmaciens dans l'exercice de leur profession.

Il comprend plusieurs chapitres dans lesquels sont examinées les questions suivantes :

Art de formuler. Les moyens, données scientifiques sur lesquels il repose, connaissance qu'il exige, importance de cet art.

Médicaments internes. Cycle qu'ils parcourent pendant qu'ils produisent leur action médicamenteuse, choix, doses, association, antagonisme, tolérance et intolérance, incompatibilité des médicaments, voies par lesquelles ils pénètrent dans l'économie.

Classification et études des méthodes employées en thérapeutique pour opérer cette pénétration. Enumération, choix, prescription des

formes pharmaceutiques, officinales ou magistrales, usitées dans les méthodes sus-dermique, dermique, hypodermique, intra-leptique, gastro-intestinale, respiratoire, intra-veineuse ;
Médicaments externes. Énumération, choix, prescription des formes pharmaceutiques, officinales ou magistrales, usitées dans la médication cutanée et dans la médication externe des muqueuses oculaire, nasale, buccale, pharyngée, uréthrale, vésicale, vaginale et utérine ;
Compendium des règles pratiques et légales relatives à la rédaction et à l'exécution des formules médicales ;
Tableaux de posologie indiquant les doses maxima pro dosi et pro die. A. Des drogues simples et de toutes leurs formes pharmaceutiques. — B. Des médicaments chimiques minéraux et organiques. Des médicaments galéniques composés, avec l'énumération des substances entrant dans leur composition ;
Tables analytique et alphabétique des matières.
En consultant ce livre, le médecin et le pharmacien apprendront à connaître l'action des médicaments, les formes et les doses sous lesquelles ils doivent être administrés, les règles de l'art de formuler, art qui peut être considéré comme le véritable critérium de la médecine et de la pharmacie. C'est en effet à la formule qu'aboutissent toutes les connaissances médico-pharmaceutiques ; c'est elle qui les couronne et qui fait foi de l'habileté et du vrai savoir du praticien.

LEÇONS
DE CLINIQUE CHIRURGICALE
Par le Docteur H. DURET
Ex-chirurgien des hôpitaux de Paris. Professeur de clinique chirurgicale.

Un volume in-8 de 185 pages, 1896. . . . . 2 fr. 50

MANUEL de DISSECTION et D'ÉTUDES ANATOMIQUES
Par le Docteur J. A. FORT

CONTENANT :

LA DISSECTION DES DIFFÉRENTES PARTIES DU CORPS
UN RÉSUMÉ DE LA DESCRIPTION DE TOUS LES ORGANES
(OS, MUSCLES, ARTICULATIONS, VAISSEAUX,
CENTRES NERVEUX, NERFS, VISCÈRES, ORGANES DES SENS)
ET UN RÉSUMÉ D'EMBRYOLOGIE.

In-18, avec 151 fig. dans le texte . . . . 4 fr.

TRAITÉ DES MALADIES DES FEMMES
Par H. FRITSCH
Professeur de Gynécologie et d'Accouchements à l'Université de Bonn.

TRADUIT SUR LA HUITIÈME ÉDITION

Un vol. in-8, 1898, avec 252 figures . . . . 15 fr.

PHYSIOLOGIE, HYGIÈNE & THÉRAPEUTIQUE
de la voix parlée et chantée
Hygiène et maladies du chanteur et de l'orateur
par le Docteur GARNAULT

Un volume in-12, cartonné, 1896, avec 82 figures dans le texte............ 5 fr

Ce livre est le cours que le Dr GARNAULT professe à l'*Institut Rudy*, publié sous la forme d'un élégant volume, divisé en 12 leçons, accompagné de nombreuses figures originales, très belles et très claires. L'auteur, qui a déjà publié de nombreux et considérables ouvrages sur l'anatomie, la physiologie et la pathologie des voies respiratoires et des oreilles, s'était fait connaître dans le monde des chanteurs par sa traduction d'un ouvrage important sur la voix parlée et chantée, l'hygiène du chanteur et de l'orateur. Il nous donne aujourd'hui un livre plus étendu et plus complet qu'aucun de ceux qui ont déjà paru en France et même à l'étranger sur ce sujet, et qui se recommande surtout par sa clarté, sa méthode et sa précision. Certaines questions absolument obscures, comme celles des registres, y sont traitées d'une façon lumineuse et sont encore éclaircies par de nombreuses figures très soignées. Tout ce qui touche à l'anatomie et à la physiologie s'y trouve exposé de façon à intéresser l'artiste aussi bien que l'homme de sciences. Toutes les expériences de physique et de physiologie, les démonstrations anatomiques que l'auteur fait dans son cours sont minutieusement décrites, ainsi que les observations de laryngoscopie et les exercices de spirométrie et les exercices de spirométrie auxquels il exerce ses auditeurs.

L'hygiène et les maladies du chanteur et de l'orateur sont exposées d'une façon bien plus complète et plus moderne que dans tous les ouvrages similaires. Signalons au chapitre de l'hygiène, l'étude complète du corset; au chapitre des maladies, l'étude des végétations adénoïdes, des affections des amygdales; enfin l'étude de la douche et du massage de la gorge, interne et externe, dans les affections de cet organe.

Cet ouvrage est indispensable aussi bien au médecin pour les soins et la direction à donner au traitement de la gorge, qu'au chanteur, à l'orateur, à l'avocat, au prédicateur, en un mot à tous ceux qui parlent ou qui chantent, s'ils veulent conserver longtemps un organe, aussi fragile et en tirer le meilleur parti.

GARNIER & DELAMARE
DICTIONNAIRE DES TERMES TECHNIQUES DE MÉDECINE

Contenant les étymologies grecques et latines, les noms des maladies, des opérations chirurgicales et obstétricales, les symptômes cliniques, les lésions anatomiques, les termes de laboratoire etc., préface de H. Roger professeur agrégé, in-18, 1900.
Broché.... 5 fr. — Relié.... 6 fr.

Cet ouvrage contient les termes techniques dont le langage médical s'est enrichi depuis quelques années et qui ne figurent pas dans les plus récentes éditions des dictionnaires de médecine; il renferme également les noms d'auteurs par lesquels on désigne souvent aujourd'hui les symptômes et les maladies. Pour chaque mot, il donne l'étymologie, et par une phrase courte et précise, en indique le sens.

D'un maniement aisé et d'un format commode, ce volume s'adresse surtout aux étudiants qui, peu familiers avec la terminologie médicale, sont si souvent arrêtés par les dénominations techniques et par les noms propres qu'ils rencontrent. Les praticiens pourront aussi le parcourir avec fruit, il constitue pour eux un auxiliaire utile pour la lecture des travaux modernes.

Enfin tous ceux qui s'intéressent aux sciences médicales consulteront volontiers ce petit dictionnaire où ils trouveront rapidement l'explication des termes spéciaux qui tendent aujourd'hui à pénétrer de plus en plus dans le langage usuel.

« Sous un petit volume, ce livre constitue, comme l'a dit le professeur G.-H. Roger, le répertoire médical le plus complet qui existe actuellement.

HYGIÈNE DE L'OREILLE & DES SOURDS
Par le Docteur GÉLINEAU

Un volume in-18, cartonné, 1897........................ 3 fr.

Ce petit volume très clair et très pratique contient, après une courte description anatomique et une physiologie de l'oreille l'*Hygiène de l'oreille chez le nouveau-né, l'enfant, l'adulte et le vieillard*. On y trouve aussi la prothèse acoustique et un chapitre sur la surdi-mutité.

LE MÉDECIN MILITAIRE

Recrutement. — Instruction. — Éducation.
Le médecin militaire dans l'armée. — Le médecin militaire en dehors de l'armée.
La vie du médecin militaire. — Le service de Santé militaire etc.

par le Docteur **GILS**, Médecin principal.

Un volume in-18, 1896.. 4 fr.

L'auteur décrit la vie du médecin militaire depuis sa première année d'étude jusqu'à la fin de sa carrière.

La première partie de l'ouvrage comprend le recrutement, l'instruction et l'éducation des médecins militaires.

Dans la deuxième partie, le Dr GILS présente le jeune médecin militaire entrant dans l'armée et décrit ses rapports de camaraderie avec les autres officiers, ses devoirs moraux vis-à-vis de ses inférieurs.

La troisième partie est particulièrement intéressante et sera lue avec une vive curiosité par la plupart de nos confrères. Le médecin militaire a-t-il le droit de faire de la clientèle civile ? Un certain syndicat a paraît-il, porté une plainte au ministre de la guerre, qui du reste n'en a tenu aucun compte. Malgré cela, le médecin militaire ne doit pas suivant M. GILS, ouvrir un cabinet de consultations, sa carrière militaire l'occupant déjà de trop. Dans certains cas, cependant, il ne peut se soustraire à son devoir et il lui est impossible de refuser son concours. Lisez les chapitres concernant ce point délicat ; ils sont écrits avec tant de cœur, avec des sentiments si élevés qu'ils enlèveront les plus endurcis.

Non moins captivant est le chapitre où l'auteur décrit les nombreuses sollicitations auxquelles le médecin militaire est en butte. Comment les évitera-t-il. Quel compte tiendra-t-il des certificats délivrés par les médecins civils. Tous ces points sont traités avec la plus grande délicatesse.

Dans le quatrième chapitre on voit le médecin militaire en campagne, pendant les épidémies, en garnison, à l'hôpital, dans la tâche délicate des expertises.

Enfin l'auteur finit par faire un résumé de description de service de santé militaire tout entier.

COURS DE MINÉRALOGIE BIOLOGIQUE

Professé pendant le semestre d'été 1897

à la Faculté de Médecine de Paris

Par **GAUBE** (du Gers)

Un volume in-18.. 4 fr.

DEUXIÈME SÉRIE, Cours du semestre d'été 1898

Un volume in-18.. 4 fr.

Ce livre est le résumé des leçons du premier cours de Minéralogie biologique professé à l'Ecole pratique de la Faculté de Médecine par M. J. Gaube (du Gers). La minéralogie biologique est une science nouvelle ; elle s'occupe des minéraux qui entrent dans la constitution des plantes, des animaux et de l'homme ; elle s'occupe de leur origine, de toutes leurs combinaisons biologiques, de leurs rapports avec la matière pratique, avec la matière azotée.

La 1re série contient douze leçons consacrées aux éléments minéraux que l'auteur appelle *biodynamiques*, par opposition aux métaux *abiodynamiques*, incompatibles avec la vie telle que nous la connaissons. Les leçons sont aussi attrayantes par la forme que par le fond.

La 2e série se compose de 19 leçons.

La première leçon, fort suggestive, est consacrée à l'étude de la matière minérale dans ses rapports avec la vie. La deuxième leçon est remarquable par le rôle que l'auteur fait jouer au chlorure de potassium dans les phénomènes de la vie ; dans la quatrième leçon est exposée l'action des sels de calcium, toute différente de l'action qu'on leur attribuait jusqu'ici. La sixième et la septième leçons sont consacrées au magnésium ; les idées de l'auteur, appuyées sur des expériences nombreuses, sont absolument neuves, et les conclusions pratiques qui en découlent sont aussi fécondes qu'inattendues.

Le cours de minéralogie biologique est un livre nouveau dans toute l'acception du mot, nouveau comme doctrine, nouveau par l'exposé des faits et des matériaux que l'auteur y a accumulés, l'étudiant, le savant et le philosophe peuvent y trouver chacun une part d'intérêt.

Docteur R. HAGEN, Professeur à l'Université de Leipzig.

MANUEL PRATIQUE
DE
DIAGNOSTIC ET DE PROPÉDEUTIQUE

Édition française profondément modifiée et considérablement augmentée avec 78 fig. et une pl. hors texte

Par le Docteur **J. TOISON**

Professeur suppléant à la Faculté libre de médecine de Lille, chargé du cours d'histologie ;
Médecin du dispensaire de Saint-Camille,
Membre de la Société des sciences médicales, de la Société anatomo-clinique, etc.

Un volume in-8, de 450 pages, 1890, avec 78 figures et une planche. . . . . **6 fr.**

MALADIES DES ORGANES GÉNITAUX DE LA FEMME

par le professeur **HOFMEIER** (de Vurzbourg)

3e édition française traduite sur la 12e édition allemande

par le docteur **LAUWERS**

Un volume in-8, cartonné, 1899, avec nombreuses figures.. . . . . **18 fr.**

ATLAS MICROPHOTOGRAPHIQUE
DE BACTÉRIES
PAR
MM. G. ITZEROTT & F. NIEMANN

(21 Planches comprenant 126 Figures)

Texte traduit par le Dr **Samuel BERNHEIM**

1 volume in-4°, 1895, relié. — Prix. . . . . **20 fr.**

Il est bien rare de rencontrer deux bactériologues qui s'entendent sur leurs observations microscopiques. En effet, chacun a son rayon visuel particulier, et fait sur le champ du microscope des aperçus spéciaux et distincts. Leur arbitre impartial sera l'appareil photographique qui, lui, reproduit exactement les éléments figurés tels qu'ils sont en réalité. Aussi, l'ouvrage de MM. ITZEROTT et NIEMANN, que le Dr SAMUEL BERNHEIM présente au public savant français, sera bien accueilli et sera consulté utilement, non seulement par tous les bactériologistes compétents, mais encore par les praticiens qui désireront connaître exactement la forme, l'évolution et la biologie des micro-organismes dont on les entretient si fréquemment.

Cet **Atlas microphotographique des Bactéries** est divisé en deux grandes parties.

Dans la première partie, tous les micro-organismes étudiés et connus jusqu'à ce jour sont décrits avec une grande clarté. Un chapitre intercalaire expose les idées récentes sur l'Immunisation et la Sérumthérapie. Les auteurs décrivent ensuite dans cette première partie les microbes saprophytes et les microbes pathogènes, leur isolement, leur meilleur terrain de culture, la durée de leur existence, leur reproduction et leur puissance d'infection pour les différentes races animales.

La deuxième partie contient les documents les plus nouveaux et les plus importants. Sur 21 planches, qui se succèdent, sont reproduites 126 figures différentes des microbes de l'air et de l'eau, des micro-organismes cultivables, ou de bactéries contenues dans un produit pathogène. Ces illustrations, qui sont tirées la plupart à un grossissement de 1000, sont un véritable chef-d'œuvre photographique. Chaque figure est numérotée et son explication se retrouve facilement dans le texte.

Cet atlas sera d'une grande utilité pour les praticiens qui voudront s'initier aux nouveautés médicales. Mais il pourra également rendre des services aux adroits bactériologistes qui voudront étudier l'art de la microphotographie, dont les moindres détails sont décrits avec abondance et clarté.

PRÉCIS THÉORIQUE ET PRATIQUE
DE
NEURO--HYPNOLOGIE
ÉTUDES SUR L'HYPNOTISME ET LES DIFFÉRENTS PHÉNOMÈNES QUI S'Y RATTACHENT
Physiologie, Pathologie, Thérapeutique, Médecine légale

Par le **Docteur Paul JOIRE**, ancien interne des hôpitaux, ancien médecin-major

1 vol. in-18, 1890. — Prix . . . . 4 fr.

Depuis quelques années, les questions intéressantes et extrêmement curieuses qui se rattachent aux phénomènes hypnotiques ont été et sont journellement étudiées. Dans ce nombre considérable de travaux, tous de la plus grande valeur, on ne sait plus trop où l'on est et on reste désorienté. Le docteur Joire a été bien inspiré de présenter un résumé aussi exact que possible des nombreux travaux qui ont eu pour objet cette branche si importante de la physiologie pathologique du système nerveux.

Les principaux chapitres sont tirés des leçons et des publications des maîtres les plus autorisés qui se sont livrés à l'étude spéciale de cette matière et c'est ainsi que l'on y trouve les enseignements de MM. Luys, Richet, Dumontpallier, Jaccoud, Brouardel, Bernheim, Beaunis, Mesnet, Richer, Féré, Magnan, Legrand du Saulle, Bucq, Liébault, Bérillon, etc.

Cet ouvrage rendra un service réel à tous ceux que ces questions intéressent. Présentés avec une grande clarté, les faits se dégagent de toutes les questions secondaires et acquièrent une précision scientifique d'une haute portée.

TECHNIQUE
DU
TRAITEMENT MANUEL SUÉDOIS
(Gymnastique médicale suédoise)

Par le Docteur **Arvid KELLGREN**
Docteur de l'Université d'Édimbourg. — Chevalier de l'Ordre impérial autrichien de la Couronne de fer de 3e classe.

Traduit sur la 2e édition augmentée
par le Docteur **P. GARNAULT**
Docteur en médecine. — Docteur ès sciences naturelles.
Médecin spécialiste pour les maladies de la gorge, des oreilles et du nez.

Un volume in-8, 1895 . . . . 6 fr.

Le traité du massage du Dr Kellgren, dont le Dr Garnault vient de publier la traduction française, se fait remarquer entre tous les autres traités de massage publiés jusqu'à ce jour par son absolue originalité. En peu de temps, il a obtenu en Allemagne et en Angleterre les honneurs d'une deuxième édition, il a été également traduit en italien, et c'est justement et surtout à cette qualité qu'il doit ce succès sans précédent.

On y trouve, décrites avec une clarté remarquable, non seulement les pratiques et manipulations constituant le massage proprement dit, mais l'ensemble des mouvements actifs et passifs de la gymnastique médicale suédoise. De nombreuses photo-gravures (79) montrent avec une absolue précision et un grand luxe de détails la technique des diverses manipulations. De nombreuses observations précisent les indications de chacun des mouvements.

Mais la partie vraiment essentielle et surtout originale de ce livre est l'étude de la technique et des indications des VIBRATIONS EXTERNES NORMALES que le Dr Kellgren a introduites dans la thérapeutique avec un si grand succès.

Comme le dit le Dr Kellgren, dans sa lettre au Dr Garnault, ce dernier était tout indiqué comme traducteur, tant par sa connaissance approfondie des langues étrangères, que par la brillante application de la méthode du Dr Kellgren qu'il a faite aux muqueuses dans le traitement des maladies de la gorge, du nez et des oreilles, qui a produit une véritable révolution dans la thérapeutique de ces affections.

TRAITÉ CLINIQUE DE PSYCHIATRIE

Par **KRAFFT EBING**, Professeur à l'Université de Vienne.
Traduit par **Émile LAURENT**

Un volume in-8, 1897. . . . . **20 fr.**

Ce traité de psychiatrie est l'œuvre maîtresse du célèbre psychiatre autrichien. Nous ne possédions en France aucun ouvrage de cette importance sur la médecine mentale. La plupart des traités ont vieilli et ne cadrent plus guère avec les idées nouvelles. Nous ne pouvons que féliciter le Dr LAURENT de nous en avoir donné une traduction qu'un grand nombre d'aliénistes et de psychologues attendaient vraiment depuis des années.

KRAFFT-EBING embrasse dans cette étude toute la psychiatrie. Après une étude de psychologie générale aussi judicieuse que profonde et entièrement basée sur l'expérience, après quelques données sur la lésion anatomique ou le trouble physiologique qui engendre la folie, il donne une description de chaque forme d'aliénation, se basant sur un certain nombre d'observations personnelles qui lui servent en quelque sorte de point d'appui et recueillies pendant une période de trente années au lit des malades. Ainsi la description des maladies est telle que l'expérience les a montrées. Les coïncidences multiples avec les faits observés par d'autres spécialistes sont une garantie qu'en général l'auteur a observé avec justesse et que, dans la diversité troublante des phénomènes des maladies de la personnalité, il y a pourtant une loi générale et que des types de maladies peuvent clairement et empiriquement s'en dégager.

Ce traité clinique est un guide aussi utile pour l'étudiant que pour le praticien, car l'auteur évite autant que possible les discussions théoriques et les hypothèses, notant surtout ce que la psychiatrie possède comme faits acquis d'une façon à peu près certaine, les classant dans un tableau systématique précis.

PRÉCIS CLINIQUE
DE
PATHOLOGIE GÉNÉRALE

Par le Docteur **LUDOLF KREHL**, Professeur à Iéna.
Traduit par le Docteur **Samuel BERNHEIM**

Un volume in-8, 1895. . . . . **6 fr.**

L'ouvrage du professeur KREHL, que le Docteur Samuel BERNHEIM présente au monde savant français, a paru récemment en Allemagne ; rempli des connaissances récentes de bactériologie et de biologie, il ne ressemble en rien aux traités de pathologie générale publiés jusqu'à ce jour. L'auteur y étudie particulièrement l'étiologie des affections, en interprète leurs vraies causes, expose les principaux symptômes et la thérapeutique qui leur convient. Ainsi le titre de **Précis clinique de Pathologie générale** est justifié.

Cet ouvrage est divisé en huit grands chapitres. Le premier chapitre comprend l'étude des maladies de la circulation sanguine et lymphatique et les rapports qui existent entre les affections des voies respiratoires et circulatoires. A remarquer particulièrement le chapitre concernant les lésions valvulaires.

Dans le second chapitre sont exposées toutes les altérations de la masse sanguine elle-même et de la masse lymphatique, où, suivant l'auteur, la qualité joue un rôle supérieur à la quantité. A lire surtout l'étude bien originale des différentes variétés d'anémies.

Les troubles de l'organe respiratoire comprennent le troisième chapitre. La toux, la sténose des voies respiratoires, l'asthme, la déformation du thorax et des poumons, la diminution d'élasticité, l'emphysème pulmonaire, les modifications du centre respiratoire, le phénomène de chaque trouble respiratoire, la réduction de la surface des échanges, l'influence des différents gaz sur la respiration, l'asphyxie, etc., y sont successivement étudiés.

Tout le quatrième chapitre est consacré à l'organe de la digestion, où le rôle de chaque organe (la bouche, l'estomac, les intestins, le foie, le pancréas, etc., etc.) est composé avec beaucoup de netteté. A remarquer surtout l'étude du chimisme stomacal et intestinal et son influence dans les affections de ces organes.

Le cinquième chapitre est intitulé : **Échanges organiques**, et comprend l'étude de l'albuminurie, de la goutte, de l'obésité, des glucosuries, du rachitisme et de l'ostéomalacie.

Les causes de la fièvre et ses différentes allures sont exposés dans le sixième chapitre.

Les altérations des organes urinaires, l'influence du courant sanguin sur l'élimination des urines, les affections propres du rein et des voies urinaires sont étudiées dans le chapitre septième.

Enfin ce livre se termine par une étude complète des troubles du système nerveux central et périphérique (troubles de la motilité, de la parole, de la sensibilité, etc., etc.).

Précis dans sa forme, clair dans son expression, cet ouvrage, déjà classique en Allemagne et en Autriche, sera certes bientôt entre les mains de tous nos étudiants en médecine et de nos savants français qui voudront avoir une notion exacte de ces questions si intéressantes.

GUIDE PRATIQUE DE L'ANALYSE DES URINES

Par LAACHE

Traduit de l'allemand par **FRANCOTTE**

3ᵉ ÉDITION FRANÇAISE

In-8 cart., 1899, avec 26 gravures.................. 3 fr.

MÉDICAMENTS CHIMIQUES ORGANIQUES
DOSAGES DES ALCALOIDES

Par **LAJOUX** et **GRANVAL**, Professeurs à l'École de médecine et de pharmacie de Reims.

Un vol. in-8, cart., 1897 .... 3 fr.

Ce livre, précédé d'une préface de M. Schützenberger, Membre de l'Institut, est l'étude, à la fois chimique et pharmacologique, des composés organiques qui figurent au Supplément du Codex ; il s'adresse aussi bien aux Étudiants qu'aux Pharmaciens et aux Médecins.

Les premiers, notamment, y trouveront exposée, aussi simplement que possible la constitution des corps dont la connaissance leur offre le plus de difficultés.

L'ouvrage n'est pas limité absolument aux médicaments organiques du Supplément ; on y trouve quelques autres corps ; le salicylate de mercure dissimulé, médicament précieux et qui mériterait de figurer au Codex, à plus juste titre même que certains de ceux qui s'y trouvent ; l'hypnal, dont l'étude est inséparable de l'antipyrine ; la créosote, produit complexe, mais qui a sa place à côté du gaïacol ; le terpinol, autre produit complexe, mais qui a sa place à côté du gaïacol ; le terpinol, autre produit complexe qui dérive de la terpine ; les phénols camphrés ; le chlorhydrate basique de quinine qui n'a pas été séparé du chlorhydrate neutre.

Enfin, les auteurs terminent l'exposé des méthodes si simples qu'ils emploient pour le dosage des alcaloïdes dans les drogues simples et les médicaments.

LA NEURASTHÉNIE ET SON TRAITEMENT
Vade-Mecum du Médecin praticien

Par le Docteur Emile LAURENT

Un vol. in-18, cartonné, 1897. .... 2 fr. 50

La neurasthénie n'est pas une maladie nouvelle, c'est le fruit de toutes les civilisations avancées où le surmenage devient presque une nécessité pour ceux qui sont obligés de faire la lutte pour la vie, mais sa description est nouvelle.

Il n'y a que peu d'années qu'on a réussi à l'isoler et à la délimiter comme entité morbide précise et par suite à la traiter convenablement et surtout rationnellement.

Ce petit livre est un résumé succinct de la question, dans lequel l'auteur a exposé d'une façon aussi complète et aussi précise que possible, les cause et les symptômes de cette maladie aux formes si complexes et si variées.

La question du traitement est traitée en détail et avec un soin particulier.

MARIAGES CONSANGUINS & DÉGÉNÉRESCENCES
PAR
Le Docteur Emile LAURENT

1 volume in-18, cartonné, 1895. .... 2 fr. 50

LA MÉDECINE DES AMES
Par le Docteur Emile LAURENT

PREMIÈRE MÉDITATION : Pour les gens du monde. *Comment il faut choisir son médecin.*
DEUXIÈME MÉDITATION : Pour les médecins. *La Médecine spirituelle.*
TROISIÈME MÉDITATION : Pour les prêtres. *La prière au point de vue thérapeutique.*

Un élégant volume in-32. 1894, caractères elzéviriens, tirage en deux couleurs.

Rel. pl. tête dorée . . . . **2 fr. 50**

Cet élégant petit volume n'est pas seulement une curiosité philosophique ; les médecins y trouveront des enseignements précieux pour l'exercice de la partie morale de leur art, outre des documents tout à fait neufs sur les phénomènes les plus surprenants de l'hypnotisme et de la suggestion. La troisième partie de l'ouvrage traite une question absolument neuve et originale : la prière au point de vue thérapeutique. Prêtres et médecins trouveront là plus d'une recette utile pour faire de la thérapeutique spirituelle. Le docteur Emile Laurent, l'auteur de l'*Amour morbide*, des *Habitués des prisons de Paris* et de tant d'autres ouvrages estimés, est trop connu, aussi bien des médecins que des gens du monde, pour qu'il soit nécessaire de faire l'éloge de son style élégant et facile, de sa phrase précise et toujours claire. Au point de vue de l'idée comme au point de vue de la forme, *La Médecine des Ames* est un petit bijou que l'éditeur a eu soin d'enchâsser dans une élégante reliure.

MANUEL DE PROPÉDEUTIQUE
Par **LAVRAND**, professeur à Lille.
2e Édition revue et augmentée.

Un vol. in-8, cart., 1899, avec 90 figures . . . . **6 fr.**

Le but de l'auteur a été non pas d'éviter la peine et le travail, mais de supprimer les hésitations et les pertes de temps, afin de mettre l'élève le plus rapidement possible à même de comprendre les leçons cliniques des Maîtres et d'examiner un malade par lui-même.
Ce manuel n'est pas un traité de médecine ni de pathologie générale. Il veut être seulement un Vade-mecum de l'étudiant au lit du malade.

LEGRAIN

Introduction à l'ÉTUDE des FIÈVRES des PAYS CHAUDS
(Région prétropicale)

Avec planches et tracés, in-8, 1899 . . . . **12 fr.**

ESSAIS DE NEUROLOGIE CLINIQUE
Neurasthénie de Béard et états neurasthéniformes
Par le Docteur **LEVILLAIN**

Un volume in-18, 1896 . . . . » . . . . . **4 fr.**

L'auteur a réuni sous ce titre tous les documents intéressant le traitement des maladies nerveuses et particulièrement de la neurasthénie qu'il connaît parfaitement.
Dans un premier chapitre il présente des observations de véritables neurasthéniques ; dans un second, il présente de faux neurasthéniques, ou, comme il le dit, de pseudo-neurasthéniques. Citant un grand nombre de cas de ces états névropathiques et psychopathiques indéterminés très intéressants.
Dans la seconde partie sont étudiés les différents établissements hydrothérapiques en France et à l'étranger.
En résumé, ce livre, écrit par un élève du regretté maître Charcot, est très documenté et tout à fait original.

MALOINE — 20 —

SANATORIA DES ALPES FRANÇAISES
GUIDE PRATIQUE ILLUSTRÉ DE LA
SAVOIE & HAUTE-SAVOIE
MÉDICALE ET PITTORESQUE
Par le Docteur **Ch. LINARIX**

Un volume in-12, 1895, avec 16 photogravures. **6 fr.**

Ouvrage d'une lecture attrayante, bourré de documents sur l'hydrothérapie thermale sur les sanatoria dans les Alpes, en même temps que de descriptions pittoresques de nos magnifiques montagnes de la Savoie.

Des phototypies nombreuses et très bien choisies en rendant encore la lecture plus agréable en mettant sous les yeux les types et les paysages décrits.

MANUEL PRATIQUE ET SIMPLIFIÉ D'ANALYSE DES URINES
et autres sécrétions organiques
Par **LIOTARD**, pharmacien de 1re classe.

In-18, 1899. . . . . **2 fr. 50**

Il n'y a plus à faire l'éloge de ce **manuel d'analyse** dont la 1re édition s'est vendue très rapidement, fait peut-être unique pour un ouvrage de cette nature. C'est dire qu'il a été accueilli avec une grande faveur par le monde médical et pharmaceutique. De nombreux emprunts ont été faits, d'ailleurs, par divers auteurs, à cet ouvrage.

Cela s'explique par la **parfaite connaissance des questions traitées par** M. Liotard, que ces ouvrages a classé au premier rang des chimistes urologistes.

Le *Journal des Connaissances médicales* de M. le professeur Cornil, termine le compte rendu de cet ouvrage par la phrase suivante qui résume tout : **C'est plus qu'un livre utile, c'est un livre nécessaire**.

CONSULTATIONS ET ORDONNANCES MÉDICALES
FORMULAIRE MÉTHODIQUE ET THÉRAPEUTIQUE
Par le Docteur **A. MALBEC**

Préface du Docteur **Laborde**

In-18, cartonné, 1897. . . . . **4 fr.**

Ce petit livre se présente de lui-même avec un tel caractère pratique qu'il peut se passer de tout commentaire autre que la juste constatation d'une haute utilité pour le praticien.

Ce n'est pas s'aventurer en disant qu'il constitue et qu'il est appelé à devenir le vade-mecum de tout médecin aux prises avec les difficultés journalières de la pratique et qui veut s'assurer en l'ayant toujours sous la main d'un guide rapide et certain et au courant de l'actualité thérapeutique.

LUTAUD
MANUEL COMPLET DES MALADIES DES FEMMES
Quatrième édition.

Un fort volume in-8, 1900, avec 800 figures dans le texte **18 fr.**

COMPENDIUM MODERNE DE MÉDECINE PRATIQUE

PUBLIÉ SOUS LA DIRECTION DU
Dr de MAURANS

Un fort volume in-8, de 720 pages, 1891. **12 fr.**

Tout ce qui touche à la pratique médicale, présente un intérêt direct pour le médecin, qui se trouve chaque jour dans la nécessité de mettre à contribution ses connaissances cliniques et thérapeutiques. Tenant compte de cette considération, l'auteur a eu soin de grouper une série d'articles de médecine pratique, dont l'ensemble représente le mouvement thérapeutique du monde entier.

Mais ces articles, écrits au jour le jour, ne peuvent comporter aucun classement, et, pour avoir sous les yeux le tableau complet du traitement moderne d'une maladie, il faut réunir et classer les séries d'articles publiés plusieurs années sur le sujet que l'on a en vue.

C'est ce que nous avons fait en publiant ce recueil, qui comprend la presque totalité des articles de médecine pratique et des notes thérapeutiques, publiés dans ces trois dernières années, auxquelles ont été joints de nombreux extraits puisés dans les communications et travaux récents présentés aux Sociétés savantes et aux différents Congrès.

Limité aux faits nouveaux, qui peuvent intéresser d'une façon directe le médecin praticien, ce livre n'a pas la prétention d'être un traité complet de médecine pratique · il a seulement pour but de donner dans un ouvrage d'ensemble facile à consulter, les renseignements d'application journalière disséminés dans une publication périodique qui enregistre tous les progrès réalisés dans l'art de guérir au fur et à mesure qu'ils sont mis au jour en France et à l'étranger.

Le *Compendium moderne de médecine pratique* constitue une œuvre essentiellement impersonnelle, dans laquelle nous nous sommes efforcé de laisser à chaque auteur la part qui lui est propre.

Dans la classification que nous avons adoptée, un certain nombre de divisions doivent être considérées comme entièrement schématiques, et nous n'y avons d'ailleurs attaché aucune importance didactique ; il s'agissait seulement, pour nous, de grouper nos matériaux suivant un ordre aussi simple que possible, à défaut d'une classification naturelle satisfaisant à toutes les exigences des connaissances modernes.

Extrait de la préface.

EXTRAIT DE LA TABLE DES MATIÈRES

Maladies infectieuses. Tuberculose. Diphtérie. Grippe. Fièvre typhoïde. Fièvres éruptives. Impaludisme. Érysipèle. Rhumatisme articulaire aigu. Cancer. — **Maladies de la nutrition.** Diabète. Chlorose. Anémie. — **Maladies de l'appareil respiratoire.** Maladies des fosses nasales et du larynx. Maladies des bronches. Maladies du poumon. Maladies de la plèvre. — **Maladies de l'appareil digestif.** — Maladies de la bouche et du larynx. Maladies de l'estomac. Maladies du foie. Maladies de l'intestin. — **Maladies du système nerveux.** — Nouveaux modes de traitement. — **Maladies de l'appareil de la vision.** Œil et annexes. — **Maladies de l'appareil auditif.** Nouvelles méthodes de traitement. — **Gynécologie et Obstétrique.** Maladies de l'utérus obstétrique. — **Maladies vénériennes et cutanées.** Blennorrhagie Chancre mou. Syphilis. Anomalies et troubles de sécrétion de la peau. Ulcères. Furoncle et Anthrax. Acné. Eczéma. Psoriasis. Gale. Affections parasitaires du cuir chevelu. Maladies de la barbe, etc., etc.

PRÉCIS DE POSOLOGIE INFANTILE

par le Docteur **Raymond NOGUÉ**

MÉDECIN DES BUREAUX DE BIENFAISANCE
MÉDECIN DU DISPENSAIRE DE BELLEVILLE POUR ENFANTS MALADES
MÉDECIN INSPECTEUR Sr DES ENFANTS DU PREMIER AGE
MÉDECIN INSPECTEUR DES ÉCOLES DE LA VILLE DE PARIS

Un volume in-18, 1895, reliure souple, de XXXIII-348 pages. . . . . **3 fr. 50**

Ce qui embarrasse le plus le médecin à ses débuts dans la clientèle, c'est sans contredit la posologie infantile. L'absence totale d'un enseignement de cette nature à la Faculté de Médecine, place le débutant dans cette position critique ou de ne faire thérapeutiquement rien du tout ou de risquer, hélas! de faire beaucoup trop.

Les divers formulaires de thérapeutique infantile donnent des formules adaptées à un âge moyen, mais sont muets sur ces questions posologiques.

C'est pour combler cette lacune que le docteur R. Nogué présente aujourd'hui au public médical ce précieux ouvrage, dans lequel, **sans effort et sans perte de temps, le praticien trouvera, à son** rang alphabétique, le médicament qu'il veut prescrire à dose précise à un enfant d'un âge donné.

Ces doses, il les trouvera indiquées pour les divers âges (0 à 15 mois, de 15 mois à 3 ans, de 3 à 5 ans, de 5 à 12 ans), sous l'autorité des auteurs classiques et des maîtres français et étrangers de la pédiatrie.

Pour tous ces médicaments, les détails pharmacologiques indispensables sont indiqués (solubilité, incompatibilités, contre-poisons), et pour beaucoup d'entre eux est donnée la formule qui permet le plus rationnellement leur administration.

TRAITÉ D'ÉLECTROTHÉRAPIE OCULAIRE

Par le Docteur **PANSIER**

Préface du Docteur VALUDE

1 vol. in-18, 1896 avec figures. . . . . 6 fr.

Exposer les différentes applications de l'électricité en oculistique, préciser les conditions et modes d'application du courant, tel a été le but de l'auteur. Il s'est tenu d'ailleurs sur un terrain essentiellement clinique, désireux de faire un travail qui s'adresse aux praticiens.

Dans la première partie, l'auteur fait l'historique complet de la question : « Ce sont là des pages, dit M. VALUDE dans sa préface, qu'aiment à lire ceux qui s'intéressent au côté artistique d'un travail. »

La deuxième partie comprend l'électro-thérapeutique proprement dite. Après avoir exposé les notions techniques d'électricité médicale indispensables, l'auteur résume nos connaissances en électrophysiologie oculaire. Il passe ensuite en revue les différentes affections oculaires dans lesquelles l'électricité a été appliquée avec plus ou moins de succès. Leur nombre est considérable, cependant un chapitre spécial est consacré à l'étude de chaque affection. L'auteur s'est surtout appliqué à donner des indications précises sur la technique opératoire.

La troisième partie traite de la galvano-caustique chimique de l'électrolyse. Depuis le xanthélasma jusqu'au décollement de la rétine, multiples sont les affections où l'on a eu recours à la galvanocaustique chimique.

Dans la quatrième partie, la galvanocaustique thermique, l'auteur passe rapidement en revue les principales applications du galvano-cautère en oculistique.

La cinquième partie a trait à l'emploi de l'aimant en chirurgie oculaire pour l'extraction des corps étrangers métalliques de l'œil.

Ce court exposé permet de voir que le sujet a été traité aussi complètement que possible ; ajoutons que chaque chapitre est suivi d'un index bibliographique et que des figures appropriées complètent et rehaussent l'intérêt de l'ouvrage.

TRAITÉ DE L'ŒIL ARTIFICIEL

Par le Docteur **P. PANSIER** (d'Avignon).

Avant-Propos de M. le Professeur TRUC

1 vol. in-18, 1895, avec figures, cartonné. . . . . 4 fr.

ÉTUDES DE GYNÉCOLOGIE OPÉRATOIRE

Par **PHOCAS**

Un vol. in-8, 1899 . . . . 4 fr.

NOUVEAU RECUEIL DE QUESTIONS D'INTERNAT

Par **DEUX INTERNES**

L'ouvrage est publié en 50 fascicules de 32 à 48 pages in-8, avec grandes marges, afin de permettre de faire des annotations.

Les 50 fascicules sont en vente, prix du fascicule. . . . . 0 fr. 80
Les 50 fascicules, net. . . . . 35 fr.

RECUEIL DES QUESTIONS D'EXTERNAT

par un groupe d'internes des hôpitaux de Paris

L'ouvrage est publié en 40 fascicules au prix de . . . . 16 fr.
Prix de chaque fascicule. . . . . 0 fr. 50

LEÇONS DE CHIRURGIE FAITES A L'HOPITAL COCHIN

Par le Docteur **P. SÉBILEAU**

Professeur agrégé, chirurgien des hôpitaux

Un vol. in-18, 1899. . . . . 3.50

TRAITÉ DE KINÉSITHÉRAPIE GYNÉCOLOGIQUE

(Système de Brandt).

Nouvelle méthode de diagnostic et de traitement des maladies des femmes.

Ouvrage contenant la tradition du Livre de Brandt

Par le **Docteur STAPFER**.

PRÉFACE DU PROFESSEUR PINARD

Un fort volume in-8, 1897, avec 135 figures schémas et graphiques. . . . . . . 12 fr.

A l'époque de gynécologie d'aventure que nous traversons, où l'on fait table rase des plus élémentaires notions physiologiques, où l'empirisme opératoire est maître, où la conscience, la dignité professionnelle, la probité scientifique, la sagesse clinique protestent tout bas, le traitement de Brandt aventuré lui-même au début, s'offre a qui le pratique avec deux avantages primordiaux : 1° il perfectionne le diagnostic; 2° il est inoffensif. L'un ou l'autre suffirait à le faire roi.

TRAITÉ DE PATHOLOGIE SPÉCIALE
ET DE THÉRAPEUTIQUE
DES MALADIES INTERNES

PAR

Le Docteur Adolphe STRÜMPEL

Professeur et Directeur de policlinique médicale à l'Université d'Erlangen.

TROISIÈME ÉDITION FRANÇAISE

TRADUITE DE LA SIXIÈME ÉDITION ALLEMANDE

Par le **Dr Joseph SCHRAMME**

Deux volumes in-8, 1892, avec 113 figures . . . . 30 fr.

Ce livre qui, aujourd'hui, est classique en Allemagne, a été traduit en russe et en italien. Il est très estimé dans les Facultés suisses de Zurich, de Genève, de Berne, etc., où les élèves s'en servent pour la préparation de l'examen de pathologie interne ainsi que pour celle de leur examen d'Etat, qui est un examen de cliniques.

Avant l'apparition du traité de Strümpell, les étudiants des Facultés étrangères se servaient de l'excellent livre de Niemeyer. L'ouvrage de Strümpell conquit, dès son apparition, la faveur du public; ses méthodes précises d'investigation, l'exposition claire et méthodiques des découvertes et des idées cliniques modernes, lui valurent de se substituer à son illustre devancier.

EXTRAIT DE LA TABLE DES MATIÈRES

TOME I. — Maladies infectieuses aiguës. Maladies des organes respiratoires.

TOME II. — Maladies des organes digestifs.

TOME III. — Maladies du système nerveux.

Docteur SURBLED
LA VIE DE JEUNE HOMME
In-18, 1900 .... 3 fr.

LA VIE A DEUX
HYGIÈNE DU MARIAGE
Par le Docteur SURBLED

In-18, 1896 .... 3 fr.

La **Vie à deux** se recommande par son titre non moins que par le nom bien connu de son auteur : c'est une *hygiène du mariage*, basée à la fois sur les lois de la physiologie et de la raison et destinée aux gens du monde. Dans un sujet si souvent traité, mais délicat entre tous, le Dr Surbled présente une originalité singulière et se garde des digressions dangereuses et des succès faciles ; il sait ménager les susceptibilités du lecteur sans omettre aucun point essentiel de la vie conjugale. C'est dire qu'il a pleinement réussi à donner aux jeunes époux un guide sûr, facile, intéressant, et que son œuvre, utile autant que neuve, sera bientôt dans toutes les mains. Le seul titre des chapitres est attrayant et suggestif : l'auteur étudie successivement le *Choix des époux*, la *corbeille de noces*, l'*entrée en mariage*, la *Lune de miel*, la *Vie à deux*, l'*hygiène intime*, la *Fécondation*, la *Grossesse* et la *Famille*.

EXPOSÉ PRATIQUE
DU
TRAITEMENT DE LA RAGE
PAR
LA MÉTHODE PASTEUR

Historique et description de la rage. Collection complète des communications de M. Pasteur

Technique de sa méthode, Résultats statistiques, etc., etc.

Par le Dr **J.-R. SUZOR**

DOCTEUR EN MÉDECINE DES FACULTÉS DE PARIS ET D'ÉDIMBOURG
DÉLÉGUÉ PAR LE GOUVERNEMENT DE L'ILE MAURICE POUR ÉTUDIER A PARIS
LA MÉTHODE DE PROPHYLAXIE DE LA RAGE APRÈS MORSURE

Avec figures dans le texte et précédé d'une lettre autographe de M. PASTEUR.

Un volume in-8, 1888 .... 5 fr.

PRÉCIS D'ASSISTANCE AUX OPÉRATIONS
Préparation du malade et des instruments

Par le Docteur **Paul THIÉRY**

Ancien interne des hôpitaux, Prosecteur et lauréat de la Faculté de Médecine de Paris, Membre de la Société anatomique.

Avec une préface du professeur VERNEUIL

1 volume in-18, 1892, cartonné .... 5 fr.

LES GREFFES URÉTÉRALES
par le Docteur TREKAKI

In-18, 1899.. 2 fr. 50

TRÈVES
TRAITÉ D'ANATOMIE APPLIQUÉE A LA CHIRURGIE
Traduit de l'anglais par le Docteur LAUWERS

In-8, cartonné, 1900, avec figures......................... 10 fr.

NOUVEAUX ÉLÉMENTS D'OPHTALMOLOGIE
par TRUC
Professeur de clinique ophtalmologique à Montpellier

et VALUDE
Médecin de la clinique ophtalmologique des Quinze-Vingts.

2 volumes in-8, 1896, avec figures et planches................ 20 fr.

L'enseignement de l'ophtalmologie, pour être complet, doit être à la fois théorique et pratique. Dans la plupart de nos écoles, faute de temps et de personnel, il est essentiellement clinique. Le professeur, sur un sujet quelconque, pour être compris de ses élèves, doit toujours exposer les notions préliminaires correspondantes. Cette solution est fâcheuse, car elle entrave l'enseignement élémentaire et paralyse l'enseignement élevé; les *Nouveaux éléments d'ophtalmologie* ont pour but de porter remède à cet état de choses. Ils représentent à côté de l'enseignement oral de la clinique, l'enseignement écrit de la pathologie, de la médecine opératoire, de l'hygiène, de la médecine légale, etc.; ils fournissent en outre tous les renseignements accessoires de l'oculistique.

L'ouvrage de MM. TRUC et VALUDE vient donc combler une lacune de l'enseignement actuel; il peut être consulté par les spécialistes ou les praticiens, mais il s'adresse aussi aux élèves, dans les diverses périodes de leur scolarité.

Les *Nouveaux éléments d'ophtalmologie* constituent donc bien, comme il est dit dans la préface, non seulement un traité élémentaire, mais encore un livre de premier enseignement et de renseignements

Le plan en est conçu dans ce sens tout particulier.

L'anatomie, la physiologie, l'examen de l'œil, la réfraction, l'ophtalmoscopie, la pathologie générale et spéciale, la thérapeutique forment nécessairement autant de parties qui peuvent être étudiées progressivement, ou consultées séparément. Mais, de plus, les symptômes élémentaires et leur séméiologie, les rapports des affections oculaires avec les maladies générales, les ophtalmies tuberculeuses, lymphatiques, lépreuses, syphilitiques, rhumatismales, goutteuses, etc., occupent aussi une place distincte ; de même les éléments morbides similaires : tumeurs, blessures, hémorragies, états congénitaux, etc., qui sont groupés de manière à être appréciés dans leur ensemble et à fournir de larges données générales ; la thérapeutique est divisée en médicale et chirurgicale ; enfin les applications à l'hygiène, à la médecine légale, aux écoles, aux professions, à l'armée et à la marine, sont indiquées en des chapitres spéciaux.

Bon nombre de sujets, généralement assez peu étudiés dans les classiques, ont été esquissés : histoire générale et spéciale de l'ophtalmologie, anthropologie, anatomie comparée, expression et esthétique oculaires, technique histologique et bactériologique, blessures de guerre, pathologie vétérinaire, répartition géographique des maladies, hygiène des malades et des opérés, nomenclature des asiles d'aveugles, bibliographie générale, etc. Peut-être ces questions intéresseront-elles les élèves et les médecins.

Le but poursuivi a été de résumer en un seul ouvrage ce que l'on a écrit en des livres distincts, de fournir la plupart des renseignements nécessaires à l'étude de l'oculistique, de présenter une sorte d'introduction à la clinique et aux grands traités d'ophtalmologie, de répondre enfin, comme l'indique la collaboration, aux besoins actuels de l'enseignement libre et de l'enseignement officiel.

De nombreux schémas facilitent l'intelligence des questions difficiles et les descriptions des instruments ou des procédés opératoires.

DES EXERCICES ACOUSTIQUES
DANS LA
SURDITÉ ACQUISE
par V. URBANTSCHITSCH
Professeur d'otologie à l'Université de Vienne.

Traduit par le Docteur EGGER
Préface de M. le Docteur LERMOYEZ

Un volume in-18, cartonné, 1897 . . . . 3 fr. 50

ANATOMIE & HYGIÈNE
DU
CUIR CHEVELU & DES CHEVEUX
par VALCKE

In-18, cartonné, 1899 . . . . 1 fr. 50

LES ALIÉNÉS EN RUSSIE
Par les Docteurs Vallon et Marie

Un vol. in-8, 1899 . . . . 4 fr.

LA DIPHTÉRIE ET LA SÉRUMTHÉRAPIE
études cliniques et pratiques
Par le Docteur VARIOT
Médecin de l'Hôpital Trousseau, Enfants Malades (chargé du service de la diphtérie).

AVEC LA COLLABORATION DE M. LE DOCTEUR TOLLEMER, POUR LA PARTIE BACTÉRIOLOGIQUE

Un vol. in-8, 1898 . . . . 12 fr.

Ouvrage couronné par l'académie des sciences de Paris, mention honorable du prix Montyon (section de médecine et de chirurgie).

Ce livre éminemment pratique est le plus important des travaux qui ont été publiés en France depuis la découverte du sérum antidiphtérique par Behring et depuis la fameuse communication de M. Roux au congrès de Buda-Pesth.

Le Dr Variot a étudié de la manière la plus rigoureuse les effets du sérum antitoxique sur plus de 3 000 enfants qui ont passé dans son service pendant les années 1895 et 1896, et est arrivé à cette conclusion que la découverte de Behring, contrôlée d'abord en France par M. Roux, constitue l'un des plus grands progrès de la thérapeutique humaine dans ce siècle. La mortalité a été réduite à 14 pour cent à l'hôpital Trousseau pendant les années 1895 et 1896, au lieu de 50 pour cent.

Les médecins trouveront dans le nouvel ouvrage du Dr Variot, la technique de la bactériologie clinique, des descriptions tout à fait nouvelles des angines diphtériques et du croup, car l'évolution de ces manifestations morbides est profondément modifiée par le sérum ; des renseignements extrêmement précis sur les indications des injections de sérum, sur l'action de la vapeur d'eau comme adjuvant de la sérumthérapie, et sur le manuel opératoire détaillé du *tubage* avec des figures explicatives dans le texte, en un mot, toute la pratique de la sérumthérapie.

Le Dr Variot est bien connu des médecins et surtout de ceux qui s'occupent spécialement de pédiatrie : tous voudront lire l'ouvrage si consciencieux et si fortement documenté qu'il vient de publier.

FORMULAIRE
DE
GYNÉCOLOGIE
THÉRAPEUTIQUE
TRAITEMENT DES MALADIES DES FEMMES
Par le Docteur R. VAUCAIRE

Un vol. in-18, 1900, reliure souple. 4 fr.

Le **Formulaire de Gynécologie** du Dr VAUCAIRE est un ouvrage bien pratique et très utile ; il sera consulté par tous ceux qui s'intéressent aux progrès de la gynécologie médico-chirurgicale. — M. Vaucaire adopte l'ordre nosologique et alphabétique pour donner, à propos de chacune des maladies, une ou plusieurs médications. C'est un guide rapide, une sorte de vade-mecum qu'on pourra consulter en présence des cas quelquefois si complexes, les affections utérines et les symptômes qui les accompagnent réclamant une thérapeutique toute spéciale.

Cet ouvrage résume tout ce que les gynécologues ont produit dans ces dernières années, tant en France qu'à l'étranger ; c'est le formulaire des maladies de la femme, non seulement des *métrites, salpingites, déplacements de l'utérus, vaginites, vulvites*, etc., mais de toutes les affections qui les accompagnent : *troubles digestifs, troubles cardiaques, aménorrhée, hystérie, épilepsie menstruelle, chloro-anémie*, etc. — C'est le guide médical de la femme ; il rendra de grands services aux médecins désireux de se mettre au courant de la thérapeutique gynécologique.

TECHNIQUE DE L'EXPLORATION OCULAIRE
INTRODUCTION A L'ÉTUDE DE L'OPHTALMOLOGIE
Par L. VIGNES
MEMBRE DE LA SOCIÉTÉ D'OPHTALMOLOGIE DE PARIS

Un vol. in-8, 1896, 213 fig. . . . . 8 fr.

Le livre que le Dr VIGNES offre aujourd'hui au public médical est un résumé clair et méthodique des connaissances nécessaires aux débutants en ophtalmologie.
Conformément à sa méthode d'enseignement, l'auteur va toujours du simple au composé, examine d'abord l'anatomie de l'œil, puis les diverses fonctions de cet organe, pour apprendre ensuite au débutant les troubles qui peuvent survenir et les moyens dont il dispose pour les déceler.
La première partie de l'ouvrage est consacrée à l'anatomie de l'œil et des organes annexes, toutes les connaissances anatomiques nécessaires aux ophtalmologistes y sont exposées avec le plus grand soin.
La seconde partie comprend la physiologie générale spéciale de l'organe.
Après la partie physiologique, après avoir rappelé que le clinicien ne doit pas se borner à un seul mode d'examen, mais qu'au contraire il doit user de tous les moyens mis à sa disposition pour arriver à un diagnostic précis, l'auteur termine en indiquant la marche à suivre dans l'exploration des yeux, donne un aperçu de la physionomie clinique que revêtent les anomalies de la réfraction et énumère les moyens thérapeutiques qu'on doit employer pour les corriger.
Le plan de cet ouvrage est, comme on peut le voir d'après cette analyse, aussi original que méthodique. Les débutants auront dans ce livre un guide qui, bien possédé, leur permettra d'aborder avec fruit l'étude de la pathologie oculaire.
Enfin, il sera consulté utilement par les praticiens, car la partie théorique est loin d'y être négligée ; le Dr VIGNES, en effet, n'a pas voulu faire un simple manuel de technique de l'exploration oculaire, il a encore voulu faire comprendre au lecteur sur quelles données étaient basés les procédés d'exploration.

ANATOMIE DE L'INTERNAT
SPLANCHNOLOGIE
Par le Docteur A. VIGOT
PROFESSEUR SUPPLÉANT
CHEF DES TRAVAUX ANATOMIQUES A L'ÉCOLE DE MÉDECINE DE CAEN

Un vol. in-8, 1894. . . . . 7 fr. 50

LA FEMME, LA MÈRE, L'ENFANT
GUIDE A L'USAGE DES JEUNES MÈRES
Par Mme Augusta WEISS
PRÉFACE DU DOCTEUR MORACHE

In-18 cart., 1897, avec portraits des enfants de l'auteur et patrons . . . . . **2 fr. 50**

Ce petit volume, destiné aux jeunes femmes qui vont devenir mères, est vraiment des plus utiles en même temps que des plus intéressants. Il renferme tous les renseignements dont la femme enceinte ou la mère peuvent avoir besoin. Il trace une ligne de conduite à celles qui n'ont jamais eu d'enfants et donne, à celles qui déjà mères désirent mieux connaître l'importance de leur rôle maternel et l'étendue de leurs devoirs, une foule de renseignements précieux.

ANECDOTES HISTORIQUES & RELIGIEUSES
Sur les Seins et l'Allaitement

Comprenant l'histoire du Décolletage et du Corset

Par **WITKOWSKI**

Un beau vol. in-8, 1898, illustré de 210 fig. . . . . **10 fr.**

CURIOSITÉS MÉDICALES, LITTÉRAIRES ET ARTISTIQUES
SUR LES SEINS ET L'ALLAITEMENT
Par **WITKOWSKI**

Un beau volume in-8, 1898, illustré de 180 fig. . . . . **10 fr.**

DYSPEPTIQUES ET OBÈSES DU VENTRE
Par le Docteur **ZABÉ**
Avec une Préface de **M. Dujardin-Beaumetz.**

In-12 carré avec 6 dessins d'après nature . . . . **3 fr.**

Dans son traité des maladies de l'estomac, W. Brinton avait prévu qu'on découvrirait des altérations de structure, là où on ne voyait que des troubles fonctionnels digestifs. Au nom quelque peu vague de dyspepsie, serait alors adjointe une épithète spécifique. Ayant mis à jour la *dyspepsie hernieuse*, le Dr Zabé a l'honneur d'être le protagoniste de cette nouvelle classification.

Aujourd'hui, le Dr Zabé complète son œuvre, en démontrant d'une façon péremptoire, avec preuves anatomiques à l'appui, que la plupart des « obèses du ventre » sont des hernieux de l'ombilic, plus ou moins dyspeptiques. La communauté d'origine est la même.

Les interventions chirurgicales dans les cas de dyspepsies rebelles à toutes médications, dans l'obésité ventrale exagérée due à une exomphale, tentées récemment par MM. Terrier (de Paris), Landerer (de Munich), hâteront la vulgarisation de ces idées pathogéniques nouvelles. D'une puissante originalité, l'ouvrage du Dr Zabé intéressera médecins et chirurgiens. Une voie nouvelle, des plus fécondes en résultats curatifs, est ouverte aux praticiens qui s'en rapportent qu'à leur propre expérimentation clinique, et non aux idées doctrinaires régnantes.

ZABÉ

DES DÉVENTRÉS
Étude anatomo-pathologique et mécanique de l'ombilic

12 dessins d'après nature, 1897, in-8........................... 4 fr. 50

LA DYSPEPSIE
CAUSE PREMIÈRE

5 dessins d'après nature, in-8, 1893..................... 3 fr.

PUBLICATIONS PÉRIODIQUES

L'INDÉPENDANCE MÉDICALE
Revue Hebdomadaire paraissant le Mercredi matin

Publiée sous la direction de MM. S. BERNHEIM et Ém. LAURENT

PRIX DE L'ABONNEMENT	ADMINISTRATION	PRIX DE L'ABONNEMENT
France (Algérie et Tunisie).. 5 fr. Étranger......... 7 fr. *On s'abonne en adressant à l'Administration du journal le montant de l'abonnement en un mandat-poste.*	**A. MALOINE, Éditeur** 23-25, Rue de l'École-de-Médecine, 23-25 **PARIS**	France (Algérie et Tunisie).. 5 fr. Étranger......... 7 fr. *Les Abonnements partent du 1er janv. de chaque année et ne sont reçus que pour l'année entière.*

Chaque numéro de l'*Indépendance Médicale* contient : 1° Un **Travail original clinique** ou **Leçon d'un professeur**; 2° Un **Article de diagnostic** ou de **thérapeutique**; 3° Une **Revue des périodiques français et étrangers**; 4° Une **Revue des sociétés françaises et étrangères**; 5° Une **Revue des thèses**; 6° La **Bibliographie française et étrangère**; 7° **Échos, Nouvelles et Articles d'intérêt professionnel**; 8° Les **Actes officiels et le Compte Rendu de tous les Congrès**; 9° Les questions d'examens.

ARCHIVES INTERNATIONALES
DE LARYNGOLOGIE, DE RHINOLOGIE ET D'OTOLOGIE

Fondées par les Docteurs **A. RUAULT** et **H. LUC**

DIRECTEUR : **Docteur SAINT-HILAIRE**

Avec la collaboration de Savants français et étrangers.

PARAISSANT TOUS LES DEUX MOIS

ABONNEMENTS : FRANCE.... 8 fr. | ÉTRANGER............. 10 fr.

En vente : Tomes I à XII (1888 à 1899). — Chaque volume 8 fr.

PUBLICATIONS PÉRIODIQUES

ANNALES D'OCULISTIQUE

Fondées en 1835

Publiées par WARLOMONT

ET ACTUELLEMENT A PARIS PAR LES DOCTEURS

MORAX — SULZER — VALUDE

Abonnements : France et Étranger, ... **20 fr.**

Les **ANNALES D'OCULISTIQUE** paraissent régulièrement tous les mois en 1 fascicule de 64 à 80 pages et forment ensemble par an 2 volumes de 1.000 pages environ.

En vente : Les Années 1892 à 1899. — Chaque année . . . . **20 fr.**

André. Exercices physiques, leurs avantages et leurs inconvénients, in-8, 1899 . **1 fr. 25**

Annuaire médical et pharmaceutique de la Roumanie. Renseignements officiels, mémorial thérapeutique, etc. par le Dr Michel Kohos, in-12, cart. 1898. . **3 fr.**

Annuaire des eaux minérales, 1899, in-18 . . . . **1 fr. 50**

Antonelli. Les stigmates ophtalmoscopiques rudimentaires de la syphilis héréditaire avec fig. et 3 pl. en coul., in-8, 1897 . . . **5 fr.**

Astier et **Aschkinasi.** Surdi-mutité. Surdité psychique. Exercices méthodiques, in-8. 1897 . . . . **0 fr. 75**

Attaix. La Pipérazine, ses propriétés thérapeutiques, 1896, in-8 . . . . . **2 fr.**

Bagot. Etude de climatologie clinique. « Roskoff » au point de vue médical, in-8, 1899. **2 fr. 50**

Barillé. Pharmacien principal. Phosphate bicalcique, nouveau mode de préparation et de formation, particularité, structure cristalline, in-8, 1898. . . . . **2 fr.**

Beaulavon. Traitement de la tuberculose pulmonaire, in 8, 1896 . . . . . **2 fr. 50**

Bénaky. Du sens chromatique dans l'antiquité sur la base des dernières découvertes de la préhistoire de l'étude des mouvements écrits des anciens et des données de la grossologie, in-8, 1897. . . . . **5 fr.**

Béra. Etude sur les aliénés processifs, in-8, 1899 . . . . **3 fr.**

Bergeron. Médecine légale et jurisprudence médicale : travaux, rapports, jugements etc., in-8, 1899. . . . . **8 fr.**

Bérillon. L'onychophagie (habitude de ronger ses ongles), sa fréquence chez les dégénérés et son traitement psycho-thérapique, in-8, 1893 . . . . **0 fr. 75**

Bérillon. Le concours de l'agrégation en médecine et son remplacement par l'institution des Privatdocent, in-8, 1895. . . . **0 fr. 50**

Bernard. Traitement hydro-minéral des maladies des femmes, in-18, 1899 . . . . . **1 fr.**

Bernard. Action physiologique et indic. thérapeutique des eaux de Plombières, in-18, 1899. . . . . **1 fr. 50**

Bernheim. La digitale, étude clinique, thérapeutique et expérimentale, in-18, 1900, **2 fr.**

Bernheim. Le sanatorium des tuberculeux, gr. in-8, 1897 . . . . **1 fr.**

Bernoud. De la syphilis tertiaire des fosses nasales (étude clinique) in-8, 1899. **3 fr. 50**

Charbonnier. Etude sur les grossesses triples et plus que triples, in-8, 1895 . . . **3 fr.**

Charcot. Leçons sur les maladies du système nerveux, recueillies et publiées par Bourneville. Troubles trophiques paralysies agitantes, sclérose, hystérie, hystéro-épilepsie, chorés rythmique, hystérique, in-8, 1892, avec fig. et pl. . . . . **15 fr.**

Charcot. Maladies des vieillards, goutte, rhumatisme, in-8, 1890, avec 19 fig. . **12 fr.**

Chineau. De l'alimentation du nouveau-né, in-8, 1899 . . . . **1 fr.**

Clémenceau de la Loquerie. De la leucoplasie buccale, in-8, 1893 . . . . **2 fr. 50**

Combe. Le myxœdème, in-8, 1897. **2 fr. 50**

Contant. Autour du berceau, in-12, 1896. **2 fr. 50**

Corlieu. L'ancienne Faculté de médecine de Paris, in-8, 1877 . . . . **5 fr.**

Cornet (D^r). L'exploration chimique de l'estomac, in-8, 1895, avec fig. . . . **1 fr. 50**

Crouzat. La pratique obstétricale, manœuvres et opérations à l'amphithéâtre, in-18, 1887, avec 74 fig. . . . . **5 fr.**

Darteyre. Le Lysol, ses propriétés antiseptiques, thérapeutiques et désinfectantes, gr. in-8, 1896. . . . . **2 fr. 50**

Deléage. Le lavage de l'estomac, sa technique, ses applications, in-8, 1895 . . **3 fr. 75**

Demosthen (D' A.), professeur à Bucharest. Études expérimentales sur l'action du projectile cuirassé du fusil Mannlicher, in-4 avec 120 fig., 1894 . . . . 10 fr.

Dethan. Notes de pharmacie pratique.
1re Année 1893, in-18, relié. . . . . . 5 fr.
2e — 1894, — . . . . 5 fr.
3e — 1895, — . . . . 5 fr.

Dettling. De la chorée arythmique hystérique, in-8, 1892. . . . . 3 fr.

Dimitropol. Essai sur la nature intime et le traitement de l'épilepsie, 1897, in-18. . 1 fr.

Dimitropol. Nature intime de la phtisie pulmonaire, 1898, in-8. . . . . 1 fr 50

Divaris. La grippe, in-8, 1898. . . 1 fr. 50

Duchâteau. Essai de pathogénie de la chorée de Sydenham, in 8, 1893. . . . 2 fr. 50

Duchenne de Boulogne. (Inauguration du monument élevé à la mémoire de), le 27 juin 1897, in-8 . . . . 1 fr. 25

Dufaud Des angines couenneuses non diphtériques Considération sur la pathogénie, le diagnostic et le traitement, in-18, 1896 1 fr. 50

Dupont. Pathogénie et traitement de certaines tumeurs douloureuses du rebord alvéolaire consécutives à l'extraction des dents vivantes, in-8, 1896. . . . . 2 fr. 50

Dupuy. Essai de classification des médicaments chimiques organiques, in-18, 1898 2 fr.

Farez. Traitement psychologique du mal de mer et des vertiges de la locomotion, in-8, 1899 . . . . 1 fr. 25

Farez. Fausse angine de poitrine consécutive à un rêve subconscient, in-8, 1899. 0 fr. 50

Figueiredo. Contribution à l'étude de l'hémothorax traumatique, in-8, 1897 . 3 fr. 50

Forgue. De l'antisepsie chirurgicale dans les formations de l'avant, in-8, 1894. . 1 fr. 50

Fournier. Leçons sur la syphilis vaccinale. Recueillies par le D' Portalier, in-8, 1889. 6 fr.

Foveau de Courmelles. Électricité médicale, in-8, 1898 . . . . 1 fr.

Garnault. Le traitement des affections du nez, de la gorge et des oreilles par le massage vibratoire, in-8, 1895 . . . . . 0 fr. 50

Garnault. Traitement de la surdité et des bourdonnements, in-8, 1897 . . . . 1 fr. 50

Garnault. Peut-on tirer de la forme du crâne des conclusions sur les dispositions anatomiques rendant plus ou moins dangereuses les opérations sur le rocher, in-8, 1896, 36 p., 1 fr. 50

Gautier. Le courant continu en gynécologie. Outillage technique, effets physiologiques, in-8, 1890. . . . . 1 fr. 50

Gautier et Larat. Technique d'électrothérapie, t. I, in-12, 1893 . . . . 4 fr.

Gilles, médecin auriste. Les sourds de l'école; influences sur l'éducaton, causes de la dysacousie, in-8, 1895. . . . . 2 fr.

Guide médical parisien. publié par l'*Indépendance médicale*, in-18, 1897, cart., 3 fr. 50

Guinebertière. Contribution à l'étude de l'ablation des tumeurs fibreuses de l'utérus. Hystérectomie abdominale totale, in-8, 1894. 2 fr. 50

Heuyer. Le service de santé de première ligne, in-8, 1893 . . . . 3 fr. 50

Joly. Tableau-guide pour la direction générale de l'alimentation du nouveau-né, in-8, 1899. 2 fr. 50

Joly. Allaitement artificiel (lait de vache au biberon), in-8, 1899 . . . . . 3 fr. 50

Jousseaume La philosophie aux prises avec la mer rouge, le darwinisme et les 3 règnes des corps organisés, in-18, 1899. . . . 5 fr.

Lapointe. Traitement des rétrécissements non congénitaux du rectum, in-8, 1897, avec planches . . . . 3 fr.

Laran. Traitement de l'infection puerpérale, par le sérum du D' Marmorek, in-8, 1896. 3 fr.

Laurent (D' Emile). Sensation d'Orient, le Caire, la Judée, la Syrie, in-18, 1896. 3 fr. 50

Laurent. Prostitution et dégénérescence, in-8, 1900 . . . . 1 fr.

Laurent. La poésie décadente devant la science psychiatrique, in-18, 1897 . . . . 2 fr. 50

Laurent. Byron. Étude psychologique, in-18, 1899 . . . . 1 fr.

Lavielle (Charles). Les stations de boues minérales d'Europe, in-8, 1893 . . . . 2 fr.

Legrain. Notes sur la pathologie spéciale des indigènes algériens, in-8, 1899. . . 1 fr. 50

Le Maguet. Le monde médical parisien sous le grand Roi, suivi du portefeuille de Vallant, in-8, 1899, avec pl. . . . . 10 fr.

Le Pileur. (D' médecin de St-Lazare). A propos du projet de loi de M. Bérenger, sénateur, visant le racolage sur la voie publique, in-8, 1895 . . . . 1 fr. 25

Levillain. Neuropathologie viscérale, viscéropathies nerveuses, neuropathies d'origine viscérale. Tableaux synoptiques, in-8 1898. 2 fr. 50

Mabboux. Thérapeutique hydro minérale. Contrexéville, in-18, 1899. . . . . . 1 fr. 50

Magoulas. La cure de la morphinomanie, traité de Lafoux, in-8, 1899 . . . . . . 1 fr. 50

Marchal. Contribution à l'étude des tumeurs primitives de l'oreille moyenne, in-8. 1895. 2 fr. 50

Mathieu. Étude critique sur les rapports entre les maladies des yeux et celles des dents, in-8, 1894 . . . . 1 fr. 50

Massé. Études cliniques sur certaines affections d'origine nasale et pharyngienne, etc, in-8, 1899 . . . . 1 fr. 50

Méheux. De la nature des rayons X. Réflexions sur la cause de leurs effets pathologiques et photographiques, in-8, 1897. . . 0 fr. 75

Millot-Carpentier. Nos ancêtres, portraits, in-8, 1898. . . . . 6 fr.

Minime. Le Parnasse hippocratique. Recueil de poésies fantaisistes, avec 50 ill. de Robida, in-8, br., 1896. . . . . 10 fr.

Mirovitch. Influence de la vélocipédie sur la vision, in-8, 1897. . . . . 0 fr. 50

Monteuuis. L'antisepsie médicale et les antiseptiques physiologiques, in-8, 1894. 1 fr.

Monteuuis. Traitement des convulsions chez les jeunes enfants par les petits lavements médicamenteux et les bottes mouillées, in-18, 1895 . . . . 1 fr.

Monteuuis. Hygiène de l'enfance, in-8, 1897. **1 fr.**
Monteuuis. Les enfants aux bains de mer, in-16. . . . . **2 fr.**
Monteuuis. Les petits lavements médicamenteux dans la médecine des enfants, in-8, 1896. **1 fr.**
Mora. Etude sur la digestion gastrique normale et sur les régimes, in-8, 1892 . . . . **4 fr.**
Moutier. Influence de la Franklinisation sur la voix des chanteurs, in-8, 1897 . . **0 fr. 50**
Moutier. Traitement de la neurasthénie par l'électricité, in-8, 1898. . . . . . **0 fr. 50**
Olivier. Carnet de poids du nouveau-né, 1 vol. oblong cart., 1895 . . . . **2 fr.**
Paris. Folie des femmes enceintes, des nouvelles accouchées et des nourrices, in-18, 1897 . . . . **3 fr.**
Pauchet. L'appendicite, in-8, 1899. . **1 fr. 25**
Pichevin. EXTIRPATION TOTALE DE L'UTÉRUS par la voie vaginale, 28 fig. origin., in-8, 1897. . . . . **6 fr.**
Pierre. Théorie et traitement de la scoliose, in-8, 1899. . . . . **1 fr.**
Poulat Etude clinique sur quelques-uns des traitements de la subinvolution utérine, in-8, 1892 . . . . **2 fr.**
Puistienne. Les paillettes d'acide borique sont un excellent purificateur de la voie utéro-vaginale, in-8, 1897 . . . . **1 fr.**
Quilliot. Polyarthrite alvéolo-dentaire, in-8, 1895. . . . . **1 fr. 25**
Quinquaud. De l'urée, étude chimique, physiologique et pathologique, préface de Robin, avec 14 fig., in-8, 1897. . . . . . . **5 fr.**
Rapin. Sur les micro-organismes des voies digestives, in-8, 1893. . . . . . **1 fr. 50**
Redhon. Troubles cardiaques dans l'hystérie, in-8, 1896. . . . . **3 fr.**
René Serrand et L. Jordanis. Puissance d'action des injections brown-séquardiennes chez l'adulte et le vieillard, procédé opératoire, in-8, 1894. . . . . **0 fr. 50**
Rougeot. Traité pratique d'hygiène et d'allaitement de la première enfance. Aliments ; alimentation ; hygiène en général, in-12, 1894. . . . . **3 fr.**
Roux. Traitement chirurgical et orthopédique de la maladie de Little, in-8, 1899. **2 fr. 50**

Saingery. Sur l'étiologie des cirrhoses du foie, in-8, 1897. . . . . **2 fr. 50**
Salis. Manuel pratique de l'astigmatisme, sa détermination et sa correction, in-18, cart., 1898. **2 fr. 50**
Service militaire des étudiants en médecine. Dispense, service actif, réservé, règlements, instructions, circulaire, programme de l'examen d'aptitude à l'emploi de médecin auxiliaire, etc., in-18, 1897 . . . . **0 fr. 50**
Solari. La syphilis au double point de vue individuel et social, in-18, 1899 . . **2 fr. 50**
Thiroux. Contribution à l'étude des troubles chroniques de la circulation veineuse des membres inférieurs, leur traitement par les boues thermales, in-8, 1895. . . . . . **2 fr.**
Thiroux. Contribution à l'étude de la polyarthrite déformante progressive, son traitement par les boues minérales, in-8, 1895. . . **2 fr.**
Valude. Hygiène et maladies oculaires aux différents âges de la vie, in-8, 1900. **2 fr.**
Vanderhaghen de Lille. Etiologie, pathologie et traitement des rétro-déviations mobiles et adhérentes de l'utérus, de l'élytrotomie interligamentaire suivie du massage pour le traitement de certaines formes de ces déviations, in-8, 1894. . . . . **6 fr.**
Van Langermeersch. L'électricité en médecine, in-8, 1891, avec 47 fig. . . **2 fr.**
Van Merris. Amélie-les-Bains. Le climat et les eaux sulfureuses, ouv. couronné par l'académie de médecine. N^{lle} édit. ill. de 5 photogravures, in-8, 1898 . . . . **2 fr.**
Verrier. Influence de l'accouchement sur les maladies nerveuses, in-8, 1897. . . . **1 fr.**
Verrier. Compendium thérapeutique des maladies nerveuses, avec préf. du prof. Raymond, in-8, 1898. . . . . **3 fr.**
Verrier. De la vaccination anti-syphilitique, in-8, 1897 . . . . **0 fr. 40**
Verrier. Du choix d'une station thermale pour les névropathes, in-8, 1898. . . . **0 fr. 50**
Voronoff. Hystérie. Etiologie, symptomatologie, traitement, in-12, 1895 . . . . **3 fr.**
Wolffberg. Une nouvelle et remarquable qualité des verres isométropes, trad. par le Dr de Bourgon, in-8, 1899 . . . . . . **1 fr.**

ÉTUDE

SUR

LES BASSINS VICIÉS PAR BOITERIE

Par le Docteur **E. PROUVOST**

ANCIEN MONITEUR A LA CLINIQUE D'ACCOUCHEMENTS DE PARIS

Avec 14 fig. intercalées dans le texte, demi-grandeur nature.

1 vol. in-8, 1891. Prix . . . . **7 fr.**

Paris. — Imp. G. MAURIN, rue de Rennes, 71. — 1-1900.

MAISON
ALFRED MAME ET FILS
A TOURS
(INDRE-ET-LOIRE)

SOCIÉTÉ ANONYME AU CAPITAL DE 6 200 000 FR.

I

NOUVELLES GRANDES PUBLICATIONS ILLUSTRÉES

En souscription :

VERSAILLES ET LES DEUX TRIANONS
TEXTE PAR PHILIPPE GILLE
ET ENVIRON 325 ILLUSTRATIONS, DESSINS ET RELEVÉS

PAR

MARCEL LAMBERT
ARCHITECTE DES DOMAINES DE VERSAILLES ET DES TRIANONS

Conditions de la souscription :

L'ouvrage se composera de deux volumes du format grand in-4° comprenant plus de 600 pages, illustrées de plus de **75** planches doubles et simples hors texte (dont environ **14** eaux-fortes, **12** héliochromies, et le reste en héliogravures) et de **250** sujets dans le texte, de dimensions diverses, gravés sur bois et en photogravure.

L'ouvrage paraît par fascicules, à raison d'un fascicule par mois, depuis le mois de janvier 1899.

Chaque fascicule est composé d'environ 24 pages de texte et gravures, comprenant **3** planches hors texte doubles et simples et environ **10** sujets dans le texte.

L'ouvrage sera complet en 25 livraisons.

Prix de l'ouvrage complet : **300** francs.

Prix de chaque livraison, sous une couverture imprimée : **12** francs.

Il n'est reçu de souscription qu'à l'ouvrage complet.

Un spécimen du texte et des illustrations, comprenant 24 pages de texte, cinq hors texte dont 2 eaux-fortes, deux gravures en couleurs et une héliogravure, est donnée en communication à toute personne qui en fait la demande. Pour les amateurs qui désireraient le conserver, le prix de ce spécimen est de **15** francs.

Le premier volume est paru.

RELIURES : PRIX POUR LES DEUX VOLUMES :

Demi-reliure, dos et coins en maroquin du Levant, tranche non ébarbée. **100** »
Reliure pleine en maroquin du Levant, poli, écusson aux armes de la ville de Versailles, tranche non ébarbée, gardes en soie . . . . . . **250** »

Voir à la page suivante la désignation et les prix des exemplaires numérotés.

VERSAILLES

ET LES DEUX TRIANONS

GRANDE ÉDITION DE LUXE

150 EXEMPLAIRES NUMÉROTÉS, SAVOIR :

N^{os} **1** à **25**, sur grand papier des manufactures impériales du Japon, comprenant : 1° une épreuve avec remarque et sans lettre des eaux-fortes en premier état ; — 2° une épreuve avec remarque et sans lettre des eaux-fortes terminées ; — 3° une épreuve sans remarque et sans lettre des eaux-fortes terminées ; — 4° une épreuve avec lettre des eaux-fortes terminées, et double suite de toutes les héliogravures, dont une épreuve avec remarque . . . . **1000 fr.**

N^{os} **26** à **65**, sur papier de Chine, comprenant : 1° une épreuve avec remarque et sans lettre des eaux-fortes terminées ; — 2° une épreuve sans remarque et sans lettre des eaux-fortes terminées ; — 3° une épreuve sans remarque avec lettre des eaux-fortes terminées, et double suite de toutes les héliogravures, dont une épreuve avec remarque. . . . . **600 fr.**

N^{os} **66** à **150**, tirage sur grand vélin du Marais, les eaux-fortes sur papier à la cuve, comprenant : une épreuve avant la lettre de toutes les tailles-douces et une épreuve avec lettre . . . . **450 fr.**

LES
GRANDS SANCTUAIRES
DE LA T. S. VIERGE
EN FRANCE

PAR

LE R. P. FRÉD. ROUVIER

DE LA COMPAGNIE DE JÉSUS

Un volume petit in-folio de 400 pages, illustré de plus de 300 sujets dans le texte et de 44 planches hors texte, tous reproduits par les procédés phototypiques les plus connus.

L'ouvrage est livré broché, sous une artistique couverture et renfermé dans un portefeuille en soie.

Un spécimen du tirage, comprenant 2 feuilles de 16 pages, est adressé en communication à toute personne qui en fait la demande.

Ce spécimen est facturé **5** francs aux amateurs qui désireront le conserver.

PRIX :

Broché et renfermé dans un portefeuille	**100** »
Demi-reliure d'amateur, dos et coins en maroquin poli, tête dorée.	**120** »

NOTA. — On trouve dans cet ouvrage les sanctuaires français de la très sainte Vierge les plus célèbres. Ce sont d'abord ceux qui, au moyen âge, attiraient les foules : Notre-Dame du Puy, Notre-Dame de Roc-Amadour, Notre-Dame de Chartres, Notre-Dame des Doms, à Avignon; Notre-Dame des Clés, à Poitiers; Notre-Dame du Port, à Clermont. Ensuite ce sont ceux qui, depuis longtemps, ont la confiance des fidèles : Notre-Dame des Victoires, à Paris; Notre-Dame de la Garde, à Marseille; Notre-Dame de Fourvière, à Lyon; Notre-Dame de Bon Secours, à Nancy. Ce sont enfin ceux qui, de nos jours, ont vu les grandes foules venir à eux : Notre-Dame de la Salette et Notre-Dame de Lourdes.

LA VIE
DE N.-S. JÉSUS-CHRIST

D'APRÈS LES QUATRE ÉVANGILES

AVEC DES NOTES ET DES DESSINS EXPLICATIFS

PAR J.-JAMES TISSOT

L'ouvrage se compose de deux volumes, comprenant 568 pages, illustrés de **368** aquarelles de Tissot, et **160** croquis et dessins explicatifs (têtes de caractère, costumes, paysages d'après nature), frises, lettres ornées et culs-de-lampe, composés par l'artiste lui-même.

Parmi les **368** aquarelles, toutes reproduites en couleur d'après des procédés nouveaux donnant les fac-similé absolus des originaux, par les imprimeries Lemercier, **331** sont tirées dans le texte, **37** hors texte, dont **16** tirées en taille-douce, encrées à la poupée.

Le texte, composé en caractères elzéviriens fondus spécialement par la maison Turlot, de Paris, avec les dessins explicatifs et ornements tous gravés sur bois, est tiré typographiquement sur les presses de l'imprimerie Mame.

Chaque exemplaire est numéroté, timbré par le Cercle de la librairie, et porte le nom du souscripteur.

JUSTIFICATION DU TIRAGE

Nos **1** à **20**, sur papier des manufactures impériales du Japon, contenant : Une aquarelle originale de Tissot, dessinée spécialement pour l'ouvrage; un état en taille-douce camaïeu de tous les hors texte, avant la lettre, un état en poupée de tous les hors texte, avant la lettre, un état en couleurs (poupée ou lithographie) de tous les hors texte, avec lettre, le tout sur Japon. Un état avec lettre terminé de tous les hors texte, sur papier à la cuve et vélin du Marais. Une épreuve en héliogravure de toutes les compositions en couleur du texte, tirée spécialement en différentes teintes, suivant le sujet, sur papier à la cuve du Marais. Prix (souscrits) . . **5000** francs.

Nos **21** à **1000**, sur grand vélin des papeteries du Marais, contenant un état avant la lettre de tous les sujets hors texte, en héliogravure camaïeu. Toutes les épreuves en héliogravures (état camaïeu et poupée) sont tirées sur grand vélin à la cuve du Marais, avec filigrane spécial (grappe de raisin). Prix. . . . . **1 500** francs.

RELIURES ARTISTIQUES
Les prix s'entendent pour les deux volumes.

N° 1.	Demi-reliure, dos et coins en maroquin du Levant poli, tranche non ébarbée.	100 »
N° 2.	Reliure pleine en maroquin du Levant, poli, uni, tranche non ébarbée, gardes en soie.	250 »
N° 3.	Même reliure que le N° 2, avec contre-gardes en maroquin poli ornées de fers spéciaux, gardes volantes en soie moirée.	500 »
N° 4.	Reliure pleine en veau naturel, sujets en relief, d'après la composition de Mme Vallgren, gardes en soie. . .	400 »
N° 5.	Même reliure, patinée spécialement par l'artiste. .	1000 »
N° 6.	Reliure pleine en peau de truie avec ornements gravés à la pointe de feu et rehaussés de couleurs par E. Belville, gardes en soie	500 »

LA TUNISIE

PAR

GASTON VUILLIER

UN VOLUME PETIT IN-FOLIO

Orné de quatre gravures hors texte en couleurs et de 80 gravures noires dans le texte et hors texte.

Broché, couverture en chromo.	12 »
Cartonné, dos en percaline, couverture en chromo, tête dorée .	15 »
Percaline rouge, ornements or et noir, tr. dorée	15 »

PUBLICATIONS DE GRAND LUXE
Éditions d'Amateurs

LA SAINTE BIBLE
D'APRÈS LA VULGATE

TRADUCTION NOUVELLE

PAR MM. BOURASSÉ ET JANVIER
CHANOINES DE L'ÉGLISE MÉTROPOLITAINE DE TOURS

Approuvée par Mgr l'archevêque de Tours

Deux volumes grand in-folio, splendidement illustrés par Gustave Doré ;
230 grandes compositions.
Ornementation du texte par H. Giacomelli.

Richement cartonné, toile argent, orn. or, noir et rouge, tr. dorée.	200 »
Belle demi-reliure, dos en chagrin doré, plats en papier, tr. dorée.	240 »
Riche reliure en chagrin, ornements dorés avec des fers spéciaux, tranche dorée.	290 »
Splendide reliure en maroquin du Levant, poli, ornements dorés avec des fers spéciaux, tranche marbrée-dorée.	350 »

POLYEUCTE
MARTYR

TRAGÉDIE CHRÉTIENNE EN CINQ ACTES
PAR PIERRE CORNEILLE

Édition de grand luxe, avec une introduction par Léon Gautier, membre de l'Institut, et des éclaircissements par MM. Paul Allard, Édouard Garnier et Legrand. — Un volume grand in-4°, orné d'un portrait de Corneille gravé par Burney, et de cinq eaux-fortes, d'après les compositions d'Albert Maignan, gravées par Boilvin, Bracquemond, Le Couteux et Waltner. — Frises, lettres ornées et culs-de-lampe dans le style du xviie siècle, par Léon Leniept. — Nombreuses gravures sur bois dans le texte des Éclaircissements, par Léon Rousseau, d'après les dessins d'Édouard Garnier.

TIRAGE LIMITÉ A 800 EXEMPLAIRES NUMÉROTÉS :

1 à 100 sur papier du Japon, avec épreuves des planches en deux états, avec et sans remarque, broché.	200 »
101 à 800 sur papier vélin blanc des papeteries du Marais, broché. (*Épuisé.*)	100 »
Ajouter pour une demi-reliure d'amateur, dos et coins maroquin poli rouge, tête dorée.	20 »

UNE TACHE D'ENCRE

Par RENÉ BAZIN

OUVRAGE COURONNÉ PAR L'ACADÉMIE FRANÇAISE

UN VOLUME PETIT IN-FOLIO, TIRÉ SUR GRAND PAPIER VÉLIN

Orné de 25 compositions hors texte, tirées en héliogravure sur chine
dont 1 aquarelle à la main
et de 40 gravures dans le texte d'après les dessins d'ANDRÉ BROUILLET

PRIX :

Broché, dans un portefeuille en soie . . . . 40 »
Demi-reliure d'amateur, dos et coins en maroquin poli, tête dorée. 50 »

Il a été tiré 120 exemplaires sur papier des manufactures impériales du Japon, numérotés et portant le nom du souscripteur. Chaque exemplaire contient un état de hors texte sur chine, et un état sur japon.

JUSTIFICATION DU TIRAGE :

De 1 à 25, contenant une grande composition originale de l'artiste. 350 »
De 26 à 65, contenant un dessin original . . . . 250 »
De 66 à 120. . . . . 150 »

SAINT-PIERRE DE ROME

PAR LE R. P. MORTIER
DES FRÈRES PRÊCHEURS

Un volume in-4º, orné de 10 héliogravures, de 24 gravures hors texte
et de 121 sujets dans le texte.

CLOVIS

PAR GODEFROY KURTH

Magnifique volume grand in-4º, orné de 8 compositions hors texte en héliogravure d'après les dessins de CORMON, FLAMENG, GUILLONNET, LUMINAIS, A. MAIGNAN, ROCHEGROSSE; et de 130 gravures sur bois.

Prix de chacun des deux volumes ci-dessus :

Broché . . . . 15 »
Richement cartonné en percaline, ornem. en noir et or, ou or et
  couleurs, tr. dorée. . . . . 20 »
Demi-reliure, dos en chagrin doré, tranche dorée. . . . . 20 »
Demi-reliure d'amateur, dos et coins en maroquin poli, tête dorée. 25 »

Il a été tiré de Saint-Pierre de Rome 150 exemplaires sur simili-japon.
PRIX : **80 francs.**

LE VIEUX PARIS

FÊTES, JEUX ET SPECTACLES. Par Victor FOURNEL. Un volume petit in-4º, orné de 165 gravures.

SAINTE ÉLISABETH DE HONGRIE

Par le comte de MONTALEMBERT, de l'Académie française, avec une préface par Léon GAUTIER. Un volume petit in-4º, orné de 1 chromolithographie; de 28 grandes gravures hors texte, d'après BOCOURT, BUSNEL, E. GARNIER, LAVÉE, PASQUIER et SELLIER, et environ 130 dessins dans le texte, par Mlle DUPUY, MM. FICHOT, HUREL et TOUSSAINT.

CHARLEMAGNE

Par Alphonse VÉTAULT, avec une introduction par Léon GAUTIER et des éclaircissements par MM. Anatole de BARTHÉLEMY, G. DEMAY, A. LONGNON, etc. Un volume petit in-4º; ouvrage couronné en 1877 par l'Académie française. **Grand prix Gobert de 10000 francs.** Orné de deux eaux-fortes, par Léopold FLAMENG (d'après LAMEIRE) et CHIFFLART, d'une chromolithographie, de quinze grandes gravures hors texte, d'une carte de l'empire de Charlemagne et d'environ cent vingt dessins dans le texte.

SAINT MARTIN

Par A. LECOY DE LA MARCHE, professeur d'histoire à l'Institut catholique de Paris, lauréat de l'Académie des inscriptions et belles-lettres. Un volume petit in-4º, orné d'une chromolithographie; 24 grandes gravures hors texte, 3 fac-similé et environ 140 gravures dans le texte.

SAINT LOUIS

Par H. WALLON, secrétaire perpétuel de l'Académie des inscriptions et belles-lettres, doyen honoraire de la Faculté des lettres de Paris; suivi d'éclaircissements par MM. G. DEMAY, Anatole DE BARTHÉLEMY, etc. Un volume petit in-4º, orné d'un frontispice en couleur et de 280 gravures sur bois. Nouvelle édition.

JEANNE D'ARC

Par Marius SEPET, ancien élève pensionnaire de l'École des chartes. Un volume petit in-4º, illustré de 29 compositions hors texte.

Prix de chacun des cinq ouvrages ci-dessus :

Broché.	15 »
Richement cartonné en percaline, ornements en noir et or, tranche dorée.	20 »
Demi-reliure, dos en chagrin doré, tranche dorée.	20 »
Demi-reliure d'amateur, dos et coins en maroquin poli, tête dorée.	25 »

LA CHANSON DE ROLAND

Texte critique, accompagné d'une traduction nouvelle et précédé d'une Introduction historique, par Léon GAUTIER, membre de l'Institut, professeur à l'École des chartes; avec 12 magnifiques eaux-fortes, par Chifflart et V. Foulquier, et un fac-similé.

UN VOLUME GRAND IN-8° JÉSUS. — PRIX, BROCHÉ : 40 FR.

SECONDE PARTIE

Contenant les notes et variantes, le glossaire et la table, avec une carte géographique et quinze gravures sur bois intercalées dans le texte.

UN VOLUME GRAND IN-8° JÉSUS. — PRIX, BROCHÉ : 20 FR.

Tirage sur papier de Hollande, 300 exemplaires numérotés. Prix, broché : 40 fr.

PRIX DES RELIURES POUR CHAQUE VOLUME :

Demi-reliure, dos en chagrin doré, plats en papier, tranche dorée.	6 »
Demi-reliure d'amateur, dos et coins en maroquin rouge, poli, plats en papier, doré en tête.	12 »

L'ÉVANGILE

ÉTUDES ICONOGRAPHIQUES ET ARCHÉOLOGIQUES

PAR

CH. ROHAULT DE FLEURY

AUTEUR DU " MÉMOIRE SUR LES INSTRUMENTS DE LA PASSION "

Deux splendides volumes grand in-4°, imprimés avec luxe sur très beau papier vélin, ornés de cent magnifiques gravures sur acier et de nombreuses vignettes dans le texte.

PRIX :

Riche cartonnage, toile rouge . . . .   50 »

II
ÉCONOMIE SOCIALE, HISTOIRE RELIGIEUSE
MÉMOIRES

OUVRAGES DE LE PLAY

LA RÉFORME SOCIALE EN FRANCE, déduite de l'observation comparée des peuples européens. — 7e édition; trois volumes in-18 jésus. Prix, brochés : 6 fr.

L'ORGANISATION DU TRAVAIL, selon la coutume des ateliers et la loi du Décalogue, avec un précis d'observations comparées sur la distinction du Bien et du Mal dans le régime du travail, les causes du mal actuel et les moyens de réforme, les objections et les réponses, les difficultés et les solutions. — Un volume in-18 jésus. Prix, broché : 2 fr. — Affr. » 55.

L'ORGANISATION DE LA FAMILLE, selon le vrai modèle, signalé par l'histoire de toutes les races et de tous les temps. — 2e édition, revue et corrigée. — Un volume in-18 jésus. Prix, broché : 2 fr. — Affr. » 60.

LA CONSTITUTION DE L'ANGLETERRE, considérée dans ses rapports avec la loi de Dieu et les coutumes de la Paix sociale, précédée d'aperçus sommaires sur la Nature du sol et l'Histoire de la race. — Deux volumes in-18 jésus. Prix, brochés : 4 fr. — Affr. » 80.

LA PAIX SOCIALE APRÈS LE DÉSASTRE. — Prix, broché : 60 c. — Affr. » 25.

LA RÉFORME EN EUROPE ET LE SALUT DE LA FRANCE (LE PROGRAMME DES UNIONS DE LA PAIX SOCIALE), avec une *Introduction* de M. H.-A. Munro Butler Johnstone, membre de la Chambre des communes d'Angleterre. — Prix, broché : 1 fr. 50. — Affr. » 40.

LES OUVRIERS EUROPÉENS, Études sur les travaux, la vie domestique et la condition morale des populations ouvrières de l'Europe. — 2e édition, en 6 tomes in-8o. — Le tome premier contient le portrait de l'auteur, et une carte des cinquante-sept familles décrites dans l'ouvrage. — Chaque volume se vend séparément : 6 fr. 50.

LA MÉTHODE SOCIALE (ABRÉGÉ DES OUVRIERS EUROPÉENS); ouvrage destiné aux classes dirigeantes, avec le portrait de l'auteur, et la carte des cinquante-sept familles décrites dans l'ouvrage : *les Ouvriers européens*. — Un vol. in-8o. Prix, broché : 6 fr. 50.

LA CONSTITUTION ESSENTIELLE DE L'HUMANITÉ, Exposé des principes et des coutumes qui créent la prospérité ou la souffrance des nations. — Prix, broché : 2 fr. — Affr. » 40.

OUVRAGES DE M. DE RIBBE

LES FAMILLES ET LA SOCIÉTÉ EN FRANCE AVANT LA RÉVOLUTION. — Deux volumes in-18 jésus. Prix, brochés : 4 fr. — Affr. » 80.

UNE FAMILLE AU XVIe SIÈCLE, d'après les documents originaux. — Un volume in-18 jésus. Prix, broché : 2 fr. — Affr. » 30.

LE LIVRE DE FAMILLE. — Un volume in-18 jésus. Prix, broché : 2 fr. — Affr. » 35.

MANUEL D'ÉCONOMIE SOCIALE
Un volume in-12. (Voir page 104.)

PRÉCIS DE LA DOCTRINE CATHOLIQUE

PAR

LE PÈRE WILMERS, S. J.

ANCIEN PRÉFET DES ÉTUDES A LA FACULTÉ DE THÉOLOGIE DE POITIERS

Un volume de 500 pages. — Prix, broché : **7 fr. 50.**

HISTOIRE DE LA RELIGION

PROUVANT LA RÉVÉLATION DIVINE ET SA CONSERVATION PAR L'ÉGLISE

PAR LE R. P. W. WILMERS

DE LA COMPAGNIE DE JÉSUS

Traduit de l'allemand. — Deux volumes in-8° carré. — Prix : **13 fr. 50.**

EXPOSITION DE LA DOCTRINE CATHOLIQUE

PAR LES GRANDS ÉCRIVAINS FRANÇAIS

La Religion. — L'Église. — Dieu. — Jésus-Christ

TEXTES RECUEILLIS ET ANNOTÉS PAR LE R. P. PAUL-JOSEPH DE BUSSY, S. J.

Un volume in-8° carré de 384 pages. — Prix broché : **2 fr. 50.**

LA VIE CHRÉTIENNE

LA GRACE, LA PRIÈRE

LES SACREMENTS, LA VIE CHRÉTIENNE, LA VIE ÉTERNELLE

PAR

LE R. P. PAUL-JOSEPH DE BUSSY, S. J.

Un volume in-8°. — Prix, broché : **2 fr. 50.**

VIE DE M. DUPONT

Mort à Tours, en odeur de sainteté, le 18 mars 1876. D'après ses écrits et autres documents authentiques. Par M. l'abbé Janvier, doyen du Chapitre de l'église métropolitaine de Tours, prêtre de la Sainte-Face.

Deux volumes in-12. — Prix, brochés : **6 fr.**

LE CHRISTIANISME

SES DOGMES ET SES PREUVES

Causeries théologiques, dédiées aux gens du monde. Par M. l'abbé Verger, curé de Saint-Julien de Tours. Ouvrage approuvé par Mgr l'Archevêque de Tours.

Deux volumes in-12. — Prix, brochés : **6 fr.**

LES APPARITIONS DE LOURDES
SOUVENIRS INTIMES D'UN TÉMOIN
Par J.-B. ESTRADE

UN VOLUME IN-12, PRIX : BROCHÉ, 2 FR.

L'IMMACULÉE CONCEPTION
HISTOIRE D'UN DOGME
PAR DUBOSC DE PESQUIDOUX

Deux volumes in-8°. — Prix, brochés : **10** francs.

ŒUVRES PASTORALES DE MGR GUIBERT
ARCHEVÊQUE DE PARIS
CINQ VOLUMES GRAND IN-8°

Imprimés sur papier superfin et ornés d'un beau portrait à l'eau-forte par V. Foulquier.
Prix, brochés : **15** francs.

LE LIEU
DU CRUCIFIEMENT DE SAINT PIERRE
Par Mgr J.-B. LUGARI

Un volume in-8° de 150 pages, avec 4 planches en simili.
Prix, broché : **2** francs.

ŒUVRES POSTHUMES DU GÉNÉRAL TROCHU
I. LE SIÈGE DE PARIS
II. LA SOCIÉTÉ, L'ÉTAT, L'ARMÉE
Suivi d'un Appendice : L'HISTOIRE ANECDOTIQUE

Deux volumes grand in-8°. — Prix : **9** fr.
Il a été tiré un certain nombre d'exemplaires sur grand papier. Prix : **15** fr.

OUVRAGES DE M. FRANÇOIS DESCOTES

LA RÉVOLUTION FRANÇAISE
VUE DE L'ÉTRANGER (1789-1799)

MALLET DU PAN A Berne et a Londres, d'après une correspondance inédite. — Préface de M. le marquis Costa de Beauregard, de l'Académie française. — Avec un portrait en héliogravure.

Un volume grand in-8°. — Prix, broché : **7 fr. 50**.

JOSEPH DE MAISTRE
AVANT LA RÉVOLUTION
SOUVENIRS DE LA SOCIÉTÉ D'AUTREFOIS
1753-1793
OUVRAGE COURONNÉ PAR L'ACADÉMIE FRANÇAISE

Deux volumes in-8°. — Prix, brochés : **15 francs**.

JOSEPH DE MAISTRE
PENDANT LA RÉVOLUTION
1789-1797

Un volume in-8°. — Prix, broché : **7 fr. 50**.

LETTRES INÉDITES DU R. P. DE RAVIGNAN
A Mgr DUPANLOUP

Un volume in-8°. — Prix, broché : **2 fr. 50**

TOURS CAPITALE
LA DÉLÉGATION GOUVERNEMENTALE ET L'OCCUPATION PRUSSIENNE
1870-1871
PAR Mgr C. CHEVALIER
CAMÉRIER SECRET DE S. S. LÉON XIII, CLERC NATIONAL DE FRANCE

Un volume in-8°. — Prix, broché : **5 francs**.

III

LIVRES ILLUSTRÉS POUR LA JEUNESSE

LE BATEAU-DES-SORCIÈRES
Par GUSTAVE TOUDOUZE
Un volume petit in-4°, orné de 60 gravures d'après Vulliemin.

LA ROCHE-QUI-TUE
Par PIERRE MAEL
Un volume petit in-4°, orné de 58 gravures d'après Scott.

SOUVENIRS D'ENFANT
CONTES DE BONNE PERRETTE
Par RENÉ BAZIN
Un volume petit in-4°, orné de 40 dessins d'après Vulliemin.

LES MOTS HISTORIQUES
DU PAYS DE FRANCE
Troisième édition. — Texte par TROGAN, illustrations de JOB

Magnifique volume in-4°, contenant 20 planches hors texte en couleurs, 20 planches en plusieurs teintes, 20 gravures dans le texte. Il a été tiré de cet ouvrage 25 exemplaires numérotés, sur papier impérial du Japon, entièrement souscrits par la maison Rondeau, de Paris.

LE BON ROI HENRY
Illustrations de JOB, texte par A. HERMANT
Magnifique album contenant 48 planches en couleur.

LES VERTUS ET LES GRACES DES BÊTES
Par EUGÈNE MOUTON (MÉRINOS), illustrations par VIMAR
Un volume in-4°, orné de 135 gravures dans le texte et hors texte.

PRIX DE CHACUN DES SIX VOLUMES CI-DESSUS :
Relié en percaline avec sujets en couleur. . . . . **10 fr.**

FORMAT IN-4° CARRÉ

(VOLUMES DE 150 A 175 PAGES, MESURANT 28×22)

11 volumes dans la collection.

A LA POINTE DE L'ÉPÉE, par Jacques Lemaire; 47 gravures.
CIRQUE ET LES FORAINS (LE), par Henry Frichet; 70 gravures.
COINS DE PARIS (LES), par Léo Claretie; 25 gravures.
CONTES DE L'ÉPÉE (LES), par Henry de Brisay, 20 gravures.
ODYSSÉE DE CLAUDE TAPART (L'), par Jean Drault; 42 gravures.
SABRE A LA MAIN (LE), par Marcel Luguet; 39 gravures.
STÉPHANETTE, par René Bazin; 25 gravures.
TRÉMOR AUX MAINS ROUGES, par Henry de Brizay; 17 gravures.
TROIS DISPARUS DU " SIRIUS " (LES), par Georges Price; 32 gravures.
★ **UNE AME D'ENFANT**, par Jean de la Bretonnière; 34 gravures.
VÉLOCIPÉDIE ET AUTOMOBILISME, par Frédéric Régamey; 73 gravures.

PRIX DE CHACUN DES VOLUMES CI-DESSUS

Relié en percaline rouge, plaque spéciale en or et noir, biseautée, tranche dorée.   5 »

COLLECTION DES ROMANS HONNÊTES

ILLUSTRÉS EN PLUSIEURS COULEURS

Format in-12 — Prix : 3 fr.   Affr » 50

14 VOLUMES DANS LA COLLECTION

AMOUR D'ANTAN, par Champol. Illustration de Gaston Lhuer.
★ **ANNE-MARIE LA PROVIDENCE**, par Daniel Laumonier. Illustration d'Orazi.
BATEAU-DES-SORCIÈRES (LE), par Gustave Toudouze. Illustration de Vulliemin.
CAGE DE CUIR (LA), par Georges Pradel. Illustration de Zo.
★ **CHATEAU DE LA VIEILLESSE** (LE), par Guy Chantepleure. Illustration de Lucien Métivet.
CŒURS NAIFS, par Marcel Luguet. Illustration de Louise Abbéma.
CONTES DE BONNE PERRETTE (LES), par René Bazin. Illustration de Vulliemin.
★ **ODYSSÉE DE CLAUDE TAPART** (L'), par Jean Drault. Illustration de Lucien Métivet.
★ **ŒIL-DE-TIGRE** (L'), par Georges Pradel. Illustration d'Alfred Paris.
★ **POUR LA PATRIE**, par Paul Verdun. Illustration de Zier.
ROCHE-QUI-TUE (LA), par Pierre Maël. Illustration de Scott.
ROMAN DE L'OUVRIÈRE (LE), par Charles de Vitis. Illustration de Zier.
SABRE A LA MAIN, par Marcel Luguet. Illustration d'Alfred Paris.
STÉPHANETTE, par René Bazin. Illustration de Vulliemin.

LOURDES
UN ALBUM DE 80 PAGES

Illustré de 158 photographies prises spécialement d'après nature.

Prix : Richement cartonné. . . . . 3 »
Percaline, tranche blanche 3 75

L'OUVRAGE SE VEND ÉGALEMENT EN 5 FASCICULES
DIVISÉS COMME SUIT :

1er FASCICULE. — Le pèlerinage national du Jubilé de 1897.
2e — Les guérisons.
3e — Bernadette, Les Pèlerinages, Le vieux Lourdes, Bétharram.
4e — La journée d'un pèlerin à Lourdes. — Pau.
5e — Les environs de Lourdes : Argelès, Luz, Saint-Sauveur, Cauterets, Barèges, Gavarnie.

Prix de chaque fascicule : **60 cent.**

ALPHABET DE L'ENFANT JÉSUS

Par M. l'abbé de Bellune, chanoine de l'église métropolitaine de Tours. Un volume in-4°, orné de figures tirées en plusieurs couleurs. Dessins de Carot, gravés par Méaulle.

LA SAINTE BIBLE
A L'USAGE DE L'ENFANCE

Par M. l'abbé VERGER, curé de Saint-Julien de Tours. Dessins de Carot, gravés par Méaulle, tirés en plusieurs couleurs.

ANCIEN TESTAMENT, 1 volume in-4°
NOUVEAU TESTAMENT, 1 volume in-4°

PRIX DE CHACUN DE CES TROIS VOLUMES VENDUS SÉPARÉMENT :
Cartonnage, couverture en couleurs, 3 fr.   Affr. » 65

FABLES DE LA FONTAINE
ILLUSTRÉES PAR GRANDVILLE

240 sujets et un frontispice (un sujet par fable). — Un beau volume in-12.

Broché. 4 50
Percaline gaufrée, riche écusson, tranche dorée 6 25

IV
BIBLIOTHÈQUE ILLUSTRÉE

Livres pour Étrennes, Distributions de Prix et Bibliothèques scolaires

Dans toutes les séries les nouveautés sont précédées d'un astérisque.

Tous les ouvrages de ce Catalogue destinés aux étrennes
ou aux distributions de prix
ont reçu l'approbation de S. G. Monseigneur l'Archevêque de Tours.

FORMAT PETIT IN-FOLIO — 1re SÉRIE
(VOLUMES DE 500 PAGES, MESURANT 33 × 25)

Chaque volume est orné de nombreuses gravures.

Broché	12 »
Percaline, plaques spéciales, tranche dorée	15 »
Demi-reliure, dos en chagrin rouge, tranche dorée	19 »
Demi-reliure d'amateur, dos et coins en maroquin du Levant, tranche dorée en tête.	27 »

6 volumes dans la collection.

ARMÉE EN FRANCE ET A L'ÉTRANGER (L'), par le commandant Picard; 20 sujets hors texte en couleurs, et 150 gravures sur bois.

FABLES DE LA FONTAINE illustrées par Wimar; 4 planches hors texte en couleur, 50 sujets en camaïeu, 246 sujets dans le texte.

HISTOIRE DE LA SAINTE BIBLE, Ancien et Nouveau Testament, par M. l'abbé Cruchet, chanoine honoraire, curé de Saint-Étienne de Tours; 100 gravures, d'après Gustave Doré.

HOMME AUX YEUX DE VERRE (L'), Aventures au Dahomey, par Rossi et Méaulle; 106 gravures, par Baldo, Brun, Mouchot, Tofani, Bayard fils, A. Simon, de Haenen, de Bérard, Riou, O. Saunier, E. Morin, etc.

NOUVEAU VOYAGE DE FRANCE (LE), par Louis Barron; 250 gravures.

TUNISIE (LA), par Gaston Vuillier; 4 gravures hors texte en couleurs et 80 gravures noires.

FORMAT PETIT IN-FOLIO — 2e SÉRIE
(VOLUMES DE 320 PAGES, MESURANT 32 × 25)

Chaque volume est orné de nombreuses gravures.

Broché, couverture en couleurs	7 »
Percaline, ornements en noir et or, tranche dorée	9 »

5 volumes dans la collection.

ANNE-MARIE LA PROVIDENCE, Épisode des guerres du premier Empire, par Daniel Laumonier; illustrations de Orazi, 72 gravures.

COULEURS FRANÇAISES (LES), par Georges Virenque; 64 gravures.

★ **MARÉCHAUX DE NAPOLÉON** (LES), par Gérard de Beauregard; 63 gravures.

★ **PETIT ANGE**, par Pierre Maël; 81 gravures d'après Alfred Paris.

RÉCITS DU TEMPS PASSÉ, par Maurice Maindron; 54 gravures.

FORMAT IN-4° — 1ʳᵉ SÉRIE

(VOLUMES DE 400 PAGES, MESURANT 30 × 22)

Chaque volume est orné de nombreuses gravures.

Broché, couverture imprimée..................	5 50
Broché, couverture en chromo	5 75
Percaline, ornements en noir et or, tranche dorée	8 50
Demi-reliure, dos en chagrin doré, plats en toile, tranche dorée.	10 »

26 volumes dans la collection.

AUX INDES ET EN AUSTRALIE, dans le yacht *le Sunbeam*, par lady Brassey, traduit de l'anglais par Gaston Bonnefont; 200 gravures.

AVENTURES DE ROBINSON CRUSOÉ (LES), par Daniel de Foë; 89 grav. sur bois.

CHATEAUX HISTORIQUES DE FRANCE, Histoire et monuments, par M. l'abbé J.-J. Bourassé; 82 gravures sur bois d'après K. Girardet et Français.

CHEVALIERS DE RHODES ET DE MALTE (LES) (Hospitaliers de Saint-Jean de Jérusalem), Chroniques et récits, par P.-A. Farochon; 38 gravures.

CHRISTOPHE COLOMB, par Mgʳ Ricard. Illustrations de Baldo; 33 gravures.

ÉCOLES PROFESSIONNELLES (LES), par Alexis Lemaistre; 72 gravures.

FABIOLA OU L'ÉGLISE DES CATACOMBES, par S. Ém. le cardinal Wiseman, archevêque de Westminster; traduit de l'anglais par M. Richard Viot, et précédé d'une introduction par Léon Gautier; 10 grandes compositions hors texte par Joseph Blanc, gravées par Méaulle; 75 gravures dans le texte.

FEMMES ILLUSTRES DE LA FRANCE (LES), par Oscar Havard; 76 gravures.

HENRI IV ET SON TEMPS, par l'abbé Jousset; 48 gravures.

HISTOIRE DE FRANCE, par Émile Keller; 74 gravures.

HISTOIRE DE PARIS ET DE SES MONUMENTS, par Eugène de la Gournerie; 4ᵉ édition, ornée de nombreuses gravures sur acier et sur bois, comprenant les derniers événements et les monuments nouveaux.

HISTOIRE DES CROISADES, abrégé à l'usage de la jeunesse, par M. Michaud, de l'Académie française, et M. Poujoulat; 53 gravures sur bois.

HOMMES CÉLÈBRES DE LA FRANCE (LES), par M. Dumas; 54 gravures sur bois.

JEANNE D'ARC, par Marius Sepet; 52 gravures.

LOUIS XIV ET SON TEMPS, par A. Gabourd. Nouvelle édition; 61 gravures.

MABEL VAUGHAN, Vie d'une Américaine, par miss Cummins, traduit de l'anglais par Harold; 40 gravures.

MARINE D'AUJOURD'HUI (LA), par G. Contesse; nombreuses gravures.

MARINE D'AUTREFOIS (LA), par G. Contesse; 80 gravures.

MONTCALM ET LÉVIS, Guerre du Canada (1756-1760), par M. l'abbé Casgrain, docteur ès lettres, professeur à l'université de Québec, lauréat de l'Académie française; 72 gravures.

PERDUS DANS LA GRANDE VILLE, par F. Méaulle; 93 gravures.

RÈGNE DE L'ÉLECTRICITÉ (LE), par Gaston Bonnefont; 250 gravures.

ROBINSON SUISSE (LE). Histoire d'une famille suisse naufragée, par J.-R. Wyss. Traduit de l'allemand par Frédéric Muller; 65 gravures.

ROME ET SES PONTIFES, Histoire, Traditions, Monuments, par Mgʳ C. Chevalier; 45 gravures.

SAINTS PAR LES GRANDS MAITRES (LES), Hagiographie et Iconographie; par Charles Ponsonailhe; 147 gravures.

★ **SECRET DU VALLON D'ENFER** (LE), par Pierre d'Alban; 22 grav. d'après Zier.

TOUR DU MONDE EN FAMILLE (LE), Voyage de la famille Brassey dans son yacht *le Sunbeam*, raconté par la mère, traduit de l'anglais par M. Richard Viot; 78 gravures.

FORMAT IN-4° — 2ᵉ SÉRIE

(VOLUMES DE 288 PAGES, MESURANT 30 × 22)

Chaque volume est orné de nombreuses gravures.

Broché, couverture imprimée.	3	35
Broché, couverture en chromo	3	50
Riche cartonnage, imitation de toile, tranche dorée	4	60
Percaline gaufrée, riches ornements, tranche dorée	6	20
Percaline, nouvelle plaque avec ornements en noir et or, spéciale pour les étrennes, tranche dorée	7	»

23 volumes dans la collection.

A TRAVERS LES ALPES AUTRICHIENNES, par Maurice Grandjean; 35 gravures.

CÉCILIA, ou les Premiers temps du christianisme en Italie et en Grèce, par F. de Nocé, 27 gravures.

CHASSEURS D'ÉPAVES (LES), par Georges Price; 22 gravures.

CHERCHEURS DE QUINQUINAS (LES) : Des vallées de Caravaya à l'Amazone, par Paul Bory; 43 gravures.

COMPAGNONS DE L'ALLIANCE (LES), Une conspiration sous le premier Empire, par Jean Guétary; 30 gravures.

DE CARTHAGE AU SAHARA, par l'abbé Bauron; 56 gravures.

DÉLAISSÉE, par F. Méaulle; 4 sujets en couleurs et 30 gravures sur bois.

DESTINÉE D'ISABELLE (LA), par Marguerite Levray; 4 planches en couleurs et 34 gravures sur bois.

DETTE DE CARMÈLE (LA), par Marguerite Levray; 36 gravures.

EN VACANCES; COMMENT GEORGES APPRIT LE DESSIN, par Henri Carot; 278 gravures.

ESPRIT DES OISEAUX (L'), par S.-Henri Berthoud; 105 gravures.

FAUVETTE, suivi de l'HÉRITAGE DE ROSÉLIAN, par Marguerite Levray; 33 gravures.

FÊTES DE NOS PÈRES (LES), par Oscar Havard; 42 gravures.

FRÈRE ANGE, par la baronne S. de Bouard; 26 gravures.

LÉGENDE MERVEILLEUSE (LA), Récits du temps de la reine Berthe, par Alfred de Villeneuve; 38 gravures.

MARIE STUART (HISTOIRE DE), par M. de Marlès; nouvelle édition revue et considérablement augmentée; 29 gravures.

POUR LA PATRIE, par Paul Verdun; 30 gravures.

RÈGNE DE FRANÇOIS Iᵉʳ ET LA RENAISSANCE (LE), par Eugène de la Gournerie; 45 gravures.

SACRIFICE DE LANCELOT (LE), imité de l'anglais de lady Noël, par A. Chevalier; 36 gravures.

SOLDATS, par le marquis de Ségur; 1 gravure en couleurs et 26 gravures sur bois.

VALLÉE DES COLIBRIS (LA), par Lucien Biart; 32 gravures.

★ **VALLÉE FUMANTE** (LA), par Léo Claretie; 26 gravures d'après Zier.

VOYAGEUSES AU XIXᵉ SIÈCLE (LES), par A. Chevalier; 43 gravures.

FORMAT IN-4° — 3ᵉ SÉRIE

(VOLUMES DE 224 ET 240 PAGES, MESURANT 28×22)

Chaque volume est orné de nombreuses gravures.

Broché	3	»
Broché, couverture chromo.	3	20
Riche cartonnage imitation de toile, tranche dorée	4	»
Percaline gaufrée, ornements or et noir, tr. dorée.	5	»

10 volumes dans la collection.

★ **ABBAYES ET MONASTÈRES DE FRANCE**, par l'abbé J.-J. Bourassé; 47 gravures.
CATHOLIQUES DE FRANCE, Silhouettes contemporaines, par Trogan, 30 grav.
★ **CONTES DU PAYS BASQUE**, par Antonio de Trueba, traduction et préface d'Albert Savine; 14 gravures.
DE LA MONTAGNE AU DÉSERT, par Méhier de Mathuisieulx; 26 gravures.
DRAMES A TOUTE VAPEUR, par Camille Debans, 20 gravures.
DUCHESSE CLAUDE (LA), par A. de Martigné; 15 gravures.
ÉVADÉ DE LA GUYANE (L'), par Guy Tomel; 29 gravures.
GEMME ET COLOMBE, par M. le chanoine Fraineau, aumônier de l'asile de Lafond-la-Rochelle; 15 gravures.
HÉROINES DE L'AMOUR FILIAL (LES), par Mᵐᵉ Marie de Grandmaison, officier d'Académie, lauréate de l'Académie française; 22 gravures.
★ **PIRATE MYSTÉRIEUX** (LE), par Harold; 23 gravures.

BIBLIOTHÈQUE DES FAMILLES
ET DES MAISONS D'ÉDUCATION

FORMAT GRAND IN-8° — 1re SÉRIE

(VOLUMES DE 352 ET 368 PAGES, MESURANT 27 × 18)

Chaque volume est orné de nombreuses gravures.

Broché, couverture imprimée en couleurs	2 50		
Riche cartonnage, imitation de toile, tranche jaspée	3 »		**Affr^t**
Riche cartonnage, imitation de toile, tranche dorée	3 40	»	**85**
Percaline gaufrée, ornements riches, tranche dorée	4 »		
Demi-reliure, dos en chagrin, tranche dorée	6 50		

43 volumes dans la collection.

ADEN A ZANZIBAR (D'), Un coin de l'Arabie heureuse, Le long des côtes, par Mgr Le Roy, de la Congrégation du Saint-Esprit et du Saint-Cœur de Marie, vicaire apostolique du Gabon; 106 gravures.

ANTIQUAIRE (L'), de Walter Scott. Adaptation et réduction à l'usage de la jeunesse, par A.-J. Hubert; 24 gravures sur bois d'après les dessins de Lix.

A TRAVERS LE ZANGUEBAR. Voyage dans l'Oudoé, l'Ouzigoua, l'Oukwèré, l'Oukami et l'Ousagara; par les PP. Baur et le Roy, de la congrégation du Saint-Esprit et du Saint-Cœur de Marie, missionnaires au Zanguebar. Ouvrage orné de 45 gravures et d'une carte.

★ **A TRAVERS L'ESPAGNE ET L'ITALIE**, par Victor Fournel; 63 gravures.

BLANCHE DE CASTILLE (HISTOIRE DE), par Jules Stanislas Doinel; 25 gravures.

CARAVANE DE LA MORT (LA), Souvenirs de voyage, par Karl May; traduit de l'allemand par J. de Rochay; 15 gravures.

CHRÉTIENS ILLUSTRES (LES), depuis la prédication des Apôtres jusqu'à l'invasion des barbares, par J.-B. Marty, ancien recteur d'Académie; 35 gravures.

CONSCRITS DU TRAVAIL (LES), ou l'Enseignement professionnel chrétien, par Guy Tomel; 70 gravures.

CONSTANCE SHERWOOD, par lady G. Fullerton. Adapté de l'anglais par A. Chevalier; 25 gravures.

FABIOLA, ou l'Église des Catacombes, par Son Éminence le cardinal Wiseman, archevêque de Westminster; traduit de l'anglais par M. Richard Viot; 50 grav.

FEMMES D'AUTREFOIS (LES), par A. Chevalier; 31 gravures.

FLEURS DE LORRAINE, par Jean Teincey; 25 gravures.

FRANCE COLONIALE ILLUSTRÉE (LA). Algérie, Tunisie, Congo, Madagascar, Tonkin et autres colonies françaises, par A.-M. G., membre de la société de géographie de Paris, de la société royale belge de géographie de Bruxelles, etc. Édition ornée de 93 gravures et de 24 cartes.

FRANCE PITTORESQUE (LA), région du Nord, par Alexis-M. G.; 167 gravures et cartes.

FRANCE PITTORESQUE (LA), Région de l'Est, par Alexis-M. G.; 103 gravures et 29 cartes.

FRANCE PITTORESQUE (LA), Région de l'Ouest, par Alexis-M. G.; 129 gravures et 42 cartes.

FRANCE PITTORESQUE (LA), Région du Sud, par Alexis-M. G.; 124 gravures et 41 cartes.

HISTOIRE NATURELLE EXTRAITE DE BUFFON ET DE LACÉPÈDE : Quadrupèdes, oiseaux, serpents, poissons et cétacés; orné de 184 grav.

IMITATION DE JÉSUS-CHRIST, avec une prière et une pratique à la fin de chaque chapitre, par le R. P. de Gonnelieu; texte orné d'un encadrement et de 122 grav. sur bois d'après les dessins de L. Hallez.

ITINÉRAIRE DE PARIS A JÉRUSALEM, par le vicomte de Chateaubriand; 41 grav.

JAPON D'AUJOURD'HUI (LE), Journal intime d'un missionnaire apostolique au Japon septentrional; 55 gravures.

JEANNE D'ARC, par M. Marius Sepet, ancien élève de l'Ecole des chartes; 13 grav.

JÉSUS-CHRIST (HISTOIRE DE), d'après les Évangiles et la tradition, par M. l'abbé J.-J. Bourassé, chanoine de l'église métropolitaine de Tours; 39 gravures.

LAC ONTARIO (LE), de Fenimore Cooper. Adaptation et réduction à l'usage de la jeunesse, par A.-J. Hubert; 24 gravures sur bois d'après les dessins de Brun et Mouchot.

LES PLUS BELLES CATHÉDRALES DE FRANCE, par M. l'abbé J.-J. Bourassé; 45 gravures sur bois dans le texte et hors texte.

LE PLUS FORT, par Champol; 25 gravures.

OFFICIER DE FORTUNE (L'), de Walter Scott; 20 gravures.

ORPHELINE DES FAUCHETTES (L'), suivi de : L'ONCLE JACQUES, et de : LES ÉTAPES DE FRANÇONNETTE, par Marguerite Levray; 25 gravures.

PAYS DES MAGYARS (LE), Voyage en Hongrie. Ouvrage adapté de l'anglais par A. Chevalier; 37 gravures.

PILOTE (LE), de Fenimore Cooper. Adaptation et réduction à l'usage de la jeunesse, par A.-J. Hubert; 24 gravures sur bois d'après les dessins de Brun.

PIRATES DE LA MER ROUGE (LES), Souvenirs de voyage, par Karl May; traduit de l'allemand par J. de Rochay; 23 gravures.

POLE SUD (LE), par Harold; 26 gravures.

PRAIRIE (LA), de Fenimore Cooper. Adaptation et réduction à l'usage de la jeunesse par A.-J. Hubert; 24 gravures sur bois hors texte.

ROCHE-YVOIRE (LA), suivi de SANS BERCAIL, par Marguerite Levray; 21 gravures.

ROI DES REQUINS (LE), suivi de : UN BRELAN AMÉRICAIN, L'ANAÏA DU BRIGAND, par Karl May. Traduit de l'allemand par J. de Rochay; 15 gravures sur bois d'après Ferat et Mouchot.

ROME, ses églises, ses monuments, ses institutions, par M. l'abbé Roland, chanoine honoraire de Tours, membre de la société archéologique de Touraine, etc.; 34 grav.

SAINT LOUIS, SON GOUVERNEMENT ET SA POLITIQUE, par Lecoy de la Marche; 29 gravures.

SUR TERRE ET SUR L'EAU, Voyage d'exploration dans l'Afrique orientale, par Mgr Le Roy; 102 gravures.

TESTAMENT DU CORSAIRE (LE), Aventures de terre et de mer, par Edmond Neukomm et Gaston Dujarric; 27 gravures.

UN TOUR EN SUISSE, par Jacques Duverney; 46 gravures.

UNE VISITE AU PAYS DU DIABLE, Souvenirs de voyage, par Karl May; traduit par J. de Rochay; 23 gravures.

VIES DES SAINTS POUR TOUS LES JOURS DE L'ANNÉE, avec une pratique de piété pour chaque jour. Edition illustrée de 365 gravures d'après les dessins de Rahoult.

VOYAGES DANS LE NORD DE L'EUROPE : UN TOUR EN NORVÈGE, UNE PROMENADE DANS LA MER GLACIALE (1871-1873), par Jules Leclercq; 17 grav.

FORMAT GRAND IN-8° CARRÉ

(VOLUMES DE 304 PAGES, MESURANT 26 × 18)

Chaque volume est orné de nombreuses gravures.

Broché, couverture en couleurs.	2	»
Riche cartonnage, imitation de toile, tranche jaspée.	2	50
Riche cartonnage, imitation de toile, tranche dorée.	2	90
Percaline gaufrée, riches ornements, tranche dorée.	3	50

8 volumes dans la collection.

DIX ANS DE HAUT-TONKIN, par L. Girod ; 80 gravures.
ÉTÉ DE LA SAINT-MARTIN (L'), Souvenirs et rêveries du soir, par le marquis de Ségur ; 22 gravures.
★ **FIDÉLINE**, par Julie Lavergne ; 20 gravures.
★ **INDUSTRIES BIZARRES**, par Paul Bory ; 57 gravures.
★ **MES AVENTURES ET MES VOYAGES DANS L'ASIE CENTRALE**, par Arminius Vambéry, traduit de l'allemand par V. Tissot ; 20 gravures sur bois.
★ **PREMIERS SIÈCLES DU CHRISTIANISME** (LES), par Ferdinand Grimont ; 40 grav.
SAINTE GENEVIÈVE ET SON TEMPS ; 30 gravures et une carte.
YANKEES ET CANADIENS, Impressions de voyage en Amérique, par L. Lacroix, 1er aumônier du lycée Michelet ; 28 gravures.

FORMAT GRAND IN-8° — 2° SÉRIE

(VOLUMES DE 240 PAGES, MESURANT 25 × 16)

Chaque volume est orné de nombreuses gravures.

Broché, couverture en couleurs.	1	50		
Riche cartonnage, imitation de toile, tranche jaspée.	2	»		**Affr¹**
Riche cartonnage, imitation de toile, tranche dorée.	2	40	»	**75**
Percaline gaufrée, riches ornements, tranche dorée	3	»		

52 volumes dans la collection.

AGNÈS DE LAUVENS, ou Mémoires de sœur Saint-Louis, recueillis et publiés par Louis Veuillot.
A LA FERME DES GRANDES-ROCHES, Récit de veillées, par F.-A. Robischung.
ALSACE (L'), Souvenirs de la guerre de 1870-1871, par Guy Delaforest.
ANNIE DE KERVALLEC, par Pierre d'Arlay.
A TRAVERS MADAGASCAR INSURGÉE, Voyage et Aventures d'un aérostat, par Léo Dex et M. Dibos.
AUTOUR DE LA MEUSE ET DE L'ESCAUT, par Lucien Vigneron.
AUX PYRÉNÉES ET AUX ALPES, Voyages de vacances, par M. l'abbé Victor Martin.
BERTRAND DU GUESCLIN (HISTOIRE DE), comte de Longueville, connétable de France, d'après Guyard de Berville.
BRUNO, ou LES CHASSEURS D'OURS, par le capitaine Mayne-Reid ; traduit de l'anglais par Marie Guerrier de Haupt.
CHATELAINES DE ROUSSILLON (LES), ou le Quercy au XVIe siècle, par Mme la comtesse de la Rochère.
DERNIERS AUSTRALIENS (LES), par C. Améro ; 15 gravures.

DERNIER DES MOHICANS (le), de Fenimore Cooper. Adaptation et réduction à l'usage de la jeunesse, par A.-J. Hubert; 24 gravures sur bois.

EN CAPTIVITÉ CHEZ LES PIRATES TONKINOIS, par Méhier de Mathuisieulx.

EN FAMILLE, livre de lecture, par Victor Coupin, ancien chef d'institution, auteur de divers ouvrages d'éducation, et Albert Rénouf, élève de l'École normale, ancien professeur de l'Université.

ENFANTS DE PARIS (les), Esquisses d'après nature, par le marquis de Ségur.

ENFANT SANS NOM (l'), par Marie de Grandmaison, officier d'Académie.

ÉTATS-UNIS ET LE CANADA (les), par M. Xavier Marmier, de l'Académie française.

EXILÉS DANS LA FORÊT (les), Aventures d'une famille péruvienne au milieu des déserts de l'Amazone, par le capitaine Mayne-Reid; traduit de l'anglais par Marie Guerrier de Haupt.

★ **GRANDS MISSIONNAIRES FRANÇAIS DU XIXe SIÈCLE** (les), par Edme de Saint-Marcel.

HORS LA LOI, par Ariste Excoffon.

IMPRESSIONS ET SOUVENIRS D'UN VOYAGEUR CHRÉTIEN, par Xavier Marmier, de l'Académie française.

JACK LE PATRIOTE, par Sylva Consul.

JEUNES CHASSEURS DU NORD (les), par le capitaine Mayne-Reid, traduit de l'anglais par Marie Guerrier de Haupt.

JOSEPH HAYDN, Scènes de la vie d'un grand artiste; traduit de Franz Seebourg par J. de Rochay.

MADEMOISELLE DE LA GUETTIÈRE, par Marguerite Levray.

MARÉCHAL PÉLISSIER (le), duc de Malakoff, par P. F., professeur d'histoire.

MES PRISONS, ou Mémoires de Silvio Pellico; traduction par l'abbé J.-J. Bourassé.

MINA, ou les Épreuves d'une vie d'enfant; imité de Paul Hermann, par J. de Rochay.

NAUFRAGÉS AU SPITZBERG (les), ou les Salutaires effets de la confiance en Dieu, par L. F.

NINETTE BURATON, par Mlle Jeanne Ferrier.

ORPHELINE DE MOSCOU (l'), ou la Jeune institutrice, par Mme Woillez.

PATRICE HERROLD, par Charles Legrand.

PÈLERINAGES DE SUISSE (les), par Louis Veuillot.

PERSONNES ET CHOSES, par le marquis de Ségur.

PERVENCHE LENOIR, Nouvelle, par M. l'abbé J. Dominique.

★ **PETITE** (la), par Georges Pradel; illustrations d'Alfred Paris.

PETITS ET GRANDS PERSONNAGES, par le marquis de Ségur.

PEUPLES ÉTRANGES, Description des races humaines les plus singulières, par le capitaine Mayne-Reid; traduit de l'anglais par Marie-Guerrier de Haupt.

PORTRAITS ET NOTICES HISTORIQUES, par Mme Bourdon.

PROMENADES DANS LES PYRÉNÉES, par M. Jules Leclercq.

PUPILLE DE SALOMON (la), par Mlle Marthe Lachèse.

ROME ET LORETTE, par Louis Veuillot.

SAINT VINCENT DE PAUL (vie de), par Jean Morel.

SERMENT (le), ou l'Ambition stérile, épisode de la guerre d'Amérique (1861-1865), imité de l'anglais par Adam de l'Isle.

SIAM ET LES MISSIONNAIRES FRANÇAIS (le), par Adrien Launay, de la société des Missions étrangères.

TROIS LOUPS DE MER (les), roman historique, par Lucien Darville.

TUEUR DE DAIMS (le), de Fenimore Cooper. Adaptation et réduction à l'usage de la jeunesse, par A.-J. Hubert. Un volume orné de 24 gravures sur bois, d'après les dessins de Brun, Clair-Guyot et Zier.

UNE FAMILLE DANS LE DÉSERT, par le capitaine Mayne-Reid; traduit de l'anglais par Marie Guerrier de Haupt.
UN FRANÇAIS DANS LA FLORIDE, notes de voyage, par Edmond Johannet.
UN GRAND CHANCELIER. — Pierre des Vignes. — Récit historique, par le docteur Mathias Hœhler; traduit de l'allemand par J. de Rochay.
UNE TOURNÉE PASTORALE EN NORVÈGE, par Mgr Fallize, évêque d'Eluse et vicaire apostolique de la Norvège. Extrait des *Missions catholiques*.
VOYAGE A CEYLAN, par Franz Hoffmann; traduit, avec l'autorisation de l'auteur, par Mlle A. Simons.

FORMAT GRAND IN-8° — 3ᵉ SÉRIE

(VOLUMES DE 160 PAGES, MESURANT 25 × 16)

Chaque volume est orné de nombreuses gravures.

Broché, couverture en couleurs.	1 15	**Aff^r**
Riche cartonnage, imitation de toile, tr. jaspée	1 50	» **60**
Riche cartonnage, imitation de toile, tranche dorée.	1 70	

45 volumes dans la collection.

AIMÉE ROBERT, par Mlle Marie Poitevin.
ARTS DE LA JEUNE FILLE (les), par Arsène Alexandre.
BRIMBORION, Histoire d'un mousse, par Roger Dombre.
CHATELAINS DE COURTHENOY (les), par Marguerite Levray.
CINQ VERTUS DE TANTE ZABETH, par Aimé Giron.
CLAIRE D'ALVINIÈRE, par E. Pinson.
CLERGÉ SOUS LA TERREUR (le), par François Bournand.
DENISE LAUGIER, par Marthe Bertin.
DETTE DES ROBERT (la), par Mlle Marthe Lachèse.
DOUGLAS LE PIRATE, traduit de l'anglais par Massé-Viollet.
DRAMES DE LA MER (les), par Cinq-Étoiles.
ENFANTS BIEN ÉLEVÉS (les), par Mme la comtesse de Ferry.
EN ROUTE POUR LA BAIE D'HUDSON, par M. Proulx, missionnaire dans le vicariat apostolique de Pontiac.
ENTRE BOHÉMIENS, par Mme la comtesse André de Beaumont.
ÉTUDES ET SOUVENIRS, par l'abbé Barbier.
FÉBRONIA, par l'abbé Stanislas Berthier.
FÊTE DES CERISES (la), Récit historique, adaptation de l'allemand par Delaunay du Dézen.
GRANDE DAME, Histoire véritable, adaptée de l'allemand par Delauney du Dézen.
GRENIER DE LA VIEILLE DAME (le), par Mlle Louise Mussat.
HÉRITAGE DE TANTE MANON (l'), par Pierre Ficy.
HÉRITIÈRE DE PULCHÉRIE (l'), par Marie de Villemanne.
HÉROS PRÉCOCES, par Mme Marie de Grandmaison.
INVENTIONS ET DÉCOUVERTES, ou les Curieuses origines, par E. Soulanges.
JALOUSE, ou la Conversion de Loulou, par A. Alhix.
JOURNAL D'UNE PENSIONNAIRE (le), par Mlle A. Alhix.
KARL ET TRINETTE, par Mme Louise de Bellaigue, née de Beauchesne.
MARGUERITE OU MARGOT? par Marie Lecomte.
★ **MOULIN DE LA LANDE** (le), par P.-M. Vrignault.
MUGUETTE L'INDIENNE, ou les Amis de la France au Canada, par Georges Bremond.
★ **MUSIQUE EN FRANCE AU XIXᵉ SIÈCLE** (la), par Paul Gabillard.
NOBLES CŒURS (les), Souvenirs historiques, par Mme A. Sauquet.

PÊCHE ANECDOTIQUE (LA), par Pierre Bonnefont.
PIÉTÉ FILIALE ET FRATERNELLE, par F. P. B.
PORTRAITS JAUNES, Coréens, Japonais, Chinois; — SCÈNES DE LA VIE CHINOISE, par M. l'abbé Lucien Vigneron.
QUARTERONNE (LA), par W. Herchenbach; traduit de l'allemand par Mlle Simons.
RÉCITS D'UN OFFICIER D'AFRIQUE, par le capitaine Blanc.
ROBINSON RUSSE (LE), par Marc Anfossi, officier de l'Instruction publique.
ROI D'UN JOUR (LE), Esquisse de la vie française au XVe siècle, par Florence Wilford; traduit de l'anglais, avec l'autorisation de l'auteur, par J. de Clesles.
SIMPLICITÉ GRIMSEL, par Mlle Louise Mussat.
SORTIE DE PENSION (LA), Conseils aux jeunes filles, par Mme Marie de Grandmaison, officier d'Académie, lauréat de l'Académie française.
SOUVENIRS DE GUERRE, par le commandant Blanc.
TROP FAIBLE, par Marthe Bertin.
VACANCES DE GABRIELLE (LES), par Marie Lecomte.
VERS LE BIEN, par M. Themer.
VIEUX MAGISTER (LE), de Hauffmann, adaptation par Delauney du Dézen.

FORMAT GRAND IN-8° — 4e SÉRIE

(VOLUMES CARRÉS DE 144 PAGES, MESURANT 23×16)

Chaque volume est orné de nombreuses gravures.

Broché	» 95	**Affr^t**
Riche cartonnage, imitation de toile, tranche jaspée	1 25	» **60**
Riche cartonnage, imitation toile, tranche dorée	1 45	

20 volumes dans la collection.

ALEXANDRIE AU CAIRE (D'), par Victor Fournel.
AMBITION DE GERMAINE (L'), Journal d'une sœur aînée, par Pierre du Château.
BERNARDINE, par Henry Frichet.
CROQUIS DE GRÈCE ET DE TURQUIE (1896-1897), par Henri Avelot.
★ **DUC D'AUMALE** (LE), prince, soldat : UN GRAND SEIGNEUR AU XIXe SIÈCLE.
DOUZE CÉSAR (LES), par Roger Dombre.
FILLE DU BRAHMANE (LA), par Delauney du Dézen.
GÉNÉRAL BOURBAKI (LE), par François Bournand, ancien élève de l'école des hautes Études, lauréat de l'Institut et de la Société nationale d'encouragement au bien, professeur à l'École professionnelle catholique.
GEORGETTE, par Mlle Marguerite Levray.
GUY MAIN-ROUGE, suivi de : EL EMBAJADOR; — L'EXPIATION DE SALOMÉ; — LA CROIX SANGLANTE, par Charles Buet.
HÉRITIER DU DUC JEAN (L') par Champol.
LÉGENDE DU MONT-PILATE (LA), suivi de : LE NOEL DE BÉBÉ VICTOR; — LE DERNIER JOUR DE PHTA-NEHI; — HISTOIRES A DORMIR DEBOUT; — LES SEPT CHAMBRES DU DIABLE, par Charles Buet.
NOUVELLE PATRIE, par Charles Vincent.
SACRIFIÉE, par la comtesse de Beaumont.
★ **SŒURS DE GRANDS HOMMES**, par Mme Marie de Grandmaison, officier d'Académie.
SOUVENIRS DE CORSE, par Mme J. Beaulieu-Delbet.
★ **SOUVENIRS DU BEAU PAYS DE SAINT FRANÇOIS D'ASSISE**, par l'abbé Contenson, curé de Notre-Dame des Ardres.
UNE FAMILLE D'ÉMIGRÉS, par J. Gournay.
UNE FRANÇAISE CHEZ LES SAUVAGES, par Mme Goussard de Mayolle.
UN HÉROS DE LA SCIENCE MODERNE.

BIBLIOTHÈQUE

DE LA

JEUNESSE CHRÉTIENNE

FORMAT GRAND IN-8°

POUR LES CLASSES SUPÉRIEURES

(VOLUMES DE 368 PAGES MESURANT 25×16)

Chaque volume est orné de plusieurs gravures.

Broché, couverture en couleurs. . . . . 3 50   Affr^t
Percaline, reliure de bibliothèque, tranche jaspée. . . . . . . 5 »   » 85

16 volumes dans la collection.

CARACTÈRES DE LA BRUYÈRE (LES). Illustrations de V. Foulquier.
CARDINAL LAVIGERIE ET SES ŒUVRES D'AFRIQUE (LE), par l'abbé Félix Klein, professeur à l'Institut catholique de Paris.
CHANSON DE ROLAND (LA). Traduction précédée d'une introduction et accompagnée d'un commentaire, par Léon Gautier, membre de l'Institut, professeur à l'École des chartes. Ouvrage couronné par l'Académie des inscriptions et belles-lettres.
CHARITÉ CATHOLIQUE EN FRANCE AVANT LA RÉVOLUTION (LA), par A. Loth.
FRANCE SOUS PHILIPPE-AUGUSTE (LA), par Léon Gautier.
IMITATION DE JÉSUS-CHRIST, augmentée de réflexions, par Mgr Darboy. Très beau volume avec larges encadrements noirs.
INDO-CHINE, Souvenirs de voyage et de campagne (1858-1860), par le colonel de Ponchalon.
LÉGENDES RÉVOLUTIONNAIRES, par Edmond Biré.
MAITRES DE LA POÉSIE FRANÇAISE (LES), par Marius Sepet.
NOS SAVANTS, d'après leurs éloges académiques, par l'abbé Loridan.
ORAISONS FUNÈBRES DE BOSSUET (LES), suivies du Sermon pour la profession de Mme de la Vallière, du Panégyrique de saint Paul et du Sermon sur la vocation des Gentils ; avec des notices par M. Poujoulat. Illustrations de V. Foulquier.
PETITS CHEFS-D'ŒUVRE DES CONTEURS FRANÇAIS (Extraits), par E. Ragon.
UN HOMME D'ŒUVRES, Ferdinand-Jacques HERVÉ-BAZIN (1847-1889).
UN SEIGNEUR AU XIIIe SIÈCLE, Jean de Joinville, par le R. P. Bouttié, de la Compagnie de Jésus.
VIE CHARITABLE DE M. DE MELUN, fondateur de l'Œuvre des apprentis et des jeunes ouvrières, par Alexis Chevalier.
VIE DE SAINT MARTIN, évêque de Tours, apôtre des Gaules, par A. Lecoy de la Marche.

FORMAT IN-8° — 2° SÉRIE

(VOLUMES DE 240 PAGES, MESURANT 22×14)

Chaque volume est orné de plusieurs gravures.

Broché, couverture en couleurs. . . . . 1 »
Riche cartonnage, imitation de toile, tranche jaspée. . . . . . . 1 35   Affr¹
Riche cartonnage, imitation de toile, tranche dorée. . . . . . . 1 60   » 50
Percaline, ornements en or et noir, tranche dorée. 2 20

47 volumes dans la collection.

A BORD D'UN NÉGRIER, épisode de la vie maritime, tiré des *Voyages et Aventures* de L. Garneray.

ALDA, L'ESCLAVE BRETONNE; traduit de l'anglais par Mme L. de Montanclos.

AU TEMPS PASSÉ, Chroniques, par Marthe Lachèse.

BELLE OLONNAISE (LA), par Lucien Darville.

BENVENUTA, ou les Couleurs de l'arc-en-ciel; adapté de l'anglais d'Emma Marshall, par Francis Ergil.

BONHEUR DANS LE DEVOIR (LE), par Mme L. Boïeldieu d'Auvigny.

BRETAGNE ET GRANDE-BRETAGNE, ITALIE ET SICILE (1879-1883), par l'abbé Lucien Vigneron.

CHEVAUCHÉE EN PALESTINE, par Léonie de Bazelaire.

CHRISTIANISME EN ACTION (LE), Choix de nouvelles, par E. de Margerie.

CINQ ÉPÉES, BESSIÈRES, RADETZKY, DE GONNEVILLE, DAGOBERT ET DUGOMMIER, LEE, par le général Ambert.

CŒUR LOYAL, par Mlle Marie Guerrier de Haupt.

CONGO (LE), par Emmanuel Ratoin.

CONVERTIS CÉLÈBRES DU SIÈCLE DANS LE SACERDOCE (LES), par J. Argantel.

DEUX CHEMINS DU PARADIS (LES), Lettres de jeunes filles sous le règne de Dioclétien, par Gérald-Montméril.

DEUX COUSINES, par Mme Colette.

ENFANT GATÉE, par Marguerite Levray.

FEU DU CIEL (LE), histoire de l'électricité et de ses principales applications, par Arthur Mangin. Nouvelle édition, revue et mise au courant des récentes découvertes de la science, par H. G***.

FOI ET COURAGE, Notices sur quelques élèves de l'école Sainte-Geneviève tués à l'ennemi, par le R. P. Chauveau, de la Compagnie de Jésus.

FRANCE CATHOLIQUE EN ÉGYPTE (LA), par Victor Guérin, agrégé et docteur ès lettres, chargé de nombreuses missions scientifiques en Afrique et en Orient.

FRANCE CATHOLIQUE EN TUNISIE (LA), A MALTE ET EN TRIPOLITAINE. Établissements religieux fondés ou protégés par la France, par Victor Guérin, agrégé et docteur ès lettres, chargé de nombreuses missions scientifiques en Afrique et en Orient.

HISTOIRES VRAIES, par le marquis A. de Ségur.

ISABELLE LE TRÉGONNEC, par Marguerite Levray.

JOURNAL D'UN ADOLESCENT (LE), Livre de lecture, par MM. Victor Coupin et Albert Rénouf.

LOUISE MURAY, par A. Desves.

MAC MAHON, le Chevalier sans peur et sans reproche, par Léon Laforge, membre de l'académie d'Angers, de la Société d'histoire contemporaine de Paris, de la Société bibliographique.

★ **MARÉCHAL LANNES** (LE), duc de Montebello, prince souverain de Siévers (Pologne). Résumé de sa vie par son petit-fils Charles Lannes, duc de Montebello.

MARIAGE DE RENÉE (LE), par Marthe Lachèse, précédé d'une lettre de S. G. Mgr l'évêque d'Évreux.

MARIE-ANTOINETTE, REINE DE FRANCE (HISTOIRE DE), par J.-J.-E. Roy.

MARIE DE BOURGOGNE, par Mlle A. Gerbier.

ORPHELINE DE ROCHNIVELEN (L'), par Marie de Harcoët.

PAPES (LES), par le P. Marin de Boylesve, S. J.

PAUVRES ET RICHES, par Mme O. des Armoises.

PETITE TZIGANE (LA) ou l'Enfant perdue et retrouvée, par Louise Hautières.

REINE-MARGUERITE, ou une Famille chrétienne, par Mlle A. Desves.

SCIENCE A TRAVERS CHAMPS (LA), par Mlle Marie Maugeret.

SECRET DE FEU BERNARD (LE), par Arthur de Jancigny.

SEM, CHAM ET JAPHET, Voyage dans trois parties du monde, par M. l'abbé Lucien Vigneron.

SIMPLES HISTOIRES, par le marquis A. de Ségur.

SOLDAT ET APOTRE, par de Miramont.

SOLDATS FRANÇAIS (LES), par le général baron Ambert.

SOUVENIRS D'UN OFFICIER DE CHASSEURS A PIED, Extraits des Notices sur les élèves de l'école Sainte-Geneviève tués à l'ennemi.

SUR LES BORDS DU FLEUVE ROUGE, par Louis d'Estampes.

TEBSIMA, ou l'Exilé du désert, récits historiques et légendaires, par M. E. B***.

TRAPPEURS DU WYOMING (LES), par F.-J. Pajeken, traduit de l'allemand par Louis de Hessem.

UN RÉGENT D'ÉCOLE, tableau de mœurs strasbourgeoises à la fin du XVIIIe siècle, par Arthur de Jancigny.

VALÉRIE DE LIGNEUIL, par Mme la C^{sse} de Tilière, auteur de *Marie ou l'Ange de la terre*, de *Laure et Anna*, etc.

VRAI PATRIOTISME (LE), Notices sur quelques élèves de l'école Sainte-Geneviève tués à l'ennemi, par le R. P. Chauveau, de la Compagnie de Jésus.

FORMAT IN-8° — 3° SÉRIE

(VOLUMES DE 192 PAGES, MESURANT 22 × 14)

Chaque volume est orné de plusieurs gravures.

Broché, couverture en couleurs. . . . . » 75 **Affr^t**
Riche cartonnage, imitation de toile, tranche jaspée. . . . . . 1 » » **40**
Riche cartonnage, imitation de toile, tranche dorée. 1 25

41 volumes dans la collection.

AMIES D'ENFANCE, par Mme S. de Lalaing.

AU PAYS DES WOLOFS, Souvenirs d'un traitant du Sénégal, par Joseph du Sorbiers de la Tourrasse.

BERTHE, ou les Suites d'une indiscrétion, par Mme L. Boïeldieu d'Auvigny.

BLANCHE DE MARSILLY, Épisode de la révolution, par M. Albert Richard.

BOUGAINVILLE, par J.-J.-E. Roy.

BUCHERON DE LA VIEILLE MONTAGNE (LE), par Robischung.

CASSILDA, ou la Princesse maure de Tolède, d'après une légende espagnole, imité de l'allemand par M. l'abbé G. A. L.

CHRÉTIENS ET HOMMES CÉLÈBRES AU XIXᵉ SIÈCLE, par l'abbé A. Baraud. Première série.

CHRÉTIENS ET HOMMES CÉLÈBRES AU XIXᵉ SIÈCLE, par l'abbé A. Baraud. Deuxième série.

CHRÉTIENS ET HOMMES CÉLÈBRES AU XIXᵉ SIÈCLE, par l'abbé A. Baraud. Troisième série.

CONDAMNÉ VOLONTAIRE (LE), Roman judiciaire, par A. Jungst ; traduit de l'allemand par J. de Rochay.

CONFESSIONS D'UN MENDIANT (LES), suivi de : LE GARDE-FOU, — LES CONTES DU TROUVÈRE, — UNE PARISIENNE EN LIMOUSIN, — LE TRÉSOR DE SAINT-SÉBASTIEN, par Jean Grange.

DANS LA BROUSSE, Aventures au Tonkin, par Méhier de Mathuisieulx.

ÉDUCATION D'YVONNE (L'). [Dix ans.] Par Mˡˡᵉ Julie Gouraud.

ÉGLISE AFRICAINE ANCIENNE ET MODERNE (L'), par Jean de Prats.

EN BRETAGNE, par Ch. de la Paquerie.

FÉE DE LA MAISON (LA), par Marthe Bertin.

FERMIÈRE DE KERSAINT (LA), nouvelle villageoise, par E. Delauney.

★ **HIRONDELLE** (L'), suivi de : PHILÉMON ET BAUCIS, — CISKA DE CLERCY, — LES BRUYÈRES DE FRÈRE JEAN, par Mᵐᵉ Julie Lavergne.

HISTOIRE D'UNE JEUNE FILLE PAUVRE, par Théodore Bahon.

IVAN KRAPOUNIOFF, par Colette Yver.

JEAN BART, par Frédéric Kœnig.

JOUR DE NAISSANCE (LE), traduit de l'anglais par Jacques d'Albrenne.

LAURENTIA, épisode de l'histoire du Japon au XVIᵉ siècle, par lady G. Fullerton ; traduit de l'anglais par W. Fitz-Gerald.

LILI, par Suzanne de Cocquard.

MANUSCRIT D'UNE FEMME AIMABLE (LE), Souvenirs de jeunesse racontés par une vieille dame, par Remy d'Alta-Rocca.

MARCELLE LE BLÉZEC, par Mˡˡᵉ Marguerite Levray.

MARCHAND D'ANTIQUITÉS (LE), par E. Delauney.

MARIETTA, par Herchenbach ; traduit, avec l'autorisation de l'auteur, par Mˡˡᵉ Simons.

MARTIN PÈRE ET FILS, par E. Delauney du Dézen.

MEILLEURE PART (LA), Scènes de la vie réelle, par Mᵐᵉ V. Vattier.

MES BELLES ANNÉES, Tablettes d'une jeune fille, par Théodore Bahon.

MÉTAYER DU ROSSBERG (LE), par F.-A. Robischung.

PEAU-DE-MOUTON, par Roger Dombre.

RÉCITS DU XVIIᵉ SIÈCLE, Histoires et anecdotes, par Mᵐᵉ Marie-Félicie Testas.

RÉGISVINDIS, légende carolingienne, par Paul Lang ; traduite par Louis de Hessem.

SUR LA ROUTE DU POLE, par Leo Dex.

TOUT SEULS, par Pierre Ficy.

TROP SAVANTE, par Lucien Darville.

UNE HISTOIRE DE CIRQUE, par Mᵐᵉ la comtesse André de Beaumont.

VACANCES D'YVONNE (LES). [Douze ans.], par Mˡˡᵉ Julie Gouraud, auteur des *Mémoires d'une poupée*, etc.

FORMAT IN-8° — 4° SÉRIE

(VOLUMES DE 168 PAGES, MESURANT 22×14)

Chaque volume est orné de plusieurs gravures.

Broché.	» 65	**Afr'**	
Riche cartonnage, imitation de toile, tranche jaspée	» 80	» **85**	
Riche cartonnage, imitation de toile, tranche dorée	1 05		

36 volumes dans la collection.

AGNELLE, par Marguerite Levray.

ALLEMAGNE FRANÇAISE (L'), par M. l'abbé Lucien Vigneron.

AÎNÉ DE VEUVE, par H. de Courrèges.

ANCIENS GLACIERS (LES), par A. de Lapparent.

ARC-EN-CIEL (L'), suivi de : DEUX FLEURS, — LE PAVOT BLEU, — LE LIED DU CIEL, — LE VERNIS DES AMATI, — LES ROSES DE PROVINS, — LA CHANSON DE NUIT DU VOYAGEUR, — LA DENTELLE DES SIRÈNES, par Mme Julie Lavergne.

BLUETTE ET COQUELICOT, conte instructif pour les enfants, par Maurice Barr; illustrations par Bertall.

BRODEQUIN DE TALMA (LE), par Mme de Bellaigue.

CATASTROPHES CÉLÈBRES (LES), par H. de Chavannes de la Giraudière.

CHARITÉ (LA), par Mme Bourdon.

CIGALE OU FOURMI? par Marthe Bertin.

COURAGE D'ALICE (LE), suivi de : LE PAPILLON BLEU, par Mme Colette.

DAME EN BOIS (LA), Histoire d'un ventriloque, de sa fille et de ses poupées, par Roger Dombre.

DANIEL BONTOUT, par MM. Albert Renouf, ancien élève de l'École normale supérieure, ancien professeur de l'Université, et Victor Coupin, auteur de divers ouvrages d'éducation.

DIMANCHE EN ACTION (LE), par M. Fénelon Gibon, auteur de *la Croisade* et de *la Nécessité du Dimanche*.

ERMITE DE CLAMART (L'), par Nemours-Godré.

FIANÇAILLES D'ODILE (LES), par Ch. Dubois.

FLEURS DE FRANCE, Chroniques et légendes, par Mme Julie O. Lavergne.

★ **FLEURS DU MARTYRE** AU XIXe SIÈCLE, en Annam et en Afrique, par Edme de Saint-Marcel.

HÉRACLE, par Vassel de Fautereau.

LAC AUX HUITRES (LE), d'après l'allemand de Herchenbach, par l'abbé Gobat.

LEÇONS DE CHOSES MORALES, par Élise Noisenef.

LYDIE DARTEL, histoire contemporaine, par Mme Julie Lavergne.

MILLIONNAIRE ET BALAYEUR, d'après l'allemand de Herchenbach, traduit, avec l'autorisation de l'auteur, par l'abbé Gobat.

MON ÉVASION DES PONTONS, épisode tiré des *Neuf années de captivité* de Louis Garneray, peintre de marine.

ONCLE KASPER (L'), Souvenirs d'Alsace-Lorraine, par E. Delauney du Dézen.

PETITE-JOYEUSE, par Marguerite Levray.

PETITS LAROCHE (LES), par Marthe Bertin.

PIERRE, PAUL ET JACQUES, suivi de : L'EX-GENDARME JOLLIBERT, — LE PARAPLUIE DE TANTE SUZON, — L'HABIT DU PROFESSEUR, — L'ASSASSINAT DU PONT-ROMPU, par Jean Grange.

PROFILS PARISIENS, par Cat.

ROSE-DE-MAI, ou la Puissance de l'éducation religieuse, par Stéphanie Ory.
ROSE FERMONT, ou un Cœur reconnaissant, par Mme Vattier.
SCÈNES ET RÉCITS, par Jean Grange.
SCIENCE DU BONHEUR (LA), par Mme Bourdon.
SOURIS, par Mlle Louise Mussat.
TRÉSOR DU SOUTERRAIN (LE), par Jean Grange.
UNE GERBE D'HISTOIRES, par Marie Franc.

FORMAT PETIT IN-8° — 1re SÉRIE

(VOLUMES DE 144 PAGES, MESURANT 21 × 13)

Chaque volume est orné de plusieurs gravures.

Broché.	» 50	
Riche cartonnage, chromo avec reliefs, tranche blanche.	» 65	**Affr¹**
Riche cartonnage, imitation de toile, tranche jaspée.	» 65	» 35
Riche cartonnage, imitation de toile, tranche dorée	» 90	

35 volumes dans la collection.

A LA MER, par Mme Riboulet.
A NEUF ANS, par l'auteur de *Quand j'étais petite fille*, etc.; traduit de l'anglais par Mme C. Deshorties de Beaulieu, illustré par Frölich.
BRIGANDS DE MARATHON (LES), par E. Watbled.
DEUX SŒURS (LES), suivi de : UNE AVENTURE EN POLOGNE, imité de l'anglais par Adam de l'Isle.
DOUZE HISTOIRES, par Marie Guerrier de Haupt.
DUMONT D'URVILLE, par Fr. Joubert.
FAMILLE ET PATRIE, par Mme de Fallois.
FÉE DES ROCHES-GRISES (LA), par Mme A. Ferrand.
★ **FILLE DE MA FILLE** (LA), par Pierre du Château.
GRAND'MÈRE DE GILBERTE (LA), suivi de : LA MADONE DE MAILLERAS, par Mlle des Ages.
GRANDS AGRICULTEURS MODERNES (LES) : OLIVIER DE SERRES, — DUHAMEL-DUMONCEAU, — PARMENTIER, — MATTHIEU DE DOMBASLE, par Mme la C^sse Drohojowska.
GRANDS INVENTEURS MODERNES (LES). Télégraphie : AMONTONS, — CHAPPE, — AMPÈRE, — MORSE, — BABINET, — SUDRE, par Mme la C^sse Drohojowska.
GRAND TALENT ET GRAND CŒUR, Nouvelle historique d'après des documents inédits, par Gustave Vallat.
HENRIETTE, ou Piété filiale et Dévouement fraternel, par Stéphanie Ory.
HÉROS INCONNUS, par le capitaine Blanc.
HISTOIRE DE TANTE DOROTHÉE, par Marie-Ange de T***.
JOURNAL DE JULIE (LE), par M. Colonna.
MARIANNE, ou le Dévouement, par Marie-Ange de T***.
MÉNÉTRIER DE SAULEVILLE (LE), par Mme Julie Lavergne.
MIRALDA LA PETITE NÉGRESSE, ou le Rossignol noir de la Havane, d'après l'allemand de Herchenbach, par l'abbé Gobat.
MOZART, ou la Jeunesse d'un grand artiste, par Étienne Gervais.
NAVIGATION AÉRIENNE, par Arthur Mangin; nouvelle édition, entièrement refondue et mise au niveau des connaissances actuelles.

NOCES D'OR DU GRAND-PÈRE (les), par Jean Grange.
OISEAUX ET FLEURS, par Mme Henri Langlois.
PETIT DUC (le), ou Richard sans Peur, par l'auteur de l'*Héritier de Redclyffe*; traduit de l'anglais par Mme Charles Deshorties de Beaulieu.
POUCETTE, imité de l'anglais, par Camille de Saint-Aubin.
RÉCITS AMÉRICAINS, par Xavier Marmier, de l'Académie française.
RÉCITS DE LA GRAND'MÈRE (les), par Hoffmann.
SAVANT A L'ÉCOLE (le), suivi de : Madame Guimauve, — la Cloche, — le Premier voyage d'Hermann Trotter, — Sonate en ut mineur, — le Chêne de Rocheboise, par Mme Julie Lavergne.
SIMPLES RÉCITS, par A. Thilma.
TATIANA DOUKOF, par Marthe Bertin.
THOMAS MOORE ET SON ŒUVRE IMMORTELLE, par Gustave Vallat.
TROIS HOMMES DE CŒUR, Larrey, Daumesnil, Desaix, par le général Ambert.
UNE DETTE DE CŒUR, par Camille d'Arvor.
VANDA, Journal d'une Petite-Russienne, par Marie Guerrier de Haupt.

FORMAT PETIT IN-8° — 2ᵉ SÉRIE

(VOLUMES DE 96 PAGES, MESURANT 21 × 13)

Chaque volume est orné de plusieurs gravures.

Riche cartonnage, imitation de toile, tranche jaspée . . . . » 50 **Afr**^r
Riche cartonnage, chromo avec reliefs, tranche blanche . . . . » 50 » 30

34 volumes dans la collection.

ABANDONNÉE, par E. Y.
ANNETTE, ou la Petite ménagère, par Marie-Ange de T***.
BAPTÊME DE FEU, par Louise Mussat.
BONNE D'ENFANTS, histoire d'un éléphant, par Roger Dombre.
CADEAUX DE LA TANTE ZOÉ (les), suivi de : le Titre perdu; imité de l'anglais, par Adam de l'Isle.
CAPORAL SANS-PEUR (le), suivi de : Récompense d'une bonne action, — Pour la patrie, — Sur la Côte normande, — Victor le Menteur, — la Leçon de Frantz, par Mme de Paloff.
CHAMBRE DE VERRE (la), par Roger Dombre.
CHEZ LES PEAUX-ROUGES, récits de chasse, par Bénédict-Henry Révoil.
CONSTANCE DE BLANCHEVILLE, Récit historique. Adaptation par E. Delauney du Dézen.
DÉCEPTIONS DE SARA (les), par E. Delauney du Dézen.
DÉFAUTS ET VERTUS, par Mme Marie-Félicie Testas.
DEUX SŒURS DE LAIT (les), par Gustave Vallat.
DOCTEUR BERNARD (le), suivi de deux Nouvelles, par Alexis Muenier.
FIANCÉE DU ROMAIN (la), traduit de l'allemand, par Mlle Simons.
FILLES DU LAPIDAIRE (les), par Maurice Barr.
FOLLA, par Roger Dombre.
HISTOIRE D'UN PETIT MUSICIEN, par E. Mathieu.
HUIT JOURS DE LIBERTÉ, par Étienne Lenclos.

IL ÉTAIT UNE BERGÈRE, par Louise Hameau.
JEUNE ARTISTE EN FLEURS (LA), par Stéphane.
MADEMOISELLE ARTABAN, par Camille d'Arvor.
MAISON REGRETTÉE (LA), par Céline Eniagar.
MICHEL LE MÉCHANT ET SA VICTIME, par Florence Montgomery.
MOÏNA, par Marcel Gastineau.
MUR DU VOISIN (LE), par Marie Guerrier de Haupt.
QUATRE NOUVELLES HISTORIQUES, par Marie Guerrier de Haupt.
SILVIA, L'ÉTOILE D'ÉCIJA, par Herchenbach; traduit de l'allemand par Mlle A. Simons.
SOIRÉES DU PÈRE BIDOU (LES).
SOUVENIRS DE L'OBERLAND BERNOIS ET DE LA SUISSE CENTRALE, suivi de : UN PÊCHEUR VOSGIEN SUR UNE ÎLE FLOTTANTE, par F.-A. Robischung.
STATUES DU LUXEMBOURG (LES), par Marie-Ange de T***.
TRIBULATIONS D'UNE ENFANT MAL ÉLEVÉE (LES), racontées par elle-même.
UNE SINGULIÈRE GAGEURE, par Marie Guerrier de Haupt.
VACANCES DE NATALIE (LES), par Mme V. Vattier.
VIEUX PORTRAIT (LE), par Lucie des Ages.

NOUVELLE COLLECTION

FORMAT PETIT IN-8° — 3e SÉRIE
SÉRIE ÉDIFIANTE

(VOLUMES DE 96 PAGES, MESURANT 21 × 15)

Chaque volume est orné de plusieurs gravures.

Riche cartonnage, imitation de toile, tranche jaspée. . . . . . . » 50   Aff^t » 30

9 volumes dans la collection.

★ **DEUX HOMMES DE BIEN** : ARMAND DE MELUN et HONORÉ ARNOUL.
★ **DEUX SERVANTES DES PAUVRES** : JEANNE JUGAN et SŒUR ROSALIE.
★ **DÉVOUEMENT DES HUMBLES** (LE).
ÉPICIER DE LA DROME (L'), FÉLIX LONGUEVILLE. Notice biographique, par l'abbé Cyprien Perrossier, archiviste diocésain de Valence.
★ **FIGURES DE MARTYRS** : Mgr DARBOY, l'abbé DEGUERRY, l'abbé PAUL SEIGNERET.
LAMPE DU SANCTUAIRE (LA), traduit du cardinal Wiseman.
★ **LE SAINT DE L'ARMÉE** : LE GÉNÉRAL DE SONIS, 1825-1887.
★ **UN SOLDAT DU PAPE AU XIXe SIÈCLE** : GÉNÉRAL DE LA MORICIÈRE.
UN SOLDAT MARTYR (Saint SÉBASTIEN), récit historique, par Herchenbach, traduit de l'allemand par l'abbé Gobat, du diocèse de Bâle.

FORMAT IN-12 — 1ʳᵉ ET 2ᵉ SÉRIES

(VOLUMES DE 288 PAGES, MESURANT 19×12)

Chaque volume est orné de plusieurs gravures.

Broché..	1 »	
Riche cartonnage, imitation de toile, or et noir, tranche jaspée..	1 20	Affr¹
Percaline gaufrée, riches ornements, tranche jaspée........	1 50	» 40
Percaline gaufrée, riches ornements, tranche dorée........	1 90	

15 volumes dans la collection.

AVENTURES DE ROBINSON CRUSOÉ, traduit de Daniel de Foë; nouvelle édition illustrée, 24 gravures sur bois d'après K. Girardet; 2 volumes.

CHANOINE SCHMID (OEUVRES CHOISIES), 1ʳᵉ Série, contenant: MARIE, OU LA CORBEILLE DE FLEURS, — ROSE DE TANNEBOURG, — LE JEUNE HENRI.

CHANOINE SCHMID (OEUVRES CHOISIES), 2ᵉ Série, contenant : GENEVIÈVE, — LA VEILLE DE NOEL, — LES OEUFS DE PAQUES.

CHANOINE SCHMID (OEUVRES CHOISIES), 3ᵉ Série, contenant : FERNANDO, — AGNÈS, — LE SERIN, — LA CHAPELLE DE LA FORÊT.

CHANOINE SCHMID (OEUVRES CHOISIES), 4ᵉ Série, contenant : LE BON FRIDOLIN, — THÉODORA — LA GUIRLANDE DE HOUBLON.

CHATELAINES DE ROUSSILLON (LES), ou le Quercy au xvIᵉ siècle, par Mᵐᵉ la comtesse de la Rochère.

FABLES CHOISIES DE LA FONTAINE; illustrations de Grandville.

JEANNE D'ARC, par M. Marius Sepet, ancien élève de l'École des chartes.

LOUIS XI ET L'UNITÉ FRANÇAISE, par Charles Buet.

NAUFRAGÉS AU SPITZBERG (LES), ou les Salutaires effets de la confiance en Dieu, par L. F.

ORPHELINE DE MOSCOU (L'), ou la Jeune institutrice, par Mᵐᵉ Woillez.

ROBINSON SUISSE (LE), ou Histoire d'une famille suisse naufragée; édition illustrée de 24 gravures sur bois d'après K. Girardet; 2 volumes.

UN VOYAGE DE FARFADETS, par Marthe Bertin.

FORMAT IN-12 — 3ᵉ SÉRIE

(VOLUMES DE 144 PAGES, MESURANT 19×12)

Chaque volume est orné de plusieurs gravures.

Broché...	» 35	Affr¹
Riche cartonnage, imitation de toile, or et noir, tranche jaspée..	» 45	» 30
Riche cartonnage, imitation de toile, or et noir, tranche dorée..	» 60	

41 volumes dans la collection.

BIBLIOTHÈQUE ÉDIFIANTE

BIENHEUREUX JEAN-GABRIEL PERBOYRE (VIE ET MARTYRE DU), prêtre de la Congrégation de la mission Saint-Lazare, mort pour la foi en Chine, par Joseph Boucard.

DON BOSCO, par Jeanniard du Dot.

ENFANTS DE LA BIBLE (LES), par l'abbé Knell, du diocèse de la Rochelle.

GARCIA MORENO, par Jeanniard du Dot.

GROTTE DE LOURDES (HISTOIRE DE LA), par l'abbé A. Aubert, du diocèse d'Angers.

JEUNES SAINTES (1ʳᵉ série), par M. l'abbé J. Knell, du diocèse de la Rochelle.

JEUNES SAINTES (2e série), par M. l'abbé J. Knell, du diocèse de la Rochelle.
LÉON XIII (HISTOIRE DU PAPE), racontée à la jeunesse, par l'abbé A. Aubert.
MERVEILLES DE PARAY-LE-MONIAL (LES), par l'abbé A. Aubert.
MONTAGNE DE LA SALETTE (HISTOIRE DE LA), par l'abbé A. Aubert.
MORALE PRATIQUE, enseignée par l'exemple à la jeunesse française, par G. de Gerando.
NOTRE-SEIGNEUR JÉSUS-CHRIST (VIE DE), d'après l'Evangile et la tradition, par M. l'abbé Verger, du diocèse de Tours.
SAINT ANTOINE DE PADOUE, par Joseph Boucard.
SAINT BENOIT (VIE ET MIRACLES DE), Moine et fondateur de l'Ordre des Bénédictins, par Joseph Boucard.
SAINT DOMINIQUE, fondateur des Prêcheurs, d'après les documents de son siècle, par l'abbé Pradier.
SAINTE ÉLISABETH DE HONGRIE (HISTOIRE DE), par D. S.
SAINT FRANÇOIS D'ASSISE, par M. l'abbé Verger.
SAINT FRANÇOIS DE PAULE, fondateur des Minimes, par M. l'abbé Pradier.
SAINT FRANÇOIS DE SALES (VIE DE), instituteur de l'ordre de la Visitation Sainte-Marie, par Marsollier.
SAINT FRANÇOIS XAVIER (VIE DE), apôtre des Indes et du Japon.
SAINTE GENEVIÈVE, PATRONNE DE PARIS (VIE DE), par D. S.
SAINT IGNACE DE LOYOLA (VIE DE), par E. Peltier.
SAINT LOUIS, ROI DE FRANCE (HISTOIRE DE), par de Bury.
SAINT LOUIS DE GONZAGUE (VIE DE), de la Compagnie de Jésus, par le P. Virgile Ceprari, traduite par M. Galpin.
SAINT MARTIN, ÉVÊQUE DE TOURS (HISTOIRE POPULAIRE DE), par N. Cruchet et A.-H. Juteau.
SAINTS PATRONS DE L'AGRICULTURE (LES), par le Cte de Grimouard de Saint-Laurent.
SAINTS PATRONS DE L'ENFANCE (LES), par le Cte de Grimouard de Saint-Laurent.
SAINT PAUL, APOTRE DES GENTILS (HISTOIRE DE), par D. S.
SAINT PIERRE FOURIER, curé de Mattaincourt, réformateur et fondateur d'ordres religieux, par A. Jeanniard du Dot.
SAINT PIERRE, PRINCE DES APOTRES ET PREMIER PAPE, par M. l'abbé Janvier, doyen du chapitre de l'église métropolitaine de Tours.
SAINTE THÉRÈSE, d'après les auteurs espagnols et les historiens contemporains, par M. de Villefore.
SAINT VINCENT DE PAUL, instituteur de la congrégation de la Mission et des Filles de la Charité, d'après M. Collet.
SANCTUAIRES DES PYRÉNÉES (LES). Pèlerinages d'un catholique irlandais, traduit de l'anglais de Denys-Shyne Lawlor, esq., par Mme la Csse L. de l'Écuyer.
SŒUR CATHERINE LABOURÉ et la Médaille miraculeuse, par Joseph Boucard.
SOUVENIRS DE CHARITÉ, par le comte de Falloux, de l'Académie française.
TERRE SAINTE (LA), Souvenirs et impressions d'un pèlerin, par M. l'abbé Rampillou.
TRÈS SAINTE VIERGE (VIE DE LA), par M. l'abbé Bourassé, revue et abrégée par M. l'abbé P. Verger, curé-doyen de Saint-Julien de Tours.
VÉNÉRABLE JEAN-MARIE-BAPTISTE VIANNEY, CURÉ D'ARS (LE), par Jeanniard du Dot.
VIES DES SAINTS DE L'ATELIER (1re série), contenant : SAINT ÉLOI, par A.-F. Ozanam; SAINT JOSEPH, par Michel Cornudet; SAINT CRÉPIN, par le même; SAINT CLOUD, par René de Saint-Mauris; SAINT THÉODOTE, par Roger de Beaufort; SAINT GALMIER, par le même.
VIES DES SAINTS DE L'ATELIER (2e série), contenant : SAINT THÉOBALD, par Roger de Beaufort; SAINT MÉDARD, par Léon Lefébure; SAINT MARCEL, par Laurent Laporte; SAINT FIACRE, par Roger de Beaufort; SAINT AQUILAS, par le même.
VISITES DES ANGES (LES), traduit de l'anglais par W. Fitz-Gerald.

FORMAT IN-12 — 4ᵉ SÉRIE

(VOLUMES DE 144 PAGES, MESURANT 19 × 12)

Chaque volume est orné de plusieurs gravures.

Broché...	» 35		
Riche cartonnage, imitation de toile, or et noir, tranche jaspée..	» 45	**Affr¹**	
Riche cartonnage chromo, avec reliefs, tranche blanche......	» 45	» **25**	
Riche cartonnage, imitation de toile, or et noir, tranche dorée..	» 60		

34 volumes dans la collection.

CHAGRINS D'ARLETTE (LES), adaptation par E. Delauney du Dézen.
CŒUR D'OR, imité de l'anglais par E. Delauney.
COLLIER D'HÉLÈNE (LE), suivi de : QUAND ON EST HONNÊTE, — LE BEAU PETIT PRINCE, — L'AGNEAU MORT, par Remy d'Alta-Rocca.
DEUX PRIX DE VERTU, par Édouard de Lalaing.
ÉCOLIER VERTUEUX (L'), par M. l'abbé Proyart.
ÉLISE ET CÉLINE, ou une Véritable amie, par Stéphanie Ory.
ENSEVELIS SOUS LA NEIGE, traduit de l'anglais, par M. R. V.
EXCURSIONS DE VACANCES, traduit de l'anglais par Louis Deshorties de Beaulieu.
FILLE DU RÉGISSEUR (LA), par Mme Chéron-Labruyère.
FORGERON DES CHAUMETTES (LE), par Mme Madeleine Prabonneaud.
GÉNÉRAL DROUOT (LE), par le général Ambert.
HÉRITIÈRE (L'), suivi de : APRÈS LES ORAGES, — TROP TARD ! — FLEURS D'HIVER, — PAR LA FENÊTRE, — LES VIOLETTES DE PAQUES, — MON PREMIER REMORDS, — SOUS LE FIGUIER, — LES TROIS COURONNES, — LE CHATIMENT, — LA BAGUE DE PEAU D'ANE, par Mlle Marie Didier.
HOMME DU PHARE (L'), par Roger Dombre.
ISOLA, par Roger Dombre.
JACQUES CARTIER, par Mériem.
JUIVE DE GIBRALTAR (LA), Récit historique, par le R. P. Muiñez, de l'ordre des Augustins, traduit de l'espagnol, avec l'autorisation de l'auteur, par Albert Larthe.
LOIN DU NID, par M. Besançon.
MADEMOISELLE DE KERGRUN, par Remy d'Alta-Rocca.
MARÉCHAL FABERT (LE), par Théophile Ménard.
MIGNONNE, par Pierre du Château.
NELLY, ou la Fille du médecin, par A.-E. de l'Étoile.
NID PATERNEL (LE), par Lucie des Ages.
PASSEUR DE MARMOUTIER (LE) OU L'ÉVASION DU DUC DE GUISE, par J. Girard.
PÉRINE, par Marie-Ange de T***.
PETIT PINSON, par Marthe Bertin.
PRINCESSES ARTISTES (LES), par A. Valabrègue.
SABOTIER DE MARLY (LE), Épisode de la jeunesse de Louis XIV, par J. Girard.
SECRET DE MADELEINE (LE), par Marie-Ange de T***.
SYMPATHIQUE, par Camille de Saint-Aubin.
TROIS JOURS DE LA VIE D'UNE REINE (1770-1793), par Xavier Marmier, de l'Académie française.
UNE HEURE INSTRUCTIVE ET AMUSANTE, par Mlle Marie O'Kennedy; ouvrage couronné par la Société d'instruction et d'éducation populaires.
UNE JEUNE CHATELAINE AU XVIIᵉ SIÈCLE, par Mme Julie Lavergne.
★ **UN PENSIONNAT D'AUTREFOIS**, par Émile Gossot; 6 gravures.
VISITE DE CHARLOTTE (LA), par Mme Deshorties de Beaulieu.

FORMAT IN-12 — 5ᵉ SÉRIE

(VOLUMES DE 108 PAGES, MESURANT 19 × 12)

Chaque volume est orné de plusieurs gravures.

Broché.	» 25	**Affr**ˢ
Riche cartonnage, chromo en reliefs, tranche blanche.	» 40	» **20**
Riche cartonnage, imitation de toile, tranche jaspée.	» 40	

49 volumes dans la collection.

AMIS DE MICHEL (LES), par M. Maisonneuve.

CHATEAU DES ESPRITS (LE), Contes d'outre-Rhin, traduits par M. l'abbé Gobat.

CONTES A MON FILS, par Gaston Bonnefond.

ENFANTS DE LA MER (LES), par G. Delauney.

FLEURS HISTORIQUES ET LITTÉRAIRES, par Mˡˡᵉ Marie O'Kennedy; ouvrage couronné par la Société d'instruction populaire.

FORTUNE DE CYPRIEN (LA), par Camille d'Arvor.

HEURES RÉCRÉATIVES, Petits contes selon l'esprit du chanoine Schmid, par Henri Schwarz, traduits par M. l'abbé Gobat.

HISTOIRE D'UNE CHATTE, racontée par elle-même. Nouvelle traduite de l'anglais par Gustave Vallat, docteur ès lettres.

★ **IDÉES DE SIMONE** (LES); suivi de : AU CLAIR DE LA LUNE, — LES QUATRE MENDIANTS, — ORIGINE DE POLICHINELLE, par Mᵐᵉ Marie de Grandmaison.

INFLUENCE DE MARTHE (L'), par Lucie des Ages.

JACOPO, suivi de : UN RAYON DE SOLEIL, nouvelles.

JALOUSIE D'UNE SŒUR (LA), par Marie-Ange de T***.

LÉGENDES PÉRUVIENNES, par F. Duine.

MAITRE DE L'ŒUVRE (LE), par la baronne S. de Boüard.

PETIT CONTEUR ALLEMAND (LE), d'après le texte allemand de Henri Schwarz.

PETITE MENDIANTE (LA), par P. Marcel, suivi de : LE NID D'AIGLE, — LES PETITS BUCHERONS, — LE PETIT MUSICIEN, par A. M.

POIDS D'UN MENSONGE (LE), par A. Alhix.

ROSES DE DOROTHÉE (LES), par la baronne S. de Boüard.

TROIS SINGES, Nouvelle traduite de l'anglais par Gustave Vallat.

VALLÉE D'ALMÉRIA (LA), par M. E. W.

VIEUX CONTES, par Ichazo.

VOYAGE AUTOUR DE L'ANNÉE, par Marie Guerrier de Haupt.

YVONNETTE, par Lucie des Ages.

ŒUVRES DU CHANOINE SCHMID

AGNÈS, ou la Petite Joueuse de luth.
BAGUE TROUVÉE (LA), ou les Fruits d'une bonne éducation.
CENT PETITS CONTES pour les enfants.
CHARTREUSE (LA).
CROIX DE BOIS (LA).
EUSTACHE, Épisode des premiers temps du christianisme.
FAMILLE CHRÉTIENNE (LA).
FERNANDO, Histoire d'un jeune Espagnol.
FRIDOLIN (LE BON) ET LE MÉCHANT THIERRY.
FRIDOLINE (LA BONNE).
GENEVIÈVE.
GUIRLANDE DE HOUBLON (LA).
HENRI (LE JEUNE).

ITHA, comtesse de Toggenbourg.
LOUIS, le petit émigré.
MARIE, ou la Corbeille de fleurs.
MOUTON (LE PETIT), suivi du VER LUISANT.
NOUVEAUX PETITS CONTES.
ŒUFS DE PAQUES (LES), suivi de THÉODORA.
ROSE DE TANNEBOURG.
ROSIER (LE), suivi de la MOUCHE.
ROSSIGNOL (LE), suivi des DEUX FRÈRES.
SEPT NOUVEAUX CONTES.
SERIN (LE), suivi de LA CHAPELLE DE LA FORÊT.
THÉOPHILE, le petit ermite.
VEILLE DE NOEL (LA).

FORMAT IN-12 — 6° SÉRIE

POUR LE JEUNE AGE

(VOLUMES DE 72 PAGES, MESURANT 19 × 12)

Chaque volume est orné de plusieurs gravures.

Cartonnage, imitation de toile, or et couleurs, tranche jaspée.   » 30   **Affr¹**   » 20

34 volumes dans la collection.

AMI DE TOTI (L'), par A. Alhix.
BOITE AU LAIT (LA), par Mme Marie-Félicie Testas.
CHIEN ET CHAT, suivi de : LE NID DE PERDRIX, — LA PROMENADE, — LES BONBONS, — LA TERRE QUI TOURNE, par M. de Chavannes.
CONTES ROSES, par Marie Thiéry.
CONTES RUSSES, traduits du prince ODOIESKI, par Leroy.
CONVERSATIONS ENFANTINES, par Mlle Anna Deriège.
DEUX ORPHELINES, par René Sosta.
DEUX VOITURES (LES), par Marie Guerrier de Haupt.
FOUET DE POSTE (LE), suivi de : LA FERME BRULÉE, — LE DOIGT COUPÉ, — PAUL ET FRANCIS, — LE CAFÉ, — LE POIVRE, — LE CHOCOLAT ET LE SUCRE, par M. de Chavannes.
GAIETÉS ET TRISTESSES, Nouvelles, par Mme Blanche de Rivière.
IDÉES D'ENFANTS, suivi de : UN COUP DE COMMERCE, — QUATRE JOURS DE PLUIE, — LA VENGEANCE D'ANDRÉ, — LES LEÇONS DE DANSE D'ÉMILE, par Marie Lecomte.
LAURE ET LAURETTE, suivi de : LA TENDRESSE D'UNE SOEUR, par Mme la comtesse de la Rochère.
LE PARESSEUX ET LE TRAVAILLEUR, suivi de : LE SINGE ET LE SOMNAMBULE, — CURIOSITÉ ET INDISCRÉTION, par Mme C. G.
LOUISE THOMAS, par M. Maisonneuve.
★ MARRAINE DE MARTHE (LA), par Mlle Le Jeune.
MÉMOIRES DE JEAN, par Maria de Fos.
MENDIANT DE CONSTANTINOPLE (LE), par Frédéric Kœnig.
MON AMIE JEANNE, par Mlle Marie Poitevin.

MON FRÈRE JEAN, suivi de : COMMENT J'AI AIMÉ LA GÉOGRAPHIE, — LES MALADRESSES DE FANCHE, par Marie Lecomte.

NEVEUX DE TANTE GERMAINE (LES), par Mme Lucie des Ages.

PAQUERETTE ET BOUTON-D'OR, suivi de : L'HIRONDELLE, — LA COURSE, — LA FABLE, par Mme C. G.

PÈRE CONTE-TOUJOURS (LE), récits d'un vieux matelot, par Marie Güerrier de Haupt, lauréat de l'Académie française.

PETITS GARÇONS ET PETITES FILLES, par Remy d'Alta-Rocca.

PETIT LUDOVIC (LE), suivi de : LE BALLON, — LES CHIFFONS, — LES CERISES, par M. de Chavannes.

PETIT TURBULENT (LE), suivi de : LA CHENILLE, — LA TARTE A LA CRÈME, — CLOTILDE, — MOUSTACHE OU L'ENFANT VOLÉ, par Mme C. G.

PLAISIRS DU BORD DE LA MER (LES), par C. G.

ROSES DE MON PARRAIN (LES), suivi de six autres nouvelles, par Mary Léon.

SABOTS DE MARIE-ANNE (LES), par Mme Vattier.

SERVANTE DU NOTAIRE (LA), par la baronne S. de Boüard.

TANTE VÉRONIQUE (LA), Récits, par Mme Marie-Félicie Testas.

TRÉSOR DE JEAN LOUPEAU (LE), suivi de cinq autres nouvelles, par Eugène Muller.

UNE MOSAIQUE, cinq historiettes, par Eugène Muller.

VERTU ET MISÈRE, suivi de divers autres contes, par Louis de Tesson.

YEYETTE LA TRICHEUSE ET DAME JEANNE LA COQUETTE, par Maria de Fos.

FORMAT PETIT IN-12

(VOLUMES DE 72 PAGES, MESURANT 17 × 11)

Chaque volume est orné de plusieurs gravures.

Riche cartonnage, imitation de toile, tranche jaspée . . . . » 25 **Affr^c**
Riche cartonnage, chromo, tranche blanche. . . . . » 25 » **15**

32 volumes dans la collection.

AIEULE (L'), par la baronne S. de Boüard.

BONS PETITS CŒURS, par M. Maisonneuve.

BRACONNIER DE GOUEBON (LE), par Mme Fanny de Mouzay.

CABANE DU BUCHERON (LA), par L***.

CASSETTE DE BIJOUX (LA), suivi de divers autres contes, par Mme la comtesse de la Rochère.

CATHERINE, ou le Trésor de la maison, par Maurice Barr.

COMÉDIE AU PENSIONNAT (LA). Deux vaudevilles pour jeunes filles : LA FÊTE D'UNE MÈRE, — LA FIN DES VACANCES, par Marie Guerrier de Haupt.

COUSINE MADELON (LA), par Marie Guerrier de Haupt.

EMMA L'ORGUEILLEUSE, par Mme C. G***.

ÉPINGLES A LA CHANDELLE (LES), par Marie Guerrier de Haupt.

FEMME INTRÉPIDE (LA), suivi de plusieurs contes; traduit de l'allemand, par M. l'abbé Gobat.

GAMIN DE PARIS, ou le Choix d'un état, par Stéphanie Ory.

★ **GROS SECRETS DE GRAND'MAMAN** (LES), par Mme Marie de Grandmaison; 13 gravures.

HEUREUSE FAMILLE (L'), par Mme Élise Franck.
HONNÊTE OUVRIER (L'), suivi de divers autres contes, par Mme la comtesse de la Rochère.
HYACINTHE, ou le Secret bien gardé, par Mme Marie-Félicie Testas.
ILE ENCHANTÉE (L'), par Mme la comtesse de la Rochère.
JEUNE MEUNIÈRE (LA), par Mme Camille Lebrun.
LIVRE DE PETIT-JEAN (LE), par Frichet.
MAITRE HEINRICH, LE JOYEUX PETIT TAILLEUR (HISTOIRE DE), par Marie Guerrier de Haupt.
MISS CENDRILLON, par la baronne S. de Boüard.
MOULIN DE MAITRE BÉNÉDICT (LE), par Mme de Paloff.
NID D'AIGLE (LE), ou les Enfants courageux, par A. M.
NOEL DE JOSÉ (LE), par M.-A. Alhix.
NUAGES BLEUS (LES), par Mme C. G***.
PART DU PAUVRE (LA), par Alexis Muenier.
PETITE ÉTOURDIE (LA), par Stéphanie Ory.
PETIT FANFARON (LE), par Mme la comtesse de la Rochère.
PETITS NATURALISTES (LES), par M. de Chavannes de la Giraudière.
POULES DE LA VEUVE (LES), suivi de divers autres contes, par M. Louis de Tesson.
SOIRÉES INSTRUCTIVES ET AMUSANTES, par Mme de ***.
VIOLON DE JACQUES (LE), par Marie Thiéry.

FORMAT IN-18

(VOLUMES DE 72 PAGES, MESURANT 15 × 9)

Chaque volume est orné de plusieurs gravures.

Riche cartonnage, chromo, tranche blanche . . . . » 22 Affr^t
Riche cartonnage, imitation de toile, tranche jaspée. . . . . . . » 22 » 10

30 volumes dans la collection.

ANNETTE LA RIEUSE, par Marie Guerrier de Haupt.
BERTHILDE, par Mme la comtesse de la Rochère.
BETHLÉHEM (LE), par Mme Élise Woïart.
BOSSU COURAGEUX (LE), par C. G***.
BOUTON-DE-ROSE, par Mme de Paloff.
CINQ ANS DE MONSIEUR PAUL (LES), par M. Maisonneuve.
COURONNE DE ROSES (LA), par Mme la comtesse de la Rochère.
DÉBUTS DE GROS JEANNOT (LES), par M.-A. Alhix.
DÉNICHEURS D'HISTOIRES (LES), par Marie Guerrier de Haupt.
DÉSOBÉISSANCES DE JEANNETTE (LES).
DOUCE INFLUENCE, par M. Maisonneuve.
ÉDOUARD ET HENRI, par Mme E. V.
FAMILLE MIMITON (LA), par M. Maisonneuve.
FANNY ET SON CHIEN NEPTUNE, par Louise Lambert.
FÊTE DE BON PAPA (LA), par M. Maisonneuve.
FLUTE BRISÉE (LA).

MARMITON ROUGE (LE), par le comte d'Ibarrart d'Etchegoyen.
MEILLEUR PROTECTEUR (LE), imité de l'allemand, par Marcelle de Saint-Edme.
MINE DE HOUILLE (LA), par M. de Chavannes.
MONTREUR D'OURS (LE), par C. G***.
ORPHELINS (LES), par Lucie des Ages.
PAULINE, ou LA BONNE PETITE FILLE.
PETIT ANIER (LE), par C. G***.
PETITE ROSE, imité de l'allemand, par Marcelle de Saint-Edme.
POLTRONNERIE (LA), par C. G***.
POULES AUX ŒUFS D'OR (LES), par le comte d'Ibarrart d'Etchegoyen.
PRINCESSE VIOLETTE (LA), par Mme Élisabeth Doré.
TANTE AGLAÉ (LA), par Mme la V^{sse} de Saint-P***.
UNE VILAINE HABITUDE, par M. Maisonneuve.
★ **UN ENFANT DE MAYENCE**, par Mme Marie de Grandmaison, officier d'Académie, lauréate de l'Académie française.

BIBLIOTHÈQUE
DE L'ENFANCE CHRÉTIENNE

50 opuscules de 36 pages in-18, gravure.

NOUVELLE COUVERTURE EN COULEUR D'APRÈS BERTALL

La collection, piquée-rognée . . . . 3 »   Affr^t » 85

ABEILLES (LES).
AMITIÉ (L').
ANATOLE, ou le Jeune Pêcheur.
ANGE GARDIEN (L').
ANGÉLIQUE CAGGIOLI.
ANIMAUX TOURMENTÉS (LES).
BASSE-COUR (LA).
BENJAMIN, ou les Mauvais Livres.
CAROLINE, ou le Modèle des écolières.
CATÉCHISME DE LA MADELEINE (LE).
COMMENT ON APPREND A CONNAITRE DIEU.
CONSTANCE, ou la Fille de l'exilé.
DEUX TULIPES (LES).
DIEU VOIT TOUT.
DONATIEN, ou le Pouvoir de l'amitié.
ENFANTS BIENFAISANTS (LES).
ENFANTS QUERELLEURS (LES).
ERNEST, ou les Suites de l'ambition.
FILS DÉNATURÉ (LE).
GERMAIN, ou l'Amour du travail.
IBRAHIM.
IMAGE DE LA VIERGE (L').
JEUNE MALADE DE DIX ANS (LA).
JOURNÉE PLUVIEUSE (LA).
JULES HORST.
LOUIS D'OR (LE).
MÉNAGERIE (LA).
MISSIONNAIRE EN ALGÉRIE (LE).
MOINEAU (LE).
M. COURTIN, ou les Suites d'un bienfait.
NID D'OISEAU (LE).
OLIVIER, ou le Mauvais Sujet converti.
PAUVRE HONTEUX (LE).
PÊCHE DE LA BALEINE (LA).
PETITE FILLE DÉSOBÉISSANTE (LA).
PETIT FAINÉANT (LE).
PETIT MATELOT (LE).
PETITS DÉSERTEURS (LES).
PETITS ORPHELINS (LES).
PETITS PÊCHEURS (LES).
PETITS SOLDATS (LES).
PIERRE.
PIEUSE PETITE FILLE (LA).
PROMENADE (LA).
PROPRETTE.
RECONNAISSANCE FILIALE (LA)
RUINES DU VIEUX CHATEAU (LES).
TIR DE L'ARC (LE).
UN JOUR A LA FERME.
VIEUX GARDE-CHASSE (LE).

BIBLIOTHÈQUE
DES PETITS ENFANTS

1re SÉRIE — FORMAT IN-32 JÉSUS

(VOLUMES DE 64 PAGES, MESURANT 13×8)

Chaque volume est orné de plusieurs gravures.

Riche cartonnage, chromo . . . . » 20 **Affr'**
Riche cartonnage, imitation de toile. . . . . » 20 » 10

30 volumes dans la collection.

A CHACUN SON MÉTIER, par Mme de la R***.
ARCHERS DE DUNKERQUE (LES).
AUBERGE DU PIGEON-BLANC (L'), suivi de : UNE PROMENADE DANS LES BOIS.
BUTIN DU VIEUX SOLDAT (LE), suivi de : LES ENFANTS ÉGARÉS, par Mme de la R***.
CHATEAU DE ROSSMORE (LE).
COFFRET D'ARGENT (LE), suivi de : LES PETITS JARDINIERS.
COMMENT ON APPREND A BIEN LIRE, par Mme Élise Voïart.
COUVERTURE DE LAINE (LA).
CRUAUTÉ PUNIE (LA).
DEUX SAVOYARDS (LES).
FANTÔME (LE), par Mme de la R***.
FERME DE M. GERBOIS (LA).
FILLE DE L'EXILÉ (LA).
GARDEUR DE DINDONS (LE), par M. de Chavannes.
GRAND TÉNABRAKA (LE).
JEUNES MARAUDEURS (LES), imité de miss Edgeworth.
JULES HORST.
MAURICE.
MAUVAIS SUJET (LE).
MÉNAGERIE (LA).
PARDON ET OUBLI.
PARESSE CORRIGÉE (LA).
PÊCHE DE LA BALEINE (LA).
PETITS PÊCHEURS (LES).
PHILIPPE LE VANNIER.
PRINCE ALONZO (LE).
SABINE, ou le Modèle des petites écolières.
SOLIMAN, suivi de : L'ILE DÉSERTE.
SOPHIE ET FRANÇOIS, suivi de plusieurs petits contes.
VÉSUVE (LE), par M. de Chavannes.

2e SÉRIE — FORMAT IN-32 CARRÉ

(VOLUMES DE 64 PAGES, MESURANT 11×7)

Chaque volume est orné de plusieurs gravures.

Riche cartonnage, chromo . . . . » 15 **Afr'**
Riche cartonnage, imitation de toile. . . . . » 15 » 05

20 volumes dans la collection.

ANNA, par Mme Élise Voïart.
CANARD DE LÉONIE (LE), suivi de : LES MOUTONS DANS LES BOIS.
CHEVAL DE BOIS (LE).
CONTES DE BERQUIN.
CONVERSATIONS ET HISTORIETTES DE BERQUIN.
GUILLAUME, suivi de contes divers.
JULIENNE, suivi de : BUTIN, par Mme de la Rochère.
LÉONIE ET CONRAD, par Mme de la Rochère.
MA BONNE MARTHE.
MANON, par Mme Marie-Félicie Testas.
MÉDOR LE BON CHIEN, par Mme Élise Voïart.
MICHEL LE COLPORTEUR.
NID DE PINSON (LE), par Mme Élise Voïart.
PATINEURS (LES).
PÈRE SIMON (LE), suivi de divers petits contes; traduit de l'allemand.
PETITE FILLE VOUÉE AU BLANC (LA).
PETITE MARRAINE (LA), suivi de : LA BAGUE PERDUE, par Mme Marie-Félicie Testas.
QUATRE SAVOYARDS (LES).
RÉCOMPENSE (LA).
VALENTINE, par Stéphanie Ory.

V
BIBLIOTHÈQUE PIEUSE

PUBLIÉE AVEC APPROBATION DE Mgr L'ARCHEVÊQUE DE TOURS

1re SÉRIE — FORMAT GRAND IN-32
(MESURANT 12 × 8)

Chaque volume est orné d'une gravure d'après Hallez.

Broché	» 45	
Imitation basane noire, tranche rouge.	» 60	
Percaline gaufrée, tranche rouge	» 65	
Reliure anglaise, basane gaufrée à froid, tranche marbrée. . . .	» 75	Affr.
Reliure anglaise, basane, ornements à froid, tranche dorée . . .	1 »	» 20
Basane grenat, reliefs, tranche dorée.	1 10	
Chagrin gaufré à froid, tranche dorée	1 90	

29 volumes dans la collection.

ANGE CONDUCTEUR DES ENFANTS (L') pendant l'année de leur première Communion, par l'abbé Rauval, vicaire général de Perpignan.

AVANT ET APRÈS LA SAINTE COMMUNION, nouvelles Méditations pour la préparation et l'action de grâces chaque jour du mois, par M. l'abbé Ant. Ricard, docteur en théologie; ouvrage approuvé par Mgr l'Archevêque de Tours et par NN. SS. les Evêques de Marseille, de Carcassonne et de Rodez.

COMBAT SPIRITUEL ET PAIX DE L'AME, suivis du Livre des malades, par le R. P. Laurent Scupoli; traduction littérale d'après le texte italien par M. l'abbé Fitte, chanoine honoraire, aumônier de Notre-Dame-de-Lorette. (N° 69.)

DÉVOTION AU GLORIEUX SAINT JOSEPH, considérations, prières, cantiques; ouvrage approuvé par Mgr l'Évêque de Luçon.

DU ROSAIRE A L'EUCHARISTIE, par M. l'abbé Bas.

FROMENT DES ÉLUS (LE), par Arvisenet.

GUIDE DE LA PIEUSE PENSIONNAIRE, à l'usage des pensions et de toutes les maisons religieuses d'éducation.

IMITATION DE JÉSUS-CHRIST, avec Prières et Pratiques du R. P. de Gonnelieu, augmentée de la Messe et des Vêpres du Dimanche. (N° 65.)

IMITATION DE LA TRÈS SAINTE VIERGE, sur le modèle de l'*Imitation de Jésus-Christ*, par l'abbé ***, augmentée de la Messe. (N° 66.)

INTRODUCTION A LA VIE DÉVOTE, par saint François de Sales. (N° 35.)

JÉSUS-ADOLESCENT, Modèle des jeunes chrétiens, par le R. P. Pralon, de la Compagnie de Jésus.

JOURNÉE DU CHRÉTIEN (LA), à l'usage de Rome. (N° 22.)

LA PREMIÈRE COMMUNION, RÈGLEMENT DE VIE POUR LA PERSÉVÉRANCE, par Mme la comtesse de Flavigny. (N° 110.)

LE PLUS BEAU JOUR DE LA VIE, ouvrage dédié aux enfants qui se disposent à la première communion, par M. l'abbé M.

LIVRE DE L'ENFANCE CHRÉTIENNE (LE), par Mme la Csse de Flavigny. (N° 72.)

MANUEL DE L'ASSOCIATION UNIVERSELLE DES FAMILLES CHRÉTIENNES consacrées à la sainte Famille de Nazareth, contenant des instructions, des prières et des chants, par l'abbé L. Finot, missionnaire apostolique.

MOIS DE MARIE DE LA JEUNESSE CHRÉTIENNE, par M. l'abbé Michaud.

MOIS DU SACRÉ CŒUR DE JÉSUS (nouveau), dédié aux associés du saint Rosaire, par l'abbé Pallu de la Barrière.

NOUVELLES MÉDITATIONS SUR L'EUCHARISTIE, par l'abbé Antoine Ricard, docteur en théologie, chanoine honoraire de Marseille et de Carcassonne; suivies de deux Méditations inédites sur le même sujet, par Mgr de la Bouillerie, évêque de Carcassonne.

OFFICE DE LA SAINTE VIERGE, en latin et en français; *gros caractères*. (N° 28.)

PAIN DES ENFANTS (le), ou Trente jours de préparation à la première communion, par Mlle Dorothy Smith.

POUVOIR DE MARIE (le), ou Paraphrase du *Salve Regina*, par saint Liguori.

PRATIQUE DE L'AMOUR ENVERS JÉSUS-CHRIST, par saint Liguori. (N° 29.)

PRÉPARATION A LA PREMIÈRE COMMUNION, par M. l'abbé Michaud.

RECUEIL DE PRIÈRES, DE MÉDITATIONS ET DE LECTURES, tirées des œuvres des SS. Pères, des Écrivains et Orateurs sacrés, par Mme la comtesse de Flavigny. Approuvé par S. Ém. Mgr le cardinal Morlot, par S. Gr. Mgr l'archevêque de Tours, et par S. Gr. Mgr l'évêque d'Orléans. (N° 130.)

SAINTE COMMUNION, C'EST MA VIE! (la), par Hubert Lebon.

SUJETS DE MÉDITATION POUR LES JEUNES PERSONNES, par M. l'abbé Michaud.

VISITES AU SAINT SACREMENT ET A LA SAINTE VIERGE, par saint Liguori. (N° 70.)

VOIX DES SAINTS (la), Recueil de pensées, préceptes et conseils, par Mme de Barberey.

2e SÉRIE — FORMAT IN-32 CARRÉ

(mesurant 11 × 7)

Chaque volume est orné d'une gravure sur acier.

Imitation de basane, tranche rouge.	» 45	
Reliure anglaise, basane gaufrée à froid, tranche marbrée.	» 50	Affr'
Reliure anglaise, basane, ornements à froid, tranche dorée.	» 75	» 15

10 volumes dans la collection.

CHEMIN DE LA CROIX, avec un Exercice du *Via Crucis* et du saint Rosaire. (N° 3.)

IMITATION DE JÉSUS-CHRIST, traduction du R. P. de Gonnelieu. (N° 68.)

IMITATION DE LA TRÈS SAINTE VIERGE, par l'abbé ***. (N° 67.)

JOURNÉE DU CHRÉTIEN (la) sanctifiée par la prière et la méditation. (N° 51.)

MOIS DE MARIE, par Lalomia.

OFFICE DE LA SAINTE VIERGE, en latin et en français. (N° 39.)

PENSEZ-Y BIEN, ou Réflexions sur les quatre fins dernières.

PRATIQUE DE L'AMOUR ENVERS JÉSUS-CHRIST, par saint Alphonse de Liguori. (N° 43.)

TABLEAUX ET PRIÈRES DE LA SAINTE MESSE, édition ornée de 40 grav.

VISITES AU SAINT SACREMENT ET A LA SAINTE VIERGE, par saint Liguori. (N° 47.)

OPUSCULES RELIGIEUX

PIQUÉS-ROGNÉS

CANTIQUES à l'usage des Missions et des Retraites, 72 pages in-18. » 15

EXERCICES DE PIÉTÉ, à l'usage des Missions et des Retraites, 108 p. in-18. » 30

CHEMIN DE LA CROIX, 36 pages in-18. » 10

EXAMEN DE CONSCIENCE, à l'usage de la jeunesse, 36 pages in-18. » 10

GRAVURES RELIGIEUSES

NOUVEAU SOUVENIR DE PREMIÈRE COMMUNION

Deux très beaux sujets pour les jeunes gens et les jeunes filles, **d'après les compositions de M**^{lle} **Sonrel**, 28 centimètres de hauteur sur 22 de largeur.

Prix de chaque sujet tiré en noir. . . . . » 50
Prix de chaque sujet colorié à la main . . . . 1 »»

SOUVENIR DE PREMIÈRE COMMUNION pour les jeunes gens et pour les jeunes filles; deux très belles gravures de Fr. LUDY (de Düsseldorf), d'après L. HALLEZ. (22 centimètres de hauteur sur 14 de largeur.) — Prix de chaque sujet : Épreuves sur beau papier, grandes marges : **30 cent**.

SOUVENIR D'ORDINATION, belle héliogravure représentant l'Administration du Sacrement de l'Ordre, d'après les peintures des Catacombes, mesurant $12 \times 7\,^1/_2$. Le cent : **12 fr.**

BIBLIOTHÈQUE DES ENFANTS PIEUX

50 BROCHURES FORMANT CHACUNE 36 PAGES IN-18, PAPIER FIN GLACÉ

UN PORTRAIT ET UNE COUVERTURE IMPRIMÉE EN COULEUR

La collection, piquée-rognée. . . . . 3 »   Affr^t » 85

1. VIE DE NOTRE-SEIGNEUR JÉSUS-CHRIST.
2. S. Alexis, — S. François d'Assise, — S. François de Paule.
3. S. Antoine.
4. S. Augustin.
5. S. Bernard.
6. S. Charles Borromée.
7. S. Eugène, — S. Alexandre, — S. Laurent, — S. Hippolyte.
8. S. François de Sales.
9. S. François Xavier.
10. S. Henri, — S. Étienne, — S. Édouard.
11. S. Jacques le Majeur, — S. Jacques le Mineur, — S. André.
12. S. Jean-Baptiste, — S. Joseph.
13. S. Jérôme.
14. S. Léon.
15. S. Louis de Gonzague.
16. S. Louis, roi de France.
17. S. Martin.
18. S. Nicolas, — S. Ambroise.
19. S. Paul.
20. S. Philippe.
21. S. Pierre.
22. S. Stanislas Kostka.
23. S. Thomas.
24. S. Victor, — S. Maurice, — S. Georges, — S. Jules.
25. S. Vincent de Paul.

1. VIE DE LA SAINTE VIERGE.
2. Ste Adélaïde, — Ste Mathilde, — Ste Hélène.
3. Ste Agathe, — Ste Anastasie.
4. Ste Agnès, — Ste Blandine.
5. Ste Angèle, — Ste Ursule.
6. Ste Anne, — S^{tes} Marthe et Marie.
7. Ste Catherine de Sienne.
8. Ste Cécile, — Ste Juste, — Ste Ruffine, — Ste Nathalie et S. Aurèle, son époux.
9. Ste Claire.
10. Ste Clotilde.
11. Ste Élisabeth de Hongrie, — Ste Élisabeth de Portugal.
12. Ste Eulalie, — Ste Julie, — Ste Juliette.
13. Ste Félicité, — Ste Perpétue.
14. Ste Geneviève, — Ste Colette.
15. Ste Isabelle, — Ste Radegonde.
16. Ste Jeanne-Françoise de Chantal.
17. Ste Julienne, — Ste Brigitte, — Ste Françoise.
18. Ste Lucie, — Ste Flore.
19. Ste Marguerite, — Ste Catherine de Suède.
20. Ste Marie Madeleine, — Ste Marie-Madeleine de Pazzi.
21. Ste Monique.
22. Ste Philomène, — Ste Irène.
23. Ste Rose de Lima, — Ste Euphrasie, — Ste Julienne Falconiéri, — Ste Bertille.
24. Ste Thérèse.
25. Ste Victoire, — Ste Marie, servante, — Ste Denise.

VI
LITURGIE ROMAINE

Éditions revues avec le plus grand soin, approuvées par la Sacrée Congrégation des Rites, et renfermant tous les derniers offices concédés.

Un catalogue spécial avec feuilles spécimens des différentes éditions sera adressé à tous les clients qui en feront la demande.

L'exécution des reliures demande un délai d'un mois.

MISSALE ROMANUM

MISSALE ROMANUM, *ex decreto sacrosancti Concilii Tridentini restitutum, S. Pii V Pontificis Maximi jussu editum; Clementis VIII, Urbani VIII et Leonis XIII auctoritate recognitum; editio accuratissima, novis Missis ex indulto apostolico concessis aucta.*

SPLENDIDE ÉDITION ILLUSTRÉE IN-FOLIO, mesurant 36 × 28
Texte noir et rouge encadré.

SIX CENT DIX BOIS DANS LE TEXTE, D'APRÈS L. HALLEZ ET LENIEPT ; UNE GRAVURE SUR ACIER

Approuvée par la Sacrée Congrégation des Rites.

Broché.	31	»
Chagrin noir, ornements à froid, tranche dorée	52	»
Chagrin 1er choix, noir, dentelle dorée, tranche dorée	66	»
[N° 100] Chagrin 1er choix, rouge et autres couleurs, dentelle dorée, tranche dorée.	70	»
La même reliure, avec tranche marbrée dorée ou tranche rouge sous or.	72	»

La même ÉDITION, avec HUIT MAGNIFIQUES ESTAMPES d'après HALLEZ

Broché.	38	»
Chagrin 1er choix, noir, dentelle dorée, tranche dorée.	74	»
Chagrin 1er choix, rouge et autres couleurs, riche dentelle dorée, tranche dorée.	78	»
[N° 101] La même reliure avec tranche marbrée dorée ou tranche rouge sous or.	80	»
Splendide reliure en maroquin du Levant, rouge ou autres couleurs, riche dentelle dorée, tranche marbrée dorée ou tranche rouge sous or.	104	»
La même reliure, avec gardes en soie.	128	»

MISSÆ PRO DEFUNCTIS E MISSALI ROMANO EXCERPTÆ

NOUVELLE ÉDITION TIRÉE EN NOIR ET ROUGE

Revue et approuvée par la Sacrée Congrégation des Rites.

ORNÉE D'UN FILET ROUGE ET D'UNE GRAVURE HORS TEXTE

Un volume in-4°, mesurant 33 × 23

Basane noire, gaufrée à froid, tranche jaspée.	5	25
Chagrin noir, ornements à froid, tranche dorée.	9	»

MISSALE ROMANUM

NOUVELLE ÉDITION IN-4°, mesurant 33×25, imprimée en **NOIR et ROUGE** sur beau papier teinté très solide, **CARACTÈRES NOUVEAUX, NETS, GRAS, TRÈS LISIBLES.**

Texte encadré d'un filet rouge et orné de nombreuses vignettes, de lettrines élégantes et de deux magnifiques sujets hors texte en héliogravure.

Broché	14	75
Reliure propre bordée	24	25
Basane gaufrée, filets sur plat, tranche marbrée	24	25
Basane gaufrée, filets sur plat, tranche dorée	27	»
Chagrin noir, ornements à froid, tranche dorée	29	50
Chagrin 1er choix, noir, ornements dorés, tranche dorée	39	50
[N° 83] Chagrin 1er choix, rouge ou autres couleurs, orn. dorés, tranche dorée	40	50
Chagrin 1er choix, rouge ou autres couleurs, dentelle dorée, tr. dorée	47	»
Maroquin du Levant, rouge ou autres couleurs, dentelle dorée, tranche marbrée dorée ou tranche rouge sous or	63	»
La même reliure avec gardes en soie	83	»

NOUVELLE ÉDITION in-4°, mesurant 33×25, imprimée en **NOIR** seulement, sur le même papier, avec les mêmes caractères et les mêmes illustrations que le précédent.

Broché	11	»
Reliure propre bordée	20	»
Basane gaufrée, filets sur plat, tranche marbrée	20	»
[N° 58] Basane gaufrée, filets sur plat, tranche dorée	22	»
Chagrin noir, ornements à froid, tranche dorée	25	»
Chagrin 1er choix, noir, ornements dorés, tranche dorée	35	»
Chagrin 1er choix, rouge ou autres couleurs, ornements dorés, tranche dorée	36	»

NOUVELLE ÉDITION PETIT IN-4°, mesurant 28×19, imprimée en **NOIR et ROUGE** ornée d'une gravure sur acier et encadrée d'un filet rouge.

Broché	11	»
Reliure propre bordée, tranche peigne	16	»
Basane gaufrée, filets dorés, tranche peigne	16	»
Basane gaufrée, filets dorés, tranche dorée	17	50
Chagrin noir, ornements à froid, tranche dorée	21	50
[N° 143] Chagrin 1er choix, noir, ornements dorés, tranche dorée	28	50
Chagrin 1er choix, rouge ou autres couleurs, ornements dorés, tranche dorée	29	50
Maroquin du Levant, rouge ou autres couleurs, ornements dorés, tranche marbrée dorée ou rouge sous or	47	50
La même reliure avec gardes en soie	62	50

RITUALE ROMANUM

Un volume in-16, mesurant 16×10

Édition avec chant, **ornée d'un filet rouge** et d'un grand nombre de **vignettes**, imprimée en **noir** et **rouge**.

Broché	2	50	**Affr¹**
Basane noire, filets et chiffre à froid, tranche jaspée	4	»	» **45**
Chagrin noir, tranche dorée	5	50	

LA MÊME ÉDITION, sur papier INDIEN

VOLUME DE POCHE, TRÈS MINCE, TRÈS LÉGER, TRÈS PORTATIF

Broché	3	50	**Affr¹**
Chagrin noir, ornements à froid, tranche dorée	6	50	» **30**
Chagrin 1er choix, noir, reliure molle, tranche dorée	9		

SUPPLEMENTUM DIVIONENSE RITUALIS ROMANI. Un volume grand in-32, mesurant 14×9, belle impression noire sur beau papier très solide.

Broché	1	50	**Affr¹**
Basane noire, tranche jaspée	2	10	» **25**
Chagrin noir, tranche dorée	3	50	

BREVIARIUM ROMANUM
QUATRE VOLUMES

ÉDITION in-12, mesurant 19×11, imprimée en NOIR et ROUGE sur papier teinté. Texte encadré d'un filet rouge. Caractères gras très nets et très lisibles.

CHAQUE VOLUME EST ORNÉ D'UNE GRAVURE HORS TEXTE

Broché	13	»
Pégamoïd, tranche rouge	20	»
Chagrin gaufré à froid, ornements à froid, tranche dorée	27	»
Chagrin 2ᵉ choix, noir, ornements à froid, tranche dorée.	29	»
Chagrin 1ᵉʳ choix, noir, ornements à froid, tranche dorée	36	»
Chagrin 1ᵉʳ choix, couleurs, ornements à froid, tranche dorée. .	38	75
Chagrin 1ᵉʳ choix, noir, reliure molle, coins arrondis, tr. dorée.	38	»
[N° 87] La même reliure, avec tranche rouge sous or	40	75
Chagrin 1ᵉʳ choix, noir, ornements dorés, tranche dorée	39	»
Chagrin 1ᵉʳ choix, couleurs, ornements dorés, tranche dorée . .	41	75
Chagrin poli, uni, avec charnières, tranche dorée	44	»
La même reliure avec ornements dorés.	47	»
Maroquin du Levant, poli, uni, tranche marbrée dorée ou tranche rouge sous or.	52	»
La même reliure avec ornements dorés.	55	»

Reliures molles en chagrin 1ᵉʳ choix et en maroquin, aux mêmes prix que les reliures fermes.

BREVIARIUM ROMANUM
QUATRE VOLUMES

ÉDITION in-12, mesurant 18×10, imprimée en NOIR et ROUGE sur papier INDIEN teinté. Texte encadré d'un filet rouge, volumes très minces et très légers, caractères gras très nets et très lisibles.

CHAQUE VOLUME EST ORNÉ D'UNE GRAVURE HORS TEXTE ET DE NOMBREUSES VIGNETTES

Broché	25	»
Chagrin 2ᵉ choix, noir, ornements à froid, tranche dorée	41	»
Chagrin 1ᵉʳ choix, noir, ornements à froid, tranche dorée	48	»
Chagrin 1ᵉʳ choix, couleurs, ornements à froid, tranche dorée . .	50	75
Chagrin 1ᵉʳ choix, noir, reliure molle, coins arrondis, tr. dorée.	50	»
[N° 88] La même reliure avec tranche rouge sous or	52	75
Chagrin 1ᵉʳ choix, noir, ornements dorés, tranche dorée	51	»
Chagrin 1ᵉʳ choix, couleurs, ornements dorés, tranche dorée . .	53	75
Chagrin poli, uni, avec charnières, tranche dorée	56	»
La même reliure avec ornements dorés.	59	»
Maroquin du Levant, poli, uni, tranche marbrée dorée ou tranche rouge sous or.	64	»
La même reliure avec ornements dorés.	67	»

Reliures molles en chagrin 1ᵉʳ choix et en maroquin, aux mêmes prix que les reliures fermes.

Ajouter aux prix des Bréviaires nᵒˢ 87 et 88, pour :

Gardes en basane maroquinée rouge	11	»
Gardes en peau (mouton anglais rouge)	16	»
Gardes en soie	16	»

BREVIARIUM ROMANUM

QUATRE VOLUMES IN-18, MESURANT 15 1/2 × 9 1/2

NOUVELLE ÉDITION imprimée en NOIR et ROUGE sur papier INDIEN teinté, ornée d'un grand nombre de vignettes, d'après les peintures des Catacombes et les premiers monuments de l'art chrétien, de lettrines et d'un encadrement rouge.

Bien que les **caractères soient gras et très lisibles**, chaque volume ne mesure que 2 *centimètres* d'épaisseur et ne pèse, relié, que 340 *grammes*.

Broché.	20	»
Chagrin 2ᵉ choix, noir, ornements à froid, tranche dorée.	38	»
Chagrin 1ᵉʳ choix, noir, ornements à froid, tranche dorée.	45	»
Chagrin 1ᵉʳ choix, couleurs, ornements à froid, tranche dorée.	47	75
Chagrin 1ᵉʳ choix, noir, reliure molle, coins arrondis, tranche dorée.	47	»
[Nº 52] La même reliure, avec tranche rouge sous or.	49	75
Chagrin 1ᵉʳ choix, noir, ornements dorés, tranche dorée.	48	»
Chagrin 1ᵉʳ choix, couleurs, ornements dorés, tranche dorée.	50	75
Chagrin poli, uni, avec charnières, tranche dorée.	53	»
La même reliure, avec ornements dorés.	56	»
Maroquin du Levant, poli, uni, tranche marbrée dorée ou tranche rouge sous or.	60	»
La même reliure, avec ornements dorés.	63	»

Reliures molles en chagrin 1ᵉʳ choix et en maroquin, aux mêmes prix que les reliures fermes.

BREVIARIUM ROMANUM

QUATRE VOLUMES IN-18, MESURANT 15 × 9

ÉDITION imprimée en NOIR et ROUGE sur papier de CHINE, ornée de nombreuses vignettes et encadrée d'un filet rouge.

Broché.	10	»
Basane noire forte, filets et chiffre à froid, tranche rouge.	14	»
Pégamoïd, tranche rouge.	15	»
Chagrin 2ᵉ choix, noir, ornements à froid, tranche dorée.	28	»
Chagrin 1ᵉʳ choix, noir, ornements à froid, tranche dorée.	35	»
Chagrin 1ᵉʳ choix, couleurs, ornements à froid, tranche dorée.	37	75
Chagrin 1ᵉʳ choix, noir, reliure molle, coins arrondis, tranche dorée.	37	»
[Nº 53] La même reliure, avec tranche rouge sous or.	39	75
Chagrin 1ᵉʳ choix, noir, ornements dorés, tranche dorée.	38	»
Chagrin 1ᵉʳ choix, couleurs, ornements dorés, tranche dorée.	40	75
Chagrin poli, uni, avec charnières, tranche dorée.	43	»
La même reliure, avec ornements dorés.	46	»
Maroquin du Levant, poli, uni, tranche marbrée dorée ou tranche rouge sous or.	50	»
La même reliure, avec ornements dorés.	53	»

Reliures molles en chagrin 1ᵉʳ choix et en maroquin, aux mêmes prix que les reliures fermes.

Ajouter aux prix des Bréviaires in-18, nᵒˢ 52 et 53, pour :

Gardes en basane maroquinée rouge.	9	»
Gardes en peau (mouton anglais rouge).	13	»
Gardes en soie.	13	»

Reliures molles en chagrin 1ᵉʳ choix et en maroquin, aux mêmes prix que les reliures fermes.

BREVIARIUM ROMANUM

DEUX VOLUMES IN-16, MESURANT 16 × 10

CHAQUE VOLUME EST ORNÉ D'UN ENCADREMENT ROUGE, DE NOMBREUSES VIGNETTES
ET DE DEUX SUJETS HORS TEXTE

ÉDITION, tirée en NOIR et ROUGE sur papier INDIEN teinté, spécialement fabriqué, très mince et très solide sans être transparent, impression très nette et très lisible.

Broché	17	»
Chagrin 2ᵉ choix, noir, ornements à froid, tranche dorée	25	»
Chagrin 1ᵉʳ choix, noir, ornements à froid, tranche dorée	27	»
Chagrin 1ᵉʳ choix, couleur, ornements à froid, tranche dorée	28	50
Chagrin 1ᵉʳ choix, noir, ornements dorés, tranche dorée	28	50
Chagrin 1ᵉʳ choix, couleurs, ornements dorés, tranche dorée	30	»
[N° 71] Chagrin 1ᵉʳ choix, noir, reliure molle, coins arrondis, tranche dorée	28	50
La même reliure, avec tranche rouge sous or	30	50
Chagrin poli, uni, avec charnières, tranche dorée	33	»
Même reliure, avec ornements dorés	34	50
Maroquin du Levant, poli, uni, tr. marbr. dor. ou tr. rouge sous or	39	»
La même reliure, avec ornements dorés	40	50

Reliures molles en chagrin 1ᵉʳ choix et en maroquin aux mêmes prix que les reliures fermes.

Ajouter aux prix de ce Bréviaire pour :

Gardes en basane maroquinée rouge	5	50
Gardes en peau (mouton anglais rouge)	8	»
Gardes en soie	8	»

HORÆ DIURNÆ

Un volume in-32 raisin, mesurant 12 × 8, imprimé en NOIR et ROUGE sur papier INDIEN teinté, orné d'un encadrement rouge à chaque page et de nombreuses vignettes d'après les peintures des Catacombes et les premiers monuments de l'art chrétien. — *Caractères gras, très nets et très lisibles.*

Broché	4	50	
Chagrin 2ᵉ choix, noir, ornements à froid, tranche dorée	6	50	
Chagrin 1ᵉʳ choix, noir, ornements à froid, tranche dorée	7	75	
Chagrin 1ᵉʳ choix, noir, reliure molle, coins arrondis, tr. dorée	8	25	
La même reliure avec tranche rouge sous or	8	65	
Chagrin 1ᵉʳ choix, noir, ornements dorés, tranche dorée	8	50	Affrᵗ
[N° 90] Maroquin du Levant, poli, uni, tr. marbrée dorée ou rouge sous or	12	»	» 25
La même reliure avec gardes en soie moirée ou en peau	14	25	
Maroquin du Levant, poli, ornements dorés, tranche marbrée dorée ou rouge sous or	12	75	
La même reliure avec gardes en soie moirée ou en peau	15	»	

Reliures molles en chagrin 1ᵉʳ choix et en maroquin, aux mêmes prix que les reliures fermes.

HORÆ DIURNÆ

Un volume in-32 raisin, mesurant 12 × 8, orné d'une gravure sur acier.
Imprimé en NOIR ET ROUGE sur papier de CHINE.

Broché	2	50	
Basane gaufrée, tranche rouge ou marbrée	3	30	
Chagrin gaufré à froid, ornements à froid, tranche dorée	4	»	Affrᵗ
Chagrin 1ᵉʳ choix, noir, ornements à froid, tranche dorée	5	75	» 25
Chagrin 1ᵉʳ choix, noir, reliure molle, coins arrondis	6	25	
La même reliure avec tranche rouge sous or	6	65	
[N° 91] Chagrin 1ᵉʳ choix, noir, ornements dorés, tranche dorée	6	50	
Maroquin du Levant, poli, uni, tranche marbrée dorée ou rouge sous or	10	»	
La même reliure avec gardes en soie	12	25	
Maroquin du Levant, poli, ornements dorés, tranche rouge sous or ou marbrée dorée	10	75	
La même reliure avec gardes en soie	13	»	

HORÆ DIURNÆ
ÉDITION IN-18 (GROS CARACTÈRES).
Un volume imprimé en NOIR et ROUGE sur papier de CHINE mesurant 15 × 9 orné d'une gravure sur acier.

	Broché	3	»	
	Basane gaufrée, tranche rouge ou marbrée.	4	80	
	Chagrin gaufré à froid, ornements à froid, tranche dorée	6	»	
	Chagrin 1er choix, noir, ornements à froid, tranche dorée	9	»	
	Chagrin 1er choix, noir, reliure molle, coins arrondis.	9	50	
[N° 92]	La même reliure avec tranche rouge sous or.	10	25	Affr^t
	Chagrin 1er choix, noir, ornements dorés, tranche dorée. . . .	9	75	» **50**
	Maroquin du Levant, poli, uni, tranche marbrée dorée ou tranche rouge sous or.	13	»	
	La même reliure avec gardes en soie.	16	»	
	Maroquin du Levant, poli, ornements dorés, tranche marbrée dorée ou rouge sous or.	13	75	
	La même reliure avec gardes en soie.	16	75	

Reliures molles en chagrin 1er choix et en maroquin, aux mêmes prix que les reliures fermes.

HORÆ DIURNÆ

Un volume in-18, mesurant 15 × 9, imprimé en NOIR et ROUGE (GROS CARACTÈRES) sur papier INDIEN teinté, orné d'un encadrement rouge à chaque page et de nombreuses vignettes d'après les peintures des Catacombes et les premiers monuments de l'art chrétien.

	Broché	5	»	
	Chagrin 2e choix, noir, ornements à froid, tranche dorée	8	50	
	Chagrin 1er choix, noir, ornements à froid, tranche dorée	11	»	
	Chagrin 1er choix, noir, reliure molle, coins arrondis, tr. dorée .	11	50	
	La même reliure avec tr. rouge sous or	12	25	
[N° 49]	Chagrin 1er choix, noir, ornements dorés, tranche dorée	11	75	Affr^t
	Maroquin du Levant, poli, uni, tr. marbrée dorée ou rouge sous or.	15	»	» **50**
	La même reliure avec gardes en soie moirée ou en peau	18	»	
	Maroquin du Levant, poli, ornements dorés, tranche marbrée dorée ou rouge sous or	15	75	
	La même reliure avec gardes en soie moirée ou en peau . . .	18	75	

Reliures molles en chagrin 1er choix et en maroquin, aux mêmes prix que les reliures molles.

HORÆ DIURNÆ
AD USUM PATRUM CONGREGATIONIS SS. REDEMPTORIS

Un volume in-18, mesurant 15 × 9, imprimé en NOIR et ROUGE (GROS CARACTÈRES) sur papier INDIEN teinté, orné d'un encadrement rouge à chaque page et de nombreuses vignettes d'après les peintures des Catacombes et les premiers monuments de l'art chrétien.

Broché	6	»	
Chagrin 2e choix, noir, ornements à froid, tr. rouge ou dorée. .	9	50	
Chagrin 1er choix, noir, ornements à froid, tr. rouge ou dorée. .	12	»	Affr^t
Maroquin du Levant, poli, uni, tranche marbrée dorée ou rouge sous or.	16	»	» **50**
La même reliure avec gardes en soie ou en peau.	19	»	

BREVIARIUM ROMANUM (TOTUM)

UN VOLUME IN-12, MESURANT 18 × 12 — UNE GRAVURE SUR ACIER

ÉDITION imprimée en NOIR et ROUGE sur papier BLANC

	Broché	8 »	
[N° 94]	Chagrin gaufré à froid, tranche dorée.	14 »	Affr¹
	Chagrin 1ᵉʳ choix, noir, tranche dorée	16 »	» 95
	Chagrin 1ᵉʳ choix, noir, ornements dorés, tranche dorée.	17 50	

ÉDITION imprimée en NOIR et ROUGE sur papier de CHINE

	Broché.	10 75	
[N° 95]	Chagrin gaufré à froid, tranche dorée.	16 75	Affr¹
	Chagrin 1ᵉʳ choix, noir, tranche dorée.	18 75	» 95
	Chagrin 1ᵉʳ choix, noir, ornements dorés, tranche dorée.	20 25	

FEUILLETS DÉTACHÉS

A AJOUTER AUX BRÉVIAIRES, CONTENANT :

Ps. Venite, — *Te Deum,* — *Absolutiones et Benedictiones,* — *Responsoria I, II et III Nocturni,* — *Psalmi ad Laudes, ad Primam, ad Tertiam, ad Sextam, ad Nonam, ad Vesperas,* — *Commemorationes communes, Antiphonæ et Versiculi pro Commemoratione Sanctorum.* — PRIX . . . . » 75   Affr¹. » 15

Toutes les reliures de nos Bréviaires, à l'exception des reliures chagrin gaufré, pégamoïd et basane, sont solidement cousues sur nerfs.

Les reliures en chagrin 1ᵉʳ choix demandées avec tranche rouge sous or ou tranche marbrée dorée sont augmentées de 2 fr. 75 pour les Bréviaires en quatre volumes et de 2 francs pour le Bréviaire en deux volumes.

NOTA. — *La maison fait en outre,* **pour les Bréviaires,** *des reliures en chagrin* **1ᵉʳ** *choix* **plats et dos souples,** *qui, outre la flexibilité des plats,* ONT UNE ENDOSSURE SPÉCIALE, *et augmentent la reliure du prix de* **4 fr.** *pour les Bréviaires en quatre volumes et de* **3 fr.** *pour le Bréviaire en deux volumes.*

INITIALES dorées ou à froid sur chaque volume : 0 fr. 40.

CUSTODES POUR BRÉVIAIRES	{	In-12 et in-16	5 »
		In-18.	4 »
— — DIURNAUX	{	In-18.	4 »
		In-32.	3 50

Nous nous chargeons d'adapter à nos éditions, en toutes reliures et sans augmentation de prix, pourvu que leur format soit conforme à celui de ces éditions, les PROPRES DIOCÉSAINS ou RELIGIEUX qui nous sont adressés.

L'exécution de ces reliures demande environ un mois.

GARNITURES POUR MISSELS

Signets en soie unie, glands dorés	5	»
Signets très riches, soie moirée, glands dorés	7	»
Fermoir doré ou argenté	2	»
Quatre coins dorés ou argentés	6	50
Quatre coins jonc et fermoirs dorés ou argentés	12	»

OFFICIA VOTIVA PER ANNUM

Un volume in-16, mesurant 16 × 10

Imprimé en noir et rouge, **caractères très nets et très lisibles**, édition ornée d'un encadrement rouge; texte soigneusement revu et approuvé. Ce volume, très portatif, contient *in extenso* les *Offices votifs* concédés par Sa Sainteté Léon XIII, les *Psaumes des Vêpres, des Nocturnes, des Laudes et des Petites Heures*, et les nouveaux Offices concédés depuis plusieurs années.

[N° **171** *bis*] Cartonnage souple, toile noire, tranche rouge . . . . 1 50 **Affr^t** » 20

OFFICIA VOTIVA PER ANNUM

Additis Lectionibus Scripturæ occurrentis, Festorum simplicium ac Vigiliarum, Orationibus Sanctorum, necnon Vesperis Dominicarum Festorumque semiduplicium, quæ ad Officia ista integre recitanda pertinent.

Un volume in-16, mesurant 16 × 10.

Imprimé en noir et rouge, **caractères très nets et très lisibles**, édition ornée d'un encadrement rouge; texte soigneusement revu et approuvé. Ce volume, très portatif, contient *in extenso* les *Offices votifs* concédés par Sa Sainteté Léon XIII, les *Psaumes des Vêpres, des Nocturnes, des Laudes et des Petites Heures*; les Leçons de l'Écriture occurrente et les nouveaux Offices concédés depuis plusieurs années. L'utilité et la commodité de ce volume, qui dispense, à certaines heures, de se charger d'un bréviaire, sont indiscutables.

[N° **172** *bis*] Broché . . . . 2 50 **Affr^t**
Relié en percaline noire, souple, tranche rouge. . . . . . . 3 50 » 35

ADDITIONES ET VARIATIONES

In Rubricis generalibus et specialibus Breviarii et Missalis romani inducendæ ex Decreto die 11 Decembris 1897.

Cette brochure in-8° raisin contient le texte intégral des changements apportés dans les rubriques du Bréviaire et du Missel romain par la Sacrée Congrégation des Rites, dans son décret du 11 décembre 1897.

Broché. . . . . » 60 **Affr^t** » **15**

PRECES RECITANDÆ POST MISSAM

De mandato SS. D. N. Leonis XIII,
a quolibet Sacerdote in fine cujusque Missæ sine cantu celebratæ.

Riche impression en noir et rouge avec riche encadrement.

Collé sur carton, bande toile. . . . . » 30 **Affr^t** » **15**

CATÉCHISMES DIOCÉSAINS

Nous sommes éditeurs du Catéchisme pour les diocèses de :

AGEN — ALBI — LA ROCHELLE — TOURS

OFFICES PROPRES

POUR AJOUTER AUX ÉDITIONS D'AUTRE PART

PRIX NETS :

Compagnie	— Bréviaire in-12. .	2 »	Irlande	— Bréviaire in-18. .	1 »
de	— Bréviaire in-18. .	2 »	—	— Diurnal.	» 50
Jésus	— Missel in-f°. . .	2 »	Rédempto-	— Bréviaire in-12. .	3 50
—	— Missel in-4°. . .	2 »	ristes	— Bréviaire in-18. .	3 50
—	— Diurnal	» 50	Espagne	— Missel illustré in-	
Lazaristes	— Missel in-f°. . .	» 25		folio	2 50
—	— Missel in-4°. . .	» 25	—	— Missel in-4°. . .	2 50
—	— Bréviaire in-12. .	3 »	—	— Bréviaire in-12. . .	5 »
—	— Bréviaire in-18. .	3 »	—	— Bréviaire in-18. . .	5 »
—	— Diurnal	» 75	—	— Brév. Totum. . .	1 »
Canada	— Missel in-f°. . .	» 50	—	— Diurnal.	» 50
—	— Missel in-4°. . .	» 50	Lima	— Missel in-4° . . .	» 50
—	— Bréviaire in-12. .	1 »	—	— Bréviaire	» 75
—	— Bréviaire in-18. .	1 »	Chili	— Missel in-4°. . .	3 50
—	— Diurnal	» 50	Congréga-	— Missel	» 50
Irlande	— Missel illustré in-f°.	1 »	tion du	— Bréviaire	1 »
—	— Missel in-4° . .	» 25	St-Esprit	— Diurnal.	» 30
—	— Bréviaire in-12. .	1 »			

OFFICES PROPRES DES CHANOINES DE LATRAN

Un volume in-12, imprimé en noir et rouge, sur **papier INDIEN**.

PRIX : Broché, 6 francs.

Nous sommes éditeurs des Offices propres pour les Missels, Bréviaires, Diurnaux et Paroissiens des diocèses suivants :

AGEN — ALBI — BESANÇON — BLOIS — CARCASSONNE — DIJON — LA ROCHELLE — MONTPELLIER — NANTES — NEVERS — ORLÉANS — RODEZ — REIMS — SAINT-CLAUDE — SAINT-DIÉ — TOURS.

Pour les Missels, Bréviaires et Diurnaux :

ALGER — CARTHAGE — CHAMBÉRY — CONSTANTINE — MARSEILLE — ORAN — PERPIGNAN SAINT-JEAN-DE-MAURIENNE — SAINT-FLOUR (Missel seulement) — TARENTAISE.

Et pour les Paroissiens seulement :

BAYONNE — BORDEAUX — BOURGES — LUÇON — PARIS — QUIMPER — SOISSONS.

LIVRE D'ORAISONS

A L'USAGE DU DIOCÈSE DE DIJON

Un volume petit in-4°, mesurant 27×21, imprimé en noir et rouge sur papier de Hollande.

Contenant les Oraisons pour l'aspersion, pour la bénédiction du pain, pour les saluts du saint Sacrement, l'Amende honorable, les Litanies de la sainte Vierge, etc.

			Affr
Broché, ...	1	50	
Demi-chagrin, plats toile rouge tranche jaspée . .	3	»	» 40

LE
CLERGÉ FRANÇAIS
ANNUAIRE ECCLÉSIASTIQUE
ET DES CONGRÉGATIONS RELIGIEUSES
POUR 1900

SEPTIÈME ANNÉE

Un volume in-8° de plus de 1 200 pages, renfermant, classés par diocèses, les documents les plus précis sur le haut Clergé, le Clergé des paroisses (avec l'indication des bureaux de poste et des gares de chemins de fer), les Aumôniers, les Séminaires et les Maisons religieuses d'éducation avec la liste des professeurs, les Congrégations et les Communautés avec une notice historique sur leurs origines, le but de chacune d'elles et les différents établissements qu'elles dirigent.

Dans cette nouvelle édition, les armoiries de l'Évêque se trouvent en tête de chaque diocèse.

Dans une table spéciale, placée à la fin du volume, les Congrégations sont groupées par diocèses, à la suite des Maisons mères dont elles dépendent.

Prix : broché. 8 »

COSMOS CATHOLICUS
REVUE CONTEMPORAINE ILLUSTRÉE DE L'ÉGLISE CATHOLIQUE

PARAIT A ROME TOUS LES QUINZE JOURS
EN FASCICULES DE 32 PAGES, PETIT IN-FOLIO

France et Union postale : Un an Fr. **24**; six mois Fr. **12**; trois mois Fr. **7**.
Italie : Un an Fr. **20**; six mois Fr. **10**; trois mois Fr. **6**.

Adresser les Abonnements :
à MM. **ALFRED MAME ET FILS**, Éditeurs pontificaux à **TOURS** (Indre-et-Loire);
ou à **PARIS**, 78, rue des Saints-Pères; — ou à **ROME**, 40-41, via Santa Chiara.

Un numéro spécimen
sera adressé à toute personne qui en fera la demande.

VII
LIVRES D'OFFICES ET DE PIÉTÉ

PUBLIÉS AVEC APPROBATION DE MONSEIGNEUR L'ARCHEVÊQUE DE TOURS

RIT ROMAIN

GRAVURES ET TITRES SONT NOTRE PROPRIÉTÉ, ET NE SE TROUVENT QUE DANS NOS ÉDITIONS

Afin de prévenir les erreurs dans les expéditions, on est prié de rappeler le N° en regard de l'objet demandé.

NOUVEAU MISSEL DES SAINTES FEMMES
DE FRANCE

Orné de 10 héliogravures coloriées
et de 32 encadrements variés de couleurs et rehaussés d'or
d'après les compositions de Mlle Sonrel.

Édition de grand luxe, mesurant 17×13, contenant les Évangiles des principales Fêtes et de tous les Dimanches de l'année, la Messe et les Vêpres du Dimanche, etc.

[N° 26]
Maroquin du Levant, poli, uni, tranche marbrée dorée, gardes en soie, écrin riche . . . . 50 » Affr^t
Veau russe, rouge ou noir, uni, tranche marbrée dorée, gardes en soie . . . . 53 »   » 75

MISSEL

Orné de 18 sujets, dont 1 frontispice, 1 titre et 16 sujets
coloriés à la main
d'après les compositions de Mlle Sonrel.

Splendide édition en caractères gothiques, format allongé, mesurant 15×8, contenant l'Ordinaire de la Messe, la Messe de Mariage et les Vêpres du Dimanche.

[N° 170]
Plié, renfermé dans un portefeuille . . . . 23 »
Maroquin du Levant poli, uni, tranche marbrée dorée, gardes en soie, écrin riche . . . . 30 » Affr^t
Veau russe, rouge ou noir, uni, tranche marbrée dorée, gardes en soie, écrin riche . . . . 33 »   » 30

Ce missel a été tiré en noir et or pour pouvoir être colorié par les amateurs.

PRIX : **12** francs.

LIVRE D'HEURES
POUR MARIAGE
Édition de grand luxe, mesurant 15×12

Contenant les Offices des principales Fêtes de l'année, la Messe et les Vêpres du Dimanche, l'ordre et l'explication des cérémonies du mariage, des lectures et des prières pour les époux, par Mme la C^{sse} de Flavigny.

Encadrements variés, frises, culs-de-lampe,
reproduisant les types exacts de tous les genres de dentelles
depuis les origines jusqu'à nos jours,
quatre gravures à l'eau-forte, d'après les dessins de Henri Carot.

(Une notice explicative des ornements accompagne cette édition.)

	Plié et renfermé dans un portefeuille	12	»	
[N° 15]	Maroquin du Levant, poli, coul. variées, gardes chromo, écrin	19	50	**Aff^t**
	La même reliure avec gardes en soie	23	25	» **70**
	Riche écrin, garni en satin bouillonné, livré avec le volume	3	»	

Il a été tiré :

100 exemplaires numérotés sur papier teinté . . . . 25 »
30 exemplaires numérotés sur papier du Japon . . . . 30 »

LIVRE D'HEURES
DE LA PREMIÈRE COMMUNION
Édition de grand luxe, mesurant 15×12

Contenant les Offices des principales Fêtes de l'année, la Messe et les Vêpres du Dimanche, des Instructions pour le jour et le lendemain de la première Communion et pour la Confirmation, par Mme la C^{sse} de Flavigny.

Encadrements variés, frises, culs-de-lampe,
reproduisant les types exacts de tous les genres de dentelles
depuis les origines jusqu'à nos jours,
quatre gravures à l'eau-forte, d'après les dessins de Henri Carot.

	Plié, renfermé dans un portefeuille	12	»	
	Maroquin du Levant, poli, couleurs variées, gardes chromo, écrin	19	50	**Aff^t**
[N° 86]	La même reliure, avec gardes en soie	23	25	» **70**
	Applique spéciale en imitation de vieil argent	5	»	
	Riche écrin, garni en satin bouillonné, livré avec le volume	3	»	

MISSEL DES SAINTS ANGES

Contenant les Offices de tous les Dimanches et des principales fêtes de l'année. Édition de luxe imprimée en plusieurs couleurs. Texte orné de 32 gravures d'après les dessins de Mouchot et d'Habert-Dys. Quatre sujets hors texte en héliogravure.

	Maroquin poli, charnières, tranche dorée	7	50	
[N° 37]	La même reliure, avec gardes en soie	10	25	**Aff^t**
	Maroquin du Levant, tranche marbrée dorée	11	70	» **50**
	La même reliure, avec gardes en soie	14	50	

MISSEL ROMAIN
DIT DE JEANNE D'ARC

L'illustration, tirée des principaux faits de la vie de la Vénérable, se compose de six grandes compositions hors texte, tirées en héliogravure, et de vingt frises d'après les dessins de Luc-Olivier Merson. Le texte est orné de magnifiques encadrements dessinés par Giraldon. La gravure a été exécutée par Thévenin et Quesnel. Les ornements des pages sont imprimés en plusieurs couleurs.

Édition de grand luxe, mesurant 15 × 12, contenant l'Office des Dimanches et des principales fêtes de l'année, etc.

TIRAGE SUR PAPIER VÉLIN

Plié, renfermé dans un portefeuille.	9 »
Maroquin poli, avec charnières, tranche dorée.	11 50
La même reliure, avec gardes en soie.	15 50
Maroquin du Levant, poli, uni, gardes riches.	16 50
La même reliure avec gardes en soie.	20 50
Veau russe, rouge ou noir, uni, gardes en soie.	23 50

[N° 161]

TIRAGE SUR PAPIER INDIEN

Affr¹

Plié, renfermé dans un portefeuille.	13 50	» 70
Maroquin poli, avec charnières, tranche dorée.	16 »	
La même reliure avec gardes en soie.	20 »	
Maroquin du Levant, poli, uni, gardes riches.	21 »	
La même reliure avec gardes en soie.	25 »	
Veau russe, rouge ou noir, uni, gardes en soie.	28 »	
Riche écrin, garni en satin bouillonné, livré avec le volume.	3 »	

Il a été tiré de ce livre 50 exemplaires sur papier de Chine, numérotés, entièrement souscrits par la maison FERROUD, de Paris.

HEURES ROMAINES

Magnifique édition illustrée dans le style du XVᵉ siècle, mesurant 15 × 13

Contenant l'Office des Dimanches et des principales Fêtes de l'année, en français et en latin; ornée de trente sujets hors texte; cent encadrements variés; texte rouge et noir (en caractères elzéviriens). — Compositions de A. QUEYROY, gravées par A. GUSMAN. — Tirage de luxe sur papier de Hollande, fabriqué spécialement par la maison VAN GELDER ZONEN, d'Amsterdam.

Plié et renfermé dans un portefeuille.	30 »	
Maroquin poli, avec charnières, tranche dorée.	37 50	Affr¹
La même reliure, avec gardes en soie.	42 »	1 »
Maroquin du Levant, poli, uni, tr. marbrée dorée, gardes soie.	54 »	
Riche écrin, garni en satin bouillonné, livré avec le volume.	3 75	

HEURES DE LA SAINTE VIERGE

Très belle édition illustrée dans le style du XVIᵉ siècle, mesurant 15 × 12

Contenant l'Ordinaire de la Messe, l'Office de la sainte Vierge, l'Office de l'Immaculée Conception, la Messe et les Vêpres de toutes les Fêtes de la sainte Vierge, la Messe de Mariage, des Notices sur différentes Confréries et Congrégations, etc.; encadrements variés; douze magnifiques sujets de différentes couleurs imprimés en camaïeu. — Compositions de A. QUEYROY. — Texte rouge et noir (en caractères elzéviriens). — Tirage de luxe sur papier de Hollande.

Plié et renfermé dans un portefeuille.	15 »	
Maroquin poli, avec charnières, tranche dorée.	22 50	Affr¹
La même reliure avec gardes en soie.	27 »	1 »
Maroquin du Levant, poli, uni, tr. marbrée dorée, gardes soie.	39 »	
Riche écrin, garni en satin bouillonné, livré avec le volume.	3 75	

MISSEL ROMAIN
DIT DES SEPT SACREMENTS
Édition nouvelle grand in-18, mesurant 17 × 13

Contenant les Évangiles des principales Fêtes et de tous les Dimanches de l'année, la Messe et les Vêpres du Dimanche, etc.

Encadrements en plusieurs couleurs sur fond or, d'après Habert-Dys ; sept grandes planches et soixante-quatre sujets d'après les dessins de Mouchot.

[N° 24]	Plié et renfermé dans un portefeuille	11 »	
	Maroquin du Levant, uni, poli, gardes chromo	26 »	**Affr¹**
	La même reliure, avec gardes en soie	30 50	» **75**
	Veau russe, rouge ou noir, uni, gardes en soie	33 »	
	Riche écrin garni en satin bouillonné, livré avec le volume	3 75	

N. B. — Ce volume est accompagné d'une notice explicative sur l'illustration.

MISSEL ROMAIN

Illustré de cadres en or et plusieurs couleurs, composition de Le Doux, et de quatre sujets hors texte, tirés en camaïeu d'après Queyroy.

Édition de grand luxe, contenant les Offices des principales Fêtes de l'année, la Messe et les Vêpres du Dimanche. Mesurant 15 × 12.

[N° 146]	Plié, renfermé dans un portefeuille	4 50	
	Maroquin poli, avec charnières, tranche dorée	10 50	
	La même reliure, avec gardes en soie	14 25	**Affr¹**
	Maroquin du Levant, uni, tranche marbrée dorée	15 »	» **70**
	La même reliure, avec gardes en soie	18 75	
	Riche écrin, garni en satin bouillonné, livré avec le volume	3 »	

MISSEL ROMAIN
DIT DES CATACOMBES

Magnifique édition illustrée d'après les peintures des catacombes, mesurant 15 × 12, contenant l'Office des Dimanches et des principales Fêtes de l'année.

Encadrements variés par Ciappori ; les sept Sacrements, dessins hors texte par O. Merson, imprimés en deux teintes recto et verso. Format grand in-32 jésus.

[N° 75]	Maroquin poli, avec charnières, vert, grenat, hussard, olive, cuivre, tranche dorée	8 25	
	La même reliure, avec gardes en soie	12 »	**Affr¹**
	Maroquin du Levant, poli, uni, gardes chromo	12 75	» **80**
	La même reliure, avec gardes en soie	16 50	
	Veau russe, rouge ou noir, uni, gardes en soie	19 50	
	Riche écrin, garni en satin bouillonné, livré avec le volume	2 25	

LE JOUR DU MARIAGE
PAR MADELEINE ALBINI CROSTA
TRADUIT DE L'ITALIEN PAR M. L'ABBÉ F.-M. DIDIER

Illustrations dans le style du XV° siècle. Compositions de Queyroy, gravées par A. Gusman.

[N° 148]	En portefeuille	7 50	
	Maroquin du Levant, couleurs variées, tranche marbrée dorée	12 »	**Affr¹**
	La même reliure, avec gardes en soie	16 50	» **70**
	Riche écrin, garni en satin bouillonné, livré avec le volume	3 75	

MISSEL ROMAIN
A L'USAGE DES FIDÈLES

Très belle édition sur papier teinté, mesurant 15 × 12, contenant l'Office des Dimanches et des principales Fêtes de l'année.

Encadrements variés, compositions de Leniept; belles gravures hors texte d'après Gustave Doré.

Mouton anglais, grenat ou vert, uni ou avec dentelle équerre à froid, gardes chromo, tranches dorées, étui	6	»
La même reliure, avec dentelle équerre dorée	6	75
La même reliure, avec dentelle dorée tournante	7	25
Mouton grain long, poli, vert ou grenat, gardes chromo, tr. dorée	6	50
La même reliure, avec dentelle équerre dorée	7	25
Cuir anglais, grenat ou vert, poli, tranche dorée, gardes chromo	6	50
[N° 1] La même reliure, avec dentelle dorée tournante	7	50
Imitation de maroquin poli, olive, grenat, hussard, tr. dorée	7	25
La même reliure, avec dentelle dorée tournante	8	25
Imitation de maroquin poli, reliure souple, coins arrondis, tranche dorée, une gravure	6	»
La même reliure, avec dentelle dorée sur plats	7	»
Maroquin poli, avec charnières, vert, grenat, hussard, olive, cuivre, gardes chromo, tranche dorée	8	25
La même reliure, avec charnières et gardes en soie	12	»
Maroquin du Levant, poli, tr. marbrée dorée, gardes chromo	12	75
La même reliure, avec gardes en soie	16	50
Riche écrin, garni en satin bouillonné, livré avec le volume	2	25

Affr^t » **80**

MISSEL ROMAIN ILLUSTRÉ

Très belle édition, format in-32, mesurant 12 × 10; contenant l'Office de tous les Dimanches et des principales Fêtes de l'année, le Chemin de la croix, etc.

Cadres et frises par Ciappori. Quatre sujets hors texte d'après les peintures de Fra Angelico.

Imitation de maroquin, poli, uni, reliure souple, coins arrondis, tranche dorée, fourreau	3	50
La même reliure, avec dentelle dorée tournante	4	50
Mouton anglais, grenat, dentelle à froid, tr. dorée	3	75
La même reliure, avec dentelle équerre dorée	4	50
Cuir anglais, grenat ou vert, poli, tranche dorée	4	25
La même reliure, avec dentelle dorée tournante	5	25
Imitation de maroquin poli, olive, grenat, hussard, tr. dorée	5	»
La même reliure avec dentelle dorée tournante	6	»
[N° 120] Maroquin poli, avec charnières, grenat, vert, hussard, olive, cuivre, uni, gardes chromo, tranche dorée	5	75
La même reliure, avec gardes en soie	8	25
Maroquin du Levant, poli, noir, gardes noires, tr. noire	9	50
Maroquin du Levant, poli, uni, gardes chromo, tr. marbrée dorée	9	50
La même reliure, avec gardes en soie	12	»
Riche écrin, garni en satin bouillonné, livré avec le volume	2	25

Affr^t » **35**

MISSEL ROMAIN ILLUSTRÉ
(EN GROS CARACTÈRES)
ENCADREMENTS VARIÉS PAR OULEVAY

BELLE ÉDITION SUR PAPIER INDIEN

Volume mince, malgré l'importance du texte et la grosseur du caractère, mesurant 15 × 12.
Contenant l'Office de tous les Dimanches et principales Fêtes de l'année.

QUATRE GRAVURES SUR ACIER HORS TEXTE D'APÈS HALLEZ

Chagrin 1er choix noir, tranche dorée ou noire	9	»
[N° 159] Chagrin 1er choix grenat ou La Vallière, tranche dorée	9	25
Chagrin poli, avec charnières, couleurs variées, tranche dorée	11	25
La même reliure, avec gardes en soie	15	»

Affr^t » **40**

MISSEL ROMAIN ILLUSTRÉ

Nouvelle édition grand in-32 jésus, mesurant 13 × 10; contenant l'Office de tous les Dimanches et des principales Fêtes de l'année, le Chemin de la croix, etc.

Riches encadrements par Trumeau, quatre belles gravures sur acier.

	Imitation de maroquin, poli, uni, reliure souple, coins arrondis, tranche dorée, fourreau	3	75
	La même reliure, avec dentelle dorée tournante	4	75
	Mouton anglais, grenat ou vert, uni ou avec équerre en relief à froid, tranche dorée	4	»
	La même reliure, avec équerre dorée	5	»
	La même reliure avec dentelle dorée tournante	5	25
	Mouton grain long, poli, vert ou grenat, gardes chromo, tr. dorée	4	50
[N° 61]	La même reliure, avec dentelle équerre dorée	5	25
	Cuir anglais, grenat ou vert, poli, tranche dorée	4	50
	La même reliure, avec dentelle dorée tournante	5	75
	Imitation de maroquin poli olive, grenat, hussard, tranche dorée	5	50
	La même reliure, avec dentelle dorée tournante	6	50
	Maroquin poli, avec charnières, vert, grenat, hussard, olive, cuivre, gardes chromo, tranche dorée	6	»
	La même reliure, avec dentelle dorée	7	50
	Maroquin poli, uni, avec charnières et gardes en soie	8	75
	Maroquin du Levant, poli, tranche marbrée dorée, gardes chromo	10	»
	La même reliure, avec gardes en soie	12	75
	Veau russe, rouge ou noir, uni, gardes en soie	15	»
	Riche écrin, garni en satin bouillonné, livré avec le volume	2	25

Affr¹ » 50

PAROISSIEN ROMAIN ILLUSTRÉ

Édition in-32 carré (512 pages), mesurant 11 × 8; contenant les Offices de tous les Dimanches et des principales Fêtes de l'année, en latin et en français; le Chemin de la croix, etc.

Texte encadré, orné de gravures sur acier.

	Basane grenat, reliefs, tr. dorée, 2 fermoirs dorés, fourreau	2	»
	Imitation de maroquin, poli, uni, reliure souple, coins arrondis, tranche dorée, fourreau	3	25
	La même reliure, avec dentelle dorée tournante	4	»
	Chagrin 2ᵉ choix noir, tranche noire	3	25
[N° 2]	Cuir anglais, grenat ou vert, poli, tranche dorée	3	40
	La même reliure, avec dentelle dorée tournante	4	50
	Imitation de maroquin poli, olive, grenat, hussard, tr. dorée	4	»
	La même reliure, avec dentelle dorée tournante	5	»
	Chagrin poli, avec charnières grenat, vert, hussard, olive, cuivre, uni, gardes chromo	4	50
	La même reliure, avec dentelle dorée	5	50
	Chagrin poli, uni, charnières, gardes en soie	6	75
	Maroquin du Levant, poli, uni, gardes chromo, écrin	6	75
	La même reliure, avec gardes en soie	8	75

Affr¹ » 40

GARNITURES ET FERMOIRS EN CELLULOÏDE, étui.

N° 36.	— 3 sujets en relief, plaques moulées, 1 fermoir	3	50
N° 37.	— 3 sujets en relief, mêmes modèles, 2 fermoirs	4	»
N° 38.	— 3 sujets incrustés, bords Louis XV, 1 fermoir	4	50
N° 39.	— 5 sujets, appliques ivoire, 1 fermoir	4	50
N° 40.	— 5 sujets, mêmes modèles, 2 fermoirs	5	»
N° 44.	— 3 sujets en relief, décorés en or, 1 fermoir	6	»
N° 45.	— 3 sujets en relief, décorés en or et incrustés, 1 ferm.	6	75

MISSEL ROMAIN DES CATHÉDRALES
A L'USAGE DES FIDÈLES

Contenant l'Office des principales Fêtes de l'année, les Prières du matin et du soir, les Vêpres et Complies du Dimanche, etc. Mesurant 15 × 12.

Magnifique édition avec encadrements rouges.
108 dessins d'Alexandre de Bar, d'après toutes les cathédrales de France.
4 gravures en chromolithographie, reproduction de vitraux.

	Maroquin poli, avec charnières, tranche dorée	8	25
[N° 149]	La même reliure, avec gardes en soie	12	»
	Maroquin du Levant poli, uni, tranche marbrée dorée	12	75
	La même reliure, avec gardes en soie	16	50
	Riche écrin, garni en satin bouillonné, livré avec le volume	3	»

Affr¹ » 75

N. B. — Ce volume est accompagné d'une notice explicative sur l'illustration.

PAROISSIENS DE LUXE
ÉDITIONS TRÈS COMPLÈTES

PAROISSIEN ROMAIN (TRÈS COMPLET). Nouvelle édition, imprimée en noir et rouge, sur papier indien, ornée d'une héliogravure par volume, **caractères très lisibles**; 4 volumes in-32 raisin, mesurant 11×8, contenant les Offices de tous les jours de l'année, les Épîtres et Évangiles en latin et en français, le Chemin de la Croix, etc. Tirage avec encadrement rouge.

[N° 80]
- Chagrin 1er choix, noir, reliure molle, tranche dorée. . . . . . . 21 »
- Chagrin 1er choix, La Vallière, reliure molle, tranche dorée. . . . 21 60
- Chagrin poli, avec charnières, vert, grenat, hussard, olive ou cuivre, tranche dorée, gardes chromo. . . . . 24 »
- La même reliure, avec gardes en soie 31 50
- Maroquin du Levant, poli, tranche marbrée dorée. . . . . 30 »
- La même reliure, avec gardes en soie. 37 50

Les quatre volumes sont renfermés dans un étui.
- Écrin bibliothèque, couvert en toile avec intérieur satin, livré avec le volume. 3 50
- Écrin riche, garni en satin bouillonné 7 50

PAROISSIEN ROMAIN (TRÈS COMPLET); 4 volumes in-32, mesurant 12×8. Contenant les Offices de tous les jours de l'année, les Épîtres et Évangiles en français, le Chemin de la Croix, etc.

Très belle édition sur papier teinté, encadrement rouge, frises et sujets hors texte dans le style du XVe siècle, par A. Queyroy.

[N° 119]
- Chagrin 1er choix, noir, tranche dorée . . . . 21 »
- Chagrin 1er choix, La Vallière ou grenat, tranche dorée. 21 60
- Maroquin poli, avec charnières, vert, grenat, hussard, olive, cuivre, tranche dorée, gardes chromo . . . . 24 »
- Maroquin du Levant, poli, tranche marbrée dorée, gardes chromo. 30 »
- La même reliure, avec gardes en soie 37 50
- Écrin riche, garni en satin bouillonné. 7 50

PAROISSIEN ROMAIN (TRÈS COMPLET), 4 volumes in-32 petit carré (LIVRE DE POCHE), mesurant 10×7; contenant les Offices de tous les jours de l'année, les Épîtres et Évangiles en latin et en français, le Chemin de la Croix, etc.

Édition ornée d'un encadrement rouge et d'une gravure par volume.

[N° 79]
- Chagrin 1er choix, noir, tranche dorée 18 50
- Chagrin 1er choix, La Vallière, tranche dorée. . . . . 19 10 Affr » 85
- Chagrin poli, avec charnières, vert, grenat, hussard, olive et cuivre, tranche dorée, gardes chromo 21 50
- La même reliure, avec gardes en soie 27 50
- Maroquin du Levant, poli, tranche marbrée dorée 27 50
- La même reliure, avec gardes en soie. 33 50

Les quatre volumes sont renfermés dans un étui.
- Écrin bibliothèque, couvert en toile avec intérieur satin, livré avec le volume. 3 50
- Écrin riche, garni en satin bouillonné. 7 50

OFFICES COMPLETS (suivant le rit romain), 4 volumes in-32 jésus, nouvelle édition, mesurant 15×9; contenant les Messes de tous les jours de l'année et les Offices de la semaine; ornés chacun d'une gravure sur acier d'après L. Hallez.

[N° 105]
- Basane gaufrée, filets dorés, tranche marbrée. . . . . 21 »
- Basane propre, bordée, tranche rouge unie. . . . . 24 »
- Chagrin gaufré à froid, tranche dorée ou rouge. 25 50
- Chagrin 1er choix, noir, tranche dorée, titre colorié 31 50
- Chagrin 1er choix, La Vallière, tranche dorée, titre colorié. . . 33 »
- Maroquin du Levant, uni, tranche marbrée dorée, gardes chromo. . . . . 48 »

PAROISSIEN ROMAIN, in-32 carré (512 pages), mesurant 11 × 8; contenant les Offices de tous les Dimanches et des principales Fêtes de l'année, en latin et en français, le Chemin de la croix, etc. **Édition ornée d'un encadrement rouge.**

Basane grenat, ornem. en relief, tr. dorée, 1 grav., cadre jonc 3 côtés, étui-fourreau	1	80
La même reliure, avec 1 fermoir nickelé	1	75
Mouton chagriné, couleurs assorties, tranche dorée, 2 gravures	1	50
Mouton anglais, grenat, uni, tranche dorée	1	80
Mouton anglais, grenat, dentelle dorée tournante	2	55
Mouton grenat, petit chagrin, ouaté, ornements en relief à froid, tranche dorée	1	80
La même reliure, avec ornements en relief, dorés et à froid	1	95
Imitation de maroquin, demi-souple, équerre à froid, tranche dorée, étui-fourreau	2	»
Mouton grain long, poli, grenat ou vert, ouaté, ornements dorés et à froid, tranche dorée	2	50
Cuir anglais, grenat ou vert, poli, tranche dorée	2	50
Imitation de maroquin, poli, uni, reliure souple, grenat, vert ou hussard, coins arrondis, tranche dorée	2	55
La même reliure, avec dentelle dorée tournante	3	40
Chagrin gaufré à froid, noir, tranche dorée, 3 gravures	2	30
Chagrin gaufré à froid, La Vallière ou grenat, tr. dorée, 3 grav.	2	50
Chagrin 1er choix, noir, tranche dorée, titre colorié, 4 gravures	3	40
Chagrin 1er choix, La Vallière ou grenat, tr. dor., 4 grav., titre col.	3	60
Chagrin poli, vert, grenat, hussard, tranche dorée, gardes chromo	3	75

[N° 74] Affr" » 30

GARNITURES EN IVOIRE. — Plaque et dos ivoire, 4 grav., titre en couleur, écrin.

N° 1. — Plaque unie, fermoir argenté	10	25
N° 2. — Croix, fermoir argenté	10	50
N° 3. — Croix, fermoir ivoire	11	»
N° 4. — Sujets sculptés, 4 modèles, fermoir argenté	12	»
N° 5. — Sujets sculptés, 4 modèles, fermoir argenté	12	75
N° 5 bis. Sujets sculptés, 4 modèles, fermoir ivoire	13	25
N° 6. — Sujets en encoignure, 2 modèles, fermoir ivoire	14	25
N° 7. — Sujets sculptés, 2 modèles, fermoir argent	16	50
Ajouter pour un riche écrin garni velours et soie	2	»

GARNITURES ET FERMOIRS EN CELLULOIDE, étui.

N° 29. — Sujets en relief, 3 modèles, 1 fermoir	2	50
N° 30. — Sujets incrustés, 3 modèles, 1 fermoir	4	25
N° 32. — Sujets incrustés, bords Louis XV, 3 modèles, 1 fermoir	4	50
N° 33. — Sujets sculptés en ivoire, dans un ovale, 5 modèles, 1 fermoir	4	50
N° 34. — Sujets incrustés sur relief, fond moiré, 3 modèles, 2 fermoirs	6	»
N° 35. — Sujets sculptés en ivoire, 6 modèles, 2 fermoirs	5	»

PAROISSIEN ROMAIN, en 2 volumes minces, caractères très lisibles. Tirage soigné sur papier indien. Format in-32 jésus, mesurant 13 × 9. Contenant, en français et en latin, les Offices de tous les Dimanches et de toutes les Fêtes de l'année qui peuvent se célébrer le Dimanche, et plusieurs offices concédés par les Souverains Pontifes.

Chagrin 2e choix, noir, tranche dorée	12	»
Chagrin 2e choix, La Vallière ou grenat, tranche dorée	12	50
Chagrin 1er choix, noir, tranche dorée	18	»
Chagrin 1er choix, La Vallière ou grenat, tranche dorée	18	50
Maroquin poli, avec charnières, tranche dorée	21	»
La même reliure, avec gardes en soie	25	50
Maroquin du Levant, poli, tranche marbrée dorée	27	»
La même reliure, avec gardes en soie	31	50

[N° 56]

PAROISSIEN ROMAIN in-32 raisin (**GROS CARACTÈRES**) (576 pages), mesurant 12 × 9; contenant l'Office des Dimanches et des principales Fêtes de l'année, en latin et en français, et le Chemin de la Croix.

Reliure anglaise, basane gaufrée à froid, 1 gravure	1	25

[N° 63] **DORURE SUR TRANCHE** Affr" » 30

Reliure anglaise, basane, ornements à froid, 1 gravure	1	50
Mouton noir chagriné, ornements à froid, 1 gravure	1	75
Chagrin gaufré à froid, 1 gravure	2	75
Chagrin 1er choix, noir, titre colorié, 4 gravures	4	50
Chagrin 1er choix, La Vallière, titre colorié, 4 gravures	4	65

NOUVEAU PAROISSIEN ROMAIN, in-32 jésus. Édition ornée d'un filet rouge, imprimée sur **papier indien**, en noir et rouge, **caractères très lisibles**, mesurant 11 × 8, contenant les Offices de tous les Dimanches et des principales Fêtes de l'année, en latin et en français, le Chemin de la Croix et la Messe de Communion. (Volume de 1168 pages, d'un centimètre et demi d'épaisseur.)

Chagrin 1er choix, noir, tranche dorée.	6	75
Chagrin 1er choix, La Vallière ou grenat, tranche dorée	6	90
Chagrin 1er choix, noir, reliure molle, coins ronds, tranche rouge sous or.	6	75
La même reliure, La Vallière ou grenat.	6	90
[N° 10] Chagrin poli, avec charnière, vert, grenat, hussard, olive et cuivre, gardes papier, tranche dorée	6	75
Maroquin du Levant, poli, uni, tranche marbrée dorée, gardes papier.	8	50
La même reliure, avec gardes en soie.	10	50
Maroquin du Levant, gros grain, couleur purpre, reliure molle, coins arrondis, tranche marbrée dorée	8	50
La même reliure, avec gardes en soie.	10	50

[N° 10] Affr¹ » 30

PAROISSIEN ROMAIN, format allongé (gros caractères), mesurant 15 × 8 (252 pages). Tirage rouge et noir sur papier teinté, **orné d'un cadre rouge et de quatre gravures sur acier.**

Chagrin noir et grenat, uni, reliure souple, ouatée, coins arrondis, tranche dorée.	4	50
Maroquin poli, ouaté, couleurs variées, reliure souple, coins arrondis, tranche rouge sous or.	6	»
[N° 115] Maroquin poli, sans charnières, grenat, vert, hussard, olive, cuivre, tranche dorée.	6	»
Maroquin du Levant, poli, gardes chromo, tr. marbrée dorée	8	25
La même reliure, avec gardes en soie.	10	50

[N° 115] Affr¹ » **20**

PAROISSIEN ROMAIN, format allongé. Nouvelle édition sur papier teinté, mesurant 15 × 8 ; **ornée de gravures sur bois et d'un cadre rouge.** Contenant l'Office des principales fêtes, la Messe et les Vêpres du Dimanche, les Épîtres et Évangiles de tous les Dimanches de l'année.

Chagrin noir et grenat, uni, reliure souple, ouatée, coins arrondis, tranche dorée.	4	50
[N° 18] Maroquin du Levant, poli, reliure souple, ouaté, coins arrondis, tranche rouge sous or	6	»
Maroquin poli, sans charnières, uni, gardes chromo	6	»
Maroquin du Levant, poli, tranche marbrée dorée.	8	25
La même reliure, avec gardes en soie.	10	50
Veau russe, rouge ou noir, uni, gardes en soie	12	75

[N° 18] Affr¹ » 30

PETIT MISSEL ROMAIN, **format allongé**, mesurant 12 × 7, imprimé en rouge et noir sur papier teinté, contenant l'Ordinaire de la Messe, la Messe du mariage et la Messe d'enterrement, les Vêpres et Complies.

Encadrement noir et rouge.

Mouton, imitation de veau, couleurs variées, ornements à froid.	1	50
[N° 17] La même reliure, avec ornements dorés.	2	10
Imitation de maroquin poli, ouaté, coins arrondis, tranche dorée.	2	25
Même reliure, avec dentelle dorée	2	85
Maroquin ouaté, 3 couleurs, coins arrondis, tranche rouge sous or.	3	75

[N° 17] Affr¹ » **10**

PAROISSIEN ROMAIN TRÈS COMPLET (GROS CARACTÈRES), 2 volumes in-18, mesurant 15 × 10 ; contenant en français et en latin les Offices de tous les Dimanches et de toutes les Fêtes de l'année qui peuvent se célébrer le Dimanche, et plusieurs Offices concédés par les Souverains Pontifes.

Reliure anglaise, basane gaufrée à froid, 1 gravure.	6	60
Basane propre bordée, 1 gravure.	7	50
[N° 21] DORURE SUR TRANCHE		
Reliure anglaise, basane, ornements à froid, 2 gravures.	8	50
Chagrin gaufré à froid, 3 gravures.	10	80
Chagrin gaufré à froid, 3 gravures, tranche rouge.	10	80
Chagrin 1er choix, noir, 4 gravures, titre colorié.	15	»
Chagrin 1er choix, La Vallière, 4 gravures, titre colorié.	15	40

5

PAROISSIEN ROMAIN, in-32 raisin (672 pages), mesurant 12 × 9 ; contenant les Offices de tous les Dimanches et des principales Fêtes de l'année, en latin et en français, et le Chemin de la Croix. Orné d'une gravure d'après L. Hallez et d'un encadrement rouge.

DORURE SUR TRANCHE

[N° 23]

Basane chagrinée, grenat, ornements en relief.	1	80
La même reliure, avec jonc 3 côtés.	2	»
La même reliure, avec 2 fermoirs nickelés.	2	10
Basane chagrinée, grenat, ornements en relief, tranche ciselée.	2	»
Basane grenat, ornements en relief, écusson doré	2	»
Mouton noir, chagriné, croix à froid.	1	80
Mouton grenat, chagriné, croix à froid	2	»
Mouton grenat, écusson à froid, cadre jonc 3 côtés, étui	2	50
Mouton anglais, grenat, ornements en relief, tr. dorée, jonc 3 côtés, étui-fourreau.	2	50
La même reliure, avec 2 fermoirs nickelés.	2	60
Mouton grenat, chagriné, ornem. dorés en coin, 2 ferm. dorés, étui.	3	»
Mouton grenat, grain anglais, croix dor. en relief, 2 fermoirs dorés, étui.	3	40
Mouton grenat, grain anglais, dentelle dorée en coin, 2 ferm. dorés.	3	60
Mouton grenat, grain anglais, éq. dorée en relief, 2 fermoirs dorés.	3	60
Mouton grenat, grain anglais, dentelle tournante, 2 fermoirs dorés.	3	60
Mouton grain long, grenat ou vert, poli, étui	3	60
La même reliure, avec filets dorés et 2 fermoirs dorés.	4	75
La même reliure, avec écusson, 2 fermoirs nickelés	4	25
La même reliure, avec 2 fermoirs à pattes nickelés	4	75
Chagrin gaufré à froid	2	90
Chagrin 2ᵉ choix, grenat, sans charnières, tranche dorée.	3	75
Chagrin 1ᵉʳ choix, noir.	4	50
Chagrin 1ᵉʳ choix, La Vallière ou grenat.	4	75
Chagrin poli, uni, vert ou grenat, gardes chromo	4	75

Affr¹ » 30

PAROISSIEN ROMAIN, in-32 grand jésus (**GROS CARACTÈRES**) (992 pages), mesurant 13 × 10 ; contenant l'Office de tous les Dimanches et des principales Fêtes de l'année.

[N° 121]

Reliure anglaise, basane gaufrée à froid, tr. marbrée, 1 gravure.	3	»
Mouton noir chagriné, tranche dorée, 1 gravure.	3	60
Chagrin gaufré à froid, noir, tranche dorée, 3 gravures.	4	50
Chagrin 1ᵉʳ choix, noir, tranche dorée, titre colorié, 4 gravures.	6	»
Chagrin 1ᵉʳ choix, La Vallière, tr. dorée, titre colorié, 4 gravures.	6	25

Affr¹ » 50

ÉDITION SUR PAPIER INDIEN

ORNÉE DE 4 GRAVURES

Chagrin 2ᵉ choix, noir, tranche dorée	6	»
Chagrin 1ᵉʳ choix, noir, tranche dorée.	7	50
Chagrin 1ᵉʳ choix, noir, tranche noire.	7	50
Chagrin 1ᵉʳ choix, La Vallière ou grenat, tranche dorée	7	75
Maroquin poli, avec charnières, couleurs variées, tr. dorée.	9	»
Maroquin du Levant, poli, uni, gardes chromo, tranche marbrée dorée, écrin.	12	»
La même reliure, avec gardes en soie.	14	25

Affr⁴ » 30

PAROISSIEN ROMAIN (**GROS CARACTÈRES**), in-32 petit carré. Nouvelle édition imprimée sur **papier indien**, mesurant 11 × 7 (672 pages) ; épaisseur un centimètre environ ; contenant les Évangiles de tous les Dimanches et des principales Fêtes de l'année.

[N° 106]

Mouton grenat, reliure molle, tranche dorée.	2	10
Chagrin noir, sans charnières, tranche dorée ou tranche noire	2	85
Chagrin La Vallière, sans charnières, tranche dorée.	3	»
Chagrin 1ᵉʳ choix, noir, tranche dorée.	4	20
Chagrin 1ᵉʳ choix, La Vallière, tranche dorée	4	35
Chagrin poli, vert ou grenat, tranche dorée	4	50
La même reliure avec gardes en soie.	6	»

Affr¹ » 20

PAROISSIEN ROMAIN in-18 (**GROS CARACTÈRES**) (984 pages), mesurant 15 × 10, contenant les Offices de tous les Dimanches et des principales Fêtes de l'année, le Commun des Saints et le Chemin de la Croix.

[N° 31]

Reliure anglaise, basane gaufrée, 1 gravure.	2	80
Basane propre bordée, 1 gravure.	3	15

DORURE SUR TRANCHE

Reliure anglaise, basane, ornements à froid, 2 gravures.	3	70
Chagrin gaufré à froid, 3 gravures	4	80
Chagrin 1ᵉʳ choix, noir, 4 gravures, titre colorié	6	65
Chagrin 1ᵉʳ choix, La Vallière, 4 gravures, titre colorié	6	90

Affr¹ » 60

PAROISSIEN ROMAIN (TRÈS COMPLET), in-18 (1043 pages), mesurant 15 × 10; contenant les Offices de tous les Dimanches et de toutes les Fêtes de l'année qui peuvent se célébrer le Dimanche, les *Épîtres et Évangiles en français et en latin*, plusieurs Offices concédés par les Souverains Pontifes, et le Chemin de la Croix.

[N° 7]

Reliure anglaise, basane gaufrée à froid, 1 gravure.	2	60
Basane propre bordée, 1 gravure.	2	95
Basane gaufrée, 1 gravure.	2	95

DORURE SUR TRANCHE — Affr¹

Reliure anglaise, basane, ornements à froid, 2 gravures.	3	50	» **55**
Chagrin gaufré à froid, 3 gravures.	4	55	
Chagrin gaufré à froid, 3 gravures, tranche rouge unie.	4	55	
Chagrin 1ᵉʳ choix, noir, 4 gravures, titre colorié.	6	80	
Chagrin 1ᵉʳ choix, La Vallière, 4 gravures, titre colorié.	7	»	

PAROISSIEN ROMAIN, in-18, *en très gros caractères* (756 pages), mesurant 15 × 10; contenant les Prières durant la sainte Messe, les Vêpres du Dimanche, l'Office de la sainte Vierge, les Psaumes de la pénitence, des Pratiques de dévotion, le Chemin de la croix, etc.

[N° 36]

Reliure anglaise, basane gaufrée à froid, 1 gravure. 1 75

DORURE SUR TRANCHE — Affr¹

Reliure anglaise, basane, ornements à froid, 2 gravures.	2	45	» **45**
Chagrin gaufré à froid, 3 gravures.	3	70	
Chagrin 1ᵉʳ choix, noir, 4 gravures.	5	45	
Chagrin 1ᵉʳ choix, La Vallière, 4 gravures.	5	65	

PAROISSIEN ROMAIN (COMPLET), in-18 (744 pages), mesurant 15 × 10, contenant les Offices de tous les Dimanches et de toutes les Fêtes de l'année qui peuvent se célébrer le Dimanche; les *Épîtres et Évangiles en français seulement*; plusieurs Offices concédés par les Souverains Pontifes, et le Chemin de la croix.

[N° 30]

Reliure anglaise, basane gaufrée à froid, 1 gravure . . . . . . 2 »

DORURE SUR TRANCHE

Reliure anglaise, basane, ornements à froid, 2 gravures.	2	75	**Affr¹**
Chagrin gaufré à froid, 3 gravures.	3	65	» **50**
Chagrin 1ᵉʳ choix, noir, 4 gravures, titre colorié.	5	40	
Chagrin 1ᵉʳ choix, La Vallière, 4 gravures, titre colorié.	5	60	

PAROISSIEN ROMAIN, in-32 (448 pages), mesurant 12 × 9; contenant les Offices de tous les Dimanches et des principales Fêtes de l'année, en latin et en français, et le Chemin de la croix, orné d'une gravure sur acier.

Imitation basane noire, tranche rouge.	»	85
Toile noire, tranche rouge.	»	90
Imitation de petit chagrin, grenat et hussard, plaque dorée, tranche rouge.	»	90
Reliure anglaise, basane gaufrée à froid.	»	90

DORURE SUR TRANCHE

[N° 64]

Imitation de petit chagrin, grenat et hussard, plaque dorée.	1	»	
Toile noire, ornements en relief.	1	05	
Pégamoïd, noir ou grenat, ornements en relief.	1	05	
Basane noire ou grenat avec ornements en reliefs.	1	20	
Basane grenat avec ornements en reliefs, tranche ciselée.	1	40	
Basane noire ou grenat, cadre jonc à 3 côtés.	1	35	**Affr¹**
Mouton noir chagriné.	1	40	» **30**
Mouton grenat chagriné.	1	60	
Chagrin gaufré à froid.	2	25	
Mouton grenat, grain anglais, coins or, 2 fermoirs.	2	40	
La même reliure, avec dentelle tournante ou semis d'hermines, 2 fermoirs.	2	65	

PETIT PAROISSIEN, in-32 petit carré (128 pages), mesurant 10 × 7, contenant les prières du matin et du soir, la messe et les Vêpres et les Évangiles de tous les Dimanches et des principales Fêtes de l'année.

[N° 9]

Imitation veau, ornements dorés	»	20	Affr¹	» 10
Percaline noire, tranche rouge.	»	30		

PAROISSIEN ROMAIN, in-32 raisin (812 pages), mesurant 12×9 ; contenant les Offices de tous les Dimanches et des principales Fêtes de l'année, en latin et en français, et le Chemin de la Croix.

[N° 33]

Reliure anglaise, basane gaufrée à froid, 1 gravure.	1	75	
Basane propre bordée, 1 gravure.	2	»	
DORURE SUR TRANCHE			Affr¹
Reliure anglaise, basane, ornements à froid, 2 gravures.	2	45	» 40
Chagrin gaufré à froid, 3 gravures.	3	25	
Chagrin 1ᵉʳ choix, noir, titre colorié, 4 gravures	4	55	
Chagrin 1ᵉʳ choix, La Vallière, titre colorié, 4 gravures	4	75	

PETIT MISSEL DE L'ENFANT JÉSUS, petit in-32 (288 pages), mesurant 9×6 ; contenant les prières du matin et du soir, la Messe et les Vêpres du Dimanche et diverses autres prières.

[N° 13] Douze gravures en couleurs représentant des scènes de la vie de Jésus enfant, encadrement rouge.

TABLEAUX ET PRIÈRES DE LA SAINTE MESSE, petit in-32 (256 pages), mesurant 9×6. Jolie édition, contenant les prières du matin et du soir, la manière de répondre à la Messe, les prières durant la Messe, les Vêpres et Complies du Dimanche.

Orné de 22 planches en couleurs et d'un encadrement rouge.

PRIX DE CHACUN DES DEUX VOLUMES CI-DESSUS :

[N° 154]

Papier, imitation de chagrin, grenat et hussard, plaque dorée, tranche dorée.	»	95	
Mouton chagriné, grenat et rouge, encadrements et croix à froid en relief, tranche dorée.	1	»	
Mouton grenat, petit chagrin, uni, tranche dorée.	1	»	Affr¹ » 15
Mouton grenat, petit chagrin, reliure molle, ouatée, ornements dorés, tranche dorée.	1	35	
Mouton anglais, grenat, rouge, reliure ferme, fleurs dorées sur plat, 1 fermoir doré, étui-fourreau.	1	75	
Chagrin poli, vert, grenat, hussard, tranche dorée.	3	75	
La même reliure, avec dentelle or.	4	50	

PETIT PAROISSIEN ROMAIN in-32 petit carré (192 pages), mesurant 10×7, Huit gravures.

[N° 103]

Imitation basane, noire ou grenat, tranche rouge	»	30	
Percaline noire et grenat, reliefs, tranche rouge	»	35	Affr¹
Reliure anglaise, basane noire, tranche marbrée.	»	35	» 10
Imitation de petit chagrin, grenat et hussard, plaque dorée, tranche rouge.	»	35	
La même reliure, avec tranche dorée.	»	45	
Basane grenat et noire, reliefs, tranche dorée.	»	55	

PAROISSIEN ROMAIN (TEXTE LATIN), in-32 raisin (750 pages), mesurant 12×9 ; contenant les Offices des Dimanches et de toutes les Fêtes de l'année qui peuvent se célébrer le Dimanche, et plusieurs Offices concédés par les Souverains Pontifes.

[N° 8]

Reliure anglaise, basane gaufrée à froid, 1 gravure	1	85	
Basane propre bordée, 1 gravure	2	05	
DORURE SUR TRANCHE			Affr¹
Reliure anglaise, ornements à froid, 2 gravures.	2	40	» 30
Chagrin gaufré à froid, 3 gravures.	3	15	
Chagrin 1ᵉʳ choix, noir, titre colorié, 4 gravures	4	50	
Chagrin 1ᵉʳ choix, La Vallière, titre colorié, 4 gravures.	4	70	

OFFICIUM DIVINUM, JUXTA RITUM ROMANUM, cum Missis pro singulis anni diebus et Officiis Hebdomadæ sanctæ ; **un volume in-32 jésus**, mesurant 14×10.

[N° 107]

Reliure anglaise, basane gaufrée à froid, 1 gravure	4	»	
Basane propre bordée, 1 gravure.	4	35	
DORURE SUR TRANCHE			Affr¹
Reliure anglaise, basane, ornements à froid, 2 gravures.	4	90	» 55
Chagrin gaufré à froid, 3 gravures.	5	95	
Chagrin 1ᵉʳ choix, noir, 4 gravures.	8	20	
Chagrin 1ᵉʳ choix, La Vallière, 4 gravures.	8	40	

PAROISSIEN ROMAIN, in-32 raisin (784 pages), mesurant 12×9; contenant les Offices de tous les Dimanches et des principales Fêtes de l'année, en latin et en français, et le Chemin de la croix; *les Épitres et Évangiles sont en latin et en français.* Orné d'une gravure.

	Imitation de basane, tranche rouge	1	05
	Basane, ornements en relief, écusson à froid, tranche jaspée	1	15
	Reliure simple racinée, tranche jaspée	1	20

DORURE SUR TRANCHE

	Toile noire ou La Vallière, ornements en relief	1	20	
	Imitation basane chagrinée, ornements en relief, jonc 3 côtés	1	50	
	La même reliure, avec 2 fermoirs nickelés	1	55	
	Pégamoïd, noir ou grenat, ornements en relief	1	45	
	Basane noire ou grenat, avec reliefs	1	40	
	La même reliure, avec jonc à 3 côtés	1	60	
	La même reliure, avec 2 fermoirs dorés	1	70	
	La même reliure, avec jonc 4 côtés	1	75	
	Basane grenat avec reliefs, tranche ciselée	1	75	**Affr¹**
[Nº 114]	Basane noire ou grenat avec reliefs, tranche ciselée or et couleurs, jonc à 3 côtés	1	95	» 40
	La même reliure, avec 2 fermoirs dorés	2	05	
	La même reliure, avec jonc 4 côtés	2	10	
	Basane noire ou grenat, tranche ciselée or et couleurs, écusson mosaïque, fermoir et coins dorés	2	40	
	La même reliure, avec 2 fermoirs dorés	2	25	
	La même reliure, avec jonc 4 côtés	2	30	
	La même reliure, avec jonc à 3 côtés	2	10	
	Mouton chagriné, grenat, ornements en relief, 2 fermoirs dorés	2	60	
	La même reliure, avec jonc 3 côtés	2	55	
	Mouton grenat chagriné, ornements dorés en coin, 2 fermoirs	2	75	
	Mouton anglais, grenat, dentelle tournante ou semis d'hermines, 2 fermoirs dorés	3	40	
	Chagrin gaufré à froid	2	75	

QUINZAINE DE PAQUES, contenant les Prières du matin et du soir, la sainte Messe, les Vêpres, les Complies du Dimanche et différentes prières, etc.

ÉDITION DE POCHE, IN-32 CARRÉ (mesurant 10×7); en rapport avec le Paroissien nº 70 (*page* 63).

Ornée d'un encadrement rouge et d'une gravure sur acier.

	Chagrin noir, gaufré à froid, tranche dorée	3	75	
	Chagrin 1ᵉʳ choix, noir, tranche dorée ou tranche rouge	4	50	**Affr¹**
[Nº 108]	Chagrin 1ᵉʳ choix, La Vallière, tranche dorée	4	75	» 20
	Chagrin poli, uni, avec charnières, vert, grenat, hussard, olive, cuivre, tranche dorée, gardes chromo	5	25	
	Maroquin du Levant poli, uni, tranche marbrée dorée	7	»	
	La même reliure, avec gardes en soie	8	50	

NOUVELLE ÉDITION IN-32 RAISIN, mesurant 12 × 9
Ornée d'un encadrement rouge.

	Reliure anglaise, basane gaufrée à froid, 1 gravure	1	90	
	Basane propre bordée, 1 gravure	2	10	
	Basane gaufrée, 1 gravure	2	10	
[Nº 42]	DORURE SUR TRANCHE			**Affr¹**
	Reliure anglaise, basane, ornements à froid, 2 gravures	2	50	» 30
	Chagrin gaufré à froid, 3 gravures	3	30	
	Chagrin 1ᵉʳ choix, noir, titre colorié, 4 gravures	4	75	
	Chagrin 1ᵉʳ choix, La Vallière, titre colorié, 4 gravures	5	»	

[Nº 27] ÉDITION IN-18 (EN GROS CARACTÈRES), mesurant 15 × 10.
(*Voir page* 72.)

NOUVELLE ÉDITION, imprimée en noir et rouge, sur papier indien, en rapport avec le Paroissien nº 80 (*page* 63).

	Chagrin 1ᵉʳ choix, noir, reliure molle, tranche dorée	5	25	
	Chagrin 1ᵉʳ choix, La Vallière et grenat, reliure molle, tranche dorée	5	40	**Affr**
[Nº 172]	Chagrin poli, uni, avec charnières, vert, grenat, hussard, olive et cuivre, tranche dorée, gardes chromo	6	»	» 30
	La même reliure avec gardes en soie	7	50	
	Maroquin du Levant, poli, uni, tranche marbrée dorée	7	50	
	La même reliure, avec gardes en soie	9	»	

JOURNÉE DU CHRÉTIEN, in-18 (**GROS CARACTÈRES**), mesurant 16 × 10 ; contenant les Hymnes et les Proses des principales Fêtes de l'année, l'Office de l'Immaculée Conception (latin-français), l'indication d'un grand nombre d'Indulgences, l'Abrégé de la Doctrine chrétienne, et diverses Prières.

	Reliure anglaise, basane gaufrée à froid, 1 gravure	2 20	
[N° 48]	DORURE SUR TRANCHE		Affr¹
	Reliure anglaise, basane, ornements à froid, 2 gravures	2 95	» 40
	Chagrin gaufré à froid, 3 gravures	3 85	
	Chagrin 1ᵉʳ choix, noir, 4 gravures	5 60	
	Chagrin 1ᵉʳ choix, La Vallière, 4 gravures	5 80	

JOURNÉE DU CHRÉTIEN, in-32 jésus, mesurant 13 × 9 ; édition en latin et en français, contenant les Hymnes et les Proses des divers Temps et des principales Fêtes de l'année, l'Office de l'Immaculée Conception, celui de la sainte Vierge, l'Ordinaire de la Messe, les Messes des jours de Communion, etc.

	Reliure anglaise, basane gaufrée à froid, 1 gravure	1 75	
[N° 50]	DORURE SUR TRANCHE		Affr¹
	Reliure anglaise, basane, ornements à froid, 2 gravures	2 50	» 30
	Chagrin gaufré à froid, 3 gravures	3 30	
	Chagrin 1ᵉʳ choix, noir, titre colorié, 4 gravures	5 »	
	Chagrin 1ᵉʳ choix, La Vallière, titre colorié, 4 gravures	5 25	

PAROISSIEN DE LUÇON

PAROISSIEN ROMAIN, avec les Offices propres du diocèse de Luçon intercalés dans le texte. In-18 (1 150 pages), contenant les Offices de tous les Dimanches et de toutes les Fêtes de l'année qui peuvent se célébrer le Dimanche, etc. etc., les Épîtres et Évangiles et le Chemin de la Croix.

Édition spéciale rédigée par un prêtre du diocèse sous la haute direction de Sa Grandeur Mgr Catteau, évêque de Luçon.

Basane anglaise noire, tranche marbrée, 1 gravure	3 »	
Basane racinée, tranche marbrée, 1 gravure	3 »	
Basane anglaise, tranche dorée, 2 gravures	3 50	Affr¹
Chagrin gaufré noir, tranche dorée, 3 gravures	5 »	» 60
Chagrin gaufré La Vallière, tranche dorée, 3 gravures	5 25	
Chagrin 1ᵉʳ choix, noir, tranche dorée, 4 gravures	6 50	
Chagrin 1ᵉʳ choix, La Vallière, tranche dorée, 4 gravures . . .	6 75	

Les volumes demandés avec initiales dorées ou à froid, séparées, sont augmentés de 40 cent. ; avec initiales enlacées, de 75 cent. ; avec couronne nobiliaire, de 50 cent.

LIVRES D'OFFICES ET DE PIÉTÉ

FORMAT IN-32 CARRÉ (316 PAGES) MESURANT 11×7

TEXTE ENCADRÉ DE ROUGE, UNE GRAVURE SUR ACIER

[N° **99**] **PAROISSIEN ROMAIN**, contenant l'Office des principales Fêtes de l'année, la Messe et les Vêpres du Dimanche.

[N° **147**] **PAROISSIEN ROMAIN (GROS CARACTÈRES)**, contenant les Prières du matin et du soir, les Prières pour la Confession et la Communion, Prières durant la sainte Messe, Ordinaire de la Messe, Vêpres et Complies du Dimanche.

[N° **153**] **RECUEIL DE PRIÈRES, DE MÉDITATIONS ET DE LECTURES**, tirées des œuvres des SS. Pères, des écrivains et orateurs sacrés, par Mme la comtesse de Flavigny.

PRIX DE CHACUN DES OUVRAGES CI-DESSUS :

* Imitation de toile, ornements dorés, tranche jaspée.	» 55	
Imitation de basane, tranche rouge.	» 55	
* Imitation de petit chagrin, grenat ou hussard, ornements dorés, tranche rouge.	» 65	
Reliure anglaise, basane gaufrée, tranche marbrée	» 65	
* Percaline noire et grenat, tranche rouge.	» 65	**Affr^t**
* Imitation de petit chagrin, grenat ou hussard, ornements dorés, tranche dorée.	» 75	» **20**
Basane grenat et noire, reliefs, tranche dorée	» 90	
Basane grenat ou noire, reliefs avec croix dorée, tranche dorée .	» 95	
* Mouton chagriné, grenat, uni, tranche dorée	» 90	
* La même reliure, avec fleurs dorées en coin et fourreau	1 15	
* La même reliure, avec équerre dorée et fourreau	1 25	
* Toile blanche, chagrinée, jonc trois côtés, tranche dorée, étui . .	1 20	
* Mouton grenat, petit chagrin, ouaté, ornements à froid, tr. dorée.	1 45	
* La même reliure, avec ornements à froid et dorés	1 60	
Chagrin, couleurs variées, tranche dorée	1 45	

GARNITURES EN CELLULOÏDE POUR LE PAROISSIEN N° 99

N° 42. — Sujets en relief, 3 modèles, 1 fermoir celluloïde	2 25
N° 43. — Sujets incrustés, 3 modèles, 1 fermoir.	2 80

NOTA. — *Les genres de reliure précédés de ce signe* * *n'existent que pour le paroissien* N° 99.

LIVRES D'OFFICES ET DE PIÉTÉ

FORMAT IN-18, MESURANT 15 × 10

TEXTE ENCADRÉ DE ROUGE, TIRAGE SUR PAPIER TEINTÉ

[N° 4] **COMBAT SPIRITUEL**, par le R. P. Laurent Scupoli; traduit en français par M. l'abbé Fitte; augmenté de la Paix de l'Ame, de l'Oraison mentale et de l'Ame pénitente.

[N° 5] **ÉPITRES ET ÉVANGILES DES DIMANCHES, DES FÊTES ET DE TOUTES LES FÉRIES DE L'ANNÉE**, avec de nouvelles réflexions, en caractères très lisibles, par M. l'abbé Janvier; suivi de Prières durant la sainte Messe et des Vêpres.

[N° 27] **QUINZAINE DE PAQUES (GROS CARACTÈRES)**, contenant les Prières du Matin et du Soir, la sainte Messe, les Vêpres, les Complies.

[N° 76] **RECUEIL DE PRIÈRES, DE MÉDITATIONS ET DE LECTURES**, tirées des œuvres des SS. Pères, des écrivains et orateurs sacrés, par Mme la comtesse de Flavigny.

[N° 141] **L'IMITATION DE JÉSUS-CHRIST (GROS CARACTÈRES)**. Avec des réflexions à la fin de chaque chapitre, par l'abbé F. de Lamennais.

[N° 162] **L'IMITATION DE JÉSUS-CHRIST (GROS CARACTÈRES)**, par le R. P. de Gonnelieu, avec une Prière et une Pratique à la fin de chaque chapitre, augmentée de la Messe et des Vêpres du Dimanche.

PRIX DE CHACUN DES VOLUMES CI-DESSUS :

Percaline noire, ornements à froid, tranche rouge	3	»
Basane noire, filets et chiffre à froid, tranche jaspée.	3	»
Chagrin 2e choix, noir, tranche dorée ou rouge.	5	75	**Affr^t**
Chagrin 1er choix, noir, tranche dorée.	7	50	» **70**
Chagrin 1er choix, La Vallière, tranche dorée	7	75
Maroquin poli, avec charnières, tranche dorée.	9	75

BIBLIOTHÈQUE DE PIÉTÉ
A L'USAGE DES GENS DU MONDE

BEAUX VOLUMES FORMAT IN-16

BOURDALOUE. — **LA MORALE CHRÉTIENNE**, avec une préface du R. P. Félix, de la Compagnie de Jésus.

SAINT JÉROME. — **AVIS ET INSTRUCTIONS**, avec une préface de Sa Grandeur Mgr de la Tour d'Auvergne, archevêque de Bourges.

SAINT FRANÇOIS DE SALES. — **LA VIE PARFAITE**, avec une préface de S. Gr. Mgr Mermillod, évêque d'Hébron, vicaire apostolique de Genève.

BOSSUET. — **CONSEILS DE PIÉTÉ**, avec une préface de M. Alfred Nettement.

PRIX DE CHACUN DES VOLUMES CI-DESSUS :

Broché.	2	50
Percaline noire, tranche rouge, reliure souple	3	25	**Affr^t**
Demi-reliure, dos et coins en chagrin, couleurs diverses, tranche dorée en tête.	5	»	» **50**
Chagrin poli, couleurs variées, tranche dorée	8	»

RECUEIL DE PRIÈRES

DE MÉDITATIONS ET DE LECTURES

TIRÉES DES ŒUVRES DES SS. PÈRES, DES ÉCRIVAINS ET ORATEURS SACRÉS

PAR Mme LA C^{sse} DE FLAVIGNY

Approuvé par Son Éminence Mgr le cardinal Morlot, par S. Gr. Mgr l'archevêque de Tours et par S. G. Mgr l'évêque d'Orléans.

[N° **25**] ÉDITION IN-32 JÉSUS (mesurant 13 × 9), ornée de quatre gravures spéciales par L. Hallez.

Reliure anglaise, basane gaufrée à froid.	2	75

DORURE SUR TRANCHE			Affr^t
Reliure anglaise, basane, ornements à froid	3	30	» **50**
Mouton noir chagriné, ornements à froid.	3	50	
Chagrin gaufré à froid.	4	25	
Chagrin 1er choix, noir	5	75	
Chagrin 1er choix, grenat ou La Vallière.	6	»	
Maroquin poli, uni, avec charnières, gardes chromo	7	50	

[N° **104**] ÉDITION IN-32 PETIT CARRÉ (LIVRE DE POCHE), mesurant 10 × 7. Ornée d'un encadrement rouge et d'une gravure sur acier.

Chagrin noir gaufré à froid, tranche dorée.	3	75	
Chagrin 1er choix, noir, tranche dorée.	4	50	Affr^t
Chagrin 1er choix, La Vallière, tranche dorée	4	75	» **20**
Chagrin poli, charnières, tranche dorée, gardes chromo. . . .	5	25	
Maroquin du Levant, poli, uni, tranche marbrée dorée.	7	»	
La même reliure, avec gardes en soie	8	50	

[N° **82**] ÉDITION ILLUSTRÉE IN-32 JÉSUS (mesurant 14 × 10). Ornée d'un encadrement rouge et de quatre gravures.

Chagrin 1er choix, noir, tranche dorée.	8	»	
Chagrin 1er choix, La Vallière, tranche dorée	8	25	Affr^t
Maroquin du Levant, poli, uni, gardes en papier, écrin.	12	75	» **55**
Maroquin du Levant, poli, tranche marbrée dorée, gardes en soie, écrin.	15	»	

[N° **76**] ÉDITION IN-18 (EN GROS CARACTÈRES), mesurant 15 × 10. — *Reliures et prix, page* 72.

[N° **130**] ÉDITION IN-32 RAISIN. — *Reliures et prix, page* 45.

[N° **153**] ÉDITION IN-32 CARRÉ. — *Reliures et prix, page* 71.

[N° **132**] ÉDITION GRAND IN-32 (mesurant 12 × 8). Sur papier teinté, encadrée d'un filet rouge. — *Reliures et prix, page* 75.

[N° **165**] ÉDITION IN-32 PETIT CARRÉ (mesurant 10 × 7). Tirage avec encadrement rouge. — *Reliures et prix, page* 76.

[N° **166**] FORMAT IN-32 ALLONGÉ (mesurant 12 × 7). Tirage sur papier teinté avec encadrement noir et rouge. — *Reliures et prix, page* 77.

OUVRAGES DIVERS DE Mme LA C^sse DE FLAVIGNY

LA PREMIÈRE COMMUNION, RÈGLEMENT DE VIE POUR LA PERSÉVÉRANCE, in-32 jésus, mesurant 13×10. Édition ornée d'un encadrement rouge et de 4 gravures.

Chagrin 1er choix, noir, tranche dorée.	8	»	
[N° 111] Chagrin 1er choix, La Vallière, tranche dorée	8	25	**Affr^t**
Maroquin du Levant, poli, uni, gardes en papier, écrin	12	75	» **50**
Maroquin du Levant, poli, tranche marbrée dorée, gardes en soie, écrin	15	»	

LES DERNIÈRES PRIÈRES, in-32 grand raisin, mesurant 12×8 ; approuvé par S. G. Mgr *l'archevêque de Paris*, S. G. Mgr *l'archevêque de Tours* et S. G. Mgr *l'évêque d'Orléans*. Nouvelle édition ornée d'une gravure sur acier et d'un cadre noir.

Broché.	1	50	
[N° 84] Chagrin gaufré à froid, tranche dorée.	3	25	**Affr^t**
Chagrin 1er choix, noir, tranche dorée.	4	50	» **25**
Chagrin 1er choix, noir, tranche deuil	4	50	

LIVRES D'OFFICES ET DE PIÉTÉ

FORMAT IN-64 — MESURANT 8×5

JOLIES ÉDITIONS SUR PAPIER TEINTÉ

ORNÉES D'UNE GRAVURE SUR ACIER ET D'UN ENCADREMENT ROUGE

[N° 118] **PETIT PAROISSIEN PERLE** (192 pages), contenant la Prière du matin et du soir, la Messe et les Vêpres du Dimanche, l'Office des principales Fêtes de l'année, la Messe de mariage et la Messe d'enterrement.

[N° 129] **IMITATION DE JÉSUS-CHRIST**, par le R. P. de Gonnelieu.

[N° 93] **JOURNÉE DU CHRÉTIEN**, suivie de l'Ordinaire de la Messe, de la Messe du jour de Communion, etc.

Prix de chacun des volumes ci-dessus :

Mouton, reliure molle, tranche dorée, étui.	1	05	
Imitation de maroquin ouaté, tranche dorée, étui	1	75	
Chagrin poli, couleurs variées, tr. dorée, gardes chromo, étui	2	25	**Affr^t**
Chagrin poli, coul. var., dentelle dorée, gardes chromo, étui	3	»	» **15**

LIVRES D'OFFICES ET DE PIÉTÉ

FORMAT IN-32 (ÉDITIONS PORTATIVES), MESURANT 12 × 8

PAPIER TEINTÉ, ENCADREMENT ROUGE

FRISES ET SUJETS HORS TEXTE DANS LE STYLE DU XVe SIÈCLE
PAR A. QUEYROY

[N° 122.] **VISITES AU SAINT SACREMENT ET A LA SAINTE VIERGE**, par saint Liguori, suivies des Prières pendant la Messe, des Vêpres du Dimanche, etc.

[N° 123.] **JOURNÉE DU CHRÉTIEN**, suivie de l'Ordinaire de la Messe, de la Messe des jours de Communion, etc.

[N° 124.] **L'IMITATION DE JÉSUS-CHRIST**, avec des réflexions, par l'abbé F. de Lamennais, suivie de la Messe et des Vêpres du Dimanche.

[N° 125.] **LE LIVRE DE PERSÉVÉRANCE**, Conseils après la première communion, par G.-A. Heinrich, doyen de la Faculté des lettres de Lyon, avec une Introduction de Mgr Perraud, évêque d'Autun.

[N° 127.] **AVANT ET APRÈS LA COMMUNION.** Nouvelles méditations pour la préparation et l'action de grâces de chaque jour du mois, par Mgr Ricard, prélat de la maison de Sa Sainteté.

[N° 128.] **PAROISSIEN ROMAIN**, contenant les Épîtres et Évangiles de tous les Dimanches de l'année, approuvé par Mgr l'archevêque de Tours.

[N° 131.] **IMITATION DE LA TRÈS SAINTE VIERGE**, édition augmentée de la Messe et des Vêpres du Dimanche.

[N° 132.] **RECUEIL DE PRIÈRES, DE MÉDITATIONS ET DE LECTURES**, contenant la Messe et les Vêpres du Dimanche, les prières des Saluts, etc., par Mme la C^{sse} de Flavigny.

[N° 135.] **MOIS DE MARIE**, par M. l'abbé Michaud. Approuvé par NN. SS. l'archevêque de Tours et l'évêque de Luçon.

[N° 136.] **INTRODUCTION A LA VIE DÉVOTE**, par saint François de Sales. Édition revue et corrigée, ornée de gravures spéciales, augmentée de la Messe et des Vêpres du Dimanche.

[N° 137.] **LES LEÇONS DE LA VIE D'UN SAINT**, d'après la Philosophia Sacra du R. P. Paul Zette, de la Compagnie de Jésus.

[N° 138.] **PREMIÈRE COMMUNION** (LA), RÈGLEMENT DE VIE POUR LA PERSÉVÉRANCE, par Mme la C^{sse} de Flavigny.

[N° 144.] **LES SAINTS ÉVANGILES**, traduction de MM. Bourassé et Janvier, suivi de l'Ordinaire de la Messe.

[N° 156.] **MANUEL DE PIÉTÉ**, Extrait des œuvres de Bossuet, par Mgr Dupanloup.

[N° 163.] **CHOIX DE PRIÈRES**, d'après les manuscrits du IXe au XVIIe siècle, par Léon Gautier.

[N° 164.] **PRIÈRES A LA VIERGE**, d'après les manuscrits du moyen âge, la liturgie, les Pères, etc., par Léon Gautier.

Prix de chacun des volumes ci-dessus :

Broché.	1	75
Imitation de maroquin poli, grenat ou vert, reliure molle, empreintes à froid, tranche dorée	2	75
Imitation de maroquin poli, ouaté, coins arrondis, tranche dorée.	3	50
La même reliure, avec dentelle dorée tournante.	4	»
Maroquin poli, sans charnières, tranche dorée	5	50
Maroquin du Levant, poli, uni, tranche marbrée dorée, écrin	7	50
La même reliure, avec gardes en soie	9	50
Veau russe, rouge ou noir, uni, gardes papier.	9	»
La même reliure, avec gardes en soie.	11	»

Affr^t » 25

LIVRES D'OFFICES ET DE PIÉTÉ

FORMAT IN-32 PETIT CARRÉ (LIVRES DE POCHE), MESURANT 10 ✕ 7

ÉDITIONS DE LUXE

Ornées d'une gravure sur acier, de vignettes sur bois dans le texte et d'un encadrement rouge.

[N° 40.] **PETIT PAROISSIEN ROMAIN**, très belle édition de 252 pages, contenant l'Office des principales Fêtes de l'année, les Prières du matin et du soir, les Vêpres et Complies du Dimanche, etc.

[N° 73.] **L'IMITATION DE JÉSUS-CHRIST**, très belle édition, avec des réflexions à la fin de chaque chapitre, par l'abbé F. de Lamennais, suivie de la Messe et des Vêpres du Dimanche.

[N° 77.] **IMITATION DE LA TRÈS SAINTE VIERGE**, sur le modèle de l'*Imitation de Jésus-Christ*, par l'abbé ***; suivie de la Messe et des Vêpres du Dimanche.

[N° 81.] **JOURNÉE DU CHRÉTIEN**, contenant en latin et en français les Hymnes et les Proses des divers Temps et des principales Fêtes de l'année, l'Ordinaire de la Messe, les Messes des jours de Communion, le Chemin de la Croix, etc.

[N° 97.] **INTRODUCTION A LA VIE DÉVOTE**, par saint François de Sales, évêque et prince de Genève, fondateur de l'ordre de la Visitation de Sainte-Marie ; édition revue, corrigée, et augmentée de la Messe et des Vêpres du Dimanche.

[N° 98.] **VISITES AU SAINT SACREMENT ET A LA SAINTE VIERGE**, par saint Liguori, suivies de Pratiques, d'Aspirations affectueuses, de Méditations et de Prières, de la Messe et des Vêpres du Dimanche et de celles de la sainte Vierge.

[N° 109.] **MOIS DE LA SAINTE FAMILLE**, ouvrage approuvé par Mgr l'évêque de Belley.

[N° 116.] **OFFICE DE LA SAINTE VIERGE**, en latin et en français, précédé de l'Ordinaire de la Messe et suivi de l'Office de l'Immaculée Conception.

[N° 117.] **COMBAT SPIRITUEL ET PAIX DE L'AME**, suivis du Livre des malades, par le R. P. Laurent Scupoli ; traduction littérale d'après le texte italien par M. l'abbé Fitte, chanoine honoraire, aumônier de Notre-Dame-de-Lorette.

[N° 139.] **LA SAINTE COMMUNION, C'EST MA VIE!** par Hubert Lebon.

[N° 165.] **RECUEIL DE PRIÈRES, DE MÉDITATIONS ET DE LECTURES**, contenant la Messe et les Vêpres du Dimanche, les prières des Saluts, etc., par Mme la Csse de Flavigny

[N° 168.] **DÉVOTION AUX SACRÉS CŒURS DE JÉSUS ET DE MARIE**, par saint François de Sales. Méditations recueillies et mises en ordre par le R. P. Fages.

Prix de chacun des volumes ci-dessus :

Mouton anglais, grenat, reliure molle, filets ou dentelle à froid, charnières, tranche dorée.	1	50
Imitation de maroquin poli, souple, empreintes à froid, tr. dorée.	2	»
Chagrin noir, sans charnières, tranche dorée.	2	25
Chagrin grenat, sans charnières, tranche dorée.	2	40
Chagrin 1er choix, noir, tranche dorée.	3	40
Chagrin 1er choix, La Vallière, tranche dorée.	3	50
Imitation de maroquin poli, ouaté, coins arrondis, tranche dorée.	2	50
La même reliure, avec dentelle dorée tournante.	3	10
Chagrin poli, olive, grenat ou hussard, tranche dorée, gardes chromo.	3	75
Chagrin poli, olive, grenat ou hussard, gardes en soie	5	25

Affr » 20

LIVRES D'OFFICES ET DE PIÉTÉ

FORMAT IN-32 ALLONGÉ, MESURANT 12×7

PAPIER TEINTÉ, ENCADREMENT NOIR ET ROUGE

[N° 19.] **PAROISSIEN ROMAIN**, contenant les Épîtres et les Évangiles de tous les Dimanches de l'année, et l'Office des principales Fêtes.

[N° 38.] **L'IMITATION DE JÉSUS-CHRIST**, traduction de M. l'abbé de Lamennais, suivie de la Messe et des Vêpres du Dimanche.

[N° 41.] **JOURNÉE DU CHRÉTIEN**, suivie de l'Ordinaire de la Messe, de la Messe des jours de Communion, etc. etc.

[N° 142.] **MÉDITATIONS SUR L'EUCHARISTIE**, par Bossuet.

[N° 152.] **VISITES AU SAINT SACREMENT ET A LA SAINTE VIERGE**, par saint Alphonse de Liguori, suivies des prières pendant la Messe, des Vêpres du Dimanche, etc.

[N° 155.] **AVANT LA PREMIÈRE COMMUNION**, par Mme Dulac.

[N° 158.] **UNE PENSÉE PAR JOUR**, par le R. P. Marin de Boylesve, S. J.

[N° 160.] **NOUVEAU PETIT FORMULAIRE DE PRIÈRES**, suivi du Chemin de la Croix et de quelques élévations sur l'Eucharistie, par M. l'abbé Remes.

[N° 166.] **RECUEIL DE PRIÈRES, DE MÉDITATIONS ET DE LECTURES**, contenant la Messe et les Vêpres du Dimanche, les prières des Saluts, etc., par Mme la C^{sse} de Flavigny.

[N° 167.] **IMITATION DE LA TRÈS SAINTE VIERGE**, édition augmentée de la Messe et des Vêpres du Dimanche.

[N° 169.] **PETITE ANNÉE LITURGIQUE** au pied du saint Sacrement. Effusions de cœur à Jésus-Christ et à la sainte Vierge, par le R. P. Louis de Bussy, S. J., auteur du MOIS DE MARIE.

N° 171.] **LA MESSE BASSE**. Petites instructions pour tous les Dimanches de l'année et les Fêtes d'obligation, à l'usage des fidèles, par l'abbé P. Acard, curé de Notre-Dame des Blancs-Manteaux, à Paris.

Prix de chacun des volumes ci-dessus :

Mouton imitation de veau, grenat, vert, hussard, monogramme à froid, gardes chromo, tranche dorée	2	75
La même reliure, avec ornements dorés	3	25
Imitation de maroquin poli, ouaté, coins arrondis, tranche dorée	3	50
La même reliure, avec dentelle dorée tournante	4	»
Chagrin poli, grenat, vert, olive, cuivre, hussard, tranche dorée	5	» Affr^t » 25
Maroquin ouaté, 3 couleurs, coins arrondis, tr. rouge sous or	5	25
Maroquin du Levant, poli, tranche marbrée dorée	6	75
La même reliure, avec gardes en soie	8	50
Veau russe, rouge ou noir, uni, gardes papier	8	25
La même reliure, avec gardes en soie	10	»
Nouvelle reliure en peau de porc, naturelle, dos plat, uni, tranche marbrée dorée, gardes papier	6	75
La même reliure, avec ornements à froid	8	50

LIVRES D'OFFICES ET DE PIÉTÉ

FORMAT IN-32 CARRÉ — MESURANT 11×8

PAPIER TEINTÉ, ENCADREMENT NOIR ET ROUGE

[N° 140.] **IMITATION DE JÉSUS-CHRIST**, traduction par l'abbé F. de Lamennais, suivie de la Messe et des Vêpres du Dimanche.

[N° 143.] **SUJETS DE MÉDITATIONS POUR LES JEUNES FILLES**, par M. l'abbé Michaud.

[N° 150.] **PAROISSIEN ROMAIN**, contenant les Épîtres et Évangiles de tous les Dimanches et l'Office des principales Fêtes.

[N° 151.] **JOURNÉE DU CHRÉTIEN**, suivie de l'Ordinaire de la Messe, de la Messe des jours de communion, etc.

Prix de chacun des volumes ci-dessus :

Mouton anglais, grenat, reliure molle, charnières, tr. dorée . . . 1 90 Affr^t » 20

LIVRES DE PIÉTÉ

LE LIVRE DU CHRÉTIEN, Offices de l'Eglise, sacrements et prières, par les RR. PP. de la Compagnie de Jésus. Un volume in-16 de 950 pages, orné d'une photogravure et de 25 frises d'après les peintures des Catacombes; tirage sur papier indien.

En feuilles	3 »	
Chagrin 1er choix, noir, reliure molle, coins arrondis, tranche dorée.	7 »	**Affr^t**
Maroquin du Levant, uni, couleurs variées, tranche rouge sous or.	10 »	» **35**

Prix des reliures adoptées pour les collèges et établissements ecclésiastiques.

Demi-chagrin noir, tranche rouge	1 »
Mouton chagriné noir, tranche rouge	1 50
Chagrin noir, tranche rouge	2 »

NOUVEAU MANUEL DE PIÉTÉ, à l'usage des religieuses et des élèves de la Présentation de Marie de Bourg-Saint-Andéol, publié par un grand vicaire, avec l'approbation de Sa Grandeur Mgr Bonnet, évêque de Viviers. Un volume in-18 de 932 pages mesurant 15 × 10.

Reliure anglaise, basane gaufrée à froid, tranche marbrée	2 25
Reliure anglaise, basane, ornements à froid, tranche rouge	2 30
La même reliure, tranche dorée	2 50
Chagrin 2e choix, noir, tranche dorée	4 »
Chagrin 1er choix, noir, tranche dorée	5 »

LE ROSAIRE PRATIQUE, Méditations et formules pour les réunions de la confrérie, par le R. P. Raphaël Quincenet, des Frères Prêcheurs, directeur du Rosaire. Un volume **in-16** de 352 pages.

Broché	1 »	**Affr^t**
Cartonnage, toile noire, tranche rouge	1 60	» **25**

ANGE CONDUCTEUR DES AMES DÉVOTES (L') DANS LA VOIE DE LA PERFECTION CHRÉTIENNE (**GROS CARACTÈRES**), in-18 mesurant 15 × 10, par Goret. — Contenant l'Office des principales Fêtes de l'année, les Vêpres et Complies du Dimanche.

Reliure anglaise, basane gaufrée à froid, 1 gravure	2 20
Basane propre bordée, 1 gravure	2 45

[N° 34]	DORURE SUR TRANCHE		**Affr^t**
	Reliure anglaise, basane, ornements à froid, 2 gravures	3 25	» **40**
	Chagrin gaufré à froid, 3 gravures	4 »	
	Chagrin 1er choix, noir, 4 gravures	6 »	
	Chagrin 1er choix, La Vallière, 4 gravures	6 25	

ANGE CONDUCTEUR DANS LA DÉVOTION CHRÉTIENNE (L'), (TRÈS GROS CARACTÈRES), mesurant 11 × 7, contenant les prières durant la Messe, les Vêpres et Complies, le Chemin de Croix, etc.

	Imitation basane noire ou grenat, tranche rouge	» 55	
	Toile noire, tranche rouge	» 65	**Affr^t**
[N° 45]	Reliure anglaise, tranche marbrée	» 65	» **20**
	Basane noire ou grenat, relief, tranche dorée	» 90	
	Chagrin noir ou grenat, tranche dorée	1 45	

IMITATION DE JÉSUS-CHRIST, traduction nouvelle avec des réflexions à la fin de chaque chapitre, par l'abbé F. DE LAMENNAIS. Nouvelle édition de luxe, format grand in-8° jésus. Gravures hors texte d'après L. Hallez. Ornements tirés des miniatures de la fin du XIVe et du commencement du XVe siècle.

Broché	10 »
Demi-reliure, dos en chagrin doré, plats en toile, tr. dorée	15 »
Chagrin 1er choix, noir ou couleurs, tr. dorée, gardes chromo	20 »

L'IMITATION DE JÉSUS-CHRIST, grand in-32 jésus, mesurant 14×11, avec des réflexions à la fin de chaque chapitre, par l'abbé F. de Lamennais; édition ornée de 16 gravures hors texte par Gustave Doré, illustration du texte par Giacomelli.

Maroquin poli, avec charnières, vert, grenat, hussard, uni, gardes chromo, tranche dorée.	10 50	**Affr¹**
[N° 126] Maroquin du Levant, poli, uni, gardes chromo, écrin	15 »	» **80**
La même reliure, avec gardes en soie.	18 »	

L'IMITATION DE JÉSUS-CHRIST, in-32 jésus, mesurant 12×9; avec des réflexions à la fin de chaque chapitre, par l'abbé F. de Lamennais, suivie de la Messe et des Vêpres du Dimanche.

Basane noire, filets et chiffre à froid, tr. jaspée.	1 80	
[N° 62] DORURE SUR TRANCHE		**Affr¹**
Reliure anglaise, basane, ornements à froid, 2 gravures.	2 05	» **35**
Chagrin gaufré à froid, 3 gravures, tranche dorée ou rouge . . .	3 »	
Chagrin 1ᵉʳ choix, noir, titre colorié, 4 gravures	4 50	
Chagrin 1ᵉʳ choix, La Vallière, titre colorié, 4 gravures.	4 75	

IMITATION DE JÉSUS-CHRIST, in-32 raisin, ÉDITION DE LUXE mesurant 12×9; par le R. P. de Gonnelieu, *avec une Prière et une Pratique* à la fin de chaque chapitre, augmentée de l'Ordinaire de la Messe et des Vêpres du Dimanche.

Basane propre bordée, 1 gravure.	1 80	
Basane noire, filets et chiffre à froid, tranche jaspée	1 80	
[N° 14] DORURE SUR TRANCHE		**Affr¹**
Reliure anglaise, basane, ornements à froid, 2 gravures.	2 05	» **25**
Chagrin gaufré à froid, 3 gravures, tr. dorée ou rouge.	3 »	
Chagrin 1ᵉʳ choix, noir, titre colorié, 4 gravures	4 50	
Chagrin 1ᵉʳ choix, La Vallière, titre colorié, 4 gravures	4 75	

DE IMITATIONE CHRISTI LIBRI QUATUOR, in-32 carré, mesurant 10×7; édition PERLE, augmentée de la Messe et des Vêpres du Dimanche.

Basane propre bordée, 1 gravure.	1 25	
[N° 16] DORURE SUR TRANCHE		**Affr¹**
Reliure anglaise, basane, ornements à froid, 2 gravures.	1 50	» **15**
Chagrin gaufré à froid, 3 gravures.	1 95	
Chagrin 1ᵉʳ choix, titre colorié, 4 gravures.	3 50	
Chagrin 1ᵉʳ choix, La Vallière, titre colorié, 4 gravures.	3 65	

FORMULAIRE DE PRIÈRES POUR PASSER SAINTEMENT LA JOURNÉE, in-32 jésus, mesurant 13×9, à l'usage des pensionnaires de toutes les communautés religieuses, conforme à l'édition de Caen.

Reliure anglaise, basane gaufrée à froid, 1 gravure.	2 25	
Basane propre bordée, 1 gravure	2 55	
[N° 11] DORURE SUR TRANCHE		**Affr¹**
Reliure anglaise, basane, ornements à froid, 2 gravures	2 80	» **35**
Chagrin gaufré à froid, 3 gravures.	3 65	
Chagrin 1ᵉʳ choix, noir, titre colorié, 4 gravures	5 05	
Chagrin 1ᵉʳ choix, La Vallière, titre colorié, 4 gravures.	5 25	

INTRODUCTION A LA VIE DÉVOTE, in-32 raisin, mesurant 12×8, par saint François de Sales, évêque et prince de Genève, fondateur de l'ordre de la Visitation de Sainte-Marse; édition revue, corrigée et augmentée de la Messe et les Vêpres du Dimanche.

Basane gaufrée, 1 gravure	1 80	
[N° 20] DORURE SUR TRANCHE		**Affr¹**
Reliure anglaise, basane, ornements à froid, 2 gravures.	2 »	» **20**
Chagrin gaufré à froid, 3 gravures	3 »	
Chagrin 1ᵉʳ choix, noir, titre colorié, 4 gravures	4 50	
Chagrin 1ᵉʳ choix, La Vallière, titre colorié, 4 gravures	4 75	

LE LIVRE DE MESSE DE L'ENFANCE, ou la sainte Messe en images accompagnées de prières, avec la manière de servir la Messe, **in-32 raisin**, mesurant 14 × 9; traduit et imité de l'anglais de Mme Kavanagh, par M. l'abbé Sempé; 50 gravures sur bois.

[N° 89] Imitation de veau grenat, ornements dorés, tranche dorée. . . . » 70 **Affr^t**
Percaline, ornements en or et noir, tranche dorée. . . . . » 85 » **10**

UNE PAGE DE PIÉTÉ POUR CHACUN DES JOURS DE L'ANNÉE, par Mme de Barberey; **in-32 allongé**, mesurant 140 × 85.

Broché . . . . 1 25 **Affr^t**
Toile noire, tranche rouge . . . . 2 » » **35**
Demi-reliure, dos en mouton anglais, plats vieux peigne, tr. dorée. 2 50

MANUALE CHRISTIANUM, in quo continentur : — 1° Novum Jesu Christi Testamentum Vulgatæ editionis juxta exemplar Vaticanum. — 2° Officium parvum B. M. Virginis. — 3° De Imitatione Christi libri quatuor (LIVRE DE POCHE). Édition **in-32 petit carré**, mesurant 10 × 7, ornée d'une gravure sur acier et d'un encadrement rouge.

Reliure propre bordée, tranche rouge 3 30
[N° 96] Chagrin gaufré à froid, tranche dorée. . . . . 3 85 **Affr^t**
Chagrin 1er choix, noir, tranche dorée ou tranche rouge . . . . 4 90 » **25**
Chagrin 1er choix, La Vallière, tranche dorée ou tranche rouge . . 5 10

MANUEL DU CHRÉTIEN, **in-32 grand raisin**, mesurant 12 × 8; belle édition PERLE, contenant les Psaumes, le Nouveau Testament, accompagnés de notes, l'Imitation de N.-S. Jésus-Christ, l'Ordinaire de la Messe et les Vêpres.

Broché, 1 gravure. 1 90
Reliure anglaise, basane gaufrée à froid, 1 gravure 2 45
Basane propre dorée, 1 gravure. 2 60

[N° 6]   DORURE SUR TRANCHE   **Affr^t**

Reliure anglaise, basane, ornements à froid, 2 gravures. . . . 3 »   **35**
Chagrin gaufré à froid, 3 gravures . . . . 4 »
Chagrin 1er choix, noir, 4 gravures 5 50
Chagrin 1er choix, La Vallière, 4 gravures. 5 75

ÉDITION SUR PAPIER MINCE

Chagrin noir ou grenat, reliure molle, coins arrondis, tranche rouge sous or. 5 75
Maroquin du Levant, poli, tranche marbrée dorée, 4 gravures. . . 9 25

MANUEL DE PIÉTÉ A L'USAGE DE LA JEUNESSE, **in-32 raisin** (416 pages), mesurant 12 × 8, par F. I. C.; contenant : 1° Prières de la journée; — 2° Sujets de Méditation pour tous les jours du mois; — 3° De la sainte Messe; — 4° Évangiles des Dimanches et principales Fêtes de l'année; — 5° Des Vêpres; — 6° Du Sacrement de Pénitence; — 7° Du Sacrement de l'Eucharistie; — 8° Des Pratiques de dévotion; — 9° Prières diverses; — 10° De la Vocation; — 11° Règlement de vie.

Cartonné en toile noire, tranche jaspée, 1 gravure. 1 95
Cartonné en toile noire, tranche dorée, 1 gravure 2 20
[N° 112] Reliure anglaise, basane gaufrée à froid, tr. marbrée, 1 gravure. 2 20 **Affr^t**
Reliure anglaise, basane, ornements à froid, tr. dorée, 1 gravure. 2 45 » **20**
Chagrin gaufré à froid, tranche dorée, 1 gravure 3 50

CHOIX DE MÉDITATIONS ET DE PENSÉES CHRÉTIENNES, **in-32 jésus**, mesurant 14 × 9, par Mme Swetchine, publié par le comte de Falloux, de l'Académie française; une gravure sur acier.

Broché. 1 40
Percaline gaufrée, tranche jaspée. 1 85
[N° 78] Chagrin gaufré à froid, tranche dorée. . . . . 3 80 **Affr^t**
Chagrin 1er choix, noir, tranche dorée. . . . . 5 60 » **50**
Chagrin 1er choix, La Vallière, tranche dorée 5 80

ÉVANGILES DES DIMANCHES ET DES PRINCIPALES FÊTES DE L'ANNÉE, avec de courtes réflexions, formant un résumé de la doctrine chrétienne, par M. Allégret, chanoine honoraire, curé de Saint-Avertin (Indre-et-Loire).

[N° 157]	Broché.	1 05	**Affr^t**
	Cartonné, dos en percaline	1 40	» **30**
	Toile noire, tranche rouge	1 75	

VIES DES SAINTS, in-12 carré, mesurant 18 × 11, pour tous les jours de l'année, par Mésenguy, avec une Prière et des Pratiques à la fin de chaque Vie, et des Instructions sur les Fêtes mobiles.

[N° 44] Reliure anglaise, basane gaufrée à froid, 1 gravure . . . . 2 55 **Affr^t** » **50**

VISITES AU SAINT SACREMENT ET A LA SAINTE VIERGE, in-32 raisin, mesurant 12 × 9, par saint Liguori, suivies de Pratiques, d'Aspirations affectueuses, de Méditations et de Prières, des Prières pendant la Messe, des Vêpres du Dimanche et de celles de la sainte Vierge.

Basane gaufrée, 1 gravure. 1 50

[N° 46] DORURE SUR TRANCHE **Affr^t**

Reliure anglaise, basane gaufrée à froid, 1 gravure . . . . 1 80 » **20**
Chagrin gaufré à froid, 3 gravures 2 75
Chagrin 1er choix, noir, 4 gravures . . . . 4 »
Chagrin 1er choix, La Vallière, 4 gravures. 4 25

PUBLICATIONS
DE
LA SOCIÉTÉ D'ÉDITIONS CATHOLIQUES

ANCIENNES RAISONS SOCIALES

LAPLACE, SANCHEZ, REVON ET CIE

MISSELS ILLUSTRÉS

[N° **511**] **LE MISSEL DE NOTRE-DAME DE FRANCE**, contenant les Offices de tous les Dimanches et des principales Fêtes de l'année, augmenté des prières pendant la Messe et de l'exercice du Chemin de la Croix. Beau volume de 507 pages, mesurant 15×12, papier teinté et caractères elzéviriens, en rouge et noir; enrichi à chaque page d'un encadrement représentant les principaux pèlerinages de France, les édifices, les sanctuaires et les faits caractéristiques; dessins de Allouard, gravés par Méaulle; et de 4 gravures hors texte sur acier, tirées en double teinte, dessins de Mouchot et Carot.

Une notice de 64 pages, contenant l'historique des pèlerinages, accompagne chaque exemplaire.

Maroquin poli, avec charnières, vert, grenat, hussard, olive, cuivre et tabac, tranche dorée, gardes chromo.	9 50	Affr^{t}
La même reliure, avec gardes en soie.	13 25	» **75**
Maroquin du Levant, poli, uni, gardes chromo	14 »	
La même reliure, avec gardes en soie.	17 75	
Riche écrin, garni en satin bouillonné, livré avec le volume. . .	2 25	

[N° **559**] **LE MISSEL DE NOTRE-DAME DE FRANCE.** Édition imprimée en couleurs, sur papier teinté.

Mêmes prix et mêmes reliures que pour le n° 511 ci-dessus. Affr^{t} » **75**

[N° **553**] **LE MISSEL DE NOTRE-DAME DE FRANCE.** Plaquette imprimée sur papier teinté; contenant les prières du matin et du soir, les Psaumes de la pénitence, les Litanies des saints, prières pendant la sainte Messe, la sainte Messe, les Vêpres et Complies, la Messe de mariage et la Messe d'enterrement, le Chemin de la Croix. Beau volume de 178 pages, mesurant 15×12.

Mouton petit chagrin, grenat, uni, tranche dorée	4 »	Affr^{t}
Maroquin poli, charnières, vert, grenat, hussard, olive, cuivre et tabac, tranche dorée, gardes chromo.	6 »	» **60**

[N° **560**] **LE MISSEL DE NOTRE-DAME DE FRANCE.** Plaquette imprimée en couleurs sur papier teinté.

Mêmes prix et mêmes reliures que pour le n° 553 ci-dessus. Affr^{t} » **60**

[Nº 528] **LE MISSEL DE NOTRE-DAME DU ROSAIRE**, contenant les Offices des Dimanches et des principales Fêtes de l'année, les Prières pendant la Messe, l'Exercice du Chemin de la Croix, etc.

Magnifique volume de 508 pages, mesurant 15 × 12, texte soigné imprimé en rouge et noir; dessins artistiques encadrant chaque page à droite et à gauche, imprimés en bistre et en noir et représentant les quinze mystères du saint Rosaire. Ces dessins, dus au talent de MM. L. Mouchot, Habert-Dys, et gravés par Méaulle, sont la consécration de cet ouvrage remarquable. — Quatre gravures sur acier hors texte, tirées en double teinte.

Une notice de 42 pages, rédigée par le R. P. Libercier, de l'Ordre des Dominicains, explique les encadrements du Missel de Notre-Dame du Rosaire.

Maroquin poli, avec charnières, vert, grenat, hussard, olive, cuivre et tabac, tranche dorée, gardes chromo.	12	»	
La même reliure, avec gardes en soie.	15	75	**Affr¹**
Maroquin du Levant, poli, uni, gardes chromo	16	50	» **80**
La même reliure, avec gardes en soie.	20	25	
Riche écrin, garni en satin bouillonné, livré avec le volume	2	25	

[Nº 528] **LE MISSEL DE NOTRE-DAME DU ROSAIRE.** Plaquette imprimée sur papier teinté, contenant les Prières du matin et du soir, les Psaumes de la Pénitence, les Litanies des Saints, Prières pendant la sainte Messe, la sainte Messe, les Vêpres et Complies, Office ordinaire de la sainte Vierge; beau volume de 154 pages, mesurant 15 × 12.

Maroquin poli, avec charnières, vert, grenat, hussard, olive, cuivre et tabac, tranche dorée, gardes chromo.	10	50	
La même reliure, avec gardes en soie.	14	25	**Affr¹**
Maroquin du Levant, poli, uni, gardes chromo	15	»	» **60**
La même reliure, avec gardes en soie.	18	75	
Riche écrin, garni en satin bouillonné, livré avec le volume	2	25	

[Nº 532] **LE MISSEL DE LA TRÈS SAINTE VIERGE**, contenant les Offices des Dimanches et des principales Fêtes de l'année, les prières pendant la Messe, l'Exercice du Chemin de la Croix, etc. etc., augmenté des Offices de toutes les Fêtes consacrées à la sainte Vierge. Très beau volume de 448 pages, mesurant 15 × 12, texte imprimé soigneusement en rouge et noir; dessins couleur ardoise à chaque page, avec disposition nouvelle, représentant les différentes phases de la vie de la bienheureuse Vierge Marie; quatre vignettes hors texte en double teinte se rapportant spécialement à l'ouvrage.

Une notice de 43 pages, expliquant les dessins exécutés par L. Mouchot, est remise gratuitement avec chaque exemplaire du Missel de la très sainte Vierge.

Maroquin poli, avec charnières, vert, grenat, hussard, olive, cuivre et tabac, tranche dorée, gardes chromo	10	50	
La même reliure, avec gardes en soie.	14	25	**Affr¹**
Maroquin du Levant, poli, uni, gardes chromo.	15	»	» **80**
La même reliure, avec gardes en soie.	18	75	
Riche écrin, garni en satin bouillonné, livré avec le volume	2	25	

LIVRE D'HEURES ILLUSTRÉ

[Nº 545] **HEURES DE LA SAINTE BIBLE**, contenant les Offices des Dimanches et des principales Fêtes de l'année, y compris une Messe de Communion. Volume mesurant 16 × 12, de 192 pages; papier spécial, nombreuses illustrations d'un dessin et d'une gravure irréprochables, imprimées en bistre, formant à chaque page un encadrement riche, comprenant tout l'ensemble de l'Histoire sainte, depuis la création du monde jusqu'à l'Ascension de Notre-Seigneur Jésus-Christ. — Quatre gravures hors texte, sur acier, tirées en double teinte.

Imitation de maroquin poli, olive, grenat, hussard, tranche dorée, gardes chromo.	8	25	
Maroquin poli, avec charnières, vert, grenat, hussard, cuivre et tabac, tranche dorée, gardes chromo.	9	75	**Affr¹** » **80**
La même reliure, avec gardes en soie.	13	50	
Riche écrin, garni en satin bouillonné, livré avec le volume	3	»	

PAROISSIENS

[N° **547**] **PAROISSIEN ROMAIN**, contenant les Offices de tous les Dimanches et des principales Fêtes de l'année, en latin et en français; augmenté du Commun des Saints et de la Messe du jour de Communion. Volume de 512 pages, mesurant 120 × 85 ; encadrement violet, quatre gravures sur acier.

Basane chagrinée, grenat, ornements en relief, tranche dorée . .	1 80	
Mouton anglais, grenat ou vert, uni, tranche dorée, gardes chromo, étui.	2 25	**Affr¹**
Imitation de maroquin poli, olive, grenat, hussard, tranche dorée, gardes chromo.	3 75	» **40**
Chagrin poli, uni, olive, grenat, hussard, tranche dorée, gardes chromo.	4 50	

[N° **516**] **PAROISSIEN ROMAIN**, contenant les Offices de tous les Dimanches et des principales Fêtes de l'année, en latin et en français; augmenté du Commun des Saints et de la Messe du jour de la Communion. Volume de 512 pages, mesurant 117 × 76, avec encadrement violet et rouge, quatre gravures sur acier.

Mouton anglais, grenat, uni, tranche dorée.	1 80	
Mouton, grenat, petit chagrin, ouaté, ornements en relief à froid, tranche dorée	1 80	
La même reliure, avec ornements en relief, dorés et à froid . . .	1 95	**Affr¹**
Imitation de maroquin poli, uni, reliure souple, grenat, vert ou hussard, coins arrondis, tranche dorée	2 65	» **30**
La même reliure, avec dentelle dorée tournante.	3 40	
Chagrin poli, vert, grenat, hussard, tranche dorée, gardes chromo.	3 75	

PAROISSIENS - MISSELS

GROS CARACTÈRES

[N° **512**] **LE MISSEL ROMAIN.** Volume mesurant 16 × 12, de 684 pages, tiré en rouge et noir, très gros caractères, et orné de quatre gravures sur acier hors texte.

Basane noire, filets et chiffres à froid, tranche jaspée	2 25	**Affr¹**
La même reliure, tranche rouge	2 40	» **80**
Chagrin 2ᵉ choix, noir, tranche dorée ou rouge	4 50	

[N° **513**] **PAROISSIEN ROMAIN**, complet, gros caractères, en latin et en français, sur papier blanc, encadrement teinte grise; volume de 852 pages, mesurant 155 × 120, quatre gravures sur acier, hors texte.

Basane noire, filets et chiffre à froid, tranche jaspée.	2 65	
La même reliure, tranche rouge.	2 80	
Chagrin 2ᵉ choix, noir, tranche dorée ou noir.	4 90	**Affr¹**
Chagrin poli, uni, avec charnières, couleurs variées, tranche dorée, gardes chromo.	8 »	» **85**
La même reliure, avec gardes en soie.	11 75	

LIVRES ALLONGÉS

GRAND ET PETIT FORMATS

[N° **542**] **LA SAINTE MESSE.** Format allongé, mesurant 130 × 67, très mince, 44 pages, renfermant les prières pendant la sainte Messe, la Messe du Mariage et la Messe d'Enterrement. Caractères elzéviriens; frise artistique en rouge et noir formant illustration à chaque page; lettres ornées, culs-de-lampe, etc.

Mouton petit chagrin, grenat, équerre à froid, tranche dorée. . . 1 15 **Affr¹** » **10**

[N° 531] **PETITES HEURES.** Format allongé, mesurant 130 × 67, 144 pages, renfermant les trois Messes, les Vêpres, les Prières du matin et du soir, le Chemin de la Croix, etc. Édition de luxe; frise artistique tirée en rouge et noir en haut de chaque page; lettres ornées, culs-de-lampe, etc.

    Imitation de maroquin poli, ouaté, coins arrondis, olive, grenat   **Affr^t**
      ou hussard, tranche dorée . . . . 2 50   » **20**
    La même reliure, avec dentelle dorée tournante. 3 10

[N° 546] **OFFICES DU DIMANCHE.** Ouvrage de luxe, format allongé, 158 × 88, gros caractères elzéviriens; illustration artistique tirée en rouge et noir en haut de chaque page, avec encadrement rouge. Contenant les Prières du matin et du soir, les Offices du Dimanche, la sainte Messe, la Messe de Communion, la Messe de Mariage, la Messe d'Enterrement, les Vêpres, l'Exercice du Chemin de la Croix, etc.

    Imitation de maroquin poli, olive, grenat ou hussard, ouaté, coins
      arrondis, gardes chromo 3 50
    Maroquin poli, ouaté, couleurs variées, reliure souple, coins ar-   **Affr^t**
      rondis, tranche rouge sous or, gardes chromo . . . . 5 »   » **30**
    Maroquin du Levant, poli, uni, tranche marbrée dorée, gardes
      chromo. 6 75
    La même reliure, gardes en soie . . . . 9 »

[N° 527] **MISSEL PAROISSIAL.** Format allongé, mesurant 163 × 95, de 536 pages. Très complet, impression soignée, sur caractères elzéviriens. Illustrations artistiques en rouge et noir au commencement et à la fin de chaque chapitre.

    En feuilles. . . . . 1 25   **Affr^t**
    Mouton anglais, grenat, reliure demi-souple, tranche dorée,   » **50**
      gardes chromo 3 50

IMITATIONS DE JÉSUS-CHRIST
ET LIVRES DE PIÉTÉ

[N° 526] **IMITATION DE JÉSUS-CHRIST.** Traduction avec des réflexions à la fin de chaque chapitre, par l'abbé de Lamennais; un volume, beaux caractères, format carré de 140 × 100; 596 pages, avec quatre gravures sur acier. Nouvelle édition avec encadrement rouge.

    Chagrin 2e choix, noir, tranche dorée ou rouge. 3 75
    Chagrin 2e choix, grenat, tranche dorée. . . . . 5 »   **Affr^t**
    Chagrin poli, noir, olive, grenat ou hussard, tranche dorée, gardes   » **50**
      chromo. 5 70

[N° 506] **IMITATION DE JÉSUS-CHRIST.** Traduction avec des réflexions à la fin de chaque chapitre, par l'abbé de Lamennais; augmentée des Prières pendant la Messe et des Vêpres du Dimanche; un volume de 146 × 108; 512 pages, quatre gravures sur acier. Nouvelle édition avec encadrement teinte ardoise.

    Chagrin 2e choix, noir, tranche dorée ou rouge 4 15
    Chagrin 2e choix, grenat, tranche dorée. . . . . 4 35   **Affr^t**
    Chagrin poli, noir, olive, grenat ou hussard, tranche dorée, gardes   » **60**
      chromo. . . . . 6 »

[N° 534] **MANUEL DU CHRÉTIEN.** Contenant la Messe et les Vêpres, le Nouveau Testament, les Psaumes, l'Imitation de Jésus-Christ, traduction française, par le R. P. Lallemant. Petit volume de 929 pages, mesurant 108 × 78, quatre gravures sur acier.

    Basane noire, filets et chiffre à froid, tranche jaspée. . . . . . 1 75   **Affr^t**
    Basane propre bordée, tranche rouge . . . . 1 75   » **35**
    Chagrin gaufré à froid, tranche dorée 2 85

[Nº 543] **RECUEIL DE PRIÈRES ET D'INSTRUCTIONS CHRÉTIENNES**, pour tous les besoins de la vie, extrait des monuments de la tradition catholique, par Mgr Darboy, archevêque de Paris, augmenté de l'Ordinaire de la Messe, des Vêpres, etc. etc. Volume de 692 pages, mesurant 12×8; orné de quatre gravures sur acier, hors texte; lettres ornées.

Reliure anglaise, basane gaufrée à froid, tranche rouge	1 95	
La même reliure, tranche dorée	2 25	**Affr**
Chagrin 2ᵉ choix, noir, tranche dorée ou rouge	3 25	» ·40
Chagrin 2ᵉ choix, grenat, tranche dorée	3 45	

[Nº 536] **LE NOUVEAU TESTAMENT.** Précédé de la sainte Messe et des Vêpres du Dimanche. Traduction française par le R. P. Lallemant. Petit volume de 577 pages, mesurant 108×78, quatre gravures sur acier.

Basane noire, filets et chiffre à froid, tranche jaspée	1 50	**Affr**
Basane propre bordée, tranche rouge	1 50	» **30**
Chagrin gaufré à froid, tranche dorée	2 05	

[Nº 539] **LES PSAUMES DE DAVID.** Précédés de la sainte Messe et des Vêpres du Dimanche. Traduction française par le R. P. Lallemant. Un volume de 200 pages, mesurant 106×73, quatre gravures sur acier.

Mouton anglais, grenat, reliure molle, filets ou dentelle à froid, charnières, tranche dorée	1 35	**Affr** » **20**

[Nº 552] **DÉVOTION AUX SACRÉS CŒURS DE JÉSUS ET DE MARIE**, par saint François de Sales. Méditations recueillies et mises en ordre par le R. P. Fages. Beau volume format carré, mesurant 133×100, avec une gravure hors texte tirée en deux teintes : Magnificat.

Broché	1 25	
Toile noire, demi-souple, filets et chiffre à froid, tranche rouge	1 50	**Affr**
Demi-reliure, dos et coins en chagrin, couleurs variées, tranche dorée en tête	3 »	» **30**
Chagrin poli, couleurs variées, tranche dorée	5 25	

ÉDITIONS ESPAGNOLES

Demander le Catalogue spécial.

VIII

LIVRES CLASSIQUES
A L'USAGE DES COLLÈGES

ÉDITIONS REVUES, FORMAT IN-16

CARTONNAGE, DOS EN TOILE, COUVERTURE IMPRIMÉE, TITRE DORÉ

ENSEIGNEMENT SECONDAIRE CLASSIQUE

CLASSIQUES NOUVEAUX

Extraits d'auteurs français (Classe de seconde). Les chroniqueurs français (Montaigne, Lettres du xviiie siècle, J.-J. Rousseau), par les RR. PP. Doizé, A. Hamon, R. de la Broise, V. Delaporte, S. J. Deuxième édition. Broché .	1	25
Extraits d'auteurs français (Classe de troisième). (Lettres du xviie siècle), par le R. P. Troussard, S. J. Deuxième édition. Broché	1	25
Exercices méthodiques de vers latins, par le P. Bainvel	2	50
Le même ouvrage. *Partie du Maître.*	4	»

AUTEURS FRANÇAIS

Histoire sainte, par le P. Gazeau; avec 3 cartes coloriées	»	80	La Bruyère (les Caractères). . .	1	40
			La Fontaine (Fables).	1	»
Histoire ecclésiastique, par le P. Gazeau ; avec 3 cartes coloriées.	»	90	Boileau	1	40
			Bossuet (Oraisons funèbres). . . .	1	40
Grammaire française du P. Pacaud.	1	40	Fénelon (Télémaque).	1	40
			— (Dialogues et Fables). .	1	15

AUTEURS LATINS

Epitome Historiæ sacræ	»	60	M. Tullii Ciceronis pro Q. Ligario Oratio.	»	50
De Viris illustribus urbis Romæ.	1	»			
Publii Virgilii Maronis opera . .	1	60	Cicéron. — Plaidoyer pour Q. Ligarius. (Traduction française.) .	»	50
Conciones et Orationes	1	40			
Phædri Fabularum libri V, quibus accesserunt selectæ P. Desbillons Fabulæ.	»	60	Salluste.	1	15
			Horace.	1	40
			Ovide (Selecta poetica)	1	40
Cornelius Nepos.	»	75	Tacite.	2	30
Cicéron (classe de seconde). . . .	1	20	César (Commentaires)	1	40
— (classe de quatrième) . .	1	»	M. Tullii Ciceronis pro L. Murena Oratio.	1	»
— (classe de cinquième) . .	»	70			
— (classe de sixième). . . .	»	55			

AUTEURS GRECS

Ésope	»	80	Lucien.	»	80
Saint Luc.	1	20	Xénophon.	»	80
Extraits des Pères grecs.	1	30			

DICTIONNAIRE (Voir page 105)

OUVRAGES CLASSIQUES

RÉDIGÉS EN COURS GRADUÉS
CONFORMÉMENT AUX PROGRAMMES OFFICIELS
Par F. F.

A L'USAGE DES PENSIONNATS ET ÉCOLES
DE GARÇONS ET DE FILLES

Afin d'éviter les erreurs, on est prié d'indiquer le numéro qui précède chaque titre; les envois demandés par la poste sont faits au prix du volume augmenté de celui de l'affranchissement porté dans la seconde colonne.

ENSEIGNEMENT SECONDAIRE MODERNE
ET
ENSEIGNEMENT PRIMAIRE SUPÉRIEUR

PHILOSOPHIE

Nos   Affr'

225 — **COURS DE PHILOSOPHIE**, programme du baccalauréat lettres-philosophie. Ouvrage approuvé par LL. EE. les cardinaux de Bordeaux, de Rodez, de Reims, par Mgr l'archevêque de Lyon et par Mgr l'évêque de Tarentaise. In-8° de 900 pages. . . .   6 » — 1 20

226 — **ÉLÉMENTS DE PHILOSOPHIE**, comprenant la philosophie scientifique et la philosophie morale (programme des baccalauréats lettres-mathématiques et lettres-sciences), in-8°. Cet ouvrage est extrait du précédent et suivi de tableaux analytiques.   3 90 — » 75

227 — **RÉSUMÉS DE LEÇONS DE PHILOSOPHIE** sous forme de tableaux analytiques (programmes des divers baccalauréats). Cet ouvrage est extrait du Cours de Philosophie in-8° . . . . . .   1 80 — » 30

228 — **PRÉCIS DE PHILOSOPHIE ÉLÉMENTAIRE**, en rapport avec les programmes du brevet supérieur, des baccalauréats lettres-mathématiques et lettres-sciences. In-12. Édition refondue des Éléments de logique et de morale. . . . .   1 80 — » 30

230 — **L'ALCOOLISME.** Sa nature, ses effets, ses remèdes. (Extrait du Cours de Philosophie.) In-8° piqué. . . . .   » 30 — » 05

MATHÉMATIQUES

Les Frères des Écoles chrétiennes publient un **Cours de Mathématiques élémentaires** répondant aux programmes de l'enseignement primaire supérieur, de l'enseignement secondaire moderne, du baccalauréat ès sciences et du diplôme de fin d'études.

Ce Cours sera très utile aux jeunes gens qui se disposent aux diverses fonctions agricoles, industrielles, commerciales ou administratives, telles que la Perception, les Contributions, les Postes, la Télégraphie; les professions d'Instituteur, de Géomètre-Arpenteur, d'Agent-Voyer, de Conducteur des Ponts et Chaussées; les écoles d'Agriculture, des Arts et Métiers et des Mines; l'école centrale des Arts et Manufactures, les écoles vétérinaires, etc.

Rédigés et discutés par des hommes éminemment pratiques, les ouvrages de ce Cours conviennent particulièrement aux établissements soit primaires, soit secondaires, où se font des études sérieuses.

Beaux volumes, format in-12.

CARTONNAGE, DOS EN PERCALINE GAUFRÉE, TITRE DORÉ

N°⁵		Affr¹
260 — **ÉLÉMENTS D'ARITHMÉTIQUE.** Nouvelle édition, revue...	2 15	» 25
261 — **EXERCICES D'ARITHMÉTIQUE (LIVRE DU MAITRE).** Nouvelle édition, revue..............	4 80	» 40
262 — **ÉLÉMENTS D'ALGÈBRE.** Nouvelle édition..........	3 »	» 40
263 — **EXERCICES D'ALGÈBRE (LIVRE DU MAITRE).**......	10 25	1 »
263 bis. **EXERCICES SUR LES COMPLÉMENTS D'ALGÈBRE.** In-4° broché................	2 75	
264 — **COURS D'ALGÈBRE ÉLÉMENTAIRE,** in-8° cart. toile....	4 50	» 75
265 — **COURS DE GÉOMÉTRIE ÉLÉMENTAIRE,** in-8° cart. toile..	4 50	» 75
266 — **ÉLÉMENTS DE GÉOMÉTRIE.** Nouvelle édition, augmentée d'un complément sur le déplacement des figures; in-12......	3 60	» 50
266 bis **COMPLÉMENTS AUX ÉLÉMENTS DE GÉOMÉTRIE**.....	» 30	» 05
267 — **EXERCICES DE GÉOMÉTRIE (LIVRE DU MAITRE);** gros vol. in-12, considérablement augmenté............	13 75	1 50
268 — **ARPENTAGE, LEVÉ DES PLANS ET NIVELLEMENT;** in-12.	4 20	» 45
269 — **ÉLÉMENTS DE TRIGONOMÉTRIE RECTILIGNE;** in-12...	2 10	» 30
270 — **COMPLÉMENTS DE TRIGONOMÉTRIE**...........	9 »	» 80
271 — **ÉLÉMENTS DE GÉOMÉTRIE DESCRIPTIVE**........	3 30	» 50
272 — **EXERCICES DE GÉOMÉTRIE DESCRIPTIVE (LIVRE DU MAITRE);** in-8°................	12 »	1 25
273 — **ÉLÉMENTS DE COSMOGRAPHIE;** in-12.........	3 »	» 30
274 — **ÉLÉMENTS DE MÉCANIQUE;** in-12...........	3 60	» 35
275 — **EXERCICES DE MÉCANIQUE (LIVRE DU MAITRE).** Nouvelle édition................	7 20	1 »
276 — **TABLES DE LOGARITHMES** à cinq décimales des 10 000 premiers nombres, et des lignes trigonométriques de minute en minute..................	1 80	» 25

LANGUE FRANÇAISE

232 — **GRAMMAIRE DE LA LANGUE FRANÇAISE,** pour les classes d'enseignement primaire supérieur et d'enseignement secondaire moderne. In-12.............	3 60	» 60
233 — **LEÇONS DE LANGUE FRANÇAISE,** — Cours complémentaire (*ancien cours supérieur*). In-12............	1 70	» 35
234 — **LE MÊME (LIVRE DU MAÎTRE).** In-12. Nouvelle édition...	6 »	» 65
235 — **COURS DE LITTÉRATURE.** In-12.............	3 60	» 45
236 — **COURS ABRÉGÉ DE LITTÉRATURE;** in-12.........	1 50	» 25
237 — **PRÉCIS D'HISTOIRE LITTÉRAIRE,** à l'usage des aspirants au baccalauréat moderne et au brevet supérieur; in-12. Nouvelle édition, revue.................	2 40	» 35

N°s		Affr'
238	— **RECUEIL DE COMPOSITIONS FRANÇAISES** : plans et développements précédés de conseils, à l'usage de l'enseignement secondaire moderne et de l'enseignement primaire supérieur.	
	LIVRE DE L'ÉLÈVE, in-8° de 176 pages	2 10 — » 45
238 bis	LIVRE DU PROFESSEUR, in-8° de 455 pages.	4 20 — » 70
239	— **MORCEAUX CHOISIS TRADUITS DES LITTÉRATURES ÉTRANGÈRES ANCIENNES ET MODERNES**, avec notices biographiques, notes littéraires et sommaires (Choix des pages les plus belles et les plus morales des auteurs grecs, latins, italiens, espagnols, anglais, allemands et russes, augmenté d'un appendice spécialement consacré à l'éloquence et à la littérature chrétienne). In-16	2 65 — » 45
240	— **MORCEAUX CHOISIS DE LITTÉRATURE FRANÇAISE**. 1er recueil. *En préparation.*	
241	— **LE MÊME**. 2e recueil. *En préparation.*	
242	— **MORCEAUX CHOISIS DE LITTÉRATURE FRANÇAISE** (Moyen âge, Renaissance, xviie, xviiie et xixe siècles). 3e recueil à l'usage des classes supérieures de l'enseignement secondaire moderne. In-12.	3 75 — » 70
101	— **DICTIONNAIRE** (Voir page 105).	

GÉOGRAPHIE

244	— **FRANCE ET COLONIES**. Cours spécial pour l'enseignement secondaire moderne. In-12 illustré. *Sous presse.*	
245	— **SUPPLÉMENT AU COURS SUPÉRIEUR DE GÉOGRAPHIE** pour l'enseignement secondaire moderne. In-18 jésus, broché.	» 60 — » 10
	Ce Supplément est rédigé conformément au programme officiel du 15 juin 1891 de la classe de seconde de l'Enseignement secondaire moderne.	
246	— **GÉOGRAPHIE DE LA FRANCE**, cours spécial; in-12, avec cartes.	1 90 — » 35
247	— **LA FRANCE ILLUSTRÉE**; in-8°, avec cartes, gravures et notes explicatives.	3 25 — 1 15
248	— **GÉOGRAPHIE DES COLONIES FRANÇAISES**. Un vol. in-12. .	1 05 — » 25
249	— **LES COLONIES FRANÇAISES ILLUSTRÉES**. Un fort vol. in-8°.	1 75 — » 55
250	— **LA TERRE ILLUSTRÉE**, Cours spécial de Géographie universelle pour l'enseignement primaire et supérieur; volume in-8° de 672 pages, avec de nombreuses cartes et vignettes dans le texte.	3 25 — 1 15
	L'Exploration, revue géographique internationale, a fait le plus grand éloge de cet ouvrage, qui ne le cède en rien, pour le fond et la forme, aux plus belles publications de ce genre.	
252	— **ATLAS** [D] (in-4°), de 100 cartes, à l'usage de l'enseignement secondaire. — Contenant en 27 feuilles doubles imprimées recto-verso : Cosmographie et étude du Globe (45 fig.). — Sept planisphères et les pôles. — Europe hypsométrique. — Sept Europes : géologique, politique, etc. — France hypsométrique, géologique, littoral, schéma des montagnes. — France par bassins (3 cartes). — France administrative, militaire, etc. (8 cartes). — France industrielle (13 cartes), France chemins de fer (4 cartes). — Fragment de la carte de l'état-major au $\frac{1}{80000}$. — Paris et les grandes villes (8 pages). France historique. — Palestine (5 cartes). Cartes doubles (physique et politique) des États européens, Iles Britanniques, Pays-Bas, Belgique, Allemagne, Autriche-Hongrie, Suisse, Espagne, Italie, Péninsule des Balkans, Danemark, Suède-Norvège, Russie. — Asie physique et politique (5 cartes). — Turquie d'Asie, Indes, Indo-Chine. — Afrique physique et politique (6 cartes). — Algérie, Soudan, Congo, Madagascar. — Amérique (12 cartes), Amérique du Nord, États-Unis. — Amérique du Sud, Antilles, Brésil, etc. — Océanie, Malaisie, Australie, etc.	5 10 — » 75

N°s		Affr¹
253	— **ATLAS [E]** (IN-4°), **de 150 cartes**, à l'usage de l'enseignement secondaire, contenant, outre les 100 cartes précédentes, 50 planches pour servir à l'étude de l'histoire ancienne, romaine, du moyen âge, moderne et de France. — Monde connu des Anciens. — Palestine. — Égypte. — Asie Mineure. — Grèce. — Empire des Perses. — Empire d'Alexandre. — Le Latium et Rome ancienne. — Italie ancienne. Gaule romaine. — Conquêtes romaines. — Empire romain. — Invasion des Barbares. — Les Arabes et les Mongols. — Périodes mérovingienne et carlovingienne. — Empire de Charlemagne. — Les croisades. — Europe aux XIV° et XV° siècles, la guerre de Cent ans. — Empire de Charles-Quint. — Empire d'Allemagne. — Epoque de Louis XV. — Europe au XVIII° siècle. — Colonies européennes. — Empire de Napoléon. — Haute Italie, Belgique et Allemagne. — Europe en 1815. — Europe sous Napoléon III. — Possessions européennes. — France historique générale et 67 cartes analytiques.	7 20 — 1 05

Il serait impossible de trouver dans le commerce des Atlas de même prix, et donnant autant de matériaux appropriés à l'enseignement.

SCIENCES PHYSIQUES ET NATURELLES

200	— **NOTIONS D'HISTOIRE NATURELLE**, Zoologie, botanique, géologie (476 figures); in-12.	3 » — » 50
	ÉLÉMENTS D'HISTOIRE NATURELLE :	
282	— Zoologie, Botanique élémentaire, Géologie. In-18 jésus. Les trois volumes réunis.	6 50 — » 80
282 bis.	Botanique élémentaire. In-18 jésus	2 » — » 35
282 ter.	Zoologie. In-18 jésus.	3 » — » 40
283	— Géologie. In-18 jésus.	1 50 — » 20
284	— Botanique. 484 figures (**LIVRE DU MAITRE**)	4 80 — » 60
280	— **PHYSIQUE**, conforme au programme de l'Enseignement moderne. In-8°. *Sous presse.*	
281	— **CHIMIE**, conforme au programme de l'Enseignement moderne. *En préparation.*	

AGRICULTURE ET HORTICULTURE

211	— **LEÇONS D'AGRICULTURE ET D'HORTICULTURE.** Développements. — Résumés. — Rédactions. — Problèmes. — Expériences. — Excursions. — Questionnaires. — Nombreuses illustrations. In-12	2 25 — » 45
211 bis.	**NOTIONS ÉLÉMENTAIRES D'AGRICULTURE** (abrégé de l'ouvrage N° 211 ci-dessus), in-12	» 95 — » 25
211 ter.	**SUPPLÉMENT AUX NOTIONS ÉLÉMENTAIRES D'AGRICULTURE** (pour la région française du sud-ouest), in-12 piqué .	» 30 — » 05
212	— **SOLUTIONS DE PROBLÈMES CONTENUS DANS LES LEÇONS D'AGRICULTURE ET D'HORTICULTURE.** In-12.	1 » — » 20

TENUE DES LIVRES

286	— **ÉLÉMENTS DE COMPTABILITÉ.** In-12.	2 05 — » 30
287	— **EXERCICES DE COMPTABILITÉ** (**LIVRE DU MAITRE**). In-12.	4 80 — » 25

LANGUES ÉTRANGÈRES

LANGUE ANGLAISE
MÉTHODE ANALOGIQUE ET PRATIQUE POUR L'ÉTUDE DE LA LANGUE ANGLAISE.

N°s		Affr¹
300	— 1re Partie. Un volume in-8°.	4 60
301	— 2e Partie. 1er volume. In-8°.	4 60
302	— — 2e volume. In-8°.	4 60
306	— THÈMES In-8°.	1 50 — » 30
307	— LE MÊME OUVRAGE (LIVRE DU MAITRE). In-8°.	4 50 — » 60

LANGUE ITALIENNE
308	— RECUEIL DE THÈMES ET VERSIONS. In-8° (*sous presse*).	
309	— LE MÊME OUVRAGE (LIVRE DU MAÎTRE). *En préparation*.	

LANGUE ALLEMANDE (*En préparation*).
LANGUE ESPAGNOLE (*En préparation*).
LANGUE PORTUGAISE (*En préparation*).

ENSEIGNEMENT PRIMAIRE

LECTURE

2	— **LIVRE-TABLEAU** ou Leçons combinées de lecture, d'écriture et de calcul; grand volume de 52 sur 65 centimètres, comprenant 36 tableaux tirés sur bristol, ornés de 25 photographies montrant la position des organes et l'aspect de la physionomie au moment de l'articulation. Nouv. édition sans pupitre.	36 »
	Avec pupitre.	42 »
	Emballage en caisse.	2 50
5	— **SYLLABAIRE**, ou premiers Exercices de lecture en rapport avec la Méthode d'Écriture des Frères des Écoles chrétiennes. In-18.	» 20 — » 05
	Pour que les leçons sur le Syllabaire soient profitables, il est utile qu'elles aient été préparées à l'aide du *Livre-Tableau*.	
6	— **NOUVEAU SYLLABAIRE**, en rapport avec le Livre-Tableau, méthode de lecture basée sur le jeu des organes vocaux. In-16.	» 35 — » 10
7	— **MÉTHODOLOGIE DU LIVRE-TABLEAU ET DU SYLLABAIRE**, ou Leçons combinées de lecture et d'écriture, à l'usage des Frères des Écoles chrétiennes; in-18. Nouv. édit.	1 10
8	— **PREMIER LIVRE DE LECTURE**, faisant suite au Syllabaire des Frères des Écoles chrétiennes, publié avec permission de l'autorité ecclésiastique. In-18.	» 35 — » 10
9	— **SYLLABAIRE ET PREMIER LIVRE DE LECTURE** réunis. In-18.	» 45 — » 10

COURS ÉLÉMENTAIRE
10	— **LECTURES COURANTES**, Cours élémentaire; in-12.	» 60 — » 15
11	— **LES MÊMES**, suivies du Cours élémentaire d'Orthographe mentionné page 94.	1 » — » 20
12	— **VIE DE N.-S. JÉSUS-CHRIST** (ABRÉGÉ DE LA), suivi des Prières de la Messe, des Évangiles et des Vêpres de tous les Dimanches et Fêtes de l'année. In-18.	» 80 — » 20

COURS MOYEN
18	— **LECTURES COURANTES (COURS MOYEN)**. In-12.	1 55 — » 35

N°s		Afr¹

COURS MOYEN ET SUPÉRIEUR

- 13 — **L'ENFANT BIEN ÉLEVÉ**, ou Pratique de la civilité chrétienne. In-12. .... » 75 — » 20
- 14 — **NOUVEAU TRAITÉ DES DEVOIRS DU CHRÉTIEN** envers Dieu, dans lequel chaque chapitre et chaque article sont suivis de traits historiques analogues aux vérités qui y sont traitées. L'ouvrage est complété par les Règles de la bienséance et de la civilité chrétienne. In-12. .... 1 15 — » 30
- 15 — **LECTURES INSTRUCTIVES ET AMUSANTES**, sur diverses inventions et découvertes, autographiées pour exercer à la lecture des manuscrits, contenant plus de 50 sortes d'écriture gravées sur cuivre. In-12. .... » 60 — » 15
- 16 — **LES MÊMES (LIVRE DU MAITRE)**, avec le texte en caractères d'imprimerie en regard. In-12 .... 1 20 — » 20
- 17 — **ENSEIGNEMENT CIVIQUE**. Notions sommaires de droit pratique et entretiens préparatoires à l'étude de l'économie politique, rédigés conformément au programme officiel. In-12. Nouvelle édition complétée. .... » 90 — » 20
  Cet ouvrage est inscrit dans la liste des Manuels approuvés pour les Écoles publiques par le ministre de l'instruction publique. (Circulaire du 17 novembre 1883.)

MATÉRIEL — ENSEIGNEMENT

- 1194 — **TABLEAUX-SENTENCES**, à l'usage des Frères; 6 feuilles in-plano. .... 2 40 — » 45
- 3 — **TABLEAUX DE LECTURE**; 4 feuilles in-plano. ...... 1 10 — » 20
- 4 — **NOUVEAUX TABLEAUX DE LECTURES**; 7 f^lles, la collection. 1 10

ÉCRITURE

- 463 — **COLLECTION DE DIX MODÈLES TRANSPARENTS** ..... » 30 — » 10
- 464 — **PETIT COURS DE CALLIGRAPHIE**, anglaise, ronde, coulée, bâtarde et gothique; précédé d'une notice explicative, format oblong. .... » 50
- 465 — **COLLECTION DE 32 MODÈLES** gravés, in-4°, comme développement des exercices précédents. Plusieurs modèles présentent des formules de billets, de factures, etc. Chaque modèle. .. » 10 — » 05
  — *La Collection reliée* .... 3 25 — » 40

RELIGION

HISTOIRE SAINTE

COURS PRÉPARATOIRE

- 24 — **MANUEL DES COMMENÇANTS** pour le **Cours élémentaire**; contenant des notions d'Histoire sainte, de Langue française, de Calcul, de Système métrique, d'Histoire de France, de Géographie, des Exercices de mémoire. In-18. .... » 75 — » 15
- 23 — **PETIT QUESTIONNAIRE** sur l'Histoire sainte, la Langue française, le Calcul et le Système métrique, l'Histoire de France et la Géographie. In-18. .... » 35 — » 10
  ABRÉGÉ DE L'HISTOIRE SAINTE (voir page 107).

N°°		Aff¹

COURS ÉLÉMENTAIRE

25 — **HISTOIRE SAINTE**, Cours élémentaire illustré. In-12 . . . » 60 — » 20
27 — **PETITE HISTOIRE SAINTE**, comprenant les faits principaux de l'histoire du peuple de Dieu. In-18. . . . . » 35 — » 10
    Ce livre, approuvé par Mgr l'Archevêque de Tours, est en rapport avec l'âge et l'intelligence des jeunes enfants. C'est un simple récit de la création, des faits les plus intéressants des premiers temps du monde, et de l'histoire du peuple de Dieu.

COURS MOYEN

26 — **HISTOIRE SAINTE**, Cours moyen illustré. In-12 (79 grav.). 1 20 — » 30
34 — **HISTOIRE DE L'ÉGLISE** *illustrée*. In-16 . . . . 1 60 — » 30

COURS SUPÉRIEUR

32 — **COURS SUPÉRIEUR D'HISTOIRE SAINTE**. In-12. . . . . . 1 15 — » 30
    COURS SUPÉRIEUR D'HISTOIRE SAINTE *illustrée*. (*En préparation.*)

LIVRES D'ÉGLISE

41 — **MANUEL DE PIÉTÉ** (n° 112), à l'usage de la jeunesse; approuvé par Mgr l'archevêque de Tours. In-32. Cart. toile noire, tranche jaspée . . . . 1 50 — » 20
42 — **PRIÈRES ET CANTIQUES** à l'usage de la jeunesse. In-18. Reliure toile noire, tranche jaspée. . . . . » 90 — » 15
35 — **NOTIONS DE LITURGIE**. In-12 . . . . » 50 — » 10

CANTIQUES

2ᵉ SÉRIE (Nouvelle).

47 — **RECUEIL DE CANTIQUES** anciens et nouveaux, avec double accompagnement pour chaque cantique; ouvrage suivi de motets usuels et faciles; un vol. in-4°, demi-rel., plats en toile. 24 » — 1 05
48 — **LE MÊME**, avec accompagnement simplifié; 1 vol. in-4°. . . . 7 20 — 1 05
49 — **LE MÊME**, paroles et chant; in-18 . . . . 1 80 — » 35
50 — **LE MÊME**, paroles seules; in-18. . . . . » 90 — » 20
51 — **LE MÊME**, abrégé, paroles seules; in-18. . . . . » 35 — » 10

1ʳᵉ SÉRIE (Ancienne).

54 — **CHANTS PIEUX**, ou Choix de Cantiques en rapport avec l'esprit de l'Église, dans la célébration des Dimanches et des Fêtes, et le Mois de Marie; in-18 (texte). . . . . » 80 — » 15
55 — **LE MÊME LIVRE** (avec les airs notés) . . . . 1 70 — » 25
    CANTIQUES DE SAINT-SULPICE, 1 vol. in-18. (Voir page 107.)

INSTRUCTION RELIGIEUSE

(Voir les prix, page 107).

BIBLE DE ROYAUMONT, à l'usage des Écoles; 1 volume in-12; édition approuvée par S. Ém. le Cardinal Archevêque de Paris.

CATÉCHISME HISTORIQUE, abrégé, par Fleury; 1 vol. in-18; édition approuvée par S. Ém. le Cardinal Archevêque de Paris.

DOCTRINE CHRÉTIENNE, par Lhomond; 1 vol. in-12; édition approuvée par S. Ém. le Cardinal Archevêque de Paris.

ÉPITRES ET ÉVANGILES, à l'usage des Écoles chrétiennes; 1 volume in-18; édition approuvée par S. Ém. le Cardinal Archevêque de Paris.

HISTOIRE ABRÉGÉE DE L'ANCIEN TESTAMENT, avec celle de la vie de N.-S. J.-C.; 1 vol. in-12; édition approuvée par S. Em. le Cardinal Archevêque de Paris.

HISTOIRE DE LA RELIGION, par Lhomond; 1 volume in-12; édition approuvée par S. Ém. le Cardinal Archevêque de Paris.

HISTOIRE DE L'ÉGLISE, par Lhomond; 1 vol. in-12; édition approuvée par S. Ém. le Cardinal Archevêque de Paris.

MORALE EN ACTION, ou Choix d'anecdotes instructives; 1 vol. in-12; édition approuvée par S. Ém. le Cardinal Archevêque de Paris.

43 — **PSAUTIER DE DAVID**, à l'usage des Écoles chrétiennes; 1 vol. in-18; édition approuvée par S. Ém. le Cardinal Archevêque de Paris.

LANGUE FRANÇAISE

GRAMMAIRE — ORTHOGRAPHE — RÉDACTION

2ᵉ SÉRIE (Nouvelle).

COURS ÉLÉMENTAIRE

Nᵒˢ   Affrᵗ

60 — **GRAMMAIRE ÉLÉMENTAIRE DE LA LANGUE FRANÇAISE**; in-18. . . . . » 40 — » 10

62 — **LEÇONS DE LANGUE FRANÇAISE**, — Cours élémentaire (ancien cours préparatoire). Ce volume comprend :
    1º Des notions de grammaire française;
    2º Des exercices d'orthographe;
    3º Des exercices de phraséologie;
    4º Des exercices élémentaires d'analyse grammaticale;
    5º Des exercices élémentaires de rédaction;
    6º Un recueil de morceaux choisis.
    1 volume in-12. . . . . » 90 — » 20

63 — **LE MÊME (LIVRE DU MAITRE)**. In-12. . . . . 2 40 — » 25

COURS MOYEN

64 — **GRAMMAIRE ABRÉGÉE DE LA LANGUE FRANÇAISE**. In-12. 1 50 — » 30

65 — **LEÇONS DE LANGUE FRANÇAISE**. — **Cours moyen** (ancien cours élémentaire). Ce volume comprend :
    1º Un abrégé de grammaire française;
    2º Des exercices orthographiques;
    3º Des exercices de phraséologie;
    4º Des exercices de rédaction;
    5º Des exercices d'analyse grammaticale;
    6º Un recueil de morceaux choisis.
    1 volume in-12. . . . . 1 20 — » 25

66 — **LE MÊME (LIVRE DU MAITRE)**; in-12. . . . . 3 » — » 35

COURS SUPÉRIEUR

70 — **COURS DE LANGUE FRANÇAISE**, — Cours supérieur (ancien cours moyen). Ce volume comprend :
    1º Une grammaire française avec la syntaxe;
    2º Des exercices orthographiques;
    3º Des exercices de dérivation et de phraséologie;
    4º Des exercices de rédaction;
    5º Des exercices d'analyse grammaticale et logique;
    6º Un recueil de morceaux choisis.
    1 volume in-12. . . . . 2 10 — » 40

71 — **LE MÊME (LIVRE DU MAITRE)**. In-12. . . . . 6 » — » 65

101 — **DICTIONNAIRE**. (Voir page 105.)

1re SÉRIE (Ancienne).

COURS ÉLÉMENTAIRE

75 — **ABRÉGÉ DE GRAMMAIRE FRANÇAISE**, ou Extrait de la Grammaire française; in-18 .... » 35 — » 05
76 — **COURS ÉLÉMENTAIRE D'ORTHOGRAPHE**, ou Dictées et Exercices préparatoires au Cours intermédiaire ou de première année; in-12. .... » 45 — » 10
11 — **LE MÊME**, précédé des Lectures courantes mentionnées p. 92. 1 » — » 20
78 — **COURS INTERMÉDIAIRE D'ORTHOGRAPHE**, ou Dictées et Exercices en rapport avec l'Ext. de la Grammaire française; in-12. » 90 — » 20
79 — **LE MÊME (LIVRE DU MAITRE)**; in-12. .... 1 90 — » 25

COURS MOYEN

84 — **EXERCICES ORTHOGRAPHIQUES**, — Cours de 1re année, précédé de l'Extrait de la Grammaire et suivi d'un petit Dictionnaire; in-12 .... 1 20 — » 30
85 — **LE MÊME OUVRAGE (LIVRE DU MAITRE)**. In-12 .... 2 40 — » 45

COURS MOYEN ET SUPÉRIEUR

90 — **GRAMMAIRE FRANÇAISE, Cours moyen et Cours supérieur.** In-12. .... » 90 — » 20
91 — **LA MÊME**, avec l'abrégé pour les commençants .... 1 05 — » 20
92 — **COURS D'ANALYSE GRAMMATICALE ET LOGIQUE**. In-12. . » 55 — » 15
93 — **LE MÊME (LIVRE DU MAITRE)**. In-12. .... 1 80 — » 20
94 — **PETIT DICTIONNAIRE** ou Lexique orthographique, mis en rapport avec la dernière édition du Dictionnaire de l'Académie; in-12, 144 pages .... » 80 — » 10

COURS SUPÉRIEUR

97 — **EXERCICES ORTHOGRAPHIQUES**, — Cours de 2e et de 3e année; in-12 .... 1 20 — » 25
98 — **LE MÊME OUVRAGE (LIVRE DU MAITRE)**; in-12. Nouv. édit. 3 60 — » 50
72 — **NOTIONS USUELLES D'ÉTYMOLOGIE**; in-12. .... » 30 — » 15
72 bis **LE MÊME OUVRAGE (LIVRE DU MAITRE)**; in-12. .... » 35 — » 15

MATHÉMATIQUES

ARITHMÉTIQUE

2e SÉRIE (Nouvelle).

COURS ÉLÉMENTAIRE

150 — **COURS ÉLÉMENTAIRE D'ARITHMÉTIQUE**; in-18. ..... » 60 — » 10
151 — **LE MÊME (LIVRE DU MAITRE)**; in-12. .... 1 50 — » 20

COURS MOYEN

153 — **COURS MOYEN D'ARITHMÉTIQUE**; in-16. .... 1 20 — » 25
154 — **LE MÊME (LIVRE DU MAITRE)**; in-12. .... 3 60 — » 40

N°°		Affr
	COURS SUPÉRIEUR	
156	— **COURS SUPÉRIEUR D'ARITHMÉTIQUE**; in-12, avec table des Logarithmes............	1 80 — » 35
157	— **LE MÊME OUVRAGE (LIVRE DU MAITRE)**. In-12. Nouvelle édition, revue...........	4 20 — » 50

MATÉRIEL
TABLEAU DU SYSTÈME MÉTRIQUE.

1241	— 2 m. × 1 m. 75............	24 »
1243	— 1 m. 30 × 1 m. 10............	14 40

1re SÉRIE (Ancienne).

COURS ÉLÉMENTAIRE

158	— **PETITE ARITHMÉTIQUE**, ou les quatre Règles; in-18....	» 25 — » 05
159	— **ABRÉGÉ D'ARITHMÉTIQUE DÉCIMALE**, ou Extrait du nouveau traité d'arithmétique décimale et du système métrique; in-18.	» 35 — » 10
161	— **EXERCICES DE CALCUL** sur les quatre opérations fondamentales de l'arithmétique; in-18..............	» 35 — » 10
162	— **LES MÊMES**, avec réponses en regard (**LIVRE DU MAITRE**).	» 80 — » 10

COURS MOYEN

173	— **PETITE ARITHMÉTIQUE, SYSTÈME MÉTRIQUE ET LES FRACTIONS**; in-18................	» 85 — » 10
174	— **PETITE ARITHMÉTIQUE**, — Système métrique, — Exercices de calcul, — Problèmes; réunis............	1 20 — » 20
159	— **ABRÉGÉ D'ARITHMÉTIQUE DÉCIMALE**, Calculs et Problèmes réunis. In-18.............	» 95 — » 15
172 bis.	**PETIT SYSTÈME MÉTRIQUE**; in-18.............	» 35 — » 10
172	— **LE MÊME OUVRAGE (LIVRE DU MAITRE)**; in-18.....	» 75 — » 10
160	— **PETIT SYSTÈME MÉTRIQUE**, précédé de la **PETITE ARITHMÉTIQUE**; in-18.............	» 55 — » 10
170	— **LES FRACTIONS ET LES PROBLÈMES RÉSOLUS PAR L'UNITÉ**; in-18................	» 35 — » 10
171	— **LE MÊME (LIVRE DU MAITRE)**; in-12.........	1 20 — » 15
166	— **RECUEIL DE PROBLÈMES** sur les quatre premières règles; in-18.	» 35 — » 10
167	— **LE MÊME**, avec réponses en regard (**LIVRE DU MAITRE**)..	» 80 — » 10
	Ces problèmes sont d'une extrême simplicité et permettent d'exercer les enfants au calcul mental. Ce petit ouvrage est le complément indispensable des Exercices de calcul.	
168	— **EXERCICES DE CALCUL ET RECUEIL DE PROBLÈMES** réunis; in-18..............	» 65 — » 15
169	— **EXERCICES DE CALCUL ET RECUEIL DE PROBLÈMES** réunis (**LIVRE DU MAITRE**); in-18...........	1 55 — » 15

COURS SUPÉRIEUR

177	— **NOUVEAU TRAITÉ D'ARITHMÉTIQUE (PARTIE DE L'ÉLÈVE)** contenant plus de 2 000 problèmes, suivi du Système métrique; in-12............	1 30 — » 30
177 bis.	**LE MÊME**, avec récapitulation supplémentaire de problèmes.	1 35 — » 30
177 ter.	**LE MÊME**, avec l'Abrégé pour les commençants.......	1 35 — » 30
178	— **NOUVEAU TRAITÉ D'ARITHMÉTIQUE DÉCIMALE (LIVRE DU MAITRE)**, renfermant : 1° le livre des élèves; 2° les problèmes, suivis de leurs solutions raisonnées; 3° des suppléments à la théorie du livre des élèves; in-8°...........	6 » — » 70

N°s		Aff.t
178 bis.	RÉPONSES AUX QUESTIONS ET PROBLÈMES DE L'ARITH-MÉTIQUE; in-12	1 20 — » 15
179 —	RECUEIL DE PROBLÈMES (LIVRE DE L'ÉLÈVE), ouvrage qui, dans plus de 4.200 problèmes distincts, offre près de 6 000 questions à résoudre; in-12	1 90 — » 40
180 —	LE MÊME OUVRAGE (LIVRE DU MAITRE). Fort vol. in-8°	6 30 — » 75

GÉOMÉTRIE

COURS ÉLÉMENTAIRE

185 —	ABRÉGÉ DU COURS DE GÉOMÉTRIE appliquée au dessin linéaire; in-18	» 40 — » 10
186 —	COURS ÉLÉMENTAIRE DE GÉOMÉTRIE; in-12	» 75 — » 10
187 —	LE MÊME (LIVRE DU MAITRE); in-12	2 40 — » 15

COURS MOYEN

190 —	COURS MOYEN DE GÉOMÉTRIE; in-12	1 20 — » 20
191 —	LE MÊME (LIVRE DU MAITRE); in-12	3 » — » 20

COURS SUPÉRIEUR

194 —	COURS SUPÉRIEUR DE GÉOMÉTRIE pour les écoles primaires. In-12	1 80 — » 40
195 —	LE MÊME (LIVRE DU MAITRE)	4 20 — » 35
195 bis.	EXERCICES ET PROBLÈMES DE GÉOMÉTRIE. In-12	» 75 — » 45

196 —	MANUEL D'ARPENTAGE pour les écoles primaires; in-12	1 80 — » 30
197 —	MANUEL D'ALGÈBRE ET DE TRIGONOMÉTRIE. In-12	1 80 — » 25
198 —	LE MÊME (LIVRE DU MAITRE)	4 80 — » 25

HISTOIRE

COURS PRÉPARATOIRE

102 —	NOUVEAU COURS PRÉPARATOIRE D'HISTOIRE DE FRANCE avec nombreuses illustrations	» 60 — » 20

COURS ÉLÉMENTAIRE

110 —	PETITE HISTOIRE DE FRANCE; in-18	» 40 — » 10
111 —	PETITE HISTOIRE SAINTE ET PETITE HISTOIRE DE FRANCE réunis; 1 vol. in-18	» 75 — » 15
103 —	NOUVEAU COURS ÉLÉMENTAIRE D'HISTOIRE DE FRANCE avec nombreuses illustrations	» 95 — » 25

COURS MOYEN

113 —	COURS MOYEN D'HISTOIRE DE FRANCE. In-16 (324 pages.)	1 20 — » 25
104 —	NOUVEAU COURS MOYEN D'HISTOIRE DE FRANCE avec illustrations	1 50 — » 50
104 bis.	COURS MOYEN DÉVELOPPÉ D'HISTOIRE DE FRANCE ILLUSTRÉE. In-12	1 75 — » 45

N°⁵		Affr¹

COURS MOYEN ET SUPÉRIEUR

114 — **CHRONOLOGIE DE L'HISTOIRE DE FRANCE**; in-12; excellent résumé propre à faciliter les réponses aux questions posées pour le brevet de capacité. (Voir page 90, atlas E, contenant 12 planches (67 cartes) pour l'étude de l'histoire de France.). » 75 — » 15

COURS SUPÉRIEUR

115 — **COURS COMPLET D'HISTOIRE**, contenant l'Histoire sainte divisée en huit époques, l'Histoire de France suivie de quelques notions sur les anciens et les nouveaux peuples; gros vol. in-12. 1 50 — » 35

105 — **NOUVEAU COURS SUPÉRIEUR D'HISTOIRE DE FRANCE** avec de nombreuses illustrations. (Leçons et résumés. — Récits. — Cartes. — Tableaux synoptiques. — Notes lexicologiques. — Questionnaires et devoirs de rédaction.). . . . . 3 75 — » 80

GÉOGRAPHIE

NOTA. — L'Institut des Frères des Écoles chrétiennes a obtenu, pour ses publications géographiques, de nombreuses récompenses, entre autres : Médaille de 1ʳᵉ classe à Vienne, en 1873; médaille de 1ʳᵉ classe au Congrès international de géographie à Paris, en 1875; médaille d'or à l'exposition universelle de Paris, 1878; médailles et diplômes de 1ʳᵉ classe à Lyon, 1880, à Bruxelles, 1882, à Rio-de-Janeiro (Brésil), 1883; diplôme d'honneur et médaille d'or à Toulouse, 1884; à Londres, 1884; à Anvers, 1884; à la Nouvelle-Orléans, 1885: diplôme hors concours (*membre du jury*), prix décerné par la Société de Géographie de Paris, 1890; diplôme d'honneur à Bruxelles, 1888; à Berne, 1891; à Chicago, 1893; à Anvers; 1894 et à Bruxelles, 1897.

2ᵉ SÉRIE (Nouvelle).

COURS PRÉPARATOIRE

125 — **GÉOGRAPHIE-ATLAS DU COURS PRÉPARATOIRE** . . . . » 75 — » 25
  Cet ouvrage comprend, en 32 pages : 16 cartes coloriées, 100 vignettes et gravures, 20 pages de texte. (Voir, comme partie du maître, celle du Cours élémentaire.)

COURS ÉLÉMENTAIRE

127 — **GÉOGRAPHIE-ATLAS DU COURS ÉLÉMENTAIRE**. Texte, cartes et devoirs. In-4°. Nouvelle édition . . . . » 95 — » 35
128 — **LE MÊME OUVRAGE (MAITRE)**. In-4°. Nouvelle édition. . . 1 80 — » 40
  Cet ouvrage comprend, en 32 pages in-4° : 14 planches dont 8 color., 110 vign. et grav., 17 pages de texte avec des Lectures et 145 devoirs.
  CAHIERS CARTOGRAPHIQUES correspondants, N°ˢ 1 et 2 (p. 101).

COURS MOYEN

130 — **GÉOGRAPHIE-ATLAS DU COURS MOYEN**. In-4° cartonné. . 1 80 — » 35
131 — **LE MÊME OUVRAGE (MAITRE)**, contenant, outre le livre de l'élève, les solutions des devoirs qu'il renferme. In-4° cartonné. 3 60 — » 40
  Cet ouvrage comprend, en 54 pages in-4° : 32 cartes et cartons coloriés, 120 vignettes et gravures, 40 pages environ de texte et 150 devoirs.
  CAHIERS CARTOGRAPHIQUES correspondants, N°ˢ 2, 3 et 5 (p. 101).

COURS SUPÉRIEUR

133 — **GÉOGRAPHIE-ATLAS DU COURS SUPÉRIEUR**, in-4°. . . . 4 20 — » 80
  Cet ouvrage comprend 210 cartes ou figures et 160 pages de texte.
  CAHIERS CARTOGRAPHIQUES correspondants, N°ˢ 3, 4, 5, 6, 7, 8 (p. 101).

1re SÉRIE (Ancienne).

COURS ÉLÉMENTAIRE

Nos   Aff^e

137 — **COURS ÉLÉMENTAIRE DE GÉOGRAPHIE**, in-18 . . . . . .   » 40 — » 10
> Le *Cours élémentaire* contient 10 cartes et 60 fig., reproduisant les détails du texte. Les cartes qu'il renferme peuvent dispenser d'un atlas. En tête de ce petit manuel on a mis des exercices de géographie locale.
>
> *Ce cours correspond à l'atlas B, ci-dessous.*

138 — **PETITE GÉOGRAPHIE**, ou Extrait de la Géographie physique, commerciale et historique. In-18. . . . .   » 35 — » 10

136 — **MÉTHODOLOGIE DE GÉOGRAPHIE**, appliquée au cours élémentaire (Manuel du maître); in-12. . . . .   1 80 — » 25
> Ce livre donne à la fois la théorie et la pratique de l'enseignement de la géographie, et renferme des questions et des réponses sur les diverses matières du programme, notamment sur la géographie locale, qui est traitée selon l'esprit de la méthode recommandée.

COURS MOYEN

141 — **COURS MOYEN DE GÉOGRAPHIE** *illustrée* pour l'enseignement primaire; in-16. . . . .   » 75 — » 20
> Dans le *Cours moyen*, l'élève trouve le texte même qu'il a appris au cours inférieur, développé autant que le comporte l'âge des élèves auxquels il s'adresse.
>
> *Ce cours correspond à l'atlas B et à l'atlas C, ci-dessous.*

141 *bis* **PARIS ET LE DÉPARTEMENT DE LA SEINE**, géographie locale, in-16, 32 pages, piqûre . . . .   » 15 — » 05

140 — * **ATLAS [B]** (IN-4°) de **30 cartes**, pour les écoles primaires, contenant : Éléments de cartographie. — Cosmographie, Mappemonde et Océanie. — Europe et Asie. — Afrique et Amérique. — France par bassins. — France administrative. — France (chemins de fer). — Palestine et voies navigables . . . . . .   1 80 — » 40

COURS SUPÉRIEUR

143 — **COURS SUPÉRIEUR DE GÉOGRAPHIE.** Nouvelle édit. In-12.   1 50 — » 30
> Le *Cours supérieur* est au Cours moyen ce que celui-ci est au Cours élémentaire. Chacun des États du globe y occupe une place en rapport avec son importance politique ou commerciale, mais le tiers du volume environ est réservé à la géographie nationale. Ce manuel contient aussi l'indication des principales voies commerciales du monde et beaucoup de notes étymologiques et explicatives. Une large place y est faite au commerce et à l'industrie.
>
> *Ce cours correspond à l'atlas C, ci-dessous, ou à l'atlas D, p. 90.*

142 — **ATLAS [C]** (IN-4°) de **50 cartes**, à l'usage de l'enseignement primaire. — Éléments de cartographie. — Mappemonde et Océanie. — Europe physique, Europe politique. — Europe centrale. — Asie physique, Asie politique. — Afrique physique, Afrique politique. — Amérique physique, Amérique politique. — France hypsométrique, géologique, montagnes et littoral. France par bassins (4 cartes). — France politique et militaire. — France industrielle (6 cartes). — France (chemins de fer). — France historique (13 cartes). — Palestine . . . .   2 70 — » 55

144 — **FRANCE ET COLONIES.** — Cours spécial pour l'enseignement secondaire moderne. In-12, 500 pages (*sous presse*).

---

* Les ATLAS B et C renferment des cartes physiques, hypsométriques, donnant par des teintes spéciales les régions du même niveau. — Ces atlas sont tous relativement complets : ils contiennent les cartes générales des cinq parties du monde et des cartes spéciales de la France, et sont tous en rapport avec les manuels. Les fragments de la France (*carte de l'état-major*) introduits dans ces Atlas ont pour but d'habituer les élèves à lire et à interpréter ce remarquable travail national, qu'il importe à chacun de connaître.

ENSEIGNEMENT POUR LES COURS CI-DESSUS

Nos   Affr

CAHIERS D'EXERCICES CARTOGRAPHIQUES, ou cartes muettes à compléter ou à reproduire. Collection de huit cahiers, renfermant chacun **16 cartes** en rapport avec le texte des ouvrages ci-dessus. Chaque cahier. . . . . » 15 — » 05

2001 — **Cahier n° 1**, Exercices en rapport avec le Cours élémentaire . » 15 — » 05
2002 — — n° 2, Exercices sur la France (1re série) . . . . » 15 — » 05
2003 — — n° 3, Exercices sur la France (2e série) . . . . » 15 — » 05
2004 — — n° 4, Exercices sur la France et ses colonies . . . . . » 15 — » 05
2005 — — n° 5, Exercices sur les cinq parties du monde. . . . . » 15 — » 05
2006 — — n° 6, Exercices sur l'Europe. . . . . » 15 — » 05
2007 — — n° 7, Exercices sur l'Asie, l'Afrique . . . . » 15 — » 05
2008 — — n° 8, Exercices sur l'Amérique et l'Océanie. . . . . . » 15 — » 05

GRANDES CARTES MURALES ÉCRITES, tirées en chromolithographie, de 2 m. de largeur sur 1 m. 80 c. de hauteur.

2010 — **Mappemonde**, avec planisphère politique et commercial. (Projection de Mercator.)

2011 — **France politique** (par départements), pour les classes moyennes.

2014 — **Europe politique**, pour toutes les classes.

2013 — **France hypsométrique**, pour les classes supérieures.

2015 — **Europe hypsométrique**, pour les classes supérieures.

      Chaque carte, avec notice-questionnaire. En feuilles. . . . 12 »
      Collée sur toile, vernie, montée sur gorge et rouleau. . . . 24 »

    NOTA. — Les cartes hypsométriques indiquent par des teintes spéciales les régions d'altitudes différentes. *Les cartes d'Europe et de France furent les premières de ce genre publiées en langue française.*

2018 — **Notices-questionnaires** sur les cartes murales : Mappemonde, France et Europe. *Chaque notice*. In-12 broché . . . . » 75 — » 10

PETITES CARTES MURALES ÉCRITES. Coloriées (1 m. 30 sur 1 m. 10).

2019 — **Petite France par bassins** pour les commençants, très lisible à distance.

2020 — **Petite France politique**. Coloriée par départements.

2021 — **Petite France physique**. Coloriée hypsométriquement.

2022 — **Petite Mappemonde**, avec système planétaire. (1 m. 30 sur 1 m.)

2023 — **Petite Palestine**, avec le voyage des Israélites et le plan de Jerusalem.

2024 — **Petite Europe**, avec cartons pour l'Europe par bassins e la Sphère terrestre.

2025 — **Asie physique et politique**.

2026 — **Afrique physique et politique**.

2027 — **Amérique du Nord physique et politique**.

2028 — **Amérique du Sud et Océanie**, physique et politique.

      En feuille. 4 80
      Montée sur gorge et rouleau. 9 60

2019 bis **CARTE DOUBLE FACE DE LA FRANCE PAR BASSINS (ÉCRITE ET MUETTE)**, pour les commençants; imprimée recto-verso, sur papier toile avec œillets de suspension (1 m. 30 sur 1 m. 10) 6 50

2020 bis **CARTE DOUBLE FACE DE LA FRANCE POLITIQUE (ÉCRITE ET MUETTE)**, imprimée recto-verso, sur papier toile avec œillets de suspension (1 m. 30 sur 1 m. 10) . . . 6 50

Nos		
2049	**France physique et administrative**, divisée par arrondissements et indiquant les 2871 chefs-lieux de cantons. Grande et belle *Carte manuelle* de 0 m. 60 sur 0 m. 70, *complément des grands atlas*. 1 feuille	» 60

CARTES MURALES MUETTES, chacune en une feuille coloriée, devant servir surtout pour les récitations et les examens.

- 2042 — **Mappemonde-planisphère**, avec les deux Hémisphères et la Terre dans l'espace.
- 2043 — **Palestine**, avec l'Égypte, la terre de Chanaan et le plan de Jérusalem.
- 2046 — **Europe politique**, avec un carton *hypsométrique* et les agrandissements ci-dessous (pour le *cours moyen*).
- 2047 — **Europe hypsométrique** avec carton *politique*. Belgique, Hollande, Suisse et bassin du Pô agrandis (pour le *cours supérieur*).

	Chaque carte de 1 m. 15 sur 0 m. 90. En feuille	3 »
	Montée	7 80

FRANCE PAR BASSINS. (Voir N° 2019.)

- 2035 — **France politique**, *départements* et chemins de fer, avec carton *historique* se complétant par la suivante. (Voir N° 2020.)
- 2036 — **France hypsométrique**, avec les *rivières* et un carton pour les bassins.
- 2037 — **Asie physique et politique**. Turquie, Indo-Chine française.
- 2038 — **Afrique physique et politique**. Algérie, Tunisie.
- 2039 — **Amérique du Nord physique et politique**. États-Unis.
- 2040 — **Amérique du Sud et Océanie physique et politique**.

	Chaque carte de 1 m. 30 sur 1 m. En feuille	3 60
	Montée	9 »

MATÉRIEL

2051 —	**ROSE DES VENTS**, ou *Boussole de plafond*. Une feuille octogonale pour les exercices d'orientation en classe.	1 50
2051 *bis*	La même, collée sur toile, vernie.	2 15
2052 —	**TABLEAU-CARTE ARDOISÉ DE LA FRANCE ET DE L'EUROPE**, imprimé recto et verso, et préparé pour dessiner à la craie les exercices cartographiques, par F. A.-M. (1 m. 15 sur 1 m. 30).	18 »
2053 —	**LE MÊME**, monté avec baguettes.	21 60

Plusieurs imitations ont été faites de ce travail : elles se vendent beaucoup plus cher sans rendre plus de services.

2056 —	**PANORAMA GÉOGRAPHIQUE**, *paysage idéal, terminologique*, résumant les principaux accidents terrestres, colorié, 1 m. 40 sur 1 m. 10, monté sur toile avec gorge et rouleau.	10 80
2057 —	**PAYSAGE EN RELIEF** résumant les principaux accidents géographiques, destiné à initier les élèves à la connaissance de la nomenclature géographique. Objet en plâtre (staff), de 60 sur 70 cent. de côté, peint à l'huile	26 50
	Emballage en caisse.	4 50
2058 —	**PAYSAGE EN RELIEF** (PETIT). Réduction du précédent . . .	6 »
	Emballage en caisse	1 50
2060 —	**RELIEF SUBMERSIBLE** (PETIT), pour la démonstration expérimentale du système des courbes de niveau appliqué à la construction des cartes hypsométriques. Objet en plâtre, peint. Voir *Notice-Questionnaire sur la carte de France*	6 »
	Emballage en caisse.	2 »

SCIENCES PHYSIQUES ET NATURELLES

COURS SUPÉRIEUR

N°s   Affr^t

200 — **NOTIONS D'HISTOIRE NATURELLE**, avec 476 fig. In-12. .   3 » — » 50
201 — **NOTIONS DE SCIENCES PHYSIQUES ET NATURELLES**, à l'usage des aspirants au brevet élémentaire (518 figures); in-12.   3 » — » 50

MUSIQUE

SOLFÈGE DE LA JEUNESSE; in-8° oblong.
204 — 1re Partie 1 20
205 — 2e Partie. 1 20
212 — **ALBUM MUSICAL DE LA JEUNESSE**; in-8° broché. 4 40

TENUE DES LIVRES

COURS SUPÉRIEUR

202 — **COURS ÉLÉMENTAIRE DE TENUE DE LIVRES**. In-12. . .   » 75 — » 15
203 — **LE MÊME (LIVRE DU MAITRE)**; in-12 . . . .   1 80 — » 20
      CAHIERS TRACÉS POUR ÉCRIRE LES EXERCICES. In-4°, piqué.
531 —   Brouillard ou Main-courante . . . .   » 25 — » 10
532 —   **Journal**. . . . .   » 25 — » 10
533 —   Grand-Livre . . . .   » 35 — » 15

ADMINISTRATION SCOLAIRE

LIVRET DE NOTES HEBDOMADAIRES.
1184 — **A**, destiné à recevoir seulement les notes des élèves; 16 p. in-18.   » 10 — » 05
1185 — **B**, destiné à recevoir les notes des élèves, les observations du maître et celles des parents; 32 pages in-18 . . . .   » 15 — » 05
1176 — **REGISTRE D'APPEL A**, par classes de 30 élèves, 11 mois . .   » 90
1177 —   —   **B**,   —   de 30 à 60 élèves, 11 mois.   1 50
1178 —   —   **C**,   —   de 60 à 90 élèves, 11 mois.   2 10

OUVRAGES CLASSIQUES

RÉDIGÉS EN COURS GRADUÉS

CONFORMÉMENT AUX PROGRAMMES OFFICIELS

Par STELLA

A L'USAGE SPÉCIAL DES PENSIONNATS ET ÉCOLES
DE FILLES

TRAVAUX MANUELS POUR LES JEUNES FILLES.
- Section enfantine et Cours élémentaire (*sous presse*).
- Cours moyen (*en préparation*).
- Cours supérieur (*en préparation*).

MANUEL D'ÉCONOMIE DOMESTIQUE. In-16 (*en préparation*).
MANUEL D'INSTRUCTION MÉNAGÈRE. In-16 (*en préparation*).
ARITHMÉTIQUE. Cours élémentaire (*en préparation*).

NOUVEAU
DICTIONNAIRE
UNIVERSEL ILLUSTRÉ

CONTENANT

LANGUE FRANÇAISE — HISTOIRE, BIOGRAPHIE, GÉOGRAPHIE
SCIENCES ET ARTS

PAR

Mgr PAUL GUÉRIN

AUTEUR DU *DICTIONNAIRE DES DICTIONNAIRES*

ET

G. BOVIER-LAPIERRE

PROFESSEUR HONORAIRE DE L'UNIVERSITÉ, OFFICIER DE L'INSTRUCTION PUBLIQUE
MEMBRE DE LA SOCIÉTÉ DE LINGUISTIQUE DE PARIS
AUTEUR DE PLUSIEURS OUVRAGES CLASSIQUES

---

866 figures
11 cartes dans le texte
24 cartes et planches en couleurs mises à jour
44 tableaux encyclopédiques

PAR F.-C. MENETRIER

UN VOLUME IN-18 JÉSUS DE 900 PAGES

PRIX :

Cartonnage classique	2	75
Percaline, tranche peigne	3	50 Affr. » 75
Demi-reliure, dos chagrin, tranche peigne . .	4	75

LE MÊME OUVRAGE
AVEC SUPPLÉMENT POUR LA BELGIQUE
est vendu aux mêmes prix

PETIT DICTIONNAIRE USUEL
DE LA LANGUE FRANÇAISE
PAR M. LESIEUR
OFFICIER DE LA LÉGION D'HONNEUR, INSPECTEUR GÉNÉRAL HONORAIRE DE L'ENSEIGNEMENT SUPÉRIEUR, ANCIEN ÉLÈVE DE L'ÉCOLE NORMALE

Édition perle, in-32 raisin.

Cartonné.	1 25	Affr¹	» 30

MANUEL D'ÉCONOMIE SOCIALE
Par JULES MICHEL
INGÉNIEUR EN CHEF, PRÉSIDENT DE LA SOCIÉTÉ D'ÉCONOMIE SOCIALE

UN VOLUME IN-12 DE 320 PAGES

Broché.	1 50	Affr¹	
Cartonné.	2 »	» 35	

ANNUAIRE DE L'UNION FRATERNELLE
DU COMMERCE ET DE L'INDUSTRIE
POUR L'ANNÉE 1900
Publié sous la présidence de M. Léon HARMEL

Réclamé par le clergé, les communautés religieuses et les familles chrétiennes qui tiennent à favoriser les commerçants et les industriels catholiques, cet annuaire en est à sa neuvième année d'un succès qui s'affirme de plus en plus.

Un fort volume in-8°, couverture en papier parcheminé. . . . . . . 3 50 Affr¹ » 85

LA CHANSON DE ROLAND
TEXTE CRITIQUE, TRADUCTION ET COMMENTAIRE
Par LÉON GAUTIER
ÉDITION SPÉCIALE A L'USAGE DES CLASSES
AVEC GRAMMAIRE ET GLOSSAIRE
UN VOLUME IN-18 JÉSUS

Broché.	2 75	Affr¹	
Cartonnage, dos en percaline, titre doré.	3 »	» 60	

FABLES DE LA FONTAINE
TRÈS JOLI VOLUME IN-18

104 sujets et frontispice gravés sur bois d'après K. Girardet.

Cartonné, couverture imprimée, dos en toile gaufrée.	1 »	Affr¹	
Percaline gaufrée, tranche jaspée.	1 35	» 30	
Percaline gaufrée, tranche dorée.	1 70		

ALPHABET ILLUSTRÉ
100 vignettes et lettres ornées, d'après K. Girardet, Grandville, Sagot, Werner, etc.

JOLI VOLUME PETIT IN-12

Cartonné.	» 60	Affr¹	
Riche cartonnage, couverture chromo.	» 75	» 15	
Le même, tranche dorée.	1 15		

LIVRES CLASSIQUES

A L'USAGE

DES MAISONS D'ÉDUCATION

CARTONNAGE, DOS EN TOILE, COUVERTURE IMPRIMÉE

	Aff^s
ABRÉGÉ ÉLÉMENTAIRE DE GÉOGRAPHIE ET DE SPHÈRE, à l'usage des Ecoles chrétiennes et des Ecoles primaires; 1 volume, 5 feuilles in-18.	» 45 — » 15
ABRÉGÉ DE L'HISTOIRE SAINTE, par demandes et par réponses; 1 vol. in-18; édition approuvée par S. Em. le Cardinal Archevêque de Paris.	» 30 — » 10
ALPHABET CHRÉTIEN, à l'usage des Ecoles chrétiennes; 1 vol. in-18; édition approuvée par S. Em. le Cardinal Archevêque de Paris. . . .	» 20 — » 10
AVENTURES DE TÉLÉMAQUE, par Fénelon; 1 volume in-12. . . .	» 60 — » 20
BIBLE DE ROYAUMONT, à l'usage des Ecoles; 1 volume in-12; édition approuvée par S. Em. le Cardinal Archevêque de Paris	» 70 — » 20
CANTIQUES DE SAINT-SULPICE; 1 volume in-18.	» 55 — » 15
CATÉCHISME HISTORIQUE abrégé, par Fleury; 1 vol. in-18; édition approuvée par S. Em. le Cardinal Archevêque de Paris	» 20 — » 10
COURS ABRÉGÉ D'HISTOIRE DE FRANCE, depuis 420 jusqu'en 1852, présentant pour chaque règne un questionnaire et des synchronismes, par Mme Emma Morel; 1 volume, 5 feuilles in-18.	» 45 — » 15
DOCTRINE CHRÉTIENNE, par Lhomond; 1 volume in-12; édition approuvée par S. Em. le Cardinal Archevêque de Paris	» 60 — » 20
ÉPITRES ET ÉVANGILES, à l'usage des Ecoles chrétiennes; 1 vol. in-18; édition approuvée par S. Em. le Cardinal Archevêque de Paris. . . .	» 35 — » 15
FABLES DE LA FONTAINE, 1 volume in-18; édition revue et corrigée, enrichie de notes nouvelles par D. S., à l'usage de la jeunesse; approuvée par Son Em. le Cardinal Archevêque de Paris	» 45 — » 15
GRAMMAIRE FRANÇAISE, par Lhomond; 1 volume in-12	» 20 — » 10
HISTOIRE ABRÉGÉE DE L'ANCIEN TESTAMENT, avec celle de la Vie de N.-S. Jésus-Christ; 1 volume in-12; édition approuvée par S. Em. le Cardinal Archevêque de Paris.	» 60 — » 20
HISTOIRE DE LA RELIGION, par Lhomond; 1 vol. in-12; édition approuvée par S. Em. le Cardinal Archevêque de Paris	» 60 — » 20
HISTOIRE DE L'ÉGLISE, par Lhomond; 1 volume in-12; édition approuvée par S. Em. le Cardinal Archevêque de Paris	» 60 — » 20
MORALE EN ACTION, ou Choix d'anecdotes instructives; 1 volume in-12; édition approuvée par S. Em. le Cardinal Archevêque de Paris. . .	» 55 — » 20
MYTHOLOGIE ÉPURÉE, à l'usage des classes, par Mme Emma Morel; 1 volume, 5 feuilles in-18.	» 45 — » 15
PSAUTIER DE DAVID, à l'usage des Écoles chrétiennes; 1 volume in-18; édition approuvée par S. Em. le Cardinal Archevêque de Paris. . . .	» 35 — » 15

IX

TABLE ALPHABÉTIQUE

PAR NOMS D'AUTEURS

DES OUVRAGES CONTENUS DANS CE CATALOGUE

A

	Pages.
Ages (Lucie des). La Grand'mère de Gilberte. .	32
— Le Vieux portrait.	34
— Les Orphelins	42
— L'Influence de Marthe.	38
— Le Nid paternel	37
— Yvonnette	38
Alban (Pierre d'). Le Secret du vallon d'Enfer.	18
Alhix (A.). Jalouse	25
— L'Ami de Toti	39
— Le Noël de José	41
— Les Neveux de tante Germaine.	40
— Le Journal d'une pensionnaire	25
— Les Débuts de Gros-Jeannot	41
— Le Poids d'un mensonge	38
Albrenne (Jacques d'). Jour de naissance . . .	30
Albini Crosta (Madeleine). Le Jour du mariage.	60
Alta-Roca (Remy d'). Le Manuscrit d'une femme aimable.	30
— Petits garçons et petites filles	40
— Le Collier d'Hélène	37
— Mademoiselle de Kergrun	37
Allegret (l'abbé). Évangiles des dimanches. .	81
Ambert (le général). Trois Hommes de cœur. .	33
— Le Général Drouot	37
— Les Soldats français	29
— Cinq Épées	28
Améro (C.) Les derniers Australiens.	23
Alexis-M. G. La France coloniale illustrée. . .	21
— La France pittoresque, région de l'est. .	21
— La France pittoresque, région de l'ouest. .	21
— La France pittoresque, région du nord. .	21
— La France pittoresque, région du sud. .	21
Anfossi (Marc). Le Robinson russe	26
Argantel (J.) Les Convertis célèbres	28
Arlay (Pierre d'). Annie de Kervallec	23
Armoises (Mme O. des). Pauvres et riches . .	29
Arsène (Alexandre). Les Arts de la jeune fille.	25
Arvisenet (l'abbé). Le Froment des élus. . .	44
Arvor (Camille d'). Mademoiselle Artaban . .	34
— Une Dette de cœur.	33
— La Fortune de Cyprien.	38
Aubert (l'abbé A.). Histoire de la grotte de Lourdes.	35
— Histoire de la montagne de la Salette . .	36
— Léon XIII	36
— Les Merveilles de Paray-le-Monial. . . .	36
Avelot (Henri). Croquis de Grèce et de Turquie.	26

B

	Pages.
Bahon (Théodore). Histoire d'une jeune fille pauvre.	30
— Mes belles Années	30
Baraud (A.). Chrétiens et hommes célèbres (1re s.).	30
— — — (2e s.).	30
— — — (3e s.).	30
Barberey (Mme de). La Voix des saints. . . .	45
Barbier (l'abbé). Études et Souvenirs	25
Barr (Maurice). Bluette et Coquelicot.	31
— Catherine.	40
— Les Filles du lapidaire	33
Barron (Louis). Nouveau Voyage de France. .	17
Bas (l'abbé). Du Rosaire à l'Eucharistie. . . .	44
Baur et Le Roy (PP.). A travers le Zanguebar.	21
Bauron (l'abbé). De Carthage au Sahara. . .	19
Bazelaire (Léonie de). Chevauchée en Palestine.	28
Bazin. Un Homme d'œuvres	27
Bazin (René). Stéphanette.	15
— Contes de Bonne Perrette. . . . . . . 14 et	15
— Une tache d'encre	7
Beaulieu-Delbet (Mme J.). Souvenirs de Corse.	26
Beaumont (C^{sse} André de). Entre Bohémiens. .	25
— Une Histoire de cirque	30
— Sacrifiée	26
Beauregard (Gérard de). Les Maréchaux de Napoléon	17
Bellatgue (Mme Louise de). Karl et Trinette. .	25
— Le Brodequin de Talma	31
Bellune (l'abbé de). Alphabet de l'Enfant Jésus.	16
Berthier (l'abbé). Fébronia	25
Berthoud (S.-Henry). L'Esprit des oiseaux. . .	19
Bertin (Marthe). Denise Laugier.	25
— Les Petits Laroche.	31
— Petit Pinson	37
— Un Voyage de farfadets.	35
— Trop faible.	26
— La Fée de la maison.	30
— Cigale ou fourmi?	31
— Tatiana Doukoff	33
Besançon. Loin du Nid	37
Biart (Lucien). La Vallée des colibris.	19
Biré (Edmond). Légendes révolutionnaires. . .	27
Blanc (le capitaine). Récits d'un officier d'Afrique.	26
— Héros inconnus.	32
— Souvenirs de guerre.	26
Boïeldieu-d'Auvigny (Mme L.). Le Bonheur dans le devoir.	28
— Berthe.	29

	Pages.
Bonnefont (Gaston). Le Règne de l'électricité.	18
— Contes à mon fils.	38
Bonnefont (Pierre). La Pêche anecdotique.	26
Bory (Paul). Les Chercheurs de quinquinas.	19
— Industries bizarres.	23
Bossuet. Les Oraisons funèbres	27
— Méditations sur l'Eucharistie.	77
— Conseils de piété.	72
— Manuel de piété.	75
Boüard (baronne S. de). Frère Ange.	19
— Les Roses de Dorothée.	38
— Miss Cendrillon.	41
— Le Maître de l'œuvre.	38
— La Servante du notaire.	40
— L'Aïeule.	40
Boucard (Joseph). Saint Benoît	36
— Saint Antoine de Padoue.	36
— Vie du bienheureux Jean-Gabriel Perboyre.	35
— Sœur Catherine Labouré.	36
Bourassé (l'abbé J.-J.). Châteaux historiques de France.	18
— Abbayes et Monastères de France.	20
— Les plus belles Cathédrales de France.	22
— Histoire de Jésus-Christ.	22
— Vie de la très sainte Vierge.	36
Bourassé et Janvier. La Sainte Bible.	6
— Les saints Évangiles	75
Bourdaloue. La Morale chrétienne.	72
Bourdon (Mme). Portraits et Notices historiques.	24
— La Charité.	31
— La Science du bonheur.	32
Bournand (François). Le Clergé sous la Terreur.	25
— Le général Bourbaki.	26
Bouttié (R. P.). Un Seigneur au XIIIe siècle	27
Brassey (lady). Le Tour du monde en famille.	18
— Aux Indes et en Australie.	18
Bremond (Georges). Muguette l'Indienne.	25
Bretonnière (de la). Une âme d'enfant.	15
Brisay (Henry de). Trémor aux mains rouges.	15
— Les Contes de l'épée.	15
Buet (Charles). Louis XI et l'unité française.	35
— Guy Main-Rouge	26
— Légende du mont Pilate	26
Buffon et Lacépède. Histoire naturelle	22
Bury (de). Histoire de saint Louis.	36
Bussy (R. P. Paul-Joseph de). Exposition de la Doctrine catholique.	11
— La Vie chrétienne.	11
— Petite année liturgique.	77

C

Casgrain (abbé H.-R.). Montcalm et Lévis.	18
Carot (Henri). En Vacances	19
Cat. Profils parisiens.	31
Ceprari (Virgile). Saint Louis de Gonzague.	36
Champol. L'héritier du duc Jean	26
— Le plus fort.	22
— Amour d'antan.	15
Chantepleure (Guy). Le Château de la Vieillesse.	15
Château (Pierre du). Mignonne.	37
— L'Ambition de Germaine.	26
— La Fille de ma fille.	32
Chateaubriand. Itinéraire de Paris à Jérusalem.	22
Chauveau (le R. P.). Le Vrai patriotisme.	29
— Foi et courage	28

	Pages.
Chavannes de la Giraudière (de). Les Petits naturalistes.	41
— Les Catastrophes célèbres.	31
— Le Fouet de poste	39
— Chien et chat.	39
— Le Petit Ludovic.	40
— La Mine de houille.	42
Chéron-Labruyère (Mme). La fille du régisseur.	37
Chevalier (Mgr). Rome et ses pontifes.	18
— Tours capitale.	13
Chevalier (A.). Les Voyageuses au XIXe siècle.	19
— Le Sacrifice de Lancelot	19
— Le Pays des Magyars.	22
— Vie charitable de M. de Melun.	27
— Les Femmes d'autrefois.	21
Cinq-Étoiles. Les Drames de la mer.	25
Clarette (Léo). Coins de Paris.	15
— La Vallée fumante.	19
Cocquard (Suzanne de). Lili.	30
Colette (Mme). Deux Cousines	28
— Le Courage d'Alice.	31
Collet. Saint Vincent de Paul.	36
Colonna. Le Journal de Julie	32
Cooper (Fenimore). Le Dernier des Mohicans.	24
— La Prairie	22
— Le Lac Ontario.	22
— Le Pilote.	22
Contenson (l'abbé). Souvenirs du beau pays de saint François d'Assise.	26
Contesse (Georges). La Marine d'autrefois.	18
— La Marine d'aujourd'hui.	18
Corneille. Polyeucte.	6
Coupin et Rénouf. En Famille	24
— Le Journal d'un adolescent	28
Courrèges (H. de). Ainé de veuve.	31
Cruchet. Histoire de la sainte Bible	17
Cruchet et Juteau. Saint Martin.	36
Cummins (Miss). Mabel Vaughan.	18

D

Darboy (Mgr). Imitation de Jésus-Christ.	27
Darville (Lucien). La belle Olonnaise	28
— Les Trois loups de mer.	24
— Trop savante.	30
Debans (Camille). Drames à toute vapeur	20
Delaforest (Guy). L'Alsace	23
Delauney (E.). La Fermière de Kersaint.	30
— Le Marchand d'antiquités.	30
— Cœur d'or.	37
— Les Enfants de la mer	38
Delauney du Dézen. L'Oncle Kasper	31
— Les Chagrins d'Arlette.	37
— Les Déceptions de Sara.	33
— Constance de Blancheville.	33
Delauney du Dézen. Le Vieux Magister	26
— Grande Dame.	25
— La Fête des cerises.	25
— La Fille du brahmane.	26
— Martin père et fils.	30
Derège (Mlle Anna). Conversations enfantines	39
Descostes (François). Joseph de Maistre avant la révolution.	13
— Joseph de Maistre pendant la révolution.	13

	Pages.
Deshorties de Beaulieu (Mme). Le Petit Duc.	33
— A Neuf ans	32
— Excursions de vacances	37
— La Visite de Charlotte	37
Desves (Mlle). Reine-Marguerite	29
— Louise Muray	28
Dex (Léo) et **M. Dibos**. A travers Madagascar insurgée	23
— (Léo). Sur la route du Pôle	30
Didier (Mlle Marie). L'Héritière	37
Doinel (Jules-Stanislas). Histoire de Blanche de Castille	21
Dombre (Roger). Folla	33
— Brimborion	25
— Les douze César	26
— La Chambre de verre	33
— Peau-de-Mouton	30
— Bonne d'enfants	33
— L'Homme du phare	37
— Isola	37
— La Dame en bois	31
Dominique (l'abbé). Pervenche Lenoir	24
Doré (Mme Élisabeth). La Princesse Violette	42
Drault (Jean). L'Odyssée de Claude Tapart	15
Drohojowska (Ctesse). Les Grands Agriculteurs modernes	32
— Les Grands Inventeurs modernes	32
Dubois (Ch.). Les Fiançailles d'Odile	31
Duine (F.). Légendes péruviennes	38
Dulac (Mme). Avant la première communion	77
Dumas. Les Hommes célèbres de la France	18
Duverney (J.). Un Tour en Suisse	22

E

Éniagar (Céline). La Maison regrettée	34
Estampes (Louis d'). Sur les Bords du fleuve Rouge	29
Estrade (J.-B.). Les Apparitions de Lourdes	12
Excoffon. Hors la loi	24

F

Fallize (Mgr). Une tournée pastorale en Norvège.	25
Fallois (Mme de). Famille et Patrie	32
Falloux (le Cte de). Souvenirs de charité	36
Farochon (P.-A.). Les Chevaliers de Rhodes et de Malte	18
Fautereau (Vassel de). Héracle	31
Fénelon. Aventures de Télémaque	87 et 107
Ferrand (Mme A.). La Fée des Roches-Grises	32
Ferrier (Mlle Jeanne). Ninette Buraton	24
Ferry (Comtesse de). Les Enfants bien élevés	25
Ficy (Pierre). L'Héritage de tante Manon	25
— Tout seuls	30
Finot (l'abbé L.). Manuel de l'Association universelle des familles chrétiennes	44
Fitz-Gerald (W.). Les Visites des Anges	36
Flavigny (la Ctesse de). Le Livre de l'enfance chrétienne	44
— La Première Communion	44, 74 et 75
— Recueil de prières	45, 71, 72, 73, 75, 76 et 77
— Livre de mariage	58
— Les Dernières prières	74
Foë (Daniel de). Aventures de Robinson Crusoé.	18 et 35

	Pages
Fos (Maria de). Mémoires de Jean	39
— Yeyette la tricheuse	40
Fournel. A travers l'Espagne et l'Italie	21
— D'Alexandrie au Caire	26
— Le Vieux Paris	8
Fraineau (M. le chanoine). Gemme et Colombe.	20
Franc (Marie). Une Gerbe d'histoires	32
Frank (Mme Élisa). L'heureuse famille	41
Frichet. Le Livre de Petit-Jean	41
— Le Cirque et les forains	15
— Bernardine	26
Fullerton (lady). Laurentia	30
— Constance Sherwood	21

G

Gabillard (Paul). La Musique en France au XIXe siècle	25
Gabourd. Louis XIV et son temps	18
Garnerey (L.). A bord d'un négrier	28
— Mon Évasion des pontons	31
Gastineau (Marcel). Moïna	34
Gautier (Léon). La Chanson de Roland.	9, 27 et 104
— Choix de prières	75
— Prières à la Vierge	75
— La France sous Philippe-Auguste	27
Gérald-Montméril. Les deux chemins du Paradis.	28
Gérando (G. de). Morale pratique	36
Gerbier (Mlle). Marie de Bourgogne	29
Gervais (E.). Mozart	32
Gibon (Fénelon). Le Dimanche en action	31
Gille (Philippe). Versailles et les deux Trianons.	1 et 2
Girard (Just). Le Sabotier de Marly	37
— Le Passeur de Marmoutier	37
Girod. Dix ans de Haut-Tonkin	23
Giron (Aimé). Cinq vertus de tante Zabeth	25
Gobat (l'abbé). Le Château des esprits	38
— La Femme intrépide	40
Gonnelieu (Le R. P. de). Imitation de Jésus-Christ	22, 44, 45, 72, 74 et 79
Goret. L'Ange conducteur des âmes dévotes	78
Gossot (Émile). Un pensionnat d'autrefois	37
Gouraud (Julie). L'Éducation d'Yvonne	30
— Les Vacances d'Yvonne	30
Gournay. Une Famille d'émigrés	26
Gournerie (E. de la). Histoire de Paris et de ses monuments	18
— Le Règne de François Ier et la Renaissance.	19
Goussard de Mayolle (Mme). Une Française chez les Sauvages	26
Grandjean (Maurice). A travers les Alpes autrichiennes	19
Grandmaison (Marie de). L'Enfant sans nom	24
— Héros précoces	25
— La Sortie de pension	26
— Les Héroïnes de l'amour filial	20
— Sœurs de grands hommes	26
— Les Idées de Simone	38
— Les Gros secrets de grand'maman	40
— Un Enfant de Mayence	42
Grange (Léon). Scènes et Récits	32
— Les Confessions d'un mendiant	30
— Pierre, Paul et Jacques	31
— Les Noces d'or du grand-père	33
— Le Trésor du souterrain	32

	Pages.
Grimont (Ferdinand). Les Premiers siècles du Christianisme.	23
Grimouard de Saint-Laurent (de). Les Saints Patrons de l'enfance.	36
— Les Saints Patrons de l'agriculture.	36
Guérin (Victor). La France catholique en Égypte.	28
— La France catholique en Tunisie.	28
Guérin (M⁰ʳ) et Bovier-Lapierre (G.), Nouveau Dictionnaire.	105
Guerrier de Haupt (Marie). Douze Histoires.	32
— Cœur-Loyal.	28
— Les Deux Voitures.	39
— Quatre Nouvelles historiques	34
— La Comédie au pensionnat.	40
— Voyage autour de l'année.	38
— Le Père Conte-Toujours	40
— La Cousine Madelon	40
— Les Épingles à la chandelle.	40
— Maître Heinrich, le joyeux petit tailleur.	41
— Les Dénicheurs d'histoires.	41
— Exilés dans la forêt.	24
— Vanda.	33
— Le Mur du voisin.	34
— Annette la rieuse.	41
— Une Singulière gageure.	34
Guétary (Jean). Les Compagnons de l'Alliance.	19
Guibert (Mᵍʳ). Œuvres pastorales.	12
Guyard de Berville. Bertrand du Guesclin.	23

H

Hautières (Louise). La Petite Tzigane.	29
Harcoët (Marie de). L'Orpheline de Rochnivelen.	29
Hameau (Louise). Il était une bergère.	34
Harold. Le Pôle Sud	22
— Le Pyrate mystérieux.	20
Havard (Oscar). Les Femmes illustres de la France.	18
— Les Fêtes de nos pères.	19
Heinrich. Le Livre de persévérance.	75
Herchenbach. La Quarteronne	26
— Marietta.	30
— Millionnaire et balayeur.	31
— Silvia.	34
— Un Soldat martyr (S. Sébastien)	34
— Le Lac aux huîtres	31
— Miralda la petite négresse.	32
Hermann (Paul). Mina.	24
Hermant (A.) et Job. Le Bon roy Henry.	14
Hessem (Louis de). Régisvindis	30
Hoffmann. Voyage à Ceylan.	25
— Les Récits de la Grand'mère.	33
Hœhler (Mathias). Un Grand Chancelier.	25

I

Ichazo. Vieux contes.	33
Ibarrart d'Etchegoyen (comte d'). Le Marmiton rouge	42
— Les Poules aux œufs d'or	42

J

	Pages.
Jancigny (Arthur de). Un Régent d'école	29
— Le secret de feu Bernard.	29
Janvier (l'abbé). Saint Pierre	36
— Vie de M. Dupont.	11
— Épîtres et Évangiles	72 et 107
Jeanniard du Dot. Le vénérable Jean-Marie-Baptiste Vianney, curé d'Ars.	36
— Don Bosco.	35
— Garcia Moreno.	35
— Saint Pierre Fourier.	36
Jérôme (saint). Avis et instructions.	72
Johannet (Edmond). Un Français dans la Floride.	25
Joubert. Dumont d'Urville.	32
Jousset (l'abbé). Henri IV et son temps	18
Jungst (A.). Le Condamné volontaire	30

K

Kavanagh (Mᵐᵉ). Le Livre de messe de l'enfance.	80
Keller (Émile). Histoire de France	18
Klein (l'abbé Félix). Le cardinal Lavigerie.	27
Kneil (l'abbé). Les Enfants de la Bible.	35
— Jeunes saintes, 1ʳᵉ série.	35
— 2ᵉ série.	36
Kœnig (Frédéric). Jean Bart	30
— Le Mendiant de Constantinople	39
Kurth. Clovis.	7

L

La Bruyère. Caractères.	87
Lachèse (Mˡˡᵉ Marthe). La Pupille de Salomon.	24
— Au Temps passé	28
— La Dette des Robert.	25
— Le Mariage de Renée.	29
Lacroix (L.). Yankees et Canadiens.	23
La Fontaine. Fables.	16, 17, 35, 87, 104 et 105
Laforge (Léon). Mac Mahon	28
Lalaing (Édouard de). Deux Prix de vertu.	37
Lalaing (Mᵐᵉ S. de). Amies d'enfance	29
Lallemant (R.-P.). Manuel du chrétien.	85
— Le nouveau Testament	86
— Les Psaumes de David.	86
Lalomia. Mois de Marie.	45
Lambert (Louise). Fanny et son chien Neptune.	44
Lamennais (l'abbé F. de). L'Imitation de Jésus-Christ	72, 75, 76, 77, 78, 79 et 85
Langlois (Mᵐᵉ Henri). Oiseaux et fleurs	33
Lannes (Charles). Le Maréchal Lannes	29
Lapparent (A. de). Les Anciens Glaciers.	31
Laumonier (Daniel). Anne-Marie la Providence.	15 et 17
Launay (Adrien). Le Siam et les missionnaires français	24
Lavergne (Julie). L'Arc-en-ciel.	31
— Fleurs de France.	31
— Le Ménétrier de Sauleville	32
— Lydie Dartel.	31
— Le Savant à l'école.	33
— Une jeune Châtelaine au XVIIᵉ siècle.	37
— Fidéline	23
— L'Hirondelle.	30

	Pages.
Lawlor (Denys-Shyne). Sanctuaires des Pyrénées.	36
Lebon (Hubert). La sainte Communion, c'est ma vie!	45 et 76
Lebrun (Mme Camille). La Jeune Meunière.	41
Leclercq (Jules). Voyages dans le nord de l'Europe.	22
— Promenades et escalades dans les Pyrénées.	24
Leconte (Marie). Les Vacances de Gabrielle.	26
— Idées d'enfants.	39
— Mon frère Jean.	40
— Marguerite ou Margot?	25
Lecoy de la Marche. Saint Martin.	8 et 27
— Saint Louis, son gouvernement et sa politique.	22
Legrand (Charles). Patrice Herrold.	24
Le Jeune (Mlle). La Marraine de Marthe.	39
Lemaire (Jacques). A la Pointe de l'épée.	15
Lemaistre (Alexis). Les Écoles professionnelles.	18
Lenclos (Étienne). Huit Jours de liberté.	33
Léon (Mary). Les Roses de mon parrain.	40
Le Play. Œuvres complètes.	10
Le Roy (Mgr). D'Aden à Zanzibar.	21
— Sur terre et sur l'eau.	22
Leroy. Contes russes.	39
Lesieur. Dictionnaire français.	104
L'Étoile (de). Nelly.	37
Levray (Marguerite). Agnelle.	31
— La Destinée d'Isabelle.	19
— Georgette.	26
— Marcelle le Blézec.	30
— L'Enfant gâtée.	28
— Les Châtelains de Courthenoy.	25
— La Roche-Yvoire.	22
— Fauvette.	19
— L'Orpheline des Fauchettes.	22
— Isabelle le Trégonnec.	28
— Petite-Joyeuse.	31
— Mademoiselle de la Guettière.	24
— La Dette de Carmèle.	19
Liguori (Saint). Pouvoir de Marie.	45
— Pratique de l'amour envers J.-C.	45
— Visites au saint Sacrement et à la sainte Vierge.	45, 72, 76, 77 et 81
L'Isle (Adam de). Le Serment.	24
— Les Deux Sœurs.	32
— Les Cadeaux de la tante Zoé.	33
Loridan (l'abbé). Nos Savants.	27
Loth. La Charité.	27
Lugari (Mgr J.-B.). Le lieu du crucifiement de saint Pierre.	12
Luguet (Marcel). Cœurs naïfs.	15
— Le Sabre à la main.	15

M

	Pages.
Maël (Pierre). Petit Ange.	17
— La Roche-qui-tue.	14 et 15
Maindron (Maurice). Récits du temps passé.	17
Maisonneuve (M.). Louise Thomas.	39
— Bons petits Cœurs.	40
— Douce Influence.	41

	Pages.
Maisonneuve (M.). La Famille Mimiton.	41
— La Fête de bon papa.	41
— Les Amis de Michel.	38
— Cinq Ans de M. Paul.	41
— Une vilaine Habitude.	42
Mallet du Pan. La Révolution française.	13
Mangin (Arthur). Le Feu du ciel.	28
— Navigation aérienne.	32
Marcel (P.). La Petite mendiante.	38
Margerie. Le Christianisme en action.	28
Marin de Boylesve. Les Papes.	29
— Une Pensée par jour.	77
Marlès (de). Histoire de Marie Stuart.	19
Marmier (Xavier). Impressions et souvenirs d'un voyageur chrétien.	24
— Les États-Unis et le Canada.	24
— Récits américains.	33
— Trois Jours de la vie d'une reine.	37
Marsollier. Vie de saint François de Sales.	36
Marshall. Benvenuta.	28
Martigné (A. de). La Duchesse Claude.	20
Massé-Viollet. Douglas le pirate.	25
Mathieu (E.). Histoire d'un petit musicien.	33
Mathuisieulx (Méhier de). Dans la Brousse.	30
— De la Montagne au désert.	20
— En Captivité chez les pirates tonkinois.	24
Marty (J.-B.). Les Chrétiens illustres.	21
Maugeret (Mlle Marie). La Science à travers champs.	29
Martin (Victor). Aux Pyrénées et aux Alpes.	23
May (Karl). Le Roi des requins.	22
— La Caravane de la mort.	21
— Les Pirates de la mer Rouge.	22
— Une Visite au pays du diable.	22
Mayne-Reid. Une Famille dans le désert.	25
— Bruno ou les Chasseurs d'ours.	23
— Peuples étranges.	24
— Exilés dans la forêt.	24
— Les Jeunes Chasseurs du Nord.	24
Méaulle. Perdus dans la grande ville.	18
— Délaissée.	19
Ménard (Th.). Le maréchal Fabert.	37
Mériem. Jacques Cartier.	37
Mésenguy. Vies des Saints.	81
Michaud. Histoire des Croisades.	18
Michaud (l'abbé). Mois de Marie.	44 et 75
— Préparation à la première communion.	45
— Sujets de méditations.	45 et 77
Michel (Jules). Manuel d'économie sociale.	104
Miramont (de). Soldat et apôtre.	29
Montanciös (Mme de). Alda, l'esclave bretonne.	28
Montalembert (Comte de). Sainte Élisabeth de Hongrie.	8
Montgomery. Michel le méchant.	34
Morel. Saint Vincent de Paul.	24
Mortier (R. P.). Saint-Pierre de Rome.	7
Mouton (Eugène). Les Vertus et les grâces des bêtes.	14
Mouzay (Fanny de). Le Braconnier de Couëbon.	40
Muenier (A.). Le Docteur Bernard.	33
— La Part du pauvre.	41
Muller (E.). Le Trésor de Jean Loupeau.	40
— Une Mosaïque.	40
Muinez (R. P.). La Juive de Gibraltar.	37
Mussat (Louise). Le Grenier de la vieille dame.	25
— Le Baptême de feu.	33
— Simplicité Grimsel.	26
— Souris.	32

N

	Pages.
Noël (lady). Le Sacrifice de Lancelot	19
Nocé (P. de). Cécilia	19
Noisenet (Élise). Leçons de choses morales	31
Nemours Godré. L'Ermite de Clamart	31
Neukomm (Edmond). Le Testament du corsaire.	22

O

O'Kennedy (Marie). Fleurs historiques et littéraires	38
— Une Heure instructive et amusante	37
Ory (Stéphanie). La Petite étourdie	41
— Rose-de-Mai	32
— Henriette	32
— Élise et Céline	37
— Le Gamin de Paris	40

P

Pajeken. Les Trappeurs du Wyoming	29
Pallu de la Barrière (l'abbé). Mois du Sacré Cœur	45
Paloff (M™ de). Bouton-de-Rose	41
— Le Moulin de maître Bénédict	41
— Le Caporal Sans-Peur	33
Paquerie (Ch. de la). En Bretagne	30
Pelletier (E.). Saint Ignace de Loyola	36
Perrossier (l'abbé Cyprien). L'Épicier de la Drôme	31
Pesquidoux (Dubosc de). L'Immaculée Conception	12
Picard (commandant). L'Armée en France et à l'étranger	17
Pinson. Claire d'Alvinière	25
Poitevin (Marie). Aimée Robert	25
— Mon amie Jeanne	39
Ponchalon (colonel de). L'Indo-Chine	27
Ponsonailhe (Charles). Les Saints par les grands maîtres	18
Prabonneaud (M™). Le Forgeron des Chaumettes	37
Pradel (Georges). La Cage de cuir	15
— L'Œil-du-tigre	15
— La Petite	24
Pradier (l'abbé). Saint François de Paule	36
— Saint Dominique	36
Pralon (le R. P. Pierre). Jésus adolescent	41
Prats (Jean de). L'Église africaine ancienne et moderne	30
Price (Georges). Les Trois disparus du *Sirius*	45
— Les Chasseurs d'épaves	49
Proulx. En route pour la baie d'Hudson	25
Proyart (l'abbé). L'Écolier vertueux	37

R

Ragon (E.). Petits chefs-d'œuvre des conteurs français	27
Rampillou (l'abbé). La Terre Sainte	36
Ratoin (Em.). Le Congo	28

	Pages.
Rauval (l'abbé). L'Ange conducteur des enfants	44
Ravignan (R. P. de). Lettres inédites	13
Régamey (Frédéric). Vélocipédie et automobilisme	15
Remes (l'abbé). Nouveau petit formulaire de prières	77
Rénouf (Albert) et Coupin (V.). Daniel Bontoul.	31
Révoil (B.-H.). Chez les Peaux-Rouges	33
Ribbe (de). Œuvres complètes	10
Riboulet (M™). A la mer	32
Ricard (M™). Christophe Colomb	18
Ricard (l'abbé). Avant et après la sainte Communion	44 et 75
— Nouvelles Méditations sur l'Eucharistie	45
Richard (A.). Blanche de Marsilly	29
Rivière (Blanche de). Gaietés et tristesses	39
Robischung. Le Métayer du Rossberg	30
— Le Bûcheron de la vieille montagne	29
— Souvenirs de l'Oberland bernois et de la Suisse centrale	31
— A la ferme des Grandes-Roches	23
Rochère (C™ de la). Les Châtelaines de Roussillon	23 et 35
— Berthilde	41
— La Couronne de roses	41
— La Cassette de bijoux	40
— Laure et Laurette	39
— L'Honnête Ouvrier	41
— L'Ile enchantée	41
— Le Petit Fanfaron	41
Rohault de Fleury. L'Évangile, études iconographiques et archéologiques	9
Roland (l'abbé). Rome, ses églises, ses monuments	22
Rossi et Méaulle. L'Homme aux yeux de verre.	17
Rouvier (le R. P.). Les Grands sanctuaires de la T. S. Vierge	3
Roy (J.-J. E.). Marie-Antoinette, reine de France	29
— Bougainville	29

S

Saint-Aubin (Camille de). Poucette	33
— Sympathique	37
Saint-Edme (Marcelle de). Le Meilleur Protecteur	42
— Petite Rose	42
Saint-Marcel (Edme de). Les Grands missionnaires français au XIXᵉ siècle	24
— Fleurs du martyre	31
Sales (S. François de). Introduction à la vie dévote	44, 75, 76 et 79
— La Vie parfaite	72
— Dévotion aux Sacrés Cœurs de Jésus et de Marie	76 et 86
Sauquet (A.). Les Nobles Cœurs	25
Schmid (chanoine). Œuvres choisies	35 et 39
Schwarz (Henri). Petit Conteur allemand	38
— Heures récréatives	38
Scupoli. Combat spirituel	44, 72 et 76
Seebourg (Franz). Joseph Haydn	24
Ségur (marquis A. de). Simples Histoires	29
— L'Été de la Saint-Martin	23

	Pages.
Ségur (marquis A. de). Les Enfants de Paris.	24
— Histoires vraies.	28
— Petits et grands personnages	24
— Personnes et choses	24
— Soldats.	19
Sepet (Marius). Jeanne d'Arc.	8, 18, 22 et 35
— Les Maîtres de la poésie française	27
Sylva Consul. Jack le patriote.	24
Silvio Pellico. Mes Prisons.	24
Simons (M⁰ᵉ). La Fiancée du Romain	33
Smith (Mˡˡᵉ Dorothy). Le Pain des enfants	45
Sorbiers de la Tourrasse (Joseph du). Au pays des Wolofs.	29
Sosta (René). Deux Orphelines.	39
Soulanges. Inventions et découvertes	25
Stéphane. La jeune Artiste en fleurs.	34
Swetchine. Choix de Méditations chrétiennes.	80

T

Tesson (de). Les Poules de la veuve.	41
— Vertu et misère	40
Testas (Mᵐᵉ Marie-Félicie). Hyacinthe.	41
— Récits du XVIIᵉ siècle.	30
— Défauts et Vertus.	33
— La Boîte au lait	39
— La Tante Véronique	40
Themer. Vers le bien.	26
Thiery (Marie). Contes roses.	39
— Le Violon de Jacques.	41
Thilma (A.). Simples récits	33
Tillière (Cᵗᵉˢˢᵉ de). Valérie de Ligneuil.	29
Tincey (Jean). Fleurs de Lorraine.	24
Tissot (J. James). Vie de N.-S. Jésus-Christ	4
Tomel (Guy). Les Conscrits du travail.	21
— L'Évadé de la Guyane	20
Toudouze (G.). Le Bateau-des-Sorcières.	14 et 15
Trochu (général). Œuvres posthumes.	12
Trogan. Les Mots historiques du pays de France.	14
— Catholiques de France.	20
Trueba (Antonio de). Contes du pays basque.	20

V

Valabrègue (A.). Les Princesses artistes.	37
Vallat. Les Trois Singes.	38
— Histoire d'une chatte	38
— Thomas Moore et son œuvre immortelle.	33
— Grand Talent et grand cœur	32
— Les Deux sœurs de lait.	33

	Pages.
Vambéry (Arminius). Mes aventures et mes voyages dans l'Asie centrale	23
Vattier (Mᵐᵉ). La Meilleure part	70
Vattier (Mᵐᵉ). Les Sabots de Marie-Anne	40
— Les Vacances de Natalie.	34
— Rose Fermont	32
Verdun (Paul). Pour la Patrie.	15 et 19
Verger (l'abbé). Le Christianisme	11
— La sainte Bible.	16
— Saint François d'Assise.	36
— Vie de Notre-Seigneur Jésus-Christ	36
Vétault (A.). Charlemagne.	8
Veuillot (Louis). Agnès de Lauvens	23
— Rome et Lorette	24
— Les Pèlerinages de Suisse.	24
Vigneron (l'abbé L.). Bretagne et Grande-Bretagne.	28
— L'Allemagne française	31
— Sem, Cham et Japhet	29
— Autour de la Meuse et de l'Escaut.	23
— Portraits jaunes.	26
Villefore (de). Sainte Thérèse.	36
Villemanne (Marie de). L'Héritière de Pulchérie.	25
Villeneuve (Alfred de). La Légende merveilleuse.	19
Vincent (Charles). Nouvelle Patrie.	26
Virenque (Georges). Les Couleurs françaises.	17
Vitis (Charles de). Le Roman de l'ouvrière.	45
Vrignault (P.-M.). Le Moulin de la Lande.	25
Vuillier (Gaston). La Tunisie	5 et 17

W

Walter Scott. L'Antiquaire.	21
— L'Officier de fortune	22
Wallon. Saint Louis.	8
Watbled (E.). Les Brigands de Marathon	32
Wilford (Florence). Le Roi d'un jour	26
Wilmers (le R. P.) Précis de la doctrine catholique.	11
— Histoire de la Religion.	11
Wiseman (le cardinal). Fabiola.	18 et 21
— La Lampe du sanctuaire	34
Woïart (Mᵐᵉ E.). Le Bethléhem	41
Woillez (Mᵐᵉ). L'Orpheline de Moscou.	24 et 35
Wyss (J.-R.). Le Robinson suisse	18 et 35

Y

Yver (Colette). Ivan Krapounioff.	30

GOUPIL & CIE

Éditeurs-Imprimeurs

MANZI, JOYANT & CIE

Éditeurs-Imprimeurs, Successeurs

PARIS
24, Boulevard des Capucines, 24

LONDRES	**BERLIN**	**NEW-YORK**
25, Bedford Street Strand, W.C.	28, Franzœsische Strasse, W.56	170, Fifth Avenue

Catalogue

DES OUVRAGES DE LUXE

PUBLIÉS

de 1884 à 1900

TABLE PAR ORDRE DE MATIÈRES

ARMÉE : Album militaire, Armée française, Aventures de Guerre, Detaille, Donati, En campagne, Halévy, Frédéric Masson, Parquin.

BEAUX-ARTS : Catalogue Secrétan, Degas, English Art, Évangiles, Figaro-Salon, Gower, Goya, Grands peintres, Haller, Havard, Holbein, Louvre (Musée du), Raffet, Rodin, Salons Goupil, Siècle (Un), Société des aquarellistes, Vachon.

ÉDITIONS DE GRAND LUXE : (Ouvrages entièrement gravés) : Perrault, Leloir.

ESTAMPES : Demander le Catalogue spécial.

HISTOIRE : Bouchot, Claretie, Creighton, Gardiner, Halévy, Holmes, Lang, Frédéric Masson, Nolhac, Skelton.

LITTÉRATURE : Bentzon, F. Fabre, Lud. Halévy, Hervieu, Longfellow, Maupassant, Perrault, Paul Perret, Puyfontaine.

PÉRIODIQUES : Figaro-Exposition, Figaro-Illustré, Figaro-Salon, Les Lettres et les Arts, Le Théâtre.

RELIGION : Évangiles, Heures de la Vierge, Rome pendant la Semaine Sainte, Un Siècle.

AVIS

Nous avons compris dans ce Catalogue les ouvrages épuisés que nous avons publiés depuis 1884 et nous en avons donné les prix de publication, afin de fournir à MM. les Libraires une base ferme d'évaluation pour les exemplaires qui passent dans les ventes et un moyen de contrôler les tirages de luxe.

ALBUM MILITAIRE DE L'ARMÉE FRANÇAISE* (1re série). **Scènes de la vie du soldat photographiées d'après nature.** Paris, 1895. Album oblong (26×32) illustré de 245 typogravures en couleurs.
Publié en 15 livraisons à 1 fr. . . . . 15 fr.
Cartonné toile rouge, fers spéciaux . . . . 20 fr.

ALBUM MILITAIRE DE L'ARMÉE FRANÇAISE* (2e série). **Victoires et Conquêtes des Armées de la République 1792 à 1801.** Paris, 1897. Album oblong (26×32) illustré de 156 typogravures en couleurs imprimées au recto seulement.
Publié en 12 livraisons à 1 fr. . . . . 12 fr.
Cartonné rouge, fers spéciaux. . . . . 15 fr.

L'ARMÉE FRANÇAISE. Types et Uniformes de 1790 à nos jours. Texte par Jules Richard, illustré par Édouard DETAILLE. Paris 1884-1888. 2 volumes in-folio (47×34) illustrés en photogravure de 60 planches hors texte tirées en fac-similé d'aquarelle, et de plus de 280 planches dans le texte tirées en noir, imprimés sur papier vélin des manufactures du Marais et publiés en 16 livraisons contenues chacune dans un portefeuille.
Prix broché. . . . . 800 fr.
Relié 1/2 amateur, dos, et coins maroquin rouge du Levant, tête dorée, tranches ébarbées. . . . . 900 fr.
Relié en maroquin rouge du Levant poli, 3 filets, dos ornés, tranches dorées 1.100 fr.
Justification du tirage des exemplaires de luxe :
100 exemplaires, numérotés de 1 à 100, sur papier du Japon, avec une suite des planches avant la lettre sur même papier et présentant, margées en estampes, toutes les planches tirées dans le texte de l'ouvrage.
Prix de l'exemplaire contenu en 32 portefeuilles. . . . . 2.400 fr.
200 exemplaires, numérotés de 101 à 300, sur papier de Hollande, avec les planches avant la lettre.
Prix de l'exemplaire contenu en 16 portefeuilles. . . . . 1.200 fr.

Le même ouvrage. Édition populaire. Paris, 1889. 2 volumes in-folio (47×34) imprimés sur papier couché, illustrés hors texte de 60 typogravures en couleurs et dans le texte de 280 typogravures en noir.
Publié en 16 livraisons avec couverture en couleurs, prix broché . . . 150 fr.
Relié en 1 volume 1/2 chagrin rouge, plats toile, fers spéciaux, tranches dorées. . . . . 175 fr.
Relié en 1 volume 1/2 amateur, dos et coins chagrin rouge, plats papier, tête dorée, tranches ébarbées . . . . 180 fr.

AVENTURES DE GUERRE (1792-1809). Souvenirs et récits de soldats, recueillis et publiés par Frédéric MASSON. Illustrés par MYRBACH. Paris, 1894. Volume in-4° (33×25) illustré de 110 typogravures en couleurs. Broché. 25 fr.
Relié dos et coins chagrin rouge, plats toile vert olive, fers spéciaux, tête dorée. . . . . 30 fr.
Relié 1/2 amateur, dos et coins maroquin rouge, plats papier, tête dorée. 35 fr.

BEAUMONT (Edouard de). Voir **PERRAULT.**

BEAUMONT (Edouard de). Fleur des Belles Épées. Paris, 1885. Album in-folio (57×37) contenant 10 planches en photogravure accompagnées de notices descriptives.
Justification du tirage :
50 exemplaires sur papier de Hollande, numérotés de 1 à 50, avec les planches sur parchemin, en portefeuille. . . . . 100 fr.
150 exemplaires sur papier de Hollande, numérotés de 51 à 200, avec les planches sur papier de Chine, en portefeuille. . . . . 50 fr.

BENTZON (Th.). A la Sirène, nouvelle illustrée par Adeline, Kuehl et Weisz. Paris, 1887. Brochure in-4° (33×25 1/2) contenant 10 illustrations en photogravure et typogravure.
50 exemplaires, numérotés de 1 à 50. Broché . . . . 40 fr.

BENTZON (Th.). Jacqueline, roman illustré par Albert Lynch. Paris, 1895. Volume in-4° (33×25 1/2) illustré de 27 planches en photogravure, dont 21 hors texte.
Papier vélin, avec les planches en noir. Broché . . . . 60 fr.
Relié 1/2 amateur, dos et coins maroquin, tête dorée, tranches ébarbées.   80 fr.

Justification du tirage des exemplaires de luxe :

20 exemplaires sur papier Whatman, numérotés de I à XX, planches imprimées en couleurs en fac-similé d'aquarelles, frontispice spécial en fac-similé, aquarelle originale et inédite de M. Albert Lynch sur le faux-titre.
Prix de l'exemplaire broché en carton . . . . 1.200 fr.
50 exemplaires sur papier de Chine, réimposés, texte au verso seulement, numérotés de 1 à 50, accompagnés d'un frontispice et des 27 planches tirées en noir et d'une suite de 28 planches tirées en bistre sur chine, aquarelle originale et inédite de M. Albert Lynch sur le faux-titre.
Prix de l'exemplaire broché en carton . . . . 400 fr.

BOUCHOT (Henri). Catherine de Médicis, illustrations d'après des documents contemporains. Paris, 1899. Volume in-4° (33×25 1/2) illustré de : 1 portrait frontispice en couleurs, 48 planches en photogravure dont 40 hors texte en noir ou en plusieurs tons.

Justification du tirage :

1,000 exemplaires sur papier à la cuve de Blanchet frères et Kléber, numérotés de 1 à 1,000.
L'exemplaire broché . . . . *Epuisé.* 80 fr.
Relié en chagrin vieux rouge (fac-similé d'une reliure exécutée pour Catherine de Médicis, par Jean de Tournes), tranches dorées . . . . . *Epuisé.* 130 fr.
200 exemplaires sur papier du Japon, numérotés de I à CC avec une suite de 49 planches tirées en camaïeux divers.
L'exemplaire broché en carton. . . . . 200 fr.
Relié en maroquin du Levant vieux rouge (fac-similé d'une reliure exécutée pour Catherine de Médicis par Jean de Tournes) tranches marbrées et dorées . . . . 300 fr.

BOUTET de MONVEL. Voir Fabre (F.).

CATALOGUE de 17 tableaux, anciens et modernes ayant fait partie de la collection **Secrétan** qui seront vendus à Londres le 13 juillet 1889. Paris, 1889. Brochure in-4° (40×28) illustrée de 17 planches en typogravure sur papier vélin. Broché. . . . . 10 fr.

CATALOGUE de tableaux anciens et modernes, aquarelles, dessins et objets d'art formant la célèbre collection de M. **E. Secrétan** dont la vente aura lieu à Paris, le 1er juillet 1889 et jours suivants. Préface d'Albert Wolff. Paris, 1889. 2 volumes in-4° (40×28) illustrés de 106 planches en photogravure sur papier vélin. Broché. . . . . *Epuisé* 60 fr.
(Certains exemplaires ont été brochés en 3 parties.)

CATALOGUE de tableaux anciens et modernes, aquarelles, dessins et objets d'art formant la célèbre collection de M. **E. Secrétan** dont la vente a eu lieu à Paris le 1er juillet 1889 et jours suivants et des 17 tableaux vendus à Londres le 13 juillet 1889, avec les prix d'adjudication. Préface d'Albert Wolff. Paris, 1889. 2 volumes in-4° (40×28) illustrés de 120 planches en photogravure. 300 exemplaires sur papier du Japon dont 50 de présentation et 250 numérotés de 1 à 250.
L'exemplaire broché . . . . 250 fr.

CATHERINE de MÉDICIS. Voir Bouchot.

CHARLES EDWARD. Voir Lang.

CHARLES Ier. Voir Skelton.

CLARETIE* (Jules), de l'Académie française, **Paris assiégé 1870-1871** (3° série des **Récits de guerre**), illustrations de Alph. de Neuville, Edouard Detaille, Meissonier,

Henri Regnault, Puvis de Chavannes, Gustave Doré, etc., etc., et d'après la collection composée par M. A. Binant. Paris, 1898. Volume in-4º (33 × 27) illustré de 10 typogravures en couleurs, 125 typogravures en noir dans le texte et hors texte.
Publié en 10 livraisons à 1 fr. . . . . 10 fr.
Broché . . . . 10 fr.
Cartonné toile, fers spéciaux . . . . 15 fr.

COLLECTION HISTORIQUE ANGLAISE, illustrée, format in-4º (33×25 1/2).
  Skelton, Mary Stuart, 1893.
  Creighton, Queen Elizabeth, 1896.
  Holmes, Queen Victoria, 1897.
  Skelton, Charles Ier, 1898.
  Gardiner, Cromwell, 1899.
  Lang, Prince Charles Edward, 1900.
  (Voir ces noms.)

COLLECTION HISTORIQUE FRANÇAISE, illustrée, format in-4º (33×25 1/2).
  Nolhac (P. de), La Reine Marie-Antoinette, 1890.
  Masson (Fréd.), Cavaliers de Napoléon, 1895.
  Nolhac (P. de), La Dauphine Marie-Antoinette, 1896.
  Masson (Fréd.), Joséphine, Impératrice et Reine, 1898.
  Bouchot (H.), Catherine de Médicis, 1899.
  Nolhac (P. de), La Reine Marie Leczinska, 1900.
  (Voir ces noms.)

CREIGHTON Mandell, évêque de Londres, **Queen Elizabeth**, illustrations d'après les œuvres d'art contemporaines. Londres, 1896. Volume in-4º (33×25 1/2), illustré de 1 portrait frontispice en couleurs, 38 planches en photogravure, dont 22 hors texte, et 1 fac-similé d'autographe.
Sur papier vélin, broché . . . . (*Épuisé*). 60 fr.
Relié en chagrin anglais lavallière, ornements à froid, armes dorées, tête dorée . . . . (*Épuisé*). 90 fr.
  Justification du tirage des exemplaires de luxe :
300 exemplaires sur papier du Japon, avec une suite des 22 planches hors texte, tirées en bistre, numérotés de 1 à 200 pour l'Angleterre et de I à C pour l'Amérique.
Broché, en carton . . . . (*Épuisé*). 200 fr.
Relié en maroquin du Levant, lavallière, fers spéciaux dorés, tranches dorées . . . . (*Épuisé*). 300 fr.

CROMWELL. Voir Gardiner.

DEGAS, Vingt dessins (1861-1896). Paris, 1898. Album in-folio (48×40) contenant 20 dessins reproduits en fac-similé, montés en passe-partout sur papier du Japon.
  Justification du tirage :
100 exemplaires signés par l'artiste, renfermés dans un portefeuille, dos cuir fauve, plats vélin vert . . . . 1.000 fr.

DELORT (Ch.). Voir Perret.

DETAILLE *(Édouard). L'Armée russe. Souvenir du Camp de Krasnoé-Sélo, par le général D..., texte, études et croquis par Edouard Detaille. Paris, 1894. Brochure in-4º (42×32) contenant 30 illustrations en typogravure . . 3 fr. 50

— **Les Grandes Manœuvres**, texte par le major Hoff, tableaux, esquisses et dessins par Edouard Detaille. Paris, 1884. Album in-folio (47×35) contenant 30 illustrations en typogravure.
Sur papier vélin, cartonné amateur . . . . (*Épuisé*). 30 fr.
Sur papier du Japon, cartonné amateur . . . . (*Épuisé*). 60 fr.

DETAILLE (Édouard). Les Grandes Manœuvres de l'Armée russe (Souvenir du Camp de Krasnoé-Sélo, 1884). Texte, études et dessins par Edouard Detaille. Paris, 1886. album in-4° (47×35) contenant 30 illustrations en typogravure, sur papier vélin, cartonné amateur . . . . 30 fr.

Justification du tirage des exemplaires de luxe :

25 exemplaires sur papier du Japon, cartonné amateur . . . . 60 fr.
Voir : **Armée française, En campagne, Fr. Masson.**

DICKSEE. Voir **Longfellow.**

DONATI, lieutenant-instructeur au Prytanée. **Le Prytanée militaire de La Flèche**, avec préface de M. d'Estournelles de Constant. Paris, 1895. Brochure in-8° (33×21), illustrée de 11 planches en typogravure, dont 8 en noir et 3 en couleurs, et d'un plan du Prytanée . . . . 5 fr.

DREYFUS (Abraham). De 1 h. à 3 h., comédie en un acte illustrée par Paul Renouard et Albert Lynch. Paris, 1887. Brochure in-4° (33×25 1/2) illustrée de 5 gravures hors texte.
60 exemplaires, numérotés de 1 à 60, broché . . . . *(Épuisé).* 35 fr.

DUBUFE (Guillaume). Voir **Heures de la Vierge, Puyfontaine.**

DUEZ (E.). Voir **Maupassant.**

ÉLISABETH. Voir **Creighton.**

EN CAMPAGNE, 1re série, tableaux et dessins **d'Alphonse de Neuville**, texte par Jules Richard. Paris, 1885. Album in-4° (42×32) de 80 pages, illustré de 61 typogravures noires, dont 4 en double page.
Publié en 4 fascicules à 2 francs . . . . *(Épuisé).* 8 fr.
Titres et tables 0.50
L'album cartonné toile, fers spéciaux . . . . *(Épuisé).* 11.50

Justification des exemplaires de luxe :

5 exemplaires, numérotés de 1 à 5, sur papier du Japon, imprimés au recto seulement.
Prix en portefeuilles, fers spéciaux . . . . *(Épuisé).* 75 fr.
25 exemplaires, numérotés de 6 à 30, sur papier extra-fort du Marais, imprimés au recto seulement. Prix en portefeuilles, fers spéciaux.
. . . . *(Épuisé).* 40 fr.

EN CAMPAGNE, 2e série. Tableaux et dessins de **A. de Neuville, Ed. Detaille, Meissonier**, Bellangé, Berne-Bellecour, Boutigny, Dupray, Girardet, Janet-Lange, Jazet, Jeanniot, Morot, Protais, Schreyer, Walker, etc., etc. Texte par Jules Richard. Paris, 1887. Album in-4° (42×32) de 100 pages, illustré de 97 typogravures noires, dont 5 en double page.
Publié en 5 fascicules à 2 francs . . . . *(Épuisé).* 10 fr.
Titres et tables 0.50
L'album cartonné toile, fers spéciaux . . . . *(Épuisé).* 13.50

Justification du tirage des exemplaires de luxe :

25 exemplaires, numérotés de 1 à 25, sur papier du Japon, imprimés au recto seulement.
Prix en portefeuilles, fers spéciaux . . . . 75 fr.
75 exemplaires, numérotés de 26 à 100, sur papier extra-fort du Marais, imprimés au recto seulement.
Prix en portefeuilles, fers spéciaux . . . . 40 fr.

EN CAMPAGNE, 1re et 2e séries réunies. Tableaux et dessins de **A. de Neuville, Ed. Detaille, Meissonier**, etc., etc. Texte par Jules Richard. Paris, 1885-1887. Album in-4° (42×32) de 180 pages, illustré de 158 typogravures en noir, dont 9 en double page.
Cartonné toile grenat à biseaux, fers spéciaux . . . . . . *(Épuisé).* 25 fr.

EN CAMPAGNE*. Nouvelle édition.
   1re série. Tableaux et dessins d'**Alphonse de Neuville**. Texte par **Jules Richard**. Paris, 1893. In-4° (42×32), 102 pages illustrées de 76 typogravures noires, dont 5 en double page, et de 5 typogravures en couleurs.
   2e série. Tableaux et dessins d'**Édouard Detaille**. Texte par **Frédéric Masson**. Paris, 1893. In-4° (42×32), 88 pages illustrées de 96 typogravures noires, dont 4 en double page, et de 5 typogravures en couleurs, dont 1 en double page.
   Les 2 séries réunies en un album cartonné toile, fers spéciaux . . . . . **25 fr.**

ENGLISH ART, in the public Galleries of London.—The National Gallery.—The South Kensington Museum. — The National Portrait Gallery. — Londres, 1888. 2 volumes in-4° (45×31) illustrés de 131 reproductions en photogravure, dont 78 hors texte, publiés en 16 livraisons en cartons.

Justification du tirage :

1,000 exemplaires. Texte et planches sur papier de Hollande . . . . . **375 fr.**
100 exemplaires. Texte et planches sur papier du Japon. . . . . . . **750 fr.**
50 exemplaires. Texte sur papier du Japon, planches hors texte sur parchemin . . . . **1.000 fr.**
25 exemplaires. Texte sur papier du Japon, planches hors texte sur satin. . . . . **1.250 fr.**

ÉVANGILES (Les Saints). Traduction par l'abbé **Glaire**, approuvée par le Saint-Siège, illustrée d'après les maîtres des xive, xve et xvie siècles, accompagnée de **Notes d'art** par **Eugène Muntz**, membre de l'Institut, et d'un Index alphabétique et biographique des maîtres dont les œuvres sont reproduites. Paris, 1899. 2 volumes in 4° (35×27) imprimés sur papier couché, texte encadré de rouge, illustrés de 355 planches en typogravure, dont 52 hors texte.
Publié en 24 livraisons à 2 fr., qui se vendent séparément. . . . . . .
Broché en 2 volumes . . . . **48 fr.**
Relié en 1 volume, cuir grenat, fers spéciaux dorés, tranches dorées. . **60 fr.**
Relié en 1 volume, 1/2 reliure d'amateur, dos, coins, maroquin grenat, plats papier, tête dorée, tranches ébarbées . . . . **60 fr.**

Concessionnaires exclusifs de la vente des **Saints Évangiles** :
Pour l'Italie : MM. **Alinari frères**, éditeurs, à Florence.
Pour la Suisse : **Art-Institut, Orell Fussli et Cie**, à Zurich.

FABRE (Ferdinand). Xavière, roman illustré par **Maurice Boutet de Monvel**. Paris, 1890. Volume in-4° (35×25 1/2) illustré de 36 planches en photogravure, dont 28 hors texte.
Papier vélin, avec les planches en noir, broché. . . . . **60 fr.**
Relié 1/2 amateur, dos, coins, maroquin du Levant poli, tête dorée, tranches ébarbées. . . . . **80 fr.**
Papier vélin, avec les planches hors texte en noir, tirées sur chine, broché . . . . **100 fr.**

Justification du tirage des exemplaires de luxe :

10 exemplaires sur papier du Japon, planches imprimées en couleurs, aquarelle originale et inédite de M. Boutet de Monvel sur le faux-titre, numérotés de I à X. L'exemplaire broché, en carton . . . . **1.200 fr.**
10 exemplaires sur papier Whatman, planches imprimées en couleurs, aquarelle originale et inédite de M. Boutet de Monvel sur le faux-titre, numérotés de 1 à 10. L'exemplaire broché, en carton . . . . **1.200 fr.**
40 exemplaires sur papier du Japon, avec 3 suites des 36 planches (1 sur satin, 1 sur Japon, 1 sur Whatman), avec remarque, aquarelle originale et inédite de M. Boutet de Monvel sur le faux-titre, numérotés de 11 à 50. L'exemplaire broché, en 2 cartons. . . . . **500 fr.**
50 exemplaires sur papier du Japon, avec 2 suites des 36 planches (1 sur Japon, 1 sur Whatman), numérotés de 51 à 100. L'exemplaire broché en carton. **200 fr.**

FIGARO-EXPOSITION 1889*. Publication artistique consacrée à l'Exposition universelle de 1889. Texte par Emile **Blavet**, Philippe **Gille** et Georges **Grison**. Paris,

1889. Volume in-4° (42×32) illustré de 24 typogravures en couleurs, 150 typogravures noires et 2 plans en couleurs.
Publié en 6 livraisons à 3 fr. . . . . (*Épuisé*) 18 fr.
Cartonné toile, fers spéciaux. . . . . 30 fr.

FIGARO ILLUSTRÉ*, fondé en 1883.
De 1883 à 1889, le **Figaro illustré** n'a publié par année qu'un numéro de Noël dont nous sommes éditeurs depuis 1886.
A partir du mois d'avril 1890, le **Figaro illustré** est publié mensuellement dans le format in 4° (42×32).
Chaque année forme un volume de 360 pages, avec au moins 400 dessins dans le texte, vingt-quatre primes en couleurs, dont plusieurs en double page, et douze couvertures en couleurs signées des peintres les plus connus.
Le **Figaro illustré** consacre cette année à l'Exposition universelle la plus grande partie de ses numéros. Ils forment une série qui, grâce à un foliotage spécial, recevra en fin de publication des tables particulières.

18° année	Tarif d'abonnement	1900
Paris	Départements	Étranger (Union postale)
Un an . . . . 36 fr.	Un an . . . . 36 fr.	Un an . . . 42 fr.
Six mois . . 18 fr. 50	Six mois . . 18 fr. 50	Six mois . . 21 fr. 50

Prix du numéro mensuel : 3 fr. net ; Étranger : 3 fr. 50 net.
Prix du numéro de Noël *avec grandes primes en couleurs* : 3 fr. 50 net ;
Étranger : 4 fr. 50 net.

1890. 1 volume in-4°, en 9 n°s, 27 francs, relié toile, fers spéciaux, 36 fr.
1891. 1 — — en 12 — 36 — — — 42 —
1892. 1 — — en 12 — 36 — — — 42 — (*Épuisé*)
1893. 1 — — en 12 — 36 — — — 42 —
1894. 1 — — en 12 — 36 — — — 42 —
1895. 1 — — en 12 — 36 — — — 42 —
1896. 1 — — en 12 — 36 — — — 42 —
1897. 1 — — en 12 — 36 — — — 42 —
1898. 1 — — en 12 — 36 — — — 42 —
1899. 1 — — en 12 — 36 — — — 42 — (*Épuisé*)

FIGARO-SALON (1re série). 15 volumes in-4° (42×32).

1re Année	1885, texte par ALBERT WOLFF, *épuisée*,	5 n°s à 2 fr.	Reliée, 13 fr. 50.
2e —	1886, — —	5 n°s à 2 fr.	Reliée, 13 fr. 50.
3e —	1887, — —	5 n°s à 2 fr.	Reliée, 13 fr. 50.
4e —	1888, — — *épuisée*,	5 n°s à 2 fr.	Reliée, 13 fr. 50.
5e —	1889, — —	5 n°s à 2 fr.	Reliée, 15 fr. 50.
6e —	1890, — —	6 n°s à 2 fr.	Reliée, 15 fr. 50.
7e —	1891, — —	6 n°s à 2 fr.	Reliée, 15 fr. 50.
8e —	1892, texte par CHARLES YRIARTE,	6 n°s à 2 fr.	Reliée, 15 fr. 50.
9e —	1893, — —	6 n°s à 2 fr.	Reliée, 15 fr. 50.
10e —	1894, — —	6 n°s à 2 fr.	Reliée, 15 fr. 50.
11e —	1895, — —	6 n°s à 2 fr.	Reliée, 15 fr. 50.
12e —	1896, texte par PHILIPPE GILLE	6 n°s à 2 fr.	Reliée, 15 fr. 50.
13e —	1897, — —	6 n°s à 2 fr.	Reliée, 15 fr. 50.
14e —	1898, — —	6 n°s à 2 fr.	Reliée, 15 fr. 50.
15e —	1899, texte par ARSÈNE ALEXANDRE,	6 n°s à 2 fr.	Reliée, 15 fr. 50.

Chaque année du **Figaro-Salon** contient une centaine de reproductions en typogravure noires ou teintées, reproduisant les principaux tableaux des Salons et 5 ou 6 primes en double page.
A partir de 1893, chaque volume contient 6 primes en double page, en couleurs.
Les Titres et les Tables de chaque année du **Figaro-Salon** coûtent 0 fr. 50
(Ceux de 1885, 1886, 1888 sont épuisés.)
Carton-emboîtage, lettre or, avec élastiques, pouvant contenir une année du **Figaro-Salon** . . . . 2 fr. 50

FIGARO-SALON, * 16ᵉ année, nouvelle série, format in-4° (36×28), contenant un compte rendu des **Expositions des Beaux-Arts en 1900.**
L'importance exceptionnelle qu'ont prise, cette année, à l'occasion de l'Exposition universelle, les manifestations d'art, n'a point permis aux Éditeurs de se borner à rendre compte du Salon annuel; le public qui, depuis quinze années, n'a point ménagé sa bienveillance au **Figaro-Salon**, y trouvera en même temps un compte rendu graphique de **L'Exposition universelle des Beaux-Arts**. Il est divisé en deux séries :

Série A. L'Exposition décennale, par Frédéric MASSON, 3 numéros à   2 fr.
Série B. Le Salon de 1900, par Arsène ALEXANDRE, 3 numéros à   2 fr.

Les 6 numéros, de 32 pages chacun, sont illustrés de plus de 180 reproductions des œuvres les plus importantes.
Prix des 6 fascicules avec titres et tables 12 fr.50
Prix du volume relié . . . .   15 fr.
Prix du carton emboîtage pour les 6 numéros 2 fr.50

GARDINER (Samuel Rawson). **Olivier Cromwell**. Londres. 1899. Volume in-4° (33×25¹/₂) illustré de 1 portrait frontispice en couleurs, 42 planches en photogravure, dont 30 hors texte, et 2 autographes.

Justification du tirage :

1,475 exemplaires sur papier vélin, numérotés de 1 à 1475. Broché
  (*Épuisé*)   80 fr.
350 exemplaires sur papier du Japon, avec une suite de 38 portraits tirés en bistre, numérotés de 1 à 350. Broché en boite. *Épuisé*   200 fr.

GLAIRE (abbé). Voir **Évangiles**.

GOWER (Lord Ronald Sutherland, F. S. A). **Sir Thomas Lawrence**. With a catalogue of the artist's exhibited and engraved works compiled by **Algernon Graves** [F. S. A. Londres, 1900. Volume in 4° (33×25¹/₂) illustré de 1 frontispice en fac-similé d'aquarelle ; 3 planches hors texte tirées en couleurs en fac-similé : 48 planches hors texte tirées en noir et en camaïeux divers, 13 en-têtes et culs-de-lampe en camaïeux divers, soit en tout 65 planches d'après les tableaux et aquarelles appartenant aux plus célèbres galeries privées d'Angleterre et du continent.

Justification du tirage :

600 exemplaires sur papier à la cuve Blanchet frères et Kléber, format in-4° (33×25¹/₂), format et aspect de notre collection historique et numérotés de 1 à 600. Broché . . . .   200 fr.
200 exemplaires réimposés sur papier Whatman, format in-4° (41×32), numérotés de 1 à CC, avec la suite des gravures hors texte tirées sur papier de Chine et une suite supplémentaire tirée en bistre sur papier Whatman des 48 portraits hors texte et des douze portraits placés en en-tête et culs-de-lampe. Broché, en carton . . . .   400 fr.

GOYA (Francisco). **Les eaux-fortes de Francisco Goya** (Los Caprichos). Notice biographique et études critiques accompagnées de pièces justificatives par Antoine de NAIT. Barcelone, 1888. Album in-4° (35×25) illustré de 80 eaux-fortes, gravure fac-similé de Ségui y Riera.
Cartonné amateur, tête dorée. . . . . (*Épuisé*).   40 fr.

GRANDS PEINTRES FRANÇAIS ET ÉTRANGERS. Paris, 1884. 2 volumes in-4° (45×31) illustrés de plus de 100 reproductions en photogravure et plus de 250 dessins ou croquis dans le texte, publiés en 8 livraisons sous carton.
Papier vélin . . . .   320 fr.

Justification du tirage des exemplaires de luxe :

25 exemplaires, numérotés de 1 à 25, sur papier du Japon, avec une suite supplémentaire de toutes les planches en photogravure sur Japon . . .   800 fr.

85 exemplaires, numérotés de 26 à 110, sur papier du Japon, sans
suite . . . . 500 fr.

HALÉVY (Ludovic), de l'Académie française. **L'abbé Constantin**, roman illustré par Mme Madeleine Lemaire. Paris, 1887. Volume in-4° (33×25 1/2) illustré de 36 planches en photogravure, dont 18 hors texte.
Papier vélin, avec les planches en noir. Broché . . . . . (*Épuisé*). 60 fr.
Relié 1/2 amateur, dos et coins maroquin du Levant poli, tête dorée, tranches ébarbées. . . . . (*Épuisé*). 85 fr.
Papier vélin, avec en-têtes et culs-de-lampe en camaïeu, planches hors texte en noir. Broché . . . . (*Épuisé*). 100 fr.

Justification du tirage des exemplaires de luxe :

1 exemplaire sur papier vélin, avec toutes les planches imprimées en couleur. Broché . . . . (*Vendu*). 2.000 fr.
50 exemplaires sur papier du Japon, avec 3 suites de 36 planches (1 sur satin, 1 sur japon, 1 sur Whatman), aquarelle originale et inédite de Mme Madeleine Lemaire sur le faux-titre, numérotés de 1 à 50. Broché en 2 cartons. . . . . (*Épuisé*). 500 fr.
200 exemplaires sur papier du Japon, avec 2 suites des 36 planches (1 sur Japon, 1 sur Whatman), numérotés de 51 à 250. Broché en carton (*Épuisé*). 200 fr.

— **L'Invasion** (1870-1871) (1re série des **Récits de guerre**), illustré par L. Marchetti et Alfred Paris. Paris, 1891. Volume in-4° (35×29) illustré de 183 typogravures, dont 1 frontispice et 20 hors texte en couleurs, et 142 hors texte et dans le texte en noir.
Publié en 4 livraisons à 5 fr. . . . . (*Épuisé*). 20 fr.
Broché . . . . (*Épuisé*). 20 fr.
Cartonné toile grenat, fers spéciaux, tête dorée . . . . . (*Épuisé*). 25 fr.
Relié 1/2 amateur, dos, coins chagrin rouge, tête dorée . . . (*Épuisé*). 30 fr.

— **L'Invasion** (1870-1871). (1re série des **Récits de guerre**). Illustré par L. Marchetti et Alfred Paris. Nouvelle édition. Paris, 1897. Volume in-4° (33×27) illustré de 20 typogravures en couleurs et 142 dessins en noir dans le texte et hors texte.
Publié en 10 livraisons à 1 fr. 10 fr.
Cartonné toile rouge, fers spéciaux. . . . . 15 fr.
(Cette réimpression ne contient pas le frontispice en couleurs, annoncé par erreur dans la table.)

— **Notes et Souvenirs** (de mai à décembre 1871). Illustré par Léon Bonnat, Degas, Ed. Detaille, Giacomelli, Jules Girardet, etc. Paris, 1888. Volume in-4° (33×25 1/2), illustré de 22 photogravures dans le texte et hors texte.

Justification du tirage :

200 exemplaires sur papier du Japon, numérotés de 1 à 200, dont 150 seulement mis dans le commerce. Broché . . . . 150 fr.

— **Princesse**. Illustré par L. Morin et Mme Chennevière. Paris, 1886. Brochure in-4° (33×25 1/2), illustrée de 50 dessins dans le texte et de 5 photogravures hors texte.
50 exemplaires, numérotés de 1 à 50 (dont 30 mis dans le commerce. Broché (*Épuisé*) . . . . 40 fr.

HALLER (Gustave). Nos grands peintres. (J.-L. Gérôme, J.-J. Henner, J.-J. Lefèbvre, Edouard Detaille.) Paris, 1899. Volume in-8° (22×15), illustré de 12 photogravures : portraits des quatre artistes et reproduction pour chacun de deux de leurs œuvres.

Justification du tirage :

500 exemplaires sur papier vélin, broché. . . . . 20 fr.
100 exemplaires sur papier du Japon, broché. . . . . 40 fr.

HERVIEU (Paul), de l'Académie française. **Flirt**, roman illustré par Mme Madeleine Lemaire. Paris, 1890. Volume in-4° (33×25 1/2), illustré de 36 planches en photogravure, dont 18 hors texte.

Papier vélin, avec les planches en noir, broché . . . . *(Épuisé).*   60 fr.
Relié 1/2 amateur, dos et coins maroquin du Levant, tête dorée, tranches ébarbées. . . . . *(Épuisé).*   80 fr.
Papier vélin, avec les en-têtes et culs-de-lampe en sanguine, planches hors texte en noir, broché. . . . . *(Épuisé).*   100 fr.

Justification du tirage des exemplaires de luxe :

20 exemplaires sur papier Whatman, planches imprimées en couleurs, aquarelle originale et inédite de Mme Madeleine Lemaire sur le faux-titre, numérotés de I à XX. Broché en carton. . . *(Épuisé).*   1,200 fr.
50 exemplaires sur papier du Japon, avec 3 suites des 36 planches (1 sur satin, 1 sur japon, 1 sur Whatman), avec remarque, aquarelle originale et inédite de Mme Madeleine Lemaire sur le faux-titre, numérotés de 1 à 50. Broché en deux cartons. . . . . . *(Épuisé).*   500 fr.
100 exemplaires sur papier du Japon, avec 2 suites des 36 planches (1 sur Japon, 1 sur Whatman), numérotés de 51 à 150. Broché en carton. . . . . *(Épuisé).*   200 fr.

HEURES DE LA TRÈS SAINTE VIERGE, Choix de prières, illustrées par Guillaume Dubufe. Paris, 1895. Volume in-8° (20×14) imprimé sur papier vergé à la forme, texte encadré de rouge, illustré de 20 planches hors texte en photogravure.

Avec les planches en noir, encadrements rouges, en feuilles, dans un carton. . . . .   60 fr.
Avec les planches en noir, encadrements bleus, en feuilles, dans un carton. . . . .   60 fr.
Relié maroquin blanc ou bleu, gardes soie, tranches dorées, fers spéciaux dessinés par G. Dubufe, dans un écrin . . . .   110 fr.

Justification du tirage des exemplaires de luxe :

30 exemplaires, numérotés de I à XXX, sur papier vergé à la forme, texte encadré de rouge, avec les planches tirées en couleurs, en fac-similé d'aquarelle, auréoles et ornements dorés, en feuilles, dans un carton. . . . .   500 fr.
300 exemplaires numérotés de 1 à 300, sur papier vergé à la forme, texte encadré de rouge, avec les planches en camaïeu bleu, les auréoles et les encadrements dorés, en feuilles, dans un carton. .   100 fr.
Relié en maroquin blanc ou bleu, fers spéciaux, gardes soie, tranches dorées, dans un écrin. . . . .   150 fr.

HIS (Edouard). Voir **Holbein**.

HOFF (le major). Voir **Detaille**.

HOLBEIN (Hans). **Dessins d'ornements** de Hans Holbein, fac-similé en photogravure des dessins originaux appartenant au musée de Bâle et au British Museum, aux musées du Louvre et de Berlin et à diverses collections privées, avec des notices explicatives et une introduction générale par Edouard HIS, directeur du musée de Bâle. Paris, 1886. Volume in-folio (55×41), illustré de 51 planches en photogravure.

Justification du tirage :

75 exemplaires, numérotés de 1 à 75, sur papier du Japon, en portefeuille. . . . .   500 fr.
(Les dessins qui avaient été rehaussés d'aquarelle par Holbein sont reproduits avec leurs colorations dans ces exemplaires de luxe.)
250 exemplaires, numérotés de 76 à 325, sur papier à la cuve de Rives, en portefeuilles . . . .   200 fr.
Relié 1/2 amateur, dos et coins maroquin, tête dorée. . . . . . .   250 fr.

HOLMES (Richard R.), bibliothécaire de S. M. la reine Victoria. **Queen Victoria,** illustrations d'après les originaux contemporains. Londres, 1897. Volume in-4° (33×25 1/2), illustré de 1 portrait frontispice en couleurs, 38 planches en photogravure, dont 22 hors texte et 2 autographes.
Papier vélin, broché . . . . 80 fr.
Relié en chagrin rouge poli, aux armes de la Reine, tranches dorées. 125 fr.

Justification du tirage des exemplaires de luxe :

550 exemplaires sur papier du Japon avec une suite de 24 planches hors texte tirées en bistre, numérotés de 1 à 350 pour l'Angleterre, de I à C pour l'Amérique, et de CI à CC pour l'Europe et les colonies anglaises.
Broché, en boîte . . . . (*Épuisé*). 200 fr.
Relié en maroquin rouge du Levant, aux armes de la Reine, tranches dorées . . . . (*Épuisé*). 300 fr.

JOSÉPHINE, IMPÉRATRICE ET REINE. Voir **Masson (Frédéric)**.

LANG (Andrew). Prince Charles-Edward, illustrations d'après les œuvres d'art contemporaines. Londres, 1900. Volume in-4° (33×25 1/2), illustré de 1 portrait frontispice en couleurs, 43 planches en photogravure en noir ou en camaïeux divers, dont 31 hors texte.

Justification du tirage :

1,500 exemplaires sur papier vélin, numérotés de 1 à 1500. Broché. . 80 fr.
350 exemplaires sur papier du Japon, numérotés de I à CCCL, avec une suite de 40 planches tirées en bistre sur japon. Broché en carton (*Épuisé*). . . . . 200 fr.

LAURENT-DESROUSSEAUX. Voir **Theuriet**.

LAWRENCE (Sir Thomas). Voir **Gower**.

LELOIR (Maurice). Une femme de qualité au siècle passé. Texte et illustrations de Maurice Leloir. Paris, 1900. In-folio (40×30). L'ouvrage, entièrement photogravé et tiré en fac-similé d'aquarelle, comprend : 1 faux-titre, 1 titre, 1 avant-propos, dix chapitres, chacun composé de : 1 titre, 1 hors texte, 6 planches avec texte écrit et gravé à la main, tiré en noir, encadré d'aquarelles photogravées et tirées en couleurs; 1 post-scriptum, 1 cul-de-lampe, 1 achevé d'imprimer, soit au total 87 planches, du format 40×30, montées sur bristol de format 54×40.
L'ouvrage est publié en dix livraisons à 200 francs et sera complet à la fin de l'année 1900.

Justification du tirage :

200 exemplaires sur papier vélin à la forme, numérotés de 1 à 200.
Prix de la souscription à l'ouvrage complet, en deux portefeuilles maroquin blanc, fers spéciaux . . . . (*Souscrits*). 2.000 fr.

LELOIR (Maurice). Voir **Perret (P.)**.

LEMAIRE (Mme Madeleine). Voir **Halévy, Herviеu**.

LETTRES ET LES ARTS (les). Revue illustrée mensuelle. Directeur : **Frédéric Masson**. *Publication terminée.* Paris 1886 à 1889, 16 volumes in-4° (33×25 1/2). Cette revue de grand luxe, publiée de 1886 à 1889, se compose de 48 numéros à 30 francs formant 16 volumes in-4° raisin, illustrés de nombreuses planches en fac-similé d'aquarelles, photogravures, eaux-fortes, typogravures, etc., etc.
Principaux collaborateurs :
Écrivains. — Barbey d'Aurevilly, François Coppée, Alphonse Daudet, Camille Doucet, Alexandre Dumas, Ferdinand Fabre, Ludovic Halévy, Paul Hervieu, Ernest Lavisse, Pierre Loti, Guy de Maupassant, Ernest Renan, Jules Simon, Sully-Prudhomme, André Theuriet, Charles Yriarte, Jules Zeller, etc., etc.

Artistes. — Edouard de Beaumont, Benjamin-Constant, Besnard, Bonnat, Boutet de Monvel, Jules Breton, Chaplin, Clairin, Cormon, Dagnan-Bouveret, Delort, Edouard Detaille, Doucet, G. Dubufe, Falguière, F. Flameng, Gérôme, Henner, Kaemmerer, Eugène Lambert, Le Blant, Maurice Leloir, Madeleine Lemaire, Lhermitte, Albert Lynch, Meissonier, Mercié, Puvis de Chavannes, P. Renouard, Rodin, Worms, Zuber, etc., etc.

1re année 1886, 12 livraisons. . . . . (Epuisé). 300 fr.
2e année 1887, 12 — . . . . 300 fr.
3e année 1888, 12 — . . . . (Epuisé). 300 fr.
4e année 1889, 12 — . . . . (Epuisé). 300 fr.

LONGFELLOW. Evangéline. Conte d'Acadie, illustré par Franck Dicksee. Préface et traduction par Louis DEPRET. Paris, 1886. Volume in-4° (43 × 33) illustré de 24 photogravures.

Justification du tirage :

300 exemplaires sur papier Whatman, numérotés de 1 à 300. Broché. 100 fr.
Relié 1/2 amateur, dos, coins maroquin, tête dorée. . . . . 130 fr.

LOUVRE (Musée du). Les maîtres de la Peinture. Paris, 1899-1900. 2 volumes in-folio (55 × 40). Texte rédigé par : MM. Lafenestre, directeur des musées du Louvre, Gustave Geffroy, Arsène Alexandre, André Michel, conservateur du Musée du Louvre, Pierre de Nolhac, conservateur du Musée de Versailles, Frédéric Masson, Antonin Proust, ancien ministre des Beaux-Arts, Eugène Muntz, membre de l'Institut, C. Benoist, Henri Bouchot, conservateur des Estampes à la bibliothèque nationale, Maurice Hamel.

L'illustration comporte : 144 photogravures dans le texte, 24 planches hors texte, fac-similé en couleurs, 72 planches hors texte en photogravure, 48 planches hors texte en typogravure, 12 culs-de-lampe gravés sur bois.

Cet ouvrage parait en 12 livraisons à 200 francs et sera complet à la fin de l'année 1900. Chaque livraison, sous couverture spéciale, se compose de : 24 pages de texte ornées de 12 photogravures tirées en camaïeux divers, de 2 planches hors texte, fac-similé en couleurs, montées en passe-partout sur papier du Japon, 6 planches hors texte en photogravure tirées en camaïeux divers, 4 planches hors texte en typogravure tirées en deux tons et montées sur bristol.

Justification du tirage :

150 exemplaires sur papier à la main des manufactures Blanchet frères et Kléber, dont :
50 numérotés en chiffres romains (de I à L) réservés pour les Etats-Unis d'Amérique.
100 numérotés en chiffres arabes (de 1 à 100) destinés à l'Europe.
Prix de la souscription à l'ouvrage complet en 2 portefeuilles maroquin grenat, fers spéciaux. . . . . 2.400 fr.

LYNCH (Albert). Voir Bentzon, Maupassant.

MARCHETTI. Voir Halévy.

MARIE-ANTOINETTE. Voir Nolhac (P. de).

MARY STUART. Voir Skelton.

MASSON (Frédéric). Cavaliers de Napoléon. Illustré par Edouard Detaille. Paris, 1895. Volume in-4° (33 × 25 1/2) illustré de un frontispice en couleurs, 31 planches en photogravure, dont 21 hors texte.

Justification du tirage :

1,000 exemplaires sur papier vélin. Broché . . . . (Epuisé). 60 fr.
Relié 1/2 amateur, dos et coins maroquin, tête dorée, tranches ébarbées. . . . . (Epuisé). 80 fr.
25 exemplaires sur papier Whatman, numérotés de I à XXV, avec 2 suites des 32 planches imprimées en bistre (1 sur Whatman, 1 sur japon), aquarelle ori-

ginale et inédite de M. Edouard Detaillé sur le faux-titre, signature autographe de M. Edouard Detaille.
Prix de l'exemplaire en carton. . . . . (*Épuisé*). 500 fr.
75 exemplaires sur papier du Japon, numérotés de 1 à 75, avec une suite de 32 planches, tirées en bistre sur même papier, signature autographe de M. Edouard Detaille sur le faux-titre.
Prix de l'exemplaire en carton. . . . . (*Épuisé*). 200 fr.

— **Joséphine Impératrice et Reine.** Illustration d'après les documents contemporains. Paris, 1898. Volume in-4° (33×25 1/2), illustré de un portrait frontispice fac-similé en couleurs et de 41 planches en photogravure, dont 33 hors texte.

Justification du tirage :

1,200 exemplaires sur papier vélin, numérotés de 1 à 1200. Broché
(*Épuisé*). 60 fr.
Relié en chagrin vert Empire, fers spéciaux, aux armes de Joséphine, tranches dorées . . . . (*Épuisé*). 105 fr.
150 exemplaires sur papier du Japon, numérotés de I à CL avec une suite des 41 planches en bistre sur même papier.
Prix de l'exemplaire broché en carton. . . . . (*Épuisé*). 200 fr.
Relié en maroquin du Levant vert Empire, fers spéciaux aux armes de Joséphine, tranches marbrées et dorées. . . . . . . (*Épuisé*). 300 fr.
Voir : **Aventures de guerre, En campagne,** nouvelle édition, 2° série, **Les Lettres et les arts, Parquin.**

MAUPASSANT (Guy de). Pierre et Jean. Roman illustré par E. Duez et A. Lynch. Paris, 1888. Volume in-4° (33×25 1/2), illustré de 36 planches en photogravure dont 18 hors texte.
Papier vélin, avec les planches en noir. Broché . . . . 60 fr.
Relié 1/2 amateur, dos et coins maroquin, tête dorée, tranches ébarbées 80 fr.
Papier vélin, avec les en-têtes et les culs-de-lampe en camaïeu, planches hors texte en noir . . . . 100 fr.

Justification du tirage des exemplaires de luxe :

1 exemplaire sur papier vélin, avec toutes les planches imprimées en couleurs. Broché. (*Vendu*). 1.200 fr.
50 exemplaires sur papier du Japon, avec 3 suites des 36 planches (1 sur satin, 1 sur japon, 1 sur Whatman), avec remarque, aquarelle originale et inédite de E. Duez sur le faux-titre, numérotés de 1 à 50.
Prix de l'exemplaire broché en 2 cartons. . . . . 500 fr.
150 exemplaires sur papier du Japon, avec 2 suites des 36 planches (1 sur japon, 1 sur Whatman), numérotés de 51 à 200.
Prix de l'exemplaire broché en carton. . . . . 200 fr.

MYRBACH. Voir **Aventures de guerre, Parquin.**

NAPOLÉON (Cavaliers de). Voir **Masson (Fr.).**

NEUVILLE (Alphonse de). Voir **En campagne.**

NOLHAC (Pierre de). La Dauphine Marie-Antoinette. Illustrations d'après les originaux contemporains. Paris, 1896. Volume in-4° (33 × 25 1/2), illustré de un portrait frontispice, fac-similé en couleurs, 38 planches en photogravure, dont 28 hors texte.

Justification du tirage :

1,000 exemplaires sur papier vélin, numérotés de 1 à 1000. Broché
(*Épuisé*). 60 fr.
Relié en chagrin rouge, fers spéciaux aux armes de Marie-Antoinette dauphine, tranches dorées . . . . (*Épuisé*). 105 fr.
75 exemplaires sur papier du Japon, numérotés de I à LXXV avec une suite des 39 planches tirées en camaïeux divers sur même papier.
Prix de l'exemplaire broché en carton. . . . . (*Épuisé*). 200 fr.
Relié en maroquin rouge du Levant, fers spéciaux, aux armes de Marie-Antoinette dauphine, tranches marbrées et dorées. (*Épuisé*). 300 fr.

NOLHAC. La Reine Marie-Antoinette, illustrations d'après les originaux contemporains. Paris, 1890. Volume in-4° (33×25 1/2) illustré de 1 portrait frontispice, fac-similé en couleurs et 36 planches en photogravure, dont 28 hors texte.

Sur papier vélin. Broché . . . . (*Épuisé*). 60 fr.
Relié en chagrin rouge, aux armes de Marie-Antoinette reine, tranches
dorées. . . . . (*Épuisé*). 100 fr.

Justification du tirage des exemplaires de luxe :

50 exemplaires sur papier du Japon, numérotés de 1 à 50, avec une suite des 36 planches imprimées en camaïeux divers sur même papier, brochées dans le volume.
Prix de l'exemplaire broché. . . . . (*Épuisé*). 200 fr.
Relié en maroquin rouge du Levant aux armes de Marie Antoinette, tranches marbrées et dorées . . . . (*Épuisé*). 300 fr.

— **La Reine Marie Leczinska.** Illustrations d'après les originaux contemporains. Paris 1900, volume in-4° (33×25 1/2), illustré de 1 portrait frontispice fac-similé en couleurs et 48 planches photogravure en noir ou en camaïeux divers.

Justification du tirage :

1,000 exemplaires, numérotés de 1 à 1000, sur papier à la cuve Blanchet frères et Kléber.
Broché . . . . 80 fr.
Relié en chagrin rouge, fers spéciaux, aux armes de Marie Leczinska, tranches dorées. . . . . 125 fr.
100 exemplaires sur papier du Japon, numérotés de I à C, avec une suite des 49 planches tirées en bistre sur même papier.
Prix de l'exemplaire broché, en carton. . . . . (*Souscrit*). 200 fr.
Relié en maroquin rouge du Levant, fers spéciaux, aux armes de Marie Leczinska, tranches marbrées et dorées. . . . . . . (*Souscrit*). 300 fr.
(Cet ouvrage est en souscription, pour paraître en novembre 1900.)

PARIS (Alfred). Voir **Halévy**.

PARQUIN. Souvenirs du Capitaine Parquin 1803-1814 (2ᵉ série des **Récits de guerre**), illustrés par **Myrbach**, **Dupray**, **Walker**, **L. Sergent**, **M. Roy**, avec introduction par **Frédéric Masson**. Paris, 1893. Vol. in-4° (35×29) illustré de 20 typogravures en couleurs et 170 typogravures en noir, dans le texte et hors texte.
Publié en 4 livraison à 5 fr. 20 fr.
Broché . . . . 20 fr.
Cartonné toile grenat, fers spéciaux, tête dorée . . . . 25 fr.
Relié 1/2 amateur, dos et coins chagrin rouge, tête dorée. . . . 30 fr.

PERRAULT. Barbe-Bleue et la Belle au bois dormant, illustré par Édouard de Beaumont. Paris, 1887. Volume in-4° (38×28), 41 aquarelles reproduites en couleurs en fac-similé.

Justification du tirage :

350 exemplaires sur papier à la cuve, des papeteries du Marais.
Prix en portefeuille rose. . . . . (*Épuisé*). 250 fr.
Relié genre XVIIᵉ siècle, imitation maroquin grenat, fers spéciaux, gardes satin crème, dentelles dorées, tête dorée, tranches intactes
. . . . (*Épuisé*). 300 fr.

— **Cendrillon et les Fées**, illustré par Édouard de Beaumont. Paris, 1886. Volume in-4° (38×28), 32 aquarelles reproduites en couleurs en fac-similé.

Justification du tirage :

316 exemplaires, sur papier à la cuve, des papeterie du Marais.
Prix en portefeuille bleu clair . . . . (*Épuisé*). 200 fr.
Relié genre XVIIᵉ siècle, imitation maroquin grenat, fers spéciaux, gardes satin crème, dentelles dorées, tête dorée, tranches intactes
. . . . (*Épuisé*). 250 fr.

(Le titre de cet ouvrage indique par erreur : 33 aquarelles.)

PERRAULT. Cinderella and Two Gifts. Traduction anglaise de : **Cendrillon et les Fées**, illustré par Edouard de Beaumont. Paris, 1886. Volume in-4° (38×28), 32 aquarelles reproduites en couleurs, en fac-similé.

Justification du tirage :

241 exemplaires sur papier à la cuve des papeteries du Marais.
Prix en portefeuille bleu clair. . . . . 200 fr.
Relié genre XVII° siècle, comme l'édition française . . . . 250 fr.

— **Quatre Contes de Perrault.** (Barbe-Bleue, la Belle au Bois dormant, Cendrillon, les Fées), illustrés par Edouard de Beaumont. Paris, 1888. Volume in-4°. (32×24), illustré de 67 planches, photogravures en camaïeux divers.
Cartonné toile, fers spéciaux, tête dorée. . . . . 60 fr.

PERRET (Paul). Les Demoiselles de Liré. Roman illustré en collaboration, par Charles Delort et Maurice Leloir. Paris, 1894. Volume in-4° (33×25 1/2), illustré de 32 planches en photogravure, dont 16 hors texte.
Papier vélin, avec les planches hors texte sur chine. Broché . . . . 60 fr.
Relié 1/2 amateur, dos et coins maroquin, tête dorée, tranches ébarbées. 80 fr.

Justification du tirage des exemplaires de luxe :

20 exemplaires sur papier Whatman, numérotés de I à XX, avec toutes les planches imprimées en couleurs, frontispice spécial imprimé en couleurs, aquarelle originale et inédite de M. Maurice Leloir sur le faux-titre.
Prix de l'exemplaire, broché en carton . . . . 1.200 fr.
50 exemplaires sur papier de Chine, réimposés, texte au verso seulement, numérotés de 1 à 50, accompagnés d'un frontispice et des 32 planches tirées en noir, et d'une suite de 33 planches tirées en bistre sur même papier, aquarelle originale et inédite de M. Maurice Leloir sur le faux-titre.
Prix de l'exemplaire, broché en carton. . . . . 400 fr.

PUYFONTAINE (Comte de). Nuits blanches. Poésies illustrées, par Guillaume Dubufe. Paris, 1900. Volume in-8° (25×18), illustré de 16 planches hors texte, en photogravure. Il a été mis dans le commerce 250 exemplaires de cet ouvrage sur papier vélin.

Justification du tirage :

120 exemplaires numérotés de 1 à 120, avec les 16 planches tirées sur papier de Chine, la planche frontispice en camaïeu rehaussé d'or, et deux suites des 16 planches (1 sur Japon, 1 sur satin).
Prix de l'exemplaire broché avec les suites en carton . . . . 300 fr.
130 exemplaires numérotés de 121 à 250, avec les 16 planches tirées sur papier de Chine, la planche fontispice en camaïeu rehaussé d'or.
Prix de l'exemplaire broché . . . . 100 fr.

RAFFET. Notes et croquis, mis en ordre et publiés par Auguste RAFFET. Paris, 1878. Volume in-4° (45×31), illustré de 257 dessins inédits, gravés par Amand-Durand.
Broché. . . . . 40 fr.

RÉCITS DE GUERRE, 1re série : Halévy, *L'Invasion.*
  — 2e série : Parquin, *Souvenirs du Capitaine.*
  — 3e série : Claretie, *Paris assiégé.*

RENOUARD (P.). Voir Rome pendant la Semaine Sainte.

RICHARD (Jules). Voir Armée française, En campagne.

RODIN (Auguste). Les dessins de Auguste Rodin. Paris, 1897. Album in-folio (43×31) contenant 14 pages de texte : hommage à Auguste Rodin par Octave Mirbeau, 129 planches comprenant 142 dessins reproduits en fac-similé et 1 table des 129 planches.

Justification du tirage :

125 exemplaires numérotés de 1 à 125.
Prix de l'exemplaire dans un portefeuille toile avec rabats. . . . . 500 fr.

ROMANS ILLUSTRÉS format in-4° (33×25 1/2). Voir :

Halévy (L.), L'abbé Constantin, 1887 ;
Maupassant (G. de), Pierre et Jean, 1888 ;
Hervieu (P.), Flirt, 1890 ;
Fabre (Ferd.), Xavière, 1890 ;
Theuriet (A.), Reine des Bois, 1890 ;
Bentzon (Th.), Jacqueline, 1893 ;
Perret (P.), Demoiselles de Liré, 1894.

ROME PENDANT LA SEMAINE SAINTE, illustré par Paul RENOUARD. Paris, 1891.
Volume in-4° (35×29), illustré de 52 dessins reproduits en typogravure noire et d'un portrait frontispice de Sa Sainteté le pape Léon XIII, par Toussaint, en bistre ; la couverture et le titre sont ornés des armoiries en couleurs du Souverain Pontife.
Sur papier vélin, broché . . . . 40 fr.
Relié en parchemin blanc, aux armes de Sa Sainteté, genre ancien . . 60 fr.

Justification du tirage des exemplaires de luxe :

100 exemplaires sur papier du Japon, numérotés de 1 à 100, avec les planches en noir, et une suite des 52 planches en sanguine. Broché. 100 fr.

RONNER (Henriette). Voir Havard, Vachon.

SALON GOUPIL, format in-8° (32×22).

Salon de 1883, texte par Ph. Burty.
Salon de 1884, texte par A. Dayot.
Salon de 1885, texte par Henry Havard.
Salon de 1886, texte par G. Olmer et Saint-Juirs.
Salon de 1887, texte par G. Ollendorff.
Salon de 1888, texte par H. Houssaye.
Salon de 1889, texte par G. Lafenestre.
Salon de 1890, texte par A. Dayot.
Salon de 1891, texte par Antonin Proust.
Salon de 1892, texte par G. Larroumet.
Salon de 1893, texte par G. Jollivet.
Salon de 1894, texte par Roger-Milès.
Salon de 1895, texte par L. Bénédite.
Salon de 1896, texte par Thiébault-Sisson.
Salon de 1897, texte par Gaston Schefer.
Salon de 1898, texte par Antonin Proust.
Salon de 1899, texte par Antonin Proust.
Salon de 1900 (**Expositions des Beaux-Arts en 1900**). Texte par Henry Frantz.
Chaque année, illustrée de 100 planches en photogravure, forme un volume, 32×22.
Sur papier vélin, en 12 livraisons . . . . 60 fr.
Relié, toile rouge . . . . 65 fr.
Il a été tiré de chaque année des exemplaires de luxe numérotés :
Sur papier de Hollande, au prix de . . . . 100 fr.
Sur papier du Japon, avec une suite de 24 épreuves sur japon au prix de . . . . 150 fr.
(Les Salons de 1880, 1881, 1882 ont été publiés par la librairie L. Baschet.)

SECRÉTAN, voir Catalogue Secrétan.

SIÈCLE (Un), Mouvement du Monde de 1800 à 1900.
Paris, 1900. 3 volumes in-8° (32×22), illustrés de 100 planches hors texte en photogravure.
Dédicace par S. S. le Pape Léon XIII. — Collaborateurs : MM. E. M. de Vogüé, Marius Sépet, Etienne Lamy, Henri Joly, Chénon, René Pinon, vicomte de Meaux, général de la Girennerie, vicomte d'Avenel, Jean Brunhes, comte Albert de Mun, Georges Goyau, Eugène Tavernier, Mgr Péchenard, R. P. Lapôtre S.-J., le chanoine Didiot, Georges Humbert, Bernard Brunhes, Arthus, de Lapparent, Paul Allard, l'abbé Duchesne, Brunetière, André Pératé, Camille Bellaigue, R. P. de La Broise, S. J., baron Carra de Vaux, le chanoine Pisani, Georges Fonsegrive, R. P. Sertillanges O. P., R. P. Bain vel S. J., comte d'Haussonville, S. G. Mgr Touchet. — **Conclusion par S. Em. le cardinal Richard.**

Justification du tirage :
2,000 exemplaires sur papier vélin, numérotés de 1 à 2000.
Prix de l'exemplaire broché. . . . . 100 fr.
Relié en 1/2 rel. d'amateur, dos et coins maroquin rouge du Levant, poli, tête dorée, tranches ébarbées. . . . . 160 fr.
20 exemplaires, numérotés de I à XX, sur papier du Japon, accompagnés d'une suite des 100 planches hors texte tirées en bistre sur même papier, brochées dans les volumes.
Prix de l'exemplaire broché. . . . . 300 fr.

SKELTON (Sir John). Charles Ier, illustrations d'après les œuvres d'art contemporaines. Londres, 1898. Volume in-4° (33×25 1/2), illustré de 1 portrait frontispice fac-similé en couleurs, 40 planches en photogravure, dont 22 hors texte, et 1 autographe.
Papier vélin, broché . . . . (Épuisé). 80 fr.
Relié en chagrin rouge aux armes de Charles Ier, tranches dorées (Épuisé). . . . . 130 fr.

Justification du tirage des exemplaires de luxe :
500 exemplaires sur papier du Japon, numérotés de 1 à 500, avec une suite de 22 planches hors texte tirées en bistre, sur même papier.
Prix de l'exemplaire broché, en boîte . . . . (Épuisé). 200 fr.
Relié en maroquin rouge du Levant, aux armes de Charles Ier, tranches dorées. . . . . (Épuisé). 300 fr.

— **Mary Stuart**, illustrations d'après les œuvres d'art contemporaines. Londres, 1893. Volume in-4° (33×25 1/2) illustré de 1 portrait frontispice fac-similé en couleurs, 40 planches en photogravure, dont 24 hors texte, et 1 autographe.
Sur papier vélin broché. . . . . (Épuisé). 60 fr.
Relié en chagrin anglais noir, ornements à froid, tête dorée. (Épuisé). 90 fr.

Justification du tirage des exemplaires de luxe :
300 exemplaires sur papier du Japon avec une suite des 24 planches hors texte tirées en bistre, numérotés de 1 à 200 pour l'Angleterre et de 201 à 300 pour l'Amérique.
Prix de l'exemplaire broché, en boîte . . . . (Épuisé). 200 fr.
Relié en maroquin du Levant noir poli, fers spéciaux dorés, tranches dorées . . . . (Épuisé). 300 fr.

SOCIÉTÉ D'AQUARELLISTES FRANÇAIS. Paris, 1884. 2 volumes in-4° (45×31), illustrés de plus de 100 planches hors texte en photogravure et plus de 250 dessins ou croquis dans le texte.
Papier vélin, publié en 8 livraisons . . . . (Épuisé). 320 fr.

Justification du tirage des exemplaires de luxe :
25 exemplaires numérotés de 1 à 25 sur papier du Japon, avec une suite de toutes les planches hors texte, en camaïeux divers, tirées sur même papier.
Prix de l'exemplaire en 8 livraisons . . . . (Épuisé). 800 fr.

85 exemplaires numérotés de 26 à 110 sur papier du Japon.
Prix de l'exemplaire en 8 livraisons . . . . (*Épuisé*). 500 fr.

LE THÉÂTRE*, revue bimensuelle illustrée, fondée en 1898, format in-4° (35×28).
Le **Théâtre** donne le compte rendu des pièces nouvelles représentées sur les principaux théâtres de Paris et des capitales étrangères, les scènes principales de ces pièces saisies par la photographie instantanée, les portraits des acteurs et des auteurs et tout ce qui intéresse l'art théâtral.
Rédaction : MM. Henry Fouquier, Adolphe Jullien, Paul Perret, Jules Huret, Adolphe Aderer, Henry de Curzon, Léo Claretie, René Maizeroy, Gaston Jollivet, Frédéric Masson, etc., etc.
Chaque numéro bi-mensuel comporte 32 pages de format in-4°, comprenant une couverture en couleurs, 2 planches hors texte en couleurs, et 24 pages de texte illustrées.
Les 24 numéros de l'année 1900 formeront deux volumes de près de 400 pages chacun, qu'accompagneront des tables systématiques.

3e année	Tarif d'abonnement	1900
Paris	Départements	Étranger (Union postale)
Un an. . . 40 francs	Un an. . . 44 francs	Un an. . . 52 francs
Six mois. . 20 francs	Six mois. . 22 francs	Six mois. . 26 fr..ncs

Prix du numéro bimensuel : 2 fr. net ; Étranger : 2 fr. 50 net.
Prix du numéro de Noël : 3 fr. net ; Étranger : 3 fr. 50 net.
Première année (1898), en 12 numéros. (*Épuisé.*)
Deuxième année (1899), en 12 numéros, 24 francs, reliée 30 francs.

THEURIET (André), de l'Académie française. **Reine des Bois**, roman illustré par H. Laurent Desrousseaux. Paris, 1890. Volume in-4° (33×25 1/2). illustré de 36 planches en photogravure dont 18 hors texte.
Papier vélin, avec les planches en noir. Broché. . . . . 60 fr.
Relié 1/2 amateur, dos et coins maroquin, tête dorée, tranches ébarbées. 80 fr.
Papier vélin, avec les en-têtes et culs-de-lampe en camaïeu, planches hors texte en noir. Broché. . . . . 100 fr.

Justification du tirage des exemplaires de luxe :

10 exemplaires sur papier Whatman, planches imprimées en couleurs, aquarelle originale et inédite de M. Laurent Desrousseaux, sur le faux-titre, numérotés de I à X.
Prix de l'exemplaire broché, en carton. . . . . (*Épuisé*). 1.200 fr.
50 exemplaires sur papier du Japon, avec trois suites des 36 planches en camaïeux divers, une sur satin, une sur japon, une sur Whatman, avec remarque, aquarelle originale et inédite de M. Laurent Desrousseaux sur le faux-titre, numérotés de 1 à 50.
Prix de l'exemplaire broché, en 2 cartons . . . . 500 fr.
60 exemplaires sur papier du Japon, avec 2 suites des 36 planches en camaïeux divers, une sur Japon, une sur Whatman, numérotés de 51 à 110.
Prix de l'exemplaire broché, en carton. . . . . 200 fr.

VACHON (Marius). **Les Chats**, esquisse naturelle et sociale, illustrés par **Henriette Ronner**. Leyde, 1894. Volume in-4° (39×30) illustré de 13 planches hors texte en photogravure sur chine et de 25 dessins en typogravure dans le texte.
Cartonné toile crème à biseaux, tranches dorées. . . . . 30 fr.

VICTOIRES ET CONQUÊTES. Voir **Album militaire**, 2e série.

LIBRAIRIE GÉNÉRALE DE JURISPRUDENCE

DE

MARCHAL & BILLARD

LIBRAIRES DE LA COUR DE CASSATION

et de l'Ordre des Avocats à la même Cour et au Conseil d'État

CATALOGUE

DES

LIVRES DE FONDS

Voir les Tables, pages 4 et 5

PARIS

Maison principale : Place Dauphine, 27

Succursale : Rue Soufflot, 7

1900

LIBRAIRIE GÉNÉRALE DE JURISPRUDENCE

DE

MARCHAL & BILLARD

LIBRAIRES DE LA COUR DE CASSATION

et de l'Ordre des Avocats à la même Cour et au Conseil d'État

CATALOGUE

DES

LIVRES DE FONDS

Voir les Tables, pages 4 et 5

PARIS

Maison principale : Place Dauphine, 27

Succursale : Rue Soufflot, 7

1900

PARIS. — IMPRIMERIE R. CHAPELOT ET C°, 2, RUE CHRISTINE.

MARCHAL & BILLARD

AVIS

La Maison MARCHAL et BILLARD reçoit en dépôt, et annonce dans ses Catalogues, tous les livres de droit et de jurisprudence qui lui sont confiés. Elle met à la disposition des auteurs ses nombreux correspondants et ses relations avec les libraires de la France et de l'Étranger.

La Succursale de la rue Soufflot, n° 7, se charge de l'achat des bibliothèques et de la vente des livres d'occasion.

Elle se charge également, soit directement, soit pour le compte des auteurs, de l'impression des ouvrages de droit et des **Thèses de Doctorat**, aux meilleures conditions.

PRIX DES RELIURES

EN DEMI-CHAGRIN, AVEC TRANCHES JASPÉES

Format in-12 ou in-18 jésus (Biblioth. Charpentier)	1 fr. 50
— in-8° carré (Aubry et Rau)	1 fr. 75
— in-8° raisin (Clerc, Formulaire)	2 fr. »
— in-8° jésus (Codes Sirey, Codes Carpentier)	3 fr. »
— in-4° ordinaire (Sirey ou Dalloz)	3 fr. 50
— grand in-4°	4 fr. »

MARCHAL & BILLARD

TABLE SYSTÉMATIQUE

Codes et recueils généraux. 1
Code civil 4
Code de procédure civile 34
Code de commerce 49
Codes d'instruction criminelle et pénal. . . . 64
Code forestier. 78
Code rural. 79
Droit administratif et municipal 80
Droit économique 90
Droit international. 91
Droit colonial et étranger. 93
Ouvrages divers 95

MARCHAL & BILLARD

TABLE ALPHABÉTIQUE DES NOMS D'AUTEURS

Abadie. Transp., 73. Avocat, 66. Lettres, 77.
Adan, 7.
Adda et *Ghaliounghi*, 93
Agend.-Annuaires, 105.
Agnel, Cod.-Man., 21.
— et de *Corny.* 56.
Alauzet. Qualité, 7. Possession, 44. Code comm., 50. Chèq., 56. Sociétés, 52.
Albanel. Enfants, 76.
Albassier, 104.
Allain et *Carré,* 38.
Allard, Act., 33. Transcription, 23.
Allart, Pharmacie, 64.
Alleynes (*Van*), 21.
Amiaud, 24.
Andouard, 102.
André (*L.*). Inst. jud., 66.
André (A.), Ascend., 46. Inventaires, 46. C. de Mar., 47. Formul., 29. Testaments., 46. Mutations, 27. Dict., 28. Liquid., 44. Immeubles, 20. C. annoté, 28. Coutumes, 44. Régime dotal, 48. Hypot., 23.
André et *Chatard,* 70.
Andreani, Recrut., 98.
Annuaires, 105.
Anspach. C. d'assises, 70.
Arbouz, 68.
Arnaud, 84.
Arnoux, 82.
Asse, 24.
Aubry et *Rau,* 5.
Aulnis de Bourrouill (*d'*), 404.
Auzière, 72.
Badon-Pascal, Assur., 57. Ag. de ch., Marchés, 54. Sinistres, 22. Obligat., 54.
Baillou, 45.
Baratte, 54.
Barbier, Presse, 77.
Barbier, Discours, 97.
Barbier et *Bernard,* Assurances, 56.
Barraud. Mariage, 40. Ascend., 46. Oblig., 47

Barry, Ponts et chauss., Clauses, 84. Génie, 85.
Bascle de Lagrèze, Etat civil, 9.
Baudrain, Cong., Baux, 22. Code mun., 80. Us., loc., 79.
Bauer, 80.
Bazille, 81 et 82.
Beaufils (*Armel*), 101.
Beaume, 64.
Bédarride, C. de Comm., 51. Brev., 64.
Bellet, 49.
Bérenger, 68.
Bernard, Pourvois, 78.
Bernard, Assur., 56.
Berriat St-Prix, Trib. correct., 70. Jury, 74.
Bertauld, Quest., 8. Subrog., 23. Droit français, 96. Quest. préjud., 67.
Bertrand (E.), Dét., 75. Réf., 99. Classes, 400.
Bertrand et *Deschamps,* 83.
Beslay. Code comm., 50.
Bessonnet-Fabre, 99.
Beyne, 401.
Bibliographie, 406.
Bigard, 46.
Bigne de Villeneuve (de la), Dr. constitut., 83.
— et *Henry,* 6.
Bigorne, 25.
— et *Primot,* 98.
Bimont, 43.
Blanc, Contref., 64.
— et *Beaume,* 64.
Blanche, C. pén., 64. Contrav., 74.
Bock-Bauwens (*de*), 47.
Bogelot et *Périn,* 84.
Boillon, 27.
Boitard, 65.
Boivin et P. *Roy,* 80.
— et *Ferry,* Contrib., 83. C. de fabrique, 87.
Bôle, 70.
Bollinne, 34.
Bolotte, 47.
Boncenne. Introd., 34.
Bonnans, 11.
Bonnefon, 26.
Bonnesœur, J. de paix, 40. Taxe, 47. Huiss., 44.

Bonnet, 42.
Bonneville de Marsangy. Régime, 68. Amélioration, 69.
Bos, 96.
Boucher d'Argis et *Sorel,* 47.
Boulbet et *Mage,* 48.
Bourbeau, 34.
Bourcart, 66.
Bourdon-Viane, Droit adm., 80. Dr. intern. public, 92.
Bourgueil. Etat civil, 8. Usages locaux, 79. Accidents, 20.
Boursier, 33.
Boutequoy, 102.
Brédier. Epoux survivant, 15.
Bregeault et *Delagarde,* 74.
Brière-Valigny, 88.
Brottier, Mineurs, 14. Droits, 26.
Brueyre, 76.
Brugnon (H.), 22.
Bugnet. Pothier, 5. Oblig., 48.
Bugniet, 44.
Bull. de la Société des Prisons, 68.
— d'assistance, 88.
— de l'Union des Sociétés de patronage, 76.
— de la Taxe, 48.
Cachard, 7.
Cagny (de), 99.
Caisses de retraite, 99.
Camusat-Busserolles et *Franck-Carré,* 78.
Card, 27.
Carles, Anim. dom., 21. Bicycl., 101.
Carpentier, 4.
Carré, Paroisses, 87. Droit français, 40.
— *Chauveau* et *Dutruc,* 34.
Carré. Comp., 38. Man., 38. Monit., 37. Propr., 21. Notions, 96. Animaux, Insect., 79.
— et *Le Vasseur,* 37.
Casati, Code pénal, 65 et 66. Jus antiquum, Dr. étrusq., Gens, 95.

Chabry et *Bessonnet-Fabre,* 99.
Championnière, 83.
— et *Rigaud,* 24.
Chapel, 102.
Charmolu, Catéch., 7.
Chassagnard, 104.
Chatagnier, Infant., 75.
Chatard, 70.
Chauveau (Ad.), L. Pr., 34. Ordre, 46. Saisie, 45. C. pénal prog., 64.
— *Faustin Hélie* et *Villey,* 64.
— et *Glandaz,* 36.
— et *Tambour,* 82.
Chedeville et *Thuillier,* 404.
Child, 8.
Choisy, 46.
Chopy, 76.
Chrétien, 71.
Citters (van), 95.
Cival, Etat civ., 9. Ordres, 46. Chasse, 78.
Clément, 52.
Clérault, 90.
Clerc, Théorie, 28. Formulaire, 29.
Closset, 58.
Clunet, Saisie, 44 et 45. Journal, 94. Marq., 60. Dr. marit., 94. Incident, Actes host., Consulat, Passe-port, Abord., 92. Outrages, 77. Convent., 63.
Codes et Recueils gén., 4.
— Civil, 4.
— de Procédure, 34.
— de Commerce, 49.
— d'Instr. crimin. et pénal, 64.
— Forestier, 78.
— Rural, 79.
Code-formulaire, 30.
Colfavru, Droit com., 51
Colin, 43.
Commoy, 68.
Congrès du patronage des libérés, 76.
— d'Assistance, 88.
Contant, 76.
Copello, 46.
Corbiau, 94.
Corny (de), 56.
Cosson, 84.

TABLE ALPHABÉTIQUE DES NOMS D'AUTEURS

Cotelle, Transp., 55. Voyag., 55.
Coulon, Enfant nat., 10. Agent dipl., 92. Man.-form., 9. Jurispr., 10. Divorce, 9. Adultère, 68. Presse, 75. Lib. de tester, 17. Mariag., 10. Cours moyen (Vade-mecum du). 96.
Couteau. 56.
Couturier, 39.
Crépeaux. Manuel vétérinaire, Blé, Moissons, Poules, 102.
Cresp et Laurin, 56.
Cuénot, 13.
D., 10.
Dard, 49.
Daure, 81.
Debs, 49.
Decourteix, Liberté, 68.
Deflers, 47.
Degaigne, 48.
Déglin, 47.
Delabarre de Nanteuil, 93.
Delagarde, 74.
Delalleau, Jousselin, Rendu et Périn, 83.
Deloynes, 48.
Demarquet, Action poss., 40. Educ. civ., 99.
Demoly, 72.
Demonchy, 44.
Depeiges. Divorce, 37. Journal du Ministère public, 73.
Deseure, 22.
Deschamps, 83.
Desmaze, Parlement, Traitement, 100.
Despatys (O.). Casiers, 69.
Despatys (P.). Œuvres dramat., 63.
Desrues. 54.
Desvaux, Planches, 16.
Desveaux, Grèves, 94.
Devilleneuve, Massé et Dutruc, 54.
Dictionnaire des droits d'enregistrement, 24.
Didier-Mongeot. Clôt., Droit de passage, 79.
Didio. Revue, 31. Enc., 32. Théorie, 28. Tarif, 32. Témoignage, 9.
Donzel, Propriété, 62.
Dourche. 32.
Doussaud. Conseils de préfect., 82. Expert.,

85. Extract., 85. Dommages, 85. Imprév., 85 Aide-mémoire, 85. Droit administratif et municipal, 80.
— colon. et étrang., 93.
— économique, 90.
— international, 91.
— municip., V. Dr. ad.
Dufour (L.), 87.
Dufresne, 27.
Duguay. 56.
Dumesnil, 89.
Duparcq. Huissiers, 43. Avoués, 36.
Dupond, 32.
Durand-Morimbau, 59.
Duthoya, 90.
Dutruc. Partage, 14. Séparation, 47. Contentieux, 51. Faillites, 57. Formul. Huiss., 43. Supplément Lois de la Procéd., 35. Presse, 77. Ventes judic., 46. Suppl. Encyclop., 42. C. pénal, 64. Liquidation, 58. Saisie, 45. Ordre, 46. Etats de frais, 36. Contrav., 74. Répert., 36. C. des huissiers, 43. Dépens, 48. Respons., 48. Mémor., 73. J. du Min. publ., 73.
Duverger, 74.
Effertz (Otto), 90.
Encycl. des huissiers, 42
— du notariat, 32.
Espinas, 55.
Fabre (J.), Barreau, 97.
Fabre, Problème, 100.
Falcimaigne, 5.
Faustin-Hélie, Théorie C. pén., 64. Comment., 64. Prat. crim., 72. Instr. écrite, 75.
Féraud-Giraud, Voies publ., 86, rurales, 79. Propriét., river., 86.
Ferry. Contr. dir., 83. Cons. de fabr., 87.
Flandin. Transcr., 23.
Flandin (P.). Div., 37.
Fleury, 20.
Fleury-Flobert, 100.
Floquet, Ep. surv., 45.
Floquet, Lég. médic., 97. Honor., 97.
Flour de St-Génis, 25.
Forcrand (de), Attén., 69. Casiers, 69.
Formulaire portatif, 30.

Fortier, Saisie-arrêt, 45. Enf. natur., 44.
Fragnaud, 70.
Frank-Carré, 78.
Frémy, 78.
Frémy-Ligneville et *Perriquet*, 12.
Fretel. 17.
Fromaget, 12.
Gagnant, 104.
Gallois, 28.
Gardeil, 66.
Garnier, Location, 22. Usages. 80.
Gaschard, 2.
Gaullier, 98.
Gault, 5.
Gazette anecdotiq., 101.
Genevois, 53.
Genty, 32.
Ghaliounghi, 93.
Gilbert et Sirey, Codes, 3. Code for., 78.
Gillot et Demoly, 72.
Gineste, 71.
Girault, 48.
Glandaz, 36.
Goda, Expr. 28. Jeux, 54.
Godart. Examens. 44. Just. de paix, 39.
Goirand, 51.
Grandmaison (de), 56.
Grenander, 94.
Gross (Hanus), 66.
Guénard, 39.
Guerre ou Paix, 104.
Guillemot, 89.
Guilbon, Compétence, 40. Jury, 71. Ivresse 75. Animaux, 75.
Guillot, Accidents, 19.
Guillot, Enfants, 76.
Guiot, 44.
Guyot et Puton, 75.
H. (A.). 89.
Haas (Marie), 96.
Harambure (de), 68.
Havel, 43.
Hayem et Périn, 59.
Hébert (Ch.), Adm., 14.
Hébert, Sério, 101.
Heimburger, 72.
Henricet, 98.
Henrion de Pansey et *Rozet*, Autorité, 37. Pouvoir, 80.
Henry, Dr. civ., 6. Assurance, 57. Enf. nat., 44.
Hérard et Sirey, 86.
Héraux, 97.
Heyking (de), 92.
Hirsch, 86.

Hocery, 33.
Holst (von), 102.
Hooghe (d'), 45.
Hougue (de la), 83.
Huard, Propriété, 62.
Marq., 59.
— et *Mack*, 63.
— et *Pelletier*, 61.
Hudelot, Construct., 14.
Huguet, 100.
Hullin, 74.
Husson, Poids des fers, Tarif, 104. Industrie, 94. Métiers, Révol., 102.
Hypothèques, 23.
Ingremard (d'), 87.
Institut pénit. (Les), 68.
Jacob, 12.
Jacot, 100.
Jalouzet, 24.
Jammet, 103.
Jean, 71.
Jean-Bernard, V. Passerieu.
Jean-Joseph (Dalbémard), 95.
Jitta, Droit internat., Faillite, 92.
Jones, 94.
Jourdaa, Transcription, 23. Acte authent., 32. Conf. des actes, 33.
Journal des Avoués, 36.
—du Droit intern. privé, 94.
—de l'Enreg., 25.
—des Greffiers des Justices de paix, 41.
—des Huissiers, 43.
—du Minist. publ., 73.
—des Secrét. de Mairie, 81.
Jousselin, 83.
Juge, 87.
Karolde-Montguers, 98.
Kersanté, 79.
Krug-Basse, 41.
Lagemans, 94.
Laget et Laget-Valdeson, C pén. esp., 94.
Laget-Valdeson. Peine de mort, 76. Etudes, 99. Martyr., 71. Educ., 99. C. pén. esp., 94.
Lagrésille, 73.
Lainey, Actes s. seing privé, 48. notar., 29. Comptab., 33.
Lalanne, 21.
Lalire, 102.
Lamache, 15.
Lance, 99.

TABLE ALPHABÉTIQUE DES NOMS D'AUTEURS

Lansel, Enregistr., 26.
— et Didio, Encycl. 32.
Laroque - Sayssinet et Dutruc, 57.
Lastres, 68.
Laurin, 56.
Lavagna (Della Torre de), 11.
Lavielle, 23.
Le Berquier. Paillet, 97. Barreau, 96.
Lebon, 100.
Le Bourdellès, 72.
Lechopié. Obligat., 54. Coulisse, 54. Impôt, 98.
— et Floquet, 97.
Leclère, 98.
Lecomte, 35.
Lefebvre (F.), Soc., 52.
Lefebvre (Fr.), Enreg., 25 et 26.
Le François, Crédit, 52.
Legrand, V. judic., 46. Préc. de procéd., 34. Recouvrement, 33.
Legrand (P). Inscr., 24.
Legrin, 68.
Lehir, 100.
Lemercier, 78.
Lemerle, 77.
Le Pelletier, Usages, 22. Saisie, 45.
Le Poittevin, Compét., 58.
Leray, Droit const., 83. Hist. du droit, 96. Doctorat, 96. Prescr., 28. Cap., 96. C. civ., 7. Droit pén., 65, intern. pub., priv., 92. Étrang., 8. Proc., 35. Voies d'exécution, 35. Droit commercial, 50, admin., 80.
Lescœur, 8.
Le Senne. Sépar., 9.
Le Vasseur, 37.
Linage (de), 65.
Liouville, Paillet, 96.
Livache, 89.
Loi sur les frais de justice, 27.
Loi militaire, 98.
Loutfy (Bey), 94.
Lukomski et Périn, 75.
M***, Traitement, 100.
Mack. Habeas corpus, 7b. Valeurs à lots, 54. Propriété, 63. Dr. d'auteur, 63. Perpétuité, 63.
Mac'Ramey, 104.
Madre (de). Invent., 16.

Mage, 48.
Maire et Gellie, 57.
Majola, 61.
Malepeyre et Armel Beaufils, 101.
— et Mesnard, Voirie, 74.
Mancelle, 48.
Mangin, 75.
Manuel (Petit) de l'Etudiant en droit, 96.
Mar (Alex. del), 99.
Marc-Deffaux et Harel, 42.
Marchal (J.-C.), 81.
Marchant, 11.
Mariage, 71.
Martel, 90.
Martin, 79.
Martinot, Enreg., 25. Fr. de just., 27.
Massabiau, 72.
Massé, 51.
Masselin. Mariage, Divorce, 10. Murs mit., Respons., Devis, Prescript., Privilège, Contentieux, 13. Honoraires, 13. Animaux, 21. Locat., 22. Sociét., 54. Financ., 53. Métré, 103. Form., 48.
Massol, 8.
Maucorps, 20.
Mauroy, 84.
Meaume, Réduct., 89.
Ménerville (de), 93.
Menguy, 30.
Mérot, 28.
Mesnard, Voirie, 74. Dr. crim., 65. L. pén., 65.
Michaux, Liquid., 44. Form. test., 16. Test. 16. Form. port., 30. Donat., 17. Cont. de Mar., 17. Code-Form., 30. Rédaction, 36.
Michot, Convent., 34. Sociétés, 52.
Migneret, Affouage, 78.
Million, 72.
Mogeot, 70.
Molènes (de), 75.
Molineau. Déclaration, 27. Mutation, 27.
Moniteur des Juges de paix, 37.
Morel, Série, 102. Supplément, 103.
Moret et Desrues, 54.
Morin, Expropr., 84.
Morin, Guerre, 98.
Moutlart, 96.

Mouton, 65.
Muel, 83.
Muteau, Assistance, 89.
Nachet, 99.
Nauphal (de), 94.
Neveu-Derotrie, 79.
Noël. Comptab., 33.
Noël. Ennemis, 102.
Normand. D. crim., 65. Instr. crim., 66.
Notes prat. pour l'insp. des finances, 27.
Nouguier (Ch.), Assises, 70.
Nouguier (L.), Lettres de change, 55. Trib., 58. Brev., 61. Actes de comm., 51. Élect., 59.
— et Espinas, 55.
Noyer, 82.
Nusse et Périn, 76.
Nyssens et Corbiau, 94.
Obriot, 80.
Observat. pratiques, 31.
— de quelq. J. de paix, 40.
Orillard, Tribun., 58. Préfecture, 82.
Osselin, 91.
Ouvrages divers, 95.
Pabon, Propriét., 21. Simple police, 69.
Paillet, Plaidoyers, 97.
Palaa, 87.
Pannier, 57.
Passerieu (Jean-Bernard), 13.
Paultre, Revue, 31.
Peigné, 101.
Pellerin, Conv. matr., 18, Rapports, 32. Enreg., 27.
Pelletier, 61.
Pellouin, 19.
Pépin-Lehalleur, 20.
Peret, 66.
Périn, Expropr., 83 et 84. Emploi, Travail, 76. Apprent., 59. Haut., 75.
Perrève, 71.
Perrin (L.). Sociétés, 53. Warrants, 101.
Perrin, Rendu et Sirey, 11.
Perriquet, Bâtiments, 12. Offices, 49. Travaux publics, 85. Contrats, 85. Pensions, 86.
Petit. Surenchères, 48.
Petit (G.). Presse, 77.
Philippe, 98.
Picard. Sép. de biens, 47.
Picard (Edm.) et Picard (E.). Propr., 62.

Picot, 40.
Pierangeli, 98.
Pierret, 69.
Pieto, 77.
Pigeon, 43.
Pignolet, 28.
Pirard, 100.
Plasman, 17.
Plé (A.), Percept., 26.
Plé (G.), Protection, 63.
Poilleu, 104.
Ponsard, 104.
Pont, Enregist., 24.
Porée et Livache, 89.
Pothier. Obligat., 17.
— Bugnet et J. Sirey, Œuvres, 5.
Pouillet. Propriété, 62. Marques, 59. Dessins, 60. Brevets, 60.
— et Plé, 63.
Poujol. Successions, 14. Obligations, 47.
Primot, Radiations, 24. Valeurs mobil., 98.
Taxes fiscales, 25.
Privat, 84.
Prix de règlement, 103.
Provencel, 41.
Pugeault, 7+.
Puton. Estim. Econom., Douanes, 78. Contr. par corps, 75.
Querenet, 75.
R. (L.), 94.
Raffait, 58.
Rambaud, 7.
Rand-Bailey, 94.
Rathery, 100.
Rau, 6.
Raviart (O.). Tarif en mat. civ., 48. Man. des avoués, 35. Bull. de la Taxe, 48. Tarif des huissiers, 44.
Raviart (E.). Act. poss., 40.
Rebel et Juge, 87.
Recueil mensuel de la Gazette des trib. 95.
Recueil des règles d'interprétat. des lois civiles, 8.
Réforme pénitent., 68.
Regnault, 80.
Rémond, 81.
Renard, 99.
Rendu. Marques, 60. Expr., 83. Constr., 11.
Plaid., 97.
Répertoire de la Revue du Notariat, 34.
Réquier, 16.

TABLE ALPHABÉTIQUE DES NOMS D'AUTEURS.

Revel, 68.
Revue du Notariat, 34.
— pénitent. V. Bull. de la Société des prisons.
— du Rég. des Soc., 53.
— des Sociétés, 52.
Richard et Maucorps, 20.
Richaud, Cession d'offices, 42. Pourvois, 78.
Richou, 97.
Rieff, 9.
Rigaud, 24.
Rigot, 100.
Rivière, Revue, 7. Commission, 8.
Robin, 74.
Rodanet, 89.
Roels, 8.
Roschussen, 90.
Rouire, 93.
Rouquet, 89.
Rousseau, Menuiserie, Parquets, 104.
Rousseau (D.), Juge de paix, 94.
Rousset, Science, 8. Responsab., 84.
Rouvin, 66.
Roux de Raze-Sauvigney, 40.
Rouxel, 34.
Roy (P.), Codes civil, de proc., de comm., 2. C. municip., 80.

Royer (de), 54.
Roz, 24.
Sabatié, 88.
Sabès et Baudrain, C. munic., 80. Usages locaux, 79.
Saint-Julien (de), 42.
Saint-Marc (de), 78.
Salem, 92.
Salme, 83.
Sarrazin, 59.
Sauvel, Photogr., 64. Propr. ind., 62, littér., 63. Assis., 70. C. crim., 64. Journ. du Minist. public, 73.
Savvas Pacha, Théorie, Droit musulm. expliqué, 93.
Schmitt, 16.
Sebaut, Condit., 8. Lég. tunis., 93.
Ségéral, Jour. des Gref., 44. C. prat., 38. C. internat., 40. Expropriation, 84.
— et Pabon, 69.
Selim, 94.
Senocq. Sténogr., 97.
Seutel, 33.
Sevin, 7.
Simon, 88.
Sirey (J.-B.). Code forestier, 78.

Sirey (J.). Codes, 3. Cod. civ., 4. Table de Pothier, 5. Construct., 11. Code de procéd., 34. Commerce, 49.
Sirey (Ch.), Commerce, 49. Electricité, 86.
Sorani, 95.
Sorel, 47.
Sorg, 93.
Sornay, 16.
Sourdat, 19.
Swinderen (van), 94.
Taillandier (de), 81.
Tambour, 82.
Teichmann, 7.
Tessier, 18.
Teullé, 45.
Texereau, 11.
Thomas, 15.
Thuillier, 104.
Thureau, 92.
Tissier Journ., 81.
Tonnelier, 44.
Tournade de Nouilhat, 81.
Tramuset, 83.
Transcription, 23.
Transmission des offices, 49.
Tricot, 101.
Turin, 9.
Usages locaux de la Ville de Paris, 22.

Valabrègue. D. comm., 50, marit., 56.
Valensi, 19.
Vassor, 23.
Vavasseur. Questions fiscales, 27. Sociétés, 52. Communauté, 18. Etienne Marcel, Sénat, Louis XIV, 99. Revue, 52.
Vavasseur (J.), Sociétés, 52.
Vielle, 79.
Vignon, 23.
Villey, Théorie, 64, Boitard, 65.
Vraye, Propr., 44. Offic., 49. Réforme, 99. Emprunt, 98.
Wable. Hypothèque, 23. Suppression, 87.
Walker, 4.
Warée, 105.
Wauwermans, Transp., 55.
Weil, Médec., 77. Magistrat., 100. Assur. sur le frêt, 94.
Weiss, 95.
Wintzweiller, 66.
Worms, 90.
Ymbert, 8.
Zachariæ, 5.

MARCHAL & BILLARD

LIVRES DE DROIT

ET

DE JURISPRUDENCE

PUBLIÉS PAR LA LIBRAIRIE GÉNÉRALE

DE

MARCHAL & BILLARD

IMPRIMEURS-ÉDITEURS, LIBRAIRES DE LA COUR DE CASSATION

Maison principale : Place Dauphine, 27
Succursale : Rue Soufflot, 7

PARIS

Nos envois sont expédiés franco en France et en Algérie.
Pour les autres pays, le port est compté en sus.
Si la localité n'est pas desservie par un service de factage, prière de nous indiquer la gare où nous devons expédier.

CODES ET RECUEILS GÉNÉRAUX

Codes et **Lois** pour la France, l'Algérie et les Colonies, ouvrage contenant, sous chaque article des Codes, de nombreuses références aux articles correspondants et aux lois d'intérêt général, les arrêts de principe les plus récents, la *législation algérienne et coloniale* et donnant en outre la concordance des lois et des décrets entre eux, et les principaux Traités internationaux relatifs au droit privé, avec droit au *Supplément annuel* pendant quatre ans ; par **Adrien Carpentier**, Agrégé des Facultés de droit, Avocat à la Cour d'appel de Paris. 4ᵉ édition, refondue et mise au courant. 2 forts vol. in-8 jésus. 1900. Brochés, 25 fr.; reliés, 31 fr.

Se vendent séparément :

— Codes et Traités. 1 vol. Broché, 12 fr. 50; relié, 15 fr. 50
— Lois et Décrets. 1 vol. Broché, 12 fr. 50; relié, 15 fr. 50

Il paraît une édition nouvelle tous les ans.

Dans chaque exemplaire complet en 2 volumes se trouvent des bons donnant droit **gratuitement, pendant quatre ans,** au *Supplément annuel* destiné à tenir l'ouvrage au courant des dernières lois promulguées.

Voici à grands traits ce qui distingue cet ouvrage de tous les codes précédemment parus et lui confère une véritable originalité :
Jusqu'ici, le texte des articles et les annotations qui s'y référaient faisaient l'objet de deux parties distinctes et séparées. Les articles se suivaient dans l'ordre numérique, et les références du commentateur étaient groupées au bas de la page, sans autre lien avec la disposition législative qu'un chiffre de renvoi. C'était souvent une cause de confusion regrettable. Le renvoi se référait à tout un ensemble de disposi-

tions au milieu desquelles il n'était pas facile de se reconnaître. On perdait à ces recherches la notion du rapport qui rattachait la disposition principale à son commentaire. On risquait de passer sans s'en apercevoir de l'analyse d'un article à celle d'un autre. Pour échapper à ces inconvénients, M. Carpentier a groupé directement et immédiatement sous chaque texte toutes les annotations qui s'y réfèrent...

En même temps, chaque disposition forme un ensemble complet qui se suffit à lui-même. Ces avantages de méthode, qui seraient déjà très appréciables dans un code ordinaire, empruntent à la multiplicité des renvois qui se trouvent dans notre ouvrage une importance particulière.

Quatre sources différentes alimentent, en effet, les annotations dont M. Carpentier a accompagné chaque article : 1° les autres articles des codes avec lesquels sont suggérés de nombreux rapprochements; 2° les principales dispositions des lois usuelles qui constituent une sorte de commentaire de la loi par le législateur lui-même; 3° les décisions de la jurisprudence; 4° la législation algérienne et coloniale. — La juxtaposition et la combinaison des articles du code avec les lois usuelles constituent peut-être l'innovation la plus considérable de notre auteur. Combien de fois avons-nous entendu formuler ce regret qu'on n'ait jamais songé, dans des ouvrages aussi pratiques, à donner sous chaque article un tableau complet de la législation, depuis la confection des codes jusqu'à nos jours ? N'est-ce pas le moyen le plus efficace d'assurer la connaissance de ces ordonnances, de ces lois, de ces décrets, si mobiles et si variables, que d'en rattacher l'étude à celle autrement simple des codes eux-mêmes? C'est chose faite aujourd'hui. M. Carpentier, avec une rare persévérance, a glané dans le corps de nos lois tout ce qui avait une affinité quelconque avec les codes, et ses citations, qui se chiffrent par milliers, forment les plus précieuses des annotations.

Nous en dirons autant des emprunts faits à la législation algérienne et coloniale. Jamais, croyons-nous, avant notre auteur, on n'avait osé explorer ce terrain mouvant où tant de lois se sont édifiées et ont sombré tour à tour...

M. Carpentier a tout fouillé, tout compulsé pour épargner la moindre peine à ses lecteurs. Et il leur suffit de chercher l'article qui les intéresse à sa place dans l'ordre numérique pour avoir simultanément connaissance des règles en vigueur dans la métropole et aux colonies.

La tâche entreprise par M. Carpentier eût été incomplète, s'il n'eût pas éclairé le sens des principaux articles à l'aide des décisions les plus notables prises dans la jurisprudence de la Cour de cassation. Il n'y a pas manqué. Ses emprunts, faits avec discrétion, se recommandent par un choix judicieux et de grandes qualités de précision. La plupart des décisions qu'il cite sont récentes. Toutes résolvent des questions de principe ou donnent l'interprétation des expressions même employées par le législateur. (*Recueil des Lois et des Arrêts*.)

Les Codes français, éditions portatives de 1900;
chaque Code contient deux tables, l'une des matières par titre, et l'autre alphabétique des matières collationnées sur les textes officiels; par **Paul Roy**.

Codes in-8 jésus (pour la serviette).

Code civil, broché, 3 fr.; rel. souple.	4 fr.
Code de procédure, broché, 2 fr. 50; rel. souple.	3 fr. 50
Code de commerce, broché, 2 fr.; rel. souple.	3 fr.

Codes in-8 jésus réunis (pour la serviette).

Code civil et *Code de procédure*, broch., 5 fr.; rel. souple.	6 fr.
Code civil, *Code de procédure* et *Code de commerce*, broch. 6 fr. 50; reliure souple.	7 fr. 50

Codes (de poche) in-32, séparés ou réunis.

Code civil, broché, 1 fr. 50; relié,	2 fr.
Code de procédure, broché, 1 fr. 50; relié,	2 fr.
Code de commerce, broché, 1 fr. 50; relié,	2 fr.
Code civil et *Code de procédure*, reliés,	3 fr. 50
Code civil, *Code de procédure* et *Code de commerce*, reliés,	5 fr.

CODES ET RECUEILS GÉNÉRAUX.

Codes annotés de Sirey contenant toute la jurisprudence des arrêts et la doctrine des auteurs, continués par **P. Gilbert**. 3e édition, complètement refondue et mise au courant, par **Jean Sirey**, Avocat à la Cour d'appel de Paris.

En vente :

— **Code civil** (5e tirage, revu et augmenté de *deux Appendices*). 2 vol. gr. in-8. 1892-1895.   50 fr.

    Le 1er *Appendice* seul. Gr. in-8. 1892.   2 fr.

    Le 2e *Appendice* seul. Gr. in-8. 1895.   1 fr.

— **Code de procédure civile** (3e tirage). 1 vol. gr. in-8. 1896. 25 fr.

— **Code de commerce** (2e tirage), avec le concours de **M. Ch. Sirey**, Avocat à la Cour d'appel de Paris. 1 vol. gr. in-8. 1898.   25 fr.

     Après avoir refait entièrement le *Code civil annoté de Sirey*, M. Jean Sirey vient d'entreprendre le même travail pour le *Code de procédure civile*, et nous donne le fruit de son patient labeur. Comment rendre compte d'une œuvre aussi considérable, alors que sa renommée est universelle et que tous les praticiens la connaissent et l'apprécient depuis plus d'un demi-siècle ? Les *Codes annotés de Sirey* ont été les premiers ouvrages de ce genre : on n'a jamais fait mieux ; la clarté des divisions, la précision dans toutes les citations, la méthode parfaite toujours rigoureusement suivie dans chaque matière et sous chaque article, font de ces livres estimés, les auxiliaires indispensables de tous les membres de la magistrature et du barreau. Quand on pense que M. Jean Sirey, pour ne rien livrer au hasard, s'est astreint depuis vingt ans à un travail scrupuleux de revision dans lequel la science du jurisconsulte se révèle à chaque ligne, on ne peut que féliciter le bénédictin infatigable qui a élevé un monument impérissable défiant toute concurrence et tout atteinte. (La *France judiciaire*.)

     Les *Codes annotés de Sirey* dont la librairie Marchal et Billard publie la troisième édition, sont l'ancienne œuvre de J.-B. Sirey, successivement mise au courant de la doctrine et de la jurisprudence par M. Gilbert et par M. Jean Sirey.

     M. Sirey a senti la nécessité de refondre en un seul contexte l'ancien Code et le Supplément, augmentés des décisions judiciaires et de la doctrine postérieure. Il a, du reste, conservé, sans le moindre changement, le plan et la méthode consacrés par l'assentiment public.....

     Cette fois, comme toujours, les sommaires des arrêts renvoient tout ensemble aux recueils de jurisprudence les plus importants : au *Recueil général des lois et arrêts*, au *Recueil périodique* de Dalloz, au *Journal du Palais*, à *la France judiciaire*.....

     A un ouvrage nouveau, entrepris sous d'aussi favorables auspices, nous ne pourrions que souhaiter avec confiance un avenir favorable et mérité. Quand le succès est depuis longtemps acquis, quand la continuation de l'œuvre dans les conditions primitives garantit les qualités qui l'ont fait unanimement apprécier, on ne peut que prédire la continuation du succès.

        L. PERRIQUET, Avocat au Conseil d'État et à la Cour de cassation.

     ..... Un semblable travail n'est certes pas sans difficulté ; M. Sirey s'en est acquitté de la manière la plus heureuse. Il a eu le bon esprit de restreindre l'exposé des solutions jurisprudentielles et doctrinales aux points qui offrent un intérêt pratique, négligeant ce qui est simplement élémentaire ou purement spéculatif, et sacrifiant à l'utilité réelle de son ouvrage la vaine satisfaction de lui donner une couleur plus scientifique, de lui imprimer un cachet plus personnel.

     Pour les décisions dont il analyse la substance dans des sommaires rédigés avec un grand soin, l'auteur renvoie aux trois principaux recueils de jurisprudence : le *Recueil général des lois et des arrêts*, fondé par J.-B. Sirey, le *Journal du Palais* et le *Recueil périodique* de MM. Dalloz. Quant aux auteurs, il cite, avec la même exactitude, tous ceux qui ont écrit sur les matières dont il s'occupe.

     Le lecteur est ainsi assuré de trouver, sous chacun des articles des Codes, l'indication précise de tous les points de difficulté et une nomenclature complète des autorités qui les ont résolus.

Je n'ai pas besoin de dire quels services un tel ouvrage, composé avec un soin si scrupuleux, est appelé à rendre aux magistrats, aux avocats et aux officiers ministériels. Dans la pratique des affaires, le temps est précieux, surtout de nos jours où l'activité est devenue en quelque sorte la loi des relations sociales. Aussi, pouvoir chercher sans peine et trouver promptement les éléments de solution d'une question embarrassante, quel avantage inestimable pour les auxiliaires de la justice chargés d'intenter ou d'instruire un procès, pour le défenseur à qui a été confiée la mission de le soutenir, pour le juge appelé à y statuer! G. DUTRUC, anc. Magistrat.

Cette troisième édition des *Codes annotés de Sirey* reproduit l'œuvre primitive, sous la forme que lui avait donnée son auteur, de commentaire arrestographique. Mais, comme l'avait déjà fait M. Gilbert dans la seconde édition, à la jurisprudence des arrêts elle ajoute la doctrine des auteurs, deux éléments aujourd'hui inséparables, qui concourant à faire mieux saisir le texte qu'ils accompagnent. C'est une grande amélioration, c'est un progrès véritable que cette juxtaposition continuelle, que cette perpétuelle mise en regard de ce qu'ont pensé les auteurs et de ce qu'ont décidé les juges.... Aussi cette double source d'informations a-t-elle depuis longtemps été la base du travail auquel se sont livrés tous ceux, en si grand nombre, qui se sont donné la mission d'éditer et de commenter les Codes, et dont les travaux sont, à des degrés différents, estimables. Mais, il ne faut pas se le dissimuler, on ne s'improvise pas arrêtiste. Le métier de manipuleur d'arrêts, soit qu'on s'attache à les rapporter avec tous les développements que comportent les questions qu'ils résolvent, soit qu'on se borne à en exprimer la quintessence, pour les faire servir à l'interprétation des textes, offre de nombreuses difficultés ; et tout le monde n'y est pas propre. Il exige une longue habitude de sous-pesage des arrêts pour arriver à ne leur faire dire que ce qu'ils décident, et ceux que nous avons vus y réussir le mieux sont ceux qui s'y sont consacrés tout entiers. Tels furent, pour ne parler que des nôtres, J.-B. Sirey, Devilleneuve et Gilbert, et tel est M. Jean Sirey, qui a donné pour but à son existence la continuation, le perfectionnement et la vulgarisation de l'œuvre paternelle.

Personne au surplus n'était plus propre que lui à remplir cette tâche. Trop jeune pour avoir pu recevoir les leçons de son aïeul, il a du moins reçu celles de M. Devilleneuve, son oncle, et de M. Gilbert, son maître, jurisconsultes éminents tous les deux et arrêtistes consommés....., et il s'est montré digne du nom qu'il porte, et digne de ses prédécesseurs, en rajeunissant et en mettant à jour le premier en date de ces précieux instruments de travail, dont on ne saurait plus se passer, l'œuvre qui, depuis soixante ans, a servi de modèle à toutes les publications du même genre.

A. CARETTE, ancien Avocat au Conseil d'État et à la Cour de cassation.

Lois, Édits, Traités de paix (Collection complète, par ordre chronologique, des), ordonnances, déclarations et règlements d'intérêt général antérieurs à 1789, restés en vigueur; par M. Walker. 5 vol. in-8. 1846. 35 fr.

CODE CIVIL

Code civil annoté contenant toute la jurisprudence des arrêts et la doctrine des auteurs; par Sirey et Gilbert. 3ᵉ édition (5ᵉ tirage, revu et augmenté de deux *Appendices*), par Jean Sirey, Avocat à la Cour d'appel de Paris. 2 vol. gr. in-8. 1892-1895. 50 fr.
Le 1ᵉʳ *Appendice*. Gr. in-8. 1892. 2 fr.
Le 2ᵉ *Appendice*. Gr. in-8. 1895. 1 fr.

Voir la notice page 3.

CODE CIVIL.

Œuvres de Pothier annotées et mises en corrélation avec le Code civil; par **M. Bugnet**, Professeur de Code civil à la Faculté de Paris. Nouvelle édition, conforme à la précédente, et suivie d'une *Table générale alphabétique*, par **Jean Sirey**, Avocat à la Cour d'appel de Paris. 11 vol. in-8 (2ᵉ tirage). 1861-90.   66 fr.

Chaque volume se vend séparément.   6 fr.

Droit civil français (Cours de), d'après la méthode de **C.-S. Zachariæ**; par **MM. Aubry et Rau**, Conseillers à la Cour de cassation. 5ᵉ édition revue et mise au courant de la législation et de la jurisprudence, par **MM. G. Rau et Ch. Falcimaigne**, Conseillers à la Cour de cassation, avec la collaboration de **M. Gault**, Docteur en droit, Avocat au Conseil d'État et à la Cour de cassation. 10 vol. in-8.   100 fr.

Les tomes 1, 2 et 3 sont parus. 1897-1900.   30 fr.
Le tome 4 est sous presse.
Les autres volumes paraîtront successivement.

Nous pouvons encore procurer séparément les tomes 1, 2, 3, 5, 6, 7 et 8 de la 4ᵉ édition au prix de 9 fr. l'un.

Les éditeurs Marchal et Billard viennent de mettre en vente les premiers volumes de la *cinquième* édition du grand ouvrage consacré, il y a de longues années déjà, à la science du droit civil par MM. Aubry et Rau, anciens professeurs à la Faculté de Strasbourg, et décédés tous les deux conseillers à la Cour de cassation, où leurs noms resteront toujours pour désigner deux jurisconsultes de premier ordre et deux éminents magistrats.

Cette cinquième édition ne pouvait déroger; elle est due à deux conseillers distingués de la Cour suprême avec la collaboration de M. Gault, avocat à la même Cour. Depuis longtemps elle était devenue nécessaire par le succès même de la précédente dont les exemplaires avaient été vite épuisés, et aussi par la nécessité de signaler les modifications, trop nombreuses peut-être, que notre vénéré Code civil lui-même subit de la part de nos bien féconds législateurs d'aujourd'hui. De douloureuses circonstances ont retardé la publication si impatiemment attendue; elle ne devait pas pourtant être abandonnée et, « guidés, comme ils le disent avec une touchante émotion, l'un, par un sentiment de piété, l'autre par une pensée de respectueuse admiration », MM. G. Rau et Falcimaigne se sont mis énergiquement et pieusement à l'œuvre, et mèneront bientôt à bonne fin l'édition dont ils nous donnent aujourd'hui les trois premiers volumes.

Nous disons que MM. Rau et Falcimaigne, avec la collaboration de M. Gault, se sont mis *pieusement* à l'œuvre; c'est, qu'en effet, ils se sont inspirés avant tout d'un respect profond pour l'ouvrage qu'il fallait réviser et en certaine partie modifier; leur pensée bien arrêtée, c'était de ne point faire un traité de droit civil nouveau; et ils se sont hâtés de le dire dans la courte préface qu'ils ont placée en tête du premier volume.

Et d'abord, ils n'ont rien changé à l'ordre scientifique et à la méthode philosophique suivis par le savant professeur d'Heidelberg, Zachariæ, dont le *Cours de droit civil français* aurait bien pu être la base de leur livre, mais dont cependant ils avaient tenu à faire une œuvre plus complète et presque absolument personnelle.

... Sans doute il a bien fallu, à raison des transformations de la législation si fréquentes à notre époque et aussi au point de vue pratique, à raison du développement de la jurisprudence, faire une révision générale de l'ouvrage et en donner une édition qui fût au courant de l'une et de l'autre. Mais, heureusement, il n'était pas nécessaire pour cela de déchirer des pages nombreuses et excellentes et de bouleverser l'harmonie des chapitres primitifs du livre.

Ils ont même été plus loin encore dans leur respect du cadre matériel de l'édition précédente : « Nous avons, disent-ils, simplement conservé toutes les parties de l'ouvrage que le temps avait respectées; le texte n'a subi que les modifications rendues indispensables par la mise en vigueur des lois nouvelles. Quant aux additions, destinées à faire connaître le dernier état de la doctrine et de la jurisprudence, elles ont trouvé leur place dans les notes. Dans cette revision, un seul but a été poursuivi : laisser intact le *Cours de droit civil*, tout en lui assurant les avantages d'un livre actuel, susceptible d'être consulté avec profit dans la pratique quotidienne des affaires ; et, afin d'éviter les erreurs du renvoi, nous avons, dans la mesure du possible, *reproduit l'ancien numérotage tant des paragraphes que des notes* ».

Les deux premiers volumes de la 5e édition, nous fournissent des exemples de l'application de cet ingénieux procédé : les matières qui y sont traitées n'ont heureusement subi que peu de modifications législatives; la plus importante et la plus étendue est assurément celle qui concerne l'*acquisition de la qualité de Français et la naturalisation.*

Nous citerons encore plusieurs paragraphes où la méthode suivie est excellente. Ainsi, aux paragraphes 112 et 113, la matière délicate de l'administration de la personne et des biens des mineurs était traitée de main de maîtres par MM. Aubry et Rau. Quelques changements législatifs ont été apportés aux règles anciennes, notamment quant à celles qui s'appliquent à cette partie si importante aujourd'hui de la fortune des mineurs, les valeurs de bourse et autres valeurs mobilières. MM. Rau et Falcimaigne ont, avec un soin tout particulier, placé leurs observations nouvelles sous les anciens paragraphes de la 4e édition. De même, une étude pleine d'intérêt sur les caractères constitutifs des *personnes morales* qui, de nos jours, prennent une place si considérable dans la vie sociale, se retrouve au paragraphe 54, fort développé dans la 5e édition. Le paragraphe 57, qui se rattache aux actes de l'état civil, n'a point omis de mentionner les conditions auxquelles a été soumise la reconstitution des actes détruits par les abominables incendies que la Commune de 1871 n'avait pas craint d'allumer et nous y trouvons un exposé à la fois historique et juridique des travaux opérés pour réparer les conséquences d'aussi terribles événements.

Des *notes* nombreuses et excellentes, placées sous des textes restés intacts, s'appliquent à des sujets d'un grand intérêt et complètent les notes précédentes par des additions précieuses.

Nous ne saurions, sans dépasser les bornes de ce simple aperçu, entrer dans de plus amples détails; nous dirons seulement que les deux premiers volumes de la 5e édition permettent d'apprécier la science et le soin, apportés par les auteurs de la revision, à l'étude de toutes les lois nouvelles et de toutes les décisions judiciaires qui nécessitaient des modifications ou des additions à l'œuvre de MM. Aubry et Rau.....

De belles pages auront disparu, par la force des choses, inspirées à MM. Aubry et Rau par le sentiment, nous dirions presque, nous qui les avons connus, par la passion du droit et des principes qu'il protège. MM. G. Rau et Falcimaigne les ont remplacées par d'autres pages à la hauteur de leurs devancières; et l'ouvrage qui, pendant de longues années, est resté le livre de chevet des magistrats et des jurisconsultes sera, avec les additions nécessaires qu'il a subies, le guide rajeuni, mais toujours sûr, de ceux qui font de l'application du sujet de leurs études et l'objet quotidien de leur profession.

E. GREFFIER,
Président honoraire à la Cour de cassation.
(*Gazette des Tribunaux*, 24-25 mai 1897.)

Droit civil (Éléments de); par **M. de la Bigne de Villeneuve**, Professeur à la Faculté libre de droit d'Angers, avec la collaboration de **M. Paul Henry**, Professeur à la même Faculté. 2 vol. in-8. 1883-1887. 25 fr.
Le tome III et dernier est sous presse.

« Deux professeurs à la faculté libre de droit d'Angers viennent de publier un nouveau Traité de droit civil français, en vue surtout de préparer les étudiants aux examens de l'école de droit.

« Nous ne voulons relever dans cet ouvrage d'ensemble, qui s'est placé au point de vue des plus saines doctrines, que deux qualités maîtresses ; la clarté et la concision du langage, bien précieuses pour le jeune public auquel il est destiné. »

(*Dalloz*, 1883.)

Code civil par demandes et réponses; par **Prosper Rambaud,** Docteur en droit, Répétiteur de droit. 7e édition, mise au courant des dernières dispositions législatives jusqu'en novembre 1896. 3 vol. in-8. 1892-1897. 19 fr. 50
Chaque volume se vend séparément. 6 fr. 50

Cet ouvrage est trop connu pour que nous ayons à le recommander. Composé spécialement en vue de fournir aux étudiants en droit un abrégé suffisamment étendu pour une étude sérieuse et réfléchie, il parcourt tout le droit civil, ne garde le silence sur aucune partie, ne s'étend pas trop sur d'autres, présente de toutes un choix succinct, et peut ainsi servir tout à la fois à préparer les cours et à faciliter de bons examens.

Afin de permettre aux candidats de repasser au dernier moment les matières de l'examen, le *Code civil par demandes et réponses* est suivi d'un résumé et d'une *table alphabétique.*

Droit civil élémentaire (Cours de); par demandes et réponses, avec l'explication des lois belges qui ont modifié le Code et l'état de la jurisprudence jusqu'en 1887, par **A. H. Adan,** Avocat à la Cour d'appel de Bruxelles, Répétiteur de droit. 2 vol. gr. in-8. 1887. 25 fr.

Principes du Code civil (Exposé élémentaire des); par **V. Leray,** Docteur en droit. 1 vol. gr. in-8. 1894. 6 fr.

French civil Code (The) with the various amendments thereto; par Henry Cachard, Counsellor at law of the New-York bar, Licencié en droit de la Faculté de Paris. 1 vol. in-8 cartonné. 1895. 25 fr.

Catéchisme juridique (Petit). Notions générales de droit français par demandes et par réponses, suivi d'un Formulaire d'actes et de contrats usuels, d'un Dictionnaire de termes juridiques, de quelques usages locaux et de la loi relative à la saisie-arrêt sur les salaires et petits traitements des ouvriers et employés (*Ouvrage adopté pour les Bibliothèques scolaires de la France*); par **M. Albert Charmolu.** 4e édition. 1 vol. in-18. 1895. 3 fr. 50

Ce petit livre est essentiellement utile et pratique. Utile, parce qu'il forme un précis de tout ce qu'un citoyen doit connaître pour sauvegarder ses droits civils et commerciaux; pratique, parce que la forme particulièrement heureuse de la réponse s'adaptant étroitement à la question posée, fait mieux ressortir le droit courant en matière civile, commerciale et administrative.

Origines révolutionnaires des Codes Napoléon (Étude sur les); par **M. Sévin,** Conseiller à la Cour de cassation. Nouvelle édition. 1 vol. in-8. 1879. 4 fr.

Jurisprudence de la Cour de cassation (Revue doctrinale des variations et des progrès de la), en matière civile et dans l'ordre du Code Napoléon; par **H.-F. Rivière,** Conseiller honoraire à la Cour de cassation. 1 fort vol. in-8. 1862. 10 fr.

Affaire de Bauffremont (Étude sur l') envisagée au point de vue des législations française et allemande; par **A. Teichmann,** Professeur de droit à l'Université de Bâle. Gr. in-8. 1876. 2 fr.

Qualité de Français (De la), de la Naturalisation et du statut personnel des étrangers; par **Is. Alauzet,** ancien Chef de division au Ministère de la justice. 2e édition, revue, corrigée et considérablement augmentée. 1 vol. in-8. 1880. 5 fr.

CODE CIVIL.

Naturalisation française (Manuel de la). Renseignements pratiques sur l'admission à domicile, la naturalisation et la réintégration (Modèles de demandes; pièces à fournir, etc.); par J.-A. Child, Expert-Traducteur Juré à Lyon. 1 vol. in-4. 1895. 1 fr.

Étrangers (La loi du 26 juin 1889 et la condition des); par V. Leray, Docteur en droit. Gr. in-8. 1891. 1 fr. 25

Condition légale (De la) des Français et des immunités diplomatiques en Tunisie, par A. Sebaut. Gr. in-8. 1889. 2 fr.

Allemands (La condition légale des Étrangers et particulièrement des) en France; par Ch. Lescœur, Professeur à la Faculté libre de droit de Paris. 1 vol. in-8. 1898. 4 fr.

Naturalisation de la femme De la) séparée de corps; par M. Massol, Professeur à la Faculté de droit de Toulouse. In-8. 1877. 1 fr.

Science nouvelle des lois ou Principes, Méthode et Formules suivant lesquels les lois doivent être conçues, rédigées, revisées et codifiées; par M. Gustave Rousset, Conseiller à la Cour d'Aix. 2 vol. gr. in-8. 1871. 16 fr.

Interprétation des Lois civiles (Recueil des règles d') et des contrats (Jurisprudence et doctrine). 1 vol. in-32. 1883. 3 fr. 50

Interprétation des Lois (Études sur l'); par Roels, Docteur en droit. Gr. in-8. 1896. 2 fr.

Code Napoléon (Essais critiques sur le). Première partie : Le Portique du Code, étude préliminaire (art. 1 à 7); par M. Th. Ymbert, Docteur en droit, ancien Avocat à Paris. 1 vol. in-8. 1860. 3 fr. 50

Perfectionnement des Lois (De l'utilité d'une Commission permanente pour le); par M. Rivière, Conseiller à la Cour de cassation. In-8. 1860. 1 fr.

Questions pratiques et doctrinales de Code Napoléon. — Donations et testaments. — Calcul de la réserve. — Réserve des enfants naturels. — Partage d'ascendant. — Contrat de mariage. — Caractères de la dot constituée par les ascendants. — Communauté légale. — Quotité disponible entre époux en cas d'existence d'enfants d'un précédent lit. — Hypothèque légale. — Transcription. — Prescription acquisitive et prescription extinctive, etc.; par M. A. Bertauld, Procureur général près la Cour de cassation, Sénateur. 1 vol. in-8. 1869. 8 fr.

Officier de l'état civil (Manuel-formulaire de l') à l'usage des maires, des adjoints et des secrétaires de mairie; par E. Bourgueil, Procureur de la République près le Tribunal de Perpignan. 2ᵉ édition entièrement refondue et mise au courant par un *Supplément*. 1 vol. in-8. 1898. 4 fr. 50

Ce livre témoigne d'une grande science juridique, d'une connaissance approfondie de tous les textes de lois et circulaires, d'un talent d'écrivain peu ordinaire.
Le *Manuel-Formulaire de l'état civil* est présenté avec une telle clarté, il est si

bien écrit qu'on trouve grand plaisir à le lire et qu'on retient avec beaucoup de facilité les explications de l'auteur. Les textes les plus embrouillés sont rendus compréhensibles ; les difficultés les plus ardues sont résolues avec une netteté qui ne laisse place à aucune équivoque.

L'ouvrage de M. Bourgueil est un des plus utiles qu'aient à consulter non seulement les maires, adjoints, secrétaires de mairie, employés de l'état civil, mais encore tous les citoyens. (*L'Indépendant de Perpignan*).

Actes de l'état civil (Commentaire sur la loi des), formant le titre II du livre Ier du Code civil ; par **M. C. Rieff**, Conseiller honoraire à la Cour de cassation. 2e édition. 1 fort vol. in-8. 1844.   7 fr. 50

Actes de l'état civil (Précis des règles relatives à la rédaction des); par **E. Bascle de Lagrèze**, Conseiller honoraire à la Cour d'appel de Pau. In-8. 1848.   1 fr. 50

État civil (Traité théorique et pratique de l'); par **H. Cival**, ancien Vice-Président du Tribunal civil de Dijon. 1 vol. in-12. 1851.   3 fr.

Témoignage des femmes (Commentaire de la loi du 7 décembre 1897 sur le); par **M. D. Didio**, Avocat à la Cour d'appel de Paris, Rédacteur en chef de la *Revue du Notariat et de l'Enregistrement*. Gr. in-8. 1898.   1 fr. 50

Séparation de corps (Traité de la); par **N.-M. Le Senne**, Juge de paix à Paris. 1 vol. in-8. 1879.   6 fr. 50

Divorce (Manuel-Formulaire du) et de la Séparation de corps, contenant les lois des 27 juillet 1884 et 20 avril 1886, article par article : 1° la législation antérieure; 2° le résumé des travaux et débats parlementaires ; 3° l'exposé complet et raisonné, de la doctrine et de la procédure ; 4° le sommaire des principales décisions rendues, de 1803 à ce jour, par les tribunaux français et étrangers, avec les renvois aux recueils; 5° un modèle de chaque acte de la procédure en divorce ; par **M. Henri Coulon**, Avocat à la Cour d'appel de Paris. 5e édition, entièrement refondue, avec un APPENDICE contenant la jurisprudence jusqu'en 1891. 1 fort vol. in-18. 1891.   6 fr. 50

Cet excellent traité contient, sous une forme succincte, le résumé précis et complet du titre VI du Code civil, relatif au divorce, tel qu'il se trouve définitivement modifié par la loi du 19 juillet 1884.

M. Coulon a fait œuvre sérieuse et utile; son livre, bien conçu, méthodique et clair, est très pratique ; aussi, nous le considérons comme nécessaire à tous ceux qui, par profession, sont appelés à faire l'application de cette loi.

(*Revue des Sociétés*).

Divorce et la Séparation de corps (Le). Histoire, législation, débats parlementaires, jurisprudence, doctrine, procédure, droit international, formules; par **M. Henri Coulon**, Avocat à la Cour d'appel de Paris. 6 vol. in-8. 1890-97.   48 fr.
Chaque volume se vend séparément.   8 fr.

Tome Ier : *Le divorce et la séparation de corps dans l'histoire.*
Tome II : *Législation du divorce et de la séparation de corps.*
Tome III : *Code annoté du divorce et de la séparation de corps.*
Tomes IV et V : *Doctrine. — Procédure.*
Le Tome VI et dernier est sous presse.

CODE CIVIL.

Divorce (Jurisprudence du). Recueil, par ordre chronologique, contenant le texte des décisions de principe rendues en causes de divorce de 1792 à 1885 par les tribunaux français et étrangers, et notamment les décisions de même nature rendues par les tribunaux étrangers et citées soit dans le *Manuel-formulaire du divorce*, soit dans les autres commentaires de la loi du 27 juillet 1884; par MM. **Henri Coulon**, Avocat à la Cour d'appel de Paris, et **Albert Faivre**, Avocat, ancien Directeur à la Préfecture de la Seine. 2e tirage. 1 vol. in-18. 1886. 5 fr.

Divorce (Le) et l'Adultère; par H. Coulon. Voir page 68.

Mariage (Droit civil international du) et des régimes matrimoniaux; par **P. Barraud**, Clerc liquidateur. 1 vol. gr. in-8. 1893. 1 fr.

Cette brochure traite du mariage civil en France et à l'étranger, du statut personnel, du mariage des Français à l'étranger, du mariage des Français avec des étrangers, du mariage des étrangers en France, et des différents régimes matrimoniaux à l'étranger. (*Revue du Notariat*, mai 1893.)

Mariage (Dictionnaire juridique en matière de), Divorce, Séparation de corps et de biens, Conseil judiciaire, Interdiction et Aliénés; par **M. Masselin**. 2 vol. gr. in-8. 1888. 20 fr.

Réforme du Mariage (De la). Modifications aux régimes matrimoniaux. Etude suivie d'un projet de loi; par **Henri Coulon**, Avocat à la Cour d'appel de Paris. 1 vol. in-8. 1900. 2 fr.

Procédure du Divorce; par Depeiges. Voir page 37.

Conventions matrimoniales (Les) et le Divorce; par **A. Pellerin**. Voir page 18.

Enfants naturels reconnus (De la condition des), dans la succession de leurs père et mère. Commentaire de la loi du 25 mars 1896. — Législation antérieure. Travaux parlementaires. Doctrine. Législation étrangère. Formules; par **Henri Coulon**, Avocat à la Cour de Paris. 1 fort vol. in-18. 1896. 6 fr. 50

On retrouvera dans ce livre toutes les qualités d'exposition, de clarté et de science juridique qui, depuis longtemps, ont classé M. Coulon parmi nos auteurs les plus appréciés et les plus consultés.

Enfants naturels (De la condition des) dans la succession de leurs père et mère. — Ce qu'elle a été; — Ce qu'elle est; — Ce qu'elle devrait être; par **M. Henri Coulon**, Avocat à la Cour d'appel de Paris. 1 vol. in-18. 1887. 2 fr. 50

Enfants naturels (Commentaire de la loi du 25 mars 1896 relative aux droits des) dans la succession de leurs père et mère; par **M. P. Henry**, Professeur de Droit civil aux facultés catholiques de l'Ouest. Gr. in-8. 1896. 1 fr. 50

Enfants naturels (Loi du 25 mars 1896 relative aux droits des) dans la succession de leurs père et mère; commentée par **M. G. Fortier**, Avocat à la Cour d'appel de Paris. Gr. in-8. 1896. 2 fr.

Articles 385 et 762 (Traité des) du Code civil; par D.... Gr. in-8. 1842. 1 fr.

CODE CIVIL.

Paternité naturelle (La recherche de la) en Italie et en France. Etude sur l'article 189 du Code civil italien et l'article 340 du Code civil français; par J. **Della Torre de Lavagna**, Docteur en droit. 1 vol. in-8. 1892.   2 fr.

Minorité et de la Tutelle (Code de la); par M. **Marchant**, Juge à Strasbourg. 1 vol. in-8. 1835.   5 fr.

Mineurs (Tableau des formalités requises dans les actes notariés pour les); par M. **Émile Brottier**, ancien Huissier à Loué (Sarthe). 1 feuille in-plano. 1880.   1 fr. 75

Administration légale (De l') et des réformes que comporte cette institution; par G. **Bonnans**, Docteur en droit, Conseiller à la Cour d'appel d'Alger. 1 vol. in-8. 1898.   3 fr.

Domaine public (Des délimitations du) maritime et fluvial; par **Texereau**, Sous-Inspecteur des domaines. In-8. 1860.   2 fr. 50

Propriété foncière (L'Agriculture et la) en face des lois fiscales, des lois de procédure et de la vénalité des offices; par M. **Vraye**. 1 vol. in-8. 1870.   7 fr. 50

Constructions (Code Perrin ou Dictionnaire des) et de la Contiguïté, législation complète des Servitudes et du Voisinage, du Sol bâti, cultivé ou planté; de ses Produits, des Engrais, etc.; des Etablissements classés, des Usines, des Cours d'eau, du Drainage et des Irrigations; du Bornage, de l'Affouage, des Clôtures urbaines et rurales; des Voies ferrées, Routes, Chemins, etc.; ouvrage entièrement refondu; par M. **Ambroise Rendu**, Docteur en droit, Avocat à la Cour de cassation et au Conseil d'État, revu par **Jean Sirey**, Avocat à la Cour d'appel de Paris et mis au courant par M. **Hudelot**, Juge de paix de Corbeil (S.-et-O.). 9° édition. 1 très fort vol. in-8. 1896-1899.   10 fr.

Le *Dictionnaire des Constructions et de la Contiguïté* a pour but de faire connaître l'ensemble des règles auxquelles sont soumis tous les immeubles, c'est-à-dire le sol et les constructions, dans leurs rapports soit avec les personnes qui les possèdent, soit avec les propriétés qui les avoisinent.

Nul ne peut user avec sécurité du droit de propriété s'il n'est éclairé, à ces divers points de vue, sur les facultés que la loi lui accorde et les devoirs qu'elle lui impose.

La *propriété bâtie* est envisagée au point de vue des servitudes actives et passives auxquelles elle donne lieu : *distances, vues, jours, égouts, appuis, tour d'échelle*, etc., — des obligations imposées aux propriétaires dans leurs constructions, relativement aux *fondations*, aux *caves*, à la hauteur des *maisons*, à l'épaisseur des *murs*, à la saillie des *balcons*, à l'*élévation* des édifices, aux *cheminées*, aux *façades*, aux *portes* et *fenêtres*, aux *logements insalubres*, etc.; — des dispositions applicables a la *mitoyenneté*, aux *clôtures*, et à toutes les situations qui dérivent du *voisinage* et de la *contiguïté* des propriétés bâties, aux *puits, fontaines, citernes, fosses d'aisances, conduites d'eaux* etc.; — enfin de la *voirie urbaine* et de tout ce qui concerne les *rues* et *places* envisagées en elles-mêmes et dans leurs rapports avec les propriétés riveraines, etc.

En ce qui concerne le *sol* proprement dit, l'auteur traite des fonds de terre et tout ce qui intéresse leur exploitation : *animaux domestiques, animaux nuisibles, produit du sol, engrais*, etc.; — des droits qui s'exercent à la superficie : *servitudes* dérivant soit de l'état des lieux, soit des conventions de l'homme : *passage écoulement des eaux, clôtures, fossés*, etc.; droit de *bornage; drainage* et *irrigation; usages* qui s'appliquent aux héritages ruraux, parcours, vaine pâture, pâturage, glanage, etc.; droit d'*affouage*;— de la propriété du sous-sol · *carrières, minières* et *mines* proprement dites; de la partie du sol affectée à la voie publique : *chemins ruraux* et *vicinaux*, *routes*, *départementales* et *impériales*, *chemins de fer*, et des alignements sur ces diverses voies ; — des cours d'eau et de leurs dépendances : *sources, ruisseaux, cours d'eau non navigables ni flottables; étangs; fleuves, rivières* affectés à la navigation, *chemins de halage. atterrissements* et *îles*; *canaux, écluses* et *francs-bords ; rivages* de la mer; *pêche* dans les eaux de toute nature ; *produits de ces eaux* et de leurs bords.

Relativement au *sol planté*, l'ouvrage passe en revue · les *arbres* de haute et basse tige, les *haies*, les *taillis*, les *bois* des particuliers et des communes, les *forêts* du domaine privé ou du domaine de l'Etat, les *garennes*, etc.

Des chapitres spéciaux exposent avec étendue les obligations et les droits qui concernent les *entrepreneurs* et les *architectes*, les règles qu'ils ont à suivre dans l'accomplissement de leurs missions, les conséquences de l'inobservation de ces règles les garanties qui leur sont accordées et la responsabilité à laquelle ils sont soumis.

Au sujet des édifices affectés à l'industrie, on retrace successivement les mesures de police et de sûreté concernant les *établissements insalubres* des diverses classes, les formalités d'autorisation, les conditions à observer dans l'exploitation, le régime des *usines* de tout genre, des *machines à vapeur*, des *moulins* situés sur les cours d'eau, les principes relatifs à l'exercice des professions industrielles, etc.

Les constructions du domaine public, *places de guerre, fortifications, digues, ponts*, etc., les *travaux publics* en général, *l'expropriation* pour cause d'utilité publique, sont également l'objet d'articles divers, etc., etc.

Cet ouvrage est complété par le :

Code-Atlas expliquant par des dessins les articles du
Code visés dans le *Dictionnaire des Constructions et de la Contiguïté* (Code Perrin), contenant 257 exemples dessinés à main levée et classés par lettre alphabétique, avec l'indication des lois, arrêts et opinions de jurisconsultes se rapportant à chaque article ; par A. Jacob, Architecte. Nouv. édit., rev. et corr., par P. Fromaget, Conducteur princ. des Ponts et Chaussées. 1 vol. in-8. 1897. 6 fr.

Le *Code Perrin* et le *Code-Atlas* pris ensemble. 15 fr.

L'auteur s'est ingénié à appliquer à cette partie de notre législation civile la méthode suivie dans l'enseignement primaire pour les enfants, c'est-à-dire à saisir l'esprit en frappant les yeux. Le but qu'il se proposait de réaliser, il l'a atteint au moyen de petits dessins qui fournissent le tableau très précis de toutes les contestations qui sont de nature à s'élever entre les propriétaires d'immeubles. Ajoutons que le tout est accompagné de notes substantielles qui, en venant corroborer par l'indication des articles de loi, des arrêts et de l'opinion des auteurs, les avis exprimés au texte, en contiennent le résumé succinct du droit de chacun.

(*Pandectes françaises.*)

Bâtiments (Traité de la législation des) et Constructions,
comprenant les règles en matière de devis et marchés, construction, servitudes, location, réparations, voirie, police des bâtiments, avec FORMULES DE MARCHÉS, etc.; par Frémy-Ligneville, Conseiller à la Cour d'appel d'Aix. 3ᵉ édition, refondue et tenue au courant, par Perriquet, ancien Avocat au Conseil d'Etat et à la Cour de cassation. 2 vol. in-8. 1891. 18 fr.

Le plan de cet ouvrage est tout à fait pratique.

Dans la première partie, l'auteur traite des rapports du propriétaire qui fait construire avec les architectes et les entrepreneurs, c'est-à-dire des *devis et marchés*, de la *perte des ouvrages avant la livraison*, de la *responsabilité des architectes, entrepreneurs et ouvriers*, du *privilège des architectes et entrepreneurs*, et de *l'action directe des sous-traitants*.

De là, l'auteur passe à l'examen des règles imposées aux constructeurs dans l'intérêt public. Il s'occupe alors des matières suivantes : *alignements, saillies, hauteur des maisons, construction et couvertures, rues et passages, salles de spectacle, établissements dangereux, insalubres et incommodes, sûreté et liberté de la voie publique pendant les constructions et démolitions*.

Plusieurs chapitres sont aussi consacrés aux parties des constructions sur lesquelles s'exerce le pouvoir de police de l'administration, telles que *puisards*, *égouts*, *fosses d'aisances*, *cheminées d'usines*, *forges*, *machines à vapeur*.

L'auteur examine tout ce qui concerne les *constructions sur le terrain ou avec les matériaux d'autrui*, les *murs mitoyens*, la *servitude d'indivision*, les *fenêtres et jours*, les *contre-murs*, le *droit de passage* et le *tour d'échelle*.

(Gazette des Tribunaux.)

Constructions (Des) élevées par un locataire sur les lieux loués; par **H. Cuénot**, Avocat à la Cour d'appel. 1 vol. gr. in-8. 1892. 5 fr.

Murs mitoyens (Nouvelle jurisprudence et Traité pratique sur les); par **M. Masselin**. 14ᵉ édition. 1 vol. gr. in-8. 1898. 10 fr.

Suppléments 1 à 10. 2 vol. gr. in-8. 1885-1888. 20 fr.
Table-Répertoire analytique et alphabétique. In-8. 1888. 1 fr.
Album. 3ᵉ édition. In-8. 1882. 4 fr.
Première Revue décennale contenant la jurisprudence nouvelle du 1ᵉʳ janvier 1888 au 31 décembre 1898. — Suppléments 11, 12 et 13. 1 vol. gr. in-8. 1899. 6 fr.

Responsabilité (Nouvelle jurisprudence et Traité pratique sur la) des architectes, ingénieurs, etc.; par **M. Masselin**. 2ᵉ édition. 1 vol. gr. in-8. 1879. 12 fr.

Suppléments 1 à 6. 2 vol. gr. in-8. 1888. 12 fr.

Devis dépassés (Nouvelle jurisprudence et Traité pratique sur les); par **Masselin**. 2ᵉ édition. Gr. in-8. 1882. 6 fr.

Prescription décennale en matière de responsabilité des architectes, ingénieurs, etc.; par **Masselin**. Gr. in-8. 1888. 8 fr.

Privilège des Constructeurs (Législation et jurisprudence sur le) au profit des architectes, entrepreneurs, ouvriers, et du privilège au profit des commis, employés, agents, etc., etc.; par **M. Masselin**. 1 vol. gr. in-8. 1888. 6 fr.

Contentieux (Le) usuel et pratique, à l'usage des architectes, entrepreneurs, etc.; par **M. Masselin**. 2 vol. in-8. 1888. 24 fr.

Honoraires des Architectes (Nouvelle jurisprudence et Traité pratique sur les); par **M. Masselin**. 1 vol. gr. in-8. 1879. 12 fr.

Suppléments 1 et 2. 1888. 4 fr.

Architectes (Manuel pratique et juridique des) et des Entrepreneurs en matière de travaux publics et du bâtiment; par **Passerieu (Jean-Bernard)**, Avocat à Beauvais. 1 vol. in-8. 1892. 5 fr.

Condenser en un résumé aussi bref que possible, à la fois succinct et complet, les différentes règles en matière de travaux au point de vue des droits et des obligations des architectes et des entrepreneurs: tel est le but que M. Jean-Bernard Lasserieu s'est proposé en rédigeant son *Manuel*. Il a voulu présenter au lecteur un livre pratique; par conséquent il a dû mettre de côté toute dissertation, toute discussion théorique, pour ne s'attacher qu'à l'interprétation donnée par la jurisprudence civile et administrative aux lois, décrets et règlements.

(Journal *la Loi*, 7 avril 1892.)

CODE CIVIL.

Coutumes de Normandie. Lois françaises et jurisprudence des tribunaux normands, concernant le voisinage, la mitoyenneté et les servitudes; par **L.-A. André,** ancien Notaire. 1 vol. in-18. 1896.   4 fr.

Successions (Traité des); par **Poujol,** ancien Président à la Cour de Colmar. 2 vol. in-8. 1842.   15 fr.

Succession (Traité du Partage de) et des opérations et formalités qui s'y rattachent, telles que les scellés, l'inventaire, la vente du mobilier, la licitation, le retrait successoral; par **G. Dutruc,** Avocat à la Cour d'appel de Paris. 1 vol. in-8. 1855.   8 fr.

Administrateurs judiciaires (Guide pratique des) aux successions, des administrateurs provisoires et des curateurs aux successions vacantes, — France — Algérie — Colonies (avec Formules de rapports et de comptes), comprenant le tarif des honoraires alloués à tous administrateurs, séquestres et liquidateurs de sociétés, adopté par le Tribunal civil de la Seine; par **Ch. Hébert,** ancien Curateur aux successions vacantes près le Tribunal civil de la Seine. 1 vol. in-18. 1897.   3 fr. 50

Ce livre s'adresse tout spécialement aux personnes qui, nommées aux fonctions d'administrateur judiciaire ou de curateur aux successions vacantes, ont besoin de connaître les obligations qui leur incombent, les devoirs professionnels qu'elles doivent remplir, les responsabilités qu'elles peuvent encourir. Il leur indique en même temps les rapports qu'elles doivent avoir avec le Tribunal qui les a nommées, l'administration des Domaines, la Caisse des dépôts et consignations, et les héritiers ou légataires des successions qu'elles auront à administrer.

L'auteur, ancien curateur aux successions vacantes près le Tribunal civil de la Seine, que sa longue pratique des affaires et sa compétence en ces matières désignaient tout spécialement pour ce travail, s'est appliqué à exposer dans ce volume les questions d'une manière à la fois très précise et très simple, de façon à mettre en quelque sorte la connaissance et l'exercice de ces délicates fonctions à la portée de tout le monde.

Liquidations et Partages de communauté (Traité pratique des), de succession et de société, avec un choix de formules entièrement nouvelles; par **M. Alexandre Michaux.** 4ᵉ édition, mise au courant de la jurisprudence. 1 fort vol. in-8. 1877.   9 fr.

M. Alexandre Michaux a écrit un livre dans lequel, laissant de côté les dissertations, il a extrait et coordonné d'après plus de deux cents ouvrages de droit et de jurisprudence, les principes et les solutions se rapportant aux liquidations et partages.   (*Recueil Dalloz*, art. de M. Vergé).

Liquidations et Partages (Traité pratique des), contenant successions, communautés, sociétés, indivisions, reprises, restitutions de dot avec les honoraires et les droits fiscaux, suivi d'un FORMULAIRE complet; par **Albert André,** ancien Notaire, 2 forts vol. in-8. 1893.   20 fr.

C'est, comme l'indique son titre, une œuvre essentiellement pratique. L'auteur en a réuni les éléments dans l'exercice du notariat et il a tenu à faire part de sa longue expérience à ses jeunes confrères. Qu'il s'agisse de successions, de communautés, de sociétés, d'indivisions, de reprises ou de restitutions de dot, il a exposé dans le plus grand détail les opérations successives qui doivent conduire au règlement des droits des parties intéressées, soit par la voie amiable, soit par la voie judiciaire. Il a en quelque sorte vivifié ces opérations et complété son ouvrage par un formulaire très bien fait qui embrasse presque tout un volume....
     (*Recueil Dalloz*, 23-24ᵉ cah. 1892.)

Époux survivant (Commentaire de la loi du 9 mars 1891 modifiant les droits de l') sur la succession de son conjoint prédécédé (art. 767-205 du Code civil); par **A. Brédier**, Chef de bureau à la Direction générale de l'enregistrement et des domaines. 1 vol. in-18. 1895. 2 fr.

L'auteur, après avoir donné l'historique et le texte de cette importante loi, examine les droits en propriété des époux non divorcés ou séparés de corps et les droits en usufruit des mêmes époux, la nature du droit d'usufruit, la saisine, la délivrance, la vacance de la succession, les droits du conjoint survivant, les obligations, la contribution aux dettes, la quotité du droit d'usufruit accordé au conjoint survivant, le calcul du droit d'usufruit, la conversion de l'usufruit en rente viagère, l'extinction de l'usufruit légal du conjoint, la pension alimentaire, le droit fiscal qui comprend les droits de succession en pleine propriété et en usufruit.

Les notaires trouveront dans ce savant commentaire la solution de toutes les difficultés qu'ils rencontrent dans l'application journalière de cette loi.

Droits de l'époux survivant (Commentaire de la loi du 9 mars 1891 ou des modifications apportées au Code civil relativement aux) sur la succession de son conjoint prédécédé (art. 767-205 du Code civil); par **H. Lamache**, Professeur de Code civil à la Faculté libre de droit de Lille. Broch. gr. in-8. 1895. 2 fr.

L'ouvrage de M. Lamache ne s'en tient pas aux solutions proposées par la doctrine et développées dans les débats parlementaires. Le savant auteur s'est appliqué à résoudre plusieurs questions que les tribunaux n'ont pu encore trancher, et qu'il s'est lui-même adressées. Il s'est aussi préoccupé des besoins de la pratique, à laquelle il offre un recueil d'excellentes formules et un chapitre spécial entièrement consacré à l'examen des difficultés auxquelles peut donner lieu la nouvelle loi au point de vue fiscal pour la perception des droits d'enregistrement.

Époux survivant (Des droits de l') dans la succession de son conjoint. Commentaire de la loi du 29 mars 1891 au point de vue du droit civil et du droit fiscal; par **P. Floquet**, Sous-Inspecteur de l'enregistrement et des domaines. 1 vol. in-18. 1892. 3 fr.

Conjoint survivant (Le) et la loi du 9 mars 1891 ; par **Roger Teullé**, Avocat à la Cour d'appel de Toulouse. 1 vol. in-18. 1896. 3 fr. 50

Conjoint survivant (Des droits du). Étude de la loi du 9-10 mars 1891, qui a modifié les droits de l'époux sur la succession de son conjoint prédécédé (art. 767 et 205 du Code civil); par **L. Thomas**, Avocat à la Cour de Bordeaux. 1 vol. in-8. 1896. 7 fr.

L'ouvrage de M. L. Thomas coordonne et résume les opinions de ses devanciers, il contient l'examen et la discussion des questions si nombreuses qui naissent de la loi nouvelle ou s'y rattachent, et il les résout en s'appuyant sur son texte ainsi que sur ceux non abrogés de la législation antérieure et sur la jurisprudence établie; il relève avec une exactitude particulière les décisions judiciaires qui ont été rendues; enfin, la créance alimentaire du conjoint survivant que les précédents commentateurs avaient un peu trop négligée y est traitée avec autant de soin que le droit de succession en usufruit.

Ce livre a recueilli déjà des suffrages autorisés.

C'est « le livre le plus complet, le plus riche, le plus précieux à consulter par les praticiens que tourmente si souvent l'interprétation de la nouvelle loi ».
(*Recueil de l'Académie de législation de Toulouse*, 1894-1895, t. XLIII, p. 64.)

« Au courant de la jurisprudence la plus récente, enrichi de notes précieuses, essentiellement pratique et complet, le livre de M. Thomas répond à ce qu'on était en droit d'attendre de son auteur, praticien consommé en même temps que jurisconsulte distingué. L'Académie de législation de Toulouse n'a fait que devancer le jugement de l'opinion publique en couronnant son œuvre. »
(*Journal des arrêts de la Cour d'appel de Bordeaux.*)

Planches généalogiques (Les) composées selon les divers ordres de successions et d'après leurs différentes catégories, avec explication des principes du droit civil; par **J.-C. Desvaux**, Commis greffier assermenté. In-4° oblong. 1833.   5 fr.

Partages d'ascendants (Traité théorique et pratique des); par **M. Réquier**, Conseiller honoraire à la Cour de cassation. 1 vol. in-8. 1868.   8 fr.

Partages d'ascendants (Traité pratique des) entre-vifs et testamentaires et des actes qui en dérivent. Droit civil — Droit fiscal — Formules; par **Albert André**, ancien Notaire. 2° édition. 1 vol. in-8. 1899.   7 fr.

En publiant ce traité, M. Albert André s'efforce de répandre un peu de clarté sur les questions si nombreuses et si ardues que soulève l'application des principes diversement interprétés qui doivent régir les partages d'ascendants. L'auteur a présenté, sous une forme simple et concise, la solution des difficultés qui se rencontrent dans les actes de cette espèce.   (*Revue du Notariat*.)

Partages d'ascendants avec Formules; par **P. Barraud**, Principal Clerc de notaire. 1 vol. in-18. 1897.   2 fr.

Inventaires (Formulaire pour); par **M. de Madre**, ancien Notaire à Paris. 2° édition. In-4°. 1864.   4 fr.

Inventaires (Formulaire pour) avec observations théoriques et pratiques et Traité des droits d'enregistrement. 2° édition, revue et augmentée, par **Albert André**, ancien Notaire. In-8. 1890.   3 fr.

Inventaire après décès (De la nécessité d'un). Projet de loi modifiant l'article 774 du Code civil; par **M. Sornay**, Receveur de l'enregistrement et des domaines à Lorrez-le-Boccage (Seine-et-Marne). In-8. 1894.   1 fr.

Testaments (Traité pratique des) notariés, olographes, mystiques et autres, et des actes qui en sont la conséquence; actes de suscription, dépôts de testaments, révocation, délivrance de legs, compte d'exécuteur testamentaire, etc., avec un grand choix de formules nouvelles; par **Alexandre Michaux**, Auteur du *Traité des Liquidations et Partages*. 3° édition, entièrement refondue. 1 vol. in-8. 1887.   8 fr.

Formules des Testaments notariés, olographes, mystiques et autres et des actes qui en sont la conséquence : Actes de souscription, dépôts de testaments, révocation, délivrance de legs, comptes d'exécuteur testamentaire; par **Alexandre Michaux**. 1 vol. in-8. 1887.   1 fr. 50

Ces Formules sont extraites du Traité des Testaments *du même auteur.*

Testaments (Traité pratique et Formulaire des) notariés, olographes, mystiques et des actes relatifs à leur exécution. 2° édition, revue et augmentée, par **Albert André**, ancien Notaire. In-8. 1891.   4 fr.

Testaments et Donations (Formulaire portatif des); par **M. Schmitt**, anc. Princip. Clerc de Not. In-8. 1888.   2 fr. 50

CODE CIVIL. 17

Testament public (Le) et son contenu; par C. de Boch-Bauwens, Premier Clerc à St-Nicolas (Belgique). 1 vol. gr. in-8. 1896. 3 fr. 50

Liberté de tester (De la). Exposé des motifs et projet de loi; par Henri Coulon, Avocat à la Cour d'appel de Paris. In-8. 1899. 2 fr.

Donations entre vifs (Traité pratique des) entre époux, des partages d'ascendants et des actes qui en dérivent (acceptation, notification, procuration, révocation, etc.), avec un grand nombre de formules nouvelles; par **Alexandre Michaux**. 2ᵉ édition, mise au courant de la jurisprudence par un SUPPLÉMENT. In-8. 1873. 8 fr.

Le *Traité des Donations* est écrit à un point de vue essentiellement pratique.
Nous avons lu cet ouvrage avec beaucoup d'intérêt et nous pouvons assurer qu'il contient une foule d'aperçus nouveaux omis ou dédaignés des jurisconsultes, mais d'une réelle importance pour les notaires chargés d'appliquer la loi et non de la discuter.... (*Revue du Notariat*).

Réserve légale (De l'inviolabilité de la); par M. Fretel, Conseiller à la Cour d'appel de Bourges. 1 vol. in-8. 1869. 8 fr.

Obligations (Traité des) de Pothier; par Bugnet. 2ᵉ édition. 1 vol. in-8. 1861. 6 fr.

Obligations (Traité des); par Poujol, ancien Président à la Cour d'appel de Colmar. 3 vol. in-8. 1846. 24 fr.

Obligations (Des) divisibles et indivisibles en droit romain et en droit français; par M. Deflers, Avocat à Paris. In-8. 1863. 1 fr. 50

Obligation (Formule annotée de l') et de son bordereau d'inscription; par P. Barraud, Principal Clerc de notaire. Gr. in-8. 1899. 2 fr.

Contre-lettres (Des) considérées : 1° dans leurs rapports avec les obligations en général; 2° avec les lois fiscales en vigueur; 3° avec les règles de contrat de mariage; par L.-C. Plasman, Vice-Président du Tribunal civil d'Orléans. 2ᵉ édit. 1 vol. in-8. 1839. 5 fr.

Contrats de mariage (Traité pratique des) et des actes qui en sont la conséquence, avec un grand choix de formules inédites; par **Alexandre Michaux**, Auteur du *Traité des Liquidations, des Testaments, des Donations*, etc. 1 vol. in-8. 1869. 8 fr.

Toutes les difficultés d'un sujet aussi complexe ont été examinées par l'auteur avec une exactitude consciencieuse et résolues avec le sens exercé qui distingue le jurisconsulte formé à la pratique des affaires. (*Répert. périod. d'Enregistrement.*)

Contrats de mariage (Formulaire pour), avec observations théoriques et pratiques; par A. André, ancien Notaire. 2ᵉ édition, revue et augmentée du traité des droits d'enregistrement. 1 vol. in-8. 1889. 3 fr.

Contrat de mariage (Étude sur le) en droit comparé et en droit internat.; par M. Déglin, Avocat. Gr. in-8. 1883. 5 fr.

CODE CIVIL.

Conventions matrimoniales (Les) et le Divorce. Etude pratique sur les précautions à prendre en matière de donations par contrat de mariage pour le cas de divorce, avec *Formules;* par M. Albert Pellerin, ancien Procureur de la République à Nîmes et au Havre, ancien Avocat au Havre. Gr. in-8. 1885.   2 fr.

Avantages entre époux (De la nature juridique des); par L. Degaigne, Docteur en droit. 1 vol. in-8. 1898.

Régime dotal (Le) dans le pratique. (Droit civil, Droit fiscal, Formules); par A. André, ancien Notaire. 1 vol. in-8. 1888.   3 fr. 50

Société d'acquêts (Traité de la); par H. Tessier, Avocat à la Cour d'appel de Bordeaux. 2ᵉ édition, revue, annotée, complétée et mise au courant de la doctrine et de la jurisprudence, par J. Deloynes, Professeur de droit civil à la Faculté de Bordeaux. 1 vol. in-8. 1881.   10 fr.

Dispenses d'alliance (Étude pratique sur les); par M. Girault, Juge au Tribunal civil de la Seine. In-8 1874.   1 fr.

M. Girault y examine dans quelles circonstances il y a lieu à dispenses, quelles sont les pièces à produire à l'appui de la demande de dispenses, et enfin quelles modifications l'instruction de ces affaires pourrait recevoir.
(*Journal du Ministère public*, avril 1874.)

Communauté de biens (Des origines de la) entre époux; par M. Vavasseur, Avocat à la Cour d'appel de Paris. In-8. 1873.   1 fr.

Actes usuels [sous seing privé] (Formulaire d') annoté d'observations pratiques au point de vue de l'enregistrement et contenant des modèles d'arbitrage, de rapports d'experts, cautionnements, baux et locations verbales, comptes de tutelle, cessions et transports, mitoyenneté, obligations, partages, pouvoirs, procurations, quittances, réméré, rentes viagères, résiliations de toutes sortes, servitudes, testaments, transactions, ventes, etc.; et annoté d'observations pratiques pour économiser les droits d'enregistrement; par Lainey, Avocat, ancien Notaire. 2ᵉ édition, revue, corrigée et augmentée d'un *Supplément*. 1 vol. in-8. 1897.   6 fr. 50

Cet ouvrage rend de grands services aux praticiens, *les annotations d'enregistrement* qu'il contient leur permettant de se rendre compte des droits d'enregistrement qui seront perçus sur les conventions qu'ils rédigeront.

L'auteur, qu'une grande pratique des affaires a mis au courant des difficultés auxquelles donne lieu l'enregistrement des actes, s'est efforcé de prévoir tous les cas qui peuvent se présenter et a noté autant que possible ceux qui peuvent donner lieu à *une économie de droits*.

Formules raisonnées (Dictionnaire de) ou Modèles d'actes, conventions, rapports, etc., etc., pouvant être établis sous la forme sous seing privé; par O. Masselin. 2ᵉ édition. 1 vol. gr. in-8. 1899.   12 fr.

Rédaction des actes (De la) considérée au point de vue de l'écriture sténographique, des langues étrangères et des prescriptions de la loi; par P. Turin, ancien Avocat à la Cour de Paris. 1 vol. in-8. 1878.   3 fr.

Révocation des actes (De la) faits par le débiteur en fraude des droits de ses créanciers (action paulienne); par **L. Pellouin**, Avocat. 1 vol. in-8. 1879. 4 fr.

Responsabilité (Traité général de la) ou de l'Action en dommages-intérêts en dehors des Contrats, comprenant : la responsabilité civile des délits prévus ou non prévus par les lois pénales, et des quasi-délits; les conditions essentielles de l'action en dommages-intérêts; la solidarité entre les auteurs du même fait dommageable ; la compétence; le mode de saisir de l'action des tribunaux, soit civils, soit de répression; les preuves, les règles concernant l'exécution des condamnations sur les biens et sur la personne ; la prescription; la responsabilité du fait d'autrui et de celle des choses que l'on a sous sa garde, la responsabilité de l'aubergiste, des pères, instituteurs maîtres et commettants, du voiturier; des compagnies de chemins de fer; des conseils d'administration et de surveillance des sociétés anonymes et en commandite; la responsabilité de l'État et les règles de la compétence administrative et judiciaire; la responsabilité des communes, etc. etc.; par **M. A. Sourdat**, Docteur en droit, Conseiller honoraire à la Cour d'appel d'Amiens. 4° édition, revue et augmentée. 2 vol. in-8. 1887. 18 fr.

Le *Traité général de la responsabilité*, de M. Sourdat, est bien connu et avantageusement apprécié dans le monde judiciaire, où il jouit d'une légitime autorité. Le mérite de l'ouvrage est attesté par ses éditions successives.
(*Recueil général des lois et des arrêts.*)

Reponsabilité des Accidents (Commentaire de la loi du 9 avril 1898 et des décrets et règlements concernant la) dont les ouvriers sont victimes dans leur travail, suivi du texte de la loi du 9 avril 1898, des décrets et règlements du 28 février 1899, des arrêtés des 29, 30 et 31 mars 1899 et du décret du 5 mars 1899 concernant les émoluments des greffiers; par **Paul Guillot**, Avocat à la Cour d'appel de Paris. 1 vol. in-32. 1899. 3 fr.

Les commentaires de la loi du 9 avril 1898 commencent à ne plus se compter. Il y en a de toutes sortes, de tous formats, et ils se placent à tous les points de vue. Celui que M. Paul Guillot vient de publier est essentiellement pratique.
Les articles de la loi relatifs à la procédure ont été l'objet d'une étude spéciale du commentateur; aussi ce livre pourra-t-il être lu avec profit par MM. les magistrats, les maires, les juges de paix et les greffiers de justice de paix et de tribunaux.
(*Gazette des Tribunaux*, 25 juin 1899.)

Accidents du Travail (La loi sur les). Commentaire théorique et pratique de la loi du 9 avril 1898 et des règlements d'administration publique, suivi d'une étude sur les principales législations étrangères et d'un appendice contenant le commentaire de la loi du 24 mai 1899; par **Raoul Valensi**, Avocat au Barreau de Marseille. 1 vol. in-8. 1899. 6 fr.

... C'est le but que s'est proposé d'atteindre l'auteur : à cet effet, il s'est attaché à donner à son commentaire un *caractère tout à la fois théorique et pratique*. Expliquer un texte législatif ne suffit pas, il faut en déterminer aussi le champ d'application et la portée pratique. L'auteur a donc voulu que tous ceux qu'intéressait *la Loi sur les accidents du travail* fussent exactement renseignés sur les droits et les obligations qui en résultent pour eux.
Les *industriels*, les *commerçants*, *agriculteurs*, *entrepreneurs*, *syndicats ouvriers*, *assureurs*, etc..., y trouveront solutionnées toutes les questions qui peuvent les intéresser. Il en est de même de ceux qui sont appelés à donner des conseils aux victimes d'accidents, *avocats*, *avoués*, *hommes* du Palais, etc....., *et enfin*

des magistrats auxquels la loi de 1898 confie un rôle nouveau et important, nous voulons parler des *juges de paix* et des présidents de tribunaux. *Enfin, l'auteur a consacré un appendice spécial aux nouvelles discussions parlementaires qu'a provoquées au mois de mai 1899 l'application de la loi du 9 avril 1898, et à la réorganisation de la Caisse nationale d'assurances en cas d'accidents.*

Son commentaire *contient donc le dernier état de l'OEuvre législative française,* ainsi qu'une étude des principales législations étrangères.

Responsabilité des Accidents (Commentaire pratique de la procédure instituée par la loi du 9 avril 1898 sur la) dont les ouvriers sont victimes dans leur travail; par **Ch. Fleury**, Greffier de justice de paix. In-8. 1899. 1 fr.

Accidents du Travail (Commentaire pratique des lois des 9 avril 1898 et 24 mai 1899 et des décrets et règlements d'administration publique qui en ont été la suite, sur les); par **E. Bourgueil**, Procureur de la République à Perpignan. 1 vol. in-12. 1899. 2 fr. 50

Dommages-intérêts en matière de transports (Des); par Cotelle. Voir page 55.

Jurés d'expropriation (De la responsabilité civile des); par G. Rousset. V. page 81.

Incendie (Traité de la responsabilité civile en matière d'), comprenant l'Exposé des règles générales concernant la responsabilité des propriétaires, usufruitiers, nus propriétaires, locataires, fermiers, colons partiaires, voisins voituriers, dépositaires, ouvriers à façon, architectes et entrepreneurs, des Compagnies de chemins de fer, des Compagnies d'éclairage et de chauffage par le gaz, de l'Etat, de la commune, etc.; l'étude de matières spéciales, telles que : le chômage, les mesures prises contre l'incendie, les frais d'étayement, le vice de construction, les feux de cheminées, etc.; *une analyse complète de la loi du 5 janvier 1883, qui a modifié l'art. 1734 du Code civil*, et le texte des rapports qui ont précédé sa discussion à la Chambre et au Sénat; par MM. **Albert Richard**, Docteur en droit, Avocat à la Cour d'appel de Paris, et **Maxime Maucorps**, Chef de contentieux d'assurances contre l'incendie à Paris. 1 fort vol in-8. 1883. 10 fr.

M. Albert Richard a mis au service de l'œuvre commune son infatigable ardeur pour la science, et M. Maxime Maucorps l'expérience journalière qu'il a pu acquérir dans la direction des affaires contentieuses des compagnies d'assurances. De cette heureuse collaboration est sorti un livre très soigné, très consciencieux, et, ce qui de nos jours doit être regardé comme un rare mérite, très impartial.
(*Gazette des Tribunaux*, 23 novembre 1883.)

Article 1734 du Code civil (Note sur l'interprétation du nouvel); par M. **A. Pepin-Lehalleur**. Broch. in-8. 1884. 1 fr.

Ventes d'immeubles (Traité pratique des), amiables, judiciaires et administratives, contenant les principes généraux, les règles particulières des diverses ventes et l'étude des droits d'enregistrement, avec *Formules;* par **Albert André**, ancien Notaire. 2 vol. gr. in-8. 1894. 14 fr.

Le *Formulaire* seul. 1 vol. in-8. 1894. 4 fr.

Depuis la promulgation du Code civil, il a été publié de nombreux traités sur la vente des immeubles, mais aucun n'est aussi complet ni aussi pratique que celui de M. Albert André.

CODE CIVIL.

Vices rédhibitoires (Traité théorique et pratique de de la garantie des) dans les ventes et échanges d'animaux domestiques; par **G. Van Alleynes**, Conseiller à la Cour d'appel de Gand. 2ᵉ édition. 1 vol. gr. in-8. 1879. 9 fr.

Animaux domestiques (Législation, jurisprudence et réglementation du 15 février 1888, y compris le décret du 12 novembre 1887 sur les vente, échange, louage, dépôt et mise en gage des) destinés au travail et à la consommation. — Vices rédhibitoires et autres, police sanitaire, maladies contagieuses; par **M. Masselin**. 1 vol. gr. in-8. 1888. 12 fr.

Animaux domestiques (Vente et échange d'). Défauts. Vices rédhibitoires. Epizooties. Résumé de la législation actuelle, comprenant la loi du 31 juillet 1895 sur la tuberculose ; par **M. J. Carles**, Juge de paix à Moissac (Tarn-et-Garonne). 2ᵉ édit. In-8. 1899. 1 fr.

Animaux domestiques (De la rescision des ventes et échanges d') spécialement d'après la loi du 31 juillet 1895; par **Paul Lalanne**, Avocat, Docteur en droit. 1 vol. gr. in-8. 1897. 3 fr. 50

Propriétaires et Locataires (Code-Manuel des), Hôteliers, Aubergistes et Logeurs; ouvrage dans lequel sont exposés méthodiquement leurs obligations et leurs droits respectifs, avec des modèles de tous les actes sous seing privé relatifs aux locations; par **M. Emile Agnel**, Avocat à la Cour d'appel de Paris. 8ᵉ édition, revue et augmentée par **M. Carré**, Juge de paix du Iᵉʳ arrondissement de Paris, Rédacteur en chef du *Moniteur des Juges de paix*. 1 fort vol. in-18. 1892. 6 fr. 50

Ainsi tenu au courant, l'ouvrage de M. Agnel est le meilleur guide des propriétaires, locataires qui veulent être fixés sur leurs droits et leurs obligations respectives. La simplicité du style de l'ouvrage, le soin que l'auteur a pris, pour éviter autant que possible les termes techniques, rendent ce livre accessible à tous, même à ceux qui sont étrangers à l'étude des lois. (*Journal du Palais*.)

Propriétaires et Locataires (Manuel pratique des) de maisons ou appartements, des hôteliers, aubergistes et logeurs, avec les usages de Paris et des grandes villes, et les formules de tous actes nécessités par les locations; par Louis Pabon, Juge de paix du XVIIᵉ arrondissement de Paris. 1 vol. in-16, cartonnage souple. 1899. 3 fr.

Il manquait un ouvrage qui, sous une forme concise et pratique, donnât la solution de toutes ces petites difficultés qui se présentent si souvent entre propriétaires et locataires.

La longue expérience acquise en ces matières par vingt années de justice de paix désignait tout spécialement M. Pabon, juge de paix du XVIIᵉ arrondissement de Paris, pour écrire ce livre.

Aussi, le petit manuel qu'il vient de publier sera-t-il le meilleur guide pour tous les propriétaires et locataires qui veulent être fixés sur leurs obligations et leurs droits respectifs, et qui trouveront facilement, au moyen d'une table très complète, la solution de toutes les questions si diverses qui peuvent se présenter dans l'interprétation du contrat de louage, ainsi que les usages en vigueur à Paris et en province et les formules de tous les actes nécessités par les locations.

La simplicité du style de l'ouvrage, le soin que l'auteur a pris d'éviter les termes techniques, rendent le livre accessible à tous.

Enfin, les aubergistes et logeurs y trouveront aussi, avec les règlements spéciaux, les indications nécessaires à leur profession.

CODE CIVIL.

Locations. Nouvelle jurisprudence et Traité pratique sur les locations mobilières et immobilières; par **M. Masselin.** 1 vol. et 6 fascicules gr. in-8. 1880-1888.   30 fr.

Sous-Locations (Des) et cessions de bail; par **M. Henri Brugnon**, Docteur en droit, Avocat à la Cour de cassation. 1 vol. gr. in-8. 1894.   3 fr. 50

Usages locaux de la Ville de Paris (1840-1898), dressés par la Commission des Usages de Paris. 1 vol. in-8. 1899.   2 fr.

Usages de Paris (Code pratique des) ayant force obligatoire de loi dans les contestations les plus fréquentes entre les habitants de Paris. Ouvrage contenant, en outre, les usages sur la durée des locations et sur les délais des congés dans les cantons ruraux du département de la Seine; par **E. Le Pelletier**, Avocat à la Cour de Paris, Juge de paix suppléant du VIIe arrondissement. 2e édition. 1 vol. in-18. 1891.   3 fr. 50

Me Emile Le Pelletier, avocat à la Cour d'appel de Paris, vient de profiter de son expérience comme suppléant de la justice de paix du septième arrondissement depuis une vingtaine d'années, pour rédiger, sous forme de répertoire alphabétique, le *Code pratique des usages de Paris ayant force obligatoire de loi*. Grâce à ce livre, que son extrême simplicité met à la portée des intelligences les plus vulgaires, chacun pourra se rendre compte de ce qu'il doit et de ce qu'il peut exiger des autres. Les articles consacrés aux concierges, aux domestiques, aux congés à donner, tant à Paris que dans les cantons ruraux et aux réparations locatives, se signalent surtout par leur utilité pratique de chaque jour. (*Le Droit*, art. de M. A. Sorel.)

Location (De la). Baux, congés, réparations locatives, fermiers, domestiques. Notes sur divers usages suivis dans la ville d'Aurillac et l'arrondissement, avec la jurisprudence; par **H. Garnier**, Juge de paix. 1 vol. in-18. 1893.   1 fr. 50

Congés (Des). Locations verbales. Notes sur les congés dans les baux verbaux à loyer, suivies des délais à observer pour signifier congé dans les cantons du Quesnoy (Nord); par **V. Baudrain**, Juge de paix du canton sud de Valenciennes (Nord). 1 vol. in-32. 1890.   60 c.

Baux verbaux à loyer. Des délais à observer pour signifier congé dans les cantons nord et sud d'Avesnes, suivi de notes sur le congé en général; par le *même auteur*. In-32. 1895.   1 fr.

Sinistres occasionnés par la guerre (Des); par **Badon-Pascal**. In-8.   1 fr.

Droit et le Théâtre (Le); par **Franz Deseure**, Avocat près la Cour d'appel de Bruxelles. 1 vol. pet. in-8. 189 .   7 fr. 50

A mesure que les entreprises théâtrales se multiplient et se développent, les questions de droit qui s'y réfèrent deviennent plus nombreuses et plus délicates. M. Franz Deseure vient de leur consacrer un ouvrage dans lequel il a réuni les principaux précédents législatifs et judiciaires concernant les spectacles, les directeurs, les comédiens, leurs rapports respectifs, leurs droits, leurs obligations.

Son livre, très soigneusement coordonné et très complet, est d'une lecture facile, grâce aux anecdotes dont l'auteur rappelle le souvenir, et qu'il expose avec autant d'esprit que d'originalité.   (*Gazette des tribunaux*, 30 mai 1895.)

CODE CIVIL.

Prêt à intérêt (Du); par **L.-F. Vignon,** Curé de Buire-Courcelle (Somme). 1 vol. in-18. 1859. 3 fr.

L'intérêt de l'argent; par **M. Lavielle,** Conseiller honoraire à la Cour de cassation. 1 vol. gr. in-8. 1865. 2 fr.

Hypothèques. Droits et salaires. 1 vol. in-4°. 4 fr.
(Extrait du *Dictionnaire des droits d'enregistrement, de timbre et d'hypothèques.*)

Régime hypothécaire (Traité pratique du), contenant transcriptions, privilèges, hypothèques, inscriptions, radiations, purges, saisies, ordres, responsabilité des conservateurs, droits fiscaux et salaires, etc., suivi de *Formules* d'inscriptions et de réquisitions de formalités hypothécaires; par **A. André,** ancien Notaire. 2° édition, revue et augmentée. 1 vol. in-8. 1898. 10 fr.

L'auteur s'est attaché à donner aux *hommes d'affaires* un résumé complet des principes adoptés par la doctrine et la jurisprudence. Il a compris que le praticien attend moins de lui une discussion qu'une solution, moins de la science que de la précision et de la netteté. Un bon recueil de 67 *Formules*, une *Table* bien distribuée, enrichissent, complètent son travail et en font le guide le plus pratique en matière hypothécaire.

Cession d'antériorité (De la); par **C. Vassor,** Premie Clerc de notaire. 1 vol. gr. in-8. 1896. 5 fr.

Hypothèque légale (Traité théorique et pratique des renonciations par la femme à son) au profit du tiers acquéreur. Loi du 13 février 1889 portant modification de l'article 9 de la loi du 23 mars 1855; par **Anatole Wable,** Avoué à Montreuil. 1 vol. in-8. 1892. 4 fr.

Le livre de M. Wable est un des meilleurs commentaires que nous connaissions de la loi nouvelle. La précision des idées, la netteté des conceptions, la pénétration et la sagacité d'un esprit réfléchi, une forme excellente : tels sont les principaux mérites de ce travail. (*Revue du Notariat.*)

Subrogation (Traité théorique et pratique de la) à l'hypothèque légale des femmes mariées; par **M. Bertauld,** Procureur général près la Cour de cassation, Sénateur. 2° édition, refondue et complétée. 1 fort vol. in-8. 1864. 6 fr. 50

Transcription (Exposé des mesures administratives à prendre pour assurer l'efficacité de la loi du 23 mars 1855 sur la); par **Allard,** Notaire. In-8. 1857. 3 fr.

Transcription (De la) en matière hypothécaire, ou Explication de la loi du 23 mars 1855 et des dispositions du Code Napoléon relatives à la transcription des donations et des substitutions; par **M. Flandin,** Conseiller honoraire à la Cour d'appel de Paris. 2 forts vol. in-8. 1861-62. 16 fr.

Transcription hypothécaire. 1 vol. in-4°. 1886. 4 fr.
(Extrait du *Dictionnaire des droits d'enregistrement, de timbre et d'hypothèques.*)

Transcription hypothécaire (Manuel alphabétique de la). [Droit civil et enregistrement]; par **M. Jourdaa,** Notaire. 1 vol. in-8. 1886. 3 fr.

CODE CIVIL.

Radiations hypothécaires (Traité pratique des);
par **M. A. Primot**, Docteur en droit, Administrateur à la direction générale des domaines. 2° édition conforme à la 1re. 1 vol. gr. in-8. 1889.   4 fr.

Sous une forme concise, ce livre résume tout ce qui a été dit et décidé sur la question. L'auteur, s'inspirant de la méthode de MM. Aubry et Rau, expose, dans un texte dont la sobriété ne le cède qu'à la clarté, les principes qui dominent la matière.
(Revue du Notariat)

États d'inscriptions hypothécaires (Des); par
M. Paul Legrand, Conservateur des hypothèques. 1 vol. in-8. 1892.   3 fr. 50

Radiation des inscriptions (Tableau alphabétique
indiquant les pièces à produire pour obtenir la) et des transcriptions de saisies immobilières; par **M. Roz**, ancien Notaire à Saint-Amour (Jura), Avoué à Mayenne. In-plano. 1882.   1 fr. 20

Prescription de l'hypothèque (Étude sur la) par le
tiers détenteur (art. 2180 et 2257 du Code civil); par **A. Amiaud**, ancien Notaire. Gr. in-8. 1880.   2 fr. 50

Code civil [2148] (D'un article du) et de quelques modifi-
cations qu'il serait utile d'y apporter. Étude théorique et pratique sur l'inscription hypothécaire; par **A. Jalouzet**, ancien Conservateur des hypothèques. 1 vol. gr. in-8. 1879.   3 fr.

Réforme hypothécaire (Simples réflexions d'un Con-
servateur des hypothèques sur la); par Émile Asse. Gr. in-8. 1892.   1 fr. 50

Droits d'enregistrement (Traité des), contenant l'exa-
men des principes du Code civil; par **MM. Championnière et Rigaud**, Avocats, Rédacteurs du *Contrôleur de l'Enregistrement*. 2° édition, avec SUPPLÉMENT. 6 vol. in-8. 1851.   50 fr.

ON VEND SÉPARÉMENT :

Le tome 5° (*Dictionnaire de l'Enregistrement*). 1 fort vol. in-8.   12 fr.
Le tome 6° ou *Supplément*, avec la collaboration de M. Pont, Président honoraire à la Cour de cassation. 1 fort vol. in-8.   9 fr.

Dictionnaire des Droits d'enregistrement,
de timbre, de greffe et d'hypothèques; par les Rédacteurs du *Journal de l'Enregistrement et des Domaines*. 3° édition, avec l'abonnement de l'année courante au *Journal de l'Enregistrement et des Domaines*, y compris le 1er SUPPLÉMENT aux mots *Actions* et *Obligations* et le 2° SUPPLÉMENT contenant le Commentaire des lois nouvelles sur l'enregistrement et de la loi du 9 mars 1891. 7 tomes en 8 vol. in-4. 1874-1895.   175 fr.

Le 1er *Supplément* seul. 1 vol. in-4. 1891.   20 fr.
Le 2° *Supplément* seul. 1 vol. in-4. 1895.   10 fr.

Ce qui nous a tout d'abord frappé dans cet ouvrage, c'est la distribution logique des matières, la concision du style et la netteté des aperçus.

Il faut en premier lieu savoir gré à des écrivains qui tous ont appartenu ou appartiennent encore à l'administration, d'avoir su dépouiller cet esprit fiscal et étroit, qui exagère les rigueurs de la loi et incline trop souvent le fonctionnaire à résoudre en

faveur du Trésor toutes les questions douteuses; les hommes distingués qui ont entrepris le nouveau Dictionnaire se sont placés à un point de vue élevé, et ils montrent en mainte occasion une remarquable impartialité.....
(*Revue du Notariat.*)
Le Journal de l'Enregistrement est le complément du Dictionnaire. — Nous engageons les souscripteurs au Dictionnaire à faire l'acquisition des années du Journal, depuis 1874 inclusivement, s'ils veulent tenir l'ouvrage au courant de la jurisprudence et des modifications de la législation.

Journal de l'Enregistrement et des Domaines,
fondé par une société d'Employés supérieurs de l'Enregistrement.
Années 1874 à 1899. 50 fr.
— Table-Répertoire. Résumé analytique de toutes les matières contenues dans ce Recueil, de 1873 à 1892 inclusivement. 1 vol. gr. in-8. 1894. 10 fr.
Abonnement annuel à partir de janvier. 15 fr.

Ce journal paraît tous les mois. Il contient des articles sur la manutention, toute la jurisprudence de la Cour de cassation en matière d'enregistrement et d'hypothèque et un cours de la Bourse de toutes les valeurs cotées, rédigé spécialement pour la perception des droits d'enregistrement.

Taxes fiscales (Traité théorique et pratique des) [Droits
de timbre, de transmission et impôt sur le revenu] établies sur les valeurs mobilières françaises et étrangères (actions, parts d'intérêt ou commandites dans les sociétés, compagnies, associations et congrégations religieuses; obligations et emprunts des sociétés, départements, communes et établissements publics); par M. **Al. Primot**, Administrateur à la Direction générale des domaines. 1 vol. in-4°. 1891. 20 fr.

Cet ouvrage est, sous forme de dictionnaire, le commentaire net, précis, complet de la législation et de la jurisprudence en ce qui concerne l'assiette et la perception des droits de timbre et de transmission sur les valeurs mobilières, et de la taxe de 4 p. 100 sur le revenu. C'est encore le traité méthodique des obligations des sociétés civiles, compagnies financières, congrégations religieuses, établissements publics, départements, communes, en ce qui concerne l'impôt qui frappe sous diverses formes les actions, les parts d'intérêt, les commandites, les titres d'emprunts, etc. C'est en même temps une œuvre de science et de pratique.

Enregistrement (Nouveau Dictionnaire des droits d')
et de timbre, publié sous la direction de **A. Martinot**, Receveur des Domaines en non-activité (s.s.d.). 2ᵉ édition. 3 vol. in-8. 1891-1893. 30 fr.

Candidat au surnumérariat de l'Enregistrement
(Manuel pratique du); par M. **Flour de Saint-Genis**, ancien Conservateur des hypothèques à Paris, en retraite. 1 vol. in-8. 1896. 7 fr. 50

L'auteur a rédigé ce Manuel d'après les récents programmes, pour présenter aux nouveaux candidats une préparation raisonnée, une base solide d'enseignement qui les dispense, au moins avant le concours, de lectures fastidieuses et inutiles.
Il donne : 1° le texte officiel des sujets de rédaction proposés depuis 1859, c'est-à-dire depuis trente-sept ans; 2° l'énoncé, avec la plupart des solutions, des problèmes de calculs et applications pratiques qui ont servi au concours depuis le dernier programme du 3 décembre 1890.

Candidat au surnumérariat de l'enregistrement
(Manuel du); par Fr. **Lefebvre**, Receveur de l'enregistrement en retraite, et Fr. **Lefebvre** fils, Docteur en droit, ancien Employé supérieur de l'enregistrement. 1 vol. gr. in-8. 1895. 10 fr.

CODE CIVIL.

Surnuméraire de l'enregistrement (Manuel théorique et pratique du); par les *mêmes auteurs*.
1er Examen. 1 vol. gr. in-8. 1894. *Rare.*
2o — — — 1896. 10 fr. 85

Droits d'enregistrement (Résumé et tarif alphabéthique des) au courant jusqu'en 1897 ; par **F. Lefebvre**, Docteur en droit, ancien Employé supérieur de l'enregistrement. 1 vol. gr. in-8. 1897. 4 fr

Tarif des Droits d'enregistrement, de timbre, d'hypothèques, de greffe, des amendes de contravention et réclamations, par ordre alphabétique; par **M. Lansel**, ancien Notaire. 10e édition, mise au courant de la législation. 1 vol. in-32, cart. 1898. 1 fr. 50

Ce tarif est d'une grande utilité aux personnes appelées à rechercher les droits afférents, soit à une convention, soit à une formalité, et à reconnaître les amendes auxquelles donnent lieu les contraventions commises.

Droits proportionnels et gradués **d'enregistrement** (Tables de calcul des) de 20 fr. à 20,000 fr. pour les droits proportionnels, et de 1 fr. à 10,000 fr. pour les droits gradués, y compris un et plusieurs décimes, avec l'indication des actes notariés soumis à ces droits, suivies de la *Table de capitalisation du revenu* aux deniers 25 et 12 1/2, depuis 1 fr. jusqu'à 1,000 fr.; par **M. Emile Brottier**, ancien Huissier à Loué (Sarthe). 1 vol. in-18 cartonné. 1880. 3 fr.

Circulaires et Instructions de l'Administration de l'Enregistrement (Refonte et Analyse des) relatives à la perception des droits d'enregistrement, de greffe, de timbre, d'hypothèques, au notariat et aux contraventions; par **M. Bigorne**, ancien Receveur de l'enregistrement à Paris. 2e édition, mise entièrement au courant jusqu'au 1er janvier 1884 au moyen d'une feuille générale comprenant toutes les annotations à coller en marge des numéros de l'ouvrage. 2 vol. in-4. 1884. 15 fr.
Le *Supplément seul.* In-8. 1884. 3 fr.

Manutention et Comptabilité. Ouvrage faisant suite à la *Refonte et Analyse des Circulaires et Instructions* de l'administration de l'Enregistrement et des Domaines ; par **M. L. Bigorne**, ancien Receveur de l'enregistrement. 2e édition, mise au courant par un *Supplément* jusqu'au 1er janvier 1884. 1 vol. in-4. 1884. 12 fr.
Le *Supplément seul.* In-8. 1884. 3 fr.

Perception et de Manutention (Dictionnaire de) concernant les actes judiciaires et extra-judiciaires, l'assistance judiciaire, le timbre, l'impôt sur les valeurs mobilières et diverses opérations domaniales; par **A. Plé**, ancien Receveur de l'enregistrement, ancien Conservateur des hypothèques. 1 vol. in-8. 1889. 6 fr.

Enregistrement (Étude historique sur l'impôt et l'Administration de l'), depuis leurs origines les plus reculées jusqu'à nos jours. Introduction au droit fiscal, suivi d'une bibliographie de l'enregistrement; par **A.-F. Bonnefon**, ancien Employé des domaines, Juge de paix à Bordeaux. 1 vol. gr. in-8. 1882. 6 fr.

CODE CIVIL.

Notes pratiques pour servir aux vérifications de l'inspection des finances, domaines et timbre. 2ᵉ édition, conforme à la 1ʳᵉ (1877). Gr. in-8. 1891. 5 fr.

Questions fiscales (Enregistrement, timbre, hypothèque, etc.). Doctrine. — Législation. — Examen critique de la jurisprudence au point de vue de la pratique notariale; par **A. Vavasseur**, Avocat à la Cour d'appel de Paris. 1 vol. in-8. 1870. 4 fr. 50

Enregistrement (De la Compétence de l'Administration de l') relativement aux opérations, polices et pièces des agences des compagnies d'assurances maritimes françaises établies à l'étranger; par **A. Pellerin**, Avocat au Havre, ancien Procureur de la République. Gr. in-8. 1881. 1 fr. 50

Droits de Timbre (Manuel de la perception des); par **E.-J. Dufresne**, Vérificateur de l'enregistrement, des domaines et du timbre. 1 vol. in-8. 1864. 5 fr.

Frais de Justice (Loi sur les) du 26 janvier 1892, suivie de l'instruction de l'administration de l'Enregistrement du 31 mai 1892. Gr. in-8. 1892. 1 fr. 50

Taxe des frais de justice comprenant le texte de la loi et l'analyse des principaux documents législatifs, un commentaire de la loi (article par article), un dictionnaire complet des actes judiciaires et extra-judiciaires (législation ancienne et législation nouvelle; doctrine et jurisprudence); par **Ad. Martinot**, Receveur des domaines en non-activité (sur sa demande). 2ᵉ édition. 1 vol. in-8. 1892. 4 fr.

— Supplément. Instructions 2816 et 2838 (Décret du 23 juin 1892. Loi du 13 juin 1892). In-8. 1893. 1 fr.

Déclarations de succession (Manuel des) et des Droits de mutation par décès, contenant le résumé des décisions administratives et judiciaires rendues jusqu'au 1ᵉʳ janvier 1874; par **M. B. Molineau**, ancien Notaire. 3ᵉ édition, entièrement refondue et augmentée (2ᵉ tirage) 2 vol. in-8. 1875. 10 fr.

Droits de mutation par décès (Guide pratique des); par **M. Molineau**, ancien Notaire. 2ᵉ édition. 1 vol. in-8. 1877. 1 fr. 50

Droits de mutation par décès (Des). Manuel-Formulaire pour déclaration des successions; par **Albert André**, ancien Notaire. 4ᵉ édition, revue et augmentée. In-8. 1899. 3 fr.

Successions (Traité spécial sur les) au point de vue fiscal ou Résumé de la Législation, de la Jurisprudence et des Prescriptions de l'administration relatives aux droits de mutation par décès, avec *Formules*; par **M. Boillon**, Receveur de l'enregistrement en retraite. 4ᵉ édition, entièrement refondue et mise au courant jusqu'au 1ᵉʳ juillet 1880. 1 vol. in-8. 1880. 3 fr.

Rapporteur (Le) des actes sous seing privé, des droits d'enregistrement et des mutations après décès; par **P. Card**, ancien Notaire. 3ᵉ édition. 1 vol. in-8. 1888. 5 fr.

Fonds de commerce (Traité pratique des cessions de) et des Marques de fabrique et Brevets d'invention, au point de vue des droits d'enregistrement et de timbre ; par **G. Gallois**, Receveur de l'enregistrement, des domaines et du timbre. 1 vol. in-18. 1888.
3 fr.

... Chaque question est suivie des arrêts, jugements et décisions qui s'y rapportent, aussi bien ceux qui sont favorables à l'interprétation qu'en donne l'auteur, que ceux qui lui sont contraires. — De cette façon, le lecteur est à même d'apprécier en toute connaissance de cause.

Fonds de commerce (Commentaire pratique de la loi du 28 février 1872, sur l'enregistrement des actes de vente et les déclarations de mutation de); suivi d'une formule de vente d'un fonds de commerce avec cession de bail; par **A.-J. Mérot**, ancien Principal Clerc de notaire à Paris. 1 vol. in-32. 1877. 1 fr.

Nantissement (De la dation en) des Fonds de commerce. Peuvent-ils être donnés en nantissement? par **M. A. Pignolet**, Avocat. Gr. in-8. 1896. 75 c.

Expropriations forcées (Observations sur les), la clause de voie parée, les purges d'hypothèques légales non inscrites, les ordres entre créanciers hypothécaires et les transmissions par actes sous signatures privées de propriété ou jouissance d'immeubles, par **A. Goda**, Notaire à Reims. In-8. 1849. 2 fr.

Prescription (Exposé élémentaire des principes de la), à l'usage des étudiants de 2° année; par **V. Leray**, Docteur en droit. 1 vol. gr. in-8. 1891. 1 fr.

Droit civil, commercial, administratif et de procédure (Dictionnaire de) dans les matières intéressant le notariat; par **M. André**, ancien Notaire. 4 vol. in-8. 1887-1890. 32 fr.

En publiant ce *Dictionnaire*, l'auteur a eu pour but de répondre aux nécessités ordinaires de la pratique notariale, au moyen d'un livre d'une étendue modérée, contenant le résumé complet de la législation, de la doctrine et de la jurisprudence dans leur dernier état.

C'est un ouvrage clair, précis et surtout très pratique.

Code annoté du Notariat contenant les lois et décrets relatifs aux droits et obligations des notaires, avec la corrélaton des articles entre eux et des indications sommaires de jurisprudence; par **Albert André**, ancien Notaire. 1 vol. in-18. 1895. 4 fr.

Théorie du Notariat pour servir aux examens de capacité, contenant, par demandes et par réponses, les matières sur lesquelles les candidats doivent être interrogés; par **M. Edouard Clerc**. 8ᵉ édition, revue, corrigée et mise au courant de la législation, de la doctrine et de la jurisprudence, par **D. Didio**, ancien Notaire, Avocat à la Cour d'appel de Paris, Rédacteur en chef de la *Revue du Notariat et de l'Enregistrement*. 1 vol. gr. in-8. 1899. 9 fr.

Cet ouvrage de M. Clerc réunit sous la forme de catéchisme ou de questionnaire toutes les matières qui peuvent faire le sujet des examens de capacité, mais en même temps que le livre est conçu de manière à servir d'études élémentaires aux jeunes gens qui se destinent au notariat, il présente un grand intérêt aux notaires eux-mêmes par ses nombreuses solutions sur les difficultés de leur profession.

CODE CIVIL.

Formulaire général et complet du Notariat

et **Manuel théorique et pratique**; par **Edouard Clerc**, ancien Président de la Chambre des Notaires de Besançon, suivi du Code des Notaires expliqué, par **A. Dalloz**, Avocat; de renseignements et tarifs concernant les droits d'enregistrement, de greffe et de timbre, et d'un Traité de la discipline et de la responsabilité notariales, par **Ch. Vergé**, Avocat, Docteur en droit. 8e édition, mise au courant de la législation, de la jurisprudence et des nouvelles lois fiscales, et suivie du *Tarif légal comparé des Notaires*. 2 forts vol. gr. in-8. 1896-1899. 20 fr.

Les volumes ne se vendent pas séparément.

L'importance de cette huitième édition, complètement refondue, consiste principalement dans la nouveauté des anciennes formules, qui ont été mises au courant et auxquelles viennent s'ajouter des formules nouvelles, empruntées pour la plupart au savant ouvrage de MM. Lansel et Didio, l'*Encyclopédie du Notariat*, et choisies avec le plus grand soin.

Sous chacune des formules, le lecteur trouvera une série d'observations pratiques, tant au point de vue de l'enregistrement qu'à celui des honoraires des notaires.

Dans le premier volume, la partie doctrinale a été soigneusement revue et augmentée : les matières et les lois nouvelles ont été complètement traitées, ainsi que la partie relative à l'enregistrement, qui a été mise au courant de la jurisprudence fiscale et des décisions nouvelles.

Dans le deuxième volume, dont les matières ont été distribuées dans un ordre plus logique, on trouvera un Commentaire très complet de la loi de ventôse an XI, un Traité du notariat en Algérie, partie essentiellement nouvelle, un Traité de la discipline et des Chambres de notaires, un Traité de la responsabilité des notaires, qui a été l'objet d'additions nombreuses et importantes.

Ainsi remaniée, complétée et améliorée, la huitième édition du *Formulaire général du Notariat* est appelée à rendre les plus grands services aux notaires, dans l'exercice délicat et compliqué de leurs fonctions.

Notariat (Formulaire général et alphabétique du) avec la

législation notariale, des explications théoriques et pratiques sur chacun des actes, un traité de droit fiscal; par **Albert André**, ancien Notaire. 3e édition, refondue et augmentée. 2 forts vol. in-8. 1900. 20 fr.

Cet ouvrage renferme environ 4000 formules classées dans l'ordre alphabétique, applicables à tous les actes de nature si diverse et si complexe que les notaires sont appelés à dresser.

De plus, des explications pratiques signalent les précautions à prendre pour la rédaction et l'exécution des différents actes.

Toutes les formules consacrées par le temps ont été conservées par l'auteur, qui les a revues avec soin.

En outre, de nombreuses formules créées par la pratique moderne recueillies dans les meilleures études de Paris et de la province ont trouvé place dans ce recueil.

Formules des Actes notariés annotées d'observa-

tions pratiques pour économiser les droits d'enregistrement; par **Lainey**, Avocat, ancien Notaire. 1 très fort vol. gr. in-8. 1892. 15 fr.

Cet ouvrage est de nature à rendre de réels services aux notaires.

L'*Encyclopédie du Notariat* étant trop volumineuse pour que l'on puisse y trouver rapidement les formules que l'on désire consulter, nous les avons réunies en un volume afin d'éviter de trop longues recherches.

Sachant par expérience qu'un notaire n'est jamais appelé à faire un acte sans que les clients lui demandent quel en est le prix, nous avons fait suivre toutes les formules d'observations pratiques relatives à l'*enregistrement* et aux *honoraires*.

L'auteur, qu'une longue pratique notariale a initié à toutes les difficultés auxquelles donnent lieu l'enregistrement et les prétentions souvent trop fiscales de l'administration, s'est efforcé de prévoir tous les cas qui peuvent se présenter.

Il s'est surtout appliqué à faire ressortir tous les moyens d'éviter la perception de droits d'enregistrement souvent trop onéreux, sans sortir de la légalité, et sans exposer les clients à des difficultés avec l'administration.

Code-Formulaire portatif du Notariat (Le)
ou texte complet du Code civil annoté (article par article) de toutes les formules des actes notariés résultant de son application; suivi d'un Appendice contenant les formules tirées des articles des Codes de procédure, de commerce, d'instruction criminelle; par M. **Alexandre Michaux**, Auteur du *Traité des Liquidations et Partages*, du *Formulaire portatif*, etc., etc. 4ᵉ édition, mise au courant des lois nouvelles. 1 vol. in-4 (dimension du papier timbré à 1 fr. 80). 1888. **8 fr.**

Le *Code-Formulaire* est une compilation sans autre prétention que d'être un instrument de travail essentiellement commode, un *outil* à la portée de toutes les mains.

Le système adopté est aussi simple que rationnel.

Le texte du Code civil est reproduit en tête ; — les formules sont placées au-dessous de ce texte, comme annotations, avec la répétition des numéros des articles, lesquels sont rappelés en note et suivis, soit des formules qui s'y rapportent, soit de renvois de concordance aux matières similaires.

Formulaire portatif du Notariat
contenant toutes les formules usitées, classées dans l'ordre alphabétique des matières, mises en corrélation avec les ouvrages de M. E. Clerc et suivies d'une indication succincte des droits d'enregistrement; par M. **A. Michaux**, avec des FORMULES DE DÉCLARATIONS DE SUCCESSIONS. 5ᵉ édit., mise au courant. 1 vol. in-4°, format des dossiers. 1888. **5 fr.**

Il manquait au notaire un formulaire *portatif* qui, par son format et son peu d'épaisseur, pût facilement se confondre dans un dossier ou se rouler dans la poche. Le formulaire composé par M. Michaux contient, dans l'ordre alphabétique, les formules consacrées, et notamment celles contenues dans le *Manuel du notariat* de Clerc, Dalloz et Vergé, il donne également différents modèles d'actes et de pièces, tels que réclamations d'enregistrement, réquisitions d'états hypothécaires, bordereaux d'hypothèques conventionnelles et légales, ventes amiables d'immeubles expropriés, liquidations de sociétés, etc., etc. (*Dalloz*, art. de M. Vergé.)

Rédaction des actes des notaires (Guide pratique pour la),
avec les droits d'enregistrement appliqués à chaque acte; par **Alex. Michaux**, Auteur du *Traité des liquidations*, etc. 3ᵉ édition. 1 vol. in-18. 1888. **3 fr. 50**

Actes et Conventions (Les).
Manuel à l'usage des Notaires, contenant l'exposé théorique et l'énonciation pratique des éléments des divers actes et conventions, avec les notions complètes d'enregistrement, d'hypothèques, de greffe et d'honoraires; par **E. Menguy**, Directeur de l'Ecole de notariat de Paris, Notaire à Chevreuse (Seine-et-Oise). 1 vol. in-18. 1892. **6 fr.**

M. Menguy, en publiant ce résumé du cours d'application qu'il professe à l'École de Notariat de Paris, a voulu faire un livre succinct à l'usage surtout des jeunes aspirants aux fonctions de notaire. A côté des principes généraux de la théorie, se rencontre l'application pratique et immédiate de ces règles à la rédaction des actes et contrats, et la discussion sommaire des clauses habituelles les plus usitées....
Des résumés concis sont consacrés, à la suite de chaque article, à l'étude du droit fiscal et à la détermination des honoraires. (*Journal des notaires*, nov. 1892.)

CODE CIVIL.

Notariat (Le) philosophique et pratique du XIX° siècle et Formulaire général, véritable et raisonné du notariat; par J. Bollinne, ancien Notaire à Bruxelles. 1 vol. in-8. 1872. 10 fr.

Revue du Notariat et de l'Enregistrement fondée par M. Paultre, ancien Président de la Chambre des Notaires de Nevers, avec la collaboration de MM. Cordoën, Avocat à la Cour de cassation; Daffry de la Monnoye, ancien Magistrat; Douarche, Premier Président de la Cour d'appel de Caen ; Frénoy, Avocat au Conseil d'Etat et à la Cour de cassation; Homo, ancien Employé supérieur de l'Enregistrement, Avocat à Lisieux ; Albert Pellerin, ancien Procureur de la République à Nîmes et au Havre, ancien Avocat au Havre ; Sirey (Jean), Avocat à la Cour d'appel de Paris, Auteur des *Codes annotés* ; Th. Tissier, Auditeur de 1re classe au Conseil d'Etat; Vavasseur, Avocat à la Cour d'appel de Paris; Félix Voisin, Conseiller à la Cour de cassation; Bridan, Avocat à la Cour d'appel de Paris; D. Didio, ancien Notaire, Avocat à la Cour d'appel de Paris, Rédacteur en chef.

Abonnement annuel de janvier à décembre. 16 fr.

La *Revue du Notariat* continue avec persévérance à réaliser le programme tracé dès le principe par ses fondateurs, tantôt en étudiant avec le concours de jurisconsultes éminents les questions les plus intéressantes de la jurisprudence et de la doctrine; tantôt en s'efforçant de porter la lumière dans les détails si essentiels de la pratique, ce mode de travail a répondu à un besoin si réel qu'il serait aujourd'hui difficile, on peut le dire hardiment, de faire des études notariales sérieuses et complètes si l'on négligeait les idées recueillies et propagées par la *Revue du Notariat*.

Répertoire de la Revue du Notariat ou Résumé analytique de toutes les matières contenues dans ce Recueil, de 1861 à 1895 inclusivement. 4 vol. gr. in-8. 25 fr.
Le 1er vol. (1861 à 1870). 5 fr.
Le 2e vol. (1871 à 1885). 10 fr.
Le 3e vol. (1886 à 1890). 5 fr.
Le 4o vol. (1891 à 1895). [*Table de l'année* 1895.] 5 fr.

L'acquisition de ces *Répertoires* s'impose à tous les abonnés. A l'aide de ces *Tables*, la recherche et l'examen des questions pourront s'opérer d'une façon plus complète et plus sûre.

MM. les notaires et clercs de notaire qui voudront posséder une *Collection économique de la Revue du Notariat* depuis son origine (1861), devront faire l'acquisition des quatre *Répertoires* (1861-1895), des années 1896 à 1899 et s'abonner pour l'année 1900, le tout au prix de 50 fr., payables en deux mandats trimestriels de 25 fr. l'un.

Observations pratiques (Collection des), publiées par la REVUE DU NOTARIAT jusqu'au 1er janvier 1869. 2 vol. gr. in-8. 1869. 16 fr.

Encyclopédie du Notariat et de l'Enregistrement ou Dictionnaire général et raisonné de législation, de doctrine et de jurisprudence en matière civile et fiscale (avec formules), sous la direction de M. Ch. Lansel et de M. D. Didio, ancien Notaire, Avocat à la Cour d'appel de Paris, Rédacteur en chef de la *Revue du Notariat*. Ouvrage mis au courant par un *Supplément*. 24 beaux vol. gr. in-8. 1879-1898 (avec l'abonnement pour l'année courante à la *Revue du Notariat*). 288 fr.

Se vend séparément :
Le Supplément. 2 vol. gr. in-8. 1898. 24 fr.

L'*Encyclopédie du Notariat*, publiée il y a quelques années par MM. Lansel et

Didio, a conquis une notoriété et, nous pouvons le dire aussi, une autorité qui permettent de la considérer comme une œuvre vraiment classique pour les notaires, parmi lesquels elle s'est proposé de vulgariser les notions pratiques du droit.

Mais il n'est pas de publication juridique, si complète qu'elle ait été à son apparition, qui puisse se flatter de pouvoir, dans un intervalle moyen de dix ans, offrir encore des enseignements d'une suffisante exactitude.

Un *Supplément* était donc devenu indispensable ; *ce Supplément vient de paraître en deux forts volumes grand in-8*.

Aucune des notions non exposées dans l'Encyclopédie, qui peuvent offrir un intérêt particulier pour les notaires, n'y a été omise, de telle sorte que ces derniers trouveront dans les deux ouvrages, se complétant l'un par l'autre, toutes les indications propres à les éclairer de la façon la plus exacte, soit sur l'état de la législation et de la jurisprudence, soit sur les enseignements de la doctrine dans les différentes matières que leurs connaissances doivent embrasser.

De nombreuses formules nécessaires à l'application des lois nouvelles donnent à ce Supplément un intérêt essentiellement pratique. En un mot, les rédacteurs de ce *Supplément* ont cherché à en faire une continuation aussi satisfaisante que possible à l'*Encyclopédie du Notariat*, qui, combinée avec la publication nouvelle, continuera à rendre aux notaires, dans l'avenir, les mêmes services que par le passé.

Code de la pratique notariale contenant toute la
législation, les documents ministériels et les règlements intéressant le notariat, au courant jusqu'en janvier 1899; par **L. Genty**, ancien Principal Clerc de notaire à Paris, Chef de division au Crédit foncier de France, suivi d'un Résumé et Tarif alphabétique des droits d'enregistrement ; par **F. Lefebvre**, ancien Employé supérieur de l'enregistrement, et du texte complet du *Code civil*, du *Code de procédure* et du *Code de commerce*. 1 beau vol. gr. in-8. 1899.   15 fr.

Tarif légal des Notaires (Commentaire théorique
et pratique de la loi du 20 juin 1896 et des décrets du 25 août 1898 sur le), et de la loi du 24 décembre 1897 sur le recouvrement des frais des actes notariés avec FORMULES, suivi des Tarifs comparés de tous les notaires de France, tels qu'ils résultent des tableaux annexés aux décrets du 25 août 1898; par **M. D. Didio**, ancien Notaire, Avocat à la Cour d'appel de Paris, Rédacteur en chef de la *Revue du Notariat*. 1 vol. gr. in-8. 1899.   5 fr.

Enseignement spécial au Notariat (Programmes
et plan d'organisation d'un); par **Em. Dupond**, Conseiller à la Cour d'appel de Bordeaux. 1 vol. in-8. 1892.   2 fr.

Cessions d'office de Notaire (Des) par **M. Debs**. Voir page 49.

Minutes des Notaires (Étude sur les anciennes),
leur conservation et leur communication; par **M. Douarche**, Premier Président de la Cour d'appel de Caen. Gr. in-8. 1895.   1 fr. 50

Rapports des Notaires (Des) avec le Ministère
public. Formules d'actes pour cessions et suppressions d'office de notaire; par **M. A. Pellerin**, ancien Avocat au Havre, ancien Procureur de la République au Havre et à Nice. 2º édition (2º tirage), revue et augmentée de la circulaire du 1er mars 1890. 1 vol. gr. in-8. 1890.   3 fr. 50

Acte authentique (Traité comparatif de l') et de l'acte
sous seings privés et observations pratiques sur quelques actes usuels; par **Jourdaa**, Notaire à Bayonne. 1 vol. in-18. 1879.   1 fr. 50

Confection des actes notariés (Tableau raisonné des formalités de la) et sous seings privés; par M. Jourdaa, Notaire à Bayonne. 2ᵉ édition. Gr. in-8. 1888. 2 fr. 50

Confection des actes notariés (Tableau raisonné des formalités à remplir après la) et sous seings privés avec Tarif des droits d'enregistrement pour chaque acte; par M. Jourdaa, Notaire à Bayonne. 2ᵉ édition. Gr. in-8. 1899. 2 fr. 50

Forme des actes (De la) au point de vue de l'intérêt des tiers ou de la société; par Allard, Notaire. 1 vol. in-8. 1846. 8 fr.

Recouvrement des frais (Commentaire de la loi du 24 décembre 1897 sur le) dus aux Notaires, Avoués et Huissiers; par Legrand, Avoué honoraire, Avocat, Président de la Conférence des Avoués de première instance des départements. 1 vol. gr. in-8. 1898. 1 fr. 50

Comptabilité notariale (Modèles et Formules de) conformes à l'arrêté de M. le Garde des sceaux du 15 février 1890; par M. Lainey, Avocat, ancien Notaire. Gr. in-8. 1890. 1 fr. 50

Comptabilité commerciale, financière et **notariale** (Traité, Guide général théorique, pratique et Formulaire de la) [Décrets sur le notariat des 30 janvier et 2 février 1890], avec spécimens des registres; par Ch. Boursier, Principal Clerc de notaire, Liquidateur, Expert comptable. 1 vol. in-4. 1890. 8 fr.

Cet ouvrage est appelé à rendre de réels services pour l'établissement de la comptabilité qui est devenue une obligation légale. (*Journal des Notaires.*)

Comptabilité (La) officielle du Notariat rendue pratique et simple; par M. L. Noël, Receveur de l'enregistrement à Void (Meuse). 1 vol. in-4. 1891. 3 fr.

On trouvera dans cet ouvrage, les principes qui servent de règles dans tous les cas qui peuvent se présenter, suivis, pour chacun d'eux, d'exemples expliqués et raisonnés.

Les notaires y trouveront des simplifications nouvelles, et les clercs qui voudront en faire usage deviendront rapidement des auxiliaires précieux pour leur patron. (*Revue du Notariat*, juin 1891.)

Comptabilité notariale simplifiée (La). — Application pratique du décret du 30 janvier 1890 et de l'arrêté ministériel du 15 février 1890; par A. Hoccry, Caissier comptable. 1 vol. gr. in-8. 1897. 4 fr.

Adapter les règles de la *Tenue des Livres* aux dispositions du décret du 30 janvier 1890 et de l'arrêté du ministre de la justice du 15 février 1890, fixer les principes de la comptabilité notariale, en faciliter l'étude, permettre aux notaires de se rendre compte de leur situation sans recherches ni complications d'écritures, simplifier au contraire celles-ci : tel est le but de l'ouvrage que nous présentons au notariat..... Il initiera rapidement les clercs stagiaires à la tenue de la comptabilité.

Comptabilité notariale (Traité théorique, pratique et raisonné de la) en usage à Paris; par M. Seutet, Caissier à Paris, Professeur de comptabilité à l'Association polytechnique. 1 vol. gr. in-8. 1899. 8 fr.

Cet ouvrage comprend dans ses 400 pages : *Au point de vue théorique :* Des aperçus critiques et raisonnés de ce que doit être la comptabilité notariale dans ses grands principes. *Au point de vue pratique :* 1° L'indication des registres nécessaires et leur description: 2° La démonstration de l'utilité de la division des comptabilité (étude-dépôts); 3° La balance mensuelle expliquée; 4° La création d'une balance journalière permettant l'établissement immédiat de la situation du notaire avec ses clients; 5° Un système inédit de la comptabilité des valeurs; 6° Et un mois de comptabilité avec ses concordances, à l'étude, aux dépôts et dans ses balances.

Forme des conventions (Histoire de la) et actes privés depuis les temps les plus reculés, ou Origines du Notariat; par **J. Michot**, Notaire à St-Cloud (S.-et-O.). 2 vol. in-8. 1878.   18 fr.

Crise notariale (La). Étude économique et psychologique du notariat moderne; par Jules Rouxel. 1 vol. in-18. 1891. 3 fr. 50

CODE DE PROCÉDURE

Code de procédure civile annoté, contenant toute la jurisprudence des arrêts et la doctrine des auteurs; par **Sirey et Gilbert.** 3° édition (3° tirage), complètement refondue et mise au courant, par Jean Sirey, Avocat à la Cour d'appel de Paris. 1 fort vol. gr. in-8. 1896.   25 fr.

Voir la notice page 3.

Procédure civile usuelle et pratique (Précis de); par **L. Legrand,** Avoué honoraire, Avocat, Président de la conférence des avoués de première instance des départements; suivi de *Modèles d'états de frais usuels.* 1 fort vol. in-18. 1897.   6 fr. 50

Cet ouvrage contient l'analyse de toutes les dispositions du Code de procédure; il indique d'une façon concise leur but et leur raison d'être; il en rend la connaissance et l'intelligence faciles à acquérir. Sommaire et précis, sans aridité, disant tout ce qui est essentiel, dégagé de tous détails surabondants, il répond complètement aux nécessités qui l'ont inspiré. Les étudiants de nos Facultés de droit y recourront avec le plus grand fruit pour l'étude des matières des programmes de procédure. Les clercs d'avoués, d'huissiers, de notaires et autres y trouveront un guide utile et sûr, qui les familiarisera avec la pratique des actes, avec leurs formes essentielles et avec les raisons de droit ou de fait qui ont déterminé ces formes. Tous ceux qui qui ont à traiter des questions de procédure et à en appliquer les règles, magistrats, hommes de loi, hommes d'affaires, pourront non moins utilement consulter ce Traité qui est de nature à les éclairer sur l'esprit des textes, à éveiller leur attention et à les aider dans l'accomplissement de leur tâche.

Introduction à l'Etude de la **procédure civile;** par **M. Boncenne.** 2° édition, revue, corrigée et augmentée. 1 vol. in-8. 1859.   7 fr. 50

Lois de la Procédure civile, commerciale et administrative; par **Carré et Chauveau Adolphe.** 5° édition, augmentée d'un SUPPLÉMENT alphabétique et analytique contenant, avec le résumé succinct de ce traité, le tableau complet de la jurisprudence et de la doctrine jusqu'à ce jour, et servant de table générale à l'ouvrage, par Gustave Dutruc (Avec l'abonnement pour l'année courante au *Journal des Avoués*). 11 tomes en 13 vol. in-8, y compris le *Supplément,* par G. Dutruc. 1880-1896.   117 fr.

CODE DE PROCÉDURE.

Se vend séparément :

Supplément alphabétique et analytique aux Lois de la Procédure civile et commerciale, de Carré et Chauveau Adolphe, contenant, avec le résumé succinct de ce traité, le tableau complet de la jurisprudence et de la doctrine jusqu'à ce jour, et servant de table générale à l'ouvrage; par G. Dutruc, Avocat à la Cour d'appel de Paris, ancien Magistrat, Rédacteur en chef du *Journal des Avoués*. 2ᵉ édition, revue et mise au courant. 4 forts vol. in-8. 1888. 48 fr.

« Tout ce que le praticien a besoin de savoir se trouve dans les *Lois de la procédure civile* de Carré et Chauveau, à condition d'y ajouter les décisions que ces jurisconsultes n'ont pu prévoir et celles qui ont trompé leurs appréciations; mais tout cela est inévitablement noyé dans l'immense recueil d'espèces et de questions qui compose cet ouvrage.

« L'ordre alphabétique que M. Dutruc a adopté pour son Supplément permet d'aller d'emblée au siège de la difficulté à éclaircir. Là, en quelques lignes, l'auteur rappelle ce qui a été plus longuement exposé dans le texte de Carré et de Chauveau, et il en reproduit la substance avec tant de netteté que, si le temps presse, on peut suppléer soi-même à l'argumentation des deux auteurs, ou, du moins, tenir le résultat pour certain, et poursuivre sur cette donnée le travail entrepris.

« On se laisserait aisément aller à dire que le supplément peut tenir lieu de l'ouvrage. On se tromperait toutefois. Sans doute, on ne peut plus posséder les *Lois de la procédure* sans y joindre le Supplément de M. Dutruc; ce serait se contenter d'une information qui pourrait être erronée ou incomplète. Mais posséder le Supplément sans l'ouvrage qu'il rajeunit avec tant d'opportunité, ce serait se priver de la théorie qui sert de fondement rationnel à la pratique, et qui la rehausse par l'application des principes qui constituent le fond du droit; ce serait la réduire à un pur formalisme.

« Concluons donc que les hommes d'affaires devront se féliciter de pouvoir, en complétant les *Lois de la procédure* par le travail de M. Dutruc, être pour de longues années au courant de tout ce qui concerne leur état.

« Un sommaire placé en tête de chaque article indique par le mot le plus approprié, les numéros qui doivent être particulièrement compulsés. Au-dessus du sommaire, un paragraphe en caractères italiques, renvoie au *Formulaire* pour la rédaction de tous les actes auxquels peut donner lieu la matière traitée. Toutes les questions examinées par Carré et Chauveau sont reproduites textuellement avec l'analyse des solutions données par les deux maîtres, et la confirmation ou les modifications qu'elles ont reçues de la doctrine et de la jurisprudence les plus récentes.

« Parmi ces éléments d'information, les lecteurs ne manqueront pas de remarquer les résumés des savantes dissertations dont M. Dutruc a enrichi le *Journal des Avoués* depuis dix ans qu'il le dirige avec tant de succès. »

(*Gazette des Tribunaux*, article de M. Lespinasse, avocat général à Pau).

Procédure civile (Exposé élémentaire des principes de); par V. Leray, Docteur en droit. 1 vol. gr. in-8. 1893. 3 fr.

Voies d'exécution (Exposé élémentaire des); par V. Leray, Docteur en droit. 1 vol. gr. in-8. 1893. 2 fr. 50

Avoués à la Cour (Nouveau Memento-Guide des) et de leurs Clercs. Traité — Formulaire — Tarif; par P. Lecomte, ancien principal Clerc d'avoué à la Cour, Juge de paix à Mortagne (Orne). 1 vol. in-18. 1897. 5 fr.

Manuel des Avoués, contenant les règles et usages de leur profession et de la transmission de leurs offices; par O. Raviart, Avoué à Beauvais, Vice-Président de la Conférence des Avoués de 1ʳᵉ instance des départements. 1 vol. in-8. 1893. 6 fr.

... C'est un livre semblable que vient de publier M. Raviart. Sa qualité de secrétaire de la conférence des avoués de première instance des départements est un gage sérieux de sa compétence, et la lecture de son travail ne permet pas d'en douter. On remarquera surtout les chapitres sur la chambre des avoués, sur le pouvoir disciplinaire des tribunaux et la seconde partie consacrée tout entière à la transmission des offices. (*Recueil Dalloz*, 4e cah. 1893.)

Journal des Avoués ou Recueil critique de législation, de jurisprudence et de doctrine en matière de procédure civile, commerciale et administrative, de tarifs, de discipline et d'offices, fondé par M. CHAUVEAU ADOLPHE et continué par M. G. DUTRUC; Rédacteur en chef : M. Duparcq, Avocat à la Cour d'appel de Paris.

Collection : 123 volumes in-8. 350 fr.
Abonnement annuel à partir du 1er janvier. 12 fr.

Le *Journal des Avoués*, parmi les publications de jurisprudence spéciale, est celle qui répond peut-être le plus complètement aux besoins de la pratique des affaires. La procédure ne saurait avoir d'interprète plus éclairé, ni les officiers ministériels de guide plus sûr et de défenseur plus dévoué.

Formulaire général et complet ou Traité pratique de la Procédure civile et commerciale, annoté de toutes les opinions émises dans les *Lois de la procédure civile* et dans le *Journal des Avoués;* par M. Chauveau Adolphe, Avocat, Doyen de la Faculté de droit de Toulouse; revu par M. Glandaz, ancien Président de la Chambre des avoués de Paris. 8e édition, complètement revue, mise au courant de la législation, et contenant les *Modèles d'états de frais et la nouvelle Loi sur les Frais de justice.* 2 forts vol. in-8. 1892. 18 fr.

Sept éditions, rapidement écoulées, attestent le mérite et l'utilité de cet ouvrage.
Le Formulaire de MM. Chauveau et Glandaz est trop connu, son succès est trop ancien pour qu'il soit nécessaire d'en faire l'éloge.
L'édition que nous annonçons est la huitième.
Les changements survenus dans certaines parties de notre législation, aussi bien que les variations de la jurisprudence, la rendaient indispensable.
Des formules et des notes ne présentant plus d'intérêt, telles que celles relatives à la contrainte par corps, ont été supprimées. D'autres, devenues inexactes, ont reçu les modifications exigées par le nouvel état de la législation, de la jurisprudence et de la doctrine; nous mentionnerons spécialement celles qui se réfèrent à la procédure en matière de vices rédhibitoires dans les ventes d'animaux. Certaines expressions surannées ont disparu. La procédure du divorce a repris la place que lui assigne le Code de procédure; on a ajouté de nombreuses solutions puisées dans le *Journal des Avoués* et les principaux recueils d'arrêts. Enfin, tous les décomptes ont été refaits.
En un mot l'ouvrage tout entier a été l'objet d'une revision consciencieuse et se trouve au courant de la législation et de la jurisprudence jusqu'à ce jour.
Nous le recommandons avec confiance à la magistrature, aux membres du barreau, aux officiers ministériels et à tous ceux qui s'occupent d'affaires contentieuses, comme l'ouvrage le plus complet et le plus utile dont on puisse se servir dans la pratique journalière des affaires.

États de frais (Modèles d'); par M. G. Dutruc, Avocat à la Cour d'appel de Paris, ancien Rédacteur en chef du *Journal des Huissiers et des Avoués.* 2e édition, revue et mise au courant de la loi sur les *frais de justice.* 1 vol. in-8. 1892. 2 fr. 50

Juge, l'Avoué et le Greffier (Répertoire sommaire de procédure et de compétence intéressant spécialement le) dans leurs attributions respectives et corrélations; par G. Dutruc, ancien Magistrat, Avocat, ancien Rédacteur en chef de divers journaux judiciaires. 1 vol. in-18. 1896. 5 fr.

CODE DE PROCÉDURE.

Divorce (De la Procédure du) et de la Séparation de corps. Commentaire de la loi du 18 avril 1886; par **J. Depeiges**, Substitut du Procureur général à Riom. 1 vol. in-8. 1887   3 fr.

L'auteur qui a mis tout son zèle et son expérience de magistrat à commenter et à expliquer les lois des 27 juillet 1884 et 18 avril 1886, s'est acquitté de ce travail avec précision et clarté. Il examine avec beaucoup de soin les questions souvent délicates auxquelles donne naissance la loi de 1886.

Procédure du Divorce. Analyse de la loi des 17-27 juillet 1884 sur le divorce, contenant, sous chaque article de cette loi, des extraits de documents de jurisprudence inédits ou publiés dans les principaux journaux judiciaires depuis le mois d'août 1884; par **P. Flandin**, Vice-Président au Tribunal civil de la Seine. In-8. 1885.   1 fr.

Autorité judiciaire en France (De l'); par Henrion de Pansey. 4ᵉ édition, par **Rozet**. 1 vol. in-8. 1843.   4 fr.

Moniteur des Juges de paix (Le), de leurs Suppléants et des Greffiers. Revue pratique de la juridiction cantonale, fondée par **N.-A. Carré** et continuée par **M. Ch. Le Vasseur**, Juge de paix du IVᵉ arrondissement de Paris. — Paraissant tous les mois.

    Années 1880 à 1899.   80 fr.
    Abonnement annuel de janvier à décembre.   12 fr.

Le *Moniteur* se divise en deux parties bien distinctes :
ATTRIBUTIONS CONTENTIEUSES ;
ATTRIBUTIONS NON CONTENTIEUSES.

Sous ces rubriques se groupent, tant en matière civile qu'en matière pénale, les *questions pratiques et doctrinales* ; la *jurisprudence* (cours, tribunaux, justices de paix) ; les *documents législatifs* (lois, décrets, arrêtés, ordonnances, circulaires).

Quant au fond de notre œuvre, nous nous bornerons à dire :
Négliger les discussions doctrinales et spéculatives, être essentiellement pratique, ne publier que des notions et des renseignements utiles à la vie judiciaire de chaque jour, tel est notre but.

M. Le Vasseur s'est entouré de collaborateurs expérimentés ; néanmoins, nous faisons appel à tous les juges de paix et greffiers : les communications qu'ils voudront bien nous faire, seront accueillies avec empressement, étudiées avec soin, et, s'il y a lieu insérées dans le journal : car nous désirons que le *Moniteur* soit une véritable tribune ouverte à la juridiction cantonale.

Juges de paix (Code annoté des). 1ʳᵉ partie : Code de l'audience ; 2ᵉ partie : Code du cabinet ; par **N.-A. Carré**, Juge de paix du Iᵉʳ arrondissement de Paris. 4ᵉ édition, revue et mise au courant, par **Ch. Le Vasseur**, Juge de paix du IVᵉ arrond. de Paris, Chevalier de la Légion d'honneur. 1 fort vol. gr. in-8. 1895. 12 fr. 50

Le *Code de l'audience* se subdivise naturellement en *audience civile* et en *audience de simple police*. Il contient les dispositions des Codes et des lois spéciales, dont l'application appartient aux juges de paix.

Sous chaque article important, les auteurs ont résumé l'opinion des jurisconsultes, réuni des arrêts de Cassation, de Cours d'appel et des jugements de Tribunaux. Enfin, ils ont groupé de nombreuses décisions émanées de la juridiction des juges de paix.

Le *Code du cabinet* est relatif à leurs travaux en dehors de l'audience. Il traite *des conseils de famille, des scellés, des actes de notoriété, de la police judiciaire, de la taxe, du jury, des affirmations, des légalisations et des attributions secondaires* que le législateur leur a largement imposées.

Quelques formules sont indiquées dans l'ouvrage : en l'absence du greffier, elles pourront venir au secours des défaillances de la mémoire.

MM. Carré et Le Vasseur ont fait un livre absolument pratique, essentiellement utile aux juges de paix, surtout à ceux qui débutent dans la carrière; il leur évite des recherches longues et difficiles.

Le *Code annoté* ne doit pas dispenser de l'étude des maîtres qui ont écrit sur la justice de paix, entre autres, le *Manuel encyclopédique des juges de paix*, par M. Allain; mais il sera certainement d'une très grande utilité pour les magistrats cantonaux.

Tous ces éléments, soigneusement réunis par des magistrats studieux et expérimentés, devaient nécessairement produire un livre excellent dont la place est marquée dans toute bibliothèque spécialement consacrée à la Justice cantonale.

(*Recueil spécial des Jugements de justice de paix.*)

Juges de paix (Compétence judiciaire des) en matière civile et pénale; par **N.-A. Carré**, Juge de paix du Ier arrondissement de Paris, ancien Juge de paix de cantons ruraux, Auteur du *Code annoté des Juges de paix*. 2e édition, revue et augmentée. 2 vol. in-8. 1888. 18 fr.

Dès la première page, l'auteur révèle la pensée qui a présidé à la composition de son ouvrage :

« Ce travail, dit-il, je l'ai presque en entier, pour les matières civiles surtout, composé sur mon siège, écoutant les plaideurs, prenant part à leurs luttes, discutant avec eux et les causes de leur demande et les moyens de leur défense.

« C'est dire assez que j'ai évité les dissertations purement théoriques, que j'ai éloigné les controverses abstraites de l'école, et que j'ai tenté d'asservir nos lois aux exigences des espèces et des faits qui se traduisent à notre barre. »

Et plus loin :

« J'ai voulu réunir et commenter toutes les matières déférées aux tribunaux de canton ; j'ai voulu venir en aide au magistrat qui juge, et préparer la solution des différends qui lui sont soumis ; j'ai voulu faire un livre utile et pratique. »

Juges de paix (Manuel encyclopédique, théorique et pratique des), de leurs Suppléants et Greffiers, avec les formules de tous les actes extrajudiciaires et judiciaires, placées à la suite de chaque titre; par **J.-E. Allain**, Juge de paix retraité. 6e édition, entièrement refondue, par **N.-A. Carré**, Juge de paix du Ier arrondissement de Paris. 3 forts vol. in-8. 1890-1891. 27 fr.

Le *Manuel encyclopédique des Juges de paix*, par Allain, est l'un de ces livres qui tiennent forcément la première place dans la bibliothèque des magistrats cantonaux. En ses trois volumes, il renferme, en effet, tout ce qui peut intéresser la juridiction si complexe des juges de paix.

Cinq éditions de cet ouvrage ont été épuisées déjà. Cela démontre hautement et l'utilité pratique de l'ouvrage et la faveur méritée qui n'a cessé de le suivre.

La sixième édition, que nous publions aujourd'hui, a été confiée à M. Carré. La notoriété qui s'attache à son nom et à ses ouvrages est un sûr garant du soin et de l'intelligence juridique apportés à la revision de cette nouvelle édition.

Justice de paix (Code pratique de la) ou Traité théorique et pratique des attributions des Juges de paix en matière civile, avec un *Formulaire* complet et méthodique; par **Alph. Ségéral**. 6e édition, augmentée et mise à jour, par **Abel Ségéral**, Avocat, ancien Juge de paix suppléant à Paris, ancien Directeur du *Journal des Greffiers*. 2 vol. in-8. 1894. 14 fr.

Le Juge de paix, investi de fonctions aussi délicates, et chargé d'élucider des questions plus variées que le Président du Tribunal de première instance, n'est pas, comme ce magistrat, entouré de deux assesseurs dont les conseils soutiennent sa propre expérience et influent sur sa décision.

Nous croyons pouvoir affirmer sans présomption que les Juges de paix trouveront e guide nécessaire et cet utile soutien dans le *Code pratique de la justice de paix*,

CODE DE PROCÉDURE. 39

dont la sixième édition, entièrement refondue, augmentée de quatre cents pages et divisée en deux volumes, vient d'être mise en vente.

OEuvre de MM. Ségéral père et fils, le *Code pratique de la justice de paix* est le fruit de l'expérience du père en même temps que de la haute science du fils; plus de 200 formules complètent le livre et justifient son titre.

On voit par ces détails que les Greffiers puiseront, eux aussi, dans cet ouvrage les plus précieuses indications, tant au point de vue de leurs fonctions qu'au point de vue de leurs émoluments et de leurs droits.

Juges de paix (Manuel pratique des) et de leurs Suppléants. Guide de l'Aspirant Juge de paix; par **Emile Godart**, Licencié en droit, Juge de paix de Compiègne. 2 forts vol. in-8. 1898. 20 fr.

Il est indispensable pour les Juges de paix, quand ils entrent en fonctions, de posséder non seulement une somme de connaissances des plus variées, mais encore de se tenir au courant de la jurisprudence dont ils peuvent s'inspirer, et du texte des lois récentes qu'ils doivent appliquer. Pareil bagage est tellement indispensable, à mes yeux, que, si j'étais législateur, je n'hésiterais pas à soumettre les candidats à un examen préalable, comme on le fait pour bien d'autres carrières.

C'est en me plaçant sur ce terrain que je ne saurais trop appeler l'attention sur l'ouvrage de M. Godart.

Quoiqu'il se défende, par excès de modestie, d'avoir eu la prétention de faire un *Manuel encyclopédique*, l'honorable magistrat a conféré à son œuvre un caractère analogue. En effet, tout ce que doivent connaître les magistrats qui débutent, et tout ce que doivent se remettre en mémoire ceux qui ont *vieilli sous le harnois*, se trouve groupé méthodiquement, avec indication de la doctrine des auteurs ayant écrit sur la matière et de la jurisprudence la plus récente, principalement celle de la Cour de cassation dont plusieurs centaines d'arrêts sont indiqués avec renvois aux recueils qui ont reproduit le texte.

Ce nouveau Manuel des Juges de paix s'adresse donc tout à la fois à ceux qui viennent d'entrer en fonctions, aussi bien qu'à leurs aînés.

Quant à *l'aspirant juge de paix*, ainsi que le baptise M. Emile Godart, il y trouvera un guide sérieux qui le mettra à même d'acquérir en peu de temps les notions indispensables pour être à hauteur du siège qu'il convoite.

(Journal *le Droit*, 16 juin 1898, art. de M. SOREL.)

Justices de paix (Formulaire général et complet de la procédure civile et criminelle des); par **C.-A. Couturier**, ancien Juge de paix à Tours. 3ᵉ édition (2ᵉ tirage), revue et augmentée notamment des formules relatives à la loi du 12 janvier 1895 sur la saisie-arrêt. 2 vol. in-8. 1893-1896. 16 fr.

...... Nous avons pris une connaissance attentive d'un grand nombre de formules relatives à ces divers objets, et nous avons trouvé qu'elles se distinguent éminemment par la précision, la justesse et la clarté, qualités qu'on trouve rarement dans les ouvrages du même genre publiés jusqu'à ce jour.

(*Le Correspondant des Greffiers de Justices de paix*.)

Délits d'audience en Justice de paix (Manuel-formulaire de la répression des); par **G. Guénard**, Licencié en droit, Juge de paix du canton de Clamecy (Nièvre). 1 vol. in-18. 1897. 3 fr. 50

Cet ouvrage contient l'explication succincte et méthodique des textes dont le juge de paix est appelé à faire l'application pour la répression des délits d'audience.

Il est complété par de nombreuses formules annotées, qui sont suivies du texte des dispositions législatives, lois, décrets et ordonnances appliqués pour la répression des délits d'audience.

A l'audience, sur les lieux contentieux, au cours d'une opposition ou d'une levée de scellés, pendant la réunion d'un conseil de famille, le juge de paix puisera rapidement dans ce volume, d'un format portatif, tous les renseignements qui lui seront utiles pour réprimer ou constater immédiatement les délits ou infractions commis en sa présence.

CODE DE PROCÉDURE.

Manuel criminel des Juges de paix; par **Duverger**. Voir page 74.

Juges de paix (Attributions des) de la France continentale, résumées et classées. Tableau synoptique dressé par **M. Roux de Raze-Sauvigney**, Juge de paix du canton sud d'Abbeville. 1 vol. in-18. 1880.   3 fr.

Juges de paix (Tarifs commentés des actes en matière civile des), de leurs Greffiers et Huissiers, suivis de ceux des actes des Huissiers et des Secrétaires des Conseils des prud'hommes; par **M. Bonnescœur**, Conseiller honoraire à la Cour d'appel de Bordeaux. 6ᵉ édition. 1 vol. in-8. 1892.   3 fr. 50

Cet ouvrage a reçu du public un accueil favorable, et les éditeurs ont bien mérité des juges de paix et de leurs greffiers, en éditant à part, dans un petit volume, d'un prix modique, leurs tarifs spéciaux. L'auteur s'est prêté à cette utile combinaison, et, en dehors de la revision typographique de l'édition précédente, il a bien voulu faire des additions nombreuses et des changements nécessités par des décisions nouvelles de la jurisprudence.   (*Dalloz*, art. de M. Vergé.)

Justices de paix. Le Droit français dans ses rapports avec la juridiction des justices de paix; par **M. Carré**. 4 vol. in-8. 1839. 16 fr.

Juges de paix (Traité pratique de la Compétence civile des) en matière contentieuse; par **M. Guilbon**, ancien Juge de paix du IXᵉ arrondissement de Paris. 1 vol. in-8. 1864.   8 fr.

Juges de paix et des Consuls (Code international ou Traité théorique et pratique des attributions des) après le décès des étrangers; par **A. Ségéral**, Directeur-Rédacteur du *Journal des Greffiers des justices de paix*. In-8. 1882.   5 fr.

Juridiction cantonale (Observations de quelques juges de paix sur les projets de loi relatifs à la). 1 vol. in-8. 1882.   1 fr.

Justices de paix à l'Étranger (Les); par **Léon Picot**, Juge de paix du IIIᵉ arrond. de Paris. In-8. 1899.   1 fr. 50

Juge de paix (Code pratique du); par **D. Rousseau**. V. p. 94.

Actions possessoires (Des). Jurisprudence de la Cour de cassation; par **Ch. Demarquet**, Avocat, ancien Avoué et Suppléant de Juge de paix. 3 vol. in-8. 1892.   10 fr. 50

Les tomes I et II sont parus.

J'ai dit précédemment tout le bien que je pensais de cet ouvrage; j'ai dit qu'il serait un guide sûr et précieux pour nos collègues ruraux, fréquemment appelés à trancher des questions difficiles de possession.
    (*Moniteur des Juges de paix*, juin 1892.)

Actions possessoires (Traité des); par **E. Raviart**, Docteur en droit, Avocat à Beauvais. 1 vol. gr. in-8. 1896.   5 fr.

... Cette étude est conduite avec beaucoup de méthode : l'auteur, bien maître de son sujet, a su mettre chaque développement à la place exacte qu'il doit occuper : En outre la doctrine, très sûre, est toujours appuyée des opinions d'auteurs et des décisions de jurisprudence les moins discutées; elle est exposée avec une grande simplicité, dans un excellent style, à la fois juridique et correct. Ce sont là des qualités maîtresses, qu'il est trop rare de trouver réunies.
    (*Pandectes françaises*, 2ᵉ cahier 1897.)

Possession (Histoire de la) et des Actions possessoires en droit français. Ouvrage couronné par l'Institut (Académie des sciences morales et politiques); par **Isidore Alauzet**, Juge honoraire au Tribunal civil de la Seine. 1 vol. in-8. 1849. 7 fr.

Bornage (Traité du), de la revendication et du droit de rétention; par **M. Bugniet**, Avocat à Bergerac. 1 vol. in-8. 1877. 5 fr.

<blockquote>M. Bugniet a retracé dans son ouvrage les véritables règles en matière de bornage et a consacré des développements pleins de justesse à la revendication et au droit de rétention que peut exercer le possesseur de bonne foi, relativement aux améliorations qu'il a faites à l'immeuble revendiqué. Ceux qui consulteront ce nouveau Traité du bornage y trouveront, à côté d'un exposé clair et méthodique des principes, une analyse de la jurisprudence la plus récente et un ensemble de formules qui donnent à ce livre un caractère d'utilité pratique incontestable. (Journal *le Droit*.)</blockquote>

Expertises (Traité et Formulaire des) en matière civile et en matière d'enregistrement; par **A. Pigeon**, Notaire. 1 vol. in-8. 1886. 5 fr.

Office du Juge en matière civile (De l'). Manuel
théorique et pratique à l'usage des Magistrats composant les juridictions civiles; par **M. Krug-Basse**, Conseiller honoraire à la Cour d'appel de Nancy. 1 vol. in-8. 1862. 6 fr. 50

Greffiers (Manuel des) des Tribunaux civils de 1re instance; publié sous les auspices de la Commission des Greffiers de France; par **M. A. Tonnellier**, ancien Greffier du Tribunal civil de Sens. 1 très fort vol. in-4. 1859. 30 fr.

Greffes de Justice de paix (Manuel d'examen des
Candidats aux), contenant l'exposé des connaissances premières à exiger d'un greffier à son entrée en fonctions; par **M. Emile Godart**, Licencié en droit, Juge de paix de Compiègne (Oise). 3e édition, revue, augmentée et mise au courant. 1 vol. in-18. 1898. 4 fr.

<blockquote>Les candidats trouveront dans cette nouvelle édition tous les renseignements nécessaires sur les conditions d'admission aux fonctions de greffier de paix, la nomenclature des pièces à produire à la Chancellerie, des modèles de traité de cession d'offices et d'états de produits, etc.

Ils y trouveront aussi de précieuses indications sur la délivrance des extraits de jugements de simple police et sur la voie à suivre pour se faire payer les frais de ces extraits et des articles de bordereaux.

Le tarif des greffiers y est indiqué avec une grande clarté.

Ce qui peut intéresser les greffiers en fait de police judiciaire et de procédure pénale s'y trouve exposé aussi succinctement et aussi brièvement que possible.

Nous sommes persuadés que cette troisième édition du Manuel de M. Godart, qui fournit presque autant de renseignements utiles qu'en donnerait un véritable Traité à l'usage des greffiers, ne sera pas moins bien accueillie que les deux premières, lesquelles ont eu un succès mérité.</blockquote>

Greffiers des Justices de paix (Le Journal des)
et des Tribunaux de simple police. *Organe des revendications des Greffiers de paix*. Recueil mensuel de législation, de doctrine et de jurisprudence — documents, renseignements relatifs aux intérêts des Greffiers; fondé par **M. Ségéral**. Directeur : **M. Proven-**

cel, Greffier de la justice de paix du IV⁰ arrondissement de Paris. 28ᵉ année.

Abonnement annuel de janvier à décembre.　　　　　8 fr.

Le *Journal des Greffiers* entre dans sa vingt-huitième année ; c'est dire son succès.

Pour avoir obtenu ainsi la confiance de ses lecteurs et être devenu leur guide le plus sûr, ce recueil s'est tracé un plan d'études dont on a compris l'attrait et l'utilité.

Chaque livraison contient, en effet, une *Chronique* spécialement réservée aux intérêts et aux revendications de la corporation des greffiers; après les *documents officiels* sont discutées des *questions de doctrine*, résolues des *difficultés pratiques et professionnelles*, reproduites de nombreuses *décisions judiciaires* fournies par la Cour de cassation, les cours d'appel, les tribunaux de première instance, les justices de paix et les tribunaux de simple police. Suivent les *nominations* et les mutations dans les greffes, et tous autres renseignements pouvant intéresser les greffiers.

Ajoutons que le *Journal*, heureux d'être consulté par ses abonnés, s'empresse de répondre gratuitement aux questions que l'on veut bien lui soumettre.

Pour que la rédaction soit toujours autorisée, le *Journal* s'est entouré de collaborateurs éminents qui offrent une garantie indiscutée de compétence et de savoir.

Enfin, le Journal paraît sous le patronage des membres de la Commission centrale des greffiers de justice de paix et des tribunaux de simple police.

C'est dans ces conditions que le *Journal* poursuit sa carrière, n'ayant qu'un but : être utile aux greffiers de justices de paix et des tribunaux de police, et, en toute occasion, défendre énergiquement leurs intérêts communs.

Cessions d'offices de Greffiers (Manuel-formulaire des) des justices de paix et des tribunaux de simple police; par G. Richaud, Procureur de la République à Nevers. In-8. 1899.　　　　　1 fr. 50

Greffiers de Justice de paix (Manuel-Formulaire des) en Algérie et des Greffiers-Notaires au titre II ; par Ch. Bonnet, Notaire à Dellys, Suppléant du Juge de paix, ancien Greffier-Notaire au titre Iᵉʳ. 1 vol. in-8. 1894.　　　　　6 fr.

Greffiers des Justices de paix (Des devoirs spéciaux aux) en Algérie; par G. de Saint-Julien, Greffier de la Justice de paix de Ténès. 1 vol. gr. in 8. 1890.　　　　　4 fr.

— Appendice. Memoranda du Greffier de Justice de paix en Algérie. Années 1890 à 1894 inclus; par le *même auteur*. 1 vol. gr. in-8. 1895.　　　　　4 fr.

Encyclopédie des Huissiers, avec *Formules* et *Tarifs commentés en matière civile;* par MM. Marc Deffaux, ancien Huissier, et Harel, ancien Rédacteur du *Journal des Huissiers*. 4ᵉ édition, augmentée d'un Supplément, par G. Dutruc. 12 vol. in-8. 1888-1896.　　　　　96 fr.

L'*Encyclopédie des Huissiers* est plus qu'un dictionnaire, c'est un *Répertoire* qui traite toutes les questions, comprend tous les documents, résume tous les principes, toutes les traditions et donne toutes les formules dont la connaissance importe aux huissiers; cet ouvrage est donc le *guide*, le *manuel* de ces officiers, et forme, avec le *journal* auquel il se rattache, une véritable *bibliothèque spéciale* qu'aucun autre ouvrage ne pourra suppléer.

Se vend séparément :

Supplément alphabétique et analytique à l'Encyclopédie des Huissiers, de MM. Marc Deffaux et Adrien Harel, contenant le resumé complet de la jurisprudence et de la doctrine jusqu'à

CODE DE PROCÉDURE.

ce jour; par **Gustave Dutruc**, Avocat à la Cour d'appel de Paris, Rédacteur en chef du *Journal des Huissiers*. 2ᵉ édition, revue et mise au courant. 5 forts vol. in-8. 1895-1896.   40 fr.

Journal des Huissiers ou Recueil critique de législation,
de jurisprudence et de doctrine, en matière de procédure civile et commerciale, de tarifs, de discipline et d'offices; par **M. G. Dutruc**. Rédacteur en chef : **M. G. Duparcq**, Avocat à la Cour d'appel de Paris.

    Collection : 1820 à 1899, 80 vol.   200 fr.
    Abonnement annuel à partir du 1ᵉʳ janvier.   10 fr.

Il nous suffira, pour constater aux yeux de tous l'utilité de notre recueil et pour témoigner de la constance de nos efforts, de rappeler que les syndics et délégués des Huissiers, réunis à Paris, ont, à plusieurs reprises, adressé à toutes les communautés de France, la délibération suivante . « CHAQUE COMMUNAUTÉ EST INVITÉE A FAVORISER « PAR SON ABONNEMENT LA PUBLICATION DU JOURNAL DES HUISSIERS, SEUL ORGANE « DE PUBLICITÉ CHOISI PAR LA COMMISSION. »

Formulaire annoté à l'usage des Huissiers, contenant
les notions de jurisprudence et de doctrine relatives au ministère des huissiers, en matière de procédure civile, commerciale et criminelle et en diverses autres matières spéciales; par **M. G. Dutruc**, Rédacteur en chef du *Journal des Huissiers*. 3ᵉ édition, revue et augmentée. 2 vol. in-8. 1898.   16 fr.

Sous le titre qui précède, vient de paraître la troisième édition d'un ouvrage sérieux dû aux recherches et à la plume, si justement appréciée dans le monde de la procédure, de M. Gustave Dutruc, rédacteur en chef du *Journal des Huissiers*. Cet infatigable auteur s'est attaché à faire de son FORMULAIRE un ouvrage spécial à MM. les Huissiers. Il s'est inspiré des besoins de ces derniers, que la direction du *Journal des Huissiers* l'a mis à même de mieux apprécier que qui que ce soit, et il a publié un livre dont la place est marquée dans la bibliothèque de chaque huissier. Tous les cas que peut présenter la procédure ont été traités dans cet ouvrage où les matières ont été classées suivant l'ordre du Code de procédure civile.

                                   (*Le Moniteur des Huissiers*.)

Actes d'Huissiers (Manuel-Formulaire des); par Eug.
Bimont, ancien Huissier à Paris. 1 beau vol. in-18 jésus. 1895.
                                                6 fr. 50

Ce *Formulaire*, exclusivement destiné aux huissiers et à leurs clercs, est précédé de notions pratiques sur les fonctions si étendues et si complexes des huissiers.

Cette première partie a été extraite de l'*Encyclopédie des Huissiers*, ce savant ouvrage qui jouit à juste titre d'une si grande notoriété parmi les huissiers.

Ce *Formulaire* très complet au point de vue des annotations, est au courant de la législation. A la suite de chaque formule — il y en a plus de trois cents — se trouvent le renvoi à l'article du tarif s'y référant, et ce, tant pour Paris que pour la province, ainsi que les droits d'enregistrement récemment modifiés.

Code spécial des Huissiers. Recueil alphabétique
des lois, décrets, etc., annoté des solutions les plus récentes de la jurisprudence; par **G. Dutruc**, ancien Rédacteur en chef du *Journal des Huissiers*. 4ᵉ édition, revue et mise au courant de la législation et de la jurisprudence par **Paul Colin**, Docteur en droit, Avocat à la Cour d'appel de Paris. 2 vol. in-18. 1900.   8 fr.

Cet ouvrage, dont nous mettons en vente la *quatrième* édition, a été accueilli, dès son apparition, par un succès qui n'a fait que s'accroître et que justifient pleinement sa valeur et son incontestable utilité.

Le *Code spécial des Huissiers*, sous un volume restreint, contient le texte et le commentaire des dispositions de nos différents Codes, dont les huissiers ont le plus

CODE DE PROCÉDURE.

souvent à faire application, et la solution que la jurisprudence a donnée à toutes les difficultés qu'ils peuvent rencontrer dans l'exercice de leur profession.

Le *Code spécial des Huissiers* présente cet avantage inappréciable de faciliter considérablement les recherches et d'être à la portée du lecteur le plus inexpérimenté. Et cet avantage, il le doit tant au choix judicieux des espèces qu'à l'ordre dans lequel elles sont présentées.

La nouvelle édition a été mise au courant de la procédure la plus récente ; elle se recommande tout particulièrement par le commentaire et les applications qu'elle contient de lois récentes, susceptibles d'intéresser au premier chef les huissiers ; telles sont les lois relatives à la *saisie-arrêt sur les salaires et les petits traitements*, à la *discipline des huissiers*, au *secret des actes signifiés par les huissiers*, etc.

Cette nouvelle édition se trouve ainsi être l'un des ouvrages d'ensemble les plus au courant qui soient à la disposition du public, et nous ne saurions trop le recommander.

Examens de capacité (Guide pratique pour les) aux fonctions d'Huissier ; par M. J. Demonchy, ancien Syndic-Président de la Chambre des Huissiers de Paris. 2ᵉ édition, revue, corrigée et mise au courant. 1 vol. in-18. 1899. 3 fr. 50

Cet ouvrage renferme, sous forme de catéchisme ou de questionnaire, un recueil de toutes les questions de procédure qui peuvent faire le sujet des examens de capacité.

Il s'adresse spécialement et se recommande particulièrement aux clercs d'huissier, de notaire ou d'avoué, qui se destinent aux fonctions d'huissier.

L'auteur, ancien syndic-président de la Chambre des huissiers de Paris, que sa longue pratique des affaires et sa compétence dans les questions de procédure désignaient tout spécialement pour ce travail, s'est appliqué à exposer dans ce volume les questions d'une manière à la fois très précise et très simple, de façon à mettre en quelque sorte la connaissance de la procédure à la portée de tout le monde.

A côté des questions de pratique et d'exécution, l'auteur a joint à son ouvrage des modèles de comptabilité et des indications sur la tenue et l'administration d'une étude, qui seront très utiles à connaître pour les jeunes huissiers, de sorte que ce petit manuel leur servira plus tard encore de guide dans l'exercice de leurs fonctions.

Tarif des actes d'Huissiers (Le) ; par O. Raviart, Avoué à Beauvais, Vice-Président de la Conférence des Avoués de 1ʳᵉ instance des départements. 2ᵉ édition, revue et augmentée. 1 vol. in-8. 1899. 3 fr. 50

Huissiers (Tarifs commentés des actes des) en matière civile, précédés de ceux des actes des Juges de paix, de leurs Greffiers et Huissiers et des Secrétaires et Huissiers des Conseils de prud'hommes ; par M. Bonnesœur, Conseiller honoraire à la Cour d'appel de Bordeaux. 6ᵉ édition. 1 vol. gr. in-8. 1892. 3 fr. 50

Le *Traité général de la taxe en matière civile*, par M. Bonnesœur, a reçu du public un accueil favorable et les éditeurs ont bien mérité des huissiers, en éditant à part, dans un petit volume, d'un prix modique, leurs tarifs spéciaux. L'auteur s'est prêté à cette utile combinaison, et, en dehors de la revision typographique de l'édition précédente, il a bien voulu faire des additions nombreuses et des changements nécessités par les décisions nouvelles de la jurisprudence. (*Dalloz*, art. de M. Vergé.)

Statuts de la Caisse générale de pension de retraite pour les Huissiers, de rentes viagères pour leurs veuves, d'annuités pour leurs orphelins et de capital de réserve pour leurs héritiers ; par Guiot, Huissier à Bruxelles. In-8. 1868. 50 c.

De la Saisie des objets appartenant aux exposants français et étrangers ; par E. Clunet, Avocat à la Cour d'appel de Paris, Rédacteur en chef du *Journal du Droit international privé*. In-8. 1878. 2 fr.

CODE DE PROCÉDURE.

Saisie-arrêt (Un étranger peut-il pratiquer une) en France sur un Français? par le *même auteur*. In-8. 1882. 1 fr. 50

Saisie-arrêt (Loi du 12 janvier 1895 relative à la) sur les salaires et petits traitements des ouvriers ou employés; commentée par **M. G. Fortier**, Avocat à la Cour d'appel de Paris. 1 vol. gr. in-8. 1895. 1 fr. 50

Saisie-arrêt (Manuel pratique de la loi du 12 janvier 1895 sur la), avec un Formulaire complet de toutes les formalités; par **E. Le Pelletier**, Avocat à la Cour de Paris, Juge de paix du VII° arrondissement de Paris. 1 vol. in-18. 1896. 2 fr.

M. Le Pelletier a pensé avec raison qu'un petit livre essentiellement pratique et dont les discussions théoriques seraient écartées répondrait à cet égard à un besoin général. C'est dans ce but qu'il publie le texte de la loi avec un commentaire succinct sous chaque article. Mais la partie vraiment intéressante de son travail est le recueil de formules qui le termine. On y trouve le modèle de tous les actes qui peuvent être dressés dans la procédure de saisie, jusqu'aux avis à donner par le greffier aux parties, aux lettres de convocation, aux registres à tenir, aux visas à apposer, etc. (*Recueil Dalloz*, 23° et 24° cah. 1895.)

Saisie-Arrêt (Traité sur la). Loi du 12 janvier 1895. Commentaire théorique et pratique donnant la solution de toutes les difficultés qui surgissent dans l'application de la loi; par **Adolphe d'Hooghe**, Juge de paix du canton ouest de Cambrai (Nord). 1 vol. in-18. 1897. 6 fr.

Cet ouvrage est le plus complet et le plus pratique de ceux parus à ce jour. L'auteur, titulaire d'une des justices de paix les plus chargées de France, et qui a été ainsi à même de faire application des principes de la loi nouvelle dans les cas les plus divers, a pensé faire œuvre utile en faisant profiter de son expérience tous ceux qui ont occasion d'appliquer cette loi.
Le succès de son livre a prouvé qu'il avait pleinement réussi.
Dans cet ouvrage, dégagé de tous les termes trop techniques, de manière qu'il fût accessible à tous, on trouvera avec le commentaire complet de la loi, article par article, un état de frais d'une saisie-arrêt depuis le début de la procédure jusqu'à la main-levée, et enfin un formulaire de tous les actes et un modèle de jugements s'appliquant à chaque espèce de saisie ou d'incidents sur saisies-arrêts.

Saisie-arrêt (De la); par **J. Thureau**. V. page 92.

Saisie immobilière (Code de la) et de toutes les ventes judiciaires de biens immeubles; par **Chauveau Adolphe**, Doyen de la Faculté de droit de Toulouse. 5° édition (2° tirage), augmentée d'un Supplément, par **Gustave Dutruc**, Avocat, ancien Magistrat, Rédacteur en chef du *Journal des Avoués*. 3 vol. in-8. 1882. 18 fr.

Conversion de saisie immobilière (Manuel de la). — Avantages et inconvénients de cette procédure. — Guide pratique des Avoués et des Notaires; par **M. L. Baillou**, Avocat au Tribunal civil de Versailles, Docteur en droit, ancien Maître Clerc d'avoué à Paris. 2° édition. 1 vol. in-8. 1897. 3 fr. 50

Une première édition de cette étude s'était bornée à discuter les différentes hypothèses auxquelles la conversion de saisie immobilière pouvait donner naissance et à énumérer théoriquement les avantages et les inconvénients de cette procédure exceptionnelle. M. Baillou a pensé qu'il convenait de refondre son travail pour le mettre à la disposition d'un plus grand nombre de lecteurs et de lui imprimer un caractère plus pratique. Il a relevé environ cent quatre-vingts décisions judiciaires qu'il a groupées sous les diverses questions déjà examinées pour la plupart par la doctrine

CODE DE PROCÉDURE.

et qui constituent ainsi un recueil de jurisprudence dans lequel les magistrats, avocats, avoués et notaires pourront désormais largement puiser. C'est un véritable manuel qui résume des solutions éparses dans de nombreuses publications auxquelles, surtout en cas pressant, on ne peut pas toujours recourir.

Cahiers des charges (Modèles pratiques pour la rédaction des conditions générales des) en matière de ventes sur saisie immobilière et de ventes sur licitation de biens de mineurs, de biens dotaux ou de biens de failli, dressés suivant les formulaires en usage dans les études d'avoués; par **A. Copello**, ancien Avoué. 1 vol. in-18. 1898.   1 fr. 75

Ventes judiciaires d'immeubles (Commentaire de la loi du 23 octobre 1884 sur les), avec le texte de la loi et les extraits des documents parlementaires; par **L. Legrand**, Avoué honoraire à Versailles. 1 vol. in-12 1885.   2 fr. 50

M. Louis Legrand s'est attaché à fixer nettement le sens de la loi nouvelle.

Il exerce depuis nombre d'années les fonctions d'avoué à Versailles, et sa connaissance approfondie des affaires lui a valu l'honneur de faire partie de la commission extraparlementaire qui se réunit périodiquement à la Chancellerie, pour préparer la revision de la Procédure civile; la loi du 23 octobre 1884, ne pouvait donc avoir de commentateur plus éclairé.   (Journal *Le Droit*, 19 février 1885.)

Ventes judiciaires d'immeubles (Étude critique et pratique de la loi du 23 octobre 1884 sur les); par **G. Dutruc**, Avocat à la Cour d'appel de Paris, ancien Magistrat. Gr. in-8. 1885.   1 fr. 50

Ventes judiciaires d'immeubles (Commentaire de la loi du 23 octobre 1884 sur les); par **René Bigard**, Docteur en droit, Juge au Tribunal civil de Lisieux. 2ᵉ édition, revue et complétée. In-8. 1886.   3 fr.

L'étude que nous mentionnons, faite avec un soin scrupuleux, indiquant les questions qui seront le plus souvent soulevées, donnant à chacune une solution sérieusement approfondie, est un travail complet et pratique.

    (*Gazette du Palais et du Notariat*, avril 1885.)

Procédure de l'ordre (De la). Commentaire de la loi du 21 mai 1858; par **Chauveau Adolphe**, Doyen de la Faculté de droit de Toulouse. 2ᵉ édition (4ᵉ tirage), avec un SUPPLÉMENT, par **Gustave Dutruc**, Rédacteur en chef du *Journal des Avoués*. 2 vol. in-8. 1887.   14 fr.

Le *Supplément* se vend séparément.   3 fr.

..... Dans ce livre qui se termine par un formulaire complet et un tableau synoptique de cette procédure, toutes les questions, même celles d'un intérêt secondaire, sont analysées avec le plus grand soin et présentées avec une méthode qui facilite les moindres recherches.   (Journal *Le Droit*.)

Ordres amiables (Les) en Belgique et en France; par **A. Cival**, ancien Vice-Président du Tribunal civil de Dijon. 1 vol. in-8. 1866.   7 fr. 50

Distribution par contribution (Manuel pratique de la), suivi d'un *Formulaire*; par **Louis Choisy**. 1 vol. in-18. 1892.   3 fr.

Les praticiens trouveront dans ce volume, ce qu'ils réclament avant tout, un exposé clair et précis du sujet, des discussions à la fois sobres et complètes, la jurisprudence analysée dans ses manifestations les plus récentes, le tout terminé par un formulaire qui ne comprend pas moins de vingt-cinq modèles d'actes.

    (*Recueil Dalloz*.)

CODE DE PROCÉDURE.

Traité du **Partage de successions**; par Dutruc. Voir page 14.

Séparation de biens judiciaire (Traité de la) dans
lequel sont exposés simultanément, au point de vue de la doctrine et de la jurisprudence, les principes du droit et les règles de la procédure; par Dutruc, Avocat à la Cour d'appel de Paris, ancien Magistrat. In-8. 1853. 7 fr.

Séparation de biens judiciaire (De la); par
M. **Picard**, Docteur en droit, Avocat à la Cour d'appel. 1 vol. gr. in-8. 1898. 5 fr.

Conciliation et d'Arbitrage (Manuel-Formulaire
raisonné de) en matière de différends collectifs entre patrons et ouvriers ou employés, d'après la loi du 27 décembre 1892, ou Commentaire pratique de cette loi; par **A. Bolotte**, Juge de paix du canton de Prémery (Nièvre). 1 vol. in-18. 1894. 3 fr.

Cet ouvrage examine successivement tous les divers cas qui peuvent se présenter dans son application, et il en fournit la solution; il renferme de plus une trentaine de formules.

Il guidera utilement le magistrat cantonal dans la nouvelle mission qui lui est confiée, et les patrons-ouvriers ou employés, comme les syndicats, y trouveront tous les renseignements qui leur sont nécessaires et y puiseront des conseils précieux.

Taxe des frais en matière civile (Nouveau
Manuel théorique et pratique de la), comprenant : 1° les tarifs des droits et émoluments des juges de paix et de leurs greffiers, des huissiers ordinaires et audienciers, des avoués de première instance et d'appel; 2° le tarif des notaires; 3° celui des frais des ventes judiciaires; 4° ceux des greffiers des tribunaux civils, de première instance, de commerce et des Cours d'appel, des agréés près les tribunaux de commerce; 5° le tarif des commissaires-priseurs; 6° le tarif et les règles de la liquidation de dépens; par **M. Bonnesœur**, Conseiller honoraire à la Cour d'appel de Bordeaux. 2ᵉ édition, revue, considérablement augmentée. 1 vol. in-8. 1864. 8 fr. 50

Taxe en matière civile (Nouveau Dictionnaire rai-
sonné de la), suivi du texte des tarifs en vigueur, par **M. Boucher d'Argis**, ancien Conseiller à la Cour d'appel d'Orléans. 3ᵉ édition, considérablement augmentée par l'auteur, revue et mise au courant de la doctrine et de la jurisprudence jusqu'à ce jour, par **M. Alex. Sorel**, Président honoraire du Tribunal civil de Compiègne. 1 fort vol. in-8. 1882. 12 fr.

Les commentateurs qui ont apporté la lumière dans les obscurités du Tarif sont nombreux; mais nous croyons que les plus complets et les plus sûrs sont M. Bonnesœur et M. Boucher d'Argis, ce dernier surtout, depuis qu'il a reçu les compléments et les notes savantes de M. Sorel.

M. Sorel nous prévient que le savant conseiller d'Orléans avait une tendance à la sévérité en matière de taxe. Cette rigueur a été souvent tempérée par M. Sorel, non pas qu'il se montre faible et complaisant, mais il a su concilier toutes les exigences avec un remarquable esprit d'impartialité et de justice, accordant tout ce qui est dû, et en prenant pour règle de ses solutions l'adage *ne quid nimis*.
(Gazette des Tribunaux).

..... Le livre est donc offert au public avec la double garantie d'une composition première due au savoir et à l'expérience d'un magistrat émérite, et d'une revision attentive, discrète, indépendante toutefois, opérée par un auteur judicieux, qui, comme avocat, juge de paix, juge d'arrondissement, a vu les choses sous plusieurs aspects, et qui a pu suivre le cours de la jurisprudence jusqu'au dernier moment.
(Recueil général des lois et des arrêts.)

CODE DE PROCÉDURE.

Tarif en matière civile (Le) appliqué d'après la jurisprudence et la doctrine. 5e édition, revue, corrigée, considérablement augmentée et contenant l'application de la loi du 26 janvier 1892 sur les *frais de justice*; par **M. O. Raviart**, Avoué à Beauvais, Vice-Président de la Conférence des Avoués de première instance des départements. 1 vol. in-4. 1894.   6 fr.
 Cartonné.   6 fr. 50

M. le président Lespinasse, dans un article très étendu, a dit : « Le nouvel
« ouvrage de M. Raviart est destiné à prendre place parmi les livres de pratique
« les plus indispensables aux magistrats taxateurs comme aux membres de la barre.
« Il peut suppléer tous les autres et nous ne pensons pas que la réunion de tout ce
« qui a été écrit sur la matière puisse remplacer l'œuvre de l'honorable juriste ».

Tarifs en matière civile (Commentaire des); par **M O. Raviart**, Avoué à Beauvais Vice-Président de la Conférence des Avoués de 1re instance des départements. 2e édition, augmentée et mise au courant de la législation, de la doctrine et de la jurisprudence. 1 vol. in-8. 1899.   8 fr.

Dépens, frais et honoraires (Traité abrégé des) et de la Taxe en matière civile, commerciale et criminelle, comprenant l'analyse de toutes les matières du *Bulletin de la Taxe* depuis sa fondation, à l'usage des Magistrats, Avoués, Huissiers, Notaires, Greffiers et autres auxiliaires de la justice; par **G. Dutruc**, Avocat à la Cour d'appel de Paris, ancien Magistrat, ancien Rédacteur en chef du *Bulletin de la Taxe* et de divers journaux de procédure. 2e tirage. 1 vol. in-8. 1897.   6 fr. 50

Taxe (Bulletin de la), des frais et dépens. Recueil mensuel de jurisprudence, de doctrine et de législation concernant les tarifs en matière civile, commerciale et criminelle; par **M. G. Raviart**, Avoué à Beauvais, Vice-Président de la Conférence des Avoués de 1re instance des départements.
 Abonnement annuel.   5 fr.

Surenchères (Traité des); par **M. Petit**, Président honoraire à la Cour d'appel de Douai. 1 vol. in-8. 1848.   7 fr. 50

Procédure civile (Réforme théorique et pratique de la) des lois et règlements relatifs à l'organisation judiciaire; par **E.-H. Mancelle**, ancien Avoué, Avocat. 1 vol. in-8. 1895.   5 fr.

Responsabilité et de la discipline (Manuel de la) des Officiers ministériels auxiliaires de la justice (Avoués, Huissiers, Greffiers); par **G. Dutruc**, Avocat, ancien Magistrat, Rédacteur en chef du *Journal des Avoués* et du *Journal des Huissiers*. 3e édition, entièrement refondue. 1 vol. in-8. 1895.   5 fr.

Délais et prescriptions (Dictionnaire général des) en matière civile, administrative, commerciale, criminelle et fiscale. (Enregistrement, amendes et droits en sus, impôts et taxes assimilées, réclamations et demandes en dégrèvement). Délais en matière électorale, suivi du Tarif des droits d'enregistrement et de succession, au courant de la législation; par **L. Boulbet**, Juge de paix, et **Mage**, Receveur de l'enregistrement et des domaines, à Mimizan (Landes). 1 vol. in-8. 1899.   3 fr.

Faciliter les recherches, rassembler dans un ouvrage d'un maniement commode

CODE DE COMMERCE. 49

les délais et prescriptions de toute nature disséminés dans notre législation civile, administrative, commerciale, criminelle et fiscale, en y comprenant ceux déterminés par les lois spéciales, tant anciennes que récentes, tel est le but de ce travail que les auteurs ont cru devoir faire suivre du Tarif des droits d'enregistrement et de succession, en raison de ses affinités avec la plupart des actes de la vie civile et judiciaire.

Tel qu'il est conçu, et eu égard à la diversité des matières qu'il embrasse, le *Dictionnaire général des délais et prescriptions* se recommande à tous les hommes d'affaires.

Cessions d'office de notaire (Guide pratique des).

2e édition, revue et augmentée de la partie de la Circulaire ministérielle du 1er mars 1890 concernant les cessions d'office, par **J. Debs**, Président du Tribunal de première instance de Boulogne-sur-Mer. In-8. 1890. 2 fr.

Quelles sont exactement toutes les pièces à produire dans le cas d'une cession d'office de notaire? Comment ces pièces doivent-elles être établies, soit dans la forme, soit au fond? Telles sont les questions posées et résolues dans ce guide pratique. Tout candidat qui voudra bien se conformer à la lettre aux indications qui s'y trouvent consignées pourra, l'heure venue, déposer au parquet du procureur de la République un dossier *complet* de pièces *régulières*. Il se sera épargné des déplacements et des démarches, il aura échappé aux lenteurs que les renvois de pièces, reconnues irrégulières après examen, entraînent dans un grand nombre de cas.

Offices ministériels (Traité théorique et pratique de

la propriété et de la transmission des) énumérés par l'article 91 de la loi du 28 avril 1816, et autres, assimilés par la jurisprudence; par **Eugène Perriquet**, Docteur en droit, ancien Avocat au Conseil d'Etat et à la Cour de cassation. 1 vol. in-8. 1874. 9 fr.

Offices (Traité des); par M. Dard, ancien Avocat au Conseil

d'Etat et à la Cour de cassation. 1 vol. in-8. 1838. 5 fr.

Offices et Officiers ministériels; par M. Victor

Bellet, Avocat à Paris. 1 vol. in-8. 1850. 6 fr.

Offices ministériels (Du remboursement des) et de la

suppression de leur vénalité; par M. Vraye. 1 vol. gr. in-8. 1860. 4 fr. 50

Offices (De la transmission des), des contre-lettres et des

poursuites disciplinaires auxquelles elles peuvent donner lieu. In-8. 1840. 1 fr.

Rapports des Notaires avec le Ministère public (Étude sur les); par M. Pellerin. Voir page 32.

CODE DE COMMERCE

Code de commerce annoté, contenant toute la juris-

prudence des arrêts et la doctrine des auteurs. 3e édition (2e tirage), complètement refondue et mise au courant, par **Jean Sirey**, Avocat à la Cour d'appel de Paris, avec le concours de **Charles Sirey**, Avocat à la Cour d'appel. 1 fort vol. gr. in-8. 1898. 25 fr.

Il n'est guère de bibliothèque de droit où ne se trouvent aujourd'hui les *Codes annotés* de Sirey: l'ouvrage est plus que classique: il est célèbre, et justement célèbre. Les continuateurs de l'œuvre entreprise par Sirey, et poursuivie par Gilbert, ont tenu à honneur de la conserver dans toute son intégrité et dans toute sa perfection : en faisant une édition nouvelle, ils respectent scrupuleusement la méthode à laquelle cette importante publication est en partie redevable de son succès.

Comme dans les éditions précédentes du *Code de commerce*, comme dans les éditions successives du *Code civil* et du *Code de procédure*, sous chaque article, on trouve, sous une forme très concise, l'exposé le plus complet que l'on puisse désirer de la jurisprudence et de la doctrine. Rien de plus commode à consulter lorsqu'on a besoin d'un renseignement sur l'application d'un texte; disons aussi : rien de plus sûr. Non seulement il faut une vaste érudition pour rechercher, dans les différents ouvrages de doctrine, l'endroit précis où chaque matière est traitée, mais il faut encore une méthode rigoureuse, une sévérité extraordinaire pour son travail, si l'on ne veut pas laisser échapper de ces erreurs matérielles qui rebutent le lecteur, et qui sont si fréquentes. La troisième édition du *Code de commerce* de Sirey ne court pas un semblable danger : comme précédemment, l'ouvrage renferme de nombreuses citations et références : en outre, toutes sont parfaitement exactes, choisies de la façon la plus heureuse. Un tel ouvrage est précieux pour tous, surtout pour les gens de travail. Faut-il donc s'étonner d'un succès qui, depuis longtemps affirmé, va chaque jour s'accentuant? (*Pandectes françaises*, février 1894.)

Droit commercial (Nouveau cours de); par Valabrègue, Professeur de Droit commercial à la Faculté de droit de l'Université et à l'Ecole supérieure de commerce de Montpellier. 1 fort vol. in-8. 1898.   10 fr.

Cet ouvrage est dû à l'un des maîtres de notre enseignement supérieur, qui depuis près de vingt ans s'est entièrement consacré à l'étude de la législation commerciale. Appelé à Montpellier lors de la création de la Faculté de droit, en 1880, M. Valabrègue y occupe depuis cette époque la chaire de droit commercial. Son enseignement, très apprécié des nombreuses générations d'étudiants qui se sont succédé depuis cette époque, a servi de base à la rédaction de son œuvre : elle est le produit d'une longue expérience mûrie par le contact quotidien avec les étudiants, à qui elle s'adresse plus spécialement ; elle comprend un commentaire complet de notre Code de commerce et des principales lois qui l'ont complété ou modifié.   M. B.

. ... Dans une forme élégante et concise, sans longueur et sans omission, l'ouvrage de M. Valabrègue est l'un des plus utiles à consulter tant au point de vue doctrinal qu'au point de vue pratique. (*Gazette des Tribunaux*, 27 mai 1898.)

Droit commercial (Traité résumé de) et maritime; par **M. Valabrègue**, Professeur de droit commercial à la Faculté de Montpellier. 1 vol. in-8. 1898.   10 fr.

Code de commerce (Commentaire du) et de la Législation commerciale; par **M. I. Alauzet**. 3ᵉ édition, revue, augmentée et mise au courant des lois nouvelles et de la jurisprudence. 8 vol. in-8. 1879.   60 fr.

Code de commerce (Commentaire théorique, pratique et critique du); par **M. F. Beslay**, Docteur en droit, ancien Avocat à la Cour d'appel de Paris. 2 vol. in-8 parus (tomes 1 et 5). 1867-1869.   16 fr.

    Tome Iᵉʳ : *Des commerçants*.
    Tome V : *Des Sociétés en commandite*.

Droit commercial (Exposé élémentaire des principes du); par **V. Leray**, Docteur en droit. 1 vol. gr. in-8. 1895.   3 fr.

CODE DE COMMERCE.

Droit commercial (Le) comparé de la France et de l'Angleterre, suivant l'ordre du Code de commerce français; par **M. Colfavru**, Avocat à Pontoise. 2e tirage conforme au 1er. 1 vol. in-8. 1863. 9 fr.

Code de commerce (Commentaire du); par **M. J. Bédarride**, Avocat près la Cour d'appel d'Aix.

Chaque traité se vend séparément.

—Des commerçants, des livres de commerce. 2e édit. 1872. In-8. 9 fr.
—Des sociétés. 2e édition (2e tirage). 3 vol. in-8. 1876. *Rare.*
—Commentaire de la loi du 24 juillet 1867 sur les sociétés en commandite par actions, anonymes et coopér. 2e tir. 2 v. in-8. 1877. *Rare.*
—Des bourses de commerce, agents de change et courtiers. 2e édit. 1 vol. in-8. 1883. 10 fr.
—Des commissionnaires. 2e édit., mise au courant de la législation par le Commentaire de la loi du 11 avril 1888. 1 vol. in-8. 1889. 10 fr.
—Des achats et ventes. 2e édition. 1879. 1 vol. in-8. 9 fr.
—De la lettre de change, des billets à ordre et de la prescription. 2e édition. 2 vol. in-8. 1877. 18 fr.
—Commentaire de la loi du 14 juin 1865 sur les chèques. In-8. 1874. 7 fr.
—Commerce maritime. 2e édition, revue et mise au courant de la doctrine et de la jurisprudence. 5 vol. in-8. 1876. 45 fr.
—Traité des faillites et banqueroutes. 5e édit. 1874. 3 vol. in-8. *Rare.*
—De la juridiction commerciale. 2e édit. 1 vol. in-8. 1880. 9 fr.
—De l'hypothèque maritime. 1 vol. in-8. 1886. 9 fr.
—Questions de droit commercial et de droit civil, avec leurs solutions. 1 vol. in-8. 1883. 8 fr.
—Des brevets d'invention. Voir page 61.

French commercial law (Treatise upon) and the practice of all the courts with a theoretical and practical commentary and text of the laws relating thereto including the entire Code of commerce, with a dictionnary of french judical terms; by **Léopold Goirand**, Avoué au Tribunal civil de la Seine. 2 édition. 1 fort vol. in-8 relié. 1898. 25 fr.

Contentieux commercial (Dictionnaire du) et industriel. 6e édition, dans laquelle a été refondu entièrement le DICTIONNAIRE DU CONTENTIEUX COMMERCIAL, de **MM. Devilleneuve et Massé**, contenant la législation, la jurisprudence et la doctrine sur toutes les matières qui intéressent le commerce terrestre ou maritime et l'industrie, et suivi des formules des actes et contrats expliqués dans le Dictionnaire; par **G. Dutruc**, Avocat à la Cour d'appel de Paris, ancien Magistrat. 2 vol. gr. in-8. 1875. 30 fr.

Les développements que M. Dutruc a donnés à l'œuvre ancienne en ont plus que doublé les proportions. L'emploi d'un texte très compacte a permis de faire entrer dans deux volumes, la matière de huit volumes in-octavo ordinaires. Outre que les actes primitifs, entièrement remaniés, ont reçu des accroissements considérables, le *Dictionnaire du Contentieux commercial et industriel* contient un grand nombre d'articles nouveaux qui sont venus remplir les lacunes que le temps et la mobilité de notre législation avaient faites dans l'ancien ouvrage.

Actes de commerce (Des) des Commerçants et de leur patente. 2e édition; par **M. L. Nouguier**, Avocat à la Cour d'appel de Paris. 2 vol. in-8. 1884. 16 fr.

Crédit ouvert (Traité du) en compte courant, moyennant affectation hypothécaire; par **Alfred Le François**, ancien Avocat, Juge au tribunal de Bruges. 1 vol. in-8. 1878. 7 fr.

<small>L'auteur a une logique serrée, un esprit lucide et pénétrant, une méthode sûre de discussion. La netteté des idées et la vigueur du raisonnement sont des qualités constantes dans cet ouvrage. (*Journal du Palais*, 1878, 5e cahier).</small>

Compte courant (Étude sur le); par **P. Clément**, Docteur en droit, Avocat général à Poitiers. 1 vol. in-8. 1889. 7 fr.

<small>..... Le livre de M. Clément atteste une parfaite connaissance des principes du droit et des besoins de la pratique ; il témoigne en même temps d'un esprit net et vigoureux ; il est bien composé et bien écrit, et, à ces divers titres, il fait honneur à l'auteur. (*Dalloz*, mars 1890.)</small>

Sociétés commerciales anonymes (Code annoté des); par **J. Michot**, Notaire à Saint-Cloud. 1 vol. gr. in-8. 1884. 9 fr.

Sociétés civiles et commerciales (Commentaire des lois sur les); par **M. Alauzet**. 2 vol. in-8. 1879. 15 fr.

<small>Cet ouvrage est extrait de la 3e édition du *Commentaire du Code de commerce*, du même auteur.</small>

Sociétés civiles et commerciales (Traité des), AVEC FORMULES. — Sociétés françaises et étrangères, — Assurances, — Associations et Syndicats professionnels, — Taxes fiscales; par **M. A. Vavasseur**, Avocat à la Cour d'appel de Paris. 5e édition, mise au courant de la jurisprudence et de la doctrine, avec la collaboration de **M. Jacques Vavasseur**, Avocat à la Cour d'appel de Paris. 2 vol. in-8. 1897. 18 fr.

<small>.... Ce livre, réellement mis au courant, mérite de conserver la place importante qu'il a conquise entre tous ceux qui sont consacrés à la même matière ; il reste, comme par le passé, un guide sûr et précieux pour les hommes de loi, toutes les fois qu'ils auront à étudier une question se rattachant à l'importante matière des sociétés. (*Journ. de droit intern. privé.*)</small>

Sociétés par actions (Commentaire de la loi du 1er août 1893 sur les); par le *même auteur*, avec la collaboration de **M. J. Vavasseur**, Avocat à la Cour d'appel de Paris. 1 vol. in-8. 1894. 4 fr.

<small>... Aussi, est-ce avec une grande satisfaction que nous pouvons annoncer la publication que vient de faire le savant jurisconsulte, avec la collaboration de son fils M. Jacques Vavasseur, avocat à la Cour, sur la loi du 1er août 1893, qui a modifié, dans des parties essentielles, celle de 1867. Aucun commentaire plus autorisé ne pouvait être fait.
Comme tous les ouvrages de M. A. Vavasseur, son *Commentaire de la loi du 1er août 1893* se distingue par la méthode, la clarté, l'exposition nette, la discussion précise. (*Revue des Sociétés*, nov. 1893.)</small>

Revue des Sociétés. Recueil mensuel de jurisprudence, doctrine, législation française et étrangère sur les sociétés civiles et commerciales, associations, syndicats professionnels, assurances; publié sous la direction de **M. Vavasseur**, Avocat à la Cour d'appel de Paris, Rédacteur en chef ; **C. Frénoy**, Avocat au Conseil d'Etat et à la Cour de cassation ; **E. Navarre**, Administrateur près le Tribunal de commerce de la Seine, et **Gaschard**, Avocat à la Cour d'appel, Secrétaire de la rédaction, avec le concours de

CODE DE COMMERCE. 53

MM. Alglave, Professeur à la Faculté de droit de Paris; **Arnault**, Professeur à la Faculté de Toulouse; **Barbier**, Premier Président honoraire de la Cour de cassation; **Baudelot**, ancien Président du Tribunal de commerce de la Seine; **Baudouin**, Président du Tribunal civil de la Seine.

Années 1883 à 1899. 51 fr.
Abonnement annuel à partir de janvier. 15 fr.

La *Revue des Sociétés* intéresse non seulement le monde judiciaire, mais encore tous les grands établissements commerciaux et financiers, les industriels, banquiers et commerçants, qui tous ont besoin d'être exactement renseignés sur les conditions dans lesquelles naissent, se développent ou se dissolvent les Sociétés.

Cette Revue justifie pleinement son titre et contient tous les renseignements dont peuvent avoir besoin tous ceux qui s'occupent de cette branche du droit.

(*L'Echo des Assurances*.)

Régime des Sociétés (Le nouveau). 1° Textes des lois en vigueur; 2° Commentaire de la loi du 18 août 1893; 3° Traité des parts de fondateur et titres bénéficiaires; 4° Recueil de la jurisprudence; 5° Formulaire; par **Henri Genevois**. 2ᵉ édit. entièrement refondue. 1 vol. gr. in-8. 1896. 8 fr. 50

M. Genevois s'est appliqué à donner des notions très claires, très précises et fort exactes, de chacun des articles de la loi du 1ᵉʳ août 1893. Le texte, pour chaque article, est immédiatement suivi de la partie des travaux préparatoires qui en spécifie le mieux l'idée maîtresse, et, dans le commentaire qui suit les travaux préparatoires, l'auteur s'efforce de prévoir les cas les plus intéressants de l'application pratique que régira ce texte; les solutions sont certainement l'œuvre d'un homme ayant, avec la connaissance du droit, celle des affaires financières.

Nous considérons ce petit commentaire, aux solutions succinctes mais d'une grande netteté, comme un manuel vraiment utile.

Régime des Sociétés (Revue trimestrielle du nouveau), publiée sous la direction de **Henri Genevois**.

Abonnement annuel à partir de juillet. 8 fr.

Sociétés par actions (Les). Loi du 1ᵉʳ août 1893. Texte et commentaire suivis du texte intégral modifié de la loi du 24 juillet 1867 et de *huit Formules*; par **Louis Perrin**, Docteur en droit, Avocat à la Cour d'appel de Paris. 1 vol. in-8. 1894. 2 fr. 50

Les explications sobres et claires de l'auteur, les arguments qu'il donne à l'appui des solutions qu'il adopte, la sage modération de ses critiques font de cet ouvrages un des meilleurs commentaires de la nouvelle loi.

(*Revue des Sociétés*, août 1894.)

Régime fiscal des Sociétés. Tableau représentant l'ensemble des droits d'enregistrement et taxes spéciales en matière de Sociétés; par **Francis Lefebvre**, Docteur en droit. 1 feuille *in-plano*. 1896. 5 fr.

Sociétés anonymes immobilières (Formulaire d'actes et notice sur la législation et l'utilité des) par actions, avec indication du prix de revient, au mètre superficiel, et pour les corps d'état, de divers types de construction; par **M. Masselin**. 1 vol. in-8. 1880. 4 fr.

CODE DE COMMERCE.

Finances et Sociétés (Législation et nouvelle Jurisprudence en matière de) sur les opérations de banque, bourse et coulisse, à l'usage des agents de change, banquiers, coulissiers, changeurs, gérants, directeurs, administrateurs et commissaires de sociétés; par M. Masselin. 1 vol. gr. in-8, publié en 3 fascicules. 1888. 24 fr.

Sociétés commerciales (Traité des); par Nyssens et Corbiau. Voir page 94.

Sociétés anglaises limited (Les); par Rand Bailley. V. page 94.

Jeu et du Pari (Du). Législation ancienne. Législation romaine. Législation française; par M. L. de Royer, Docteur en droit, Avocat à la Cour d'appel de Paris. 1 vol. gr. in-8. 1883. 5 fr.

Jeux, opérations de bourse (De l'aléa). Loteries et tombolas, valeurs à lots, Crédit foncier; par A. Goda, ancien Président de la Chambre des Notaires de Reims. Gr. in-8. 1882. 5 fr.

Coulisse (La) et le monopole des agents de change; par Alfred Lechopié, Avocat à la Cour de Paris. Broch. in-8. 1884. 1 fr. 50

Agents de change (Le monopole des) et l'article 76 du Code de commerce; par E. Badon-Pascal, Avocat, Membre de la Société d'économie politique. In-8. 1 fr.

Marchés à terme (Des). Historique et législation. Commentaire de la loi du 28 mars 1885; par le *même auteur*. In-8. 1895. 1 fr.

Titres au porteur (Memento théorique et pratique du possesseur de); perte, vol ou destruction (loi du 15 juin 1872). 3ᵉ édition, revue et mise au courant de la jurisprudence; par Jules Moret, ancien Huissier-audiencier à la Cour d'appel de Paris, et Alfred Desrues, Docteur en droit, Juge de paix de Saint-Denis (Seine). In-18. 1882. 3 fr. 50

.... Textes des lois, monuments nombreux de jurisprudence, formules et tables, composent l'ouvrage de MM. Moret et Desrues; il trouvera une place honorable à côté d'ouvrages plus considérables, parce qu'il répond bien au but pratique poursuivi par les auteurs : résumer et condenser tout ce qui concerne la législation des titres au porteur. (*France judiciaire*, 1ᵉʳ janvier 1882.)

Obligations de chemins de fer (Traité des); par M. Ed. Badon Pascal, Avocat. 1 vol. gr. in-8. 1896. 4 fr.

Obligations remboursables (De la validité des) avec primes, par voie de tirage au sort, et des devoirs des obligataires en cas de faillite ou de liquidation des compagnies; par Alfred Lechopié, Avocat à la Cour d'appel de Paris. In-8. 1881. 1 fr.

Valeurs à lots (De la négociation à crédit des). — Vente à tempérament. — Trafic. — Loterie. — Usure. — Opérations licites. — Doctrine et jurisprudence. — Dernières décisions judiciaires; par M. Mack, Avocat à la Cour d'appel de Paris. In-8. 1886. 2 fr. 50

Valeurs à lots (La vente à crédit des) en France et en Belgique. Jurisprudence annotée par P. Baratte, Avocat à la Cour d'appel de Paris. 1 vol. in-8. 1890. 4 fr.

CODE DE COMMERCE.

Transports (Des dommages-intérêts en matière de); par A. Cotelle, ancien Avocat et ancien Bâtonnier à la Cour d'appel d'Orléans, Arbitre-rapporteur au Tribunal de commerce de la Seine. 2° tirage, revu et augmenté d'un *Appendice*. 1 v. in-8. 1891-1894. .8 fr.

Le but que s'est proposé M. Cotelle est « de guider le mieux possible les personnes étrangères aux luttes judiciaires, dans le règlement d'une indemnité, en cas de retard, avarie, perte ou accident, survenus au cours d'un transport où à son occasion ».
Voyageurs, commerçants, gens d'affaires, trouveront dans ces pages les renseignements les plus précieux et les plus pratiques. (*Moniteur des Juges de paix*.)

Voyageurs et Bagages. Tracas et soucis des voyages en voitures, chemins de fer, omnibus, tramways et bateaux. Guide des voyageurs français et étrangers en France; par A. Cotelle, ancien Avocat, ancien Chef du Contentieux des lignes d'Orléans à Châlons et de l'Eure, Arbitre-Rapporteur au Tribunal de commerce de la Seine. 1 vol. in-18. 1891. 3 fr.

... Il est bien certain que lorsque l'on part en voyage, on est loin de se douter de l'existence de nombreux règlements auxquels on doit se soumettre pour s'éviter des désagréments toujours fâcheux ; M. Cotelle révèle au public ces nombreux règlements pour les voitures privées et publiques, ainsi que pour les chemins de fer ; de plus, il indique au voyageur quels sont ses droits dans les hôtels, les cafés, les restaurants ; enfin il consacre tout un chapitre aux accidents qui peuvent survenir en cours de route et à qui incombe la responsabilité de l'accident.... En résumé, l'opuscule de M. Cotelle est un ouvrage éminemment pratique et fort utile aux personnes qui entreprennent un voyage. (*Génie civil*.)

Contrat de Transport (Le). Titre VII *bis* du livre Ier du Code de commerce belge révisé, expliqué par les travaux préparatoires, la législation et la jurisprudence antérieures; par P. Wauwermans, Avocat à la Cour d'appel de Bruxelles. 1 vol. in-8. 1891. 3 fr. 50

Lettres de change (Des) et des effets de commerce; par Louis Nouguier, Avocat à la Cour d'appel de Paris. 4° édition, mise au courant de la jurisprudence et considérablement augmentée. 2 vol. in-8. 1875. 18 fr.

Nous n'avons plus à faire l'éloge du traité de M. Nouguier sur les lettres de change et les effets de commerce. Le livre est connu et estimé de tous ceux qui s'occupent de droit commercial.
La deuxième partie de l'ouvrage est consacrée tout entière à la législation étrangère. (*Recueil général des lois et des arrêts*, 7° cahier 1876).

Chèques (Commentaire théorique et pratique des lois de 1865 et 1874, concernant les); par L. Nouguier, Avocat à la Cour d'appel de Paris, avec la collaboration de M. Paul Espinas, Juge d'instruction au Tribunal civil de la Seine. 2° édit. 1 vol. in-8. 1874. 3 fr. 50

« Il serait difficile de nommer un jurisconsulte mieux autorisé que M. Nouguier à élucider un semblable sujet. Son Traité *des Lettres de change et des effets de commerce* devenu classique, lui a donné depuis longtemps, en ces matières, une autorité que son nouvel ouvrage ne peut que consolider et agrandir. C'est la même clarté dans la méthode et dans le style, la même justesse dans les déductions, la même sûreté dans l'interprétation légale. A. AUDOY (Extrait du Journal *Le Temps*).

Ces deux ouvrages pris ensemble. 20 fr.

CODE DE COMMERCE.

Chèques (Commentaire de la loi du 14 juin 1865, concernant les) ; par **M. Alauzet**, Juge honoraire au Tribunal civil de la Seine. In-8. 1865. 1 fr. 50

Droit maritime (Cours de) ; par **M. Cresp**, ancien Professeur à la Faculté de droit d'Aix, annoté, complété et mis au courant de la jurispudence la plus récente ; par **Aug. Laurin**, Professeur de droit commercial à la Faculté d'Aix, Avocat à la Cour d'appel. 4 vol. in-8. 1876-1882 34 fr.

Droit maritime international (Question de) ; par **Ed. Clunet**. V. page 91.

Droit maritime commercial (Nouveau précis de) ; par **E. Valabrègue**, Professeur de droit commercial à la Faculté de Montpellier. 1 vol. in-8. 1898. 4 fr.

(Extrait du *Nouveau Cours de droit commercial*, du même auteur.)

Assurances (Manuel général des) ou Guide pratique des assureurs et des assurés, comprenant les assurances contre les accidents, les faillites, la gelée, la grêle, l'incendie, l'inondation, la mortalité des bestiaux, les procès, les risques maritimes et les assurances sur la vie ; par **Emile Agnel**, Avocat à la Cour d'appel de Paris. 4ᵉ édition, revue et mise au courant de la législation et de la jurisprudence, par **M. Christian de Corny**, Avocat à la Cour d'appel de Paris. 1 vol. in-8. 1900. 8 fr.

Ce livre est écrit d'un style à la fois très simple, très précis et très clair ; il est à la portée des personnes les moins accoutumées à l'étude des lois et au langage judiliaire ; il s'adresse, non seulement à ceux qui font de la science du droit leur procession et leur étude habituelle, mais aussi et surtout aux assureurs et aux assurés ; il leur fait connaître leurs obligations et leurs droits respectifs. (*La Loi*.)

Assurances mutuelles contre l'incendie (Guide pratique des Sociétés d') ; par **Barbier**, Secrétaire de Mairie et **A. Bernard**, Receveur de l'Enregistrement. In-8. 1890. 2 fr.

Assurances agricoles (La question des) au point de vue économique, technique, pratique ; par **R. Duguay**, Avocat à la Cour de Paris. 1 vol. pet. in-8. 1895. 1 fr.

Assurances sur la vie (Traité des). Doctrine, législation, jurisprudence : par **Emile Couteau**, Docteur en droit, Avocat à la Cour d'appel de Paris. 2 vol. in-8. 1881. 16 fr.

Ce qui caractérise cet ouvrage écrit par un avocat distingué, au milieu du courant des affaires quotidiennes et au prix de laborieuses recherches, c'est une grande clarté dans l'exposition et une forte conviction dans la doctrine juridique qu'il défend. (Journal le *Droit*, art. de M. Lefebvre de Viefville, Président de chambre à la Cour d'appel de Paris).

Assurance sur la vie (L') ; par **Émile de Grandmaison**, Docteur en droit. 1 vol. gr. in-8. 1899. 7 fr.

Un ouvrage rappelant ce but premier, les débuts et les développements du contrat d'assurance, et exposant d'une façon complète, quoique résumée, toutes les difficultés juridiques que ce contrat a soulevées, comment elles ont été comprises et résolues, comment elles doivent l'être en s'inspirant tout à la fois des desseins élevés autant que pratiques des créateurs et promoteurs de l'assurance sur la vie et du mécanisme de cette opération, est certes très opportun à un moment où, sur un point essentiel tout au moins, la jurisprudence supplée enfin équitablement et juridiquement à la loi spéciale sur la matière qui manque à notre pays.

M. de Grandmaison a pu ainsi, dans son livre, mettre au point cette matière, que plusieurs Traités antérieurs, importants à des titres divers, ont examinée minutieusement sous différents aspects. Ce livre donne satisfaction, d'une part, aux nécessités pratiques, lorsqu'il explique, par exemple, les modalités du contrat — Assurances en cas de vie (rente viagère immédiate, assurance différée); Assurances en cas de décès (assurance temporaire, assurance pour la vie entière); Assurances mixtes; — et, d'autre part, aux exigences juridiques, soit qu'il traite de la nature juridique ou de la formation du contrat, soit qu'il énumère et discute les obligations de l'assuré et celles de l'assureur, soit enfin — partie la plus importante — qu'il donne toute sa science spéciale à l'étude si difficile, si controversée, de l'attribution du bénéfice de l'assurance.

L'ouvrage se termine par un appendice, où l'auteur indique brièvement la situation actuelle de l'assurance sur la vie, les caractères que lui reconnaissent la loi et la jurisprudence à l'étranger : Angleterre, Allemagne, Italie, Belgique, Etats-Unis.

(*Revue des Sociétés*.)

Assurance sur la vie (L'), d'après les arrêts les plus
récents; par **M. Paul Henry**, Professeur de droit civil aux Facultés catholiques d'Angers. Gr. in-8. 1895. 1 fr. 50

Assurance sur la vie (Manuel théorique et pra-
tique de l'); par **MM. Maire**, Directeur régional d'assurance et **Gellie**, attaché au Ministère de l'Intérieur. In-8. 1898. 1 fr.

Assurances (Répertoire général des) ou Résumé analytique
et chronologique des matières contenues dans le *Journal des Assurances* de 1849 à 1872; par **M. Badon-Pascal**, Avocat, Rédacteur en chef du *Journal des Assurances*. 1 vol. gr. in-8. 1874. 6 fr.

Assurances (Répertoire des) contre l'incendie, sur la vie,
les accidents, la grêle, etc. (1873-1883); par **M. Badon-Pascal**, Avocat. 1 vol. gr. in-8. 1884. 10 fr.

Indemnités d'Assurances (Attribution des) et de
quelques autres indemnités. Commentaire des articles de la loi du 19 février 1889 relatifs à l'attribution des indemnités dues par suite d'assurances et des indemnités dues en cas de sinistre par le locataire et par le voisin; par **E. Pannier**, Avocat à la Cour d'appel de Paris, Docteur en droit, Lauréat de la Faculté de Paris. In-8. 1889. 2 fr. 50

Incendie (Traité de la responsabilité civile en matière d'). Voir page 20.

Faillites et Banqueroutes (Formulaire général des)
ou Résumé pratique de législation, de jurisprudence et de doctrine, contenant les modèles des différents actes et décisions en matière de faillites; par **M. Laroque-Sayssinel**. 5e édition, mise au courant et augmentée d'un Commentaire théorique et pratique de la loi du 4 mars 1889 sur la *Liquidation judiciaire* et la *Faillite*, par **M. Dutruc**, Avocat à la Cour d'appel de Paris, ancien Magistrat. 2 vol. in-8. 1892. 18 fr.

Tous ceux qui se sont occupés des faillites et banqueroutes savent les précieux services qu'a rendus à la pratique l'ouvrage de M. Laroque-Sayssinel. Par la clarté de la méthode et l'heureuse concision des développements, la solution cherchée, le renseignement utile se trouvent facilement mis à la portée du lecteur. Sous chaque article du Code de commerce sont classées dans un ordre logique les décisions de la juris-

CODE DE COMMERCE.

prudence et les solutions de la doctrine. Des formules rédigées avec soin éclairent le texte de la loi et donnent aux commerçants toutes facilités pour la rédaction de certains actes usuels.....

Le continuateur de M. Laroque-Sayssinel a apporté à ce travail délicat de retouche tout le soin possible; sans altérer la physionomie générale du livre, il a su, par d'heureuses modifications et par une excellente méthode de travail, doubler les qualités d'ordre et de clarté de l'ouvrage. (*Recueil général des lois et des arrêts.*)

Liquidation judiciaire et la Faillite (Commentaire théorique et pratique de la loi du 4 mars 1889 sur la), avec *Formules;* par **G. Dutruc**, Avocat à la Cour d'appel de Paris, ancien Magistrat. 2ᵉ édition, revue et complétée par un *Appendice*. 1 vol. in-8. 1892. 4 fr. 50

.... Les éditeurs ne pouvaient mieux faire que de demander le commentaire de cette loi nouvelle à un jurisconsulte qui, comme M. Dutruc, s'est fait connaître par de nombreux travaux juridiques très appréciés.

Dans cet ouvrage, M. Dutruc commente la loi du 4 mars 1889 article par article, en faisant connaître avec détails la genèse de chaque disposition et en rapprochant, lorsqu'il y a lieu, les prescriptions de cette loi de celles du Code de commerce auxquelles elles se rattachent. Pour accentuer le caractère pratique de son travail, M. Dutruc l'a fait suivre des formules les plus nécessaires.

Liquidation judiciaire (La). Loi du 4 mars 1889. Examen critique et projet de réforme; par **L. Raffait**. 1 vol. in-8. 1898. 4 fr.

En publiant ce petit volume, M. L. Raffait paraît s'être surtout préoccupé de faire ressortir les nombreux inconvénients, les multiples abus auxquels la loi du 4 mars 1889 sur la liquidation judiciaire a donné libre carrière. Écrit avec une expérience bien précise des choses de la faillite, suffisamment documenté pour être utile aux hommes de loi, cet ouvrage contient encore l'exposé et la doctrine de maintes questions examinées par l'auteur sous un jour nouveau, et dont l'intérêt doit retenir l'attention de tous les hommes d'affaires. Enfin, un projet de loi nouvelle sur la liquidation judiciaire, qui termine et complète le volume, contient des dispositions très sages, dont le profit très grand mérite d'être retenu par tous ceux qui pensent que cette loi est défectueuse et doit être entièrement refondue.

Faillite (La codification du droit international de la); par Jitta. Voir page 92.

Faillites et Banqueroutes (Des) Réformes pratiques. Livre III du Code de commerce; par **A. Closset**, Avocat à la Cour d'appel de Paris. In-8. 1879. 2 fr.

Tribunaux de commerce (De la Compétence et de la Procédure des). Traité de la juridiction commerciale, etc. par **M. Orillard**, Bâtonnier de l'ordre des Avocats à la Cour d'appel de Poitiers. Nouvelle édition augmentée d'un *Supplément*. 1 vol. in-8. 1855. 8 fr.

Tribunaux de commerce (Compétence d'attributions des); par **G. Le Poittevin**, Juge d'instruction près le tribunal civil de la Seine. 1 vol. gr. in-8. 1878. 4 fr.

Tribunaux de commerce (Des) et des Actes de commerce, contenant : un Traité complet des droits et devoirs des commerçants; la Compétence des tribunaux consulaires sur les matières du droit; la Procédure suivie devant eux; un Formulaire général des actes du ressort des tribunaux de commerce, etc.; par **Louis Nouguier**, Avocat à la Cour d'appel de Paris. 3 vol. in-8. 1844. 22 fr. 50

Juges consulaires (Manuel des) à l'usage des magistrats, électeurs auxiliaires et justiciables des Tribunaux de commerce; par **E. Durand-Morimbau**, Arbitre-expert. 1 vol. in-8. 1894. 9 fr.

Élections consulaires (Des). Commentaire de la loi du 8 décembre 1883; par **Louis Nouguier**, Avocat à la Cour d'appel de Paris. 1 vol. in-8. 1884. 8 fr.

Prud'hommes (Code pratique des), contenant le texte et l'explication des lois et décrets relatifs aux prud'hommes et à leurs justiciables; par **Th. Sarrazin**, ancien Magistrat, Avocat, Docteur en droit. 9e édition, revue, complétée et mise au courant de la législation. 1 vol. in-32. 1898. 1 fr. 50

Ce livre est un traité complet sur tout ce qui se rattache aux conseils de prud'hommes. On y trouve, indépendamment des lois et décrets en vigueur sur cette institution, tous les développements nécessaires et utiles soit aux hommes d'affaires, soit aux membres des conseils de prud'hommes et à leurs justiciables.
Des formules placées à la fin de l'ouvrage facilitent la rédaction des actes le plus souvent usités.

Contrat d'apprentissage (Traité du) Commentaire de la loi du 22 février-4 mars 1851, précédé d'une Introduction historique sur le travail et l'apprentissage; par **J. Hayem**, Manufacturier, et **J. Périn**, Avocat à la Cour d'appel de Paris. 1 vol. gr. in-8. 1878. 5 fr.

Marques de fabrique (Répertoire de Législation, de Doctrine et Jurisprudence en matière de), Noms, Enseignes et Désignations, Concurrence déloyale et Divulgation des secrets de fabrique; par **Adrien Huard**, Avocat à la Cour d'appel de Paris. 1 vol. in-18. 1865. 4 fr. 50

Ce travail a été accompli avec soin et avec conscience. L'auteur ne discute pas, il ne se prononce pas; il trace avec fidélité un tableau exact et complet de la jurisprudence; les variations et les divergences des tribunaux ne sont pas dissimulées; mais, en général, on aperçoit certains principes qui surnagent et qui peuvent guider dans des espèces qui ne seraient point absolument semblables à celles déjà connues.
(*Journal du Palais*.)

Marques de fabrique (Traité des) et de la Concurrence déloyale; par **Eugène Pouillet**, Bâtonnier de l'ordre des avocats à la Cour de Paris. 4e édition, mise au courant de la jurisprudence. 1 fort vol. in-8. 1898. 12 fr.

M. Pouillet vient de publier la quatrième édition de cet ouvrage; on sait ce que vaut ce livre dont le mérite est attesté par le succès qui a accueilli les trois premières éditions. Ce traité, conçu sur le même plan que les autres ouvrages du même auteur, se recommande par les mêmes qualités de méthode et de style. Il est impossible de présenter sous une forme plus claire les difficiles questions que la matière soulève et d'en donner ensuite, d'une façon plus précise, la solution, tant au point de vue de la doctrine qu'au point de vue de la jurisprudence.
Comme le titre de l'ouvrage l'indique, ce n'est pas seulement un commentaire plus ou moins savant de la loi de 1857 qui régit *les marques de fabrique* et de celle de 1824 qui protège le *nom commercial*, c'est véritablement **le Traité de la concurrence déloyale en tous genres**. Tous les genres si divers de la concurrence déloyale, tous ses stratagèmes, toutes ses formes sont démasqués, précisés, étudiés, et le livre indique nettement la limite, pourtant quelquefois si difficile à saisir, qui sépare le commerce honnête de celui qui ne l'est pas.
M. Pouillet ne s'est pas contenté de mettre cette édition au courant de la jurisprudence; il s'est attaché à combler les lacunes que les premières éditions pouvaient

présenter, et il a examiné nombre de questions que la pratique journalière a fait surgir. On y trouve, avec tous les développements qu'elle comporte, la législation nouvelle résultant de la convention d'union du 20 mars 1883, de la loi du 30 avril 1886 sur l'usurpation des médailles et récompenses honorifiques, de la loi du 3 mai 1890, relative au dépôt des marques de fabrique, et des Arrangements de Madrid du 14 avril 1891. A tous ces titres, on peut dire que cette quatrième édition est un ouvrage tout à fait original.

Marques de fabrique (Traité pratique des), et DE COMMERCE et de la CONCURRENCE DÉLOYALE, ou Commentaire de la loi du 23 juin 1857 sur les marques, et de la loi du 28 juillet 1824 sur les noms, et Exposé de la jurisprudence relativement aux divers objets de la propriété industrielle; par M. Ambroise Rendu, Docteur en droit, Avocat à la Cour de cassation et au Conseil d'État, Auteur du *Traité pratique de Droit industriel*. 1 vol. in-8. 1858. 7 fr. 50

Dessins et Modèles de fabrique (Traité théorique et pratique des); par E. Pouillet, Avocat à la Cour d'appel de de Paris, ancien Bâtonnier. 3ᵉ édition. 1 vol. in-8. 1899. 5 fr.

La troisième édition de cet ouvrage forme un livre tout à fait original ; comparée à la première et même à la deuxième édition ; celle-ci est tellement complète et comprend tant d'aperçus nouveaux, que l'ouvrage offre, dans son ensemble comme dans ses détails, un caractère absolu d'originalité. Définir ce qui, d'après la loi, constitue le dessin et le modèle de fabrique, déterminer les règles qui en régissent la propriété, faire saisir au public les différences parfois subtiles qui distinguent cette propriété de celle des brevets d'invention, n'était pas chose facile, et l'on doit à M. Pouillet cette justice qu'il a accompli sa tâche avec une merveilleuse dextérité. Son volume en main, le premier venu peut facilement résoudre toutes les difficultés auxquelles cette délicate matière donne chaque jour naissance. Toute l'introduction, en particulier, est à lire ; elle ouvre des horizons nouveaux au législateur, en l'invitant à fondre et à confondre en une loi unique tout ce qui touche aux œuvres de l'art du dessin, qu'il s'agisse de l'art proprement dit ou de l'art industriel, parceque, comme l'établit l'auteur avec une grande élévation de langage, l'art est un, et reste toujours lui-même jusque dans ses plus humbles manifestations.

Marques de commerce (De l'état actuel des relations internationales dans les Etats-Unis en matière de); par E. Clunet, Avocat à la Cour de Paris, Rédacteur en chef du *Journal du droit international privé*. In-8. 1880. 2 fr.

Brevets d'invention (Traité théorique et pratique des) et de la Contrefaçon; par E. Pouillet, Avocat à la Cour d'appel de Paris, ancien Bâtonnier. 4ᵉ édition, mise au courant de la jurisprudence. 1 fort vol. in-8. 1899. 12 fr.

L'éloge de ce livre n'est plus à faire. La rapidité avec laquelle les trois premières éditions se sont épuisées est la preuve de son utilité. Il suffit, du reste, d'y jeter les yeux pour s'apercevoir que la matière si difficile des brevets d'invention y est traitée d'une façon méthodique et complète. Rien de ce qui est utile, soit au jurisconsulte, soit à l'industriel, n'y est omis. On y trouve, dans un ordre toujours clair, l'opinion de la doctrine et celle de l'auteur, immédiatement suivies des décisions de la jurisprudence. La pratique accompagne ainsi la théorie et l'éclaire.

Le public pourra juger si les éloges donnés aux précédentes éditions de l'ouvrage ne sont pas encore mieux mérités par la nouvelle édition que nous publions aujourd'hui.

Certaines parties du livre qui avaient paru un peu brèves ont été développées et complétées ; tous les arrêts rendus depuis 1889 (et ils sont nombreux et importants) ont été ajoutés, de telle sorte que l'ouvrage est au courant d'une jurisprudence qui chaque jour se développe et parfois se modifie. Enfin, les questions délicates de droit international, découlant de la convention d'union de 1883, ont été l'objet d'un examen particulier. On peut dire qu'en matière de brevets, l'ouvrage de M. Pouillet est un livre classique; c'est le bréviaire des inventeurs et de tous ceux qui, à des titres divers, magistrats ou avocats, ont à se préoccuper des questions de propriété industrielle.

Brevets d'invention et de la Contrefaçon; (Des) par Louis **Nouguier**, Avocat à la Cour d'appel de Paris, Auteur du *Traité des lettres de change et des Tribunaux de commerce*. 2° édition, augmentée du texte et de l'examen du nouveau projet de loi sur les brevets présenté au Corps législatif. 1 fort vol. in-8. 1858. 8 fr.

Brevets d'invention (Répertoire de Législation et de Jurisprudence en matière de); par **Adrien Huard** et **Michel Pelletier**, Avocats à la Cour d'appel de Paris. Nouvelle édition, mise au courant de la législation et de la jurisprudence. 1 très fort vol. in-18. 1885. 6 fr. 50

Le caractère particulier du plan de M. Adrien Huard est de présenter un résumé des décisions les plus importantes rendues par les tribunaux, les Cours d'appel et la Cour de cassation sur les matières relatives aux brevets d'invention.
(*Dalloz*, art. de M. Vergé.)

Brevets d'invention (Commentaire des lois sur les), sur les noms des fabricants et des lieux de fabrication, sur les marques de fabrique et de commerce, suivi d'un appendice contenant les actes et documents officiels et législatifs ; par J. **Bédarride**, Avocat à la Cour d'appel d'Aix. 3 vol. in-8. 1869. 24 fr.

Brevets d'invention (Tableau résumé des législations française et étrangères relatives aux); par M. J.-L. **Majola**. 1 feuille in-plano. 1899. 2 fr.

Contrefaçon (Traité de la) en tous genres et de sa poursuite en justice, concernant : les œuvres littéraires, dramatiques, musicales et artistiques ; les dessins de fabrique ; les titres d'ouvrages et les noms d'auteurs ; les inventions brevetées, les enseignes, les désignations de marchandises, les étiquettes et les noms de commerçants ; les marques de fabrique, etc., par Etienne **Blanc**, Avocat à la Cour d'appel de Paris. 1 très-fort vol. in-8. 1855. 10 fr.

Œuvres photographiques (Les) devant les Chambres françaises; par Edouard **Sauvel**, Avocat au Conseil d'Etat et à la Cour de cassation. 1 vol. in-18. 1881. 1 fr. 50

Œuvres photographiques (Des) et de la protection légale à laquelle elles ont droit; par le *même auteur*. 1 vol. in-18. 1880. 1 fr. 50

Propriété industrielle, littéraire et artistique (Code général de la), comprenant la législation de tous les pays et les traités internationaux sur les inventions brevetées, les œuvres de littérature, de musique, de théâtre, de peinture, dessins, sculpture et gravure, les enseignes, les noms des commerçants, les marques et dessins de fabrique ; par Etienne **Blanc** et Alexandre **Beaume**, Avocats à la Cour d'appel de Paris. 1 vol. in-8. 1854. 7 fr. 50

Propriété industrielle, littéraire et artistique (Étude comparative des Législations française et étrangères, en matière de); par **Adrien Huard,** Avocat à la Cour d'appel de Paris. 1 vol. in-18. 1863. 3 fr.

Propriété industrielle (La) dans les colonies françaises ; par **Ed. Sauvel,** Avocat au Conseil d'Etat et à la Cour de cassation. In-18. 1881. 1 fr. 50

Propriété industrielle (Commentaire de la Convention internationale signée le 20 mars 1883 pour la protection de la), avec le texte de la Convention du protocole de clôture et des nouvelles propositions votées par la Conférence tenue à Madrid en avril 1890 et une Préface de M André Weiss, Professeur à la Faculté de droit de Paris; par **M. Donzel,** Avocat à la Cour d'appel de Paris. 1 vol. gr. in-8. 1892. 8 fr. 50

Propriété industrielle (Documents officiels concernant la) en France et à l'Etranger, publiés par fascicules séparés, sous la direction de **L. Donzel,** Avocat à la Cour de Paris.

En vente :
1. — **Allemagne** : Loi du 7 avril 1891 sur les brevets d'invention; — Loi du 1er juin 1891 sur les modèles d'utilité; — Règlement du 17 juillet 1891 pour l'exécution de ces deux lois.
2. — **Suisse** : Loi fédérale suisse concernant la protection des marques de fabrique et de commerce; — Règlement d'exécution. — **Etats-Unis** : Application de la loi Mac-Kinley; — Circulaire du Secrétaire du Trésor; — Circulaire complémentaire.

Chaque fascicule. Broch. in-8. 1892. 1 fr. 25

Propriété industrielle (Tableaux synoptiques et comparatifs de toutes les lois régissant la) dans les différents pays du globe; par **Edm. Picard,** Avocat, et **E. Picard,** Ingénieur civil. 1 vol. in-18 cartonné. 1885. 5 fr.

Propriété littéraire et artistique (Traité théorique et pratique de la) et du droit de représentation ; par **M. E. Pouillet,** Bâtonnier de l'ordre des avocats à la Cour d'appel de Paris. 2e édition. 1 fort vol. in-8. 1894. 11 fr.

Est-il besoin de recommander au public la deuxième édition du *Traité théorique et pratique de la propriété littéraire et artistique,* que M Pouillet vient de faire paraître ? Le temps qui s'est écoulé depuis la première édition a été mis à profit par l'auteur pour rassembler des documents qui non seulement complètent l'ouvrage, mais le transforment et en font une œuvre revue, corrigée et considérablement augmentée, comme le dit la formule banale, et même tout à fait originale, une œuvre qui, de l'avis de tous, est sans rivale. M. Pouillet a eu d'ailleurs de précieux collaborateurs dans les congrès qui, chaque année, depuis 1878, se tenant tantôt dans un pays et tantôt dans un autre, ont amené entre les nations un échange continu d'idées en matière de propriété littéraire et artistique. Ces congrès, auxquels M. Pouillet comme membre, puis comme président de l'*Association littéraire et artistique internationale,* a pris une part prépondérante, ont été féconds en résultats. Ils ont amené en 1886 la convention d'union internationale pour la protection du droit des auteurs, convention qui, sous les auspices du gouvernement helvétique, a créé entre un certain nombre de nations un commencement d'unification dans les dispositions législatives. L'ouvrage nouveau de M. Pouillet renferme un commentaire très intéressant de la convention et contient la solution de la plupart des difficultés qui, dans la pratique, naîtront en France, cela est infaillible, de son application. L'ouvrage aurait paru beaucoup plus tôt, si M. Pouillet n'avait eu

CODE DE COMMERCE.

à craindre la discussion au Parlement d'un projet de loi sur cette matière, projet dont il est depuis longtemps question, mais qui semble aujourd'hui ajourné pour longtemps, tant à raison de la résistance qu'il rencontre de la part des auteurs, qu'à raison des nombreux projets sur les matières économiques ou sociales dont les Chambres sont actuellement saisies. Le public, nous n'en doutons pas, fera le meilleur accueil à cette nouvelle édition qui, par ses vues générales, s'adresse non seulement au personnel spécial des hommes de loi, mais encore à tous ceux qui de près ou de loin sont un peu curieux de l'histoire du droit des auteurs et des artistes et de ses applications légales.

Protection de la propriété industrielle (La Convention d'union internationale du 20 mars 1883 pour la). Commentaire; par Eug. Pouillet, Bâtonnier de l'ordre des Avocats à la Cour d'appel de Paris, et G. Plé, Avocat à la Cour d'appel de Paris. 1 vol. in-8. 1896. 3 fr.

..... C'est un simple commentaire de la Convention d'union de 1883, modifiée en certains points par les différents protocoles qui ont été signés à Madrid. Les auteurs se sont attachés à prévoir les difficultés principales que l'interprétation de la Convention est appelée à faire naître et ils se sont efforcés d'en présenter les solutions claires et sans ambiguïté. — Peu à peu, la jurisprudence aura à se prononcer sur ces difficultés, elle les résoudra à son tour et les auteurs espèrent que ses solutions ne différeront pas sensiblement de celles qu'ils proposent eux-mêmes aujourd'hui.

Propriété littéraire (Répertoire de législation, de doctrine et de jurisprudence en matière de); par Adrien Huard et Edouard Mack, Avocats à la Cour d'appel de Paris. Nouvelle édition, complétée par un APPENDICE. 1 vol. in-8. 1895. 9 fr.

Les auteurs n'ont pas voulu faire de cet ouvrage un traité didactique, mais plutôt, sans adopter toutefois l'ordre alphabétique, une sorte de dictionnaire de la jurisprudence et de la doctrine pour cette matière si féconde en décisions judiciaires. Les recherches parmi ces monuments judiciaires si nombreux, sont à la fois facilitées et par les *index* dont nous venons de parler et par une table analytique et alphabétique qui termine l'ouvrage. Les personnes qui recourront à ce livre y trouveront ainsi aisément les renseignements dont elles auront besoin, et c'est vers ce but que les auteurs ont évidemment fait porter leurs efforts. Ils nous semblent avoir réussi, et il faut les louer de la conscience avec laquelle ils ont su réunir et classer les documents innombrables qu'ils avaient à faire entrer dans leur répertoire.

(*Lois nouvelles*, 15 mai 1894.)

Droit d'auteur (De la durée du), avec une Préface de E. POUILLET; par Édouard Mack, Avocat à la Cour d'appel de Paris. Gr. in-8. 1893. 2 fr.

... L'auteur s'est livré à cette étude qui ne manquera pas de jeter un jour nouveau sur les questions qu'il traite et dont plusieurs se trouvent résolues par lui de façon toujours nette, souvent décisive et dans tous les cas ingénieuse.

Perpétuité du droit d'auteur (De la). Projet d'organisation de la perpétuité du droit de propriété littéraire ou artistique; par Ed. Mack, Avocat à la Cour d'appel de Paris. Gr. in-8. 1897. 1 fr.

Propriété littéraire (La) et artistique dans les colonies françaises; par Ed. Sauvel, Avocat au Conseil d'Etat et à la Cour de cassation. 1 vol. in-18. 1882. 4 fr. 50

Œuvres dramatiques (Du droit de représentation des); par P. Despatys, Docteur en droit. Gr. in-8. 1897. 5 fr.

Œuvres littéraires et artistiques (Étude sur la convention d'union internationale pour la protection des); par Edouard Clunet, Avocat à la Cour de Paris. In-8. 1887. 2 fr.

Pharmacie (De la) au point de vue de la propriété industrielle; par **Henri Allart**, Docteur en droit, Avocat à la Cour d'appel de Paris. 1 vol. in-18. 1883.   3 fr. 50

« .... Sous une forme vive, alerte et claire, vous nous donnez un véritable traité
« sur la matière. Ce n'est qu'un coin de ce vaste domaine de la propriété intellec-
« tuelle ; mais, ce coin, vous l'avez fouillé, pénétré, mis tout à fait à découvert. Les
« pharmaciens; en général assez peu soucieux de la procédure, et plutôt savants
« qu'industriels, connaîtront désormais, grâce à vous, d'une façon exacte, et leurs
« devoirs et leurs droits, et, s'ils entendent leurs intérêts, ils auront tous avant
« peu votre volume entre les mains. »
(*Lettre de M. Pouillet à l'auteur.*)

CODES D'INSTRUCTION CRIMINELLE ET PÉNAL

Codes criminels (Les) des établissements français de l'Inde. Recueil des décrets portant application du Code d'instruction criminelle et du Code pénal dans cette colonie, précédé d'une notice par **Edouard Sauvel**, Avocat au Conseil d'Etat et à la Cour de cassation. In-8. 1884.   2 fr.

Théorie du Code pénal; par M. **Chauveau Adolphe**, Doyen de la Faculté de droit de Toulouse, et **Faustin Hélie**, Membre de l'Institut, Président honoraire à la Cour de cassation, Vice-Président du Conseil d'Etat. 6ᵉ édition, conforme à la 5ᵉ, annotée et mise au courant de la législation et de la jurisprudence, par **Edmond Villey**, Doyen de la Faculté de droit de Caen. 6 vol. in-8. 1887-1888.   54 fr.

Depuis la date de la 5ᵉ édition de la Théorie du Code pénal, des lois fort importantes sont venues modifier notre législation criminelle. Une revision s'imposait impérieusement. Cette revision a été faite minutieusement à l'aide de notes, et de manière à conserver aussi intact que possible le texte de cette œuvre magistrale. La 6ᵉ édition, que nous offrons aujourd'hui au public, a été ainsi mise soigneusement au courant des décisions de la jurisprudence, particulièrement de celle de la Cour de cassation; en sorte que l'ouvrage a conservé le double caractère théorique et pratique qui a fait son immense succès.

Code pénal (Commentaire de la loi du 13 mai 1863, modificative du); par M. **Faustin Hélie**, Président honoraire à la Cour de cassation. In-8. 1863.   4 fr.

Code pénal progressif. Commentaire de la loi modificative du Code pénal; par **Chauveau Adolphe**. 1 vol. in-8. 1832. 8 fr.

Code pénal (Études pratiques sur le); par **Ant. Blanche**, premier Avocat général à la Cour de cassation. 2ᵉ édition, annotée et mise au courant de la législation et de la jurisprudence; par **G. Dutruc**, Avocat à la Cour d'appel de Paris, ancien Magistrat. 7 vol. in-8. 1888-1891.   59 fr. 50

L'ouvrage de M. Blanche a sa place marquée dans toute bibliothèque de jurisconsulte; il fournira aux criminalistes d'inappréciables lumières; il est indispensable à tous ceux, magistrats ou officiers ministériels, qui s'occupent de l'application du droit pénal.   (*Recueil général des lois et des arrêts.*)

— Le livre de M. Blanche tient plus que son titre ne promet, et l'on est souvent étonné,

CODES D'INSTRUCTION CRIMINELLE ET PÉNAL.

en le lisant, du nombre et de la variété des questions que l'auteur a su habilement rattacher à son commentaire, pour en accroître l'importance, la richesse et l'utilité....
Un des mérites particuliers à l'ouvrage de M. Blanche, c'est l'exactitude; le jurisconsulte peut toujours l'interroger avec la plus complète sécurité.
CALMÈTES, Conseiller à la Cour de cassation.

Droit pénal (Exposé élémentaire des principes du); par **V. Leray**, Docteur en droit. 1 vol. in-8. 1894. 2 fr. 50

Droit criminel (Leçons de) contenant l'explication complète des Codes pénal et d'instruction criminelle; par **Boitard**, Professeur suppléant à la Faculté de droit de Paris, recueillies par **G. de Linage**, Docteur en droit. 13ᵉ édition, revue et mise au courant de la législation, par **Ed. Villey**, Doyen de la Faculté de droit de Caen, avec un APPENDICE contenant les lois nouvelles, par **M. E. Mesnard**, Conseiller à la Cour d'appel d'Amiens. 1 fort vol. in-8. 1890-1896. 10 fr.

M. Villey, l'éminent doyen de la Faculté de Caen, vient à peine d'achever sa 6ᵉ édition de la *Théorie du Code pénal*, de MM. Chauveau et Faustin Hélie, qu'il entreprend une nouvelle tâche. — Cette fois, c'est non plus à un grand ouvrage de doctrine qu'il consacre ses soins; c'est à une œuvre plus concise, à une œuvre destinée, non plus aux travaux du magistrat ou de l'avocat, mais aux études de la jeunesse des écoles, qu'il vient rendre, en la mettant au courant de la législation, ce que les années écoulées depuis la date de la 12ᵉ édition lui avait fait perdre; ainsi complétée, l'œuvre de M. Boitard conservera parmi les traités de droit criminel le premier rang que lui avaient mérité l'excellence et la clarté de la méthode suivie par le regretté professeur.

Lois pénales (Étude sur les) promulguées depuis 1890, servant d'Appendice aux *Leçons de Droit criminel*, de BOITARD; par **E. Mesnard**, Conseiller à la Cour d'appel d'Amiens. Broch. in-8. 1896. 1 fr. 50

Lois pénales (Les) de la France en toutes matières et devant toutes les juridictions, exposées dans leur ordre naturel avec leurs motifs; par **M. Eugène Mouton**, ancien Procureur impérial à Rodez. 2 vol. gr. in-8. 1868. 40 fr.

Droit criminel (Traité élémentaire de); par **M. Normand**, Professeur de droit criminel à la Faculté de Poitiers. 1 vol. gr. in-8. 1896. 12 fr.

Cet ouvrage, très utile aux magistrats, aux avocats et à tous ceux qui veulent étudier la législation pénale, s'adresse également aux étudiants, auxquels il peut rendre les plus grands services. Il se distingue des ouvrages similaires par la supériorité de la méthode, la précision et l'élégance du style, et surtout, de l'avis de tous, par une clarté merveilleuse qui en rend la lecture très facile, et attrayante même, sur les matières réputées les plus arides.

Code pénal commenté par la jurisprudence la plus récente. Lois sur la presse, la relégation, les fraudes, etc., avec la jurisprudence; formulaire d'accusation; par **C. Casati**, Conseiller honoraire à la Cour de Paris. 1 vol. in-8. 1890-1891. 7 fr. 50

Sous un format commode, ce volume renferme non seulement le Code pénal et la jurisprudence du Code pénal, mais encore toutes les lois répressives importantes, avec le résumé de la jurisprudence récente des matières criminelles. L'auteur a joint, sous chacun des articles contenant des formalités criminelles, un formulaire présentant un modèle des qualifications des chambres d'accusation, formulaire également utile aux membres des parquets et aux juges d'instruction.

66 CODES D'INSTRUCTION CRIMINELLE ET PÉNAL.

Code pénal en matière correctionnelle. Observations pratiques sur l'application de différents articles, notamment des articles 463, 423, 433, 408, 406, 153, 162 de la loi du 26 juillet 1873, 1 et 2 de la loi du 22 avril 1874, et 2 de la loi du 23 janv. 1873; par **C. Casati**, Conseiller honoraire à la Cour de Paris. Gr. in-8. 1875.   1 fr. 25

Réforme du Code pénal (De la). Examen critique des divers articles susceptibles de modifications; par **H. Péret**, Conseiller à la Cour de cassation. In-8. 1889.   3 fr.

Réforme pénale (Esquisse d'une); par **A. Rouvin**, Juge à Rennes. 1 vol. gr. in-8. 1893.   5 fr.

Instruction criminelle (Texte et commentaire de la loi du 8 décembre 1897 sur la réforme de l'); par **M. Normand**, Professeur à la Faculté de droit de Poitiers. 1 vol. in-8. 1899.   2 fr. 50

M. Normand a destiné cette étude à tous ceux qui s'intéressent à l'œuvre et à l'administration de la justice répressive, aussi bien qu'aux étudiants, pour lesquels elle constitue le complément de son *Traité élémentaire de droit criminel*. C'est assez dire qu'on y trouve la solution des questions pratiques les plus importantes et que la jurisprudence postérieure à la loi de 1897 n'est pas omise. Le commentaire de M. Normand est une de ces œuvres substantielles auxquelles l'interprète se plaît à revenir après avoir feuilleté les ouvrages plus étendus ou compulsé les décisions des arrêts sans réussir toujours à dissiper ses doutes.
(*Journal du Ministère public*, février 1899.)

Instruction judiciaire (Régime modifié de l'). Commentaire de la loi du 8 décembre 1897 avec références à la circulaire du Garde des sceaux en date du 10 décembre 1897, suivi d'un formulaire spécial; par **Louis André**, Substitut près le Tribunal civil de la Seine. 1 vol. in-18. 1898.   2 fr.

Sous ce titre, M. Louis André, a eu l'heureuse idée de publier, sans plus tarder, un excellent commentaire de la loi du 8 décembre 1897, relative à l'instruction en matière de crimes et délits.

A peine promulguée, cette loi, que nous n'hésitons pas à qualifier de mauvaise en soi, parce qu'elle procède de cette déplorable tendance de suspicion à outrance contre la magistrature, a déjà soulevé en pratique d'assez sérieuses difficultés et ne manquera pas d'en faire naître beaucoup d'autres qui auront, du moins, cet effet salutaire de la rendre souvent inapplicable. De toute manière, le louable travail de M. André est de nature à prévenir les difficultés dont elle sera, très certainement, la source trop féconde dans l'avenir.   (*Pandectes*, mai 1898).

Juge d'instruction (L'Avocat devant le). Explication de la loi avec les travaux préparatoires; par **G. Abadie**, Avocat, ancien Procureur de la République. 1 vol. in-18. 1898.   1 fr. 50

Instruction judiciaire (Manuel pratique d') à l'usage des Procureurs, des Juges d'instruction, des Officiers et des Agents de police judiciaire, Fonctionnaires de la police, Gendarmes, Agents du service de la sûreté, etc. — **Pratiques des Malfaiteurs**; par le Dr **Hanns Gross**, Conseiller de justice à Graz (Autriche), traduit de l'allemand par MM. **Bourcart**, Professeur à la Faculté de droit de Nancy, **Wintzweiller**, Professeur d'allemand au Lycée de Nancy, avec une Préface de M. **Gardeil**, Professeur de droit criminel à la Faculté de Nancy. 2 vol. in-8. 1899.   16 fr.

Je viens de parcourir avec une attention toujours soutenue les deux volumes que MM. Bourcart, professeur à la Faculté de droit de Nancy, et Wintzweiller, profes-

CODES D'INSTRUCTION CRIMINELLE ET PÉNAL.

seur d'allemand au lycée de ladite ville, ont consacrés à cette traduction, et j'ai été émerveillé, comme le sera quiconque les lira à son tour, de la variété que l'éminent magistrat autrichien a donnée à son sujet.

Assurément, nous ne manquons pas en France d'excellents traités à l'usage des *Juges d'instruction*. Les ouvrages de MM. Duverger, Faustin-Hélie, Mangin e *tutti quanti*, en sont la preuve ; mais tous ces auteurs se sont principalement attachés à commenter les textes en matière pénale et à indiquer les nombreuses évolutions de la jurisprudence, abandonnant aux monographies spéciales le soin d'analyser certaines mesures préparatoires rendues nécessaires dans le cours d'une instruction et la physionomie des criminels.

Tout autre est le programme que s'est tracé M. le conseiller Gross, et, en cela, il n'a fait qu'obéir à la méthode allemande, qui, lorsqu'elle aborde un sujet, l'envisage sous toutes ses faces, juridique, pratique, physiologique, scientifique, et, par-dessus tout, philosophique et sociale, de telle sorte que le savant magistrat, tout en visant le milieu judiciaire, s'adresse, en réalité, à tout un public soucieux de s'instruire, et a fait de son travail une sorte d'encyclopédie criminelle où la science du droit se révèle en même temps que les mœurs de ceux qui la mettent en mouvement.

Ce n'est pas tout : en prenant la plume, l'auteur a poursuivi une autre idée, qui s'est déjà réalisée en Autriche, et qui consiste à organiser un enseignement spécial et complet de ce qu'il appelle la *Criminalistique*, autrement dit des connaissances pratiques indispensables à un magistrat au criminel. Or, cet enseignement n'existe nulle part dans nos Universités françaises.

Aussi bien, le caractère multiple de ce remarquable travail a été si bien dépeint par M. Gardeil, professeur de droit criminel à la Faculté de Nancy, dans la préface mise en tête du tome premier, que je ne puis mieux faire que de me ranger, sans la moindre réserve, à l'opinion émise par l'honorable professeur, quand, en parlant du savant auteur, il dit :

« Observateur infatigable ; psychologue avisé ; magistrat plein d'ardeur pour la manifestation de la vérité, aussi bien en faveur de l'inculpé que contre lui ; opérateur habile ; tour à tour dessinateur, photographe, mouleur, armurier ; ayant acquis, par une longue expérience, une connaissance approfondie des pratiques des malfaiteurs, voleurs, vagabonds, bohémiens, fraudeurs, il nous révèle tout ce qu'il a lui-même appris pendant de longues années de recherches, d'études et d'expériences personnelles. Son livre n'est point un traité aride et purement technique : il est vivant, parce qu'il a été vécu. Chaque enseignement didactique est éclairé par des exemples personnels, des récits et des anecdotes qui en font une illustration intéressante ; enfin, des figures nombreuses, intercalées dans le texte, le complètent et l'éclaircissent au besoin. Ce qu'il faut ne pas oublier, et que l'auteur rappelle plus d'une fois, c'est que, malgré qu'il y soit surtout question du juge d'instruction, ce livre est destiné à tous les officiers de police judiciaire. »

Ajoutons, en terminant, que la traduction de M. Wintzweiller, revue, au point de vue juridique, par M. Bourcart, ne laisse rien à désirer sous le rapport de la fidélité, « tout en étant écrite dans une langue alerte et vraiment française ».

L'ouvrage de l'éminent conseiller autrichien est donc, dès à présent, assuré de jouir longtemps, en France, d'un accueil aussi favorable que celui qui lui a été ménagé déjà partout ailleurs.

Le tout est accompagné de tableaux relatifs à la *taxe des frais* et de *quatre cents formules* des plus variées.

Inutile donc d'insister sur l'utilité d'un pareil livre.

Quant à moi, je ne regrette qu'une chose, c'est qu'il n'ait pas paru alors que j'étais en fonctions. Placé constamment sous mes yeux, il eût été, pour moi, une sorte de *bréviaire civil* qui m'eût épargné bien des hésitations et bien des recherches. *Experto crede*...
Alexandre SOREL.

Questions et Exceptions préjudicielles

en matière criminelle ou de la compétence et de l'autorité disciplinaires du juge répressif sur les questions de droit civil que l'action publique soulève ; par **A. Bertauld**, Procureur général près la Cour de cassation, Sénateur. 1 vol. in-8. 1856.   4 fr.

68 CODES D'INSTRUCTION CRIMINELLE ET PÉNAL.

Répression pénale (De la), de ses formes et de ses effets ; par M. Bérenger, Membre de l'Institut, Président honoraire à la Cour de cassation. 2 vol. in-8. 1855. 14 fr.

Adultère (Le Divorce et l'). De l'abrogation des lois pénales en matière d'adultère; par Henri Coulon, Avocat à la Cour de Paris. 1 vol. in-8. 1892. 1 fr. 50

Adultère (L') ; par Th. Revel. 1 vol. in-16. 1861. 1 fr.

Relégation (La peine de la) considérée dans son exécution ; par F. Commoy, Attaché au Cabinet du Ministre de la justice. 1 vol. gr. in-8. 1898. 5 fr.

Récidivistes (Les) ; par Albert Legrin, Président du Tribunal civil d'Avranches. In-8. 1885. 1 fr.

Liberté individuelle (La) et le droit d'arrestation; par Albert Decourteix, Président du Tribunal civil du Blanc. 2e édition. 1 vol. in-18. 1880. 4 fr. 50

Régime pénitentiaire (Traité des diverses institutions complémentaires du) ; par M. Bonneville de Marsangy, Conseiller honoraire à la Cour de Paris. In-8. 1847. 6 fr.

Questions pénitentiaires (Études et) par M. V. de Harambure, Inspecteur général des Services administratifs du Ministère de l'intérieur.
— La Commiss. de la Chambre et le Rég. pénitent. Gr. in-8. 1874. 1 fr.
— Du Pouvoir dirigeant en matière pénitentiaire. Gr. in-8. 1874. 1 fr.
— De l'Aliénation mentale dans ses rapports avec la loi pénale et le régime pénitentiaire. Gr. in-8. 1873. 1 fr.
— Le Régime pénitent. à l'Expos. univ. de 1878. Gr. in-8. 1878. 1 fr. 50

Réforme pénitentiaire (De la) en France. In-8. 1882. 1 fr.

Réforme pénitentiaire (Aperçu historique sur la); par F. Lastres, Avocat à Madrid. Gr. in-8. 1885. 1 fr.

Prison (L'ancienne et la nouvelle) ; par le *même auteur*. Gr. in-8. 1885. 1 fr.

Prisons (Bulletin de la Société générale des). Revue pénitentiaire.
    Abonnement annuel. 20 fr.
— Table de 20 ans (1877-1896). 1 vol. gr. in-8. 1897. 5 fr.

Visiteurs de prisons (Manuel des). Les prisons. — Prisonniers : hommes, femmes, enfants. — Le patronage. — Administration pénitentiaire. — Liste des sociétés françaises de patronage — Les lois nouvelles. — Prisons militaires et maritimes ; par J. Arboux. 1 vol. in-18. 1894. 2 fr.

Institutions pénitentiaires (Les) de la France en 1895. Tableau dressé par la Société générale des prisons à l'occasion du Ve Congrès pénitentiaire international. 1 vol. gr. in-8. 1895. 6 fr.

CODES D'INSTRUCTION CRIMINELLE ET PÉNAL.

Transportation et Colonisation pénales; par G. **Pierret**, Juge-Président du Tribunal de première instance de Karikal. Gr. in-8. 1892. 3 fr.
(Extrait de la *Tribune des Colonies et des Protectorats*.)

Atténuation et l'aggravation des peines (Commentaire de la loi du 26 mars 1891 sur l'), précédé de Considérations sur la récidive; par **Henri de Forcrand**, Docteur en droit, Procureur de la République à Alais. 1 vol. in-8. 1893. 5 fr.
Ce Commentaire est un des meilleurs traités qui aient encore été faits sur la matière.

Loi criminelle (De l'amélioration de la) en vue d'une justice plus prompte, plus efficace, plus généreuse et plus moralisante; par **M. Bonneville de Marsangy**, Conseiller honoraire à la Cour d'appel de Paris. 1864. 2 forts vol. in-8. 20 fr.

Casiers judiciaires (Traité théorique et pratique des) en France et à l'étranger; par O. **Despatys**, ancien Substitut du Procureur de la République à Paris. 1 vol. in-8. 1870. 7 fr. 50

Casier judiciaire (La réforme du) au Sénat; par **Henri de Forcrand**, Docteur en droit, Procureur de la République à Alais. In-8. 1899. 1 fr. 50

Tribunaux de simple police (Traité théorique et pratique des). Organisation, théorie des contraventions, compétence et procédure; par **Louis Pabon**, Juge de paix du XVII° arrondissement de Paris. 1 très fort vol. in-8. 1899. 12 fr.
M. Pabon a voulu composer un ouvrage scientifique en même temps que pratique qui s'adresse à tous ceux qui, non contents de connaître les rouages des tribunaux de police, veulent étudier à fond les questions de droit si complexes qui se rattachent aux contraventions, à la compétence et à la procédure des tribunaux de police.....
Nous sommes certains que l'ouvrage si complet de M. Pabon rendra les plus grands services à tous ceux qu'intéressent les tribunaux et les contraventions de police, et c'est pourquoi nous le recommandons très vivement à notre clientèle.

Tribunaux de simple police (Code pratique des), avec un Formulaire complet et méthodique; par **A. Ségéral**, Directeur du *Journal des Greffiers des Justices de paix et des Tribunaux de simple police*. 3° édition, entièrement refondue et remaniée par L. **Pabon**, Juge de paix du XVII° arrondissement de Paris. 1 fort vol. in-8. 1897. 12 fr.
Le succès qui a accueilli les deux premières éditions du *Code pratique des Tribunaux de simple police* de Ségéral, rend superflu tout compte rendu de cet ouvrage si bien connu des Juges de paix, des Officiers du ministère public et des Greffiers de police.
La troisième édition que nous présentons au public a été mise au courant des nombreuses lois, circulaires administratives ou décisions de jurisprudence qui ont été publiées depuis la 2° édition. Les Tribunaux de simple police y trouveront tous les renseignements qui peuvent leur être utiles soit à l'audience, soit en dehors de l'audience.
C'est M. Pabon, Juge de paix du XVII° arrondissement de Paris, qui a été chargé de remanier et de refondre cette 3° édition. Nous la recommandons très vivement à MM. les Juges de paix, les Officiers du ministère public et les Greffiers de simple police.

70 CODES D'INSTRUCTION CRIMINELLE ET PÉNAL.

Juge de simple police (Dictionnaire du) et de l'Officier du Ministère public; par MM. **H. André**, Juge de paix et **A. Chatard**, Commissaire de police à Mézières (Ardennes). 1 vol. gr. in-8. 1897. 6 fr. 50

Simple police (Dictionnaire de), à l'usage des Juges de paix, de leurs Suppléants et des Officiers du Ministère public; par **Am. Mogeot**, Juge de paix du canton de Machault (Ardennes). 1 vol. in-8. 1898. 7 fr. 60

Simple Police (Répertoire des Contraventions de) à l'usage de MM. les Juges de paix, leurs Suppléants et les Officiers du Ministère public, précédé d'un avant-propos indicatif concernant les contraventions; par **L. Fragnaud**, Juge de paix du canton de Méry-sur-Seine (Aube). 1 vol. in-32. 1899. 1 fr. 50

Tribunaux correctionnels (Des) en première instance et en appel; de leur procédure et des fonctions des officiers du ministère public qui leur sont attachés, avec un SUPPLÉMENT; par **M. Ch. Berriat-Saint-Prix**, Conseiller à la Cour d'appel de Paris. 2 vol. in-8. 1854-57. 15 fr.
Le *Supplément* seul. 1857. 2 fr.

Audience correctionnelle (Manuel d') ou Traité théorique et pratique de la procédure criminelle devant les tribunaux correctionnels; par **M. Odilon Bole**, Juge au Tribunal civil de Guéret. 1 vol. gr. in-8. 1888. 8 fr.

L'auteur, aidé par une longue expérience, a voulu faire un livre pratique et il a pleinement réussi. Toutes les questions sont posées, toutes les difficultés prévues, et la solution aussitôt indiquée... Enfin, de nombreuses formules complètent, de la manière la plus intelligente, ce Manuel dont le titre modeste a le rare privilège de tenir plus qu'il ne promet.

Assises correctionnelles (Des Tribunaux d'). Étude du projet de loi sur l'organisation judiciaire; par **Ed. Sauvel**, Avocat au Conseil d'Etat et à la Cour de cassation. In 8. 1882. 1 fr. 50

La Cour d'assises. Traité pratique, par **Ch. Nouguier**, Conseiller à la Cour de cassation. 4 tomes en 5 vol. in-8. 1860-1870. 41 fr.

M. Ch. Nouguier divise son sujet en trois parties : la *première* embrasse la procédure entre le jour où l'arrêt de mise en accusation est intervenu et celui où s'ouvre l'audience publique, en y comprenant les incidents qui quelquefois troublent la marche morale de la procédure, et les règles relatives à l'organisation de la Cour d'assises et du jury; — la *seconde* commence avec l'audience publique et s'étend à l'examen de l'accusé, aux débats, aux plaidoiries, au résumé, à la position des questions, à la délibération et à l'arrêt de la Cour d'assises; — la *troisième* s'ouvre par le pourvoi du ministère public ou de l'accusé contre cet arrêt, et comprend par suite les règles relatives au pourvoi, l'instruction devant la Cour de cassation, l'arrêt de cette Cour, et, s'il y a annulation, la procédure, l'examen, les débats et le jugement devant la Cour d'assises du renvoi.
(*Moniteur des Tribunaux*, art. de M. Ch. Vergé.)

Procédure devant les Cours d'assises (De la) ou Résumé de la doctrine et de la jurisprudence en France et en Belgique; par **Jules Anspach**, Avocat à la Cour de Bruxelles, Docteur en droit. 1 vol. gr. in-8°. 1858. 8 fr.

CODES D'INSTRUCTION CRIMINELLE ET PÉNAL. 71

Cours d'assises (Manuel des), suivi du Tarif annoté des indemnités accordées aux jurés, témoins, etc.; par **H.-F. Perrève**, ancien Procureur du roi, Juge au Tribunal de Neufchâtel. 1 vol. in-8. 1855-1861. 5 fr. 50

Président d'assises (Manuel du); par **M. Mariage**, Conseiller à la Cour d'appel de Paris. 1 vol. in-4. 1884. 10 fr.

.... C'est un simple memento habilement coordonné qui résume tout ce qu'un président d'assises doit savoir, non seulement pour éviter les nullités, mais encore pour diriger correctement des débats compliqués.

.... L'auteur du Manuel aplanit toutes ces difficultés par des explications simples, précises, se complétant par des formules, qui en sont pour ainsi dire la mise en œuvre. Mais c'est à l'audience surtout que ce Manuel devient un guide précieux.

(*Gazette des Tribunaux*, 28 mars 1884.)

Partie civile (La) à la Cour d'assises. Action civile. — Recevabilité. — La partie civile et les frais criminels. — Pourvoi en cassation; par **G. Chrétien**, Avocat à la Cour d'appel, Docteur en droit. Gr. in-8. 1887. 1 fr.

Jury (Le) en matière criminelle. Manuel des Jurés à la Cour d'assises; par **M. Berriat-Saint-Prix**, Conseiller à la Cour d'appel de Paris. 6e édition, revue par **M. J. Berriat-Saint-Prix**, ancien Procureur de la République à Sainte-Menehould. 1 vol. in-18. 1884. 1 fr.

Juré (Guide du). Jury criminel, sa composition, son fonctionnement avec Tableau par ordre alphabétique des crimes et des peines applicables; par **P. Hullin**, Greffier en chef du Tribunal civil de Troyes et de la Cour d'assises de l'Aube. 1 vol. in-16. 1897. 1 fr. 50

Jury (Le) en matière criminelle. Formation des listes par les commissaires de canton et d'arrondissement. Commentaire explicatif de la loi du 21 novembre 1872 : par **M. Guilbon**, ancien Juge de paix du IXe arrondissement de Paris. 1 vol. in-12. 1872. 1 fr.

Jury criminel (Essai sur l'histoire et l'organisation du) en France et dans les États modernes; par **P. Gineste**, Avocat, Docteur en droit. 1 vol. gr. in-8. 1896. 5 fr.

Revision des procès criminels et correctionnels (Commentaire de la loi du 8 juin 1895 sur la) et les indemnités dues aux victimes d'erreurs judiciaires; par **A. Jean**, Substitut du Procureur de la République à Grenoble. Gr. in-8. 1896. 1 fr. 50

Martyrologe des Erreurs judiciaires; par **Laget-Valdeson**, Publiciste. 2e édition, revue et augmentée. In-18. 1880. 0 fr. 50

Réhabilitation des condamnés (Traité théorique et pratique de la). Commentaire du titre III de la loi du 14 août 1885, suivi de documents et formules; par **Julien Bregeault**, Docteur en droit, Substitut du Procureur général près la Cour d'appel de Paris, et **Léonce Delagarde**, Docteur en droit, Juge au Tribunal civil d'Amiens. 1 vol. in-8. 1886. 4 fr.

La réhabilitation a fait l'objet d'un titre spécial d'une loi récente. C'est cette nouvelle législation que commentent MM. Bregeault et Delagarde avec une science et une compétence qui leur font le plus grand honneur.

Ils ne se confinent point d'ailleurs dans une étude historique et théorique de la

72 CODES D'INSTRUCTION CRIMINELLE ET PÉNAL.

matière. La deuxième partie de l'ouvrage est consacrée tout entière à la procédure à suivre pour obtenir la réhabilitation, et la troisième partie contient le texte des documents et formules dont la connaissance est indispensable aux praticiens et notamment aux officiers du ministère public. (*Gazette du Palais*, Novembre 1886.)

Condamnation aux frais (De la) en matière criminelle,
correctionnelle et de police ; par **H. Auzière**, Procureur général près la Cour d'appel de Limoges. In-8. 1888. 4 fr.

Fraudes (Traité des) en matière de marchandises, tromperies,
falsifications, et de leur poursuite en justice; par **Ch. Million**, Juge de paix à Paris. 1 fort vol. in-8. 1858. 8 fr.

Sophistication des boissons (De la) considérée particulièrement au point de vue pénal, par **Raymond Le Bourdellès**,
Docteur en droit, Substitut du Procureur de la République près le Tribunal de première instance de la Seine. In-8. 1885. 1 fr. 50

Circulaires (Analyse des), Instructions et Décisions émanées
du Ministère de la justice (12 janvier 1791 — 23 juillet 1875); par **M. Gillet**, Conseiller à la Cour de Nancy. 3e édition, complètement refondue par **M. Demoly**, Conseiller honoraire à la Cour d'appel de Dijon. 2 vol. in-8. 1876. 16 fr.

Ministère public (Manuel du) près es Cours d'appel, les
Cours d'assises et les Tribunaux civils, correctionnels et de police ; par **M. Massabiau**, Président honoraire à la Cour de Rennes. 4e édition; suivi d'un *Répertoire alphabétique* formant Table, par **M. Heimburger**, Magistrat. 3 vol. in-8. 1876-1886. 30 fr.

Se vend séparément :

Répertoire alphabétique ou Table de la 4e édition
du Manuel du Ministère public, de **M. J.-L.-F. Massabiau**; par **M. Heimburger**, Substitut du Procureur de la République à Bordeaux. 1 vol. in-8. 1886. 5 fr.

Ce répertoire comble une lacune que présentait l'excellent ouvrage de M Massabiau. Il offre un guide sûr et pratique pour trouver sans difficulté, ni perte de temps, les renseignements accumulés en très grand nombre dans le *Manuel*, mais disposés dans un ordre qui rend la recherche longue et souvent infructueuse. Il permet au magistrat le moins expérimenté de résoudre sans tâtonnement les difficultés qui peuvent surgir dans l'administration ou le service des parquets généraux ou de première instance. Ce répertoire constitue, pour ainsi dire, une nouvelle édition du *Manuel*, car il contient sur beaucoup de matières, notamment la simple police, des renseignements qui font défaut dans le corps de l'ouvrage. Il indique, en outre, les lois et les circulaires les plus récentes y compris celles sur le syndicat et le divorce.

Pratique criminelle des cours et tribunaux; Résumé
de la jurisprudence sur les codes d'instruction criminelle et pénal; par **M. Faustin Hélie**, Président honoraire à la Cour de cassation. 2 vol. in-8. 1877. 18 fr.

La *Pratique criminelle* est un manuel pratique qui indique la solution de toutes les questions et la raison juridique de cette solution.

L'auteur a eu pour but de simplifier les pénibles labeurs de la pratique, en substituant aux recherches et à l'étude des arrêts, si variés dans leurs espèces et souvent si mal compris, la notion pure et claire des règles du droit reconnues et consacrées à la fois par la doctrine et par la jurisprudence.

Ministère public (Mémorial du) ou Répertoire alphabétique et abrégé de jurisprudence, de doctrine, de législation, d'instructions ministérielles, etc., concernant les attributions du Ministère public; par **G. Dutruc**, ancien Juge d'instruction, Rédacteur en chef du *Journal du Ministère public*. 2 vol. in-8. 1871. 16 fr.

Ministère public (Journal du) et du Droit criminel.

Recueil mensuel et raisonné de jurisprudence, de doctrine et de législation, concernant les attributions du Ministère public et celles du Juge d'instruction, accompagné d'un résumé chronologique des circulaires, instructions et décisions du Ministère de la justice; par MM. **G. Dutruc** et **E. Sauvel**, continué par **M. Depeiges**, Substitut du Procureur général près la Cour d'appel de Riom.

Abonnement annuel (de janvier à décembre). 10 fr.

Nous nous permettons d'appeler toute l'attention du monde judiciaire sur le *Journal du Ministère public et du Droit criminel*. Conçu dans un esprit purement scientifique, il intéresse à titre égal les magistrats chargés d'exercer l'action publique ou d'assurer la répression des délits et les avocats, dont la mission, étendue par la législation nouvelle, commence aujourd'hui dès l'ouverture de l'instruction préalable. Nous nous bornerons à rappeler qu'à côté des arrêts de principe et de nombreuses décisions d'espèces, le Journal publie le texte des lois criminelles au fur et à mesure de leur promulgation, des dissertations ou commentaires sur l'application des lois nouvelles, les documents parlementaires les plus importants, et enfin tous les décrets, circulaires et autres documents d'ordre secondaire dont la connaissance est indispensable pour une étude approfondie de la législation criminelle. Une annexe est consacrée à un *Résumé chronologique des circulaires, décisions et instructions du Ministère de la Justice*; cette publication, qui n'a de similaire nulle part, présente, sous une forme succincte, la matière de plusieurs volumes et permet au lecteur de se tenir au courant des solutions données par la Chancellerie à un grand nombre de questions d'ordre pratique; il serait superflu d'insister sur son utilité, que MM. les abonnés ont, de tout temps, apprécié.

Le *Journal du Ministère public et du Droit criminel* ne fait pas double emploi avec les grands Recueils, dans lesquels les matières criminelles passent nécessairement au second plan. Sa collection constitue un Répertoire spécial de Droit criminel, le plus étendu qui existe sur cette branche du Droit.

Transport criminel (Guide pratique des Magistrats en); par **G. Abadie**, Avocat à Gaillac (Tarn). In-8. 1894. 3 fr.

Ce livre est une *innovation*. Les *moins expérimentés* y trouveront le moyen d'instruire, avec méthode, sans peine et sans hésitation, les procédures les plus compliquées. Pour faciliter la tâche du magistrat instructeur, l'auteur ne s'est pas contenté d'exposer les règles de droit et de pratique, il y a joint un *formulaire de tous les actes* et un *modèle de toutes les réquisitions* nécessitées par la nature du transport et du crime que l'on instruit.

Dans ce livre, les crimes les plus communs et les faits les plus graves sont l'objet d'une étude spéciale : *leur mode de constatation, les mesures à prendre* pour en rechercher les agents incriminés et les *qualifications criminelles* indispensables pour tout interrogatoire sont examinés et étudiés.

Enfin, un chapitre spécial accompagné d'un tableau synoptique permet à tous greffiers et magistrats de taxer, sans le secours d'aucun traité, les frais que nécessite l'information.

Ministère public (Le) et l'état des personnes; par **Lagrésille**, Substitut du Procureur de la République à Roanne. Gr. in-8. 1882. 1 fr. 50

Juges de paix (Manuel criminel des) considérés comme officiers de police judiciaire auxiliaires du procureur de la République

CODES D'INSTRUCTION CRIMINELLE ET PÉNAL.

et comme délégués du juge d'instruction ; par **M. Duverger**, Président de chambre honoraire à la Cour d'appel de Poitiers. 5e édition. 1 vol. in-8. 1876. 7 fr. 50

Cet ouvrage rappelle aux Juges de paix les éléments de leur compétence en matière de crimes et délits, les formes variées des dénonciations et des plaintes, les mesures à prendre en cas de flagrants délits, la façon dont il doit être procédé aux interrogatoires, aux informations, à la levée des corps, aux commissions rogatoires, etc.

Avec un pareil guide, les juges de paix les moins expérimentés pourront donc éviter les excès de pouvoir, les vices de forme et les nullités toujours si redoutables dans les affaires criminelles où la procédure joue un si grand rôle. (*Le Droit*, 11 juill. 1877.)

Contraventions de police (Étude sur les), Code

pénal (art. 464 à 484) ; par **Antoine Blanche**, premier Avocat général à la Cour de cassation. 2e édition, annotée et mise au courant de la législation et de la jurisprudence; par **M. G. Dutruc**, 1 fort vol. in-8. 1891. 8 fr. 50

(Extrait des *Études pratiques sur le Code pénal*, par les mêmes auteurs).

Nous engageons vivement tous nos lecteurs à se munir de l'*Étude sur les contraventions de police*, qui est un résumé et une analyse de la doctrine et de la jurisprudence sur la matière et qui leur épargnera des recherches et un temps précieux.
(*Le Correspondant des Justices de paix.*)

Délits et Contraventions (Tableau alphabétique

des) avec les peines qui leur sont applicables ; précédé des articles généraux y afférents et suivi d'une table de concordance des articles du Code pénal et d'une indication de toutes les lois, ordonnances et décrets visés dans le tableau alphabétique; par **Hippolyte Pugeault**, Conseiller à la Cour d'appel de Lyon. 1 vol. gr. in-8. 1893. 4 fr. 50

..... M. Pugeault a courageusement entrepris cette œuvre, seulement en ce qui concerne les délits et contraventions, et il l'a très heureusement menée à la fin. Les juges de police, dans les feuillets consacrés aux contraventions, trouveront des renseignements précieux et des indications qui faciliteront singulièrement la tâche de l'audience.

..... Je recommande donc aux travailleurs, tout spécialement, le livre de M. Pugeault et je le recommande avec conviction. (*Moniteur des Juges de paix*, juin 1889.)

Contraventions (Tableau synoptique et alphabétique

des) et des peines de simple police; par **A. Robin**, ancien Greffier, Juge de paix du canton de Saint-Vaury (Creuse). In-plano. 1894. 1 fr. 25

Petite voirie et de simple police (Des contra-

ventions de) prévues par le Code pénal; de leur poursuite et de leur répression. Manuel pratique à l'usage des Juges de paix, Maires, Commissaires de police, Agents voyers, Gendarmes, Gardes champêtres, etc.; par **MM. Malepeyre**, Juge au Tribunal civil de la Seine, et **Mesnard**, Conseiller à la Cour d'appel d'Amiens. 1 vol. in-8. 1891. 6 fr.

MM. Malepeyre et Mesnard ont voulu faciliter aux juges de paix, aux maires et aux différents agents de la loi, l'étude de ces questions.....

Cet ouvrage, clair, précis, fait avec soin et méthode, nous paraît appelé à rendre de grands services à tous ceux qu'intéressent la poursuite et la répression des contraventions. (*Gazette du Palais.*)

Police des Constructions. Hauteur des Constructions, hauteur des étages, combles et lucarnes ; par **T. Lukomski**, Chef du Cabinet du Président du Conseil de Préfecture de la Seine et **J. Périn**, Avocat à la Cour de Paris. 1 vol in-18. 1869. 2 fr.

Ivresse publique (Des contraventions et des délits en matière d'). Commentaire explicatif de la loi du 23 janvier 1873 ; par **Guilbon**, ancien Juge de paix. 1 vol. in-12. 1879. 2 fr.

Animaux domestiques (Des mauvais traitements envers les) et de leur répression. Explication de la loi du 2 juillet 1850 ; par **Guilbon**, ancien Juge de paix. In-12. 1862. 1 fr. 50

Détention préventive (De la) et de la célérité dans les procédures criminelles, en France et en Angleterre ; par **M. Ernest Bertrand**, Conseiller honoraire à la Cour d'appel de Paris. Gr. in-8. 1862. 2 fr. 50

Habeas corpus (De l'). Liberté provisoire. — Détention préventive. — Procédure pénale comparée. — Observations sur le projet de réforme du Code d'instruction criminelle adopté par le Sénat ; par **Ed. Mack**, Avocat à la Cour d'appel de Paris. In-8. 1884. 1 fr.

Contrainte par corps en matière criminelle et forestière. Commentaire de la loi du 22 juillet 1867 ; par **Ch. Guyot**, Sous-Directeur de l'Ecole forestière de Nancy, et **A. Puton**, Professeur de droit à la même Ecole. 1 vol. in-8. 1880. 6 fr.

Procureur du Roi (Traité pratique des fonctions de), suivi d'une Discussion sur la question du duel ; par **M. de Molènes**, ancien Juge à Paris. 2 vol. in-8. 1843. 15 fr.

Instruction écrite (De l') et du Règlement de la compétence en matière criminelle ; par **M. Mangin**. Ouvrage revu par **M. Faustin Hélie**. 2 vol. in-8. 1847. 15 fr.

Infanticide (De l') dans ses rapports avec la loi, la morale, la médecine légale et les mesures administratives ; par **M. Chatagnier**, ancien Juge à Bourg. 1 vol. in-8. 1855. 5 fr.

Liberté de la presse (De la). Commentaire de la loi du 28 juillet 1894, précédé d'une introduction contenant un projet de loi sur l'application du jury en matière correctionnelle ; par **H. Coulon**, Avocat à la Cour d'appel de Paris. 1 vol. in-8. 1895. 6 fr.

Le commentaire de la loi du 24 juillet 1894, fait avec un soin scrupuleux, contient les travaux préparatoires et est d'une netteté parfaite. Nous voudrions insister sur ces qualités, faire ressortir la facilité du style, la clarté de la discussion, mais nous avons hâte d'arriver à la conclusion que M. Coulon a été amené à formuler, après avoir si complètement étudié la loi de juillet 1894.

Cette conclusion est contenue dans un projet de loi, formé d'un article unique, article qui est ainsi conçu : *La loi du 28 juillet 1894 est abrogée.*
(*Revue bibliographique*, mars 1895.)

Protection de l'enfance (La loi sur la) devant le Sénat. — Historique. — Rapport au Sénat. — Législations étrangères. — Discussion. — Texte ; par **R. Querenet**, Docteur en droit, Avocat à la Cour d'appel de Paris. Gr. in-8. 1884. 1 fr. 25

76 CODES D'INSTRUCTION CRIMINELLE ET PÉNAL.

Loi du 24 juillet 1889 (De la) et de son application. Rapport adressé au Comité de défense des enfants traduits en justice; par **M. Brueyre**, Membre du Conseil supérieur de l'Assistance publique. In-8. 1891.   1 fr. 50

Enfants traduits en justice (Comité de défense des). Rapport sur les travaux et l'action du Comité en 1893; par **M. Ad. Guillot**, Juge d'instruction près le Tribunal civil de la Seine. In-8. 1893.   1 fr.

Enfants traduits en justice (Étude statistique sur les). Communication faite le 21 août/2 septembre 1897 à l'Assemblée générale de l'Institut international de statistique; par **L. Albanel**, Juge d'Instruction au Tribunal civil de la Seine. Gr. in-8. 1897.   2 fr. 50

Emploi des enfants (De l') dans les professions ambulantes de saltimbanque, acrobate, etc. Commentaire de la loi des 7-20 décembre 1874, par **E. Nusse** et **J. Périn**, Docteurs en droit, Avocats à la Cour d'appel de Paris. Gr. in-8. 1878.   2 fr. 50

Travail des enfants et des filles mineures employés dans l'industrie (Commentaire de la loi du 19 mai 1874 sur le); par **E. Nusse** et **J. Périn**, Avocats à la Cour d'appel de Paris. 1 vol. in-8. 1878.   8 fr.

Vagabonds et Repris de justice. — Tutelle communale, Colonisation décentralisée; par **M. Chopy**, ancien Président du Tribunal civil de Rochefort. 1 vol. gr. in-8. 1872.   3 fr.

Patronage des libérés (Premier Congrès national du) tenu à Paris du 24 au 27 mai 1893. — Compte rendu sténographique des travaux avec l'inventaire des œuvres de patronage et une carte figurative de ces œuvres. 1 vol. gr. in-8. 1894.   5 fr.

Patronage des libérés (Deuxième Congrès national du) tenu à Lyon du 21 au 24 juin 1894. — Compte rendu sténographique des travaux. 1 vol. in-8. 1895.   4 fr.

Patronage des libérés (Troisième Congrès national du), tenu à Bordeaux, du 25 au 29 mai 1896. Compte rendu des travaux. 1 vol. gr. in-8. 1896.   3 fr.

Patronage des libérés (Quatrième Congrès national du) tenu à Lille du 30 mai au 1er juin 1898 et Conférence internationale sur le Patronage. — Compte rendu des travaux. 1 vol. gr. in-8. 1898.   3 fr.

Sociétés de patronage (Bulletin de l'Union des) de France.
Abonnement annuel (de janvier à décembre).   5 fr.

Sociétés de patronage (Les). Leurs conditions d'existence, leurs moyens d'action; par **A. Contant**, Docteur en droit, Avocat à la Cour d'appel. Gr. in-8. 1898.   5 fr.

Peine de mort (La Pétition contre la) devant le Sénat; par **Laget-Valdeson**. In-8. 1867.   0 fr. 50

CODES D'INSTRUCTION CRIMINELLE ET PÉNAL. 77

Médecine (De l'exercice illégal de la) et de la Pharmacie. — Législation pénale et jurisprudence; par **M. G. Denis Weil**, Vice-Président au Tribunal civil de la Seine. In-8. 1886. 7 fr. 50

Criminels aliénés; par H. **Lemerle**, Avocat à la Cour d'appel de Paris. Gr. in-8. 1898. 25 c.

Lettres missives (De la propriété des) et de leur utilité au point de vue juridique; par **M. Abadie**, Docteur en droit, Avocat à Gaillac (Tarn). 1 vol gr. in-8. 1882. 2 fr.

Presse (Texte de la loi sur la) du 29 juillet 1881, commentée par la *Circulaire ministérielle* relative à son application, avec des notes et la jurisprudence ; par **Georges Petit**, Avocat à la Cour d'appel de Paris. 1 vol. in-18. 1882. 1 fr. 50

Presse (Explication pratique de la loi du 29 juillet 1881 sur la), d'après les travaux parlementaires et la jurisprudence; par **Gustave Dutruc**, Avocat, ancien Magistrat. 2ᵉ édition, revue et augmentée. 1 vol. in-8. 1883. 5 fr.

..... L'ouvrage de M. Dutruc se recommande d'une façon toute spéciale par les documents qu'il renferme, documents qui tiennent l'esprit au courant de ce qui a été jugé, en matière de presse, depuis plus d'une année. L'auteur y a également apprécié la loi du 2 août 1882, qui en édictant une pénalité nouvelle contre l'outrage aux bonnes mœurs, se rattache étroitement à celle du 29 juillet 1881, dont elle abroge déjà, il faut bien le reconnaître, plusieurs dispositions importantes.
.... Ces mêmes qualités se retrouvent dans le nouveau traité de la presse et en font un livre d'une valeur incontestable. (*Le Droit*, art. de M. A. Sorel.)

Presse (Code expliqué de la) avec Complément; par **M. G. Barbier**, Avocat à la Cour d'appel de Paris, Docteur en droit. 3 vol. gr. in-8. 1887-1895. *Rare.*

Se vend séparément :

Presse (Complément du Code expliqué de la). comprenant : la révision générale, d'après le dernier état de la jurisprudence, des matières traitées dans le Code expliqué de la presse; le commentaire des dernières lois, modifiant la loi du 29 juillet 1881 ou se rattachant à elle; loi du 11 juin 1887 concernant la diffamation et l'injure commises par les correspondances postales ou télégraphiques circulant à découvert; loi du 19 mars 1889 relative aux annonces sur la voie publique; loi du 3 février 1893 tendant à compléter les articles 419 et 420 du Code pénal; loi du 16 mars 1893 portant modification des articles 45, 47 et 60 de la loi du 29 juillet 1881 sur la presse; loi du 12 décembre 1893 modifiant les articles 24, 25 et 49 de la loi du 29 juillet 1881 sur la presse; loi du 28 juillet 1894 ayant pour objet de réprimer les menées anarchistes ; par **M. G. Barbier**, Avocat à la Cour d'appel de Paris, Docteur en droit. 1 vol. gr. in-8. 1895. 5 fr.

Outrages aux bonnes mœurs (Cas de poursuites judiciaires pour) par la voie de la presse dans les relations internationales; par **M. E. Clunet**, Avocat à la Cour d'appel de Paris. In-8. 1889. 1 fr.

Affichage (Guide de l'). Étude comprenant le texte et les commentaires de la loi sur l'affichage du 26 décembre 1890 et le règlement d'administration publique du 18 février 1891 ; par **Eug. Piéto**, Agent général de publicité à Paris. 1 vol. in-32. 1893. 1 fr. 50

CODE FORESTIER.

Chasseur (Guide pratique du Garde particulier, du) et du Propriétaire; par **J. Lemercier**, Juge de paix de Neuilly-sur-Thelle (Oise). 3ᵉ édit., revue et augmentée. 1 vol. in-18. 1891. 1 fr.

Police de la chasse (Code de la), commenté par **M. Camusat-Busserolles**, Conseiller à la Cour d'appel de Paris ; revu par **M. Franck-Carré**, premier Président de la Cour d'appel de Rouen. In-8. 1844. 2 fr. 50

Police de la chasse (Loi sur la), annotée et suivie d'une analyse des lois, règlements et arrêts sur la Louveterie ; par **Cival**, ancien vice-Président du Tribunal civil de Dijon. In-8. 1852. 3 fr.

Chasse au vol (Légalité de la) ; par **Gaston de Saint-Marc**. In-8. 1899. 2 fr.

Droit de destruction (Du) des animaux malfaisants ou nuisibles en tout temps, sans permis de chasse ni autorisation préfectorale ; par **Frémy**, ancien Avoué, Juge suppléant au Tribunal civil de Senlis. In-8. 1878. 1 fr. 50

Pourvois (Manuel des) et des formes de procéder devant la Cour de cassation en matière criminelle; par **M. Bernard**, Greffier en chef de la Cour de cassation. 1 vol. in-8. 1868. 7 fr.

Pourvoi en cassation (Du) en matière de simple police ; par **G. Richaud**, Procureur de la République à Nevers. In-8. 1897. 2 fr.

CODE FORESTIER

Code forestier annoté de Sirey, contenant toute la Jurisprudence des arrêts et la doctrine des auteurs, avec SUPPLÉMENT ; par **P. Gilbert**. 1 vol. grand in-8. 6 fr.
Le même. 1 vol. in-4. 6 fr.

Affouage (Traité de l'); par **M. Migneret**, ancien Conseiller d'État. 2ᵉ éd. 1 vol. in-8. 1844. 7 fr. 50

Propriété forestière (Estimation concernant la) ; par **A. Puton**, Directeur de l'École nationale forestière. 1 vol. gr. in-8. 1886. 10 fr.

Économie forestière (Traité d'); par le *même auteur*. 3 vol. gr. in-8. 1888-91. 30 fr.
Chaque volume se vend séparément. 10 fr.

Produits forestiers (Le Tarif des douanes et les); par le *même auteur*. In-8. 1887. 1 fr.

CODE RURAL

Clôture et la Plantation des arbres (Notions sur la); par **A. Didier-Mongeot**, ancien Juge de paix à Chavanges (Aube). 1 vol. in-8. 1894. 3 fr.

Droit de passage (Notions sur le); par **Didier-Mongeot**, ancien Juge de paix à Chavanges (Aube). 1 vol. in-8. 1895. 2 fr.

Législation rurale. Projet d'un Code rural; par **M. V. Kersanté.** 2e tirage. 1 vol. in-8. 1877. 3 fr. 50

Lois rurales (Commentaire sur les) françaises, expliquées par la Jurisprudence et la Doctrine des auteurs; par **Neveu-Derotrie,** Avocat, ancien Professeur d'économie rurale à Nantes. 1 vol. in-8. 1845. 7 fr. 50

Usages locaux (Code des). — Arrondissement de Corbeil (Seine-et-Oise). — Nouveau Code rural. Renseignements sur les contributions directes; par **Vielle,** Juge de paix à Longjumeau. 1 vol. in-18. 1891. 1 fr. 25

Usages locaux et Règlements ayant force de loi dans le département des Ardennes, rédigés par **E. Bourgueil,** Procureur de la République à Perpignan. 1 vol. in-8. 1898. 6 fr.

Usages locaux de l'arrondissement de Valenciennes, mis en ordre et publiés par **G. Sabès.** 4e édition, revue et augmentée, par **V. Baudrain,** Juge de paix du canton sud de Valenciennes. 1 vol. in-8. 1897. 2 fr.

Usages locaux (Recueil des) ayant force de loi dans le département des Deux-Sèvres; par **A. Martin,** Greffier de la justice de paix de Celles-sur-Belle. 1 vol. in-18. 1899. 4 fr.

Animaux employés à l'exploitation des propriétés rurales. Commentaire de la loi du 4 avril 1889. — *Insectes et cryptogames* nuisibles à l'agriculture. Commentaire de la loi du 24 décembre 1888; par **Carré,** Juge de paix du 1er arrond. de Paris. In-8. 1889. 1 fr. 50

Voies rurales (Traité des) publiques et privées et servitudes de passage, enclaves; par **M. Féraud-Giraud,** Président honoraire à la Cour de cassation. 4e édition, complétée et mise au courant de la législation, de la doctrine et de la jurisprudence. 2 forts vol. in-8. 1896. 18 fr.

Nul autre traité n'a consacré de plus longs et plus instructifs développements aux décisions judiciaires. La jurisprudence a été étudiée avec profondeur; les arrêts, rapprochés de leurs espèces, sont réduits à leur portée véritable. Le savant magistrat donne sur chaque question qu'il examine l'opinion de la Cour suprême; il pénètre dans les détails : il analyse les motifs, les critique parfois, et arrive ainsi à formuler une doctrine fortement documentée.

Il faut remercier M. Féraud-Giraud d'avoir bien voulu faire profiter le public de ses longues et patientes recherches. Nulle part le lecteur ne trouvera, en cette ma-

tière, une étude plus complète et plus fouillée, un commentateur plus sagace et plus soucieux du texte comme de l'esprit de la loi. La quatrième édition du *Traité des voies rurales* ne peut manquer d'avoir le même succès que les précédentes.
(*Gazette des Tribunaux*, 18 janvier 1896.)

Autour de la Ferme dans le Cantal. Recueil pratique des usages de nos campagnes et des améliorations dans les domaines à vacherie; par **Henri Garnier**, Juge de paix. 1 vol. in-8. 1896. 3 fr.

DROIT ADMINISTRATIF ET MUNICIPAL

Aphorismes administratifs, par **A. Regnault**, ancien Bibliothécaire et Archiviste du Conseil d'Etat. 1 vol. in-18. 1859. 4 fr. 50

Droit administratif (Exposé élémentaire des principes du) ; par **V. Leray**, Docteur en droit. 1 vol. gr. in-8. 1896. 3 fr.

Droit administratif (Sommaire de). Résumé complet conforme au programme de la Faculté; par **G. Bourdon-Viane**, Professeur libre de droit. In 8. 1893. 2 fr. 50

Décentralisation, ou Réforme administrative et judiciaire proposée aux Conseils municipaux, cantonaux et généraux des départements, avec carte géographique et plan statistique à l'appui; par **Obriot**. In 8. 1850. 75 c.

Code municipal. Loi municipale du 5 avril 1884, expliquée par les Circulaires des 15 mai 1884 et 11 avril 1896; décret du 29 avril 1889; lois des 12 mai 1889 et 2 avril 1896, suivis d'un résumé de la législation et de la jurisprudence concernant l'administration communale; par **MM. Boivin**, Secrétaire particulier du Ministre du Commerce et de l'Industrie, et **Paul Roy**, Directeur de la *Revue des Lois* et du *Commentaire des Lois nouvelles*. 1 vol. gr. in-8. 1897. 4 fr.

Pouvoir municipal (Du), des Biens communaux et de la Police rurale et forestière; par **Henrion de Pansey**. 5ᵉ éd., par **Rozet**. In-8. 1843. 4 fr.

Code municipal de la Ville de Valenciennes, mis en ordre et publié avec une table alphabétique, par **P. Sabès**, Président du Tribunal civil. 3ᵉ édition, revue et mise au courant, par **V. Baudrain**, Juge de paix du canton sud de Valenciennes. 1 vol. in-8. 1896. 2 fr.

Maires et Municipalités (Devoirs des) en ce qui concerne l'armée et *Recueil militaire* pour le citoyen dans ses foyers; par **L. Bauer**, Lieutenant au 89ᵉ d'infanterie. 1 vol. gr. in-8. 1894. Cartonné. 5 fr.

DROIT ADMINISTRATIF ET MUNICIPAL.

Secrétaires de Mairie (Le Journal des). Guide pratique en matière d'administration communale et d'état civil (avec *Formules*) et Organe officiel de la Fédération nationale des Associations de secrétaires et d'employés de mairie. Rédacteur en chef : **M. Th. Tissier**, Auditeur de 1re classe au Conseil d'État.
Collection de 1888 à 1899. 47 fr.
Abonnement annuel de janvier à décembre. 5 fr.

Le Journal des Secrétaires de Mairie a onze ans d'existence ; il a donc fait ses preuves et il n'y a pas à faire ressortir le mérite d'une publication qui a été universellement appréciée.
Ce recueil met les Municipalités et leurs indispensables auxiliaires, les Secrétaires de mairie, au courant des lois, décrets, arrêtés, arrêts, jugements et circulaires se rapportant à l'administration communale et à l'état civil ; il leur fournit des formules et modèles pour tous les actes qui sont de leur ressort ; il leur donne des consultations sur toutes les questions qui les intéressent.
A tous ces éléments de succès, il convient d'ajouter l'extrême modicité du prix de l'abonnement.

— Table décennale (1888-1897). 1 vol. in-8. 1899. 2 fr. 50

Secrétaires de Mairie (Guide des), contenant divers intitulés et modèles d'actes de l'état civil ; par **J.-C. Marchal**, ancien Secrétaire de Mairie. Gr. in-8. 1897. 1 fr.

Revision de la liste électorale (Manuel-Formulaire de la), à l'usage des préfets, sous-préfets, maires, des juges de paix, des commissions de revision de la liste électorale et des électeurs ; par **M. de Taillandier**, Président du Tribunal civil d'Hazebrouck. In-16. 1893. 4 fr.

... Et à coté des électeurs qui pourront ainsi s'édifier sur l'étendue de leurs droits, le livre de M. de Taillandier ne sera pas moins utile aux fonctionnaires des divers ordres chargés de préparer, surveiller et publier les listes électorales, tels que les préfets, sous-préfets, maires, juges de paix et membres des commissions de revision de ces listes. (Journal *le Droit*, 25 avril 1892.)

Revision des listes électorales (Manuel pratique de la). Jurisprudence, législation, à l'usage des Maires et Secrétaires de mairie, des Juges de paix, etc. ; par **M. Daure**, Maire d'Alan (Haute-Garonne). 1 vol. in-8. 1898. 3 fr. 50

Autorisations de plaider. Actions judiciaires des communes ; par **M. Rémond**, Avocat à la Cour d'appel de Paris. In-8. 1895. 1 fr.

Subventions communales (Des) et départementales en faveur des écoles primaires ; par **Emile Cosson**, ancien Avocat à la Cour d'appel de Paris. In-8. 1889. 1 fr.

Question des recensements (Examen légal de la) ; par **Tournade de Noaillat**. In-8. 1851. 1 fr.

Juridiction (De l'unité de) ou de la suppression des tribunaux administratifs ; par **G. Privat**, ancien Magistrat, Avocat à la Cour d'appel internationale d'Alexandrie (Egypte). In-8. 1894. 1 fr.

Juridiction administrative (Etude sur la) ; par **M. Gustave Bazille**, Avocat à Figeac. In-8. 1867. 3 fr.

DROIT ADMINISTRATIF ET MUNICIPAL.

Procédure administrative (Dissertations sur la);
par G. Bazille, Avocat à Figeac. 1 vol. in-8. 1875. 5 fr.

Instruction administrative (Code d'), ou Lois de la procédure administrative, contenant dans l'ordre du Code de procédure civile, les règles de l'instruction devant les tribunaux administratifs; Ministres, Préfets, Conseil d'état, Conseil de préfecture, et les règles particulières à l'instruction en matière de conflits, d'élections, d'autorisation de plaider, de contributions directes, etc., suivi d'un Formulaire annoté ; par MM. Chauveau Adolphe, ancien Doyen de la Faculté de droit de Toulouse, ancien Avocat à la Cour de cassation et au Conseil d'Etat, et E. Tambour, ancien Secrétaire général de la Préfecture de la Seine. 6e édit. 2 vol. in-8. 1896. 16 fr.

Conseil d'État (De la procédure contentieuse et de la recevabilité des pourvois devant le) avec un Formulaire et le texte des lois et décrets sur la procédure contentieuse; par Eug. Arnoux, Licencié en droit, Sous-chef de bureau au Conseil d'Etat. 1 vol. in-16. 1899. 6 fr. 50

M. Arnoux a mis à profit les onze années qu'il a passées au secrétariat du Contentieux du Conseil d'Etat, et l'expérience qu'il y a acquise, en matière de procédure, l'a engagé à écrire cet ouvrage, dont l'utilité est incontestable.

L'auteur a tracé non seulement les règles de procédure relatives aux affaires soumises au ministère d'un avocat au Conseil, mais il a encore étudié, de la façon la plus complète, toutes les règles des autres catégories de pourvois qui, par leur nature, sont dispensés de ce ministère.

Nous ne saurions trop recommander ce traité de la *Procédure contentieuse* aux communes, qui sont souvent appelées à se pourvoir ou à se défendre devant le Conseil d'Etat; nous le recommandons également à toutes les grandes administrations — (ministères, préfectures, sous-préfectures, etc.....) — ainsi qu'aux notaires, aux avoués, aux avocats des Cours et tribunaux, qui pourront, de cette façon, se familiariser avec la procédure toute spéciale de la haute juridiction administrative.
(*L'Echo des Ministères*.)

Conseils de préfecture (Code des) et des Conseils généraux de département; par M. Orillard, Avocat à la Cour d'appel de Poitiers, ancien Vice-Président du Conseil de préfecture de la Vienne. Edition nouvelle mise au courant de la législation. 1 vol. in-8. 1871. 8 fr. 50

Conseils de préfecture (Code de procédure des) et Commentaire; par W. Noyer, Chef de division honoraire à la Préfecture de l'Eure. 1 vol. in-8. 1891. 4 fr. 50

L'ouvrage de M. Noyer est un « livre pratique » très utile aux fonctionnaires, aux hommes d'affaires et aux justiciables, qui sont appelés devant la juridiction administrative. (*Gazette du Palais*, 3 juin 1891.)

Conseils de préfecture (Commentaire de la loi du 22 juillet 1889 sur la procédure à suivre devant les); par Alfred Doussaud, Avocat, ancien Commissaire du Gouvernement près le Conseil de préfecture de la Corrèze. 1 fort vol. in-8. 1891. 12 fr.

Enfin, l'auteur nous présente un commentaire complet et détaillé de tous les articles de la loi ; il signale les difficultés auxquelles donnait naissance l'ancienne législation, montre comment la loi nouvelle les a résolues, expose les questions qu'elle soulève à son tour, et ne craint pas de chercher, dans la doctrine et dans la jurisprudence antérieures à 1889 la solution qu'elles comportent actuellement.
(*Pandectes françaises*, 11e cah. 1891.)

DROIT ADMINISTRATIF ET MUNICIPAL.

Droit constitutionnel (Éléments de) français; par M. de la Bigne de Villeneuve, Professeur à la Faculté libre de droit d'Angers. 1 vol. in-8. 1892. 8 fr.

Après l'exposé des principes, vient l'historique et l'analyse exacte et complète, des constitutions qui ont régi la France depuis 1789. Puis la constitution actuelle, avec toutes les lois qui s'y rattachent, est étudiée dans tous ses détails. Enfin, dans une dernière partie, l'auteur envisage successivement les divers droits publics que la constitution doit assurer aux citoyens : l'égalité devant la loi, la liberté individuelle, l'inviolabilité du domicile, l'inviolabilité de la propriété, la liberté religieuse, le droit de réunion et d'association, la liberté de la presse, etc. ; il montre comment ces droits sont garantis par la loi française. Ajoutons que ces explications sont toujours claires, simples, exemptes de toute emphase.

Droit constitutionnel (Exposé élémentaire des principes du); par V. Leray. Gr. in-8. 1892. 2 fr. 50

Représentants du peuple (De l'inviolabilité des); par Salme. In-8. 1851. 1 fr.

Crises ministérielles (Les) en France, de 1895 à 1898. Historique documenté des grandes interpellations et de la chute des cabinets avec une chronologie des principaux événements politiques et un tableau synoptique des Ministères; par Léon Muel, attaché au Sénat, Officier de l'Instruction publique. 1 vol. in-18. 1899. 3 fr.

Contributions indirectes (Traité de jurisprudence générale en matière de); par A. Bertrand, Directeur des Contributions indirectes et P. Deschamps, Commis principal à la Direction générale des Contributions indirectes. 2ᵉ édition. 2 vol. in-8. 1894. 10 fr.

Octroi (De la réforme de l') et de l'impôt sur les boissons; par E. Tramuset, Préposé en chef de l'octroi d'Epernay. 1 vol. in-18. 1892. 3 fr. 25

Question des Octrois (La). La loi du 29 décembre 1897. Sa genèse, son application, ses effets; par J. de la Hougue, Docteur en droit. 1 vol. gr. in 8. 1899. 7 fr.

Contributions directes et taxes assimilées : Définition. — Organisation. — Réclamations. — Compétence, etc. — Contributions indirectes : Notions générales. — Principales formules de demandes et renseignements divers; par Boivin, Sous-Préfet de Mirecourt, et Ch. Ferry, Secrétaire-Greffier du Conseil de Préfecture des Vosges. 1 vol. gr. in-18. 1896. 3 fr. 40

Les auteurs ont mis à jour, avec le plus grand soin, cet important ouvrage en le complétant de la jurisprudence, des notes critiques sur les questions encore contestées de la matière, et d'un *Formulaire* des actes en usage tant de la part de la Ville de Paris que de celle des expropriés. Ce livre sera désormais le meilleur guide des jurisconsultes, des intermédiaires de l'expropriation et des expropriés eux-mêmes.
(*Journal des Avoués*)

Expropriation (Traité de l') pour cause d'utilité publique; par M. le Chevalier de Lalleau, Avocat à la Cour de Paris; refondu et augmenté par MM. Jousselin et Rendu, Avocats au Conseil d'Etat et à la Cour de cassation. 8ᵉ édition, annotée de la jurisprudence jusqu'à ce jour, suivi d'un *Formulaire* d'actes judiciaires et administratifs, par M. Jules Périn, Avocat à la Cour d'appel de Paris, Docteur en droit. 2 vol. in-8. 1893. 16 fr.

DROIT ADMINISTRATIF ET MUNICIPAL.

L'Expropriation pour cause d'utilité publique. Manuel pratique des expropriés et des Jurés; par **E. Bogelot** et **J. Périn**, Avocats à la Cour d'appel de Paris. 2º édition, revue et mise au courant de la jurisprudence. 1 vol. in-18. 1888. 1 fr. 50

« En écrivant ces quelques pages, disent les auteurs, nous nous sommes proposé d'offrir aux expropriés et aux jures un *Manuel* qui puisse les guider dans l'exercice de leurs droits et l'accomplissement de leurs obligations.

« Les premiers, propriétaires et industriels, atteints par cette loi, trouveront dans notre travail les renseignements nécessaires pour la défense de leurs intérêts.

« Les seconds, ayant la délicate mission de concilier deux intérêts opposés, aussi respectables l'un que l'autre, ne sauraient négliger d'éclairer leur action, sans manquer aux devoirs du juge et sans compromettre les intérêts souvent graves qui leur sont confiés.

Expropriation pour cause d'utilité publique vicinale et rurale (Traité théorique et pratique de l') [Attributions des juges de paix et du petit jury], avec un *Formulaire*. Nouvelle édition, par **A. Ségéral**, Avocat, ancien Juge de paix suppléant à Paris. 1 vol. in-8. 1887. 5 fr.

Voirie et de l'Expropriation (De la). Observations pratiques au point de vue notarial, avec *Formules*; par **M. V. Mauroy**, Notaire à Nogent-sur-Marne. In-8. 1881. 2 fr.

Jury d'expropriation (Manuel du Directeur du) pour cause d'utilité publique; par **C. Arnaud**, ancien Juge au Tribunal civil de Marseille. 1 vol. in-8. 1865. 8 fr.

Jury d'expropriation pour cause d'utilité publique (Guide pratique du Magistrat-Directeur du); par **M. Morin**, Conseiller honoraire à la Cour de Poitiers. 1 vol. in-8. 1870. 4 fr. 50

Le livre dont nous parlons, d'une doctrine sûre, d'une clarté parfaite, d'une exactitude irréprochable, rendra de grands services aux juges dans l'accomplissement de cette délicate fonction. (*Journal du Palais*, 3º-4º-5º cah. de 1871.)

Jurés d'expropriation (De la responsabilité civile des) quand ils n'accordent pas de justes indemnités; par **M. G. Rousset**, Conseiller honoraire à la Cour d'Aix. In-8. 1898. 1 fr. 25

Entrepreneurs (Commentaire des clauses et conditions générales imposées aux) des travaux des ponts et chaussées (Cahiers des 16 novembre 1866 et 16 février 1892). 13º édition (2º tirage), par **Ch. Barry**, Avocat au Conseil d'Etat et à la Cour de cassation. 1 vol. in-18. 1893-1899. 7 fr.

Aucun entrepreneur, soucieux de ses intérêts, ne saurait se passer de ce livre qui, dans un cadre restreint mais complet, le renseigne avec précision sur ses droits et ses obligations.

Les ingénieurs et conducteurs des ponts et chaussées, les architectes, les membres des conseils de préfecture, etc., y trouveront également un guide sûr dans les questions qui touchent au contentieux de cette matière spéciale.

Entrepreneurs (Les nouvelles clauses et conditions générales imposées aux) des travaux des ponts et chaussées, suivies du texte des Circulaires ministérielles et de notes explicatives; par **M. Barry**, Avocat au Conseil d'Etat et à la Cour de cassation. In-18. 1899. 2 fr.

Travaux du service du génie (Commentaire des clauses et conditions générales imposées aux entrepreneurs des) [Cahier du 25 novembre 1876], suivi du devis général des travaux du Génie du 7 mai 1857 et du nouveau Cahier des clauses et conditions générales du 17 juillet 1889 ; par **Ch. Barry**, Avocat au Conseil d'Etat et à la Cour de cassation. 1 vol. in-18. 1879-1891. 6 fr.

Travaux publics (Traité théorique et pratique des). — Marchés, travaux en régie, concessions de chemins de fer, canaux, ponts, marais, dommages, extraction de matériaux, occupation temporaire, associations syndicales, travaux de défense, curage, irrigation, chemins ruraux, plus-values ou bénéfices indirects; par **E. Perriquet**, ancien Avocat au Conseil d'Etat et à la Cour de cassation. 2 vol. in-8. 1883. 16 fr.

L'ouvrage publié par M. Perriquet a le mérite de présenter un tableau complet et méthodique des nombreuses dispositions éparses dans la législation, qui touchent aux travaux publics. Aussi est-il appelé à rendre de sérieux services aux personnes qui ont intérêt à connaître la doctrine et la jurisprudence en cette matière.
(*Recueil Dalloz.*)

Travaux publics (Des expertises en matière de); par **Alfred Doussaud**, Avocat, ancien Secrétaire général de la Préfecture de la Corrèze. 1 vol. in-8. 1880. 4 fr. 50

L'auteur expose d'une manière très claire les règles auxquelles sont soumises les expertises en droit administratif, en ayant soin de diviser les expertises facultatives des expertises obligatoires et d'indiquer les règles spéciales à chaque espèce.
(*Recueil des arrêts du Conseil d'Etat*, 1re livraison, 1880.)

Entrepreneur de travaux publics (Aide-mémoire de l'). Tableau synoptique des déchéances, péremptions, prescriptions et délais, édictés par les clauses et conditions générales imposées aux entrepreneurs des travaux des ponts et chaussés, du génie militaire, des chemins vicinaux et autres et des travaux communaux, avec les moyens de les éviter et de les observer; par **A. Doussaud**, Avocat. In-4° oblong. 3 fr. 50

Extractions de matériaux (Des) et des occupations temporaires; par **A. Doussaud**, Avocat, ancien Commissaire du gouvernement près le Conseil de préfecture de la Corrèze. 1 vol. in-8. 1892. 5 fr.

Dommages causés à la propriété privée (Commentaire de la loi du 29 décembre 1892 sur les) par l'exécution des travaux publics; par **Alfred Doussaud**, Avocat, ancien Commissaire du gouvernement près le Conseil de préfecture de la Corrèze. 1 vol. in-8. 1893. 2 fr. 50

Imprévisions (Des) dans les entreprises de travaux publics; par **Alfred Doussaud**, Avocat. 1 vol. in-8. 1887. 10 fr.

Contrats de l'État. Concessions de mines, de propriété. Concessions sur les cours d'eau. Fournitures et marchés. Pensions, etc. 2e édition, complétée par un SUPPLÉMENT comprenant, entre autres, les règles spéciales à l'Algérie; par **E. Perriquet**, ancien Avocat au Conseil d'Etat et à la Cour de cassation. 1 vol. in-8. 1890. 8 fr.

Séparément : Le SUPPLÉMENT. In-8. 1890. 2 fr.

DROIT ADMINISTRATIF ET MUNICIPAL.

Pensions civiles (État des fonctionnaires et); par le *même auteur*. 1 vol. in-18. 1886. 2 fr. 50

Éclairage électrique (Les Canalisations d'). — Documents officiels (décrets, circulaires, ordonnances). Jurisprudence analysée et commentée, au courant des décisions les plus récentes relatives aux procès intervenus entre les compagnies de gaz et les villes à propos d'installations d'éclairage électrique ; par **F. Hérard**, Ingénieur civil, Expert, et **Ch. Sirey**, Avocat à la Cour d'appel de Paris. 1 vol. in-8. 1894. 9 fr.

Les auteurs ont réuni dans cet ouvrage les documents officiels réglementant les concessions d'éclairage, puis ils ont résumé la jurisprudence qui s'y rapporte.
Toutefois MM. Hérard et Sirey ne se sont pas bornés à une sèche reproduction des textes; ils en ont apprécié les termes et la portée, relevant avec soin les circonstances dans lesquelles les difficultés se sont produites, et quand il leur semble qu'il y a place à une critique quelconque, ils négligent d'autant moins de la formuler qu'en l'absence de dispositions législatives précises, c'est, comme ils le disent, la jurisprudence des juridictions supérieures qui seule peut servir de guide dans l'appréciation des litiges relatifs à l'éclairage. (Journal *le Droit*, 3 juill. 1894.)

Électricité (Législation et jurisprudence administratives concernant l') dans ses différents usages; par **M. Edmond Hirsch**, Docteur en droit. 1 vol. in-8. 1898. 7 fr.

Propriété des eaux courantes (De la), du droit des riverains et de la valeur actuelle des concessions féodales ; par **M. Championnière**, Avocat. 1 très fort vol. in-8. 1846. 6 fr.

Voies publiques (Les) et privées, modifiées, détruites ou créées par suite de l'exécution des chemins de fer ; par **M. Féraud-Giraud**, Président de Chambre honoraire à la Cour de cassation. 1 fort vol. in-8. 1878. 10 fr.

Propriétés riveraines (Régime légal des) des chemins de fer; par **M. Féraud-Giraud**, Président honoraire à la Cour de cassation. 1 gros vol. in-8. 1898. 12 fr.

C'est dans le but d'éclairer les parties en cause que M. le président Féraud-Giraud a pris la plume et qu'il a successivement étudié : « les relations qui existent au point de vue du domaine de propriété entre les terrains faisant partie de la voie de fer et les terres des riverains; les délimitations et bornages; le sort des délaissés; les droits des riverains; les charges et servitudes qui pèsent sur eux en ce qui concerne spécialement les constructions, plantations et autres modes de jouissance ou d'exploitation des fonds voisins ; les dépôts le long de la voie; les fouilles et occupations temporaires; puis les clôtures des chemins de fer; les passages à niveau, les passages sur ou sous rails, les voies latérales et autres moyens de communications assurés aux riverains; les dommages que peuvent leur causer l'établissement et l'exploitation des chemins de fer; les règles concernant la police de ces chemins; la constatation et la répression des contraventions », en un mot, toute la gamme chromatique des lois et règlements concernant cette partie de notre législation, d'autant plus utile à connaître qu'elle s'adresse à un public qui se renouvelle chaque jour, et soulève, par cela même, des difficultés sans nombre.
M. le président Féraud-Giraud aura donc rendu un véritable service à ce public en l'éclairant sur les droits qu'il peut revendiquer, en même temps que sur les obligations que la loi lui impose, et sa nouvelle publication bénéficiera, sans aucun doute, d'un accueil aussi favorable que celui dont jouit son *Traité des voies rurales*.
(Journal *le Droit*, 14 juillet 1898.)

Voies rurales (Traité des). V. page 79.

DROIT ADMINISTRATIF ET MUNICIPAL.

Chemins de fer (Dictionnaire législatif et réglementaire des), résumé des documents officiels en vigueur et des principaux renseignements pratiques sur l'établissement, l'entretien, la police et l'exploitation des voies ferrées. — Personnel, exploitation technique, matériel, voie, service commercial; par **J.-G. Palaa**, Conducteur principal des Ponts et Chaussées en retraite, Chevalier de la Légion d'honneur. 3e édition, entièrement remaniée et augmentée d'un Supplément. 3 forts vol. gr. in-8. 1887-1894.   40 fr.
Le *Supplément* seul. 1 vol. gr. in-8. 1894.   10 fr.

..... Dans cet ordre d'idées, M. Paala a groupé et réuni, sous la forme la plus commode pour les recherches, l'ensemble des documents officiels, administratifs et judiciaires qui se rapportent à l'établissement, à l'entretien et à l'exploitation des voies ferrées.
Comme tout nouveau travail implique ordinairement un progrès, l'auteur a amélioré la présente édition en y ajoutant l'ensemble des instructions, ayant pour objet la réorganisation récente du contrôle des chemins de fer, et aux documents annexes, le texte intégral des conventions de 1883, qui ont établi, sur de nouvelles bases, le régime économique et financier des lignes de nos grands réseaux.

Concessionnaires de Chemins de fer (Les) et de la propriété. Guide spécial et complet des propriétaires, fermiers, locataires et autres indemnitaires, atteints par le tracé d'un chemin de fer concédé et qui ont l'intention de traiter à *l'amiable*, relativement à la vente de leur propriété, ou à l'abandon de leurs droits, avec la Compagnie concessionnaire de ce chemin de fer; par **M. Emile d'Ingremard**, Avocat à Cherbourg. 1 vol. in-18. 1860.   3 fr. 50

Chemins de fer (Traité théorique et pratique de la législation et de la jurisprudence des); par **J.-B. Rebel**, ancien Avocat à la Cour d'appel de Paris, et **M. Juge**, Chef du contentieux de la Compagnie du chemin de fer d'Orléans à Bordeaux. 1 vol. in-8. 1847.   7 fr. 50

Police extérieure des cultes (Traité de la); par **L. Dufour**, Président honoraire à la Cour d'appel de Paris. 2 vol. in-8. 1847.   12 fr.

Paroisses (Traité du gouvernement des); par **G.-L.-J. Carré**, Doyen de la Faculté de droit de Rennes. 1 vol. in-8. 1839.   6 fr.

Conseils de Fabrique (Guide pratique à l'usage des Membres des) et principalement des Huissiers et des Receveurs spéciaux; par **MM. Boivin**, Sous-Préfet de Mirecourt, et **Ch. Ferry**, Secrétaire-Greffier du Conseil de Préfecture des Vosges. 1 vol. gr. in-8. 1896.   1 fr. 75

Traitements des Évêques (De la suppression, par mesure disciplinaire, des), des Curés et des Desservants, au point de vue légal; par **A. Wable**, Avoué à Montreuil (Pas-de-Calais). Gr. in-8. 1893.   1 fr. 50

Assistance judiciaire (Commentaire de la Loi du 22 janvier 1851 sur l'), précédé des rapports faits par M. de Vatimesnil au nom de la commission chargée de l'examen du projet de loi, contenant la doctrine des auteurs, les décisions ministérielles, les instructions générales de l'administration et l'analyse complète et détaillée des jugements et arrêts rendus sur la matière ; par **M. Sabatié**, ancien Receveur de l'enregistrement et des domaines. 1 vol. in-8. 1864. 3 fr.

Assistance judiciaire (Code de l'), contenant l'ensemble des documents de la législation, d'administration et de jurisprudence relative à cette matière, ainsi que les travaux préparatoires des lois du 7 avril 1850 et du 21 janvier 1851, recueillis et mis en ordre par **L. Brière-Valigny**, Président de Chambre honoraire à la Cour d'appel de Paris. 1 vol. gr. in-8. 1866. 7 fr. 50

Assistance judiciaire (Traité théorique et pratique de l'). Ouvrage comprenant la discussion des doctrines théoriques, la jurisprudence des tribunaux et de l'administration de l'enregistrement, des renseignements pratiques sur le fonctionnement des bureaux et un FORMULAIRE; par **Henri Simon**, Docteur en droit, Avocat à Versailles. 1 vol. in-8. 1900. 6 fr. 50

Cet ouvrage, de près de 400 pages, s'adresse principalement aux membres des bureaux d'assistance judiciaire, aux magistrats des cours et tribunaux et des parquets, aux juges de paix, aux greffiers, aux avocats, avoués, huissiers et aux fonctionnaires de l'enregistrement; pour permettre d'en apprécier le caractère et la portée, nous reproduisons ci-dessous la préface.

« L'assistance judiciaire prend une importance de jour en jour plus considérable : le nombre des demandes se développe avec une étonnante rapidité : il est naturel que les questions à résoudre se multiplient également. Si l'on remarque que l'institution procède tout entière des 34 articles de la loi du 22 janvier 1851, on comprendra que la solution de ces questions n'aille pas sans de sérieuses difficultés et que ceux qui ont à s'occuper de l'assistance judiciaire éprouvent souvent un réel embarras. Où trouveront-ils la solution cherchée ?

Les ouvrages qui traitent de cette importante matière ne sont pas bien nombreux : les uns, simples manuels, ne prétendent qu'à donner des notions générales aux praticiens ; d'autres, d'allure surtout théorique, formulent en quelque sorte la philosophie de l'assistance judiciaire; d'autres enfin, notamment les articles des grands recueils de jurisprudence, présentent des compilations de décisions judiciaires ou administratives, sans exposé doctrinal : tous seront lus avec intérêt et avec profit. Mais il nous a semblé qu'il restait une place pour un ouvrage où les indications de la pratique seraient réunies à l'étude des principes théoriques. C'est cet ouvrage que nous avons essayé.

Après avoir pris part depuis douze années aux travaux d'un bureau d'assistance, occupé et y avoir instruit, comme rapporteur, de nombreuses affaires, nous avons entrepris de dégager de nos études une théorie, une méthode permettant de ramener les multiples difficultés de détail à l'application de quelques principes généraux.

Nous offrons ce volume à nos collègues des bureaux d'assistance, qui sont appelés à rencontrer dans leurs fonctions les questions que nous avons cherché à résoudre ; nous l'offrons également aux magistrats, à nos confrères du barreau, aux officiers ministériels, qui tous ont plus ou moins souvent à s'occuper d'affaires d'assistance judiciaire.

Nous aurons atteint notre but si cet ouvrage peut simplifier leurs recherches et faciliter leur travail. »

Assistance (Bulletin de la Société internationale pour l'étude des questions d'). Abonnement annuel de janvier à décembre. 20 fr.

Congrès national d'assistance (Deuxième) tenu du 15 au 19 juin 1897 à Rouen et au Havre. 2 vol. gr. in-8. 1898. 10 fr.

DROIT ADMINISTRATIF ET MUNICIPAL.

Congrès d'assistance (Relevé des vœux émis par les). Paris, 1889 — Lyon, 1894, — Genève, 1896, — Rouen, 1897 et par la Société internationale pour l'étude des questions d'assistance (1889-1898), établi par **M. A. Muteau**, Député, Secrétaire général de la Société. 1 vol. gr. in-8. 1898. 2 fr. 50

Caisse des dépôts et consignations (Lois et Règlements sur la) dans ses rapports avec les particuliers, les officiers ministériels et les administrations publiques; suivis d'un Traité des offres de paiement, de la consignation et du remboursement des sommes consignées; par **M. J. Dumesnil**, ancien Avocat à la Cour de cassation. 1 vol. in-8. 1839. 5 fr.

Consignations (Traité des), par **R. Guillemot**, Président du Tribunal civil de Riom. 1 vol. gr. in-8. 1868. 10 fr.

..... Nous avons maintenant sur la matière un Traité didactique, clair, précis, méthodique, se recommandant par ce mérite particulier qu'il est l'œuvre d'un jeune auteur longtemps attaché lui-même au contentieux de la Caisse de consignation, et que la pratique a mis au fait de toutes les exigences de la procédure administrative.

Caisses d'épargne (Les), leur régime ancien et nouveau. Ouvrage contenant l'explication de la loi du 3 février 1893 relative aux manœuvres destinées à provoquer les retraits de fonds et de celle du 20 juillet 1895 sur le nouveau fonctionnement des caisses d'épargne, avec une Préface de M. P. du Maroussem; par **M. J. Rouquet**, Conseiller à la Cour d'appel de Montpellier. 1 vol. in-8. 1895. 6 fr.

... Si nous ajoutons que l'auteur n'a négligé, au cours de ses développements, que viennent éclairer les notes abondantes dont ils sont largement pourvus, ni les décisions de jurisprudence, ni les renseignements statistiques, et qu'il a terminé son étude par des notions de législation étrangère, nous pourrons en conclure qu'en la publiant il a, en somme, réalisé un but des plus utiles.
(*Pandectes françaises*, 4º cah. 1896.)

Caisses d'épargne (Les); par **A. Rodanet**, Docteur en droit, Avocat à la Cour d'appel. 1 vol. gr. in-8. 1896. 5 fr.

Droit de réduction (Du) par le Conseil d'Etat, des libéralités faites aux corps moraux; par **Meaume**, Avocat à la Cour d'appel de Nancy. In-8. 1863. 1 fr.

Établissements dangereux et insalubres ou incommodes. Doctrine, jurisprudence, procédure et compétence; par **A. H...**, Chef du service du contentieux de la Compagnie nouvelle d'éclairage et de chauffage par le gaz. 1 vol. in-8. 1898. 5 fr.

Manufactures et Ateliers (Traité théorique et pratique des) dangereux, insalubres ou incommodes (Etablissements classés). Conditions de leur construction et de leur exploitation, Obligations et responsabilité de l'industriel à l'égard des voisins; par **MM. Henri Porée**, Avocat à la Cour de Paris, et **Ach. Livache**, Inspecteur des établissements classés. 1 vol. in-8. 1887. 10 fr.

..... Les auteurs ont commenté le décret du 15 octobre 1810 relatif aux manufactures et ateliers dangereux, insalubres ou incommodes, article par article. Prenant l'établissement industriel à sa création même, ils ont indiqué les formalités qu'il y avait à remplir pour obtenir l'autorisation; ils ont expliqué comment devait s'instruire la demande, dans quels cas l'autorisation pouvait être accordée, quand elle devait être refusée, et comment les voisins pouvaient s'opposer à la création de l'établissement....

Prenant ensuite l'établissement après sa formation et en cours d'exploitation, les auteurs ont montré comment devait s'exercer la surveillance de l'administration, quelles mesures de rigueur pouvaient être prises à l'égard de l'industriel et quels moyens il avait à opposer pour sa défense.

Se plaçant enfin à un dernier point de vue, ils ont recherché jusqu'où pouvait s'étendre la responsabilité de l'industriel à l'égard de ses voisins, et ont déterminé quels étaient, parmi les inconvénients produits par l'industrie, ceux que les voisins devaient supporter comme des obligations ordinaires du voisinage, et ceux, au contraire, qui ouvraient à leur profit le droit de réclamer des dommages-intérêts.

(*Journal des Conseillers municipaux.*)

Établissements dangereux (Traité des) insalubres ou incommodes; par M. St.-Ch. Clérault, ancien Avocat au Conseil d'État et à la Cour de cassation. 1 vol. in-8. 1845.   7 fr.

Manuel de la salubrité, de l'éclairage et de la petite voirie, ou Répertoire alphabétique des lois, règlements, arrêtés, décrets et ordonnances de police, concernant la salubrité, l'éclairage et la petite voirie; par M. Alphonse Martel, Inspecteur de la salubrité de la ville de Paris. 1 vol. in-18. 1859.   1 fr.

Entrepôts de douanes (Villes franches, ports francs et); par Louis Duthoya, Commis principal des douanes, Controleur des douanes et régies de l'Indo-Chine, Docteur en droit. Gr. in-8. 1899.   6 fr.

L'auteur trace, d'abord, le rôle économique que jouent, dans la circulation de la richesse, en présence du système protectionniste, les villes franches, les ports francs, les entrepôts de douanes.

Après avoir montré le développement historique de ces trois institutions, il nous présente un commentaire détaillé de la législation actuelle des entrepôts de douanes en France.

Les derniers chapitres de l'ouvrage sont consacrés à l'examen de l'utilité que pourrait avoir, en France, l'établissement de quelques ports francs; à l'étude succincte de la législation étrangère sur la question; enfin, à l'exposé des résultats d'une enquête personnelle auprès des principales Chambres de commerce.

DROIT ÉCONOMIQUE

Politique commerciale (La) de l'Allemagne; par M. E. Worms, Professeur d'économie politique à la Faculté de droit de Rennes. 1 vol. in-8. 1895.   7 fr.

Aussi ce livre, par la façon dont il a été compris, dont il s'est à la fois nourri de la moelle allemande et pénétré des intérêts internationaux, peut-il compter, comme ses aînés, sur les suffrages de tous ceux qui, au goût des faits, des doctrines et des lectures attachantes, joignent le souci des destinées prospères de leurs patries respectives.

Travail et Terre. Nouveau système d'économie politique; par Otto Effertz. 3º édition. 2 vol. in-18. 1893-1894.   4 fr.

Bimétallisme international (Mémoire sur le) et le moyen juste de le réaliser; par Rochussen. 1 vol. gr. in-8. 1890.   4 fr. 25

L'Industrie devant les problèmes économiques et sociaux. — Travail, — Mutualité, — Epargne; par **F. Husson.** 1 vol. in-8. 1888. 3 fr. 50

Grèves de chemins de fer (Les) en France et à l'Etranger; par **L. Désveaux**, Docteur en droit. 1 vol. gr. in-8. 1899. 6 fr.

Après un coup d'œil rapide sur la condition économique du personnel des transports avant les chemins de fer, l'auteur retrace les grèves les plus intéressantes qui se sont produites dans les voies ferrées de Suisse, des Etats-Unis, d'Angleterre, d'Italie, etc., et il examine en même temps les législations de chacun de ces pays. Abordant ensuite la France, il étudie à fond la situation de fait et de droit des syndicats d'employés de chemins de fer. Il fait l'historique des grèves de chemins de fer dans notre pays et, discutant ces événements au point de vue économique, il est d'avis que l'Etat doit les prohiber. Mais notre législation, ainsi qu'il le démontre, nous laisse absolument sans défense, et ni la loi civile ni la loi pénale ne fournissent d'armes suffisantes. Les projets de loi proposés sont eux-mêmes inefficaces : ils n'édictent que des mesures répressives, alors qu'il faudrait des mesures préventives.....

Cet ouvrage se recommande par une documentation scrupuleuse, qui ne nuit en rien à la clarté des raisonnements et à l'intérêt des récits.

Grèves (Les) et la question des salaires. Solution pratique proposée par **M. Osselin**, Architecte. 1 vol. in-18. 1870. 1 fr.

DROIT INTERNATIONAL

Droit international privé (Journal du) et de la Jurisprudence comparée: publié par **M. Edouard Clunet**, Avocat à la Cour d'appel de Paris, avec le concours et la collaboration de MM. BEAUCHET, CHRÉTIEN, DESPAGNET, DROZ, FÉRAUD-GIRAUD, FIORE, GABBA, HINDENBURG, LAINÉ, LEHR, LYON-CAEN, DE MARTENS, MOORE, MOLENGRAAF, D'OLIVECRONA, PALLAMARY, PICARD, PILLET, POUILLET, PRADIER-FODÉRÉ, RENAULT, ROGUIN, RUSSEL OF KILLOWEN (lord), SALEM, SILVELA, VON BAR, WAHL, WEBSTER, WEISS, etc., et de plusieurs jurisconsultes français et étrangers. 27e année.

Ce journal paraît tous les 2 mois par cahiers de 12 feuilles in-8 au minimum.

plusieurs jurisconsultes français et étrangers. 27e année
Années 1874 à 1899 inclus. 300 fr.
Abonnement annuel pr la France et les pays de l'Union postale. 22 fr.
Pays en dehors de l'Union postale. 25 fr.

La collection de ce journal forme le *Thesaurus* d'études et de documents relatifs au droit international le plus précieux et le plus complet qui existe.

L'opinion des jurisconsultes des différents pays, souvent exprimée dans la presse, a depuis longtemps placé cette publication au premier rang des revues juridiques.

Droit maritime international (Questions de). Navires neutres. — Différents effets de la guerre. — Droit de visite par les belligérants. — Contrebande de guerre. — Blocus. — Armateurs, Chargeurs. — Frêts, Assurances maritimes. — Déclarations de Paris du 16 avril 1856; par **Ed. Clunet**, Avocat à la Cour de Paris. In-8. 1898. 2 fr.

DROIT INTERNATIONAL.

Incident franco-allemand (Questions de droit relatives à l') de Pagny (affaire Schnæbelé); par le *même auteur*. Broch. in-8, 1887. 2 fr.

Consulat de France (Incident du) à Florence; par le *même auteur*. Broch. in-8. 1888. 1 fr.

Actes hostiles (Offenses ou) commis par des particuliers contre un Etat étranger; par le *même auteur*. Broch. in-8. 1887. 1 fr. 50

Passe-ports en Alsace-Lorraine (La question des) au point de vue du Droit positif, du Droit public et du Droit conventionnel franco-allemand; par le *même auteur*. In-8. 1888. 1 fr. 50

Abordage du navire de commerce français la « Ville de Victoria » et du cuirassé anglais le « Sultan »; par le *même auteur*. In-8. 1888. 1 fr.

Droit international public (Exposé élémentaire de); par **V. Leray**, Docteur en droit. 1 vol. gr. in-8. 1892. 3 fr. 50

Droit international public (Sommaire de). Résumé complet conforme au programme de la Faculté; par **G. Bourdon-Viane**, Professeur libre de droit. In-8. 1893. 2 fr. 50

Droit international privé (Exposé élémentaire de); par **V. Leray**, Docteur en droit. 1 vol. gr. in-8. 1896. 2 fr. 50

Droit international privé (La méthode du); par **J. Jitta**, Prof^r à l'Univ. d'Amsterdam. 1 vol. gr. in-8. 1890. 13 fr. 50

Faillite (La codification du droit international de la); par **J. Jitta**, Professeur à l'Université d'Amsterdam. 1 vol. gr. in-8, cartonné. 1895. 11 fr.

Exterritorialité (L'); par le Baron **Alph. de Heyking**. 1 vol. in-8. 1889. 3 fr. 75

Agents diplomatiques (Des); de leurs fonctions, de leurs droits, de leurs devoirs, d'après le dernier état de la jurisprudence et de la doctrine; par **H. Coulon**, Avocat à la Cour de Paris. 1 vol. in-18. 1889. 2 fr. 50

La brochure de M. Coulon se distingue non seulement par son exactitude dans les citations de doctrine et de jurisprudence, mais encore par la méthode adoptée dans la division et par sa clarté. (*Le Droit*, 23 mai 1889.)

Mariage des Étrangers (Du) en Turquie; par **E. R. Salem**, Avocat à Salonique. In-8. 1890. 1 fr.

Saisie-arrêt (De la) en droit international privé; par **Joseph Thureau**, Docteur en droit, Avocat à la Cour d'appel. 1 vol. in-8. 1897. 5 fr.

DROIT COLONIAL ET ÉTRANGER

Législation algérienne (Dictionnaire de la). Code annoté ou Manuel raisonné des lois, ordonnances, decrets, décisions et arrêtés publiés au Bulletin officiel des actes du Gouvernement; par **M. P. de Ménerville**, Premier Président de la Cour d'appel d'Alger. 2ᵉ édition. 3 vol. gr. in-8. 1866-1872. 35 fr.

Codes français-algériens comparés (Les), comprenant également la législation française en Tunisie. — Code civil et Code de procédure civile; par **L. Rouire**, Avoué à Mascara. 1 vol. gr. in-8. 1886. 12 fr.

Législation tunisienne (Dictionnaire de la). Nouvelle édition, mise au courant de la législation et de la jurisprudence jusqu'au 15 septembre 1895; par **A. Sebaut**. 1 vol. gr. in-8. 1896. 25 fr.
— Supplément renfermant les lois, décrets et arrêtés promulgués en Tunisie du 15 septembre 1895 au 1ᵉʳ janvier 1899. 1 vol. in-4°. 10 fr.

Législation de l'île de la Réunion. Répertoire raisonné des lois, ordonnances, décrets, etc., en vigueur dans cette colonie; par **Delabarre de Nanteuil**, ancien Bâtonnier de l'ordre des Avocats à la Cour d'appel de la Réunion. 2ᵉ édition, revue et augmentée. 6 vol. gr. in-8. 1861-1863. 45 fr.

Droit hindou (Introduction à l'étude du); par **L. Sorg**, Président du Tribunal de première instance de Pondichéry. 1 vol. in-8. 1895. 1 fr.

Droit hindou (Traité théorique et pratique du), applicable dans les Etablissements français de l'Inde. Cours professé à l'Ecole de droit de Pondichéry; par le *même auteur*. 1 vol. in-8. 1897. 9 fr.

Théorie du Droit musulman (Étude sur la); par **Savvas Pacha**, ancien Gouverneur général, ancien Ministre des travaux publics et des affaires étrangères de Turquie. 2 vol. in-18. 1892-1898. 12 fr. 50
Le tome II se vend séparément. 7 fr. 50

.... Sawas Pacha, bien qu'appartenant à la religion catholique, a entrepris de faire connaître, en les dégageant avec exactitude et clarté, les principes essentiels du droit musulman.
Son livre non seulement apprécie avec impartialité les règles du droit musulman, mais il éclaire d'une vive lumière certaines questions controversées de l'histoire des législations orientales. (*Gazette des Tribunaux*, 24 mars 1892.)

Droit musulman (Le) expliqué. Réponse à un article de M. J. Goldziher; par le *même auteur*. 1 vol. in-18. 1896. 2 fr.

Droit musulman. Le Wakf ou immobilisation d'après les principes du rite hanafite; traduit de l'arabe par **MM. Benoît Adda**, Avocat, et **Elias-D. Ghaliounghi**, Interprète. Suivi d'un recueil de législation et de jurisprudence. 1 vol. gr. in-8. 1893. 14 fr.

DROIT COLONIAL ET ÉTRANGER.

Système législatif musulman. Mariage; par le Professeur **J. de Nauphal.** 1 vol. gr. in-8. 1893. 5 fr.

Législation musulmane. Filiation et Divorce; par le *même auteur.* 1 vol. gr. in-8. 1893. 8 fr.

Droit musulman (Cours de). — 1er fascicule : La propriété; par le *même auteur.* 1 vol. gr. in-8. 1886. 6 fr.

Absence (De l') en Droit musulman; par **L. R.** 1 vol. in-18. 1897. 1 fr. 50

Action pénale (De l') en Droit musulman. Rite hanefite; par **Omar Loutfy Bey,** Sous-Directeur et Professeur de Droit criminel à l'Ecole de Droit du Caire. 2 vol. in-8. 1897-1899. 6 fr.

Loi anglaise (Aperçu de la) au point de vue pratique et commercial; par **Adolphus Selim,** Solicitor près la Cour suprême d'Angleterre. 2e édition. 1 vol. in-8. 1887. 8 fr.

Sociétés anglaises limited (Les). Manuel pratique; par **M. Rand Bailey,** Solicitor près la Cour suprême de judicature d'Angleterre. 1 vol. petit in-8. 1885. 6 fr.

Sociétés commerciales (Traité des); par **Nyssens,** Professeur de droit commercial à l'Université de Louvain, et **Corbiau,** Docteur en droit, Secrétaire de la *Revue pratique des Sociétés civiles et commerciales.* Ouvrage enrichi de nombreuses notes posthumes par **M. E. Permez.** 3 vol. gr. in-8. 1895. 30 fr.
Le 1er volume est paru.

L'Assurance sur le frêt en Angleterre; par **M. Weil,** Vice-Président au Tribunal civil de la Seine. Gr. in-8. 1879. 1 fr.

Assurances maritimes (Étude sur les) en Angleterre. Première partie : *Du Contrat;* par **A. Jones,** ancien Avocat à la Cour d'appel de Paris. Gr. in-8. 1879. 3 fr.

Juge de paix (Code pratique du); par **D. Rousseau,** Substitut du Procureur d'Etat à Diekirch (Luxembourg). 1 fort vol. in-8. 1899. 12 fr. 50

Code pénal espagnol (Théorie du) comparé avec la législation française; par **L. Laget,** Sénateur, et **Laget-Valdeson,** Publiciste. 2e édition. 1 vol. gr. in-8. 1881. 9 fr.

Procédure pénale suédoise (Le principe inquisitoire dans la). Étude par **M. Grenander,** Docteur en droit. In-8. 1884. 1 fr.

Droit pénal actuel (Esquisse du) dans les Pays-Bas et à l'Etranger; par **O. Q. Van Swinderen,** Juge au Tribunal de l'arrondissement de Groningue. 4 vol. in-4. 1891-1898. 95 fr.

Traités et Conventions (Recueil des) conclus par le royaume des Pays-Bas avec les puissances étrangères depuis 1813 jusqu'à nos jours; par **Lagemans,** Docteur en droit, référendaire attaché au Ministère de l'intérieur. 13 vol. et la 1re livraison du tome XIVe gr. in-8. 1858-1899. 211 fr. 25

OUVRAGES DIVERS.

Contrats de commerce et de navigation (L'ensemble des) conclus entre les Pays-Bas et les nations étrangères (*Texte hollandais et français en regard*); par **van Citters**, Commis-adjoint au département de la navigation, du commerce et de l'industrie. 1 vol. gr. in-8. 1891. 11 fr. 50

Crimes et Délits politiques (Les) dans les rapports de l'Autriche-Hongrie et de la Russie; par **André Weiss**, Professeur agrégé à la Faculté de droit de Paris. In-8. 1883. 1 fr.

Cambiale (Della), et dell' assegno bancario. Commento teorico, pratico al Tit. X del *Code di Comm. italiano*; par **Ugo Sorani**, Avocat à Florence. Tome Ier. 1 vol. gr. in-8. 1896. 10 fr.

Police judiciaire (De la) et des tribunaux de simple police. Manuel théorique et pratique; par **M. Jean-Joseph (Dalbémar)**, Président du Tribunal de cassation d'Haïti. 1 vol. in-8. 1892. 7 fr.

Arrêts du Tribunal de cassation (Bulletin des) de la République d'Haïti, rendus en matière civile et en matière criminelle (année 1890); publié sous la direction du *même auteur*. 1 vol. gr. in-8. 1891.

Institutions judiciaires (Des) et de la Justice de paix en Haïti. Manuel théorique et pratique de la Justice de paix en matière civile, judiciaire et extrajudiciaire. 2e édition, revue et augmentée, par le *même auteur*. 2 vol. gr. in-8. 1897. 15 fr.

Jus antiquum. Vegoia. Droit papirien. Leges Regiæ. Lex XII tabularum. Gaii institutionum commentarii; extraits de Caton, Festus, Varron, Servius, Hyginus, Frontinus, Boetius, Isidorus, etc., avec une introduction sur les éléments du droit étrusque; par **Ch. Casati**, Conseiller honoraire à la Cour de Paris. 1 vol. in-8. 1894. 12 fr.
Exemplaires sur papier teinté. 15 fr.

Droit étrusque (Éléments du). Extrait de l'ouvrage : *Jus antiquum*, par le *même auteur*. 1 vol. in-8. 1895. 5 fr.

Gens (La). Origine étrusque de la gens romaine; par le *même auteur*. Gr. in-8. 1886-1887.

OUVRAGES DIVERS

Gazette des Tribunaux (Recueil mensuel de la), contenant les principales décisions judiciaires insérées dans le Journal.
Abonnement annuel. 24 fr.

Les douze fascicules qui composent chacune des années de ce recueil sont réunis en 2 volumes, soit un par semestre, au milieu et à la fin de l'année. Des tables mensuelles sont publiées à la suite de chaque fascicule, ainsi qu'une table générale à la fin de chaque semestre.

— Années 1898 et 1899. 4 forts vol. in-4° cartonnés. 40 fr.

OUVRAGES DIVERS.

Sources du Droit français (Introduction à l'histoire des). Principales questions controversées; par **A. Bertauld**, Procureur général près la Cour de cassation. 1 vol. in-18. 1860. 3 fr.

Histoire du droit (Exposé élémentaire de l'); par **V. Leray**, Docteur en droit. Gr. in-8. 1899. 2 fr. 50

Étudiant en droit (Petit Manuel de l'). In-18. 1899-1900. 50 c.

Examens de Doctorat. Droit romain. — Droit coutumier. — Droit civil. — Interrogations de 1892 à 1897 recueillies par **V. Leray**, Docteur en droit. 1 vol. gr. in-8. 1897. 3 fr.

Capacité (Développements des matières exigées pour l'examen de); par **V. Leray**, Docteur en droit. 1 vol. gr. in-8. 1894. 6 fr.

Quelques Notions de droit. Enseignement primaire (Loi du 28 mars 1882, art. 1er, § 6); par **M. N.-A. Carré**, Juge de paix du Ier arrondissement de Paris. (*Ouvrage adopté pour les Ecoles publiques de la ville de Paris et approuvé par le Ministère de l'Instruction publique*). 1 vol. in-18 cartonné. 1883. 2 fr.

Droit usuel (Le) Traité élémentaire rédigé au point de vue pratique; par **M. Moullart**, Conseiller à la Cour d'appel d'Amiens. 2 vol. in-8. 1899. 9 fr. 50

Cours moyen (Vade-mecum du). Préparation au certificat d'études primaires (orthographe, rédaction, problèmes, livre du maître, devoirs, développements, solutions); par plusieurs Rédacteurs de l'*Instituteur pratique*. In-8. 1897. 2 fr. 50

Avocats aux Conseils du Roi (Les). Etude sur l'ancien régime judiciaire de la France; par **M. Bos**, ancien Avocat au Conseil d'Etat et à la Cour de cassation. 1 vol. in-8. 1881. 7 fr. 50

Un Avocat du Midi (Frédéric Billot), ses œuvres judiciaires, politiques, etc.; par **Marie Haas**. 1 vol. in-18. 1862. 4 fr.

Paillet ou l'Avocat. Conseils d'un ancien aux stagiaires sur l'exercice de la profession d'avocat; par **Félix Liouville**, ancien Bâtonnier de l'ordre des avocats de Paris, publiés par **A. Liouville**, Avocat, Docteur en droit. 1 vol. in-12. 1880. 3 fr. 50

M. Albert Liouville a trouvé, dans les papiers de son père, une étude sur Paillet et « sur sa manière de plaider. » Le Barreau lira avec fruit des conseils et des recommandations qui ont l'importance d'une leçon appliquée dans l'exemple le mieux choisi. Personne ne pouvait mieux parler de la méthode dans la plaidoirie que Félix Liouville. C'est un véritable service rendu à la profession que l'étude révélée par un tel maître des procédés de la plaidoirie de Paillet.
(*Le Droit*, 4 juin 1880).

Barreau moderne (Le) français et étranger; par **Jules Le Berquier**, ancien Bâtonnier de l'ordre des avocats à la Cour d'appel de Paris. 2e édition. 1 beau vol. in-8. 1882. 8 fr.

OUVRAGES DIVERS.

Histoire du barreau de Paris (1810-1870); par Jules Fabre, Avocat à la Cour d'appel de Paris. 1 vol. in-8. 1895. 7 fr.

Discours et Réquisitoires de M. Barbier, Procureur général près la Cour de cassation (1er mai 1882 — 26 novembre 1884). 1 très beau vol. gr. in-8. 1888. 10 fr.

Paillet. Plaidoyers et discours publiés par Jules Le Berquier, Bâtonnier de l'ordre des avocats à la Cour d'appel de Paris. 2 vol. gr. in-8, ornés d'un portrait et d'une eau-forte. 1881. 15 fr.

Plaidoyers de M. A. Rendu, Avocat au Conseil d'Etat et à la Cour de cassation. 1 vol. in-8. 1868. 6 fr. 50

Réquisitoires prononcés par M. Héraux, ancien Substitut du commissaire du gouvernement près le tribunal de cassation de la République d'Haïti. 1 vol. gr. in-8. 1896. 10 fr.

Sténographie Senocq à l'usage de tous les peuples. In-8. 1 fr. 50

Notice sur la vie et les travaux de M. Reverchon, ancien Maître de Requêtes au Conseil d'Etat, Conseiller à la Cour de cassation ; par G. Richou. Gr. in-8. 1878. 2 fr.

Législation médicale (La nouvelle). Commentaire et texte de la loi du 30 novembre 1892 et des lois, décrets et règlements s'y rattachant. Docteurs, officiers de santé, dentistes, sage-femmes, étudiants français et étrangers; par MM. Lechopié, Avocat à la Cour de Paris, et le Dr Floquet, Médecin du Palais de justice de Paris. Préface de M. le Dr Cornil, Sénateur, Rapporteur de la loi de 1892, Professeur à la Faculté de médecine de Paris. 1 vol. in-12. 1894. 4 fr. 50

Personne n'était plus compétent pour commenter la nouvelle loi sur l'exercice de la médecine que, les deux écrivains à la collaboration desquels on doit le *Code des médecins*, publié avant la loi du 30 novembre 1892.

L'un d'eux avait d'ailleurs fourni « son utile contingent de critiques et de conseils » à la rédaction des articles de la loi de 1892. Les praticiens et les étudiants trouveront donc dans ce volume tout ce qu'il leur importe de connaître sur les facultés, les docteurs, les officiers de santé, les dentistes, les sages-femmes, les diplômés étrangers, les experts, les syndicats professionnels, les pénalités en cas d'exercice illégal, etc., etc. (*Dalloz*, 10° cah. 1894.)

Honoraires médicaux (Code pratique des). Ouvrage indispensable aux Médecins, Sages-femmes, Chirurgiens, Dentistes, Pharmaciens, Etudiants, etc.; au courant de la doctrine et de la jurisprudence; par le Docteur Ch. Floquet, Licencié en droit, Médecin en chef du Palais de justice et du Tribunal de commerce, Membre de la Société de médecine légale de France, Chevalier de la légion d'honneur, Officier de l'instruction publique. Avec une préface de M. Brouardel, Doyen de la Faculté de médecine de Paris. 2 vol. in-18. 1898. 10 fr.

M. le docteur Floquet a eu l'excellente idée de réunir les dispositions législatives, les règles professionnelles, les résultats de la doctrine et de la jurisprudence qui se réfèrent aux honoraires médicaux, et c'est le résumé de ses études et de ses recherches qu'il vient de publier.

Nul n'était, d'ailleurs, mieux placé pour entreprendre une pareille œuvre. M. le docteur Floquet n'est pas seulement un praticien distingué ; sa présence journalière, depuis nombre d'années, au Palais de Justice, l'a consacré quelque peu jurisconsulte ; en tous cas, il mérite désormais ce titre, car ses deux volumes exposent et expliquent, avec autant d'exactitude que de clarté, les problèmes juridiques concernant la rétribution due aux membres du corps médical dans chacune des circonstances où la pratique de leur art a pu les placer.

(*Gazette des Tribunaux*, 11 mai 1898.)

Lois relatives à la guerre (Les), selon le droit des gens moderne, le droit public et le droit criminel des pays civilisés ; par **Ach. Morin**, Conseiller à la Cour de cassation. 2 vol. in-8. 1872. 16 fr.

Loi militaire (La Nouvelle) sur le recrutement. Gr. in-8. 1890. 1 fr.

Recrutement (Traité pratique du) et de l'administration de l'armée française. — Mobilisation. — Réquisitions militaires. — Ecoles polytechnique, Saint-Cyr, navale, etc. ; par **A. Andreani**, Chef de division à la Préfecture des Alpes-Maritimes. 1 vol. in-8. 1889. 4 fr.

Suffrage universel (Le), la Monarchie et le Droit ; par **M. Karolde-Montguers**. 1 vol. in-8. 1890. 5 fr.

Revenu (L'Impôt unique et indirect sur le) par la taxe proportionnelle des quittances (4 milliards de recettes) ; par **Alfred Lechopié**, Avocat à la Cour d'appel de Paris. Broch. in-8. 1886. 50 c.

Impôt sur le Revenu (De l') ; par **Charles Philippe**, Docteur en droit, Avocat à la Cour d'appel de Paris. 6e édition, revue et augmentée. 1 vol. in-8. 1898. 12 fr. 50

L'Emprunt des trois milliards. Le Droit fiscal sur les successions et l'impôt sur les revenus ; par **Vraye**. In-8. 1872. 1 fr.

Cadastre et Livre foncier ou Exposé d'un moyen d'effectuer la réforme hypothécaire et d'assurer la péréquation de l'impôt foncier sans refaire le cadastre ; par **J.-G. Henricet**, Rédacteur au *Bulletin hebdomadaire de l'Enregistrement*. In-8. 1891. 1 fr.

Crédit agricole (De la mutualité appliquée au) en France et à l'Etranger ; par **M. H. Pierangeli**, Avocat à la Cour d'appel de Bastia, Docteur en droit. 1 vol. gr. in-8. 1897. 5 fr.

Valeurs mobilières (Commentaire de la loi du 29 juin 1872. Impôt direct de 3 % sur les revenus des) ; par **MM. Bigorne**, Receveur de l'Enregistrement, et **Primot**, Administrateur à la direction générale des Domaines. In-8. 1873. 2 fr.

Impôt (Notes sur l') dans ses rapports avec les valeurs industrielles et la propriété foncière ; par **Leclère**. In-8. 1880. 50 c.

Impôt sur l'argent (De l') considéré comme valeur productive, abstraction faite de tout revenu, suivi d'un projet de loi ; par **Gaullier**. In-8. 1871. 75 c.

OUVRAGES DIVERS.

Systèmes monétaires (Les). Histoire monétaire des principaux états du Monde anciens et modernes; par **Alex. del Mar**, Ingénieur des mines. Traduit par **MM. Chabry** et **Bessonnet-Fabre**. 1 vol. in-4°. 1899. 5 fr.

Études judiciaires. Nos prisons, bienfaisance et préservation, magistrature; par **Laget-Valdeson**, ancien Juge de paix. Gr. in-8. 1876. 1 fr. 50

Réforme judiciaire (La). Réorganisation de la magistrature, réforme des lois de la procédure civile, suppression de la vénalité des offices; par **C. Vraye**. In-8. 1882. 2 fr.

Réforme judiciaire (La) en Angleterre et en France. Organisation des cours de Comté en Angleterre; par **M. Ernest Bertrand**. In-8. 1873. 1 fr.

Éducation de l'enfance (De l') au point de vue social; par **Laget-Valdeson**. In-18. 1880. 0 fr. 30

Caisses de retraite (Commentaire de la loi du 27 décembre 1895, concernant les) de secours et de prévoyance, fondées au profit des employés et des ouvriers. Gr. in-8. 1896. 1 fr. 50

Asiles d'aliénés (Etude sur les) et la condition juridique des personnes qui y sont internées; par **Joseph de Cagny**, Avocat à la Cour d'appel de Paris, Docteur en droit. 1 vol. gr. in-8. 1898. 5 fr.

Instruction primaire obligatoire (Manuel juridique des Commissions municipales scolaires, des Maires et des Juges de paix, pour l'application de la loi sur l'). [Loi du 28 mars 1882]; par **Paul Lance**, Conseiller à la Cour de Rouen. Avec Supplément de jurisprudence et de législation. 1 vol. in-18. 1884-1887. 2 fr. 50

Éducation civique (Cours sur l'); par **Ch. Demarquet**. 1 vol. in-18. 1896. 4 fr.

Liberté religieuse (De la) en France. Essai sur la législation relative à l'exercice de cette liberté; par **J. Nachet**, Conseiller à la Cour de cassation. 1 vol. in-8. 1830. 7 fr. 50

Appel comme d'abus; par **Ch. Renard**, Docteur en droit, Avocat du barreau de Lille. Gr. in-8. 1896. 3 fr.

Sénat (Étude politique et juridique sur le); par **A. Vavasseur**, Avocat à la Cour d'appel de Paris. Petit in-8. 1881. 1 fr. 50

Étienne Marcel et Jean Caboche. Épisodes des XIV° et XV° siècles; par le *même auteur* Gr. in-8. 1882. 1 fr.

Louis XIV, fondateur d'une Compagnie par actions; par le *même auteur*. Broch. gr. in-8. 1888. 1 fr.

Parlement de Paris (Le). Son organisation, ses premiers Présidents et ses Procureurs généraux, avec une notice sur les autres Parlements de France et le tableau de MM. les premiers Présidents et Procureurs généraux de la Cour de Paris et les Bâtonniers de l'ordre des avocats (1334-1860); par **Ch. Desmaze**, ancien Conseiller à la Cour d'appel de Paris. 2ᵉ édit. 1 vol. in-8. 1860.　　7 fr. 50

Traitement des Magistrats (Notice historique sur le); par le *même auteur*. In-8. 1860.　　1 fr.

Traitement des conseillers référendaires (Observations critiques sur la partie du) qui leur est distribuée chaque semestre par portions inégales et variables; par **M...** In-8. 1841.　　50 c.

Principaux Magistrats (Des) du Parquet aux Parlements; par **P.-A. Lebon**, ancien Conseiller à la Cour d'appel de Bourges. 1 vol. gr. in-8. 1865.　　4 fr.

Inamovibilité de la magistrature et nécessité de la maintenir; par **G. Pirard**. — L'inamovibilité : son histoire, ses caractères, son existence à l'étranger. In-8. 1880.　　1 fr.

Magistrature inamovible (La) et la Révolution de 1830; par **M. Weil**, Vice-Président au Tribunal civil de la Seine. In-8. 1889.　　1 fr.

États généraux de France (Histoire des); par **M. E.-J.-B. Rathery**, Conservateur à la Bibliothèque nationale. In-8. 1845.　　7 fr. 50

Haute Cour de justice (Étude sur la Compétence de la) constituée par le décret du 9 avril 1889; par **P. Rigot**, Avocat au Conseil d'Etat et à la Cour de cassation. In-8. 1889. 1 fr.

Classes ouvrières (Moralité comparée des); par **Bertrand**. Gr. in-8.　　1 fr.

Architectes et les Entrepreneurs (Les) devant les récompenses officielles; par **Fleury-Flobert**. In-18.　　50 c.

Grands travaux de Paris. (Achèvement sans emprunt des); par **Huguet**. In-18. 1870.　　1 fr. 50

Traité métaphysique et politique ou Principes et bases de la vraie organisation sociale ; par **Jacot**. In-18. 1850.　　50 c.

Problème social (Solution du) par l'Association de l'Agriculture et des Capitaux ; par **Fabre**. In-18, 1848.　　1 fr.

Langue auxiliaire universelle. Nécessité d'une langue auxiliaire universelle lettrée ou vulgaire. La langue latine seule pouvant convenir comme langue auxiliaire et universelle. Moyens proposés pour la généralisation de l'usage du latin : adoption d'une prononciation uniforme entre toutes les nations, introduction dans les collèges des exercices de conversation en latin. Essai d'indication d'un nouveau mode d'enseignement des langues mortes ou vivantes; par **Lehir**. In-8. 1867.　　1 fr.

OUVRAGES DIVERS.

Dictionnaire géographique, topographique, statistique et postal de la France et de ses possessions hors d'Europe, suivi d'une carte au 20,000,000ᵉ pouvant servir de carte d'assemblage pour les feuilles au 80,000ᵉ et au 320,000ᵉ de l'état-major français; par **M. A. Peigné**, ancien Membre de l'Université, Auteur du *Dictionnaire des Communes*, etc. 4ᵉ édition (3ᵉ tirage), par **Paul Peigné**, ancien Elève de l'Ecole polytechnique, Colonel d'artillerie, ancien Professeur de topographie à l'Ecole spéciale militaire de Saint-Cyr. 1 fort vol. in-8. 1889.
Prix, *franco*: broché, 9 fr.; — cartonné, 10 fr.; — demi-reliure, 11 fr.

Guerre ou Paix; par ***. Broch. gr. in-8. 1893. 1 fr. 50

Gazette anecdotique, littéraire, artistique et bibliographique. Publication bi-mensuelle.
Abonnement annuel de janvier à décembre. 12 fr.

Droit des cochers (Le). Commentaires et explications des différentes lois et ordonnances concernant les cochers de fiacres et les conducteurs de voitures publiques; par **L. Tricot**, avocat. In-18. 1896. 1 fr.

Bicyclette (La) et les Tribunaux; par **J. Carles**, Juge de paix à Moissac (Tarn-et-Garonne). 1 vol. in-18. 1897. 1 fr.

Bicyclette (La) devant la loi. Commentaire pratique des lois et règlements concernant la vélocipédie; par **P.-L. Malepeyre**, Juge au Tribunal civil de la Seine, et **Armel-Beaufils**, Substitut du Procureur de la République à Dreux. 1 vol. in-18. 1897. 3 fr. 50
Les auteurs se sont efforcés de rendre aisée pour tous l'étude de notions de droit indispensables, de faciliter en même temps les recherches des hommes de loi, et de réunir les renseignements juridiques dont peuvent avoir besoin les cyclistes et les touristes, les inventeurs, les fabricants et les négociants en cycles.

Exportation du Sucre (Primes à l'). Exposé de leurs différentes formes, de leur mode d'évaluation et de leur influence sur les prix du marché intérieur et extérieur, suivi de quelques considérations au sujet de leur suppression; par le Baron **d'Aulnis de Bourouill**, Docteur en droit, Professeur d'économie politique a l'Université d'Utrecht. 1 vol. in-8. 1899. 5 fr.

Warrants agricoles (Les). Loi du 18 juillet 1898. Texte et commentaire suivis de 14 formules; par **L. Perrin**, Docteur en droit, Avocat à la Cour d'appel, Juge de paix suppléant de Neuilly-sur-Seine. In-8. 1898. 2 fr.
Ce commentaire est établi article par article, c'est-à-dire qu'après avoir, tout d'abord, donné le texte intégral, l'auteur a étudié, sous chacun des articles séparément, les questions théoriques et critiques qu'il soulève.
Ajoutons, pour les praticiens, qu'ils trouveront une série de formules qui leur aciliteront leur tâche.

Warrants agricoles (Manuel de l'emprunteur sur Warrants commerciaux et sur); par **P. Beyne**, Docteur en droit, Avocat au Tribunal civil de Mont-de-Marsan. 1 vol. in-18. 1898. 3 fr. 25
Le succès du *Manuel de l'Emprunteur* dès son apparition se justifie par l'éloge

OUVRAGES DIVERS.

dont il a été l'objet dans les grands journaux judiciaires de la France et de la Belgique.

Un des meilleurs juges de toute œuvre juridique, le *Recueil de la jurisprudence générale*, termine ainsi le compte rendu de cet opuscule :

« Toutes les explications que comporte la législation sur les warrants y sont présentées en un langage clair et précis et où l'auteur fait preuve, à chaque page, d'un sens juridique très sûr. »   (*Dalloz*, 23-24e cahier de 1898.)

Rien n'est omis. MM. les juges de paix et greffiers y puiseront, pour l'application de la loi du 18 juillet 1898, tous les éléments de solution. C'est un véritable traité théorique et pratique sur la matière.

Warrant agricole (Le). Commentaire pratique de la loi du 18 juillet 1898, avec modèles des lettres et des actes nécessités par l'exécution de cette loi ; par **F. Lalire**, Juge de paix du canton de Sézame. In-3. 1899.   1 fr. 25

Ennemis du Pommier (Les); par **Noël**. Gr. in-8. 1892.   50 c.

Culture (La) sans bestiaux et sans fumier; par le Dr **Boutequoy**. 1 vol. in-18. 1892.   1 fr.

Manuel vétérinaire pratique du cultivateur; par M. C. **Crépeaux**, Rédacteur à la *Gazette des campagnes*. 1 vol. in-18. 1895.   1 fr.

Crise du blé (La) en France. Ses causes, ses remèdes; par le *même auteur*. In-18. 1897.   1 fr.

Moisson (Instructions pratiques pour réussir toujours la); par le *même auteur*. In-18. 1898.   1 fr.

Poules (Manuel pratique d'entretien et d'exploitation des), dindes, oies et lapins; par le *même auteur*. 1 vol. in-18. 1898.   1 fr. 25

Engrais (Les); par **A. Andouard**. Gr. in-8. 1893.   1 fr. 50

Caoutchouc (Le) et la **Gutta-Percha**; par **E. Chapel**, Secrétaire de la Chambre syndicale. 1 très beau vol. gr. in-8. 1892.   20 fr.

Nos Métiers à travers les âges. Curiosités de l'art de la construction et des diverses industries; par **F. Husson**. 1 vol. in-18. 1887.   3 fr. 50

Révolution française (La seconde). Solution et dénouement pacifique de la question sociale ouvrière; par **F. Husson**. 1 vol. in-18. 1892.   2 fr.

French revolution (The). Tested by Mirabeau's career Twelve lectures on the history of the french revolution; by **H. von Holst**. 2 vol. in-8 cartonnés. 1894.   35 fr.

Série Morel. Prix de base et de règlement (sans les sous-détails), conformes à ceux de la Série des prix de la ville de Paris, pour les travaux d'architecture, accompagnés d'un parallèle des prix déterminés par les diverses séries parues depuis 1870, du

OUVRAGES DIVERS.

tarif des droits d'octroi applicables aux matériaux, d'un barème des poids de briques, tuiles, fers, cornières, zinc, cuivre, etc., et des variations des cours des matériaux soumis a l'échelle mobile. Année 1888. 1 vol. in-4°. 1888.
Broché, 10 fr.; *franco*, 11 fr. 50 — Cartonné, 11 fr.; *franco*, 12 fr. 50

Se vend séparément :

Supplément contenant le parallèle des prix déterminés par les diverses Séries parues depuis 1870 ; le tarif des droits d'octroi applicables aux matériaux; un Barème des poids de briques, tuiles, fers, cornières, zinc, cuivre, etc.; les variations des cours des matériaux soumis à l'échelle mobile. 1 vol. in-4° (Décembre 1888). 3 fr.
Franco. 3 fr. 50

Prix de règlement applicables aux travaux de bâtiments exécutés en 1888, approuvés par le Conseil général des Bâtiments civils (Minist. de l'instruct. publique, des cultes et des beaux-arts. — Direct. des bâtiments civils et des Palais nationaux). 1 vol. in-4°. 1888.
Broché, 10 fr.; *franco*, 11 fr. 50 — Cartonné, 11 fr.; *franco*, 12 fr. 50

Série Jammet. Prix de règlement applicables aux travaux de bâtiment *à façon* exécutés en 1895-1896, accompagnés de sous-détails déterminant le temps nécessaire à chaque ouvrage et la quantité des matériaux nécessaires.

Terrasse, Maçonnerie, Couverture, Ciments, Pavage, Pierres moulées, Terres cuites, etc., Travail de la pierre de taille, Tarif du sciage, Travaux de cimetières, Nettoiement des façades, Peinture, Durcissement, Marmorisation, Carrelage à façon. 1 vol. in-4°. 1895, *franco*. 5 fr. 50

Charpente en bois à façon, Menuis. à façon et tarif de pose, Tarif des bois découpés (fourn. et façon). 1 vol. in-4°. 1895, *franco*. 5 fr. 50

Serrurerie à façon et Tarif des métaux découpés (fourniture et façon). 1 vol. in-4°. 1895, *franco*. 5 fr. 50

Métré et de la Vérification (Dictionnaire du) pour tous ouvrages à fourniture ou à façon, avec indication des prix de Séries et formules de métré; par O. Masselin, Entrepreneur de travaux publics.

Serrurerie et Quincaillerie. 1 vol. in-8. 1888. 10 fr.

Charpente en bois. 1 vol. in-8 et 1 album. 1888. 12 fr.
L'album se vend séparément. 2 fr.

Terrasse, Maçonnerie, Marbrerie et Carrelage. 1 vol. in-8 avec 10 planches. 1885. 10 fr.

Menuiserie et parquetage à fourniture et à façon. 3 vol. gr. in-8. 28 fr.

Peinture, décors, dorure, vitrerie et miroiterie. 2 vol. gr. in-8. 1898. 14 fr.

Peinture et décors (Traité technique). 1 vol. gr. in-8. 1898. 4 fr.

Terrasse, maçonnerie, ciment, égout, tout à l'égout, marbrerie et carrelage à régler sur la Série de prix de la Société centrale des Architectes. 2 vol. gr. in-8. 1898. 16 fr.

Couverture et plomberie à fourniture et à façon. 3 vol. in-8. 24 fr.

Couverture, Plomberie (Nouvelle Série de prix à façon de), eau et gaz; par **E. Poilleu**, Métreur spécial de couverture et plomberie. 1 vol. in-18 cartonné. 1890.   3 fr. 50

Couverture et Plomberie (Tarif raisonné des ouvrages de), à l'usage des Entrepreneurs, Métreurs et Vérificateurs; par **Chedeville** et **Thuillier aîné**, Métreurs-Vérificateurs. 1 vol. in-4. 1869.   6 fr.; *franco*, 6 fr. 25

Série Hébert. Série explicative des prix applicables aux travaux particuliers exécutés dans Paris et dans le département de la Seine. — *Couverture* : Ardoises, tuiles, zinc, plomb et plomb mouluré. — *Canalisation* : Fonte, plomb, tuyau tôle et bitume pour eau forcée. — *Appareil sanitaire* ; par **P. Hébert**, Vérificateur des travaux de bâtiment et spécialement des travaux de couverture, plomberie d'eau, d'art et de gaz. 3° édition, revue et augmentée. 1 vol. in-4. 1892, *franco*.   8 fr. 50

Poids et Prix des zincs et plombs (Tableau synoptique des) pour eau et gaz, aux mètres superficiels et linéaires ; dressé par **A. Albassier**, Vérificateur. 1 vol. in-4. 1895. 2 fr.

Poids des fers (Manuel du) plats, carrés, ronds; par **F. Husson**, Architecte. 5° édition. 1 vol. in-8. 1884.   3 fr.

Serrurerie (Tarif des façons et marchandages de), adopté dans tous les ateliers de Paris ; par **F. Husson**, Vérificateur-Expert. 24° édition. In-8. 1900.   2 fr. 50

Menuiserie (Série des prix applicables à la pose à façon des ouvrages de); par **Aug. Rousseau**, Architecte, Reviseur des travaux de la Ville de Paris et du Ministère des Travaux publics. 5° édition. 1 vol. in-4. 1892.   3 fr.

Parquets (Série des prix applicables à la pose des); par le *même auteur*. 2° édition. In-4°. 1881.   5 fr.

Menuiserie et Parquetage (Nouvelle série des prix composés pour l'établissement des Mémoires de); par **E. Gagnant**, Métreur spécial de menuiserie. Gr. in-8. 1899. 2 fr.

Travaux à façon (Série des prix des), établis conformément à ceux de la Série de la ville de Paris; par **R. Ponsard**, Métreur en maçonnerie. Maçonnerie. In-4. 1877-78, *franco*. 2 fr. 25

Appareilleur (L'art de l'); par **M. Chassagnard**. 1 vol. in-4°. 2° édition. 1898.   4 fr. 50

Terre normande (Roman rural); par **Mac'Ramey**. 1 vol. in-18. 1897.   3 fr. 75

ANCIENNE LIBRAIRIE CROCHARD, 1804

Masson et Cie,
Éditeurs

Libraires de l'Académie de Médecine

CATALOGUE GÉNÉRAL

───── SOMMAIRE ─────

TABLE SYSTÉMATIQUE.	II.
PUBLICATIONS PÉRIODIQUES	III.
DÉTAIL DES SUBDIVISIONS DU CATALOGUE	IV.
ORDRE SYSTÉMATIQUE	1 à 114
TABLE ALPHABÉTIQUE DES AUTEURS.	115 à 134

PARIS
120, Boulevard Saint-Germain

Janvier 1900

TABLE SYSTÉMATIQUE

	SECTION		SECTION
Académies et Sociétés savantes. .	I	Journaux.	IX
Agriculture.	VI	Jurisprudence.	II
Algèbre	V	Langues anciennes.	VIII
Anatomie.	I	Langues vivantes.	VIII
Animaux domestiques.	VI	Lecture.	VIII
Anthropologie criminelle.	II	Littérature ancienne.	VIII
Arithmétique.	V	Littérature française.	VIII
Art vétérinaire. . . . . I.	VI	Littérature grecque	VIII
Artillerie.	VII	Littérature latine	VIII
Arts et Métiers.	VII	Machines.	VII
Arts industriels.	VII	Mathématiques.	V
Art de l'Ingénieur.	VII	Mécanique	VII
Aviculture.	VI	Médecine.	I
Balistique	VII	Médecine légale. . . . . . . I.	II
Basse-Cour.	VI	Métallurgie.	VII
Botanique	III	Minéralogie.	III
Calcul	V	Oiseaux.	III
Cartes géographiques	VIII	Ouvrages classiques.	VIII
Chimie.	IV	Pédagogie.	II
Chirurgie.	I	Pharmacie.	IV
Classiques.	VIII	Philosophie.	II
Comptabilité	V	Photographie.	V
Cosmographie	V	Physiologie.	I
Économie sociale.	II	Physique.	V
Économie rurale.	VI	Publications périodiques. . . .	IX
Éducation	II	Revues.	IX
Électricité	V	Sciences agricoles.	VI
Encyclopédie Léauté. . . . . I,	VII	Sciences naturelles	III
Enseignement. . . . . . . II,	VIII	Sociétés savantes (Bulletins et Mémoires).	IX
Génie civil.	VII	Statistique.	II
Génie militaire.	VII	Sylviculture.	VI
Géographie.	VIII	Technologie.	VII
Géologie.	III	Traductions.	VIII
Géométrie.	V	Thérapeutique	I
Grammaire.	VIII	Travaux publics.	VII
Histoire.	VIII	Viticulture	VI
Histoire littéraire.	VIII	Voyages	VIII
Histoire naturelle.	III	Zoologie.	III
Horticulture	VI	Zootechnie.	III
Hygiène	II		
Industrie.	VII		

PUBLICATIONS PÉRIODIQUES

		Paris.	France et Algérie.	Union Postale 1ʳᵉ partie
Annales agronomiques.	Mensuel.	18 fr. »	18 fr. »	21 fr. »
— de Chimie et de Physique.	Mensuel.	30 »	34 »	36 »
— de Dermatologie et de Syphiligraphie.	Mensuel.	30 »	32 »	32 »
— de l'Institut Pasteur.	Mensuel.	18 »	20 »	20 »
— des Maladies de l'Oreille et du Larynx.	Mensuel.	12 »	14 »	15 »
— Médico-Psychologiques.	Tous les deux mois.	20 »	23 »	25 »
— des Sciences naturelles. Botanique ou Zoologie. Chaque partie, les 2 volumes.	Mensuel.	30 »	32 »	32 »
L'Anthropologie.	Tous les deux mois.	25 »	27 »	28 »
Archives d'Anatomie microscopique.	Trimestriel.	36 »	36 »	38 »
— de l'Anthropologie criminelle.	Tous les deux mois.	20 »	20 »	23 »
— de Biologie.	Trimestriel.	40 »	40 »	40 »
— de Médecine des Enfants.	Mensuel	14 »	14 »	16 »
— de Médecine expérimentale et d'Anatomie pathologique.	Tous les deux mois.	24 »	25 »	26 »
— des Sciences médicales.	Tous les deux mois.	18 »	20 »	22 »
— des Sciences physiques et naturelles de Genève.	Mensuel.	25 »	25 »	25 »
Bulletin de l'Académie de Médecine.	Hebdomadaire.	15 »	18 »	20 »
— de la Société chimique de Paris.	Bi-mensuel.	30 »	32 »	33 »
— et Mémoires de la Société de Chirurgie.	Mensuel.	18 »	20 »	22 »
— et Mémoires de la Société médicale des Hôpitaux.	Bi-mensuel.	12 »	12 »	15 »
— de la Société d'Anthropologie de Paris.	Mensuel.	10 »	12 »	13 »
— hebdomadaire de Statistique municipale.	Hebdomadaire.	6 »	6 »	9 »
— de la Société française de Dermatologie.	Dix numéros.	12 »	12 »	14 »
— du Muséum d'Histoire naturelle.	Huit numéros.	15 »	15 »	16 »
Comptes rendus hebdomadaires des séances de la Société de Biologie.	Hebdomadaire.	20 »	20 »	22 »
Gazette hebdomadaire de Médecine et de Chirurgie.	Bi-hebdomadaire.	8 »	8 »	11 »
Journal de l'Agriculture.	Hebdomadaire.	20 »	20 »	22 »
— de Physiologie et de Pathologie générale.	Tous les deux mois.	28 »	30 »	30 »
Mémoires de l'Académie de Médecine.	Semestriel.	20 »	20 »	22 »
— de la Société d'Anthropologie.	Trimestriel.	16 »	17 »	18 »
La "Nature", revue des Sciences.	Hebdomadaire.	20 »	25 »	26 »
Nouvelles Archives du Muséum d'Histoire naturelle.	Semestriel.	40 »	40 »	40 »
Nouvelle Iconographie de la Salpêtrière.	Tous les deux mois.	25 »	27 »	28 »
" Ornis ". Bulletin du comité ornithologique.	Trimestriel.	10 »	10 »	10 »
La " Photographie Française ".	Mensuel.	6 50	7 »	8 »
Revue d'Hygiène et de Police sanitaire.	Mensuel.	20 »	22 »	23 »
— de Gynécologie et de Chirurgie abdominale.	Tous les deux mois.	28 »	28 »	30 »
— Neurologique.	Bi-mensuel.	25 »	25 »	27 »
— Générale d'Ophtalmologie.	Mensuel.	20 »	22 »	22 »
— d'Orthopédie.	Tous les deux mois.	12 »	14 »	15 »
— de l'Aéronautique.	Trimestriel.	8 »	8 »	10 »
— de la Tuberculose.	Trimestriel.	12 »	14 »	15 »
— Philanthropique.	Mensuel.	20 »	20 »	22 »
Union des Femmes de France (Bulletin officiel).	Dix numéros.	3 50	3 50	4 »

Voir, pour les détails, la Section IX du Catalogue, page 105.

DÉTAIL DES SUBDIVISIONS DU CATALOGUE GÉNÉRAL

I. — Médecine — Chirurgie — Anatomie — Physiologie. 1
II. — Anthropologie — Sciences économiques — Statistique — Hygiène — Jurisprudence — Pédagogie — Philosophie. . . 40
III. — Sciences naturelles. 47
IV. — Chimie — Pharmacologie. 65
V. — Sciences physiques et mathématiques — Arithmétique — Géométrie — Mécanique — Électricité. — Photographie. . . . 73
VI. — Agriculture — Horticulture — Viticulture — Sciences agronomiques. 80
VII. — Technologie — Industrie — Science de l'Ingénieur. 88
VIII. — Langue française — Littérature — Histoire et Géographie, Voyages — Langues vivantes — Langues mortes — Livres de Lecture. — Auteurs classiques 97
IX. — Publications périodiques 105
X. — Table générale alphabétique des auteurs. 115

40966. — Imprimerie LAHURE, 9, rue de Fleurus, à Paris.

MASSON & CIE — ÉDITEURS

CATALOGUE GÉNÉRAL

I

MÉDECINE. — CHIRURGIE. — ANATOMIE. — PHYSIOLOGIE

ACADÉMIE DE MÉDECINE (**Bulletin de l'**) (1). — hebdomadaire, in-8°. Un an, Paris, 15 fr. Départements, 18 fr. Union postale, 20 fr.

ACADÉMIE DE MÉDECINE (**Mémoires de l'**), comprenant la liste des membres et le règlement de l'Académie, les éloges prononcés dans les séances annuelles par M. le Secrétaire perpétuel, les rapports faits annuellement par l'Académie sur les *Épidémies* et sur les *Eaux minérales*, et enfin les *Mémoires* dont le comité de publication a voté l'insertion.
Tomes XXX à XL. Chaque volume, publié en 2 fascicules .... 20 fr.

ACTON. — **Fonctions et désordres des organes de la génération** chez l'enfant, le jeune homme, l'adulte et le vieillard, sous le rapport physiologique, social et moral, par le Dr W. ACTON. Trad. de l'anglais sur la 3e éd. Paris, 1863. 1 vol. in-8°. 6 fr.

ALTHAUS. — **Maladies de la moelle épinière**, traduit de l'anglais, précédé d'une préface par M. le professeur CHARCOT. 1885, 1 vol. grand in-8° avec gravures....... 7 fr. 50

Anatomie (Atlas d') :
ANATOMIE DESCRIPTIVE. — Voyez BONAMY, BROCA, BEAU, HIRSCHFELD.
ANATOMIE DESCRIPTIVE. — Voyez MASSE.
ANATOMIE HUMAINE. — Voyez Traité d'*Anatomie humaine*.
ANATOMIE DES RÉGIONS. — Voyez PAULET et SARAZIN.
ANATOMIE MICROSCOPIQUE. — Voyez *Archives d'Anatomie microscopique*.
ANATOMIE PATHOLOGIQUE. — Voyez LACKERBAUER et LANCEREAUX.
ANATOMIE PATHOLOGIQUE DES MALADIES PROFONDES DE L'ŒIL. — Voyez PERRIN et PONCET.

ANATOMIE PATHOLOGIQUE DE LA MOELLE ÉPINIÈRE. — Voyez BLOCQ et LONDE.
ANATOMIE HISTOLOGIQUE DES MALADIES DE LA PEAU. — Voyez LELOIR et VIDAL.
ANATOMIE DU CERVEAU DE L'HOMME. — Voyez BRISSAUD.

ANDRAL. — **Clinique médicale**, ou Choix d'observations recueillies à l'hôpital de la Charité, par le professeur ANDRAL. 4e édition, revue, corrigée et augmentée. Paris, 1840. 5 vol. in-8° .... 40 fr.

Annales (1) :
DE DERMATOLOGIE ET DE SYPHILIGRAPHIE, in-8°, mensuel. Paris, 30 fr. Départements et Union postale, 32 fr.
DE L'INSTITUT PASTEUR, in-8°, mensuel. Paris, 18 fr. Départements et Union postale, 20 fr.
DES MALADIES DE L'OREILLE ET DU LARYNX, in-8°, mensuel. Paris, 12 fr. Départements, 14 fr. Union postale, 15 fr.
MÉDICO-PSYCHOLOGIQUES, in-8°, tous les deux mois. Paris, 20 fr. Départements, 23 fr. Union postale, 25 fr.

Anthropologie (L'). In-8°, tous les deux mois. Paris, 25 fr. Départements, 27 fr. Union postale, 28 fr.

Archives : (1).
D'ANATOMIE MICROSCOPIQUE. In-8° trimestriel. Paris et Départements, 36 fr. Union postale, 38 fr.
D'ANTHROPOLOGIE CRIMINELLE, tous les deux mois. France, 20 fr. Union post., 23 fr.
DE MÉDECINE EXPÉRIMENTALE ET D'ANATOMIE PATHOLOGIQUE, in-8°, tous les deux mois. Paris, 24 fr. Départements, 25 fr. Union postale, 26 fr.

---

(1) Voir pour tous les recueils périodiques la section des PUBLICATIONS PÉRIODIQUES (Section IX).

Archives :

DE MÉDECINE DES ENFANTS, in-8° mensuel. Paris et Départements, 14 fr. Union postale, 16 fr.

DE PHYSIOLOGIE NORMALE ET PATHOLOGIQUE. Voir le prix de la collection à la section des Publications périodiques.

DES SCIENCES MÉDICALES, organe de l'Institut d'anatomie et de chirurgie, et de l'Institut de pathologie et de bactériologie de Bucarest, in-8°, tous les deux mois, Paris, 18 fr. Départements, 20 fr. Étranger, 22 fr.

ARTHUS. — **Éléments de chimie physiologique**, par Maurice ARTHUS, professeur de physiologie et de chimie physiologique, à l'Université de Fribourg (Suisse). *Troisième édition, revue et corrigée.* Paris, 1900. 1 vol. in-16 diamant, avec figures dans le texte, cartonné toile............... 4 fr.

ARMAND. — **Traité de climatologie générale du globe.** Études médicales sur tous les climats, par le Dr ARMAND, médecin principal d'armée. Paris, 1873. 1 vol. in-8°. 14 fr.

Association française pour l'avancement des sciences. L'Association française, dont le siège est à Paris, 28, rue Serpente, publie chaque année au mois de juin le compte rendu de la session tenue au mois d'août précédent, dans une des villes de France.

Il a paru jusqu'à ce jour 27 volumes : *Bordeaux, Lyon, Lille, Nantes, Clermont-Ferrand, le Havre, Paris, Montpellier, Reims, Alger, la Rochelle, Rouen, Blois, Grenoble, Nancy, Toulouse, Oran, Paris, Limoges, Marseille, Pau, Besançon, Caen, Bordeaux, Carthage-Tunis, Saint-Étienne, Nantes.*

Quelques exemplaires sont mis à la disposition des acheteurs non membres de l'Association au prix de......... 25 fr.

Atlas international des maladies rares de la peau, par MM. P. G. UNNA (Hambourg), MALCOLM-MORRIS (Londres), H. LELOIR (Lille), L.-A. DUHRING (Philadelphie).

L'atlas paraît d'une façon périodique et ininterrompue. Son texte est publié en trois langues : français, allemand, anglais.

Il est publié chaque année, depuis 1889, deux ou trois livraisons.

En vente les livraisons I à XIII.

Prix de chacune............... 12 fr. 50

AUSPITZ. — **Pathologie et thérapeutique générales des maladies de la peau**, par AUSPITZ, traduit par le Dr DOYON, médecin inspecteur des eaux d'Uriage. Paris, 1887. 1 vol. in-8°...................... 6 fr.

AUVARD. — **Gynécologie. Séméiologie génitale**, par le Dr AUVARD, accoucheur des hôpitaux. Paris, 1892. 1 vol. petit in-8° de l'*Encyclopédie des Aide-Mémoire*. 2 fr. 50

AUVARD. — **Menstruation et fécondation**, *Physiologie et pathologie*, par le Dr AUVARD, accoucheur des hôpitaux. Paris, 1892. 1 vol. petit in-8° de l'*Encyclopédie des Aide-Mémoire*................... 2 fr. 50

BAILLARGER. — **Recherches sur les maladies mentales**, par M. le Dr BAILLARGER, membre de l'Académie de médecine, médecin honoraire de la Salpêtrière. Paris, 1890. 2 vol. in-8°, avec 15 planches....... 25 fr.

BALBIANI. — V. **Archives d'anatomie microscopique.**

BALLET. — V. PROUST et BALLET : **L'Hygiène du neurasthénique.**

BARD. — **Précis d'anatomie pathologique**, par M. L. BARD, professeur à la Faculté de médecine de Lyon, médecin de l'Hôtel-Dieu, *Deuxième édition, revue et augmentée*. Paris, 1899. 1 volume in-16 diamant, avec 125 fig., cart. à l'anglaise, tr. rouges. 7 fr. 50

BARILLOT. — **Traité de chimie légale.** *Analyse toxicologique, recherches spéciales*, par Ernest BARILLOT, expert-chimiste près les tribunaux. Paris, 1894. 1 vol. in-8°.................. 6 fr. 50

BARNES. — **Traité théorique et pratique d'obstétrique médicale et chirurgicale**, par le Dr ROBERT BARNES, accoucheur consultant de St-George's Hospital, etc., et le Dr FANCOURT BARNES, accoucheur du Great Northern Central Hospital, etc. Traduit et annoté par le Dr A.-E. CORDES, ancien élève-résident du « Rotunda Hospital » de Prague. Paris, 1886. 1 volume gr. in-8°, avec 180 figures dans le texte................ 18 fr.

BAUBY. — **L'occlusion intestinale**, par le Dr BAUBY, chirurgien des hôpitaux de Toulouse. Paris, 1898. 1 vol. petit in-8° de l'*Encyclopédie des Aide-Mémoire*. 2 fr. 50

BAZY. — **Maladies des voies urinaires. Urètre. Vessie**, par le Dr BAZY, chirurgien des hôpitaux, membre de la Société de

chirurgie. 2 vol. petit in-8° de l'*Encyclopédie des Aide-Mémoire*.
I. *Moyens d'exploration et traitement*. 2ᵉ édition. Paris, 1897.......... 2 fr. 50
II. *Séméiologie*. Paris, 1898.. 2 fr. 50

BEAUREGARD. — **Le Microscope et ses applications**, par le Dʳ H. BEAUREGARD, professeur agrégé à l'École supérieure de pharmacie. Paris, 1893. 1 volume petit in-8° de l'*Encyclopédie des Aide-Mémoire*........................ 2 fr. 50

BEAUREGARD et GALIPPE. — **Guide pratique pour les travaux de micrographie**, comprenant la technique et les applications du microscope à l'histologie végétale et animale, à la bactériologie, à la clinique, à l'hygiène et à la médecine légale, par H. BEAUREGARD, professeur agrégé à l'École supérieure de pharmacie, et V. GALIPPE, ancien chef des travaux pratiques de micrographie à l'École supérieure de pharmacie. 2ᵉ édition. Paris, 1888. 1 vol. in-8°, avec 586 figures.. 15 fr.

BEAUREGARD. — V. POUCHET et BEAUREGARD.

BELHOMME et MARTIN. — **Traité théorique et pratique de la syphilis et des maladies vénériennes**, par les Dʳˢ BELHOMME et Aimé MARTIN. 2ᵉ édition, entièrement refondue et suivie d'un formulaire. Paris, 1876. 1 volume in-18............... 8 fr.

BÉNI-BARDE. — **Manuel médical d'hydrothérapie**, par le Dʳ BÉNI-BARDE, médecin de l'Établissement hydrothérapique de la rue Miromesnil, à Paris, et de l'Établissement hydrothérapique d'Auteuil. 2ᵉ édition, revue et augmentée. Paris, 1883. 1 volume in-16 diamant, avec 22 figures, cartonné à l'anglaise, tranches rouges........ 6 fr.

BÉNI-BARDE et MATERNE. — **L'Hydrothérapie dans les maladies chroniques et les maladies nerveuses**, par les Dʳˢ BÉNI-BARDE et MATERNE, médecins de l'établissement hydrothérapique de la rue Miromesnil. Paris, 1894. 1 volume in-8°....... 8 fr.

BENNETT. — **Leçons cliniques sur les principes et la pratique de la médecine**, par le professeur John-Hugues BENNETT; traduites d'après la 5ᵉ édition anglaise, par le Dʳ LEBRUN, et précédées d'une introduction par le Dʳ BROWN-SÉQUARD. Paris, 1873. 2 vol. gr. in-8°, avec plus de 500 figures dans le texte................. 25 fr.

BÉRARD. — **Thérapeutique chirurgicale du goitre**. *Anatomie chirurgicale, normale et pathologique. Thyroïdectomie partielle, énucléations, exothyropexie*, par Léon BÉRARD, prosecteur des hôpitaux de Lyon. Préface de M. le professeur PONCET. Lyon, 1896. 1 vol. in-8°, avec 8 figures et 5 planches hors texte................... 6 fr.

BÉRARD. — V. PONCET et BÉRARD. — **Traité clinique de l'actinomycose humaine**.

BERGÉ. — **Guide de l'étudiant à l'hôpital** : *Examens cliniques, autopsies*, par M. A. BERGÉ, interne des hôpitaux de Paris. 1893. 1 vol. petit in-8° de l'*Encyclopédie des Aide-Mémoire*.......... 2 fr. 50

BERGER (Émile). — **Les Maladies des yeux dans leurs rapports avec la pathologie générale**, par le Dʳ Émile BERGER ; leçons recueillies par le Dʳ R. SAINT-CYR DE MONTLAUR, Paris, 1892. 1 volume grand in-8° avec figures........................ 10 fr.

BERGER (Paul). — **L'Amputation du membre supérieur dans la contiguïté du tronc** (amputation interscapulo-thoracique), par M. P. BERGER, chirurgien de l'hôpital Tenon. Paris, 1887. 1 vol. in-8°, avec figures dans le texte et 2 planches............. 10 fr.

BERGER (Paul). — Voir *Traité de chirurgie*.

BERGONIÉ. — **Physique du physiologiste et de l'étudiant en médecine** : *Actions moléculaires, acoustique, électricité*, par le Dʳ BERGONIÉ, professeur à la Faculté de médecine de Bordeaux. Paris, 1892. 1 vol. petit in-8° de l'*Encyclopédie des Aide-Mémoire*.................... 2 fr. 50

BERLIOZ. — **Manuel de Thérapeutique**, par le Dʳ BERLIOZ, professeur à la Faculté de médecine de Grenoble, avec une préface par M. BOUCHARD, professeur à la Faculté de médecine de Paris. 3ᵉ édition. Paris, 1892. 1 vol. in-18 diamant, cartonné toile anglaise, tranches rouges...................... 6 fr.

BERNE. — **Leçons de Pathologie chirurgicale générale**, par le Dʳ BERNE, professeur de pathologie externe à la Faculté de médecine de Lyon. Paris, 1883. 2 vol. grand in-8° de près de 1,700 pages, avec 70 figures dans le texte.......... 32 fr.

BERNUTZ. — **Conférences cliniques sur les maladies des femmes**, par G. BERNUTZ, membre de l'Académie de médecine. Paris, 1888. 1 volume grand in-8°. 12 fr.

MASSON ET Cie — 4 — I. Sciences médicales

BERT (Paul). — **La Pression barométrique.** Recherches de physiologie expérimentale, par M. Paul BERT, membre de l'Institut. Paris, 1877. 1 volume gr. in-8° de VIII 1,163 pages, avec 89 figures dans le texte. Relié à l'anglaise.................. 25 fr.

Bibliothèque d'Hygiène thérapeutique, dirigée par le professeur PROUST, membre de l'Académie de médecine, médecin de l'Hôtel-Dieu. Collection publiée dans le format in-16, cartonnée toile, tranches rouges. Prix du volume............. 4 fr.

Volumes en vente :
BRISSAUD : *L'Hygiène des asthmatiques.*
BOURGES : *L'Hygiène du syphilitique.*
CHUQUET : *L'Hygiène du tuberculeux.*
CRUET : *Hygiène et thérapeutique des maladies de la bouche.*
DELFAU : *Hygiène et thérapeutique thermales.*
DELFAU : *Les Cures thermales.*
PROUST et BALLET : *L'Hygiène du neurasthénique.*
PROUST et MATHIEU : *L'Hygiène du goutteux.*
PROUST et MATHIEU : *L'Hygiène de l'obèse.*
PROUST et MATHIEU : *Hygiène des diabétiques.*
SPRINGER : *L'Hygiène des albuminuriques.*
VAQUEZ. — *Hygiène des maladies du cœur.*

Voir ces différents noms.

Bibliothèque diamant des sciences médicales et biologiques, collection publiée dans le format in-16 raisin, nombreuses figures dans le texte, cartonnage à l'anglaise, tranches rouges.
Voir : ARTHUS, BARD, BÉNI-BARDE, BERLIOZ, BROUSSES, CHAUVEL, COLIN, DECHAMBRE, DIEULAFOY, DUVAL et LEREBOULLET, GUILLEMIN, LACASSAGNE, LAUNOIS et MOREAU, MOITESSIER, NJELLY, ONIMUS, PAULET, ROCHARD, SOLLIER, SPILLMANN, THOINOT et MASSELIN, WURTZ.

Bibliothèque rétrospective des maîtres de la science, publiée dans le format in-12, sous la direction de M. Charles RICHET, professeur à la Faculté de médecine de Paris. 10 volumes sont en vente. Prix du volume.................... 1 fr.

LAVOISIER. — *Chaleur et respiration.*
BICHAT. — *La Mort par l'asphyxie.*
HALLER. — *Sensibilité et irritabilité.*
HARVEY. — *Traité anatomique sur les mouvements du cœur et du sang chez les animaux.*
LAMARCK. — *L'Origine des animaux.*
HUNTER. — *Le sang.*
LAENNEC. — *Auscultation médiate :*
— *Exploration de la poitrine.* 1 vol.
— *Exploration des organes de la circulation.* 1 volume.
MILNE-EDWARDS (W.). — *La Chaleur animale.*
SPALLANZANI. — *La Digestion stomacale.*

BLOCQ et LONDE. — **Anatomie pathologique de la moelle épinière.** *45 planches en héliogravure,* avec texte explicatif, par Paul BLOCQ, ancien interne des hôpitaux, chef des travaux anatomo-pathologiques à la Salpêtrière, et Albert LONDE, directeur du service photographique à la Salpêtrière. Ouvrage précédé d'une préface de M. le professeur CHARCOT. Paris, 1891. 1 vol. in-4° relié toile...................... 48 fr.

BONAMY, BROCA, BEAU et HIRSCHFELD. — **Anatomie descriptive du corps humain:** *Locomotion.—Circulation.—Digestion. —Respiration.—Appareil génito-urinaire,* par MM. BONAMY, BROCA et BEAU. — 257 planches, dont 2 doubles, avec texte explicatif en regard.
Système nerveux. Organes des sens de l'homme, par M. Ludovic HIRSCHFELD. 92 planches, avec texte explicatif en regard et 1 vol. de texte in-8°.
Les 2 ouvrages réunis en 5 atlas in-4° et 1 volume de texte in-8° :
Planches noires.............. 190 fr.
Planches coloriées............ 400 fr.
Reliure...................... 50 fr.

Chaque atlas est en outre vendu séparément en carton :

I. — LOCOMOTION : 87 planches (dont 2 doubles).
En noir, 45 fr. — En couleur.. 100 fr.
II. — CIRCULATION : 64 planches.
En noir, 32 fr. — En couleur... 70 fr.
III. — DIGESTION, 50 planches.
En noir, 25 fr. — En couleur... 60 fr.
IV. — RESPIRATION, ORGANES GÉNITO-URINAIRES : 56 planches.
En noir, 28 fr. — En couleur... 60 fr.

V. — SYSTÈME NERVEUX, ORGANES DES SENS : 92 planches.
En noir. 60 fr. — En couleur... 110 fr.

BONNIER. — L'Oreille, par Pierre BONNIER, 5 vol. petit in-8° de l'*Encyclopédie des Aide-Mémoire*. Paris, 1896-1898.
 I. *Anatomie de l'oreille*.
 II. *Pathogénie et mécanisme*.
 III. *Physiologie : Les Fonctions*.
 IV. *Symptomatologie de l'oreille*.
 V. *Pathologie de l'oreille*.
Chaque volume séparément... 2 fr. 50

BOTTEY. — **Traité théorique et pratique d'hydrothérapie médicale**, par le D' F. BOTTEY, médecin de l'Etablissement hydrothérapique de Divonne. Paris, 1895, 1 vol. gr. in-8°............ 2 fr. 50

BOUCHARD (Ch.) — **Leçons sur la thérapeutique des maladies infectieuses**, — (Antisepsie), professées à la Faculté de médecine de Paris, par M. CH. BOUCHARD, membre de l'Institut. 1889, 1 vol. grand in-8°. 9 fr.

BOUCHARD (Ch.) — **Leçons sur les maladies par ralentissement de la nutrition**, professées à la Faculté de médecine de Paris, par M. CH. BOUCHARD, membre de l'Institut. 3° édition. 1890, 1 vol. grand in-8°. 10 fr.

BOUCHARD (Ch.) — **Traité de Pathologie générale**, publié par M. Ch. BOUCHARD, professées à la Faculté de médecine de Paris, membre de l'Institut. — Secrétaire de la rédaction : M. G. H. ROGER ; avec la collaboration de : MM. ARNOZAN, D'ARSONVAL, BENNI, BLANCHARD (R.), BOULAY, BOURTY, BRUN, CADIOT, CHABRIÉ, CHANTEMESSE, CHARRIN, CHAUFFARD, COURMONT, DÉJERINE, DELBET (Pierre), DERIGNAC, DEVIC, DUCAMP, DUVAL (Mathias), FÉRÉ, FRÉMY, GAUCHER, GILBERT, GLEY, GUIGNARD, GUINON (Louis), GUYON (A. F.), HALLÉ, HÉNOCQUE, HUGOUNENQ, LAMBLING, LANDOUZY, LAVERAN, LEBRETON, LE GENDRE, LEJARS, LE NOIR, LERMOYEZ, LETULLE, LUBET-BARBON, MARFAN, MAYOR, MÉNÉTRIER, NICAISE, PIERRET, ROUX (Gabriel), RUFFER, TRIPIER (Raymond), VUILLEMIN, WIDAL (F.), etc.
6 vol. grand in-8°, avec figures dans le texte. 1895-1900. (En souscription 112 fr.)

Tome I. — *Introduction à l'étude de la pathologie générale*, par H. ROGER et P.-J. CADIOT. — *Considérations générales sur les maladies des végétaux*, par P. VUILLEMIN. — *Pathogénie générale de l'embryon Tératogénie*, par MATHIAS DUVAL. — *L'hérédité et la pathologie générale*, par P. LE GENDRE. — *Prédispositions et immunité*, par BOURSY. — *La fatigue et le surmenage*, par A.-B. MARFAN. — *Les agents mécaniques*, par LEJARS. — *Les agents physiques, chaleur, froid, lumière, pression atmosphérique*, par LE NOIR. — *Les agents physiques, l'énergie électrique et la matière vivante*, par d'ARSONVAL. — *Les agents chimiques, les caustiques*, par LE NOIR. — *Les intoxications*, par H. ROGER. Paris, 1895. 1 vol. grand in-8° de 1,018 pages avec figures dans le texte.................. 18 fr.

TOME II. — *L'infection*, par A CHARRIN. — *Notions générales de morphologie bactériologique*, par GUINARD. — *Notions de chimie bactériologique*, par HUGOUNENQ. — *Le sol, l'eau et l'air, agents de transmission des maladies infectieuses*, par A. CHANTEMESSE. — *Les microbes pathogènes*, par ROUX. — *Des maladies épidémiques*, par LAVERAN. — *Sur les parasites des tumeurs épithéliales malignes*, par RUFFER. — *Les parasites*, par R. BLANCHARD, Paris, 1896. 1 vol. grand in-8° de 932 pages avec figures dans le texte.................. 18 fr.

TOME III. — *Notions générales sur la nutrition à l'état normal*, par E. LAMBLING. — *Nutrition*, par M. BOUCHARD. — *Les Réactions nerveuses*, par BOUCHARD et ROGER. — *Les processus pathogéniques de deuxième ordre*, par ROGER. — *De la Fièvre*, par Louis GUINON. — *L'Hypothermie*, par GUYON. — *Mécanisme physiologique des troubles vasculaires*, par E. GLEY. — *Les désordres de la circulation dans les maladies*, par CHARRIN. — *Thromboses et Embolie*, par MAYOR. — *De l'Inflammation*, par COURMONT. — *Anatomie pathologique générale des lésions inflammatoires*, par LETULLE. — *Les altérations anatomiques non inflammatoires*, par P. LENOIR. — *Les Tumeurs*, par MÉNÉTRIER. 1 fort volume gr. in-8°, avec figures dans le texte, publié en 2 fascicules.................. 28 fr.

TOME IV. — *Evolution des maladies*, par DUCAMP. — *Sémiologie du sang*, par A. GILBERT. — *Spectroscopie du sang*, par A. HÉNOCQUE. — *Sémiologie du cœur et des vaisseaux*, par R. TRIPIER et DEVIC. — *Sémiologie du nez et du pharynx na-*

sal, par M. LERMOYEZ et M. BOULAY. — *Séminologie du larynx*, par MM. LERMOYEZ et BOULAY. — *Sémiologie des voies respiratoires*, par M. LEBRETON. — *Sémiologie générale du tube digestif*, par P. LE GENDRE. Paris, 1897. 1 volume grand in-8° de 715 pages avec figures dans le texte.......................... 16 fr.

BOUCHARD (Ch.). — Voir **Traité de Médecine** (*Deuxième édition*) et **Journal de physiologie et de Pathologie générale.**

BOUILLET. — **Traité pratique de la Tuberculose pulmonaire**, par le Dr P. BOUILLET, membre de la ligue contre la Tuberculose. Paris, 1899. 1 vol. in-12.......... 4 fr.

BOUILLY. — Voyez **Manuel de Pathologie externe.**

BOULOUMIÉ. — **Les maladies évitables.** — *Moyens de s'en préserver et d'en éviter la propagation*, par le Dr BOULOUMIÉ. Paris, 1897. 1 vol. in-16, cart. toile........ 4 fr.

BOURGES. — **L'Hygiène du Syphilitique**, par H. BOURGES, ancien interne des hôpitaux et de la clinique dermatologique de la Faculté, préparateur au Laboratoire d'hygiène de la Faculté de médecine. Paris, 1897. 1 vol. in-16 de la *Bibliothèque d'hygiène thérapeutique*, cartonné toile, tranches rouges................. 4 fr.

BOURGES. — **La Peste** : *Épidémiologie, Bactériologie, Traitement*, par H. BOURGES, préparateur du laboratoire d'Hygiène à la Faculté de Médecine de Paris. 1899. Monographie de l'*Œuvre Médico-Chirurgical*........................... 1 fr. 25

BRAULT. — **Les Artérites**, par A. BRAULT, médecin de l'hôpital Tenon, chef des travaux pratiques d'anatomie pathologique à la Faculté de médecine. 2 vol. petit in-8° de l'*Encyclopédie des Aide-Mémoire*.

I. *Les Artérites, leur rôle en pathologie*, Paris, 1896. 1 vol......... 2 fr. 50

II. *Les Artérites et les Scléroses.* Paris, 1897. 1 vol............. 2 fr. 50

BRAULT. — **Le pronostic des tumeurs basé sur la recherche du glycogène**, par le Dr A. BRAULT, médecin de l'hôpital Tenon, chef des travaux pratiques d'anatomie pathologique à la Faculté. Paris, 1899. Monographie de l'*Œuvre médico-chirurgical*, brochure in-8°................. 1 fr. 25

BRISSAUD. — **Anatomie du cerveau de l'homme.** — *Morphologie des hémisphères cérébraux ou cerveau proprement dit.* Texte et figures, par le Dr E. BRISSAUD, professeur agrégé à la Faculté de médecine. Paris, 1894. 1 atlas grand in-4°, de 43 planches gravées sur cuivre, représentant 270 préparations, grandeur naturelle, avec explication en regard de chacune ; et 1 volume in-8° de 580 p., avec plus de 200 figures schématiques dans le texte. 2 volumes reliés toile anglaise............... 80 fr.

BRISSAUD. — **Histoire des expressions populaires** *relatives à l'anatomie, à la physiologie et à la médecine*, par le Dr E. BRISSAUD, professeur agrégé. Paris, 1892. 1 vol. in-18.................... 3 fr. 50

BRISSAUD. — **Leçons sur les maladies nerveuses** (Salpêtrière, 1893-1894) recueillies et publiées par Henry MEIGE. Paris, 1895. 1 vol. gr. in-8° avec 240 figures (schémas et photographies). 18 fr.

BRISSAUD. — **Leçons sur les maladies nerveuses** (*Deuxième série*; hôpital Saint-Antoine), recueillies et publiées par Henry MEIGE. Paris, 1899. 1 vol. grand in-8° avec 165 figures dans le texte......... 15 fr.

BRISSAUD. — **L'Hygiène des Asthmatiques**, par le Dr E. BRISSAUD, professeur agrégé, médecin de l'hôpital Saint-Antoine. Paris, 1896. 1 vol. in-16 de la *Bibliothèque d'hygiène thérapeutique*, cartonné toile, tranches rouges....................... 4 fr.

BRISSAUD. — Voyez **Traité de médecine.** (*Deuxième édition*) et **Revue neurologique.**

BROCA (A.). — **Traitement des tumeurs blanches.** — *Ostéo-arthrites tuberculeuses des membres chez l'enfant*, par A. BROCA, chirurgien des hôpitaux, Paris, 1893, 1 vol. in-8° de l'*Encyclopédie des Aide-Mémoire*................. 2 fr. 50

BROCA. — **Chirurgie opératoire de l'oreille moyenne**, par A. BROCA, chirurgien de l'hôpital Trousseau, professeur agrégé à la Faculté de médecine de Paris. 1899. 1 vol. in-8° avec 98 fig. dans le texte .. 3 fr. 50

BROCA. — Voir *Gazette hebdomadaire de médecine et de chirurgie.*

BROCQ ET JACQUET. — **Précis élémentaire de dermatologie**, par L. BROCQ, médecin de l'hôpital Broca, et L. JACQUET, médecin des hôpitaux. Paris. 5 volumes petit in-8° de l'*Encyclopédie des Aide-Mémoire*.

I. *Pathologie générale cutanée*. 2° édition. Paris, 1898.
II. *Maladies en particulier : Difformités cutanées.* — *Éruptions artificielles.* — *Dermatoses parasitaires.* 2° édition. Paris, 1899.
III. *Maladies en particulier : Dermatoses microbiennes et néoplasies cutanées.* 2° édition. Paris, 1899.
IV. *Maladies en particulier : Dermatoses inflammatoires.* Paris, 1896.
V. *Dermatoses d'origine nerveuse.* — *Formulaire.* Paris, 1897.
Chaque volume est vendu séparément.................. 2 fr. 50

Brousses. — **Manuel technique de massage**, par le Dr J. Brousses, médecin major de 2° classe. 2° édition. Paris, 1896. 1 volume in-16, avec nombreuses figures, cartonné toile, tranches rouges.... 4 fr.

Brown-Séquard. Voir **Archives de Physiologie**.

Brun (De). — **Maladies des pays chauds**, par le Dr H. De Brun, professeur de clinique interne à la Faculté de Beyrouth. Paris, 1893. 2 volumes petit in-8° de l'*Encyclopédie des Aide-Mémoire*.
I. — *Maladies climatériques et infectieuses*............... 2 fr. 50
II. — *Maladies de l'appareil digestif, des lymphatiques et de la peau.* 2 fr. 50

Bulletins. — *Voir aux diverses Sociétés et à la section des publications périodiques.*

Cabadé. — **Leçons sur les maladies microbiennes**, professées à l'École de médecine de Toulouse, par le Dr Cabadé, professeur suppléant et chargé de cours à l'École de médecine de Toulouse, lauréat de la Faculté de Paris, précédé d'une préface de M. le professeur V. Cornil, de la Faculté de médecine de Paris. Paris. 1890. 1 vol. in-8°.................... 10 fr.

Cabadé. — **De la Responsabilité criminelle**, par le Dr Cabadé. Paris, 1892. 1 volume in-18............. 3 fr. 50

Calot. — **Le Traitement de la Coxalgie**, par le Dr F. Calot, chirurgien en chef de l'hôpital Rothschild, de l'hôpital Cazin-Perrochaud et du dispensaire de Berck. Paris. 1895. 1 volume in-18, avec 41 figures dans le texte, reliure souple, peau pleine........................ 5 fr.

Carlet. — **Précis de zoologie**, par M. Carlet, professeur à la Faculté des sciences de Grenoble. 4° édition entièrement refondue, par Rémy Perrier, ancien élève de l'école normale supérieure, agrégé et docteur ès-sciences naturelles. Paris, 1896. 1 vol. in-8° avec 741 figures dans le texte................... 9 fr.
Relié toile, tranches rouges..... 10 fr.

Carnot. — Voir Gilbert et Carnot.

Castex (A). — **Hygiène de la voix parlée et chantée**, par A. Castex, ancien prosecteur et chef de clinique à la Faculté de médecine de Paris. Paris, 1894. 1 vol. petit in-8° de l'*Encyclopédie des Aide-Mémoire*................ 2 fr. 50

Catrin. — Voyez Du Cazal et Catrin, **Médecine légale militaire**.

Celse. — **Traité de médecine d'A.-C. Celse** ; traduction nouvelle avec texte latin, commentaires, tables explicatives, par le Dr Védrènes, médecin principal d'armée, avec une préface par le professeur Broca. Paris, 1875. 1 beau volume grand in-8°, avec figures dans le texte, et 14 planches représentant 110 figures d'instruments de chirurgie antique................ 16 fr.

Centenaire de la Faculté de médecine de Paris (1794-1894), par le Dr A. Corlieu. Paris, 1896. 1 vol. in-4°, imprimé par l'Imprimerie Nationale et accompagné d'un album in-4° de 130 portraits des professeurs de la Faculté reproduits d'après des documents authentiques. Les 2 volumes................... 100 fr.

Cerise. — **Mélanges médico-psychologiques**, par le Dr Cerise, membre de l'Académie de médecine, précédés d'une notice sur sa vie, par le Dr Poissac. Paris, 1872. 1 vol. in-8°........................ 7 fr. 50

Cerise. — **Des Fonctions et des maladies nerveuses** dans leurs rapports avec l'éducation sociale et privée, morale et physique, par le Dr L. Cerise. 2e édition. Paris, 1871. 1 vol. in-8°............. 7 fr. 50

Chaleix-Vivie et Audebert. — **Traitement de l'avortement incomplet**, par les Drs Chaleix-Vivie et Audebert, chefs de clinique obstétricale à la Faculté de médecine de Bordeaux. Paris, 1896. 1 volume in-8°........................ 4 fr.

Charcot. — Voyez **Traité de médecine**.

CHARPY. — Voir **Traité d'anatomie humaine**, publié par POIRIER et CHARPY.

CHARRIN. — **Leçons de pathogénie appliquée.** *Clinique médicale. Hôtel-Dieu* (1895-1896), par A. CHARRIN, professeur agrégé, médecin des hôpitaux, directeur adjoint au laboratoire de Pathologie générale, assistant au Collège de France, Vice-président de la Société de Biologie. Paris, 1896. 1 vol. in-8°.................. 6 fr.

CHARRIN. — **Poisons de l'organisme**, par le Dr A. CHARRIN, professeur agrégé à la Faculté de Paris. 3 vol. petit in-8° de l'*Encyclopédie des Aide-Mémoire*.
I. — *Poisons de l'urine*, Paris, 1893......................... 2 fr. 50
II. — *Poisons du tube digestif.* Paris 1895 .... 2 fr. 50
III. — *Poisons des tissus.* Paris, 1897......................... 2 fr. 50

CHARRIN. — **Les défenses naturelles de l'organisme** : *Leçons professées au collège de France*, par A. CHARRIN, professeur remplaçant, directeur du laboratoire de médecine expérimentale (Hautes-Etudes), ancien vice-président de la société de Biologie, médecin des hôpitaux. Paris, 1898. 1 vol. in-8°.................. 6 fr.

CHARRIN. — Voir **Traité de médecine** et **Traité de pathologie générale.**

CHASSAIGNAC. — **Du drainage chirurgical.** *Traité pratique de la suppuration*, par le Dr E. CHASSAIGNAC. Paris, 1859. 2 vol. in-8°.............................. 18 fr.

CHASSAIGNAC. — **Traité clinique et pratique des opérations chirurgicales**, ou *Traité de thérapeutique chirurgicale*, par le Dr CHASSAIGNAC. Paris, 1862. 2 vol. gr. in-8°, avec fig. dans le texte......... 28 fr.

CHAUTEMPS. — **L'Organisation sanitaire de Paris.** (Hôpitaux d'isolement. — Voitures d'ambulances. — Stations de désinfection.) Rapport présenté au conseil municipal par le Dr E. CHAUTEMPS. Paris, 1887. 1 vol. in-4°, avec planches................ 5 fr.

CHAUVEL. — **Précis théorique et pratique de l'examen de l'œil et de la vision**, par M. le Dr CHAUVEL, médecin principal de l'armée, professeur à l'École du Val-de-Grâce. Paris, 1883. 1 vol. in-18 diamant, avec 149 figures dans le texte. Cartonné à l'anglaise, tranches rouges....... 6 fr.

CHAUVEL et NIMIER. — **Traité pratique de chirurgie d'armée**, par J. CHAUVEL, médecin principal de 1re classe, professeur à l'École du Val-de-Grâce, et H. NIMIER médecin-major de 2e classe, professeur agrégé à l'Ecole du Val-de-Grâce. Paris, 1889. 1 vol. in-8° avec 126 figures dessinées par le Dr J. E. PESMES, médecin aide-major de 1re classe............... 12 fr.

CHIPAULT. — **Le traitement du mal de Pott**, par le Dr A. CHIPAULT, de Paris. 1 monographie de l'*Œuvre médico-chirurgical*. Paris, 1897.................... 1 fr. 25

Chirurgie (Traité de). — Voyez **Traité.**

CHRISTIAN. — **Étude sur la mélancolie. Des troubles de la sensibilité générale chez les mélancoliques**, par le Dr J. CHRISTIAN, médecin adjoint de l'asile de Montdevergues. Ouvrage couronné par la Société médico-psychologique. Paris, 1876. 1 vol. in-8°...................... 4 fr.

CHRISTIAN. — **Épilepsie, folie épileptique**, par le Dr Jules CHRISTIAN, médecin de la maison nationale de Charenton. Ouvrage couronné par l'Académie royale de médecine de Belgique. Paris, 1890. Br. in-8°.. 3 fr.

CHUQUET. — **L'Hygiène des tuberculeux**, par le Dr A. CHUQUET, ancien interne des hôpitaux de Paris, médecin-consultant à Cannes, avec une introduction du Dr G. DAREMBERG, Membre correspondant de l'Académie de médecine. Paris, 1898. 1 vol. in-16 de la *Bibliothèque d'hygiène thérapeutique*, cartonné toile, tranches rouges........ 4 fr.

CHURCHILL. — **De la Cause immédiate de la phtisie pulmonaire**, de la tuberculose et de leur traitement spécifique par les hypophosphites, d'après les principes de la médecine stœchiologique, par le Dr Francis CHURCHILL. 2e édition. Paris, 1864. 1 fort volume in-8°................... 17 fr.

Codex Medicamentarius. — Pharmacopée française publiée par ordre du gouvernement, conformément à l'arrêté du 22 septembre 1882. 1 volume gr. in-8°, avec supplément publié en 1895, par ordre du gouvernement, cartonné à l'anglaise.. 9 fr.

Franco dans toute la France..... 10 fr.
Supplément seul gr. in-8°, cartonné............................. 1 fr. 50
Franco........................... 2 fr. »

COLIN. — **Paris, sa topographie, son hygiène, ses maladies**, par Léon COLIN, médecin inspecteur de l'armée, directeur du service de santé du gouvernement militaire de Paris. Paris, 1885. 1 volume in-18 diamant, cartonné à l'anglaise, tranches rouges........................... 6 fr.

Collection choisie des anciens Syphiligraphes :

FRACASTOR. — *La Syphilis* (1530). — *Le Mal français* (1546), traduit et commenté par le Dr ALFRED FOURNIER. Paris, 1870, 1 vol. in-18. (Épuisé).

JACQUES DE BÉTHENCOURT.—*Nouveau Carême de pénitence et purgatoire d'expiation*(1527), traduit et commenté par le Dr ALFRED FOURNIER, Paris, 1871. 1 vol. in-18..... 3 fr.
Quelques exemplaires sur hollande. 5 fr.

JEAN DE VIGO. — *Le Mal français* (1514), traduit et commenté par le Dr ALFRED FOURNIER. Paris, 1872. 1 vol. in-18. 3 fr.
Quelques exemplaires sur hollande. 5 fr.

JEAN FERNEL D'AMIENS. — *Le meilleur traitement du Mal vénérien* (1579). Traduction, préface et notes par le Docteur L. LE PILEUR. Paris, 1879. 1 volume in-18, de 393 pages................... 12 fr.
Quelques exemplaires sur hollande. 15 fr.

JOSEPH GRÜNBECK. — *De la Mentulagre ou Mal français*, traduit par le Dr A. CORLIEU. Paris, 1884. 1 vol. in-18......... 3 fr.
Quelques exemplaires sur hollande. 5 fr.

FRANCISCO LOPEZ DE VILLALOBOS. — *Sur les contagieuses et maudites Bubas* (1498). Traduit et commenté par le Dr E. LANQUETIN. Paris, 1890. 1 vol. in-18...... 4 fr.
Quelques exemplaires sur hollande. 6 fr.

COLLET. — **Les troubles auditifs dans les maladies nerveuses**, par J.-F. COLLET, professeur agrégé à la Faculté de médecine de Lyon. *Extrait de deux mémoires couronnés par l'Académie de médecine (Prix Meynot, 1896)*. Paris, 1897. 1 vol. petit in-8° de l'*Encyclopédie des Aide-Mémoire*................ 2 fr. 50

COMBY. — Voir *Traité des Maladies de l'enfance* et *Archives de Médecine des Enfants*.

Congrès français de médecine.

Deuxième session : *Bordeaux*, 1895. Président : M. le professeur BOUCHARD ; publié par le Dr ARNOZAN. Paris, 1896, 1 vol. in-8°...................... 20 fr.

Troisième session : *Nancy*, 1896. Président : M. le professeur PITRES. Rapports, discussions et communications diverses, publiés par les soins des Drs Paul SIMON et Georges ETIENNE. Paris, 1898, 2 vol. gr. in-8°.............................. 20 fr.

Congrès annuels des Médecins aliénistes et neurologistes de France et des pays de langue française.

Première session tenue à Rouen, en 1890. — Comptes rendus des séances et mémoires. 1891. 1 vol. in-8°......... 8 fr.

Deuxième session tenue à Lyon, en 1891. Comptes rendus publiés par le Dr Albert CARRIER, secrétaire général, 1892. 1 vol. in-8°...................... 10 fr.

Troisième session tenue à Blois en 1892. Comptes rendus publiés par les Drs DOUTREBENTE et THIVET, secrétaires. 1893. 1 volume in-8°.................... 10 fr.

Quatrième session tenue à La Rochelle en 1893. Comptes rendus publiés par le Dr MABILLE, secrétaire général. 1894. 1 vol. in-8°..................... 12 fr.

Cinquième session, tenue à Clermont-Ferrand en 1894. Procès-verbaux publiés par le Dr F. DEVAY, secrétaire des séances. Paris, 1895. 1 vol. in-8° avec planches............................ 15 fr.

Sixième session, tenue à Bordeaux en 1895. Procès-verbaux publiés par le Dr Arnozan. Paris, 1896. 1 vol. in-8°... 20 fr.

Septième session, tenue à Nancy en 1896. Comptes rendus des séances et rapports publiés par le Dr VERNET, secrétaire général. Paris, 1897. 2 vol. gr. in-8°. 16 fr.

Huitième session, tenue à Toulouse en 1897. Rapports et comptes rendus publiés par le Dr Victor PARANT, secrétaire général. Paris, 1898. 1 vol. in-8°.......... 20 fr.

Congrès international de Dermatologie et de Syphiligraphie, tenu à Paris en 1889. Comptes rendus publiés par le Dr Henri FEULARD, secrétaire général. Paris, 1890. 1 volume in-8° de 950 pages, avec planches hors texte.................... 16 fr.

Congrès international de médecine mentale, tenu à Paris en 1889. Comptes rendus publiés par le Dr Ant. RITTI, secrétaire général du Congrès. 1891. 1 vol. in-8° avec 9 planches hors texte............ 12 fr.

Congrès pour l'étude de la tuberculose chez l'homme et chez les animaux. — Comptes rendus et mémoires publiés sous la direction de M. le Dr L.-H. PETIT, secrétaire général.

1re session, 1888. 1 volume in-8° 15 fr.
2e session, 1891. 1 volume in-8° 15 fr.
3e session, 1893. 1 volume in-8° 15 fr.
4e session, 1898, 1 volume in-8° 20 fr.

CORLIEU. — Voir *Centenaire de la Faculté de médecine de Paris.*

COUTARET. — **Vingt-cinq ans de chirurgie dans un hôpital de petite ville et à la campagne,** par le Dr C.-L. COUTARET, chirurgien en chef de l'hospice de Roanne (Loire). Paris, 1883. 1 vol. in-8°... 5 fr.

COUTARET. — **Dyspepsie et catarrhe gastrique.** Thérapeutique des maladies digestives, par le Dr C.-L. COUTARET, de Roanne, lauréat de l'Institut. Paris, 1890. 1 fort vol. in-8° de 1,200 pages............... 15 fr.

COYTEUX. — **Étude sur la physiologie,** par M. F. COYTEUX. Paris, 1874. 1 fort vol. gr. in-8°........................ 12 fr.

COZETTE. — Voir DELOBEL et COZETTE. — **La Vaccine et la Vaccination.**

CRITZMAN. — **Le Cancer,** par M. CRITZMAN. Paris, 1894. 1 vol. petit in-8° de l'*Encyclopédie des Aide-Mémoire*....... 2 fr. 50

CRITZMAN. — **La Goutte.** Essai de pathogénie morphologique, par le Dr D. CRITZMAN. Paris, 1899. 1 vol. petit in-8° de l'*Encyclopédie des Aide-Mémoire.* 2 fr. 50

CRITZMAN. — Voyez *Œuvre médico-chirurgical et Archives des Sciences médicales.*

CRUET. — **Hygiène et thérapeutique des maladies de la bouche,** par le Dr CRUET, dentiste des hôpitaux de Paris, avec une préface du professeur LANNELONGUE, membre de l'Institut. Paris, 1899. 1 vol. in-16, de la *Bibliothèque d'Hygiène thérapeutique,* cartonné toile, tranches rouges. 4 fr.

CULLERIER. — **Précis iconographique des maladies vénériennes,** par le Dr CULLERIER. Paris, 1866. 1 vol. gr. in-18 de 700 pages et 74 planches gravées sur acier et coloriées. Relié demi-maroquin. 50 fr.
Le même, gr. in-8° jésus, tiré sur chine. Relié demi-maroquin............. 80 fr.

CZUBERKA. — **Nouveau formulaire de poche** d'après les formules des médecins viennois, par le Dr CARL CZUBERKA. Traduit par M. A. OBERLIN. 3e édition. Paris, 1888. 1 vol. in-18 cartonné toile.......... 5 fr.

DALLEMAGNE. — **Etudes sur la Criminalité,** par J. DALLEMAGNE, professeur de médecine légale à l'Université de Bruxelles. 3 vol.

DALLEMAGNE. — **Physiologie et Pathologie de la volonté,** par J. DALLEMAGNE, 2 vol.

DALLEMAGNE. — **La volonté dans ses rapports avec la responsabilité pénale.** 1 vol.
Pour ces 3 ouvrages, voyez section II.

DASTRE. — **Les Anesthésiques.** *Physiologie et applications chirurgicales,* par M. DASTRE, professeur de physiologie à la Sorbonne. Paris, 1890. 1 vol. in-8°.......... 5 fr.

DEBIERRE. — **L'Hérédité normale et pathologique,** par Ch. DEBIERRE, professeur d'anatomie à l'Université de Lille. Paris, 1897. 1 monographie in-8°, de l'*Œuvre médico-chirurgical*..................... 1 fr. 25

DECHAMBRE. — **Le Médecin.** Devoirs privés et publics; leurs rapports avec la jurisprudence et l'organisation médicales, par le Dr A. DECHAMBRE, membre de l'Académie de médecine, ex-directeur du *Dictionnaire encyclopédique des Sciences médicales.* Paris, 1883. 1 vol. in-18 diamant, cartonné à l'anglaise, tranches rouges. 6 fr.

DECHAMBRE. — Voyez **Dictionnaire encyclopédique, Dictionnaire usuel des Sciences médicales.**

DELFAU. — **Hygiène et thérapeutique thermales,** par G. DELFAU, ancien interne des hôpitaux de Paris. Paris, 1895. 1 vol. in-16 de la *Bibliothèque d'hygiène thérapeutique,* cartonné toile, tranches rouges........................... 4 fr.

DELFAU. — **Les Cures thermales,** par G. DELFAU, ancien interne des hôpitaux de Paris. Paris 1897. 1 vol. in-16 de la *Bibliothèque d'hygiène thérapeutique,* cartonné toile, tranches rouges............ 4 fr.

DELOBEL et COZETTE. — **La Vaccine et la Vaccination,** par le Dr J. DELOBEL et P. COZETTE, médecin vétérinaire. Paris, 1897. 1 vol. petit in-8° de l'*Encyclopédie des Aide-Mémoire*................ 2 fr. 50

DELORE et LUTAUD. — **Traité pratique de l'art des accouchements**, par MM. DELORE, professeur à la Faculté de médecine de Lyon, et LUTAUD, médecin adjoint de Saint-Lazare. Paris, 1883. 1 volume in-8° avec 135 figures.................... 9 fr.

DELORE (Xavier). — Voir PONCET et DELORE.

DEMELIN. — **Anatomie obstétricale**, par le Dr DEMELIN, chef de clinique obstétricale à la Faculté de médecine de Paris. Paris, 1892. 1 vol. petit in-8° de l'*Encyclopédie des Aide-Mémoire*................ 2 fr. 50

DEMMLER. — **Soins à donner aux malades, Hygiène et Surveillance médicale**, par le Dr DEMMLER, membre correspondant de la Société de Chirurgie. Paris, 1896. 1 vol. petit in-8° de l'*Encyclopédie des Aide-Mémoire*.................. 2 fr. 50

Dictionnaire encyclopédique des Sciences médicales, publié sous la direction de MM. les Drs DECHAMBRE (de 1864 à 1885) et LEREBOULLET (de 1886 à 1889). Directeur adjoint : L. HAHN. 100 volumes grand in-8° d'environ 900 pages, avec de nombreuses figures dans le texte... 1,200 fr.

Le *Dictionnaire encyclopédique* a été publié en 5 séries simultanées, se divisant comme suit :

1re SÉRIE (A à E), 36 volumes.
2e — (L à P), 27 —
3e — (Q à T), 18 —
4e — (F à K), 16 —
5e — (U à Z), 3 —

On vend séparément

Chaque volume................ 12 fr.
Chaque demi-volume.......... 6 fr.

Dictionnaire usuel des Sciences médicales, par MM. A. DECHAMBRE, MATHIAS DUVAL, L. LEREBOULLET. 3e édition revue et augmentée. Paris, 1897. 1 très fort vol. in-8° imprimé sur 2 colonnes avec 450 figures dans le texte, relié toile......... 25 fr.
Dos et coins maroquin......... 30 fr.

DIDAY et DOYON. — **Les Herpès génitaux**, par P. DIDAY, ex-chirurgien en chef de l'Antiquaille, et A. DOYON, médecin-inspecteur des eaux d'Uriage. Paris, 1886. 1 vol. in-8°............................ 6 fr.

DIEULAFOY. — **Traité de l'aspiration des liquides morbides**, par le Dr DIEULAFOY. Paris, 1873. 1 vol. in-8°, avec figures. 8 fr.

DIEULAFOY. — **De la Thoracenthèse par aspiration dans la pleurésie aiguë**, par M. le Dr DIEULAFOY, professeur agrégé à la Faculté de médecine de Paris. Paris, 1878. In-8°....................... 2 fr.

DIEULAFOY. — **Manuel de Pathologie interne**, par G. DIEULAFOY, professeur de clinique médicale de la Faculté de médecine de Paris, médecin de l'Hôtel-Dieu, membre de l'Académie de médecine, 11e édition. Paris, 1898. 4 vol. in-16 diamant avec figures en noir et en couleurs, cartonnés à l'anglaise, tranches rouges 28 fr.

DIEULAFOY. — **Clinique médicale de l'Hôtel-Dieu de Paris**, par le professeur G. DIEULAFOY, membre de l'Académie de médecine. 3 vol. gr. in-8°, avec figures dans le texte.

I. — 1896-1897, 1 vol. in-8°...... 10 fr.
II. — 1897-1898, 1 vol. in-8°..... 10 fr.
III. — 1898-1899, 1 vol. in-8°.... 10 fr.

DOLBEAU. — **Leçons de clinique chirurgicale**, professées à l'Hôtel-Dieu de Paris, par le professeur DOLBEAU, et recueillies par le Dr BESNIER. Paris, 1866. 1 vol. in-8°. 7 fr.

DOYON (A.). — **Uriage et ses eaux minérales**, par le docteur A. DOYON, médecin-inspecteur. 2e édition augmentée de la florale d'Uriage et d'une carte géologique des montagnes d'Uriage. Paris, 1884. 1 vol. in-12. 2 fr.

DOYON (M.). — Voir MORAT et DOYON. — **Traité de physiologie**.

DUBREUILH et BEILLE. — **Les parasites animaux de la peau humaine**, par W. DUBREUILH et L. BEILLE, professeurs agrégés à la Faculté de médecine de Bordeaux. Paris, 1896. 1 vol. petit in-8° de l'*Encyclopédie des Aide-Mémoire*.......... 2 fr. 50

DUBRUEIL (A.). — **Eléments de médecine opératoire**, par M. A. DUBRUEIL, professeur à la Faculté de médecine de Montpellier. Paris, 1875. 1 vol. in-8° de 900 pages, avec 435 figures dans le texte..... 11 fr.

DU CAZAL et CATRIN. — **Médecine légale militaire**, par les D^{rs} DU CAZAL et CATRIN, professeurs au Val-de-Grâce. Paris, 1893. 1 vol. petit in-8° de l'*Encyclopédie des Aide-Mémoire*.............. 2 fr. 50

DUCLAUX. — **Pasteur. Histoire d'un esprit.** par E. DUCLAUX, membre de l'Institut, directeur de l'Institut Pasteur, professeur à la Sorbonne et à l'Institut Agronomique. Paris. 1893. 1 vol. gr. in-8° avec 22 figures dans le texte.................. 5 fr.

DUCLAUX. — **Traité de Microbiologie**, par E. DUCLAUX, directeur de l'Institut Pasteur, membre de l'Institut professeur à la Sorbonne, et à l'Institut Agronomique.
Tome I. — *Microbiologie générale*. Paris, 1897. 1 vol. gr. in-8° avec fig. 15 fr.
Tome II. — *Diastases, toxines et venins*. Paris, 1898, 1 vol. gr. in-8° avec figures............................. 15 fr.
L'ouvrage formera 7 volumes qui paraîtront successivement

DUFLOCQ. — **Leçons sur les bactéries pathogènes**, faites à l'Hôtel-Dieu annexe par P. DUFLOCQ. Paris, 1897. 1 vol. in-8°................... 10 fr.

DUFOURT. — **Les lois de l'énergétique dans le régime du diabète sucré**. par le Dr E. DUFOURT, ancien chef de clinique médicale à la Faculté de Lyon, médecin de l'hôpital thermal de Vichy. Paris, 1899. 1 monographie in-8° de l'*Œuvre médico-chirurgical*................... 1 fr. 25

DUHRING. — **Traité pratique des maladies de la peau**, par M. Louis-A. DUHRING, professeur de dermatologie à l'hôpital de l'Université de Pensylvanie. Traduit et annoté sur la deuxième édition anglaise, par MM. Toussaint BARTHÉLEMY et Adolphe COLSON, avec une préface par M. le professeur Alfred FOURNIER, Paris, 1883. 1 fort vol. gr. in-8°, avec 70 figures dans le texte................... 15 fr.

DUPLAY. — **Cliniques chirurgicales de l'Hôtel-Dieu**, par Simon DUPLAY, professeur de clinique chirurgicale à la Faculté de médecine de Paris, membre de l'Académie de médecine, chirurgien de l'Hôtel-Dieu. Recueillies et publiées par les Drs M. CAZIN, chef de clinique chirurgicale à l'Hôtel-Dieu, et S. CLADO, chef des travaux gynécologiques à l'Hôtel-Dieu.
Première série. Paris, 1897. 1 vol. in-8° avec figures dans le texte.......... 7 fr.
Deuxième série. Paris, 1898. 1 vol. in-8° avec figures dans le texte.......... 8 fr.
Troisième série. Paris, 1899. 1 vol. in-8° avec figures dans le texte.

DUPLAY. — Voyez **Traité de chirurgie** et FOLLIN et DUPLAY.

DUVAL. — **Atlas d'Embryologie**, par M. MATHIAS DUVAL, professeur d'histologie à la Faculté de médecine de Paris, membre de l'Académie de médecine. Paris, 1888. 1 vol. in-4°, avec 40 planches en noir et en couleurs comprenant ensemble 652 figures. Cartonné toile................ 48 fr.

DUVAL. — **Précis d'histologie**, par M. MATHIAS DUVAL, professeur à la Faculté de médecine de Paris, membre de l'Académie de médecine. Paris. 1897. 1 vol. gr. in-8° de XXXII-956 pages avec 408 fig. dans le texte...................... 18 fr.

DUVAL. — Voyez **Dictionnaire usuel**.

DUVAL et LEREBOULLET. — **Manuel du microscope**, dans ses applications au diagnostic et à la clinique, par MM. DUVAL et LEREBOULLET, 2e édition entièrement revue. Paris, 1877. 1 vol. in-18 diamant avec 96 fig. dans le texte, cartonné toile anglaise. 6 fr.

EHLERS. — **L'Ergotisme** (*Ignis sacer, ignis sancti Antoni*), par le Dr Edward EHLERS, de Copenhague. Paris, 1896. 1 vol. petit in-8° de l'*Encyclopédie des Aides-Mémoire*..................... 2 fr. 50

Encyclopédie scientifique des Aide-Mémoire, publiée sous la direction de M. H. LÉAUTÉ, membre de l'Institut. 300 volumes environ, paraissant de mois en mois.
— Il est publié de 25 à 30 volumes par an.
Chaque volume est vendu séparément :
Broché..................... 2 fr. 50
Cartonné toile.............. 3 fr. »

La publication est divisée en deux sections : **Section de l'ingénieur, Section du Biologiste**, qui paraissent simultanément. Les volumes publiés figurent à leur rang alphabétique dans les diverses sections du *Catalogue général*. Il est, en outre, tenu à la disposition des lecteurs un catalogue spécial, et constamment mis au courant, de l'Encyclopédie.

ESBACH. — **Les Calculs urinaires et biliaires** Physiologie. — Analyse. — Thérapeutique, par le D ESBACH, chef du laboratoire de chimie à la clinique médicale de Necker. Paris, 1885. 1 vol. in-8° avec figures 3 f. 50

Faculté de Médecine de Paris. — Indications aux aspirants aux grades de docteur en médecine, d'officier de santé, de chirurgien-dentiste et de sage-femme. Brochure in-18........................... 1 fr.

Cette brochure, toujours tenue au courant de toutes les mutations, est publiée chaque année.

FAISANS. — **Maladies des organes respiratoires.** *Méthodes d'exploration, signes physiques*, par Léon FAISANS, médecin de la Pitié. *Deuxième édition*. Paris, 1898. 1 vol. petit in-8°, de l'*Encyclopédie des Aide-Mémoire*............... 2 fr. 50

FARABEUF. — **Précis de manuel opératoire.** Ligatures, Amputations, Résections. Appendice, par M. L.-H. FARABEUF, professeur à la Faculté de médecine de Paris, membre de l'Académie de médecine. Nouvelle édition entièrement revue. Paris, 1893-95. 1 vol. petit in-8°, avec 799 figures........ 16 fr.

FÉLIZET. — **La Cure radicale des hernies, particulièrement chez les enfants**, par le Dr G. FÉLIZET, chirurgien des enfants de l'hôpital Tenon. Paris, 1890. Brochure in-8°, avec 4 planches............... 2 fr. 50

FÉLIZET. — **De la Circoncision.** Indications et manuel opératoire, par le Dr G. FÉLIZET, chirurgien des Enfants de l'hôpital Tenon. Paris, 1891. Br. in-8°, avec 10 fig. 1 fr. 50

FÉLIZET. — **Les Hernies inguinales de l'Enfance**, par le Dr G. FÉLIZET, chirurgien de l'hôpital Tenon (Enfants-Malades). Paris, 1874. 1 vol. grand in-8°, avec 73 figures dans le texte............... 10 fr.

FÉRÉ. — **Épilepsie**, par le D^r Ch. FÉRÉ, médecin de Bicêtre. Paris, 1892. 1 volume petit in-8° de l'*Encyclopédie des Aide-Mémoire*............... 2 fr. 50

FERNEL (Jean) (d'Amiens). — Voyez **Collection des Anciens syphiligraphes.**

FLOQUET. — **Code pratique des honoraires médicaux**, par le D^r Ch. FLOQUET, licencié en droit, médecin en chef du palais de justice et du tribunal de commerce, membre de la société de médecine légale de France, avec une préface de M. BROUARDEL, doyen de la Faculté de médecine de Paris. 1898. 2 vol. petit in-8°............... 10 fr.

FLOQUET. — Voyez LECHOPIÉ et FLOQUET. *La nouvelle législation médicale.*

FOLLIN et DUPLAY. — **Traité élémentaire de pathologie externe**, par MM. E. FOLLIN, professeur agrégé à la Faculté de médecine de Paris, et Simon DUPLAY, professeur de pathologie externe à la Faculté de médecine. Paris, 1877-88. 7 volumes grand in-8°, avec figures dans le texte......... 100 fr.

On vend séparément :

I. *Inflammation, Tumeurs, Plaies, Maladies virulentes (Syphilis)*............ 10 fr.
II. *Maladies des tissus*............ 13 fr.
III. *Maladies des tissus, Maladies des régions*............................ 14 fr.
IV. *Maladies des yeux, Maladies des oreilles, Maladies de la bouche*........ 15 fr.
V. *Maladies du cou, de la poitrine et de l'abdomen* .... 16 fr.
VI. *Maladies de l'abdomen, Maladies du bassin, Maladies de l'anus et du rectum, Maladies des organes urinaires*...... 16 fr.
VII. *Maladies des organes urinaires (suite). Maladies des organes génitaux, Maladies des membres*............... 18 fr.

FORGUE et RECLUS. — **Traité de thérapeutique chirurgicale**, par Em. FORGUE, professeur de clinique chirurgicale à la Faculté de Montpellier, membre correspondant de la société de chirurgie, chirurgien en chef de l'hôpital Saint-Eloi, et P. RECLUS, professeur agrégé à la Faculté de médecine de Paris, membre de l'Académie de médecine, secrétaire général de la société de chirurgie, chirurgien de l'hôpital Laënnec. Paris, 1898, 2e édition, entièrement refondue, 2 forts volumes grand in-8°, avec 472 figures............... 34 fr.

FOURNIER. — **De l'Ataxie locomotrice d'origine syphilitique** (tabes spécifique). Leçons cliniques professées à l'hôpital Saint-Louis, par le Dr Alfred FOURNIER, professeur à la Faculté de médecine de Paris, médecin de l'hôpital Saint-Louis. Paris, 1882. 1 volume in-8°............... 7 fr.

FOURNIER. — **Leçons sur la période préataxique du tabes d'origine syphilitique**, par le Dr Alfred FOURNIER, professeur à la Faculté de médecine de Paris, médecin de l'hôpital Saint-Louis, membre de l'Académie de médecine, recueillies par W. DUBREUILH, interne des hôpitaux. Paris, 1885. 1 vol. in-8°................... 7 fr.

FOURNIER. — **La Syphilis héréditaire tardive**. Leçons professées par le Dr Alfred FOURNIER, professeur à la Faculté de médecine de Paris, médecin de l'hôpital Saint-Louis, membre de l'Académie de médecine. 1886. 1 vol. grand in-8°, avec 31 figures dans le texte, par Alfred FORGERON. 15 fr.

FOURNIER. — **Syphilis et Mariage**. Leçons professées à l'hôpital Saint-Louis, par le professeur Alfred FOURNIER, médecin de l'hôpital Saint-Louis, membre de l'Académie de médecine de Paris. 2° édition, revue et augmentée. Paris, 1890. 1 volume in-8° 7 fr.

FOURNIER. — **L'Hérédité syphilitique**. Leçons professées à l'hôpital Saint-Louis par le professeur Alfred FOURNIER, médecin de l'hôpital St-Louis, recueillies par le Dr P. PORTALIER. Paris, 1891. 1 vol. in-8°. 7 fr.

FREDERICQ et NUEL. — **Éléments de physiologie humaine**, à l'usage des Étudiants en médecine, par M. Léon FREDERICQ et J.-P. NUEL, professeurs à l'Université de Liège. 4° édition revue et corrigée. Gand, 1899. 1 vol. gr. in-8°. avec de nombreuses figures........ 12 fr. 50

FREY (H.). — **Précis d'histologie**, par M. FREY, professeur à l'Université de Zurich. Deuxième édition française traduite sur la 3° édition allemande, par le Dr L. GAUTIER. Paris, 1886. 1 vol. in-18, avec 227 figures dans le texte.............. 3 fr. 50

GALIPPE et BARRÉ. — **Le Pain**, par les Drs V. GALIPPE, chef de laboratoire à la Faculté de médecine de Paris, vice-président de la Société de Biologie, et G. BARRÉ, ingénieur agronome, avec une préface de M. TARNIER, professeur à l'Ecole de médecine. Paris, 1895. 2 vol. petit in-8° de l'*Encyclopédie des Aide-Mémoire*.

I. — *Aliment minéralisateur. Physiologie. Composition. Hygiène et Thérapeutique*................. 2 fr. 50

II. — *Technologie. Pains divers. Altérations*................... 2 fr. 50

GANGOLPHE. — **Maladies infectieuses et parasitaires des Os**, par M. GANGOLPHE, professeur agrégé de la Faculté de médecine, chirurgien en chef désigné de l'Hôtel-Dieu de Lyon. Paris, 1894. 1 vol. in-8°, avec figures................ 16 fr.

GARIEL (Ch.). — **Cours de physique médicale**, par M. Ch. GARIEL, professeur à la Faculté de médecine, 3° édition. Paris, 1892, 1 vol. in-8° avec 505 figures dans le texte........................... 12 fr.

GAUCHER. — **Traitement de la syphilis**, par E. GAUCHER, professeur agrégé à la Faculté de médecine de Paris, médecin de l'hôpital Saint-Antoine. Paris, 1899. Monographie in-8° de l'*Œuvre médico-chirurgical*. 1 fr. 25

GAUTIER (A.). — **Chimie appliquée à la physiologie, à la pathologie, à l'hygiène**, avec les analyses et les méthodes de recherches les plus nouvelles, par M. GAUTIER, professeur à la Faculté de médecine, membre de l'Institut. Paris, 1874. 2 vol. in-8°, avec figures dans le texte............. 18 fr.

GAUTIER (A.). **Cours de chimie minérale et organique**, par M. Arm. GAUTIER, membre de l'Institut, professeur de chimie à la Faculté de médecine de Paris. 2° édition, revue et mise au courant des travaux les plus récents. 2 vol. gr. in-8°, avec figures dans le texte.

I. *Chimie minérale*. Paris, 1895. 1 vol. grand in-8°, avec 244 figures dans le texte........................ 16 fr.

II. — *Chimie organique*. Paris, 1896. 1 vol. gr. in-8°, avec 72 figures.... 16 fr.

GAUTIER (A.). — **Leçons de Chimie biologique normale et pathologique**, 2° édit., publiée avec la collaboration de M. ARTHUS, professeur de physiologie à l'Université de Fribourg. Paris, 1897, 1 vol. in-8°, avec 110 figures................... 18 fr.

GAUTIER (A.). **La Chimie de la cellule vivante**, par M. Arm. GAUTIER, professeur à la Faculté de médecine. Membre de l'Institut. *Deuxième édition*. Paris, 1898. 1 vol. petit in-8°, de l'*Encyclopédie des Aide-Mémoire*.................... 2 fr. 50

GAUTIER. — **Emplois thérapeutiques de l'acide cacodylique et de ses dérivés**, par A. GAUTIER, de l'Institut. Paris, 1899. 1 brochure in-8°.............. 1 fr. 50

GAUTIER (L.). — **Guide pratique pour l'analyse chimique et microscopique de l'urine, des sédiments et des calculs urinaires**, par le Dr L. GAUTIER. Paris, 1887. 1 vol. in-18 avec 90 fig.............. 3 fr. 50

GAYET. — **Éléments d'ophtalmologie** à l'usage des médecins praticiens. Leçons cliniques professées à la Faculté de médecine de Lyon, par le Dr GAYET. Paris, 1893. 1 vol. in-8°.................. 8 fr.

Gazette hebdomadaire de médecine et de chirurgie, fondée en 1854. *Troisième série*. Deux éditions par semaine, le jeudi et le dimanche. L. LEREBOULLET, CH. ACHARD, A. BROCA, directeurs.

Abonnement aux deux éditions (104 numéros) : France, 8 fr. Etranger, 11 fr.

Abonnement à une édition seule (52 numéros) : France, 5 fr. Etranger, 7 fr.

GILBERT et CARNOT. — **L'Opothérapie :** *Traitement de certaines maladies par des extraits d'organes animaux*, par A. GILBERT, professeur agrégé, chef de laboratoire à la Faculté de médecine de Paris, et L. CARNOT, docteur ès-sciences, ancien interne des hôpitaux de Paris, 1898. 1 brochure in-8° de l'*Œuvre Médico-Chirurgical*, avec figures................ 1 fr. 25

GILIS. — **Précis d'Embryologie** adapté aux sciences médicales, par PAUL GILIS, professeur agrégé à la Faculté de médecine de Montpellier, avec préface par M. le professeur DUVAL. Paris, 1891. 1 vol. in-18 diamant, avec 175 figures. Cart. toile, tranches rouges.................... 6 fr.

GIRAUDEAU. — **Des péricardites**, par le Dr C. GIRAUDEAU. Paris, 1898. 1 vol. petit in-8°, de l'*Encyclopédie des Aide-Mémoire*..................... 2 fr. 50

GOUGUENHEIM et TISSIER. — **Phtisie laryngée**, par MM. A. GOUGUENHEIM, médecin de l'hôpital Lariboisière et de la clinique laryngologique de l'hôpital Lariboisière, et P. TISSIER, interne des hôpitaux. Paris, 1888. 1 vol. in-8°, avec figures dans le texte et 5 planches, dont 3 en chromolithographie..................... 8 fr.

GOUGUENHEIM et GLOVER. — **Atlas de laryngologie et de rhinologie**, par A. GOUGUENHEIM, médecin de l'hôpital Lariboisière, et J. GLOVER, ancien interne de la clinique laryngologique de l'hôpital Lariboisière. Ouvrage couronné par l'Académie (prix Laborie), par l'Institut (1re mention, prix Montyon), par la Faculté de médecine (prix Châteauvillard). Paris, 1894. in-4°, avec 37 planches en noir et en couleurs, comprenant ensemble 246 figures, et 47 figures dans le texte. Légendes en langue anglaise et en langue française, relié toile....................... 50 fr.

GOWERS (W.-R.). — **De l'Épilepsie et autres maladies convulsives chroniques**, par W. R. GOWERS, professeur adjoint de clinique médicale à University College. Traduit de l'anglais par le Dr Albert CARRIER, médecin des hôpitaux de Lyon. Paris, 1883. 1 fort volume grand in-8°........ 10 fr.

GRANCHER. — Voir **Traité des maladies de l'enfance** et **Archives de médecine des enfants**.

GRASSET. — **Consultations médicales sur quelques maladies fréquentes**, par le Dr GRASSET, professeur de clinique médicale à l'Université de Montpellier, correspondant de l'Académie de médecine. *Quatrième édition*, revue et considérablement augmentée. Montpellier, 1898. 1 vol. in-16, reliure souple, peau pleine...... 4 fr. 50

GRASSET. — **Leçons de clinique médicale**, faites à l'hôpital Saint-Eloi de Montpellier par le Dr J. GRASSET, professeur de clinique médicale à l'Université de Montpellier, correspondant de l'Académie de médecine, lauréat de l'Institut.

1re SÉRIE (1886-90). Montpellier, 1891. 1 vol. in-8°, avec 10 planches...... 12 fr.

2e SÉRIE (novembre 1890-juillet 1895). Montpellier, 1896. 1 fort vol. in-8°, avec 1 figure dans le texte et 10 planches lithographiées..................... 12 fr.

3e SÉRIE (novembre 1895-mars 1898). Montpellier 1898. 1 vol. in-8° de VII-826 pages, avec 20 planches hors texte, dont 10 en couleurs et 6 en phototypie........ 15 fr.

GRASSET. — **Traité pratique des maladies du système nerveux**, par le professeur GRASSET, en collaboration avec le Dr RAUZIER. 4e édition. Montpellier, 1894. 2 vol. grand in-8° raisin, avec 33 planches en chromo, héliogravure et lithographie, hors texte et 122 figures dans le texte (*Ouvrage couronné par l'Institut : Prix Lallemand*)..................... 45 fr.

GRASSET. — **Le Médecin de l'amour au temps de Marivaux**. Etude sur Boissier de Sauvages, d'après des documents inédits, par le professeur GRASSET. Montpellier, 1896. 1 vol. in-8°........ 3 fr. 50

GRÉHANT. — **Les Gaz du sang**, par N. GRÉHANT, professeur de physiologie générale au Muséum d'histoire naturelle, membre de la Société de biologie. Paris, 1894, 1 vol. petit in-8° de l'*Encyclopédie des Aide-Mémoire*.............. 2 fr. 50

GRISOLLE. — **Traité de pathologie interne**, par le Dr GRISOLLE (P. F. P.). 9e édition, nouveau tirage augmenté de l'éloge du professeur GRISOLLE, par le professeur BÉHIER. Paris, 1879. 2 vol. grand in-8°.... 18 fr.

GUERRIER et ROTUREAU. — **Manuel pratique de jurisprudence médicale**. Ouvrage résumant la jurisprudence professionnelle, les textes de lois et les règlements utiles à tous ceux qui pratiquent l'art de guérir, par L. GUERRIER et ROTUREAU, avocats à la Cour d'appel de Paris, avec préface et introduction par M. le Dr ROGER, président de l'Association générale des médecins de France, et M. le Professeur BROUARDEL, doyen de la Faculté de médecine de Paris. Paris, 1890. 1 volume in-18........ 5 fr.

GUILLEMIN. — **Les bandages et les appareils à fractures.** — Manuel de déligation chirurgicale, contenant la description d'un certain nombre de bandages nouveaux, par M. le Dr GUILLEMIN, médecin-major des hôpitaux militaires. 2e édition. Paris, 1881. 1 vol. in-18 diamant, avec 155 figures dans le texte cartonné à l'anglaise, tranches rouges .... 6 fr.

HAMEAU. — **Etude sur les virus**, par Jean HAMEAU, docteur en médecine à La Teste, membre correspondant de la société royale de médecine et de l'Académie des sciences, belles-lettres et arts de Bordeaux (1836 et 1847). Préface par M. GRANCHER, professeur à la Faculté de médecine de Paris. Paris, 1895, 1 vol. in-8°................. 4 fr.

HANOT. — **De l'Endocardite aiguë**, par le Dr HANOT, professeur agrégé, médecin de l'hôpital Saint-Antoine. Paris, 1893. 1 vol. petit in-8° de l'*Encyclopédie des Aide-Mémoire*....................... 2 fr. 50

HAREN NOMAN (VAN). — **Casuistique et diagnostic photographique des maladies de la peau**, par le Dr D. VAN HAREN NOMAN, professeur de clinique dermatologique et syphiligraphique à la Faculté de médecine d'Amsterdam.

L'ouvrage sera publié en 10 livraisons. Chaque livraison comptera 6 planches avec 9 photographies et leur texte, qui comprendra la symptomatologie, le diagnostic différentiel et la description casuistique des maladies représentées par les photographies.

En vente, livraisons 1 à 9.

On peut souscrire à raison de 10 fr. par livraison.

HAYEM. — **Recherches sur l'anatomie normale et pathologique du sang**, par M. Georges HAYEM, professeur à la Faculté de médecine de Paris. Paris, 1878. 1 volume in-8° avec figures et 1 planche. 5 fr.

HAYEM. — **Recherches sur l'anatomie pathologique des atrophies musculaires**, par M. Georges HAYEM, professeur à la Faculté de médecine de Paris. Paris, 1878. 1 volume in-4° avec 10 planches.. 10 fr.

HAYEM. — **Leçons sur les modifications du sang sous l'influence des agents médicamenteux et des pratiques thérapeutiques**, par M. GEORGES HAYEM, professeur à la Faculté de médecine de Paris, recueillies et rédigées par M. le Dr L. DREYFUS-BRISAC. — Emissions sanguines. — Transfusion du sang. — Fer. Paris, 1882. 1 vol. in 8°, avec 43 figures dans le texte et 1 planche........................ 12 fr.

HAYEM. — **Du Sang et de ses altérations anatomiques**, par G. HAYEM, professeur à la Faculté de médecine de Paris, médecin des hôpitaux, membre de l'Académie de médecine. Paris, 1889. 1 vol. in-8°, avec nombreuses figures noires et en couleurs dans le texte, relié toile à biseaux. 32 fr.

HAYEM. — **Traitement du choléra**, par le Dr G. HAYEM, professeur à la Faculté de médecine. Paris, 1885. 1 volume in-18. Cartonné toile................ 2 fr. 50

HAYEM. — **Leçons de thérapeutique**, par le Dr GEORGES HAYEM, professeur à la Faculté de médecine de Paris.

Les *Médications* comprennent quatre volumes ainsi divisés :

1re SÉRIE. — Les médications. — Médication désinfectante. — Médication sthénique. — Médication antipyrétique. — Médication antiphlogistique. Paris, 1887. 1 vol. in-8°....................... 8 fr.

2ᵉ SÉRIE. — De l'action médicamenteuse. — Médication antihydropique. — Médication hémostatique. — Médication reconstituante. — Médication de l'anémie. — Médication du diabète sucré. — Médication de l'obésité. — Médication de la douleur. Paris, 1890. 1 volume in-8° (*Épuisé*)

3ᵉ SÉRIE. — Médication de la douleur (*suite*). — Médication hypnotique. — Médication stupéfiante. — Médication antispasmodique. — Médication excitatrice de la sensibilité. — Médication hypercinétique. — Médication de la kinésitaraxie cardiaque. — Médication de l'asystolie. — Médication de l'ataxie et de la neurasthénie cardiaques. Paris, 1891. 1 volume in-8°....... 8 fr.

4ᵉ SÉRIE. — Médication antidyspeptique. — Médication de la toux. — Médication expectorante. — Médication de l'albuminurie. — Médication de l'urémie. — Médication antisudorale. Paris, 1893. 1 volume in-8°.................. 12 fr.

HAYEM. — **Leçons de thérapeutique** : *Les agents physiques :* agents thermiques, électricité, modifications de la pression atmosphérique, climats et eaux minérales. Paris, 1894. 1 volume grand in-8°, avec nombreuses figures et une carte....... 12 fr.

HÉNOCQUE. — **Spectroscopie biologique**, par le Dr Albert HÉNOCQUE, directeur adjoint du laboratoire de physique biologique du Collège de France. 3 vol. petit in-8° de l'*Encyclopédie des Aide-Mémoire*.

I. *Spectroscopie du sang.* Paris, 1895. Avec figures dans le texte.   2 fr. 50

II. *Spectroscopie des organes, des tissus et des humeurs.* Paris, 1897. Avec figures dans le texte...........   2 fr. 50

III. *Spectroscopie de l'urine et des pigments.* Paris, 1898..............   2 fr. 50

HERZEN. — Voyez WALLER. **Éléments de physiologie humaine.**

HIGGENS. — **Pratique journalière de l'ophtalmologie**, traduit sur la 3ᵉ édition anglaise, par le Dr GENDRON. Paris, 1887. 1 vol. in-12......................   2 fr.

HIRSCHFELD. — **Traité et iconographie du système nerveux et des organes des sens de l'homme**, avec leur mode de préparation, par M. Ludovic HIRSCHFELD, professeur à la Faculté de Varsovie. 2ᵉ édition. Paris, 1878. 1 vol. in-8° de texte, avec un atlas in-4° colombier de 92 planches, dessinées d'après les préparations de l'auteur, par M. LÉVEILLÉ.

Planches noires................   60 fr.
— coloriées..............   110 fr.
Reliure des deux volumes.......   10 fr.

HIRSCHFELD. — Voyez BONAMY.

HOGG. — **Premiers secours aux malades et aux blessés**, par WALTER DOUGLAS HOGG, membre de la commission d'hygiène du VIᵉ arrondissement, directeur des conférences de l'Union des Femmes de France (Croix rouge). *Sixième édition*, avec 28 figures dans le texte. Paris, 1894. 1 volume in-18, cartonnage souple........   1 fr. 25

HOPPE-SEYLER. — **Traité d'analyse chimique** appliquée à la physiologie et à la pathologie. Guide pratique pour les recherches cliniques, par M. HOPPE-SEYLER, professeur à l'Université de Strasbourg. Traduit de l'allemand, sur la 4ᵉ édition et annoté par F. SCHLAGDENHAUFFEN, professeur à l'École supérieure de Pharmacie de Nancy. Paris, 1877. 1 volume in-8° avec figures ....   10 fr.

HORTELOUP. — **Leçons sur l'Urétrite chronique** (goutte militaire), faites en 1891 à l'hôpital Necker, par le Dr HORTELOUP et recueillies par le Dr ED. WICKHAM. Paris, 1892. 1 vol. in-8°, avec 4 planche en couleurs..........................   5 fr.

HUGOUNENQ. — **Traité des poisons** (*Hygiène industrielle, Chimie légale*), par le Dr Louis HUGOUNENQ, agrégé à la Faculté de médecine de Lyon. Paris, 1890. 1 vol. in-8°   8 fr.

Iconographie de la Salpêtrière (Nouvelle) fondée en 1888, par CHARCOT, publiée par MM. RAYMOND, JOFFROY, FOURNIER, RICHER, GILLES DE LA TOURETTE, LONDE, in-8°.

Tous les deux mois : Paris, 25 fr. ; Départements, 27 fr. ; Union postale..   28 fr.

JAQUET. — **L'Alcoolisme**, par le Dr A. JAQUET, privat docent à l'Université de Bâle, Paris 1897. Monographie de l'*Œuvre médico-chirurgical*, brochure in-8°. 1 fr. 25.

JAUMES. — **Traité de pathologie et de thérapeutique générales**, par M. JAUMES, professeur à la Faculté de Montpellier; ouvrage publié par son fils, avec une notice biographique par M. FONSSAGRIVES. Paris, 1869. 1 vol. in-8° de 1,100 pages. 16 fr.

JAVAL. — **Mémoires d'ophtalmométrie**, annotés et précédés d'une introduction, par E. JAVAL, membre de l'Académie de médecine. Paris, 1890. 1 fort volume in-8°, avec 135 figures........................ 20 fr.

JAVAL. — **Manuel théorique et pratique du strabisme**, par le Dr E. JAVAL, membre de l'Académie de médecine, Paris, 1896. 1 vol. in-18 jésus, avec 44 figures dans le texte, une planche en couleurs et un étui contenant 48 cartons stéréoscopiques. 5 fr.

JAVAL. — **Hygiène des Écoles primaires et des Écoles maternelles**, rapport d'ensemble à M. le ministre de l'Instruction publique, 2e tirage. Paris, 1884. 1 volume in-8°........................ 2 fr. 50

JONNESCO. — Voir **Archives des Sciences médicales**.

Journal de physiologie et de pathologie générale, publié par MM. BOUCHARD et CHAUVEAU, in-8°, tous les deux mois, depuis janvier 1899. Paris : 28 fr.; France et union postale : 30 fr.

KAPOSI. — **Pathologie et traitement des maladies de la peau**. Leçons à l'usage des médecins praticiens et des étudiants par le professeur Moriz KAPOSI, traduction avec notes et additions par MM. Ernest BESNIER, membre de l'Académie de médecine, médecin de l'hôpital Saint-Louis, et Adrien DOYON, correspondant de l'Académie de médecine, médecin-inspecteur des eaux d'Uriage. Seconde édition française, avec figures noires et couleurs. Paris, 1891. 2 forts volumes grand in-8°........ 30 fr.

KIRMISSON. — **Leçons cliniques sur les maladies de l'appareil locomoteur** (*os, articulations, muscles*), par le Dr KIRMISSON, professeur agrégé à la Faculté de médecine, chirurgien des hôpitaux, membre de la Société de chirurgie. Paris, 1890. 1 volume in-8°, avec figures dans le texte. 10 fr.

KIRMISSON. — **Traité des maladies chirurgicales d'origine congénitale**, par le Dr E. KIRMISSON, professeur agrégé, chirurgien de l'hôpital Trousseau. Paris, 1898. 1 vol. in-8°, avec 311 figures dans le texte et 2 planches en couleurs............ 15 fr.

KIRMISSON. — Voyez **Manuel de Pathologie externe**, **Revue d'Orthopédie** et **Traité de Chirurgie**.

KLIPPEL. — **Les paralysies générales progressives**, par le Dr M. KLIPPEL, médecin des hôpitaux de Paris. 1898. 1 monographie in-8°, de l'*Œuvre médico-chirurgical*........................ 1 fr. 25

KOSSEL. — **Le traitement de la Diphtérie au moyen du sérum de Behring**, par le Dr H. KOSSEL, de Berlin. — 5me édition, traduite par le Dr O. DELBASTAILLE, de Liège. Paris. 1895. 1 vol. in-16 cartonné........................ 1 fr. 25

KRAFFT. — **Le massage des contusions et entorses fraîches**, par le Dr KRAFFT (de Lausanne). Paris 1896. 1 vol. in-18, cartonné toile rouge avec 8 planches.. 3 fr.

LABBÉ et COYNE. — **Traité des tumeurs bénignes du sein**, par le Dr Léon LABBÉ, chirurgien de l'hôpital de la Pitié, professeur agrégé à la Faculté de médecine de Paris, et le Dr Paul COYNE, professeur à la Faculté de médecine de Bordeaux. Paris, 1876. 1 vol. in-8°, avec 4 planches en couleur et 37 figures dans le texte.... 12 fr.

LABORDE ET DUQUESNEL. — Voyez la section **Chimie et pharmacologie**.

LACASSAGNE. — **Précis de médecine judiciaire**, par M. A. LACASSAGNE, professeur à la Faculté de médecine de Lyon. 2e édition. Paris, 1886. 1 volume in-18 diamant, avec 47 figures dans le texte et 4 planches en couleur, cartonné à l'anglaise, tranches rouges......... 7 fr. 50

LACASSAGNE. — **Précis d'hygiène privée et sociale**, par M. A. LACASSAGNE, professeur à la Faculté de médecine de Lyon. 4e édition revue et augmentée. Paris, 1894. 1 vol. in-16 diamant, cartonné à l'anglaise, tranches rouges........... 7 fr.

LALESQUE. — **Cure marine de la phtisie pulmonaire**, par le Dr F. LALESQUE, ancien interne des hôpitaux de Paris. Paris,

1897. 1 vol. in-8° avec planches, dessins, tableaux et graphiques............ 6 fr.

LAMY. — **La syphilis des centres nerveux**, par le D⁰ Henri LAMY, ancien interne des hôpitaux de Paris. Paris, 1895. 1 vol. petit in-8° de l'*Encyclopédie des Aide-Mémoire*...................... 2 fr. 50

LANCEREAUX et LACKERBAUER. — **Atlas d'anatomie pathologique**, par le D⁰ LANCEREAUX. Paris, 1871. 1 volume de texte et un atlas de 60 planches en couleur, dessinées d'après nature et lithographiées par M. LACKERBAUER, avec texte explicatif en regard. 2 vol. in-8° jésus........... 80 fr.
Relié demi-maroquin .... 90 fr.

LANDOLT et GYGAX. — **Précis de thérapeutique ophtalmologique**, par les docteurs LANDOLT et GYGAX. Paris 1895. 1 vol. in-18. relié........................... 3 fr.

LANGLEBERT.— **Traité théorique et pratique des maladies vénériennes**. Leçons cliniques sur les affections blennorragiques, le chancre et la syphilis, par M. le D⁰ LANGLEBERT. Paris, 1868. 1 vol. in-8°.. 8 fr.

LANGLOIS. — **Le Lait**, par P. LANGLOIS, chef du Laboratoire de physiologie à la Faculté de médecine. Paris, 1893. 1 vol. petit in-8° de l'*Encyclopédie des Aide-Mémoire*........................... 2 fr. 50

LANNELONGUE. — **Méthode de transformation des produits tuberculeux des articulations et de certaines parties du corps humain**, par M. LANNELONGUE, professeur à la Faculté de médecine de Paris. 1891. Br. in-8° avec figures.. 3 fr.

LANNELONGUE. — **La Tuberculose chirurgicale**, par O. LANNELONGUE, professeur à la Faculté de médecine de Paris. Paris, 1894. 1 vol. petit in-8° de l'*Encyclopédie des Aide-Mémoire* .... 2 fr. 50

LAPERSONNE (DE). — **Ophtalmologie : Maladies des paupières et des membranes externes de l'œil**, par DE LAPERSONNE, professeur à l'École du Val-de-Grâce. Paris, 1893. 1 vol. petit in-8° de l'*Encyclopédie des Aide-Mémoire*............ 2 fr. 50

LAULANIÉ. — **Énergétique musculaire**, par F. LAULANIÉ, professeur de physiologie à l'École vétérinaire de Toulouse ; avec une préface de M. CHAUVEAU, de l'Institut. Paris, 1898. 1 vol. petit in-8° de l'*Encyclopédie des Aide-Mémoire*........ 2 fr. 50

LAUNAY. — **Veines jugulaires et artères carotides chez l'homme et les animaux supérieurs**, par le D⁰ Paul LAUNAY, ancien interne, prosecteur des hôpitaux, membre de la Société anatomique. Paris, 1896. 1 vol. in-8° avec 18 planches. 4 fr.

LAUNOIS et MORAU. — **Manuel d'Anatomie microscopique et d'Histologie**, par MM. P.-E. LAUNOIS, professeur agrégé à la Faculté de Paris, médecin des hôpitaux et H. MORAU, préparateur à la Faculté. Préface de M. Mathias DUVAL. *Deuxième édition entièrement refondue*. Paris, 1899. 1 vol. in-16 diamant, cart. toile........ (Sous presse.)

LAVERAN. — **Traité des maladies et des épidémies des armées**, par le D⁰ LAVERAN, professeur agrégé au Val-de-Grâce. Paris, 1875. 1 vol. in-8°................ 10 fr.

LAVERAN. — **Du Paludisme et de son hématozoaire**, par A. LAVERAN, professeur à l'École du Val-de-Grâce. Paris, 1891. 1 vol. grand in-8°, avec 4 planches en couleur et 2 planches photographiques....... 10 fr.

LAVERAN. — **Paludisme**, par le D⁰ LAVERAN, professeur à l'École du Val-de-Grâce. Paris, 1892. 1 vol. petit in-8° de l'*Encyclopédie des Aide-Mémoire*................ 2 fr. 50

LAVERAN. — **Traité du Paludisme**, par A. LAVERAN, membre de l'Académie de médecine, membre correspondant de l'Institut de France. Paris, 1898. 1 vol. grand in-8° avec 27 figures dans le texte et une planche en couleurs.................. 10 fr.

LAVERAN. — **Traité d'hygiène militaire**, par le D⁰ LAVERAN, directeur du Service de santé militaire du XI° corps d'armée. Paris 1896. 1 volume in-8° avec 270 figures........................... 16 fr.

LAVRAND. — **La néphrite des saturnins**, par le D⁰ H. LAVRAND, professeur à la Faculté catholique de Lille, lauréat de la Faculté de médecine de Paris, 1899. 1 monographie in-8° de l'*Œuvre médico-chirurgical*.................. 1 fr. 25

LÉAUTÉ. — Voyez **Encyclopédie scientifique des Aide-Mémoire.**

LECERCLE. — **Traité élémentaire d'Électricité médicale,** avec les principales applications à la physiologie et à la thérapeutique, par le Dr L. LECERCLE, professeur agrégé à la Faculté de médecine de Montpellier. 2e édition, 1893-94. 2 vol. in-8° avec 267 figures.................. 16 fr.

LECHOPIÉ ET FLOQUET.—**La Nouvelle Législation médicale.** —Commentaire et texte de la loi du 30 novembre 1892, sur l'exercice de la médecine, et des lois, décrets et règlements s'y rattachant. (Docteurs, officiers de santé, dentistes, sages-femmes, étudiants français et étrangers), par A. LECHOPIÉ, avocat à la Cour de Paris, et le Dr FLOQUET, médecin du palais de Justice de Paris. Paris, 1894. 1 volume in-18, avec préface de M. le Dr CORNIL .... 4 fr. 50

LECLAINCHE. — Voir *Nocard* et *Leclainche*.

LECORCHÉ. — **Traité des maladies des reins et des altérations pathologiques de l'urine,** par le Dr LECORCHÉ, médecin des hôpitaux. Paris, 1874. 1 vol. in-8°. 12 fr.

LECORCHÉ. — **Traité du diabète,** par le Dr LECORCHÉ, médecin des hôpitaux. Paris, 1877. 1 fort vol. in-8°.................. 10 fr.

LE DENTU. — **Études de clinique chirurgicale,** faites à l'hôpital Necker par le Dr A. LE DENTU, professeur de clinique chirurgicale à la Faculté de médecine de Paris. Année scolaire 1890-1891. Paris, 1892. 1 vol. in-8°, avec 36 figures. 8 fr.

LE DENTU. — **Affections chirurgicales des reins, des uretères, et des capsules surrénales,** par le Dr A. LE DENTU, professeur agrégé à la Faculté de médecine de Paris, chirurgien des hôpitaux. Paris, 1889. 1 volume gr. in-8°, avec 34 figures.... 15 fr.

LE DENTU.—Voyez VOILLEMIER et LE DENTU.

LEGUEU. — **L'Appendicite,** par le Dr Félix LEGUEU, chirurgien des hôpitaux de Paris. Paris, 1897. 1 monographie in-8° de l'*Œuvre médico-chirurgical,*............(Épuisée.)

LEGUEU. — **Traitement de l'Appendicite,** par Félix LEGUEU, professeur agrégé à la Faculté de médecine de Paris, chirurgien des hôpitaux. Paris, 1899. 1 monographie in-8° de l'*Œuvre médico-chirurgical..* 1 fr. 25

LEJARS. — **Leçons de chirurgie,** (La Pitié. 1893-1894), par le Dr Félix LEJARS, professeur agrégé à la Faculté de médecine de Paris, chirurgien des hôpitaux. Paris, 1895, 1 vol. grand in-8° avec 128 figures. 16 fr.

LEJARS. — **Le Lavage du sang,** par le Dr F. LEJARS, agrégé, chirurgien des hôpitaux, membre de la Société de chirurgie. Paris, 1897. 1 monographie in-8° de l'*Œuvre médico-chirurgical*............... 1 fr. 25.

LEJARS. — **Traité de Chirurgie d'urgence,** par Félix LEJARS, professeur agrégé à la Faculté de médecine de Paris, chirurgien de la Maison municipale de Santé, membre de la Société de Chirurgie. Paris, 1899. 1 vol. gr. in-8° avec 482 figures, dont 193 dessinées d'après nature par le Dr E. DALEINE et 103 photographies originales. Relié toile .... (*Épuisé.*)

LELOIR ET VIDAL. — **Symptomatologie et anatomie pathologique des maladies de la peau,** par MM. LELOIR, professeur à la Faculté de médecine de Lille, et E. VIDAL, médecin de l'hôpital St-Louis. Paris, 1894. Un atlas de 54 planches grand in-8°, tirées en couleur, et accompagnées d'un texte explicatif. Relié toile............. 70 fr.
Relié maroquin.................. 75 fr.

LENOIR, Marc SÉE et TARNIER. — **Atlas de l'art des accouchements,** par MM. LENOIR. Marc SÉE et TARNIER (P. A. P.). 1 fort vol. grand in-8° jésus de 105 planches dessinées d'après nature, accompagnées d'un texte explicatif en regard, relié demi-maroquin.
Planches noires................ 60 fr.
Planches coloriées............. 110 fr.

LEPAGE. — Voir RIBEMONT-DESSAIGNES et LEPAGE, **Précis d'obstétrique.**

LEREBOULLET. — Voyez DUVAL et LEREBOULLET. — **Dictionnaire encyclopédique.** — **Dictionnaire usuel des Sciences médicales.** — **Gazette hebdomadaire.**

LEREDDE. — **L'eczéma,** *maladie parasitaire*, par le Dr LEREDDE, chef de laboratoire, assistant à l'hôpital Saint-Louis. Paris, 1898. Monographie in-8° de l'*Œuvre médico-chirurgical*..................... 1 fr. 25

LESAGE (A.). — **Le Choléra**, par A. LESAGE. chef de laboratoire à la Faculté de médecine et chef du laboratoire de bactériologie des hôpitaux de Paris. Paris, 1893. 1 volume petit in-8° de l'*Encyclopédie des Aide-Mémoire*........................ 2 fr. 50

LESAGE (A.). — **De la gastro-entérite aiguë des nourrissons** : *Infections et intoxications digestives* (Pathogénie et Etiologie) par A. LESAGE, médecin des hôpitaux de Paris. 1899. 1 monographie in-8° de l'*Œuvre médico-chirurgicale*............ 1 fr. 25

LESSER (Ad.). — **Atlas de médecine légale**, traduit par le Dr L. HAHN, bibliothécaire à la Faculté de médecine de Paris, avec une préface par M. le professeur BROUARDEL, doyen de la Faculté de médecine de Paris.

    Les Empoisonnements. Paris, 1890. 1 vol. in-folio avec 18 pl. en couleurs.. 120 fr.

    Les Lésions traumatiques.— Paris 1892-1893. 2 volumes in-folio avec 18 planches en couleurs................... 120 fr.

LESSER (Ed.) **Traité des affections vénériennes**, par le Dr Ed. LESSER, privat docent de l'Université de Leipzig, traduit sur la 4e édition allemande, par le Dr BAYET, de Bruxelles. 1891. 1 vol. in-8°...... 8 fr.

LETULLE. — **L'Inflammation** (Études anatomo-pathologiques), par le Dr Maurice LETULLE, professeur agrégé à la Faculté de médecine de Paris, 1893. 1 vol. avec 21 figures et 12 planches en chromolithographie hors texte. Relié toile............ 20 fr.

LETULLE. — **Pus et suppuration**, par le Dr Maurice LETULLE, professeur agrégé à la Faculté de médecine de Paris. 1894. 1 volume petit in-8° de l'*Encyclopédie des Aide-Mémoire*.................. 2 fr. 50

LEVEN. — **La Névrose**. Étude clinique et thérapeutique (Dyspepsie. — Anémie. — Rhumatisme et Goutte. — Obésité. — Amaigrissement), par le Dr LEVEN, médecin en chef de l'hôpital Rothschild. Paris, 1887. 1 vol. in 8°.................. 6 fr.

LEVINSTEIN. — **La Morphinomanie**. Monographie basée sur des observations personnelles, par le Dr Edouard LEVINSTEIN, médecin en chef de la maison de santé à Schœneberg-Berlin. 2e édition entièrement revue. Paris, 1880. 1 vol. in-8°.... 5 fr.

LICHTWITZ et GARNAULT. — **Anatomie normale et pathologique des fosses nasales**. — Voyez ZUCKERKANDL.

LUBIMOFF. — **Le Professeur Charcot**, *étude scientifique et biologique*, par le Dr A. LUBIMOFF, traduite du russe par la Cesse LYDIE ROSTOPCHINE, officier d'académie. Brochure in-8° de 72 pages avec un portrait du professeur CHARCOT... 2 fr.

LYON. — **Traité élémentaire de clinique thérapeutique**, par le Dr Gaston LYON, ancien chef de clinique médicale à la Faculté de médecine de Paris. 3e édition, revue et augmentée. Paris, 1899. 1 fort vol. gr. in-8°, relié en peau........ 20 fr.

MACEWEN. — **Ostéotomie avec Recherches sur l'étiologie et la pathologie du genu valgum, du genu varum et des autres difformités osseuses des membres inférieurs**, par M. William MACEWEN, professeur de clinique à Glasgow. Traduit par M. Albert DEMONS, professeur agrégé à la Faculté de médecine de Bordeaux. Paris, 1882. 1 vol. in-8°, avec figures....... 5 fr.

MAGITOT. — **Traité des anomalies du système dentaire chez l'homme et chez les mammifères**, par M. le Dr E. MAGITOT, lauréat de l'Institut, de la Faculté de médecine et de l'Académie de médecine. *Ouvrage couronné par l'Institut de France*. Paris, 1877. 1 vol. in-4°, avec un atlas de 20 planches lithographiées........ 40 fr.

MAGNAN. — **Recherches sur les centres nerveux**, par le Dr V. MAGNAN, médecin de l'asile Sainte-Anne. — *Deuxième série* : Alcoolisme. Folie des héréditaires dégénérés. Paralysie générale. Médecine légale. Paris, 1893. 1 vol. in-8° avec figures et 6 planches................. 12 fr.

(La première série est épuisée.)

MAGNAN et SÉRIEUX.— **Le Délire chronique à évolution systématique**, par le Dr MAGNAN, médecin en chef à l'asile Saint-Anne, et le Dr P. SÉRIEUX, médecin adjoint des asiles de la Seine. Paris, 1892. 1 vol. petit in-8° de l'*Encyclopédie des Aide-Mémoire*. 2 fr. 50

MAGNAN et SÉRIEUX. — **La Paralysie générale**, par le Dr MAGNAN et le Dr P. SÉRIEUX.

Paris, 1894. 1 vol. petit in-8° de l'*Encyclopédie des Aide-Mémoire*........ 2 fr. 50

MAIRET et VIRES. — **De la paralysie générale.** *Etiologie, pathogénie, traitement* par le professeur MAIRET, correspondant de l'Académie de médecine, médecin en chef de l'asile public d'aliénés de l'Hérault, et le Dr VIRES, chef de clinique des maladies nerveuses et mentales, médecin de l'asile public d'aliénés de l'Hérault. Montpellier, 1898. 1 vol. in-8°.................. 5 fr.

MALOSSE. — **Manipulations de physique à l'usage des étudiants en médecine et en pharmacie.** Paris, 1886. 1 vol. in-8°. 4 fr. 50

MANACÉINE. — **Le Surmenage mental dans la civilisation moderne.** —*Effets.* — *Causes.* — *Remèdes*, par Marie MANACÉINE, membre honoraire de la Société médicale de la Sibérie orientale. Traduit du russe par E. JAUBERT, avec une préface par Charles RICHET, professeur à la Faculté de médecine de Paris. Paris, 1890. 1 volume in-12.......................... 3 fr.

MANACÉINE. — **Le Sommeil**, *tiers de la vie humaine*. — Physiologie, Pathologie, Hygiène et Psychologie du sommeil, par Marie MANACÉINE. Traduit du russe, par E. JAUBERT. Edition française revue et augmentée par l'auteur. Paris, 1896. 1 vol. in-18.......................... 3 fr.

Manuel de l'Infirmière hospitalière, rédigé sous la direction de la Commission médicale d'enseignement de l'**Union des femmes de France** (*Croix Rouge française*). 3° édition entièrement refondue, avec 157 figures dans le texte. Paris, 1897. 1 vol. in-8°, cart. toile................... 5 fr.

Manuel de pathologie externe, par MM. RECLUS, KIRMISSON, PEYROT, BOUILLY, professeurs agrégés à la Faculté de médecine de Paris, chirurgiens des hôpitaux. 4 volumes in-8° avec figures dans le texte. 40 fr.

 I. *Maladies des tissus et des organes*, par le Dr P. RECLUS. 5° édition entièrement refondue et augmentée, avec figures dans le texte.

 II. *Maladies des régions: Tête et Rachis*, par le Dr KIRMISSON. 6° édition, entièrement refondue et augmentée, avec figures dans le texte.

 III. *Maladies des régions: Poitrine, abdomen*, par le Dr PEYROT. 6° édition, entièrement refondue et augmentée, avec figures dans le texte.

 IV. *Maladies des régions : Organes génito-urinaires*, membres, par le Dr BOUILLY. 5° édition entièrement refondue et augmentée, avec figures dans le texte.

 Chaque vol. est vendu séparément 10 fr.

MAREY. — **Physiologie expérimentale.** — École pratique des Hautes Études. Travaux du laboratoire du professeur MAREY. Paris, 1876 à 1880. 4 volumes grand in-8° renfermant environ 700 figures.......... 60 fr.

MAREY. — **La Méthode graphique dans les sciences expérimentales et particulièrement en physiologie et en médecine**, par M. E.-J. MAREY, membre de l'Institut et de l'Académie de médecine. 2° tirage augmenté d'un supplément *sur le développement de la méthode graphique par l'emploi de la photographie*. Paris, 1884. 1 vol. in-8° avec 383 figures dans le texte. 18 fr. »

 Le *supplément* séparément.. 2 fr. 50

MAREY. — **La Circulation du sang à l'état physiologique et dans les maladies**, par M. E.-J. MAREY. Paris, 1881. 1 vol. gr. in-8° de 745 pages, avec 358 fig. dans le texte 18 fr.

MARFAN. — Voir **Traité des maladies de l'enfance** et **Archives de médecine des enfants.**

MARIE. — **Leçons sur les maladies de la moelle**, par le Dr Pierre MARIE, professeur agrégé de la Faculté de médecine de Paris, médecin des hôpitaux. Paris, 1892. 1 vol. in-8°, avec 244 figures dans le texte. 15 fr.

MARIE. — **Leçons de clinique médicale** (Hôtel-Dieu 1894-1895), par le Dr PIERRE MARIE, professeur agrégé à la Faculté de Paris. Paris, 1896. 1 vol. in-8° avec 57 fig. dans le texte..................... 6 fr.

MARIE. — Voir **Revue neurologique.**

MARTIN (Cl.). — **De la Prothèse immédiate appliquée à la résection des maxillaires.** — **Rhinoplastie sur appareil prothétique permanent.** — **Restauration de la face**, par M. Claude MARTIN, médecin-dentiste de l'Ecole du service de santé militaire. Paris, 1889. 1 vol. gr. in-8°, avec 230 figures et une préface de M. le professeur OLLIER. 15 fr.

I. Sciences médicales

MARTIN (Odilon). — **Thérapeutique clinique de la Fièvre typhoïde**, par le Dr Odilon MARTIN, chef de laboratoire à l'Université de Lyon, ancien chef de clinique médicale. Paris, 1899. Petit in-8° de l'*Encyclopédie des Aide-Mémoire*............... 2 fr. 50

MASSE. — **Petit Atlas complet d'anatomie descriptive du corps humain.** Nouvelle édition, augmentée des tableaux synoptiques d'anatomie descriptive, par M. J.-N. MASSE, professeur d'anatomie. Nouvelle édition, Paris, 1888. 1 vol. in-18, demi-reliure chagrin, non rogné, tranche dorée en tête, composé de 113 planches, comprenant 500 à 600 figures dessinées d'après nature et gravées sur acier, avec texte explicatif........................... 20 fr.

Le même ouvrage, colorié...... 36 fr.

MATHIEU. — Voir PROUST et MATHIEU. Hygiène du goutteux. — Hygiène de l'obèse. — Hygiène des diabétiques.

MAURANGE. — **La Péritonite tuberculeuse**, par le Dr G. MAURANGE. Paris, 1899. 1 vol. petit in-8° de l'*Encyclopédie des Aide-Mémoire*................. 2 fr. 50

MAURIAC. — **Traitement de la syphilis**, par M. Charles MAURIAC, médecin de l'hôpital Ricord (Hôpital du Midi). Paris, 1896. 1 vol. in-8°........................... 15 fr.

MÉGNIN. — **Les Parasites articulés chez l'homme et chez les animaux** — (maladies qu'ils occasionnent), par M. P. MÉGNIN, membre de l'Académie de médecine. 2e édition augmentée d'un Appendice sur les parasites des cadavres. Paris, 1895. 1 vol. in-8° avec 91 figures dans le texte, et un atlas de 26 planches dessinées par l'auteur. Relié toile............... 20 fr.

MÉGNIN. — **Les Acariens parasites**, par M. P. MÉGNIN, ancien vétérinaire de l'armée. Paris, 1892. 1 volume petit in-8° de l'*Encyclopédie des Aide-Mémoire*. 2 fr. 50

MÉGNIN. — **La Faune des cadavres**, *application de l'entomologie à la médecine légale*, par M. P. MÉGNIN, membre de l'Académie de médecine. Paris, 1894. 1 vol. petit in-8° de l'*Encyclopédie des Aide-Mémoire*............... 2 fr. 50.

MEIGE (Henry). — Voir BRISSAUD, Leçons de la Salpêtrière. — Revue Neurologique et Nouvelle iconographie de la Salpêtrière.

MÉNEAU. — **La Bourboule et ses indications**, par le Dr MÉNEAU. 1 vol. in-16, relié toile, tranches rouges........ 4 fr.

MERKLEN. — **Examen et séméiotique du cœur**, *signes physiques*, par le Dr Pierre MERKLEN, médecin de l'hôpital Laënnec. *Deuxième édition*. Paris, 1899. 1 vol. petit in-8° de l'*Encyclopédie des Aide-Mémoire*........................ 2 fr. 50

METCHNIKOFF. — **Leçons sur la pathologie comparée de l'inflammation**, faites à l'Institut Pasteur en avril et mai 1891, par Elie METCHNIKOFF, chef de service à l'Institut Pasteur. Paris, 1892. 1 vol. in-8° avec 65 figures et 3 planches en couleur.. 9 fr.

MEYER. — **Traité pratique des maladies des yeux**, par M. le Dr MEYER. 4e édition, entièrement revue et augmentée. Paris, 1895. 1 vol. petit in-8°, avec 261 figures dans le texte................... 12 fr.

MILNE-EDWARDS (H.). — **Leçons sur la physiologie et l'anatomie comparées de l'homme et des animaux**, par M. MILNE-EDWARDS, membre de l'Institut. 14 volumes grand in-8°. Quelques exemplaires....... 250 fr.

Voir pour le détail des volumes la section des sciences naturelles.

MOITESSIER. — **Éléments de physique médicale appliquée à la médecine et à la physiologie.** — *Optique*, par M. MOITESSIER, professeur à la Faculté de médecine de Montpellier. — Paris, 1879. 1 vol. in-18 diamant, avec figures dans le texte. Cartonné à l'anglaise, tranches rouges. 7 fr. 50

MOLLIÈRE. — **Traité des maladies du rectum et de l'anus**, par M. Daniel MOLLIÈRE, chirurgien en chef de l'Hôtel-Dieu de Lyon. Paris, 1877. 1 fort vol. in-8° avec 20 figures dans le texte........... 12 fr.

MOLLIÈRE. — *Étude d'histoire médicale*. — Un Précurseur lyonnais des théories microbiennes : J.-B. Goiffon, et la *Nature animée de la peste*, par le Dr H. MOLLIÈRE, médecin de l'Hôtel-Dieu de Lyon. Paris, 1886. 1 volume in-8° sur beau papier (tiré à 300 exemplaires).................. 4 fr.

MOLLIÈRE. — **Leçons de clinique chirurgicale** professées à l'Hôtel-Dieu de Lyon, par M. le Dr Daniel MOLLIÈRE, chirurgien titulaire de l'Hôtel-Dieu de Lyon. Recueillies par ses internes et revues par le professeur. Paris, 1888. 1 vol. in-8°..... 8 fr.

MONOD et TERRILLON. — **Traité des maladies du testicule et de ses annexes**, par MM. Ch. MONOD et O. TERRILLON, professeurs agrégés à la Faculté de médecine de Paris, chirurgiens des hôpitaux. Paris, 1889. 1 vol. in-8° avec 92 figures dans le texte. 16 fr.

MONOD et VANVERTS. — **L'Appendicite**, par le D^r Ch. MONOD, professeur agrégé à la Faculté de médecine de Paris, chirurgien de l'hôpital St-Antoine, membre de l'Académie de médecine, et J. VANVERTS, interne des hôpitaux de Paris. Paris, 1897. 1 vol. petit in-8° de l'*Encyclopédie des Aide-Mémoire*.................. 2 fr. 50

MORAT et DOYON. — **Traité de physiologie**, par J.-P. MORAT, professeur à l'Université de Lyon et Maurice DOYON, professeur agrégé à la Faculté de médecine de Lyon. 5 vol. gr. in-8°, avec nombreuses figures. *En souscription*.................. 50 fr.

I. *Fonctions de nutrition: circulation* par M. DOYON ; *calorification*, par J.-P. MORAT. Paris, 1898. 1 vol. in-8°, avec 173 figures en noir et en couleurs dans le texte. 12 fr.

II. *Fonctions de nutrition : Respiration, Digestion, Excrétion*. 1 vol. in-8°, avec nombreuses figures dans le texte, en noir et en couleurs........... (*Sous presse*).

MOREL. — **Traité des maladies mentales**, par le Dr A. MOREL, médecin en chef de l'asile de Saint-Yon. Paris, 1860. 1 vol. grand in-8° compact.................. 13 fr.

MOUSSOUS. — **Maladies congénitales du cœur**, par A. MOUSSOUS. Paris, 1894. 1 volume petit in-8° de l'*Encyclopédie des Aide-Mémoire*.................. 2 fr. 50.

NAPIAS. — **Manuel d'hygiène industrielle**, comprenant la législation française et étrangère et les prescriptions les plus habituelles des conseils d'hygiène et de salubrité relatives aux établissements insalubres, incommodes et dangereux, par le Dr HENRI NAPIAS, secrétaire général de la Société de médecine publique et d'hygiène professionnelle. Paris, 1882. 1 volume in-8°. 12 fr.

NAPIAS ET MARTIN. — **L'Étude et les progrès de l'hygiène en France, de 1878 à 1882**, par M. H. NAPIAS, secrétaire général de la Société de médecine publique et d'hygiène professionnelle, et A.-J. MARTIN, secrétaire général adjoint de la Société de médecine publique et d'hygiène professionnelle, avec une préface de M. le Professeur BROUARDEL, membre de l'Académie de médecine. 2e édition. Paris, 1883. 1 vol. in-8° avec 229 figures dans le texte.................. 8 fr.

NICOLAS. — **Hygiène industrielle et coloniale**. *Chantiers de terrassements en pays paludéen.* — Géographie malarienne. — Synthèse des fièvres palustres. — Acclimatement. — Hygiène du terrassier. — Campements industriels. — *Assainissement des marécages*, par le D^r Ad. NICOLAS, médecin de 1re classe de la marine, en retraite. Paris, 1889. 1 vol. in-8°. 10 fr,

NIELLY. — **Manuel d'obstétrique**, ou Aide-mémoire de l'élève et du praticien, par le Dr NIELLY. 2e édition, entièrement refondue. Paris, 1880. 1 vol. in-18 diamant, avec 57 figures. Cartonné à l'anglaise, tranches rouges.................. 5 fr.

NIEMEYER. — **Précis de percussion et d'auscultation**, par M. le professeur NIEMEYER, traduit de l'allemand. Paris, 1884. 1 vol. in-18.................. 1 fr.

NIMIER. — **Histoire chirurgicale de la guerre au Tonkin et à Formose** (1883-1885), par le Dr NIMIER, médecin-major, Professeur agrégé au Val-de-Grâce. Paris, 1889. 1 vol. in-8°.................. 5 fr.

NIMIER. — Voyez CHAUVEL et NIMIER.

NOCARD. — **Les Tuberculoses animales**, *leurs rapports avec la tuberculose humaine*, par Ed. NOCARD, professeur à l'École vétérinaire d'Alfort. Paris, 1894. 1 vol. petit in-8° de l'*Encyclopédie des Aide-Mémoire*.................. 2 fr. 50.

NOCARD ET LECLAINCHE. — **Les Maladies microbiennes des animaux**, par Ed. NOCARD, professeur à l'École vétérinaire d'Alfort, membre de l'Académie de médecine et E. LECLAINCHE, professeur à l'École vétérinaire de Toulouse. 2me édition, entièrement refondue. Paris, 1898. 1 vol. gr. in-8°. 16 fr.

Œuvre médico-chirurgical (L'). — Dr CRITZMAN, directeur.

Suite de monographies cliniques sur les questions nouvelles en médecine, en chirurgie et en biologie. Fascicules grand in-8° de 30 à 40 pages, paraissant périodiquement.

Chaque monographie est vendue séparément.................. 1 fr. 25
Prix de l'abonnement à une série de 10 monographies. 10 fr. Etranger.. 12 fr.

N° 1. **L'Appendicite** par le D' Félix LEGUEU, chirurgien des hôpitaux de Paris (1897). (Épuisée).

N° 2. **Le traitement du Mal de Pott**, par le D' A. CHIPAULT, de Paris (1897).

N° 3. **Le Lavage du sang**, par le D' Félix LEJARS, professeur agrégé, chirurgien des hôpitaux, membre de la Société de chirurgie (1897).

N° 4. **L'Hérédité normale et pathologique**, par Ch. DEBIERRE, professeur d'anatomie à l'Université de Lille (1897).

N° 5. **L'Alcoolisme**, par le D' A. JAQUET, privat docent à l'Université de Bâle (1897).

N° 6. — **Physiologie et pathologie des sécrétions gastriques**, *suivie de la technique complète du cathétérisme de l'estomac et de l'examen méthodique du liquide gastrique*, par le D' A. VERHAEGEN, assistant de clinique à Louvain (1897).

N° 7. — **L'Eczéma**, *maladie parasitaire*, par le D' LEREDDE, chef de laboratoire, assistant à l'hôpital Saint-Louis (1898).

N° 8. — **La Fièvre jaune**, par J. SANARELLI, directeur de l'Institut d'hygiène expérimentale de Montévidéo (1898).

N° 9. — **Tuberculose rénale**, par le D' TUFFIER, professeur agrégé à la Faculté de médecine de Paris, chirurgien de la Pitié (1898).

N° 10. — **L'Opothérapie**, *traitement de certaines maladies par des extraits d'organes animaux*, par A. GILBERT, professeur agrégé, chef du laboratoire thérapeutique à la Faculté de Paris, et P. CARNOT, docteur ès sciences, ancien interne des hôpitaux de Paris (1898).

N° 11. — **Les paralysies générales progressives**, par le D' M. KLIPPEL, médecin des hôpitaux de Paris (1898).

N° 12. — **Le Myxœdème**, par le D' Thibierge, médecin de l'hôpital de la Pitié (1898).

N° 13. — **La Néphrite des saturnins**, par le D' H. LAVRAND, professeur chargé du cours de la Faculté catholique de Lille (1899).

N° 14. — **Traitement de la syphilis**, par E. GAUCHER, professeur agrégé à la Faculté de médecine de Paris, médecin de l'hôpital Saint-Antoine (1899).

N° 15. — **Le pronostic des tumeurs basé sur la recherche du glycogène**, par A. BRAULT, médecin de l'hôpital Tenon, chef des travaux pratiques d'anatomie pathologique à la Faculté de médecine (1899).

N° 16. — **La Kinésithérapie gynécologique**. *Traitement des maladies des femmes par le massage et la gymnastique*, par H. STAPFER, ancien chef de clinique obstétricale à la Faculté de Paris (1899).

N° 17. — **De la gastro-entérite aiguë des nourrissons**: *Infections et intoxications digestives*, par A. LESAGE, médecin des hôpitaux de Paris (1899).

N° 18. — **Traitement de l'Appendicite**, par Félix LEGUEU, professeur agrégé à la Faculté de médecine de Paris, chirurgien des hôpitaux (1899).

N° 19. — **Les lois de l'énergétique dans le régime du diabète sucré**, par le D' E. DUFOURT, ancien chef de clinique médicale à la Faculté de Lyon, médecin de l'hôpital thermal de Vichy (1899).

N° 20. — **La Peste**: *Epidémiologie, Bactériologie, Traitements*, par H. BOURGES, ancien interne des hôpitaux, préparateur du Laboratoire d'Hygiène de la Faculté de médecine de Paris (1899).

OLIVIER (Ad.). — **La Pratique de l'accouchement normal**, par le D' Ad. OLIVIER, professeur à la Policlinique de Paris. Paris, 1892. 1 vol. petit in-8° de l'*Encyclopédie des Aide-Mémoire*.................. 2 fr. 50

OLLIER. — **Traité expérimental et clinique de la régénération des os** et de la production artificielle du tissu osseux, par le D' OLLIER, chirurgien en chef de l'Hôtel-Dieu de Lyon. Ouvrage qui a obtenu le grand prix de chirurgie. Paris, 1867. 2 vol. in-8°, avec figures dans le texte et planches en taille-douce.................. 30 fr.

OLLIER. — **Traité des Résections et des opérations conservatrices** que l'on peut pratiquer sur le système osseux, par le D' L. OLLIER, professeur de clinique chirurgicale à la Faculté de médecine de Lyon : 3 volumes gr. in-8° avec figures .. 50 fr.

TOME I. *Introduction*. — *Résections en général*. Paris, 1885. 1 vol. in-8°, avec 127 figures dans le texte........ 16 fr.

TOME II. *Résections en particulier. Membre supérieur.* Paris, 1888. 1 vol. in-8° avec 156 figures................. 16 fr.
TOME III. *Résections en particulier. Résections du membre inférieur, tête et tronc.* Paris, 1891. 1 vol. in-8° avec 224 fig. 22 fr.

OLLIER. — **La Régénération des os et les résections sous-périostées**, par le Dr L. OLLIER, professeur de clinique chirurgicale à la Faculté de Lyon. Paris, 1894. 1 vol. petit in-8° de l'*Encyclopédie des Aide-Mémoire*........................ 2 fr. 50.

OLLIER. — **Résections des grandes articulations des membres**, par le Dr L. OLLIER. Paris, 1895. 1 vol. petit in-8° de l'*Encyclopédie des Aide-Mémoire*....... 2 fr. 50

OLLIER. — Voyez GANGOLPHE et ROUX DE BRIGNOLES.

ONIMUS. — **Guide pratique d'Électrothérapie**, rédigé d'après les travaux et les leçons du Dr ONIMUS, lauréat de l'Institut, par M. BONNEFOY. 3° édition, revue et augmentée d'un chapitre sur *l'électricité statique*, par le Dr DANION. Paris, 1888. 1 vol. in-18 diamant, avec 119 figures, cartonné à l'anglaise, tranches rouges.... 6 fr.

PANAS. — **Traité des maladies des yeux**, par Ph. PANAS, professeur de clinique ophtalmologique à la Faculté de médecine, chirurgien de l'Hôtel-Dieu, membre de l'Académie de médecine, membre honoraire et ancien président de la Société de chirurgie. Paris, 1894. 2 vol. grand in-8° avec 453 figures et 7 planches en couleurs. Reliés toile.................... 40 fr.

PANAS. — **Leçons de clinique ophtalmologique**, *professées à l'Hôtel-Dieu*, par Ph. PANAS, membre de l'Académie de médecine, recueillies et publiées par le Dr A. CASTAN (de Béziers). Paris, 1899. 1 vol. in-8°, avec figures dans le texte..... 5 fr.

PANAS et ROCHON-DUVIGNEAUD. — **Recherches anatomiques et cliniques sur le glaucome et les néoplasmes intraoculaires**, par le professeur PANAS, membre de l'Académie de médecine et le Dr ROCHON-DUVIGNEAUD, ancien chef de clinique de la Faculté. Paris, 1898. 1 vol. in-8°, avec 41 figures dans le texte............ 7 fr.

PARCHAPPE. — **Étude sur le goitre et sur le crétinisme**, par M. Max PARCHAPPE. Documents mis en ordre et annotés par le Dr LUNIER, inspecteur général du service des aliénés. Paris, 1874. 1 vol. gr. in-8°. 10 fr.

PARROT. — **Clinique des nouveau-nés. L'Athrepsie**, par M. PARROT, professeur à la Faculté de médecine de Paris, médecin de l'hospice des Enfants-Assistés. — Leçons recueillies par le Dr TROISIER, ancien interne des hôpitaux. *Ouvrage couronné par l'Académie des sciences (prix Montyon, 1877).* Paris, 1877. 1 vol. gr. in-8°, avec 13 planches, dont 4 en couleurs.. 18 fr.

PARROT. — **Maladies des enfants. — La Syphilis héréditaire et le rachitisme**, par le Dr J. PARROT, professeur à la Faculté de médecine, médecin de l'hospice des Enfants-Assistés, membre de l'Académie de médecine. Ouvrage publié par les soins du Dr TROISIER, professeur agrégé à la Faculté de médecine, médecin de l'hôpital Saint-Antoine. Paris, 1886. 1 fort vol. gr. in-8°, cartonné toile, avec un atlas de 22 planches hors texte dont 14 en couleurs....................... 25 fr.

PAULET. — **Résumé d'anatomie appliquée**, par le Dr PAULET, professeur à la Faculté de médecine de Lyon. 3° édition. Paris, 1884. 1 vol. in-18 diamant, avec 63 figures dans le texte. Cartonné toile, tranches rouges....................... 7 fr.

PAULET et SARAZIN. — **Traité d'anatomie topographique**, comprenant les principales applications à la pathologie et à la médecine opératoire. Atlas, par les Drs PAULET et SARAZIN, texte par M. PAULET.

L'Atlas (de 164 planches tirées en couleur sur papier teinté, accompagnées d'un texte explicatif en regard) forme 2 volumes grand in-8° jésus ; le Texte forme 2 volumes in-8°

Prix de l'ouvrage complet...... 176 fr.

Avec demi-reliure maroquin ... 200 fr.

PÉAN. — **Diagnostic et traitement des tumeurs de l'abdomen et du bassin**, par J. PÉAN, membre de l'Académie de médecine, chirurgien des hôpitaux.

Tome I. — 1 vol. in-8° avec 141 fig. intercalées dans le texte. Paris, 1880. 15 fr.

Tome II. — 1 vol. in-8° avec 264 fig. intercalées dans le texte. Paris 1885. 15 fr.

Tome III. — 1 vol. in-8° avec 228 fig. intercalées dans le texte. Paris, 1895. 15 fr.

Tome IV. — Avec la collaboration du Dr H. de LAMBERT. 1 vol. in-8° avec 183 figures intercalées dans le texte. Paris, 1899............................ 15 fr.

PEPPER. — **De la Malaria.** — *Contribution à l'étude des maladies infectieuses d'origine cosmique*, à l'occasion de l'endémo-épidémie grave d'aérotellurisme protéiforme de 1889-1890 dans la commune de Ménerville (Algérie), par le Dr Ed. PEPPER, avec une introduction par le professeur PETER, membre de l'Académie de médecine. Paris, 1891. 1 vol. in-8°............... 6 fr.

PERRIER (Rémy). — **Précis de zoologie.** Voir CARLET et PERRIER.

PERRIN ET PONCET. — **Atlas des maladies profondes de l'œil : Ophtalmoscopie**, par M. Maurice PERRIN, médecin principal de l'armée, médecin en chef et professeur au Val-de-Grâce. 2e édition augmentée de 2 planches. — **Anatomie pathologique**, par M. F. PONCET (de Cluny), agrégé au Val-de-Grâce, médecin-major de 1re classe. Paris, 1879. Les deux ouvrages réunis en un vol. grand in-8° jésus de 92 pl. chromolithographiques avec explications en regard 100 fr.

Avec demi-reliure maroquin.... 110 fr.

PETIT (L.-H.). — Voir **Revue de la Tuberculose.**

PEYROT. — **De l'Intervention chirurgicale dans l'obstruction intestinale**, par M. J.-J. PEYROT, professeur agrégé à la Faculté de médecine de Paris, chirurgien des hôpitaux. Paris, 1880. 1 vol. in-8° de 310 pages, avec de nombreux tableaux.............. 6 fr.

PEYROT. — Voyez **Manuel de pathologie externe** et **Traité de chirurgie.**

PICOT. — **Les Grands Processus morbides.** Leçons de pathologie générale, par le Dr J.-J. PICOT, professeur à la Faculté de médecine de Bordeaux, avec une introduction par le professeur ROBIN. Paris, 1878. 2 très forts volumes grand in-8°, avec nombreuses figures dans le texte. *Ouvrage couronné par l'Académie des sciences (prix Montyon, 1877)*........................ 36 fr.

PICOT. — **Leçons cliniques sur le traitement de la pneumonie**, par M. le Dr PICOT, professeur à la Faculté de médecine de Bordeaux. Paris, 1882. 1 vol. in-8°. 3 fr.

PICOT. — **Leçons de clinique médicale**, par le Dr PICOT, professeur à la Faculté de médecine de Bordeaux. Paris, 1884. 1 vol. in-8°..................... 9 fr.

PICOT. — **Leçons de clinique médicale** (2e série), par le Dr PICOT. Paris, 1892. 1 vol. grand in-8°................ 8 fr.

POINCARÉ. — **Prophylaxie et géographie médicale des principales maladies tributaires de l'hygiène**, par M. LÉON POINCARÉ, professeur d'hygiène à la Faculté de médecine de Nancy. Paris, 1884. 1 vol. in-8°, avec 24 cartes en couleur intercalées dans le texte...................... 12 fr.

POINCARÉ. — **Traité d'hygiène industrielle** à l'usage des médecins et des membres des conseils d'hygiène, par M. LÉON POINCARÉ, professeur d'hygiène à la Faculté de médecine de Nancy. Paris, 1886. 1 fort volume in-8°, avec 209 figures dans le texte. 12 fr.

POIRIER (Paul). — Voyez **Traité d'anatomie humaine.**

POLIN et LABIT. — **Examen des aliments suspects**, par MM. H. POLIN et H. LABIT, médecins-majors de l'armée. Paris, 1892. 1 vol. petit in-8° de l'*Encyclopédie des Aide-Mémoire*.............. 2 fr. 50

PONCET et BÉRARD. — **Traité clinique de l'actinomycose humaine.** *Pseudo-actinomycoses et botryomycose*, par Antonin PONCET, professeur de clinique chirurgicale à l'Université de Lyon, ex-chirurgien en chef de l'Hôtel-Dieu, membre correspondant de l'Académie de médecine et Léon BÉRARD, ex-prosecteur, chef de clinique chirurgicale à l'Université de Lyon, lauréat de l'Académie de médecine. *Ouvrage couronné par l'Académie de médecine et par l'Institut.* Paris, 1898. 1 vol. in-8°, avec 45 figures dans le texte et 4 planches hors texte en couleurs......................... 12 fr.

PONCET et DELORE. — **Traité de la cystotomie sus-pubienne chez les prostatiques.** *Création d'un urèthre hypogastrique. Application de cette nouvelle méthode aux* *diverses affections des voies urinaires*, par Antonin PONCET, professeur de clinique chirurgicale à l'Université de Lyon, ex-chirurgien en chef de l'Hôtel-Dieu, membre correspondant de l'Académie de médecine, et Xavier DELORE, ex-prosecteur, ancien chef de clinique chirurgicale à l'Université de Lyon. Paris, 1899. 1 vol. in-8 avec 42 figures dans le texte.............. 8 fr.

POUCHET et BEAUREGARD. — **Traité d'ostéologie comparée**, par M. G. POUCHET, professeur au Muséum d'histoire naturelle, et H. BEAUREGARD, aide-naturaliste. Paris, 1889. 1 vol. gr. in-8°, avec 331 figures. 12 fr.

POUCHET et TOURNEUX. — **Précis d'histologie humaine et d'histogénie.** Deuxième édition, entièrement refondue, par M. G. POUCHET, maître de conférences à l'École normale supérieure, et M. F. TOURNEUX, préparateur au laboratoire d'histologie zoologique de l'École des Hautes Études. Paris, 1878. 1 vol. gr. in-8° de VIII-816 pages, avec 218 figures dans le texte......... 15 fr.

POZZI. — **Traité de gynécologie clinique et opératoire**, par le Dr Samuel POZZI, professeur agrégé à la Faculté de médecine de Paris, membre de l'Académie de médecine, chirurgien de l'hôpital Broca. 3° édition, revue et augmentée. Paris, 1897. 1 fort vol. gr. in-8° avec 628 figures. Relié toile.............................. 30 fr.

POZZI (S.). — Voir **Revue de gynécologie et de chirurgie abdominale**.

PROUST. — **Essai sur l'hygiène internationale**, ses applications contre la peste, la fièvre jaune et le choléra asiatique, avec une carte indiquant la marche des épidémies de choléra par les routes de terre et la voie maritime, par M. Adrien PROUST. Paris, 1873. 1 vol. in-8°................ 10 fr.

PROUST. — **Traité d'hygiène**, par M. le Dr A. PROUST, professeur agrégé à la Faculté de médecine de Paris, médecin des hôpitaux, membre de l'Académie de médecine. Deuxième édition entièrement refondue. Paris, 1881. 1 fort volume gr. in-8°, avec nombreux tableaux et 3 cartes coloriées (*Épuisé*)

PROUST. — **Le Choléra.** — *Étiologie et prophylaxie*, par A. PROUST, ouvrage accompagné d'une carte représentant la marche des épidémies et suivi de l'instruction populaire sur les précautions d'hygiène à prendre en cas d'épidémie. Paris, 1883. 1 vol. in-8°...................... 5 fr.

PROUST. — **La Défense de l'Europe contre le choléra**, par M. le professeur PROUST, inspecteur général des services sanitaires. Paris, 1892. 1 vol. in-8°............ 9 fr.

PROUST. — **Douze Conférences d'hygiène** *rédigées conformément aux programmes du 12 août 1890*, par A. PROUST, professeur à la Faculté de médecine. Nouvelle édition. Paris. 1894. 1 vol. in-18. Cartonné toile................................. 2 fr. 50

PROUST. — **L'Orientation nouvelle de la politique sanitaire**, par A. PROUST. Paris, 1896. 1 vol. in-8°, avec nombreuses figures, et plans dans le texte et une carte en couleurs......................... 10 fr.

PROUST. — **La défense de l'Europe contre la Peste et la Conférence de Venise de 1897**, par le professeur PROUST, inspecteur général des services sanitaires. Paris, 1897. 1 volume in-8 avec figures et 1 carte en couleurs............... 9 fr.

PROUST. — Voir **Bibliothèque d'hygiène thérapeutique**.

PROUST et BALLET. — **L'Hygiène du Neurasthénique**, par A. PROUST, médecin de l'Hôtel-Dieu et Gilbert BALLET, médecin des hôpitaux. Paris, 1897. 1 vol. in-16 de la *Bibliothèque d'hygiène thérapeutique*, cartonné toile, tranches rouges..... 4 fr.

PROUST et MATHIEU. — **L'Hygiène du Goutteux**, par A. PROUST, médecin de l'Hôtel-Dieu, et A. MATHIEU, médecin de l'hôpital Andral. Paris, 1896. 1 vol. in-16 de la *Bibliothèque d'hygiène thérapeutique*, cartonné toile, tranches rouges....... 4 fr.

PROUST et MATHIEU. — **L'Hygiène de l'Obèse**, par A. PROUST et A. MATHIEU. Paris, 1897, 1 vol. in-16 de la *Bibliothèque d'hygiène thérapeutique*, cartonné toile, tranches rouges.............. 4 fr.

PROUST et MATHIEU. — **L'Hygiène des diabétiques** par A PROUST et A. MATHIEU, Paris, 1899, 1 vol. in-16, de la *Bibliothèque d'hygiène thérapeutique*, cartonné toile, tranches rouges................... 4 fr.

PRUNIER. — **Les Médicaments chimiques,** par LÉON PRUNIER, membre de l'Académie de médecine, pharmacien en chef des hôpitaux de Paris, professeur à l'Ecole supérieure de pharmacie.

I. — *Composés minéraux*. Paris, 1896. 1 vol. gr. in-8° avec 137 figures dans le texte.................................... 15 fr.

II. — *Composés organiques*, Paris, 1899. 1 vol. grand in-8° avec 47 figures, dans le texte.................................... 15 fr.

RAINAL. — **Le Bandage herniaire,** *Autrefois-Aujourd'hui*, par Léon et Jules RAINAL. Paris, 1898. 1 fort volume très grand in-8° avec 324 figures dans le texte........................... 10 fr.

RANVIER. — **École pratique des Hautes Études.** Laboratoire d'histologie du Collège de France. Travaux publiés sous la direction de L. RANVIER, professeur d'anatomie générale, avec la collaboration de M. L. MALASSEZ, directeur adjoint et des répétiteurs et préparateurs du cours.

Tomes I à XVI (1874-1897). Chaque volume in-8° avec planches hors texte..... 20 fr.

Les tomes V et VIII ne se vendent plus séparément.

RANVIER (L.). — **Traité technique d'histologie.** 2e édition entièrement refondue et corrigée, par M. L. RANVIER, membre de l'Institut. 1889. 1 volume grand in-8° de 880 pages, avec 414 gravures dans le texte et 1 planche en chromo........... 12 fr.

RANVIER. — **Leçons sur l'histologie du système nerveux,** professées au Collège de France, par M. L. RANVIER, membre de l'Institut. Paris, 1878. 2 vol. grand in-8° de 700 pages, avec gravures dans le texte et 12 pl. chromo. Au lieu de 25 fr. 10 fr.

RANVIER. — Voir **Archives d'Anatomie microscopique.**

RECLUS. — Voyez **Manuel de pathologie.** FORGUE et RECLUS, **Traité de Thérapeutique chirurgicale** et **Traité de chirurgie.**

RECLUS. — **De la Syphilis du testicule,** par M. PAUL RECLUS, professeur agrégé à la Faculté de médecine, chirurgien des hôpitaux. Paris, 1882. 1 vol. gr. in-8°, avec 6 planches dont 4 en couleurs. 8 fr.

RECLUS. — **Clinique et critique chirurgicales,** par le Dr P. RECLUS, professeur agrégé à la Faculté de médecine de Paris, chirurgien des hôpitaux. Paris, 1883. 1 vol. in-8°............................ 10 fr.

RECLUS. — **Cliniques chirurgicales de l'Hôtel-Dieu,** par le Dr Paul RECLUS, professeur agrégé à la Faculté de médecine, chirurgien des hôpitaux. Paris, 1888. 1 vol. in-8°............................. 10 fr.

RECLUS. — **Cliniques chirurgicales de la Pitié,** par le Dr Paul RECLUS, chirurgien de l'hôpital de la Pitié, professeur agrégé à la Faculté de médecine de Paris, membre de la Société de chirurgie. Paris, 1894. 1 vol. in-8° avec figures dans le texte. 10 fr.

RECLUS. — **La Cocaïne en chirurgie,** par le Dr Paul RECLUS, professeur agrégé à la Faculté de médecine de Paris, chirurgien de l'hôpital de la Pitié, secrétaire général de la Société de chirurgie. Paris, 1895. 1 vol. petit in-8° de l'*Encyclopédie des Aide-Mémoire*.................... 2 fr. 50

REGNARD. — **La Cure d'altitude,** par le Dr Paul REGNARD, membre de l'Académie de médecine, professeur de physiologie générale à l'Institut national agronomique, directeur-adjoint du laboratoire de physiologie de la Sorbonne. 2e édition. Paris, 1898. 1 fort vol. grand in-8° avec 29 planches hors texte et 110 figures dans le texte. Relié toile pleine..................... 15 fr.

RÉNON. — **Étude sur l'Aspergillose chez les animaux et chez l'homme,** par M. RÉNON, ancien interne des hôpitaux de Paris. Paris, 1897. 1 vol. in-8° avec figures dans le texte........................ 5 fr.

Réunions cliniques de l'hôpital Saint-Louis pendant l'année scolaire 1888-1889. Comptes rendus publiés par MM. H. FEULARD, secrétaire général; A. MATHIEU, MOREL-LAVALLÉE et G. THIBIERGE, secrétaires des séances. Paris, 1890. 1 vol. in-8°... 6 fr.

Revue d'anthropologie fondée par P. BROCA. 2e et 3e séries publiées de 1878 à 1889. 12 vol. in-8°, 300 fr. (fusionnée avec l'Anthropologie).

Voir la section de l'Anthropologie.

Revue de gynécologie et de chirurgie abdominale, publiée sous la direction de Samuel Pozzi, in-8°, tous les 2 mois. France, 28 fr., Etranger.......... 30 fr.

Revue de la tuberculose, fondée en 1893. Rédacteur en chef : Dr L.-H. Petit, in-8, tous les 3 mois. Paris 12 francs, départements 14 francs, union postale.... 15 fr.

Revue des sciences médicales, fondée en 1873. Directeur : professeur Hayem.
Tome I à XLII (1873-1898), chaque année................................ 32 fr.

Revue d'hygiène et de police sanitaire, fondée en 1879. Rédact. en chef Dr Vallin. In-8°, mensuel. Paris, 20 fr. Dép., 22 fr., Union postale.................. 23 fr.

Revue d'orthopédie, fondée en 1890. Directeur Dr Kirmisson, in-8° tous les 2 mois. Paris 12 francs, départements 14 francs, union postale.................... 15 fr.

Revue générale d'ophtalmologie, fondée en 1882. Directeurs MM. Dor et E. Meyer. in-8° mensuel. Paris, 20 francs, départements 22 francs, union postale.. 22 fr. 50

Revue neurologique, fondée en 1893, par MM. Brissaud et Marie. In-8°, 2 fois par mois. France, 20 fr., Union postale. 22 fr.

Pour ces Revues, voir la section des Publications périodiques.

Ribemont-Dessaignes et Lepage. — **Précis d'obstétrique,** par MM. A. Ribemont-Dessaignes, agrégé à la Faculté de médecine de Paris, accoucheur de l'hôpital Beaujon, membre de l'Académie de médecine, et G. Lepage, professeur agrégé à la Faculté de médecine de Paris, accoucheur de l'hôpital de la Pitié, 4° édition revue et augmentée. Paris, 1898. 1 vol. gr. in-8° de xxiv-1405 pages, avec 590 figures dans le texte dont 437 dessinées par Ribemont-Dessaignes. Relié toile.......... 30 fr.

Richet (Prof.). — Voyez **Bibliothèque scientifique rétrospective.**

Robin (A.). — **Leçons de clinique et de thérapeutique médicales,** par M. Albert Robin, professeur agrégé à la Faculté de médecine de Paris. Recueillies par M. le Dr Juhel-Renoy, chef de clinique adjoint à la Faculté de médecine. Paris, 1887. 1 vol. in-8°............................ 8 fr.

Rochard (Eugène). — **Les Eaux minérales dans les affections chirurgicales,** emploi et indications, lésions traumatiques, scrofule et tuberculose locales, syphilis, maladies cutanées, par le Dr Eugène Rochard, médecin de 1re classe de la marine, avec une préface de M. Jules Rochard, membre de l'Académie de médecine. Paris, 1884. 1 vol. in-18 de la Bibliothèque diamant. Cartonné à l'anglaise, tranches rouges...... 5 fr.

Rochon-Duvigneaud. — Voir Panas et Rochon-Duvigneaud.

Roger. — **Physiologie normale et pathologique du foie,** par le Dr H. Roger, professeur agrégé à la Faculté de médecine. Paris, 1893. 1 vol. petit in-8° de l'*Encyclopédie des Aide-Mémoire*........ 2 fr. 50

Roger. — Voyez Bouchard : **Traité de pathologie générale.**

Rollet. — **Traité des maladies vénériennes,** par le Dr J. Rollet. Paris, 1866. 1 fort vol. in-8° compact................ 12 fr.

Rollet (Etienne). — **Traité d'ophtalmoscopie,** par Etienne Rollet, professeur agrégé à la Faculté de médecine de Lyon, chirurgien des hôpitaux. Paris 1898. 1 vol. in-8° avec 50 photographies en couleurs et 75 figures dans le texte............ 9 fr.

Rosenthal. — **Traité clinique des maladies du système nerveux,** par M. Rosenthal, professeur de pathologie nerveuse à l'Université de Vienne. Traduit de l'allemand, sur la seconde édition, par le Dr Lubanski, médecin-major. Traduction revue et augmentée par l'auteur et accompagnée d'une préface par M. le professeur Charcot. Paris, 1878. 1 volume gr. in-8° de viii-835 pages.................. 15 fr.

Rothschild (H. de). — **L'allaitement mixte et l'allaitement artificiel. — Hygiène et protection de l'enfance. — Hygiène de l'allaitement.** Voyez *la section II.*

Rotureau. — **Des Principales Eaux minérales de l'Europe,** par le Dr A. Rotureau. Paris, 1858-1864. 3 vol. in-8°..... 25 fr.

On vend séparément :

France. Ouvrage suivi de la législation sur les eaux minérales............ 10 fr.

France (supplément), **Angleterre, Belgique, Espagne et Portugal, Italie et Suisse** .... 7 fr. 50

Allemagne et Hongrie........ 7 fr. 50

ROUBINOVITCH et TOULOUSE. — **La Mélancolie**, par J. ROUBINOVITCH, chef de clinique à la Faculté de Paris, lauréat de l'Académie et de la Faculté de médecine, et Edouard TOULOUSE, médecin de l'Asile de Villejuif, lauréat de l'Institut et de l'Académie de médecine. *Ouvrage couronné par l'Académie de médecine* (Prix Lefèvre, 1896). Paris, 1897. 1 vol. in-18 jésus avec figures et tracés dans le texte...... 4 fr.

ROUX DE BRIGNOLES. — **Manuel des amputations du pied**, par G. ROUX DE BRIGNOLES, professeur suppléant à l'Ecole de médecine de Marseille, chirurgien des hôpitaux, précédé d'une préface de M. L. OLLIER, professeur de clinique chirurgicale à la Faculté de médecine de Lyon, correspondant de l'Institut. Paris, 1894. 1 vol. in-8°, relié toile avec 90 fig. et planches. 10 fr.

ROUX DE BRIGNOLES. — **Fractures de la colonne vertébrale**, par G. ROUX DE BRIGNOLES. Paris, 1898. 1 vol. gr. in-8°. 3 fr. 50

SABOURIN. — **Traitement rationnel de la phtisie**, par le D^r Ch. SABOURIN, ancien interne des hôpitaux de Paris, lauréat de l'Académie des Sciences et de la Faculté de Paris, directeur du Sanatorium de Durtol (Puy-de-Dôme) *Deuxième édition*. Paris, 1900. 1 volume in-16 relié peau pleine...................... 4 fr.

SANARELLI. — **La Fièvre jaune**, par J. SANARELLI, chef du laboratoire d'hygiène expérimentale de Montévidéo. Paris, 1898. Monographie de l'Œuvre médico-chirurgical...................... 1 fr. 25

SANNÉ. — **Traité de la diphtérie**, par M. le Dr A. SANNÉ, ancien interne des hôpitaux de Paris. Ouvrage couronné par l'Académie des sciences et par l'Académie de médecine. Paris, 1877. 1 fort vol. in-8°, avec 4 planches..................... 10 fr.

SARDA (G.) — **Cours de Pathologie générale** *Doctrines traditionnelles et Science médicale contemporaine*, par le Dr G. SARDA, agrégé, chargé de cours de clinique, médecin en chef de l'hôpital général de Montpellier. Paris, 1896. 1 vol. in-8°... 6 fr.

SCHLAGDENHAUFFEN. — Voir HOPPE-SEYLER.

SCHNÉE. — **Le Diabète sucré**, *sa cause, sa nature, sa guérison radicale*, basée sur une longue pratique et sur des expériences scientifiques, par le Dr Émile SCHNÉE, médecin praticien à Carlsbad. Édition française, revue et augmentée par l'auteur. Paris, 1890. 1 volume in-8°............... 5 fr.

SCHREBER. — **Gymnastique de chambre**, médicale et hygiénique, ou représentation et description des mouvements gymnastiques n'exigeant aucun appareil ni aide et pouvant s'exécuter en tous temps et en tous lieux, par le Dr SCHREBER. 6e édition, traduite sur la 15e édition allemande. Paris, 1890. 1 vol. in-8°, avec 45 figures. 3 fr. 50

SÉE (Marc). — **Recherches sur l'anatomie et la physiologie du cœur**, spécialement au point de vue du fonctionnement des valvules auriculo-ventriculaires, par le Dr Marc SÉE, membre de l'Académie de médecine. Deuxième édition. Paris 1884. 1 vol. in-4°, avec 4 planches........... 12 fr.

SEEGEN. — **La Glycogénie animale**, par le professeur J. SEEGEN (de Vienne). Traduit par le Dr L. HAHN, bibliothécaire en chef de la Faculté de médecine. Paris, 1890. 1 volume in-8°................. 6 fr.

SÉGLAS. — **Le Délire des négations**, par J. SÉGLAS, médecin de la Salpêtrière, lauréat de l'Académie de médecine. Paris, 1894. 1 vol. petit in-8° de l'*Encyclopédie des Aide-Mémoire*................ 2 fr. 50.

SERAINE. — **De la santé des petits enfants ou avis aux mères** sur la conservation des enfants pendant la grossesse ; sur leur éducation physique depuis la naissance jusqu'à l'âge de sept ans, et sur leurs principales maladies, par le Dr L. SERAINE. Nouvelle édition. 1 volume in-32...................... 1 fr.

SICHEL. — **Maladies du globe oculaire**, par M. le Dr SICHEL. Paris, 1879. Grand in-8°, avec 3 planches et 104 figures dans le texte................ 18 fr.

SIREDEY. — **Traité des maladies puerpérales.** Étude clinique par le Dr F. SIREDEY, médecin de l'hôpital Lariboisière. Paris, 1884, 1 vol. gr. in-8° avec 15 tracés thermométriques dont 2 planches hors texte. 15 fr.

SOCIÉTÉS :

d'anthropologie, fondée en 1860, publie en 1895 des *Bulletins* et des *Mémoires* :
Bulletins. In-8° mensuels. Paris, 10 fr. Départ., 12 fr. Union postale..... 13 fr.
Mémoires. Grand in-8°, le vol. Paris, 16 fr. Départ., 17 fr. Union postale. .... 18 fr.

de biologie, publie des *Comptes rendus hebdomadaires*. In-8°. France. 20 francs. Union postale.................. 22 fr.

chimique de Paris, publie un *Bulletin* bi-mensuel. In-8°. Paris, 25 fr. Dép., 26 fr. Union postale.................. 27 fr.

de chirurgie. *Bulletins* et *Mémoires.* In-8°, hebdomadaire. Paris...... 18 fr. Départ., 20 fr. Union postale..... 22 fr.

de dermatologie et de syphiligraphie, in-8° mensuel depuis 1890. France. 12 fr. Union postale.................. 14 fr.

de médecine publique et d'hygiène professionnelle. In-8°. 1 vol. annuel. 10 fr.

médicale des hôpitaux, hebdomadaire depuis 1884. In-8°. France, 12 fr. Union postale........................ 15 fr.

Voir la section des *Publications périodiques.*

SOCIÉTÉ DE CHIRURGIE (**Mémoires de la**). — Tomes I à VII (1849 à 1874), in-8°, avec planches. Chaque volume........ 20 fr.
A partir de 1875, la Société de chirurgie a changé son mode de publication. — Voyez plus haut.

SOLLIER. — **Guide pratique des maladies mentales** (Séméiologie. — Pronostic. — Indications), par le Dr Paul SOLLIER, chef de clinique adjoint des maladies mentales à la Faculté. Paris, 1893. 1 vol. in-18 diamant, cartonné toile, tranches rouges..... 5 fr.

SOUBEIRAN (E.). — **Traité de pharmacie théorique et pratique**, de M. E. SOUBEIRAN. 9° édition, publiée par M. REGNAULT, professeur à la Faculté de médecine. Paris, 1885-87. 2 forts vol. in-8°, avec figures dans le texte............ 24 fr.

SOULIER (H.). — **Traité de thérapeutique et de pharmacologie**, par M. H. SOULIER, professeur à la Faculté de médecine de Lyon, membre correspondant de l'Académie de médecine. Additionné d'un memento formulaire des médicaments nouveaux (1899). *Ouvrage couronné par l'Académie des sciences et par l'Académie de médecine.* 2 volumes gr. in-8°........ 25 fr.

SOULIER (H.). — **Memento formulaire des médicaments nouveaux** avec une table alphabétique des indications, par M. H. SOULIER.
Lyon, 1899. Brochure in-8° cart. 1 fr. 25
Cette brochure forme supplément au Traité de thérapeutique et de pharmacologie du même auteur.

SPENCER WELLS. — **Des Tumeurs de l'ovaire et de l'utérus, leur diagnostic et leur traitement**, par M. T. SPENCER WELLS, président du Collège royal des chirurgiens anglais, médecin honoraire des Universités de Leyde et de Scharkoff. Traduit de l'anglais avec l'autorisation de l'auteur, par le Dr Paul RODET, avec une préface de M. Simon DUPLAY, professeur à la Faculté de médecine de Paris. Paris, 1883. 1 vol. gr. in-8°.................... 10 fr.

SPILLMANN. — **Manuel de diagnostic médical et d'exploration clinique**, par P. SPILLMANN, professeur de clinique médicale à la Faculté de médecine de Nancy et P. HAUSHALTER, professeur agrégé. 3° édition, entièrement refondue. Paris, 1898. 1 vol. in-18 diamant, avec 89 figures dans le texte. Cartonné à l'anglaise, tranches rouges......................... 6 fr.

SPRINGER. — **L'Hygiène des albuminuriques**, par le Dr SPRINGER, ancien interne des hôpitaux, chef du laboratoire de la Faculté de médecine à la clinique médicale de l'hôpital de la Charité. Paris, 1898. 1 vol. in-16, de la *Bibliothèque d'hygiène thérapeutique*, cartonné toile, tranches rouges............................ 4 fr.

STAPFER. — **La Kinésithérapie gynécologique.** *Traitement des maladies des femmes par le massage et la gymnastique (méthode de Brandt)*, par H. STAPFER, ancien chef de clinique obstétricale et gynécologique de la Faculté de Paris. 1899. 1 monographie de l'*Œuvre médico-chirurgical*..................... 1 fr. 25

TARCHANOFF (Jean de). — **Hypnotisme, suggestion et lecture des pensées**, par Jean de TARCHANOFF, professeur de physiologie à l'Académie impériale de médecine de Saint-Pétersbourg. Traduction du russe par Ernest JAUBERT. 2ᵉ édition, Paris, 1893. 1 vol. in-18 .... 2 fr.

THIBIERGE. — **Le Myxœdème**, par le Dʳ THIBIERGE, médecin de l'hôpital de la Pitié. Paris, 1898, 1 monographie in-8, de l'*Œuvre médico-chirurgical* .... 1 fr. 25

THOINOT et MASSELIN. — **Précis de microbie**: *Technique et microbes pathogènes*, par MM. le Dʳ L.-H. THOINOT, professeur agrégé à la Faculté de médecine, médecin des hôpitaux, et E.-J. MASSELIN, médecin vétérinaire. Ouvrage couronné par la Faculté de médecine (Prix Jeunesse), 3ᵉ édition, revue et augmentée. Paris, 1896. 1 vol. in-18°, diamant, avec 93 figures dont 22 en couleurs. Cartonné à l'anglaise, tranches rouges ....: 7 fr.

THOMPSON. — **Leçons cliniques sur les maladies des voies urinaires**, professées à l'University College Hospital de Londres, par le professeur HENRY THOMPSON; traduites, annotées et augmentées d'une *Introduction anatomique*, par les Dʳˢ JUDE HUE et F. GIGNOUX. Paris, 1874. 1 vol. gr. in-8°, avec 40 figures dans le texte.. 10 fr.

TOULOUSE. — Voir ROUBINOVITCH et TOULOUSE. — **La Mélancolie**.

TRABUT. — **Précis de Botanique médicale**, par L. TRABUT, professeur d'histoire naturelle médicale à l'École de médecine d'Alger. 2ᵉ édition, entièrement refondue. Paris, 1898. 1 vol. in-8°, avec 954 figures...... 8 fr.

Traité d'Anatomie humaine publié par Paul POIRIER, professeur agrégé à la Faculté de Médecine de Paris, chirurgien des hôpitaux, et A. CHARPY, professeur d'anatomie à la Faculté de Toulouse, avec la collaboration de B. CUNÉO, P. FRIEDET, P. JACQUES, Th. JONNESCO, L. MANOUVRIER, A. NICOLAS, A. PRENANT, H. RIEFFEL, Ch. SIMON, A. SOULIÉ. 5 volumes grand in-8°, avec nombreuses figures, la plupart tirées en plusieurs couleurs, d'après les dessins originaux de MM. Ed. CUYER et A. LEUBA. En souscription .... 150 fr.

Tome I. — **Embryologie**, par A. PRENANT. — **Ostéologie**, par P. POIRIER. — *Développement, structure des os*, par A. NICOLAS. — **Arthrologie**, par P. POIRIER. — *Développement et Histologie*, par A. NICOLAS. Deuxième édition. Paris, 1898. 1 vol. gr. in-8°, avec 807 figures ...... 20 fr.

Tome II. — Fasc. I. — **Myologie**, par P. POIRIER et RICHER. — *Embryologie*, par A. PRENANT. — *Histologie*, par A. NICOLAS. — *Peauciers et Aponévroses*, par A. CHARPY. Paris, 1895. 1 vol. gr. in-8° avec 312 figures .... 12 fr.

Fasc. II. — **Angéiologie** (*cœur et artères*), par P. POIRIER. Paris, 1896. 1 vol. gr. in-8°, avec 145 figures .... 8 fr.

Fasc. III. — **Angéiologie**: *Capillaires*, par P. JACQUES. — *Veines*, par A. CHARPY. Paris, 1897. 1 vol. gr. in-8° avec 75 figures .... 6 fr.

Fasc. IV. — **Lymphatiques**. (Sous presse.)

Tome III. — Fasc. I. — **Système nerveux** (méninges, moelle, encéphale), par A. CHARPY. — *Embryologie*, par A. PRENANT. — *Histologie*, par A. NICOLAS. Paris, 1894. 1 vol. gr. in-8°, avec 201 figures. 10 fr.

Fasc. II. — **Système nerveux** (encéphale), par A. CHARPY. Paris, 1895. 1 vol. gr. in-8°, avec 206 figures .... 12 fr.

Fasc. III. — **Système nerveux**: *Considérations générales sur les nerfs*, par A. SOULIÉ. — *Nerfs craniens*, par B. CUNÉO. — *Nerfs rachidiens*, par A. SOULIÉ. Paris, 1899. 1 volume grand in-8° avec 205 figures .... 12 fr.

Tome IV. — Fasc. I. — **Tube digestif**: *Développement*, par A. PRENANT. — *Bouche, Pharynx, Œsophage, Estomac, Intestins, Anus*, par T. JONNESCO. Paris, 1895. 1 vol. gr. in-8° avec 158 figures .... 12 fr.

Fasc. II. — **Appareil respiratoire**: *Larynx, trachée, poumons, plèvres*, par A. NICOLAS. — *Thyroïde, thymus*, par Ch. SIMON. Paris, 1897. 1 vol. gr. in-8° avec 121 figures .... 6 fr.

Fasc. III. — **Annexes du tube digestif**; *Péritoine* (sous presse).

Tome V. — **Organes génito-urinaires**. — **Organes des sens**. *Indications anthropométriques*. — *Table alphabétique des matières* (sous presse).

Traité de chirurgie, publié sous la direction de MM. Simon DUPLAY, professeur de clinique chirurgicale à la Faculté de médecine de Paris, chirurgien de l'Hôtel-Dieu, membre de l'Académie de médecine, et Paul RECLUS, professeur agrégé, chirurgien des hôpitaux, secrétaire général de la Société de chirurgie, membre de l'Académie de médecine, par MM. BERGER, BROCA, DELENS, DELBET, DEMOULIN, J.-L. FAURE, FORGUE, GÉRARD-MARCHANT, HARTMANN, HEYDENREICH, JALAGUIER, KIRMISSON, LAGRANGE, LEJARS, MICHAUX, NÉLATON, PEYROT, PONCET, QUÉNU, RICARD, RIEFFEL, SEGOND, TUFFIER, WALTHER.
Deuxième édition entièrement refondue.
Paris, 1897-1899. 8 forts vol. gr. in-8° avec de nombreuses figures dans le texte.
En souscription.................. 150 fr.

Tome I.—*Inflammations, Traumatismes, Maladies virulentes*, par le Dr Paul RECLUS, chirurgien des hôpitaux, professeur agrégé à la Faculté de Paris. — *Des Tumeurs*, par le Dr QUÉNU, chirurgien des hôpitaux, professeur agrégé à la Faculté de Paris. — *Peau, Tissu cellulaire*, par le Dr BROCA, professeur agrégé à la Faculté de Paris, chirurgien des hôpitaux. — *Lymphatiques, Muscles, Tendons, Synoviales tendineuses et Bourses séreuses*, par le Dr LEJARS, professeur agrégé à la Faculté de Paris, chirurgien des hôpitaux. 1 vol. de 912 pages avec 218 fig... 18 fr.

Tome II. — *Nerfs*, par le Dr LEJARS, professeur agrégé à la Faculté de Paris, chirurgien des hôpitaux. — *Artères*, par le Dr P. MICHAUX, chirurgien des hôpitaux. — *Maladies des veines*, par le Dr QUÉNU, chirurgien des hôpitaux, professeur agrégé à la Faculté de Paris. — *Lésions traumatiques des os*, par le Dr RICARD, chirurgien des hôpitaux, professeur agrégé à la Faculté de Paris, et A. DEMOULIN, chirurgien des hôpitaux, ancien chef de clinique à la Faculté de Paris. — *Affections non traumatiques, os*, par le Dr Antonin PONCET, professeur à la Faculté, chirurgien en chef de l'Hôtel-Dieu de Lyon. 1 vol. de 996 pages avec 361 fig......... 18 fr.

Tome III. — *Traumatismes, entorses, luxations, plaies articulaires*, par M. Ch. NÉLATON, chirurgien des hôpitaux, professeur agrégé à la Faculté de Paris. — *Arthrites infectieuses et inflammatoires*, par le Dr Félix LAGRANGE, agrégé de la Faculté et chirurgien des hôpitaux de Bordeaux. — *Arthropathies, arthrites sèches, corps étrangers articulaires*, par M. le Dr QUÉNU, chirurgien des hôpitaux, professeur agrégé à la Faculté de Paris. — *Maladies du crâne*, par le Dr GÉRARD-MARCHANT, chirurgien des hôpitaux. — *Maladies du rachis*, par le Dr KIRMISSON, professeur agrégé à la Faculté de médecine de Paris, chirurgien des hôpitaux. — *Oreille et annexes*, par le Dr Simon DUPLAY, professeur de clinique chirurgicale à la Faculté de Paris, chirurgien de l'Hôtel-Dieu. 1 vol. de 940 pages avec 285 figures.................. 18 fr.

Tome IV. — *L'œil et ses annexes*, par le Dr E. DELENS, chirurgien des hôpitaux, agrégé à la Faculté de médecine de Paris. — *Nez, fosses nasales, pharynx nasal et sinus*, par le Dr GÉRARD-MARCHANT, chirurgien des hôpitaux. — *Mâchoires*, par le Dr HEYDENREICH, chirurgien des hôpitaux, doyen de la Faculté de médecine de Nancy. 1 volume de 895 pages, avec 354 figures.................. 18 fr.

Tome V. — *Vices de développement de la face et du cou. Face, lèvres, cavité buccale, gencives, langue, palais et pharynx*, par A. BROCA, agrégé, chirurgien des hôpitaux de Paris. — *Plancher buccal, glandes salivaires, œsophage et larynx*, par le Dr HARTMANN, agrégé, chirurgien des hôpitaux de Paris. — *Corps thyroïde*, par A. BROCA. — *Maladies du cou*, par Ch. WALTHER, agrégé, chirurgien des hôpitaux de Paris. — *Poitrine*, par le Dr PEYROT, agrégé, chirurgien des hôpitaux de Paris. — *Mamelle*, par Pierre DELBET, agrégé, chirurgien des hôpitaux de Paris. 1 vol. gr. in-8° de 948 pages, avec 187 figures dans le texte............... 20 fr.

Tome VI. — *Parois de l'abdomen*, par P. MICHAUX, chirurgien des hôpitaux. — *Hernies*, par Paul BERGER, professeur à la Faculté de Paris, chirurgien de la Pitié, membre de l'Académie de médecine. — *Contusions et plaies de l'abdomen. Lésions traumatiques et corps étrangers de l'estomac et de l'intestin*, par Ad. JALAGUIER, chirurgien des hôpitaux, professeur agrégé à la Faculté de Paris. — *Estomac*, par HARTMANN, professeur agrégé à la Faculté de Paris, chirurgien des hôpitaux. — *Occlusion intestinale. Péritonites. Appendicites*, par Ad. JALAGUIER. — *Rectum et Anus*, par J.-L. FAURE, professeur agrégé à la Faculté de Paris, chirurgien des hôpitaux, et H. RIEFFEL, chef des travaux anatomiques à la Faculté de Paris, chirurgien des hôpitaux. — *Anus contre nature et fistules stercorales*, par H. HARTMANN et GOSSET. — *Mésentère. Pancréas. Rate*, par QUÉNU, professeur agrégé, chirurgien des hôpitaux. — *Foie*, par Paul SEGOND, professeur agrégé, chirurgien des hôpitaux de Paris. 1 vol. gr. in-8° de 1128 pages avec 218 figures dans le texte.......... 20 fr.

Tome VII. — *Bassin*, par PH. WALTHER, agrégé, chirurgien des hôpitaux. — *Affections congénitales de la région sacrococcygienne*, par H. RIEFFEL, chirurgien des hôpitaux, chef des travaux anatomiques à la Faculté de médecine de Paris. — *Rein, vessie, uretères, capsules surrénales*, par TUFFIER, agrégé, chirurgien de la Pitié. — *Urèthre et prostrate*, par E. FORGUE, professeur à la Faculté de médecine de Montpellier. — *Organes génitaux de l'homme*, par P. RECLUS, professeur agrégé, membre de l'Académie de médecine. 1 fort volume gr. in-8° de 1.271 pages, avec 297 fig. 25 fr.

Tome VIII. — *Vulve et vagin*, par P. MICHAUX, chirurgien des hôpitaux. — *Maladies de l'utérus*, par P. DELBET, agrégé, chirurgien des hôpitaux. — *Annexes de l'utérus, ovaires, trompes, ligaments larges, péritoine pelvien*, par P. SEGOND, agrégé, chirurgien des hôpitaux. — *Maladies des membres*, par KIRMISSON, agrégé, chirurgien des hôpitaux, 1 fort vol. gr. in-8° avec figures (*sous presse*).

Traité de médecine, publié sous la direction de MM. CHARCOT, BOUCHARD, BRISSAUD ; par MM. BABINSKI, BALLET, P. BLOCQ, BOIX, BRAULT, CHANTEMESSE, CHARRIN, CHAUFFARD, COURTOIS-SUFFIT, DUTIL, GILBERT, GUIGNARD, L. GUINON, George GUINON, HALLION, LAMY, LE GENDRE, MARFAN, MARIE MATHIEU, NETTER, OETTINGER, André PETIT, RICHARDIÈRE, ROGER, RUAULT, SOUQUES, THIBIERGE, THOINOT, FERNAND WIDAL. **Deuxième édition** entièrement refondue, publiée sous la direction de MM. BOUCHARD, professeur de pathologie générale à la Faculté de médecine de Paris, membre de l'Institut et BRISSAUD, professeur à la Faculté de médecine de Paris, médecin de l'hôpital Saint-Antoine. 10 volumes grand in-8° avec figures dans le texte. — En souscription jusqu'à publication du Tome IV..................... 150 fr.

Tome I. — *Les Bactéries*, par L. GUIGNARD, membre de l'Institut, professeur à l'Ecole de pharmacie. — *Pathologie générale infectieuse*, par A. CHARRIN, professeur remplaçant au collège de France, médecin des hôpitaux. — *Troubles et maladies de la nutrition*, par Paul LEGENDRE, médecin de l'hôpital Tenon. — *Maladies infectieuses communes à l'homme et aux animaux*, par G. H. ROGER, médecin de l'hôpital de la Porte d'Aubervilliers, professeur agrégé. — 1 vol. gr. in-8° de 845 pages ave figures dans le texte.... 16 fr.

Tome. II. — *Fièvre typhoïde*, par A. CHANTEMESSE, professeur à la Faculté de médecine de Paris, médecin des hôpitaux. — *Maladies infectieuses*, par F. WIDAL, professeur agrégé, médecin des hôpitaux. — *Typhus exanthématique*, par L.-H THOINOT, professeur agrégé, médecin des hôpitaux. — *Fièvres éruptives*, par L. GUINON, médecin des hôpitaux. — *Erysipèle*, par E. BOIX, chef de laboratoire à la Faculté de Paris. — *Diphtérie*, par A. RUAULT. — *Rumathisme articulaire aigu*, par W. OETTINGER, médecin des hôpitaux. — *Scorbut*, par TOLLEMER, 1 vol. gr. in-8° de 845 pages, avec fig. dans le texte. 16 fr.

Tome III. — *Maladies cutanées*, par G. THIBIERGE, médecin de l'hôpital de la Pitié. *Maladies vénériennes*, par G. THIBIERGE. — *Maladies du sang*, par A. GILBERT, professeur agrégé, médecin des hôpitaux de Paris. — *Intoxications*, par H. RICHAUDIÈRE, médecin des hôpitaux de Paris. 1 vol. gr. in-8° de 702 pages avec figures dans le texte. ————————————————— 16 fr.

Tome IV. — *Maladies de la bouche et du pharynx*, par A. RUAULT. — *Maladies de l'estomac*, par A. MATHIEU, médecin de l'hôpital Andral. — *Maladie du pancréas*, par MATHIEU. — *Maladies de l'intestin*, par COURTOIS-SUFFIT, médecin des hôpitaux de Paris. — *Maladies du péritoine*, par COURTOIS-SUFFIT. 1 vol. gr. in-8°, avec figures dans le texte. (*Sous presse*).

Traité de Pathologie générale. — Voir BOUCHARD.

Traité des Maladies de l'enfance, publié sous la direction de MM. J. GRANCHER, professeur à la Faculté de médecine de Paris, membre de l'Académie de médecine, médecin de l'hôpital des Enfants-Malades ; J. COMBY, médecin de l'hôpital des Enfants-Malades ; A.-B. MARFAN, agrégé, médecin des hôpitaux. Paris 1897-98. 5 vol. gr. in-8° avec figures dans le texte .... 90 fr.

Tome I. — *Préface*, par J. Grancher. — **Physiologie et Hygiène de l'enfance**, par J. Comby. — *Considérations thérapeutiques sur les maladies de l'enfance. Table de Posologie infantile*, par A.-B. Marfan. — **Maladies infectieuses** : *Scarlatine*, par Moizard. — *Rougeole*, par J. Comby. — *Rubéole*, par P. Boulloche. — *Variole*, par J. Comby. — *Vaccine et Vaccination*, par H. Dauchez. — *Varicelle, oreillons, coqueluche*, par J. Comby. — *Fièvre typhoïde*, par A.-B. Marfan. — *Fièvre éphémère, Fièvre ganglionnaire*, par J. Comby. — *Grippe*, par H. Gillet. — *Suette miliaire*, par L. Hontang. — *Choléra asiatique*, par P. Duflocq. — *Malaria*, par L. Concetti. — *Fièvre jaune*, par J. Comby. — *Tétanos*, par J. Renault. — *Rage*, par H. Gillet. — *Érysipèle*, par L. Rénon. — *Infections septiques du fœtus, du nouveau-né et du nourrisson*, par R. Fischl. — *Rhumatisme articulaire et polyarthrites*, par A.-B. Marfan. — *Diphtérie*, par Sevestre et Louis Martin. — *Syphilis*, par P. Gastou. — *Tuberculose, scrofule*, par A.-C. Aviragnet. 1 volume gr. in-8°, avec figures.................. 18 fr.

Tome II. — **Maladies générales de la nutrition** : *Arthritisme, obésité, maigreur, migraine, asthme*, par J. Comby. — *Diabète sucré*, par H. Leroux. — *Maladies du sang*, par H. Audéoud. — *Hémophilie*, par J. Comby. — *Hémorragies des nouveau-nés*, par L. Demelin. — *Purpura et syndromes hémorragiques*, par A.-B. Marfan. — *Scorbut infantile*, par Th. Barlow. *Rachitisme*, par J. Comby et A. Broca. — *Croissance*, par J. Comby. — *Athrepsie*, par Em. Thiercelin. — **Maladies du tube digestif** : *Considérations pratiques*, par J. Variot. — *Dentition*, par R. Millon. — *Bec-de-lièvre, macroglossie, tumeurs du plancher de la bouche*, par A. Broca. — *Stomatites*, par J. Comby. — *Angines aiguës*, par E. Dupré. — *Abcès rétropharyngiens*, par J. Bokay. — *Hypertrophie des amygdales, pharyngite chronique, végétations adénoïdes*, par H. Cuvillier. — *Polypes naso-pharyngiens*, par A. Broca. — *Maladies de l'œsophage, de l'estomac et de l'intestin*, par J. Comby. — *Infections et intoxications digestives, gastro-entérites*, par E. Lesage. — *Dysenterie*, par A. Sanné. — *Tuberculose de l'estomac, de l'intestin et des ganglions mésentériques, constipation*, par A. Marfan. — *Vers intestinaux*, par Filatoff. — *Invagination intestinale*, par A. Jalaguier. — *Prolapsus du rectum*, par A. Broca. — *Polypes du rectum, corps étrangers des voies digestives, fissures à l'anus*, par G. Félizet et A. Branca. — *Malformation, abcès et fissures de la région ano-rectale*, par E. Forgue. 1 vol. gr. in-8° avec figures.................. 18 fr.

Tome III. — **Abdomen et annexes** : *Hernies inguinale et ombilicale*, par Broca. — *Maladies de l'ombilic*, par Paquy. — *Péritonites aiguës*, par Comby. — *Péritonite tuberculeuse*, par Marfan. — *Appendicite*, par Brun. — *Ictères*, par Rénon. — *Congestion du foie, stéatose hépatique, dégénérescence amyloïde, abcès du foie*, par Oddo. — *Kystes hydatiques du foie*, par Forgue. — *Cirrhose du foie*, par Hutinel et Auscher. — *Rate et ses maladies*, par Gastou. — *Albuminurie et néphrites*, par Renault. — *Périnéphrite, phlegmon périnéphritique, pyélite et pyélonéphrite*, par Comby. — *Lithiase urinaire*, par De Bokay. — *Tuberculose du rein*, par Hallé. — *Maladie d'Addison*, par Comby. — *Néoplasmes du rein*, par Albarran. — *Tumeurs liquides du rein, rein mobile, hématurie, hémoglobinurie*, par Comby. — *Névroses urinaires*, par Guinon. — *Maladies des organes génito-urinaires dans le sexe masculin*, par Pousson. — *Vulvite, vulvo-vaginite*, par Epstein. — *Cystite, anomalies génitales chez les petites filles, onanisme*, par Comby. — **Appareil circulatoire** : *Maladies congénitales du cœur*, par Moussous. — *Maladies acquises*, par Weill. — **Nez, larynx et annexes** : *Malformations des fosses nasales, épistaxis*, par Boulay. — *Rhinites aiguës*, par Lermoyez. — *Rhinite chronique, rhinite atrophique fétide, syphilis des fosses nasales*, par Boulay. — *Laryngites aiguës*, par Variot et Glover. — *Laryngites chroniques, papillomes du larynx, corps étrangers*, par Boulay. — *Spasme de la glotte*, par Marfan. — *Pathologie du thymus*, par Sanné. — *Myxœdème*, par Comby. 1 vol. gr. in-8° avec figures............ 20 fr.

Tome IV. — **Appareil respiratoire** : *Bronchites aiguës*, par Queyrat. — *Bronchites chroniques. Pneumonie franche*, par Comby. — *Spléno-pneumonie*, par Queyrat. — *Congestion pulmonaire. Œdème du poumon. Apoplexie pulmonaire. Hémoptysie. Broncho-pneumonie, par COMBY. — Gangrène pulmonaire, par RENAULT. — Emphysème pulmonaire, par MARFAN. — Mort apparente du nouveau-né, par DEMELIN. — Tuberculose pulmonaire. Adénopathie trachéo-bronchique, par ZUBER. — Micropolyadénie périphérique, par POTIER. — Maladies de la plèvre, par NETTER. — **Système nerveux**: Méningites aiguës, méningites cérébro-spinales, par FLORAND. — Méningite tuberculeuse, thrombose et phlébite des sinus, méningites chroniques, pachyméningite hémorragique, hémorragies méningées, par MARFAN. — Céphalématose, par DEMELIN. Abcès intra-craniens, par BROCA. — Scléroses cérébrales, par RICHARDIÈRE. — Scléroses en plaques, par COMBY. — Paralysie générale, tumeurs cérébrales, par MOUSSOUS. — Idiotie, épilepsie, par CHASLIN. — Hydrocéphalie, par d'ASTROS. — Spina bifida, par PIÉCHAUD. — Tumeurs de la moelle, maladie de Little, convulsions, par SIMON. — Maladie de Friedrich, par MOUSSOUS. — Maladie de Thompson, par DELÉAGE. — Amyotrophies, paralysie infantile, etc., par HAUSHALTER. — Terreurs nocturnes, par MOIZARD. — Hystérie, par ST-PHILIPPE. — Tétanie, par ESCHRICH. — Chorée, par LEROUX. — Maladie de Bergeron, paralysie faciale, paralysie douloureuse, par BÉZY. — Paralysies obstétricales, par COMBY. 1 vol. gr. in-8°, avec figures........................ 18 fr.

TOME V. — **Organes des sens**: Maladies des yeux, par E. VALUDE. — Maladies de l'oreille, par J. MOURE. — **Maladies du fœtus**, par W. BALLANTYNE. — **Maladies du nouveau-né**, par J. COMBY. — **Maladies de la peau**: Affections des glandes sudoripares et sébacées. Kératoses. Verrues. Molluscum contagiosum. Eczéma, par J. COMBY. — Impétigo. Ecthyma, par CH. LEROUX. — Herpès, par J. COMBY. — Zona, par R. MILLON. — Ostéo-arthropathie hypertrophiante, par J. COMBY. — Brûlures, par DELANGLADE. — Engelures; maladie de Maurice Raynaud, par L. BAUMEL. — Gangrène de la peau. Abcès multiples de la peau, par J. RENAULT. — Infections cutanées, par J. HULOT. — Dermites infantiles simples, par L. JACQUET. — Erythèmes infectieux idiopathiques, par J. COMBY. — Erythèmes symptomatiques, par MUSSY. — Tuberculoses cutanées; Lichen des scrofuleux; Lichen plan;

Strophulus; Prurigo chronique; Urticaire; Gale; Pédiculoses, par DUBREUILH. — Pelade, teignes tondantes, trichophyties, teigne faveuse, Pityriasis versicolor, par SABOURAUD. — **Maladies chirurgicales des os, articulations, etc.**: Déviations du squelette (scoliose, cyphose, torticolis, tarsalgie, genu varum, valgum, recurvatum), par I. PIÉCHAUD. — Lésions inflammatoires des os et articulations (ostéite, syphilis, ostéomyélite, tuberculose osseuse articulaire, coxalgie, mal de Pott, exostoses, etc.). Malformations du squelette (luxations congénitales, pied-bot, malformations des doigts, etc.), par A. BROCA et DELANGLADE. Tumeurs diverses, par J. COMBY. — Table alphabétique des cinq volumes. 1 vol. gr. in-8° avec figures dans le texte. 18 fr.

TROUESSART. — **Les parasites des habitations humaines et des denrées alimentaires ou commerciales**, par le Dr TROUESSART, membre de la Société entomologique de France. Paris, 1895. 1 vol. petit in-8° de l'Encyclopédie des Aide-Mémoire. 2 fr. 50

TROUSSEAU. — **Hygiène de l'œil**, par le Dr TROUSSEAU, médecin de la Clinique nationale des Quinze-Vingts. Paris, 1892. 1 vol. petit in-8° de l'Encyclopédie scientifique des Aide-Mémoire....... 2 fr. 50

Tuberculose (Études expérimentales et cliniques) publiées sous la direction de M. le professeur VERNEUIL. Secrétaire de la rédaction : Dr L.-H. PETIT. Publication vendue au profit de la souscription à un fonds d'encouragement pour les études sur la guérison de la tuberculose. 3 volumes in-8° vendus chacun... 12 fr.

TUFFIER. — **Chirurgie du poumon**, par le Dr TUFFIER, professeur agrégé à la Faculté de médecine de Paris, chirurgien de l'hôpital de la Pitié. Paris, 1897. 1 vol. in-8°. 6 fr.

TUFFIER. — **Tuberculose rénale**: Diagnostic, pathogénie, traitement, par le Dr TUFFIER, professeur agrégé, chirurgien de la Pitié. Paris, 1898. 1 brochure de l'Œuvre médico-chirurgical, avec figures........ 1 fr. 25

Union des femmes de France (Bulletin officiel de l'). In-4°, 8 numéros par an. France....................... 3 fr. 50
Voir la section des publications périodiques.

URBANTSCHITSCH. — **Traité des maladies de l'oreille**, par M. le Dr Victor URBANTSCHITSCH, professeur à l'Université de Vienne, traduction par M. le Dr CALMETTES. Paris, 1881. 1 vol. gr. in-8° avec 75 figures dans le texte et 8 planches.................... 15 fr.

VAQUEZ. — **Hygiène des maladies du cœur**, par le Dr VAQUEZ, professeur agrégé à la Faculté de médecine de Paris, médecin des hôpitaux. Avec une préface du Professeur POTAIN. Paris, 1899. 1 vol. in-16 de la *Bibliothèque d'hygiène thérapeutique*. Cartonné toile, tranches rouges........ 4 fr.

VELPEAU. — **Traité des maladies du sein et de la région mammaire**, par le professeur VELPEAU. 2e édition. Paris, 1858. 1 vol. in-8°, avec 8 planches gravées.... 12 fr.

VERHAEGEN. — **Physiologie et pathologie des sécrétions gastriques**, *suivie de la technique complète du cathétérisme de l'estomac et de l'examen méthodique du liquide gastrique*, par le Dr VERHAEGEN, assistant de clinique médicale à Louvain. Paris, 1898, 1 monographie in-8° de l'*Œuvre médico-chirurgical*............... 1 fr. 25

VERNEUIL. — **Mémoires de chirurgie**, par M. le Dr A. VERNEUIL, membre de l'Institut, professeur de clinique chirurgicale à la Faculté de médecine de Paris :

Tome I. — **Chirurgie réparatrice**. Paris, 1877. 1 vol. in-8°................ 15 fr.
Tome II. — **Amputations, doctrine septicémique, pansements antiseptiques**. Paris, 1880. 1 vol. in-8°.......... 15 fr.
Tome III. — **États constitutionnels et traumatisme**. Paris, 1881. 1 volume in-8°................................ 12 fr.
Tome IV. — **Traumatisme et ses complications**. Paris, 1886. 1 vol. in-8°... 15 fr.
Tome V. — **Commotion, contusion, tétanos, syphilis et traumatisme**. Paris, 1888. 1 vol. in-8°................. 15 fr.
Tome VI. **Blessures des vaisseaux sanguins, hémorragies, hémostase**. Paris, 1895. 1 vol. in-8°................. 15 fr.
Les 6 volumes reliés toile anglaise. 50 fr.

VILLE DE PARIS. — **Documents statistiques**. Voir la section II.

VIRES (Dr). — Voir MAIRET et VIRES.

VOILLEMIER et LE DENTU. — **Traité des maladies des voies urinaires**, par MM. VOILLEMIER, chirurgien honoraire de l'Hôtel-Dieu, et LE DENTU, chirurgien de l'hôpital Saint-Louis :

1re partie : **Maladies de l'urètre**, par M. VOILLEMIER, Paris, 1868. 1 volume gr. in-8°, avec 87 figures dans le texte. 12 fr. 50

2e partie : **Maladies de la prostate et de la vessie**, par MM. VOILLEMIER et LE DENTU. Paris, 1881. 1 volume gr. in-8° avec 120 figures dans le texte........ 16 fr.

VOISIN (Aug.). — **De la Mélancolie dans ses rapports avec la paralysie générale**, par le Dr Aug. VOISIN, médecin de la Salpêtrière, et M. Ch. BURLUREAUX, médecin aide-major à l'Hôpital militaire de Versailles. Ouvrage couronné par l'Académie de médecine. Paris, 1881. 1 vol. in-4°............. 8 fr.

WALLER. — **Éléments de Physiologie humaine**, par Augustus WALLER, M. D. F. R. S., professeur de physiologie au Saint-Mary's Hospital à Londres. Traduit de l'anglais sur la 3e édition par le Dr A. HERZEN, professeur de physiologie à l'Université de Lausanne. Paris, 1893. 1 vol. in-8° de xvi-755 pages avec 351 figures dans le texte........................ 14 fr.

WALLON (Ch.). — **Pseudo-paralysies générales saturnine et alcoolique**, par Ch. WALLON, ancien chef de clinique de la Faculté de Paris, médecin en chef de l'Asile d'aliénés de Villejuif, expert des tribunaux. *Mémoire couronné par l'Académie de médecine* (*Prix Civrieux*, 1892). Paris, 1892. 1 brochure in-4°............... 2 fr. 50

WALSHE. — **Traité des maladies de la poitrine**, par WALSHE, traduit sur la 3e édit. et annoté par M. FONSSAGRIVES (P. F. M.). Paris, 1870. 1 vol. grand in-8°, avec figures dans le texte............... 10 fr.

WEILL-MANTOU. — **Manuel du médecin d'assurances sur la vie**, par le Dr J. WEILL-MANTOU. Paris, 1893. 1 vol. in-8° de l'*Encyclopédie des Aide-Mémoire*... 2 fr. 50

WEIR-MITCHELL. — **Des lésions des nerfs et de leurs conséquences**, par le professeur WEIR-MITCHELL. Traduit de l'anglais par M. DASTRE, avec une introduction par le prof. VULPIAN. Paris, 1874. 1 vol. in-8°. 8 fr.

WEISS. — **Technique d'électrophysiologie**, par le Dr WEISS, ingénieur des Ponts et Chaussées, professeur agrégé à la Faculté de médecine de Paris. Paris, 1892.

1 vol. petit in-8° de l'*Encyclopédie des Aide-Mémoire*................ 2 fr. 50

WEST (Ch.). — **Leçons sur les maladies des enfants**, par M. Charles WEST, membre du Collège Royal des médecins de Londres ; traduites d'après la 10° édition anglaise, et annotées par M. ARCHAMBAULT, médecin de l'hôpital des Enfants-Malades. 2° édition. Paris, 1881. 1 vol. in-8°.......... 12 fr.

WEST (Ch.). — **Leçons sur les maladies des femmes**, par le D' WEST, traduit de l'anglais sur la 3° édition par M. le D' MAURIAC. Paris, 1870. 1 vol. in-8°...... 13 fr.

WUNDT. — **Nouveaux Éléments de physiologie humaine**, par M. le professeur WUNDT, traduits de l'allemand sur la 2° édition et annotés par M. le D' H. BOUCHARD. Paris, 1872. 1 vol. grand in-8° avec 150 figures.................... 14 fr.

WURTZ (R.). — **Technique bactériologique**, par R. WURTZ, professeur agrégé à la Faculté de médecine de Paris, médecin des hôpitaux. *Deuxième édition*. Paris, 1897. 1 vol. petit in-8° de l'*Encyclopédie des Aide-Mémoire*................ 2 fr. 50

WURTZ (R.). — **Précis de bactériologie clinique**, par le D' R. WURTZ, professeur agrégé à la Faculté de médecine de Paris, médecin des hôpitaux. 2° édition, avec tableaux synoptiques et figures dans le texte. Paris, 1897. 1 vol. in-16 diamant, cartonné à l'anglaise, tranches rouges....... 6 fr.

WURTZ. — **Les Hautes Études pratiques dans les Universités d'Allemagne et d'Autriche-Hongrie**. Deuxième rapport présenté à M. le ministre de l'Instruction publique, par M. Adolphe WURTZ. *Berlin, Buda-Pest, Gratz, Leipzig, Munich*. Paris. 1882. 1 vol. gr. in-4° avec 19 planches hors texte et 45 figures dans le texte. 30 fr.

ZAMBACO. — **Voyages chez les lépreux**, par le D' ZAMBACO-PACHA, membre correspondant de l'Académie de médecine de Paris, ex-chef de clinique à la Faculté de médecine. Paris, 1891. 1 vol. in-8°, avec une carte indiquant les localités lépreuses 8 fr.

ZAMBACO. — **Les Lépreux ambulants de Constantinople**, par le D' ZAMBACO-PACHA, membre associé national de l'Académie de médecine de Paris, membre correspondant de l'Académie de St-Pétersbourg, etc. Paris, 1897. 1 fort vol. in-4 avec 48 planches hors texte en noir et en couleurs, relié toile.................... 90 fr.

ZUCKERKANDL. — **Anatomie normale et pathologique des fosses nasales** et de leurs annexes pneumatiques, par E. ZUCKERKANDL, professeur d'anatomie à l'Université de Vienne. Traduit sur la 2° édition allemande, par MM. L. LICHTWITZ, docteur en médecine de l'Université de Vienne et de la Faculté de Bordeaux, et le D' GARNAULT, de Paris. Paris, 1895. 1 vol. gr. in-8°, avec un atlas de 58 planches doubles.................... 40 fr.

II

NTHROPOLOGIE. — SCIENCES ÉCONOMIQUES
HYGIÈNE. — STATISTIQUE
JURISPRUDENCE. — CRIMINOLOGIE. — PÉDAGOGIE. — PHILOSOPHIE

Amoëdo. — **L'Art dentaire en médecine légale**, par le Dr Amoëdo, professeur à l'École odontotechnique de Paris. 1898. 1 volume in-8° avec 70 figures dans le texte, relié peau souple, tête dorée....... 12 fr.

Anthropologie (L'). — Revue publiée dans le format in-8° et paraissant tous les deux mois avec nombreuses figures dans le texte. Principaux collaborateurs, MM. d'Acy, Boule, Cartailhac, Collignon, Deniker, Hamy, Montano, Mis de Nadaillac, Piette, Salomon Reinach, Prince Roland Bonaparte, Topinard, Verneau, Volkov. Rédacteurs en chefs : MM. Boule et Verneau. Paris, 25 fr. Départements, 27 fr. Union postale, 28 fr.

L'*Anthropologie* est publiée depuis 1890. Elle est la réunion des *Matériaux pour l'histoire de l'homme*, de la *Revue d'Anthropologie* et de la *Revue d'Ethnographie*.

Anthropologie (Revue d'), fondée en 1872, par M. Paul Broca.
2e série (1878 à 1885). 8 volumes. 200 fr.
3e série (1886 à 1889). 4 volumes. 100 fr.

Archives d'anthropologie criminelle et des sciences pénales. — Tous les deux mois. France, 20 fr. Union postale...... 23 fr.
Chaque année complète est portée à 40 fr.

Ballet. — **Hygiène du Neurasthénique.** — Voir la *Section médicale*.

Barillot. — **Chimie légale.** Voir la *Section médicale*.

Barré (J.). — **Cours complet de comptabilité**, par M. Joseph Barré, expert près la Cour et les tribunaux, ancien professeur à l'École supérieure de commerce. 3 vol. in-8° cartonnés toile.

Cours pratique de tenue des livres. 7e édition..................... 3 fr. 50

Comptabilité commerciale et industrielle. 4e édition................ 4 fr.
Comptabilité financière. 2e édition. 4 fr.

Bellemain. — **La maison à construire et les rapports des architectes-experts**, par A. Bellemain, architecte-expert. 1 vol. in-18 de la *Bibliothèque scientifique judiciaire*, avec 32 figures dans le texte. 3 fr. 50

Beni-Barde. — **Hydrothérapie.** Voir la *Section médicale*.

Bertillon. — **De la reconstitution du signalement anthropométrique au moyen des vêtements**, par le Dr G. Bertillon. Lyon, 1892. Brochure in-8°...... 3 fr. 50

Bessaignet. — **Manuel de finances et de comptabilité financière**, par M. Octave Bessaignet, ancien Inspecteur des finances. Paris, 1884. 1 volume in-8°........ 6 fr.

Bibliothèque d'Hygiène thérapeutique. — Voir la *Section médicale*.

Bibliothèque de criminologie. — Voir Coutagne, Corre et Aubry, Debierre, Mac Donald, Lacassagne, Laurent, Lombroso, Raffalovich, Raux, Régis, de Ryckère, Sighele, Tarde.

Blanchard (Émile). — **La Vie des êtres animés.** — *Les conditions de la Vie chez les êtres animés. L'origine des êtres*, par M. Émile Blanchard, de l'Académie des Sciences. Paris, 1888. 1 vol. in-18 jésus. 3 fr.

BOTTEY. — **Hydrothérapie médicale.** Voir la *Section médicale.*

BOULE et FARGES. — **Le Cantal.** *Guide du touriste, du naturaliste et de l'archéologue*, par MARCELIN BOULE, docteur ès sciences, et LOUIS FARGES archiviste-paléographe. Paris 1898. 1 vol. in-16 avec 85 dessins et photographies et deux cartes en couleurs, relié toile anglaise..... 4 fr. 50

BOULE. — Voir *l'Anthropologie.*

BOULOUMIÉ. — **Les Maladies évitables :** *Moyens de s'en préserver et d'en éviter la propagation*, par le Dr BOULOUMIÉ. Paris 1897. 1 vol. in-16 édité par la *Société de Médecine publique et d'Hygiène professionnelle*, avec figures, cartonné. 1 fr.

BOURGES. — **L'Hygiène du Syphilitique.** In-16, cartonné.................. 4 fr.

BOURGES. — **La Peste.** *Epidémiologie, Bactériologie, Traitement.* In-8°....... 1 fr. 25
Voir la *Section médicale.*

BRASILIER. — **Théorie mathématique des placements et emprunts à long terme**, par A. BRASILIER, professeur à l'École des Hautes Etudes commerciales.
Première partie. — Annuités de placement et d'amortissement. Emprunts publics. Service des Titres. Etablissements de crédit. Paris, 1890. 1 volume grand in-8° avec tableaux.................. 10 fr.
Deuxième partie. — Négociation des titres et des valeurs mobilières. Prix et parités mathématiques. Institutions de prévoyance. Paris, 1893. 1 volume grand in-8° avec tableaux............... 10 fr.
Voir du même auteur, *Section V : Traité d'arithmétique commerciale.*

BRISSAUD. — **L'Hygiène des Asthmatiques.** In-16, cartonné.................. 4 fr.
Voir la *Section médicale.*

BROCA (P.). — **Instructions générales pour les recherches anthropologiques à faire sur le vivant**, rédigées par M. BROCA, secrétaire général de la Société d'anthropologie, Seconde édition, revue et augmentée. Paris. 1879. 1 vol. in-12 cartonné à l'anglaise. 5 fr.

Bulletin hebdomadaire de statistique municipale, publié sous la direction de M. Bertillon.
Voyez plus loin : *Ville de Paris (Publications de la).*

CASTEX (A.). — **L'Hygiène de la voix parlée et chantée**, par A. CASTEX, ancien prosecteur et chef de clinique à la Faculté de Médecine de Paris. Paris, 1894. 1 volume petit in-8° de l'*Encyclopédie des Aide-Mémoire*.................. 2 fr. 50

CERISE. — **Mélanges médico-psychologiques.** Voir la *Section médicale.*

CHAUTEMPS. — **L'Organisation sanitaire de Paris.** Paris, 1887. 1 vol. in-4°, avec pl. 5 fr.
Voir la *Section médicale.*

CHEVALIER. — **L'Inversion sexuelle**, par M. CHEVALIER. 1 vol. in-18 de la *Bibliothèque scientifique judiciaire*, cartonné toile.................. 5 fr.

CHUDZINSKI. — **Quelques observations sur les muscles peauciers du crâne et de la face dans les races humaines**, par Théophile CHUDZINSKI, préparateur du laboratoire d'anthropologie de l'Ecole des Hautes-Etudes. Paris, 1897. 1 vol. in-8° avec 26 fig. dans le texte.................. 4 fr.

CHUQUET. — **L'Hygiène des tuberculeux.** in-18, cartonné.................. 4 fr.
Voir la *Section médicale.*

COCHIN. — **L'Évolution et la vie**, par M. DENYS COCHIN. 3° édition entièrement remaniée et précédée d'un rapport de M. CARO à l'Académie des Sciences morales et politiques. *Ouvrage couronné par l'Académie française.* Paris, 1888. 1 volume in-18 jésus.................. 3 fr.

COCHIN. — **Le Monde extérieur**, par M. DENYS COCHIN. Paris, 1895. 1 vol. gr. in-8° 7 fr. 50

COLIN. — **Paris, sa topographie, son hygiène, ses maladies.** 1 volume in-18 diamant.................. 6 fr.
Voir la *Section médicale.*

COMTE (Achille). — **Notions sanitaires sur les végétaux dangereux**, par M. Achille COMTE. 3 planches de près d'un mètre carré chacune, et contenant environ 100 figures coloriées avec soin. Pl. I, Champignons comestibles ; pl. II, Champignons dangereux ; pl. III, Plantes vénéneuses. Avec texte explicatif. In-4°........ 9 fr.

CORRE. — **Le Crime en pays créole**, par A. CORRE. 1 vol. in-18 de la *Bibliothèque scientifique judiciaire*, relié toile. 3 fr. 50

CORRE et AUBRY. — **Documents de criminologie**, par les D⁽ˢ⁾ CORRE et AUBRY. 1 vol. in-8° de la *Bibliothèque de criminologie*............................ 9 fr.

COUTAGNE. — **Précis de médecine légale**, par Henry COUTAGNE, chef des travaux de médecine légale à l'Université de Lyon. 1 fort vol. de la *Bibliothèque de criminologie*, cart. toile................. 10 fr.

COUTAGNE. — **Manuel des expertises médicales en matière criminelle**, par Henry COUTAGNE. 1 vol. in-18 de la *Bibliothèque scientifique judiciaire*......... 3 fr. 50

CRUET. — **Hygiène et thérapeutique des maladies de la bouche**. In-16 cartonné........................... 4 fr.
Voir la *Section médicale*.

DALLEMAGNE. — **Etudes sur la criminalité**, par J. DALLEMAGNE, professeur de médecine légale à l'Université de Bruxelles. 3 vol. petit in-8° de l'*Encyclopédie des Aide-Mémoire*.

I. — **Les Stigmates anatomiques de la criminalité**. Paris, 1896. 1 vol.. 2 fr. 50
II. — **Les Stigmates biologiques et sociologiques de la criminalité**. Paris, 1896. 1 vol..................... 2 fr. 50
III. — **Les Théories de la criminalité**. Paris, 1896. 1 vol............. 2 fr. 50

DALLEMAGNE. — **Physiologie de la volonté**, par J. DALLEMAGNE, professeur de médecine légale à l'Université de Bruxelles. Paris 1898. 1 vol. petit in-8° de l'*Encyclopédie des Aide-Mémoire*.............. 2 fr. 50

DALLEMAGNE. — **Pathologie de la volonté**, par J. DALLEMAGNE, professeur de médecine légale à l'Université de Bruxelles. Paris, 1898. 1 vol. petit in-8° de l'*Encyclopédie des Aide-Mémoire*........ 2 fr. 50

DALLEMAGNE. — **La Volonté dans ses rapports avec la responsabilité légale**, par J. DALLEMAGNE, professeur de médecine légale à l'Université de Bruxelles. Paris, 1899. 1 vol. in-8° de l'*Encyclopédie des Aide-Mémoire*................ 2 fr. 50

DEBIERRE. — **Le Crâne des criminels**, par M. DEBIERRE, professeur à la Faculté de Médecine de Lille. 1 vol. de la *Bibliothèque de criminologie*, avec 137 figures . 9 fr.

DECHAMBRE (D⁽ʳ⁾). — **Le Médecin**. Devoirs publics et privés. 1 vol. in-18 diamant. 6 fr.

DELFAU. — **Hygiène et thérapeutique thermales**. In-16, cartonné............ 4 fr.

DELFAU. — **Les Cures thermales**. In-16, cartonné........................ 4 fr.
Pour ces 2 ouvrages, voir la *Section médicale*.

DEMMLER. — **Soins à donner aux malades**. Hygiène et surveillance médicale, petit in-8°........................ 2 fr. 50
Voir la *Section médicale*.

DONALD (Mac). — **Le Criminel-type dans quelques formes graves de la criminalité**, par M. MAC DONALD, du bureau d'éducation de Washington. 3° édition, augmentée d'une Bibliographie de la sexualité criminelle et pathologique et d'une observation féminine. 1 vol. in-8° de la *Bibliothèque de criminologie*, avec figures dans le texte........................... 5 fr.

DREYFUS-BRISAC (Ed.). — **L'Éducation nouvelle**. Etudes de pédagogie comparée, par M. Edmond DREYFUS-BRISAC.
1⁽ʳᵉ⁾ Série. Paris, 1882. 1 vol. in-8°. 6 fr.
2⁽ᵉ⁾ Série. Paris, 1888. 1 vol. in-8°. 6 fr.
3⁽ᵉ⁾ Série. Paris, 1897. 1 vol. in-8°. 6 fr.

DUBOIS (Marcel). — **Cours de géographie économique**, par M. Marcel DUBOIS, professeur de géographie coloniale à la Faculté des lettres de Paris.

DUBOIS (Marcel). — **Précis de géographie économique**, par M. DUBOIS et J.-G. KERGOMARD.

DUBOIS (Marcel). — **Systèmes coloniaux et peuples colonisateurs**. — Dogmes et faits, par Marcel DUBOIS, professeur de géographie coloniale à la Sorbonne. Paris, 1895. 1 vol. in-18.................... 3 fr. 50
Voir pour les divers ouvrages de M. DUBOIS, la section VIII.

EGGER (E.). — **La Tradition et les réformes dans l'enseignement universitaire**. Souvenirs et conseils, par E. EGGER, membre de l'Institut, professeur à la Faculté des lettres. Paris, 1883. 1 vol. in-8°.... 6 fr.

FARGES. — Voir BOULE et FARGES, Le Cantal.

FLOQUET. — **Code pratique des honoraires médicaux.** Paris 1898. 2 vol. in-8°.. 10 fr.
Voir la *Section médicale*.

FLOQUET et LECHOPIÉ. — **La Nouvelle Législation médicale**, commentaire et texte de la loi du 30 novembre 1892 et des lois, décrets et règlements s'y rattachant. Paris, 1894. 1 vol. in-18................ 4 fr. 50
Voir la *Section médicale*.

GALIPPE et BARRÉ. — **Le Pain.** *Aliment minéralisateur. Physiologie. Composition. Hygiène et thérapeutique.*...... 2 fr. 50
Le Pain. *Technologie, pains divers, altération*................ 2 fr. 50
Voir la *Section médicale*.

GOGUILLOT. — **Comment on fait parler les sourds-muets**, par M. L. GOGUILLOT, professeur à l'Institution des sourds-muets de Paris, avec une préface de M. le Dr LADREIT DE LACHARRIÈRE, médecin en chef de l'Institution nationale des sourds-muets. Paris, 1889. 1 volume in-8° avec 76 figures. 8 fr.

GUERRIER et ROTUREAU. — **Manuel pratique de jurisprudence médicale.** 1 volume in-18........................ 5 fr.
Voir la *Section médicale*.

HANNEQUIN. — **Introduction à l'Etude de la psychologie**, par Arthur HANNEQUIN, chargé d'un cours complémentaire de philosophie à la Faculté des lettres de Lyon. Paris, 189 . 1 vol. in-18............ 4 fr. 50

HANOTTE. — **Anatomie pathologique de l'oxycéphalie**, par le Dr M. HANOTTE. Paris, 1898. 1 vol. in-8° avec tableaux et 13 planches hors texte........... 5 fr.

HOGG (W. Douglas). — **Premiers Secours aux blessés**........... 1 fr. 25
Voir la *Section médicale*.

Hygiène. — Voir la *Section médicale* : LACASSAGNE, MARTIN, NAPIAS, PROUST, POINCARÉ ; Bibliothèque d'hygiène ; Revue d'hygiène ; Société de médecine publique.

LACASSAGNE. — **Précis de médecine judiciaire.** In-18 diamant, cartonné.. 7 fr. 50

LACASSAGNE. — **L'Affaire Gouffé**, par A. LACASSAGNE, professeur à la Faculté de médecine de Lyon. 2° édition, augmentée. 1 vol. in-8° de la *Bibliothèque de criminologie*, avec 4 planches hors texte...... 3 fr. 50

LACASSAGNE. — **L'Assassinat du président Carnot**, par A. LACASSAGNE. 1 vol. in-8° de la *Bibliothèque de criminologie*, avec portraits, dessins et 1 planche en couleurs........................ 3 fr. 50

LACASSAGNE. — **Précis d'hygiène privée et sociale.** In-18 diamant, cartonné.... 7 fr.
Voir la *Section médicale*.

LACASSAGNE. — **Vade-mecum du médecin expert.** *Guide médical ou Aide-Mémoire de l'expert*, du juge d'instruction, de l'avocat et des officiers de police judiciaire, par A. LACASSAGNE. 2° édition. 1 vol. in-18, reliure souple, portefeuille, avec crayon et cahier de notes.................. 5 fr.

LACASSAGNE. — **Les Actes de l'état civil**, *Etude médico-légale sur la naissance, le mariage et la mort*, par A. LACASSAGNE. 1 vol. In-18 cartonné........... 3 fr. 50

LALESQUE. — **Cure marine de la phtisie pulmonaire.** In-8°................. 6 fr.
Voir la *Section médicale*.

LAURENT. — **Les Habitués des prisons**, par M. LAURENT. 1 vol. in-8° de la *Bibliothèque de criminologie*, avec nombreux portraits, planches et gravures.............. 10 fr.

LESSER. — **Atlas de médecine légale.** 3 volumes.................... 240 fr.
Voir la *Section médicale*.

LOMBROSO. — **Les Palimpsestes des prisons**, par C. LOMBROSO. 1 vol. in-8° de la *Bibliothèque de criminologie*, avec nombreuses figures dans le texte............ 6 fr.

MANACÉINE. — **Le Surmenage mental dans la civilisation moderne.** — *Effets.* — *Causes.* — *Remèdes*, par Marie MANACÉINE. Traduit du russe par E. JAUBERT. Paris, 1890. 1 volume in-12............ 3 fr.

MANACÉINE. — **Le Sommeil.** In-12... 3 fr.
Pour ces deux ouvrages, voir la *Section médicale*.

Manuel de l'infirmière hospitalière, rédigé sous la direction de la Commission médicale d'enseignement de l'*Union des femmes de France (Croix-Rouge française)*. 3ᵉ édition entièrement refondue, avec 157 fig. dans le texte. Paris, 1897. 1 vol. in-12. Cartonné toile.................................. 5 fr.

MARTIN. — **Des épidémies et maladies transmissibles dans leurs rapports avec les lois et règlements**, par A.-J. MARTIN, membre du Comité consultatif d'hygiène de France. 1 vol. in-18 cartonné toile. 3 fr. 50

MATHIEU. — Voir PROUST et MATHIEU, *Hygiène de l'obèse, Hygiène des goutteux, Hygiène des diabétiques*.
Voir la *Section médicale*.

MÉGNIN. — **Les Parasites**. Voir la *Section médicale*.

MEYER. — **L'Utilité publique et la propriété privée**, par M. Ernest MEYER, auditeur de 1ʳᵉ classe au Conseil d'État. Paris, 1893. 1 vol. petit in-8° de l'*Encyclopédie des Aide-Mémoire*.................. 2 fr. 50

MONOD (H.). — **Les Enfants assistés de France**, par M. Henri MONOD, Conseiller d'État, directeur de l'Assistance et de l'Hygiène publiques, membre de l'Académie de médecine. Paris, 1899. 1 vol in-8°.. 3 fr.

NADAILLAC. — **L'Amérique préhistorique**, par M. le marquis de NADAILLAC. Paris, 1883. 1 volume grand in-8° avec 219 figures dans le texte.................. 16 fr.

NADAILLAC. — **L'Homme tertiaire**, par M. le marquis de NADAILLAC. Paris, 1885. Brochure in-8°..................... 2 fr.

NADAILLAC. — **Affaiblissement de la natalité en France, ses causes et ses conséquences**, par M. le marquis de NADAILLAC. 2ᵉ édition. Paris, 1886. 1 vol. in-18.. 2 fr.

NADAILLAC. — **Le Problème de la vie**, par M. le marquis de NADAILLAC, correspondant de l'Institut. Paris, 1893. 1 volume in-18....................... 3 fr. 50

NAPIAS. — **Manuel d'hygiène industrielle** (législation française et étrangère). 1 vol. in-8°...................... 12 fr.
Voir la *Section médicale*.

NAPIAS et MARTIN. — **L'Étude et les progrès de l'hygiène en France**. 1 vol. in-8° avec 229 figures....................... 8 fr.
Voir la *Section médicale*.

NICOLAS. — **L'Attitude de l'homme au point de vue de l'équilibre, du travail et de l'expression**, par M. le Dʳ Ad. NICOLAS, médecin de 1ʳᵉ classe de la marine, en retraite. Paris, 1882. 1 vol. in-8°............ 5 fr.

NICOLAS. — **Hygiène industrielle et coloniale**. 1 vol. in-8°................. 10 fr.
Voir la *Section médicale*.

PAGÈS. — **Hygiène des animaux domestiques dans la production du lait**, par CALIXTE PAGÈS, vétérinaire sanitaire de Paris et de la Seine, docteur en médecine, docteur ès sciences. 1 volume in-16. 3 fr.

PAISANT et PIDANCET. — **Code pratique des lois rurales**, suivi d'un répertoire analytique, par M. Alfred PAISANT, président du Tribunal civil de Versailles, et M. Henri PIDANCET, avocat à la Cour d'appel de Paris. Paris, 1891. 1 vol. petit in-8° relié toile anglaise..................... 3 fr.

PERRIER (Ch.). — **La Maison centrale de Nîmes, ses organes, ses fonctions, sa vie**, par le Dʳ Ch. PERRIER, médecin des prisons, expert près les tribunaux de Nîmes. Paris, 1896. 1 volume in-8°........ 3 fr.

POINCARÉ. — **Traité d'hygiène industrielle** à l'usage des médecins et des membres des conseils d'hygiène. 1 vol. in-8° avec figures........................ 12 fr.

POINCARÉ. — **Prophylaxie et géographie médicale des principales maladies tributaires de l'hygiène**. 1 vol. in-8° avec cartes en couleurs............... 12 fr.
Pour ces deux ouvrages, voir la Section médicale.

POINSON. — **Le Dynamisme absolu** *suivi d'éclaircissements et de développements*, par Ch. POINSON. Lyon 1898. 1 vol. in-8°........................... 6 fr.

POITEVIN. — **L'Ami du pêcheur**. — **Traité pratique de la pêche à toutes les lignes** contenant la jurisprudence en matière de pêche, par M. POITEVIN. Paris, 1894. *Sixième édition* avec 98 gravures et 4 planches hors texte............ 3 fr. 5

Polin et Labit. — **Examen des aliments suspects.** 1 volume de l'*Encyclopédie des Aide-Mémoire*.................. 2 fr. 50
Voir la *Section médicale*.

Proust. — **Essai sur l'hygiène internationale.** 1 vol. in-8°.................. 10 fr.

Proust. — **Traité d'hygiène.** 1 vol. grand in-8°.................. 18 fr.

Proust. — **Orientation nouvelle de la politique sanitaire.** 1 vol. in-8°..... 10 fr.

Proust. — Voir Bibliothèque d'hygiène thérapeutique dans la *Section médicale*.

Proust et Ballet.—**Hygiène du Neurasthénique.** In-16, cartonné............. 4 fr.

Proust et Mathieu. — **Hygiène des Goutteux.** In-16, cartonné............ 4 fr.

Proust et Mathieu. — **Hygiène de l'Obèse.** In-16, cartonné.................. 4 fr.

Proust et Mathieu. — **Hygiène des Diabétiques.** In-16, cartonné............ 4 fr.
Pour tous ces ouvrages, voir la Section médicale.

Raffalovich.— **L'Uranisme et l'Unisexualité.** — *Étude sur quelques manifestations de l'instinct sexuel*, par A. Raffalovich. 1 vol. in-8° de la *Bibliothèque de criminologie*, cart. toile.......... 8 fr.

Raux. — **Nos jeunes détenus.** *Étude sur l'enfance coupable*, par M. Raux, directeur de la 20° circonscription pénitentiaire. 1 vol. in-8° de la *Bibliothèque de criminologie*.................. 5 fr.

Régis. — **Les Régicides dans l'histoire et dans le présent**, par E. Régis. 1 vol. in-8° de la *Bibliothèque de criminologie*, avec 20 figures dans le texte........ 3 fr. 50

Regnard. — **La Cure d'altitude.** In-8°, relié toile.................. 15 fr.
Voir la *Section médicale*.

Revue d'hygiène et de police sanitaire. In-8° mensuel. Paris, 20 francs; départements, 22 francs, étranger........ 23 fr.

Revue philanthropique. In-8° mensuel.
Paris et départements........... 20 fr.
Union postale.................. 22 fr.
Voir la *Section des publications périodiques*.

Rey. — **Traité de jurisprudence vétérinaire**, contenant la législation sur les vices rédhibitoires et la garantie dans les ventes d'animaux, suivi d'un traité de médecine légale sur les accidents qui peuvent survenir en chemin de fer, par M. Rey. 2° édition. Paris, 1875. In-8°.... 2 fr. 50

Ryckère (De). — **L'affaire Joniaux**, documents inédits, par R. de Ryckère. 1 vol. in-8° de la *Bibliothèque de criminologie*, avec portraits et autographe. 3 fr. 50

Ryckère (De). — **La Femme en prison et devant la mort**, par R. de Ryckère. Lyon, 1897. 1 vol. de la *Bibliothèque scientifique judiciaire*, relié toile........ 6 fr.

Rothschild. — **Notes sur l'Hygiène et la Protection de l'Enfance**, *d'après des études faites à St-Pétersbourg, Moscou, Vienne et Budapest*, par Henri de Rothschild, ancien moniteur d'accouchements à la Charité, externe des hôpitaux. Paris, 1897. 1 vol. in-8° avec 14 planches hors texte.................. 4 fr.

Rothschild.— **L'Allaitement mixte et l'Allaitement artificiel**, par Henri de Rothschild, ancien externe des hôpitaux, ancien moniteur d'accouchements à la Charité, médaille d'argent de la Faculté de médecine. Paris 1898, 1 vol. gr. in-8° avec 65 figures dans le texte.................. 8 fr.

Rothschild. — **Les troubles gastro-intestinaux chez les enfants du premier âge**, par le Dr Henri de Rothschild. Paris, 1898. 1 vol. gr. in-8° avec figures. 4 fr.

Rothschild. — **Hygiène de l'allaitement.** *Allaitement au sein, allaitement artificiel, allaitement mixte, sevrage*. par le Dr Henri de Rothschild, ancien externe des hôpitaux de Paris, lauréat de la Faculté de médecine. Paris, 1899. 1 vol. in-8° avec figures dans le texte........... 1 fr. 50

Seraine. — **De la santé des petits enfants.** 1 vol. in-32.................. 1 fr.
Voir la *Section médicale*.

Sighele. — **Le Crime à deux**, par Scipio Sighele, avocat à Rome. 1 vol. in-8° de la *Bibliothèque de criminologie*, illustré de portraits.................. 5 fr.

Société d'anthropologie (Bulletin de la). In-8° mensuel. Paris, 10 fr. Départements, 12 fr. Union postale....... 13 fr.

Société d'anthropologie (Mémoires de la). Gr. in-8°. Le vol. : Paris, 16 fr. Départements, 17 fr. Union postale....... 18 fr.

Société de médecine publique et d'hygiène professionnelle (Bulletin de la), annuel (16° année)............... 10 fr.

SPRINGER.— L'Hygiène des albuminuriques, par le Dr SPRINGER. Paris, 1898. 1 vol. in-16, cartonné................... 4 fr.

Voir la *Section médicale*.

SURBLED.—Eléments de psychologie physiologique et rationnelle, par le Dr Georges SURBLED. Paris, 1894. 1 vol. in-12. 3 fr.

TARDE. — **La Philosophie pénale**, par G. TARDE, directeur de la statistique criminelle au ministère de la Justice. 4° édition, revue et augmentée. 1 vol. in-8° de la *Bibliothèque de criminologie*....... 7 fr. 50

TARDE. — **Études pénales et sociales**, par G. TARDE. 2° édition. 1 vol. in-8° de la *Bibliothèque de criminologie*.......... 6 fr.

TARDE. —**Essais et mélanges sociologiques**, par G. TARDE. 1 vol. in-8° de la *Bibliothèque de criminologie*............. 6 fr.

TOPINARD. — **Science et foi** ou l'Anthropologie et la science sociale. (*Sous presse*).

UJFALVY. — **Les Aryens au nord et au sud de l'Hindou-Kouch**, par Charles de UJFALVY. Paris, 1897. 1 vol. in-8° avec une carte ethnographique de l'Asie centrale.. 15 fr.

VAQUEZ. — **Hygiène des maladies du cœur**. In 16, cartonné.................... 4 fr.

Voir la *Section médicale*.

VIARIS (DE).— **L'Art de chiffrer et de déchiffrer les dépêches secrètes**, par le marquis DE VIARIS, ancien élève de l'École polytechnique. Paris, 1893. 1 volume petit in-8° de l'*Encyclopédie des Aide-Mémoire*....................... 2 fr. 50

VILLE DE PARIS (Publications de la) :

Résultats statistiques du dénombrement de 1881 pour la Ville de Paris, et renseignements relatifs aux recensements antérieurs. 1 vol. in-4° de 283 pages avec une carte...................... 3 fr.

Résultats statistiques du dénombrement de 1886. Paris, 1887, 1 vol. in-4° de 872 pages, avec cartes............ 6 fr.

Atlas de statistique de la Ville de Paris.
I. — Année 1888. In-folio........ 5 fr.
II. — Année 1889. In-4°......... 5 fr.

Annuaire statistique de la Ville de Paris, publié par la Préfecture de la Seine, Service de la Statistique municipale, depuis 1880.

Chaque année : 1 volume gr. in-8°, *avec tableaux et cartes*.............. 6 fr.

Bulletin hebdomadaire de statistique municipale, publié sous la direction de M. le Dr Jacques Bertillon.

Abonnement annuel :
Paris et départements........ ..... 6 fr.
Union postale.................. 9 fr.

III

SCIENCES NATURELLES

Alix. — Essai sur l'appareil locomoteur des oiseaux, par le Dr Edmond Alix. Paris, 1874. 1 vol. gr. in-8° avec figures et 3 planches.................. 12 fr.

Alix. — Le Vol sauté ou Théorie du vol sauté, précédé d'une étude sur l'appareil locomoteur du martinet, de l'hirondelle et de l'engoulevent, par Edmond Alix, pour faire suite à l'essai sur l'appareil locomoteur des oiseaux. Paris, 1895. 1 vol. in-8° avec 51 fig. dans le texte.......... 6 fr.

Anatomie. — Pour tous les atlas d'anatomie descriptive et par régions, voyez :
Bonamy et Broca ; Hirschfeld ; Massé ; Paulet et Sarazin.
Voir la *Section médicale*.

Annales des Sciences géologiques, dirigées, pour la partie géologique, par M. Hébert, et pour la partie paléontologique, par M. Alphonse Milne Edwards.
Tomes I à XXII. Chaque volume grand in-8° avec pl. en noir et en couleurs. 15 fr.
Depuis le tome XXII, les Annales des sciences géologiques ont été fondues avec la partie zoologique des Annales des sciences naturelles.

Annales des Sciences naturelles, comprenant la zoologie, la botanique, l'anatomie et la physiologie comparées des deux règnes et l'histoire des corps organisés fossiles :

Iʳᵉ série (1824 à 1833 inclusivement) publiée par MM. Audouin, Ad. Brongniart, Dumas. 30 vol. in-8°, 600 planches environ. Chaque année (*moins 1829 et 1830*) est vendue séparément............. 40 fr.

Table générale des matières des 30 vol. de la Iʳᵉ série. Paris, 1841. 1 vol. in-8°. 8 fr.

A partir de la IIᵉ série, la zoologie et la botanique forment une publication spéciale.

Zoologie.

IIᵉ série (1834 à 1843), par MM. Audouin et H. Milne Edwards, 20 volumes in-8° (*ne se vend pas séparément*).

IIIᵉ série (1844 à 1853), par M. H. Milne Edwards, 20 volumes in-8° (*ne se vend pas séparément*).

IVᵉ série (1854 à 1863), par M. H. Milne Edwards, 20 vol. in-8°, avec planches 250 fr.

Vᵉ série (1864 à 1874), par M. H. Milne Edwards, 20 vol. in-8°, avec planches 250 fr.

VIᵉ série (1875 à 1884), par MM. H. et Alph. Milne Edwards, 20 volumes in-8°, avec planches.................. 250 fr.

VIIᵉ série (1885-1894), par M. Alph. Milne Edwards, 20 volumes in-8° avec planches..................... 300 fr.

VIIIᵉ série (commencée en 1895), par M. Alph. Milne Edwards.
Chaque année 2 volumes in-8° avec planches...................... 30 fr.

Botanique.

IIᵉ série (1834 à 1843), par M. Ad. Brongniart, Guillemin et Decaisne, 20 volumes avec planches (*ne se vend pas séparément*).

IIIᵉ série (1844 à 1853), par MM. Ad. Brongniart et Decaisne, 20 vol. in-8°, avec planches (*ne se vend pas séparément*).

IVᵉ série (1854 à 1863), par MM. Ad. Brongniart et Decaisne, 20 volumes in-8°, avec planches................. 250 fr.

Vᵉ série (1864 à 1874), par MM. Ad. Brongniart et Decaisne, 20 volumes in-8°, avec planches................. 250 fr.

VIᵉ série (1875 à 1884), par M. Ph. Van Tieghem, 20 volumes in-8°, avec planches..................... 250 fr.

VIIᵉ série (1885 à 1894), par M. Ph. Van Tieghem, 20 vol. avec planches. 300 fr.

VIII° SÉRIE commencée en 1895, par M. Ph. VAN TIEGHEM.
Chaque année, 2 volumes in-8°, avec planches.................. 30 fr.

Annales de l'Institut Pasteur. In-8°, mensuel. Paris, 18 fr.; Départ. et Union post. 20 fr.

Anthropologie (L'). In-8°, tous les deux mois. Paris, 25 fr.; Départements, 27 fr.; Union postale................. 28 fr.

Archives d'Anatomie microscopique. In-8°, trimestriel. France 36 fr.; Etranger. 38 fr.
Voyez la Section des Publications périodiques.

Archives du Muséum d'histoire naturelle (NOUVELLES), publiées par MM. les professeurs-administrateurs de cet établissement.
Nouvelle série, 1878 à 1888. 10 volumes in-4°, avec planches en noir et en couleurs................ 400 fr.
Chaque vol. se vend séparément.. 40 fr.
3° série, 1889 à 1898. Chacun des volumes I à X, in-4° avec planches...... 40 fr.
4° série commencée en 1899.
Il paraît chaque année un volume grand in-4"................. 40 fr.

BALBIANI. — Voir *Archives d'anatomie microscopique*.

BARY (De). — **Leçons sur les Bactéries,** traduites et annotées par M. WASSERZUG, préparateur au Laboratoire de M. Pasteur. Paris, 1886. 1 vol. in-8° avec figures. 5 fr.

BAUDELOT. — **Recherches sur le système nerveux des poissons,** par Émile BAUDELOT, professeur à la Faculté des sciences de Nancy. Ouvrage précédé d'un Avertissement par Émile BLANCHARD. Paris, 1883. In-folio, avec 10 planches gravées. 40 fr.

BEAUREGARD. — **Le Microscope et ses applications,** par le Dr H. BEAUREGARD, professeur agrégé à l'Ecole supérieure de pharmacie. Paris, 1893. 1 vol. pet. in-8° de l'*Encyclopédie des Aide-Mémoire*................ 2 fr. 50

BEAUREGARD et GALIPPE. — **Guide pratique pour les travaux de micrographie,** comprenant la technique et les applications du microscope à l'histologie végétale et animale, à la bactériologie, à la clinique, à l'hygiène et à la médecine légale, par H. BEAUREGARD, professeur agrégé à l'Ecole supérieure de pharmacie, et V. GALIPPE, ancien chef des travaux pratiques de micrographie à l'Ecole de pharmacie. 2° édition. Paris, 1888. 1 vol. in-8° avec 586 fig. 15 fr.

BEAUREGARD. — V. POUCHET et BEAUREGARD.

BERGERON (J.). — **Étude géologique du Massif ancien situé au sud du Plateau Central,** par Jules BERGERON, docteur ès sciences. Paris, 1890. 1 vol. gr. in-8° avec 9 planches et une carte en couleur. 20 fr.

BERT (Paul). — **La Pression barométrique.** Recherches de physiologie expérimentale, par M. Paul BERT, membre de l'Institut. Paris, 1877. 1 volume gr. in-8° de VIII-1,163 pages, avec 89 figures dans le texte. Relié à l'anglaise............... 25 fr.

BERT (Paul) et R. BLANCHARD. — **Éléments de Zoologie,** par MM. Paul BERT, membre de l'Institut, et R. BLANCHARD, professeur agrégé à la Faculté de médecine. Paris, 1885. 1 vol. petit in-8°, avec 613 figures. 7 fr.

BERT (Paul). — **Premières notions de Zoologie,** par M. Paul BERT, membre de l'Institut. 4° édition. 1 volume in-18, avec 345 figures. Cartonné toile...... 2 fr. 50

BERTHELOT. — **Chimie végétale et agricole.** *Station de chimie végétale de Meudon* (1883-1899), par M. BERTHELOT, secrétaire perpétuel de l'Académie des sciences, professeur au Collège de France. Paris, 1899. 4 vol. in-8° avec fig. dans le texte.. 36 fr.

BEUDANT. — **Cours élémentaire de Minéralogie et de Géologie,** par M. BEUDANT. 17° édition. Paris, 1886. 1 volume in-18, avec 800 figures.................. 6 fr.

BLANCHARD (Émile). — **La Vie des êtres animés.** — *Les conditions de la vie chez les êtres animés. L'origine des êtres,* par M. Émile BLANCHARD, de l'Académie des Sciences. Paris, 1888. 1 vol. in-18 jésus. 3 fr.

BLANCHARD (RAPHAEL). — Voyez BERT et BLANCHARD.

BLOCQ et LONDE. — **Moelle.** Voir la *Section médicale*.

BONAMY-BROCA. — **Atlas d'anatomie humaine.**

Voir la Section médicale.

BONNET (D⁺ Ed.). — **Petite Flore parisienne,** disposée d'après la méthode de de Candolle, contenant la description des familles, genres, espèces et variétés de toutes les plantes spontanées ou cultivées en grand dans la région parisienne; avec des clefs dichotomiques conduisant rapidement aux noms des plantes, augmentée d'un vocabulaire des termes de botanique et d'un memento des herborisations parisiennes, par le D⁺ E. BONNET. 1 vol. in-18 de 540 pages, cartonné en toile....... 5 fr.

BONNIER et MANGIN. — **Tableaux d'histoire naturelle.** — Voyez HISTOIRE NATURELLE, et pour le détail des tableaux la *Section de l'Enseignement.*

BONNET. — **Les Algues de P. K. A. Schousboe,** récoltées au Maroc et dans la Méditerranée de 1815 à 1829, et déterminées par M. Ed. BONNET. Paris, 1892. 1 volume in-8° avec 3 planches.................. 6 fr.

BOULE. — Voir *l'Anthropologie.* Section II.

BOULE ET FARGES. — **Le Cantal,** *guide du touriste, du naturaliste et de l'archéologue,* par MARCELLIN BOULE, docteur ès sciences, et LOUIS FARGES, archiviste-paléographe. Paris 1898. 1 vol. in-16 avec 85 dessins et photographies et deux cartes en couleurs, relié toile anglaise........ 4 fr. 50

BOUVIER (E.-L.). — **Système nerveux, morphologie générale et classification des gastéropodes prosobranches.** Paris, 1887. 1 vol. gr. in-8°, avec 19 planches. 20 fr.

BRISSAUD. — **Anatomie du cerveau de l'homme.**

Voir la Section médicale.

BRONGNIART. — **Recherches sur les graines fossiles silicifiées,** par M. Adolphe BRONGNIART, membre de l'Académie des sciences, précédées d'une notice sur ses travaux, par M. J.-B. DUMAS, de l'Institut. Paris, 1880. 1 vol. in-4°, avec planches chromolithographiées........................ 70 fr.

Bulletin du Muséum d'histoire naturelle. 5ᵉ Année, 1899. Paris et départements, 15 fr. Etranger, 16 fr.

CANDOLLE (DE). — **La Phytographie, ou l'Art de décrire les végétaux,** considérés sous différents points de vue, par Alph. DE CANDOLLE associé étranger de l'Académie des sciences de l'Institut de France. Paris, 1880. 1 vol. in-8° .... 10 fr.

CANDOLLE (DE). — **Prodromus systematis naturalis regni vegetabilis,** sive enumeratio contracta ordinum, generum speciérumque plantarum huc usque cognitarum, par M. P. DE CANDOLLE. 17 tomes publiés en 20 vol. in-8°. Prix de l'ouvrage complet.. 280 fr.

Les tomes I à VII, rédigés par M. A. Pyramus de Candolle, ne sont pas vendus séparément.

Tome I. **Thalamiflores.** 748 pages.

Tome II. **Calyciflores.** 644 pages.

Tome III. **Calyciflores** (suite). 494 pages.

Tome IV. **Calyciflores** (suite). 682 pages.

Tome V. **Calycérées et Composées.** 706 pages.

Tome VI. **Composées** (suite). 787 pages.

Tome VII. **Corolliflores.** 806 pages.

Tome VIII. **Corolliflores,** par MM. Alphonse DE CANDOLLE, DUBY, DECAISNE. 684 pages...................... 16 fr.

Tome IX. **Corolliflores,** par MM. Alphonse DE CANDOLLE, GRISEBACH, BENTHAM, CHOISY. 573 pages......... 16 fr.

Tome X. **Borraginées, Scrophulariacées,** etc., par MM. Alphonse DE CANDOLLE, CHOISY, BENTHAM. 679 pages............................. 16 fr.

Tome XI. **Acanthacées, Verbénacées,** etc. par MM. REUTER, NEES AB ESENB, J.-C. SCHAUER, Alphonse DE CANDOLLE. 736 pages............................ 16 fr.

Tome XII. **Labiées,** etc., par MM. CHOISY, BENTHAM, E. BOISSIER, Alphonse DE CANDOLLE. 707 pages............. 16 fr.

Tome XIII, 1ʳᵉ partie. **Solanacées, Diapensiées, Plantaginées,** par MM. DUVAL, Alphonse DE CANDOLLE, DECAISNE. 741 pages............................ 16 fr.

Tome XIII, 2ᵉ partie. **Monochlamydées,** par MM. MOQUIN-TANDON et CHOISY. 458 pages............................ 12 fr.

Tome XIV. **Polygonées, Protéacées,** etc., par MM. BENTHAM, MEISSNER, SCHLECHTENDAL, Alphonse DE CANDOLLE. 706 pages. 16 fr.

Tome XV, 1ʳᵉ partie. **Lauracées, Bégoniacées, Datiscacées, Papayacées, Aristolochiacées, Stackhousiacées, par MM. MEISSNER, Alphonse DE CANDOLLE, DUCHARTRE et BENTHAM. 523 pages. 12 fr.

Tome XV, 2° partie. **Euphorbiacées**, par MM. BOISSIER et MULLER. 1,286 pages............................ 34 fr.

Tome XVI, 1re partie. **Urticacées, Pipéracées**, etc., par MM. MULLER, WEDDEL, Alphonse DE CANDOLLE, Casimir DE CANDOLLE, H. A. SOLMS. 491 pages.... 12 fr.

Tome XVI, 2° partie. **Cupulifères, Salicinées, Gymnospermes**, etc., par MM. Alphonse DE CANDOLLE, Casimir DE CANDOLLE, E. REGEL, ANDERSSON, A. WESMAEL, MIQUEL, PARLATORE et MULLER. 691 pages............................ 16 fr.

Tome XVII. **Genres omis, histoire et conclusion**, par H. BAILLON, SOLMS, WEDDEL, J. D. HOOKER, EICHLER, PLANCHON, Ed. BUREAU et Alphonse DE CANDOLLE. 493 pages.................... 14 fr.

CANDOLLE (DE). — **Suites au Prodrome : Monographiæ phanerogamarum**. Prodromi nunc continuatio et nunc revisio, auctoribus Alph. et Casimir DE CANDOLLE, aliisque botanicis ultra memoratis :

Tome I : **Smilaceæ**, par M. Alphonse DE CANDOLLE; **Restiaceæ**, par M. MASTERS; **Meliaceæ**. par M. Cas. DE CANDOLLE. Paris, 1878. 1 très fort volume gr. in-8°, avec 9 planches............... 30 fr.

Tome II : **Araceæ**, par M. ENGLER. Paris, 1879. 1 vol. gr. in-8°, avec planches. 18 fr.

Tome III : **Philydraceæ**, par M. Théod. CARUEL; **Alismaceæ, Butomaceæ, Juncagineæ**, par M. Marco MICHELI; **Commelinaceæ**, par M. C.-B. CLARKE; **Cucurbitaceæ**, par M. Alfred COGNIAUX. Paris, 1881. 1 vol. gr. in-8°, avec 8 planches. 30 fr.

Tome IV: **Burseraceæ**, par Ad. ENGLER; **Anacardiaceæ**, par Ad. ENGLER; **Pontederiaceæ**, par le comte de SOLMS-LAUBACH. Paris, 1883. 1 volume grand in-8°, avec 15 planches................... 25 fr.

Tome V : **Cyrtandreæ**, par C.-B. CLARKE; **Ampelideæ**, par J.-E. PLANCHON. Paris, 1887. 1 vol. gr. in-8°, avec 32 planches. 30 fr.

Tome VI : **Andropogoneæ**, auctore Ed. Hackel. Paris, 1889. 1 vol. grand in-8° avec 2 planches.............. 28 fr.

Tome VII : **Melastomaceæ**, par Alfred COGNIAUX. Paris, 1891. 1 fort volume gr. in-8°......................... 38 fr.

Tome VIII : **Guttifereæ**, par M. VESQUE. Paris, 1893. 1 fort vol. gr. in-8°.. 26 fr.

Tome IX : **Bromeliaceæ**, par M. C. MEZ. Paris, 1896. 1 vol. gr. in-8°. 34 fr.

CARAVEN-CACHIN. — **Description géographique, géologique, minéralogique, paléontologique, palethnologique et agronomique des départements du Tarn et Tarn-et-Garonne**, par Alfred CARAVEN-CACHIN, lauréat de l'Institut, membre correspondant de la Société géologique de France. Paris, 1898. 1 fort volume, grand in-8°......................... 20 fr.

CARLET. — **Précis de Zoologie**, par le Dr G. CARLET, professeur à la Faculté des sciences et à l'Ecole de médecine de Grenoble. 4° édition entièrement refondue, par Rémy PERRIER, ancien élève de l'Ecole normale supérieure, agrégé et docteur ès sciences naturelles. Paris, 1896. 1 vol. in-8, avec 741 figures dans le texte.............. 9 fr.

CHATIN (Joannes). — **Les Organes de relation chez les vertébrés**, par Joannes CHATIN, professeur à la Faculté des sciences de Paris, membre de l'Académie de médecine. Paris, 1894. 1 vol. petit in-8° de l'*Encyclopédie des Aide-Mémoire*... 2 fr. 50

CHATIN (Joannes). — **Les Organes de nutrition et de reproduction chez les vertébrés**, par Joannes CHATIN, professeur à la Faculté des sciences de Paris, membre de l'Académie de médecine. Paris, 1894. 1 vol. petit in-8° de l'*Encyclopédie des Aide-Mémoire*............... 2 fr. 50

CHATIN (Joannes). — **Les Organes de relation chez les invertébrés**, par Joannes CHATIN. Paris, 1894. 1 vol. petit in-8° de l'*Encyclopédie des Aide-Mémoire*. 2 fr. 50

CHATIN (Joannes). — **Les Organes de nutrition et de reproduction chez les invertébrés**, par Joannes CHATIN. Paris, 1894. 1 vol. petit in-8° de l'*Encyclopédie des Aide-Mémoire*............... 2 fr. 50

CLAUS. — **Éléments de Zoologie**, par C. CLAUS, professeur de zoologie et d'anatomie comparée à l'Université de Vienne, traduits sur la 4° édition allemande par M. G. MOQUIN TANDON. 1889. 1 vol. in-18 de 1,300 pages avec 867 gravures dans le texte.................... 12 fr.

PREMIÈRE PARTIE. — **Zoologie générale.**
DEUXIÈME PARTIE. — **Zoologie spéciale.**
Emb. I. Protozoaires. Emb. II. Cœlentérés. Emb. III. Echinodermes. Emb. IV. Vers. Emb. V. Arthropodes. Emb. VI. Mollusques. Emb. VII. Molluscoïdes. Emb. VIII. Tuniciers. Emb. IX. Vertébrés.

COINCY (A. DE). — **Ecloga plantarum hispanicarum** seu icones specierum novarum vel minus cognitarum per Hispanias nuperrime delectarum. Figures de plantes trouvées en Espagne, par Aug. DE COINCY, membre de la Société botanique de France. Paris, 1893. Atlas in-4° de 10 planches lithographiées, en carton.......... 15 fr.

COINCY (A. de). — **Ecloga altera plantarum Hispanicarum** seu icones stirpium superioribus per Hispanias delectarum. Nouvelles figures de plantes trouvées en Espagne, par Aug. de COINCY. Paris 1896. Atlas in-4° de 12 planches lithographiées, en carton.................. 15 fr.

COINCY (A. de). — **Ecloga tertia plantarum hispanicarum,** seu *icones stirpium recentioribus temporibus per Hispanas lectarum,* ab auctore Aug. de COINCY. Paris, 1898. Atlas in-4° de 4 feuilles de texte et 12 planches lithographiées, en carton..... 15 fr.

COINCY (A. de). — **Ecloga quarta plantarum hispanicarum** seu icones stirpium non ita pridem per Hispanias lectarum, ab auctore Auguste de COINCY. Paris, 1899. Atlas in-4° de 11 planches lithographiées, en carton..................... 15 fr.

COMTE (Achille). — **Notions sanitaires sur les végétaux dangereux,** par M. Achille COMTE. 3 planches de près d'un mètre carré chacune et contenant environ 100 figures coloriées avec soin. Pl. I, Champignons comestibles ; pl. II, Champignons dangereux ; pl. III, Plantes vénéneuses. Avec texte explicatif. In-4°...... 9 fr.

COMTE (Achille). — **Structure et physiologie de l'homme,** démontrées à l'aide de figures coloriées, découpées et superposées, par M. Achille COMTE. 14e édition, 1885. Paris, 1 vol. petit in-8°, avec atlas de 8 planches gravées en taille-douce et coloriées au pinceau, et figures dans le texte...... 4 fr. 50
Le même, richement cartonné.... 6 fr.

COMTE (Achille). — **Le Règne animal,** disposé en tableaux méthodiques, par M. Achille COMTE. 90 tableaux sur grand colombier, représentant environ 5,000 figures d'animaux.................. 114 fr.

COSSON. — **Compendium floræ atlanticæ** seu methodica plantarum omnium in Algeria. Flore des États barbaresques : Algérie, Tunisie, Maroc, par M. E. COSSON, membre de l'Institut :

Tome Ier, première partie : *Historique et Géographie.* Paris, 1881. 1 vol. gr. in-8° avec 2 cartes coloriées.......... 15 fr.

Tome II. Supplément à la partie historique et flore des États barbaresques (Renonculacées. — Crucifères). Paris, 1887. 1 vol. gr. in-8°................. 15 fr.

COSSON. — **Illustrationes floræ atlanticæ** seu icones plantarum novarum, rariorum vel minus cognitarum in Algeria necnon in regno Tunetano et in imperio Marocano nascentium, par M. E. COSSON, membre de l'Institut. Atlas de 177 planches dessinées par MM. CUISIN et RIOCREUX, complet en 7 fascicules. Paris, 1889-97. 2 vol. gr. in-8°. 25 fr.

COSSON. — **Répertoire alphabétique des principales localités mentionnées dans le Compendium et le Conspectus floræ Atlanticæ,** par E. COSSON, membre de l'Institut. Paris, 1882. 1 vol. gr. in-8° avec 2 cartes botaniques de l'Algérie et des notices sur ces cartes. Cartonné.......... 10 fr.

COSSON et GERMAIN DE SAINT-PIERRE. — **Synopsis de la flore** des environs de Paris, destiné aux herborisations, contenant la description des familles et des genres, celle des espèces et des variétés sous la forme analytique, avec leur synonymie et leurs noms français, l'indication des propriétés des plantes employées en médecine, dans l'industrie ou dans l'économie domestique, et une table des noms vulgaires, par les Drs Ernest COSSON et GERMAIN DE SAINT-PIERRE, anciens présidents de la Société botanique de France. 3e édition, revue et considérablement augmentée. Paris, 1876. 1 vol. in-18, cartonnage souple..... 6 fr.

COSSON et GERMAIN DE SAINT-PIERRE. — **Atlas de la flore des environs de Paris,** ou illustrations de toutes les espèces des genres difficiles et de la plupart des plantes litigieuses de cette région, avec des notes descriptives et un texte explicatif en regard, par MM. E. COSSON et GERMAIN DE SAINT-PIERRE, docteurs en médecine. 1 vol. gr. in-8° avec 47 planches comprenant 659 figures dessinées d'après nature, par MM. GERMAIN DE SAINT-PIERRE, A. RIOCREUX et CH. CUISIN. Cartonnage demi-toile............ 20 fr.

COTTEAU. — Voyez **Paléontologie française**.

Cours élémentaire d'histoire naturelle. volumes gr. in-18 illustrés....... 18 fr.
Zoologie, par M. MILNE-EDWARDS. 14ᵉ édition, avec 497 figures............. 6 fr.
Botanique, par M. A. DE JUSSIEU. 12ᵉ édition, avec 812 figures............. 6 fr.
Minéralogie et géologie, par M. BEUDANT. 17ᵉ édition, avec 800 fig....... 6 fr.

CROISIERS DE LACVIVIER. — **Études géologiques sur le département de l'Ariège** et en particulier sur le terrain crétacé, par M. CROISIERS DE LACVIVIER. Paris, 1884. 1 v. gr. in-8° avec 5 planches et figures.. 18 fr.

CUÉNOT. — **Les Moyens de défense dans la série animale**, par M. CUÉNOT, chargé de cours à la Faculté des sciences de Nancy. Paris, 1892. 1 volume petit in-8° de l'*Encyclopédie des Aide-Mémoire*. 2 fr. 50

CUÉNOT. — **L'influence du milieu chez les animaux**, par L. CUÉNOT, chargé de cours à la Faculté des sciences de Nancy. Paris, 1894. 1 vol. petit in-8° de l'*Encyclopédie des Aide-Mémoire*.... 2 fr. 50

CUVIER. — **Le Règne animal**, distribué d'après son organisation, pour servir de base à l'histoire naturelle des animaux, et d'introduction à l'anatomie comparée, par M. Georges CUVIER. Publié par une réunion de professeurs. 10 vol. de texte et 10 atlas formant un ensemble de 993 planches coloriées au pinceau, gr. in-8° jésus.
Il ne reste plus que quelques exemplaires richement reliés en demi-maroquin, planches montées sur onglets, au prix de .... 2,000 fr.

DABRY DE THIERSANT. — **Pisciculture et pêche en Chine**, par M. DABRY DE THIERSANT, consul de France. Paris, 1871. 1 vol. grand in-4°, orné de 51 planches représentant les principales espèces de poissons, les appareils et engins de pêche, et précédé d'une introduction sur la pisciculture chez les divers peuples, par le Dʳ L. SOUBEIRAN...................... 40 fr.

DAVID et OUSTALET. — **Les Oiseaux de la Chine**, par M. l'abbé Armand DAVID, M. C., ancien missionnaire en Chine, correspondant de l'Institut, et M. E. OUSTALET, docteur ès sciences, aide-naturaliste au Muséum. 1 vol. de texte de VII-573 pages et 1 atlas de 124 planches dessinées par M. ARNOULD, et coloriées avec soin au pinceau. Paris, 1878. 2 vol. gr. in-8°, reliure de luxe, fers spéciaux............. 150 fr.

DRAKE DEL CASTILLO. — **Illustrationes floræ insularum maris Pacifici**, par M. E. DRAKE DEL CASTILLO, lauréat de l'Académie des sciences. 1 vol. in-4° publié en 7 fascicules in-4°, comprenant 60 planches........................ 84 fr.

DRAKE DEL CASTILLO. — **Remarques sur la flore de la Polynésie, et sur ses rapports avec celle des terres voisines**, par E. DRAKE DEL CASTILLO. *Mémoire couronné par l'Académie des sciences* (Prix Gay, 1889). Paris, 1890. 1 volume in-4°, avec 6 planches hors texte................... 12 fr.

DRAKE DEL CASTILLO. — **Flore de la Polynésie française**. Description des plantes vasculaires qui croissent spontanément, ou qui sont généralement cultivées aux Iles de la Société (Marquises, Pomotou, Gambier et Wallis), par M. DRAKE DEL CASTILLO, lauréat de l'Académie des sciences. Paris, 1893. 1 vol. in-8° avec 1 carte..... 12 fr.

DUBREUILH et BEILLE. — **Les Parasites animaux de la peau humaine**, par W. DUBREUILH et L. BEILLE, professeurs agrégés à la Faculté de médecine de Bordeaux. Paris, 1896. 1 vol. petit in-8° de l'*Encyclopédie des Aide-Mémoire*..... 2 fr. 50

DUMORTIER. — **Etudes paléontologiques sur les dépôts jurassiques du bassin du Rhône**, par E. DUMORTIER.
Lias inférieur. 1867. Grand in-8° avec 50 planches................... 20 fr.
Lias moyen. 1869. Grand in-8° avec 45 planches................... 20 fr.
Lias supérieur. 1874. Grand in-8° avec 62 planches................... 20 fr.

DUVAL. — **Atlas d'embryologie**, par M. Mathias DUVAL, professeur d'histologie à la

Faculté de médecine de Paris, membre de l'Académie de médecine. Paris, 1888. 1 vol. in-4°, avec 40 planches en noir et en couleurs comprenant ensemble 652 figures. Cartonné toile.................... 48 fr.

ÉMERY. — **Notions de botanique**, par M. ÉMERY, doyen de la Faculté des sciences de Dijon. 3e édition. Paris, 1887. 1 vol. in-18 avec 230 figures. Cartonné toile. 2 fr. 50

ÉMERY. — **Cours de botanique.** *Histoire des principales familles*, par M. ÉMERY, doyen de la Faculté des sciences de Dijon. Paris, 1882. 1 vol. in-18 avec 709 figures. Cartonné............................ 6 fr.

Expéditions scientifiques du « Travailleur » et du « Talisman » pendant les années 1880, 1881, 1882 et 1883. Ouvrage publié sous les auspices du ministère de l'Instruction publique, sous la direction de M. A. MILNE EDWARDS, membre de l'Institut, président de la commission des dragages sous-marins, directeur du Muséum d'histoire naturelle :

Poissons, par M. L. VAILLANT, professeur-administrateur du Muséum d'histoire naturelle, membre de la commission des dragages sous-marins. Paris, 1888. 1 fort volume in-4° avec 28 planches.... 50 fr.

Brachiopodes, par M. P. FISCHER, membre de la commission des dragages sous-marins, et M. D.-P. ŒHLERT, membre de la Société géologique de France. Paris, 1889. 1 vol. in-4° avec 8 planches............ 20 fr.

Echinodermes, par Edm. PERRIER, professeur-administrateur au Muséum d'histoire naturelle, membre de l'Institut. Paris, 1893. 1 volume in-4° avec planches. 50 fr.

Mollusques testacés, par Arnould LOCARD. Tome I. Paris, 1897. 1 vol. in-4° avec 24 planches..................... 50 fr.

Tome II. — Paris, 1898. 1 vol. in-4°, avec 18 planches dans le texte.... 50 fr.

L'ouvrage comprendra en outre :

Introduction. — Crustacés. — Bryozoaires, Annélides, Coralliaires, Eponges, Protozoaires.

Voir plus loin : *Résultat des campagnes scientifiques de S. A. S. Mgr le prince de Monaco.*

FARGES. — Voir BOULE et FARGES : **Le Cantal**.

FILHOL. — **Études sur les mammifères fossiles de Sansan**, par M. FILHOL. Paris, 1891. 1 vol. grand in-8°, avec 46 planches hors texte. Cartonné à l'anglaise.. 25 fr.

FISCHER (Dr Paul). — **Manuel de conchyliologie et de paléontologie conchyliologique ou histoire naturelle des mollusques vivants et fossiles**, par M. FISCHER, aide-naturaliste au Muséum. Paris, 1887. 1 vol. grand in-8° de 1,400 pages, cartonné en toile anglaise, avec 1,138 gravures dans le texte et 23 planches contenant 600 figures dessinées par WOODWARD et une carte coloriée des régions malacologiques... 35 fr.

FOUQUÉ. — **Santorin et ses éruptions**, par M. E. FOUQUÉ, professeur au Collège de France. Paris, 1879. 1 fort volume in-4°, avec 17 figures dans le texte, 29 planches en noir, 15 en chromolithographie, 5 en photochromie, 4 en photoglyptie et 4 cartes. Cartonné....................... 90 fr.

FOUQUÉ et LÉVY. — **Synthèse des minéraux et des roches**, par M. FOUQUÉ, membre de l'Institut, professeur au Collège de France, et M. Michel LÉVY, ingénieur des mines, attaché au service de la carte géologique de la France. Paris, 1882. 1 vol. in-8° avec une planche en photochromie..... 12 fr.

FRANCHET. — **Plantæ Davidianæ** ex Sinarum imperio, par M. A. FRANCHET, attaché à l'herbier du Muséum :

Première partie.—Plantes de Mongolie, du nord et du centre de la Chine. Paris, 1885. 1 vol. in-4°, avec 27 planches..... 50 fr.

Deuxième partie. — Plantes du Thibet oriental. (Province de Moupine). Paris, 1888. 1 vol. in-4°, avec 17 planches. 30 fr.

FRIEDEL. — **Cours de minéralogie** professé à la Faculté des sciences de Paris par Charles FRIEDEL, membre de l'Institut, professeur à la Faculté des sciences, *Minéralogie générale*. Paris, 1893. 1 vol. in-8°. 10 fr.

FROMENTEL (DE). — **Études sur les microzoaires, ou infusoires proprement dits**, par M. DE FROMENTEL, avec planches et notes descriptives des espèces, par M. J. JOBARD-MUTTEAU. Paris, 1876. 1 vol. in-4°, avec 30 planches noires.......... 30 fr.

GAUDRY (A.). — **Les enchaînements du monde animal dans les temps géologiques**, par M. Albert GAUDRY, membre de l'Institut, professeur au Muséum d'histoire naturelle.

Fossiles primaires. Paris, 1883. 1 vol. gr. in-8° avec 285 fig. dans le texte, dessinées par FORMANT.................... 10 fr.

Fossiles secondaires. Paris, 1890. 1 vol. gr. in-8° avec 304 fig. dans le texte, dessinées par FORMANT.................... 10 fr

Mammifères tertiaires. Paris, 1895. Nouveau tirage conforme à l'édition de 1878. 1 vol. gr. in-8° avec 312 fig. dans le texte dessinées par FORMANT........... 10 fr.

GAUDRY (A.). — **Essai de Paléontologie philosophique**, par Albert GAUDRY, membre de l'Institut de France et de la Société Royale de Londres, professeur de Paléontologie au Muséum d'Histoire naturelle. Paris, 1896. 1 vol. in-8° avec 204 gravures dans le texte.................... 8 fr.

GASTINE. — **La chromophotographie sur plaque fixe et sur pellicule mobile**, par L. GASTINE, commissaire organisateur et membre du Jury de la première exposition de photographie. Paris, 1897. 1 vol. petit in-8° de l'*Encyclopédie des Aide-Mémoire*....... .... 2 fr. 50

GASTINE. — Voir la **Photographie française**, *section des publications périodiques*.

GEOFFROY-SAINT-HILAIRE (Isidore). — **Histoire naturelle générale des règnes organiques**, principalement étudiée chez l'homme et les animaux, par M. Isidore GEOFFROY-SAINT-HILAIRE. Paris, 1854 à 1862. 3 vol. in-8°................ 24 fr.

GÉRARDIN. — **Cours complet d'histoire naturelle élémentaire**, par M. Léon GÉRARDIN, officier de l'Instruction publique, professeur à l'Ecole municipale Turgot et à l'École Monceau. 4 volumes :

Les Plantes. Éléments de botanique théorique et appliquée. 3° édition. Paris, 1894. 1 volume in-18, avec 305 figures. Cartonné toile................ 2 fr. 50

Les Bêtes. Éléments de zoologie théorique et appliquée. 2° édition. Paris, 1883. 1 vol. in-18, avec 356 figures. Cart. toile. 2 fr. 50

La Terre. Éléments de cosmographie, de météorologie et de géologie. 2° édition. Paris, 1891. 1 vol. in-18, avec 291 figures. Cart. toile................ 2 fr. 50

L'Homme. Éléments de physiologie et d'hygiène, de préhistoire et d'ethnographie. Paris, 1890. 1 vol. in-18, avec 286 figures .... 2 fr. 50

GERVAIS (P.). — **Nouvelles planches murales pour l'enseignement de l'histoire naturelle.** — Voyez **Histoire naturelle**.

GOSSELET. — **Constant Prévost. Coup d'œil rétrospectif sur la Géologie en France pendant la moitié du XIX° siècle**, par J. GOSSELET, correspondant de l'Institut, professeur de géologie à la Faculté des sciences de Lille. 1896. 1 vol. in-8° avec 57 figures dans le texte et 1 portrait en lithographie...................... 6 fr.

Guide dans la collection de Météorites du Muséum d'histoire naturelle. Nouv. édition. Paris, 1889. Brochure in-8°..... 1 fr. 25

Hautes Études. — Bibliothèque de l'École des Hautes Études, publiée sous les auspices du ministère de l'Instruction publique :

Section des sciences naturelles.

37 vol. grand in-8°, avec planches et figures dans le texte (1870-1890).

Prix du volume................ 30 fr.

Le volume XXXIV (publié en 2 parties) est vendu..................... 60 fr.

Voir le catalogue spécial des mémoires contenus dans ces 37 volumes.

Quelques volumes sont épuisés.

HÉBERT (E.). — **Notions générales de géologie**, par M. Edmond HÉBERT, membre de l'Institut (Académie des sciences), professeur de géologie à la Sorbonne. Paris, 1884. 1 vol. in-18. Cartonné............ 2 fr.

Histoire naturelle (Nouvelles planches murales pour l'enseignement de l'), par M. P. GERVAIS, membre de l'Institut, et M. Henri GERVAIS, aide-naturaliste au Muséum d'histoire naturelle. 3° édition des planches murales de Ach. COMTE :

62 planches tirées en couleur et mesurant 90 centimètres sur 70, imprimées sur fond noir....................... 180 fr.

Montées sur toile et vernies avec gorge et rouleau................ 360 fr.

On vend séparément :

Zoologie, 34 planches	102 fr.
Montées sur toile	204 fr.
Botanique, 14 planches	42 fr.
Montées sur toile	84 fr.
Géologie, 14 planches	42 fr.
Montées sur toile	84 fr.
Chaque planche séparément	3 fr. 50
— — montée sur toile	6 fr. 50

La collection est accompagnée d'un **texte explicatif**, rédigé par M. H. GERVAIS, aide-naturaliste au Muséum d'histoire naturelle, comprenant pour chaque planche un résumé des matières qui y sont traitées ; *l'explication* proprement dite est mise en regard de la réduction photographique de la planche.

Texte pour les 3 parties. 1 vol. in-18, avec 54 planches dans le texte. Cart. 3 fr.

La **Zoologie** seule............ 1 fr. 50
La **Botanique** seule............ 1 fr.
La **Géologie** seule .... 1 fr.

Histoire naturelle (Tableaux d'). Cette collection comprend : 60 tableaux mesurant chacun 90/120 centimètres, tirés en couleur sur papier blanc, et retouchés au pinceau. Chaque tableau monté sur toile, avec gorge et rouleau............ 10 fr.

Botanique, par MM. G. BONNIER, maître de conférences à l'École normale, et MANGIN, professeur au lycée Louis-le-Grand (30 tableaux)............ 300 fr.

Zoologie, par MM. EDMOND PERRIER, professeur au Muséum d'histoire naturelle. HENRI GERVAIS, aide-naturaliste au Muséum d'histoire naturelle 30 tableaux).. 300 fr.

Pour ces deux collections, voir le détail des planches et tableaux dans la section *Enseignement*.

HOERNES. — **Manuel de paléontologie ou histoire naturelle des animaux fossiles**, traduit de l'allemand, par M. DOLLO. Paris, 1886. 1 vol. gr. in-8° avec 672 figures dans le texte............ 20 fr.

HUBER. — **Contribution à la connaissance des chactophorées** épiphytes et endophytes, et de leurs affinités, par M. JACQUES HUBER, préparateur à l'Institut botanique de Montpellier. Paris, 1893. 1 vol. in-8° avec 11 planches............ 10 fr.

HUE (L'abbé). — **Lichenes exotici, a professore W. Nylander descripti vel recogniti, et in herbario Musei parisiensis pro maxima parte asservati in ordine systematico dispositi sunt**, par M. l'abbé A.-M. HUE. Paris, 1892. 1 fort volume in-4°............ 50 fr.

JOURDANET. — **Influence de la pression de l'air sur la vie de l'homme**, climats d'altitude et climats de montagne, par le Dr D. JOURDANET. 2° édition. 1 beau volume grand in-8° jésus, avec 8 cartes géographiques en couleur, et 3 chromolithographies avec un album de 36 figures dessinées et gravées par BOETZEL............ 25 fr.

JULIEN (A.) — **Le terrain carbonifère marin de la France centrale**, par A. JULIEN, professeur de géologie et de minéralogie à l'Université de Clermont-Ferrand. Paris, 1896. 1 vol. in-4° avec coupes géologiques et 17 planches de fossiles en héliogravure............ 60 fr.

JUSSIEU (DE). — **Cours de botanique**, par M. A. DE JUSSIEU. 12° édition, entièrement revue et corrigée. Paris, 1884. 1 vol. in-18, avec 812 figures............ 6 fr.

KŒHLER. — **Application de la photographie aux sciences naturelles**, par KŒHLER, chargé de cours à la Faculté des sciences de Lyon. Paris, 1893. 1 vol. petit in-8° de *l'Encyclopédie des Aide-Mémoire*. 2 fr. 50

KUNCKEL D'HERCULAIS. — **Recherches sur l'organisation et le développement des Diptères et en particulier des Volucelles de la famille des Syrphides**

Fascicule I. Paris, 1875. In-4° avec 12 planches............ 40 fr.

Fascicule II. Paris, 1881. In-4° avec 15 planches............ 20 fr.

LAMARCK. — **Philosophie zoologique**, ou Exposition de considérations relatives à l'histoire naturelle des animaux, à la diversité de leur organisation et des facultés qu'ils en obtiennent, aux causes physiques qui maintiennent en eux la vie et donnent lieu aux mouvements qu'ils exécutent ; enfin, à celles qui produisent les unes le sentiment, les autres l'intelligence de ceux qui en sont doués. Nouvelle édition, revue et précédée d'une introduction biographique par Charles Martins. 1873. 2 vol. in-8° de 900 pages.............. 12 fr.

Lapparent (A. de). — **Traité de géologie**, par M. A. de Lapparent, membre de l'Institut, professeur à l'École libre de Hautes Études. *Quatrième édition* refondue et considérablement augmentée, publiée en 3 fascicules grand in-8°, avec nombreuses figures dans le texte. Paris, 1900. Prix pour les souscripteurs....... 30 fr.

Lapparent (A. de). — **Abrégé de géologie.** 3° édition revue et augmentée, par A. de Lapparent. Paris, 1895. 1 vol. in-18 avec 141 gravures dans le texte et une carte géologique de la France, imprimée en couleur, cartonné toile............ 3 fr.

Lapparent (A. de). — **Cours de minéralogie**, par A. de Lapparent. *Troisième édition, revue et corrigée.* Paris, 1899. 1 vol. grand in-8° avec 619 gravures dans le texte et une planche chromolithographiée. 15 fr.

Lapparent (A. de). — **Précis de minéralogie.** 3° édition revue et augmentée d'un Lexique alphabétique, par A. de Lapparent. Paris, 1898. 1 vol. in-18 de 396 pages avec 335 gravures dans le texte et une planche chromolithographiée, cartonné toile, Prix.......................... 5 fr.

Lapparent (A. de). — **La Géologie en chemin de fer.** — *Description géologique du bassin parisien.* — (Bretagne aux Vosges, Belgique à Auvergne), par A. de Lapparent. Paris, 1894. 1 vol. in-18 de 600 p. cartonné, avec carte géologique et carte hypsométrique coloriées et coupes. 7 fr.50

Lapparent (A. de). — **Leçons de géographie physique**, par A. de Lapparent, membre de l'Institut, Professeur à l'École des Hautes-Études, ancien président de la Commission centrale de la Société de géographie. *Deuxième édition, entièrement refondue et augmentée.* Paris, 1898. 1 vol. in-8° de XVI-720 pages avec 168 figures dans le texte et une planche en couleurs 12 fr.

Lapparent (A. de). — **Notions générales sur l'écorce terrestre**, par A. de Lapparent, membre de l'Institut. Paris, 1898. 1 vol. petit in-8° avec 33 figures. 1 fr. 20

Lecomte. — **Les Textiles végétaux, leur examen microchimique**, par M. Lecomte, professeur d'histoire naturelle au lycée Saint-Louis. Paris, 1892. 1 vol. petit in-8° de l'*Encyclopédie des Aide-Mémoire*. 2 fr. 50

Le Dantec. — **La Matière vivante**, par F. Le Dantec, maître de conférences à la Faculté des sciences de Lyon, Paris, 1895. 1 vol. petit in-8° de l'*Encyclopédie des Aide-Mémoire*.............. 2 fr. 50

Le Dantec. — **La Bactéridie charbonneuse** : *Assimilation, variation, sélection*, par F. Le Dantec, ancien élève de l'École normale supérieure, docteur ès sciences. Paris, 1897. 1 vol. petit in-8° de l'*Encyclopédie des Aide-Mémoire*.... 2 fr. 50.

Le Dantec. — **La Forme spécifique** : *Types d'êtres unicellulaires*, par F. Le Dantec. Paris, 1897. 1 vol. petit in-8° de l'*Encyclopédie des Aide-Mémoire*. 2 fr. 50.

Le Dantec et Bérard. — **Les Sporozoaires et les Coccidies pathogènes**, par F. Le Dantec, maître de conférences à la Faculté des Sciences de Lyon et L. Bérard, interne des hôpitaux de Lyon. Paris, 1896. 1 vol. petit in-8° de l'*Encyclopédie des Aide-Mémoire*.............. 2 fr. 50.

Leymerie. — **Cours de minéralogie**, par M. Leymerie, professeur à la Faculté des sciences de Toulouse. 3° édition. Paris, 1880. 2 vol. in-8°, avec 352 figures. 12 fr.

Leymerie. — **Éléments de géologie**, comprenant un lexique où se trouvent indiqués les caractères zoologiques des fossiles, par A. Leymerie, 4° édit. illustrée de 400 vignettes représentant des formes et des coupes de terrains classiques, et les fossiles caractéristiques. Paris, 1884. 1 volume in-18............................ 7 fr.

Leymerie. — **Éléments de minéralogie et de lithologie**, ouvrage complémentaire des *Éléments de géologie*, par A. Leymerie, professeur à la Faculté des sciences de Toulouse, 4° édition, corrigée et augmentée, illustrée de plus de 100 vignettes représentant des formes cristallines. Paris, 1879. 1 vol. in-18................ 3 fr.

Locard. — **Mollusques testacés.** Voir *Expéditions scientifiques du Travailleur et du Talisman.*

MAGITOT. — **Traité des anomalies du système dentaire chez l'homme et chez les mammifères.** Paris, 1871. 1 vol. in-4° et atlas........................... 40 fr.
Voir la section médicale.

MALOSSE. — **Manipulations de physique à l'usage des étudiants en médecine et en pharmacie.** Paris, 1886. 1 vol. in-8°. 4 fr. 50

MARAGE. — **Memento d'histoire naturelle,** par le Dr MARAGE. Paris, 1890. 1 vol. in-12, avec 102 figures................ 2 fr.

MAREY. — **Le Mouvement,** par E.-J. MAREY, membre de l'Institut et de l'Académie de médecine, professeur au Collège de France, directeur de la station physiologique. Paris, 1894. 1 vol. petit in-8° avec 214 figures et 3 planches.......... 6 fr.

MAREY. — **Le Vol des Oiseaux** (physiologie du mouvement), par M. E. J. MAREY. Paris, 1889. 1 vol. gr. in-8° avec 164 figures............................ 10 fr.

MAREY. — **La Méthode graphique dans les sciences expérimentales.** In-8°.. 18 fr.

MAREY.—**La Circulation du sang.** In-8°. 18 fr.

MAREY. — **Physiologie expérimentale.** 4 vol. in-8°..................... 60 fr.
Pour ces divers ouvrages de M. MAREY, voir la *section médicale.*

MASSE (J.-N.). — **Atlas complet d'anatomie descriptive du corps humain.**
Voir la section médicale.

MÉGNIN. — **Les parasites articulés chez l'homme et chez les animaux.** — Maladies qu'ils occasionnent, par M. P. MÉGNIN, membre de l'Académie de médecine. 2e édition, Paris, 1895. 1 vol. in-8° avec 91 figures dans le texte et un atlas de 26 planches dessinées par l'auteur, reliés..... 20 fr.

MÉGNIN. — **Les Acariens parasites,** par M. P. MÉGNIN, ancien vétérinaire de l'armée. Paris, 1892. 1 volume petit in-8° de l'*Encyclopédie des Aide-Mémoire.* 2 fr. 50

MÉGNIN. — **La faune des Cadavres,** par M. P. MÉGNIN. Paris, 1895. 1 vol. petit in-8° de l'*Encyclopédie des Aide-Mémoire.* 2 fr. 50

MEUNIER (Stanislas). — **Premières notions de géologie.** *Les pierres et les terrains,* par M. Stanislas MEUNIER, professeur au Muséum d'histoire naturelle. 2e édition. Paris, 1887. 1 vol. in-18, avec 63 figures. Cartonné toile.................... 2 fr.

MEUNIER (Stanislas). — **Histoire naturelle des pierres et des terrains.** — *Géologie,* par M. Stanislas MEUNIER. 3e édition. Paris, 1890. 1 volume in-18, avec 90 figures et une carte géologique de la France, coloriée. Cartonné toile.................. 2 fr. 25

MEUNIER (Stanislas). — **Cours d'histoire naturelle,** professé à l'École normale supérieure d'institutrices de Fontenay-aux-Roses, par M. Stanislas MEUNIER.

1re Partie : *Anatomie et physiologie.* — *Zoologie.* 2e édition. 1 vol. in-18 avec 395 figures. Cartonné toile......... 4 fr.

2e Partie : *Botanique.* — *Géologie.* 1 vol. in-18 avec 579 figures. Cartonné toile 4 fr.

MEUNIER (Stanislas). — **Les Météorites,** par Stanislas MEUNIER, professeur au Muséum d'histoire naturelle, 1895. 1 vol. petit in-8° de l'*Encyclopédie des Aide-Mémoire.* 2 fr. 50

MEUNIER (Victor). — **Sélection et perfectionnement animal,** par M. Victor MEUNIER. Paris, 1895. 1 vol. petit in-8° de l'*Encyclopédie des Aide-Mémoire.*....... 2 fr. 50

MILNE-EDWARDS (H.).— **Leçons sur la physiologie et l'anatomie comparées de l'homme et des animaux,** par M. H. MILNE EDWARDS, membre de l'Institut. 14 volumes grand in-8°. Quelques exemplaires. 250 fr.

Division de l'ouvrage.

Tome I. Introduction (Épuisé).
Tome II. Respiration (Épuisé).
Tome III. Circulation du sang (Épuisé).
Tome IV. Circulation, transsudation, système lymphatique.
Tome V. Absorption, digestion, appareil digestif.
Tome VI. Appareil digestif (suite).
Tome VII. Digestion, sécrétions, excrétions, nutrition.
Tome VIII. Nutrition (suite), reproduction.

Tome IX. Reproduction (suite).
Tome X. Fonctions de relation, fonctions de la vie animale et de ses instruments.
Tome XI. Fonctions de relation (suite), système nerveux, sensibilité.
Tome XII. Fonctions de relation (suite), ouïe, vue, voix.
Tome XIII. Actions nerveuses excito-motrices, animaux électriques, fonctions mentales.
Tome XIV. Fonctions de relation (suite), considérations générales. Table générale des matières.
Chacun des volumes IV à XIV est vendu séparément.................. 15 fr.

MILNE-EDWARDS (H.). — **Cours de zoologie**, par M. MILNE-EDWARDS (H.), membre de l'Institut. 14ᵉ édition. Paris, 1886. 1 vol. in-18, avec 497 figures...................... 6 fr.

MILNE-EDWARDS (H.) et Achille COMTE. — **Cahiers d'histoire naturelle**, par MM. MILNE-EDWARDS et Achille COMTE. Nouvelle édit. 3 vol. in-12..................... 6 fr.

MILNE-EDWARDS (Alph.). — **Recherches anatomiques et paléontologiques pour servir à l'histoire des oiseaux fossiles de la France**, par M. Alph. MILNE-EDWARDS. *Ouvrage qui a obtenu le grand prix des sciences physiques en 1866.* Paris, 1867-1872. 2 volumes grand in-4º de texte, et 2 volumes d'atlas comprenant 200 planches dont plusieurs coloriées. Ensemble 4 volumes reliés toile............... 230 fr.

MILNE-EDWARDS (H.) et MILNE-EDWARDS (A.). — **Recherches pour servir à l'histoire naturelle des mammifères**, par MM. H. et Alph. MILNE-EDWARDS, membres de l'Institut. Un vol. de texte grand in-4ᵉ, avec un atlas de même format de 105 planches noires ou coloriées, reliés toile... 260 fr.

MILNE-EDWARDS (Alph.). — **Précis d'histoire naturelle**, de la Collection du Baccalauréat ès sciences, par M. Alph. MILNE-EDWARDS, membre de l'Institut. Zoologie, — Botanique, — Géologie. 22ᵉ édition. Paris, 1895. 1 volume in-18, avec 411 figures, cartonné toile...................... 3 fr.

MILNE-EDWARDS (Alph.). — **Histoire naturelle des animaux**, par M. Alph. MILNE-EDWARDS, membre de l'Institut.

Zoologie méthodique et descriptive. 3ᵉ édition. 1 vol. in-18 avec 487 figures dans le texte, cartonné toile........ 3 fr.

Anatomie et physiologie animales. 3ᵉ édition. 1 vol. in-18 avec 241 figures dans le texte, cartonné toile........ 3 fr.

MILNE-EDWARDS (Alph.). — Voyez Expéditions scientifiques du « Travailleur » et du « Talisman » pendant les années 1880 à 1883.

MOUILLARD. — **L'empire de l'air.** Essai d'ornithologie appliquée à l'aviation, par M. L.-P. MOUILLARD. Paris, 1881. 1 vol. in-8º avec 31 figures dans le texte. 5 fr.

Nature (La), revue illustrée des sciences et de leurs applications aux arts et à l'industrie, fondée en 1873 par GASTON TISSANDIER, directeur : HENRI DE PARVILLE.

Chaque année de la publication forme 2 beaux volumes grand in-8º.

En vente : tomes I à LI.

Table des années 1873 à 1882 (tomes I à XIX).

Table des années 1883 à 1892 (tomes XX à XXXIX).

Chaque volume gr. in-8º broché... 10 fr.
Relié avec luxe, fers spéciaux, tranches dorées...................... 13 fr. 50
Abonnement annuel : Paris, 20 francs, Dép. 25 fr. Union postale......... 26 fr.
Voir la section des Publications périodiques.

ORBIGNY (D'). — **Prodrome de paléontologie stratigraphique universelle**, faisant suite au Cours élémentaire de paléontologie et de géologie stratigraphiques, par M. Alcide D'ORBIGNY. 3 vol. grand in-18 jésus. 12 fr.

ORNIS. — **Bulletin du Comité ornithologique international**, publié sous la direction de E. OUSTALET, docteur ès-sciences, président du Comité et du J. DE CLAYBROOKE, secrétaire, paraissant par fascicules d'environ 80 pages avec figures et cartes. 4 fascicules paraissant à des époques indéterminées forment un volume. On s'abonne pour un volume. Prix............. 10 fr.

OUSTALET. — Voir *Ornis*.

Paléontologie française. Description des fossiles de la France, avec des figures de toutes les espèces, lithographiées d'après nature.

La *Paléontologie française*, commencée par M. Alcide d'Orbigny, a été continuée depuis la mort de ce savant par une réunion de paléontologistes, sous la direction d'un comité spécial. Elle comprend à ce jour 21 volumes complets.......... 1,500 fr.

Les volumes complets ou en cours de publication marqués d'une † ne peuvent être vendus séparément.

1re SÉRIE. — ANIMAUX FOSSILES.

TERRAIN CRÉTACÉ :

Tome I. **Céphalopodes**, par M. Alc. d'Orbigny. 1 vol. de texte, avec atlas de 150 planches.................. 48 fr.

Tome II. **Gastéropodes**, par M. Alc. d'Orbigny, 1 vol. de texte, avec atlas de 91 planches..................... 30 fr.

Tome III. **Lamellibranches**, par M. Alc. d'Orbigny. 1 vol. de texte, avec atlas de 257 planches................... 80 fr.

Tome IV. **Brachiopodes**, par M. Alc. d'Orbigny. 1 vol. de texte, avec atlas de 111 planches................... 35 fr.

Tome V. **Bryozoaires**, par M. Alc. d'Orbigny. 1 vol. de texte, avec atlas de 202 planches.................. 65 fr.

Tome VI. **Échinides irréguliers**, par M. Alc. d'Orbigny. 1 vol. de texte, avec atlas de 207 planches................... 67 fr.

† Tome VII. **Échinides irréguliers**, par M. Cotteau. 1 vol. de texte, avec atlas de 200 planches.................. 102 fr.

† Tome VIII. **Zoophytes**, par M. de Fromentel. 16 livraisons publiées.

TERRAIN JURASSIQUE :

Tome I. **Céphalopodes**, par M. Alc. d'Orbigny. 1 vol. de texte, avec atlas de 234 planches................... 75 r.

† Tome II. **Gastéropodes**, par M. Alc. d'Orbigny. 1 vol. de texte, avec atlas de 198 planches................... 65 fr.

Tome III. — **Gastéropodes**, par M. Piette. 1 vol. de texte avec atlas de 92 planches........................... 50 fr.

† Tome VI. **Brachiopodes**, par M. Deslongchamps. 11 livraisons publiées.

Tome IX. **Échinides irréguliers**, par M. Cotteau. 1 vol. de texte, avec atlas de 142 planches.................. 72 fr.

Tome X. 1re partie. **Échinides réguliers**, par M. Cotteau. 1 vol. de texte, avec atlas de 120 planches.......... 60 fr.

Tome X. 2e Partie. **Échinides réguliers**, par M. Cotteau. 1 vol. de texte avec atlas de 258 planches................. 135 fr.

Tome XI. 1re partie. **Crinoïdes**, par M. de Loriol. 1 vol. de texte avec atlas de 121 planches................... 66 fr.

Tome XI. 2e partie. **Crinoïdes**, par M. de Loriol. 1 vol. de texte, avec atlas de 108 planches................... 60 fr.

Tome XII. **Zoophytes**, par MM. de Fromentel et Ferry. 5 livraisons publiées.

Ce volume, annoncé Tome XI tout d'abord, porte la tomaison XII depuis la publication des Crinoïdes.

TERRAIN TERTIAIRE :

Tome I. **Échinides éocènes**, par M. Cotteau. 1 vol. de texte, avec atlas de 200 planches .... 102 fr.

Tome II. — **Échinides éocènes**, par M. Cotteau. 1 volume de texte avec atlas de 184 planches.......... 98 fr.

2e SÉRIE. — VÉGÉTAUX FOSSILES.

TERRAIN JURASSIQUE :

Tome Ier. **Algues, Équisétacées, Characées, Fougères**, par M. le comte G. de Saporta. 1 vol. de texte, avec atlas de 70 planches, tirées à 2 teintes.............. 60 fr.

Tome II. **Cycadées**, par M. le comte G. de Saporta. 1 vol. de texte, avec atlas de 58 planches, tirées à deux teintes. 54 fr.

Tome III. **Conifères ou Aciculariées**, par M. le comte G. de Saporta. 1 vol. de texte avec atlas de 98 planches, tirées à 2 teintes...................... 86 fr.

Tome IV. **Éphédrées, Spirangiées, etc.**, par M. le marquis de Saporta. 1 vol. de texte avec atlas et 74 planches... 90 fr.

Paulet et Sarazin. — **Atlas d'anatomie topographique**. Grand in-8°..... 176 fr.

Voir la section médicale.

PELLETAN. — **Le microscope, son emploi et ses applications**, par le Dr J. PELLETAN. Paris, 1876. 1 fort vol. gr. in-8°, avec 277 figures et 4 planches hors texte. Relié, tranches dorées, fers spéciaux...... 20 fr.

PENNETIER. — **Leçons sur les matières premières organiques**, — *origines, provenances, caractères, compositions, sortes commerciales, altérations naturelles, falsifications, moyens de les reconnaître, usages,* — par M. PENNETIER, directeur du Muséum d'histoire naturelle de Rouen. Paris, 1881. 1 fort volume in-8°, avec 344 figures dans le texte............ 18 fr.

PERRIER (E.). — **Les colonies animales et la formation des organismes**, par M. Edmond PERRIER, membre de l'Institut, professeur au Muséum d'histoire naturelle. 2e Édition, Paris, 1898. 1 vol. gr. in-8° de XXXII-797 pages, avec 2 planches et 158 figures dans le texte.......................... 18 fr.

PERRIER (E.). — **Mémoire sur l'organisation et le développement de la comatule de la Méditerranée** (Antédos Rosacea, Linck), par M. Edmond PERRIER, professeur au Muséum d'histoire naturelle. Paris, 1886. 1 vol. in-4°, avec 10 pl. hors texte. 35 fr.

PERRIER (E.). — **Traité de zoologie**, par M. Edmond PERRIER, membre de l'Institut, professeur au Muséum d'histoire naturelle. 2 vol. gr. in-8°.

Fascicule I. *Zoologie générale*, avec 458 figures dans le texte............ 12 fr.

Fascicule II. *Protozoaires et Phytozoaires*. Avec 243 gravures dans le texte.. 10 fr.

Fascicule III. *Arthropodes* avec 278 gravures................... 8 fr.

Fascicule IV. *Vers, Mollusques*, avec 566 gravures. Paris, 1896...... 16 fr.

Fascicule V. *Amphioxus; Tuniciers*, avec 97 gravures. Paris, 1899........ 6 fr.

Fascicule VI. *Vertébrés (sous presse)*.

PERRIER (Rémy). — **Cours élémentaire de zoologie**, par Remy Perrier, maître de conférences à la Faculté des Sciences de l'Université de Paris, chargé du cours de zoologie pour le certificat d'études P. C. N. Paris, 1899. 1 vol. in-8°, avec 693 figures dans le texte, relié toile.......... 10 fr.

PERRIER (Rémy). — Voir CARLET.

PERRIER ET GERVAIS. — **Tableaux d'histoire naturelle**. — Voyez **Histoire naturelle**.

PISANI. — **Traité élémentaire de minéralogie**, par M. PISANI, précédé d'une préface par M. DESCLOIZEAUX, de l'Institut. 3e édition revue et augmentée. Paris, 1890. 1 vol. in-8°, avec 212 fig. dans le texte. 8 fr.

PISANI. — **Les minéraux usuels et leur essai clinique sommaire**. Ouvrage destiné aux industriels, mineurs, fabricants de produits chimiques, pharmaciens, bijoutiers, lapidaires, etc., par F. PISANI. Paris, 1893. 1 vol. in-18, cartonnage souple.......................... 2 fr.

Planches murales d'histoire naturelle. — Voyez HISTOIRE NATURELLE.

POIRIER. — Voir **Traité d'Anatomie humaine** à la section 1.

POUCHET. — **Mémoires sur le grand fourmilier** (Myrmecophaga jubata, Linné), par G. POUCHET, professeur au Muséum. Paris, 1868. 1 vol. gr. in-4°, avec 16 planches lithographiées par M. LEVEILLÉ........................ 35 fr.

POUCHET et BEAUREGARD. — **Traité d'ostéologie comparée**, par M. G. POUCHET, professeur au Muséum d'histoire naturelle et H. BEAUREGARD, aide-naturaliste. Paris, 1889. 1 vol. gr. in-8°, avec 331 figures. 12 fr.

POUCHET et TOURNEUX. — **Précis d'histologie humaine et d'histogénie**. 2e édition, entièrement refondue, par M. G. POUCHET, maître de conférences à l'École normale supérieure, et M. F. TOURNEUX, préparateur au laboratoire d'histologie zoologique de l'École des Hautes Études. Paris, 1878. 1 vol. grand in-8° de VIII-816 pages, avec 218 figures dans le texte.......... 15 fr.

PREVOST et LEMAIRE. — **Histoire naturelle des oiseaux d'Europe** (Passereaux). 2e édition, revue et corrigée. 1 beau vol. grand in-8°, cartonné en toile anglaise, non rogné, avec 80 planches gravées en taille-douce et coloriées avec soin, représentant 200 sujets........................... 25 fr.

Demi-reliure chagrin, non rogné. 30 fr.

RANVIER. — **École pratique des Hautes Études. Laboratoire d'histologie du Col-**

lège de France. Travaux publiés sous la direction de L. RANVIER, professeur d'anatomie générale, avec la collaboration de M. L. MALASSEZ, directeur adjoint, et des répétiteurs et préparateurs du cours.
Tomes I à XVI (1884-1897), chaque volume............................ 20 fr.

RANVIER. — **Traité technique d'histologie**, par M. RANVIER, membre de l'Institut, etc. 2e édition entièrement refondue. Paris, 1889. 1 vol. grand in-8°, avec 414 figures et 1 planche en couleur............. 12 fr.

RANVIER. — **Leçons sur l'histoire du système nerveux**, professées au Collège de France, par M. RANVIER. Paris, 1878. 2 vol. grands in-8° avec figures dans le texte et planches en chromolithographie. 10 fr.

RANVIER. — Voir *Archives d'anatomie microscopique*.

REGNARD. — **Recherches expérimentales sur les conditions physiques de la vie dans les eaux**, par le Dr Paul REGNARD, professeur de physiologie générale à l'Institut national agronomique, directeur adjoint du Laboratoire de physiologie expérimentale à la Sorbonne. Paris, 1891. 1 vol. in-8°, avec figures et 4 planches hors texte.... 15 fr.

REGNARD. — **La cure d'altitude**. Voir la section médicale.

RENAULT. — **Structure comparée de quelques tiges de la flore carbonifère**, par M. E. RENAULT, lauréat de l'Institut, aide-naturaliste au Muséum. Paris, 1880. 1 vol. in-4°, avec 8 planches............ 20 fr.

RENAULT. — **Cours de botanique fossile fait au Muséum d'histoire naturelle**, par M. E. RENAULT, lauréat de l'Institut, aide-naturaliste au Muséum. 4 volumes publiés :

1re année : *Cycadées, Zamiées, Cycadoxylées, Cordaïtées, Poroxylées, Sigillariées, Stigmariées*. Paris, 1881. 1 vol. gr. in-8°, avec 22 planches. (Épuisée.)

2e année : *Lépidodendrées, Sphénophyllées, Astérophyllitées, Annulariées, Calamariées*. Paris, 1882. 1 vol. gr. in-8°, avec 24 planches lithographiées......... 25 fr.

3e année : *Fougères*. Paris, 1883. 1 vol. gr. in-8°, avec 36 planches lithographiées. 25 fr.

4e année : *Conifères. Gnétacées*. Paris, 1885. 1 vol. gr. in-8°, avec 26 planches lithographiées...................... 25 fr.

Résultats des campagnes scientifiques accomplies sur son yacht, par Albert Ier, prince souverain de MONACO, publiés avec le concours de M. Jules RICHARD, chargé des travaux zoologiques à bord.

Fascicule I. — *Revision des Mollusques marins des Iles Açores*, par M. Ph. DAUTZENBERG. 1889. 1 vol. in-4° avec 4 planches dont 2 en couleur............ 20 fr.

Fascicule II. — *Contribution à l'étude des spongiaires de l'Atlantique Nord*, par E. TOPSENT, 1892. 1 volume in-4°, avec 11 planches et 2 cartes.......... 30 fr.

Fascicule III. — *Brachiopodes de l'Atlantique Nord*, par MM. P. FISCHER et D.-P. ŒHLERT. 1892. 1 volume in-4°, avec 2 planches..................... 10 fr.

Fascicule IV. — *Opistobranches*, par M. Rudolph BERGH. 1893. 1 vol. in-4° avec 4 planches................ 10 fr.

Fascicule V. — *Bathyphysa Grimaldii* (nova species). *Siphonophore bathypélagique de l'Atlantique Nord*, par Maurice BEDOT. 1893. 1 vol. in-4° avec une planche........................... 8 fr.

Fascicule VI. — *Contribution à l'étude des Holothuries de l'Atlantique Nord*, par E. von MARENZELLER. 1893. 1 vol. in-4° avec 2 planches............ 10 fr.

Fascicule VII. — 1re partie. *Brachyures et Anomoures*, par MM. A. MILNE-EDWARDS et E. L. BOUVIER. 1894. 1 vol. in-4° avec 11 planches, dont une double et 8 figures dans le texte.................... 25 fr.

Fascicule VIII. — *Zoanthaires* provenant des campagnes du yacht « L'Hirondelle » (Golfe de Gascogne, Açores, Terre-Neuve), par E. JOURDAN. 1895. 1 vol. in-4° avec 6 planches............ 10 fr.

Fascicule IX. — *Contribution à l'étude des Céphalopodes de l'Atlantique Nord*, par Louis JOUBIN. 1895. 1 vol. in-4° avec 6 planches....................... 20 fr.

Fascicule X. *Poissons* provenant des campagnes du yacht l'*Hirondelle* (1885-1888), par Robert COLLETT. 1896. 1 vol. in-4° avec 6 planches dont 4 doubles. 25 fr.

Fascicule XI. — *Contribution à l'étude des Stellérides de l'Atlantique Nord*, par Ed. PERRIER. 1896. 1 vol. in-4° avec 4 planches.................................... 15 fr.

Fascicule XII. — *Echinides et Ophiures* par R. KŒHLER. 1899. 1 volume in-4° avec 10 planches..................... 25 fr.

Revue d'anthropologie, fondée par Paul BROCA. 1878 à 1889. 12 vol....... 300 fr.

Voir la section anthropologie.

RIAZ (DE). — **Description des ammonites des couches A. Peltoceras transversarium (oxfordien supérieur) de Trept** (Isère), par A. RIAZ, membre de la Société géologique de France et de la Société Linéenne de Lyon. Paris, 1898. Atlas grand in-8° comprenant 9 feuilles de texte et 19 planches en héliogravure, en carton. Prix.................................. 25 fr.

RICHARD, MARTINS et DE SEYNES. — **Nouveaux éléments de botanique**, contenant l'organographie, l'anatomie et la physiologie végétales, les caractères de toutes les familles naturelles. 11° édition, par Achille RICHARD, MARTINS et J. DE SEYNES, professeur agrégé à la Faculté de médecine de Paris. 1876. 1 vol. in-8° de 700 pages avec 380 gravures dans le texte......... 7 fr.

RISSO et POITEAU. — **Histoire et culture des orangers**, par MM. RISSO et POITEAU. Nouvelle édition entièrement revue et augmentée d'un chapitre sur la culture, par M. A. DU BREUIL. 1 vol. gr. in-4°, avec 110 planches tirées en couleur et 30 fig. dans le texte, cartonné à l'anglaise avec écusson doré. 130 fr.

Reliure toile................... 20 fr.

ROCHÉ (G.). — **Les grandes pêches maritimes modernes de la France**, par G. ROCHÉ, inspecteur principal des pêches maritimes. Paris, 1894. 1 vol. petit in-8° de l'*Encyclopédie des Aide-Mémoire*....... 2 fr. 50

ROQUES. — **Atlas des champignons comestibles et vénéneux**, représentant les cent espèces ou variétés les plus répandues, avec un texte explicatif contenant la description détaillée des cent espèces, l'indication des lieux où elles croissent, leurs qualités alimentaires ou nuisibles, par J. ROQUES. Extrait de la 2° édition. Nouveau tirage. Paris, 1887. 1 atlas grand in-4°, de 24 planches coloriées. Cartonné. 15 fr.

ROULE. — **L'anatomie comparée des animaux basée sur l'embryologie**, par Louis ROULE, professeur à la Faculté des Sciences de Toulouse, lauréat de l'Institut (grand prix des Sciences physiques). Paris 1898. 2 vol. gr. in-8° de XXVI-1970 pages, avec 1202 figures dans le texte......... 48 fr.

SAPORTA (DE). — **Le monde des plantes avant l'apparition de l'homme**, par le marquis DE SAPORTA, correspondant de l'Institut. Paris, 1879. 1 très beau vol. grand in-8°, avec 13 planches dont 5 en couleur et 118 figures dans le texte. Relié, fers spéciaux, tranches dorées............ 20 fr.

SAPORTA (DE). — **A propos des algues fossiles**, par le marquis DE SAPORTA, correspondant de l'Institut. Paris, 1883. 1 vol. in-4° avec 10 planches lithographiées. 25 fr.

SAPORTA (DE). — **Les Organismes problématiques** des anciennes mers, par le marquis DE SAPORTA, correspondant de l'Institut. Paris, 1885. 1 vol. in-4°, avec 13 planches lithographiées et plusieurs figures intercalées dans le texte............... 25 fr.

SAPORTA (DE). — **Dernières adjonctions à la flore d'Aix-en-Provence**, précédées de notions stratigraphiques et paléontologiques appliquées à l'étude du gisement des plantes fossiles d'Aix-en-Provence, par le marquis de SAPORTA, correspondant de l'Institut. Paris, 1889. Un volume gr. in-8°, avec 33 planches hors texte...... 30 fr.

SAPORTA (DE). — **Les plantes fossiles du terrain jurassique**. 4 volumes avec 300 planches..................... 290 fr.

SAPORTA (DE). — Voyez **Paléontologie française**.

SCROPE. — **Les Volcans**. Leurs caractères et leurs phénomènes, avec un catalogue descriptif de toutes les formations volcaniques aujourd'hui connues, par SCROPE (Poulett). Ouvrage traduit de l'anglais par M. PIERRAGGI. Paris, 1864. 1 vol. in-8°, avec 2 planches coloriées et figures dans le texte............................. 14 fr.

Sède (De). — **Conférences sur l'histoire naturelle**, à l'usage des candidats à la licence et des étudiants en médecine, par M. P. de Sède, ancien élève de l'Ecole des Hautes Études, professeur de sciences naturelles. Paris, 1887. 1 vol. in-8°. 8 fr.

Sée (Marc). — **Recherches sur l'anatomie et la physiologie du cœur**, spécialement au point de vue du fonctionnement des valvules auriculo-ventriculaires, par le Dr Marc Sée, membre de l'Académie de médecine, chirurgien de la Maison municipale de santé. 2° édition. Paris, 1884. 1 vol. in-4°, avec 4 planches............ 12 fr.

Seynes (de) (J.) — **Recherches pour servir à l'histoire naturelle des végétaux inférieurs**, par M. J. de Seynes, professeur agrégé à la Faculté de médecine. Paris, 1888. 1 volume in-4° publié en 3 fascicules, avec planches en couleur. Cartonné. 40 fr.

Seynes (J. de). — **Recherches pour servir à l'histoire naturelle et à la Flore des Champignons du Congo français**, par J. de Seynes. Paris, 1897. 1 fasc. in-4° avec 5 planches en couleurs....... 6 fr.

Sirodot. — **Les Batrachospermes**. Organisation, fonctions, développement, classification, par M. S. Sirodot, doyen de la Faculté des sciences de Rennes. Paris, 1885. 1 vol. gr. in-4°, avec 50 planches gravées d'après les dessins de MM. Sirodot et Bezier. Cartonné............... 160 fr.

Sirodot. — **Le Balbiania investiens**, étude organogénique et physiologique, par M. S. Sirodot. Paris, 1876. Brochure in-4° avec 3 planches en taille-douce et 1 planche de préparation sèche de l'auteur...... 5 fr.

Société d'anthropologie. (*Bulletins*). In-8° mensuels. Paris, 10 francs. Départements, 12 francs. Union postale............ 13 fr.

— (*Mémoires*). Gr. in-8°. Paris, 16 fr. Départements, 17 fr. Union postale.. 18 fr.

Société de biologie. Comptes rendus hebdomadaires. In-8°. Paris et départements, 20 francs. Union postale........... 22 fr.

Voyez la section des Publications périodiques.

Strasburger (Ed.). — **Manuel technique d'anatomie végétale. Guide pour l'étude de la botanique microscopique**, traduit de l'allemand par Godfrin, professeur à l'Ecole de pharmacie de Nancy. 1886. 1 vol. in-8° de 400 pages, avec 118 gravures dans le texte............ .... 10 fr.

Strasburger (Ed.). — **Études sur la formation et la division des cellules**. 1876. 1 vol. gr. in-8° de 307 pages avec 198 figures........................... 15 fr.

Tableaux d'histoire naturelle. — Voyez *Histoire naturelle*.

Talisman. Voyez *Expéditions scientifiques*.

Tenicheff. — **L'Activité des animaux**, par W. Tenicheff, traduit du russe avec l'autorisation et sous la direction de l'auteur, par M. Gourovitch. Paris, 1890. 1 vol. gr. in-8°, avec 51 figures............. 6 fr.

Thoulet. — **Guide d'Océanographie pratique**, par J. Thoulet, professeur agrégé à la Faculté des sciences de Nancy. Paris, 1895. 1 vol. petit in-8° de l'*Encyclopédie des Aide-Mémoire*............. 2 fr. 50

Thoinot et Masselin. — **Précis de microbie**. In-16 cartonné..... .... 7 fr.

Voyez section médicale.

Tissandier. — Voyez *la Nature*.

Trabut. — **Précis de Botanique médicale**, par L. Trabut, professeur d'histoire naturelle médicale à l'Ecole de médecine d'Alger. 2° édition entièrement refondue. 1 vol. in-8° avec 954 figures dans le texte...... 8 fr.

Traité d'anatomie humaine de P. Poirier et A. Charpy. *Voir la section médicale.*

Trouessart. — **Les parasites des habitations humaines et des denrées alimentaires ou commerciales.**

Voir la section médicale.

Tyndall (John). — **Les Microbes**. Traduit de l'anglais par M. Dollo. Paris, 1887. 1 vol. in-8° avec gravures......... 8 fr.

Van Tieghem (Ph.). — **Traité de botanique**, par M. Van Tieghem, membre de l'Institut, professeur au Muséum d'histoire naturelle. *Deuxième édition* entièrement refondue et corrigée. Paris, 1891. 2 vol. gr. in-8° avec 1,213 gravures dans le texte...... 30 fr.

VAN TIEGHEM (Ph.). — **Éléments de botanique**, par M. VAN TIEGHEM. *Troisième édition*, revue et augmentée. Paris, 1898. 2 vol. in-18 de 1,171 pages avec 580 gravures dans le texte. Reliés, toile anglaise. 12 fr.

VAN TIEGHEM. — Voyez **Annales des sciences naturelles (Botanique)**.

VAN TIEGHEM et DOULIOT. — Recherches comparatives sur l'origine des **Membres endogènes dans les plantes vasculaires**, par MM. Ph. VAN TIEGHEM, membre de l'Institut, et H. DOULIOT, préparateur au Muséum. Paris, 1889. 1 fort vol. gr. in-8° avec 40 planches.................. 30 fr.

VÉLAIN (Charles). — **Cours élémentaire de géologie stratigraphique.** *Cinquième édition*, revue et corrigée par M. Ch. VÉLAIN, professeur à la Sorbonne. Paris, 1899. 1 vol. in-18 avec 435 figures dans le texte et une carte géologique de la France, imprimée en couleur, cartonné toile... 5 fr.

VIGNAL. — **Développement des éléments du système nerveux cérébro-spinal.** Nerfs périphériques, moelle, couches corticales du cerveau et du cervelet, par William VIGNAL, docteur ès sciences, répétiteur à l'École des Hautes Études. Paris, 1889. 1 vol. gr. in-8°, avec 14 planches lithographiées et figures dans le texte............... 6 fr.

VIGNAL. — **Contribution à l'étude des bactériacées (schyzomycètes).** Le *bacille mesentericus vulgatus*, par William VIGNAL, docteur ès sciences, répétiteur à l'École des Hautes Études. Paris, 1889. 1 vol. gr. in-8°, avec 45 fig. dans le texte. 3 fr. 50

WALLON. — **Choix et usage des objectifs photographiques**, par E. WALLON. Paris, 1893, 1 vol. petit in-8° de l'*Encyclopédie des Aide-Mémoire*.............. 2 fr. 50

IV

CHIMIE. — PHARMACOLOGIE

ALÉXÉYEFF. — **Méthodes de transformation des combinaisons organiques**, par P. ALÉXÉYEFF, professeur à l'Université de Kieff (Russie). Traduit du russe par G. DARZENS, ancien élève de l'École polytechnique, et LÉON LEFÈVRE, préparateur à l'École polytechnique. Introduction par ED. GRIMAUX, professeur à l'École polytechnique et à l'Institut agronomique. Paris, 1891, 1 vol. in-8°...................... 6 fr.

Annales de chimie et de physique :

Ire SÉRIE, par MM. GUYTON DE MORVEAU, LAVOISIER, MONGE, BERTHOLET, FOURCROY, etc. Paris, 1789 à 1815 inclusivement. 96 vol. in-8°, avec figures et 3 volumes de tables.

IIe SÉRIE, par MM. GAY-LUSSAC et ARAGO. Paris, 1816 à 1840. 25 années, 75 vol. in-8°, avec un grand nombre de planches gravées et 3 volumes de tables.

Les collections complètes de ces deux premières séries sont rares.

IIIe SÉRIE, commencée en 1841, rédigée par MM. CHEVREUL, DUMAS, PELOUZE, BOUSSINGAULT, REGNAULT et DE SÉNARMONT, avec une revue des travaux de chimie et de physique publiés à l'étranger, par MM. WURTZ et VERDET. Paris, 1841 à 1863, 23 années en 69 volumes et 2 volumes de tables, avec figures dans le texte et planches gravées............... 400 fr.

IVe SÉRIE (commencée en 1864), par MM. CHEVREUL, DUMAS, BOUSSINGAULT, REGNAULT et WURTZ, avec la collaboration de M. BERTIN. Paris, 1864-1873. 30 vol., avec figures, planches et la table...... 308 fr.

Ve SÉRIE (commencée en 1874), par MM. CHEVREUL, DUMAS, BOUSSINGAULT, WURTZ, BERTHELOT, PASTEUR, avec la collaboration de M. BERTIN. Paris, 1874 à 1883. 30 volumes in-8°, avec figures, planches et la table...................... 310 fr.

VIe SÉRIE (commencée en 1884), par MM. BERTHELOT, PASTEUR, FRIEDEL et MASCART. Paris, 1884-1893. 30 vol. in-8°, avec figures et planches........ 300 fr.

VIIe SÉRIE (commencée en 1894). Mensuel in-8°. Abonnement annuel : Paris, 30 francs. Départements, 34 fr. Union postale, 36 fr.

Prix des Tables séparément :

IIIe SÉRIE (1841 à 1863). Tomes I à XXX (n'est pas vendue séparément).

IIIe SÉRIE (1841 à 1863). Tomes XXXI à LXIX. 1 volume.................. 10 fr.

IVe SÉRIE (1864 à 1873). 1 vol in-8°   8 fr.

Ve SÉRIE (1874 à 1883). 1 vol. in-8° 10 fr.

ARTHUS. — **Chimie physiologique**. Voir la *Section médicale*.

BARILLOT. — **Chimie légale**. Voir la *Section médicale*.

BAUME-PLUVINEL (de la). — **La théorie des procédés photographiques**, par A. de la BAUME-PLUVINEL. Paris, 1895. 1 vol. petit in-8° de l'*Encyclopédie des Aide-Mémoire*........................ 2 fr. 50

BERTHELOT. — **Traité pratique de calorimétrie chimique**, par M. BERTHELOT, secrétaire perpétuel de l'Académie des sciences. Paris, 1893. 1 vol. petit in-8° de l'*Encyclopédie des Aide-Mémoire*. 2 fr. 50

BERTHELOT. — **Chaleur animale : Principes chimiques de la production de la chaleur chez les êtres vivants**, par M. BERTHELOT, secrétaire perpétuel de l'Académie des Sciences. Paris, 1899. 2 volumes petit in-8°, de l'*Encyclopédie des Aide-Mémoire*........................ 5 fr.

BERTHELOT. — **Chimie végétale et agricole.** *Station de chimie végétale de Meudon* (1883-1899), par M. BERTHELOT, secrétaire perpétuel de l'Académie des sciences, professeur au Collège de France. Paris, 1899. 4 vol. in 8°, avec fig. dans le texte.. 36 fr.

BOUTRON et F. BOUDET. — **Hydrotimétrie.** Nouvelle méthode pour déterminer les proportions des matières minérales en dissolution dans les eaux de sources et de rivières. 9° édition. Paris, 1893. 1 volume grand in-8°........................ 3 fr.

BUNSEN. — **Méthodes gazométriques**, par le professeur Robert BUNSEN; traduit de l'allemand, avec le concours de l'auteur, par M. Th. SCHNEIDER. Paris, 1858. 1 vol. in-8°, avec 60 figures dans le texte....... 5 fr.

CHROUSTCHOFF. — **Introduction à l'étude des équilibres chimiques**, par Paul CHROUSTCHOFF, traduit du russe par Georges MOURON. Paris, 1894. 1 vol. in-8°.. 4 fr.

CLASSEN (A.). — **Précis d'analyse chimique quantitative**, traduit de l'allemand sur la 3° édition, par L. GAUTIER. 1888. 1 volume in-18 avec 73 grav. dans le texte... 6 fr.

CLASSEN (A.). — **Précis d'analyse chimique qualitative**, suivi de tableaux d'analyse, traduit de l'allemand sur la 3° édition, par L. GAUTIER. 1888. 1 vol. in-18, avec gravures dans le texte................... 3 fr. 50

Codex Medicamentarius. — Pharmacopée française publiée par ordre du gouvernement, conformément à l'arrêté du 22 septembre 1882. 1 volume gr. in-8°, avec *supplément* publié par ordre du gouvernement en 1895, cartonné à l'anglaise..... 9 fr.

Franco dans toute la France... 10 fr.

Le *supplément* seul, gr. in-8° cartonné..................... 1 fr. 50

Franco...................... 2 fr.

DEFERT.— **Guide pratique d'analyse qualitative par voie humide**, par R. DEFERT. Paris, 1892. 1 vol. in-18, cartonné.. 2 fr. 50

DEHÉRAIN. — Traité de chimie agricole. *Développement des végétaux. — Terre arable. — Amendements et engrais*, par M. P. DEHÉRAIN, membre de l'Institut, professeur au Muséum d'histoire naturelle et à l'École d'agriculture de Grignon. Paris, 1892. 1 vol. gr. in-8°, avec figures.. 16 fr.

DRAGENDORFF, professeur à l'Université de Dorpat. — **Manuel de toxicologie.** 2° édition française, revue par l'auteur, traduite de l'allemand d'après la 3° édition par le Dr GAUTIER. 1886. 1 vol. in-18, de xx-743 p. avec gravures dans le texte..... 7 fr. 50

DUCLAUX. — **Pasteur.** *Histoire d'un Esprit*, par E. DUCLAUX, membre de l'Institut, professeur à la Sorbonne, directeur de l'Institut Pasteur. Paris, 1896. 1 vol. gr. in-8° de VIII-400 pages, avec 22 fig. dans le texte. 5 fr.

DUCLAUX. — Traité de microbiologie.

Voir la *Section médicale*.

DYBOWSKI. — **Memento de chimie** à *l'usage des candidats aux Baccalauréats*, 7° édition entièrement remaniée, et avec la *Notation atomique*. Paris, 1900. 1 volume in-12. avec figures dans le texte............... 2 fr.

Encyclopédie des Aide-Mémoire de LÉAUTÉ.

Voir le catalogue spécial de l'Encyclopédie.

ETARD. — **Les nouvelles théories chimiques**, par ETARD, répétiteur de chimie à l'École polytechnique, professeur à l'École de physique et de chimie de la Ville de Paris. *Deuxième édition*. Paris, 1897. 1 vol. petit in-8° de l'*Encyclopédie des Aide-Mémoire*................... 2 fr. 50

FITTIG.—**Traité de chimie organique**, d'après WÖHLER, par le Dr R. FITTIG, professeur de chimie à l'Université de Strasbourg. Traduction française, publiée sur la dixième édition allemande par MM. Ch. DE LA HARPE, et Pr. REVERDIN, avec une préface par A. WURTZ, membre de l'Institut. Paris, 1878. 1 vol. in-8°.... 14 fr.

FLEISCHER. — **Traité pratique d'analyse chimique par la méthode volumétrique**, traduit de l'allemand sur la 2° édition par L. GAUTIER. 1880. 1 vol. in-8° avec gravures dans le texte................... 8 fr.

FORTHOMME. — **Notions élémentaires de physique et de chimie**, par M. FORTHOMME. Paris, 1881. 1 vol. in-18, avec 170 gravures dans le texte.................... 3 fr.

FOUQUÉ et LÉVY. — **Synthèse des minéraux et des roches**, par M. FOUQUÉ, membre de l'Institut, professeur au Collège de France, et M. Michel LÉVY, ingénieur des mines, attaché au service de la carte géologique de la France. Paris, 1892. 1 vol. in-8°, avec une planche en photochromie...... 12 fr.

FRÉBAULT. — **La Chimie contemporaine.** — Système atomique. — Théorie et notation. — Comparaison avec les équivalents, par le Dr A. FRÉBAULT, professeur de chimie à l'École de médecine et de pharmacie de Toulouse. 1889, 1 vol. in-8°....... 8 fr.

FREMY et TERREIL. — **Le Guide du chimiste.** Répertoire de documents théoriques et pratiques à l'usage des laboratoires de chimie pure et appliquée, par MM. FREMY, membre de l'Institut, et TERREIL, aide-naturaliste au Muséum. Paris, 1885. 1 vol. gr. in-8° avec nombreux tableaux et 157 figures........................... 18 fr.
Reliure toile................. 20 fr.

FRESENIUS (R.). — **Traité d'analyse chimique qualitative**, des manipulations et opérations chimiques, des réactifs et de leur action sur les corps les plus répandus, essais au chalumeau, analyse des eaux potables, des eaux minérales, des terres, des engrais, etc. Recherches chimico-légales, analyse spectrale, par R. FRESENIUS, professeur de chimie à l'Université de Wiesbaden. *Neuvième édition* française, rédigée d'après la 16° édition allemande, par le Dr L. GAUTIER. Paris, 1897. 1 vol. in-8° de 684 pages, avec gravures dans le texte, et un tableau chromolithographié........................... 7 fr.

FRESENIUS (R.). — **Traité d'analyse chimique quantitative.** Traité du dosage et de la séparation des corps simples et composés les plus usités en pharmacie, dans les arts et en agriculture, analyse par les liqueurs titrées, analyse des eaux minérales, des cendres végétales, des sols, des engrais, des minerais métalliques, de fontes, dosage de sucres, alcalimétrie, chlorométrie, etc., par R. FRESENIUS, professeur de chimie à l'Université de Wiesbaden. *Septième édition française*, traduite sur la sixième édition allemande, par le Dr L. GAUTIER. Paris, 1900. 1 vol. in-8° de 1343 pages avec 251 gravures dans le texte...................... 16 fr.

GALIPPE et BARRÉ. — **Le pain.** *Aliment minéralisateur. Physiologie. Composition, Hygiène et thérapeutique.*
Voir *la Section médicale.*

GAUTIER (A.). — **Chimie appliquée à la physiologie, à la pathologie, à l'hygiène**, *avec les analyses et les méthodes de recherches les plus nouvelles*, par M. A. GAUTIER. 1874. 2 vol. in-8° de 1200 pages avec gravures dans le texte....... 18 fr.

GAUTIER (A.). — **Cours de chimie minérale et organique**, par M. A. GAUTIER, membre de l'Institut, professeur à la Faculté de médecine, de Paris. *Deuxième édition* revue et mise au courant des travaux les plus récents. 2 volumes grand in-8° avec figures dans le texte.
T. I. Chimie minérale. Paris, 1895, 1 vol. gr. in-8° avec 244 figures.. 16 fr.
T. II. Chimie organique. Paris, 1896. 1 vol. gr. in-8° avec 72 figures... 16 fr.

GAUTIER (A.). — **Leçons de Chimie biologique, normale et pathologique,** *Deuxième édition*, publiées avec la collaboration de M. ARTHUS, professeur de physiologie et de chimie physiologique à l'Université de Fribourg. Paris, 1897. 1 vol. in-8° avec 110 figures........................... 18 fr.

GAUTIER (A.). — **La chimie de la cellule vivante**, par M. A. GAUTIER, membre de l'Institut. *Deuxième édition.* Paris, 1899, 1 vol. petit in-8° de *l'Encyclopédie des Aide Mémoire*................. 2 fr. 50

GAUTIER (A.) et ALBAHARY. — **Cent vingt exercices de chimie pratique**, *décrits d'après les textes originaux et les notes de laboratoire et choisis pour former les chimistes*, par A. GAUTIER, membre de l'Institut, et J. ALBAHARY, doct. phil. des laboratoires de E. FISCHER et A. GAUTIER. 1 vol. in-16 avec fig. dans le texte, cartonné toile........................ 3 fr.

GAUTIER (H.). — **Essais d'or et d'argent**, par H. GAUTIER, docteur ès sciences, professeur agrégé à l'École supérieure de pharmacie. Paris, 1893. 1 vol. petit in-8° de *l'Encyclopédie des Aide-Mémoire.* 2 fr. 50

GAUTIER (L.). — **Guide pratique pour l'analyse chimique et microscopique de l'urine, des sédiments et des calculs urinaires,** par M. le Dr L. GAUTIER. Paris, 1887. 1 volume in-18, avec 90 gravures dans le texte............ 3 fr. 50

GAUTIER (L.) — Voir FRÉSÉNIUS : *Analyse chimique qualitative et quantitative*. — WAGNER et FISCHER : *Traité de chimie industrielle*. — LUNGE: *Distillation du goudron, etc.*

GIRARD (Ch.) et CUNIASSE. — **Manuel pratique de l'analyse des alcools et des spiritueux**, par Charles GIRARD, directeur du laboratoire municipal de Paris, et Lucien CUNIASSE, chimiste-expert de la ville de Paris, 1899. 1 vol. in-8° avec figures et tableaux, reliure souple........... 7 fr.

GIRARD (Ch.) et G. DE LAIRE. — **Traité des dérivés de la houille applicables à la production des matières colorantes.** Paris, 1873. 1 vol. gr. in-8°, avec 12 planches gravées à l'échelle......... 16 fr.

GIRARDIN. — **Leçons de chimie élémentaire appliquée aux arts industriels**, par M. J. GIRARDIN, recteur honoraire, directeur de l'École supérieure des sciences de Rouen. Nouvelle édition, avec 1,403 fig. et 50 échantillons dans le texte, augmentée d'un supplément. 5 vol. in-8°........... 50 fr.

Division de l'ouvrage :

Tome I. *Chimie minérale*. — Métalloïdes. Paris, 1888 (331 figures)........... 8 fr.

Tome II. *Chimie minérale*. — Métaux. Paris, 1889 (393 figures)........... 11 fr.

Tome III. *Chimie organique*. — Principes immédiats et industries qui s'y rattachent. Matières alimentaires et boissons fermentées. Paris, 1889 (330 figures)...... 10 fr.

Tome IV. *Chimie organique*. — Matières textiles et matières tinctoriales. Paris, 1888. (212 figures et 47 échantillons).... 13 fr.

Tome V. *Chimie organique*. — Matières animales et fonctions organiques. — Suppléments et table générale. Paris, 1889. 137 figures et 3 échantillons).... 10 fr.

GRIMAUX. — **Essais de Jean Rey**, docteur en médecine, sur la recherche de la cause pour laquelle l'étain et le plomb augmentent de poids quand on les calcine. Réimpression de l'édition de 1630, publiée avec une préface de Édouard GRIMAUX, membre de l'Institut. Paris, 1896. 1 brochure in-16...... 3 fr.

HENRIET. — **Les Gaz de l'atmosphère**, par H. HENRIET, chimiste à l'Observatoire de Montsouris. Paris, 1897. 1 vol. petit in-8° de l'*Encyclopédie des Aide-Mémoire*. 2 fr. 50

HOPPE SEYLER. — **Traité d'analyse chimique appliquée à la physiologie et à la pathologie. Guide pratique pour les recherches cliniques**, traduit de l'allemand sur la 4° édition par le Dr SCHLAGDENHAUFFEN. Paris, 1877. 1 volume gr. in-8°, avec grav. dans le texte.................... 10 fr.

HUGOUNENQ. — **Traité des poisons** (*Hygiène industrielle, Chimie légale*), par le Dr Louis HUGOUNENQ, agrégé à la Faculté de médecine de Lyon. Paris, 1890. 1 vol. in-8° 8 fr.

KNOLL. — **Guide pour les manipulations chimiques** à l'usage des élèves de mathématiques élémentaires et des candidats aux baccalauréats ès lettres et ès sciences, par M. KNOLL, préparateur au lycée Louis-le-Grand. 2° édition. Paris, 1898. 1 vol. in-12 avec figures dans le texte...... 1 fr.

LABBÉ. — **Essai des huiles essentielles**, par Henri LABBÉ, ingénieur-chimiste. Paris, 1899. 1 volume petit in-8° de l'*Encyclopédie des Aide-Mémoire*........ 2 fr. 50

LABORDE et DUQUESNEL. — **Des aconits et de l'aconitine**, par MM. le Dr LABORDE et H. DUQUESNEL. Paris, 1883. 1 volume grand in-8°....................... 15 fr.

Voir *la section des Sciences naturelles*.

LAFFARGUE. — Voir *La Nature* et *Tissandier: Recettes et procédés utiles*.

LEFÈVRE. — **Traité des matières colorantes organiques artificielles**, de leur préparation industrielle et de leurs applications par Léon LEFÈVRE, ingénieur (E. I. R.), préparateur de chimie à l'École polytechnique. Préface de E. GRIMAUX, membre de l'Institut. Paris, 1896. 2 vol. gr. in-8° comprenant ensemble 1650 pages, reliés en toile anglaise, avec 31 gravures dans le texte et 261 échantillons... 90 fr.

LEFÈVRE (Julien). — **La Spectroscopie**, par Julien LEFÈVRE, professeur à l'École des sciences et à l'École de médecine de Nantes. Paris, 1896. 1 vol. petit in-8°, de l'*Encyclopédie des Aide-Mémoire*........ 2 fr. 50

LEFÈVRE (Julien). — **La Spectrométrie**, par Julien LEFÈVRE, professeur à l'École des sciences et à l'École de médecine de Nantes. Paris, 1896. 1 vol. petit in-8°, de l'*Encyclopédie des Aide-Mémoire*........ 2 fr. 50

IV. Chimie. Pharmacologie

L'HÔTE. — **Analyse des engrais**, par M. L'HÔTE, chimiste-expert près les tribunaux, ancien répétiteur d'analyse chimique à l'Institut agronomique. Paris, 1895. 1 vol. petit in-8° de l'*Encyclopédie des Aide-mémoire*.................. 2 fr. 50

LIEBIG. — **Traité de chimie organique**, par M. J. LIEBIG. Édition française, revue et considérablement augmentée par l'auteur, et publiée par M. Ch. GERHARDT. Paris, 1841-1844. 3 vol. in-8°................ 25 fr.

LUNGE (G.), professeur de chimie industrielle à l'École polytechnique de Zurich. — **Traité de la distillation du goudron de houille et du traitement de l'eau ammoniacale**, traduit de l'allemand par L. GAUTIER. 1885. 1 vol. grand in-8°, avec 89 gravures dans le texte.................. 12 fr.

LUNGE et NAVILLE. — *La Grande Industrie chimique*. **Traité de la fabrication de la soude et de ses branches collatérales.** Édition française, par G. LUNGE, professeur de chimie industrielle à l'École polytechnique de Zurich, et J. NAVILLE, ancien élève de l'École polytechnique de Zurich. Paris, 1880-1881. 3 vol. gr. in-8°... 54 fr.

Tome I. **Acide sulfurique.** 1 vol. gr. in-8° avec 312 fig. et 7 planches hors texte. 18 fr.

Tome II. **Sulfate de soude. — Acide chlorhydrique. — Soude brute.** 1 vol. gr. in-8°, avec 195 figures et 6 planches hors texte.................. 18 fr.

Tome III. — **Sel de soude. Chlorure de chaux. — Chlorate de potasse.** Devis et statistique. 1 vol. gr. in-8°, avec 217 figures et 3 planches hors texte.......... 18 fr.

Le cartonnage de chaque volume se paye en sus 2 fr.

MAGNIER DE LA SOURCE. — **Analyse des vins**, par le Dr L. MAGNIER DE LA SOURCE, expert-chimiste. Paris, 1892. 1 vol. petit in-8°, de l'*Encyclopédie des Aide-Mémoire*. 2 fr. 50

MARQFOY. — **Loi des Équivalents et théorie nouvelle de la chimie**, par Gustave MARQFOY. Paris, 1897. 1 vol. in-8° de xxxii-512 pages.................. 7 fr. 50

MOHR et CLASSEN. — **Traité d'analyse chimique par la méthode des liqueurs titrées.** Troisième édition française, traduite par L. GAUTIER, sur la sixième édition allemande entièrement refondue par A. CLASSEN, directeur du laboratoire de chimie d'Aix-la-Chapelle. 1888. 1 vol. gr. in-8° de xvi-808 p. avec 201 gravures dans le texte. 22 fr.

MOISSAN et OUVRARD. — **Le Nickel**, par H. MOISSAN, membre de l'Institut et L. OUVRARD. Paris, 1896. 1 vol. petit in-8° de l'*Encyclopédie des Aide-Mémoire*. 2 fr. 50

NAQUET et HANRIOT. — **Principes de chimie fondée sur les théories modernes.** Par MM. NAQUET et HANRIOT, professeurs agrégés à la Faculté de médecine de Paris. Cinquième édition, revue et considérablement augmentée. 1890. 2 vol. in-18 de 1200 pages avec gravures dans le texte...... 11 fr.

Nature (La), revue illustrée des sciences et de leurs applications aux arts et à l'industrie, fondée par Gaston TISSANDIER. Directeur : Henri de PARVILLE.

La Nature paraît tous les samedis depuis le 1er juin 1873, par livraisons de 16 pages grand in-8° jésus, richement illustrées.

Prix de l'abonnement annuel : Paris, 20 fr. Départements, 25 fr. Union postale, 26 fr.

NAUDIN. — **Fabrication des vernis**, par M. Laurent NAUDIN. Paris, 1893. 1 vol. petit in-8°, de l'*Encyclopédie des Aide-Mémoire*.................. 2 fr. 50

NICOLLE. — **Matières colorantes et microbes**, par le Dr M. NICOLLE, directeur de l'Institut impérial de bactériologie de Constantinople. Paris, 1898. 1 vol. in-16, avec 10 figures dans le texte et 1 planche en couleurs.................. 2 fr.

ŒCHSNER DE CONINCK. — **Nouvelles Recherches sur les bases de la série pyridique et sur les bases de la série quinoléique**, par M. ŒCHSNER DE CONINCK, docteur ès sciences, lauréat de l'Institut, maître de conférences à la Faculté des sciences de Montpellier. 1890. Br. in-8°...... 3 fr. 50

ŒCHSNER DE CONINCK. — **Cours de chimie organique**, par M. ŒCHSNER DE CONINCK, docteur ès sciences, professeur de chimie organique à la Faculté des sciences de Montpellier. Paris, 1894. 2 vol. in-8°. 20 fr.

Supplément. Paris, 1897. 1 vol. de 350 pages.................. 10 fr.

ŒCHSNER DE CONINCK. — **Éléments de chimie organique et de chimie biologique**, par le professeur ŒCHSNER DE CONINCK, Paris, 1896. 1 vol. in-16.......... 2 fr.

PELIGOT. — **Traité de chimie analytique appliquée à l'agriculture**, par M. Eug. PELIGOT, membre de l'Institut et de la Société nationale d'agriculture, professeur à l'Institut national agronomique. Paris, 1883. 1 vol. in-8°, avec 43 fig. dans le texte. 10 fr.

PELOUZE et FREMY. — **Traité de chimie générale, analytique, industrielle et agricole**, par MM. PELOUZE et FREMY, membres de l'Institut. Paris, 1867. 3e édition, entièrement refondue, avec nombreuses figures dans le texte, publiée en 7 volumes. Quelques exemplaires complets... 120 fr.

PELOUZE et FREMY. — **Abrégé de chimie**, par MM. PELOUSE et FREMY, membres de l'Institut. Nouvelle édition entièrement refondue. Paris, 1878. 3 vol. in-18, avec figures........................... 9 fr.

PICTET. — **La constitution des alcaloïdes végétaux**, par Amé PICTET, professeur à l'Université de Genève. 2e édition. Paris, 1897. 1 vol. in-8°................ 12 fr.

POLIN et LABIT. — **Examen des aliments suspects**, par MM. H. POLIN et H. LABIT, médecins-majors de l'armée. Paris, 1892. 1 vol. petit in-8°, de l'*Encyclopédie des Aide-Mémoire*................ 2 fr. 50.

POZZI-ESCOT. — **Analyse chimique qualitative**, par E. POZZI-ESCOT, chimiste, rédacteur au *Praticien industriel*, membre de la Société française de Physique. Paris, 1899. 1 vol. petit in-8° de l'*Encyclopédie des Aide-Mémoire*............. 2 fr. 50

PRUNIER. — **Les Médicaments chimiques**, par M. PRUNIER, membre de l'Académie de médecine, professeur à l'École supérieure de pharmacie, pharmacien en chef des hôpitaux de Paris.
Première partie : *Composés minéraux*. Paris, 1896. 1 vol. gr. in-8° avec 137 fig. dans le texte.................. 15 fr.
Deuxième partie. *Composés organiques*. Paris, 1899. 1 volume grand in-8°, avec 47 figures dans le texte.......... 15 fr.

REGNAULT (V.). — **Cours élémentaire de chimie**, par M. REGNAULT, membre de l'Institut. 6e édition. Paris, 1868. 4 vol. gr. in-18, avec 2 planches en taille-douce et 700 figures dans le texte......... 20 fr.

REY (Jean). — Voir GRIMAUX.

RIBAN. — **Traité d'analyse chimique quantitative par électrolyse**, par J. RIBAN, professeur chargé du cours d'analyse chimique et maître de conférences à la Faculté des sciences de l'Université de Paris. 1899. 1 vol. gr. in-8°, avec 96 figures dans le texte........................... 9 fr.

ROCQUES. — **Analyse des alcools et des eaux-de-vie**, par X. ROCQUES, expert-chimiste. Paris, 1895. 1 vol. petit in-8°, de l'*Encyclopédie des Aide-mémoire* 2 fr. 50

ROSE. — **Traité complet de chimie analytique**, par M. Henri ROSE. Édition française originale. Paris, 1859-1862. 2 vol. grand in-8°........................... 24 fr.

On vend séparément :
Tome I. Chimie qualitative.... 12 fr.
Tome II. Chimie quantitative... 12 fr.

SALET. — **Traité élémentaire d'analyse spectrale**, par M. Georges SALET, maître de conférences à la Faculté des sciences de Paris. Paris, 1888. 1 vol. in-8° avec 180 fig. et 6 planches. Relié toile avec biseaux. 15 fr.

SCHEURER-KESTNER. — **Pouvoir calorifique des combustibles solides, liquides ou gazeux**. Paris, 1896. 1 vol. in-16 avec figures dans le texte.............. 5 fr.

SCHLŒSING. — **Notions de chimie agricole**, par M. Th. SCHLŒSING fils, ingénieur des manufactures de l'État. 2e édition. Paris, 1897. 1 vol. petit in-8° de l'*Encyclopédie des Aide-Mémoire*........ 2 fr. 50

SEYEWETZ ET SISLEY. — **Chimie des matières colorantes artificielles**, par A. SEYEWETZ, chef des travaux à l'École de chimie industrielle de Lyon, et P. SISLEY, chimiste coloriste. Ouvrage récompensé d'une *médaille d'or à la Société industrielle de Rouen*. Paris, 1897. 1 vol. gr. in-8° de 822 pages............ 30 fr.

SIDERSKY. — **Polarisation et saccharimétrie**, par M. D. SIDERSKY, ingénieur-chimiste. Paris, 1895. 1 vol. petit in-8° de l'*Encyclopédie des Aide-mémoire*.... 2 fr. 50

SIDERSKY. — **Constantes électro-chimiques**, par D. SIDERSKY. Paris, 1897. 1 vol. petit in-8° de l'*Encyclopédie des Aide-Mémoire*....................... 2 fr. 50

SILVA. — **Traité d'analyse chimique**, de R. D. SILVA, professeur à l'École centrale des Arts et Manufactures. Publié par M. R. ENGEL, professeur à l'École centrale. Paris, 1891. 1 vol. petit in-8°, avec 110 figures.. 8 fr.

SOCIÉTÉ CHIMIQUE DE PARIS (**Bulletin de la**), comprenant le procès-verbal des séances, les Mémoires présentés à la Société, l'analyse des travaux de chimie pure et appliquée publiés en France et à l'étranger, la revue des brevets, etc.

Chacune des années 1873 à 1886 (1 vol. in-8°).. 20 fr.

Chacune des années 1887 à 1893 (2 vol. in-8°).. 25 fr.

Bi-mensuel. In-8°. Paris, 30 francs. Départ., 32 fr. Union postale..... 33 fr.

Voir *Publications périodiques*.

Tables des années 1858-1874, dressées par Ed. WILLA, 1 volume in-8°... 20 fr.

Tables des années 1875 à 1888, dressées par Th. SCHNEIDER. 1 vol. gr. in-8° de 830 pages........................... 30 fr.

SOREL. — **Rectification de l'alcool**, par Ernest SOREL, ancien ingénieur des manufactures de l'État, professeur suppléant au Conservatoire des Arts et Métiers. Paris, 1894. 1 vol. petit in-8° de l'*Encyclopédie des Aide-Mémoire*...... 2 fr. 50

SOREL. — **La Distillation**, par Ernest SOREL. Paris, 1895. 1 vol. petit in-8° de l'*Encyclopédie des Aide-Mémoire*..... 2 fr. 50

SOUBEIRAN (E.). — **Traité de pharmacie théorique et pratique**, de E. SOUBEIRAN. 9° édition, publiée par M. REGNAULT, professeur à la Faculté de médecine. Paris, 1885-87. 2 forts volumes in-8°, avec figures dans le texte........................... 24 fr.

SOULIER (H.). — **Traité de thérapeutique et de pharmacologie**, suivi d'un memento des médicaments nouveaux. Paris, 1898, 2 vol. gr. in-8°............................ 25 fr.

Voir la *Section médicale*.

SUTTON. — **Manuel systématique d'analyse chimique volumétrique**, ou le dosage quantitatif des substances chimiques par les mesures, appliqué aux liquides, aux solides et aux gaz, par Francis SUTTON, analyste public du comté de Norfolk, etc., traduit sur la 4° édition anglaise, par le Dr C. MÉHU, membre de l'Académie de médecine. Paris, 1883. Un volume in-8° avec 83 figures dans le texte................... 14 fr.

TERREIL (A.). — **Traité pratique des essais au chalumeau dans les analyses chimiques et les déterminations minéralogiques**; mode d'emploi et description des propriétés physiques des minéraux et des caractères chimiques qui peuvent les faire reconnaître dans les essais au chalumeau. 1876. 1 vol. in-8° de 500 pages et table................................. 10 fr.

TISSANDIER. — **Petite Bibliothèque de la Nature**: *Recettes et procédés utiles* recueillis par M. Gaston TISSANDIER.

1re SÉRIE. — **Recettes et procédés utiles**, 7° édition. 1 vol. in-18 illustré... 2 fr. 25

2° SÉRIE. — **La Science pratique**, suite des *Recettes et procédés utiles*. 3° édition. 1 vol. in-18 illustré........ 2 fr. 25

3° SÉRIE. — **Nouvelles Recettes utiles et Appareils pratiques**. 2° édition. 1 vol. in-18 illustré..................... 2 fr. 25

4° SÉRIE. —**Recettes et procédés utiles** (suite). 1 vol. in-18 illustré...... 2 fr. 25

5° SÉRIE. — **Recettes et Procédés utiles** recueillis par J. LAFFARGUE, secrétaire de la rédaction de *La Nature*. 1 vol. in-8°, illustré............................. 2 fr. 25

Chaque volume cartonné toile.... 3 fr.

TISSANDIER. — Voir **La Nature**.

TROOST. — **Traité élémentaire de chimie**, par M. L. TROOST, membre de l'Institut, professeur à la Faculté des sciences de Paris. 12° édition, entièrement refondue et corrigée. Paris, 1897. 1 vol. in-8°, avec 548 figures..................... 8 fr.

Cartonné, toile souple......... 9 fr.

On vend séparément :

Introduction. Métalloïdes. — 1 vol. in-8° de 380 pages avec 286 figures.... 4 fr.

Métaux. Chimie organique. — 1 vol. in-8° de 512 pages avec 262 figures.... 5 fr.

TROOST. — **Précis de chimie**, par M. L. TROOST. 32° édition, avec un *Appendice volumétrique*. Paris, 1900. 1 vol. in-18, avec 291 fig., cartonné toile bleue....... 3 fr.

WAGNER, FISCHER et GAUTIER. — **Nouveau traité de chimie industrielle** à l'usage des ingénieurs, chimistes, industriels, contremaîtres, ouvriers, agriculteurs, etc. 3ᵉ édition française considérablement augmentée, publiée d'après la 13ᵉ édition allemande. 1892. 2 vol. gr. in-8° de 1766 pages avec 736 gravures dans le texte........ 30 fr.

Tome premier. Métallurgie chimique. Produits métallurgiques. Matières et Produits inorganiques. Matières et Produits organiques.

Tome second. Fabrication du verre. Substances alimentaires. Technologie chimique des fibres textiles. Industries diverses. Combustibles et appareils de chauffage. Matières éclairantes et éclairage.

WALKHOFF (L.). — **Traité complet de fabrication et raffinage du sucre de betterave.** Deuxième édition française. 1874. 2 vol. gr. in-8° de 1150 pages, avec 189 gravures dans le texte..................... 20 fr.

WILLM et HANRIOT. — **Traité de chimie minérale et organique**, comprenant la chimie pure et ses applications, par MM. Ed. WILLM, professeur à la Faculté des sciences de Lille, et HANRIOT, professeur agrégé à la Faculté de médecine de Paris. Paris, 1888-1889. 4 volumes gr. in-8° avec figures dans le texte.. 50 fr.

On vend séparément :
Tomes I-II (Chimie minérale).... 25 fr.
Tomes III-IV (Chimie organique). 25 fr.

WINCKLER. — **Manuel d'analyse industrielle des gaz**, traduit de l'allemand par BLAS, comprenant ensemble 17 figures gravées et 29 échantillons de soie, de laine et de coton teints et fabriqués spécialement pour cet ouvrage................. 15 fr.

WURTZ. — **Traité de chimie biologique**, par M. Ad. WURTZ, membre de l'Institut. Paris, 1884. 1 vol. in-8°, avec figures dans le texte............... 15 fr.

WURTZ. — **Introduction à l'étude de la chimie**, par Ad. WURTZ. Paris, 1885. 1 volume gr. in-8°, avec 60 figures.. 7 fr.

WURTZ. — **Leçons élémentaires de chimie moderne**, par M. Ad. WURTZ, membre de l'Institut. 7ᵉ édition, revue et augmentée. Paris, 1895. 1 vol. in-18, avec 132 figures dans le texte................. 9 fr.

WURTZ. — **Progrès de l'industrie des matières colorantes artificielles**, par M. Ad. WURTZ, membre de l'Institut. Paris, 1876. 1 vol. gr. in-8°, accompagné de 5 planches gravées comprenant ensemble 17 figures et 29 échantillons de soie, de laine et coton teints et fabriqués spécialement pour cet ouvrage....................... 15 fr.

V

SCIENCES PHYSIQUES ET MATHÉMATIQUES
ARITHMÉTIQUE. — GÉOMÉTRIE. — MÉCANIQUE. — ÉLECTRICITÉ
PHOTOGRAPHIE

Annales de physique et de chimie.

Voir *la Section des publications périodiques*.

BARRÉ (J.). — **Cours complet de comptabilité**, par M. Joseph BARRÉ, expert près la Cour et les tribunaux, ancien professeur à l'École supérieure de commerce. 3 vol. in-8° cartonnés toile :

Cours pratique de tenue des livres. Nouvelle édition................ 3 fr. 50

Comptabilité commerciale et industrielle. Nouvelle édition.......... 4 fr.

Comptabilité financière. Nouv. édit. 4 fr.

BATAILLE. — **Cours pratique d'arithmétique et de calcul**, par FRÉDÉRIC BATAILLE, ancien instituteur public, officier d'Académie, chargé d'une classe primaire au lycée Michelet.

Cours préparatoire et élémentaire, tableaux résumés, exercices oraux et écrits, calcul mental, nombreux problèmes gradués et faciles, leçons, questionnaires et figures de démonstration. 1 volume in-12 cartonné, avec figures..... 0 fr. 80

BAUME-PLUVINEL (de la). — **La théorie des procédés photographiques**, par A. de la BAUME-PLUVINEL. Paris, 1895. 1 vol. petit in-8° de l'*Encyclopédie des Aide-Mémoire*........................ 2 fr. 50

BERGONIÉ. — **Physique du physiologiste et de l'étudiant en médecine**. *Actions moléculaires, acoustique, électricité*, par le Dr BERGONIÉ, professeur à la Faculté de médecine de Bordeaux. Paris, 1892. 1 vol. petit in-8° de l'*Encyclopédie des Aide-Mémoire*...................... 2 fr. 50

BERT (Paul). — **Pression barométrique**. Voir *Section médicale*.

BOURBOUZE. — **Modes opératoires de physique**, rassemblés par Ch. HEMARDINQUER, licencié ès sciences mathématiques et physiques, préparateur à la Faculté des sciences. Préface de M. G. LIPPMANN, membre de l'Institut. Paris, 1897. 1 vol. in-8° avec 220 figures..................... 12 fr.

BOURLET. — **Nouveau traité des bicycles et des bicyclettes**, par CH. BOURLET, professeur au lycée St-Louis, docteur ès-sciences. 2e *édition*, entièrement refondue. Paris, 1898. 2 vol. petit in-8° de l'*Encyclopédie des Aide-Mémoire*.

I. — *Equilibre et Direction*, 1 vol. Prix........................ 2 fr. 50

II. — *Le Travail.* 1 vol...... 2 fr. 50

BOURSAULT. — **Calcul du temps de pose en photographie**, par H. BOURSAULT, chimiste de la Compagnie des chemins de fer du Nord. Paris, 1896. 1 vol. petit in-8°, de l'*Encyclopédie des Aide-Mémoire*........ 2 fr. 50

BRASILIER. — **Traité d'arithmétique commerciale**, par M. A. BRASILIER, professeur à l'École supérieure de commerce et à l'École des Hautes Études commerciales. 3e édition. Paris, 1898. 1 vol. in-8° avec figures dans le texte. Cartonné.... 5 fr.

BRASILIER. — **Théorie mathématique des placements et emprunts à long terme**, par A. BRASILIER, professeur à l'École des Hautes Études commerciales.

Première partie. — Annuité de placement et d'amortissement. Emprunts publics. Service des Titres. Établissements de crédit. Paris, 1890. 1 volume grand in-8° avec tableaux.................... 10 fr.

Deuxième partie. — Négociation des titres et des valeurs mobilières. Prix et parités mathématiques. Institutions de prévoyance. Paris, 1893. 1 volume grand in-8°, avec tableaux............. 10 fr.

BURAT. — **Précis de mécanique**, par M. BURAT, professeur au lycée Louis-le-Grand. 8ᵉ édition, conforme aux récents programmes. Paris, 1892. 1 volume in-18, avec 256 figures. Cartonné toile........ 3 fr.

CAZO. — **Questions de physique à l'usage des candidats aux baccalauréats et à l'École militaire de Saint-Cyr. — Énoncés et solutions** par R. CAZO, docteur ès sciences. Paris, 1890. 2ᵉ édition. 1 vol. in-12.. 2 fr.

CLERC. — **La photographie des couleurs**, par L.-P. CLERC, préparateur à la Faculté des Sciences de Paris. Avec une préface de M. Gabriel LIPPMANN, membre de l'Institut. Paris, 1899. 1 vol. petit in-8ᵒ de l'*Encyclopédie des Aide-Mémoire*. 2 fr. 50

Congrès international des Électriciens, (Paris, 1881). Compte rendu des travaux, publié par ordre du Gouvernement. Paris, 1882. 1 vol. gr. in-8ᵒ............ 12 fr.

DAMIEN et PAILLOT. — **Traité de manipulations de Physique**, par B. C. DAMIEN, professeur à la Faculté des sciences de Lille, et R. PAILLOT, agrégé, chef des travaux pratiques de physique à la Faculté des sciences de Lille. Paris, 1896. 1 vol. in-8ᵒ, avec 246 figures dans le texte................. 7 fr.

DELAUNAY. — **Cours élémentaire d'astronomie**, par M. Ch. DELAUNAY, membre de l'Institut. 7ᵉ édition, revue et complétée par M. Albert LÉVY, physicien à l'Observatoire de Montsouris. Paris, 1885. 1 vol. in-18 avec 3 pl. et 386 fig. dans le texte. 7 fr. 50

DRION et FERNET. — **Traité de physique élémentaire.** Voyez FERNET.

DUCATEL. — **Leçons d'arithmétique à l'usage des classes élémentaires des lycées et collèges de garçons et de jeunes filles, et de l'enseignement primaire**, par A. DUCATEL, ancien élève de l'École normale supérieure, professeur agrégé de mathématiques au lycée Condorcet. 2ᵉ édition. Paris, 1897. 1 vol. in-18, avec des questionnaires, de nombreux exercices et les réponses aux exercices. Cartonné toile........ 2 fr. 50

ÉLECTRICIEN (L'). — **Revue générale d'électricité.** 1881-1890. 14 volumes grand in-8ᵒ................ 200 fr.

Encyclopédie des Aide-Mémoire de LÉAUTÉ. Voir *le catalogue spécial*.

FABRY. — **Les Piles électriques**, par Ch. FABRY, maître de conférences à la Faculté des sciences de Marseille. Paris, 1897. 1 vol. petit in-8ᵒ de l'*Encyclopédie des Aide-Mémoire*................ 2 fr. 50

FAURE. — **Éléments de commerce et de comptabilité**, par Gabriel FAURE, professeur à l'École des Hautes Études commerciales. 3ᵉ édition, revue et augmentée. Paris, 1899. 1 vol. in-8ᵒ cart. toile. 4 fr.

FERNET. — **Notions élémentaires de physique et de chimie**, par M. E. FERNET, inspecteur général de l'Instruction publique. 5ᵉ édition, entièrement revue. Paris, 1896. 1 volume in-18, avec 192 figures. Cartonné toile..................... 2 fr. 50

FERNET. — **Cours élémentaire de physique**, par M. E. FERNET. 3ᵉ édition revue et modifiée. Paris, 1899. 1 fort vol. in-18 avec 472 figures dans le texte. Cartonné toile........................ 5 fr.

FERNET. — **Cours de physique**, rédigé pour la classe de mathématiques spéciales, par M. E. FERNET, 5ᵉ édition, entièrement revue et augmentée. Paris, 1886. 1 volume gr. in-8ᵒ, avec 490 figures... 15 fr.

FERNET et FAIVRE-DUPAIGRE. — **Traité de physique élémentaire**, de Ch. DRION et E. FERNET, 13ᵉ édition entièrement refondue et modifiée par E. FERNET, inspecteur général de l'Instruction publique, avec la collaboration de J. FAIVRE-DUPAIGRE, professeur au lycée Saint-Louis. Paris, 1900. 1 vol. petit in-8ᵒ, avec 665 figures.. 8 fr. Cartonné toile souple.............. 9 fr.

FERNET et FAIVRE-DUPAIGRE. — **Précis de physique**, par M. E. FERNET, inspecteur général de l'Instruction publique. 26ᵉ édition, entièrement refondue, avec la collaboration de J. FAIVRE-DUPAIGRE, professeur au lycée St-Louis. Paris 1898. 1 vol. in-18, avec 315 figures. Cartonné toile. 3 fr.

GARIEL. — **Cours de physique médicale**, par Ch. GARIEL, professeur de physique médicale à la Faculté de médecine de Paris. 3ᵉ édition, entièrement refondue. 1892. 1 vol. in-8ᵒ, avec 505 gravures dans le texte................. 12 fr.

GASTINE. — **La Chromophotographie sur plaque fixe et sur pellicule mobile**, par L. GASTINE, commissaire organisateur de la première exposition de photographie. Paris, 1897. 1 vol. petit in-8° de l'*Encyclopédie des Aide-Mémoire*........ 2 fr. 50

GASTINE. — Voir **La Photographie française**, à la *Section des Périodiques*.

GAVARRET. — **Acoustique biologique**. Phénomènes physiques de la phonation et de l'audition, par M. GAVARRET, professeur à la Faculté de médecine de Paris. Paris, 1877. 1 vol. in-8°, avec 100 figures...... 10 fr.

GOUILLY. — **Géométrie descriptive**, par A. GOUILLY, répétiteur à l'École centrale. Paris, 1895. 3 volumes petit in-8° de l'*Encyclopédie des Aide-Mémoire*.

  I. — *Le point, la ligne droite, le plan*. 1 vol. avec figures dans le texte. 2 fr. 50

  II. — *La sphère, le cône et le cylindre de révolution, les sections coniques*. 1 vol. avec figures dans le texte. 2 fr. 50

  III. — *Changements de plans de projections, rotations, polyèdres*. 1 vol. avec figures dans le texte........... 2 fr. 50

GOURÉ DE VILLEMONTÉE. — **Résistance électrique et fluidité**, par GOURÉ DE VILLEMONTÉE, ancien élève de l'École normale supérieure, agrégé de l'Université, docteur ès-Sciences physiques. Paris, 1899. 1 vol. petit in-8° de l'*Encyclopédie des Aide-Mémoire*................ 2 fr. 50

GUILLAUME. — **Unités et étalons**, par Ch. GUILLAUME, docteur ès sciences. Paris, 1893. 1 vol. petit in-8°, de l'*Encyclopédie des Aide-Mémoire*................ 2 fr. 50

HATT. — **Des Marées**, par M. HATT, ingénieur hydrographe de la marine. Paris, 1895. 1 vol. petit in-8° de l'*Encyclopédie des Aide-Mémoire*............. 2 fr. 50

HENRIET. — **Les Gaz de l'atmosphère**, par H. HENRIET, chimiste à l'Observatoire de Montsouris. Paris, 1897. 1 vol. petit in-8° de l'*Encyclopédie des Aide-Mémoire*.. 2 fr. 50

HOSKIÆR. — **Guide des épreuves électriques à faire sur les câbles télégraphiques**, par Valdemar HOSKIÆR, colonel du corps du génie danois. Traduction de la seconde édition anglaise, par A.-L. TERNANT. 1 vol. in-16, avec 11 figures. 5 fr.

HOSPITALIER. — **Principes et lois générales de l'énergie électrique**, par E. HOSPITALIER, ingénieur des Arts et Manufactures. Paris, 1890. 1 vol. in-8°, avec 253 figures................................. 12 fr.

HOSPITALIER. — **Formulaire de l'électricien**, par M. E. HOSPITALIER, ingénieur des Arts et Manufactures, professeur à l'École municipale de physique et de chimie industrielles, rédacteur en chef de l'*Industrie Électrique*. 17° année : 1899. 1 vol. in-16, avec figures dans le texte. Cart. toile...................... 5 fr.

HOSPITALIER. — **Les Compteurs d'énergie électrique**, par M. E. HOSPITALIER. Paris, 1889. Brochure in-8°............... 2 fr.

IMBER et WEILL. — **Cours de géométrie analytique** à l'usage des candidats à l'École centrale et à l'École polytechnique, aux Écoles des ponts et chaussées, des mines, forestière, navale, par MM. IMBER, directeur des études à l'École centrale, et WEILL, professeur au collège Chaptal et à l'école Monge. Paris, 1888. 1 fort vol. grand in-8°, avec 439 figures...... 16 fr.

JOUBERT. — **Traité élémentaire d'électricité**, par M. JOUBERT, ancien professeur au collège Rollin, inspecteur de l'Instruction publique. 3° édition, Paris, 1895. 1 vol. petit in-8°, avec 379 figures dans le texte .... 8 fr.

JOUBERT. — **Cours élémentaire d'électricité** à l'usage des classes de l'enseignement secondaire, par M. JOUBERT, inspecteur général de l'Instruction publique. 3° édition. Paris 1899. 1 vol. in-12, avec 144 figures dans le texte, cartonné toile........ 2 fr.

JOUBERT. — Voir MASCART et JOUBERT.

LAURENT. — **Théorie des jeux de hasard**, par M. H. LAURENT, examinateur d'admission à l'École polytechnique. Paris, 1893. 1 vol. petit in-8°, de l'*Encyclopédie des Aide-Mémoire*............. 2 fr. 50

LAURENT. — **Théorie et pratique des assurances sur la vie**, par H. LAURENT. Paris, 1895. 1 vol. petit in-8° de l'*Encyclopédie des Aide-Mémoire*............. 2 fr. 50

LAURENT. — **Théorie des opérations financières**, par H. LAURENT. Paris 1898. 1 vol. petit in-8° de l'*Encyclopédie des Aide-Mémoire*......... 2 fr. 50

LAUVERNAY. — **Traité d'algèbre élémentaire**, à l'usage des candidats au baccalauréat ès sciences et aux écoles du gouvernement, par M. E. LAUVERNAY, professeur au lycée d'Amiens. Paris, 1877. 1 vol. in-8°, avec figures dans le texte ... 5 fr.

LÉAUTÉ et BÉRARD. — **Transmissions par câbles métalliques**, par MM. H. LÉAUTÉ, membre de l'Institut, et A. BÉRARD, ingénieur en chef des poudres et salpêtres. Paris, 1895. 1 vol. petit in-8° de l'*Encyclopédie des Aide-Mémoire* .... 2 fr. 50

LECERCLE. — **Traité élémentaire d'électricité médicale**. Voir *Section médicale*.

LEFÈVRE (J.). — **La Spectroscopie**, par Julien LEFÈVRE, professeur à l'École des sciences et à l'École de médecine de Nantes. Paris, 1896. 1 vol. petit in-8° de l'*Encyclopédie des Aide-Mémoire*.................. 2 fr. 50

LEFÈVRE (J.). — **La Spectrométrie**, par Julien LEFÈVRE. Paris, 1896. 1 vol. in-8°, de l'*Encyclopédie des Aide-Mémoire*. 2 fr. 50

LEFÈVRE (J.). — **L'Eclairage**, par Julien LEFÈVRE. Paris, 1896. 2 vol. petit in-8° de l'*Encyclopédie des Aide-Mémoire*.

I. *L'Éclairage électrique*. 1 vol. 2 fr. 50

II. *L'Éclairage au gaz, aux huiles et aux acides gras*. 1 vol......... 2 fr. 50

LEFÈVRE (J.). — **La Liquéfaction des gaz et ses applications**, par Julien LEFÈVRE. Paris, 1899. 1 vol. petit in-8° de l'*Encyclopédie des Aide-Mémoire*........ 2 fr. 50

LONDE. — **La Photographie moderne.** — Traité pratique de la photographie et de ses applications à l'industrie et à la science, par Albert LONDE, directeur du Service photographique de la Salpêtrière. 2° édition, complètement refondue et considérablement augmentée. Paris, 1896. 1 vol. in-8° avec 351 fig. et 5 planches, relié toile. 15 fr.

LOPPÉ. — **Accumulateurs électriques**, par F. LOPPÉ, ingénieur des Arts et Manufactures. Paris, 1896. 1 vol. petit in-8° de l'*Encyclopédie des Aide-Mémoire*. 2 fr. 50

LOPPÉ. — **Les transformateurs de tension à courants alternatifs**, par F. LOPPÉ, ingénieur des Arts et Manufactures. Paris, 1897. 1 vol. petit in-8° de l'*Encyclopédie des Aide-Mémoire* .... 2 fr. 50

MACÉ DE LÉPINAY. — Voir VACQUANT et MACÉ DE LÉPINAY.

MARGERIE. — **Algèbre numérale**, par G. MARGERIE, professeur à l'école Monge. Paris, 1883. 1 volume in-18........ 2 fr.

MARGERIE et RACINE. — **Traité de géométrie descriptive**, à *l'usage des classes de mathématiques élémentaires et des candidats aux écoles du gouvernement*, par MM. MARGERIE et RACINE, professeurs à l'école Monge. Paris, 1883. 1 volume gr. in-8° avec figures dans le texte, accompagné d'un atlas de 56 planches........ 10 fr.

MASCART. — **Traité d'optique**, par M. E. MASCART, membre de l'Institut, professeur au Collège de France. 3 vol. grand in-8° se vendant séparément :

Tome I : Systèmes optiques. Interférences. Vibrations. Diffraction. Polarisation. Double réfraction. Avec 199 figures dans le texte et 2 planches. Paris, 1889. 20 fr.

Tome II : Propriétés des cristaux. Polarisation rotatoire. Réflexion vitrée. Réflexion métallique. Réflexion cristalline. Polarisation chromatique. Avec 113 figures dans le texte et atlas cartonné contenant 2 belles planches sur cuivre dont une en couleur. Paris, 1891. 24 fr.

Tome III : Polarisation par diffraction. Propagation de la lumière. Photométrie. Réfractions atmosphériques. Propriétés optiques de l'air. Brouillards, nuages et pluies. Rôle des cristaux de glace. Réfraction et dispersion. Paris, 1893. 1 volume in-8° avec 83 figures................ 20 fr.

MASCART. — **Leçons sur l'électricité et le magnétisme**, de E. MASCART et J. JOUBERT. 2° édition entièrement refondue par E. MASCART, membre de l'Institut, professeur au Collège de France, directeur du Bureau central météorologique. 2 vol. grand in-8° avec figures...... 45 fr.

I. — *Phénomènes généraux et théorie*, Paris, 1897. 1 vol. gr. in-8° avec 130 fig. dans le texte.................. 25 fr.

II. — *Méthodes de mesure et applications.* Paris, 1897. 1 vol. gr. in-8° avec 160 fig. dans le texte.......... 25 fr.

MASCART. — **Traité d'électricité statique**, par M. MASCART, membre de l'Institut. Paris, 1876. 2 volumes gr. in-8°, avec 298 figures.................. 30 fr.

MAUDUIT. — **Précis d'algèbre**, par M. MAUDUIT, professeur au lycée Saint-Louis. 10ᵉ édition. Paris, 1895. 1 vol. in-18, cartonné toile............. 1 fr. 60

MAUDUIT. — **Précis d'arithmétique**, par M. MAUDUIT, professeur au lycée Saint-Louis. 8ᵉ édition, Paris, 1896. 1 vol. in-18, cartonné toile........... 1 fr. 40

MINEL. — **Introduction à l'électricité industrielle**, par M. P. MINEL, ingénieur des constructions navales.

I. *Potentiel. Flux de force. Grandeurs électriques. Deuxième édition.* Paris, 1899. 1 vol. petit in-8° de l'*Encyclopédie des Aide-Mémoire*.............. 2 fr. 50

II. *Courant magnétique. Induction. Machines.* Paris, 1893. 1 vol. petit in-8° de l'*Encyclopédie des Aide-Mémoire* 2 fr. 50

MINEL. — **Electricité appliquée à la marine**, par M. P. MINEL, ingénieur des constructions navales. Paris 1894. 1 vol. petit in-8° de l'*Encyclopédie des Aide-Mémoire*. 2 fr. 50

MINEL. — **Régularisation des machines électriques**. Paris, 1894. 1 vol. petit in-8° de l'*Encyclopédie des Aide-Mémoire* 2 fr. 50

MINET. — **Electro-métallurgie.** *Voie humide et voie sèche, phénomènes électrothermiques*, par Ad. MINET, ingénieur chimiste, directeur du Journal de l'Electrochimie. Paris, 1897. 1 vol. petit in-8° de l'*Encyclopédie des Aide-Mémoire*.. 2 fr. 50

MINET. — **Les Fours électriques et leurs applications**, par Ad. MINET. Paris, 1897. 1 vol. petit in-8° de l'*Encyclopédie des Aide-Mémoire*............ 2 fr. 50

MINET. — **Electrochimie.** *Production électrolytique des composés chimiques*, par AD. MINET. Paris, 1897. 1 vol. petit in-8° de l'*Encyclopédie des Aide-Mémoire*. 2 fr. 50

MINET. — **Théories de l'Electrolyse**, par AD. MINET. Paris 1898. 1 vol. petit in-8° de l'*Encyclopédie des Aide-Mémoire*. 2 fr. 50

MINET. — **Analyses électrolytiques**, par Ad. MINET. Paris, 1899. 1 vol. petit in-8°, de l'*Encyclopédie des Aide-Mémoire* 2 fr. 50

MOITESSIER. — **Éléments de physique médicale appliquée à la médecine et à la physiologie.** — *Optique*, par M. MOITESSIER, professeur à la Faculté de médecine de Montpellier. — Paris, 1879. 1 vol. in-18 diamant, avec figures dans le texte. Cartonné à l'anglaise, tranches rouges 7 fr. 50

MONCKHOVEN (D. van). — **Traité général de Photographie**, suivi d'un chapitre spécial sur le gélatino-bromure d'argent, par M. D. VAN MONCKHOVEN. 8ᵉ édition, entièrement refondue. Paris, 1889. 1 vol. gr. in-8°, avec planches et figures dans le texte... 16 fr.

MONCKHOVEN (D. van). — **Traité pratique de Photographie au charbon**. Paris, 1886. Brochure gr. in-8°, avec figures... 3 fr.

NEVEU. — **Précis d'Algèbre** à l'usage des classes de mathématiques élémentaires, de l'enseignement secondaire moderne, des candidats à l'Ecole de St-Cyr, par Henri NEVEU, professeur de mathématiques à l'école Lavoisier. 2ᵉ édition. Paris, 1897. 1 vol. in-8° avec fig. dans le texte.. 8 fr.

NIEWENGLOWSKI (G.-H.). — **Applications scientifiques de la photographie**, par G.-H. NIEWENGLOWSKI, directeur du journal *La Photographie*. Paris, 1895. 1 vol. petit in-8° de l'*Encyclopédie des Aide-mémoire*................. 2 fr. 50

NIEWENGLOWSKI. — **Applications de la photographie à l'industrie**, par G.-H. NIEWENGLOWSKI. Paris, 1899. 1 vol. petit in-8° de l'*Encyclopédie des Aide-Mémoire*. 2 fr. 50

NIEWENGLOWSKI. — **Application de la photographie aux arts industriels**, par G.-H. NIEWENGLOWSKI. Paris, 1899. 1 volume petit in-8° de l'*Encyclopédie des Aide-Mémoire*...................... 2 fr. 50

NIEWENGLOWSKI. — **Chimie des manipulations photographiques**, par G.-H. NIEWENGLOWSKI, préparateur de chimie à la Faculté des Sciences de Paris. 1899. 2 vol.

petit in-8° de l'*Encyclopédie des Aide-Mémoire*.
I. *Phototype négatif*, 1 vol.... 2 fr. 50
II. *Photocopies positives*, 1 vol. 2 fr. 50

ONIMUS. — **Guide pratique d'électrothérapie**, rédigé d'après les travaux et les leçons du Dr ONIMUS, lauréat de l'Institut, par M. BONNEFOY, 3e édition, revue et augmentée d'un chapitre sur l'*électricité statique*, par le Dr DANION. Paris, 1888. 1 vol. in-18 diamant, avec 119 figures, cartonné à l'anglaise, tranches rouges. 6 fr.

PÉCLET. — **Traité de la chaleur considérée dans ses applications**, par E. PÉCLET. 4e édition, publiée par A. HUDELO, répétiteur à l'École centrale. Paris, 1878. 3 volumes, très grand in-8°, d'ensemble 1,833 pages, avec 702 fig. dans le texte et 3 planches.................. 50 fr.

PELLETAN. — **Le Microscope, son emploi et ses applications**, par le Dr J. PELLETAN. Paris, 1876. 1 fort vol. gr. in-8°, avec 277 figures et 4 planches hors texte. Relié, tranches dorées, fers spéciaux..... 20 fr.

Photographie française (La). — Revue mensuelle illustrée des applications de la Photographie à la Science, à l'Art et à l'Industrie, directeur, LOUIS GASTINE, grand in-8°. Paris, 6 fr. 50. Départements, 7 fr. Union postale, 8 fr.

PICOU. — **La Distribution de l'électricité.** par R.-V. PICOU, ingénieur des Arts et Manufactures.
1. — *Installations isolées*. 2e édition. Paris 1898. 1 vol. petit in-8° de l'*Encyclopédie des Aide-Mémoire*......... 2 fr. 50
II. — *Usines centrales*. 2e édition. Paris, 1898. 1 vol. petit in-8° de l'*Encyclopédie des Aide-Mémoire*............... 2 fr. 50

PICOU. — **Canalisations électriques :** *lignes aériennes industrielles*, par R.-V. PICOU, ingénieur des Arts et Manufactures. Paris, 1898. 1 vol. petit in-8° de l'*Encyclopédie des Aide-Mémoire*............. 2 fr. 50

PICQUET (H.). — **Géométrie analytique, à deux dimensions**, à l'usage des candidats aux écoles du Gouvernement et aux grades universitaires, par M. H. PICQUET, capitaine du génie, répétiteur d'analyse à l'École polytechnique. Paris, 1882. 1 vol. gr. in-8°, avec 130 figures dans le texte..... 15 fr.

PLUMANDON. — **Traité pratique de prévision du temps**, par J.-R. PLUMANDON, météorologiste à l'Observatoire du Puy-de-Dôme. Paris, 1895. 1 vol. in-8°, avec figures et cartes en couleur...... 2 fr. »
Franco par poste.......... 2 fr. 50

ROUBAUDI. — **Cours de géométrie descriptive**, par C. ROUBAUDI, professeur de mathématiques au lycée de Belfort et de géométrie au lycée Carnot. Paris, 1897. 1 vol. in-8° avec 215 figures et 1 épure hors texte....................... 4 fr.

SALET. — **Traité élémentaire d'analyse spectrale**, par M. Georges SALET, maître de conférences à la Faculté des sciences de Paris. Paris, 1888. 1 vol. in-8° avec 180 figures et 6 planches, relié toile, avec biseaux................... 15 fr.

SCHEURER-KESTNER. — **Pouvoir calorifique des combustibles solides, liquides et gazeux**, par M. SCHEURER-KESTNER, 1 vol. in-16 avec figures dans le texte.... 5 fr.

SER. — **Traité de physique industrielle. Production et utilisation de la chaleur**, par M. SER, professeur à l'École centrale des Arts et Manufactures, 2 volumes grand in-8°...................... 45 fr.
Tome I. — Principes généraux, foyers, récepteurs de chaleur, cheminées, ventilateurs, etc. Thermo-dynamique. Paris, 1887. 1 très fort vol. gr. in-8° avec 362 figures
Le tome I n'est plus vendu séparément.
Tome II. — Chaudières à vapeur. Distillation. Évaporation et séchage. Désinfection. Chauffage et ventilation des lieux habités. Paris, 1891. 1 fort vol. in-8° avec 428 figures...................... 22 fr. 50
On vend séparément :
1er fascicule. — Chaudières à vapeur. Distillation. Évaporation et séchage. Désinfection....................... 12 fr.
2e fascicule. — Chauffage et ventilation des lieux habités................... 12 fr.

TISSANDIER. — **La Physique sans appareils et la Chimie sans laboratoire**, par Gaston TISSANDIER. 8e édition des *Récréations scientifiques*. Ouvrage couronné par l'Académie française. Paris, 1897. 1 vol. in-8° broché, 3 fr. Relié toile.... 4 fr.

TISSANDIER. — **Recettes et procédés utiles.** 5 volumes in-18 avec figures.

Chaque volume 2 fr. 25. Cartonné. 3 fr. Voir *Section IV*.

Tissot. — **Précis de Cosmographie,** par A. Tissot, ancien professeur de mathématiques au lycée Saint-Louis, 5ᵉ édition. Paris, 1896. 1 vol. in-16, avec 186 figures, cartonné toile.................... 3 fr.

Tissot (A.). — **Précis de géométrie descriptive,** suivi de *Notions sur le lever des Plans,* par M. A. Tissot. Nouvelle édition. Paris, 1893. 1 vol. in-18, avec figures. Cartonné toile.......... 1 fr. 20

Tissot. — **Leçons d'arithmétique,** par M. A. Tissot. 2ᵉ édition. Paris, 1877. 1 volume in-8°............................... 4 fr.

Vacquant et Macé de Lépinay. — **Géométrie élémentaire,** à *l'usage des classes de lettres,* par MM. Ch. Vacquant, inspecteur général de l'Instruction publique, et A. Macé de Lépinay, professeur de mathématiques spéciales au lycée Henri IV.

Géométrie plane, pour les classes de quatrième et de troisième. 10ᵉ édition. 1 vol. in-18 avec 241 figures. Cartonné toile........................ 1 fr. 75

Géométrie dans l'espace, pour les classes de seconde et de rhétorique. 8ᵉ édition. 1 vol. in-18 avec 150 figures. Cartonné toile........................ 1 fr. 50

Les deux parties réunies en 1 vol. cartonné toile..................... 3 fr.

Vacquant et Macé de Lépinay. — **Eléments de géométrie** à *l'usage des élèves de l'enseignement secondaire moderne.* Nouvelle édition.

1ʳᵉ partie (4ᵉ et 3ᵉ), 9ᵉ édition. Paris, 1900. 1 vol. in-18, cartonné toile bleue. 2 fr. 50

2ᵉ partie (2ᵉ et 1ʳᵉ). 8ᵉ édition, Paris, 1899. 1 vol. in-18, cartonné toile bleue. 2 fr. 50

Les deux parties réunies en un volume contenant toutes les matières du programme de la classe de mathématiques élémentaires. 1 volume in-18, cartonné toile bleue...................... 4 fr. 50

Vacquant et A. Macé de Lépinay. — **Cours de géométrie élémentaire,** à l'usage des élèves de mathématiques élémentaires, avec des compléments destinés aux candidats à l'Ecole normale et à l'École polytechnique. 5ᵉ édition. Paris, 1896. 1 vol. in-8° avec 364 figures....................... 8 fr.

Vacquant. — **Précis de trigonométrie,** par M. Vacquant. 8ᵉ édition, conforme aux nouveaux programmes. Paris, 1894. 1 vol. in-18. Cartonné toile.......... 1 fr. 80

Vacquant et Macé de Lépinay. — **Eléments de trigonométrie** à *l'usage des élèves de l'enseignement secondaire moderne, conformes aux programmes du 15 juin 1891.* (Classes de seconde moderne et de première sciences). 2ᵉ édition. Paris, 1900. 1 vol. in-16, avec figures, cartonné toile........................... 2 fr. 80

Vacquant et Macé de Lépinay. — **Cours de trigonométrie.** Nouvelle édition.

1ʳᵉ partie, à l'usage des élèves de *mathématiques élémentaires,* et des candidats aux *écoles du gouvernement.* 1 volume in-8°................................ 3 fr.

2ᵉ partie (compléments), à l'usage des élèves de *mathématiques spéciales.* 2 fr. 50

Les 2 parties réunies en 1 volume. 5 fr.

Verdet. — **Œuvres complètes.** 1868-1872. 9 volumes grand in-8°, quelques exemplaires........................ 120 fr.

Violle. — **Cours de physique,** par J. Violle, maître de conférences à l'École normale supérieure:

Tome Iᵉʳ. — *Physique moléculaire.* Paris, 1883-1884. 1 vol. gr. in-8° publié en 2 parties avec figures dans le texte........ 28 fr.

Tome II. — *Acoustique et Optique.* — 1ʳᵉ partie : *Acoustique.* Paris, 1892. 1 vol. gr. in-8° avec 163 figures............ 9 fr.

2ᵉ partie : *Optique géométrique.* Paris, 1892. 1 vol. gr. in-8° avec 276 fig. 10 fr.

Viry. — **Cours de mécanique** pure et appliquée, professé à l'École normale spéciale de Cluny, par M. Ch. Viry. Paris, 1870. 4 vol. in-4°, avec figures......... 30 fr.

Wallon. — **Choix et usage des objectifs photographiques,** par E. Wallon. 1 vol. petit in-8° de *l'Encyclopédie des Aide-Mémoire.*..................... 2 fr. 50

Weiller et Vivarez. — **Traité général des lignes et transmissions électriques,** par Lazare Weiller, ingénieur-constructeur, et Henry Vivarez, ancien élève de l'École polytechnique. Paris, 1892. 1 fort vol. gr. in-8° avec 473 figures............. 18 fr.

VI

AGRICULTURE. — HORTICULTURE. — VITICULTURE
SCIENCES AGRONOMIQUES

Almanach de l'Agriculture, publié avec le concours des principaux collaborateurs du *Journal de l'Agriculture*, de 1866 à 1885, par J.-A. BARRAL, et continué depuis 1886 par Henry SAGNIER, rédacteur en chef du *Journal de l'Agriculture*. — Chaque année 1 volume petit in-18, avec nombreuses figures dans le texte.................. 0 fr. 50

ANDRÉ. — **L'Art des jardins.** *Traité général de la composition des parcs et des jardins*, par Édouard ANDRÉ, architecte-paysagiste, 1 volume très grand in-8° avec 520 figures, relié toile.................. 35 fr.
Relié amateur, avec coins...... 40 fr.

Annales agronomiques, publiées depuis 1875 sous les auspices du ministère de l'Agriculture et du Commerce (Direction de l'agriculture), par M. P.-P. DEHÉRAIN, professeur de physiologie végétale au Muséum d'histoire naturelle et de chimie agricole à l'Ecole d'agriculture de Grignon.
Les *Annales agronomiques* paraissent le 25 de chaque mois.
Chaque année, un volume in-8°.. 18 fr.
Abonnement annuel : France 18 francs. Union postale................... 21 fr.
Voir la section des Publications périodiques.

BALTET. — **L'Art de Greffer.** *Arbres et arbustes fruitiers. Arbres forestiers ou d'ornement. Reconstitution du vignoble*, par Charles BALTET, horticulteur à Troyes. 6° édition entièrement refondue, avec 202 figures dans le texte. Paris, 1898. 1 vol. in-12...................... 4 fr.

BALTET. — **Traité de la culture fruitière, commerciale et bourgeoise**, par M. CH. BALTET, horticulteur à Troyes. 2° édition. Paris, 1889. 1 volume in-18, avec 350 figures............................ 6 fr.

BALTET. — **L'Horticulture dans les cinq parties du monde**, par M. Ch. BALTET.

Paris, 1895. 1 fort volume grand in 8°............................. 15 fr.

BARBET. — **Les Appareils de distillation et de rectification**, par Emile BARBET, ingénieur des arts et manufactures. Paris, 1890. 1 vol. gr. in-8°, avec figures...... 5 fr.

BAUDRY et JOURDIER. — **Catéchisme d'agriculture**, par MM. BAUDRY et JOURDIER. 9° édition, revue et corrigée. Paris, 1894. 1 vol. in-18, avec 89 figures........ 1 fr.
Cartonné toile................ 1 fr. 50

BERNARD. — **Les systèmes de cultures.** *Les spéculations agricoles*, par François BERNARD, professeur d'économie rurale à l'Ecole nationale d'agriculture de Montpellier. 1898. 1 vol. in-8"......... 4 fr.
Franco....................... 4 fr. 60

BERNE. — **Manuel d'arboriculture fruitière**, par A. BERNE, jardinier en chef de l'Ecole nationale d'agriculture de Montpellier. 1898. 1 vol. in-8° avec 147 figures... 5 fr.
franco....................... 5 fr. 50

BERTHAULT. — **Les prairies**, par F. BERTHAULT, professeur à l'Ecole nationale d'agriculture de Grignon. Paris, 1897-1898. 3 vol. petit in-8° de l'*Encyclopédie des Aide-Mémoire*.

I. — *Prairies naturelles; prairies de fauche*. 1 vol.................. 2 fr. 50
II. — *Prairies naturelles. Herbages*. 1 vol......................... 2 fr 50
III. — *Prairies naturelles : pâturages, feuillages, ramilles*. 1 vol....... 2 fr. 50

BERTHELOT. — **Chimie végétale et agricole.** *Station de Chimie végétale de Meudon* (1883-1899), par M. BERTHELOT, secrétaire perpétuel de l'Académie des sciences. Paris, 1899. 4 vol. in-8° avec figures.......... 36 fr.

BLOUDEAU. — **La Culture selon la science**, échos du champ d'expériences de Vincennes, par Henri BLOUDEAU. 2ᵉ édition. Paris, 1891. 1 volume in-18........ 2 fr.

BOUTRON et F. BOUDET. — **Hydrotimétrie**. Nouvelle méthode pour déterminer les proportions des matières minérales en dissolution dans les eaux de sources et de rivières. 9ᵉ édition. Paris, 1893. 1 volume grand in-8°...................... 3 fr.

CAILLE. — **Les Engrais** : *Le fumier de ferme et les engrais chimiques*, par Louis CAILLE. Montpellier, 1897. 1 vol. petit in-8° 2 fr. 50
Franco...................... 2 fr. 85

CAZALIS. — **Traité pratique de l'art de faire le vin**, par le Dʳ Frédéric CAZALIS, directeur du *Messager agricole*, président de la Société centrale d'agriculture de l'Hérault. *Deuxième édition*. Montpellier, 1899. 1 vol. in-16, avec 68 figures dans le texte. 6 fr.
Franco.................... 6 fr. 65

Code pratique des lois rurales. — Voyez PAISANT et PIDANCET.

COMTE (Achille). — **Notions sanitaires sur les végétaux dangereux**, par M. Achille COMTE. 3 planches de près d'un mètre carré chacune, et contenant environ 100 figures coloriées avec soin. Pl. I. Champignons comestibles ; pl. II. Champignons dangereux ; pl. III. Plantes vénéneuses. Avec texte explicatif. In-4°......... 9 fr.

Congrès internationaux d'Agriculture. — Congrès tenu à Paris en 1889, sous la présidence de M. Jules MÉLINE, Présid. de la Chambre des députés. Un fort vol. in-8° de près de 1000 pages..... 10 fr.
— Congrès tenu à La Haye, en 1891. 2 vol. en un. 1 volume in-8°............. 10 fr.

Congrès viticole de Lyon. Compte rendu *in extenso* des séances (1ᵉʳ-2 septembre 1898) et de l'inauguration du monument Victor Pulliat. Montpellier, 1898, 1 vol. in-16, 2 fr. 50 *franco*............ 2 fr. 85

CORNEVIN. — **De la Production du lait**, par C. CORNEVIN, professeur à l'École vétérinaire de Lyon, membre correspondant de la Société nationale d'agriculture. Paris, 1893. 1 vol. petit in-8° de l'*Encyclopédie des Aide-Mémoire*............. 2 fr. 50

COSTE-FLORET. — **Les travaux du vignoble** : *plantations, culture, engrais, défense contre les insectes et les maladies de la vigne*, par P. COSTE-FLORET, ingénieur des arts et manufacture, propriétaire-viticulteur. Montpellier, 1898. 1 vol. in-8° avec 140 figures.................. 6 fr. franco 6 fr. 60

COSTE-FLORET. — **La Culture intensive de la vigne**, *procédés ordinaires, vignes palissées, taille de quarante*, par COSTE-FLORET. Montpellier, 1898. 1 vol. in-8° avec 52 figures dans le texte.. .. 1 fr. 50
Franco...................... 1 fr. 75

COSTE-FLORET. — **Procédés modernes de vinification**, par P. COSTE-FLORET, ingénieur des Arts et Manufactures, propriétaire-viticulteur.
I. *Vins rouges. Deuxième édition* entièrement refondue et considérablement augmentée. Montpellier, 1899. 1 volume in-16, avec 138 figures dans le texte. 6 fr. »
franco.................... 6 fr. 65
II. *Vinification des vins blancs* Montpellier, 1895. 1 vol. in-8° avec 36 fig.. 5 fr.
franco.................... 5 fr. 50

COULET. — **Le Mouvement syndical et coopératif dans l'Agriculture française**. *La Fédération agricole*, par Élie COULET, avocat, docteur en droit. Montpellier, 1898. 1 vol. grand in-8°, 5 fr.
franco...................... 5 fr. 60

COURTOIS-GÉRARD. — **Culture des fleurs dans les petits jardins, sur les fenêtres et dans les appartements**. Nouvelle édition. 1 vol. in-16, avec 15 figures....... 1 fr.

DEHÉRAIN. — **Traité de chimie agricole**. *Développement des végétaux*. — *Terre arable*. — *Amendements et engrais*, par M.-P. DEHÉRAIN, membre de l'Institut, professeur au Muséum d'histoire naturelle et à l'École d'agriculture de Grignon. Paris, 1892. 1 vol. gr. in-8°, avec figures. 16 fr.

DEHÉRAIN. — Voyez **Annales agronomiques**.
Voir *la Section des Publications périodiques*.

DESMOULINS. — **Procédés de conservation des produits et denrées agricoles**, par A. DESMOULINS, chimiste-préparateur au laboratoire agronomique de Blois. Paris, 1896. 1 vol. petit in-8° de l'*Encyclopédie des Aide-Mémoire*............. 2 fr. 50

Du Breuil. — **Instruction élémentaire sur la conduite des arbres fruitiers.** Greffe, — taille, — restauration des arbres mal taillés ou épuisés par la vieillesse, — culture, — récolte et conservation des fruits, par M. A. Du Breuil, professeur d'arboriculture de la Ville de Paris. Ouvrage destiné aux jardiniers, aux élèves des Fermes-Ecoles et des Écoles normales primaires, 13e édition. 1 vol. in-18, avec 207 figures.................... 2 fr. 50

Du Breuil. — **Principes généraux d'arboriculture.** Anatomie et physiologie végétales, agents de la végétation, pépinières, greffes, par M. A. Du Breuil. Nouvelle édition. Paris, 1895. 1 vol. in-18, avec 175 figures dans le texte et une carte coloriée....................... 3 fr. 50

Du Breuil. — **Arbres et arbrisseaux à fruits de table,** par M. A. Du Breuil. 1 vol. in-18, avec 555 figures dans le texte et planches gravées......... 8 fr.

Dunckelberg. — **De la création des prairies irriguées,** principes économiques et techniques, suivis d'un appendice sur le drainage et l'irrigation par le drainage, par le professeur Dunckelberg, de Wiesbaden. Traduit de l'allemand par M. Cochard. Paris, 1869. 1 vol. grand in-8°, avec figures dans le texte et cartes coloriées.... 5 fr.

Dybowski (Jean). — **Traité de culture potagère** (petite et grande culture), par J. Dybowski, professeur à l'Institut national agronomique, ancien maître de conférences d'horticulture à l'École nationale d'agriculture de Grignon. 2e édition. Paris, 1895. 1 vol. in-18, avec figures dans le texte. 5 fr.

Ferrouillat et Charvet. — **Les Celliers :** construction et matériel vinicole, avec la description des principaux celliers du Midi, du Bordelais, de la Bourgogne et de l'Algérie, par P. Ferrouillat, professeur de Génie rural, et Charvet, répétiteur de Génie rural à l'Ecole nationale d'agriculture de Montpellier, 1896. 1 vol. gr. in-8° avec 108 figures dans le texte et 46 planches hors texte..... 18 fr., franco 19 fr. 50

Foex. — **Manuel pratique de viticulture pour la reconstitution des vignobles méridionaux:** vignes américaines, submersion, plantation dans les sables. 6e édition, revue et considérablement augmentée, par G. Foex, directeur de l'Ecole nationale d'agriculture de Montpellier, 1899. 1 vol. in-12 avec 90 fig. dans le texte....... 4 fr. franco 4 fr. 60

Foex. — **Cours complet de viticulture,** par G. Foex. 4e édition, revue et considérablement augmentée. Montpellier, 1895. 1 vol. in-8° de 1124 pages avec 6 cartes en chromo et 597 figures.... 20 fr. franco 22 fr. 25

Fritsch et Guillemin. — **Traité de la distillation des produits agricoles et industriels,** par MM. J. Fritsch, secrétaire de la rédaction du journal la Distillerie Française, et E. Guillemin, chimiste. Paris, 1890. 1 vol. in-8°, avec 80 figures dans le texte..................... 8 fr.

Garola. — **L'Alimentation des animaux de la ferme,** par M. C.-V. Garola. Paris, 1876. 1 vol. in-18, avec nombreux tableaux et figures dans le texte et 1 planche.. 3 fr.

Girardin et Dubreuil. — **Traité élémentaire d'agriculture,** par J. Girardin, membre correspondant de l'Institut, et A. Dubreuil, chargé de cours au Conservatoire des arts et métiers. 4e édition. Paris, 1885. 2 vol. in-18, avec 995 figures..... 16 fr.

Gossin. — **L'Agriculture française.** Principes d'agriculture appliqués aux diverses parties de la France, par Louis Gossin, cultivateur, professeur d'agriculture du département de l'Oise et de l'Institut agricole de Beauvais. 3e édition. Paris, 1874. 1 vol. gr. in-8°, avec 600 figures... 30 fr.

Guyot. — **Étude des vignobles de France,** pour servir à l'enseignement mutuel de la viticulture et de la vinification françaises, par le Dr Jules Guyot. Seconde édition, augmentée de quatre tables alphabétiques, rédigées par M. Coignet. Paris, 1876. 3 vol. in-8°, avec 974 figures dans le texte et 1 carte viticole de la France.... 30 fr.

Houdaille. — **Le Soleil et l'Agriculteur,** avec un appendice sur la Lune et les influences lunaires. — Météorologie agricole, par F. Houdaille, professeur de physique à l'École nationale d'Agriculture de Montpellier. 1893. 1 vol. in-18. 4 fr. 50 Franco...................... 5 fr.

Houdaille. — **Météorologie agricole,** par F. Houdaille. Paris, 1895. 1 vol. petit in-8° de l'*Encyclopédie des Aide-Mémoire*........................ 2 fr. 50

JOIGNEAUX. — **Le Livre de la ferme et des maisons de campagne**, publié sous la direction de M. P. JOIGNEAUX, par une réunion d'agronomes. Nouvelle édition entièrement refondue. Nouveau tirage. Paris, 1897. 2 vol. gr. in-8°, avec 1,829 figures dans le texte.................................... 32 fr.
Reliure demi-chagrin, plats toile.. 40 fr.

Journal de l'Agriculture, de la ferme et des maisons de campagne, de l'économie rurale et de l'horticulture, fondé par M. J. A. BARRAL. Rédacteur en chef: Henry SAGNIER, 1866 à 1897, 72 vol. in-8° 310 fr.

A partir de 1885, chaque année (deux volumes)......................... 20 fr.

Le *Journal de l'agriculture* paraît le samedi de chaque semaine. Il forme, chaque année, deux volumes grand in-8° de 1048 pages, avec nombreuses figures dans le texte.

Prix de l'abonnement annuel :

Paris et départements............ 20 fr.
Union postale .... 22 fr.

KAYSER. — **Les Levures** : *Caractères morphologiques et physiologiques. Applications des levures sélectionnées*, par Ed. KAYSER, chef des travaux de fermentation à l'Institut national agronomique. Paris, 1896. 1 vol. petit in-8° de l'*Encyclopédie des Aide-Mémoire*................... 2 fr. 50

KERCHOVE DE DENTERGHEM (O. de). — **Le Livre des Orchidées**, par le comte O. de KERCHOVE DE DENTERGHEM, président de la Société royale d'Agriculture et de Botanique de Gand. Paris, 1894. 1 fort volume gr. in-8° avec 310 figures et 31 planches en chromolithographie........ 30 fr.

KOLTZ. — **Traité de pisciculture pratique**, ou des procédés de multiplication et d'incubation naturelle ou artificielle des poissons d'eau douce, par M. KOLTZ. 4e édition. Paris, 1883. 1 vol. in-18, avec de nombreuses figures................. 2 fr. 50

LARBALÉTRIER. — **Les Tourteaux de graines oléagineuses comme aliments et engrais**, par Albert LARBALÉTRIER, professeur de chimie agricole de l'École d'Agriculture du Pas-de-Calais. 1 vol. petit in-8° de l'*Encyclopédie des Aide-Mémoire*... 2 fr. 50

LARBALÉTRIER. — **Les Résidus industriels employés comme engrais**, par Alb. LARBALÉTRIER. Paris, 1896. 2 vol. petit in-8° de l'*Encyclopédie des Aide-Mémoire*.

I. *Industries minérales et animales*. 1 vol.............................. 2 fr. 50

II. *Industries végétales*. 1 vol.. 2 fr. 50

LARBALÉTRIER.—**Le beurre et la margarine**, par Alb. LARBALÉTRIER. Paris, 1899. 1 vol. petit in-8° de l'*Encyclopédie des Aide-Mémoire*......................... 2 fr. 50

LECLAINCHE. — **Précis de pathologie vétérinaire**, par M. LECLAINCHE, préparateur à l'École vétérinaire d'Alfort. Paris, 1891. 1 vol. in-18 cartonné toile anglaise, tranches rouges..................... 5 fr.

LECLAINCHE. — Voir NOCARD et LECLAINCHE.

LEMOINE.— **Élevage des animaux de basse-cour**, par M. Er. LEMOINE. 3e édition. Paris, 1893. 1 volume in-18, avec nombreuses figures dans le texte.... 2 fr. 50

LE PLAY. — **La Carpe**. *Nouveaux procédés d'élevage et d'aménagement des étangs, par le système de DUBISCH*, par le Dr Albert LE PLAY, agriculteur à Libourne, membre de la Société nationale d'agriculture. Paris, 1889. 1 volume in-18............... 2 fr.

LEROUX. — **Cours d'Agriculture**, *à l'usage des élèves des collèges, écoles normales primaires, écoles primaires supérieures et cours complémentaires des écoles primaires*, par Eug. LEROUX, professeur d'agriculture. Ouvrage honoré d'une souscription du ministère de l'Agriculture. Paris, 1896. 1 vol. in-16 cartonné toile, avec 272 figures........................ 4 fr.

L'HÔTE. — **Analyse des Engrais**, par L. L'HÔTE, chimiste-expert près les tribunaux. Paris, 1895. 1 vol. petit in-8° de l'*Encyclopédie des Aide-Mémoire* 2 fr. 50

LINDET. — **La Bière**, par M. L. LINDET, professeur à l'Institut agronomique. Paris, 1892. 1 vol. petit in-8° de l'*Encyclopédie des Aide-Mémoire*.................. 2 fr. 50

LOEVI. — **La vinification en Oranie**, par Georges LOEVI. Montpellier, 1899. 1 vol. in-8° avec 55 fig. dans le texte...... 5 fr.
Franco........................... 5 fr. 60

LOUBIÉ. — **Les Essences forestières**, par Henri LOUBIÉ, secrétaire de la bibliothèque de la Société des Agriculteurs de France, professeur de sciences naturelles à l'Association polytechnique. Paris, 1897. 2 vol. petit in-8° de l'*Encyclopédie des Aide-Mémoire*.

   I. *Essences feuillues*. 1 vol.... 2 fr. 50
   II. *Essences résineuses*. 1 vol.. 2 fr. 50

LOVERDO (de). — **Le Ver à soie; son élevage; son cocon**, par Jean de LOVERDO, ingénieur agronome, ancien élève des Ecoles d'Agriculture de Montpellier, de Milan et de Zurich. Paris, 1876. 1 volume petit in-8° de l'*Encyclopédie des Aide-Mémoire*.................. 2 fr. 50

MAGNIER DE LA SOURCE. — **Analyse des vins**, par le Dr L. MAGNIER DE LA SOURCE, expert-chimiste. Paris, 1892. 1 vol. petit in-8°, de l'*Encyclopédie des Aide-Mémoire*. 2 fr. 50

MALPEAUX. — **Culture de la pomme de terre potagère, fourragère et industrielle**, par L. MALPEAUX, professeur à l'Ecole d'agriculture du Pas-de-Calais. Paris, 1898. 1 vol. petit in-8° de l'*Encyclopédie des Aide-Mémoire*........ 2 fr. 50

MARÈS. — **Description des cépages principaux de la région méditerranéenne de la France**, par Henri MARÈS, membre correspondant de l'Institut, membre de la Société nationale d'Agriculture de France, secrétaire perpétuel de la Société centrale d'Agriculture de l'Hérault. Montpellier, 1891. 1 vol. in-f° carré (44 c. sur 56 c.), de 30 pl. en chromolithographie, et de 120 pages de texte (publié en trois livraisons).... 75 fr.
Reliure toile pleine .... 10 fr.

MAS. — **Le Verger**, par M. MAS. Paris, 1873. 8 vol. grand in-8°, avec planches en couleur.

   Tome I. Poires d'hiver. — Tome II. Poires d'été. — Tome III. Poires d'automne. Tomes IV et V. Pommes tardives et pommes précoces. — Tome VI. Prunes. — Tome VII. Pêches. — Tome VIII. Cerises et Abricots.

   Quelques rares exemplaires reliés à. 200 fr.

MAS. — **Pomologie générale**, par M. MAS. — Suite de la publication *Le Verger*, 12 vol. gr. in-8°, renfermant environ 600 planches noires, représentant chac. 2 fruits.

   Tome I. Poires. — Tome II. Prunes. — Tomes III à VII. Poires. — Tomes VIII, IX et X. Pommes. — Tome XI. Cerises, Framboises, Groseilles, Cassis, Abricots. — Tome XII. Prunes et Pêches.
   Prix de ces 12 volumes........ 96 fr.

MAS et PULLIAT. — **Le vignoble, ou histoire, culture et description, avec planches coloriées, des vignes à raisins de table et à raisins de cuve les plus généralement connues**. Paris. (1874 à 1879). 3 volumes gr. in-8° avec 96 pl. coloriées.... 200 fr.

MAYET. — **Les Insectes de la vigne et les moyens de les combattre**, par Valéry MAYET, professeur à l'Ecole nationale d'agriculture de Montpellier, 1889. 1 vol. avec 4 planches hors texte et nombreuses figures dans le texte............. 10 fr. franco 11 fr.

MAZADE. — **Guide pour faciliter la reconnaissance de quelques cépages**, à l'usage des élèves des Ecoles d'agriculture, par Marcel MAZADE, sous-directeur du laboratoire des recherches viticoles à l'Ecole nationale d'agriculture de Montpellier. 1898. 1 vol. in-8° avec 42 figures...... 2 fr. »
Franco............ .... 2 fr. 25

MILLARDET. — **Histoire des principales variétés et espèces de vignes d'origine américaine qui résistent au phylloxera**, par A. MILLARDET, professeur à la Faculté des sciences de Bordeaux. Montpellier, 1885. 1 vol. in-4° avec 24 planches..... 25 fr.

MONDENARD (DE). — **Traité pratique des greffes aériennes de la vigne**, par A. DE MONDENARD, délégué général du ministère de l'Agriculture. Montpellier, 1898. 1 vol. in-8° avec 15 figures dans le texte. 2 fr. »
Franco...................... 2 fr. 25

MOUILLEFERT. — **Culture de la vigne en serre. Construction et chauffage des serres; récolte, emballage et conservation des raisins**, par P. MOUILLEFERT, professeur à l'école de Grignon. 1897, 1 vol. in-8°, avec 70 figures et une planche........ 2 fr. 75
Franco...................... 3 fr.

NOCARD et LECLAINCHE. — **Les Maladies microbiennes des animaux**, par M. NOCARD, professeur à l'Ecole vétérinaire d'Alfort, membre de l'Académie de médecine, et M. LECLAINCHE, professeur à l'Ecole vétérinaire de Toulouse. 2° édition, entièrement refondue. Paris, 1898. 1 vol. gr. in-8° 16 fr.

PAGÈS. — **Hygiène des Animaux domestiques dans la production du lait**, par M. PAGÈS, vétérinaire sanitaire de Paris et du département de la Seine. Paris, 1896. 1 vol. in-16............................ 3 fr.

PAISANT et PIDANCET. — **Code pratique des lois rurales**, suivi d'un répertoire analytique, par Alfred PAISANT, président du Tribunal civil de Versailles, et M. Henri PIDANCET, avocat à la Cour d'appel de Paris. Paris, 1891. 1 vol. petit in-8°, relié toile anglaise........................ 3 fr.

PAMART. — **Notions d'agriculture et d'horticulture** à l'usage du cours moyen et du cours supérieur des écoles primaires, par E. PAMART, professeur d'agriculture et de sciences naturelles à l'École normale de Douai. 4° édition. Paris, 1899. 1 vol. in-16, avec 176 fig. dans le texte. Cart. 1 fr. 25

PASSY (Louis). — **Mélanges scientifiques et littéraires**, par Louis PASSY, secrétaire perpétuel de la Société d'Agriculture. *Troisième série*. 1 vol. in-8°...... 6 fr.

PELIGOT. — **Traité de chimie analytique appliquée à l'agriculture**, par M. EUG. PELIGOT, membre de l'Institut et de la Société nationale d'Agriculture, professeur à l'Institut national agronomique. Paris, 1883. 1 vol. in-8°, avec 43 fig. dans le texte. 10 fr.

PERRAUD. — **La taille de la vigne**. Etude comparée des divers systèmes de taille, par JOSEPH PERRAUD, professeur de viticulture à Villefranche. Montpellier, 1896. 1 vol. in-8° avec 275 figures dans le texte....................... 4 fr. 50
Franco........................... 5 fr. »

POITEVIN. — **L'Ami du pêcheur**. Traité pratique de la pêche à toutes les lignes, ouvrage comprenant la jurisprudence en matière de pêche, par M. POITEVIN. Sixième édition. Paris, 1894. 1 vol. in-18, avec 98 gravures et 4 planches hors texte. 3 fr. 50

PLUMANDON. — **Traité pratique de prévision du temps**, par J. R. PLUMANDON, météorologiste de l'observatoire du Puy-de-Dôme. Paris, 1895. 1 vol. in-8° avec figures et cartes en couleurs, cartonné.... 2 fr.
franco............................. 2 fr. 50

PULLIAT. — **Mille variétés de vignes, description et synonymies**, par V. PULLIAT, professeur de viticulture à l'Institut national agronomique. 3° édition, Montpellier, 1888. 1 vol. in-12... 4 fr. franco 4 fr. 50

PULLIAT. — **Les Raisins précoces pour le vin et la table**, par V. PULLIAT. Montpellier, 1897. 1 vol. in-4° avec 26 planches hors texte...................... 7 fr. »
Franco........................... 7 fr. 75

PULLIAT. — **Les vignobles d'Algérie**. 1898. 1 vol. in-8°...... 2 fr. 50 franco 2 fr. 75

RAVAZ. — **Reconstitution du vignoble**, par L. RAVAZ, directeur de la station vinicole de Cognac. Paris, 1896. 1 volume petit in-8° de l'*Encyclopédie des Aide-Mémoire* .... 2 fr. 50

RENDU (Victor). — **Ampélographie française ou Traité de la vigne**, comprenant la statistique, la description des meilleurs cépages, l'analyse chimique du sol et les procédés de culture et de vinification des principaux vignobles de la France, par M. Victor RENDU, inspecteur général de l'agriculture. Paris, 1857. 1 vol. de texte in-folio et un atlas de 70 planches magnifiquement coloriées............. 200 fr.

Le même ouvrage (texte seul), 1 beau volume grand in-8°, avec une carte. 6 fr.

REY. — **Traité de Jurisprudence vétérinaire**, contenant la législation sur les vices rédhibitoires et garantie dans les ventes et échanges d'animaux domestiques, par A. REY, professeur à l'École vétérinaire de Lyon. 2° édition. Paris, 1875. 1 volume grand in-8°..................... 2 fr. 50

RISSO et POITEAU. — **Histoire et culture des orangers**, par MM. RISSO et POITEAU. Nouvelle édition, entièrement revue et augmentée d'un chapitre sur la culture, par M. A. DU BREUIL. 1 vol. gr. in-4°, avec 110 planches tirées en couleur et retouchées au pinceau et 30 figures dans le texte, cartonné à l'anglaise avec écusson doré................ 130 fr.

ROCQUIGNY (DE). — **La Coopération de Production dans l'Agriculture**, Syndicats et Sociétés coopératives agricoles par le Comte de ROCQUIGNY. Paris, 1896, 1 vol. in-8°................................ 4 fr.

Roos. — **Industrie vinicole méridionale**, par L. Roos, directeur de la station œnologique de l'Hérault. Montpellier, 1897. 1 vol. in-8° avec 50 figures et 5 planches. 5 f. 50
Franco...................... 6 fr.

Roques. — **Atlas des champignons comestibles et vénéneux**, représentant les cent espèces ou variétés les plus répandues, avec un texte explicatif contenant la description détaillée de cent espèces, l'indication des lieux où elles croissent, leurs qualités alimentaires ou nuisibles, par J. Roques. Extrait de la 2ᵉ édition. Nouveau tirage. Paris, 1887. 1 atlas grand in-4° de 24 planches coloriées. Cartonné. 15 fr.

Rougier. — **Manuel pratique de vinification**, par L. Rougier. 3ᵉ édition corrigée et considérablement augmentée. Montpellier, 1894. 1 vol. in-12 avec 45 figures dans le texte............ 4 fr. franco 4 fr. 50

Rougier. — **Instructions pratiques sur la reconstitution des vignobles par les cépages américains**. 3ᵉ édition, revue et augmentée avec figures dans le texte. Montpellier, 1891. 1 vol. in-12. 3 fr. franco 3 fr. 50

Roux. — **La Fabrication de l'alcool**, par M. J.-Paul Roux. Brochures in-8° :

La Production du rhum. 1892.. 3 fr. »
Distillation des grains. 1888... 5 fr. »
Distillation du cidre. 1888..... 1 fr. 50
Distillation de la betterave. 1889 3 fr. »
Distillation des mélasses. 1890. 3 fr. »
Distillation des vins. 1889.... 1 fr. 50

Sagnier. — **Dans les champs**. Lectures pour les écoles rurales, par M. Henry Sagnier. Paris, 1882. 1 vol. in-18, avec 33 figures dans le texte......... 1 fr. 25

Sagnier. — Voyez **Almanach de l'Agriculture** et **Journal de l'Agriculture**.

Schloesing (fils). — **Notions de chimie agricole**, par M. Th. Schloesing fils, ingénieur des Manufactures de l'État. *Deuxième édition*. Paris, 1897. 1 vol. petit in-8° de l'*Encyclopédie des Aide-Mémoire*. 2 fr. 50

Sébastian. — **Les Vins de luxe**, *Manuel pratique pour la préparation des vins de liqueurs et des vins mousseux*, par Victor Sébastian, chimiste œnologue, délégué du ministère de l'Agriculture, avec une préface de M. Fernbach, docteur ès sciences. Montpellier, 1897. 1 vol in-8°. 5 fr. 50
franco..................... 6 fr.

Sébastian. — **Guide pratique du fabricant d'alcools et du distillateur liquoriste**. 1899. 1 vol. in-8° avec 107 fig...... 7 fr.
Franco................. 7 fr. 85

Sorel. — **La Rectification de l'alcool**, par Ernest Sorel, ancien ingénieur des manufactures de l'État, professeur suppléant au Conservatoire des Arts-et-Métiers. Paris, 1894. 1 volume petit in-8° de l'*Encyclopédie des Aide-Mémoire*........... 2 fr. 50

Sorel. — **La Distillation**, par Ernest Sorel. Paris, 1895. 1 vol. petit in-8° de l'*Encyclopédie des Aide-Mémoire*........ 2 fr. 50

Tochon. — **L'Art de faire le vin et de lui conserver ses qualités**, par P. Tochon, président de la Société d'agriculture de Chambéry. *Deuxième édition*. 1888. 1 vol. in-8°............ 2 fr. 50 franco 2 fr. 75

Viala. — **Les Maladies de la vigne**, par Pierre Viala, professeur de viticulture à l'Institut national agronomique (*couronné par l'Institut. Prix Desmazières*). 3ᵉ édition avec 290 figures dans le texte et 20 planches en chromolithographie. Montpellier, 1893. 1 vol. gr. in-8°.. 24 fr. franco 26 fr.

Viala. — **Une mission viticole en Amérique**. 1889. 1 vol. in-8° avec 8 planches en chromo et une carte......... 15 fr. franco 16 fr.

Viala. — **Monographie du pourridié des vignes et des arbres fruitiers**. 1891. 1 vol. gr. in-8° avec 7 planches. 8 fr. franco 8 f. 50

Viala et Ferrouillat. — **Manuel pratique pour le traitement des maladies de la vigne**. Montpellier, 1888. 1 vol. in-12 avec 1 planche en chromo et 65 figures dans le texte............. 2 fr. franco 2 fr. 25

Viger. — **Deux années au Ministère de l'Agriculture**. Discours et documents parlementaires, par M. Viger, ancien ministre. Paris, 1895. 1 vol. in-18. 3 fr. 50

Ville. — **La Production végétale et les engrais chimiques** (conférences de Vincennes), par M. GEORGES VILLE, professeur au Muséum. 3° édition. Paris, 1890. 1 vol. gr. in-8°, avec figures et tableaux...... 8 fr.

VILLE. — **L'École des engrais chimiques.** Premières notions sur l'emploi des agents de fertilité, par M. Georges VILLE. Paris, 1892. 1 vol. in-18.................. 1 fr.

VILLE. — **Le Propriétaire devant sa ferme délaissée** (conférences de Bruxelles), par M. G. VILLE. 4° édition. Paris, 1890. 1 vol. in-18....................... 2 fr.

VILLE. — **Les Engrais chimiques** (conférences de Bruxelles), par M. G. VILLE. 2° édition. Paris, 1890. 1 vol. in-18. 2 fr.

VILLE. — **Les Engrais chimiques.** Entretiens agricoles donnés au champ d'expériences de Vincennes, par M. G. VILLE :

I. *Les principes et la théorie.* Paris, 1890. 1 vol. in-18, avec tableaux..... 3 fr. 50

II. *Les cultures spéciales.* Paris, 1890. 1 vol. in-18, avec tableaux..... 3 fr. 50

III. *Le fumier et le bétail.* Paris, 1890. 1 volume in-18 .... 3 fr. 50

ZOLLA. — **Etudes d'Economie rurale,** par D. ZOLLA, professeur à l'Ecole de Grignon. Paris, 1896. 1 vol. in-8° .... 6 fr.

VII

TECHNOLOGIE — INDUSTRIE
SCIENCE DE L'INGÉNIEUR

ALHEILIG. — **Recette, conservation et travail des bois.** — Outils et machines-outils employés dans ce travail, par M. ALHEILIG, ingénieur de la marine. Paris, 1892. 1 volume petit in-8° de l'*Encyclopédie des Aide-Mémoire* .... 2 fr. 50

ALHEILIG. — **Cordages en chanvre et en fils métalliques**, par M. ALHEILIG, ingénieur de la marine. Paris, 1892. 1 volume petit in-8° de l'*Encyclopédie des Aide-Mémoire* .... 2 fr. 50

ALHEILIG. — **Construction et résistance des machines à vapeur**, par M. ALHEILIG, ingénieur de la marine. Paris, 1893. 1 vol. petit in-8° de l'*Encyclopédie des Aide-Mémoire* .... 2 fr. 50

Analyse chimique. — Pour les ouvrages d'analyse chimique, voir la section IV.
   CLASSEN. — **Analyse chimique**, 2 volumes .... 9 fr. 50
   DEFERT. — **Analyse qualitative**, in-18. Prix .... 2 fr. 50
   FRÉMY et TERREIL. — **Guide du chimiste**, in-8° .... 18 fr.
   FRESENIUS. — **Analyse qualitative**, in-8°, 7 fr., **quantitative**, in-8° ... 16 fr.
   MOHR et CLASSEN. — **Analyse chimique**, 1 vol. .... 22 fr. 50
   POZZI-ESCOT. — **Analyse chimique qualitative**, petit in-8° .... 2 fr. 50
   RIBAN. — **Analyse chimique quantitative par électrolyse** ....
   ROSE. — **Analyse chimique**, 2 volumes in-8° .... 24 fr.
   SILVA-ENGEL. — **Analyse chimique**, in-8° .... 8 fr.
   WINCKLER. — **Analyse des Gaz.** In-8°. 4 fr. 50

ARIÈS. — **Chaleur et énergie**, par E. ARIÈS, chef de bataillon du génie. Paris, 1896. 1 vol. petit in-8° de l'*Encyclopédie des Aide-Mémoire* .... 2 fr. 50

ARIÈS. — **Thermodynamique des systèmes homogènes** par le commandant ARIÈS. Paris 1897. 1 vol. petit-in-8° de l'*Encyclopédie des Aide-Mémoire* .... 2 fr. 50

BARBET. — **Les Appareils de distillation et de rectification**, par Émile BARBET, ingénieur des arts et manufactures. Paris, 1890. 1 vol. grand in-8°, avec figures ..... 5 fr.

BARDOLLE. — Voir *Vigreux* et *Bardolle*.

BARILLOT. — **La Distillation des bois**, par E. BARILLOT, expert chimiste près les tribunaux. Paris, 1896. 1 vol. petit in-8° de l'*Encyclopédie des Aide-Mémoire*. 2 fr. 50

BELLEMAIN. — **La Maison à construire et les rapports des architectes experts**, par A. BELLEMAIN, architecte expert près les tribunaux. Lyon, 1887. 1 volume in-18 de la *Bibliothèque scientifique judiciaire*, cartonné toile .... 3 fr. 50

BERTIN. — **Etat actuel de la marine de guerre**, par M. BERTIN, directeur des constructions navales. Paris, 1893. 1 vol. petit in-8° de l'*Encyclopédie des Aide-Mémoire* .... 2 fr. 50

BILLY (E. de). — **Fabrication de la fonte**, par E. de BILLY, ingénieur au corps des mines. Paris, 1894. 1 vol. petit in-8° de l'*Encyclopédie des Aide-Mémoire*. 2 fr. 50

BLOCH. — **Appareils producteurs d'eau sous pression**, par F. BLOCH, ingénieur des manufactures de l'État. Paris, 1894. 1 vol. petit in-8° de l'*Encyclopédie des Aide-Mémoire* .... 2 fr. 50

BOLLEY et KOPP. — **Traité des matières colorantes artificielles dérivées du goudron de houille**, traduit de l'allemand, par

VII. Technologie MASSON ET Cie

le Dr L. GAUTIER. 1874. 1 vol. grand in-8° avec 26 gravures dans le texte.... 10 fr.

BORNECQUE. — **Armement portatif des armées européennes**, par le commandant BORNECQUE. Paris, 1897. 1 vol. petit in-8° de l'*Encyclopédie des Aide-Mémoire* avec 40 figures dans le texte.......... 2 fr. 50

Bos et LAFFARGUE. — **La distribution d'énergie électrique en Allemagne**, par Charles Bos, député de la Seine, ancien conseiller municipal de Paris, ancien rapporteur des questions de distribution d'énergie électrique à l'Hôtel de ville, et J. LAFFARGUE, ingénieur-électricien, licencié ès sciences physiques, attaché au service municipal d'électricité de la ville de Paris. 1899. 1 beau volume, très grand in-8°, illustré de 203 planches et figures, avec de nombreux tableaux. Relié toile.... 22 fr.

BOURLET. — **Nouveau traité des bicycles et des bicyclettes**, par C. BOURLET, professeur au lycée St-Louis, docteur ès sciences. 2e édition. Paris, 1898. 2 vol. petit in-8° de l'*Encyclopédie des Aide-Mémoire*.
I. — *Equilibre et direction*.... 2 fr. 50
II. — *Le Travail*. 1 vol...... 2 fr. 50

BOURSAULT (H.). — **Calcul du temps de pose en photographie**, par HENRI BOURSAULT, chimiste de la Compagnie des chemins de fer du Nord. Paris, 1896. 1 vol. petit in-8°, de l'*Encyclopédie des Aide-Mémoire*. 2 fr. 50

BOUTRON et F. BOUDET. — **Hydrotimétrie**. Nouvelle méthode pour déterminer les proportions des matières minérales en dissolution dans les eaux de sources et de rivières. 9e édition. Paris, 1893. 1 volume grand in-8°................. 3 fr.

BRAULT. — **Histoire de la téléphonie et exploitation des téléphones en France et à l'étranger; Phonographe et Graphophone**, par M. Julien BRAULT, chargé du service des téléphones du Sénat, 2e édition. Paris, 1890. 1 volume petit in-8° illustré... 4 fr.

CASPARI. — **Les Chronomètres de marine**, par M. E. CASPARI, ingénieur hydrographe de la marine. Paris, 1894. 1 vol. petit in-8° de l'*Encyclopédie des Aide-Mémoire*.............. 2 fr. 50

CAUSTIER. — **Les Pigeons voyageurs et leur emploi à la guerre**, par Eugène CAUSTIER, agrégé des sciences naturelles. Paris, 1892. 1 vol. in-12 avec figures........ 1 fr. 50

CAZENEUVE. — **Répertoire analytique des matières colorantes artificielles**, par le Dr P. CAZENEUVE, professeur à la Faculté de médecine. Lyon, 1893. 1 volume in-18, reliure souple............... 5 fr.

CLAUDON (E.). — **Fabrication du vinaigre**, fondée sur les études de PASTEUR, contenant les procédés de fabrication. 1875. Grand in-8° avec planches......... 3 fr.

CORNEVIN (C.). — **De la production du lait**, par C. CORNEVIN, professeur à l'Ecole vétérinaire de Lyon. Paris, 1893. 1 vol. petit in-8° de l'*Encyclopédie des Aide-Mémoire*................... 2 fr. 50

CRONEAU. — **Canons, torpilles et cuirasses, leur installation à bord des bâtiments**, par M. A. CRONEAU, professeur à l'École d'application du génie maritime. Paris, 1892. 1 vol. petit in-8° de l'*Encyclopédie des Aide-Mémoire*.................... 2 fr. 50

CRONEAU. — **Construction du navire**, par M. A. CRONEAU. Paris, 1894. 1 vol. petit in-8° de l'*Encyclopédie des Aide-Mémoire*.................... 2 fr. 50

DARIÈS. — **Cubature des terrasses et mouvement des terres**, par G. DARIÈS, conducteur des Ponts et Chaussées. Paris, 1895. 1 vol. petit in-8° de l'*Encyclopédie des Aide-Mémoire*............. 2 fr. 50

DARIÈS. — **Calcul des conduites d'eau**, par G. DARIÈS. Paris, 1898. 1 vol. petit in-8° de l'*Encyclopédie des Aide-Mémoire*. 2 fr. 50

DARIÈS. — **Calcul des canaux et aqueducs**, par G. DARIÈS, conducteur au service des Eaux de Paris, licencié ès sciences. Paris, 1899. 1 vol. in-8° de l'*Encyclopédie des Aide-Mémoire*.................. 2 fr. 50

DUDEBOUT. — **Appareils d'essai des moteurs à vapeur; appareils d'avertissement**, par M. DUDEBOUT, sous-directeur de l'École du génie maritime. Paris, 1892. 1 vol. petit in-8° de l'*Encyclopédie des Aide-Mémoire*...................... 2 fr. 50

DUDEBOUT et CRONEAU. — **Appareils accessoires des chaudières à vapeur**, par MM. DUDEBOUT et CRONEAU, ingénieurs de la

Marine. Paris, 1895. 1 vol. petit in-8° de l'*Encyclopédie des Aide-Mémoire*... 2 fr. 50

Dufour. — **Tracé d'un chemin de fer**, par Albert Dufour, ingénieur civil. Paris, 1897. 1 vol. petit in-8° de l'*Encyclopédie des Aide-Mémoire*............ 2 fr. 50

Dumont. — **Electromoteurs, leurs applications**, par G. Dumont, ingénieur des Arts et Manufactures. Paris, 1897. 1 vol. petit in-8° de l'*Encyclopédie des Aide-Mémoire*................ 2 fr. 50

Dumont. — **Automobiles sur rails**, par G. Dumont, ingénieur des Arts et Manufactures. Paris, 1898. 1 vol. petit in-8° de l'*Encyclopédie des Aide-Mémoire*.... 2 fr. 50

Duquesnay. — **Résistance des matériaux**, par M. Duquesnay, directeur des Manufactures de l'État. 2° édition. Paris, 1897. 1 vol. petit in-8° de l'*Encyclopédie des Aide-Mémoire*................ 2 fr. 50

Dwelshauvers-Dery. — **Étude expérimentale calorimétrique de la machine à vapeur**, par M. Dwelshauvers-Dery, ingénieur, professeur à l'Université de Liège. Paris, 1892. 1 vol. petit in-8° de l'*Encyclopédie des Aide-Mémoire*....... 2 fr. 50

Dwelshauvers-Dery. — **Étude expérimentale dynamique de la machine à vapeur**, par M. Dwelshauvers-Dery. Paris, 1894. 1 vol. petit in-8° de l'*Encyclopédie des Aide-Mémoire*................ 2 fr. 50

Électricien (L'). — Revue générale d'électricité, publiée depuis 1884 jusqu'à 1890, sous la direction de M. Hospitalier, professeur à l'École municipale de physique et de chimie. 14 volumes gr. in-8° avec figures dans le texte .... 200 fr.

Encyclopédie scientifique des Aide-Mémoire, publiée sous la direction de M. H. Léauté, membre de l'Institut. 300 volumes environ, paraissant de mois en mois.

Chaque volume est vendu séparément :
Broché.................. 2 fr. 50
Cartonné toile.................. 3 fr. »

La publication est divisée en deux sections : **Section de l'Ingénieur**, **Section du Biologiste**, qui paraissent simultanément. Les volumes publiés figurent à leur rang alphabétique dans les diverses sections du *Catalogue général*. Il est, en outre, tenu à la disposition des lecteurs un catalogue spécial, et constamment tenu au courant de l'Encyclopédie.

Espitallier. — **Les Ballons et leur emploi à la guerre**, par G. Espitallier, capitaine du génie, commandant la 4° compagnie d'aérostiers. Paris, 1889. 1 vol. in-12, avec planches et figures............ 1 fr. 50

Espitallier. — **L'Hydrogène et ses applications en aéronautique. — L'électrolyse de l'eau**, par le commandant G. Espitallier. Paris, 1891. 1 volume in-12 avec figures dans le texte............ 1 fr. 50

Fabry. — **Les Piles électriques**, par Ch. Fabry, ancien élève de l'École polytechnique, maître de conférences à la Faculté des sciences de Marseille. Paris, 1897. 1 vol. petit in-8° de l'*Encyclopédie des Aide-Mémoire*.................. 2 fr. 50

Fritsch et Guillemin. — **Traité de la distillation des produits agricoles et industriels**, par MM. J. Fritsch, secrétaire de la rédaction du journal la *Distillerie française*, et E. Guillemin, chimiste. Paris, 1890. 1 vol. in-8°, avec 80 figures dans le texte..................... 8 fr.

Gautier (L.). — **Manuel pratique de la fabrication et du raffinage du sucre de betterave**, par M. L. Gautier. Paris, 1880. Grand in-8° avec 66 gravures...... 6 fr.

Girard (Ch.) et G. de Laire. — **Traité des dérivés de la houille applicables à la production des matières colorantes**. Paris, 1873. 1 vol. gr. in-8°, avec 12 planches gravées à l'échelle................ 16 fr.

Girardin. — **Leçons de chimie élémentaire, appliquée aux arts industriels**, par M. J. Girardin, recteur honoraire, directeur de l'École supérieure des sciences de Rouen. Nouvelle édition, avec 1,403 fig. et 50 échantillons dans le texte, augmentée d'un supplément. 5 volumes in-8°.......... 50 fr.

Gouilly. — **Transmission de la force motrice par air comprimé ou raréfié**, par Al. Gouilly, ingénieur des arts et manufactures. Paris, 1892. 1 vol. petit in-8° de l'*Encyclopédie des Aide-Mémoire*. 2 fr. 50

GOURÉ DE VILLEMONTÉE. — **Résistance électrique et fluidité**, par GOURÉ DE VILLEMONTÉE, ancien élève de l'Ecole normale supérieure, agrégé de l'Université, docteur ès-sciences physiques. Paris, 1899. 1 vol. petit in-8° de l'*Encyclopédie des Aide-Mémoire*.................. 2 fr. 50

GROS-RENAUD. — **Des mordants en teinture et en impression**, par Ch. GROS-RENAUD. Paris, 1898. 1 vol. in-16 accompagné de 60 échantillons teints ou imprimés sur laine et sur coton, relié toile............ 10 fr.

GUENEZ. — **Décoration céramique au feu de moufle**, par M. GUENEZ, chimiste en chef des douanes. Paris, 1893. 1 vol. petit in-8° de l'*Encyclopédie des Aide-Mémoire*...................... 2 fr. 50

GUILLAUME. — **Unités et étalons**, par Ch. GUILLAUME, docteur ès sciences. Paris, 1893. 1 vol. petit in-8° de l'*Encyclopédie des Aide-Mémoire*............... 2 fr. 50

HATT. — **Des Marées**. Voir la section des *Sciences physiques et mathématiques*

HÉBERT (A). — **Examen sommaire des boissons falsifiées**, par A. HÉBERT, préparateur à la Faculté de médecine. Paris, 1893. 1 vol. petit in-8° de l'*Encyclopédie des Aide-Mémoire* .... 2 fr. 50

HENNEBERT. — **Torpilles sèches**, par le lieutenant-colonel HENNEBERT, ancien élève de l'Ecole polytechnique. Paris, 1894. 1 vol. petit in-8° de l'*Encyclopédie des Aide-Mémoire*................. 2 fr. 50.

HENNEBERT. — **Bouches à feu**, par le lieutenant-colonel HENNEBERT. Paris, 1895. 1 vol. petit in-8° de l'*Encyclopédie des Aide-Mémoire* .... 2 fr. 50

HENNEBERT. — **La Fortification**, par le lieutenant-colonel HENNEBERT. Paris, 1894. 1 vol. petit in-8° de l'*Encyclopédie des Aide-Mémoire*............... 2 fr. 50

HENNEBERT. — **Attaque des places**, par le lieutenant-colonel HENNEBERT. Paris, 1896. 1 vol. petit in-8° de l'*Encyclopédie des Aide-Mémoire*................. 2 fr. 50

HENNEBERT. — **Communications militaires**, par le lieutenant-colonel HENNEBERT. Paris, 1896. 1 vol. petit in-8° de l'*Encyclopédie des Aide-Mémoire*........ 2 fr. 50

HENNEBERT. — **Travaux de campagne**, par le lieutenant-colonel HENNEBERT. Paris, 1896. 1 vol. petit in-8° de l'*Encyclopédie des Aide-Mémoire* .... 2 fr. 50

HOSPITALIER. — **Principes et lois générales de l'énergie électrique**, par E. HOSPITALIER, ingénieur des arts et manufactures. Paris, 1890. 1 vol. in-8° avec 253 fig. 12 fr.

HOSPITALIER. — **Formulaire pratique de l'Électricien**, par M. E. HOSPITALIER, ingénieur des arts et manufactures, professeur à l'Ecole municipale de physique et de chimie industrielles. 17° année, 1899. 1 vol. in-16, avec figures. Cartonné toile anglaise, tranches rouges .... 5 fr.

HOSPITALIER. — **Recettes de l'Electricien**, faisant suite au *Formulaire de l'Electricien*, par M. E. HOSPITALIER. Paris, 1895. 1 volume in-18 cartonné toile anglaise, tranches bistre. (*Epuisé.*)

HOSPITALIER. — **Les Compteurs d'énergie électrique**, par M. E. HOSPITALIER. Paris, 1889. Brochure in-8°................ 2 fr.

JACOBS et CHATRIAN. — **Le Diamant**, par MM. Henri JACOBS et Nicolas CHATRIAN. Paris, 1884. 1 vol. gr. in-8°, avec 20 planches hors texte à l'eau-forte, en chromolithographie, en héliogravure, et 30 gravures sur bois. Broché.................... 26 fr.

Richement relié.................. 32 fr.

JACQUET. — **Fabrication des Eaux-de-vie**, par M. Louis JACQUET, ingénieur des arts et manufactures. 1894. 1 volume petit in-8° de l'*Encyclopédie des Aide-Mémoire*. 2 fr. 50

JAUBERT. — **L'Industrie du goudron de houille**, par Georges-F. JAUBERT, docteur ès sciences, ancien préparateur de chimie à l'Ecole polytechnique. Paris, 1898. 1 vol. petit in-8° de l'*Encyclopédie des Aide-Mémoire*...................... 2 fr. 50

JAUBERT. — **Les Matières colorantes azoïques**, par Georges F. JAUBERT. Paris, 1899. 1 vol. petit in-8° de l'*Encyclopédie des Aide-Mémoire*................. 2 fr. 50

JEAN (Ferdinand). — **Industrie des cuirs et des peaux**, par M. Ferdinand JEAN, chimiste. Paris, 1893. 1 volume petit in-8° de l'*Encyclopédie des Aide-Mémoire*. 2 fr. 50

KAYSER. — **Les Levures** : *Caractères morphologiques et physiologiques. Applications des levures sélectionnées*, par Edmond KAYSER, chef des travaux de fermentation à l'Institut national agronomique. Paris, 1896. 1 vol. petit in-8° de l'*Encyclopédie des Aide-Mémoire*..... 2 fr. 50

LABBÉ. — **Essai des huiles essentielles**, par Henri LABBÉ, ingénieur-chimiste. Paris, 1899. 1 vol. petit in-8° de l'*Encyclopédie des Aide-Mémoire*..................... 2 fr. 50

LAFFARGUE. — *Voir* BOS et LAFFARGUE. — **La Distribution de l'énergie électrique en Allemagne**,

LAPPARENT. — **Le Siècle du fer**, par M. A. DE LAPPARENT. Paris, 1890. 1 volume in-18..................... 3 fr. 50
Pour les autres ouvrages de M. Lapparent, voir la section III.

LAUNAY (de). — **Formation des gîtes métallifères**, par M. DE LAUNAY, professeur à l'École des mines. Paris, 1892. 1 vol. petit in-8° de l'*Encyclopédie des Aide-Mémoire*..................... 2 fr. 50

LAUNAY (de). — **Statistique de la production des gîtes métallifères**, par M. DE LAUNAY. Paris, 1894. 1 vol. petit in-8° de l'*Encyclopédie des Aide-Mémoire*. 2 fr. 50

LAURENT (P.). — **Résistance des bouches à feu**, par P. LAURENT, ingénieur au polygone du Hoc. Paris, 1898. 1 vol. petit in-8°, de l'*Encyclopédie des Aide-Mémoire*..................... 2 fr. 50

LAURENT (P.). — **Déculassement des bouches à feu**, par P. LAURENT, ingénieur aux usines Schneider et Cie, Polygone du Hoc. Paris, 1898. 1 vol. petit in-8° de l'*Encyclopédie des Aide-Mémoire*....... 2 fr. 50

LAVERGNE. — **Les Turbines**, par M. Gérard LAVERGNE, ingénieur civil des mines. 2° édit. Paris, 1898. 1 vol. petit in-8° de l'*Encyclopédie des Aide-Mémoire*. 2 fr. 50

LÉAUTÉ ET BÉRARD. — **Transmissions par câbles métalliques**, par H. LÉAUTÉ, membre de l'Institut, et A. BÉRARD, ingénieur en chef des poudres et salpêtres. Paris, 1895. 1 vol. petit in-8° de l'*Encyclopédie des Aide-Mémoire*..... 2 fr. 50

LE CHATELIER. — **Le Grisou**, par M. LE CHATELIER, professeur à l'École des mines, répétiteur à l'École polytechnique. Paris, 1892. 1 vol. petit in-8° de l'*Encyclopédie des Aide-Mémoire*.................. 2 fr. 50

LECOMTE. — **Les Textiles végétaux, leur examen microchimique**, par M. LECOMTE, professeur d'histoire naturelle au lycée Saint-Louis. Paris, 1892. 1 vol. petit in-8° de l'*Encyclopédie des Aide-Mémoire*. 2 fr. 50.

LECORNU. — **Régularisation du mouvement dans les machines**, par L. LECORNU, ingénieur en chef des mines, répétiteur de mécanique à l'École Polytechnique. Paris, 1898. 1 vol. petit in-8° de l'*Encyclopédie des Aide-Mémoire*............ 2 fr. 50

LEFÈVRE. — **L'Éclairage**, par Julien LEFÈVRE, professeur à l'École de médecine de Nantes. Paris, 1896. 2 vol. petit in-8° de l'*Encyclopédie des Aide-Mémoire*.

I. *L'Éclairage électrique*...... 2 fr. 50
II. *L'Éclairage au gaz, aux huiles et aux acides gras*.................... 2 fr. 50

LEFÈVRE (Léon). — **Traité des matières colorantes organiques artificielles**, *de leur préparation industrielle et de leurs applications*, par Léon LEFÈVRE, (E. I. R.), préparateur de chimie à l'École polytechnique, avec une préface de Edouard GRIMAUX, membre de l'Institut. Paris, 1896. 2 volumes grand in-8° reliés toile avec 31 figures inédites et 250 échantillons teints ou imprimés sur soie, laine, coton, papier et cuir..................... 90 fr.

LEFÈVRE (Léon). — **La Céramique du Bâtiment**, par Léon LEFÈVRE, ingénieur (E. I. R.). Préface de J. C. FORMIGÉ, architecte du Gouvernement et de la Ville. Paris, 1897. 1 vol. gr. in-8° avec 5 planches hors texte, 950 figures dans le texte et de nombreux devis............. 15 fr.

LELOUTRE. — **Le Fonctionnement des machines à vapeur**, par Georges LELOUTRE, ingénieur civil. Paris, 1895. 1 vol. petit in-8° de l'*Encyclopédie des Aide-Mémoire*..................... 2 fr. 50

LE VERRIER. — **La Fonderie**, par U. LE VERRIER, ingénieur en chef des mines, professeur au Conservatoire des Arts et Métiers. Paris, 1898. 1 vol. petit in-8° de l'*Encyclopédie des Aide-Mémoire*....... 2 fr. 50

LINDET. — **La Bière**, par M. L. LINDET, professeur à l'Institut agronomique. Paris, 1892. 1 vol. petit in-8° de l'*Encyclopédie des Aide-Mémoire*............... 2 fr. 50

LOPPÉ. — **Les Accumulateurs électriques**, par F. LOPPÉ, ingénieur des arts et manufactures. Paris, 1896. 1 volume petit in-8° de l'*Encyclopédie des Aide-Mémoire*........................ 2 fr. 50

LOPPÉ. — **Les Transformateurs de tension à courants alternatifs**, par F. LOPPÉ, ingénieur des arts et manufactures. Paris, 1897. 1 vol. petit in-8° de l'*Encyclopédie des Aide-Mémoire*............... 2 fr. 50

LUNGE (G.). — Traité de la distillation du **goudron de houille et du traitement de l'eau ammoniacale**, traduit de l'allemand par le Dr L. GAUTIER. 1885. 1 vol. grand in-8° avec 89 gravures dans le texte. 12 fr.

LUNGE et NAVILLE. — *La Grande Industrie chimique*. **Traité de la fabrication de la soude et de ses branches collatérales.** Édition française, par G. LUNGE, professeur de chimie industrielle à l'École polytechnique de Zurich, et J. NAVILLE, ancien élève de l'École polytechnique de Zurich. Paris, 1880-1881. 3 vol. gr. in-8°.. 54 fr.

Tome I. **Acide sulfurique.** 1 vol. gr. in-8° avec 312 fig. et 7 planches hors texte. 18 fr.

Tome II. **Sulfate de soude. — Acide chlorhydrique. — Soude brute.** 1 vol. gr. in-8°, avec 195 figures et 6 planches hors texte...................... 18 fr.

Tome III. **Sel de soude. Chlorure de chaux. — Chlorate de potasse.** Devis et statistique. 1 vol. gr. in-8° avec 217 figures et 3 planches hors texte.......... 18 fr.

Le cartonnage de chaque volume se paie en sus 2 fr.

MADAMET. — **Tiroirs et distributeurs de vapeur.** *Appareils de mise en marche et de changements de marche*, par M. A. MADAMET, ingénieur de la marine en retraite, Deuxième édition. Paris, 1899. 1 volume petit in-8° de l'*Encyclopédie des Aide-Mémoire*........................ 2 fr. 50

MADAMET. — **Détente variable de la vapeur**; dispositifs qui la produisent, par M. A. MADAMET. Paris,1892. 1 vol. petit in-8° de l'*Encyclopédie des Aide-Mémoire*. 2 fr. 50

MADAMET. — **Distribution de la vapeur**. épures de régulation. Courbes d'indicateur. Tracé des diagrammes. Paris, 1893. 1 vol. petit in-8° de l'*Encyclopédie des Aide-Mémoire*........................ 2 fr. 50

MARCHENA (de). — **Machines frigorifiques à gaz liquéfiable**, par M. R. de MARCHENA, ingénieur des arts et manufactures. Paris, 1894. 1 vol. petit in-8° de l'*Encyclopédie des Aide-Mémoire*..... 2 fr. 50

MARCHENA (de). — **Machines frigorifiques à air**, par R. de MARCHENA. Paris, 1894. 1 vol. petit in-8° de l'*Encyclopédie des Aide-Mémoire*........................ 2 fr. 50

MASCART et JOUBERT. — **Leçons sur l'électricité et le magnétisme**. — Voyez Section V.

MINEL. — **Introduction à l'électricité industrielle**, par M. P. MINEL, ingénieur des constructions navales.

I. *Potentiel. Flux de force. Grandeurs électriques.* Deuxième édition. Paris, 1899. 1 volume petit in-8° de l'*Encyclopédie des Aide-Mémoire*.................. 2 fr. 50

II. *Courant magnétique. Induction. Machines.* Paris, 1893. 1 vol. petit in-8° de l'*Encyclopédie des Aide-Mémoire*. 2 fr. 50

MINEL. — **Electricité appliquée à la marine**, par M. P. MINEL. Paris, 1894. 1 vol. petit in-8° de l'*Encyclopédie des Aide-Mémoire*. 2 fr. 50

MINEL. — **Régularisation des moteurs des machines électriques**, par M. P. MINEL. Paris, 1894. 1 vol. petit in-8° de l'*Encyclopédie des Aide-Mémoire*..... 2 fr. 50

MINET. — **Electro-métallurgie.** *Voie humide et voie sèche. Phénomènes électro-thermiques*, par Ad. MINET, ingénieur-chimiste, Directeur du journal l'*Electrochimie*. Paris, 1898. 1 vol. petit in-8° de l'*Encyclopédie des Aide-Mémoire*................. 2 fr. 50

MINET. — **Electro-chimie.** *Production électrolytique des composés chimiques*, par Ad. MINET, Paris, 1897. 1 vol. petit in-8° de l'*Encyclopédie des Aide-Mémoire*. 2 fr. 50

MINET. — **Les Fours électriques et leurs applications**, par Ad. MINET. Paris, 1897. 1 vol. petit in-8° de l'*Encyclopédie des Aide-Mémoire*................. 2 fr. 50

MINET. — **Théories de l'Électrolyse**, par AD. MINET. Paris 1898, 1 vol. petit in-8° de l'*Encyclopédie des Aide-Mémoire*. 2 f. 50

MINET. — **Analyses électrolytiques**, par Ad. MINET. Paris, 1899. 1 vol. petit in-8° de l'*Encyclopédie des Aide-Mémoire*. Prix.................................. 2 fr. 50

MIRON. — **Les Huiles minérales** : *Pétrole, Schiste, Lignite*, par François MIRON, licencié ès sciences physiques, ingénieur civil. Paris, 1897. 1 vol. petit in-8° de l'*Encyclopédie des Aide-Mémoire*.. 2 fr. 50

MOESSARD. — **La Topographie**, par P. MOESSARD, lieutenant-colonel du génie en retraite. Paris, 1895. 1 vol. petit in-8° de l'*Encyclopédie des Aide-Mémoire*... 2 fr. 50

MOISSAN et OUVRARD. — **Le Nickel**, par H. MOISSAN, membre de l'Institut et L. OUVRARD. Paris, 1896. 1 vol. petit in-8° de l'*Encyclopédie des Aide-Mémoire*. 2 fr. 50

Nature (La), revue illustrée des sciences et de leurs applications aux arts et à l'industrie, fondée en 1873 par Gaston TISSANDIER, avec le concours de nombreux collaborateurs. Directeur : HENRI DE PARVILLE.

La *Nature* paraît tous les samedis et forme 2 volumes par an. Abonnement : un an, 20 francs ; départements, 25 francs ; Union postale........................... 26 fr.

51 volumes complets et 2 volumes de table sont en vente. Prix du volume. 10 fr.

Voir *la section des Publications périodiques*.

NAPIAS. — **Manuel d'hygiène industrielle**, comprenant la législation française et étrangère et les prescriptions les plus habituelles des conseils d'hygiène et de salubrité relatives aux établissements insalubres, incommodes et dangereux, par le Dr Henri NAPIAS, secrétaire général de la Société de médecine publique et d'hygiène professionnelle. Paris, 1882. 1 volume in-8°.. 12 fr.

NAUDIN. — **Fabrication des vernis**, par M. LAURENT NAUDIN, Paris, 1893. 1 vol. petit in-8° de l'*Encyclopédie des Aide-Mémoire*....................... 2 fr. 50

NICOLAS. — **Hygiène industrielle et coloniale**. *Voir la section médicale*.

NICOLLE. — **Matières colorantes et microbes**, par le Dr M. NICOLLE, directeur de l'Institut impérial de bactériologie de Constantinople. Paris, 1898. 1 vol. in-16, avec 10 figures dans le texte et une planche en couleurs........................ 2 fr.

PÉCLET. — **Traité de la chaleur considérée dans ses applications**, par E. PÉCLET. 4° édition, publiée par A. HUDELO, répétiteur à l'Ecole centrale. Paris, 1878. 3 volumes, très grands in-8°, d'ensemble 1,833 pages, avec 702 fig. dans le texte et 3 pl. 50 fr.

PELIGOT. — **Le Verre, son histoire, sa fabrication**, par M. Eug. PELIGOT, membre de l'Institut (Académie des sciences). Paris, 1877. 1 beau vol. in-8° avec 200 figures dans le texte......................... 14 fr.

PENNETIER. — **Matières premières organiques**. — *Voir la section sciences naturelles*.

PÉRISSÉ. — **Automobiles sur routes**, par L. PÉRISSÉ, ingénieur des Arts et Manufactures. Paris, 1898. 1 vol. petit in-8° de l'*Encyclopédie des Aide-Mémoire*. 2 fr. 50

PERSOZ. — **Essai sur le conditionnement, le titrage et le décreusage de la soie**, suivi de l'examen des autres textiles (laine, coton, lin, etc.), par M. PERSOZ, directeur de la Condition des soies et des laines de Paris. Paris, 1878. 1 vol. in-8°, avec 1 planche et 57 figures dans le texte. 15 fr.

PICOU. — **La Distribution de l'électricité**, par R.-V. PICOU, ingénieur des arts et manufactures. 2 vol. de l'*Encyclopédie des Aide-Mémoire*.

I. *Installations isolées*, 2° édition. Paris, 1897. 1 vol. petit in-8°......... 2 fr. 50

II. *Usines centrales*. 2° édition. Paris 1898. 1 vol. petit in-8°............ 2 fr. 50

PICOU. — **Canalisations électriques** : *Lignes aériennes industrielles*, par R.-V. PICOU. Paris, 1898. 1 vol. petit in-8° de l'*Encyclopédie des Aide-Mémoire*.......... 2 fr. 50

POLIN et LABIT. — **Examen des aliments suspects**, par MM. H. POLIN et H. LABIT, médecins-majors de l'armée. Paris, 1892. 1 vol. petit in-8° de l'*Encyclopédie des Aide-Mémoire*.................. 2 fr. 50

PRUDHOMME. — **Teinture et impression,** par M. PRUDHOMME, ancien élève de l'École polytechnique. Paris, 1894. 1 vol. petit in-8° de l'*Encyclopédie des Aide-Mémoire*........................ 2 fr. 50

REULEAUX. — **Le Constructeur,** principes, formules, tracés, tables et renseignements pour l'établissement des projets de machines, à l'usage des ingénieurs, constructeurs, architectes, mécaniciens, etc., par REULEAUX, professeur à l'École polytechnique de Berlin. 3° édition française traduite de l'allemand sur la 4° édition refondue et considérablement augmentée, par A. DEBIZE, ingénieur en chef des manufactures de l'État. 1890. 1 vol. grand in-8° de 1,200 pages, avec 1184 gravures dans le texte, tableaux, etc................... 30 fr.

REULEAUX. — **Traité de cinématique.** *Principes fondamentaux d'une théorie générale des machines*, par REULEAUX, professeur à l'École polytechnique de Berlin, traduit de l'allemand par A. DEBIZE. 1877. 1 vol. grand in-8° de 700 pages avec 452 gravures dans le texte et 1 atlas de 8 planches représentant 96 figures............ 20 fr.

SAUVAGE. — **Les Divers Types de moteurs à vapeur,** par M. SAUVAGE, ingénieur des mines. Paris, 1892. 1 vol. petit in-8° de l'*Encyclopédie des Aide-Mémoire*. 2 fr. 50

SCHEURER-KESTNER. — **Pouvoir calorifique des combustibles solides, liquides et gazeux.** Paris, 1896. 1 vol. in-18 avec figures dans le texte..................... 5 fr.

SCIAMA. — **Étude élémentaire des moteurs industriels,** de leur travail et de ses transformations, par M. Gaston SCIAMA, ancien élève de l'École des mines. Paris, 1881. 1 vol. in-18, avec 253 figures. 5 fr.

SEGUELA (B.). — **Les tramways; voie, matériel,** par E. SEGUELA, ancien élève de l'École polytechnique. Paris, 1896. 1 vol. petit in-8°, de l'*Encyclopédie des Aide-Mémoire*........................ 2 fr. 50

SER. — **Traité de physique industrielle. — Production et utilisation de la chaleur,** par M. SER, professeur à l'École centrale des arts et manufactures. 2 vol. gr. in-8°... 45 fr.

Tome I. — Principes généraux, foyers, récepteurs de chaleurs, cheminées, ventilateurs, etc. Thermo-dynamique. Paris, 1887. 1 très fort vol. gr. in-8° avec 362 figures dans le texte.

Le tome I n'est pas vendu séparément.

Tome II. — Chaudières à vapeur. Distillation. Évaporation et séchage. Désinfection. Chauffage et ventilation des lieux habités. Paris, 1891. 1 fort vol. in-8° avec 428 figures.................. 22 fr. 50

On vend séparément, du tome II :

1er fascicule. — Chaudières à vapeur. Distillation. Évaporation et séchage. Désinfection..................... 12 fr.

2° fascicule. — Chauffage et ventilation des lieux habités................ 12 fr.

SEYEWETZ et SISLEY. — **Chimie des matières colorantes organiques,** par A. SEYEWETZ, chef des travaux à l'École de chimie industrielle de Lyon (section des matières colorantes), et SISLEY, chimiste-coloriste. *Ouvrage récompensé d'une médaille d'or par la Société industrielle de Rouen*. Paris, 1897. 1 fort vol. grand in-8°, avec nombreux tableaux...................... 30 fr.

SEYRIG. — **Statique graphique des systèmes triangulés,** par T. SEYRIG, ingénieur-constructeur. Paris, 1898. 2 vol. petit in-8° de l'*Encyclopédie des Aide-Mémoire* :

I. *Exposés théoriques*. 1 vol... 2 fr. 50
II. *Exemples d'applications*. 1 vol. 2 fr. 50

SINIGAGLIA. — **Accidents de chaudières,** par M. SINIGAGLIA, ingénieur. Paris, 1893. 1 vol. petit in-8° de l'*Encyclopédie des Aide-Mémoire*................ 2 fr. 50

SOREL. — **La Rectification de l'alcool,** par Ernest SOREL, ancien ingénieur des manufactures de l'État, professeur au Conservatoire des Arts et Métiers. Paris, 1894, 1 vol. petit in-8° de l'*Encyclopédie des Aide-Mémoire* .... 2 fr. 50

SOREL. — **La Distillation,** par Ernest SOREL. Paris, 1895. 1 vol. petit in-8° de l'*Encyclopédie des Aide-Mémoire*........ 2 fr. 50

TISSANDIER. — **La Physique sans Appareils et la Chimie sans Laboratoire,** par Gaston TISSANDIER. 7° édition des « *Récréations*

scientifiques». Ouvrage couronné par l'Académie. Paris, 1894. 1 vol. in-8° br. 3 fr.
Relié toile.................... 4 fr.

TISSANDIER. — **Petite Bibliothèque de la Nature** : *Recettes et procédés utiles* recueillis par M. Gaston TISSANDIER.

1re SÉRIE.—Recettes et procédés utiles. 8° édition.

2° SÉRIE. — **La Science pratique**, suite des *Recettes et procédés utiles*. 3° édition.

3° SÉRIE.— **Nouvelles Recettes utiles et Appareils pratiques**. 2° édition.

4° SÉRIE. — **Recettes et procédés utiles** (suite).

5° série. — **Recettes et procédés utiles**, par J. LAFFARGUE, secrétaire de la rédaction de la *Nature*.

Chaque volume, in-18, illustré. 2 fr. 25
Cartonné toile............... 3 fr. »

TISSANDIER. — Voyez La Nature.

URBAIN.— **Les Succédanés du chiffon en papeterie**, par V. URBAIN. Paris, 1896, 1 vol. petit in-8° de *l'Encyclopédie des Aide-Mémoire*................... 2 fr. 50

VALLIER. — **Balistique des nouvelles poudres**, par H. VALLIER, chef d'escadron d'artillerie, correspondant de l'Institut. Paris, 1895. 1 vol. petit in-8° de l'*Encyclopédie des Aide-Mémoire*....... 2 fr. 50

VALLIER. — **Balistique extérieure**, par le commandant VALLIER. Paris, 1895. 1 vol. petit in-8° de l'*Encyclopédie des Aide-Mémoire*................... 2 fr. 50

VALLIER. — **Projectiles de campagne, de siège et de place. Fusées**, par le commandant VALLIER. Paris, 1896. 1 vol. petit in-8° de l'*Encyclopédie des Aide-Mémoire*. 2 fr. 50

VALLIER. — **Cuirassés et Projectiles de marine**, par le commandant VALLIER. Paris, 1897. 1 vol. petit in-8° de l'*Encyclopédie des Aide-Mémoire*..... 2 fr. 50

VERMAND. — **Les Moteurs à gaz et à pétrole**, par M. VERMAND, ingénieur des constructions navales. 2° édition. Paris, 1897. 1 vol. petit in-8° de l'*Encyclopédie des Aide-Mémoire*............. 2 fr. 50

VIARIS (De). — **L'Art de chiffrer et de déchiffrer les dépêches secrètes**, par le marquis de VIARIS, ancien élève de l'École polytechnique. Paris, 1893. 1 volume petit in-8° de *l'Encyclopédie des Aide-Mémoire*................... 2 fr. 50

VIGREUX et BARDOLLE. — **Le Gaz Riché, ses applications industrielles**, par Ch. VIGREUX, ingénieur des Arts et Manufactures, répétiteur à l'École centrale, et Eug. BARDOLLE, ancien élève de l'École Polytechnique, ingénieur civil. Paris, 1898. 1 vol. in-16 avec figures......... 2 fr.

WAGNER, FISCHER et GAUTIER.— **Nouveau Traité de chimie industrielle** à l'usage des ingénieurs, chimistes, industriels, contremaîtres, ouvriers, agriculteurs, etc. 3° édition française considérablement augmentée, publiée d'après la 13° édition allemande. 1892. 2 vol. grands in-8° de 1,766 pages avec 736 gravures dans le texte... 30 fr.

WALKHOFF (L.)— **Traité complet de fabrication et raffinage du sucre de betterave**. 2° édition française. 1874. 2 vol. grand in-8° de 1,150 pages, avec 189 gravures dans le texte.................. 20 fr.

WEILLER et VIVAREZ. — **Traité général des lignes et transmissions électriques**, par Lazare WEILLER, ingénieur-constructeur, et Henry VIVAREZ, ancien élève de l'École polytechnique. Paris, 1892. 1 fort vol. gr. in-8° avec 473 figures............ 18 fr.

WIDMANN. — **Principes de la machine à vapeur**, par WIDMANN, ingénieur des mines. Paris, 1893. 1 vol. petit in-8° de l'*Encyclopédie des Aide-Mémoire*. 2 fr. 50

WINCKLER.— **Manuel d'analyse industrielle des gaz**, traduit de l'allemand, par BLAS, professeur à l'Université de Louvain. 1886. 1 vol. grand in-8°, avec 50 gravures dans le texte...................... 4 fr. 50

WITZ. — **Thermodynamique à l'usage des ingénieurs**, par M. Aimé WITZ, ingénieur des arts et manufactures, professeur à la Faculté libre des sciences de Lille. *Deuxième édition*. Paris, 1899. 1 vol. petit in-8° de l'*Encyclopédie des Aide-Mémoire*. 2 fr. 50

WITZ. — **Les Machines thermiques**, par Aimé WITZ. Paris, 1894. 1 volume petit in-8° de l'*Encyclopédie des Aide-Mémoire* .... 2 fr. 50

VIII

LANGUE FRANÇAISE. — LITTÉRATURE
HISTOIRE ET GÉOGRAPHIE, VOYAGES. — LANGUES VIVANTES
LANGUES MORTES
LIVRES DE LECTURE. — AUTEURS CLASSIQUES

Allègre, professeur à la Faculté des lettres de Lyon.

Odyssée. *Analyse et Extraits*, de la collection H. Lantoine (6° moderne). 1 vol. in-16 cartonné toile.................. 2 fr.

Iliade. *Analyse et Extraits*, de la collection H. Lantoine (5° moderne). 1 vol. in-16 cartonné toile.................. 2 fr.

Aristophane. — Collection H. Lantoine. Voyez Ferté.

Audollent, maître de conférences à la Faculté des lettres de Clermont.

Plaute, Térence. *Extraits choisis*, avec notice, notes et index et un choix des principales imitations françaises (de la collection H. Lantoine), (3° moderne). 1 vol. in-16 cartonné toile.................. 2 fr.

Bataille. — **Grammaire pratique de la langue française**, par Frédéric Bataille, ancien instituteur, professeur au lycée de Vanves, officier d'Académie. *Ouvrage couronné par la Société pour l'instruction élémentaire.*

Cours préparatoire, contenant 54 lectures enfantines et historiettes morales, 344 exercices de langue et d'orthographe, 54 morceaux de récitation, 54 modèles d'écriture calligraphiés, 54 dessins par M. F. Bouisset. 9° édition. 1 volume in-12 cartonné.................. 0 fr. 60

Cours élémentaire, contenant 145 dictées littéraires extraites des meilleurs auteurs, et 730 exercices de langue et d'orthographe. Précédé d'une lettre de M. Michel Bréal. 10° édition, entièrement revue. 1 vol in-12, cartonné.................. 75 c.

Cours moyen et supérieur, par MM. Frédéric Bataille et Henri Ragot, ancien inspecteur de l'enseignement primaire à Lyon. Contenant 118 dictées littéraires extraites des auteurs classiques et contemporains et 690 exercices de langue et d'orthographe, et 72 sujets de rédaction. 8° édition. 1 vol. in-12, cartonné.................. 1 fr. 25

Bataille. — Manuel méthodique pour l'enseignement de la langue française, à l'usage des instituteurs et institutrices, des professeurs des classes élémentaires, des élèves-maîtres et élèves-maîtresses des écoles normales, par Frédéric Bataille, ancien instituteur, chargé d'une classe primaire au lycée Michelet. 1 vol. in-12. 4 fr.

Bauer et de Saint-Étienne. — **Premières Lectures littéraires**, avec notes et notices, par MM. E. Bauer et E. de Saint-Étienne, professeurs à l'École alsacienne. 7° édition, 1 vol. in-18, cartonné toile....... 1 fr. 50

Bauer et de Saint-Étienne. — **Nouvelles Lectures littéraires**, avec notes et notices, par MM. E. Bauer et E. de Saint-Étienne, précédées d'une préface par M. Petit de Julleville, professeur à la Faculté des lettres de Paris. 3° édition revue et corrigée. Paris, 1899. 1 vol. in-18, cartonné toile.................. 2 fr. 50

Brelet. — **Nouveau Cours de grammaire latine**, rédigé conformément aux programmes de l'enseignement secondaire classique, par M. H. Brelet, agrégé de l'Université, professeur au lycée Janson-de-Sailly :

Éléments de grammaire latine, à l'usage des classes de sixième et de cinquième.

4° édition. Paris, 1900. 1 vol. in-16 cart. toile............ 2 fr.

Grammaire latine à l'usage de la classe de 4me et des classes supérieures. 3° édition, revue et corrigée. Paris, 1897. 1 vol. in-16 cartonné toile........ 2 fr. 50

BRELET, CHARPY et FAURE. — **Exercices sur le nouveau cours de grammaire latine** de BRELET. (*Versions et Thèmes.*)

Classe de sixième, — 3° édition, par M. CHARPY, professeur au lycée Janson-de-Sailly. Paris, 1900. 1 volume in-18, cartonné toile,............ 2 fr.

Classe de cinquième, — par MM. BRELET et CHARPY. 2° édition. Paris, 1898. 1 vol. in-18, cartonné toile,........ 2 fr. 50

Classe de quatrième, — par MM. BRELET et FAURE, professeurs au lycée Janson-de-Sailly. 2° édition, revue et corrigée. Paris, 1898. 1 vol. in-18, cartonné toile. 2 fr. 50

Classes supérieures, par MM. BRELET et FAURE. Paris, 1897. 1 vol. in-16, cartonné toile............ 3 fr.

BRELET. — **Nouveau Cours de grammaire grecque**, rédigé conformément aux programmes de l'Enseignement secondaire classique, par M. H. BRELET, professeur au lycée Janson-de-Sailly.

Éléments de grammaire grecque à l'usage de la classe de cinquième. Paris, 1893, 1 vol. in-16, cartonné toile...... 1 fr. 50

Grammaire grecque à l'usage de la classe de quatrième et des classes supérieures. 2° édition, revue et corrigée, Paris, 1899. 1 vol. in-16, cartonné toile........ 3 fr.

BRELET et CHARPY. — **Exercices sur le nouveau cours de grammaire grecque** de BRELET.

Classe de cinquième par H. BRELET et V. CHARPY, professeurs au lycée Janson-de-Sailly. 2° édition. Paris, 1900. 1 vol. in-16, cartonné toile...... 1 fr. 50

Classe de quatrième, par MM. BRELET et CHARPY, Paris, 1896. 1 vol. in-16, cartonné............ 2 fr. 50

Classes supérieures, par MM. BRELET et FAURE. Paris, 1897. 1 volume in-16, cartonné toile............ 3 fr.

BRELET. — **Chrestomathie grecque**, ou Recueil de Textes gradués à l'usage de la classe de quatrième, par H. BRELET. 2° édition. Paris, 1899. 1 vol. in-16, cartonné toile........ 2 fr. 50

BRELET. — **Epitome historiæ Græcæ** à l'usage de la classe de sixième, par H. BRELET, 1 vol. in-16, cartonné toile avec deux cartes en couleurs et figures dans le texte............ 2 fr.

BRELET. — **Tableau des exemples des grammaires grecque et latine**, à l'usage de la classe de quatrième et des classes supérieures. par H. BRELET. Paris, 1897. 1 vol. in-12, cartonné......... 0 fr. 80

BRELET. — **Nouveau cours de grammaire française**, à l'usage de l'enseignement secondaire classique et moderne, par H. BRELET, ancien élève de l'École normale supérieure, agrégé de grammaire, professeur au Lycée Janson-de-Sailly.

Premières leçons de grammaire française (grammaire et exercices), à l'usage des *classes préparatoires*, par H. BRELET et MATHEY, professeur de huitième au lycée Janson-de-Sailly. 1 vol. in-16 cartonné toile anglaise............ 2 fr.

Éléments de grammaire française, à l'usage des *classes de huitième et de septième*, par H. BRELET. 1 vol. in-16 cartonné toile anglaise........... 2 fr.

Exercices sur les éléments de grammaire française, à l'usage des classes de huitième et de septième, par H. BRELET et V. CHARPY, agrégé de grammaire, professeur de quatrième au lycée Janson-de-Sailly. 1 vol. in-16, cartonné toile anglaise............ 2 fr.

Abrégé de grammaire française à l'usage des classes de sixième et de cinquième de l'Enseignement classique et de l'Enseignement moderne, par H. BRELET. 1 vol. in-16............ 2 fr. 50

Exercices sur l'abrégé de grammaire française, à l'usage des classes de sixième et de cinquième de l'Enseignement classique et de l'enseignement moderne, par H. BRELET et V. CHARPY. 1 vol. in-16. (sous presse).

Grammaire française, à l'usage de la classe de quatrième et des classes supérieures de l'Enseignement classique et de l'Enseignement moderne, par H. BRELET. 1 vol. in-16 (en préparation).

Exercices sur la grammaire française, à l'usage de la classe de quatrième et des classes supérieures de l'Enseignement classique et de l'Enseignement moderne, H. BRELET et V. CHARPY. 1 vol. in-16. (En préparation.)

BRUNOT. — **Précis de grammaire historique de la langue française**, avec une introduction sur les origines et le développement de cette langue, par M. Ferdinand BRUNOT, maître de conférences à la Faculté des lettres de Paris. Ouvrage couronné par l'Académie française. 4º édition, revue et augmentée d'une notice bibliographique. Paris, 1899. 1 fort vol. in-16. Cartonné toile anglaise .... 6 fr.

CAUSSADE (DE). — **Notions de rhétorique et étude des genres littéraires**, par M. DE CAUSSADE, conservateur à la Bibliothèque Mazarine. 9º édition. Paris, 1896. 1 vol. in-18. Cartonné toile ...... 2 fr. 50

CAUSSADE (DE). — **Histoire littéraire**, par M. DE CAUSSADE, conservateur à la Bibliothèque Mazarine :

Littérature grecque. — 7º édition. Paris, 1890. 1 vol. in-18. Cartonné toile... 3 fr.

Littérature latine. — 4º édition. Paris, 1895. 1 vol. in-18, cartonné toile... 6 fr.

CÉSAR. — Collection H. LANTOINE. Voyez LANTOINE.

CHAPELOT, BOUCHEZ et HOCDÉ. — **Morceaux choisis à l'usage des classes préparatoires** (enseignement secondaire des jeunes filles), publiés par MM^{mes} CHAPELOT, BOUCHEZ et HOCDÉ, professeurs au lycée Fénelon. Paris, 1896.

1er et 2º degré (6 à 9 ans). 1 vol. in-16 cartonné toile .... 1 fr. 50

3º degré (9 à 11 ans). 1 vol. in-16 cartonné toile.................. 1 fr. 50

4º degré (11 à 13 ans). 1 vol. in-16 cartonné toile.................. 2 fr. 50

Classiques latins et grecs (Livres de lectures et d'analyses). Collection H. Lantoine à l'usage des élèves de l'Enseignement secondaire moderne et de l'Enseignement des jeunes filles : Aristophane ; César ; Cicéron ; Eschyle ; Euripide ; Hérodote ; Homère ; Plaute ; Plutarque ; Salluste ; Sophocle ; Térence ; Tite-Live ; Virgile ; Xénophon.

CICÉRON. — Collection H. LANTOINE. Voyez LANTOINE.

CLÉDAT. — **Précis d'orthographe et de grammaire phonétiques** pour l'enseignement du français à l'étranger par L. CLÉDAT, professeur à la Faculté des lettres de Lyon. 1 vol. in-16.............. 1 fr.

CORRÉARD. — **Nouveau cours d'histoire** rédigé conformément aux programmes de l'enseignement secondaire classique et moderne, par F. CORRÉARD, professeur d'histoire au lycée Charlemagne. 4 vol. in-16, cartonnés toile.

Classe de troisième classique et quatrième moderne : histoire de l'Europe et de la France depuis 395 jusqu'en 1270. 4º édition...................... 2 fr. 50

Classe de seconde classique et troisième moderne : de 1270 à 1610. Paris, 1899. 4º édition..................... 3 fr. 50

Classe de rhétorique classique et de seconde moderne : de 1610 à 1789. 3º édition. Paris, 1899................ 3 fr. 50

Classe de philosophie classique et première moderne : Histoire contemporaine, de 1789 à 1889. 3º édition. Paris, 1898. 6 fr.

CORRÉARD. — **Précis d'histoire à l'usage des candidats à l'École spéciale militaire de Saint-Cyr**, par M. CORRÉARD, professeur au lycée Charlemagne. Paris, 1894. 1 vol. in-8º. Broché, 10 fr. 50 ; relié............................ 12 fr.

CORRÉARD. — **Histoire nationale et notions sommaires d'histoire générale**, rédigées conformément aux programmes de l'Enseignement secondaire des jeunes filles, par M. CORRÉARD, professeur d'histoire au lycée Charlemagne. 3 vol. in-18 cartonnés toile verte :

I. — *Des Origines gauloises au milieu du XVe siècle*. 2º édition........ 2 fr. 50

II. — *Du milieu du XVe siècle à la mort de Louis XIV*. 2º édition. 2 fr. 50

CORRÉARD et SIEURIN. — **Cartes d'études pour servir à l'enseignement de l'histoire**, par F. CORRÉARD, professeur d'histoire au lycée Charlemagne, et E. SIEURIN, professeur au collège de Melun. *Temps modernes et contemporains* (1810-1899). Paris, 1899. Un atlas in-8°, comprenant 93 cartes et cartons, relié.................... 2 fr.

CORRÉARD. — **Hérodote.** *Extraits.* Collection H. LANTOINE (6° moderne), 1 vol. in-16 cartonné, toile...................... 2 fr.

CROISET. — **Leçons de littérature grecque,** par M. CROISET, professeur à la Faculté des lettres de Paris. 6° édition. Paris, 1898. 1 vol. in-18 cartonné toile. 2 fr

CROISET, LALLIER et PETIT DE JULLEVILLE.
— **Premières Leçons d'histoire littéraire :** Littérature grecque. — Littérature latine. — Littérature française. Paris, 1898. 5° édition. 1 volume in-16, cartonné toile verte........................... 2 fr.

CUIR et LOEZ. — *Lecture, écriture, orthographe.* — **Nouvelle Méthode de lecture sans épellation : La Lecture par l'écriture. L'Écriture par la lecture,** par MM. A. CUIR, inspecteur primaire, et F. LOEZ, directeur d'école primaire.

1er *livret.* 60 leçons et 32 revisions imprimées en noir et en rouge. 3° édition. 1 vol. in-8° cartonné............. 0 fr. 40

2° *livret.* Intermédiaire entre le syllabaire et le 1er livre de lecture courante. — Revisions. — Fables. — Historiettes morales. Nouvelle édition, avec nombreuses figures dans le texte.................. 0 fr. 60

DAREMBERG. — **En Orient et en Occident.** Paysages et croquis, par G. DAREMBERG, Paris, 1893. 1 beau vol. in-18 avec couverture illustrée.................. 3 fr.

DUBAIL. — **Nouvelle Méthode pratique pour l'enseignement de la géographie :**

Texte-Atlas, établi conformément au plan d'études pour l'enseignement primaire, par M. DUBAIL, professeur de géographie.

Inscrit sur la liste des ouvrages fournis gratuitement par la Ville de Paris à ses écoles communales.

Cours moyen. — *France,* précédée de la revision du cours élémentaire et contenant, outre la géographie détaillée de la France, celle des cinq parties du monde. 2° édition, 1 vol. in-4°, avec 80 cartes et 25 figures dans le texte en noir et en couleur.

Livre de l'Élève, cartonné.... 2 fr. 25
Livre du Maître, broché...... 1 fr. »

Cours supérieur. — **Géographie des cinq parties du monde,** précédée de notions de géologie et de la géographie de la France. Nouvelle édition. Paris, 1898. 1 vol. in-4° sur 3 colonnes, avec 55 cartes en couleurs et 32 croquis en noir et en couleurs. Cartonné toile............ 4 fr. 50

DUBOIS (Marcel). — **Cours complet de géographie** *pour l'enseignement secondaire classique et l'enseignement secondaire moderne* accompagné de figures, cartes et croquis géographiques. 8 volumes petit in-8° reliés toile grise :

Classe de huitième. — **Géographie élémentaire des cinq parties du monde,** par M. Marcel DUBOIS............. 2 fr.

Classe de septième. — **Géographie élémentaire de la France et de ses colonies** (cours élémentaire), par M. Marcel DUBOIS................................ 2 fr.

Classe de sixième. — **Géographie générale du monde.** — **Géographie du bassin de la Méditerranée,** par M. Marcel DUBOIS avec la collaboration de M. A. PARMENTIER, professeur au collège Chaptal...... 2 fr.

Classes de cinquième classique et sixième moderne. — **Géographie de la France et de ses colonies** (cours moyen), par M. Marcel DUBOIS. 2° édition... 3 fr.

Classes de quatrième classique et cinquième moderne. — **Géographie générale. Étude du continent américain,** par M. Marcel DUBOIS avec la collaboration de M. Augustin BERNARD, professeur agrégé d'histoire et de géographie. 2° édition. 3 fr.

Classes de troisième classique et quatrième moderne. — **Afrique — Asie — Océanie,** par M. Marcel DUBOIS avec la collaboration de MM. C. MARTIN, professeur agrégé d'histoire et de géographie, et H. SCHIRMER, professeur à la Faculté des lettres de Lyon. 2° édition. Paris, 1895...................... 3 fr. 50

Classes de seconde classique et troisième moderne. — **Europe,** par M. Marcel DUBOIS avec la collaboration de MM. DURANDIN et Albert MALET, professeurs agrégés d'histoire et de géographie. 2° édit.. 5 fr.

Classes de rhétorique classique et seconde moderne. — **Géographie de la France et de ses colonies** (cours supérieur), par M. Marcel DUBOIS, avec la collaboration de

M. F. Benoit, agrégé d'histoire et de géographie. 4ᵉ édition. Paris, 1897..... 6 fr.

Dubois (Marcel). — **Cours de géographie** *pour l'enseignement secondaire des jeunes filles et l'enseignement primaire supérieur (ancien programme).* 4 vol. in-16, cartonnés toile verte avec figures et croquis :
Notions élémentaires de géographie générale, 3ᵉ édition (en collaboration avec MM. A. Bernard et A. Parmentier). Paris, 1895...................... 2 fr. 25
Géographie de l'Europe (en collaboration avec M. Durandin). 4ᵉ édition. Paris, 1898...................... 2 fr. 25
Géographie de la France (en collaboration avec M. Benoit). 4ᵉ édition. Paris, 1898...................... 2 fr. 25
Géographie économique des cinq parties du monde, Paris, 1890......... 6 fr.

Dubois (Marcel). — **Cours normal de géographie**, à l'usage des établissements secondaires de jeunes filles et des écoles primaires supérieures.
1ʳᵉ année. — *Notions préliminaires générales. Océanie, Amérique, Afrique.* 1 vol. cartonné percaline marron... 2 fr.
2ᵉ année. — *Asie, Europe.* 1 vol. cartonné percaline marron......... 2 fr.
3ᵉ année. — *France et Colonies.* 1 vol. cartonné percaline marron......... 2 fr.

Dubois (Marcel). — **Cours de Géographie économique.** 3 volumes in-16 cartonnés toile grise :
Géographie économique de la France. (Épuisé.)
Géographie économique de l'Europe, moins la France............ 4 fr. 50
Géographie économique de l'Afrique, l'Asie, l'Océanie et l'Amérique. 4 fr. 50

Dubois (Marcel). — **Précis de géographie**, à l'usage des candidats à l'École spéciale militaire de Saint-Cyr, publié en collaboration avec M. C. Guy, agrégé d'histoire et de géographie. Paris, 1894. 1 vol. in-8° avec nombreuses cartes, croquis et figures dans le texte. Broché, 12 fr. 50 ; relié........................ 14 fr.

Dubois et Kergomard. — **Précis de Géographie économique**, par Marcel Dubois, professeur à la Faculté des lettres de Paris, et J. G. Kergomard, professeur au lycée de Tours. Paris, 1897. 1 fort vol. in-8°........................ 8 fr.

Dubois et Sieurin. — **Cartes d'étude** *pour servir à l'enseignement de la géographie*, par Marcel Dubois, professeur à la Faculté des lettres de Paris et E. Sieurin, professeur au collège de Melun.
I. — France. — 245 cartes et cartons. Cinquième édition. Paris, 1899. Atlas in-4°....................... 1 fr. 80
II. — Europe. — 31 cartes. Troisième édition. Paris, 1898. Atlas in-4°. 1 fr. 80
III. — **Géographie générale : Asie, Océanie, Afrique, Amérique.** 50 feuilles (187 cartes et cartons). Quatrième édition, corrigée et augmentée de 2 cartes. Paris, 1899. Atlas in-4°..................... 2 fr. 50
Les 3 atlas sont en outre vendus reliés en 1 seul volume. Prix........... 6 fr.

Dubois et Sieurin. — **Nouvelles cartes d'Étude**, à l'usage des classes élémentaires : *Les cinq parties du monde, la France*, par Marcel Dubois, professeur à la Faculté des lettres de Paris, et E. Sieurin, professeur au collège de Melun. 26 *cartes avec texte explicatif en regard*. Paris, 1897. Un atlas in-4°...... 2 fr. 60

Durandin. — **Lectures historiques allemandes** *tirées des meilleurs écrivains et choisies conformément au programme des classes de Saint-Cyr, de Rhétorique et de Philosophie*, par Paul Durandin, agrégé de l'Université, examinateur au collège Stanislas. Paris, 1897. 1 vol. in-18, cartonné toile.................. 4 fr. 50

Eschyle. — Collection H. Lantoine. Voyez Puech.

Euripide. — Collection H. Lantoine. Voyez Puech.

Ferté. — **Aristophane.** *Pièces choisies*, de la collection H. Lantoine (3ᵉ moderne), par A. Ferté, professeur au lycée Saint-Louis. Paris, 1894. 1 vol. in-16 cartonné toile........................ 2 fr.

Filippi et Maurique. — **La Morale à l'École** *par la lecture et la récitation de mor-*

ceaux choisis annotés et commentés. Paris, 1888. 1 vol. in-16 illustré. Cartonné.................. 0 fr. 75

GLACHANT. — **Xénophon.** *Analyses et Extraits*, de la collection H. LANTOINE (4ᵉ moderne), par Victor GLACHANT, professeur au lycée Lakanal. Paris, 1895. 1 vol. in-16 cartonné toile................. 2 fr.

GRÉARD. — **Précis de littérature**, par M. O. GRÉARD, vice-recteur de l'Académie de Paris. 5ᵉ édition entièrement refondue. Paris, 1887. 1 vol. in-18.... 1 fr. 25
Cartonné toile anglaise.......... 1 fr. 60

GUADALUPE. — **Eléments de Grammaire espagnole**, par J. GUADALUPE, professeur d'espagnol au collège Rollin et à l'école supérieure de Commerce. Ouvrage couronné par la Société pour l'Instruction élémentaire. Paris, 1896. 1 volume in-16, cartonné toile................. 3 fr.

HANNEQUIN. — **Introduction à l'Étude de la psychologie**, par M. HANNEQUIN, chargé d'un cours de philosophie à la Faculté des lettres de Lyon. Paris, 1890. 1 volume in-18................. 1 fr. 50

HÉRODOTE. — Collection H. LANTOINE. Voyez CORRÉARD.

HOMÈRE. — *Odyssée, Iliade*. — Collection LANTOINE. Voyez ALLÈGRE.

KELLER. — **Conseils pour la composition française, la version, le thème et les épreuves orales**, à l'usage des candidats aux Baccalauréats et aux Ecoles du Gouvernement, par A. KELLER. Paris, 1898. 1 vol. in-16°................. 1 fr.

KELLER. — **Résumé du cours de philosophie**, *sous forme de plans*, à l'usage des candidats aux baccalauréats et aux Ecoles du Gouvernement, par A. KELLER, Paris, 1898. 1 vol. in-16................. 2 fr.

KELLER. — **Histoire de la philosophie**, à l'usage des candidats aux baccalauréats et aux Ecoles du Gouvernement, par A. KELLER, Paris, 1898. 1 vol. in-16..... 1 fr.

LALLIER et LANTOINE. — **Leçons de littérature latine**, par R. LALLIER, ancien maître de conférences à la Faculté des lettres de Paris, et H. LANTOINE, secrétaire de la Faculté des lettres de Paris. 5ᵉ édition. 1 vol. in-18, cart. toile... 2 fr.

LANTOINE, secrétaire à la Faculté des lettres de Paris.

César, Salluste, Tite-Live, Tacite, *Extraits* 4ᵉ, 3ᵉ et 2ᵉ moderne. 1 vol. in-16, cartonné toile................. 2 fr.

Virgile. *Analyse et Extraits* (5ᵉ moderne). 1 vol. in-16, cartonné toile. 2 fr.

Cicéron. *Traités, Discours, Lettres.* (2ᵉ moderne). 1 vol. in-16, cart. toile. 2 fr

LAPPARENT (A. de). — **Notions sur l'écorce terrestre**. par A. de LAPPARENT, membre de l'Institut, professeur à l'Ecole libre des Hautes-Etudes. Paris, 1898. 1 vol. petit in-8° avec 33 figures............ 1 fr. 20

LAPPARENT (de). — **Leçons de Géographie physique**, par A. de LAPPARENT, 2ᵉ édition entièrement refondue. Paris, 1898. 1 vol. in-8° avec 168 figures dans le texte et une planche en couleurs...... 12 fr.

LEBERT. — **Leitfaden zur deutschen Sprache.** *Guide grammatical facilitant l'étude de l'allemand*, quelle que soit la méthode adoptée. Paris, 1885. 1 volume in-18 cartonné................. 1 fr. 50

LEBERT. — **Formulaire commercial allemand.** — *Handels correspondenz à l'usage des Français*, par ÉMILE LEBERT, professeur. Paris, 1889. 1 vol. in-12, cartonné toile. 2 fr.

LE GOFFIC et THIEULIN. — **Nouveau Traité de Versification française**, *à l'usage des lycées et collèges, des écoles normales, du brevet supérieur et des classes de l'enseignement secondaire des jeunes filles*, par MM. Charles LE GOFFIC et Edouard THIEULIN, professeurs agrégés de l'Université. 3ᵉ édition. Paris, 1897. 1 vol. in-18°. Cartonné toile.......... 1 fr. 50

LEGRAND, professeur au lycée Buffon.

Sénèque. *Extraits*. (2ᵉ moderne) de la collection H. LANTOINE. 1 vol. in-16 cartonné toile..................... 2 fr.

LEMERCIER, maître de conférences à la Faculté des lettres de Caen.

VIII. Langue française. Littérature — 103 — MASSON ET Cie

Plutarque. *Vie des Grecs illustres*, de la collection H. LANTOINE (6° moderne) 1 vol. in-16 cartonné toile.......... 2 fr.

Plutarque. *Vie des Romains illustres* de la collection H. LANTOINE (5° moderne). 1 vol. in-16 cartonné toile.......... 2 fr.

LEVASSEUR. — **Précis de géographie**, par M. E. LEVASSEUR, membre de l'Institut. — La Terre. — L'Europe moins la France. — La France et ses colonies. 4° édition. Paris, 1886. 1 vol. in-18. Cartonné toile.. 3 fr.

LIARD. — **Logique** (Cours de philosophie), par M. LIARD, directeur de l'Enseignement supérieur au Ministère de l'Instruction publique. 4° édition. Paris, 1897. 1 volume in-18, cartonné toile........... 2 fr.

MORILLOT. — **Le Roman en France**, *depuis 1610 jusqu'à nos jours*. Lectures et Esquisses, par M. Paul MORILLOT, professeur à la Faculté de Grenoble. Paris, 1893. 1 volume in-16................... 5 fr.

OZENFANT et BENOIT. — **Éléments de grammaire de la langue française**, par MM. OZENFANT, professeur au lycée Louis-le-Grand, et BENOIT, professeur au lycée de Versailles. Paris, 1888. 1 volume in-18, cartonné toile.................... 2 fr.

OZENFANT. — **Exercices sur la grammaire française** de MM. OZENFANT et BENOIT, suivis de conseils et d'exercices de rédaction. Paris, 1889. 1 volume in-18. Cartonné toile.................... 1 fr. 20

PETIT DE JULLEVILLE. — **Leçons de littérature française** par M. PETIT DE JULLEVILLE, professeur à la Faculté des lettres de Paris, 11° édition. Paris, 1900. 1 vol. in-16, broché.................... 3 fr. 50

On vend séparément :

I. *Des origines à Corneille*. 1 volume cartonné .... 2 fr.

II. *De Corneille à nos jours*. 1 volume cartonné........................ 2 fr.

Les 2 volumes réunis en un seul, cartonné........................... 4 fr.

PETIT DE JULLEVILLE. — **Morceaux choisis des auteurs français** (*Poètes et Prosateurs*) des origines à nos jours, par M. PETIT DE JULLEVILLE, professeur à la Faculté des lettres de Paris. 5° édition. 1 vol. in-16 cart. toile........................ 5 fr.

On vend séparément :

Moyen âge et XVI° siècle. 1 vol. cart. 2 fr.
XVII° siècle. 1 vol. cart............. 2 fr.
XVIII° et XIX° siècle. 1 vol. cart...... 2 fr.

PLAUTE. — Collection H. LANTOINE. Voyez AUDOLLENT.

PLUTARQUE. — Collection H. LANTOINE. Voyez LEMERCIER.

PUECH, professeur à la Faculté des lettres de Montpellier.

Eschyle, Sophocle, Euripide. Collection H. LANTOINE. (*Choix, Extraits*), (3° moderne). 1 vol. in-16, cartonné toile. 2 fr.

Eschyle, Sophocle, Euripide. *Pièces choisies.* Collection H. LANTOINE (2° moderne). 1 vol. in-16, cartonné toile. 2 fr.

SALLUSTE. Collection LANTOINE. Voyez LANTOINE.

SEIGNOBOS. — **Histoire de la civilisation** *correspondant à la quatrième et à la cinquième années de l'enseignement des jeunes filles*, par CH. SEIGNOBOS, docteur ès lettres, 4° édition. Paris, 1897. 2 volumes in-18, cartonnés toile verte......... 8 fr.

On vend séparément :

I. — *Histoire ancienne de l'Orient.* — *Histoire des Grecs.* — *Histoire des Romains.* — *Le moyen âge jusqu'à Charlemagne.* 1 volume in-18, avec 105 figures. Cartonné toile................ 3 fr. 50

II. — *Moyen âge (depuis Charlemagne).* — *Renaissance et temps modernes.* — *Période contemporaine.* 1 volume in-18 avec 72 figures. Cartonné toile..... 5 fr.

SEIGNOBOS. — **Histoire de la civilisation**, *à l'usage de l'enseignement secondaire, classique et moderne.* 3 vol. in-18 avec figures, dans le texte, cartonnés toile marron :

Civilisation ancienne (Orient, Grèce, Rome). 2° édition............... 3 fr.

Civilisation au moyen âge et dans les temps modernes. 2° édition...... 3 fr.

Civilisation contemporaine. 2° édit. 3 fr.

Seignobos. — **Abrégé de l'histoire de la civilisation**, depuis les temps les plus reculés jusqu'à nos jours, par Ch. Seignobos. 1900. 1 vol. in-12, avec nombreuses figures dans le texte. Cartonné toile anglaise........................ 1 fr. 25
(Inscrit sur la liste des ouvrages fournis gratuitement par la Ville de Paris à ses écoles communales.)

Sénèque. — Collection H. Lantoine. Voyez Legrand.

Sieurin. — **Cartes d'étude**. Voyez Dubois et Sieurin, et Corréard et Sieurin.

Sophocle. — Collection H. Lantoine. Voyez Puech.

Térence. — Collection H. Lantoine. Voyez Audollent.

Tissandier. — **Voyage autour du monde**, texte et dessins par M. Albert Tissandier, chargé d'une mission par M. le Ministre de l'Instruction publique.

I. — *Inde et Ceylan, Chine et Japon*. Paris, 1892. 1 vol. in-4°, avec 83 gravures et 24 planches................. 25 fr.
Reliure amateur, avec coins...... 10 fr.

II. — *Cambodge et Java, Ruines Khmères et Javanaises*. Paris, 1896. 1 vol. in-4°, avec 30 planches, une carte, 52 gravures et plans, une couverture artistique........................ 25 fr.
Reliure amateur avec coins..... 10 fr.

Tite-Live. — Collection H. Lantoine. Voyez Lantoine.

Varigny (Henri de). — **En Amérique**. Souvenirs de voyage et notes scientifiques, par Henri de Varigny. Paris, 1894. 1 volume in-12...................... 3 fr. 50

Virgile. — Collection H. Lantoine. Voyez Lantoine.

Xénophon. — Collection H. Lantoine. Voyez Glachant.

IX. PUBLICATIONS PÉRIODIQUES

COLLECTIONS ET ABONNEMENT ANNUEL

ACADÉMIE DE MÉDECINE (**Bulletin de l'**), publié par M. le secrétaire perpétuel et M. le secrétaire annuel.

Nouvelle série (1872 à 1898), 27 volumes in-8°.

Le *Bulletin de l'Académie de médecine* paraît le dimanche de chaque semaine, donnant ainsi, dans l'intervalle de deux séances, le compte rendu complet de la séance du mardi précédent. Chaque année, formant un volume in-8°...................... 15 fr.

Prix de l'abonnement annuel :
Paris........................ 15 fr.
Départements................. 18 fr.
Union postale................ 20 fr.
Le numéro.................... 0 fr. 50

Nota : Les abonnés à la *Gazette hebdomadaire* ont droit au *Bulletin de l'Académie* aux prix suivants :
Paris et départements.......... 8 fr.
Union postale................. 12 fr.

ACADÉMIE DE MÉDECINE (**Mémoires de l'**), comprenant la liste des membres et le règlement de l'Académie, les éloges prononcés dans les séances annuelles par M. le secrétaire perpétuel, les rapports faits annuellement par l'Académie sur les *Épidémies* et sur les *Eaux minérales*, et enfin les *Mémoires* dont le comité de publication a voté l'insertion.

Tome XXX à XXXIV, XXXVI, XXXVII, (1871 à 1896) chaque volume publié en 2 fascicules..................... 20 fr.

Annales Agronomiques, publiées sous les auspices du ministère de l'Agriculture (Direction de l'Agriculture) par M. P.-P. DEHÉRAIN, membre de l'Institut et de la Société nationale d'agriculture, professeur de physiologie végétale au Muséum d'histoire naturelle et de chimie agricole à l'École d'agriculture de Grignon.

Tomes I à XXIII (1875 à 1898), 24 volumes grand in-8°, chaque volume....... 18 fr.

Les *Annales agronomiques* paraissent le 25 de chaque mois.

Prix de l'abonnement annuel :
Paris et départements........... 18 fr.
Union postale.................. 21 fr.

Annales de chimie et de physique :

1re SÉRIE, par MM. GUYTON DE MORVEAU, LAVOISIER, MONGE, BERTHOLLET, FOURCROY, etc. Paris, 1789 à 1815 inclusivement, 96 volumes in-8°, avec figures et 3 volumes de tables.

2e SÉRIE, par MM. GAY-LUSSAC et ARAGO. Paris, 1816 à 1840, 25 années, 75 volumes in-8°, avec un grand nombre de planches gravées et 3 volumes de tables.

Les collections complètes de ces deux premières séries sont rares.

3e SÉRIE, commencée en 1841, rédigée, par MM. CHEVREUL, DUMAS, PELOUZE, BOUSSINGAULT, REGNAULT et de SENARMONT, avec une revue des travaux de chimie et de physique publiés à l'étranger, par MM. WURTZ et VERDET. Paris, 1841 à 1863, 23 années en 69 vol. et 2 vol. de tables, avec figures dans le texte et planches gravées........................ 400 fr.

Tables de la 3e série, 2e vol. seulement. Tomes XXXI à LXIX (1851 à 1863). 10 fr.

4e SÉRIE (commencée en 1864) par MM. CHEVREUL, DUMAS, BOUSSINGAULT, REGNAULT

et Wurtz, avec la collaboration de M. Bertin. Paris 1864 à 1873. 30 volumes avec figures et planches............... 300 fr.
Tables de la 4ᵉ série, 1 vol. in-8°.   8 fr.
5ᵉ sÉRIE (commencée en 1874) par MM. Chevreul, Dumas, Boussingault, Wurtz, Berthelot, Pasteur, avec la collaboration de M. Bertin. Paris, 1874 à 1883. 30 volumes in-8°, avec figures et planches... 300 fr.
Tables de la 5ᵉ série.......... 10 fr.
6ᵉ sÉRIE (commencée en 1884) par MM. Berthelot, Pasteur, Friedel, Becquerel, Mascart. Paris 1884 à 1893. 30 volumes in-8°, avec figures et planches... 300 fr.
Tables de la 6ᵉ série.......... 10 fr.
7ᵉ sÉRIE (commencée en 1894) par MM. Berthelot, Friedel, Mascart et Moissan. En cours de publication, chaque année. 30 fr.

Les *Annales de chimie et de physique* paraissent le 1ᵉʳ de chaque mois, par cahier de 9 feuilles (144 pages) d'impression avec planches gravées sur cuivre et figures intercalées dans le texte, et forment chaque année 3 volumes in-8°.

Prix de l'abonnement annuel :
Paris....................... 30 fr.
Départements................. 34 fr.
Union postale................ 36 fr.

N.-B. La maison possède un petit nombre de collections complètes des *Annales de chimie*, y compris la première et la deuxième séries, maintenant également rares, et les tables. Les prix sont donnés sur demande.

Annales de Dermatologie et de Syphiligraphie.

1ʳᵉ sÉRIE, publiée par le Dʳ A. Doyon (1869 à 1879), 10 volumes in-8°.. 100 fr.
Chaque volume............... 10 fr.
2ᵉ sÉRIE, publiée par MM. les Dʳˢ Ernest Besnier, médecin de l'hôpital Saint-Louis, A. Doyon, médecin inspecteur des eaux d'Uriage, A. Fournier, médecin de l'hôpital Saint-Louis, P. Horteloup, chirurgien de l'hôpital du Midi. Paris 1880 à 1889. 10 vol. grand in-8°, avec figures et planches. Chaque volume............. 30 fr.
3ᵉ sÉRIE, publiée par MM. les Dʳˢ Ernest Besnier, médecin de l'hôpital Saint-Louis, A. Doyon, médecin inspecteur des eaux d'Uriage, A. Brocq, médecin des hôpitaux, A. Fournier, médecin de l'hôpital Saint-Louis, Hallopeau, médecin de l'hôpital Saint-Louis, G. Thibierge, médecin de l'hôpital de la Pitié, directeur de la publication.

Cette série, commencée en 1890, est en cours de publication (1890 à 1899). 8 vol., chacun... .... 30 fr.

Les *Annales de dermatologie et de syphiligraphie* paraissent le 30 de chaque mois par cahier d'environ 5 feuilles, avec planches et figures dans le texte et forment chaque année un volume grand in-8°.

Prix de l'abonnement annuel :
Paris....................... 30 fr.
Départements et Union postale.. 32 fr.

Annales de l'Institut Pasteur.
Fondées sous le patronage de M. Pasteur, par M. Duclaux, membre de l'Institut, professeur à la Sorbonne, directeur de l'Institut Pasteur. Assisté d'un comité de rédaction composé de MM. Chamberland, chef de service à l'Institut Pasteur; Dʳ Grancher, professeur à la faculté de médecine; Metchnikoff, chef de service à l'Institut Pasteur; Nocard, professeur à l'école vétérinaire d'Alfort; Dʳ Roux, sous-directeur à l'Institut Pasteur; Dʳ Vaillard, professeur au Val-de-Grâce.

Les *Annales de l'Institut Pasteur* paraissent le 25 de chaque mois, depuis janvier 1887 et forment tous les ans un volume de 600 à 700 pages avec planches.

Tomes I à XII (1887 à 1898), chaque volume..................... 18 fr.
Les tomes 3, 4, 5, 8, 9, 10 sont épuisés

Prix de l'abonnement annuel :
Paris....................... 18 fr.
Départements et union postale... 20 fr.
Le numéro................... 2 fr.

Annales des maladies de l'oreille, du larynx, du nez et du pharynx,
fondées par MM. Isambert, Krishaber, Ladreit de la Charrière, publiées par M. A. Gouguenheim, médecin de l'hôpital Lariboisière et M. Lermoyez, médecin de l'hôpital Saint-Antoine.

Tomes I à XXIII (1875 à 1898). 24 vol. in-8°, avec figures et planches. Chaque volume..................... 12 fr.

Les *Annales des maladies de l'oreille* paraissent tous les mois et forment chaque année 1 vol. in-8°.

Prix de l'abonnement annuel :
Paris....................... 12 fr.
Départements................. 14 fr.
Union postale................ 15 fr.

Annales médico-psychologiques. Journal de l'anatomie, de la physiologie et de la pathologie du système nerveux, destiné particulièrement à recueillir tous les documents relatifs à la science des rapports du physique et du moral, à l'aliénation mentale et à la médecine légale des aliénés.

1re SÉRIE, par MM. BAILLARGER, CERISE et LONGET (1843 à 1848). 12 vol. in-8° avec planches........................ 120 fr.

2e SÉRIE (1849 à 1854), par MM. BAILLARGER, BRIÈRE DE BOISMONT et CERISE. 6 vol. in-8°................... 72 fr.

3e SÉRIE (1855 à 1862), journal destiné à recueillir tous les documents relatifs à l'aliénation mentale, aux névroses et à la médecine légale des aliénés, par MM. BAILLARGER, MOREAU (de Tours) et CERISE. 8 vol. in-8°................... 96 fr.

4e SÉRIE (1863 à 1868). 12 vol. in-8° 120 fr.
5e SÉRIE (1869 à 1878). 20 vol. in-8° 200 fr.
Table générale et alphabétique des 22 premières années (1843 à 1866). 1 volume in-8°........................... 5 fr.
Table générale et alphabétique (1866 à 1878). 1 vol. in-8°................ 5 fr.
6e SÉRIE (1879 à 1884). 12 vol. in-8° 120 fr.
7e SÉRIE (1885 à 1894), publiée par MM. BAILLARGER et RITTI. 20 vol. in-8°.. 200 fr.
8e SÉRIE (commencée en 1895) publiée par M. Antoine RITTI, médecin de la maison nationale de Charenton, chaque année 20 fr.

Les *Annales médico-psychologiques* paraissent tous les deux mois et forment chaque année 2 vol. in-8°.

Prix de l'abonnement annuel :

Paris........................ 20 fr.
Départements................. 23 fr.
Union postale................ 25 fr.

Annales des sciences géologiques, dirigées pour la partie géologique par M. HÉBERT ; et pour la partie paléontologique par M. Alphonse MILNE-EDWARDS.

Tome I à XXII (1870 à 1891).

Chaque volume............. 15 fr.

Cette publication est désormais confondue avec celle des *Annales des sciences naturelles*.

Annales des sciences naturelles, comprenant la zoologie, la botanique, l'anatomie et la physiologie comparées des deux règnes et l'histoire des corps organisés fossiles :

Ire SÉRIE (1824 à 1833 inclusivement), publiée par MM. AUDOUIN, Ad. BRONGNIART, DUMAS. 30 volumes in-8°. 600 planches environ.

Chaque année (moins 1827 à 1830, et 1832) est vendue séparément.......... 40 fr.

Table générale des matières des 30 volumes de la 1re série. Paris, 1841, 1 vol. in-8°........................... 8 fr.

La maison possède un petit nombre de collections complètes des *Annales des Sciences naturelles*, y compris la 1re série, très rare, les prix sont donnés sur demande.

IIe SÉRIE (1834 à 1843), rédigée, pour la zoologie, par MM. AUDOUIN et MILNE-EDWARDS, et, pour la botanique, par MM. A. BRONGNIART, GUILLEMIN et DECAISNE.

IIIe SÉRIE (1844 à 1853), rédigée, pour la zoologie, par M. MILNE-EDWARDS, et, pour la botanique, par MM. Ad. BRONGNIART et DECAISNE.

IVe SÉRIE (1854 à 1863), rédigée, pour la zoologie, par M. MILNE-EDWARDS et pour la botanique, par MM. Ad. BRONGNIART et DECAISNE.

Ve SÉRIE (1864 à 1874), rédigée, pour la zoologie, par M. MILNE-EDWARDS, et, pour la botanique, par MM. A. BRONGNIART et DECAISNE.

VIe SÉRIE (1875 à 1884), rédigée, pour la zoologie, par MM. H. et Alph. MILNE-EDWARDS, et, pour la botanique, par M. Ph. VAN TIEGHEM.

Chacune des IIe, IIIe, IVe, Ve et VIe séries comprend 20 volumes pour la zoologie et 20 volumes pour la botanique. Prix des 20 volumes de chacune des IVe, Ve, VIe séries (zoologie ou botanique), format grand in-8° avec 350 planches environ.. 250 fr.

Les séries II et III ne sont plus vendues complètes séparément. Quelques années peuvent être vendues séparément. 25 fr.

VIIe SÉRIE (1885 à 1894), rédigée, pour la zoologie, par M. Alph. MILNE-EDWARDS, et, pour la botanique, par M. VAN TIEGHEM, 20 volumes..................... 300 fr.

VIIIe SÉRIE (commencée en 1895), rédigée pour la zoologie par M. Alph. MILNE-EDWARDS, et pour la botanique, par M. VAN TIEGHEM, chaque année 2 volumes. 30 fr.

Il paraît chaque année, de chacune des parties, 2 volumes grand in-8°, avec les planches correspondant aux mémoires ; chaque volume est publié en 6 cahiers.

Prix de l'abonnement annuel à chacune des parties, zoologie ou botanique.
Paris.......................... 30 fr.
Départements et union postale... 32 fr.

L'Anthropologie. — Rédacteurs en chef MM. BOULE, VERNEAU, fondée en 1890, par la réunion des *Matériaux pour l'Histoire de l'homme*, *revue d'anthropologie*, *revue d'ethnographie*. — Principaux collaborateurs : MM. d'ACY, BOULE, CARTAILHAC, COLLIGNON, DENIKER, HAMY, LALOYY, MONTANO, DE NADAILLAC, PIETTE, Salomon REINACH, Roland BONAPARTE, TOPINARD, VERNEAU, VOLKOV.

L'*Anthropologie* paraît tous les deux mois, par fascicules de 128 pages, avec planches et figures dans le texte et forme chaque année un volume grand in-8°.

Tomes I à IX (1890 à 1898).
Chaque volume.................. 25 fr.

Prix de l'abonnement annuel :

Paris.......................... 25 fr.
Départements.................. 27 »
Union postale................. 28 »

(Voir *Revue d'Anthropologie*.)

Archives d'Anatomie microscopique publiées sous la direction de MM. BALBIANI et RANVIER, professeurs au Collège de France. Secrétaire de la rédaction : L. F. HENNEGUY.

Les *Archives d'Anatomie microscopiques* forment, par an, 4 fascicules in-8° d'environ 150 pages, paraissant à des époques indéterminées, avec nombreuses planches en noir et en couleurs.

Tomes I et II (1897 et 1898). Chaque volume.......................... 36 fr.

Prix de l'abonnement :

Paris et départements...... 36 fr.
Union postale............. 38 fr.
Chaque fascicule est vendu séparément........................... 10 fr.

Archives d'Anthropologie criminelle, de criminologie et de psychologie normale et pathologique (fondées en 1886, avec la collaboration du Dr Albert BOUMET), publiées, sous la direction de M. A. LACASSAGNE, pour la partie biologique, et M. G. TARDE, pour la partie sociologique.

Les *Archives d'anthropologie* criminelle paraissent tous les 2 mois par fascicule et forment chaque année un volume in-8°.
Chaque volume.................. 40 fr.

Prix de l'abonnement annuel :

Paris et départements......... 20 fr.
Union postale................. 23 fr.
Le numéro.................... 4 fr.

Archives de Biologie, publiées par M. Edouard VAN BENEDEN, professeur à l'Université de Liège, et M. Charles VAN BAMBEKE, professeur à l'Université de Gand.

Tome Ier...................... 50 fr.
Tome IV........................ 60 fr.
Tomes II, III, V à XVI (1880 à 1898), chaque volume.................. 40 fr.

Prix de l'abonnement annuel : 50 fr.

Archives de médecine expérimentale et d'anatomie pathologique, fondées par J.-M. CHARCOT, publiées par MM. GRANCHER, JOFFROY, LÉPINE. Secrétaire de la rédaction : R. WURTZ.

Tomes I à X (1889 à 1898), chaque volume.......................... 24 fr.

Les *Archives de médecine expérimentale et d'anatomie pathologique* paraissent tous les deux mois et forment, chaque année, un volume grand in-8°, avec planches noires et coloriées.

Prix de l'abonnement annuel :

Paris.......................... 24 fr.
Départements.................. 25 »
Union postale................. 26 »

Archives de Médecine des Enfants, publiées par MM. BRUN, agrégé, chirurgien de l'hôpital des Enfants-Malades ; COMBY, médecin de l'hôpital des Enfants-Malades, GRANCHER, professeur de clinique des maladies de l'Enfance, HUTINEL, professeur, médecin des Enfants-Assistés ; LANNELONGUE, professeur, chirurgien de l'hôpital des Enfants-Malades, MARFAN, agrégé, médecin des hôpitaux ; MOIZARD, médecin de l'hôpital des Enfants-Malades ; SEVESTRE, médecin de l'hôpital des Enfants-Malades. — *Directeur de la publication* : Dr COMBY.

Les *Archives de Médecine des enfants* paraissent tous les mois et forment chaque année 1 vol. in-8°, avec figures dans le texte.

Tome I (1898). 1 vol............ 14 fr.

Prix de l'abonnement annuel :

Paris et Départements.......... 14 fr.
Union postale................ 16 fr.

Archives de Physiologie normale et pathologique, fondées en 1868, dirigées par MM. BROWN-SEQUARD, CHARCOT et VULPIAN.

Iʳᵉ SÉRIE (1868 à 1873), 5 volumes grand in-8° de 800 pages chacun, avec planches noires et coloriées. Les exemplaires complets de la Iʳᵉ série sont rares. Chacun des volumes II à V est vendu séparément 25 fr.
Table de la Iʳᵉ série............ 3 fr.

IIᵉ SÉRIE (1874 à 1882) 10 volumes (9 années) grand in-8° avec figures dans le texte et planches en noir et en couleurs; chaque année................ 25 fr.
Table de la IIᵉ série............ 6 fr.

IIIᵉ SÉRIE (1883 à 1887), dirigée par MM. BROWN-SEQUARD, CHARCOT, VULPIAN, A. JOFFROY. 10 volumes grand in-8°; chaque année (formant 2 volumes)........ 30 fr.

IVᵉ SÉRIE (1888), dirigée par MM. BROWN-SEQUARD, CHARCOT, JOFFROY et P. REGNARD.
Tomes I-II une année.......... 30 fr.

Vᵉ SÉRIE (commencée en 1889), publiée par MM. BOUCHARD, CHAUVEAU, MAREY. Avec le concours de MM. D'ARSONVAL, CHARRIN, DASTRE, François FRANCK. Secrétaire de la rédaction : M. E. GLEY.
Tomes I à X (1889 à 1898), chaque volume...................... 24 fr.

Archives des sciences médicales. Organe de l'Institut d'Anatomie et de Chirurgie et de l'Institut de Pathologie et de Bactériologie de Bucarest, publiées sous la direction de M. Thomas JONNESCO, professeur à la Faculté de médecine de Bucarest, directeur de l'Institut d'Anatomie et de Chirurgie. M. V. BABÈS, professeur à la Faculté, directeur de l'Institut de Pathologie et de Bactériologie de Bucarest, et M. N. KALINDERO, professeur à la Faculté de médecine de Bucarest. Rédacteur en chef : Dʳ CRITZMAN.

Les *Archives des sciences médicales* paraissent tous les deux mois, avec planches en noir et en couleurs, et figures dans le texte. Elles forment, chaque année, un volume d'environ 600 pages. Tome I, II (1896-97) chaque volume.................. 26 fr.
Tome III (1898). 1 vol.......... 18 fr.

Prix de l'abonnement annuel :

Paris........................ 18 fr.
Départements................. 20 fr.
Union postale................ 22 fr.

Archives du Muséum d'histoire naturelle (Nouvelles), publiées par MM. les professeurs-administrateurs de cet établissement.

Nouvelle série (1878 à 1888), 10 vol. in-4°, avec planches en noir et en couleur. 400 fr.
Chaque volume séparément... 40 fr.

IIIᵉ SÉRIE (1889 à 1898), tomes I à X, chaque année.................... 40 fr.

IVᵉ SÉRIE, commencée en 1899.
Il paraît chaque année un volume grand in-4°, publié en 2 fascicules, avec planches en noir et en couleurs.

Prix de l'abonnement....... 40 fr

Bulletin hebdomadaire de statistique municipale, publié sous la direction de M. le Dʳ Jacques BERTILLON, chef des travaux de la statistique de la ville de Paris.
Tomes 1 à XIX (1880 à 1898), chaque volume...................... 6 fr.

Prix de l'abonnement annuel :

Paris et départements.......... 6 fr.
Union postale................ 9 fr.

Tableaux mensuels de statistique municipal de la ville de Paris, tomes I à XV (1885 à 1898), chaque volume....... 6 fr.

Prix de l'abonnement annuel :

Paris et départements.......... 6 fr.
Union postale................ 9 fr.

Bulletin du Muséum d'histoire naturelle, publié par MM. les professeurs-administrateurs de cet établissement, donnant le compte rendu des réunions des naturalistes du Muséum.

Cette publication, commencée en 1895, paraît en 8 fascicules et forme chaque année un vol. de 360 pages, avec figures dans le texte. Chaque volume............ 15 fr.

Prix de l'abonnement annuel :

Paris et départements.......... 15 fr.
Union postale................ 16 fr.

Bulletins. — Voyez : *Académie de médecine* et *Sociétés*.

Electrothérapie (l'), journal d'électricité médicale, fondé et dirigé par M. le docteur Léon DANION.

Tomes I, II (1888-1889) chaque volume.................. 15 fr.
Tomes III, IV, V (1890-1891-1892) chaque volume.................. 10 fr.

Gazette hebdomadaire de médecine et de chirurgie, fondée par le Dr DECHAMBRE :
1re SÉRIE (1853 à 1863), 10 volumes in-4°.................. 250 fr.
2e SÉRIE (1864 à 1889). Comité de rédaction : Dr LEREBOULLET, Dr BRISSAUD, Dr DIEULAFOY, Dr DREYFUS-BRISAC, Dr François FRANCK, Dr GILBERT, Dr HENOCQUE, Dr A.-J. MARTIN, Dr A. PETIT, Dr Paul RECLUS.
Tomes I à XXVI, chaque année. 25 fr.
2e SÉRIE (1890 à 1895), augmentée du *Mercredi médical*. Les deux publications réunies, tomes XXVII à XXXII, chaque année.................. 25 fr.
Nouvelle série (commencée en 1896). Dirigée par MM. L. LEREBOULLET, Ch. ACHARD et A. BROCA. Deux éditions par semaine : le jeudi et le dimanche.
Prix de chaque année........ 8 fr.

La *Gazette hebdomadaire* paraît le jeudi et le dimanche de chaque semaine, dans le format in-4°, sur deux colonnes.

Prix de l'abonnement annuel :
Paris et départements....... 8 fr. »
Union postale............... 11 fr. »
Le numéro .... 0 fr. 10

Les abonnés à la *Gazette hebdomadaire* ont droit à recevoir, moyennant une augmentation ci-après indiquée :

1° *Bulletin de l'Académie de médecine*
Paris et départements........... 8 fr.
Union postale................... 12 fr.

2° *Bulletin de la Société de Dermatologie*
Paris et départements.......... 6 fr.
Union postale.................. 7 fr.

3° *Bulletins et mémoires de la Société médicale des hôpitaux*.
Paris et départements.......... 5 fr.
Union postale.................. 8 fr.

Iconographie de la Salpêtrière (Nouvelle) fondée en 1887, par J.-M. CHARCOT, publiée sous la direction de MM. F. RAYMOND, A. JOFFROY, A. FOURNIER, Paul RICHER, GILLES DE LA TOURRETTE, Albert LONDE. Secrétaire de la Rédaction : Henry MEIGE.

La *Nouvelle Iconographie de la Salpê-* *trière* paraît tous les 2 mois et forme chaque année un volume gr. in-8°, avec figures dans le texte et nombreuses planches hors texte.
Tomes I à XI s88(8 à 189)8. Chaque volume.................. 25 fr.

Prix de l'abonnement annuel :
Paris.......................... 25 fr.
Départements................... 27 fr.
Union postale .... 28 fr.

Journal de l'Agriculture, de la ferme et des maisons de campagne, de l'économie rurale et de l'horticulture, fondé par M.-J. A. BARRAL. Rédacteur en chef : Henry SAGNIER, 1866 à 1894, 72 vol. in-8°. 250 fr.
A partir de 1885, chaque année (deux volumes).................. 20 fr.

Le *Journal de l'Agriculture* paraît le samedi de chaque semaine. Il forme, chaque année, deux volumes grand in-8° de 1048 pages, avec nombreuses figures dans le texte.

Prix de l'abonnement annuel :
Paris et départements......... 20 fr.
Union postale................. 22 fr.

Journal de physiologie et de pathologie, générale, publié par MM. BOUCHARD et CHAUVEAU. Comité de rédaction : MM. J. COURMONT, E. GLEY, P. TEISSIER.
Le *Journal de physiologie et de pathologie générale* paraît tous les deux mois, depuis janvier 1899, dans le format grand in-8°, avec planches et figures dans le texte, et formera chaque année un volume d'environ 1,200 pages.

Prix de l'abonnement annuel :
Paris.......................... 28 fr.
Départements et Union postale... 30 fr.

Nature (la), revue illustrée des sciences et de leurs applications aux arts et à l'industrie, fondée en 1873 par M. Gaston TISSANDIER. Directeur : HENRI DE PARVILLE.

La *Nature* paraît tous les samedis par livraisons de 16 pages grand in-8° jésus, richement illustrées.

Le numéro contient en outre, au moment de sa publication, un supplément hebdomadaire de 4 pages publié sous les titres : La Semaine, Informations, Boîte aux lettres, Petites inventions, Bibliographie, Bulletin météorologique et Chronique météorologique. Chaque année de la publication forme deux beaux volumes grand in-8°.

En vente : *Première série*. Tomes I à L, 1873 à 1898. Chaque volume broché 10 fr.

Deuxième série. — Tome I (1898).
Cartonné avec luxe, fers spéciaux, tranches dorées.................... 13 fr. 50
Table des 10 premières années (volumes I à XIX)................. 10 fr.
Table des années 11 à 20 (volumes XX à XXXIX)................. 10 fr.
Chaque volume cartonné..... 13 fr. 50

En prenant en même temps les deux volumes de tables il est accordé une remise de 8 fr.

Les abonnements partent du 1er de chaque mois. Les semestres commencent le 1er juin et le 1er décembre.

Prix de l'abonnement annuel :

Paris, Seine et Seine-et-Oise.. 20 fr. »
Départements................. 25 fr. »
Union postale................. 26 fr. »
Le numéro.................... 0 fr. 50

A titre de faveur spéciale, les abonnés directs de la *Nature* peuvent s'abonner à la *Photographie française*, aux prix suivants :

Paris........................ 5 fr. »
Départements................. 5 fr. 50
Union postale................ 7 fr. »

Ornis. — Bulletin du Comité ornithologique international publié sous la direction de E. OUSTALET, docteur ès sciences, président du Comité et J. DE CLAYBROOKE, secrétaire.

L'*Ornis* paraît par fascicules d'environ 8 pages accompagnées de figures et de cartes. 4 fascicules paraissant à des époques indéterminées forment un volume. — On s'abonne pour un volume. Prix de l'abonnement.................... 10 fr.

Photographie française (La), revue mensuelle illustrée des applications de la photographie à la Science, à l'Art et à l'Industrie. Médaillé d'argent à l'Exposition universelle de Bruxelles, 1887. Directeur : Louis GASTINE.

La *Photographie française*, est l'organe officiel de la Chambre syndicale des fabricants et négociants en appareils et produits photographiques et de la Chambre syndicale des opticiens. Elle paraît tous les mois par livraisons grand in-8° avec nombreuses figures dans le texte et planches hors texte.

Prix de l'abonnement annuel :
Paris........................ 6 fr. 50
Départements................. 7 fr. »
Union postale................ 8 fr. »
Le numéro.................... 0 fr. 60

Nota. — Les abonnés à la **Nature** ont le droit de recevoir cette publication aux prix suivants :

Paris........................ 5 fr. »
Départements................. 5 fr. 50
Union postale................ 7 fr. »

Revue de l'Aéronautique théorique et appliquée. — Publication trimestrielle illustrée. Directeur : Henri HERVÉ; comité de rédaction : MM. JANSSEN, Dr MAREY, E. MASCART, membres de l'Institut, commandant B. KREBS, professeur S. P. LANGLEY, colonel A. LAUSSEDAT, commandant RENARD, V. TATIN, ingénieur, Gaston TISSANDIER.

La *Revue de l'Aéronautique* paraît par livraisons in-4° de 32 pages, avec de nombreuses planches noires.

En vente : Tomes I à VI (1888 à 1893). Chaque volume................. 10 fr.

Revue d'Anthropologie, fondée en 1872, par M. Paul BROCA. Comité de rédaction : MM. Mathias DUVAL, L. POZZI, de QUATREFAGES, THULIÉ. Directeur de la rédaction, M. le Dr Paul TOPINARD, Secrétaire général de la *Société d'Anthropologie*.

2e SÉRIE (1878 à 1885) 8 vol.... 200 fr.
3e — (1886 à 1889) 4 vol.. 100 fr.

Revue de Gynécologie et de Chirurgie abdominale, publiée sous la direction de Samuel POZZI, professeur agrégé à la Faculté de médecine, chirurgien de l'hôpital Broca, membre de l'Académie de médecine. Secrétaire de la rédaction : Dr JAYLE.

La *Revue de Gynécologie* paraît tous les deux mois depuis le 10 février 1897 et forme chaque année un fort volume, très grand in-8°, publié en 6 fascicules de chacun 160 à 200 pages, accompagnés de figures dans le texte et de planches en noir et en couleurs.

Tomes I, II (1897-1898), chaque volume...................... 28 fr.

Prix de l'abonnement annuel :
France (Paris et départements).. 28 fr.
Étranger (Union postale)....... 30 fr.

Revue d'Hygiène et de police sanitaire, publiée par M. VALLIN, membre de l'Académie de médecine. Comité de rédaction : MM. BERGERON, GRANCHER, H. NAPIAS, A. PROUST, J. ROCHARD, THÉLAT. Secrétaire de la rédaction : Dr A. J. MARTIN, membre du Comité consultatif d'hygiène de France.

La *Revue d'Hygiène*, qui est l'organe de la Société de médecine publique et d'hygiène professionnelle, paraît le 20 de chaque mois depuis 1879 et forme, chaque année, un volume in-8°, avec de nombreuses figures dans le texte et planches hors texte. Chaque volume.................. 20 fr.

Prix de l'abonnement annuel :
Paris........................... 20 fr.
Départements................... 22 fr.
Union postale.................. 23 fr.
Le numéro...................... 2 fr.

Revue Neurologique, organe spécial d'analyses des travaux concernant le système nerveux et ses maladies, dirigée par MM. E. BRISSAUD et P. MARIE, professeurs agrégés à la Faculté de médecine de Paris, médecins des hôpitaux. Secrétaire de la rédaction : Dr Henry MEIGE.

La *Revue Neurologique* paraît le 15 et le 30 de chaque mois et forme, chaque année, un volume in-8° d'environ 900 pages, avec de nombreuses figures dans le texte.

En vente : Tomes I à VI (1893 à 1898), chaque volume................... 25 fr.

Prix de l'abonnement annuel :
Paris et départements........... 25 fr.
Union postale................... 27 fr.

Revue générale d'Ophtalmologie. — Recueil mensuel bibliographique, analytique, critique, dirigé par M. le professeur DOR à LYON, et M. le Dr E. MEYER à Paris. Secrétaires de la rédaction : MM. les Drs CAUDRON et DEBIERRE, chefs de clinique.

En vente : Tomes I à XVII (1882 à 1898), chaque volume................. 20 fr.

La *Revue d'Ophtalmologie* paraît tous les mois et forme chaque année un volume grand in-8°.

Prix de l'abonnement annuel :
Paris........................... 20 fr. »
Départements.................... 22 fr. »
Union postale................... 22 fr. 50

Revue d'Orthopédie, publiée sous la direction de M. le Dr KIRMISSON, chirurgien de l'hôpital des Enfants-Assistés, avec la collaboration de MM. L. OLLIER, A. DUBREUIL, PIÉCHAUD, O. LANNELONGUE, A. PONCET, PHOCAS. Secrétaire de la rédaction : Dr Raymond SAINTON.

Tomes I à IX (1890 à 1898), chaque volume.......................... 12 fr.

La *Revue d'Orthopédie* paraît tous les deux mois par fascicules et forme chaque année un volume in-8° d'environ 480 pages, avec nombreuses figures dans le texte et planches hors texte.

Prix de l'abonnement annuel :
Paris........................... 12 fr.
Départements.................... 14 fr.
Union postale................... 15 fr.

Revue Philanthropique. — Paul STRAUSS, directeur. Comité de Patronage : Théophile ROUSSEL, président ; prince d'ARENBERG, Dr J. BERGERON, Léon BOURGEOIS, Dr BOURNEVILLE, BRUEYRE, Dr P. BUDIN, BUISSON, CHEYSSON, F. DREYFUS, DUCOURAN, FLEURY-RAVARIN, GAUFRÈS, Dr GOUJON, A. GUILLOT, E. LAVISSE, LOURTIES, H. MONOD, Dr H. NAPIAS, H. SABRAN, M. DE LA SIZERANNE, Dr THULIÉ, J. SIEGFRIED, VAN BROCK, F. VOISIN.

La *Revue Philanthropique* paraît par numéros gr. in-8° de chacun 160 pages, le 10 de chaque mois à partir du 10 mai 1897. Elle forme chaque année 2 volumes. Tomes I à V (1897-1899). Chaque volume........................... 10 fr.

Prix de l'abonnement annuel :
Paris et Départements.......... 20 fr.
Étranger....................... 22 fr.

Revue des sciences médicales en France et à l'étranger, publiée sous la direction de M. le Dr HAYEM, Professeur à la Faculté de médecine de Paris. Comité de rédaction : MM. P. BERGER et RENDU. Secrétaire de la rédaction : M. le Dr CARTAZ.

En vente : Année 1873 à 1898 (Tomes I à LII). Chaque année............... 32 fr.

Revue de la Tuberculose, fondée par le Professeur VERNEUIL (de l'Institut), publiée sous la direction de MM. les Professeurs BOUCHARD (de l'Institut), Président de l'Œuvre de la Tuberculose, CHAUVEAU et LANNELONGUE, membres de l'Institut, Vice-Présidents de l'Œuvre de la Tuberculose, BROUARDEL (de l'Institut), CORNIL, A. FOURNIER, J. GRANCHER, NOCARD (d'Alfort), Po-

IX. Publications périodiques

TAIN (de l'Institut), RAYMOND, Ch. RICHET, TARNIER, KELSCH, L. LANDOUZY, N. GAMALEÏA (de Saint-Pétersbourg). Rédacteur en chef : le Dr L. H. PETIT, secrétaire général de l'Œuvre de la Tuberculose.

La *Revue de la Tuberculose* paraît tous les trois mois par fascicules de 96 pages et forme chaque année un vol. in-8°.
Tomes I à VI (1893 à 1898).
Chaque volume................. 12 fr.

Prix de l'abonnement annuel :
Paris......................... 12 fr.
Départements................. 14 fr.
Union postale................. 15 fr.

SOCIÉTÉ D'ANTHROPOLOGIE (Bulletin de la), comprenant les procès-verbaux des séances :
1re SÉRIE (1860 à 1865), 6 volumes (Rare).
Table de la 1re série, 1 vol. in-8°.... 4 fr.
2e SÉRIE (1866 à 1877), 12 vol. in-8°.
3e SÉRIE (1878 à 1889), 12 vol. in-8°. 120 fr.
4e SÉRIE, commencée en 1890. Chaque année forme un volume in-8°, publié en 5 fascicules. En vente : Tomes I à IX (1890 à 1898), chaque volume...... 10 fr.

Prix de l'abonnement annuel :
Paris......................... 10 fr.
Départements .... 12 fr.
Union postale................. 13 fr.

SOCIÉTÉ D'ANTHROPOLOGIE (Mémoires de la), publiés dans le format gr. in-8°.
1re SÉRIE, tomes I à III (épuisée).
2e   »   »   I à IV (1873 à 1893).
3e   »   »   I-II (1893 à 1897).

Dans cette série chaque travail ou mémoire forme à lui seul un fascicule distinct qui pourra être acquis séparément.
Prix de chaque volume, avec planches cartes et portraits................. 16 fr.

Prix de l'abonnement annuel :
Paris......................... 16 fr.
Départements................. 17 fr.
Union postale................. 18 fr.

SOCIÉTÉ DE BIOLOGIE (Comptes rendus hebdomadaires de la), publiés le vendredi de chaque semaine et formant chaque année un volume in-8°.
VIIIe Série, tomes I à V (1884 à 1888).
IXe   —   — I à V (1889 à 1893).
X^e   —   — I à V (1894 à 1898).
Chaque volume................. 18 fr.

Prix de l'abonnement annuel :
Paris et départements......... 20 fr.
Union postale................. 22 fr.

SOCIÉTÉ CHIMIQUE DE PARIS (Bulletin de la), comprenant le procès-verbal des séances ; les mémoires présentés à la Société, l'analyse des travaux de chimie pure et appliquée publiés en France et à l'étranger, la Revue des brevets, etc.

Le *Bulletin de la Société chimique* paraît le 5 et le 20 de chaque mois, et forme chaque année 2 volumes in-8° d'environ 1,400 pages.

Chacune des années 1873 à 1886. 20 fr.
 —   —   — 1887 à 1895. 25 fr.
 —   —   — 1896 à 1898. 30 fr.

Table analytique des matières contenues dans le Bulletin de la Société chimique (1re et 2e Séries, 1858 à 1874) et dans les répertoires de chimie pure et de chimie appliquée, suivie de la Table alphabétique des auteurs, dressées par M. Ed. WILLM, secrétaire de la rédaction du *Bulletin de la Société chimique*. Paris, 1876, 1 vol. in-8° imprimé sur 2 colonnes.......... 20 fr.

Tables des années 1875 à 1888 du *Bulletin de la Société chimique* (Table alphabétique des auteurs et table analytique des matières), dressées par Th. SCHNEIDER, ancien secrétaire de la rédaction du *Bulletin de la Société chimique*, Paris, 1894, un volume in-8° de 830 pages imprimé sur 2 colonnes.
Prix........................... 30 fr.

Prix de l'abonnement annuel :
Paris......................... 30 fr.
Départements................. 32 fr
Union postale................. 33 fr.

SOCIÉTÉ DE CHIRURGIE (Bulletin de la) :
1re SÉRIE (1853 à 1860), 7 vol. in-8° 63 fr.
2e   — (1861 à 1871), 12 — — 84 fr.
3e   — (1872 à 1874), 3 — — 21 fr.

SOCIÉTÉ DE CHIRURGIE (Mémoires de la).
Tomes I à VII (1849 à 1874), in-4° avec planches, Chaque volume...... 20 fr.
A partir de 1875, la Société de Chirurgie a changé son mode de publication. (Voyez *Bulletins et mémoires de la Société de Chirurgie.*)

SOCIÉTÉ DE CHIRURGIE (Bulletins et mémoires de la), publiés par les soins de

MM. les secrétaires de la Société, paraissant le mardi de chaque semaine. Ce recueil forme chaque année un volume grand in-8° d'environ 800 pages.

En vente : Tomes I à XXIV (1875 à 1898). Chaque volume...................... 18 fr.

    Prix de l'abonnement annuel :

Paris........................... 18 fr.
Départements................. 20 fr.
Union postale................. 22 fr.

SOCIÉTÉ FRANÇAISE DE DERMATOLOGIE ET DE SYPHILIGRAPHIE (**Bulletin de la**), publié par les soins de MM. les secrétaires de la Société et paraissant tous les mois, excepté pendant les vacances de la Société.

En vente : Tomes I à IX (1890 à 1898). Chaque volume...................... 12 fr.

    Prix de l'abonnement annuel :

Paris et départements.......... 12 fr.
Union postale................. 14 fr.

Nota : Les abonnés aux *Annales de Dermatologie* et à la *Gazette hebdomadaire de médecine* ont droit à recevoir cette publication aux conditions suivantes :

Paris et départements .... 6 fr.
Union postale.................. 7 fr.

SOCIÉTÉ DE MÉDECINE PUBLIQUE ET D'HYGIÈNE PROFESSIONNELLE (**Bulletin de la**). Tomes II. — IV à XX (1879 à 1897). Chaque vol. 10 fr.

SOCIÉTÉ MÉDICALE DES HÔPITAUX DE PARIS (**Bulletins et mémoires**), paraissant tous les jeudis (excepté pendant les vacances de la Société) dans le format grand in-8°.

3° SÉRIE : Tomes I à XV (1884 à 1898). Chaque volume.................... 12 fr.

    Prix de l'abonnement annuel :

Paris et départements........... 12 fr.
Union postale................. 15 fr.

Nota : Les abonnés à la *Gazette hebdomadaire de médecine*, ont droit à recevoir cette publication aux conditions suivantes :

Paris et départements.......... 5 fr.
Union postale................. 8 fr.

Union des femmes de France (l'). Bulletin officiel paraissant tous les deux mois.

Comité de rédaction : MM. Dr BOULOUMIÉ, Dr DOUGLAS-HOGG, Louis GALLET, Dr GRENIER, Dr M. LETULLE, Dr A.-J. MARTIN, Dr NEUMANN, Roger MILÈS, M. VALLERY-RADOT, Dr SCHLEMMER. Rédacteur en chef : Dr M. LETULLE.

2e SÉRIE 1892-1893, 2 volumes in-4°, chacun....................... 3 fr. 50
3e SÉRIE, 1894-1895, 2 volumes in-4°, chacun.................. 3 fr. 50
4e série (1896-1898), 2 volumes chacun...................... 3 fr. 50

    Prix de l'abonnement annuel :

Paris et départements........ 3 fr. 50
Union postale................ 4 fr.
Le numéro .... 0 fr. 30

X. — TABLE ALPHABÉTIQUE DES AUTEURS

Les chiffres en caractères romains, placés à la suite de chaque article, renvoient à la section du Catalogue général auquel appartient l'ouvrage.

Pour les **PÉRIODIQUES**, le prix indiqué est celui de Paris; pour les autres conditions, consulter la Section des Périodiques.

Les lettres **E. L.** indiquent les volumes de l'Encyclopédie des Aide - Mémoire (**LÉAUTÉ**). Ces volumes sont tous publiés dans le format petit in-8° et vendus, brochés, 2 fr. 50; cartonnés toile, 3 fr.

Les lettres **B. D.** indiquent les volumes de la Bibliothèque Diamant des Sciences biologiques (volumes in-16 raisin, cartonnés toile marron, tranches rouges).

Les lettres **Œ. M.** indiquent les brochures de l'Œuvre Médico-chirurgicale. Chaque brochure grand in-8° de 30 à 40 pages est vendue 1 fr. 25.

Le signe V. veut dire voyez.

A

Académie de médecine. — Bulletins, Mémoires . . . . I, IX
   Bulletin, in-8°, hebdomadaire, 18 fr.
   Mémoires, in-4°. Volumes, 20 fr.
Achard. — V. Gazette hebdomadaire. . . . IX
Acton. — Organes de la génération. In-8°, 6 fr. VIII
Aléxéyeff. — Méthodes de transformation des combinaisons organiques. In-8°, 6 fr. . IV
Alheilig. — Recette, conservation et travail des bois. **E. L.**, 2 fr. 50. VII
— Cordages en chanvre et en fils métalliques. **E. L.**, 2 fr. 50. VII
— Résistance et construction des pièces de machines. **E. L.**, 2 fr. 50. VII
Alix. — Appareil locomoteur des oiseaux. In-8°, 12 fr. III
— Le vol sauté. In-8°, 6 fr. III
Allègre. — Odyssée. In-16, 2 fr. VIII
— Iliade. In-16, 2 fr. VIII
Almanach de l'Agriculture (annuel). In-18, 50 c. VI
Althaus. — Maladies de la moelle épinière. 7 fr. 50. I
Amoëdo. — Art dentaire en médecine légale, in-8°, 12 fr. II
Anatomie (Atlas d') :
   Anatomie descriptive (V. Bonamy et Broca);
   — Humaine (V. Traité d'anatomie humaine);
   — Microscopique (V. Archives d'anatomie microscopique);
   — des Régions (V. Paulet et Sarazin);
   — Pathologique (V. Lancereaux);
   — des Maladies de l'œil (V. Perrin et Poncet);
   — de la Moelle épinière (V. Blocq et Londe);
   — du Larynx (V. Gouguenheim et Glover);
   — des Maladies de la peau (V. Leloir et Vidal);
   — du Cerveau (V. Brissaud).

Andral. — Clinique médicale. 5 vol. in-8°, 40 fr. I
André. — L'Art des jardins. Gr. in-8°, 35 fr. V
Annales agronomiques. Mensuel, 18 fr. . VI, IX
— de chimie et de physique. Mensuel, 30 fr. . . . . IV, IX
— de Dermatologie. Mensuel, 50 fr. . . . IX
— de l'Institut Pasteur IX
— des Maladies de l'oreille. Tous les deux mois, 12 fr. . . . . I, IX
— Médico-Psychologiques. Tous les deux mois, 20 fr. . . . . I, IX
— des Sciences Naturelles :
   — Zoologie. Mensuel, 30 fr. . . . III, IX
   — Botanique. Mensuel, 30 fr. . . . III, IX
— des Sciences Géologiques. 22 vol. à 15 fr. . . . . III, IX
Anthropologie (L'). — Tous les deux mois, 25 fr. . . . . II, IX
— (Revue d'). 12 vol., 500 fr. . . . . . . II, IX
Archives d'Anatomie microscopique. . . . IX
— d'Anthropologie criminelle. Tous les deux mois, 20 fr. . . . . II, IX
— de Médecine expérimentale. Tous les deux mois, 24 fr. IX
— de Médecine des Enfants. Mensuel, 14 fr. IX
— du Muséum d'Histoire naturelle. Semestriel, in-4°, 40 fr. . . . . III, IX
— des Sciences médicales IX
Ariès. — Chaleur et énergie. **E. L.**, 2 fr. 50. VII
— Thermodynamique des systèmes homogènes. **E. L.**, 2 fr. 50. VII
Armand. — Climatologie générale. In-8°, 14 fr.

Arthus. — Chimie physiologique. **B. D.**, 4 fr. I
Association française pour l'avancement des Sciences. — Chaque volume, 25. fr. I
Atlas international des maladies de la peau. I
Atlas. *V.* Anatomie. *V.* Cullérier. *V.* Lesser.
Audollent. — Plaute, Térence. Extraits choisis. In-16, 2 fr. VIII
Auspitz. — Pathologie générale de la peau. In-8°, 6 fr. I
Auvard. — Gynécologie. **E. L.**, 2 fr. 50 . . . I
— Menstruation et fécondation. **E. L.**, 2 fr. 50 I

B

Babès. — *V.* Archives des Sciences médicales. IX
Baillarger. — Maladies mentales. 2 vol. in-8°, 25 fr. I
Balbiani. — Archives d'anatomie microscopique. IX
Ballet. — *V.* Proust et Ballet. I
Baltet. — L'art de greffer. In-12, 4 fr. . . VI
— Traité de la culture fruitière. In-18, 6 fr. VI
— L'Horticulture dans les cinq parties du monde. In-8°, 15 fr. VI
Barbet. — Les appareils de distillation et de rectification. In 8°, 5 fr. . . . . . . VI, VII
Bard. — Anatomie pathologique. **B. D.**, fr. 50. I
Bardolle. — *V.* Vigreux et Bardolle. . . VII
Barillot. — Traité de chimie légale. In-8°, 6 fr. 50 . . . . I, IV
— Distillation des bois **E. L.**, 2 fr. 50. . . VII
Barnes. — Traité d'obstétrique. In-8°, 18 fr. I
Barré (G.). — *V.* Galippe.
Barré (J.). — Cours complet de comptabilité. 3 vol. in-8°, 11 fr. 50 . . . . II, V
Bary (de). — Leçons sur les bactéries. In-8°, 5 fr. III
Bataille. — Grammaire pratique de la langue française. VIII
Cours préparatoire. In-12, 60 c.
Cours élémentaire. In-12, 75 c.
Cours moyen et supérieur. In-12, 1 fr. 25
— Manuel méthodique. In-12, 4 fr. VIII
— Cours pratique d'arithmétique et de calcul. In-12, 0 fr. 80 V
Bauby. — L'occlusion intestinale. **E. L.** 2 fr. 50. I
Baudelot — Recherches sur le système nerveux des poissons In-folio, 40 fr. . . . III
Baudry et Jourdier. — Catéchisme d'Agriculture. In-18, 1 fr. VI
Bauer et de Saint-Etienne. — Premières lectures littéraires. In-16, 1 fr. 50 . . . VIII
— Nouvelles lectures littéraires. In-16, 2 fr. 50 VIII
Baume-Pluvinel (de la). — Théorie des procédés photographiques. **E. L.**, 2 fr. 50. IV, VII
Bazy. — Voies urinaires. 2 vol. **E. L**, 2 fr. 50.
Beauregard (H.). — Le Microscope. **E. L.**, I, III
— *V.* Pouchet.
Beauregard et Galippe. — Travaux de Micrographie. In-8°, 15 fr. . . . . I, III

Belhomme et Martin. — Syphilis et maladies vénériennes. In-8°, 8 fr. I
Bellemain. — La maison à construire et les rapports des architectes-experts. In-18, 3 fr. 50 . . . . II, VII
Beni-Barde. — Manuel d'hydrothérapie. **B. D.**, 6 fr. I
Beni-Barde et Materne. — Hydrothérapie. In-8°, 8 fr. I
Bennett. — Pratique de la médecine. 2 vol. in-8°, 25 fr. I
Benoit (F.). — *V.* Marcel Dubois. France.
Bérard. — *V.* Léauté.
Bérard (Léon). — Thérapeutique chirurgicale du goitre. In-8°, 6 fr. I
— *V.* Poncet et Bérard. Actinomycose. . . I
Bergé. — Guide de l'Etudiant. **E. L.**, 2 fr. 50 I
Berger (Emile). — Maladies des yeux. In-8°, 10 fr. I
Berger (Paul). — Amputation du membre supérieur. In-8°, 10 fr. I
— *V.* Traité de chirurgie. IX
Bergeron. — *V.* Revue d'hygiène. . . . IX
Bergeron (J.). — Etude géologique du Massif ancien. In-8°, 20 fr. III
Bergonié. — Physique du physiologiste. **E. L.**, 2 fr. 50 . . . . I, V
Berlioz. — Manuel de thérapeutique. **B. D.**, 6 fr. I
Bernard (F.). — Systèmes de culture, in-8°, 4 fr. VI
Bernard. — *V.* Marcel Dubois. Amérique, Europe VII
Berne. — Arboriculture fruitière. In-8°, 5 fr. VI
Berne. — Pathologie chirurgicale générale. 2 vol. in-8°, 32 fr. I
Bernutz. — Maladies des femmes. In-8°, 12 fr. I
Bert et R. Blanchard. — Eléments de zoologie. In-8°, 7 fr. III
Bert (Paul). — La Pression barométrique. In-8°, 25 fr. . . . . I, III, V
— Premières notions de zoologie. In-18, 2 fr. 50 III
Berthault. — Les Prairies. 3 vol. **E. L.**, 2 fr.50. VI
Berthelot. — Calorimétrie chimique. **E. L.**, 2 fr. 50. IV
— Principes chimiques de la production de la chaleur animale. 2 vol. **E. L.**, 5 fr.
— Chimie végétale et agricole. 4 vol. In-8°, 36 fr. . . . . III, IV, VI
— *V.* Annales de Chimie et de Physique. . IX
Bertillon. — Signalement anthropométrique. In-8°, 5 fr. 50. II
— *V.* Bulletin hebdomadaire de statistique municipale IX
Bertin. — La marine de guerre. **E. L.**, 2 fr. 50 VII
Besnier. — *V.* Annales de Dermatologie. . IX
Bessaignet. — Manuel de finances. In-8°, 6 fr. II
Bethencourt (Jacques de). — Carême de Pénitence. In-18, 3 fr. I
Beudant. — Cours élémentaire de minéralogie et de géologie. In-18, 6 fr. III
Bibliothèque de criminologie II
Bibliothèque diamant. — *V.* Arthus, Bard, Beni-Barde, Berlioz, Brousses, Chauvel,

Colin, Dechambre, Dieulafoy, Duval et Lereboullet, Guillemin, Lacassagne, Launois et Morau, Moitessier, Nielly, Onimus, Paulet, Rochard, Sollier, Spillmann, Thoinot et Masselin, Wurtz. I
Bibliothèque d'hygiène thérapeutique. —
V. Bourges, Brissaud, Chuquet, Cruet, Delfau, Proust et Ballet, Proust et Mathieu, Springer, Vaquez. I
Bibliothèque rétrospective des Maîtres de la Science. In-18. Lavoisier, Bichat, Haller, Harvey, Lamarck, Hunter, Milne-Edwards (W.), Spallanzani. I
Chaque volume 1 franc.
Bichat. — Mort par l'asphyxie. In-18, 1 fr. . I
— *V.* Bibliothèque rétrospective.
Billy (de). — Fabrication de la Fonte. **E. L.**, 2 fr. 50. VII
Blanchard (Émile). — La vie des êtres animés. In-18, 3 fr. . . . . II. III
Blanchard (R.). — *V.* Bert et Blanchard. . III
Bloch. — Appareils producteurs d'eau sous pression. **E. L.**, 2 fr. 50. VII
Blocq et **Londe.** — Anatomie pathologique de la moelle épinière. In-4°, 48 fr. . . . I
Blondeau. — La culture selon la science. In-18, 2 fr. VI
Bolley et **Kopp.** — Traité des matières colorantes artificielles dérivées du goudron de houille. In-8°, 10 fr. VII
Bonamy, Broca, Beau et **Hirschfeld** — Anatomie descriptive du corps humain. 5 atlas, in-4° noir, 190 f.; colorié, 400 fr. . I
Bonnet (Dr Ed.). — Petite Flore parisienne. In-18, 5 fr. III
Bonnier. — Tableaux d'histoire naturelle. *V.* Tableaux.
Bonnier (P.) — L'oreille. 5 vol. **E. L.**, chaque volume séparément 2 fr. 50. I
Bornecque. — Armement portatif. **E. L.** 2 fr. 50. VII
Bornet. — Les algues de P. K. A. Schousbœ. In-8°, 6 fr. III
Bos et **Laffargue.** — La distribution d'énergie électrique en Allemagne. Gr. in-8°, 22 fr. VII
Bottey. — Traité théorique et pratique d'hydrothérapie médicale. In-8°, 10 fr. . . . I
Bouchard (Ch.). — Auto-intoxications, In-8° (épuisé).
— Thérapeutique des maladies infectieuses, In-8°, 9 fr. I
— Maladies par ralentissement. In-8°, 10 fr. . I
— *V.* Traité de médecine. 2e édit. I
— Pathologie générale. 6 vol. in-8°, 102 fr. I
— *V.* Journal de Physiologie et de Pathologie générale et Revue de la Tuberculose. IX
Bouillet. — Tuberculose pulmonaire. In-12, 4 fr. I
Bouilly. — Manuel de pathologie externe. Tome IV. *Maladies des régions.* P.in-8°, 10 fr. I
Boule. — *V.* L'Anthropologie. IX
— et **Farges.** — Le Cantal, in-16, 4 fr. 50. . II, III
Bouloumié. — Les maladies évitables, in-16, 1 fr. II
Bourbouze. — Modes opératoires de physique. In-8°, 12 fr. V
Bourges. — Hygiène du syphilitique. In-16, 4 fr. I
— La Peste. **E. M.**, 1 fr. 25. I
Bourlet. — Bicycles et bicyclettes. **E. L.**, 2 vol., chacun 2 fr. 50. . . . . V, VII

Bourquelot. — *V.* Journal de Pharmacie et de Chimie IX
Boursault. — Temps de pose en photographie. **E. L.**, 2 fr. 50. . . . . V, VII
Boutron et **F. Boudet.** — Hydrotimétrie. In-8°, 3 fr. . . . . IV, VII
Bouvier (E.-L.). — Gastéropodes prosobranches. In-8°, 20 fr. III
Brasilier. — Traité d'arithmétique commerciale. In-8°, 5 fr. V
— Théorie mathématique des emprunts à long terme. 2 vol. in-8°, 20 fr. . . . . II, V
Brault (A.). — Les Artérites. 2 vol. **E. L.**, 2 fr. 50. I
— Le pronostic des tumeurs. **E. M.** 1 fr. 25. I
Brault. — Histoire de la téléphonie. In-8°, 4 fr. VII
Bredin. — *V.* Poy et Bredin.
Brelet. — Nouveau Cours de Grammaire Latine. VIII
Classes de 6e et 5e. 1 vol. in-16, 2 fr.
Classe de 4e et Classes supérieures. 1 vol. in-16, 2 fr. 50.
— Nouveau Cours de Grammaire Grecque. . VIII
Classe de 5e. 1 vol. in-16, 1 fr. 50.
Classe de 4e et Classes supérieures. 1 vol. in-16, 3 fr.
— Tableau des exemples des grammaires latine et grecque. In-12, 80 cent. VIII
— Chrestomathie grecque. In-16, 2 fr. 50 . VIII
— Epitome historiæ Græcæ. In-16, 2 fr. . . VIII
— Nouveau Cours de Grammaire française. . VIII
Premières leçons, in-16, 2 fr.
Eléments (classes de 8e et 7e), in-16. 2 fr.
Abrégé (classes de 6e et 5e), in-16.
Grammaire (classes de 4e et supérieures), in-16.
Brelet, Charpy et **Faure.** — Exercices sur le Nouveau Cours de grammaire latine. . . VIII
Sixième. 1 vol. in-16, 2 fr.
Cinquième. 1 vol. in-16, 2 fr. 50.
Quatrième. 1 vol. in-16, 2 fr.
Classes supérieures. 1 vol. in-16, 3 fr.
Brelet et **Charpy.** — Exercices sur le Nouveau Cours de grammaire grecque. . . VIII
Cinquième. 1 vol. in-16, 1 fr. 50.
Quatrième. 1 vol. in-16, 2 fr.
Classes supérieures. 1 vol. in-16, 3 fr.
— Exercices sur le nouveau Cours de Grammaire française. VIII
Classes de 8e et 7e, in-16. 2 fr.
Classes de 6e et 5e, in-16.
Classes de 4e et supérieures, in-16.
Brisbarre. — Les genres littéraires. In-18, 1 fr. VIII
Brissaud. — Anatomie du cerveau de l'homme. 1 vol. gr. in-8° et 1 atlas in-4°. 80 fr. . . I
— Expressions populaires. In-8°, 5 fr. I
— Maladies nerveuses. 2 vol. In-8°, 18 et 15 fr. I
— Hygiène des asthmatiques. In-16, 4 fr. . . I
— *V.* Traité de médecine I
— *V.* Revue Neurologique IX
Broca (A.). — Tumeurs blanches. **E. L.**, 2 fr. 50. I
— Chirurgie de l'oreille. In-8°, 3 fr. 50. . . . I
— *V.* Gazette hebdomadaire. IX
Broca (P.). — Instructions anthropologiques. In-12, 5 fr. II
— *V.* Revue d'Anthropologie.
Brocq et **Jacquet.** — Précis de dermatologie. 5 vol. **E. L.**, chaque vol. séparément 2 fr. 50. I
Brocq. — *V.* Annales de Dermatologie. . . IX

Brongniart. — Recherches sur les graines fossiles silicifiées. In-4°, 70 fr. III
Brousses. — Manuel de massage. 2ᵉ édition, in-18, 4 fr. I
Brown-Séquard. — *V.* d'Arsonval et *V.* Archives de physiologie.
Bruguière (P.). — Le Prunier. In-18, 1 fr. 50. VI
Brun (de). — Maladies des pays chauds. **E. L.** I
  Maladies climatériques, 2 fr. 50.
  Appareil digestif et peau, 2 fr. 50.
Brunot. — Précis de grammaire historique de la langue française. In-18, 6 fr. . . . VIII
Bulletins. — *V.* Sociétés.
Bulletin hebdomadaire de statistique municipale hebdomadaire. Un an, 6 fr. . . II
Bulletin du Muséum d'histoire naturelle, périodique. In-8°, 15 fr. . . . . III, IX
Bunsen. — Méthodes gazométriques. In-8°, 5 fr. IV
Burat. — Précis de mécanique. In-18, 3 fr.. . V

C

Cabadé. — Maladies microbiennes. In-8°, 10 fr. I
Cabadé. — Responsabilité criminelle. In-8°, 3 fr. 50. I
Caille. — Le fumier et les engrais. In-18, 2 fr. 50. VI
Calot. — Traitement de la coxalgie. In-18, 5 fr. I
Candolle (A. de). — La phytographie. In-8°, 10 fr. III
Candolle (P. de). — Prodromus systematis naturalis regni vegetabilis. 20 vol. in-8°, 280 fr. III
  Les tomes I à VII : *Thalamiflores ; Calyciflores ; Calycérées ; Composées ; Corolliflores*, ne sont pas vendus séparément. On vend séparément :
  VIII, Corolliflores, 16 fr.
  IX, Corolliflores, 16 fr.
  X, Borraginées, Scrophulariacées, 16 fr.
  XI, Acanthacées ; Verbénacées, 16 fr.
  XII, Labiées, 16 fr.
  XIII-1, Solanacées ; Diapensiées ; Plantaginées, 16 fr.
  XIII-2, Monochlamydées, 12 fr.
  XIV, Polygonées ; Protéacées, 16 fr.
  XV-1, Lauracées ; Bégoniacées ; Datiscacées ; Papayacées ; Aristolochiacées ; Stackousiacées, 12 fr.
  XV-2, Euphorbiacées, 34 fr.
  XVI-1, Urticacées ; Pipéracées, 12 fr.
  XVI-2, Cupulifères ; Salicinées ; Gymnospermes, 16 fr.
  XVII, Genres omis, 14 fr.
Candolle (Alph. et Casimir de). — Suites au Prodrome : Monographiæ phanerogamarum. In-8°, 8 vol. publiés. *V.* Monographiæ. . . III
— (A. de). — Smilaceæ. *V.* Monographiæ, t. I.
— (Cas. de). — Meliaceæ. *V.* Monographiæ, t. I.
Caraven-Cachin. — Le Tarn et le Tarn-et-Garonne, in-8°, 20 fr. III
Carlet et Perrier (R.) — Précis de Zoologie. 4ᵉ édition, in-8°, 9 fr. I
Carnot. — *V.* Gilbert et Carnot.
Cartaz. — *V.* Revue des Sciences médicales. IX
Cartes d'Étude. — *V.* Dubois et Sieurin. . VIII
Caruel. — Phylidraceæ. *V.* Monographiæ.

Caspari. — Chronomètres de marine. **E. L.**, 2 fr. 50. VII
Castex. — Hygiène de la voix. **E. L.**, 2 fr. 50. I, II
Catrin. — *V.* Du Cazal.
Caudron. — *V.* Revue générale d'ophtalmologie. IX
Caussade (de). — Rhétorique et genres littéraires. In-18. 2 fr. 50. VIII
— Littérature latine. In-18, 6 fr. VIII
— Littérature grecque. In-18, 5 fr. VIII
Caustier. — Les pigeons voyageurs. In-16, 1 fr. 50. VII
Cazalis. — Art de faire le vin. In-16, 6 fr. VI
Cazeneuve. — Répertoire analytique des matières colorantes artificielles. In-18, 5 fr. VII
Cazo. — Questions de physique. In-12, 2 fr. V
Celse. — Traité de médecine traduit par Védrènes. In-8°, 16 fr. I
Cerise. — Mélanges médico-psychologiques. In-8°, 7 fr. 50. . . . . I, II
— Fonctions et maladies nerveuses. In-8°, 7 fr. 50 I
Chaleix-Vivie et Audebert. — Traitement de l'Avortement incomplet. In-8°, 4 fr. . I
Chamberland. — *V.* Annales de l'Institut Pasteur. IX
Chapelot. Bouchez et Hocdé. — Morceaux choisis. 5 vol. in-18, 5 fr. 50. VIII
Charcot. — *V.* Traité de médecine.
— *V.* Archives de Médecine expérimentale, Iconographie de la Salpêtrière IX
Charpy. — *V.* Traité d'anatomie humaine. . I
Charrin. — Poisons de l'organisme. **E. L.**,
  I. Poisons de l'urine, 2 fr. 50.
  II. Poisons du tube digestif, 2 fr. 50.
  III. Poisons des tissus, 2 fr. 50.
— Leçons de Pathogénie. In-8°, 6 fr.. . . I
— Les défenses de l'organisme, in-8°, 6 fr. I
Chassaignac. — Opérations chirurgicales, 2 vol. in-8°, 28 fr. . . . .
— Drainage chirurgical. 2 vol. in-8°, 18 fr. I
Chatin (Joannes). — Les organes de relation chez les vertébrés. **E. L.**, 2 fr. 50. . . III
— Les organes de nutrition et de reproduction chez les vertébrés. **E. L.**, 2 fr. 50. III
— Les organes de relation chez les invertébrés. **E. L.**, 2 fr. 50. III
— Les organes de nutrition et de reproduction chez les invertébrés. **E. L.**, 2 fr. 50. III
Chautemps. — Organisation sanitaire de Paris. In-4°, 5 fr.. II
Chauveau. — *V.* Archives de Physiologie et Revue de la Tuberculose. IX
Chauvel. — Examen de l'œil. **Œ. D.**, 6 fr. . I
Chauvel et Nimier. — Chirurgie d'armée. In-8°, 12 fr. I
Chevalier. — L'inversion sexuelle. In-8°, 5 fr. II
Chipault. — Mal de Pott. **Œ. M.**, 1 fr. 25. . I
Chirurgie (Traité de). *V.* Traité.
Christian. — Mélancolie. In-8°, 4 fr. . . . I
— Epilepsie. In-8°, 5 fr. I
Chroustchoff. — Equilibres chimiques. In-12. 4 fr. IV
Chudzinski. — Muscles peauciers. In-8°, 4 fr. II
Chuquet. — Hygiène des tuberculeux, in-16, 4 fr. I
Churchill. — Phtisie traitée par les hypophosphites. In-8°, 17 fr. I

Table des auteurs

Clarke. — Commelinaceæ. V. Monographiæ, tome III.. III
— Cyrtandreæ. V. Monographiæ, tome V. . . III
Classen (A.). — Précis d'analyse chimique quantitative. In-8°, 6 fr. IV
Classen (A.).— Précis d'analyse chimique qualitative. In-18, 3 fr. 50. IV
Classiques latins et français. — V. Collection Lantoine.
Claudon (E.). — Fabrication du vinaigre. In-8°, 5 fr. VII
Claus. — Éléments de zoologie. In-8°, 12 fr. . . III
Clédat. — Orthographe et grammaire phonétiques. In-16, 1 fr. VIII
Clerc. — Photographie des couleurs. E. L. 2 fr. 50. V
Cliniques de l'Hôpital Saint-Louis. In-8°, 6 fr. I
Cochin (Denys). — L'évolution et la vie. In-18, 3 fr. II
Cochin (Denys).— Le monde extérieur. In-8°. 7 fr. 50. II
Codex Medicamentarius. In-8°, 9 fr. . . I, IV
— Le Supplément seul, 1 fr. 50. . . . . I, IV
Cogniaux. — Melastomaceæ. In-8°, 58 fr. V. Monographiæ. III
— Cucurbitaceæ. V. Monographiæ, tome III.
Coincy (A. de). — Ecloga plantarum hispanicarum. In-4°, 15 fr III
— Ecloga altera plant. hisp. In-4°, 15 fr. III
- Ecloga tertia plant. hisp. In-4°, 15 fr. . . III
· Ecloga quarta plant. hisp. In-4°, 15 fr. . . III
Colin. — Paris, sa topographie, son hygiène, ses maladies. B. D.. 6 fr. . . . . . I, II
Collection Lantoine VIII
  Volumes publiés :
  Aristophane. V. Ferté.
  César. V. Lantoine.
  Cicéron. V. Lantoine.
  Eschyle. V. Puech.
  Euripide. V. Puech.
  Hérodote. V. Corréard.
  Homère. V. Allègre.
  Plaute. V. Audollent.
  Plutarque. V. Lemercier.
  Salluste. V. Lantoine.
  Sénèque. V. Legrand.
  Sophocle. V. Puech.
  Tacite. V. Lantoine.
  Térence. V. Audollent.
  Tite-Live. V. Lantoine.
  Virgile. V. Lantoine.
  Xénophon. V. Glachant.
Collet. — Troubles auditifs. E. L., 2 fr. 50. I
Comby. — V. Traité des Maladies de l'enfance. I
— V. Archives de Médecine des Enfants . . IX
Comte (Achille). — Notions sanitaires sur les végétaux dangereux. In-4°, 9 fr. X, III, VI, II
— Structure et physiologie de l'homme. In-8°, 4 fr. 50 III
— Le règne animal. 90 tableaux, 114 fr. . . III
Congrès français de médecine. In-8°, 20 fr.. I
Congrès de médecine mentale. 8 vol. in-8°.
Congrès de dermatologie. In-8°, 16 fr. . . I
— de la tuberculose, 1888. In-8°, 15 fr. . I
—   —   —   1891. In-8°, 15 fr. . I
—   —   —   1893. In-8°, 15 fr. . I

Congrès international des Électriciens. In-8°, 12 fr. V
Congrès internationaux d'Agriculture. 2 vol. in-8°, 20 fr. VI
Congrès Viticole de Lyon (1898). In-16, 2 fr. 50 VI
Corlieu. — Centenaire de la Faculté de médecine. 1 vol. et 1 atlas, in-4°, 100 fr. . . . I
Cornevin. — De la production du lait. E. L., 2 fr. 50. . . . . VI, VII
Corre.— Le crime en pays créole. In-18, 3 fr. 50. II
Corre et Aubry. — Documents de criminologie. In-8°, 9 fr. II
Corréard. — Cours d'histoire pour l'enseignement secondaire (classique et moderne). . . VIII
  Histoire de l'Europe et de la France de 395 à 1270, 2 fr. 50 ;
  — de 1270 à 1610, 3 fr. 50;
  — de 1610 à 1789, 3 fr. 50 ;
  — contemporaine, 6 fr.
— Précis d'histoire à l'usage des candidats à l'Ecole spéciale militaire de Saint-Cyr. In-8°, 10 fr. 50. VIII
Corréard. — Histoire nationale et notions sommaires d'histoire générale pour l'enseignement secondaire des jeunes filles. 3 vol. in-18, 7 fr. 50. VIII
— Hérodote, extraits. In-16, 2 fr. VIII
Corréard et Sieurin. — Cartes d'Etudes pour servir à l'enseignement de l'Histoire. In-4°, 2 fr. VIII
Cosson. — Compendium floræ atlanticæ. 2 vol. in-8°, 30 fr. III
— Illustrationes floræ atlanticæ. 6 fascicules, 150 fr. III
— Répertoire alphabétique des principales localités mentionnées dans le Compendium et le Conspectus floræ atlanticæ. In-8°, 10 fr. III
Cosson et Germain de Saint-Pierre. — Synopsis de la flore des environs de Paris. In-8°, 6 fr. III
— Atlas de la flore des environs de Paris. In-8°, 20 fr. III
Coste.— Phénomènes psychiques. In-8°, 3 fr. 50
Coste-Floret. — Vinification des vins blancs. In-8°, 5 fr. V
— Les travaux du vignoble. In-8, 6 fr. . . VI
— Culture intensive de la vigne, in-8°, 1 fr. 50. VI
— Procédés modernes de vinification. In-16, 6 fr. VI
Cotteau. — Echinides irréguliers (Paléontologie française, terrain crétacé). 2 vol. et atlas, 169 fr.
— Echinides réguliers (Paléontologie française, terrain jurassique). 2 vol. et atlas, 295 fr. III
— Echinides éocènes (Paléontologie française, terrain tertiaire). 2 vol. et atlas, 200 fr. . . III
Cotteau, Péron et Gauthier. — Echinides fossiles de l'Algérie. 3 vol. in-8°, 150 fr. . III
Coulet. — Le mouvement syndical dans l'agriculture, in-8°, 5 fr. VI
Courtois-Gérard. — Culture des fleurs. In-16, 1 fr. VI
Coutagne. — Précis de médecine légale, In-8°, 10 fr. II
— Expertises médicales. In-18, 5 fr. 50. . . II
Coutaret. — 25 ans de chirurgie. In-8°, 5 fr. I
— Dyspepsie. In-8°, 15 fr. I

Coyteux. — Physiologie. In-8°, 12 fr. ... I
Cozette. — V. Delobel et Cozette. ... I
Critzman. — Le cancer. E. L., 2 fr. 50. ... I
— La Goutte. E. L., 2 fr. 50. ... I
— V. Archives des Sciences médicales. ... IX
— V. Œuvre médico-chirurgicale. ... I
Croiset. — Leçons de littérature grecque. In-18, 2 fr. ... VIII
Croiset, Lallier et Petit de Julleville. — Premières leçons d'histoire littéraire. In-16, 2 fr. ... VIII
Croisiers de Lacvivier. — Etudes géologiques sur le département de l'Ariège. In-8°, 18 fr. ... III
Croneau. — Canons, torpilles et cuirasses. E. L., 2 fr. 50. ... VII
— Construction du navire. E. L., 2 fr. 50. ... VII
Cruet. — Hygiène des maladies de la bouche. In-16, 4 fr. ... I
Cuénot. — Les moyens de défense dans la série animale. E. L., 2 fr. 50. ... III
— L'influence du milieu chez les animaux. E. L., 2 fr. 50. ... III
Cuir et Loez. — Méthode de lecture sans épellation. ... VIII
1er livret, 40 c. — 2e livret, 60 c.
Cullerier. — Atlas des Maladies vénériennes. In-8°, 50 fr. ... I
Cuvier. — Le règne animal. 10 vol. et 10 atlas gr. in-8°, 2000 fr. ... III
Czuberka. — Formulaire de poche. In-18, 5 fr. ... I

D

Dabry de Thiersan — Pisciculture et pêche en Chine. In-4°, 40 fr. ... III
Ballemagne. — Stigmates anatomiques de la criminalité. E. L., 2 fr. 50. ... II
— Stigmates biologiques et sociologiques. E. L., 2 fr. 50. ... II
— Théories de la criminalité. E. L., 2 fr. 50. ... II
— Physiologie de la volonté. E. L., 2 fr. 50 ... II
— Pathologie de la volonté. E. L., 2 fr. 50 ... II
— La Volonté dans ses rapports avec la responsabilité légale. E. L. 2 fr. 50 ... II
Damien et Paillot. — Manipulations de physique. In-8°, 7 fr. ... V
Daremberg. — En Orient et en Occident. In-18, 3 fr. ... VIII
Dariès. — Cubature des terrasses et mouvement des terres. E. L., 2 fr. 50. ... VII
— Conduites d'eau. E. L., 2 fr. 50. ... VII
— Calcul des canaux et aqueducs. E. L., 2 fr. 50. ... VII
Dastre. — Anesthésiques. In-8°, 5 fr. ... I
— V. Archives de Physiologie. ... IX
David et Oustalet. — Les Oiseaux de la Chine. 2 vol. in-8°, 150 fr. ... III
Debierre. — V. Revue générale d'ophtalmologie. ... IX
Debierre (Ch.). — L'Hérédité normale et pathologique. Œ. M., 1 fr. 25 ... I
— Le crâne des criminels. In-8°, 9 fr. ... II
Dechambre. — Le Médecin. B. D., 6 fr. ... I, II
— Dictionnaire encyclopédique. — Dictionnaire usuel. V. Dictionnaire.
Defert. — Guide pratique d'analyse qualitative par voie humide. In-18, 2 fr. 50. ... IV
Dehérain. — Traité de chimie agricole. In-8°, 16 fr. ... IV, VI

Delaunay. — Cours élémentaire d'astronomie. In-18, 7 fr. 50. ... V
Delfau. — Hygiène et thérapeutique thermales. — In-16, 4 fr. ... I
Les cures thermales. In-16, 4 fr. ... I
Delobel et Cozette. — Vaccine et vaccination. E. L., 2 fr. 50. ... I
Delore (X.). — V. Poncet et Delore. ... I
Delore et Lutaud. — Art des accouchements. In-8°, 9 fr. ... I
Demelin. — Anatomie obstétricale. E. L., 2 fr. 50. ... I
Demmler. — Soins à donner aux malades. E. L., 2 fr. 50. ... II
Desmoulins. — Conservation des produits et denrées agricoles. E. L., 2 fr. 50. ... VI
Dictionnaire Encyclopédique des Sciences médicales. — 100 vol. in-8°, 1200 fr. ... I
Chaque volume séparément, 12 fr.
Dictionnaire usuel des Sciences médicales, par Dechambre, Mathias Duval et Lereboullet. In-8°, 25 fr. ... I
Diday et Doyon. — Herpès génitaux. In-8°, 6 fr. ... I
Dieulafoy. — Aspiration des liquides. In-8°, 8 fr. ... I
— Thoracentèse. In-8°, 2 fr. ... I
— Manuel de Pathologie interne. 11e édition. 4 vol. B. D., 28 fr. ... I
— Clinique médicale de l'Hôtel-Dieu. 2 vol. in-8°, chacun 10 fr. ... I
Dolbeau. — Clinique chirurgicale. In-8°, 7 fr. ... I
Donald (Mac). — Le criminel-type. In-8°. 5 fr. ... II
Dor. — V. Revue générale d'ophtalmologie. ... IX
Doyon (A.). — Uriage et ses eaux. In-12, 2 fr. ... I
— V. Annales de Dermatologie. ... IX
Doyon. (M.). — Voir Morat et Doyon. ...
Dragendorff. — Manuel de Toxicologie. In-18, 7 fr. 50. ... IV
Drake del Castillo. — Illustrationes floræ insularum maris Pacifici. In-4°, 84 fr. ... III
— Remarques sur la flore de la Polynésie. In-4°, 12 fr. ... III
— Flore de la Polynésie française. In-8°, 12 fr. ... III
Dreyfus-Brisac (Ed.). — L'Éducation nouvelle. 1re série, in-8°, 6 fr. 2e série, in-8°, 6 fr. 3e série, in-8°, 6 fr. ... II
Drion et Fernet. — Traité de physique élémentaire. Petit in-8°, 13e édition, 8 fr... ... V
Dubail. — Texte-Atlas pour l'enseignement de la géographie. ... VIII
Dubois (Marcel). — Cours de géographie (enseignement classique et enseignement moderne), format petit in-8°, 8 vol. cartonnés toile grise, dont ci-dessous détail ... VIII
Cinq parties du monde (huitième), 2 fr.
France et colonies (collaboration de M. Benoit) (septième), 2 fr.
Géographie générale : Bassin Méditerranée (collaboration de M. Parmentier) (sixième), 2 fr.
France et colonies (collaboration de M. Benoit) (cinquième classique, — sixième moderne), 3 fr.
Amérique (collaboration de M. Bernard) (quatrième class. — cinquième mod.), 3 fr.
Afrique — Asie — Océanie (collaboration de MM. Martin et Schirmer) (troisième class. — quatrième mod.), 3 fr. 50.

Europe (collab. de MM. Bernard et Malet) (*seconde class. — troisième mod.*), 5 fr.
France et colonies (collab. de M. Benoit) (*rhétorique class. — seconde mod.*), 6 fr.
Dubois (Marcel). — Cours de Géographie, enseignement des jeunes filles. 4 vol. in-16, cartonnés toile verte, dont détail VIII
  Notions élémentaires de géographie (collab. de MM. Bernard et Parmentier), 2 fr. 25.
  Europe (collab. de M. Durandin), 2 fr. 25.
  France (collab. de M. Benoit), 2 fr. 25.
  Géographie économique, 6 fr.
Dubois (Marcel). — Cours normal de géographie à l'usage des établissements secondaires de jeunes filles. VIII
Dubois (Marcel). — Systèmes coloniaux. In-18, 5 fr. 50 II
Dubois (Marcel) et **Guy**. (C.). — Précis de géographie à l'usage des candidats à Saint-Cyr. In-8°, 12 fr. 50 VIII
Dubois et Kergomard. — Précis de géographie économique. In-8°, 8 fr. VIII
Dubois et Sieurin. — Cartes d'étude. 3 atlas in-4° VIII
  France, 40 cartes, 1 fr. 80.
  Europe, 29 cartes, 1 fr. 80.
  Géographie générale, 50 cartes, 2 fr. 50.
— Nouvelles cartes d'Étude pour les classes élémentaires, 26 cartes avec texte explicatif, 2 fr. 60. VIII
Dubreuil. — Médecine opératoire. In-8°, 11 fr. I
— *V*. Revue d'orthopédie. IX
Du Breuil. — Instruction élémentaire sur la conduite des arbres fruitiers. In-18, 2 fr. 50. VI
— Arbres et arbrisseaux à fruits de table. In-8°, 8 fr. VI
— Principes généraux d'Arboriculture, 5 fr. 50 VI
Dubrenilh et Beille. — Les Parasites de la peau humaine. **E. L.**, 2 fr. 50. I, III
Ducamp. — Cours de Microbiologie. In-8°, 2 fr. 50. I
Ducatel. — Leçons d'arithmétique. In-18, 2 fr. 50. V
Du Cazal et Catrin. — Médecine légale militaire. **E. L.**, 2 fr. 50. I
Duclaux. — Pasteur. Histoire d'un Esprit. In-8°, 5 fr. IV
— Traité de microbiologie. 2 vol. in-8°. Chacun 15 fr. I
— *V*. Annales de l'Institut Pasteur. IX
Dudebout. — Appareils d'essai des moteurs à vapeur. **E. L.**, 2 fr. 50. VII
— et **Croneau**. — Appareils accessoires des chaudières à vapeur. **E. L.**, 2 fr. 50. . . VII
Duflocq. — Bactéries pathogènes. **E. L.**, 10 fr. I
Dufour. — Tracé d'un chemin de fer. **E. L.**, 2 fr. 50. VII
Dufourt. — Le régime du diabète. Œ. M. 1 fr. 25. I
Duhring. — Maladies de la Peau. In-8°, 15 fr. I
Dumont. — Electromoteurs. **E. L.**, 2 fr. 50. VII
— Automobiles sur rails. **E. L.**, 2 fr. 50. . VII
Dumortier.— Les dépôts jurassiques du bassin du Rhône. 3 vol. in-8°, 60 fr. III
Dunckelberg. — De la création des prairies irriguées. In-8°, 5 fr. VI

Duplay. — *V*. Follin, *V*. Traité de chirurgie. I
— Cliniques chirurgicales de l'Hôtel-Dieu. 2 vol. in-8°. Tome I, 7 fr; Tome II, 8 fr. . . I
Duquesnay.—Résistance des matériaux. **E. L.**, 2 fr. 50. VII
Durandin. — *V*. Marcel Dubois, Europe.
— Lectures historiques allemandes. In-16, 4 fr. 50. VIII
Dutate. — Sommaire d'histoire générale. In-12, 2 fr. VIII
Duval (Mathias). — Atlas d'Embryologie. In-4°, 48 fr. . . . . I, III
— Précis d'Histologie. In-8°, 18 fr. I
— et **Lereboullet**. — Manuel du microscope. **R. D.**, 6 fr. I
— Dictionnaire usuel. *V*. Dictionnaires.
Dwelshauvers-Dery.— Étude calorimétrique de la machine à vapeur. **E. L.**, 2 fr. 50. . VII
— Étude dynamique de la machine à vapeur. **E. L.**, 2 fr. 50. VII
Dybowski (A.).— Memento de Chimie. Notation en équivalents. In-16 raisin, 2 fr IV
— Memento de Chimie. Notation atomique. In-16 raisin, 2 fr. IV
Dybowski (Jean). — Culture potagère. In-16, 5 fr. VI

E

Egger (E.). — Enseignement universitaire. In-8°, 6 fr. II
Ehlers. — L'Ergotisme. **E. L.**, 2 fr. 50. . . I
Electricien (L'). — Revue d'électricité publiée de 1881 à 1890. 14 vol. 200 fr. V, VII, IX
Emery. — Notions de Botanique. In-18, 2 fr. 50. III
— Cours de Botanique. In-18, 6 fr. . . . . .
Encyclopédie des Aide-Mémoire, par Léauté, 3 à 4 volumes par mois, le volume grand in-18, 2 fr. 50, cartonné toile, 3 fr.
  (*V*. au nom de chaque auteur et catalogue spécial.)
Engler. — Araceæ. In-8°, 18 fr. *V*. Monographiæ III
Engler. — Anacardiaceæ, Burseraceæ. *V*. Monographiæ, tome IV. III
Esbach. — Calculs urinaires et biliaires. In-8°, 5 fr. I
Espitallier. — Les ballons à la guerre. In-16, 1 fr. 50. VII
— L'hydrogène en aéronautique. In-16, 1 fr. 50. VII
Étard. — Nouvelles théories chimiques. **E. L.** 2 fr. 50. IV
Expédition Scientifique du « Travailleur » et du « Talisman ». 5 vol. in-4°, 220 fr. . . III

F

Fabry. — Piles électriques. **E. L.**. 2 fr. 50. V, VII
Faculté de Médecine (Centenaire de la). — 1 vol. in-4° et 1 atlas de portraits. 100 fr. I
Faculté de Médecine (Programme de la). In-8° (*annuel*), 1 fr. I
Faisans. — Organes respiratoires. **E. L.**, 2 fr. 50. VII
Farabeuf. — Manuel opératoire. Petit in-8° 16 fr. I
Farges. — *V*. **Boule et Farges**. Le Cantal. II
Faure. — Éléments de commerce et de comptabilité. In-8, 4 fr. V

Table des auteurs — 122 —

Felizet (G.). — Cure radicale des hernies. In-8°, 2 fr. 50. I
— Circoncision. In-8°, 1 fr. 50. I
— Hernies inguinales. In-8°, 10 fr. I
Feré. — Epilepsie. **E. L.**, 2 fr. 50. I
Fernel (Jean d'Amiens). — Mal vénérien. In-18, 12 fr. I
Fernet. — Notions élémentaires de physique et de chimie. In-18, 2 fr. 50. V
— Cours élémentaire de physique. In-16, 5 fr. . . V
— Précis de physique. In-16, 3 fr. V
— et Drion. — Traité de physique élémentaire. Petit in-8°, 8 fr. V
— Physique math. spéc. Gr. in-8°, 15 fr. . . V
Ferrouillat et Charvet. — Les Celliers. — In-8°, 18 fr. VI
Ferté. — Aristophane. Pièces choisies. In-16, 2 fr. VIII
Filhol. — Mammifères fossiles de Sansan. In-8°, 25 fr. III
Filippi et Maurique. — La morale à l'École. In-16, 0 fr. 75. VIII
Fischer (Dr Paul). — Manuel de conchyliologie. In-8°, 35 fr. III
Fittig. — Traité de chimie organique. In-8°, 14 fr. IV
Fitz-James (duchesse de). — Viticulture franco-américaine. In-8°, 6 fr. VI
Fleischer. — Traité pratique d'analyse chimique par la méthode volumétrique. In-8°, 8 fr. IV
Floquet. — Code pratique des honoraires médicaux. 2 vol. in-8°, 10 fr. I
Floquet et Lechopié. — La nouvelle législation médicale. In-8°, 4 fr. 50. I
Foex. — Cours complet de viticulture. In-8°, 20 fr. VI
— Manuel pratique pour la reconstitution des vignobles. In-18, 3 fr. 50. VI
Follin et Duplay. — Pathologie externe, 7 volumes in-8°, 100 fr. I
Forgue et Reclus. — Thérapeutique chirurgicale, 2° édition, 2 vol. in-8°, 34 fr. I
Fort. — Traitement des rétrécissements. In-8°, 10 fr. I
Forthomme. — Notions élémentaires de physique et de chimie. In-18, 3 fr. . . . IV
Fouqué. — Santorin et ses éruptions. In-4°, 90 fr. III
Fouqué et Michel-Lévy. — Synthèse des minéraux et des roches. In-8°, 12 fr. III, IV
Fournier (A.). — Ataxie locomotrice. In-8°, 7 fr. I
— Période préataxique. In-8°, 7 fr. I
— Syphilis héréditaire tardive. In-8°, 15 fr. I
— Syphilis et mariage. In-8°, 7 fr. I
— Hérédité syphilitique. In-8°, 7 fr. . . . I
— V. Syphiligraphes (Collection des).
— V. Annales de Dermatologie et Iconographie de la Salpêtrière. X
Fracastor. — La syphilis. In-18, 2 fr. 50. . I

Franchet. — Plantæ Davidianæ ex Sinarum imperio, 2 vol. in-4°, 80 fr. III
Franck (F.). — V. Archives de Physiologie. IX
Frébault. — La chimie contemporaine. In-8°, 8 fr. IV
Fredericq et Nuel. — Eléments de Physiologie humaine. In-8°, 12 fr. 50 I
Frémy et Terreil. — Le guide du chimiste. In-8°, 18 fr. IV
Frésénius (R.). — Traité d'analyse chimique qualitative. In-8°, 7 fr. IV
— Traité d'analyse chimique quantitative. In-8°, 16 fr. IV
Frey. — Précis d'histologie. In-18, 3 fr. 50. I
Friedel. — Cours de minéralogie. In-8°, 10 fr. III
— V. Annales de Chimie et de Physique. . . IX
Fritsch et Guillemin. — Traité de la distillation des produits agricoles et industriels. In-8°, 8 fr. . . . . VI, VII
Fromentel (de). — Etudes sur les microzoaires. In-4°, 30 fr. III
Fromentel (de). — (V. Paléontologie française.)

G

Galippe et Barré. — Le pain. 2 vol. **E. L.** . I
  Physiologie : Hygiène thérapeutique, 2 fr. 50.
  Technologie : Pains, diverses altérations, 2 fr. 50.
Gangolphe. — Maladies des os. In-8°, 16 fr. I
Gariel (Ch.). — Physique médicale. In-8°, 12 fr. . . . . I, V
Garola. — L'alimentation des animaux de la ferme. In-8°, 5 fr. VI
Garrault. — V. Zuckerkandl.
Gastine. — La chronophotographie. **E. L.**, 2 fr. 50. . . . . III, V
— V. La photographie française IX
Gaucher. — Traitement de la syphilis. (**E. M.** 1 fr. 25 I
Gaudry (A.). — Les enchaînements du monde animal. 3 vol. in-8°. III
  Fossiles primaires, 10 fr.
  Fossiles secondaires, 10 fr.
  Mammifères tertiaires, 10 fr.
— Paléontologie philosophique. In-8°, 8 fr. III
Gautier (A.). — La cellule vivante. **E. L.**, 2 fr. 50. I
Gautier (A.). — Chimie appliquée à la physiologie. 2 vol. in-8°, 18 fr. . . . . III, IV
— Chimie minérale, organique et biologique. 3 vol. in-8°. 2° édition. . . . . . . I, IV
  Chimie minérale. In-8°, 16 fr.
  Chimie organique. In-8°, 16 fr.
  Leçons de chimie biologique. In-8°, 18 fr.
— Emplois de l'acide cacodylique. In-8, 1 fr. 50 I
— et Albahary. — Cent vingt exercices de chimie pratique. In-16, 3 fr. IV
Gautier (H.). — Essais d'or et d'argent. **E. L.**, 2 fr. 50. IV

Gautier (L.). — Analyse de l'urine. In-18, 3 fr. 50. IV
— Fabrication et raffinage du suc de betterave. In-8°, 6 fr. VII
Gavarret. — Acoustique biologique. In-8°, 10 fr. V
Gayet. — Ophtalmologie. In-8°, 8 fr. . . . I
Gazette hebdomadaire de médecine et de chirurgie. In-4°, périodique bi-hebdomadaire, 8 fr. IX
Geoffroy Saint-Hilaire. — Règnes organiques. 5 vol. in-8°, 24 fr. III
Gérardin. — Histoire naturelle élémentaire. 4 vol. in-16. III
   Les Plantes. In-16, 2 fr. 50.
   Les Bêtes. In-16, 2 fr. 50.
   La Terre. In-16, 2 fr. 50.
   L'Homme. In-16, 2 fr. 50.
Gérard-Lavergne. — Les turbines. E. L., 2 fr. 50. VII
Gervais. — Planches murales d'histoire naturelle III
   Zoologie, 34 pl., 102 fr.
   Botanique, 14 pl., 42 fr.
   Géologie. 14 pl., 42 fr.
   La planche seule, 3 fr. 50.
— V Tableaux d'histoire naturelle.
Gilbert et Carnot. — L'Opothérapie E. M., 1 fr. 25 I
Gilis. — Précis d'embryologie. B. D., 6 fr . I
Gilles de la Tourette. — V. Iconographie de la Salpêtrière. IX
Girard et Cuniasse. — Analyse des alcools et spiritueux. In-8°, 7 fr. IV
Girard (Ch.) et G. de Laire. — Traité des dérivés de la houille. In-8°, 18 fr. . . IV, VII
Girardin. — Chimie élémentaire appliquée aux arts industriels. 5 vol. in-8°, 50 fr. IV, VII
Girardin et Dubreuil. — Traité élémentaire d'agriculture. 2 vol. in-18, 16 fr. . . VI
Giraudeau. — Péricardites. E. L., 2 fr. 50. I
Glachant. — Xénophon (Analyse et Extraits). In-16, 2 fr. VIII
Gley. — V. Archives de Physiologie. . . . IX
Goguillot. — Comment on fait parler les sourds-muets. In-8°, 8 fr II
Gosselet. — Constant Prévost. In-8°, 6 fr. . III
Gossin. — L'agriculture française. In-8°, 30 fr. VI
Gouguenheim et Tissier. — Phtisie laryngée. In-8°, 8 fr. I
— **et Glover.** — Atlas de laryngologie. In-4°, 50 fr. I
— V. Annales des maladies de l'oreille et du larynx IX
Gouilly. — Transmission de la force motrice par air comprimé. E. L., 2 fr. 50. VII
— Géométrie descriptive. 5 vol. E. L., 7 fr. 50. V
Gouré de Villemontée. — Résistance électrique et fluidité. E. L., 2 fr. 50. . V. VII
Gowers. — Epilepsie. In-8°, 10 fr. I
Grancher. — V. Traité des Maladies de l'enfance. . . . .

— V. Archives de Médecine des Enfants, Annales de l'Institut Pasteur, Archives de Médecine expérimentale et Revue d'Hygiène. IX
Grasset. — Clinique médicale. 2 vol. in-8°, chaque volume 12 fr. I
— Clinique médicale. 3ᵐᵉ série. in-8°, 15 fr. I
Grasset. — Maladies du système nerveux. 2 vol. in-8°. 45 fr. I
— Consultations médicales. In-18, 4 fr. 50 . I
— Le médecin de l'amour. In-8°, 3 fr. 50 . . I
Gréard. — Précis de littérature. In-18, 1 fr. 25. VIII
Gréhant. — Gaz du sang. E. L., 2 fr. 50. . I
Grimaux. — Essais de Jean Rey. In-16, 3 fr. IV
Grisolle. — Pathologie interne. 2 vol. in-8°, 18 fr. I
Gros-Renaud. — Les mordants en teinture. in-16, 10 fr VII
Grünebeck. — Mentulagre. In-18, 3 fr. . .
Guadalupe. — Grammaire espagnole. In-16, 3 fr. VIII
Guénez. — Décoration céramique au feu de moufle. E. L., 2 fr. 50. VII
Guerrier et Rotureau. — Jurisprudence médicale. In-18, 5 fr. . . . . I, II
Guide des météorites du Muséum. In-8°, 1 fr. 25. III
Guillaume. — Unités et étalons. E. L., 2 fr. 50. . . . . V, VII
Guillemin. — Bandages et appareils. B. D., 6 fr. I
Guy (C.). — V. Marcel Dubois et Guy.
Guyot. — Etudes des vignobles de France. 3 vol. in-8°, 30 fr. I
Gygax. — V. Landolt.

H

Hackel — Andropogoneæ. In-8°, 28 fr. V. Monographiæ.
Haller. — Sensibilité et irritabilité. In-18, 1 fr I
Hallopeau. — V. Annales de Dermatologie. IX
Hameau. — Etude sur les virus. In-8°, 4 fr. I
Hannequin — Introduction à l'étude de la psychologie. In-18, 1 fr. 50. . . II, VIII
Hanot. — Endocardite aiguë. E. L., 2 fr. 50. I
Hanotte. — L'Oxycéphalie. In-8°, 5 fr. . . II
Hanriot. — V. Willm et Hanriot, et Naquet et Hanriot.
Haren Noman. — Casuistique des maladies de la peau. In-4°, la livraison 10 fr. I
Harvey. — Mouvements du cœur. In-18, 1 fr. I
Hatt. — Des marées. E. L., 2 fr. 50. . . . V
Hautes Études (Bibliothèque de l'Ecole des). III
Hayem. Le sang et ses altérations. In-8°, 52 fr. I
— Anatomie du sang. In-8°, 5 fr I
— Atrophies musculaires. In-4°, 10 fr . . . I
— Modifications du sang. In-8°, 12 fr. . . . I
— Traitement du choléra. In-18, 2 fr. 50 . . I

Hayem. — Leçons de Thérapeutique. In-8°. I
 Médications, 1re série, 8 fr.
 — 2e série, épuisée.
 — 3e série, 8 fr.
 — 4e série, 12 fr.
 Agents physiques, 12 fr.
— V. Revue des Sciences Médicales. IX
Hébert (A.). — Examen des boissons falsifiées.
 E. L., 2 fr. 50 VII
Hébert (E.). — Notions générales de géologie.
 In-18, 2 fr. III
Hennebert. — Fortification. E. L., 2 fr. 50. VII
— Torpilles sèches. E. L., 2 fr. 50. VII
— Bouches à feu. E. L., 2 fr. 50. VII
— Attaque des places. E. L., 2 fr. 50. . . VII
— Communications militaires. E. L., 2 fr. 50. VII
— Travaux de campagne. E. L., 2 fr. 50. . VII
Henneguy. — V. Archives d'Anatomie microscopique. IX
Hénocque. — Spectroscopie biologique.
 5 vol. E. L., chacun 2 fr. 50. I
Henriet. — Les Gaz de l'atmosphère. E. L.,
 2 fr. 50 . . . . IV, V
Hervé. — V. Revue de l'Aéronautique. . . . IX
Herzen. — V. Waller. Physiologie humaine . I
Higgens. — Ophtalmologie. In-12, 2 fr. . . I
Hirschfeld. — Iconographie du système nerveux In-4°, 110 fr. V. Bonamy.
Hœrnes. — Manuel de paléontologie. In-8°,
 20 fr III
Hogg (Douglas). — Premiers secours aux
 malades. In-18, 1 fr. 25. I
Hoppe Seyler. — Analyse chimique appliquée à la Pathologie. In-8°, 10 fr. . . . I, IV
Horteloup. — Urétrite chronique. In-8°, 5 fr. I
Hoskiær. — Épreuves des câbles télégraphiques. In-16, 5 fr. V
Hospitalier. — Traité d'énergie électrique.
 In-8°, 12 fr . . . . V, VII
— Formulaire de l'électricien. In-18, 5 fr.
 (annuel, 17 années). . . . . V, VII
— Les compteurs d'énergie électrique. In-8°,
 2 fr . . . . V, VII
Houdaille. — Le Soleil et l'Agriculteur. In-18,
 4 fr. 50 VI
— Météorologie agricole. E. L., 2 fr. 50. . . VI
Huber. — Chaetophorées. In-8°, 10 fr. . . . III
Hue (l'abbé). — Lichenes exotici. In-4°, 50 fr. III
Hugounenq. — Traité des poisons. In-8°,
 8 fr . . . . I, IV
Hunter. — Le sang. In-18, 1 fr. I

I

Iconographie de la Salpêtrière (Nouvelle). Périodique in-8° tous les deux mois.
 Un an, 20 fr . . . . I, IX
Imber et Weill. — Cours de géométrie analytique. In-8°, 10 fr. V

J

Jacobs et Chatrian. — Le Diamant. In-8°,
 26 fr VII
Jacquet. — Fabrication des Eaux-de-vie. E.
 L., 2 fr. 50. VII
Jaquet — L'Alcoolisme. E. M., 1 fr. 25 . . I
Jaubert. — Le Goudron de houille. E. L.,
 2 fr. 50. VII
— Matières colorantes azoïques. E. L. 2 fr. 50. VII

Jaumes. — Pathologie et thérapeutique générales. In-8°, 16 fr. I
Javal. — Ophtalmométrie. In-8°, 20 fr. . . . I
— Le strabisme. In-18, 5 fr. I
Jayle. — V. Revue de Gynécologie. IX
Jean (Ferdinand). — Industrie des cuirs et
 peaux. E. L., 2 fr. 50. VII
Joffroy. — V. Archives de Médecine expérimentale. IX
Joigneaux. — Le livre de la ferme et des
 maisons de campagne. 2 vol. in-8°, 32 fr. VI
Jonnesco. — V. Archives des Sciences médicales. IX
Joubert. — Traité élémentaire d'électricité.
 In-8°, 8 fr. V
— Cours élémentaire d'électricité. In-12,
 2 fr. V
Jourdanet. — Pression de l'air. In-8°, 25 fr. I, III
Journal de l'Agriculture, périodique. Gr.
 in-8° hebdomadaire, alman. annuel, 20 fr. VI, IX
Journal de Physiologie et de Pathologie
 générale. — In-8°, tous les deux mois,
 28 fr. . . . . I, IX
Julien. — Le terrain carbonifère marin. In-4°,
 60 fr III
Jungfleisch. — V. Journal de Pharmacie et
 de Chimie. IX
Jussieu (De). — Cours de Botanique. In-18,
 6 fr III

K

Kalindero. — V. Archives des Sciences médicales. IX
Kaposi. — Maladies de la Peau. 2 vol. in-8°,
 50 fr. I
Kayser. — Les levures. E. L., 2 fr. 50. VI, VII
Keller. — Conseils pour la composition française. In-16, 1 fr VIII
— Résumé du cours de Philosophie. In-16, 2 fr. VIII
— Histoire de la philosophie. In-16, 1 fr . . VIII
Kerchove de Denterghem (Comte de). — Le
 livre des Orchidées. In-8°, 30 fr. VI
Kirmisson. — Maladies de l'appareil locomoteur. In-8°, 10 fr. I
— Maladies chirurgicales d'origine congénitale. In-8°, 15 fr I
— V. Revue d'Orthopédie. IX
— Manuel de Pathologie externe, Tête et Rachis. 1 vol. pet. in-8°, 10 fr I
— V. Traité de chirurgie.
Klippel. — Paralysies générales progressives.
 E. M., 1 fr. 25. I
Knoll. — Guide pour les manipulations chimiques. In-16, 1 fr. IV
Kœhler. — Application de la photographie aux
 sciences naturelles. E. L., 2 fr. 50. . . . III
Koltz. — Pisciculture pratique. In-18, 2 fr. 50. VI
Kossel. — Le traitement de la diphtérie. In-
 16, 1 fr. 25. I
Krafft. — Le massage des contusions. In-8°,
 3 fr I
Kunckel d'Herculais. — Recherches sur les
 volucelles. 2 fascicules in-4°, 60 fr. . . . III

L

Labbé (H.). — Huiles essentielles. E. L.
 2 fr. 50. VII
Labbé et Coyne. — Tumeurs bénignes du
 sein. In-8°, 12 fr. I

Laborde et Duquesnel. — Des aconits et de l'aconitine. In-8°, 15 fr. IV
Lacassagne. — Précis de médecine judiciaire. **B. D.**, 7 fr. 50. . . . . I, II
— Précis d'hygiène. **B. D.**, 7 fr. . . . . I, II
— Bibliothèque de criminologie. II
— L'affaire Gouffé. In-8°, 3 fr. 50. . . . II
— L'assassinat du Président Carnot. In-8°, 3 fr. 50. II
— Archives d'anthropologie criminelle, périodique. In-8°, ... IX
— Vade mecum du médecin-expert. In-18, 5 fr. II
— Actes de l'état civil. In-18, 3 fr. 50. . . . II
Laennec. — Auscultation. In-18. I
  Exploration de la poitrine. In-18. 1 fr.
  Exploration des organes de la circulation. In-18, 1 fr.
Laffargue — V. Bos et Laffargue VII
Lalesque. — Cure marine de la phtisie. In-8°, 6 fr. I
Lallier et Lantoine. — Leçons de littérature latine. In-18, 2 fr. VIII
Lallier. — V. Croiset.
Lamarck. — Origine des animaux. In-18, 1 fr. I
— Philosophie zoologique. 2 vol. in-8°, 12 fr. III
Lamy. — Syphilis des centres nerveux. E. L., 2 fr. 50 I
Lancereaux et Lackerbauer. — Atlas d'anatomie pathologique, 2 vol. in-8°, 80 fr. . . I
Landolt et Gygax. — Thérapeutique ophtalmologique. In-18, 3 fr. I
Langlebert. — Maladies vénériennes. In-8°, 8 fr. I
Langlois. — Le lait. E. L., 2 fr. 50. . . . I
Lannelongue. — Produits tuberculeux. In-8°, 3 fr. I
— Tuberculose chirurgicale. **E. L.**, 2 fr. 50. . I
— V. Revue d'Orthopédie IX
— V. Revue de la Tuberculose. IX
Lantoine (Collection). — V. classiques grecs et latins. VIII
— Les Historiens latins. In-16, 3 fr. . . . VIII
— Virgile. Analyse et extraits. In-16, 2 fr. . VIII
— Salluste, César, Tacite. In-16, 2 fr. . . VIII
— Cicéron. In-16, 2 fr. VIII
Lapersonne (de). — Maladies des paupières. E. L., 2 fr. 50. I
Lapparent (A. de). — Traité de géologie, 2 vol. in-8°, 24 fr. III
— Cours de minéralogie. In-8°, 15 fr. . . III
— Abrégé de géologie. In-16, 3 fr. III
— Précis de minéralogie. In-18, 5 fr. . . III
— La géologie en chemin de fer. In-18, 7 fr. 50. III
— Le siècle du fer. In-18, 2 fr. 50. . . . VII
— Géographie physique. In-8°, 12 fr. . . VIII
— Notions sur l'Ecorce terrestre. In-12, 1 fr. 20. III
Larbalétrier. — Tourteaux de graines oléagineuses. E. L., 2 fr. 50. VI
— Résidus industriels employés comme engrais. 2 vol. E L., 2 fr. 50 chacun. . . . VI
— Le Beurre et la Margarine. E. L. 2 fr. 50 VI
Laulanié. — Énergétique musculaire. E. L., 2 fr. 50. I
Launay (P.). — Veines jugulaires. In-8°, 4 fr.

Launay (de). — Formation des gîtes métalliques. E. L., 2 fr. 50. VII
— Production des gîtes métallifères. E. L., 2 fr. 50. VII
Launois et Morau. — Anatomie et histologie. **B. D.**, 6 fr. I
Laurent (Dr). — Les habitués des prisons. In-8°, 10 fr. II
Laurent (H.). — Théorie des jeux de hasard. E. L., 2 fr. 50. V
— Assurances sur la vie. E. L., 2 fr. 50. . V
— Théorie des opérations financières E. L., 2 fr. 50 V
Laurent (P). — Déculassement des bouches à feu. E. L., 2 fr. 50. VII
— Résistance des bouches à feu. E. L., 2 fr. 50 VII
Lauvernay. — Algèbre élémentaire. In-8°, 5 fr. V
Laveran. — Maladies des armées. In-8°, 10 fr. I
— du Paludisme. In-8°, 10 fr.
— Paludisme. E. L., 2 fr. 50. I
— Traité du Paludisme. In-8°, 10 fr. . . I
— Hygiène militaire. In-8°, 16 fr. I
Lavergne et Marre. — Le Black-Rot, 2 fr. 50 VI
Lavoisier. — Chaleur et respiration. In-18, 1 fr.
Lavrand. — Néphrite des saturnins. Œ. M., 1 fr. 25. I
Léauté. — V. Encyclopédie des Aide-Mémoire et le catalogue spécial.
Léauté et Bérard. — Transmissions par câbles métalliques. E. L., 2 fr. 50. . . VII
Lebert. — Leitfaden zur deutschen Sprache. In-18, 1 fr. 50. VIII
— Formulaire commercial allemand. In-16, 2 fr. VIII
Lecercle. — Electricité médicale. 2 vol. in-8°, 16 fr. . . . . I, V
Le Châtelier. — Le grisou. E. L., 2 fr. 50. VII
Lechopié et Floquet. — Nouvelle législation médicale. In-18, 4 fr. 50. I
Leclainche. — Précis de pathologie vétérinaire. In-18, 5 fr. VI
— V. Nocard et Leclainche.
Lecomte. — Les textiles végétaux. E. L., 2 fr. 50. . . . . III, VII
Lecorché. — Maladies des reins. In-8°, 12 fr. I
— Diabète. In-8°, 10 fr. I
Lecornu. — Mouvement des machines. E. L., 2 fr. 50 VII
Le Dantec. — La matière vivante. E. L., 2 fr. 50. III
— Bactéridie charbonneuse. E. L., 2 fr. 50 III
— La Forme spécifique. E. L., 2 fr. 50. . III
Le Dantec et Bérard. — Les Sporozoaires E. L., 2 fr. 50 III
Le Dentu. — Affections chirurgicales des reins. In-8°, 15 fr.
— Clinique chirurgicale. 8 fr.
— V. Voillemier et Le Dentu. I
Lefèvre (L). — Matières colorantes organiques artificielles. 2 vol., 90 fr. . . . IV, VII
— La Céramique du Bâtiment. In-8°, 15 fr. VII
Lefèvre (J.). — La Spectroscopie. E. L. 2 fr. 50. . . . . IV, V
— La Spectrométrie. E. L., 2 fr. 50 . . IV, V
— L'Éclairage. 2 vol. E. L., 2 fr. 50 chacun. VII
— Liquéfaction des gaz. E. L. 2 fr. 50 . . V

Le Goffic et Thieulin. — Versification française. In-18°, 1 fr. 50 VIII
Legrand. — Sénèque. Extraits. In-16, 2 fr. VIII
Legueu — L'Appendicite. Œ. M., 1 fr. 25. I
— Traitement de l'appendicite. Œ. M. 1 fr. 25. I
Lejars. — Leçons de Chirurgie. Gr. in-8°, 16 fr. I
— Le Lavage du sang. Œ. M., 1 fr. 25. . . . I
— Traité de chirurgie d'urgence, in-8°, 22 fr. I
Leloir et Vidal. — Atlas des maladies de la peau. Gr. in-8°, 70 fr. I
Leloutre. — Le fonctionnement des machines. E. L., 2 fr. 50. VII
Lemercier. — Plutarque. Vies des Grecs illustres. In-16, 2 fr. VIII
— Plutarque. Vies des Romains illustres. In-16, 2 fr. VIII
Lemoine. — Élevage des animaux de basse-cour. In-18, 2 fr. 50. VI
Lenoir, Marc Sée et Tarnier. — Atlas de l'art des accouchements. Gr. in-8° jésus, planches noires 60 fr.; planches coloriées, 110 fr. I
Lépine. — V. Archives de Médecine expérimentale. IX
Le Play. — La Carpe. In-18, 2 fr. VI
Lereboullet. — V. Duval et Lereboullet.
— V. Dictionnaire encyclopédique. I
— V. Dictionnaire usuel. I
— V. Gazette hebdomadaire. IX
Leredde. — L'Eczéma. Œ. M., 1 fr. 25 . . I
Lermoyez. — V. Annales des maladies de l'oreille et du larynx. IX
Leroux. — Cours d'Agriculture. In-16, 4 fr. VI
Lesage (A.). — Le choléra. E. L., 2 fr. 50. . I
— Gastro-entérite aiguë des nourrissons. Œ. M. 1 fr. 25 I
Lesser (Ad.). — Atlas de médecine légale. I
Les empoisonnements. In-f°, 120 fr.
Les lésions traumatiques. In-f°, 80 fr.
Les lésions traumatiques. In-f°, 40 fr.
Lesser (Ed.). — Affections vénériennes. In-8°, 8 fr. I
Letulle. — L'inflammation. In-8°, 20 fr. . . I
— Pus et suppuration. E. L., 2 fr. 50. . . . I
Levasseur. — Précis de géographie. In-18, 3 fr. VIII
Leven. — La névrose. In-8°, 6 fr. I
Le Verrier. La Fonderie. E. L., 2 fr. 50 . . VII
Levinstein. — La morphinomanie. In-8°, 5 fr. I
Leymerie. — Cours de minéralogie. 2 vol. in-8°, 12 fr. III
— Éléments de géologie. In-18, 7 fr. . . . III
— Éléments de minéralogie et de lithologie. In-18, 3 fr. III
L'Hôte. — Analyse des Engrais. E. L., 2 fr. 50. . . . . IV VI
Liard. — Logique. In-18. 2 fr. VIII
Lichtwitz (Dr). — V. Zuckerkandl.
Liebig. — Chimie organique. 3 vol. in-8°, 25 fr. IV
Lindet. — La bière. E. L., 2 fr. 50. . . VI, VII
Locard. — V. Expéditions scientifiques du Travailleur et du Talisman III

Loevi. — La Vinification en Oranie, in-8°, 5 fr, VI
Lombroso. — Palimpsestes des Prisons. In-8°, 6 fr. II
Londe. — V. Blocq.
Londe (A.). — Traité de Photographie. In-8°, 15 fr. V
— V. Iconographie de la Salpêtrière. . . . IX
Loppé. — Accumulateurs électriques. E. L., 2 fr. 50. . . . . V, VII
— Transformateurs de tension à courants alternatifs. E. L., 2 fr. 50 . . . . . V, VII
Loriol (de). — Crinoïdes (Paléontologie française, terrain jurassique). 2 vol. et atlas, 126 fr. III
Loubié. — Essences forestières, 2 vol. E. L., chacun 2 fr. 50. VI
Loverdo (de). — Le Ver à soie. E. L., 2 fr. 50. VI
Lubimoff. — Le Prof. Charcot. In-8°, 2 fr. . I
Lunge (G.). — Distillation du goudron de houille. In-8°, 12 fr. . . . . IV, VII
Lunge et Naville. — Traité de la fabrication de la soude. 3 vol. in-8°, 54 fr. . . . IV, VII
Lyon. — Traité élémentaire de clinique thérapeutique. In-8°, 20 fr. I

M

Mac Donald. — Le criminel-type. In-8°, 5 fr. II
Macé de Lépinay. — Cours de trigonométrie. 1 vol. in-8°, 5 fr. V
— Éléments de trigonométrie. 1 vol. in-16, 2 fr. 80 (en collab. avec M. Ch. Vacquant). . V
— Voir Vacquant.
Macewen. — Ostéotomie. In-8°, 5 fr. . . . I
Madamet. — Tiroirs et distributions à vapeur. E. L., 2 fr. 50. VII
— Détente variable de la vapeur. E. L., 2 fr. 50. VII
— Distribution de la vapeur. E. L., 2 fr. 50. VII
Magitot. — Anomalies du système dentaire. In-4°, 40 fr. . . . . I, III
Magnan. — Recherches sur les centres nerveux. In-8°, 12 fr. I
— et **Sérieux**. — Délire chronique. E. L., 2 fr. 50. I
— La Paralysie générale. E. L., 2 fr. 50. . . I
Magnier de la Source. — Analyse des vins. E. L., 2 fr. 50. . . . . IV, VI
Mairet. — Aliénation mentale syphilitique. In-8°, 3 fr. 50. I
Mairet et Vires. — Paralysie générale. In-8° 5 fr I
Malet. — V. Marcel Dubois. Europe.
Malosse. — Manipulations de physique. In-8°, 4 fr. 50. III
Malpeaux. — Culture de la pomme de terre E. L , 2 fr. 50. VI
Manacéine. — Le surmenage mental. In-12, 3 fr. I
— Le Sommeil. In-18, 3 fr. I
Mangin. — V. Tableaux d'Histoire naturelle.

Manuel de l'infirmière hospitalière. In-12, 5 fr. . . . . I, II
Manuel de pathologie externe, par MM. Reclus, Kirmisson, Peyrot, Bouilly. 4 vol. in-8°, 40 fr. I
Marage. — Memento d'histoire naturelle. In-16, 2 fr. III
Marchena (de). — Machines frigorifiques à air. E. L., 2 fr. 50 VII
— Machines frigorifiques à gaz liquéfiable. E. L., 2 fr. 50 VII
Marès. — Description des cépages de la région méditerranéenne. In-4°, 75 fr. VI
Marey. — Physiologie expérimentale. 4 vol. gr. in-8°, 60 fr. . . . . I, III
— Méthode graphique dans les sciences expérimentales. In-8°, 18 fr. . . . . . I, III
— Circulation du sang. Gr. in-8°, 18 fr. . I, III
— Vol des oiseaux. Gr. in-8°, 10 fr. . . . III
— V. Archives de Physiologie. IX
Marfan. — Voir Traité des maladies de l'enfance et Archives de Médecine des Enfants. I
Margerie. — Algèbre numérale. In-18, 2 fr. V
Margerie et Racine. — Traité de géométrie descriptive. In-8°, 10 fr V
Marie. — Maladies de la moelle. In-8°, 15 fr. I
— Clinique médicale. In-8°, 6 fr. I
— V. Revue neurologique. IX
Marqfoy. — Loi des équivalents et théorie nouvelle de la chimie. In-8°, 7 fr. 50. . . IV
Martin (Cl.). — Résection des maxillaires. Gr. in-8°, 15 fr. I
Martin (A.-J.). — Des épidémies et des maladies transmissibles: lois et règlements. In-18. 3 fr. 50. II
— V. Revue d'Hygiène. IX
Martin (O.). — Thérapeutique de la fièvre typhoïde. E. L. 2 fr. 50. I
Martin. — V. Dubois. Afrique, Asie, Océanie.
Martins (Charles). — Eléments de Botanique. In-8°, 7 fr. III
Marty. — V. Journal de Pharmacie. . . . IX
Mas. — Le verger. 8 vol. in-8°, 200 fr. . . . VI
— Pomologie générale. 12 vol. in-8°, 96 fr. . VI
Mas et Pulliat. — Le vignoble. 3 vol. in-8°, 200 fr. VI
Mascart. — Traité d'optique. 3 vol. in-18, 64 fr. V
— Traité d'électricité statique. 2 vol. in-8°, 30 fr. V
— Leçons sur l'électricité et le magnétisme. 2 vol. in-8°, 45 fr. V
— V. Annales de Chimie et de Physique. . IX
Masse. — Petit atlas complet d'anatomie. In-18, figures noires 20 fr. ; figures coloriées 36 fr. I, III
Materne. — V. Beni-Barde.
Mathieu. — V. Proust et Mathieu. . . . . .
Mauduit. — Précis d'algèbre. In-18, 1 fr. 60. V
— d'arithmétique. In-18, 1 fr. 40. . . V
Maurange. — Péritonite tuberculeuse. E. L. 2 fr. 50. I
Mauriac — Traitement de la syphilis. In-8°, 15 fr. I
Maurique. — V. Philippi. VIII

Mayet. — Insectes de la vigne. In-8°, 10 fr. V
Mazade. — Reconnaissance des cépages. In-8, 2 fr. VI
Mégnin. — Les parasites. In-8°, 20 fr. . I, III
— Les Acariens parasites. E. L., 2 fr. 50. I, III
— La Faune des cadavres. E. L., 2 fr. 50. I. III
Meige et Brissaud. — V. Brissaud I
Meige. — V. Iconographie de la Salpêtrière et Revue neurologique. IX
Méneau. — La Bourboule. In-16, 4 fr. . . .
Merklen. — Examen du cœur. E. L., 2 fr. 50. I
Metchnikoff. — Pathologie comparée de l'inflammation. In-8°, 9 fr . . . .
— V. Annales de l'Institut Pasteur. . . . IX
Meunier (Stanislas). — Premières notions de géologie. In-18, 2 fr. III
— Histoire naturelle des pierres et terrains. In-18, 2 fr. 25. III
Meunier (Stanislas). — Cours d'histoire naturelle de Fontenay-aux-Roses. III
   Zoologie. 1 vol. in-18, 4 fr.
   Botanique, Géologie. 1 vol. in-18, 4 fr.
Meunier (Stanislas). Les Météorites. E. L., 2 fr. 50 III
Meunier (Victor). — Sélection et perfectionnement animal. E. L., 2 fr. 50. III
Meyer (Dr). — Traité des maladies des yeux. In-8°, 12 fr. I
— V. Revue d'ophtalmologie. IX
Meyer (E.). — L'utilité publique et la propriété privée. E. L., 2 fr. 50. II
Mez. — Bromeliaceæ. In-8°, 34 fr. V. Monographiæ.
Micheli (Marco). — Alismaceæ, Butomaceæ, Juncagineæ. V. Monographiæ.
Millardet. — Vignes qui résistent au phylloxera. In-4°, 25 fr VI
Milne-Edwards (Alph.). — Oiseaux fossiles. 4 vol. in-4°, 230 fr. III
— Précis d'histoire naturelle. In-18, 3 fr. . III
— Histoire naturelle des animaux. . . . III
   Anatomie et Physiologie. 1 vol. in-18, 3 fr.
   Zoologie méthodique, 3 fr. . . . . .
— V. Annales des Sciences naturelles. . . IX
Milne-Edwards (H.). — Cours de zoologie. In-18, 6 fr. III
Milne-Edwards (H.) et Achille Comte. — Cahiers d'histoire naturelle. 3 vol. in-12, 6 fr. III
Milne-Edwards (H. et A.). — Histoire naturelle des mammifères. 2 vol. in-4°, 260 fr. III
Milne-Edwards (H.). — Leçons sur la physiologie et l'anatomie comparée. 14 vol. gr. in-8°, 230 fr. . . . . I, III
Milne-Edwards (W.). — Chaleur animale. In-18, 1 fr. I
Minel. — Electricité appliquée à la marine. E. L., 2 fr. 50. VII

Minel. — Introduction à l'électricité industrielle. **E. L.**............. V,
  I. Potentiel. Flux et force. Grandeurs électriques, 2 fr 50.
  II. Circuit magnétique. Induction. Machines, 2 fr. 50.
— Régularisation des moteurs des machines électriques. **E. L.**, 2 fr. 50........ VII
Minet. — Electro-Métallurgie. **E. L.**, 2fr. 50. V, VII
— Les Fours électriques. **E. L.** 2 fr. 50.. V, VII
— Electro-Chimie. **E. L.**, 2 fr. 50..... V, VII
— Théories de l'Électrolyse. **E. L.**, 2 fr. 50. V, VII
— Analyses électrolytiques. **E. L.**, 2 fr. 50. V, VII
Miron. — Huiles minérales. **E. L.**, 2 fr. 50. VII
Moessard. — La topographie. **E. L.**, 2 fr. 50. VII
Mohr et Classen. — Traité d'analyse chimique par la méthode des liqueurs titrées. In-8°, 22 fr. 50............. IV
Moissan et Ouvrard. — Le Nickel. **E. L.**, 2 fr. 50............. IV, VII
Moissan. — *V.* Annales de Chimie et de Physique............. IX
Moitessier. — Physique médicale. **B. D.**, 7 fr. 50............. I, V
Mollière (Daniel). — Maladies du rectum et de l'anus. In-8°, 12 fr......... I
— Leçons de clinique chirurgicale. In-8°, 8 fr. I
Mollière (Humbert). — Etude d'histoire médicale. In-8°, 4 fr........... I
Monaco (S. A. S. Mgr le prince Albert 1er de). — Résultats des campagnes scientifiques accomplies sur son yacht. 12 vol. in-4°, 208 fr. III
(La publication se continue.)
Monckhoven (D. Van). — Traité général de photographie. In-8°, 16 fr....... V, VII
— Traité pratique de photographie au charbon. In-8°, 3 fr......... V, VII
Mondenard. — Greffes aériennes de la vigne. In-8°, 2 fr............. VI
Monod (H.). — Les enfants assistés. In-8°, 3 fr.............. II
Monod et Terrillon. — Maladies du testicule. In-8°, 16 fr............ I
Monod et Vanverts. — L'Appendicite. **E. L.** 2 fr. 50.............. I
Monographiæ phanerogamarum (*suite* au Prodrome de Candolle) :....... III
  I, Smilacées ; Restiacées ; Méliacées, 1 vol. gr. in-8°, 30 fr.
  II. Aracées, 1 vol. gr. in-8°, 18 fr.
  III, Philydracées; Alismacées; Butimacées, etc., 1 vol. gr. in-8°, 30 fr.
  IV, Burséracées ; Pontédériacées, 1 vol. gr. in-8°, 25 fr.
  V, Cyrtandrées, Ampelidées, 1 vol. gr. in-8°, 30 fr.
  VI, Andropogonées, 1 vol. gr. in-8°, 28 fr.
  VII, Guttifères, 1 vol. gr. in-8°, 26 fr.
  VIII, Mélastomacées, 1 vol. gr. in-8°, 38 fr.
  IX, Broméliacées, 1 vol. gr. in-8°. 34 fr.
Monographies. — Voir *Œuvre médico-chirurgicale*.............. I
Moquin-Tandon. — Monochlamydées. In-8°, 12 fr. *V.* Prodromus......... III
Morat et Doyon. — Traité de physiologie. 5 vol. gr. in-8°, En souscription 50 fr.. I
Morel. — Traité des maladies mentales. Gr. in-8°. 13 fr............. I
Morillot. — Le roman en France. In-16, 5 fr. VIII

Mouillard. — L'empire de l'air. In-8°, 5 fr.. II
Mouillefert. — La vigne en serre. In-8°, 2 fr. 75.............. VI
Moussous. — Maladies congénitales du cœur. **E. L.**, 2 fr. 50............ I
Muséum (Archives du). — *V.* Archives... IX
— (Bulletin du). — *V.* Bulletin....... IX

N

Nadaillac. — Affaiblissement de la natalité. In-18, 2 fr.............. II
— Le Problème de la vie. In-18, 3 fr. 50.. II
— L'Amérique préhistorique. In-8°, 10 fr.. II
— L'homme tertiaire. In-8°, 2 fr....... II
Napias. — Manuel d'hygiène industrielle. In-8°, 12 fr........... I, II, VII
— *V.* Revue d'Hygiène........... IX
Napias et Martin. — Etude et progrès de l'hygiène en France. In-8°, 8 fr.... I, II
Naquet et Hanriot. — Principes de chimie. 2 vol. in-18, 11 fr.......... IV
Nature (La). — Revue générale des sciences, périodique hebdomadaire, 20 fr.... III, IX
Nature (La). — Collection. 51 volumes parus, 10 fr. le volume........... III, IX
Naudin. — Fabrication des vernis. **E. L.**, 2 fr. 50............. IV, VII
Neveu. — Précis d'Algèbre. In-8°, 8 fr... V
Nicolas. — Hygiène industrielle et coloniale. In-8°, 5 fr............ I, II, VII
— L'attitude de l'homme. In-8°, 5 fr.... II
Nicolle. — Matières colorantes et microbes. In-16, 2 fr............. IV, VII
Nielly. — Manuel d'obstétrique. **B. D.**, 5 fr. I
Niemeyer. — Précis de percussion et d'auscultation. In-18, 4 fr.......... I
Niewenglowski. — Applications scientifiques de la Photographie. **E. L.**, 2 fr. 50.. V, VII
— Applications de la Photographie à l'Industrie. **E. L.** 2 fr. 50........ V, VII
— Applications de la photographie aux arts industriels. **E. L.**, 2 fr. 50...... VII
— Chimie des manipulations photographiques. **E. L.** 2 vol. chacun, 2 fr. 50. V, VII
Nimier. — Histoire chirurgicale de la guerre au Tonkin. In-8°, 5 fr........ I
— *V.* Chauvel et Nimier.
Nocard. — Tuberculoses animales. **E. L.**, 2 fr. 50.............. I
— *V.* Annales de l'Institut Pasteur.... IX
Nocard et Leclainche. Les maladies microbiennes des animaux. In-8°, 16 fr.... I

O

Œchsner de Coninck. — Cours de chimie organique. 5 vol. in-8°, 30 fr..... I
— Nouvelles recherches sur les bases de la série pyridique. In-8°, 3 fr. 50..... IV
— Chimie organique et biologique. In-16, 2 fr. IV
Œuvre Médico-chirurgicale. Suite de monographies cliniques sur les questions nouvelles en médecine, chirurgie et biologie. Chaque monographie in-8°, 1 fr. 25... I
Olivier (Ad.). — Pratique de l'accouchement normal. **E. L.**, 2 fr. 50........ I
Ollier. — Traité de la régénération des os. In-8°, 30 fr............. I
— Traité des résections. 3 vol. gr. in-8°, 50 fr................ I
— Régénération des os et résections sous-périostées. **E. L.**, 2 fr. 50........ I

Ollier. — Résections des grandes articulations des membres. **E. L.**, 2 fr. 50 I
— *V.* Gangolphe et Roux de Brignoles.
— *V.* Revue d'Orthopédie. IX
Onimus. — Guide d'Électrothérapie. **B. D.**, 6 fr. V
Orbigny (d'). — Prodrome de paléontologie stratigraphique universelle. 3 vol. in-18, 12 fr. III
— *V.* Paléontologie française. III
Ornis. — Bulletin trimestriel. In-8, 10 fr. . IX
Ozenfant et Benoît. — Éléments de grammaire de la langue française. In-18, 2 fr. VIII
— Exercices sur la grammaire française. In-18, 1 fr. 20. VIII

P

Pagès. — Hygiène des animaux domestiques dans la production du lait. In-16, 3 fr. II, VI
Paisant et Pidancet. — Code pratique des lois rurales. In-8°, 5 fr. . . . . . II, VI
Paléontologie française. — 20 volumes, 1 400 fr. III

Détail de la Paléontologie française.

1re *série : animaux fossiles.*

Crétacé :
I, Céphalopodes (d'Orbigny), 48 fr.
II, Gastéropodes (id.), 30 fr.
III, Lamellibranches (id.), 80 fr.
IV, Brachiopodes (id.), 35 fr.
V, Bryozoaires (id.), 65 fr.
VI, Echinides irréguliers (id.), 67 fr.
VII, — — (Cotteau), 102 fr.
VIII, Zoophytes (de Fromentel), non terminé.

Jurassique :
I, Céphalopodes (d'Orbigny), 75 fr.
II, Gastéropodes (id.), 65 fr.
III, — (Piette),
VI, Brachiopodes (Deslonchamps), non terminé.
IX, Echinides irréguliers (Cotteau), 72 fr.
X-1, Echinides réguliers (de Loriol), 60 fr.
X-2, — (id.), 135 fr.
XI-1, Crinoïdes (de Loriol), 66 fr.
XI-2, — (id.), 60 fr.
XII, Zoophytes (Fromentel et Ferry), non terminé.

(Il n'a pas été publié de volumes sous les n°s IV, V, VII, VIII.)

Terrain tertiaire :
I, Echinides Éocènes (Cotteau), 102 fr.
II, — — (id.), 98 fr.

2° *série : végétaux.*
I, Algues (de Saporta), 60 fr.
II, Cycadées (id.), 54 fr.
III, Conifères (id.), 86 fr.
IV, Éphédrées, etc. (id.), 90 fr.

Pamart. — Notions d'agriculture et d'horticulture. In-16, 1 fr. 25 VI
Panas. — Traité des maladies des yeux. 2 vol. gr. in-8°, 40 fr. I
— Leçons de clinique ophtalmologique. In-8° 5 fr. . . . .
— et **Rochon-Duvigneaud.** — Le glaucome et les néoplasmes intraoculaires, in-8°, 7 fr. I

Parchappe. — Goitre et Crétinisme. Gr. in-8°, 10 fr. I
Parmentier (A.). — *V.* Marcel Dubois. France.
Parrot. — L'Athrepsie. Gr. in-8°, 18 fr. . . I
— Syphilis héréditaire. Gr. in-8°, 25 fr. . . I
Parville (de). — *V.* La Nature. IX
Paulet. — Résumé d'anatomie appliquée. **B. D.**, 7 fr. I
Paulet et Sarazin. — Anatomie topographique, texte 2 vol. in-8°, atlas 2 vol. in-8° jésus, 176 fr. . . . . I, III
Péan (D^r). — Tumeurs de l'abdomen et du bassin. 4 vol. in-8°, 60 fr. I
Péclet. — Traité de la chaleur considérée dans ses applications. 3 vol. in-8°, 50 fr. V, VII
Péligot. — Traité de chimie analytique appliquée à l'agriculture. In-8°, 10 fr. . IV, VI
— Le Verre, son histoire, sa fabrication. In-8°, 14 fr. VII
Pelletan. — Le Microscope. In-8°, 20 fr. III, V
Pelouze et Fremy. — Abrégé de chimie. 3 vol. in-18, 9 fr. IV
— Chimie générale. 7 vol., 120 fr. IV
Pennetier. — Leçons sur les matières premières organiques. In-8°, 18 fr. . . . III, VII
Pepper. — De la Malaria. In-8°, 6 fr. . . I
Périssé. — Automobiles sur routes **E. L.**, 2 fr. 50 VII
Perraud. — La taille de la vigne. In-8°, 4 fr. 50. VI
Perrier (Ed.). — Les colonies animales, 2° édit., in-8°, 18 fr. III
— Mémoire sur l'organisation de la comatule de la Méditerranée. In-4°, 35 fr. . . . III
— Traité de zoologie. 2 vol. gr. in-8°, publiés en six fascicules. — Cinq fascicules parus, 52 fr. III
Perrier (Rémy). — Cours élémentaire de zoologie. In-8, 10 fr. III
— *V.* Carlet et Perrier. I
Perrier (Ch.). — La maison centrale de Nîmes, In-8°, 3 fr. II
Perrin et Poncet. — Atlas des maladies profondes de l'œil. In-8° jésus, 100 fr. . . . I
Persoz. — Conditionnement de la soie. In-8°, 15 fr. VII
Petit. — *V.* Revue de la Tuberculose. . . IX
Petit. — *V.* Journal de Pharmacie et de Chimie. IX
Petit de Julleville. — Histoire de la littérature française. 1 vol. in-18, 3 fr. 50 . . VIII
Des origines à Corneille, 2 fr.
De Corneille à nos jours, 2 fr.
— Morceaux choisis des auteurs français. In-18, 5 fr. VIII
Moyen âge et XVI° siècle, 2 fr.
XVII° siècle, 2 fr.
XVIII° siècle, 2 fr.
Peyrot. — Intervention chirurgicale dans l'obstruction intestinale. In-8°, 6 fr. . . I
— Manuel de pathologie externe. Tome III. *Poitrine — Abdomen.* In-8°, 10 fr. . . . I

Phocas. — *V.* Revue d'Orthopédie IX
Photographie française (La.). — Mensuel In-8°, 6 fr. 50 IX
Picot. — Traitement de la pneumonie. In-8°, 3 fr. I
— Leçons de clinique médicale. Gr. in-8°, 9 fr. I
— Leçons de clinique médicale. 2ᵉ série, gr. in-8°, 8 fr. I
— Les grands processus morbides. 2 vol. gr. in-8°, 36 fr. I
Picou. — La distribution de l'électricité. 2 vol. E. L. Chacun 2 fr. 50. . . . . V, VII
— Canalisations électriques **E. L.**, 2 fr. 50. V, VII
Picquet (H.). — Géométrie analytique à deux dimensions. In-8°, 15 fr. V
Pictet. — Alcaloïdes végétaux. In-8°, 12 fr. IV
Piéchaud. — *V.* Revue d'Orthopédie. . . . IX
Piette. — Gastéropodes. 1 vol. et atlas, 50 fr. *V.* Paléontologie française.
Pisani. — Traité élémentaire de minéralogie. In-8°, 8 fr. III
— Les minéraux usuels. In-18, 2 fr. . . . III
Planches murales d'histoire naturelle. — *V.* Gervais. — *V.* Tableaux. III
Planchon. — Ampelidæ. *V.* Monographiæ.
Planchon. — *V.* Journal de Pharmacie et de Chimie. IX
Plumandon. — Prévision du temps. In-8°, 2 fr. V
Poincarré. — Prophylaxie des maladies tributaires de l'hygiène. 12 fr. . . . . . . I, II
— Traité d'hygiène industrielle. In-8°, 12 fr. I, II
Poirier. — Traité d'Anatomie humaine. 4 vol. gr. in-8°. En souscription. 125 fr. . . . I
Poirson. — Le dynamisme absolu. In-8°, 6 fr. II
Poitevin. — L'ami du pêcheur. In-18, 3 fr. 50 . . . . II, VI
Polin et Labit. — Examen des aliments suspects. **E. L.**, 2 fr. 50. . . . . I, II, IV, VII
Poncet. — *V.* Traité de Chirurgie I
— *V.* Revue d'Orthopédie IX
— et **Bérard.** — Traité de l'Actinomycose humaine. In-8°, 12 fr. I
— et **Dolore.** — Traité de la cystostomie sus-pubienne. In-8°, 8 fr. I
Pouchet. — Grand fourmilier. In-4°, 35 fr. . III
Pouchet et Beauregard. — Ostéologie comparée. In-8°, 12 fr. . . . . I, III
Pouchet et Tourneux. — Précis d'histologie humaine et d'histogénie. In-8°, 15 fr. I, III
Poy et Bredin. — Traité de comptabilité agricole. In-8°, 10 fr. IV
Pozzi (S.). — Traité de gynécologie. Gr. in-8°, 3ᵉ édition, 30 fr. I
— Leçons cliniques (en préparation). . . . I
— *V.* Revue de Gynécologie. IX
Prévost et Lemaire. — Histoire naturelle des oiseaux d'Europe. In-8°, 25 fr. . . . III
Prodromus. — *V.* de Candolle.
— (Suites au). — *V.* Monographiæ Phanerogamarum.
Proust. — Essai sur l'hygiène internationale. In-8°, 10 fr. . . . . I, II
— Traité d'hygiène. In-8°, 18 fr. . . . . I, II
— Le Choléra. In-8°, 5 fr. . . . . I, II
— La défense de l'Europe contre le choléra. In-8°, 9 fr. I
— La défense de l'Europe contre la peste. In-8°, 9 fr. I
— Douze conférences d'hygiène. In-18, 2 fr. 50. I

Proust. — Politique sanitaire. In-8°, 10 fr. I, I
— *V.* Bibliothèque d'Hygiène thérapeutique. I
— *V.* Revue d'Hygiène. IX
Proust et Ballet. — Hygiène du neurasthénique. In-16, 4 fr. I
Proust et Mathieu. — Hygiène du goutteux. In-16, 4 fr. I
— Hygiène de l'obèse. In-16, 4 fr. I
— Hygiène des diabétiques. In-16, 4 fr. . . I
Prudhomme. — Teinture et Impression. In-8° Léauté, 2 fr. 50 VII
Prunier. — Les Médicaments chimiques. 2 vol. in-8°, 30 fr. . . . . I, IV
Puech. — Eschyle, Sophocle, Euripide (Choix, Extraits). In-16, 2 fr. VIII
— Eschyle, Sophocle, Euripide. (Pièces choisies.) In-16, 2 fr. VIII
Pulliat. — Mille variétés de vigne, 4 fr. . . VI
— Raisins précoces. In-8°, 7 fr. VI
— Les vignobles d'Algérie. In-8°, 2 fr. 50. . VI

R

Racine. — *V.* Margerie et Racine.
Raffalovich. — Uranisme et unisexualité. In-8°, 8 fr. II
Ragot. — *V.* Bataille, Grammaire.
Rainal. — Bandage herniaire. In-8, 10 fr. . I
Ranvier. — Travaux du laboratoire d'histologie du Collège de France. 15 volumes, chacun 20 fr. . . . . I, III
— Traité technique d'histologie. In-8°, 12 fr. I, III
— Histologie du système nerveux. 2 vol. gr. in-8°, 40 fr. . . . . I, II
— *V.* Archives d'Anatomie microscopique. IX
Raux. — Nos jeunes détenus. In-8°, 5 fr. . II
Ravaz. — Reconstitution du vignoble. **E. L.**, 2 fr. 50. VI
Raymond (F.). — *V.* Iconographie de la Salpêtrière. IX
Reclus. — Manuel de Pathologie externe. Tome I : *Maladies des tissus.* Pet. in-8°, 10 fr. I
— Syphilis du testicule. Gr. in-8°, 8 fr. . . I
— Clinique et critique chirurgicales. In-8°, 10 fr. I
— Cliniques chirurgicales de l'Hôtel-Dieu. In-8°, 10 fr. I
— Cliniques chirurgicales de la Pitié. In-8°, 10 fr. I
— La cocaïne en chirurgie. **E. L.**, 2 fr. 50. I
— *V.* Traité de Chirurgie.
— *V.* Forgue et Reclus.
Régis. — Les Régicides. In-8°, 3 fr. 50. . . II
Regnard. — Recherches sur les conditions de la vie dans les eaux. In-8°, 15 fr. . . . III
— La cure d'altitude. In-8°, 15 fr. I
Regnault (V.). — Cours élémentaire de chimie. 4 vol., in-18, 20 fr. IV
Renault. — Structure comparée de quelques tiges de la flore carbonifère. In-4°, 20 fr. . III
— Cours de Botanique fossile. 5 volumes, 75 fr. III
Rendu (Victor). — Ampélographie française. In-8°, 6 fr. VI

Rénon. — Étude sur l'aspergillose. In-8°,
5 fr I
Reuleaux. — Le constructeur. In-8°, 30 fr. . VII
— Traité de cinématique. In-8°, 20 gr. . . . VII
Revue d'Anthropologie (de 1878 à 1889).
12 vol. in-8°, 300 fr.. . . . . II, IX
Revue de la Tuberculose, périodique. In-8°,
tous les deux mois. Un an, 12 fr. . . . I, IX
Revue des Sciences Médicales, in-8°, chaque
année, 32 fr IX
Revue d'Hygiène et de Police sanitaire,
périodique. In-8°, mensuel. Un an, 20 fr. II, IX
Revue d'Orthopédie, périodique. In-8°, tous
les deux mois, 15 fr. . . . . I, IX
Revue générale d'Ophtalmologie. In-8°,
tous les deux mois, 20 fr. IX
Revue de Gynécologie et de chirurgie
abdominale. Gr. in-8° tous les deux mois.
Un an, 28 fr. . . . . I, IX
Revue neurologique. In-8°, bimens., 20 fr. I, IX
Revue philanthropique. — In-8°, mensuelle,
20 fr . . . . II, IX
Rey. — Traité de jurisprudence vétérinaire.
In-8°, 2 fr. 50 . . . . II VI
Rey (Jean). V. Grimaux.
Riaz (de.). — Ammonites de Trept. In-4, 25 fr. III
Riban. — Analyse quantitative par électro-
lyse. In-8°. IV
Ribemont-Dessaignes et Lepage. — Précis
d'Obstétrique. Gr. in-8°, 30 fr I
Richard, Martins et de Seynes. — Nou-
veaux éléments de botanique. In-8°, 7 fr. . . III
Riche. — V. Journal de Pharmacie et de Chi-
mie. IX
Richer (P.). — V. Iconographie de la Salpê-
trière. IX
Richet (Prof.). — V. Bibliothèque scientifique
rétrospective.
Risso et Poiteau. — Histoire et culture des
orangers. In-4°, 130 fr. . . . . . III, VI
Ritti. — V. Annales médico-psychologiques. IX
Robin (A.). — Leçons de clinique et de théra-
peutique médicales. In-8°, 8 fr. . . . I
Rochard (E.). — Eaux minérales dans les af-
fections chirurgicales. B. D., 5 fr. . . . I
— V. Revue d'Hygiène. IX
Roché (G.). — Les grandes pêches maritimes
modernes de la France. E. L., 2 fr. 50. . III
Rochon-Duvigneaud. — V. Panas et Rochon-
Duvigneaud. . . . .
Rocques. — Analyse des alcools et eaux-de-
vie. E. L., 2 fr. 50. IV
Rocquigny (de). — La coopération de pro-
duction dans l'agriculture. In-8°, 4 fr. . VI
Roger. — Physiologie du foie. E. L., 2 fr. 50. I
Roger. — Traité de Pathologie générale. . . I
Rollet. — Traité des maladies vénériennes.
In-8°, 12 fr . . . .
Rollet (E.). — Traité d'Ophtalmoscopie. In-8°,
9 fr I
Roos. — Industrie vinicole. In-8°, 5 fr. 50. . VI
Roques. — Atlas des champignons comestibles
et vénéneux. In-4°, 15 fr. . . . . III, VI
Rose. — Traité complet de chimie analytique.
2 vol. in-8°, 24 fr IV
Rosenthal. — Traité des maladies du système
nerveux. Gr. in-8°, 15 fr . . . .
Rothschild. — Hygiène et Protection de
l'Enfance. In-8° 4 fr. II
— L'allaitement mixte et artificiel. In-8° 8 fr. II
— Troubles gastro-intestinaux. In-8°, 4 fr. . II
— Hygiène de l'allaitement, in-8°, 1 fr. 50 . . II

Rotureau. — Des principales eaux minérales
de l'Europe. 3 vol. in-8°, 25 fr. I
Roubaudi. — Géométrie descriptive, In-8°,
4 fr.. V
Roubinovitch et Toulouse. — La Mélan-
colie. In-18, 4 fr. I
Rougier. — Reconstitution des vignobles.
In-12, 3 fr VI
— Manuel de vinification, 4 fr. VI
Roule. — Anatomie comparée des animaux.
2 vol. in-8°, 48 fr. III
Roux. — La Fabrication de l'alcool. 6 Bro-
chures, in-8° . . . . VI, VII
Roux (Dr). — V. Annales de l'Institut Pasteur. IX
Roux de Brignoles. — Manuel des amputa-
tions du pied. In-8°, 10 fr I
— Fractures de la colonne vertébrale, In-8°,
3 fr. 50 I
Rovasenda. — Ampélographie universelle.
In-4°, 7 fr. VI
Ryckère (de). — L'affaire Joniaux. In-8°,
3 fr. 50. II
— La Femme en prison. In-8°, 6 fr. II

S

Sabourin (Dr). — Traitement rationnel de la
phtisie. In-16, 4 fr. I
Sagnier. — Dans les champs. In-18,
1 fr. 25 VI
— V. Almanach et Journal de l'Agriculture.. VI
Sahut. — Vignes américaines. In-18, 6 fr. . VI
Saint-Étienne. — V. Bauer et de Saint-
Étienne. VIII
Sainton. — V. Revue d'Orthopédie. IX
Salet. — Analyse spectrale. In-8°, 15 fr. IV, V
Sanarelli. — La fièvre jaune. Œ. M., 1 fr 25 I
Sanné. — Traité de la diphtérie. In-8°,
10 fr I
Saporta (G. de). — Les Végétaux fossiles (Pa-
léontologie française). 4 vol. in-8° et atlas,
290 fr. III
— A propos des algues fossiles. In-4°, 25 fr. . III
— Les organismes problématiques. In-4°,
25 fr. III
Saporta (G. de). — Dernières adjonctions à
la flore d'Aix en Provence. In-8°, 30 fr. . III
— Les plantes fossiles du terrain jurassique.
4 vol., 290 fr. III
Sarda. — Cours de Pathologie générale. In-8°,
6 fr.. I
Sauvage. — Les divers types de moteurs à
vapeur. E. L., 2 fr. 50. VII
Scheurer-Kestner. — Pouvoir calorifique
des combustibles. In-16, 5 fr. . . IV, V, VII
Schirmer. — V. Marcel Dubois. Afrique, Asie,
Océanie.
Schlecht. — Polygonées, Protéacées. In-8°,
16 fr. V. Prodromus. III
Schlœsing. — Notions de chimie agricole.
E. L., 2 fr. 50. . . . . IV, VI
Schnée. — Le diabète sucré. In-8°, 5 fr. . . I
Schreber. — Gymnastique de chambre. In-8°.
3 fr. 50. I
Sciama. — Étude élémentaire des moteurs
industriels. In-18, 5 fr. VII

Table des auteurs

Scrope. — Les volcans. In-8°, 14 fr. . . . III
Sebastian. — Vins de luxe. In-8°, 5 fr. 50. . VI
— Guide du fabricant d'alcool. In-8°, 7 fr. . . VI
Sède (de). — Conférences sur l'histoire naturelle. In-8°, 8 fr. III
Sée (Marc). — Recherches sur l'anatomie et la physiologie du cœur. In-4°, 12 fr. . . . . I, III
Seegen. — La glycogénie animale. In-8°, 6 fr. I
Séglas. — Délire des négations. E. L., 2 fr. 50.
Séguela. — Les tramways. E. L., 2 fr. 50. VII
Seignobos. — Histoire de la civilisation (enseignement des jeunes filles). 2 vol. in-18, 8 fr. VIII
— Histoire de la civilisation (enseignement secondaire classique et moderne). 3 vol. in-18, 9 fr. VIII
    Civilisation ancienne, 3 fr.
    Moyen âge et temps modernes, 3 fr.
    Civilisation contemporaine, 3 fr.
— Abrégé de l'histoire de la civilisation. In-16, 1 fr. 25. VIII
Ser. — Traité de physique industrielle. Production et utilisation de la chaleur. 2 vol. in-8°, 45 fr. . . . . V, VII
Seraine. — Santé des petits-enfants, in-32, 1 fr. I
Seyewetz et Sisley. — Chimie des matières colorantes. In-8°, 30 fr. . . . . IV, VII
Seynes (de). — Histoire naturelle des végétaux inférieurs. In-4°, 40 fr. III
— Champignons du Congo français. In-4°, 6 fr. III
Seyrig. — Systèmes triangulés. E. L. 2 fr. 50 VII
Sichel. — Maladies du globe oculaire. Gr. in-8°, 18 fr. I
Sidersky. — Polarisation et saccharimétrie. E. L., 2 fr. 50. IV
— Constantes Electro-chimiques. E. L. 2 fr. 50. IV
Sieurin. — V. Dubois et Sieurin, Cartes d'Etudes ; et Corréard et Sieurin, Cartes d'Etudes historiques.
Sighele. — Le crime à deux. In-8°, 5 fr. . . . I
Silva. — Traité d'analyse chimique. In-8°, 8 fr. IV
Sinigaglia. — Accidents de chaudières. E. L., 2 fr. 50. VII
Siredey. — Traité des maladies puerpérales. Gr. in-8°, 15 fr. I
Sirodot. — Batrachospermes. In-4°, 160 fr. . III
— Le Balbiana investiens. In-4°, 5 fr. III
Société chimique de Paris (Bulletin de la). In-8°, bimensuel. Un an, 25 fr. . . . IV, IX
Société d'Anthropologie. — Bulletins et Mémoires. . . . . I, II, IX
    Bulletin in-8°, mensuel. Un an, 10 fr.
    Mémoires gr. in-8°. Un an, 16 fr.
Société de Biologie. — Comptes rendus. Gr. in-8°, hebdomadaire. Un an, 20 fr. . . I, IX
Société de Chirurgie. — Bulletins et Mémoires. Gr. in-8°, mensuel. Un an, 18 fr. IX
Société de Dermatologie et de Syphiligraphie. — Bulletins. Gr. in-8°, mensuel. Un an, 12 fr. IX
Société de Médecine publique. — Bulletins. In-8°. 1 vol. annuel, 10 fr. . . . II, IX

Société médicale des hôpitaux. — Bulletins. In-8°, hebdomadaire. Un an, 12 fr. . . . I, IX
Sollier. — Guide pratique des maladies mentales. B. D., 5 fr. I
Solms-Laubach. — Pontederiaceæ. V. Monographie.
Sorel. — Rectification de l'alcool. E. L., 2 fr. 50. . . . . IV, VI, VII
— La distillation. E. L., 2 fr. 50. . IV, VI, VII
Soubeiran (E.). — Traité de pharmacie théorique et pratique. 2 vol. in-8°, 24 fr. . I, IV
Soulier (A.). — Traité de thérapeutique et de pharmacologie. 2 vol. in-8°, 25 fr. I
Soulier. — Médicaments nouveaux. In-8°, 1 fr. 25. I
Spallanzani. — Digestion. In-18, 1 fr. . . . I
Spencer Wells. — Tumeurs de l'ovaire et de l'utérus. Gr. in-8°, 10 fr. I
Spillmann. — Manuel de diagnostic médical. B. D., 6 fr. I
Springer. — Hygiène des albuminuriques. In-16, 4 fr. I
Stapfer. — La Kinésithérapie gynécologique. Œ. M. 1 fr. 25 I
Strasburger (Ed.). — Manuel technique d'anatomie végétale. In-8°, 10 fr. III
— Études sur la formation des cellules. In-8°, 15 fr. III
Strauss. — V. Revue philanthropique. . II, IX
Surbled. — Psychologie physiologique. In-18, 3 fr. II
— Le Problème cérébral. In-18, 3 fr. II
Sutton. — Manuel systématique d'analyse chimique volumétrique. In-8°, 14 fr. IV
Syphiliographes (Collection des). — V. Fournier, Fracastor; Bethencourt; Vigo; Fernel; Grunbeck; Villalobos. . . . .

T

Tableaux d'Histoire naturelle III
    Zoologie, 30 tableaux, 300 fr.
    Botanique, 30 tableaux, 300 fr.
Tables analytiques :
— des Annales de chimie. Séries 3 à 6, 1889-1893. 4 vol. in-8°, 38 fr. IV
— de la Société Chimique, 1858-1888. 2 vol. gr. in-8°, 55 fr. IV
— de la Nature. De 1873 à 1892. 2 vol. gr. in-8°, 20 fr. . . . .
— du Journal de Pharmacie. 3°, 4° et 5° séries. 3 vol. in-8°, 28 fr. IV
Tarchanoff. — Hypnotisme, suggestion. In-18, 2 fr. . . . .
Tarde. — La philosophie pénale. In-8°, 7 fr. 50. II
— Études pénales et sociales. In-8°, 6 fr. . . II
— Essais et mélanges sociologiques. In-8°, 6 fr. II
— V. Archives d'Anthropologie criminelle. . IX
Tenicheff. — L'activité des animaux. In-8°, 6 fr. III
Terreil (A.). — Traité pratique des essais au chalumeau. In-8°, 10 fr. IV
— V. Frémy et Terreil.
Thibierge. — Le Myxœdème. Œ. M., 1 fr. 25 I
— V. Annales de Dermatologie. IX

Table des auteurs

Thoinot et Masselin. — Précis de microbie. **B. D.**, 7 fr. . . . . I, III
Thompson. — Leçons sur les maladies des voies urinaires. Grand in-8°, 10 fr. . . I
Thoulet. — Océanographie pratique. **E. L.**, 2 fr. 50 III
Tissandier (Gaston). — La physique sans appareils et la chimie sans laboratoire. In-8°, 3 fr. . . . . V, VII
— Recettes et procédés utiles. 5 vol. in-18, chacun 2 fr. 25 . . . . IV, VII
— La Nature, Revue des Sciences. — *V.* la Nature.
Tissandier (Albert). — Voyage autour du monde. In-4°, 25 fr. VIII
Tissot (A.). — Précis de cosmographie. In-18, 3 fr. V
— Précis de géométrie descriptive. In-18, 1 fr. 20. V
— Leçons d'arithmétique. In-8°, 4 fr. . . V
Tochon. — Art de faire le vin. In-8°, 2 fr. 50. VI
Toulouse. — *V.* Roubinovitch et Toulouse. La Mélancolie. In-18, 4 fr. I
Trabut. — Botanique médicale. In-8°, 8 fr. . I, III
Traité d'Anatomie humaine. In-8°. 9 fascicules publiés. 98 fr. I
Traité de Chirurgie (Duplay et Reclus). 2º édit. 8 vol. gr. in-8°, 150 fr. I
Traité de Médecine (Charcot, Bouchard et Brissaud). 2º édit., 10 vol. gr. in-8°, 150 fr. I
Traité de Pathologie générale (Bouchard et Roger). 6 vol. gr. in-8°, 102 fr. . . . I
Traité des maladies de l'enfance (Grancher, Comby et Marfan). 5 vol. gr. in-8°, 90 fr. I
Trélat. — Revue d'Hygiène. IX
Troost. — Traité élémentaire de chimie. Pet. in-8°, 8 fr. IV
— Précis de chimie. In-18, 3 fr. IV
Trouessart. — Parasites des habitations, **E. L.**, 2 fr. 50. I
Trousseau. — Hygiène de l'œil. **E. L.**, 2 fr. 50. I
Tuberculose (Études sur la). — 3 vol. in-8°, 36 fr. I
— (Revue de la). — *V.* Revue IX
— *V.* Congrès.
Tuffier. — Chirurgie du poumon. In-8°, 6 fr. I
— Tuberculose rénale **E. M.**, 1 fr. 25 . . . I
Tyndall (John). — Les microbes. In-8°, 8 fr. III

U

Ujfalvy (de). — Les Aryens. In-8°, 15 fr. . . II
Union des Femmes de France (Bulletin mensuel de l'). — In-8°, 3 fr. 50 IX
Unna, Malcolm-Morris, N. Leloir, L.-A. Duhring. — Atlas international des maladies de la peau. In-folio. Chaque livraison 12 fr. 50 I
Urbain. — Les succédanés du chiffon. **E. L.**, 2 fr. 50 VII

Urbantschitsch. — Traité des maladies de l'oreille. Gr. in-8°, 15 fr. . . . .

V

Vacquant et Macé de Lépinay. — Géométrie élémentaire (classes de lettres). In-18, 3 fr. V
— Éléments de géométrie (enseignement moderne). In-18, 4 fr. 50. V
— Cours de géométrie élémentaire (mathém. élémentaires). In-8°, 8 fr. V
— Précis de trigonométrie. In-18, 1 fr. 80. . V
— Cours de trigonométrie. In-8°, 5 fr. . . V
— Éléments de trigonométrie. In-18, 2 fr. 80. . V
Vallier. — Balistique des nouvelles poudres. **E. L.**, 2 fr. 50. VII
— Balistique extérieure. **E. L.**, 2 fr. 50. . VII
— Projectiles de campagne, de siège et de place. **E. L.**, 2 fr. 50 VII
— Cuirassés et projectiles de marine. **E. L.**, 2 fr. 50. VII
Vallin (D^r). — *V.* Revue d'hygiène. . . . IX
Van Bambeke. — *V.* Archives de Biologie. . IX
Van Beneden. — *V.* Archives de Biologie. . IX
Van Tieghem (Ph.). — Traité de botanique. 2 vol. in-8°, 30 fr. III
— Éléments de botanique. 2 vol. in-18, 12 fr. . III
— *V.* Annales des Sciences naturelles. . . IX
Van Tieghem et Douliot. — Les membres endogènes dans les plantes vasculaires. In-8°, 30 fr. III
Van Tieghem. — *V.* Annales des sciences naturelles (botanique).
Vaquez. Hygiène des maladies du cœur. In-16, 4 fr. I
Varigny (Henry de). — En Amérique. In-12, 3 fr. 50. VIII
Vélain (Ch.). — Cours élémentaire de géologie stratigraphique. In-18, 4 fr. 50 . . III
Velpeau. — Traité des maladies du sein. Gr. in-8°, 12 fr. I
Verdet. — Œuvres complètes. 9 vol. in-8°, 120 fr. V
Verhaegen. — Sécrétions gastriques. **E. M.**, 1 fr. 25. I
Vermand. — Les moteurs à gaz et à pétrole. **E. L.**, 2 fr. 50 VII
Verneau. — *V.* l'Anthropologie. IX
Verneuil. — Mémoires de chirurgie. 6 vol. in-8° reliés, 50 fr I
— *V.* Revue de la Tuberculose. IX
Vesque. — Guttiferæ. In-8°, 26 fr. *V.* Monographie.
Viala. — Maladies de la vigne. In-8°, 24 fr. . VI
— Mission viticole en Amérique. In-8°, 15 fr. VI
— Le Pourridié des vignes. In-8°, 8 fr. . . VI
Viala et Ferrouillat. Maladies de la vigne. In-12, 6 fr. VI
Viaris (de). — L'art de chiffrer et de déchiffrer les dépêches secrètes. **E. L.**, 2 fr. 50. . II, VII
Vidal et Leloir. — Atlas des maladies de la peau. In-4°, 70 fr. I
Viger. — Deux années au ministère de l'Agriculture. In-16, 3 fr. 50 VI

Vignal. — Système nerveux cérébro-spinal. In-8°, 6 fr. III
— Contribution à l'étude des Bactériacées. In-8°, 3 fr. 50. III
Vigo (Jean de). — Le mal français. In-18, 3 fr. I
Vigreux et Bardolle. — Le gaz Riché. in-16, 2 fr VII
Villalobos (Francisco Lopez de). — Contagieuses et maudites Bubas. 4 fr. I
Ville (Georges). — La production végétale et les engrais chimiques. In-18, 8 fr. . . VI
— L'École des engrais chimiques. In-18, 1 fr. VI
— Le Propriétaire devant sa ferme délaissée. In-18, 2 fr. VI
— Les engrais chimiques. In-8°, 2 fr. . . . VI
— Les engrais chimiques. 3 vol. in-18, 10 fr. 50. VI
Ville de Paris (Publications de la) : . . . II
  Bulletin hebdomadaire. Un an, 6 fr.
  Annuaire statistique. Gr. in-8°, l'année, 5 fr.
  Atlas de statistique, 1888 et 1889. Chacun, 5 fr.
  Dénombrement de 1881. In-4°, 3 fr.
  — — de 1886. In-4°, 6 fr.
Villejean. — *V.* Journal de Pharmacie et de Chimie IX
Violle. — Cours de physique V
  I, Physique moléculaire. Gr. in-8°, 28 fr.
  II, Acoustique ; Optique. Gr. in-8°, 19 fr.
Vires. — *V.* Mairet et Vires. I
Viry. — Cours de mécanique. 4 vol. in-4°, 30 fr. V
Voillemier et Le Dentu. — Traité des maladies des voies urinaires. 2 vol. gr. in-8°, 28 fr. 50. I
Voisin (Aug.). — De la mélancolie. 1 vol. in-4°, 8 fr. I

W

Wagner, Fischer et Gautier. — Nouveau traité de chimie industrielle. 2 vol. in-8°, 30 fr. . . . . IV, VII
Walkhoff (L.). — Traité complet de fabrication et de raffinage du sucre de betterave. In-8°, 20 fr. . . . . IV, VII
Waller. — Éléments de Physiologie humaine, traduits par A. Herzen. In-8°, 14 fr. . . . I
Wallon (Ch.). — Pseudo-paralysies saturnines et alcooliques. Broch. in-4°, 2 fr. 50. . I
Wallon. — Choix et usages des objectifs photographiques. E. L., 2 fr. 50. . . . III, V

Walshe. — Traité des maladies de la poitrine. Gr. in-8°, 10 fr. I
Weill-Mantou. — Manuel du médecin d'assurance sur la vie. E. L., 2 fr. 50 I
Weiller et Vivarez. — Traité des lignes et transmissions électriques. Gr. in-8°, 18 fr. V, VII
Weir Mitchell. — Des lésions des nerfs. In-8°, 8 fr. I
Weiss. — Technique d'électro-physiologie. E. L., 2 fr. 50. I
West. — Leçons sur les maladies des enfants. In-8°, 12 fr. I
— Leçons sur les maladies des femmes. In-8°, 13 fr. I
Widmann. — Principes de la machine à vapeur. E. L., 2 fr. 50. VII
Willm et Hanriot. — Traité de chimie minérale et organique. 4 vol. in-8°, 50 fr. . IV
Winckler. — Manuel d'analyse industrielle des gaz. In-8°, 4 fr. 50 . . . . IV, VII
Witz. — Thermodynamique à l'usage des ingénieurs. E. L., 2 fr. 50. VII
— Machines thermiques. E. L., 2 fr. 50. . . VII
Wundt. — Éléments de physiologie humaine. Gr. in-8°, 14 fr. I
Wurtz (R.). — Bactériologie clinique. B. D., 6 fr. I
— Technique bactériologique. E. L., 2 fr. 50. I
— *V.* Archives de Médecine expérimentale. . IX
Wurtz (Ad.). — Hautes études pratiques dans les Universités allemandes. Gr. in-4°, 30 fr. I
— Traité de chimie biologique. In-8°, 15 fr. IV
— Introduction à l'étude de la chimie. In-8°, 7 fr. IV
— Leçons élémentaires de chimie moderne. In-18, 9 fr. IV
— Progrès de l'industrie des matières colorantes artificielles. In-8°, 15 fr. IV

Z

Zambaco. — Voyage chez les Lépreux. In-8°, 8 fr. I
— Les Lépreux ambulants de Constantinople. In-4° avec 48 planches, 90 fr. I
Zolla. — Études d'Economie rurale. In-8°, 6 fr. VI
Zuckerkandl. — Anatomie des Fosses nasales. Gr. in-8° et atlas, 40 fr. I

40966. — PARIS, IMPRIMERIE LAHURE
9, rue de Fleurus, 9

SOCIÉTÉ FRANÇAISE D'ÉDITIONS D'ART

Catalogue général

MARS 1900

SOCIÉTÉ FRANÇAISE D'ÉDITIONS D'ART
L.-HENRY MAY
ÉDITEUR DES COLLECTIONS QUANTIN
9 et 11, rue Saint-Benoît
PARIS

DIVISIONS DU CATALOGUE

OUVRAGES SUR LES BEAUX-ARTS

PAGES.

Monographies des Maîtres de l'Art. 3
Histoire de l'Art et Généralités sur les Beaux-Arts. 6
Documents et Curiosités artistiques. 7
Beaux-Arts appliqués à l'Industrie. 11
Enseignement des Beaux-Arts 13
Traités pratiques 15
Petite Bibliothèque de vulgarisation artistique 16
Archéologie artistique. 16

OUVRAGES DE LUXE ET D'AMATEUR

Publications artistiques. 20
Ouvrages de O. Uzanne. 22

GRANDES PUBLICATIONS LITTÉRAIRES

Bibliothèque des chefs-d'œuvre du Roman contemporain 24
Œuvres complètes de Victor Hugo 26
Œuvres complètes de Gustave Flaubert. 28
Œuvres d'auteurs divers. 28

CURIOSITÉS LITTÉRAIRES ET OUVRAGES DE BIBLIOPHILIE

Petite collection antique 30
Ouvrages sur le XVIIIe siècle 30
Petite Bibliothèque de poche. 31
Œuvres diverses 34
Escrime 35
Poésie. — Théâtre. — Musique 36
Albums d'estampes pour illustrations diverses 39

HISTOIRE, GÉOGRAPHIE ET VOYAGES

Le Monde Pittoresque et Monumental. 39
Ouvrages divers. 41
Panoramas. 44
Guide-Albums du Touriste 45
Bibliothèque militaire 45
Documents relatifs à l'histoire de Paris pendant la Révolution. . . 46
Volumes divers in-8° et in-18, sans gravures 47

VOLUMES DIVERS

Annuaires. 49
Bibliothèque parlementaire. 50
Célébrités contemporaines 52
Bibliothèque populaire. 52
Encyclopédie populaire illustrée du XXe siècle. 53

OUVRAGES DIVERS POUR LA JEUNESSE 55

Publications illustrées en couleurs. 56
Encyclopédie enfantine : Alphabets; Albums; Livres. 56
Imagerie artistique 59
Bibliothèque de la Famille. 60
Bibliothèque d'éducation maternelle. 61
Bibliothèque enfantine. 61
Ouvrages pour distributions de Prix. 62

OUVRAGES D'ENSEIGNEMENT 66

Ouvrages divers. 68
Enseignement primaire. 68
Sports. 70
Bibliothèque d'histoire illustrée 70
Publications scientifiques (*Bibliothèque des Sciences et de l'Industrie*) . . 71
Enseignement du dessin. 73

OUVRAGES DIVERS 74

Collection nouvelle de romans anglais. 75
Librairie moderne. 75
Revue des Arts décoratifs. 76
Index des auteurs et artistes cités 77

Publications techniques (Couverture).

MONOGRAPHIES DES MAITRES DE L'ART

OUVRAGE EXCEPTIONNEL
L'ŒUVRE COMPLET DE REMBRANDT
Décrit et commenté par CHARLES BLANC
de l'Académie française et de l'Académie des Beaux-Arts.

*Catalogue raisonné de **toutes** les estampes du maître, avec leur reproduction en fac-similé, sans retouches et de grandeur naturelle. En tout, 350 pièces.*

L'ouvrage forme un volume in-folio colombier et deux albums.

Édition sur vélin, planches sur papier de Hollande (*Épuisé*). . . . . **500 fr.**

IL A ÉTÉ TIRÉ :

80 ex. — Texte sur hollande, planches sur hollande et japon. . . . . . . **1 000 fr.**
20 ex. — Texte sur whatman, planches sur holl., japon et whatman. . . . . **2 000 fr.**

PREMIÈRE SÉRIE

L'ŒUVRE DE BARYE, par ROGER BALLU, Inspecteur des Beaux-Arts. — Préface de M. EUGÈNE GUILLAUME, membre de l'Institut. — Un beau vol. in-4° colombier, illustré de 24 grandes planches hors texte en héliogravure et de 60 dessins dans le texte.

TIRAGE A 1000 EXEMPLAIRES SUR BEAU VÉLIN

Prix, sous un cartonnage toile avec titre or (*Épuisés*). . . . . **100 fr.**

TITIEN, par GEORGES LAFENESTRE. — Ouvrage couronné du prix Bordin. — Un beau vol. in-folio colombier, illustré de 25 grandes planches hors texte en héliogravure ou gravées à l'eau-forte et de plus de 100 gravures dans le texte.

Édition sur vélin, avec cartonnage artistique. . . . . **100 fr.**

TIRAGE DE LUXE, AVEC PLUSIEURS SUITES DES PLANCHES :

N°s 1 à 5 sur papier du Japon. . . **500 fr.** | N°s 11 à 15 sur papier whatman, . . **300 fr.**
6 à 10 sur papier de Chine. . . **300 fr.** | 16 à 25 sur hollande (*Épuisés*). . **200 fr.**

HANS HOLBEIN, par PAUL MANTZ. — Un magnifique vol. in-folio colombier, illustré de 27 planches à l'eau-forte tirées hors texte et de plus de 300 gravures dans le texte.

Édition sur papier vélin et planches sur hollande, avec cartonnage artistique. **100 fr.**

ÉDITION NUMÉROTÉE, AVEC PLUSIEURS SUITES DES PLANCHES :

N°s 1 sur peau vélin. | N°s 17 à 26 sur papier de Chine. . . **300 fr.**
2 à 6 sur papier du Japon. . . . **500 fr.** | 27 à 126 sur papier de Hollande. **200 fr.**
7 à 16 sur papier whatman. . . . **300 fr.** | (*Les numéros 1 à 26 sont épuisés.*)

FRANÇOIS BOUCHER, LEMOINE ET NATOIRE, par PAUL MANTZ. — Un magnifique vol. in-folio colombier, illustré de 40 planches hors texte à l'eau-forte et de plus de 100 gravures dans le texte.

Édition sur papier vélin et planches sur hollande, avec un cartonnage artistique. **100 fr**

ÉDITION NUMÉROTÉE, AVEC PLUSIEURS SUITES DES PLANCHES :

N°s 1 à 10 sur papier du Japon. . . **500 fr.** | N°s 31 à 50 sur papier whatman. . **300 fr.**
11 à 30 sur papier de Chine. . . **300 fr.** | 51 à 100 sur papier de Hollande. **200 fr.**

ANTOINE VAN DYCK, sa Vie et son Œuvre, par J.-J. Guiffrey. — Un vol. in-folio colombier, contenant une très importante étude sur la Vie et les Œuvres du Maître et de ses Élèves, une centaine de gravures dans le texte et plus de 30 grandes planches à l'eau-forte tirées hors texte.

Édition sur papier vélin et planches sur hollande, avec cartonnage artistique. **100 fr.**

TIRAGE NUMÉROTÉ, AVEC PLUSIEURS SUITES DES PLANCHES :

| N°ˢ 1 à 10 sur papier du Japon. . . . **500 fr.** | N°ˢ 31 à 50 sur whatman. . . . . . . **300 fr.** |
| 11 à 30 sur chine. . . . . **300 fr.** | 51 à 180 sur hollande . . . . . **200 fr.** |

LA VIE ET L'ŒUVRE DE JEAN BOLOGNE, par Abel Desjardins, doyen de la Faculté des lettres de Douai. — Un vol. in-folio colombier, contenant la Vie et l'Œuvre du Maître. — 80 gravures hors texte ou dans le texte, dont 22 eaux-fortes, reproduisant les créations de Jean Bologne.

Édition sur papier vélin, avec cartonnage artistique. . . . . **100 fr.**

TIRAGE NUMÉROTÉ, AVEC DIVERSES SUITES DES PLANCHES :

| N°ˢ 1 à 5 sur papier du Japon. . . . **500 fr.** | N°ˢ 16 à 25 sur whatman . . . . . **300 fr.** |
| 6 à 15 sur chine. . . . . **300 fr.** | 26 à 50 sur hollande. . . . . . **200 fr.** |

L'ART DU XVIIIᵉ SIÈCLE, par Edmond de Goncourt (*Ouvrage épuisé*).

TOME I :	TOME II :
1. Watteau ; 2. Chardin ; 3. Boucher ; 4. La Tour ; 5. Greuze ; 6 et 7. Les Saint-Aubin.	8. Gravelot ; 9. Cochin ; 10. Eisen ; 11. Moreau ; 12. Debucourt ; 13. Fragonard ; 14. Prud'hon.

Les 2 volumes brochés . . . . **160 fr.**
Reliés . . . . **185 fr.**
100 exemplaires numérotés avec texte sur whatman et 2 suites des planches dont une *avant lettre*, brochés. . . . . **350 fr.**

DEUXIÈME SÉRIE

ALBERT DURER ET SES DESSINS, par Charles Éphrussi. — Un vol. in-4°, illustré d'une centaine de dessins dans le texte et de nombreuses planches hors texte. — Prix, broché. . . . . **60 fr.**

Avec cartonnage d'amateur, à coins. . . . . **70 fr.**
100 ex. numérotés sur hollande. . **100 fr.** — 10 ex. numérotés sur japon . . **200 fr.**

LA VIE ET L'ŒUVRE DE J.-F. MILLET, par Alfred Sensier. — Manuscrit publié par Paul Mantz. Vol. in-4°, illustré de belles héliogravures hors texte et d'un grand nombre de dessins dans le texte d'après les originaux les plus célèbres (*épuisé*). . . . . **50 fr.**

Avec cartonnage d'amateur, à coins (*Épuisés*) . . . . **60 fr.**
Il a été tirés 100 exemplaires numérotés sur hollande (*Épuisés*). . . . . . . **100 fr.**

LÉONARD LIMOSIN, peintre de portraits, d'après les catalogues de ventes, de musées et d'expositions et les auteurs qui se sont occupés des émaux de Limoges, par L. Bourdery et E. Lachenaud. — Un vol. in-8° raisin, avec nombreuses illustrations dont 25 hors texte reproduites en phototypie. Tirage restreint.

Prix, broché . . . . **15 fr.**
25 exemplaires numérotés sur papier du Japon. Prix. . . . . **40 fr.**

H.-W. MESDAG, Le peintre de la mer du Nord. — Eaux-fortes d'après les tableaux du peintre. Texte descriptif, par Ph. Zilcken. Un vol. grand in-4°, tiré à petit nombre, contenant onze grandes planches hors texte, à l'eau-forte, cinq planches en simili-gravure et de nombreux fac-similés de dessins.
Prix, dans un riche cartonnage artistique, tranches dorées. . . . . **40 fr.**

LES PEINTRES NÉERLANDAIS AU XIX° SIÈCLE, par Max Rooses (édition française). — Deux beaux vol. grand in-4°, contenant chacun 200 reproductions d'œuvres d'art, 6 héliogravures et 6 eaux-fortes.
Prix de chaque volume broché. . . . **45 fr.** | Cartonné . . . . **50 fr.**

TROISIÈME SÉRIE

EUGÈNE FROMENTIN, peintre et écrivain. — Ouvrage augmenté d'un voyage en Egypte et d'autres notes et morceaux inédits de Fromentin, par Louis Gonse. — Un beau vol. grand in-8° de 366 pages, avec une centaine de planches dans le texte et 16 grandes eaux-fortes ou héliogravures tirées hors texte.

Prix, broché. . . . . **30 fr.** | Demi-reliure à coins, tête dorée. . . . **40 fr.**
Cartonné . . . . **35 fr.** | 100 exemplaires sur hollande. . . . . **60 fr.**

HIPPOLYTE BELLANGÉ ET SON ŒUVRE, par Jules Adeline. — Un beau vol. in-8° de 280 pages, illustré de nombreuses gravures dans le texte et de planches hors texte.

Édition sur papier vélin . . . . **20 fr.** | 50 ex. numérotés, texte sur hollande
Avec cartonnage d'amateur . . . . . **25 fr.** | avec 2 suites des planches . . . . **40 fr.**

LE STATUAIRE J.-B. CARPEAUX, sa vie et son œuvre, par Ernest Chesneau. — Un beau vol. in-8° de 280 pages, illustré de nombreuses gravures dans le texte et de planches hors texte.
Édition sur papier vélin. **20 fr.** — Avec cartonnage d'amateur. . . . . **25 fr.**
50 ex. numérotés, texte sur hollande, et 2 suites des planches. . . . . **40 fr.**

MANET, par Edmond Bazire. — Un vol. in-8° de 150 pages.
Édition sur papier vélin (*Épuisée*). **10 fr.** — Avec cartonnage d'amateur (*Épuisée*). **15 fr.**
50 exemplaires numérotés, sur japon (*Épuisés*). . . . . **25 fr.**

JEAN CARRIÈS. Étude de son œuvre et de sa vie, par Arsène Alexandre. — Un vol. in-4° carré. Tirage à 700 exemplaires numérotés.
600 exemplaires sur vélin. L'exemplaire (*Épuisés*) . . . . **25 fr.**
100 exemplaires sur papier impérial du Japon. L'exemplaire (*Épuisés*). . . . **140 fr.**

LES PEINTRES MILITAIRES (RAFFET ET CHARLET), par Armand Dayot, inspecteur des Beaux-Arts. — Élégant album in-4° contenant 200 reproductions, et orné d'un frontispice inédit par A. Willette. — Prix, cartonné toile. . . . . **12 fr.**

CHARLET ET SON ŒUVRE, par Armand Dayot, inspecteur des Beaux-Arts. — Elégant album in-4° contenant 100 reproductions de compositions de l'artiste. — Prix, broché. . . . . **6 fr.**
50 ex. numérotés sur japon . . . **20 fr.** — 50 ex. numérotés sur chine . . . **20 fr.**

RAFFET ET SON ŒUVRE, par Armand Dayot, inspecteur des Beaux-Arts. — Elégant album in-4°, contenant 100 reproductions de compositions de l'artiste. — Prix, broché . . . . **6 fr.**
100 exemplaires numérotés, sur papier couché. . . . . **10 fr.**
50 — — sur japon (*Épuisés*). . . . . **20 fr.**

HISTOIRE DE L'ART ET GÉNÉRALITÉS SUR LES BEAUX-ARTS

LES CHEFS-D'ŒUVRE DE LA PEINTURE FRANÇAISE

LA SCULPTURE FRANÇAISE depuis le XIVᵉ siècle, par Louis Gonse. — Un vol. grand in-4° jésus, contenant 350 pages de texte et 150 gravures dont 32 hors texte et en taille-douce.

Prix, relié . . . . **60 fr.**

COLLECTION SPITZER. Ouvrage complet en six vol. contenant chacun 60 planches hors texte et illustrés de nombreux dessins.

600 exemplaires sur vélin (*Epuisés*). **1,500 fr.** | 25 exemplaires sur japon (*Epuisés*). **3,000 fr.**

LA DÉCORATION ET L'ART INDUSTRIEL A L'EXPOSITION DE 1889, par Roger Marx, inspecteur principal des Musées. — 30 illustrations, couverture de Jules Chéret.

370 exemplaires sur papier teinté. . . . . **5 fr.**
30 — sur papier des manufactures du japon. . . . . **15 fr.**
12 de ces exemplaires de luxe ont été seuls mis en vente.

L'ART GOTHIQUE, l'Architecture, la Peinture, la Sculpture, le Décor, par Louis Gonse, membre du Conseil supérieur des Beaux-Arts. — Un splendide vol. grand in-4° colombier, comprenant 488 pages de texte, 282 illustrations dans le texte, exécutées d'après les dessins de Boudier, et 28 planches hors texte, tirage restreint.

Prix de l'ouvrage, dans un cartonnage artistique, dans le style moyen âge. . **100 fr.**
25 exemplaires sur papier des manufactures impériales du Japon. . . . . . **250 fr.**

ANATOMIE DES MAITRES, par MM. Mathias, Duval et Albert Bical. — Ouvrage comprenant 30 planches reproduisant les originaux de Léonard de Vinci, Michel-Ange, Raphaël, Géricault, etc., accompagnées de notices explicatives et précédées d'une **HISTOIRE DE L'ANATOMIE PLASTIQUE**, par M. Mathias Duval, professeur d'anatomie à l'École des Beaux-Arts.

Prix de l'ouvrage cartonné . . . . **30 fr.**

L'ART JAPONAIS, par Louis Gonse. — Deux magnifiques vol. in-folio de 700 pages, illustrées de plus de 800 reproductions et de 64 grandes planches.

Exemplaires nᵒˢ 1 à 100, sur japon. Les 2 vol. (*Epuisés*) . . . . . . **400 fr.**
Exemplaires nᵒˢ 101 à 1,400. Les 2 vol. (*Epuisés*) . . . . **200 fr.**

L'ART ANCIEN ET L'ART MODERNE, ouvrage publié sous la direction de M. Louis Gonse. — Deux beaux vol. grand in-8°, richement illustrés.

Les deux vol. brochés . . . . **50 fr.** | Richement reliés . . . . **70 fr.**

L'ART ET LES ARTISTES HOLLANDAIS, par H. Havard. — Ouvrage en 4 fascicules illustrés. — I. Michiel Van Miereveld; le Fils de Rembrandt, etc. — II. Palamedes; Flinck. — III. Beerestraten; Pieter de Hooch. — IV. Deft; de Visscher; Carel; Brekelenkam, etc.

Un vol. in-8°. . . . . **40 fr.** | 50 ex. numérotés sur hollande (*Epuisés*). **80 fr.**

LES LEÇONS D'ANATOMIE ET LES PEINTRES HOLLANDAIS aux XVIᵉ et XVIIᵉ siècles, par le docteur Paul Triaire. — Un vol. in-16, illustré de deux eaux-fortes. . . . . **3 fr. 50**

LA SÉPULTURE A TRAVERS LES SIÈCLES, par Lucien Pascal, statuaire.

Brochure in-8°. Prix . . . . **1 fr. 50**

L'ART A TRAVERS LES MŒURS, par Henry Havard. — Vol. grand in-8° de 400 pages, illustré de plusieurs centaines de dessins et de vingt-cinq grandes planches hors texte.

Broché (*Épuisé*). . . . . **25 fr.**
Dans un riche cartonnage (*Épuisés*) . . **32 fr.** | 100 ex. numérotés sur hollande. . . . . **50 fr.**

HISTOIRE DU PORTRAIT EN FRANCE, par Raphael Pinset et Jules d'Aubiac. — Couronnée par la Société des études historiques. — Un vol. gr. in-8° de 280 pages, illustré de nombreuses gravures dans le texte et hors texte.

Broché (*Épuisé*). . . . . **25 fr.**

CONFÉRENCES DE L'ACADÉMIE ROYALE de Peinture et de Sculpture. — Annotées et précédées d'une étude sur les écrivains, par Henry Jouin, lauréat de l'Institut.

Broché . . . . **10 fr.**
25 exemplaires numérotés, sur papier de Hollande. . . . . **20 fr.**

SILHOUETTES D'ARTISTES, par Y. Ram Baud. — Un élégant vol. grand in-8°, imprimé avec luxe, renfermant la biographie de 90 artistes et la reproduction de leur portrait d'après un dessin de chacun d'eux.

Prix, broché, sous une couverture tirée en un ton. . . . . **7 fr. 50**

DISCOURS ET ALLOCUTIONS, par Eugène Guillaume, de l'Académie française. Un vol. in-18 de 314 pages **3 50**

NOTICES ET DISCOURS (Charles Blanc, Paul Baudry, Jean Alaux, Antoine Barye), par Eugène Guillaume, de l'Académie française. — Un vol. in-8° d'environ 300 pages. . . . . **5 fr.**
Nouvelle édition, format in-18 . . . . **3 fr. 50**

L'ART FRANÇAIS pendant la guerre de 1870-1871 et pendant la Commune, par Marius Vachon. — Ouvrage couronné du prix Bordin. — Quatre vol. in-8°, sur hollande, illustrés.

Chaque vol. . . . . **10 fr.**

Quelques exemplaires sur chine et sur whatman.

L'ANARCHIE DANS L'ART, par F.-A. Bridgman. — Un vol. in-18 broché, avec couverture en couleurs. . . . . **3 fr. 50**

LA TRADITION DANS LA PEINTURE FRANÇAISE, par Georges Lafenestre, membre de l'Institut. — La Peinture française au XIXᵉ siècle : P. Baudry, A. Cabanel, E. Delaunay, E. Hébert. — Un vol. in-18. Prix, broché. . . . . **3 fr. 50**

DOCUMENTS ET CURIOSITÉS ARTISTIQUES

LES TAPISSERIES COPTES, par Gerspach, ancien administrateur de la Manufacture nationale des Gobelins. — Album in-4°, avec texte, contenant 160 dessins d'après les originaux. — Prix, cartonné. . . . . **8 fr.**

CAUSERIES SUR L'ART ET LA CURIOSITÉ, par Edmond Bonnaffé. — Ouvrage couronné par l'Institut. — Un vol. in-8° de 260 pages. Cartonné (*Épuisé*). . . . . **7 fr. 50**
50 ex. numérotés sur hollande, avec frontispice sur chine (*Épuisés*) . . . . . **25 fr.**

INVENTAIRE DE LA DUCHESSE DE VALENTINOIS, Charlotte d'Albret, par EDMOND BONNAFFÉ. — Un vol. in-8° de 140 pages, sur papier de fil avec 2 eaux-fortes. Broché . . . . **10 fr.**

5 exemplaires numérotés, sur chine . . **25 fr.** | 15 exemplaires numérotés sur whatman. **30 fr.**

DICTIONNAIRE DES AMATEURS FRANÇAIS au XVIIe siècle, par EDMOND BONNAFFÉ. — Un vol. in-8° de 360 pages, imprimé sur papier de fil. Prix, broché . . . . **20 fr.**

LES DESSINS DE MAITRES ANCIENS exposés à l'École des Beaux-Arts en 1879, — Etude par le marquis DE CHENNEVIÈRES, membre de l'Institut. — Un vol. in-8° de 160 pages, avec de nombreuses gravures. Broché (*puisé.*) . . . . **20 fr.**

LETTRES ADRESSÉES AU BARON FRANÇOIS GÉRARD, peintre d'histoire, par les artistes et les personnages célèbres de son temps, avec 14 portraits à l'eau-forte, publiées par le baron Gérard, son neveu, et précédées d'une notice sur la vie et les œuvres de F. Gérard et d'un récit d'Alexandre Gérard, son frère.

2 vol. in-8° de près de 500 pages chacun. Prix de l'ouvrage complet . . . . . . **30 fr.**

LETTRES D'EUGÈNE DELACROIX (1815-1863), recueillies et publiées par M. PHILIPPE BURTY, avec fac-similé de lettres autographes, de croquis, de palettes et d'un portrait.

Broché, avec le portrait, les fac-similés de sept lettres . . . . **10 fr.**
Cartonné, avec les palettes . . . . **15 fr.**
50 exemplaires numérotés, sur hollande, avec fac-similés et 2 suites du portrait. **30 fr.**

LES MANUSCRITS DE LÉONARD DE VINCI, de la Bibliothèque de l'Institut de Paris, publiés en fac-similés avec transcription littérale, traduction, préface et table méthodique, par CHARLES RAVAISSON-MOLLIEN (Complets en six vol.).

OUVRAGE COURONNÉ DU PRIX BORDIN

Manuscrit A. — Un vol. grand in-folio colombier, avec 126 planches. . . . . **100 fr.**
— B et D. — Un vol. grand in-folio colombier, avec 188 planches . . . **150 fr.**
— C. E et K. — Un vol. grand in-folio colombier, avec 203 planches. . . **150 fr.**
— F. et I. — Un vol. grand in-folio colombier, avec 190 planches. . . **150 fr.**
— G, L et M. — Un vol. grand in-folio colombier, avec 197 planches. . . **150 fr.**
Manuscrits { H. de la Bibliothèque de l'Institut
A. S. II. 2037 et 2038 de la Bibliothèque nationale.. . . . . **150 fr.**

LES ÉCRITS DE LÉONARD DE VINCI, par CH. RAVAISSON-MOLLIEN, attaché au Musée du Louvre.

Une plaquette in-8°, avec gravures dans le texte (*Épuisée*) . . . . **5 fr.**

ALBUM PALÉOGRAPHIQUE OU RECUEIL DE DOCUMENTS IMPORTANTS RELATIFS A L'HISTOIRE ET A LA LITTÉRATURE NATIONALES. Introduction, par LÉOPOLD DELISLE, de l'Institut. — Un album grand in-folio, contenant 12 pages d'introduction, 50 grandes planches en héliogravure imprimées dans le ton des originaux et précédées chacune d'une notice.

Édition tirée à 300 exemplaires numérotés. Prix, cartonné . . . . **150 fr.**

TAPISSERIES DE LA CATHÉDRALE DE REIMS. Histoire du roy Clovis (XVe siècle); Histoire de la Vierge (XVIe siècle). Texte par CH. LORIQUET. — Un vol. in-folio colombier de 170 pages, renfermé dans un riche cartonnage et orné de 20 grandes planches.

Ex. nos 1 à 50 sur hollande. **200 fr.**; nos 51 à 500 sur vélin . . . . **100 fr.**

CORTÈGE HISTORIQUE DE LA VILLE DE VIENNE, le 27 avril 1879, à l'occasion des noces d'argent de Leurs Majestés François-Joseph Ier et Élisabeth. — Magnifique album grand in-folio, avec de nombreuses gravures, d'après les cartons de MAKART.
Ouvrage imprimé à 500 exemplaires numérotés (*Épuisé*) . . . . **100 fr.**

ICONOGRAPHIE DE LA REINE MARIE-ANTOINETTE. Catalogue descriptif et raisonné de la collection de portraits, pièces historiques et allégoriques, caricatures, etc., formée par lord RONALD GOWER. — In-4° de 250 pages, avec de nombreuses photogravures en couleur. Broché. . **60 fr.**
50 ex. numérotés, sur hollande, avec planches sur japon . . . . **120 fr.**

LA LUTHERIE ET LES LUTHIERS, par ANTOINE VIDAL. — Un beau vol. in-8°, avec 30 planches, imprimé à 500 ex. Broché (*Ouvrage épuisé*). **25 fr.**

LES INSTRUMENTS A ARCHET, par ANTOINE VIDAL. — Trois vol. in-4°, avec eaux-fortes par FR. HILLEMACHER. L'exempl. (*Épuisé*). . . . . **150 fr.**
12 exemplaires sur papier de Chine, numérotés (*Épuisés*). . . . . **300 fr.**

LES TRAPPISTES, par A. LANÇON. — Dix grandes gravures à l'eau-forte, imprimées sur hollande et renfermées dans un cartonnage artistique.
N°s 1 à 50, avec 2 suites de planches, dont une sur japon. . . . . **80 fr.**
N°s 51 à 250, sur beau papier de Hollande (*Épuisés*). . . . . **40 fr.**

TABLEAUX DE LA CIVILISATION ET DE LA VIE SEIGNEURIALE EN ALLEMAGNE dans la dernière période du moyen âge. — Album grand in-4°, comprenant 25 planches tirées en taille-douce. Tirage limité à 200 exemplaires numérotés. Broché (*Épuisés*). . . . . . . **80 fr.**
(*Les planches étant aliénées, il ne sera jamais fait de réimpression française.*)

LA COLLECTION DE STATUES DU MARQUIS DE MARIGNY (1725-1781), par EUGÈNE PLANTET. — Un vol. in-8° de 180 pages, imprimé sur beau vélin, accompagné de 28 héliogravures dans le texte et hors texte. Prix, broché. . . . . **15 fr.**
15 ex. numérotés, sur hollande. . **25 fr.** | 15 ex. numérotés sur japon impérial. **35 fr.**

L'ALBUM D'ANVERS (Exposition), par MARS. Croquis humoristiques inédits. — Prix. . . . . **1 fr.**

LES CARICATURES SUR L'ALLIANCE FRANCO-RUSSE, par JOHN GRAND-CARTERET. Petit in-4° de 88 caricatures françaises et étrangères. — Prix. . . . . **1 fr. 50**

L'ANNÉE EN IMAGES 1893 (1re année), par JOHN GRAND-CARTERET. Politique, littérature, théâtre, peinture, mœurs, actualités diverses, modes. Album petit in-4°, contenant 154 reproductions de caricatures françaises et étrangères. — Prix. . . . . **2 fr.**

LA CRÈTE DEVANT L'IMAGE, par JOHN GRAND-CARTERET. — Un livre-album, grand in-18, contenant 150 reproductions des caricatures de tous les journaux européens, avec une introduction. — Prix. . . . . **2 fr.**

NICE EN CARNAVAL (1899), par MARS.
NICE EN FÊTE (1900), par MARS.
Deux magnifiques albums, contenant 65 dessins, dont 25 en couleurs, et donnant le Programme des fêtes. — Prix . . . . **1 fr. 25**

LES MAITRES DE LA CARICATURE FRANÇAISE AU XIX° SIÈCLE.
Magnifique album petit in-4°, contenant 115 fac-similés de grandes caricatures en noir, 5 fac-similés de lithographies en couleur, avec une notice de M. Armand Dayot, inspecteur des Beaux-Arts. Couverture dessinée par A. Willette. — Prix, cartonné (*Épuisé*) . . . . **6 fr.**
50 ex. numérotés, sur japon (*Épuisés*) . . . . **20 fr.**

L'ART DU RIRE ET DE LA CARICATURE dans tous les temps, par Arsène Alexandre. — Vol. in-4° de 350 pages, contenant plus de 200 reproductions d'originaux, depuis l'antiquité jusqu'à nos jours, et 12 planches hors texte en couleurs. Couverture en lithographie de A. Willette.

Prix, broché . . . . **10 fr.**	Demi-reliure amateur	**17 fr.**
— cartonné toile . . . . . **12 fr. 50**	30 exempl. sur japon (*Épuisés*) . .	**25 fr.**

LA PEINTURE EN EUROPE

Catalogues raisonnés des Œuvres principales conservées dans les musées, collections, édifices civils et religieux.

Par Georges Lafenestre, membre de l'Institut, conservateur des peintures du Musée national du Louvre, et Eugène Richtenberger.

Chacun de ces volumes, de format in-8° d'environ 400 pages, contient 100 reproductions photographiques des principaux chefs-d'œuvre du musée ou du pays dont il s'occupe, une étude historique sur la peinture de ce pays, un index bibliographique, un index des peintres par ordre alphabétique, les plans des principaux musées et une table des matières.

VOLUMES PARUS :

I. LE MUSÉE NATIONAL DU LOUVRE (Deuxième édition. Revue, corrigée et mise au courant des changements). — Prix, cartonné . . . . **10 fr.**
Tirage sur hollande . . . . **25 fr.**
Le même ouvrage, en langue anglaise (10 sch.) . . . . **12 fr. 50**

II. FLORENCE. — Cartonné . . . . **10 fr.**
Tirage sur hollande, avec reproductions photographiques sur japon . . . **25 fr.**

III. LA BELGIQUE. — Cartonné . . . . **10 fr.**
Tirage sur hollande, avec reproductions photographiques sur japon . . . **25 fr.**

IV. VENISE. — Cartonné . . . . **10 fr.**
Tirage sur hollande . . . . **25 fr.**

V. LA HOLLANDE. — Cartonné . . . . **10 fr.**
Tirage sur hollande . . . . **25 fr.**

VI. ROME (tome I). — Cartonné . . . . **10 fr.**
Tirage sur hollande . . . . **25 fr.**

CATALOGUE DES IVOIRES du Musée national du Louvre (Moyen âge. — Renaissance. — Temps modernes), par Emile Molinier, conservateur du département des objets d'art. — Un vol. in-8° de 400 pages illustrées, donnant en 244 numéros la description des ivoires du vi° au xviii° siècle.
Prix, avec reliure toile souple . . . . **6 fr. 50**

PROPOS ARTISTIQUES, par Henri Vuagneux, accompagnés de commentaires et d'une préface, par M. Eugène Muntz, membre de l'Institut. — Un vol. in-8° de 380 pages. — Broché . . . . **3 fr. 50**

LA PEINTURE AU SALON DE 1880. Les peintres émus, les peintres habiles, par Roger Ballu. — Un vol. in-18, broché. . . . . **2 fr.**

LA PEINTURE EN FRANCE. — Traditions et Liberté, par M. Georges Lafenestre, membre de l'Institut, conservateur du Musée des peintures au Louvre. — Un vol. in-18 jésus d'environ 300 pages.

Prix, broché. . . . . **3 fr. 50**

LES PORTRAITS DE VERSAILLES DU XVIᵉ SIÈCLE. Notices par R. de Maulde. — Un vol. in-8º avec 50 gravures reproduisant les œuvres principales des nouvelles salles spéciales des portraits du xvıᵉ siècle au Musée de Versailles.

Prix, broché. . . . . **5 fr.**

BEAUX-ARTS APPLIQUÉS A L'INDUSTRIE

LA PORCELAINE TENDRE DE SÈVRES
Par ÉDOUARD GARNIER

(COMPLET EN DIX LIVRAISONS)

Splendide album grand in-4º colombier de 50 planches, contenant plus de 250 motifs reproduits en aquarelle, précédés d'une importante notice historique et d'un tableau des marques et monogrammes des peintres, décorateurs et doreurs de la Manufacture de Sèvres, de 1753 à 1800.

Prix de l'ouvrage, dans un cartonnage. . . . . **200 fr.**
Prix de chaque livraison . . . . **20 fr.**

DICTIONNAIRE DE L'AMEUBLEMENT
ET DE LA DÉCORATION
DEPUIS LE XIIIᵉ SIÈCLE JUSQU'A NOS JOURS
Par HENRY HAVARD

NOUVELLE ÉDITION, REVUE, CORRIGÉE ET CONSIDÉRABLEMENT AUGMENTÉE

Ouvrage couronné par l'Académie des Beaux-Arts.

Quatre magnifiques volumes de 600 pages in-4º à 2 colonnes, contenant chacun plus de 800 gravures dans le texte et 64 grandes planches hors texte en chromotypographie. Reliure souple à fers sur carton-cuir. — Prix de l'ouvrage complet. . . . . **220 fr.**

Chacun des volumes pris séparément. . . . . **55 fr.**

HISTOIRE DE L'ORFÈVRERIE FRANÇAISE, par Henry Havard, inspecteur général des Beaux-Arts. — Un beau vol. de 420 pages environ enrichi de 40 planches hors texte, dont 10 en couleur, or et argent, et de près de 400 vignettes dans le texte.

Prix de l'exemplaire broché, carton-cuir, fers spéciaux. . . . . **40 fr.**
20 exemplaires sur papier du Japon. Prix. . . . . **80 fr.**

L'ŒUVRE DE P.-V. GALLAND, par Henry Havard, inspecteur général des Beaux-Arts. — Magnifique vol. grand in-4º, contenant 200 pages de texte et près de 200 planches inédites et 30 planches hors-texte, tirées en taille-douce (*Tirage limité*).

Prix de l'exemplaire broché, carton-cuir et fers spéciaux. . . . . **40 fr.**
     —   —   japon. . . . . **60 fr.**

LES ARTS DU MÉTAL, par J.-B. GIRAUD, conservateur des Musées archéologiques de la ville de Lyon. — In-folio comprenant 50 grandes planches en héliogravure reproduisant près de 200 objets avec des notices spéciales pour chaque planche et une table analytique.

Dans un cartonnage artistique. . **150 fr.** | 100 ex. numérotés sur hollande . **300 fr.**

LE MUSÉE RÉTROSPECTIF DU MÉTAL à l'Exposition de l'Union centrale des Beaux-Arts, par M. GERMAIN BAPST. — Un vol. in-8°, illustré de 10 planches hors texte. Broché. . . . . **15 fr.**

DESSINS DE DÉCORATION DES PRINCIPAUX MAITRES. Quarante planches réunies et expliquées par MM. ED. GUICHARD et ERNEST CHESNEAU. — In-folio, avec 40 planches en taille-douce et en couleur, accompagnées de 40 notices.

Dans un cartonnage artistique. . **125 fr.** | 100 ex. numérotés sur hollande . **250 fr.**

MODÈLES D'ART DÉCORATIF, d'après les dessins originaux des maîtres anciens au Musée du Louvre. — In-folio colombier, renfermant près de 100 originaux des grands maîtres des diverses écoles, expliqués par M. VICTOR CHAMPIER.

Dans un riche cartonnage. . . . **150 fr.** | 25 ex. numérotés sur hollande. . **300 fr.**

L'ŒUVRE COMPLET DE BÉRAIN (1649-1711). — Album comprenant cent planches in-folio grand-aigle reproduites aux encres grasses avec une fidélité absolue.

Prix, dans un cartonnage artistique. **80 fr.**

JOAILLERIE DE LA RENAISSANCE, d'après des originaux et des tableaux du XV° au XVII° siècle, par FERDINAND LUTHMER, directeur de l'Ecole d'art industriel de Francfort. — Album grand in-4° jésus, contenant un texte illustré de gravures et 20 planches hors texte, en taille-douce et en chromolithographie, reproduisant plus de 150 sujets.

Édition sur beau vélin, dans un cartonnage artistique. . . . . **100 fr.**

CARREAUX EN FAIENCE ITALIENNE de la fin du XV° et du commencement du XVI° siècle, d'après les dessins originaux, publiés par M. MEURER, peintre et professeur au Musée d'art industriel de Berlin. — Album in-folio contenant 24 planches en chromolithographie dans un cartonnage. — Prix. . . . . **100 fr.**

SOIXANTE PLANCHES D'ORFÈVRERIE DE LA COLLECTION PAUL EUDEL, pour faire suite aux *Éléments d'orfèvrerie* composés par PIERRE GERMAIN. — Un album in-4°, illustré de 60 planches hors texte gravées à l'eau-forte.

400 exemplaires numérotés sur hollande, dans un cartonnage artistique. . . . **100 fr.**

LES ARTS ET LES INDUSTRIES DU PAPIER EN FRANCE (1871-1894), par MARIUS VACHON. — Un vol. in-4°, illustré de très nombreuses gravures dans le texte et de planches hors texte, tirées en couleurs par les procédés les plus variés.

Prix : Broché, **20 fr.**; cartonné, tête dorée, **25 fr.**

LES ARTS DU BOIS, DES TISSUS ET DU PAPIER, par MM. DE CHAMPEAUX, DARCEL, GASTON LE BRETON, GASNAULT, GERMAIN BAPST, DUPLESSIS, RIOUX DE MAILLOU, VICTOR CHAMPIER. — Grand volume in-4° de 400 pages, illustré de 338 gravures spéciales. — Broché. . . . . **40 fr.**

TRAITÉ TECHNIQUE ET RAISONNÉ DE LA RESTAURATION DES TABLEAUX, précédé d'une étude sur leur conservation, par CHARLES DALBON. — Un vol. in-8° jésus.

Prix, broché. . . . . **3 fr. 50**

RECHERCHES SUR L'ORFÉVRERIE EN ESPAGNE, au moyen âge et à la Renaissance, par le baron Ch. Davillier. — Un vol. in-4° colombier, de 300 pages, illustré d'un grand nombre de gravures dans le texte et de 19 planches à l'eau-forte.

TIRAGE LIMITÉ A 500 EXEMPLAIRES NUMÉROTÉS

N°s 1 à 5 sur papier du Japon.... **200 fr.**		N°s 26 à 45 sur papier de Chine.... **80 fr.**
6 à 25 sur papier whatman.... **80 fr.**		46 à 100 sur papier de Hollande... **60 fr.**

N°s 101 à 500 sur papier vélin, planches sur hollande... **40 fr.**

VOYELLES ET CONSONNES. Lettres et lettrines, par Provost-Blondel. — Un vol. de 130 pages, renfermant 125 compositions originales et inédites, imprimées en couleurs, à l'usage des peintres-décorateurs, sculpteurs-décorateurs, ferronniers, brodeurs, tapissiers, orfèvres, etc.
Prix, broché............................. **20 fr.**

LES BIJOUX ANCIENS ET MODERNES, par E. Fontenay. — Un beau vol. in-4° de 500 pages sur vélin teinté, illustré de plus de 700 dessins.
Prix, broché............................. **25 fr.**
Cartonné, avec fers spéciaux.................. **30 fr.**

LA VENTE DES DIAMANTS DE LA COURONNE, par Arthur Bloche. — In-16, orné de 35 dessins................. **6 fr.**

LES ARTS DÉCORATIFS EN ESPAGNE, au moyen âge et à la Renaissance, par le baron Ch. Davillier. In-8°, illustré. — Broché. **10 fr.**
50 exemplaires sur papier de Hollande, avec 2 suites des planches...... **20 fr.**

NOTES SUR LES CUIRS DE CORDOUE, Guadamaciles d'Espagne, etc., par le baron Ch. Davillier. — Plaquette in-8°, avec un frontispice. Ex. numérotés sur hollande (*Ouvrage épuisé*)............... **10 fr.**
N°s 1 à 10 sur whatman..... **25 fr.** | N°s 11 à 20 sur chine,..... **20 fr.**

RAPPORT OFFICIEL DE LA COMMISSION D'ENQUÊTE sur la situation des ouvriers et des industries d'art (1884). — Broché. **20 fr.**

ENSEIGNEMENT DES BEAUX-ARTS

BIBLIOTHÈQUE DE L'ENSEIGNEMENT DES BEAUX-ARTS
PUBLIÉE SOUS LE PATRONAGE DE L'ADMINISTRATION DES BEAUX-ARTS
HONORÉ D'UN PRIX MONTYON PAR L'ACADÉMIE FRANÇAISE
DU PRIX BORDIN PAR L'ACADÉMIE DES BEAUX-ARTS
ET D'UNE MÉDAILLE D'OR A L'EXPOSITION UNIVERSELLE DE 1889

Directeur de la Publication : M. JULES COMTE,
Ancien Inspecteur général des Écoles de Beaux-Arts, Directeur des Bâtiments Civils et Palais Nationaux.

Chaque volume, de format in-4° anglais, est imprimé avec luxe sur papier teinté. Il contient environ 400 pages, illustrées de 150 à 200 gravures inédites, spéciales à la collection et exécutées d'après les originaux.

Prix de chaque vol. broché................... **3 fr. 50**
Avec un cartonnage artistique en toile reliure......... **4 fr. 50**
Reliure avec fers spéciaux et écussons pour distribution de prix.. **5 fr.** »
Demi-reliure d'amateur..................... **6 fr.** »

56 VOLUMES PARUS

Anatomie artistique (l'), par M. Mathias Duval, membre de l'Académie de médecine, professeur d'anatomie à l'Ecole des Beaux-Arts et à la Faculté de Médecine.

Anatomie plastique (Histoire de l'), par MM. Mathias Duval et Ed. Cuyer.

Archéologie chrétienne (l'), par André Pératé, ancien membre de l'Ecole française à Rome.

Archéologie égyptienne (l'), par M. Maspero, membre de l'Institut, professeur au Collège de France.

Archéologie étrusque et romaine (l'), par M. Martha, ancien membre de l'Ecole française d'Athènes, maître de conférences à la Faculté des Lettres de Paris.

Archéologie grecque (l'), par M. Max. Collignon, professeur d'archéologie à la Faculté des Lettres de Paris.

Archéologie orientale (l'), par M. E. Babelon, bibliothécaire au département des Médailles et Antiques de la Bibliothèque nationale.

Architecture gothique (l'), par M. Ed. Corroyer, architecte du Gouvernement, inspecteur général des édifices diocésains.

Architecture grecque (l'), par M. V. Laloux, architecte.

Architecture de la Renaissance, par M. Léon Palustre.

Architecture romane (l'), par M. Edouard Corroyer, architecte du Gouvernement, inspecteur général des édifices diocésains.

Armes (les), par M. Maurice Maindron.

Art arabe, par M. Al. Gayet.

Art byzantin (l'), par M. Bayet, recteur de l'Académie de Lille.

Art chinois (l'), par M. Paléologue, sécrétaire d'ambassade.

Art des jardins (l'), par M. Georges Riat, bibliothécaire au Cabinet des Estampes.

Art de la Verrerie (l'), par M. Gerspach, directeur de la Manufacture nationale des Gobelins.

Art héraldique, par M. H. Gourdon de Genouillac.

Art indien (l'), par M. Maurice Maindron.

Art indo-chinois (l'), par M. A. de Pouvourville.

Art japonais (l'), par M. Louis Gonse, directeur de la *Gazette des Beaux-Arts*.

Art persan (l'), par M. Al. Gayet.

Broderie et Dentelles, par M. E. Lefébure, fabricant de dentelles.

Composition décorative (la), par M. Henry Mayeux, architecte du Gouvernement, professeur d'art décoratif dans les Écoles de la Ville de Paris.

Costume en France (le), par M. Ary Renan.

Faïence (la), par M. Deck, administrateur de la Manufacture de Sèvres.

Gravure (la), par M. le vicomte H. Delaborde, secrétaire perpétuel de l'Académie des Beaux-Arts.

Gravures en pierres fines (la), par M. Ernest Babelon, conservateur du département des Médailles et Antiques de la Bibliothèque nationale.

Lexique des termes d'Art, par M. Jules Adeline.

Lithographie (la), par M. Henri Bouchot, bibliothécaire au Cabinet des Estampes de la Bibliothèque nationale.

Livre, l'Illustration, la Reliure (le), par M. Henri Bouchot, bibliothécaire au Cabinet des Estampes de la Bibliothèque nationale.

Manuscrits et la Miniature (les), par M. Lecoy de La Marche, des Archives nationales.

Meuble (le), t. I et II, par M. Alfred de Champeaux, inspecteur des Beaux-Arts à la Préfecture de la Seine.

Monnaies et Médailles (les), par M. F. Lenormant, membre de l'Institut.

Mosaïque (la), par M. Gerspach, directeur de la Manufacture des Gobelins.

Musique (la), par M. H. Lavoix fils, administrateur de la Bibliothèque Sainte-Geneviève.

Musique allemande (Histoire de la), par M. Albert Soubies.

Musique française (la), par M. H. Lavoix fils.

Musique en Russie (la), par M. Albert Soubies.

Mythologie figurée (la), par M. Max. Collignon, ancien membre de l'Ecole française d'Athènes, professeur d'archéologie à la Faculté des Lettres de Paris.

Peinture anglaise (la), par M. Ernest Chesneau, ancien inspecteur des Beaux-Arts.

Peinture antique (la), par M. Paul Girard, maître de conférences à la Faculté des Lettres de Paris.

Peinture espagnole (la), par M. Paul Lefort, inspecteur des Beaux-Arts.

Peinture flamande (la), par M. A.-J. Wauters, *ouvrage couronné par l'Académie royale de Belgique*.

Peinture française du IXe au XVIe siècle, par Paul Mantz, introduction d'O. Merson.

Peinture hollandaise (la), par M. Henry Havard, inspecteur des Beaux-Arts.

Peinture italienne (la), tome Ier, par M. Georges Lafenestre, conservateur au musée du Louvre.

Porcelaine (la), par M. Georges Vogt, directeur des travaux techniques à la manufacture de Sèvres.

Précis d'histoire de l'art, par M. Bayet, recteur de l'Académie de Lille.

Procédés modernes de la Gravure (les), par M. A. de Lostalot, secrétaire de la rédaction de la *Gazette des Beaux-Arts*.

Sceaux (les), par M. Lecoy de La Marche, des Archives nationales.

Sculpture antique (la), par M. P. Paris, maître de conférences à la Faculté des Lettres de Bordeaux.

Styles français (les), par M. Lechevallier-Chevignard, professeur à l'École nationale des Arts décoratifs.

Tapisserie (la), par M. E. Muntz, conservateur de la Bibliothèque des Archives et du Musée à l'Ecole des Beaux-Arts.

Vitraux (les), par M. Olivier Merson.

L'enseignement professionnel des Beaux-Arts dans les écoles de la Ville de Paris, par Gaston Cougny. — Un vol. in-16 de plus de 300 pages, illustré. Broché. . **5 fr.**

Lettres sur l'enseignement des Beaux-Arts, par Henry Havard. — Une plaquette in-18 de 70 pages, — Prix . . . . **1 fr.**

TRAITÉS PRATIQUES

LA PERSPECTIVE, par U. Checa. — Un vol. grand in-4° de 210 pages, contenant 67 problèmes et 100 planches avec texte explicatif et applications pratiques. — Prix broché . . . . **15 fr.**

LETTRES SUR LA SCULPTURE, Leçons aux Demoiselles, par Adolphe Pienne. — Illustrations de l'auteur. Un vol. in-8° avec couvertures en deux tons. — Prix. . . . . **3 fr. 50**

LES ARTS DE REPRODUCTION VULGARISÉS, par Jules Adeline. — Un vol. in-8°, avec de nombreux dessins dans le texte et 12 planches hors texte, donnant des spécimens de typographie, héliogravures, gravures à l'eau-forte en plusieurs états, similigravures, chromotypographies, etc. — Prix, broché. . . . . **10 fr.**
Cartonné. . . . . **12 fr.**

LA PEINTURE A L'EAU, par Jules Adeline. — In-8° avec 150 dessins et 5 planches hors texte, en chromotypographie. — Broché. . . . . . . **6 fr.**

GRAMMAIRE DU PEINTRE. Discussion et réglementation du procédé en peinture, par Adrien Recouvreur. — Un vol. petit in-8° d'environ 120 pages. — Prix (*Épuisé*). . . . . **2 fr.**

Cours de Paysage au fusain, par Karl Robert. — Un fort volume grand in-4° de 30 pl. Cart. **30 fr.**

Cours d'Aquarelles, par E. Cicéri. — Album de 48 planches. Cartonné. . . . . **40 fr.**

Le Fusain sur faïence, par Karl Robert. — In-8° de 50 pages. **2 fr.**	l'huile, par K. Robert. — In-8° avec planches. Br. (*Epuisé*). . . . **3 fr.**
Le Fusain sans maître, par K. Robert. — In-8° avec pl. Br. . . **6 fr.**	Traité de la Gravure à l'eau-forte. Un vol. in-8° (*Epuisé*). . . . . **8 fr.**
Traité pratique de la Peinture à	L'Aquarelle. — In-8° (*Epuisé*). **6 fr.**

BIBIOTHÈQUE DE VULGARISATION ARTISTIQUE, ILLUSTRÉE
Publiée sous la direction de M. E. BENOIT LÉVY, directeur de la Société populaire des Beaux-Arts.

Chaque vol., petit in-8°, avec nombreuses illustrations, broché . . . . **0 fr. 75**

L'ARCHITECTURE RELIGIEUSE, par E. Benoit Lévy, président de la Société populaire des Beaux-Arts.

LA PEINTURE INDUSTRIELLE CHEZ LES GRECS, par Ed. Pottier, conservateur adjoint au Musée du Louvre.

L'ART ROMAIN, par B.-H. Gausseron, agrégé de l'Université.

L'ART ÉGYPTIEN, par Augé de Lassus.

LA LITHOGRAPHIE, par J. de Marthold, président de la Société des artistes lithographes français.

LES PROCÉDÉS DE GRAVURE, par G.-G. Kéronan.

ARCHÉOLOGIE ARTISTIQUE

LA RESTAURATION DE PERGAME

Relevés et restaurations par Pontremoli, architecte, ancien pensionnaire de l'Académie de France à Rome, texte par Max. Collignon, membre de l'Institut. (*Ouvrage honoré d'une souscription du Ministère de l'Instruction publique et des Beaux-Arts.*) — Un vol. in-f° colombier de 250 pages avec de nombreuses gravures dans le texte, et 13 héliogravures hors texte. Tirage limité à 500 exemplaires numérotés. — Prix, cartonné . . . . **110 fr.**

ÉPIDAURE. Restauration et description. — Les principaux monuments du sanctuaire d'Asclépios. — Relevés et restaurations par Alphonse Defrasse, architecte, ancien pensionnaire de l'Académie de France à Rome. Texte par Henri Lechat, chargé de cours à la Faculté des Lettres de Montpellier, ancien membre de l'Ecole française d'Athènes. (*Ouvrage honoré d'une souscription du Ministère de l'Instruction publique et des Beaux-Arts.*) — Un vol. in-f° colombier de 260 pages, orné de 78 reproductions dans le texte, de 12 héliogravures hors texte et d'une planche en chromo. Tirage limité à 500 exemplaires numérotés.

Prix, cartonné . . . . **110 fr.**

LA RESTAURATION D'OLYMPIE, l'Histoire, les Monuments, le Culte et les Fêtes, par V. Laloux, architecte, ancien pensionnaire de la Villa Médicis à Rome, et Paul Monceaux, docteur ès lettres, ancien membre de l'Ecole française d'Athènes. (*Ouvrage honoré d'une souscription du Ministère de l'Instruction publique et des Beaux-Arts.*) — Un vol. in-f° colombier contenant 20 planches en héliogravure d'après les reproductions directes des originaux, et 80 motifs disséminés dans le texte. Tirage limité à 500 exemplaires numérotés sur papier vélin.

Prix, cartonné . . . . **110 fr.**

MONUMENTS DE L'ART ANTIQUE, publiés sous la direction de M. Olivier Rayet. — Ouvrage paru en six livraisons, contenant chacune 15 grandes planches en taille-douce et en couleur, accompagnées de notices historiques et explicatives, et complet en deux volumes in-folio de plus de 400 pages de texte, comprenant 90 planches hors texte.

Les six livraisons réunies en deux volumes, brochés. . . . . **150 fr.**
— — dans un cartonnage artistique . . **175 fr.**
50 ex. numérotés sur hollande, avec planches sur chine. Les 2 vol., br. . . . **300 fr.**

L'ART FRANÇAIS SOUS LA RÉVOLUTION ET L'EMPIRE, par François Benoit, agrégé d'histoire, docteur ès lettres. — Un vol. in-4° avec 76 figures hors texte. (*Ouvrage honoré d'une souscription du Ministère de l'Instruction publique et des Beaux-Arts*)

Prix, broché. . . . . **20 fr.**

LA RENAISSANCE EN FRANCE, par Léon Palustre, directeur honoraire de la Société française d'archéologie. Illustrations sous la direction d'Eugène Sadoux. (*Ouvrage couronné par l'Académie française.*)

(*Ouvrage entièrement épuisé.*)

Les volumes sont ainsi composés.

NORD (2 volumes.)

1re Livraison : *Flandre.* — *Artois.* — *Picardie.* — (Nord, Pas-de-Calais et Somme.)
2e Livraison : *Ile-de-France.* — (Oise.)
3e Livraison : *Ile-de-France.* — (Aisne.)
4e Livraison : *Ile-de-France.* — (Seine-et-Marne.)
5e Livraison : *Ile-de-France.* — (Fontainebleau.)
6e Livraison : *Ile-de-France.* — (Seine-et-Oise.)
7e et 8e Livraisons : *Ile de France.* — (Seine.)
9e Livraison : *Normandie.* — (Seine-Inférieure et Eure.)
10e Livraison : *Normandie.* — (Orne, Calvados et Manche.)

OUEST (1 volume.)

11e Livraison : *Bretagne.* — (Ille-et-Vilaine, Côtes-du-Nord et Finistère.)
12e Livraison : *Bretagne.* — (Morbihan et Loire-Inférieure.)
13e Livraison : *Maine et Anjou.* — (Sarthe, Mayenne et Maine-et-Loire.)
14e Livraison : *Poitou.* — (Vienne, Deux-Sèvres et Vendée.)
15e Livraison : *Saintonge, Aunis et Angoumois.* — (Charente-Inférieure et Charente.)

Chaque livraison, texte sur beau vélin, comprenant les eaux-fortes dans le texte et planches hors texte sur hollande, se vend séparément. . . . . **25 fr.**

Tirage d'amateur, avec 2 états de planches hors texte et eaux-fortes du texte tirées à part sur japon.
N°s 1 à 20 texte sur whatman. . . . . **60 fr.**
N°s 21 à 40, texte sur chine. . . . . . **60 fr.**
N°s 41 à 100, texte sur hollande. . . . **50 fr.**

Les dix premières livraisons, faisant un tout complet et indépendant sous le titre de *la Renaissance dans le Nord*, sont réunies en deux volumes.

Prix des deux volumes, brochés. . . . . **250 fr.**
— — cartonnés, avec riches fers artistiques. . . . . **275 fr.**

Les livraisons XI à XV, sous le titre de *la Renaissance dans l'Ouest*, sont réunies en un volume.

Prix du volume, broché. . . . . **125 fr. »**
— — cartonné, avec riches fers artistiques. . . . . **137 fr. 50**

LACRIMÆE NICOSSIENSES, recueil d'inscriptions funéraires, existant encore dans l'Ile de Chypre, par le major Tankerville J. Chamberlayne, avec des dessins de M. V. Willians. — Tome Ier. — Un vol. in-4° de près de 200 pages avec 29 planches. . . . . **22 fr.**

DOUAI. Son histoire militaire, ses fortifications. — Beau volume in-4° de 300 pages, orné de nombreuses vignettes dans le texte et de 30 planches hors texte, aquarelles et plans. — Frontispice de M. Dutert. — Aquarelles et dessins de M. Henri Duhem.

Il reste quelques exemplaires de cet ouvrage, qui a été mis en souscription.

Prix, broché. . . . . **50 fr.**

CHALON-SUR-SAÔNE PITTORESQUE ET DÉMOLI, par Jules Chevrier.
— Curieuse monographie grand in-4°, de 250 pages, avec une centaine de dessins dans le texte et 50 grandes planches hors texte, à l'eau-forte (*Ouvrage épuisé*).

250 exemplaires numérotés sur hollande. **60 fr.**
50 exemplaires numérotés sur whatman, avec 2 suites des planches. . . . . **100 fr.**

LA NIÈVRE A TRAVERS LE PASSÉ, par Amédée Jullien. — Un magnifique in-folio de 250 pages, sur beau vélin, comprenant 33 planches à l'eauforte, sur hollande et hors texte (*Épuisé*). . . . . **125 fr.**

LA GATINE HISTORIQUE ET MONUMENTALE, par B. Ledain, membre de la Société française d'archéologie. — In-4° de plus de 400 pages, illustré de planches hors texte et dans le texte, dessinées d'après nature et gravées par E. Sadoux, en eaux-fortes et lithographies. Broché. . . . . . **120 fr.**

LES ANTIQUITÉS ET MONUMENTS DE L'AISNE, par Édouard Fleury, — 4 volumes in-4°, illustrés d'un grand nombre de gravures. — Ensemble, brochés. . . . . **120 fr.**

HISTOIRE DE LA VILLE DE MONTDIDIER, par V. de Beauvillé. (*Ouvrage couronné par l'Institut de France.*) — 3 vol. in-4°, imprimés sur hollande, illustrés de gravures et de plans dans le texte et de 23 pl. hors texte. — Brochés, ensemble. . . . . **120 fr.**

MORTAIN PITTORESQUE, par J.-L. Talagrand. Impressions d'un touriste dessinées et racontées par l'auteur. — Un vol. grand in-8°, contenant une préface de M. Ad. Guillot, membre de l'Institut, un avant-propos de l'auteur et 50 planches hors texte avec leur description raisonnée. Tirage restreint à 500 exemplaires numérotés. — Prix, broché. . . . . **15 fr.**

FOUILLES FAITES A CARNAC, les Bossenno et le Mont-Saint-Michel, par James Miln. — In-8°, illustré. Broché (*Épuisé*). . . . . **30 fr.**

COMPIÈGNE, par Lefebvre Saint-Ogan. — Un vol. grand in-18, illustré de 25 gravures d'après les dessins de M. Boudier. — Broché. . . . . **3 fr. 50**

HISTOIRE DE LA PRINCIPAUTÉ DE DONZÈRE, par Jules Ferrand. — Un vol. in-18. Broché. . . . . **3 fr. 50**

CATHÉDRALE DE REIMS. Histoire et monographie, par Alphonse Gosset, architecte à Reims. (*Tirage limité à 200 exemplaires.*) — Un beau vol. petit in-folio, avec 36 planches gravées et 19 figures. — Prix. . . . . . **50 fr.**

GUIDE DE L'ÉCOLE NATIONALE DES BEAUX-ARTS, par Eugène Muntz, conservateur de la Bibliothèque, des Archives et du Musée de l'École. Ouvrage accompagné de 23 gravures. — Un vol. in-8° de 300 pages. . **5 fr.**

L'ANCIEN HOTEL DE VILLE DE PARIS, par Marius Vachon. — In-4°, illustré de 100 gravures dans le texte et de 25 planches hors texte en tailledouce.

Prix, dans un riche cartonnage sous étoffé (*épuisé*). . . . . **60 fr.**

LES STATUES DE L'HOTEL DE VILLE, par Georges Veyrat, archiviste des Beaux-Arts de la ville de Paris. Préface de M. Jules Claretie, de l'Académie française. — Un vol. in-4° de 360 pages, contenant 170 illustrations et une table alphabétique et biographique des artistes auteurs des statues.

Prix, broché. . . . . **6 fr.** | Cartonné. . . . . **7 fr.**

PARIS ARCHÉOLOGIQUE. — Collection des anciennes descriptions de Paris. — Introduction, Notes et Commentaires par l'abbé VALENTIN DUFOUR; préface générale du Bibliophile Jacob. — 10 vol. in-8°, illustrés. — La collection complète.................................. **99 fr.**

300 ex. numérotés, sur papier de Hollande. — 30 ex. sur papier de Chine. (Ouvrage entièrement épuisé.)

ISAAC DE BOURGES. **Description des Monuments de Paris au XVII° siècle.** 8 fr.
ANTOINE DU MONT-ROYAL. **Les Glorieuses Antiquités de Paris, 1678.** . 6 fr.
L'ABBÉ DE MAROLLES. **Paris; Description de cette grande ville, 1677.** 20 fr.
MICHEL DE LA ROCHEMAILLET. **Théâtre de la ville de Paris, XVI° siècle.** 8 fr.
ANDRÉ THEVET. **La Grande et excellente Cité de Paris, 1574.** . . . . 5 fr.
ESTIENNE CHOLET. **Remarques singulières de Paris, 1614.** . . . . . . 8 fr.
FRANÇOIS DE BELLEFOREST. **L'Ancienne et grande Cité, 1575.** . . . . . . 20 fr.
MUNSTER, DU PINET et BRAUN. **Plant et Pourtraict de la Ville, Cité et Université de Paris, avec plusieurs plans.** . . . . 8 fr.
JEAN-PAUL MARANA. **Lettres d'un Sicilien à un de ses amis.** . . . . . 8 fr.
DAVITY, RANCHIN et ROCOLES. **La Prévosté de Paris et l'Isle-de-France.** 8 fr.

LES CURIOSITÉS DE PARIS, DE VERSAILLES, DE MARLY, DE VINCENNES, DE SAINT-CLOUD ET DES ENVIRONS, réimpression du Guide de 1716, avec la reproduction en fac-similé de 60 gravures. In-8° (*Ouvrage épuisé*)......................... **25 fr.**

LES VIEILLES CORPORATIONS DE PARIS. La Chapelle Saint-Julien-des-Menestriers et les Ménestrels à Paris, par ANTOINE VIDAL. — Un vol. in-4° de 120 pages, sur hollande, tiré à 550 ex. numérotés, avec 6 pl. à l'eau-forte par HILLEMACHER. — Broché. . . . . **10 fr.**

15 ex. sur whatman, pl. sur jap. et hol. **30 fr.** | 10 ex. sur chine, pl. sur jap. et hol. **25 fr.**

MONOGRAPHIE DU VIII° ARRONDISSEMENT DE PARIS, par H. BONNARDOT.

1 vol. in-4°, avec pl. en taille-douce. **12 fr.** | 15 ex. numérotés, sur chine. . . . **20 fr.**

HISTOIRE DE LA CONCIERGERIE DU PALAIS DE JUSTICE DE PARIS depuis les origines jusqu'à nos jours, par E. POTTET. — Nouvelle édition entièrement refondue et considérablement augmentée. — In-16, illustré.

Broché. . . . . **2 fr. 50** | Cartonné. . . . . **3 fr.**

NOTE HISTORIQUE SUR LA PLACE VENDOME et sur l'hôtel du gouverneur militaire de Paris, par G. DOLOT, capitaine du génie. — In-8°, avec 5 pl. et un plan de la place Vendôme donnant l'aspect de la place à diverses époques. Broché. . . . . **6 fr.**

RECHERCHES HISTORIQUES ET ANECDOTIQUES sur la ville de Sens, sur son antiquité et ses monuments, par THÉODORE TARBÉ. Seconde édition, illustrée de 10 planches hors texte et de plus de 100 dessins dans le texte, par Mlle MARIE GUYOT. Préface de M. CAMILLE DOUCET, secrétaire perpétuel de l'Académie française. Un vol. in-4°, broché. . . . . **15 fr.**

Il a été tiré 200 exemplaires numérotés sur papier teinté, Prix. . . . . **30 fr.**

MONUMENTS HISTORIQUES, par JULES TARDIF. — Cartons des rois. Chartes et diplômes mérovingiens et carlovingiens des Archives nationales. — In-4°, avec album de 14 fac-similés (*Ouvrage épuisé*). . . . . **50 fr.**

LE CHATEAU DE SAINT-CLOUD en 1870, par MARIUS VACHON. — Un vol. in-18, illustré. Broché (*Épuisé*). . . . . **1 fr. 50**

L'ÉGLISE D'AVON ET LE TOMBEAU DE MONALDESCHI, par Antoine Vidal. — Un vol. in-18, avec gravures. Broché. . . . . **1 fr. 50**

L'ANNÉE ARCHÉOLOGIQUE, par Anthyme Saint-Paul. — Chacune des années (1877, 1878 et 1879) forme un vol. in-18. Broché. . . . . . . **3 fr.**
L'année 1880, dans un vol. in-8° de 500 pages, cartonné. . . . . **7 fr. 50**

PUBLICATIONS ARTISTIQUES

ÉPOPÉE DU COSTUME MILITAIRE FRANÇAIS, par H. Bouchot, conservateur au Cabinet des Estampes. — Un beau volume grand in-4° raisin avec 250 compositions de Job et 10 planches hors texte tirées en couleurs.

Prix, broché, sous une couverture en couleurs de Giraldon. . . . . **30 fr.**
— relié chagrin grain long, fers de Giraldon. . . . . **40 fr.**
50 exemplaires numérotés, sur japon, avec un dessin original de Job (Épuisés). **120 fr.**

CROQUIS PARISIENS. Les Plaisirs du dimanche. A travers les rues, par Georges Montorgueil. — Illustrations directes d'après nature par Gervais Courtellemont. 103 photogravures intercalées dans le texte ou hors texte. — Un beau volume in-4°, imprimé sur papier vélin à la forme. Tirage à 250 exemplaires numérotés.

Prix, dans un cartonnage artistique. . . . . **60 fr.**
4 exemplaires sur grand japon impérial. Prix. . . . . **300 fr.**
(*Ouvrage entièrement épuisé.*)

LA VIE DES BOULEVARDS. Madeleine-Bastille, par Georges Montorgueil. — Un vol. petit in-4° sur papier vélin, illustré de 200 dessins en couleurs par Pierre Vidal. Tirage limité à 700 exemplaires numérotés (*Epuisés*).
Prix. . . . . **50 fr.**

LE PALAIS DE JUSTICE DE PARIS, son monde et ses mœurs, par la Presse judiciaire parisienne, préface d'Alexandre Dumas fils, de l'Académie française. — Un beau vol. in-4° de 400 pages, illustré de 150 dessins inédits par P. Renouard, Loevy, etc.

Prix : broché, sous une riche couverture en couleurs. . . . . **20 fr.**
Cartonné, dos chagrin. . . . . **25 fr.**
1/2 reliure d'amateur, avec fers. . . . . **30 fr.**

UN CAS DE RUPTURE, par Alexandre Dumas fils, de l'Académie française. Edition de luxe. — Un vol. petit in-4° de plus de 100 pages, illustrées de compositions dessinées page à page par Eugène Courboin et gravées en tailledouce par Lemercier. Tirage de tons divers.

1050 EXEMPLAIRES NUMÉROTÉS

1000 exemplaires sur vélin à la forme (*presque épuisés*). . . . . **60 fr.**
40 — sur japon, avec suite de 100 planches hors texte (*Epuisés*). . **120 fr.**
10 — sur japon, ornés chacun de 10 compositions originales d'Eugène Courboin (*épuisés*). **500 fr.**
Emboîtage cuir japonais, rubans satin. . . . . **6 fr.**

LES FLEURS A PARIS, par Hugues le Roux. — Un vol. petit in-8°, orné de cinq eaux-fortes de Paul Avril. Tirage à 525 exemplaires, numérotés comme suit :

N°⁸ 1 à 5. Sur papier impérial du Japon, avec 2 suites. Prix (*Epuisés*). . . . . **100 fr.**
N°⁸ 6 à 25. Sur papier impérial du Japon. Prix (*Epuisés*). . . . . **20 fr.**
N°⁸ 26 à 525. Sur beau papier teinté à la cuve. Prix (*Epuisés*). . . . . **10 fr.**

LES FEMMES DE BRANTOME, par Henri Bouchot. — Un vol. in-4° d'environ 300 pages, avec 30 planches hors texte en phototypie et de nombreuses vignettes dans le texte reproduites d'après les originaux. Prix. **20 fr.**
Couverture en imitation maroquin (genre Renaissance).

HISTOIRE DE LA SOCIÉTÉ FRANÇAISE PENDANT LA RÉVOLUTION, par Ed. et Jules de Goncourt. — Magnifique vol. grand in-4º raisin, contenant de nombreuses planches hors texte. — Prix, broché. . . **30 fr.**

Cartonnage, fers spéciaux. . . . . **35 fr.**
Demi-reliure d'amateur, à coins, dos orné xviiiᵉ siècle. Prix. . . . . . . **45 fr.**
Il a été tiré 25 exemplaires sur japon, numérotés de 1 à 25 (*Epuisés*). . . . **100 fr.**

LE ROSIER DE MADAME HUSSON, par Guy de Maupassant. — Une charmante plaquette in-4º de 45 pages, avec aquarelles d'Habert Dys à toutes les pages. Tirage restreint à 1050 exemplaires :

1000 exemplaires sur papier teinté, numérotés. Prix (*Epuisés*) . . . . **25 fr.**
40 exemplaires sur japon, numérotés. Prix (*Epuisés*). . . . . **50 fr.**
10 exemplaires sur japon, avec aquarelles originales sur le faux titre (*Epuisés*). **100 fr.**

CONTES JUIFS. Récits de famille, par Sacher Masoch. — Magnifique vol. in-4º carré de 300 pages, comprenant 100 dessins dans le texte et 27 grandes compositions hors texte, gravées en taille-douce.

Le volume broché, sous couverture artistique, avec héliogravure en couleur. Prix. **30 fr.**
— cartonné, avec héliogravure en couleur. Prix. . . . . **35 fr.**
— demi-reliure d'amateur, à coins, tête dorée. Prix . . . . . . **40 fr.**
100 ex. sur japon, numérotés de 1 à 100, avec une suite avant la lettre des héliogravures sur japon. Prix. . . . . **100 fr.**
25 ex. numérotés de I à XXV, sur papier impérial du Japon, accompagnés d'une composition originale. Prix. . . . . **200 fr.**

SCÈNES HONGROISES, par Katman de Mikszath, traduites par E. Horn, avec préface de François Coppée, de l'Académie française. — Un vol. in-4º colombier orné de nombreuses planches en couleurs et d'une reliure riche et élégante. Tirage à 500 exemplaires. — Prix. . . . . **40 fr.**

CHAMPFLEURY. — CONTES CHOISIS. Édition de grand luxe, illustrée de compositions par Ernest Van Muyden et d'un portrait de Champfleury, tiré en taille-douce. — Un vol. in-8º carré. Tirage restreint à 1050 exemplaires.

1000 exemplaires sur vélin du Marais, numérotés. Prix (*Epuisés*). . . . . . **15 fr.**
45 — sur japon, numérotés. Prix (*Epuisés*). . . . . **30 fr.**
5 — avec aquarelles originales sur le faux titre (*Epuisés*). . . . **100 fr.**

LA DERNIÈRE FEUILLE, poème, par O.-V. Holmes, traduit du texte américain, par B.-H. Gausseron. — Un beau vol. in-4º richement illustré. Reliure artistique en parchemin blanc (*Epuisé*). . . . . **25 fr.**

LA PUDEUR DE SODOME, par Gustave Guiches. — Magnifique plaquette de grand luxe, format grand in-4º, accompagnée d'un frontispice gravé à l'eau-forte par Félicien Rops.

325 exemplaires sur hollande, numérotés de 1 à 325 (*Epuisés*). . . . . . . **10 fr.**
22 — sur papier impérial du Japon, numérotés de 1 à XXII avec deux épreuves du frontispice, l'une du format, l'autre sur japon volant à grandes marges, signée par Félicien Rops (*Epuisés*). Prix. . . . . **30 fr.**

LES FABLES DE LA FONTAINE, illustrées à l'eau-forte par A. Delierre. Magnifique édition, grand in-8º, tirée à petit nombre, publiée en 13 fascicules et contenant 75 grandes gravures à l'eau-forte. — Deux vol. grand in-8º.
Brochés. . . . . **150 fr.**

Avec un cartonnage en parchemin. . . . . **175 fr.**

50 exemplaires numérotés sur whatman, avec 2 suites des eaux-fortes. Brochés. . **300 fr.** | 50 exemplaires numérotés sur chine, avec 2 suites des eaux-fortes. Brochés. . . . . . **300 fr.**

Chaque fascicule, imprimé sur papier à la cuve. . . . . **12 fr.**

Les eaux-fortes de chaque fascicule se vendent à part, format in-4º, dans un carton. . . . **12 fr.**

MÉMOIRES DE BENVENUTO CELLINI, écrits par lui-même. Traduction de LÉOPOLD LECLANCHÉ, notes et index de M. Franco. — In-8°, imprimé sur papier à la cuve, illustré de 9 grandes planches à l'eau-forte, et dans le texte de nombreuses illustrations. — Broché (*Epuisé*) . . . . . . **50 fr.**

Cartonné. . . . . **55 fr.**

80 exemplaires sur whatman, avec 2 suites des planches . . . . **100 fr.** | 20 exemplaires sur japon impérial, avec 3 suites des planches (*Epuisés*) . . . . . . **200 fr.**
Les eaux-fortes se vendent à part, format in-4°, dans un carton. . . . . **50 fr.**

LE FAUST DE GŒTHE, traduction et préface nouvelles, par H. BLAZE DE BURY. — Un vol. in-8°, sur hollande, illustré de 11 eaux-fortes hors texte, tirées sur hollande, et de 50 bois gravés, d'après Vogel et Scott. — Broché (*Epuisé*) . . . . **50 fr.**

Relié en demi-chagrin, avec coins. . . . . **60 fr.**
Reliure de grand luxe en maroquin plein, avec médaillon sur les plats repoussé en or. . . . . **80 fr.**

EXEMPLAIRES NUMÉROTÉS

N°s 1 à 10, avec 3 suites, sur papier du Japon (*Epuisés*), **250 fr.**
N°s 11 à 55 sur papier de Chine, **100 fr.** — N°s 56 à 100 sur papier whatman, **100 fr.**
Les eaux-fortes se vendent à part, format in-4° (23/32 cent.), dans un carton, **50 fr.**

L'ILIADE D'HOMÈRE, illustrations de HENRI MOTTE. — In-4°, illustré de 24 grandes héliogravures en couleur. Traduction de M. PESSONNEAUX. — Prix, broché. . . . . **40 fr.**

Demi-reliure d'amateur. . . . . **50 fr.**
50 exemplaires sur hollande, numérotés. . . . . **80 fr**

VICTOR HUGO. — LE PAPE. Édition contenant 21 grandes compositions gravées à l'eau-forte par J.-P. LAURENS. — In-4°, broché, n°s 151 à 300, sur hollande (*Epuisés*). . . . . **40 fr.**

L'IMITATION DE JÉSUS-CHRIST. Traduction de MICHEL DE MARILLAC, garde des sceaux de France. — In-8°, tiré à petit nombre. 10 compositions hors texte de J.-P. LAURENS, gravées à l'eau-forte par L. FLAMENG. — Broché (*Epuisés*). . . . . **25 fr.**

Reliure de grand luxe en maroquin plein, avec fer spécial (*Epuisés*). . . . . . **45 fr.**

OUVRAGES DE OCTAVE UZANNE

LES MODES DE PARIS. Variations du goût et de l'esthétique de la Femme de 1797 à 1897. Illustrations de FRANÇOIS COURBOIN. — Un vol. petit in-8°, carré spécial de plus de 450 pages.

TIRAGE :

1° 1000 exemplaires sur vélin numérotés à la presse de 1 à 1000. — Prix de l'ex. **40 fr.**
2° 90 exemplaires sur japon impérial, avec double suite des 100 planches hors texte avant le coloris, numérotés de 1 à XC. — Prix de l'exemplaire. . . . **80 fr.**
3° 10 exemplaires sur japon, illustrés d'une aquarelle originale et spéciale à chaque exemplaire, par FRANÇOIS COURBOIN, et enrichis de *10 des dessins originaux hors texte*, et de 22 des croquis originaux du texte, pris dans chacune des dix séries. — Prix. . . . . **500 fr.**

L'ART DANS LA DÉCORATION EXTÉRIEURE DES LIVRES EN FRANCE ET A L'ÉTRANGER. La Reliure d'art, les Cartonnages d'éditeurs, les Couvertures illustrées. Illustration hors texte d'environ 130 pages en phototypie et en typographie de différents tons. 230 illustrations dans le texte. Couverture en lithochromie de LOUIS RHEAD. — Un beau vol. in-8° spécial petit colombier, de plus de 360 pages.

1000 exemplaires sur vélin glacé, tous numérotés à la presse de 1 à 1000. — Prix de l'exemplaire. . . . . **40 fr.**
60 exemplaires sur japon impérial, numérotés de I à LX. — Prix de l'exemplaire. **75 fr.**

LA FEMME ET LA MODE. Métamorphoses de la Parisienne de 1792 à 1892, par Octave Uzanne. Edition illustrée de plus de 160 dessins inédits. Frontispice en couleur de Félicien Rops.

Un vol. d'environ 200 pages, tiré à petit nombre sur vélin glacé (*Epuisé*)...	15 fr.
30 exemplaires sur chine, numérotés (*Epuisés*)................	25 fr.
14 — sur japon, — (*Epuisés*)................	25 fr.
10 — sur japon, avec 12 originaux de Mas (*Epuisés*)......	60 fr.
1 — sur japon, avec 12 originaux de Lynch (*Vendu*).......	200 fr.

CONTES POUR LES BIBLIOPHILES, par Octave Uzanne et Robida. — Un vol. in-8° colombier, avec 300 illustrations. — Tirage à 1000 exempl. numérotés. — Prix, broché............................... **25 fr.**

20 exemplaires sur japon (*Epuisés*)...............	50 fr.
5 — — avec dessins originaux (*Epuisés*)..........	300 fr.

NOS CONTEMPORAINES (*la Femme à Paris*), par Octave Uzanne. — Ouvrage orné de 300 illustrations dans le texte, la plupart en couleurs, par Pierre Vidal, et 20 grandes planches hors texte gravées à l'eau-forte et relevées d'aquarelles. — Un vol. grand in-8° jésus d'environ 320 pages, imprimé à petit nombre sur papier vélin glacé, filigrané. — Prix, broché (*Epuisés*). **45 fr.**

Sous un élégant cartonnage de soie avec broderies (*Epuisés*).......	55 fr.
100 exemplaires sur japon, numérotés avec les XX planches *hors texte en double état* (*Epuisés*)........	100 fr.
10 exemplaires sur japon, enrichis chacun de trente dessins originaux (*Epuisés*).	500 fr.

LES ORNEMENTS DE LA FEMME. — L'éventail, l'ombrelle, le gant, le manchon, par Octave Uzanne. — Edition complète et définitive, tirage à petit nombre sur beau vélin glacé. — Un vol. in-18 jésus de 280 pages. — Prix....................................... **5 fr.**

10 exemplaires numérotés sur japon................... **20 fr.**

PHYSIOLOGIE DES QUAIS DE PARIS, Bouquineurs et Bouquinistes, du Pont-Royal au pont Sully, par Octave Uzanne. — Un vol. in-8° de 320 pages sur beau papier vélin, orné de 100 dessins par Emile Mas, et d'un frontispice à l'eau-forte. — Tirage à petit nombre, numéroté, imprimé à la presse. — Prix, broché....................... **10 fr.**

75 exemplaires sur japon, numérotés de 1 à LXXV............	40 fr.
25 — sur chine, de LXXVI à C (*Epuisés*).......	40 fr.

NOS AMIS LES LIVRES. — Causeries sur la littérature curieuse et la librairie. — In-18 sur hollande; frontispice à l'eau-forte, par Manesse, d'après Lynch (*Epuisés*)................................ **6 fr.**

LES ZIGZAGS D'UN CURIEUX. — Causeries sur l'art des livres et la littérature d'art. — In-18 sur hollande; frontispice à l'eau-forte de Félix Buhot (*Epuisés*)....................................... **6 fr.**

LE PAROISSIEN DU CÉLIBATAIRE. — Un vol. in-8° raisin, dessins par Albert Lynch, gravés à l'eau-forte par Gaujean.

1000 exemplaires sur papier vergé (1 à 1 000) (*Epuisés*).........	20 fr.
50 exemplaires sur papier japon (1 à L) (*Epuisés*)...........	60 fr.
25 exemplaires sur papier whatman (LI à LXXV) (*Epuisés*).....	40 fr.
25 exemplaires sur papier de Chine (LXXVI à C) (*Epuisés*)....	50 fr.

L'ÉVENTAIL. — Un vol. in-8°, sur hollande, avec 80 illustrations de Paul Avril en différents tons, gravées en taille-douce (*Epuisé*)...... **40 fr.**

L'OMBRELLE, LE GANT, LE MANCHON. — Un vol. in-8° sur hollande, avec 80 illustrations de Paul Avril, gravées en taille-douce (*Epuisé*). **40 fr.**

SON ALTESSE LA FEMME. — Un vol. in-8°, sur beau papier des Vosges teinté. — Illustrations par HENRI GERVEX, A. LYNCH et FÉLICIEN ROPS, etc., reproduites en taille-douce et en couleur suivant les procédés de DEBUCOURT. (*Epuisé.*). . . . . **45 fr.**

LA FRANÇAISE DU SIÈCLE, Mœurs, Modes, Usages. — Un vol. in-8° imprimé en caractères Didot, sur beau papier des Vosges teinté. — Illustrations de A. LYNCH, en couleur et gravées par E. GAUJEAN (*Epuisé*). . **45 fr.**

LE MIROIR DU MONDE, notes et sensations de la vie pittoresque. — Un vol. petit in-4°, avec 160 illustrations de PAUL AVRIL, sur hollande, gravées en taille-douce et en chromotypographie (*Epuisé*). . . . . . **50 fr.**

PUBLICATIONS LITTÉRAIRES

BIBLIOTHÈQUE DES CHEFS-D'ŒUVRE DU ROMAN CONTEMPORAIN

ALFRED DE MUSSET. — **LA CONFESSION D'UN ENFANT DU SIÈCLE.** — Dix compositions de JAZET hors texte, gravées à l'eau-forte par E. ABOT Portrait-médaillon d'ALFRED DE MUSSET. — Un vol. in-8° jésus imprimé sur hollande. Tirage limité.

600 exemplaires sur hollande, numérotés de 1 à 600. . . . . **50 fr.**
20   —   sur japon, texte réimposé et suite d'eaux-fortes en premier
état, avant la lettre et avec la lettre (n°s 1 à 20) (*Epuisés*). . . . . **100 fr.**

ADFRED DE VIGNY. — **CINQ-MARS** ou Une Conjuration sous Louis XIII, 2 vol. in-8° cavalier. — Edition illustrée de 13 planches à l'eau-forte, dont un portrait de l'auteur, gravées par GAUJEAN, d'après les dessins de DAWANT.

TIRAGE A 1000 EXEMPLAIRES NUMÉROTÉS

Prix : broché, les deux volumes (*Epuisés*). . . . . **40 fr.**
Relié en demi-chagrin, à coins, tête dorée. . . . . **54 fr.**
Relié en demi-maroquin, à coins, à tête dorée. . . . . **70 fr.**
50 exemplaires numérotés sur papier du Japon, réimposés sur format grand in-4°, avec triple suite des eaux-fortes. — Prix : les deux volumes brochés. . . **160 fr.**

ALEXANDRE DUMAS FILS. — **LA DAME AUX CAMÉLIAS**, avec une nouvelle préface de A. DUMAS fils. — Magnifique volume in-4° carré, imprimé sur beau papier vélin et illustré d'après les compositions de A. LYNCH.

TIRAGE A PETIT NOMBRE

Édition sur papier vélin (*Epuisés*). . . . . **50 fr.**
Demi-reliure d'amateur, à coins (*Epuisés*). . . . . **65 fr.**

OCTAVE FEUILLET. — **LE ROMAN D'UN JEUNE HOMME PAUVRE.** — Un vol. in-4° d'environ 240 pages, imprimé sur papier vélin, illustré de nombreux dessins de MOUCHOT, gravés par F. MÉAULLE, et d'un grand portrait de l'auteur, gravé à l'eau-forte par WALLET.

TIRAGE A PETIT NOMBRE

Prix, broché	**25 fr.**	Avec demi-rel. d'amateur, avec coins. .	**35 fr.**
Avec riche reliure sous étoffe, genre tapisserie.	**32 fr.**	100 exemplaires sur japon, numérotés de 1 à 100	**100 fr.**

A. DE LAMARTINE. — **RAPHAEL.** Pages de la vingtième année. — Un vol. in-4°, imprimé sur vélin, contenant un tirage, sur chine encollé, des 10 compositions de A. Sandoz, gravées par Champollion.

TIRAGE RESTREINT A 1000 EXEMPLAIRES

Prix dans une riche reliure. . . . . 30 fr.

OUVRAGES DU FORMAT DU PETIT IN-4° ANGLAIS

ILLUSTRATIONS PAR LES MEILLEURS ARTISTES, GRAVÉES A L'EAU-FORTE ET TIRÉES HORS TEXTE.

Le prix de chaque volume broché est de 25 francs.

Relié en demi-chagrin, à coins, tête dorée. **32 fr.** — en demi-maroquin, à coins, tête dorée . . . . **40 fr.**	Relié en demi-maroquin grain long, dorure romantique aux petits fers, tête dorée . . . . **45 fr.**

(Collection complètement épuisée.)

Il a été fait de chaque volume un **tirage spécial numéroté sur japon**.
Prix de chaque volume numéroté. . . . . 100 fr.

GUSTAVE FLAUBERT. — **MADAME BOVARY.** — 12 compositions par A. Fourié, gravées par E. Abot et D. Mordant.

OCTAVE FEUILLET. — **MONSIEUR DE CAMORS.** — 11 compositions par S. Reichan, gravées par Mme Louveau-Rouveyre et MM. E. Daumont et A. Duvivier.

H. DE BALZAC. — **LE PÈRE GORIOT.** — Scènes de la vie parisienne. — 10 compositions par Lynch, gravées par E. Abot.

GEORGE SAND. — **MAUPRAT.** — 10 compositions par J. Le Blanc, gravées par H. Toussaint.

J. et ED. DE GONCOURT. — **GERMINIE LACERTEUX.** — 10 compositions par Jeanniot, gravées par L. Muller, avec une deuxième préface inédite, préparée par Ed. et J. de Goncourt, pour une édition posthume.

JULES CLARETIE. — **MONSIEUR LE MINISTRE.** — 10 compositions par Adrien Marie, gravées par Wallet. Préface inédite de J. Claretie.

GUSTAVE FLAUBERT. — **SALAMMBO.** — 10 compositions par Poirson, gravées par Mme Louveau-Rouveyre, MM. L. Muller et G. Mercier (*Épuisés*).

A. DE LAMARTINE. — **RAPHAEL.** Pages de la vingtième année. — 10 compositions par Ad. Sandoz, gravées par Champollion.

H. DE BALZAC. — **LA COUSINE BETTE.** — 10 compositions par G. Cain, gravées par Gaujean et Géry-Bichard. Tirage restreint à 1000 exemplaires.

ALPHONSE DAUDET. — **SAPHO.** Mœurs parisiennes. — 10 compositions par Reichan, gravées par E. Abot et A. Duvivier, tirées hors texte, et 40 vignettes dans le texte, par L. Montégut.

CH. DE BERNARD. — **GERFAUT.** — 10 compositions par Weisz, gravées à l'eau-forte, tirées hors texte, lettrines, en-têtes et culs-de-lampe de Notor tirés dans le texte.

GEORGE SAND. — **LA MARE AU DIABLE.** — 17 compositions dessinées et gravées à l'eau-forte, par Edmond Rudaux.

ŒUVRES COMPLÈTES
DE
VICTOR HUGO

ÉDITION DÉFINITIVE

HETZEL-QUANTIN

D'APRÈS LES

MANUSCRITS ORIGINAUX

COMPLÈTE EN **48** VOLUMES

INDICATION ET TOMAISON PAR GENRE DES 48 VOLUMES

POÉSIE

I. — ODES ET BALLADES.
II. — ORIENTALES, FEUILLES D'AUTOMNE.
III. — CHANTS DU CRÉPUSCULE. VOIX INTÉRIEURES. RAYONS ET OMBRES.
IV. — LES CHATIMENTS.
V. VI. — LES CONTEMPLATIONS.
VII. VIII. IX. X. — LA LÉGENDE DES SIÈCLES.
XI. — CHANSONS DES RUES ET DES BOIS.
XII. — L'ANNÉE TERRIBLE.
XIII. — L'ART D'ÊTRE GRAND-PÈRE.
XIV. — LE PAPE. LA PITIÉ SUPRÊME. RELIGIONS ET RELIGION. L'ANE.
XV. XVI. — LES QUATRE VENTS DE L'ESPRIT.

PHILOSOPHIE

I. — LITTÉRATURE ET PHILOSOPHIE MÊLÉES.
II. — WILLIAM SHAKESPEARE.

HISTOIRE

I. — NAPOLÉON LE PETIT.
II. III. — HISTOIRE D'UN CRIME.

VOYAGE

I. II. — LE RHIN.

DRAME

I. — CROMWELL.
II. — HERNANI. MARION DE LORME. LE ROI S'AMUSE.
III. — LUCRÈCE BORGIA. MARIE TUDOR. ANGELO.
IV. — LA ESMERALDA. RUY BLAS. LES BURGRAVES.
V. — TORQUEMADA. AMY ROBSART. LES JUMEAUX.

ROMAN

I. — HAN D'ISLANDE.
II. — BUG-JARGAL. LE DERNIER JOUR D'UN CONDAMNÉ. CLAUDE GUEUX.
III. IV. — NOTRE-DAME DE PARIS.
V. VI. VII. VIII. IX. — LES MISÉRABLES.
X. XI. — LES TRAVAILLEURS DE LA MER.
XII. XIII. — L'HOMME QUI RIT.
XIV. — QUATREVINGT-TREIZE.

ACTES ET PAROLES

I. — AVANT L'EXIL.
II. — PENDANT L'EXIL.
III. — DEPUIS L'EXIL. 1870-1876.
IV. — DEPUIS L'EXIL 1876-1885. PARIS, MES FILS.

ŒUVRES DIVERSES

I. II. — VICTOR HUGO RACONTÉ PAR UN TÉMOIN DE SA VIE. ŒUVRES DE LA PREMIÈRE JEUNESSE.

Chaque volume in-4°, imprimé avec luxe, format de bibliothèque. Br. **7 fr. 50**
Avec demi-reliure d'amateur, à coins et tête dorée . . . . **10 fr.**

Il a été imprimé 100 ex. numérotés sur **hollande,** *aujourd'hui épuisés. — Tirage imprimé sur l'édition princeps, et comprenant :* **15 ex. sur chine et 25 sur whatman.** *Chaque exemplaire, sur chine ou sur whatman, se vend* **1,920 francs** *les 48 volumes.*

GRANDS PAPIERS DES *QUATRE VENTS DE L'ESPRIT* (ÉDITION PRINCEPS)

10 exempl. japon, numérotés.	. . . .	**100 fr.**	10 exempl. chine, numérotés	. . . .	**60 fr.**
10 — whatman —	. . . .	**80 fr.**	30 — hollande —	. . . .	**40 fr.**

ŒUVRES INÉDITES DE VICTOR HUGO
ÉDITION PRINCEPS
(HETZEL-QUANTIN)

Devant comprendre toutes les Œuvres posthumes du Maître, réunies en volumes, qui prendront place dans notre ÉDITION DÉFINITIVE DES ŒUVRES COMPLÈTES.

Chacun de ces volumes, imprimé avec luxe sur beau papier, format in-8° cavalier, se vend, broché. . . . . **7 fr. 50**
Demi-reliure d'amateur, à coins, tête dorée . . . . **10 fr.** »

TIRAGES DE LUXE NUMÉROTÉS

Nos 1 à 10 sur japon . . . . **50 fr.** | Nos 21 à 30 sur chine. . . . . **30 fr.**
11 à 20 sur whatman . . . . **40 fr.** | 31 à 50 sur hollande . . . . **20 fr.**

VOLUMES PARUS

Théâtre en liberté. — **La Fin de Satan.** — **Choses vues.** — **Toute la lyre** (3 vol.). — **En voyage** (Alpes et Pyrénées). — **En voyage** (France et Belgique). — **Dieu.**
Amy Robsart. Les Jumeaux. *Volume vendu exceptionnellement* **6 fr.**

PETITE ÉDITION IN-18 COMPRENANT EN 70 VOLUMES
LES ŒUVRES COMPLÈTES DE VICTOR HUGO
ÉDITION DÉFINITIVE D'APRÈS LES MANUSCRITS ORIGINAUX

Prix du volume : broché. . . **2 fr.**; reliure demi-chagrin. . . **3 fr. 50**

Les Misérables. 8 vol.
L'Art d'être grand-père. 1 vol.
Odes et Ballades. 1 vol.
Les Orientales. 1 vol.
Notre-Dame de Paris. 2 vol.
Légendes des siècles. 4 vol.
Quatrevingt-treize. 2 vol.
Hernani. 1 vol.
Cromwell. 1 vol.
Les Feuilles d'automne. 1 vol.
Les Chants du crépuscule. 1 vol.
Napoléon le Petit. 1 vol.
Claude Gueux. Le Dernier Jour d'un condamné. 1 vol.
Les Voix intérieures. 1 vol.
Marion De Lorme. 1 vol.
William Shakespeare. 1 vol.
Avant l'exil. 2 vol.
Les Rayons et les Ombres. 1 vol.
Les Travailleurs de la mer. 2 vol.
Les Châtiments. 1 vol.
Le Roi s'amuse. 1 vol.
Han d'Islande. 1 vol.

Bug-Jargal. 1 vol.
Pendant l'exil. 2 vol.
Paris. 1 vol.
Chansons des rues et des bois. 1 vol.
Lucrèce Borgia. 1 vol.
Les Contemplations. 2 vol.
Ruy Blas. 1 vol.
Année terrible. 1 vol.
Histoire d'un crime. 2 vol.
Le Rhin. 3 vol.
Le Pape. — **La Pitié suprême.** 1 vol.
Littérature et philosophies mêlées. 1 vol.
Torquemada. 1 vol.
Homme qui rit. 3 vol.
Religions et Religion. — **L'Ane.** 1 vol.
Marie Tudor. — **La Esmeralda.** 1 vol.
Depuis l'exil. 4 vol.
Angelo tyran de Padoue. 1 vol.
Les Burgraves. 1 vol.
Les Quatre Vents de l'Esprit. 2 vol.
Victor Hugo raconté. 3 vol.

L'ŒUVRE COMPLÈTE DE VICTOR HUGO (Extraits)
ÉDITION DU MONUMENT
AVEC PORTRAIT ET TESTAMENT AUTOGRAPHE

1 vol. in-18 de 252 pages compactes et contenant plus de 10,000 lignes. . **1 fr.**
100 exemplaires numérotés sur japon . . . . **10 fr.**

L'ŒUVRE DE VICTOR HUGO (Extraits)
ÉDITION DES ÉCOLES

1 vol. in-16 de 300 pages compactes, avec portrait et autographe. . . . . **2 fr.**
Avec cartonnage spécial, plat or et argent, tranches dorées, pour étrennes et distributions de prix. . . . . **3 fr.**

VICTOR HUGO (Œuvres posthumes)
ÉDITION IN-18 (HETZEL ET MAY)

Dieu, 1 vol. — **Choses vues**, 1 vol. — **La fin de Satan**, 1 vol.

EN VOYAGE — **France et Belgique**, 1 vol. | EN VOYAGE — **Alpes et Pyrénées**, 1 vol.

Toute la lyre, 3 vol. — **Théâtre en liberté**, 1 vol. — **Amy Robsart**, 1 vol. — **Les Jumeaux**, 1 vol.

Les Années funestes (1852-1870), 1 vol.

Prix de chaque volume : broché, **2 fr.**; demi-chagrin, **3 fr. 50**

ILLUSTRATION A L'EAU-FORTE POUR
LES ŒUVRES COMPLÈTES DE VICTOR HUGO
Publiée par L. HÉBERT, éditeur.

Cette illustration comprend **cent planches** à l'eau-forte par les meilleurs artistes, d'après les compositions de **FRANÇOIS FLAMENG**. Elle se publie en 10 séries de 10 planches chacune. Chaque série est contenue dans un élégant cartonnage.

I. Tirage *avec lettre*, sur hollande........ 150 fr.	IV. 25 ex. *d'état terminé*, sur japon....... 500 fr.
II. 100 ex. de tirage *avant lettre*, sur japon.. 300 fr.	V. 40 ex. de *chine volant*, avant lettre.... 300 fr.
III. 25 ex. de *premier état*, sur hollande.... 400 fr.	40 ex. *grand papier* avec lettre, sur hollande............................... 250 fr.
25 ex. de *premier état*, sur japon...... 500 fr.	
IV. 25 ex. *d'état terminé*, sur hollande..... 400 fr.	40 ex. *grand papier* avec lettre, japon.. 300 fr.

Ces illustrations peuvent avantageusement se placer dans les volumes ordinaires (tirage I), sur hollande (tirage I et II), sur chine et whatman (tirages III, IV et V) de notre *édition définitive*. — Nous vendons les collections entières aux *meilleures conditions pour nos souscripteurs*.

ŒUVRES COMPLÈTES DE GUSTAVE FLAUBERT
ÉDITION DÉFINITIVE *NE VARIETUR*
REVUE SUR LES MANUSCRITS ORIGINAUX

Terminée et complète en 8 volumes grand in-8° cavalier

FABRIQUÉS EXACTEMENT COMME CEUX DE L'ÉDITION DÉFINITIVE DES ŒUVRES DE VICTOR HUGO

Prix du volume in-8° cavalier, sur beau papier, broché........ **7 fr. 50**
100 exemplaires numérotés sur hollande (*Épuisés*)......... **25 fr.** »

INDICATION ET TOMAISON DES 8 VOLUMES

- I. — **Madame Bovary**, suivie des pièces du procès et ornée d'un **portrait de Flaubert**, gravé à l'eau-forte. — 1 volume.
- II. — **Salammbô**. — 1 volume.
- III-IV. — **L'Éducation sentimentale**. — 2 volumes.
- V. — **La Tentation de saint Antoine**. — 1 volume.
- VI. — **Trois Contes** (*Un cœur simple, La Légende de saint Julien l'Hospitalier, Hérodias*), suivis de **Mélanges inédits**. — 1 volume.
- VII. — **Bouvard et Pécuchet**, précédé d'une étude de G. Flaubert, par Guy de Maupassant. — 1 volume.
- VIII. — **Théâtre**. — 1 volume.

ŒUVRES D'AUTEURS DIVERS

BARBEY D'AUREVILLY. — **LES SENSATIONS D'HISTOIRE. — LES JUGES JUGÉS. — LES SENSATIONS D'ART. — LES PHILOSOPHES ET LES ÉCRIVAINS RELIGIEUX. — LES HISTORIENS.** — Cinq beaux vol. in-8° carré de près de 400 pages. Chaque vol. broché (*Épuisés*)... **7 fr. 50**

LE THÉÂTRE CONTEMPORAIN

Trois vol. in-18, d'environ 350 pages. — Chaque vol., br......... **3 fr. 50**

CHARLES DICKENS. — L'INIMITABLE BOZ. — Étude sur la vie et l'œuvre de Charles Dickens, par Robert du Pontavice de Heussey. — Un vol. grand in-8° de 400 pages, orné de portraits. — Prix, broché. . . . . . **7 fr. 50**

5 ex. numérotés sur japon. — Prix. . . . . **25 fr.**

BOURSAULT. — LETTRES A BABET. Précédées d'une notice de Émile Colombey. Un joli vol. in-18 jésus, orné d'un portrait de Babet gravé à l'eau-forte. Tirage à 500 exempl. numérotés. — Prix broché. . . . . **8 fr.**

CHARLES BAUDELAIRE. — ŒUVRES POSTHUMES ET CORRESPONDANCES INÉDITES. Précédées d'une étude biographique, par Eugène Crepet. — Un vol. in-8° de 400 pages. — Prix, broché . . . . . **10 fr.**

30 exemplaires numérotés sur hollande (*Épuisés*). . . . . **20 fr.**

APULÉE. — ROMANCE ET MAGIE, par Paul Monceaux. — Un vol. in-18 de 350 pages. — Prix, broché. . . . . **3 fr. 50**

MILLEVOYE. — ŒUVRES COMPLÈTES. Édition publiée avec des pièces nouvelles et des variantes, par P.-L. Jacob, bibliophile. — Trois vol. in-8°, imprimés sur hollande, avec 7 eaux-fortes de A. Lalauze. Les trois vol. br. **30 fr.**

50 ex. sur chine, 2 suites des grav. **60 fr.**	Les trois vol. demi-rel. d'amateur.	**45 fr.**
50 sur whatman, 2 suites des grav. **60 fr.**	Les eaux-fortes à part (23/32 c.), cart.	**30 fr.**

EDGAR POË. — HISTOIRES EXTRAORDINAIRES et **NOUVELLES HISTOIRES EXTRAORDINAIRES**, traduites par Ch. Baudelaire. — Deux vol. petit in-4° anglais, contenant chacun 13 eaux-fortes ou héliogravures. — Chaque vol., broché. . . . . **25 fr.**

Relié en demi-chagrin, à coins, tête dorée . . . . **32 fr.**
100 ex. numérotés sur japon, prix des 2 vol. ensemble. . . . . **100 fr.**

Les 26 planches se vendent à part, format 16/24 cent., avec une table de classement et dans un cartonnage, **30 fr.** Quelques ex. sur japon, **60 fr.**

JULES VALLÈS. — L'ENFANT (JACQUES VINGTRAS). — Un beau vol. d'amateur, in-8°, sur vergé teinté, et illustré de 12 eaux-fortes par Renouard (*Épuisés*). . . . . **15 fr.**

100 ex. numérotés sur japon, avec 2 suites des planches (*Épuisés*). . . . . . . **25 fr**

PETITE BIBLIOTHÈQUE DE LUXE DES ROMANS CÉLÈBRES

(Collection illlustrée entièrement épuisée.)

Chaque vol. in-8°, avec encadrements rouges, sur papier vergé chamois. **10 fr.**
100 exemplaires numérotés, sur japon, avec 2 suites des eaux-fortes . . **25 fr.**

I. BERNARDIN DE SAINT-PIERRE : Paul et Virginie.
II. BENJAMIN CONSTANT : Adolphe.
III. Mme DE LA FAYETTE : La Princesse de Clèves.
IV. CAZOTTE : Le Diable amoureux.
V. Mme DE KRUDENER : Valérie.
VI. L'abbé PRÉVOST : Manon Lescaut.
VII. FURETIÈRE : Le Roman bourgeois.
VIII. CHATEAUBRIAND : Atala. René. Dernier Abencerage.
IX. DIDEROT : Le Neveu de Rameau.
X. Mme DE TENCIN : Le Comte de Comminge. Le Siège de Calais.

CURIOSITÉS LITTÉRAIRES ET OUVRAGES DE BIBLIOPHILIE

PETITE COLLECTION ANTIQUE

Cette collection comprend, dans une suite de quatorze vol. d'un format coquet, les chefs-d'œuvre de l'antiquité grecque et latine.
Chaque vol., in-32 colombier, sur vélin. . . . . **10 fr.**
50 exemp. numérotés sur japon (*Épuisés*). . . . . **25 fr.**

I. — APULÉE : **L'Amour et Psyché**, traduction de BÉTOLAUD (*Épuisés*).
   En-têtes gravés d'après NATOIRE.
II. — LONGUS : **Daphnis et Chloé**, traduction de P.-L. COURIER (*Épuisés*).
   En-têtes en trois tons, genre étrusque, par SCOTT.
III. — MUSÉE : **Héro et Léandre**, traduction de LAPORTE DU THEIL (*Épuisés*).
   En-têtes en trois tons, genre grisaille, par PFNOR.
IV. — OVIDE : **Les Amours**, traduction du comte DE SÉGUIER (*Épuisés*).
V. — A. TATIUS : **Leucippe et Clitophon**, traduction de A.-J. PONS (*Épuisés*).
VI. — LUCIEN : **Dialogues des courtisanes**, traduction de A.-J. PONS (*Épuisés*).
VII. — VIRGILE : **Les Bucoliques**, traduction de ANDRÉ LEFÈVRE.
   En-têtes à la sépia par A. LELOIR.
VIII. — ANACRÉON et SAPHO : **Poésies**, traduction de M. DE LA ROCHE-AYMON.
   En-têtes à l'aquarelle par PAUL AVRIL.
IX. — APOLLONIUS DE RHODES : **Jason et Médée**, traduction de A.-J. PONS.
X. — HORACE : **Odes et Épodes**, traduction du comte DE SÉGUIER.
XI. — THÉOCRITE : **Les Idylles**, traduction de J.-A. GUILLET.
XII. — PROPERCE : **Les Élégies**, traduction de M. DE LA ROCHE-AYMON.
XIII. — LUCIUS : **L'Ane**, traduction de P.-L. COURIER.
XIV. — CATULLE : **Odes à Lesbie** et **Épithalame de Thétis et Pélée**.
   Notices par A.-J. PONS.

OUVRAGES SUR LE XVIIIᵉ SIÈCLE

CHANSONNIER HISTORIQUE DU XVIIIᵉ SIÈCLE

(COURONNÉ PAR L'ACADÉMIE FRANÇAISE)

Recueil publié par ÉMILE RAUNIÉ, archiviste-paléographe.
(*Collection entièrement épuisée.*)

La Régence, 1715-1723 : 4 volumes. — **Louis XV**, 1723-1774 : 4 volumes.
Le Règne de Louis XVI, 1774-1789 : 2 volumes.
Chaque volume in-18, sur hollande, avec cinq portraits à l'eau-forte . . . **10 fr.**

PETITS CONTEURS DU XVIIIᵉ SIÈCLE

Publiés avec notices bio-bibliographiques, par OCTAVE UZANNE
(*Collection comprenant 12 volumes, entièrement épuisée.*)

Chaque volume in-8º, format anglais, sur papier de Hollande. . . . . . **10 fr.**

PETITS POÈTES DU XVIIIᵉ SIÈCLE

Publiés avec notices bio-bibliographiques sous la direction de OCTAVE UZANNE
(*Collection entièrement épuisée.*)

Chaque volume in-8º écu, sur papier de Hollande. . . . . **10 fr.**

LA COLLECTION TERMINÉE ET COMPLÈTE EN 12 VOLUMES COMPREND :

I. **Poésies de Joseph Vadé.** Préface de M. G. LECOCQ.
II. **Poésies de Piron.** Préface de M. H. BONHOMME.
III. **Poésies du chevalier Bertin.** Préface de M. F. ASSE.
IV. **Poésies de Desforges-Maillard.** Préface de M. H. BONHOMME.

V. **Poésies de Lattaignant.** Préface de M. E. Julien.
VI. **Poésies de Gilbert.** Préface de M. P. Perret.
VII. **Poésies de Bernis.** Préface de M. M. Tourneux.
VIII. **Poésies de Gresset.** Préface de M. Derôme.
IX. **Poésies de Gentil-Bernard.** Préface de M. Drujon.
X. **Poésies de Malfilâtre.** Préface de M. Derôme.
XI. **Poésies du chevalier Bonnard.** Préface de M. Martin Dairvault.
XII. **Poésies de Boufflers.** Préface de M. Octave Uzanne.

DOCUMENTS SUR LES MOEURS DU XVIII° SIÈCLE

Publiés par OCTAVE UZANNE, avec préfaces, notes et index.
(*Collection entièrement épuisée.*)

Prix de chaque volume, format grand in-8°, sur papier de Hollande. . . **20 fr.**

N°s 1 à 50 sur papier de Chine, avec 2 suites des gravures. . . . . **50 fr.** | N°s 51 à 100 sur papier whatman, avec 2 suites des gravures. . . . . **50 fr.**

I. — **La Chronique scandaleuse.** — Eaux-fortes de Lalauze et Mongin.
II. — **Anecdotes sur la comtesse Du Barry.** — Eaux-fortes de Lalauze et Gaujean.
III. — **La Gazette de Cythère.** — Eaux-fortes de Gaujean.
IV. — **Mœurs secrètes du XVIII° siècle.** — Eaux-fortes de Paul Avril et Gaujean.

PETITE BIBLIOTHÈQUE DE POCHE

XAVIER DE MAISTRE. — **VOYAGE AUTOUR DE MA CHAMBRE.** — Préface par Alexandre Piédagnel. — Un vol. in-32 sur hollande, avec facsimilé d'autographe et un portrait inédit. Eaux-fortes de C. Delort.

LE SAGE. — **TURCARET.** — Un vol. in-32 sur hollande, avec cinq charmantes compositions de Valton. Eaux-fortes de Gaujean.

DE BEAUMARCHAIS. — **LE MARIAGE DE FIGARO.** — Un vol. in-32, sur hollande. Dessins de Valton. Eaux-fortes d'Abot.

DE BEAUMARCHAIS. — **LE BARBIER DE SÉVILLE.** — Un vol. in-32 sur hollande. Dessins de Valton. Eaux-fortes d'Abot. Avec un joli portrait de Beaumarchais.

Chacun de ces 4 volumes, broché. . . . . **6 fr.**
— — en reliure amateur. . . . . **10 fr.**
Il a été tiré pour chaque ouvrage 50 exemplaires numérotés sur japon (*Épuisés*).

ŒUVRES DIVERSES

THE BARONNET ET THE BUTTERFLY, par Eden Versus Whisstler. — Un élégant volume in-8° tiré à petit nombre.
Édition ordinaire, cartonnée . . . . **6 fr.**
— de luxe (tirage à 100 exemplaires numérotés) . . . . **25 fr.**

LA LITTÉRATURE FRANÇAISE AU XIX° SIÈCLE, par F. T. Perrens, membre de l'Institut. — Un vol. in-48 de 450 pages. . . . . **3 fr. 50**

LES DEUX EXISTENCES DE KHALIL, conte en prose, par Pontsevrez. — Un vol. in-12, illustré de 7 compositions originales de L.-E. Fournier, gravées à l'eau-forte.
250 ex. sur papier de Hollande. . . . . **15 fr.**
25 exemplaires sur papier du Japon. **30 fr.** | 15 ex. sur papier de Chine. . . **30 fr.**
1 exemplaires sur grand papier du Japon (format in-8°), avec les dessins originaux, la suite des états des gravures et le manuscrit définitif de l'auteur.

QUELQUES SALONS DE PARIS AU XVIIIᵉ SIÈCLE, par Mary Summer. — Un volume in-8°, avec 10 portraits hors texte. — Prix, broché. **5 fr.**

MA PETITE VILLE — UN VEUVAGE D'AMOUR — SUR LES FOSSÉS. Contes par Jean Lorrain. — Un vol. in-8° carré, sur vélin, illustré de 10 compositions à l'aquarelle d'Orazi, gravées à l'eau-forte et en couleurs, par F. Massé. — Tirage limité à 300 exemplaires :
250 exemplaires ordinaires, sur vélin numérotés. — Prix . . . . **50 fr.**
50 exemplaires sur japon, avec triple suite d'eaux-fortes. — Prix (*Epuisés*). . **120 fr.**

LE GÉNÉRALIFE, par Zacharie Astruc. — Ouvrage orné de 70 compositions dans le texte, et de 15 planches hors texte en héliogravure, de différents tons, par U. Checa. Tirage restreint :
575 exemplaires ordinaires. — Prix broché. . . . . **20 fr.**
24 exemplaires numérotés, sur japon, avec double suite des planches. — Prix. **60 fr.**

ÉTUDES SUR LA VIE PRIVÉE DE LA RENAISSANCE, par Edmond Bonnaffé. — Elégant volume in-8° écu, de 200 pages (*Epuisé*). — Prix, broché. . . . . **5 fr.**
20 exemplaires sur hollande numérotés de 1 à 20. — Prix, broché . . . . . **10 fr.**

LYS AMORS D'HELAIN-PISAN ET D'ISEULT DE SAVOISY, mis en escripts par Loys-Julius Gastine et aornés d'imaiges par Edoard Zier. — Un vol. in-8° cavalier, de 320 pages, tiré à 520 exemplaires numérotés.
Nᵒˢ 1 à 10 sur japon, avec 15 dessins originaux. Prix de l'ex., net, sans remise. **300 fr.**
Nᵒˢ 11 à 20 sur japon. Prix de l'exemplaire (*Epuisés*) . . . . **40 fr.**
Nᵒˢ 21 à 520 sur vélin teinté à la cuve. Prix de l'exemplaire . . . . **20 fr.**

ESSAI BIBLIOGRAPHIQUE SUR LA DESTRUCTION VOLONTAIRE DES LIVRES OU BIBLIOLYTIE, par Fernand Drujon. — Un vol. gr. in-8° de 80 pages, tiré à 225 exemplaires numérotés, sur papier vergé de Hollande. — Prix. . . . . **12 fr.**
Il a été tiré de cet ouvrage 6 exemplaires sur japon, au prix de. . . . . . **25 fr.**

LES PHRASES COURTES, par Ch. Chincholle. — Plaquette-bijou in-32 de 70 pages, imprimée sur beau vélin. Encadrements composés par Duez, Gervex, Henry Somm, etc. — Tirage à 500 exemplaires numérotés. — Prix de l'exemplaire. . . . . **10 fr.**
Il a été imprimé sur papier spécial 100 exemplaires pour les collaborateurs.

LES PENSÉES DE TOUT LE MONDE, par Ch. Chincholle. — Plaquette-bijou in-32 de 70 pages, imprimée sur beau vélin. — Prix . . . . . **10 fr.**
Tirage à 500 exemplaires numérotés.

CARNET D'UN FATALISTE, par A. Ducèdre. — Elégant volume in-16 colombier. — Prix. . . . . **1 fr. 50**
AMES ET PAYSAGES, par André Turquet. — Un vol. petit in-8°. — Prix. . . . . **1 fr.**

DE DANTE A L'ARÉTIN. La Société italienne de la Renaissance, par Lefebvre Saint-Ogan. — Un vol. grand in-18 jésus d'environ 350 p. **3 fr. 50**

ÉTUDES D'HISTOIRE DE MŒURS ET D'ART MUSICAL, sur la fin du XVIIIᵉ siècle et la première moitié du XIXᵉ, d'après des documents inédits, par Gustave Vallat, docteur ès lettres. — Un vol. in-18 de 250 pages . . . . **3 fr. 50**

BERGERET ET FRAGONARD. Journal inédit d'un voyage en Italie (1773-1774), précédé d'une étude par A. Tornézy, ancien président de la Société des Antiquaires de l'Ouest. — Un vol. in-8°, de 430 pages, illustré de 4 gravures en phototypie. — Prix, broché. . . . . **7 fr. 50**

MARIE-ANTOINETTE et le procès du Collier, suivi du Procès de la reine Marie-Antoinette, par Chaix d'Est-Ange, publié par son fils. — Un vol, in-8° de près de 400 pages. — Prix . . . . **7 fr. 50**

UN SECRÉTAIRE DE LOUIS XIV. TOUSSAINT ROSE (marquis DE COYE), par le baron Marc de Villiers du Terrage. — Un vol. in-12 de 150 pages sur hollande, orné d'un portrait en héliogravure. — Tirage à 550 exemplaires numérotés. — Prix. . . . . **5 fr.**

LE COMTE D'ORSAY. — Physiologie d'un roi de la mode, par le comte G. de Contades. — Un vol. in-12 d'environ 200 pages, avec un portrait tiré en taille-douce.

250 exemplaires sur papier de Hollande. Prix . . . . **8 fr.**
40   —   —   whatman. Prix . . . . **12 fr.**
10   —   —   japon . . . . **20 fr.**

ADOLPHE DUPUIS (1824-1891). Étude biographique. — Un vol. in-8°, orné d'un portrait tiré en héliogravure. — Prix . . . . **5 fr.**

SOUVENIRS DU 12e CHASSEURS (1799-1815), par le capitaine Aubry. — Un vol. in-8°, sur papier de Hollande. — Prix (*Epuisés*). . . . . . **7 fr. 50**

LA CONSOLATION PHILOSOPHIQUE DE BOECE, traduction nouvelle par Oct. Cottreau, précédée d'une préface de Théod. Cerfberr, avec 6 miniatures hors texte. — Un vol. in-4°. . . . . **12 fr.**

OUVRAGE HONORÉ DU PRIX **JULES JANIN** PAR L'ACADÉMIE FRANÇAISE

PETITES IGNORANCES HISTORIQUES ET LITTÉRAIRES, par Ch. Rozan. — Un vol. grand in-8°. — Prix, broché (*Ouvrage couronné par l'Académie française*). . . . . **7 fr. 50**

BIBLIOGRAPHIE DES PRINCIPALES ÉDITIONS ORIGINALES d'écrivains français du xve au xviiie siècle, par Jules Le Petit. — Ouvrage contenant environ 300 fac-similés de titres de livres décrits. Grand in-8°, sur vergé fort. — Prix. **40 fr.**

LES PRÉCURSEURS DES FÉLIBRES (1800-1855), par Frédéric Donnadieu. — Beau vol. in-8°, illustré de 22 portraits et vues hors texte, à l'eau-forte, par Paul Maurou, avec en-têtes et culs-de-lampe. Tirage limité à 500 exemplaires numérotés. — Broché. . . . . **40 fr.**

HISTOIRE DU RÉALISME ET DU NATURALISME dans la poésie et dans les arts, depuis l'antiquité jusqu'à nos jours, par Paul Lenoir, inspecteur au Ministère de l'Instruction publique et des Beaux-Arts. — Un vol. in-8° raisin d'environ 800 pages. — Prix, broché. . . . . . . **10 fr.**

L'ART DE VIVRE, par Fontenelles. — Un élégant petit vol. in-12, imprimé à petit nombre sur papier teinté. — Prix, broché (*Epuisés*). . . . . **5 fr.**

PORTRAITS ET FANTAISIES, par le comte G. de Contades. Avec un portrait inédit de Marie Duplessis (la Dame aux Camélias), gravé à l'eau-forte. — Un élégant in-16 sur hollande (*Epuisés*). . . . . **10 fr.**

LE PROCÈS-VERBAL DE LA VIE, par Maurel-Dupeyné, chef des Secrétaires-Rédacteurs de la Chambre des Députés. — Un beau vol. in-8° carré. — Prix, broché. . . . . **5 fr.**

THÉROIGNE DE MÉRICOURT. Étude historique et biographique, par MARCELLIN PELLET. — Un vol. in-16, sur papier de Hollande, avec deux portraits de Théroigne reproduits par l'héliogravure et un fac-similé d'autographe. — Prix, broché. . . . . **10 fr.**

CONDORCET, sa Vie et son Œuvre (1743-1794), par le docteur ROBINET, ouvrage orné d'un magnifique portrait de Condorcet. — Un vol. in-8° de 416 pages. — Prix. . . . . **10 fr.**

L'ACADÉMIE FRANÇAISE. Album de 40 eaux-fortes avec autographes par ROBERT KASTOR.

Prix de l'album, dans un cartonnage. . . . . **20 fr.**
Chaque eau-forte, vendue séparément. . . . . **1 fr.**

SUPPLÉMENT : José-Maria de Heredia. — Albert Sorel. — Paul Bourget. Eaux-fortes, avec autographes, par ROBERT KASTOR. — Prix . . . . **2 fr. 50**
DEUXIÈME SUPPLÉMENT : MM. H. Houssaye. — J. Lemaître. — A. France. — Costa de Beauregard. — G. Paris. — A. Theuriet. — A. Vandal. — A. de Mun. — A. Hanotaux. — Prix. . . . . **7 fr.**

CONTES ORIENTAUX : Daniel, la Peau de léopard, l'Hospitalité, par ACHAS BONIN. — Un élégant petit vol. in-8° écu, sur papier teinté. — Prix, broché. . . . . **3 fr. 50**

THÉVENEAU DE MORANDE, étude sur le XVIIIᵉ siècle, par PAUL ROBIQUET. — Un vol. grand in-18 de VIII-320 pages, imprimé sur papier teinté, avec un portrait gravé à l'eau-forte par Lenain et V planches tirées en taille-douce et en couleur, hors texte. . . . . **10 fr.**
50 exemplaires numérotés sur chine. . . . . **25 fr.**

L'AFFAIRE BORRAS (Une erreur judiciaire). Second mémoire par M. MARCOU, sénateur de l'Aude. — Un vol. in-18 de plus de 130 pages. — Prix (*Epuisés*). . . . . **1 fr. 50**

LES ABONNÉS DE L'OPÉRA (1783-1786), par ERNEST BOYSSE. — Un beau vol. in-8° de 360 pages, sur hollande, illustré d'un frontispice et de 4 portraits à l'eau-forte hors texte. Broché. . . . . **20 fr.**

50 exemplaires numérotés sur whatman, | 50 exemplaires numérotés sur chine, avec
avec 2 suites des gravures. . . **40 fr.** | 2 suites des gravures. . . . . **40 fr.**

LA MORT DE LOUIS XIV, Journal des Anthoine, introduction d'E. DRUMONT. — Un vol. in-18 de 200 pages, imprimé sur hollande à 500 exemplaires numérotés. Nᵒˢ 51 à 550. . . . . **6 fr.**
50 exemplaires nᵒˢ 1 à 50, avec épreuves du frontispice. . . . . **12 fr.**

L'ÉNIGME D'ALCESTE. Nouvel aperçu historique, critique et moral sur le XVIIᵉ siècle, par GÉRARD DU BOULAN, avec un portrait inédit de Molière. — Un vol. in-18 de 200 pages. sur hollande, numérotés. . . . . **6 fr.**
50 exemplaires numérotés sur chine, whatman et japon. . . . . **15 et 25 fr.**

LETTRES DE BOURSAULT A MONSEIGNEUR DE LANGRES, publiées et annotées par ÉMILE COLOMBEY. — Un joli vol. de 260 pages in-18 jésus, sur papier à la cuve. Tirage limité à 500 exemplaires. — Prix, broché. . **8 fr.**

LES FIDÈLES RONINS, par TAMENAGA SHOUNSOUI, traduit par B.-H. GAUSSERON, illustré par Kei-Sai-Yei-Sen, de Yédo. — Un vol. in-4° anglais illustré de 50 planches (*Epuisés*). . . . . **12 fr.**
50 exemplaires numérotés sur japon (*Epuisés*). . . . . **25 fr.**

ALCOVE ET BOUDOIR, par Paul Avenel. — Un élégant vol. in-8°, tiré à 250 ex., numérotés, sur japon, avec un gracieux frontispice en taille-douce et une couverture en couleurs. — Broché. . . . . **15 fr.**

LES FILLES SAINTE-MARIE, ronde. Dessins de Frédéric Régamey, paroles d'Emile Blémont, musique d'Alma Rouch. — Album in-4° sur japon à 300 ex., numérotés et paraphés. — Cartonné. . . . . **12 fr.**

LES ÉDITIONS ILLUSTRÉES DE RACINE, par A.-J. Pons, avec 2 portraits à l'eau-forte par Masson et Greux. — In-8° holl., broché. . . **10 fr.**
30 exemplaires sur chine et whatman. . . . . **25 et 30 fr.**

BIBLIOGRAPHIE DES ŒUVRES DE BEAUMARCHAIS, par Henri Cordier, avec un beau portrait gravé d'après Cochin. — Un vol. in-8°, imprimé sur papier de Hollande. . . . . **10 fr.**

LE REGISTRE DE LA GRANGE (1658-1685), publié par les soins de la Comédie-Française. — Un vol. grand in-4° (*Epuisés*). . . . . **50 fr.**

BIBLIOGRAPHIE CÉRAMIQUE, par Champfleury, conservateur du Musée de Sèvres. — Un vol. in-8° de 360 pages. . . . . **20 fr.**
12 exemplaires numérotés sur hollande. . . . . **40 fr.**

JOSEPH CHARBONNIER. Souvenirs de l'invasion. — L'Alsace en 1872. — La Marseillaise. — Un vol. in-8°, avec portrait à l'eau-forte. . . . . **3 fr.**

MAXIMES NOUVELLES, par André Berthet. — Un vol. in-18. . . . **3 fr.**

NOS FAUX MORALISTES ou les fameuses Maximes de La Rochefoucauld, par André Berthet. Ouvrage précédé d'une notice par Abel Jacquin. — Deux vol. in-18 (*Epuisés*). . . . . **5 fr.**

CATÉCHISME LAÏQUE, par André Berthet. — Un vol. in-18. . . **2 fr. 50**

LA LOTERIE, par Henri Avenel. Historique. Critique de l'organisation actuelle. Projet de réorganisation. — Un vol. illustré de nombreuses gravures reproduisant les types de billets des principales loteries de ces derniers temps. . . . . **2 fr.**

ESCRIME

L'ESCRIME AU SABRE, par le colonel Dérué. — Un vol. in-16 de 64 pages, orné de 10 gravures hors texte. — Prix. . . . . **2 fr.**

LA SCIENCE DU POINT D'HONNEUR, par A. Croabbon, avocat. Commentaire raisonné sur l'Offense, le Duel, ses usages et sa législation en Europe, la responsabilité civile, pénale, religieuse des adversaires et des témoins, avec pièces justificatives, modèles de procès-verbaux avant et après la rencontre, index bibliographique des ouvrages sur le duel publiés en France depuis le commencement du siècle. — Un vol. grand in-8° de 600 pages. — Prix, broché. . . . . **15 fr.**

ARCHIVES DES MAITRES D'ARMES DE PARIS, publiées par Henri Daressy, membre honoraire de l'Académie d'armes. — Beau vol. in-8° de 300 pages, contenant plusieurs reproductions de gravures anciennes et de nombreux fac-similés de signatures de maîtres d'armes. — Tirage à 620 ex. numérotés.
10 exemplaires sur papier du Japon (n°s 1 à 10). Prix. . . . . **45 fr.**
10 — — de Chine (n°s 11 à 20). Prix. . . . . **35 fr.**
600 — sur vélin blanc (n°s 21 à 620). Prix. . . . . **12 fr.**

MA MÉTHODE, par J.-B. CHARLES, professeur d'escrime. — Un vol. in-12 d'environ 200 pages, avec préface de M. PIERRE DE CAUBERTIN et avant-propos. Tirage restreint. — Prix. **3 fr. 50**

L'ESCRIME DANS L'ARMÉE, par le colonel DÉRUÉ. — Un vol. in-16, avec couverture en chromotypographie. — Prix, broché. . . . . . . **3 fr. 50**

L'ALMANACH DE L'ESCRIME, par VIGEANT, maître d'armes à Paris. — Un vol. in-8° de 240 pages, contenant 70 dessins de FRÉDÉRIC RÉGAMEY, 1 planche gravée en couleur, 13 eaux-fortes hors texte de C. COURTRY, un portrait par CHARTRAN, gravé sur bois par BAUDE. Tirage restreint à 525 exemplaires numérotés.

5 exemplaires sur papier de Chine (épreuves avec remarques), n°s 1 à 5. Prix. **100 fr.**
20 — — du Japon (épreuves avec remarques), n°s 6 à 25. Prix. **80 fr.**
500 — — vélin à la cuve, n°s 26 à 525). Prix. . . . . . . **30 fr.**

MA COLLECTION D'ESCRIME, par VIGEANT, maître d'armes à Paris. — Avec préface d'EMILE GAUTIER, poésie de LOUIS TIERCELIN, dessins de FR. RÉGAMEY. — Manuscrits, albums, livres, tableaux, aquarelles, portraits, estampes, armes anciennes de salles d'armes, bronzes, objets divers. — Un vol. in-8° écu, tiré à 200 exemplaires numérotés.

5 exemplaires sur papier de Chine (n°s 1 à 5). Prix. . . . . **50 fr.**
10 — sur japon impérial (n°s 6 à 15). Prix. . . . . **30 fr.**
185 — sur vergé à la forme (n°s 16 à 200). Prix. . . . . **10 fr.**

Cet ouvrage, comme les précédents du même auteur, ne sera *jamais réimprimé*.

POÉSIES. — THÉATRE. — MUSIQUE

NOS PARLEMENTAIRES (portraits en quatrains), par LODOÏS LATASTE. — Une plaquette in-8° couronne, format oblong, tirée à 200 exemplaires. **3 fr.**

LA CHANSON DES CHOSES, par JÉRÔME DOUCET. — Un vol. grand in-4° de plus de 200 pages, illustré par les principaux artistes de ce temps.

IL A ÉTÉ TIRÉ DE CET OUVRAGE :

55 exemplaires sur grand papier numérotés de 1 à 55 (*Epuisés*).
1000 — numérotés de 56 à 1055. Prix brochés. . . . . **15 fr.**

STATUETTES. Pièces de poésies, par EUG. MARTHA. — Un vol. in-8°. — Prix, broché. . . . . **2 fr.**

MAURICE LANGE : Poésies (Libellules, Pastels, Prométhée, les Vœux). — Un vol. in-18. — Prix. . . . . **3 fr.**

POÉSIES D'ÉMILE LALOT, avec une étude sur sa vie par L. JUBIEN. — Un vol. in-18, orné d'un portrait de Lalot et d'une gravure. — Prix, broché. **2 fr.**

LES ODES D'HORACE. Traduction en vers, par ED. BOURETTE. — Un vol. in-32 colombier. — Prix, broché. . . . . **3 fr. 50**

LES CŒURS. 60 eaux-fortes accompagnées de 60 poésies de PONT-SEVREZ. — Un magnifique vol. in-8° carré tiré à 170 exemplaires numérotés.

Exemplaire sur papier de Hollande à la forme. . . . . **37 fr. 50**
Exemplaire sur papier des manufactures impériales du Japon. . . . . . **75 fr.** »

ŒUVRES COMPLÈTES DU COMTE DU PONTAVICE DE HEUSSEY. — 2 vol. in 8° cavalier, avec 2 portraits à l'eau-forte. — Prix, brochés. **16 fr.**

25 exemplaires sur hollande. Les 2 volumes. . . . . **35 fr.**
50 — sur japon. — . . . . **50 fr.**

LES POËTES FRANÇAIS. Recueil des chefs-d'œuvre lyriques de la Poésie française depuis les origines jusqu'à nos jours, avec une Notice littéraire sur chaque poète et une Introduction par SAINTE-BEUVE. Publié sous la direction d'EUGÈNE CRÉPET. — 4 vol. in-8° cavalier.

1er volume. Moyen âge.	3e volume. Époque classique.
2e — Renaissance.	4e — Les contemporains.

Chaque volume se vend séparément *Epuisés*). . . . . **7 fr. 50**

POUR LES GRANDS ET LES PETITS, par CH. RICHET. Fables, précédées d'une préface de M. SULLY PRUDHOMME, de l'Académie française. — Un vol. in-8° sous un cartonnage élégant. Tirage à 300 ex. numérotés. — Prix. **5 fr.**

RUFLATORE (Poésies diverses), par ARTHUR CHASSÉRIAU. — Un vol. in-18 de 130 pages. — Prix. . . . . **3 fr. 50**

L'AMIRAL COURBET EN ORIENT, par ARTHUR COMANDRÉ. — Poème en sonnets suivi d'une notice sur la carrière de l'illustre marin. — Brochure in-8° de 80 pages. . . . . **2 fr.**

COUPS D'ÉPINGLES (Recueil de fables), par le marquis et le comte de CLOHARS-CARNOET. — Brochure in-16. — Prix. . . . . **1 fr.**

PAROLES DU CŒUR (Poésies intimes), par LODOÏS LATASTE. — Un vol. in-8°, imprimé sur beau vélin. — Prix. . . . . **2 fr.**

DE L'AUBE AUX TÉNÈBRES (Poésies diverses) (1860-1891), par RAOUL LAFAGETTE, avec portrait de l'auteur gravé par COURBOIN. — Un vol. grand in-18 imprimé sur beau papier. — Prix. . . . . **3 fr. 50**

LA VOIX DU PHILOSOPHE. — Poème en neuf parties, par ALFRED LECONTE. — Un vol. in-8°, broché. — Prix. . . . . **1 fr. 50**

LA VOIX DU SOIR, par RAOUL LAFAGETTE. Poèmes en six parties. — Un vol. petit in-8° de plus de 200 pages. — Prix . . . . **3 fr. 50**
Édition de luxe in-8° à 100 ex. avec encadrements de couleur à chaque page. — Prix. . . . . **20 fr.**

MIMIQUE. — PHYSIONOMIE ET GESTES. — Méthode pratique d'après le système de F. DEL SARTE, pour servir à l'expression des sentiments, par A. GIRAUDET, de l'Opéra, professeur au Conservatoire national de musique et de déclamation. — Un vol. in-4°, comprenant 34 planches hors texte, composées de 250 figures gravées en taille-douce d'après les dessins originaux de GASTON LE DOUX, et le portrait de l'auteur par E. DUEZ. Tirage à 500 exemplaires numérotés. — Prix. . . . . **60 fr.**

PETITES COMÉDIES RARES ET CURIEUSES du XVIIe siècle, avec notes et notices, par VICTOR FOURNEL. — Deux vol. in-18, de chacun 350 pages environ, imprimés sur papier vergé. — Prix des deux vol. **10 fr.**

VINCENT RICHARD. Drame historique en 5 actes et 6 tableaux, par G. HUBBARD. — Un vol. in-18 raisin, tiré à petit nombre. — Prix. . **2 fr.**

L'ÉCRAN DU ROY, comédie en un acte et en vers, par ERNEST BOYSSE, représentée à l'Odéon le 5 septembre 1882. Élégante plaquette, sur papier de Hollande, dans le style du XVIIe siècle. — Prix. . . . . **2 fr.**

LA MÉGÈRE APPRIVOISÉE. Comédie en 5 actes, en vers, d'après SHAKESPEARE, par M. R. JEUDY, agrégé de l'Université. — Un élégant petit vol. in-24 de 176 pages, orné d'en-têtes et de culs-de-lampe, avec un portrait de SHAKESPEARE. — Prix broché . . . . 3 fr.
11 exemplaires numérotés à la presse, sur japon. . . . . 10 fr.

LE THÉATRE A COTÉ, par ADOLPHE ADERER, préface de FRANCISQUE SARCEY. — Un vol. in-18, d'environ 300 pages, orné de nombreuses illustrations. Couverture avec dessin inédit de CHARTRAN. — Prix, broché . . . 3 fr. 50

COMÉDIES ET POÉSIES par EUGÈNE ALBERGE. — Un élégant vol. in-8° orné d'en-têtes et de culs-de-lampe dans le goût du XVIII° siècle. — Prix. 5 fr.
Tirage limité à 500 ex. Quelques ex. sur papier de Hollande (*Epuisés*). . . . . 10 fr.

UN PASSE-TEMPS A TRIANON, par EUGÈNE ALBERGE. — Opéra-comique en un acte, musique de PROSPER MORTOU. — Elégante plaquette in-8° écu, illustrée. — Prix. . . . . 2 fr.

PARSIFAL. Poème de RICHARD WAGNER, traduction nouvelle par JUDITH GAUTHIER, s'adaptant à la musique. — Un vol. in-18. — Prix. . . . . . 2 fr.

CHARLES VII. Poème épique en deux chants, par LOUIS SAVERNE. — Un vol. petit in-8°. Tirage restreint. — Prix. . . . . 4 fr.

VERCINGÉTORIX. Drame lyrique en 2 actes, par LOUIS SAVERNE. — Un vol. petit in-8°, imprimé sur beau papier vergé. Tirage restreint. — Prix. 4 fr.

DICTIONNAIRE DE LA DANSE. Historique, théorique, pratique et bibliographique, depuis l'origine de la danse jusqu'à nos jours, par G. DESRAT. Préface de CH. NUITTER, archiviste de l'Opéra. — Un vol. in-12 d'environ 500 pages, élégamment cartonné. . . . . 5 fr. 50

LA MUSIQUE et ses représentants. — Entretien sur la musique, traduit du manuscrit russe par MICHEL DELINES. — Un vol. in-8° imprimé sur beau papier. — Prix . . . . 5 fr.

UNITÉ DE LA VOIX, méthode synthétique du chant et de la parole, par le professeur F. HABAY. Préface et conseils d'hygiène thérapeutique, par PAUL DE RÉGLA (Dr P.-A. DESJARDIN). — Un vol. in-18 broché, d'environ 300 pages . . . . 3 fr. 50

AU CLAIR DE LUNE. — Conte en musique. Volume-album in-4°, texte et dessins de LOUIS MONTÉGUT. Préface d'ALPHONSE DAUDET. Musique de REYNALDO HAHN. 11 illustrations en deux tons. — Prix cartonné. . . 12 fr.

CHANSONS DES OISEAUX, musique de GEORGES FRAGEROLLE. — Préface d'ARMAND SILVESTRE. Poésie de B. DE BONNARD, D. DE BERCY, F. BRET, G. FRAGEROLLE, MILLEVOYE, PIEDAGNEL. 12 compositions en couleurs de G. FRAIPONT. — Un élégant album oblong dans un riche cartonnage en couleur. . 7 fr.

MAC-NAB. — CHANSONS DU CHAT NOIR. — Musique nouvelle ou harmonisée par CAMILLE BARON. Illustrations de H. GERBAULT. Couverture et titre de FERDINAND BAC. — Un élégant vol. — Prix broché. . . . . 6 fr.

MAC-NAB. — NOUVELLES CHANSONS DU CHAT NOIR. — Musique nouvelle de ROLAND KOHR. Illustrations de H. GERBAULT. — Un élégant vol. — Prix, broché . . . . 6 fr.

JULES JOUY. — LA CHANSON DES JOUJOUX. — Musique de CL. BLANC et L. DAUPHIN. Illustrations de A. MARIE. — Un élégant album avec couverture toile, fers spéciaux. — Prix (*Epuisés*) . . . . 10 fr.

LES PETITS DANSEURS. — Danses célèbres arrangées et doigtées très facilement pour les petites mains, par Streabbog, A. Trojelli, Faugier, Valiquet, etc. — Un élégant album cartonné, contenant 25 numéros à deux mains, avec couverture en couleurs par Firmin Bouisset. — Prix . . **10 fr.**

HIPPOLYTE RIOU. — **RONDES ET CHANSONS DU PREMIER AGE.** — Musique de Frantz Liouville. — Un élégant album oblong, illustré page à page de compositions de Firmin Bouisset, reproduites en aquarelle par les procédés typographiques. — Prix, cartonné (*Epuisés*). . . . . **7 fr.**

PETIT SOLFÈGE ILLUSTRÉ. — Texte de Claude Terrasse. Illustrations en divers tons, à chaque page, de Pierre Bonnard. — Cartonné . . . . . **3 fr.**

ALBUMS D'ESTAMPES POUR ILLUSTRATIONS DIVERSES

LA COUSINE BETTE, de H. de Balzac. — Suite de 10 planches de G. Cain. — Prix . . . . **25 fr.**

MANON LESCAUT. — Suite de 11 eaux-fortes par Léopold Flameng.
Gravure in-4° réunies dans un cartonnage-album.
Tirage sur papier de Hollande. . . . **10 fr.** | Tirage sur papier du Japon (*Epuisés*). . **20 fr.**

HISTOIRE, GÉOGRAPHIE ET VOYAGES

LE MONDE PITTORESQUE ET MONUMENTAL

PARIS-PITTORESQUE

(1800-1900)

LA VIE. — LES MŒURS. — LES PLAISIRS

Par LOUIS BARRON

Un magnifique volume grand in-4° de 425 pages illustrées de 500 vignettes dans le texte et de 20 planches hors texte tirées en un ton.

PARIS IGNORÉ, par Paul Strauss, conseiller municipal de la ville de Paris. — Un magnifique vol. grand in-4°, comprenant 500 pages de texte et 560 dessins entièrement inédits.

PARIS, par Auguste Vitu, couronné par l'Académie française. — Un magnifique vol. grand in-4°, imprimé avec luxe, comprenant 500 pages de texte et 450 dessins inédits, exécutés d'après nature par les meilleurs artistes, avec un plan de Paris et une carte de ses enceintes successives.

AUTOUR DE PARIS, par Louis Barron, couronné par l'Académie française. — Un magnifique vol. grand in-4°, comprenant 500 pages de texte, illustré de 500 dessins d'après nature par Gustave Fraipont. — Chacun de ces ouvrages, prix, dans un cartonnage artistique imprimé en aquarelle . . . . . **25 fr.**

Avec reliure d'amateur. . . . . **40 fr.**

LE DAUPHINÉ, par Gaston Donnet. — Un beau vol. format grand in-4°, avec 400 illustrations par les meilleurs artistes, imprimé sur papier de luxe. — Prix, broché . . . . **20 fr.**

Cartonné toile . . . . **25 fr.**

L'AUVERGNE, par Jean Ajalbert, couronné par l'Académie française. — Un beau vol. format grand in-4°, contenant plus de 400 pages avec 400 illustrations par Alfred Montarder. Impression sur papier de luxe. — Magnifiques dessins d'après nature. — Prix, broché . . **23 fr.** — Cartonné . . **28 fr.**

RUSSIE, par Michel Delines. — Un vol. gr. in-4° raisin de 350 pages, contenant 200 dessins exécutés par les meilleurs artistes, 40 planches hors texte. — Prix du volume broché. . . . . **12 fr.**

Dans un cartonnage artistique avec fers spéciaux, tête dorée . . . . **15 fr.**
Avec demi-reliure d'amateur, à coins . . . . **25 fr.**

ÉTHIOPIE MÉRIDIONALE (voyage aux pays Amhara, Oromo et Sidama), 1885-1888, par Jules Borelli. — Un beau vol. petit in-4° de 320 pages, contenant 200 magnifiques illustrations, toutes d'après nature, 20 cartes et un portrait de l'auteur. Prix, broché . . . . **30 fr.**

Cartonné. . . . . **37 fr.**
Demi-reliure d'amateur, à coins, tête dorée. . . . . **40 fr.**

L'ITALIE DU NORD, par G. de Léris. — Un vol. grand in-4° de 500 pages, illustré de nombreux dessins d'après nature, imprimé avec luxe sur beau papier. — Broché . . . . **25 fr.**

Relié avec fer spécial, tranches dorées. . . . . **32 fr.**
Demi-reliure d'amateur, dos et coins maroquin, tête dorée . . . . **35 fr.**

L'EXTRÊME-ORIENT (Indo-Chine, Chine et Japon), par Paul Bonnetain. — Un beau vol. grand in-4°, imprimé avec luxe, comprenant plus de 600 pages et environ 450 dessins d'après nature, et trois cartes. Broché. . . . **30 fr.**

Relié sous étoffe, avec gravure en camaïeu . . . . **37 fr.**
Demi-reliure d'amateur, dos et coins chagrin, tête dorée. . . . . **40 fr.**

L'ANGLETERRE (l'Écosse et l'Irlande), par P. Villars. — Vol. grand in-4°, comprenant 500 pages et 600 gravures et 4 cartes, imprimé avec luxe. — Broché, couverture en chromotypographie . . . . **30 fr.**

Relié avec fers spéciaux, tranches dorées . . . . **37 fr.**
Demi reliure d'amateur, dos et coins chagrin, tête dorée . . . . **40 fr.**
50 exemplaires sur papier du Japon, numérotés de 1 à 50, brochés. . . . . **60 fr.**

LES ENVIRONS DE PARIS, par Louis Barron. — Vol. grand in-4°, imprimé avec luxe, comprenant environ 600 pages et 500 dessins d'après nature par G. Fraipont. Broché, avec couverture en chromotypographie (*Epuisés*). **30 fr.**

Relié avec fers spéciaux, tranches dorées . . . . **37 fr.**
Demi-reliure d'amateur, dos et coins chagrin, tête dorée. . . . . **40 fr.**

LA COTE D'AZUR (d'Hyères à Gênes), par Stéphen Liégeard. Ouvrage couronné par l'Académie française. — Un beau vol. grand in-4°, richement illustré. Broché (*Epuisés*). . . . . **25 fr.**

Dans une élégante reliure artistique (*Epuisés*) . . . . **35 fr.**
Demi-reliure d'amateur, à coins, tête dorée (*Epuisés*). . . . . **40 fr.**

LA COTE D'AZUR (d'Hyères à Gênes). par Stéphen Liégeard. Nouvelle édition entièrement refondue et augmentée d'un avant-propos. — Un beau vol. in-8° de plus de 600 pages, illustré de 200 gravures. Prix, broché. **10 fr.**

Cartonné. . . . . **15 fr.**

OUVRAGES DIVERS

POMPÉI, la ville, les mœurs, les Arts, texte, dessins et aquarelles de PIERRE GUSMAN. — Un beau vol. format grand in-4° de 480 pages, imprimé avec luxe, illustré de 650 dessins dans le texte et de 12 aquarelles hors texte. — Prix, broché dans une élégante couverture . . . . **30 fr.**
Cartonné, fers spéciaux. . . . . **40 fr.**

TUNIS ET SES ENVIRONS. — Un vol. de luxe in-4° raisin de 250 pages, texte et dessins d'après nature par CH. LALLEMAND, 150 aquarelles tirées en couleur. — Prix, broché . . . . **35 fr.**
Cartonné avec fers spéciaux . . . **42 fr.** | Demi-reliure d'amateur. . . . . . **45 fr.**

LA TUNISIE, pays du protectorat français. — Un vol. de luxe in-4° raisin de 250 pages. Texte et dessins d'après CH. LALLEMAND. 150 aquarelles tirées en couleurs. — Prix, broché . . . . **35 fr.**
Cartonné, avec fers spéciaux . . . **42 fr.** | Demi-reliure d'amateur. . . . . . **45 fr.**

DE PARIS AU DÉSERT. Philippeville, Constantine, Batna, Biskra, Bône, etc. — Un vol. de luxe in-4° raisin. Texte, dessins et aquarelles de CH. LALLEMAND. Prix, cartonné, fers spéciaux. . . . . **20 fr.**

JÉRUSALEM-DAMAS, par CH. LALLEMAND. — Un vol. in-4°, illustré de 100 phototypies dont 22 hors texte. (Collection Courtellemont.) — Prix, broché. . . . . **30 fr.**
Prix, cartonné . . . . **36 fr.**

LE CAIRE, par CH. LALLEMAND, avec une préface de PIERRE LOTI, de l'Académie française. — Un vol. in-4°, illustré de 53 phototypies en noir ou en couleur dont 28 hors texte. (Collection Courtellemont.) — Prix, broché. . . **30 fr.**
Relié. . . . . **36 fr.**

L'ALGÉRIE DE NOS JOURS. Alger, Boufarick, Blidah, Oran, Tlemcen, Kabylie, Constantine, Biskra. — Un vol. in-4°, illustré de 84 phototypies dont 20 hors texte. (Collection Courtellemont.) — Prix, broché. . . **24 fr.**
Relié. . . . . **28 fr.**

L'AMÉRIQUE DU NORD PITTORESQUE. États-Unis et Canada — Ouvrage publié sous la direction de W. CULLEN-BRYANT, traduit revu et augmenté par B.-H. RÉVOIL. — Splendide vol. de 800 pages grand in-4°, illustré de 300 gravures sur bois. — Prix, broché. . . . . **50 fr.**
Reliure avec fers spéciaux (*Epuisés*). . . . . **65 fr.**
Demi-reliure d'amateur. . . . . **70 fr.**

LA HOLLANDE A VOL D'OISEAU, par HENRY HAVARD. — Grand in-8° de 400 pages, sur papier vélin, illustré par MAXIME LALANNE de 25 eaux-fortes hors texte et de 150 croquis ou fusains dans le texte. — Broché. . . **25 fr.**
Riche cartonnage artistique. . . . . **32 fr.**
100 exemplaires numérotés sur hollande (*Epuisés*) . . . . **50 fr**

AU KURDISTAN, EN MÉSOPOTAMIE ET EN PERSE, par HENRY BINDER. — Un vol. grand-in-8° de 460 pages, illustré de 200 dessins d'après les photographies et les croquis de l'auteur, avec une carte des frontières turco-persanes.
Prix du volume broché. . . . . . **25 fr.** | 20 ex. sur japon impérial, n°s 1 à 20. **60 fr.**
Cartonné avec fer spécial . . . . **30 fr.** | 25 ex. sur whatman, n°s 21 à 45. . **50 fr.**

NOTRE ÉCOLE POLYTECHNIQUE. Texte et illustrations par GASTON CLARIS, ancien élève de l'Ecole Polytechnique. Introduction de M. A. BOUQUET DE LA GRYE, membre de l'Institut. — Un vol. in-4° raisin, illustré d'environ 300 dessins, avec 8 aquarelles hors texte donnant la collection complète des uniformes depuis la création de l'école. — Prix, broché . . . . . . **25 fr.**

Relié toile, fers spéciaux . . . . **30 fr.**
20 exemplaires, numérotés de 1 à 20. . . . . **50 fr.**
20 exemplaires numérotés de 1 à XX, sur chine, avec une aquarelle inédite originale. . . . . **150 fr.**

HISTOIRE DE L'ÉCOLE NAVALE ET DES INSTITUTIONS QUI L'ONT PRÉCÉDÉE, par un ancien officier. Avec Lettre-Préface du vice-amiral JURIEN DE LA GRAVIÈRE, de l'Académie française. — Grand in-8°, illustré de 40 compositions hors texte par PAUL JAZET, gravées sur bois par MÉAULLE. — Broché . . . . **25 fr.**

Demi-chagrin, dos orné, tr. dorées. **30 fr.** | 50 ex. numérotés sur hollande . . **50 fr.**
Demi-reliure à coins, tête dorée . **32 fr.** | 25 ex. numérotés sur japon . . . **90 fr.**

LE YACHT, histoire de la navigation maritime de plaisance, par PHILIPPE DARYL. — Un vol. in-4° carré de 350 pages, avec 125 illustrations de BOUDIER, BOURGAIN, BRUN, MONTADER, VALLET. — Prix, br. ou cart. . . **25 fr.**

Demi-reliure . . . . **32 fr.**
10 exemplaires sur papier du Japon, avec une *aquarelle originale*, de BOURGAIN numérotés de 1 à X . . . . **250 fr.**
40 exemplaires sur japon impérial, numérotés de 11 à 50 . . . . **100 fr.**

Chaque exemplaire de luxe porte, sur le faux-titre, le nom du souscripteur.

UNE FRANÇAISE AU SOUDAN. Sur la route de Tombouctou. Du Sénégal au Niger, par Mme PAUL BONNETAIN. — Un vol. in-8° de 400 pages, illustré d'après des documents inédits. — Prix, broché . . . . . **3 fr. 50**

TYPES ET SITES DE FRANCE. Texte et dessins par M. FÉLIX RÉGAMEY. — 1re livraison parue : **En Bretagne**, contenant 50 dessins et croquis, d'après nature, et 2 hors texte en couleur. — Prix de la livraison, format in-8° raisin, imprimée sur papier de luxe. . . . . **2 fr. 50**

LE TSAR ET LA TSARINE EN FRANCE. Cherbourg, Paris, Versailles, Châlons. Préface par FRANÇOIS COPPÉE, de l'Académie française. — Texte de MM. A. THEURIET, A. SILVESTRE, HUGUES LE ROUX, M. TALMEYR, A. HEPP, R. MAIZEROY, L. DE FOURCAUD, G. D'ESPARBÈS, J. DE BONNEFON, etc. — Un beau vol. in-8° de 224 pages, avec 190 illustrations. — Prix, richement cartonné. **10 fr.**

UNE PAGE D'HISTOIRE. Voyage du Président de la République en Russie, par NAPOLÉON AUBANEL. — Un vol. in-4° de 240 pages, imprimé avec luxe et contenant 120 gravures. — Cartonné . . . . **10 fr.**

DE SAINT-PÉTERSBOURG A L'ARARAT, par Mme STANISLAS MEUNIER, illustrations de RENÉ V. MEUNIER. — Un vol. in-18 jésus de 350 pages. — Prix, broché . . . . **3 fr. 50**

LA VALLÉE DE CHEVREUSE, par E. MEIGNEN. — Un vol. in-18, illustré de 98 dessins de GEORGES SCOTT. — Prix, broché . . . . **3 fr. 50**

ÉPITOMÉ DE YACHTING, par le baron T. DE WOGAN. — Deux élégants vol. in-16, cartonnés.

1er volume . . . . **5 fr.** | 2e volume . . . . **6 fr.**

A LA COTE D'IVOIRE. — SIX MOIS DANS L'ATTIÉ (Un Transvaal français), par CAMILLE DREYFUS. — Un vol. in-18 jésus de 320 pages contenant 35 vignettes et 4 cartes. — Prix, broché . . . . **3 fr. 50**

INFLUENCE DE LA PUISSANCE MARITIME DANS L'HISTOIRE (1660-1783), par A. T. Mahan, capitaine de la marine des Etats-Unis, traduit par E. Boisse, capitaine de vaisseau. — Un vol. grand in-8° de 600 pages, avec frontispice en héliogravure. — Prix, broché . . . . **10 fr.**

Cartonné. . . . . **15 fr.**

PÊCHE, YACHTING, MARINE MARCHANDE ET MARINE DE GUERRE. Manuel de l'homme de mer, par le baron M. de Wogan. Un vol. in-18. — Prix. **2 50**

LES MARINS RUSSES EN FRANCE, par Marius Vachon, préface de E. Melchior de Vogüé, membre de l'Académie française. Un fort vol. in-4° de 200 pages, contenant 120 dessins dans le texte et 25 planches hors texte. — Prix, broché. . . . . **7 fr.**

Cartonné. . . . . **10 fr.**

LES COLONIES FRANÇAISES

NOTICES ILLUSTRÉES PUBLIÉES SOUS LA DIRECTION DE M. LOUIS HENRIQUE

COMMISSAIRE GÉNÉRAL DE L'EXPOSITION COLONIALE EN 1889

6 volumes grand in-18, illustrés de cartes et de 600 dessins et divisés en 20 fascicules.

I. **Colonies de l'océan Indien** : La Réunion, Mayotte, Les Comores, Nossi-Bé, Diego-Suarez, Sainte-Marie de Madagascar, Madagascar, L'Inde française.

II. **Colonies d'Amérique** : La Martinique, La Guadeloupe, Saint-Pierre et Miquelon, La Guyane.

III. **Colonies et Protectorats de l'Indo-Chine** : Cochinchine, Cambodge, Annam, Tonkin (le fascicule du Tonkin est épuisé).

IV. **Colonies de l'Océan Pacifique** : Nouvelle-Calédonie, Tahiti, Iles Sous-le-Vent, Wallis, Futuna et Kerguelen, Nouvelles-Hébrides.

V. **Colonies d'Afrique** : Le Sénégal, le Soudan français.

VI. **Colonies d'Afrique** : Le Gabon, Congo, la Guinée, Obock.

Prix de chaque volume. . . . . **3 fr. 50**

Les quatre premiers volumes contiennent chacun 4 fascicules, vendus séparément. **1 fr.**
Les tomes V et VI contiennent chacun 2 fascicules, vendus séparément . . . . . **2 fr.**

ITINÉRAIRE ILLUSTRÉ DE LA HAUTE ÉGYPTE, par Al. Gayet. — Les anciennes capitales des bords du Nil. Nombreuses illustrations dans le texte avec cartes de la haute Egypte et de la basse Egypte. — Un vol. avec reliure souple . . . . **6 fr.**

PLAN DE PARIS ET INDICATEUR DES VOIES ET ÉTABLISSEMENTS PUBLICS. D'après un nouveau système, par D. Aitoff, membre de la Société de géographie de Paris . . . . **2 fr.**

ATLAS DE LA FRANCE ET DE SES COLONIES. Petit album mesurant 6 centimètres de côté et contenant 17 cartes (Epuisés). . . . . **0 fr. 50**

LES ATTACHÉS COMMERCIAUX ET LES CONSULATS, par Gaston Cadoux, précédé d'une préface de M. de Lanessan. — Brochure d'environ 100 pages . . . . **1 fr.**

L'INFLUENCE FRANÇAISE A L'ÉTRANGER. Notre commerce d'exportation et nos consuls. Jolie plaquette in-8° par G. Cadoux, précédée d'une lettre-préface de M. de Lanessan . . . . **0 fr. 75**

TABLEAU GÉNÉALOGIQUE ET HÉRALDIQUE de la Maison royale d'Orléans, par le comte Hallez d'Arros, membre du Conseil héraldique de France. — Chromolithographie imprimée sur papier vélin fort, comportant 11 tirages en couleurs, or et argent. — Prix de la feuille . . . . . . **5 fr.**
100 exemplaires sur papier du Japon, numérotés. Prix . . . . **25 fr.**

NOS CONTEMPORAINS. Galerie coloniale et diplomatique par Louis Henrique. — Un vol. in 8° contenant 25 notices et portraits. — Prix, broché . . . . **2 fr.**

PANORAMAS

PARIS (Tableaux parisiens). — 20 albums de reproductions photographiques très artistiques, entièrement inédites. Imprimés avec luxe sur papier couché fabriqué spécialement. Chaque album, de format in-4° jésus oblong, comprenant 16 pages avec environ 40 photographies. — Prix, broché . . **0 fr. 60**
Un volume comprenant 20 livraisons réunies sous un élégant cartonnage. Prix. **15 fr.**

LE PRÉSIDENT DE LA RÉPUBLIQUE FRANÇAISE. — AU PALAIS DE L'ÉLYSÉE. D'après les photographies de Gervais Courtellemont. — Album de 16 pages grand in-4° oblong, imprimé avec luxe, et contenant 40 reproductions photographiques de portraits, scènes, appartements et vues du Palais de l'Elysée. — Prix de l'album . . . . **0 fr. 60**

LE MUSÉE CRIMINEL

Par H. VARENNES et EDGARD TROIMAUX

Recueil d'estampes donnant les épisodes des principales causes célèbres et de nombreux portraits.

Albums imprimés avec luxe sur papier couché et renfermés sous une couverture originale en papier fort.

Chaque album, de format in-4° jésus oblong,
comprenant 16 pages avec environ 30 reproductions d'estampes. Prix. . . . **0 fr. 60**

SOMMAIRE DES 10 PREMIÈRES LIVRAISONS

I. La mort de Guillaume Pommiers (1375). — Le Garrot (xvi° siècle). — Un crime sous Louis XIII. — Le procès de Nicolas Fouquet (1661). — L'Affaire Calas (1762).

II. Le procès du duc d'Alençon (1429). — Cinq-Mars et de Thou (1642). — Crimes et tribunaux militaires (xvii° siècle). — Les amours de Mme Lescombat (1755).

III. Le chien de Montargis (1371). — Un procès de l'Inquisition (1559). — Les supplices des catholiques en Angleterre (1580). — L'abbé de la Coste (1760). — Victoire Salmon (1786).

IV. Les duels judiciaires. — Le procès de Ravaillac (1610).

V. La mort d'Anne du Bourg (1559). — Egmont et de Horn (1568). — Le procès du duc de la Force (1721). — Louis Mandrin (1760).

VI. L'attentat de Jean Châtel (1593). — Le jésuite Jean Guignard (1595). — Attentat de Damiens (1757).

VII. Assassinat des Guise (1588). — Exécution de Vatan (1612). — Cartouche (1721).

VIII. Procès de Jacques Clément. — Le Président Brisson.

IX. Arrestation du comte d'Harcourt (1356). — Vierge percée (1418). — Le Connétable de Bourbon (1521). — Conjuration d'Ambroise (1560). — Supplice des banqueroutiers au xvi° siècle.

X. Le procès de Robert d'Artois (1329). — Le procès de Jacques Cœur (1451). — Poltrot de Méré (1563). — Montgomery (1559). — Le Maréchal de Biron (1602).

Ces 10 livraisons réunies, formant un album oblong de 160 pages,
sur un élégant cartonnage. . . . . **7 fr.**

GUIDES-ALBUMS DU TOURISTE

Par CONSTANT DE TOURS

(Adoptés par la Ville de Paris et par le Ministère de la Marine.)

VIENT DE PARAITRE

Vingt jours à Paris, nouvelle édition complètement transformée et mise à jour, contenant 400 pages de texte et 500 dessins.

Vingt jours sur les côtes de la Méditerranée (de Marseille à l'Espagne).

Vingt jours sur la côte de Provence (De Marseille à l'Italie).

Vingt jours sur les côtes gasconnes (De la Gironde aux Pyrénées). — **Bordeaux et ses environs. — Le Médoc. — Les Landes.**

Vingt jours sur les côtes de l'Océan (De la Loire à la Gironde).

Vingt jours d'Étretat à Ostende (Haute-Normandie et Plages du Nord).

Vingt jours du Havre à Cherbourg (Rouen, la Basse-Seine et les Côtes normandes).

Vingt jours sur les côtes de Normandie et de Bretagne et à l'île de Jersey.

Vingt jours en Bretagne (De Saint-Malo à Brest).

Vingt jours sur les côtes bretonnes (Basse Loire et de Nantes à Brest).

Chacun de ces albums oblongs, de format in-8° carré, contient 150 pages illustrées d'environ 140 dessins exécutés d'après nature par les meilleurs artistes. — Prix dans un élégant cartonnage artistique . . . . **3 fr. 50**

Vingt jours en Belgique.

Vingt jours à Tunis et en Tunisie (Retour en France par Biskra et Constantine). — Texte et illustrations de Ch. Lallemand.

Vingt jours en Orient (De Paris à Constantinople), par Th. Cahu.

Vingt jours dans le nouveau monde, par Octave Uzanne. — Prix, dans un cartonnage artistique, avec fers spéciaux aux couleurs américaines. **5 fr.**

Vingt jours en Suisse, par Paul Nag, membre du club Alpin et Constant de Tours.

Chacun de ces albums oblongs, de format in-8° carré, contient de 160 à 200 pages illustrées de 150 à 175 dessins exécutés d'après nature. — Prix, dans un élégant cartonnage artistique . . . . **5 fr.**

BIBLIOTHÈQUE MILITAIRE

École de Mines. In-18, cart. . **3 fr.**
Abrégé de l'École de mines. In-18, cart. . . . . **2 fr.**
Écoles de fortifications de campagne. In-18, cart. . . . . . **3 fr.**
Abrégé de l'École des fortifications. In-18, cart. . . . . **2 fr.**
École de sape. In-18, cart. . **2 fr.**

Manuel de l'artificier. In-18, cartonné. . . . . **2 fr. 50**
École de ponts. In-18, cart. . **3 fr.**
École de levers. In-18, cart. . **3 fr.**
La Tactique de l'infanterie, par le capitaine E. Imhaus, préface de M. de Mahy. — Un vol. in-8° d'environ 300 pages. — Prix. . . . **6 fr.**

COLLECTION
DE
DOCUMENTS RELATIFS A L'HISTOIRE DE PARIS PENDANT LA RÉVOLUTION FRANÇAISE
Publiée sous le patronage du Conseil municipal.

Chaque volume de cette collection, format in-8° raisin de 600 à 700 pages. Prix, br. **7 fr. 50**

LES ÉLECTIONS ET LES CAHIERS DE PARIS EN 1789, par Ch. L. Chassin.

Tome I : La Convocation de Paris aux derniers États-généraux.
Tome II : Les Assemblées primaires et les cahiers primitifs.
Tome III : L'Assemblée des trois Ordres et l'Assemblée générale des électeurs de Paris au 14 juillet.
Tome IV : Les Élections et les Cahiers de pairs hors murs.

ACTES DE LA COMMUNE DE PARIS PENDANT LA RÉVOLUTION, publiés et annotés par Sigismond Lacroix.

Tome I : Première Assemblée des Représentants de la Commune. — (25 juillet-18 septembre 1789.)
Tome II : Deuxième Assemblée des Représentants de la Commune. — Conseil de Ville. — Bureau de Ville. — (19 septembre-19 novembre 1789.)
Tome III : Deuxième Assemblée des Représentants de la Commune. — Conseil de Ville. — Bureaux de Ville (suite). — (20 novembre 1789-4 février 1790.)
Tome IV : Deuxième Assemblée des Représentants de la Commune. — Conseil de Ville. — Bureau de Ville (suite). — (5 février-14 avril 1790.)
Tome V : Deuxième Assemblée des Représentants de la Commune. — Conseil de Ville. — Bureau de Ville (suite). — (15 avril-8 juin 1790.)
Tome VI : Deuxième Assemblée des Représentants de la Commune. — Conseil de Ville. — Bureau de Ville (suite). — (9 juin-20 août 1790.)
Tome VII : Deuxième Assemblée des Représentants de la Commune. — Conseil de Ville. — Bureau de Ville (suite et fin). — (21 août-8 octobre 1790.) — Index alphabétique et analytique.

LES CLUBS CONTRE-RÉVOLUTIONNAIRES : CERCLES, COMITÉS, SALONS, RÉUNIONS, CAFÉS, RESTAURANTS ET LIBRAIRIES, par Augustin Challamel, conservateur honoraire de la bibliothèque Sainte-Geneviève.

ASSEMBLÉE ÉLECTORALE DE PARIS (18 novembre 1790-15 juin 1791). Procès-verbaux de l'élection des juges, des administrateurs, du procureur-syndic, de l'évêque, des curés, du président au tribunal criminel et de l'accusateur public, publiés d'après les originaux des Archives nationales, avec des notes historiques et biographies, par Étienne Charavay, archiviste paléographe.

ASSEMBLÉE ÉLECTORALE DE PARIS (26 août 1791-12 août 1792). Procès-verbaux de l'élection des députés à l'assemblée législative, des hauts jurés, des administrateurs, du procureur général-syndic, du président du tribunal criminel et de son substitut, de juges suppléants, de l'accusateur public, des curés, publiés d'après les originaux des Archives nationales avec des notes historiques et biographiques, par Étienne Charavay, archiviste paléographe.

PERSONNEL MUNICIPAL DE PARIS PENDANT LA RÉVOLUTION (période constitutionnelle), par Paul Robiquet, avocat au Conseil d'État, docteur ès lettres.

L'ÉTAT DE PARIS EN 1789. — Études et documents sur l'ancien régime à Paris, par H. Monin.

LA SOCIÉTÉ DES JACOBINS. — Recueil de documents pour l'histoire du club des Jacobins de Paris, par F.-A. AULARD.

Tome I. — 1789-1790 (*Épuisé*).
Tome II. — Janvier à juillet 1791.
Tome III. — Juillet 1791 à juin 1792.
Tome IV. — Juin 1792 à janvier 1793.
Tome V. — Janvier 1793 à mars 1794.
Tome VI. — Mars à novembre 1794.

LE MOUVEMENT RELIGIEUX A PARIS PENDANT LA RÉVOLUTION (1789-1801), par M. le docteur ROBINET.

Tome I. — Juillet 1790 à septembre 1791.
Tome II. — Préliminaires de la déchristianisation. Septembre 1791 à septembre 1793.

PARIS PENDANT LA RÉACTION THERMIDORIENNE ET SOUS LE DIRECTOIRE. Recueil de documents pour l'histoire de l'esprit public à Paris, par A. AULARD, professeur à l'Université de Paris.

Tome I. — Du 10 thermidor an II au 21 prairial an III (28 juillet 1794-9 juin 1795).
Tome II. — Du 21 prairial an III au 30 pluviôse an IV (9 juin 1795-19 février 1796).
Tome III. — Du 1er ventôse an IV au 20 ventôse an V (20 février 1796-10 mars 1797).

LES VOLONTAIRES NATIONAUX PENDANT LA RÉVOLUTION, par CH. L. CHASSIN et L. HENNET.

Tome I. — Historique militaire et états de service des huit premiers bataillons de Paris levés en 1791 et 1792 (documents tirés des Archives de la Guerre et des Archives nationales).

VOLUMES DIVERS IN-8° ET IN-18, SANS GRAVURE

CONSIDÉRATIONS SANITAIRES SUR L'EXPÉDITION DE MADAGASCAR et quelques autres expéditions coloniales françaises et anglaises, par le docteur G.-A. REYNAUD, médecin en chef des colonies. Préface de M. de MAHY. — Un volume in-18 de 500 pages — Prix, broché . . . . **3 fr. 50**

L'ESPAGNE DU QUATRIÈME CENTENAIRE DE LA DÉCOUVERTE DU NOUVEAU MONDE. — Exposition historique de Madrid par EMILE DE MOLÈNES. — Un volume, grand in-8° de 350 pages. — Prix . . . **7 fr. 50**

HISTOIRE DE FLORENCE depuis la domination des Médicis jusqu'à la chute de la République (1434-1531), par F.-T. PERRENS, membre de l'Institut (ouvrage en trois volumes). Chaque volume in-8° carré de plus de 600 pages. **7 fr. 50**

LE PARLEMENT DE BRETAGNE APRÈS LA LIGUE (1598-1610), par H. CARRÉ, professeur à la Faculté des Lettres de Poitiers. — Un volume in-8°, cavalier de près de 600 pages. — Prix . . . . **7 fr. 50**

RECHERCHES SUR L'ADMINISTRATION MUNICIPALE DE RENNES AU TEMPS DE HENRI IV, par H. CARRÉ, professeur à la Faculté des Lettres de Poitiers. In-8°, broché. . . . . **3 fr.**

LA RÉPUBLIQUE ET LE CONCORDAT DE 1801, par GEORGES RAUX. — Un volume in-18 de 360 pages. Prix, broché . . . . **3 fr. 50**

LA CHALOTAIS ET LE DUC D'AIGUILLON. Correspondance du chevalier de Fontette publiée par H. CARRÉ, professeur d'histoire à la Faculté des Lettres de Poitiers. — Un fort volume in-8° de plus de 600 pages. — Prix, broché. . . . . **7 fr. 50**

ROUGET DE LISLE. Sa vie, ses œuvres. — LA MARSEILLAISE, par ALFRED LECONTE, député; préface de M. VICTOR POUPIN, député. Un vol. in-12 de 325 pages, orné d'un portrait de ROUGET DE LISLE. — Prix . . . **3 fr. 50**

DISCOURS POLITIQUES ET JUDICIAIRES (Rapports et messages de Jules Grévy) recueillis, accompagnés de notices historiques et précédés d'une introduction par LUCIEN DELABROUSSE. Deux vol. in-8° de plus de 500 pages chacun, avec deux portraits gravés sur bois. — Prix de l'ouvrage complet . . . . **15 fr.**

SOUVENIRS D'UN OFFICIER D'ÉTAT-MAJOR, par le général comte de MARTIMPREY. — Histoire de l'établissement de la domination française dans la province d'Oran, 1830-1847. — Un vol. grand in-8° . . . . **6 fr.**

ANDRÉ DORIA. — Un amiral condottiere au XVIe siècle (1466-1560), par ÉDOUARD PETIT, docteur ès lettres. — 1 vol. in-8° cavalier, tiré à petit nombre. — Prix, broché . . . . **7 fr. 50**

L'EUROPE EN 1887, par SIR CHARLES DILKE. — Un fort vol. in-8° cavalier. — Prix, broché . . . . **7 fr. 50**

LE PAYS DU CANT. — Le Cant dans la vie sociale anglaise, par SIDNEY WHITMAN. — Traduit de l'anglais. — Un vol. in-18. — Prix, broché . . . . **3 fr. 50**

ENTRE L'INN ET LE LAC DE CONSTANCE (Tyrol, Haute Bavière, Souabe). — Le pays, les hommes, les monuments, par LOUIS RIVIÈRE. — Un vol. in-12 de 370 pages . . . . **3 fr. 50**

VAUBAN ÉCONOMISTE, par FERDINAND DREYFUS. — Un vol. in-16 de 100 pages, précédé d'un extrait du rapport de M. LÉON SAY sur le concours pour le prix LÉON FAUCHER. *Ouvrage couronné par l'Académie des sciences morales et politiques.* — Prix, broché . . . . **1 fr.**

LA TURQUIE OFFICIELLE. — Constantinople, son gouvernement, ses habitants, son présent, son avenir, par PAUL DE RÉGLA. — Un vol. in-16 de plus de 460 pages . . . . **3 fr. 50**
Il a été tiré 20 exemplaires numérotés sur hollande (*Epuisés*). **15 fr.**

HORUS. — L'influence française à l'étranger. LE KHÉDIVE. L'Égypte et les Égyptiens (Évacuation, indépendance, neutralité). — Brochure in-8°, prix . . . . **0 fr. 50**

BORELLI-BEY. — LA CHUTE DE KHARTOUM (26 janvier 1885). Procès du colonel Hassan-Benhassaoui (juin-juillet 1887). — Un vol. in-8°. Prix, broché . . . . **5 fr.**

PARIS EN CAS DE GUERRE, par H. BARTHELEMY. — Un vol in-8°. Prix, broché . . . . **1 fr. 50**

Papiers inédits du duc de Saint-Simon. — Introduction et notes, par ÉDOUARD DRUMONT. — Un vol. in-8°, broché (*Epuisé*) . . . . . **7 fr. 50**

La Terreur blanche, par E. DAUDET. — Un vol. in-8°, br. (*Epuisé*) . **5 fr.**

La Guerre sur le Danube, par CAMILLE FARCY. — Un vol. in-8°, broché (*Epuisé*) . . . . **6 fr.**

Le Procès des ministres (1830), par E. DAUDET. — Un vol. in-8°, broché (*Epuisé*) . . . . . . **5 fr.**

Les Idées libérales, par ALBERT RABOU. — Un vol. in-8°, broché (*Epuisé*) . . . . **7 fr. 50**

Le Maréchal Davout, par E. MONTÉGUT. — Un vol. in-18, broché (*Epuisé*) . . . . **4 fr.**

La **Comtesse de Verrue** et la cour de Victor-Amédée II de Savoie, par DE LÉRIS. — Un vol. in-18, broché (*Epuisé*). . . . . 3 fr.

Correspondance de Madame, duchesse d'Orléans. Traduction et notes par Ernest JAEGLE. — 2 vol. in-18, brochés. Les deux (*Epuisés*). . 6 fr.

La Russie et le Nihilisme, par P. FRÉDÉ. — Un vol. in-18, broché (*Epuisé*). . . . . 3 fr.

Croquis Algériens, par CHARLES JOURDAN. — Un vol. in-18, broché (*Epuisé*). . . . . 3 fr.

Le Caucase glacé, par F.-C. GROVE. Traduit de l'anglais par JULES LECLERCQ. — Un vol. in-18, broché. . . . . 3 fr.

Chypre, par R. HAMILTON LANG. Traduction de l'anglais par V. DAVE. — Un vol. in-18, broché (*Epuisé*). 3 fr.

Lord Beaconsfield et son temps, par CUCHEVAL-CLARIGNY. — Un vol. in-18, broché (*Epuisé*). . . . 3 fr.

La Nouvelle-Grenade, par A.-L. MOYNE, 2 vol. in-18, brochés. Les deux. . . . . 6 fr.

Le Tyrol et le pays des Dolomites, par JULES LECLERCQ. — Un vol. in-18, broché. . . . . 3 fr.

Deux Ans au pays des Épices, par le comte A. DE PINA. — Un vol. in-18, broché (*Epuisé*). . . . . . . 3 fr.

Quatorze Mois dans l'Amérique du Nord, par le comte Louis DE TURENNE. — 2 vol. in-18, broché (*Epuisés*). 6 fr.

Le Rhin français, par CAMILLE FARCY. — Un vol. in-18, broché (*Epuisé*). 3 fr.

La Terre des Gueux. Voyage dans la Flandre flamingante, par HENRY HAVARD. — Un vol. in-18 (*Epuisé*). 3 fr.

ANNUAIRES

ANNUAIRE DE LA PRESSE FRANÇAISE ET DU MONDE POLITIQUE 1896, publié sous la direction de M. HENRI AVENEL. — Un vol. in-8° d'environ 1 700 pages, relié toile anglaise . . . . 12 fr.

LA PRESSE ÉTRANGÈRE, extrait de l'*Annuaire de la Presse française* 1892, publié sous la direction de M. HENRI AVENEL. — Plaquette petit in-8° de 120 pages. — Prix . . . . 2 fr.

LE MONDE DES JOURNAUX EN 1895. Organisation, influence, législation, mouvement actuel, par HENRI AVENEL. — Ouvrage illustré de nombreux portraits. . . . . 3 fr. 50

ANNUAIRE GÉNÉRAL DES DÉPARTEMENTS, 1880 (2 vol.). . 15 fr

ANNUAIRE DES FOIRES ET MARCHÉS DE FRANCE (*Epuisé*). 0 fr. 75

VADE-MECUM USUEL POUR 1887. — Sous la direction de M. GASTON FOURNIER, licencié en droit. — Un vol. in-16 de 416 pages, avec un cartonnage en toile reliure (*Epuisé*). . . . . 3 fr.

L'AMÉRIQUE LATINE, par HENRI AVENEL. — Un vol. in-8° de plus de 300 pages illustrées. — Prix du volume, cartonné, avec couverture en trois tons. 5 fr.

BIBLIOTHÈQUE PARLEMENTAIRE

LA CHAMBRE DES DÉPUTÉS (1898-1902), par ALPHONSE BERTRAND. Biographie des 581 députés, avec avertissements et documents divers, la liste des ministères qui se sont succédé en France, la liste alphabétique des députés, etc. Un vol. grand in-18 jésus d'environ 600 pages, broché. . **4 fr.**

LA CHAMBRE DE 1893, par ALPHONSE BERTRAND, secrétaire-rédacteur du Sénat. — Ouvrage contenant les biographies des 581 députés, avec avertissement et documents divers, la liste des ministères qui se sont succédé en France depuis 1871, la liste alphabétique des députés, etc. — Un vol. grand in-18 jésus d'environ 700 pages. Prix, broché. . . . . **4 fr.**

POLITIQUE ET GOUVERNEMENT, par EUGÈNE PIERRE, secrétaire général de la Présidence de la Chambre des Députés. — Un vol. in-8° de 440 pages. Prix, broché. . . . . **3 fr. 50**

TRAITÉ DE DROIT POLITIQUE, ÉLECTORAL ET PARLEMENTAIRE, par E. PIERRE, secrétaire général de la Présidence de la Chambre des Députés. — Un vol in-8° de près de 1 300 pages. Prix. . . . . . **15 fr.**

CODE DES ÉLECTIONS POLITIQUES, extrait du *Traité de droit politique, électoral et parlementaire*, par M. EUGÈNE PIERRE, secrétaire général de la Présidence de la Chambre des Députés. — Un vol. in-8° de 260 pages comprenant une table analytique par ordre alphabétique. Prix . . . . **2 fr.**

LES NOUVEAUX TARIFS DE DOUANES, loi promulguée le 11 janvier 1892; texte définitif publié avec une introduction, des notes et un index, par E. PIERRE. Nouvelle édition entièrement refondue, mise au courant de la législation existante (1895). — Un vol . . . . **3 fr.**

LA RÉFORME DES FRAIS DE JUSTICE, texte et commentaire des articles 4 à 25 de la loi de finances du 26 janvier 1892. — Un vol. in-18. Prix. **1 fr.**

DE LA PROCÉDURE PARLEMENTAIRE. Étude sur le mécanisme intérieur du pouvoir législatif, par EUGÈNE PIERRE, secrétaire général de la Présidence de la Chambre des Députés. — Un vol. in-18. Prix. . . . **1 fr. 50**

Nouvelle Loi-Accidents (promulguée le 10 avril 1898). — Rentes aux ouvriers et employés. Responsabilité des patrons. Exposé sommaire de la nouvelle législation. Extraits de la discussion au Sénat. Conséquences de la loi et coût des accidents, par M. GARREAU-PAYEN, ancien greffier de paix. — Une brochure in-8°. Prix. . . . . **1 fr.**

Traité pratique de droit parlementaire, par JULES POUDRA et EUGÈNE PIERRE. — Un fort vol. in-8° de 850 pages (nouvelle édition) . . . . **12 fr.**
Supplément (nouvelle édition) . . . . **10 fr.**

Histoire des assemblées politiques en France (1789-1831), par EUGÈNE PIERRE, secrétaire général de la Présidence de la Chambre des Députés . . . . **7 fr. 50**

État et les Congrégations religieuses (l'). . . . . **1 fr.**

Impôt des patentes (l') (loi du 15 juillet 1880), par GASTON BERGERET (*Epuisé*) . . . . **3 fr.**
Mécanisme du budget de l'État (le), par GASTON BERGERET (*Epuisé*). . **3 fr.**
Nouveaux conseils de l'enseignement (les) (L. 27 février 1880) . . . **1 fr.**
Ressources fiscales de la France (les), par GASTON BERGERET. . . . **4 fr.**
Service d'état-major (le), texte et commentaire de la loi . . . . . . **1 fr.**
Indemnité législative (l'), par CHARLES LAURENT . . . . **1 fr.**
    Lois constitutionnelles de la République française, annotées et mises au courant de la dernière revision, par POUDRA et PIERRE. 1 vol. in-18. . **1 fr. 50**
    Lois organiques concernant l'élection du Sénat, mises au courant de la législation de 1884 et annotées, par POUDRA et PIERRE. — Un vol. in-18. **1 fr. 50**
    Lois organiques concernant l'élection des députés, la liberté de la presse et le droit de réunion, mises au courant de la législation de 1885 et annotées, par E. PIERRE. . . . . **2 fr. 50**
    Organisation des pouvoirs publics. — Recueil des lois constitutionnelles et électorales de la République française, complété par les lois et décrets sur le Conseil d'Etat, le droit de réunion, la presse, la comptabilité législative, etc. Textes coordonnés et commentés par E. PIERRE. — Un vol. in-18, broché, de plus de 600 pages (*Epuisé*) . . . . **6 fr.**
    Du pouvoir législatif en cas de guerre, par EUGÈNE PIERRE. — Plaquette in-18 de 32 pages. — Prix. . . . . **0 fr. 50**
    L'Organisation intérieure en cas de guerre, par EUGÈNE PIERRE. — Plaquette in-8° de 48 pages. — Prix. . . . . **0 fr. 50**

COMMENT VOTE LA FRANCE. Dix-huit ans de suffrage universel, 1876-1893, par HENRI AVENEL. — Un volume in-8° de 100 pages contenant la biographie et les portraits à l'eau-forte de MM. Casimir-Perier, Challemel-Lacour, Burdeau, Ch. Dupuy. — Prix, broché . . . . **1 fr.**

L'ORGANISATION FRANÇAISE. Le Gouvernement l'Administration, par ALPHONSE BERTRAND, secrétaire-rédacteur du Sénat. Nouvelle édition, revue, corrigée et considérablement augmentée. — Un vol. in-18 de 400 pages. Broché . . . . **3 fr. 50**

LISTE ET ADRESSES DES SÉNATEURS ET DÉPUTÉS, toujours tenue au courant des derniers changements. . . . . **1 fr 50**

MANUEL PRATIQUE DE LA LIQUIDATION JUDICIAIRE ET DE LA FAILLITE. — Commentaire d'ensemble de la loi du 4 mars 1889 et des lois antérieures, avec un formulaire des actes usuels, par LOUIS ANDRÉ, ancien avocat de la Cour d'appel de Paris. — Un vol. in-18. . . . . **4 fr.**

MANUEL POPULAIRE DU CONSEILLER MUNICIPAL (cinquième édition, revue, augmentée et mise au courant de la jurisprudence, et contenant la loi du 22 mars 1890 sur les syndicats de communes et suivie d'une note sur les projets de la commission extra-parlementaire de décentralisation). Texte et commentaire pratique de la loi du 5 avril 1884, par FERDINAND DREYFUS, ancien député. — Un vol. in-18 de 370 pages . . . . . **1 fr. 25**

RECUEIL DES LOIS ET DÉCRETS RELATIFS A L'AGRICULTURE (1880-1881). . . . . **10 fr.**

INSTRUCTION CIVIQUE. Manuel élémentaire à l'usage des aspirants et aspirantes au brevet élémentaire de capacité, par A. PAGÈS, membre de la Commission d'examens, sécrétaire-rédacteur de la Chambre des Députés. — Un volume in-18 de 100 pages. — Prix, cartonné. . . . . **1 fr.**

LES CÉLÉBRITÉS CONTEMPORAINES

LITTÉRATURE — POLITIQUE — BEAUX-ARTS — SCIENCES, ETC.

Collection entièrement épuisée

1re SÉRIE.

1. Victor Hugo, par M. JULES CLARETIE.
2. Jules Grévy, par M. LUCIEN DELABROUSSE.
3. Louis Blanc, par M. CHARLES EDMOND.
4. Emile Augier, par M. JULES CLARETIE.
5. Léon Gambetta, par M. H. DEPASSE.
6. Alex. Dumas fils, par M. J. CLARETIE.
7. Henri Brisson, par M. H. STUPUY.
8. Alphonse Daudet, par M. J. CLARETIE.
9. De Freycinet, par M. HECTOR DEPASSE.
10. Emile Zola, par M. GUY DE MAUPASSANT.
11. Jules Ferry, par M. EDOUARD SYLVIN.
12. Victorien Sardou, par M. J. CLARETIE.
13. G. Clémenceau, par M. C. PELLETAN.
14. Octave Feuillet, par M. JULES CLARETIE.
15. Charles Floquet, par M. MARIO PROTH.
16. Ernest Renan, par M. PAUL BOURGET.
17. Alfred Naquet, par M. MARIO PROTH.
18. Eugène Labiche, par M. J. CLARETIE.
19. Henri Rochefort, par M. E. BAZIRE.
20. Jules Claretie, par M. DE CHERVILLE.

2e SÉRIE.

21. Erckmann-Chatrian, par M. CLARETIE.
22. Paul Bert, par M. HECTOR DEPASSE.
23. De Lesseps, par M. ALBERT PINARD.
24. Spuller, par M. HECTOR DEPASSE.
25. Jules Sandeau, par M. JULES CLARETIE.
26. Challemel-Lacour, par M. DEPASSE.
27. Auguste Vacquerie, par M. ULBACH.
28. De Mac-Mahon, par M. ERNEST DAUDET.
29. Paul Déroulède, par M. CLARETIE.
30. Jules Simon, par M. ERNEST DAUDET.
31. Ludovic Halévy, par M. CLARETIE.
32. Duc d'Aumale, par M. DAUDET.
33. Jules Verne, par M. CLARETIE.
34. Duc de Broglie, par M. DAUDET.
35. François Coppée, par M. JULES CLARETIE.
36. Edouard Pailleron, par M. CLARETIE.
37. Henri Martin, par M. HECTOR DEPASSE.
38. Comte de Paris, par M. DAUDET.
39. Paul Meurice, par M. LOUIS ULBACH.
40. Ranc, par M. HECTOR DEPASSE.

3e SÉRIE

41. Sadi Carnot, Président de la République française, par M. G.-A. HUBBARD.
42. Edouard Lockroy, par M. EDGAR MONTEIL.

Chaque biographie format in-8° de 32 pages, illustrée d'un portrait gravé. — Prix (*Epuisée*). . . . . 0 fr. 75

Les portraits se vendent à part, pouvant s'encadrer :

1° Sur papier fort à la cuve, 17/26 cent. **1 fr.** | 2° Sur chine, encollé sur vélin 23/32 c. **3 fr.**
3° Sur japon impérial, avant la lettre. Format 25/32 cent. . . . . **5 fr.**

BIBLIOTHÈQUE POPULAIRE

LE GÉNÉRAL CHAMPIONNET ET L'ÉDUCATION PATRIOTIQUE. Recueil des actions héroïques ou le Livre du soldat français, par Championnet, général de division. — Publié pour la première fois, avec une Préface et des Notes, d'après le manuscrit et les dessins originaux de la Chambre des Députés, par MARCELLIN PELLET. — Un vol. in-8° de 150 pages, illustré de 65 gravures. . . . . **1 fr.**

UN HEUREUX COIN DE TERRE, Saint-Bouize et Couargues (Cher), par le comte de MONTALIVET. — Un vol. in-18. Broché. . . . . **1 fr.**

LE KLONDYKE, L'ALASKA, LE YUKON ET LES ILES ALÉOUTIENNES, par M. LOICQ DE LOBEL. — Une plaquette in-8° de 40 pages. **0 fr. 50**

UN DEMI-SIÈCLE D'ENSEIGNEMENT MODERNE, Le Collège Chaptal à Paris, par GASTON CADOUX, avec une lettre-préface de M. LÉON BOURGEOIS. — Une plaquette in-8° de 20 pages. . . . . **0 fr. 50**

LE PORT DU GOLFE DE GASGOGNE, par PHILIPPE DEVÈZE. — Une plaquette in-8° de 20 pages. . . . . **0 fr. 50**

LE COLLÈGE CHAPTAL A PARIS, par GASTON CADOUX, avec une lettre-préface de M. LÉON BOURGEOIS. Brochure in-8° . . . . **0 fr. 50**

ENCYCLOPÉDIE POPULAIRE ILLUSTRÉE DU XXᴱ SIÈCLE

PUBLIÉE SOUS LA DIRECTION DE MM.

BUISSON, directeur honoraire de l'Enseignement primaire, professeur à la Faculté des lettres de Paris.

DENIS, chargé de cours à la Faculté des lettres de Paris.

LARROUMET, de l'Académie des beaux-arts, professeur à la Faculté des lettres.

STANISLAS MEUNIER, professeur au Muséum.

PLAN DE L'OUVRAGE

L'*Encyclopédie populaire illustrée du XXe siècle* est un Répertoire général méthodique, et par ordre de matières, des connaissances humaines.

Pour créer ce Répertoire encyclopédique, nous avons tout d'abord établi les grands groupements ci-après :

1° Sociologie ;
2° Philosophie ;
3° Jurisprudence ;
4° Littérature ;
5° Beaux-arts ;
6° Histoire ;
7° Géographie :
8° Biographie ;
9° Sciences et applications.

Ces grandes divisions ont elles-mêmes été sériées, ainsi qu'on le verra plus loin, de manière à constituer une Encyclopédie bien réellement populaire, aussi complète que possible, en 120 volumes in-8° écu (petit format de bibliothèque) présentant chacun, dans *l'ordre alphabétique*, un précis complet de chacune des subdivisions étudiées.

Notre publication a ainsi le très grand avantage d'être à la fois une série de *120 Dictionnaires* techniques et une *Encyclopédie* proprement dite.

Pour se guider dans l'ensemble, le lecteur aura la subdivision en 120 volumes, correspondant chacun à une matière spéciale.

Pour se guider dans le volume, il aura l'ordre alphabétique des mots et des renvois méthodiques aux articles importants.

CONDITIONS DE VENTE

Prix du volume vendu séparément. . . . . **1 fr.**
Souscription à forfait aux 120 volumes. . . . . **100 fr.**
    payable **10 fr.** par trimestre, à dater de la souscription.

Le Souscripteur bénéficie ainsi d'une prime de 20 francs.

DIRECTION DE M. BUISSON

SOCIOLOGIE
1. ÉCONOMIE POLITIQUE.
2. LE SOCIALISME.
3. Pédagogie.
4. Politique. Diplomatie. Droit des gens.
5. Démographie. Statistique.

PHILOSOPHIE
6. Métaphysique. Psychologie. Théodicée.
7. Morale.

8. HISTOIRE DE LA PHILOSOPHIE.
9. Histoire des Religions.

JURISPRUDENCE
10. Droit civil. Droit pénal.
11. Droit administratif.
12. Droit commercial.
13. Organisation judiciaire. Police. Droit usuel.
14. Commerce. Industrie.
15. Finances. Banques. Assurances.

LINGUISTIQUE
16. GRAMMAIRE FRANÇAISE.
17. Philologie. Etymologie. Phonétique.

JEUX ET SPORT
18. Boxe. Bâton. Lutte. Escrime. Natation. Football. Gymnastique. Paume, etc.
19. Vélocipédie. Automobolisme. Canotage. Equitation. Tir.
20. Jeux littéraires, scolaires, de cartes. Philatélie. Pyrotechnie.

DIRECTION DE M. DENIS

HISTOIRE
21. Mythologie.
22. Histoire ancienne.
23. **HISTOIRE GRECQUE. HISTOIRE ROMAINE.**
24. Histoire générale du Moyen Age (395-1226).
25. Histoire générale du Moyen Age (1226-1453).
26. Hist.re générale moderne (1453-1610).
27. Hist.re générale moderne (1610-1789).
28. Hist.re de la Révolut. française.
29. Hist.re du Consulat et de l'Emp.
30. Histoire contemporaine générale (1789-1870).
31. Histoire de la guerre franco-allemande.
32. Hist.re contempor.ne (1871-1900).
33. **HISTOIRE DE FRANCE CONTEMPORAINE (1871-1900).**
34. Histoire de Paris.
35. Coutumes. Usages. Blasons.

GÉOGRAPHIE
36. Géographie générale
37. Géographie historique.
38. Géographie de la France.
39. **EXPANSION COLONIALE (1er vol.)**
40. **EXPANSION COLONIALE (2e vol.)**
41. Géographie de l'Europe.
42. Géographie de l'Asie, de l'Afrique et de l'Océanie.
43. Géographie de l'Amérique du Nord et de l'Amér. du Sud.
44. Routes. Navigation. Voies ferrées et fluviales en France.
45. Histoire des voyages.

BIOGRAPHIE
46. Biographie anc.e jusqu'à 315.
47. Biographie politique générale jusqu'au xix.e siècle.
48-49. **BIOGRAPHIE. POLITIQUE DU XIXe SIÈCLE**, 2 vol.
50. Biographie philos. et relig.
51. Biographie scientifique.
52. Biographie militaire.
" Biographie littéraire } Direction
" Biographie artistique } de M. Larroumet.

DIRECTION DE M. LARROUMET

LITTÉRATURE
53. Littérature grecque et anc.e.
54. Littérature romaine.
55. Littérature française jusqu'au xixe siècle.
56. **LITTÉRATURE FRANÇAISE DU XIXe SIÈCLE.**
57. Littérature étrangère (Nord).
58. Littérature étrangère (Nord).
59. Littérature étrangère (Midi).
60. Littérature étrangère (Midi).
61. Biographie littéraire.

BEAUX-ARTS
62. Les Procédés techniques.
63. La Peinture (Écoles).
64. La Sculpture (Écoles).
65. **L'ARCHITECTURE.**
66. Biographie artistique.
67. Le Théâtre et la Musique.
68. Les Arts décoratifs.
69. **LE COSTUME. LA MODE.**
70. Archéologie. Paléographie. Numismatique.
71. La Maison.

DIRECTION DE M. STANISLAS MEUNIER

HISTOIRE NATURELLE
72. Biologie. Histologie.

SCIENCES ZOOLOGIQUES
73. Anthropologie. Préhistorique.
74. Les Mammifères.
75. Les Oiseaux.
76. Les Poissons. Les Reptiles. Les Batraciens.
77. Les Mollusques. Les Polypes. Les Insectes. Les Crustacés. Les Myriapodes.
78. **LES MICROBES. LES INFUSOIRES.**
79. Élevage. Acclimatation.
80. Vénerie. Chasse. Pêche.
81. Médecine des Animaux. Hippiatrique.

SCIENCES BOTANIQUES
82. Phanérogames.
83. Cryptogames.
84. Agronomie. Économie rurale.
85. **LE JARDINAGE (guide).**
86. La Viticulture, la Sylviculture.

SCIENCES GÉOLOGIQUES
87. Géologie.
88. Paléontologie.
89. **MINÉRALOGIE et LITHOLOGIE.**
90. Applications des sciences géologiques.

SCIENCES PHYSIQUES
91. Matière. Pesanteur. Hydraulique. Son.
92. Lumière. Chaleur. Optique.
93. Gaz. Vapeur. Météorologie. Aéronautique.
94. **ÉLECTRICITÉ. GALVANOPLASTIE.**
95. **PHOTOGRAPHIE.**

SCIENCES CHIMIQUES
96. Chimie générale.
97. Chimie minérale.
98. Chimie organique.
99. Chimie appliquée (1er vol.).
100. Chimie appliquée (2e vol.).

SCIENCES MATHÉMATIQUES
101. Arithmétique. Métrologie.
102. Algèbre élémentaire.
103. Géométrie plane et dans l'espace.
104. Mécanique théorique et appliquée.
105. Astronomie.
106. Comptabilité commerciale, industrielle, administrative, financière.
107. Dessin linéaire. Perspective. Descriptive.
108. Arpentage et Trigonométrie.

SCIENCES ET APPLICATIONS DIVERSES
109. Hygiène, Médecine, Chirurg.
110. **PHARMACIE.**
111. Sciences militaires (armée).
112. Sciences militaires (marine).
113. **CUISINE.**
114. **LES INDUST.ries ALIMENTAIRES.**
115. Les Industries du vêtement.
116. Les Industries de l'habitation.
117. Les Arts industriels.
118. **PSYCHISME.**

Deux volumes de tables, formant un répertoire général et un Dictionnaire complet de la langue française.

Les volumes paraissent à raison de deux volumes par mois.
Les titres des volumes parus et ceux des premiers à paraître sont imprimés en caractères gras.

OUVRAGES DIVERS POUR LA JEUNESSE

PAR LE COURAGE, par Edgar Monteil. — Un beau vol. grand in-4° de 310 pages, contenant 50 illustrations dans le texte et 10 grandes compositions hors texte.

DE PARIS A LA MER, voyage en péniche d'un petit Parisien, par Constant de Tours. — Un beau vol. grand in-4° de 320 pages, contenant 220 illustrations.

Chacun de ces volumes. Prix, broché. . . . . **10 fr.**
Avec cartonnage artistique, tranches dorées. **12 fr.**

LA CONVENTION, par Alexandre Bérard. — Un vol. grand in-4° de 320 pages, contenant 120 reproductions d'estampes de l'époque.

EN SAHARA, par Gaston Donnet. — Un vol. grand in-4° de 320 pages, illustré de 60 gravures dans le texte et de 15 planches hors texte.

PROMENADES A TRAVERS PARIS, par E. de Ménorval. — Un vol. grand in-4° de 320 pages, illustré de 120 dessins dans le texte et de 15 planches hors texte.

LIBERTÉ CONQUISE, par Massillon-Rouvet. — Un vol. grand in-4° de 320 pages, avec de nombreuses illustrations.

JOURNAL D'UN MARIN, par P. Vigné d'Octon. — Un grand vol. in-4° de 320 pages, contenant de nombreuses illustrations.

CHACUN DE CES 5 VOLUMES :
Prix, broché. . . . . **6 fr.**
Cartonné avec fers spéciaux . . . . . **8 fr.**
Édition spéciale pour distribution de prix, toile, tranches dorées. Prix : **7 fr.**

NOUVELLE COLLECTION

GRANDS CŒURS ET PETIT PAYS, par Noel Gaulois, illustrations de E. Zier.

PETITE REINE, par Chambon, illustrations de E. Zier.

PAR VANITÉ, par Perronet, illustrations de M. Balery.

LE PAVILLON D'OR, par J. de Gastyne, illustrations de E. Zier.

RECONNAISSANCE, par d'Agon de la Conterie, illustrations de E. Zier.

TAMBOUR BATTANT, par Chambon, illustrations de E. Zier.

A LA CONQUÊTE D'UN TRONE, par Mahlinger, illustrations de E. Zier.

Chacun de ces volumes, de plus de 300 pages avec de nombreuses illustrations dans le texte et 15 à 20 compositions hors texte, gravées, sur bois et tirées en un ton sous un riche cartonnage fers spéciaux de Giraldon. Prix. . . . . **8 fr.**

LES TROIS APPRENTIS DE LA RUE DE LA LUNE, par Georges Montorgueil. — Nombreuses illustrations dans le texte, par Paul Steck et Louis Le Riverend. Aquarelles hors texte et couverture en couleurs, par Ed. Loevy.

UN TOUR DE MÉDITERRANÉE (de Venise à Tunis, par Athènes, Constantinople et le Caire), par M. P. Jousset. — 150 illustrations d'après nature et 8 aquarelles par M. R. de la Nézière.

LES JOUETS (histoire, fabrication), par Léo Claretie. Un vol. in-4° carré, illustré de 300 vignettes dans le texte et de 13 planches hors texte, dont 6 aquarelles.

LES BOURGEOIS DE CALAIS, par Mme de Witt, né Guizot. — Illustrations d'Edouard Zier.

LA JOURNÉE D'UN ÉCOLIER AU MOYEN AGE, par M. A. Moireau. — Illustrations de Rochegrosse, Mouchot, Julien, Fichot de Woss. — Gravées sur bois par Méaulle.

LA BABYLONE ÉLECTRIQUE, par Bleunard, docteur ès sciences. — Illustrations de Montader.

FRANÇOIS FRANÇOIS, par Edgar Monteil. — Illustrations de Edward Loevy.

HITOIRE D'UN PAQUEBOT, par le commandant Louis Tillier et Paul Bonnetain. — Illustrations de Montader.

Chacun de ces 8 volumes, in-4° carré, richement illustré, broché . . **7 fr. 50**
Dans un cartonnage à tranches dorées et fers spéciaux . . . . . . **10 fr.** »

PETITES BONNES GENS, par Mme Julie de Monceau. — Illustrations d'Adrien Marie. — Un joli vol. petit in-4° avec gravures en deux tons. — Cartonnage toile, or et couleurs. Prix . . . . **5 fr.**

HISTOIRE VERSIFIÉE ET HUMORISTIQUE DE LA FRANCE AVANT LA RÉPUBLIQUE, par Victor Thiéry, avec de nombreuses illustrations de Kauffmann.

Un volume in-8° cavalier, sur papier vélin. Prix . . . . . . **10 fr.**
Dans un cartonnage humoristique, fers spéciaux . . . . . **13 fr.**

PUBLICATIONS ILLUSTRÉES EN COULEURS

SWIFT. — **LES VOYAGES DE GULLIVER.** — Traduction nouvelle de B.-H. Gausseron, illustrations en couleurs de Poirson. — Grand in-8° de 400 pages, orné de 245 gravures imprimées en aquarelle de 6 à 10 tons.

GOLDSMITH. — **LE VICAIRE DE WAKEFIELD.** — Traduction nouvelle et complète de B.-H. Gausseron, illustrations en couleurs de Poirson. — Grand in-8° de 320 pages orné de nombreuses gravures imprimées en aquarelle de 6 à 10 tons.

CHACUN DE CES DEUX OUVRAGES :

Broché . . . . **10 fr.**
Cartonné toile, fers spéciaux . . . . **12 fr.**
100 exemplaires numérotés sur japon . . . . **50 fr.**

ENCYCLOPÉDIE ENFANTINE — ALPHABETS

L'A B C DES TOUT PETITS

Format petit in-8°, avec 6 gravures en couleurs, par Firmin Bouisset. Couverture en couleurs.

Prix . . . **0 fr. 15**

L'ALPHABET USUEL

Format in-4°, avec 24 grandes gravures en couleurs, par Adrien Marie. Couverture en couleurs et vernie, avec cartonnage souple.

Prix . . . **1 fr. 25**

L'A B C DU PREMIER AGE

Format grand in-8°, avec 24 gravures en couleurs, par Firmin Bouisset. Couverture en couleurs et vernie, avec cartonnage souple.

Prix . . . **0 fr. 60**

L'ALBUM-ALPHABET

Format gr. in-4°, avec 27 belles illustrations en couleurs, par E. de Liphart, et de nombreuses grav. en noir. Couverture en couleurs et vernie. Cartonnage fort et solide.

Prix . . . **2 fr. 50**

ALBUMS

PREMIÈRE SÉRIE GRAND IN-4°
Prix : 1 fr. 25

16 pages imprimées en gros caractères sur papier très fort. 8 gravures en couleurs.
Couverture en carton simple, avec or et couleurs.

LE DORMEUR ÉVEILLÉ, illustré par CHOVIN.
LES ANIMAUX DOMESTIQUES, illustré par GAMBARD.
ALI-BABA OU LES 40 VOLEURS, illustré par MYRBACH.
AU PAYS DES FLEURS, illustré par GAMBARD.

DEUXIÈME SÉRIE IN-4°
Prix : 0 fr. 75

16 pages imprimées en gros caractères sur papier fort, 8 gravures en couleurs.
Couverture en carton souple, avec or et couleurs.

FRÈRE ET SŒUR, illustré par VOGEL.
GARGANTUA, illustré par MYRBACH.
PETITE POUCETTE, illustré par JOB.
DON QUICHOTTE, illustré par MYRBACH.
ROBINSON CRUSOÉ, illust. par MIRBACH.

TROISIÈME SÉRIE PETIT IN-4°
Prix : 0 fr. 40

6 gravures en couleurs et 8 pages de texte.
Couverture en couleurs.

JEAN LE CHANCEUX, illust. par CHOVIN.
LA SEMAINE DE JULIE, illustré par Mlle MARTIN.
GUIGNOL, illustré par JOB.
JEAN L'OURS, illustré par MASSÉ.
PAUL DANS LA LUNE, illustré par JOB.
L'OISEAU BLEU, d'après Mme d'AULNOY, illustré par CLÉRICE.
SEPT D'UN COUP ! d'après GRIMM, illustré par POISON.
LE BARON DE KRACK, ill. par CHOVIN.

QUATRIÈME SÉRIE IN-8°
Prix : 0 fr. 25

6 gravures en couleurs et 8 pages de texte.
Couverture en couleurs.

LE PRINCE SAPHIR, illustré par GUMERY.
RIQUET A LA HOUPPE, ill. par VOGEL.
CENDRILLON, illustré par GRIVAZ.
TOM POUCE, illustré par VOGEL.
FOLLE JOURNÉE, illustré par STEINLEN.
BARBE BLEUE, illustré par VOGEL.
PIERROT, illustré par JAZET.
L'ASSAUT DU MOULIN*, ill. par TOFANI.
LE CHAT BOTTÉ, illustré par MYRBACH.

CINQUIÈME SÉRIE PETIT IN-8°
Prix : 0 fr. 15

6 gravures en couleurs et 8 pages de texte.
Couverture en couleurs.

SAINT-NICOLAS et GUILLERI, illustré par VOGEL.
GRIBOUILLE, illustré par STEINLEN.
IL ÉTAIT UN'BERGÈRE, ill. par BOUISSET.
LE CHEVALIER DU ROI, ill. par VOGEL.
M. DE LA PALISSE, illust. par CHOVIN.
MALB'ROUGH, illustré par CLÉRICE,
CADET ROUSSELLE, illustré par FARIA.
LA MÈRE MICHEL, illustré par FARIA.
LE ROI DAGOBERT, illustré par CHOVIN.
MON PÈRE M'A DONNÉ UN MARI, illustré par BOUISSET.
MONSIEUR DUMOLLET, ill. par VOGEL.
LE RENARD ET LE CORBEAU, illustré par GÉLIBERT.
SUR LE PONT DU NORD, ill. par BOUISSET.

SIXIÈME SÉRIE IN-16
Prix : 0 fr. 10

6 gravures em couleurs et 8 pages de texte.
Couverture en couleurs.

LA FÊTE DE JEANNE, ill. par BOUISSET.
LE MARIAGE DE TOTO, ill. par BOUISSET.
LA PREMIÈRE POUPÉE, ill. par BOUISSET.
LE VOYAGE DE LUCIE, ill. par GODEFROY.
LE JARDIN DE JULIETTE, illustré par GODEFROY.
LA PETITE MEUNIÈRE, ill. par CHOVIN.
LA PETITE FERMIÈRE, ill. par BOUISSET.
LA PETITE MÉNAGÈRE, ill. par BOUISSET.
LA SEMAINE DE NOEL ill. par Mlle MARTIN.
LE BAIN DE MINET, ill. par GODEFROY.

VOLUMES-ALBUMS

Nous désignons sous ce titre des ouvrages destinés à la famille presque autant qu'aux enfants et qui restent un ornement de la table du salon.

SÉRIE DE LUXE

L'OIE DU CAPITOLE (édition du Figaro), texte par Léo Claretie. Illustrations de A. Vimar. — Album grand in-4° de 48 pages avec 60 illustrations en couleurs. — Prix, richement cartonné . . . . **8 fr.**

LA COMÉDIE CHEZ BÉBÉ. Illustrations par F. Bouisset. — Magnifique album grand in-4°, illustré de 32 grandes gravures en couleurs, imprimées. Couverture en chromotypographie. — Prix . . . . **5 fr.**

PERDUS AU JARDIN DES PLANTES, par Arsène Alexandre. — Illustrations de Gumery. — Un album petit in-4° de 40 pages, illustré en deux tons et page à page. — Prix, cartonné . . . . **1 fr. 50**

CATHERINE, CATHERINETTE ET CATARINA, par Arsène Alexandre. — Illustrations de F. Bouisset. — Album petit in-4°, contenant 36 reproductions d'aquarelles en couleurs. Cartonnage en couleurs. — Prix. **1 fr. 50**

LE VOYAGE DE MADEMOISELLE ROSALIE, par R. Vallery-Radot. — Dessins d'Adrien Marie. — Chacun de ces trois albums in-4°, contenant 36 reproductions d'aquarelles en couleurs et 32 pages de texte, imprimé sur papier fort et glacé. Cartonnage en couleurs. — Prix . . . . . . **1 fr. 50**

LES BÉBÉS D'ALSACE-LORRAINE. Illustrations par F. Bouisset. — Album petit in-4°, contenant 32 reproductions d'aquarelles en couleurs. Cartonnage en couleurs. — Prix. . . . . **2 fr.**

LES JARDINS DE PARIS. — Illustrations de J. Grigny. — Texte par P. Bonhomme.

LA JOURNÉE DE BÉBÉ. — Illustrations de F. Bouisset. — Texte par M. Arnaud.

Albums in-4°, contenant 32 grandes gravures, plus le texte. Toutes les gravures imprimées en couleurs sont des reproductions d'aquarelles. Le papier est glacé et très fort. Chaque album est recouvert d'un riche cartonnage en couleurs et verni. — Prix. **3 fr. 25**

CHINOISERIES, racontées par Louis de Hessem. — Un magnifique album in-4° écu de lithographies en couleur. — Prix, dans un cartonnage artistique en couleurs (*Epuisé*). . . . . **6 fr.**

LA REINE DU JARDIN, par L.-W. Hawkins. — Un élégant album format grand in-4°, contenant 5 grandes planches en couleurs, d'après les cartons de l'artiste. — Prix, cartonné . . . . **5 fr.**

JEAN-BART, par J. Montet. — Illustrations de R. de la Nézière. — Un vol.-album en couleurs grand in-4°, illustré page à page, et contenant 14 planches hors texte en quatre couleurs. — Prix, relié . . . . **8 fr.**

LES FARFADETS. — Album humoristique de légendes bretonnes. Illustrations de Rivière, texte de Mélandri. — 1 vol. illustré de 40 gravures en couleurs, riche cartonnage. . . . . **4 fr.**

NOS PETITS AIEUX. — Grand album de 80 pages, illustré de 60 dessins, dont 20 en couleur par Bac, cartonnage toile, tirage en couleurs. — Prix. **6 fr.**

IMAGERIE ARTISTIQUE

Jolie collection d'images humoristiques et enfantines tout à la fois, imprimées en chromotypographie, format 28 × 38. Tous les dessins (260 *titres*) sont demandés à des artistes de talent; la gravure et l'impression sont l'objet des mêmes soins que nos ouvrages. — **La feuille.** . . . . 0 fr. 05

(*Ces images ne se vendent que par série de 20 feuilles.*)

1e Série (*Historiettes*)

1. Le petit ramoneur.
2. La colère d'un concierge.
3. Le tonneau de Diogène.
4. Aventures d'un mousse.
5. Léon le désobéissant.
6. Le papillon d'or.
7. Tom et Toto.
8. Les clowns.
9. Le sel sur la queue.
10. La tache noire.
11. Un rêve agité.
12. L'habit coupé.
13. Le portrait de Jules.
14. Le sapeur Gruyer.
15. Le chemin défendu.
16. Le nez bleu.
17. Monsieur le docteur.
18. Chinoiseries.
19. Vieux habits.
20. Habits neufs.

2e Série (*Militaires*)

1. Infanterie.
2. Cuirassiers.
3. Batailles historiques.
4. Bataille de Gravelotte.
5. Zouaves.
6. Garde républicaine.
7. Batailles historiques.
8. Bataille de Solférino.
9. Turcos.
10. Combat du Bourget.
11. Spahis.
12. Artillerie.
13. Chasseurs à cheval.
14. Batailles historiques.
15. Bataille des Pyramides.
16. Combat de Wissembourg.
17. Corps du génie.
18. Batailles historiques.
19. Dragons.
20. Bataille de Jemmapes.

3e Série (*Historiettes*)

1. L'idée de Corentin.
2. Histoire d'un nez.
3. L'œuf à surprise.
4. Le jeu du repassage.
5. Les deux bossus.
6. Le premier cigare.
7. Ascension de Toto.
8. En contravention.
9. La toilette de Minet.
10. Le panier d'œufs.
11. L'habit neuf.
12. Le voyage manqué.
13. Pierrot.
14. Deux pêcheurs.
15. Vengeance d'un nègre.
16. Un entêté.
17. Une vocation.
18. Le diable bafoué.
19. Pierrot soldat.
20. L'hospitalité.

4e Série (*Historiettes*)

1. Le juste calife.
2. L'âne d'Auguste.
3. La bergère et le loup.
4. L'ours.
5. Le voyage de Polichinelle.
6. La réponse méritée.
7. L'omelette.
8. Un mauvais sujet.
9. Le condamné à mort.
10. Le sire de Grandplumet.
11. La chasse à l'ours.
12. La boule de neige.
13. Le petit patriote.
14. L'arroseur.
15. La pie voleuse.
16. La farce du petit Alsacien.
17. L'ours et le voleur.
18. Les œufs du père Finaud.
19. L'enfant et le chat.
20. Le nez de Robert.

5e Série (*Historiettes*)

1. Navigation forcée.
2. Pierrot dîne en ville.
3. Le mandarin gourmand.
4. La fête chez le lézard.
5. Les oies du petit Jean.
6. Un grand voyage.
7. Les allumettes.
8. Crakentête.
9. Le cerf-volant.
10. Une cure merveilleuse.
11. Les Bohémiens.
12. Mésaventures de M. Principal.
13. Un projet téméraire.
14. L'abeille.
15. L'arbre de Noël.
16. Rivalités.
17. La pièce de cent sous.
18. Médor et le pêcheur.
19. Le vieux bidon.
20. Le page Guy.

6e Série (*Fables*)

1. Le petit poisson et le pêcheur.
2. La laitière et le pot au lait.
3. Le lièvre et la tortue.
4. La Mort et le bûcheron.
5. Rat de ville et rat des champs.
6. Le loup et l'agneau.
7. La grenouille et le bœuf.
8. Le renard et le corbeau.
9. Conseil tenu par les rats.
10. L'huitre et les plaideurs.
11. Le chien et le loup.
12. Le rat et l'huitre.
13. Les grenouilles qui demandent un roi.
14. Les deux chèvres.
15. Le renard et les raisins.
16. La cigale et la fourmi.
17. Les deux pigeons.
18. Le savetier et le financier.
19. Le chêne et le roseau.
20. Les deux coqs.

7e Série (*Historiettes*)

1. L'oie de Noël.
2. Mésaventures de Ludovic.
3. Léon le batailleur.
4. Le tigre emprisonné.
5. Le lion enfumé.
6. Le cas de M. Cornue.
7. Ko-Cli-Kho.
8. Totor et l'aveugle.
9. La bête diabolique.
10. Le barbier et le pâtissier.
11. Friquet.
12. Le secret du docteur.
13. Une méprise.
14. Les deux finauds.
15. Le crocodile compatissant.
16. Un chapeau neuf.
17. Un repas accidenté.
18. L'aveugle.
19. Le voile bleu.
20. Monsieur Duveston.

8e Série (*Fables*)

1. Le berger à la mer.
2. Les oreilles du lièvre.
3. La tortue et les deux canards.
4. Le charretier embourbé.
5. L'avare qui a perdu son trésor.
6. Le geai paré des plumes du paon.
7. Le héron.
8. L'âne portant des reliques.
9. Le pot de terre et le pot de fer.
10. Le renard et la cigogne.
11. Les médecins.
12. Le lièvre et les grenouilles.
13. L'homme et l'idole de bois.
14. Le cerf se voyant dans l'eau.
15. L'enfant et le maître d'école.
16. Le cochet le chat et le souriceau.
17. Les deux rats, le renard et l'œuf.
18. L'hirondelle et les petits oiseaux.
19. Les voleurs et l'âne.
20. La forêt et le bûcheron.

9e Série (*Historiettes*)

1. Partie de pêche.
2. La soupe aux cailloux.
3. Un homme irascible.
4. Le peintre To-Kai.
5. Un drame à la mer.
6. Beauplumet.
7. Soirée de contrat.
8. Une bonne douche.
9. Henry le paresseux.
10. Pas de chance.
11. Chez le photographe.
12. Les deux Normands.
13. Le cigare de M. Gogo.
14. Suites d'une mauvaise action.
15. Un phénomène.
16. Les deux sacs.
17. A la ferme.
18. Le faucon.
19. Beau signe.
20. Partie manquée.

10ᵉ Série (*Historiettes*)

1. La punition d'Hector.
2. Gabrielle la boudeuse.
3. Voyage au long cours.
4. Le petit tonnelier.
5. Le portrait de Claudine.
6. Le sereno.
7. Jean l'étourdi.
8. Les forfaits de Pierre.
9. Le train de plaisir.
10. Le rêve d'un paresseux.
11. Le portrait de Médor.
12. Le serpent de Rhodes.
13. Pour une brioche.
14. Petits mauvais cœurs.
15. Le chien tondu.
16. Pincé quand même.
17. La réquisition.
18. Les déboires de Pataud.
19. La marmotte.
20. Les deux commissionnaires.

11ᵉ Série (*Historiettes*)

1. Trop choyés.
2. Le métait de Manon.
3. Les canards.
4. Soirée orageuse.
5. Le jeu du cirque.
6. Ouverture de pêche.
7. Trop de musique.
8. Le menteur puni.
9. Le rajah.
10. Charité récompensée.
11. Les cerises.
12. C'était un chat.
13. Brutalité punie.
14. Un cauchemar.
15. Festin interrompu.
16. L'explorateur.
17. Dans la lune.
18. L'innocence de Zoraïm.
19. Un phénomène.
20. Le mannequin.

12ᵉ Série (*Sujets militaires*)

1. Napoléon Bonaparte.
2. Une soupe bien gagnée.
3. Les deux cuirassiers.
4. Le sergent Jean-Claude.
5. Le jeu des grâces.
6. Le sous-lieutenant.
7. La diligence.
8. Les deux hussards.
9. La bonne pipe.
10. Le brigadier la Bourrasque.
11. La première garde.
12. Une journée militaire.
13. La filleule de l'Empereur.
14. L'invalide à la tête de bois.
15. Un soldat de l'an IV.
16. Le Napoléon de neige.
17. Le tambour-major.
18. Le petit chien.
19. Un vieux de la vieille.
20. Le perroquet.

13ᵉ Série (*Historiettes*)

1. Le voyage en Suisse.
2. La branche.
3. La petite revue.
4. Les étapes d'un cheval.
5. Un héros.
6. Carnaval.
7. La pipe du matelot.
8. La jaquette d'Édouard.
9. Le bateau de Maurice.
10. Désobéissance.
11. Voleurs volés.
12. Le singe Jack.
13. Caporal.
14. L'alerte de Cadet.
15. Billet de logement.
16. Mauvais caractère.
17. Conte rouge.
18. Le chien et le parapluie.
19. Cupidité punie.
20. Les deux Gaspards.

14ᵉ Série (*Historiettes*)

1. Le moulin de Kerbiniou.
2. Une mauvaise farce.
3. Il pleut des chats.
4. Une histoire de chasse.
5. Les deux lapins.
6. Mésaventures de M. Badaud.
7. Le bain de M. John.
8. La ménagerie.
9. Grand Klaus et petit Klaus.
10. L'amateur photographe.
11. Histoire d'un crime.
12. La sobriété d'Ibrahim.
13. Le baron et le charcutier.
14. Le carrosse du père Malot.
15. L'escargot vengeur.
16. Les pommes du père François.
17. Trop d'aplomb.
18. Le rêve de Jean Guislain.
19. Les malheurs de M. de Pellard.
20. La patience du pêcheur.

15ᵉ Série (*Historiettes*)

1. Le chapeau de M. Pomme.
2. Yan'sot.
3. Le portrait.
4. Une leçon de prudence.
5. M. et Mᵐᵉ Clown.
6. Une faction agitée.
7. Histoire de trois jumeaux.
8. Une sortie mouvementée.
9. Bien volé ne profite jamais.
10. La reconnaissance de Tom.
11. Une mauvaise douche.
12. Aventures de Pierre Grateron.
13. La dernière distraction du professeur.
14. Roger le désobéissant.
15. Les chasses de Tartarin.
16. Le beau ténébreux.
17. Ernest le petit gommeux.
18. Les Marie-Louise.
19. L'arroseur et l'éléphant.
20. Le courrier du Roi.

ALBUMS D'IMAGES (Format 28 × 38). — L'album de 20 feuilles sur papier fort ; élégant cartonnage en couleurs. . . . . **3 fr.**

Séries I, III, IV, V, VII, IX, X, XI, XII, XIII, XIV, XV. *Historiettes.* — Série II. *Militaires.* — Séries VI, VIII. *Fables de La Fontaine.*

IMAGES DES CONNAISSANCES UTILES (4 feuilles à **0 fr. 05** l'une).

Les Aliments. — Le Blé et ses produits. — La Culture du Blé. — Le Vin.

BIBLIOTHÈQUE DE LA FAMILLE

Format in-8°. *Le volume, broché, avec couverture illustrée,* **4** francs.
Relié rouge et or avec tranches dorées, **6** francs.

MÉMOIRES DE LÉDA (Histoire d'un cheval), par M. de Doumy. Illustrations de Job, Chovin, Godefroy et Dunki.

AU PAYS DES FÉES, par Mᵐᵉ la baronne L. de Rochemont. Illustrations de Mès.

LE SOLDAT, par Charles Leser. Illustrations d'Eugène Chaperon.

CONTES D'UN VIEUX SAVANT, par M. de Graffigny. Illustrations de Nac.

LES LÉGENDES DE FRANCE, par Henry Carnoy. Illustrations de E. Zier. Reliure spéciale, très artistique.

BIBLIOTHÈQUE D'ÉDUCATION MATERNELLE

Format in-16. Le volume, broché, avec couverture en couleurs, **2 fr. 25.**
Relié bleu et or, avec tranches dorées, **3 fr.**

UN HÉRITAGE DANS LES AIRS, par Th. Cahu, illustrations de E. Vavasseur.

LES VACANCES CHEZ GRAND'MÈRE, par P. Bonhomme, illust. de M. Martin.

LE RÊVE DE JEAN, par M*me* M. Sibille. Illustrations de Simonaire.

GERBES D'HISTOIRES, par M*me* de Witt, Illustrations de M*lle* C. Chalus.

LE PETIT DON QUICHOTTE, par M*lle* Henriette Daux. Illustrations de M*lle* C. Chalus.

NIQUE ET PAUL, par J. Kervall. Illustrations de R. de la Nézière.

GROS PIERRE, par M*me* Julie de Monceau. Illustrations de M*lle* Chalus.

MÉMOIRES D'UN RAT ÉCORCHÉ, par M*me* de Gériolles. Illustrations de E. Vavasseur.

LES GALONS DE ROBERT, par M*lle* J. de Coulomb. Illustrations d'E. Chaperon.

MAUVIETTE CHÉRIE, par M*me* O. Gevin-Cassal. Illustrations de Slom.

LE PRINCE SERGE, par M*lle* Jeanne de Coulomb. Illustrations de Laurent Gsell.

CHEZ L'ONCLE LOUIS, par M*lle* Jeanne Coulomb. Illustrations de E. Vavasseur.

LUCIEN ET LUCIENNE, par M*me* de Paloff. Illustrations de R. de la Nézière.

AMOUR DE MÈRE, par M*me* de Witt. Illustrations de Al. Lemaistre et P. Steck.

BOHÈMES ET BRAVES GENS, par M*me* de Bosguérard. Ill. de Laurent Gsell.

MON PETIT FRÈRE, par M*me* de Monceau. Illustrations de L. Malteste.

VOYAGE A LA MER, par M*me* G. Mesureur. Illustrations de Laurent Gsell.

AVENTURES D'ENFANTS, par M*me* Th. Vernes, née de Witt. Ill. de E. Vavasseur.

FABLES POUR LES PETITS, par M. Félix Dumont. Ill. de F. Bouisset.

CE BON LOFFI par M*lle* Marie le Conte. Illustrations de E. Vavasseur.

NOTRE AMIE POLLY, ouvrage adapté de l'anglais par Mirzel. Ill. de Fernand Fau.

ÉCHOS DES VACANCES, par M*me* de Paloff. Illustrations de Nac.

AUX GARENNES, par M*me* N. Balleyguier. Illustrations de G. de Burggraff.

HISTOIRE DE GERMAINE, par A. Quantin. Illustrations de Kauffmann.

RÉCITS DE L'ONCLE PAUL, par P. Bonhomme. Illustrations de Kauffmann.

LA NUIT DE NOEL, par Carnoy. Illustrations de Chovin.

MADEMOISELLE TRYMBALMOUCHE, par M*me* N. Balleyguier, Illustrations de Zier.

L'HIVER A LA CAMPAGNE, par M*me* de Witt. Illustrations de P. Kauffmann.

L'ENFANT DES VOSGES, par M*me* Julie de Monceau. Illustrations de A. Lemaistre.

HANS MERTENS, par H. Carnoy. Illustrations de Chovin.

LES CŒURS AIMANTS, par M*me* de Witt, née Guizot, et M*lle* S. Doy. Illustrations de Jules Girardet.

LES ROGIMBOT, par M*me* Noémi Balleyguier. Illustrations de Zier.

BOUTON D'OR, par M*me* de Sobol. Illustrations de Loevy, Steinlen et Tofani.

LES VINGT-HUIT JOURS DE SUZANNE, par Tante Jane. Illustr. de G. Fraipont.

LES HÉROS MODESTES, par M*me* de Witt, née Guizot. Illustrations de Roux.

HISTOIRE D'UN ENFANT DE PARIS, couronné par l'Académie française, par M*me* G. Mesureur. Illustrations de Poirson.

JACQUES L'ABANDONNÉ, par Marc Anfossi. Illustrations de Desetz.

LA VENGEANCE D'UN HAUTECŒUR, par M*me* de Bellaigue. Illustrations de Montader.

HISTOIRE D'UN GARÇON, par M*me* de Bovet. Illustrations de Chovin.

LE FILS DE L'AMIRAL, par M*me* F. Le Roy. Illustrations de Lacker.

LE SECRET DE SIR WILLIAM, par Marc Anfossi, illustr. de Paul Destez.

BIBLIOTHÈQUE ENFANTINE

Format petit in-16. Broché, couverture en couleurs, **0 fr 80.**
Cartonnage en couleurs, **1 fr. 25.**

Contes pour les enfants sages, par C. Natal.

Nous et nos Amis, par J. Debrousse.

Sans Joujoux, par M*me* J. de Sobol.

Histoire de Bebés, par Jacques Lheureux.

Mauvaises Têtes et Bons Cœurs, par Carolus Brio.

Les Récits d'un vieil Oncle, par Camille Natal.

Les Prisonniers de Maman, par M*me* J. de Sobol.

Les Bonheurs de Pauline, par M*me* de Bosguérard.

Mémoires d'une Chèvre, par la comtesse de T...

Une **Partie de Plaisir**, par Roger Dombre.
Le **Théâtre de Polichinelle**, par le Papa de Nénette.
La **Plage de Wimereux**, par Mme Noémi Balleyguier.
Aimé pour son bon Cœur, par Mlle Eva Gatouil.
Les **Enfants de Cigarette**, par Théodore Cahu.
Les **Histoires de Tante Rose**, par Mme de Bosguérard.
Histoire d'une Troupe de Marionnettes, par M. A. de Bréville.
Les **Bons Points de Bébé**, par Mme de Bosguérard.
Mignonnettes, par Mme Noémi Balleyguier.

Scènes Enfantines, par Marie de Bosguérard.
Le **Petit Monde**, par Mme Amélie de Wailly.
Moi et mes Poupées, par Mme J. de Sobol.
Mémoires de Cigarette, par Théocritt.
Contes aux tout Petits, par P. Andriveau.
Bébés en Vacances, par Mme L. Hameau.
La **Chatte de Mlle Ilda**, par Mme de Paloff.
Petits Amis, par Mme de Bosguérard.
Les **Vacances de Paul**, par Mme J. de Sobol.

OUVRAGES POUR DISTRIBUTIONS DE PRIX

Le Catalogue spécial des livres pour distributions de prix est envoyé franco sur demande.

Série I (18 volumes).

Format in-16 carré illustré (16 × 11). — Cartonné, fers spéciaux, tranches jaspées . . . . **0 fr. 25**

Le **Mariage de Toto**, par A. de Bréville.
La **Petite Meunière**, par A. Vieuxmaire.
Le **Bain de Minet**, par Némo.
La **Petite Ménagère**, par Némo.
La **Vengeance de Goliath**, par Mme de Gériolles.
Tourbillonnus, par Mme de Sobol.
Fanfan la Grimace, par Mme de Gériolles.
Une Poignée d'Histoires, par Jacques Lheureux.
Messagère de Bonheur, par Yan de Castelis.

Pour les Vacances, par Mme Hameau.
L'Ane mélancolique, par Mlle H. Daux.
Les **Revenants**, par Mlle H. Daux.
Les **Crimes d'un Perroquet**, par Mlle de Sainte-Croix.
Petite Sœur, par Mme A. Alexandre.
Les **Aventures de Toto**, par Mlle de Sainte-Croix.
Entre Chien et Chat, par Mlle H. Daux.
Les **Tout Petits**, par Mme Joleaud-Barral.
Les **Jolis Minets**, par M. Louis Vernet.

Série II (20 volumes).

Format in-16 illustré (19,5 × 12). — Cartonné, fers spéciaux, tranches jaspées . . . . . . **0 fr. 40**

Menteuse, par Jean Debrousse.
Etre l'Homme, par Jean Debrousse.
Le **Petit Ménage**, par A. de Wailly.
Suzanne et Jean, par Jean Debrousse.
Partie de Campagne, par A. de Wailly.
L'Enfant perdu, par A. de Wailly.
Le **Petit André**, par Jean Kervall.

Aventure du Lieutenant Cornembois, par Mme de Gériolles.
Par-ci, Par-là, par Mme de Sobol.
Histoire de tous les Jours, par Jacques Lheureux.
Pour la Patrie Française, par Mlle V. Vallat.
Une Histoire par Jour, par Mme L. Hameau.

La Brave Petite Servante, par A. ALEXANDRE.

Le Crépuscule des Fées, par Mlle H. DAUX.

Les Petits en Vacance, par Mme HAMEAU.

Autour de la Bastille, par M. JOLEAUD-BARRAL.

Les Déceptions de Jacques, par Mlle H. DAUX.

Nos Amis les Chiens, par M. LOUIS VERNET.

Les Jeux dangereux, par M. ROBERT-DELORME.

Contes Russes, par Mlle DE SAINTE-CROIX.

Série III (18 volumes).

Format petit in-8° illustré (21 × 13). — Cartonné, fers spéciaux, tranches jaspées. . . . 0 fr. 50

Une terrible Leçon, par CAROLUS BRIO.

Mauvaise Tête et bon Cœur, par CAROLUS BRIO.

Les Jeudis de Jean, par ÉVA GATOUIL.

Le Général Toto, par F. ANDRIVEAU.

Le Jardin de Félicie, par C. NATAL.

La Dînette improvisée, par C. NATAL.

La Poupée d'Yvonne, par J. LHEUREUX.

Mardi-Gras, par J. LHEUREUX.

Promenades instructives, par Mme M. REVONE.

Les Grands Navigateurs, par M. RENACK.

Les Finesses de Kok-Hasse, par Mme DE GÉRIOLLES.

Voyage d'une toute petite Princesse, par Mlle H. DAUX.

Contes Néo-Calédoniens, par M. TALAMO.

Entre deux Classes, par M. J. MONTET.

Ma Tante Hurlure, par A. ALEXANDRE.

Nouvelles Scientifiques (les Bateaux à vapeur, les Aérostats), par M. PAUL GSELL.

Le Petit Soldat, par M. ROBERT DELORME.

Veillées instructives, par M. JOLEAUD BARRAL.

Série IV (16 volumes).

Format petit in-8° illustré (21,5 × 13,5). Cartonné papier, tranches jaspées. . . . . 0 fr. 70
— — — — dorées . . . . 0 fr. 95

Une Partie de Plaisir, par ROGER DOMBRE.

Le Théâtre de Polichinelle, par le Papa de Nénette.

Une Épreuve, par J. DE SOBOL.

A la Ferme, par Mme DE PALOFF.

Ce Gamin de Panpan, par Mlle J. DE COULOMB.

Au Tonkin (Souvenirs d'un soldat d'infanterie de marine), par M. A. MERCIER.

Les Savants Français du Siècle, par FABRE DES ESSARTS.

Frères de Lait, par Mlle H. DAUX.

Les Mémoires d'un Gorille, par TALAMO.

Maman, Jeanne et Jean, par M. TRIGANT-GENESTE.

Jean Francésou (Le Roman d'un petit Berger), par M. F. ROUX.

La Journée d'un Gamin de Paris, par R. SOSTA.

Épisode de France, par M. A. MERCIER.

En Route pour la Gloire, par M. JOLEAUD-BARRAL.

Les Châtaignes, par Mme G. MESUREUR.

Histoires pour Rire, par M. J. MONTET.

Série V (14 volumes).

Format in-8° illustré (22,5 × 14,5). Cartonné papier, fers spéciaux, tranches jaspées. . . 0 fr. 90
— — — — dorées . . . 1 fr. 15

Les Tribulations d'un Fils du Ciel, par PAUL DUTILLEUL.

Les Prisonniers de Maman, par PAUL DUTILLEUL.

Les Bonheurs de Pauline, par M. DE BOSGUÉRARD.

La Fille du Boer, par R. LÉOMI.

Le Secret de la Cassette d'Ivoire, par R. FLEURUS.

La Princesse Wanda, par A. MAHLINGER.

Entre deux Expositions, par M. GSELL.

A Cuba (Luttes pour l'indépendance), par M. TALAMO.

L'Esprit et le Cœur à travers les Ages, par M. VALLAT.

A la Recherche d'une Source, par Mme G. MESUREUR.

Histoires instructives (*Nouvelles scientifiques*), par M. P. GSELL.

Aux Temps féodaux, par M. A. MERCIER.

Contes rapides, par M. J. MONTET.

La Science en Histoires (*Nouvelles scientifiques*), par M. PAUL GSELL.

Série VI nouvelle (8 volumes).

Format in-8° raisin illustré (25 1/2 × 16 1/2).
Cartonnage imitation maroquin plaque or et couleur, tranches jaspées . . . . **1 fr. 15**
— — — — — tranches dorées. . . . . **1 fr. 40**

Vacances en Suisse, par TH. VERNES, née DE WITT.

Fille et Père, par Mme DE WITT, née GUIZOT.

Une Escapade, par TH. VERNES, née DE WITT.

Voyage à la Mer, par Mme MESUREUR.

Récits de l'Oncle Paul, par PAUL BONHOMME.

Mémoires d'un vieux Cheval blanc, par PAUL BONHOMME.

Au Fond des Bois, par Mme DE WITT, née GUIZOT.

Cinq bons Proverbes, par J. MONTET.

Série VII (11 volumes).

Grand in-8° illustré (26 × 17) d'environ 100 p. — Cartonné papier, fers spéciaux, tran. jas. **1 fr. 50**
— — — — — dorées. **1 fr. 70**

Le Robinson des Glaces, par M. G. VALLAT.

Pomenade dans nos Musées, par M. P. GSELL.

Un Rêve fantastique, par Mme MESUREUR.

Joyeux Hiver, traduit du russe par HELLÉ.

Petites Bonnes Gens, par Mme JULIE DE MONCEAU.

Maître Renard, par A. SLIVITZKI. Traduit du russe par HELLÉ.

Bouton d'Or, par M. DE SOBOL.

Histoire de Colons, par Mme A. DE WITT.

Bohèmes et Braves Gens, par M. DE BOSGUÉRARD.

Le Secret d'une Enfant, par MAX LYAN.

Les Vacances de Suzanne, par TANTE JANE.

Série VIII nouvelle (10 volumes).

Format in-8° raisin illustré (26 × 16 1/2).
Cartonnage imitation maroquin, plaque or, noir et couleur, tranches jaspées . . . . **1 fr. 90**
— — — — — tranches dorées. . . . . **2 fr. 25**
— — toile — — — . . . . **2 fr. 90**

L'Aventure de Marquisette, par ARNOLD MAHLINGER.

L'Oncle Jacques, par M. RIBOULET.

Un Apôtre de quinze Ans, par M. DE GÉRIOLLES.

Vaillante Mère, par Mme MELCHIOR.

Fais ce que dois, par M. CHARLES SIMOND.

Jours heureux, par Mme HAMEAU.

Tribulations de Sandrine, par M. DE SOBOL.

Petite Manette, par Mme DE SOLIS.

Les Héros modestes, par M. DE WITT.

Le Hallier aux Loups, par A. SLIVITZKI, traduit du russe par L. GOLSCHMANN et JAUBERT.

Série IX (10 volumes).

Format grand in-8° illustré (26 × 17,5) d'environ 220 pages. { Cartonné papier, fers spéciaux, tranches jaspées. **2 fr. 50**
— — — — dorées. **3 fr. »**
— toile — — — **3 fr. 50**

L'Enfant des Vosges, par Mme J. DE MONCEAU.

Les Galons de Robert, par J. DE COULOMB.

Les Mémoires d'un Enfant, pendant le siège de Paris, 1870-1871, par Mme MESUREUR.

Le Dernier des Pifferari, par Mme MESUREUR.

Le Talisman des Peureux, par par M. C. CHALVIN.

Les grandes Villes de France, par M. F. BERTEAUX.

Le Tueur du Roi, par M. A. MERCIER.

Aux États-Unis (*Épisodes de la guerre d'indépendance*), par M. RENACK.

Embarqué, par Mme FERDINAND LE ROY.

La Famille Carbonnel, par Mme AUDEBERT DE BOVET.

Série X (6 volumes).

Format petit in-4° illustré (29 × 20,5). Cartonné papier fers spéciaux, tranches jaspée... **3 fr. 20**
— — — — dorées... **3 fr. 60**
— — — toile — dorées... **4 fr. 50**

A Madagascar, par le capitaine TAM.

Sensitive, par Mme LAUBOT.

Fraternité, par D'AGON DE LA CONTERIE.

Les Étrennes du Docteur, par M. RENÉ SOSTA.

Voyage de Gulliver à Brodingnac, par SWIFT, traduit de l'anglais, par C. DA COSTA.

Voyage de Gulliver à Lilliput, par SWIFT, traduit de l'anglais par C. DA COSTA.

Série XI nouvelle (6 volumes).

Format grand in-8° jésus illustré (29 × 19 1/2).
Cartonnage imitation maroquin, plaque or, noir et couleur, tranches jaspées .... **4 fr. 30**
— — — tranches dorées .... **4 fr. 80**
— toile plaque spéciale tirée en couleur, tranches dorées .... **5 fr. 25**

Chatelaine du Val-Doré, par A. MAHLINGER.

Marjolaine, par M. BRUNOT.

Au But quand même, par M. LAUBOT.

Le Roman d'un sous-lieutenant, par GEORGES BÉTHUYS.

Blanche et Bleue, par M. LAUBOT.

L'Espion aérien (1870-1871), par W. DE FONVIELLE.

Série XII nouvelle (7 volumes).

Format grand in-8° illustré (30 × 20).
Reliure toile, fers spéciaux en or et couleur, tranches dorées............. **6 fr. 50**

Grands Cœurs et petit Pays, par NOËL GAULOIS.

Petite Reine, par Mlle CHAMBON.

Tambour battant, par Mlle CHAMBON.

Le Pavillon d'Or, par J. DE GASTYNE.

Par Vanité, par M. PERRONNET.

Reconnaissance, par D'AGON DE LA CONTERIE.

A la Conquête d'un Trône, par A. MAHLINGER.

Série XIII Prix d'honneur (5 volumes).

Format grand in-4° illustré (32 × 22) de 320 pages.
Relié toile, plaque spéciale or et couleurs, tranches dorées............... **7 fr.**

Filles de France, par A. MAHLINGER. (Ouvrage illustré.)

La Convention, par ALEX. BÉRARD, député de l'Ain. (Ouvrage illustré.)

Journal d'un Marin, par VIGNÉ D'OCTON, *Édition complémentaire remaniée.* (Ouvrage illustré de 80 dessins dans le texte et 10 planches hors texte.)

Promenades à travers Paris, par E. DE MÉNORVAL. (Ouvrage illustré de 120 dessins dans le texte et 15 planches hors texte.)

En Sahara, par GASTON DONNET. (Ouvrage illustré de 80 dessins dans le texte et 15 planches hors texte.)

Série XIV Prix d'honneur (3 volumes).

Format grand in-4° illustré (34 × 25).
Broché .... **10 fr.**
Reliure toile, plaque spéciale, tranches dorées .... **12 fr.**

Par le Courage (*Nouveauté*), par EDGAR MONTEIL.

Russie (*Nos Alliés chez eux*), par MICHEL DELINES. (Ouvrage illustré contenant 200 dessins et 40 planches hors texte.)

De Paris à la Mer (*Voyage en Péniche d'un petit Parisien*), par CONSTANT DE TOURS. (Ouvrage illustré de 220 illustrations d'après nature.) — V. P.

LE FILS DU DÉPORTÉ, par Édouard Deflandre. — Un beau volume grand in-8° (26 × 18) orné de nombreux dessins dans le texte et de magnifiques planches hors texte. — Prix, relié toile, tranches dorées. . . . . **5 fr. 50**

OUVRAGES D'ENSEIGNEMENT

BIBLIOTHÈQUE DE L'ENSEIGNEMENT MODERNE

PUBLIÉE SOUS LA DIRECTION DE MM.

EUGÈNE MANUEL
Inspecteur général de l'Instruction publique,
membre du Conseil supérieur.

VICTOR DUPRÉ
Inspecteur de l'Académie de Paris.

Honorée d'une MÉDAILLE D'ARGENT à l'Exposition universelle de 1889.

OUVRAGES PARUS

AINKIN et BARBAULD. — **Soirées au logis.** — Édition annotée par MM. Manget et Lelorieux, professeurs agrégés de l'Université. — In-8°, relié toile pleine . . . . **2 fr.**

CHAMISSO. — **Pierre Schlemihl.** — Édition Halbwachs. — In-8°, rel. **1 fr. 50**

CORNEILLE. — **Polyeucte.** — Edition Bernardin, professeur de rhétorique au lycée Michelet. — In-8°, avec portrait, relié toile pleine. . . . . **1 fr. 25**

FÉNELON. — **Les Aventures de Télémaque** (*Livres V, VII, X, XII*), par H. Lion, professeur agrégé au lycée d'Amiens. — In-8°, relié. . . **1 fr. 25**

GRAY (Thomas). — **Élégie du cimetière de village.** (*Texte anglais.*) Edition annotée par G. de La Quesnerie, professeur agrégé au lycée Saint-Louis. — In-8°, avec portrait, relié toile pleine . . . . **0 fr. 80**

GRIMM. — **Contes de l'enfance et du foyer.** (Les plus faciles contes populaires de Grimm.) (*Texte allemand.*) Choix nouveau, par Lang, professeur agrégé au lycée Janson-de-Sailly. — In-8°, avec port., rel. toile pleine. **2 fr.**

LESSING. Fables, nouvelle édition, avec notes et commentaires par J. Kont, professeur agrégé au lycée de Lorient. — In-8°, relié toile pleine. **1 fr. 50**

MOLIÈRE. — **L'Avare.** Notice biographique, analyse et notes, par Pontsevrez, professeur aux Ecoles supérieures municipales de Paris. — In-8°, relié toile pleine. . . . . **1 fr. 25**

MOLIÈRE. — **Le Misanthrope.** Édition G. Pellissier, docteur ès lettres, professeur agrégé au lycée Lakanal. — In-8°, avec port., rel. toile pleine. **1 fr. 25**

MOLIÈRE. — **Les Précieuses ridicules.** Edition G. Reynier, professeur agrégé au lycée de Grenoble. — In-8°, avec portrait, relié toile pleine. **1 fr. 25**

MOLIÈRE, — **Le Tartuffe.** Edition Henri Meyer, professeur agrégé au lycée Condorcet. — In-8°, relié toile pleine. . . . . **1 fr. 25**

MONTESQUIEU. — **Esprit des lois.** (*Les cinq premiers livres.*) Édition Edgar Zevort, recteur de l'Académie de Caen. — In-8°, relié toile pleine. **1 fr. 25**

RACINE. — **Athalie.** Édition Jules Wogue, professeur au lycée de Saint-Quentin. — In-8°, avec portrait, relié toile pleine. . . . . **1 fr. 25**

RACINE. — **Esther.** Édition de Jules Wogue. — In-8°, avec portrait, relié toile pleine. . . . . **1 fr. 25**

RACINE. — **Les Plaideurs.** Edition Th. Comte professeur agrégé au lycée Condorcet. — In-8°, avec portrait, relié toile pleine. . . . . . . **1 fr. 25**

WALTER SCOTT. Récits d'un grand-père. Extraits, notes et biographies, par ALFRED LEGRAND, agrégé de langue anglaise, professeur au lycée Janson-de-Sailly. — In-8°, avec portrait et gravures, relié toile pleine. . . . **2 fr.**

Cours d'algèbre, par COMBE, prof. agrégé au lycée Charlemagne. — In-8°, rel. **3 fr.**

Cours d'arithmétique et de système métrique, par DESMONS, professeur agrégé de mathématiques au lycée Janson-de-Sailly.
Première partie, in-8°, relié toile pleine. . . . . **2 fr.**
Deuxième partie, in-8°, relié toile pleine. . . . . **2 fr.**

Cours de géologie, par F. PRIEM, professeur agrégé des sciences naturelles au lycée Henri IV. — In-8°, avec 200 figures et carte géologique en couleurs. Nouvelle édition, entièrement revue, et augmentée de deux chapitres. — Relié toile pleine . . . . **3 fr. 50**

Cours de géométrie, par GRAPIN, prof. agrégé au lycée Janson-de-Sailly. — In-8°, relié. . . . . **2 fr. 50**

Cours de morale pratique, par LUDOVIC CARRAU, directeur des conférences de philosophie à la Faculté des Lettres de Paris. — In-8°, relié. . . . **3 fr.**

Cours de physique, par BERSON, chargé de cours à la Faculté des sciences de Toulouse. — In-8°, 137 figures. Relié toile pleine. . . . . **3 fr.**

Cours de zoologie, par LECOMTE, professeur agrégé au lycée Saint-Louis. — In-8°, avec 350 fig., relié. . . . . **2 fr. 50**

Le Dessin géométrique (*Cours théorique et pratique*), par A. BOUGUERET. — In-4°, cartonné. . . . . **1 fr. 20**

Exercices faciles et Petites compositions françaises, par ROGER, professeur au collège Rollin. — In-8°, relié toile pleine. . . . . **2 fr.**

Extraits des économistes des xviii° et xix° siècles, par X. TRENEY, professeur agrégé au lycée Janson-de-Sailly. — In-8°, avec port., rel. toile pleine. **4 fr. 50**

Géographie générale de l'Afrique, de l'Asie, de l'Océanie et de l'Amérique, par L.-G. GOURRAIGNE, professeur agrégé au lycée Janson-de-Sailly. In-8°, illustré de 20 cartes et 12 gravures. — Relié toile pleine. . . . **2 fr.**

Géographie générale de la France, par LEROY, professeur agrégé au lycée Janson-de-Sailly. — Relié toile pleine. . . . . **2 fr. 50**

Leçons pratiques de langue allemande, par A. PINLOCHE, docteur ès lettres, professeur agrégé à la Faculté des Lettres de Lille.

COURS ÉLÉMENTAIRE
Première partie. . . . . Cartonné toile . . . . **2 fr. »**
Seconde partie et grammaire . . — . . . . **2 fr. 50**
Cours complet . . . . — . . . . **4 fr. 50**

COURS SUPÉRIEUR
Premier volume : Syntaxe et exercices. Cartonné toile. . . . . **2 fr. 50**
Deuxième volume : Vocabulaire étymologique allemand-français et français-allemand, contenant les mots groupés par familles de racines, avec indication de l'accent tonique. — Cartonné toile. . . . . **4 fr. 50**

Morceaux choisis d'auteurs anglais. *Prose et poésie*, par B.-H. GAUSSERON, professeur agrégé d'anglais au lycée Janson-de-Sailly. — In-8°, relié. **2 fr.**

Morceaux choisis des prosateurs du XIX° siècle. Extraits tirés de 210 auteurs modernes, français et étrangers, par EDOUARD PETIT, professeur au lycée Janson-de-Sailly. — In-8°, avec portraits, relié en toile. . . **4 fr. 50**

Plans de compositions françaises sur des sujets variés (Pensées morales, philosophie, histoire), par JULES LEGRAND, professeur agrégé au lycée Buffon. In-8°, relié. . . . . **1 fr. 50**

Précis d'économie politique, par P. BEAUREGARD, professeur d'économie politique à la Faculté de droit de Paris. In-8° broché . . . . 5 fr.
Relié, toile pleine . . . . 5 fr. 50
Précis élémentaire d'Histoire de l'Art, par C. BAYET, recteur de l'Académie de Lille. In-8°, broché. 3 fr. 50
Relié, toile pleine. . . . . 4 fr. 50

OUVRAGES DIVERS

P. BEAUREGARD. — **ÉLÉMENTS D'ÉCONOMIE POLITIQUE**, par P. BEAUREGARD, professeur d'économie politique à la Faculté de Droit de Paris. Un volume in 8° de 350 pages.
Broché. . . . . 5 fr. | Relié. . . . . 5 fr. 50

MEMENTO D'HISTOIRE DE FRANCE, à l'usage des candidats aux examens, par M. BERTHIER, directeur d'école communale.
Brochure in-8° couronne de 32 pages . . . . 0 fr. 30

ENSEIGNEMENT PRIMAIRE

HISTOIRE DE FRANCE
COURS MOYEN
PRÉPARATION AU CERTIFICAT D'ÉTUDES PRIMAIRES
Par M. E. DEVINAT
Directeur de l'École normale d'instituteurs de la Seine, Membre du Conseil supérieur de l'Instruction publique.

COURS ÉLÉMENTAIRE, entièrement conforme au programme officiel.
Ce volume, de 128 pages seulement, comprend 60 gravures et les cartes indispensables.
On y trouve 60 leçons ; 50 pour les origines de notre histoire, jusqu'aux guerres d'Italie, conformément au programme ; 10, depuis les guerres d'Italie jusqu'à nos jours, et qui sont une préparation à l'enseignement historique du Cours moyen. — Chaque leçon occupe deux pages, l'une à gauche, l'autre à droite, quand le livre est ouvert. La page à gauche contient le texte, le questionnaire et le résumé. La page de droite contient en tête une gravure, et au-dessous, une lecture. Le texte est extrêmement simple, court et clair ; les lectures sont aussi instructives et attachantes que possible.
Le prix du volume est de **60** centimes, cartonné.

COURS MOYEN, préparation au Certificat d'études primaires.
Cet ouvrage est divisé en trente-trois chapitres ou périodes historiques. Chaque chapitre comprend : 1° un texte suivi, bien coupé, court, simple et clair ; 2° un résumé de quelques lignes ; 3° un questionnaire et des sujets de rédaction ; 4° une lecture historique ; 5° *une ou plusieurs compositions illustrées, servant à mettre en lumière les grands faits, les grands hommes, les grandes leçons de l'histoire nationale.*
Tout en restant à la portée des élèves du *Cours moyen*, ce livre s'efforce d'être, avant tout, l'histoire élémentaire de la civilisation en France. Et nous sommes convaincus qu'il réalise un très réel progrès de méthode dans l'un des enseignements les plus difficiles de l'école primaire.

Un volume de près de 300 pages, comprenant 300 illustrations et de nombreuses cartes.
Prix, sous un cartonnage indéchirable . . . . 1 fr. 10

MÉTHODE D'ÉCRITURE-LECTURE et premières notions d'ENSEIGNEMENT DU DESSIN, par EUGÈNE LALAGÜE, ancien élève de l'école normale d'Agen, instituteur. — Brochure de 50 pages. . . . . 0 fr. 40
Tableaux muraux de lecture et d'écriture (65 × 50). La série de 19 feuilles . . 5 fr. 70

NOUVEAUX LIVRES DE LECTURES COURANTES. Nouvelle édition par GASTON DA COSTA et JEANNIN, inspecteur primaire. (Cartonnage indéchirable.)

Cours préparatoire (1er degré), par G. DA COSTA et JEANNIN, inspecteur primaire à Nantes.
(Cartonnage indéchirable.). . . . . **0 fr. 60**
    Cours élémentaire (2e degré). . . . . **0 fr. 90**
    — moyen et supérieur. . . . . **1 fr. »**

Cet ouvrage est une innovation dans la nature même de l'enseignement, par le choix des textes plus spécialement empruntés aux œuvres des maîtres modernes et contemporains; des illustrations simples et caractéristiques constituent, par l'image, un attrayant commentaire du texte.

LEÇONS ET DEVOIRS D'ARITHMÉTIQUE ET DE SYSTÈME MÉTRIQUE, par V. BROUET, ancien directeur d'école communale, inspecteur primaire à Paris, et F. et A. HAUDRICOURT, directeurs d'écoles communales. Nouvelle édition.

COURS ÉLÉMENTAIRE	COURS MOYEN
comprenant 6 000 questions et problèmes.	comprenant 5 000 questions et problèmes.
5e édition. — 90e mille.	8e édition. — 115e mille.
Prix, sous cartonnage indéchirable { Livre de l'élève. 0 fr. 90 / — du maître. 1 fr. 50	Prix, sous cartonnage indéchirable { Livre de l'élève. 1 fr. 50 / — du maître. 1 fr. 20

COURS SUPÉRIEUR

À l'usage des élèves des cours supérieurs et complémentaires des écoles primaires.

(Préparation au Brevet élémentaire et au Brevet supérieur.)

Prix, sous cartonnage indéchirable { Livre de l'élève. . . . **1 fr. 80**
                                           { — du maître. . . . **2 fr. 10**

GRAMMAIRE FRANÇAISE DA COSTA
Adoptée, après concours, pour les Écoles municipales de Paris.

Nouvelles éditions du *Cours élémentaire* et du *cours moyen*, revues et corrigées par MM. JEANNIN, *inspecteur primaire*, et G. DA COSTA.

COURS ÉLÉMENTAIRE, à l'usage des Commençants. . . . . { Élève : **0 fr. 60** / Maître : **1 fr. 25**
COURS MOYEN, préparation pour Certificats d'Études . . . . . . Élève : **1 fr. 25**

COURS SUPÉRIEUR (DA COSTA), destiné aux Élèves des Cours complémentaires (préparation aux examens des Brevets de capacité). { Élève : **3 fr. 90** / Maître : **2 fr. 30**

LA GRAMMAIRE EN PORTEFEUILLE
Une brochure de **48** pages. . . . . **0 fr. 50**

MANUEL DU BREVET ÉLÉMENTAIRE, par Mme JOLEAUD-BARRAL, inspectrice des pensionnats de la Préfecture de la Seine, membre des Commissions d'examen.

Prix, cartonné . . . . **2 fr. 25**

Ce manuel, destiné aux aspirants et aux aspirantes qui se présentent aux examens du Brevet élémentaire, a été composé de façon à permettre aux élèves de revoir rapidement et complètement l'ensemble des connaissances qui sont exigées d'eux. Il sera d'autant plus précieux aux candidats qu'il comprend, à côté de l'exposé théorique des matières, la plupart des questions qui ont été posées, soit à l'écrit, soit à l'oral, par les examinateurs pour le Brevet élémentaire.

L'ANNÉE ÉCONOMIQUE (1887-1888), par ARTHUR RAFFALOVICH. 1 vol.
L'ANNÉE ÉCONOMIQUE (1888-1889), par ARTHUR RAFFALOVICH. 1 vol.
MANUEL DE LA PROPRIÉTÉ INDUSTRIELLE, par MM. CÉSAR NICOLAS, conseiller d'État, et MICHEL PELLETIER, avocat à la Cour d'appel de Paris. 1 vol.

Chacun de ces 3 volumes in 8°, broché. **3 fr. 50.** — Cartonné en toile. **4 fr. 50**

SPORTS

ALMANACH DE DOUZE SPORTS, par William Nicholson. Notice sur William Nicholson et son art, par Octave Uzanne. — Un vol. grand in-4° de 12 lithochromies d'après les bois originaux de William Nicholson. Tirage limité à 1 000 exemplaires sur vergé. — Prix, broché . . . . **5 fr.**
50 exemplaires sur japon, numérotés. — Prix. . . . . **20 fr.**

LA FEMME A BICYCLETTE. — Ce qu'elles en pensent, par C. Louis. — Brochure in-8°, avec illustrations. — Prix. . . . . **1 fr.**

LE CHEVAL, soins pratiques, par le comte de Comminges. — Un volume in-8° de 330 pages, comprenant 26 chapitres illustrés de nombreux dessins dans le texte avec en-têtes et culs-de-lampe (*Ouvrage épuisé*). — Prix, broché. **6 fr.**

LE SAUT DES OBSTACLES (Recherches expérimentales), par Maxime Guérin-Catelain, préface de M. le Dr Marey, de l'Institut. — Un élégant vol. in-8° carré, avec près de 200 vignettes. — Prix, broché. . . . . **3 fr. 50**

ENCYCLOPÉDIE DES SPORTS
PUBLIÉE SOUS LA DIRECTION DE
M. PHILIPPE DARYL

L'ÉQUITATION MODERNE, par un officier de cavalerie. — Un vol. in-8° de 250 pages, imprimé sur beau papier, contenant 200 dessins inédits. Couverture en couleurs composée par R. de la Nézière.

LA VÉLOCIPÉDIE POUR TOUS, par un vétéran. — Un vol. in-8° de 275 pages, illustré de 200 compositions inédites par Genilloud et Loevy.

LES JEUX DE BALLE ET DE BALLON (Paume, Football, Lawn-Tennis), par un juge du camp. — Un vol. in-8° de 300 pages contenant 150 dessins inédits de Le Riverend, Genilloud et E. Vavasseur. Couverture en couleurs composée par R. de la Nézière.

LE SPORT DE L'AVIRON, par un ex-champion. — Un vol. in-8° de 210 pages contenant 150 dessins inédits de Genilloud. Couverture en couleurs de R. de la Nézière. — Prix de chaque vol. broché. . . . . **6 fr**
Prix de chaque vol., reliure souple. . . . . **7 fr.**

BIBLIOTHÈQUE D'HISTOIRE ILLUSTRÉE
PUBLIÉE SOUS LA DIRECTION DE
M. J. ZELLER, membre de l'Institut, et de **M. H. VAST**, docteur ès lettres.

VOLUMES PARUS :

Les deux Révolutions d'Angleterre (1603-1689) et la Nation anglaise au XVIIe siècle, par Ed. Sayous, professeur à la Faculté des lettres de Besançon. — Un vol. in-8°. Texte de 260 pages, nombreuses illustrations.

La France sous Louis XV (1723-1774), par M. H. Carré, professeur à la Faculté des lettres de Poitiers. — Un vol. in-8°. Texte de 260 pages, nombreuses illustrations.

La Grèce avant Alexandre (Étude sur la Société grecque du VIe au IVe siècle), par M. Paul Monceaux, professeur de rhétorique au lycée Henri IV. — Un vol. in-8° de 320 pages, contenant de nombreuses illustrations.

L'Espagne sous Ferdinand et Isabelle (le gouvernement, les Institutions et les mœurs), par M. Jean-H. Mariéjol, professeur à la Faculté des lettres de Rennes. — Un vol. in-8°. Texte de 350 pages, nombreuses illustrations.

La Civilisation florentine du XIII° au XVI° siècle, par F.-T. Perrens, membre de l'Institut. — Un vol. in-8°. Texte de 250 pages, nombreuses illustrations.

Louis XVI et la Révolution, par M. Maurice Souriau, professeur à la Faculté des lettres de Poitiers. — Un vol. in-8° de plus de 300 pages, contenant de nombreuses reproductions d'estampes du temps.

La France sous saint Louis et sous Philippe Le Hardi, par M. A. Lecoy de La Marche, sous-chef de la Section historique aux Archives nationales. — Un vol. in-8° de 250 pages, illustré de 100 dessins d'après les miniatures et les manuscrits de l'époque.

La France sous le Régime du Suffrage universel, par Edgar Zevort, recteur de l'Académie de Caen. — Un vol. in-8° de près de 300 pages, contenant de nombreux portraits.

L'Empire romain, par Roger Peyre, professeur d'histoire au collège Stanislas. — Un vol. in-8° de 320 pages, illustré de nombreuses gravures inédites.

L'Allemagne (de 1789 à 1810). Fin de l'ancienne Allemagne, par M. E. Denis, chargé de cours à la Sorbonne. — Un vol. in-8° d'environ 350 pages, contenant 100 gravures ou portraits d'après les estampes originales.

L'Allemagne (1810-1852). La Confédération germanique, par M. E. Denis, chargé de cours à la Sorbonne. — Un vol. in-8° d'environ 350 pages, contenant 100 gravures ou portraits d'après les estampes originales.

La France aux Colonies, par M. Maurice Wahl, ancien inspecteur général de l'Instruction publique aux Colonies, professeur d'histoire au lycée Charlemagne. — Un vol. in-8° de 300 pages, illustré de 130 gravures.

La Gaule Mérovingienne, par M. Prou, conservateur au Cabinet des médailles de la Bibliothèque nationale (*Ouvrage couronné par l'Académie française*).

L'Unité italienne (1815-1870), par M. J. de Crozals, professeur d'histoire à l'Université de Grenoble.

La France sous le Consulat, par M. F. Corréard.

L'Armée française avant la Révolution, par M. L. Mention.

Pour paraître prochainement :

La France sous la Monarchie constitutionnelle, par M. G. Weill.

Prix de chaque volume : broché, **4 fr**; cartonné, **5 fr**.

PUBLICATIONS SCIENTIFIQUES

BIBLIOTHÈQUE DES SCIENCES ET DE L'INDUSTRIE

PUBLIÉE SOUS LA DIRECTION DE

MM. J. PICHOT et POL LEFÈVRE

Anciens élèves de l'École polytechnique.

VOLUMES PARUS :

Les Sciences expérimentales. Nouvelle édition, entièrement refondue par A. Badoureau, ingénieur au corps des Mines.

Les Mines, les Minières et les Carrières, par A. BADOUREAU, ingénieur au corps des Mines, et P. GRANGIER, ancien élève de l'Ecole polytechnique. — Un vol. in-8° de 330 pages, illustré de nombreux dessins.

La Houille et ses Dérivés, par O. CHEMIN, ingénieur en chef des ponts et chaussées, professeur de l'Ecole des Ponts et Chaussées, et F. VERDIER, ingénieur civil.

Les Chemins de fer, par POL LEFÈVRE, ancien élève de l'Ecole polytechnique, sous-chef du mouvement à la Compagnie des chemins de fer de l'Ouest, et G. GERBELAUD, inspecteur du mouvement aux chemins de fer de Ceinture de Paris, professeur à l'Association philotechnique.

La Navigation maritime (*Marine de guerre et de commerce; navigation de plaisance*), par E. LISBONNE, ancien élève de l'Ecole polytechnique, ancien directeur des Constructions navales.

Le Pétrole et ses applications, par HENRI DEUTSCH (de la Meurthe). — Un vol. in-8° de 320 pages, illustré de nombreuses gravures dans le texte et hors texte.

Les Constructions métalliques, par M. GUY LE BRIS, ingénieur civil des mines, ingénieur-chef au Service central de la direction des travaux à la Compagnie des chemins de fer de l'Ouest. — Un vol. in-8° de 400 pages, illustré d'environ 300 gravures entièrement inédites.

Les Sources d'énergie électrique, par E. ESTAUNIÉ, ancien élève de l'Ecole polytechnique, ingénieur des télégraphes. — Un vol. in-8° de 340 pages, illustré de 140 figures.

Les Tabacs, par F. BÈRE, ingénieur des manufactures de l'État (Tabacs). — Un vol. in-8° d'environ 300 pages, renfermant 125 gravures dans le texte et hors texte.

La Pisciculture dans les Eaux douces, par le Dr BROCCHI, professeur à l'Institut national agronomique, chargé des conférences de pisciculture à l'Ecole des ponts et chaussées. — Un vol. in-8° de 330 pages illustré de 130 figures.

Les Applications de l'Électricité (Transformations de l'énergie électrique), par M. J. SAGERET, ingénieur des arts et manufactures. — Un vol. in-8° de 340 pages, illustré de 170 gravures.

L'Aéronautique, par BANET-RIVET, professeur au lycée Michelet. — Un vol. in-8° de 300 pages, avec de nombreuses vignettes.

La Métallurgie. Fabrication du Fer et de l'Acier, par URBAIN LE VERRIER, professeur au Conservatoire des arts et métiers.

Prix de chaque volume, broché. . . . . **5 fr.** »
— avec cartonnage en toile-reliure. . . . . **6 fr.** »
— avec fers et tranches dorées pour distributions de prix . . . . **6 fr. 50**

EN PRÉPARATION :

Le Tissage, par M. FLAVIEN.

LE PALAIS DES MACHINES. — Notice sur l'édification et sur la marche des travaux, par EUGÈNE HÉNARD, architecte diplomé par le gouvernement. — Edition accompagnée de 41 figures d'après les documents originaux. — Un vol. grand in-4°. . . . . **6 fr.**

ÉTUDE AGRONOMIQUE
STATISTIQUE ET COMMERCIALE SUR LES CÉRÉALES

LE BLÉ. — Culture, classification, géographie agricole et commerciale, trafic, par E. SERAND, sous-intendant militaire de 1re classe, ancien élève de l'Ecole polytechnique. — Deux volumes in-8° brochés. . . . . **15 fr.**

LES AVOINES. — Culture, usages, géographie, trafic, spéculation, par le même auteur. — Un vol. in-8° broché . . . . **6 fr.**

ENCYCLOPÉDIE PÉDAGOGIQUE DE L'ENSEIGNEMENT DU DESSIN
Honorée d'une MÉDAILLE D'OR à l'Exposition universelle de 1889,

SÉRIES adoptées par le Ministère de l'Instruction publique et des Beaux-Arts,
pour les Lycées, Collèges, etc., et pour les Écoles spéciales de dessin et des beaux-arts.

COURS ÉLÉMENTAIRE DE DESSIN GÉOMÉTRIQUE ET D'ORNEMENT
Par M. EDME COUTY

30 planches (1m,05 sur 0m,74) pour l'enseignement collectif. — La planche, **1 fr. 25** ; la série de 10 planches; **12 fr** ; — les 30 planches prises ensemble, **30 fr.**

COURS GÉNÉRAL DE DESSIN D'ORNEMENT ET D'ARCHITECTURE
M. CHIPIEZ, architecte du Gouvernement.

Modèles graphiés. — 18 planches (1m,05 sur 0m,74) pour l'enseignement collectif. La planche, **1 fr. 25** ; — les 18 planches, **20 fr.**

Modèles en relief. — I. Collection élémentaire CH. CHIPIEZ, puisée dans l'*Art antique à toutes les époques.* — 32 modèles. (Différents prix. *Voir Catalogue spécial.*)
II. Collection élémentaire BOURGOUIN, puisée dans l'*Art oriental du moyen âge.* Art arabe. — 16 modèles. — (Différents prix. *Voir Catalogue spécial.*)

EXERCICES GÉOMÉTRIQUES
Par M. FAURÉ, d'après les modèles en relief de M. CH. CHIPIEZ

Planches (1m,05 sur 0m,74). *Enseignement collectif.* La pl., **1 fr. 25**
I. Exercices de dessin géométrique, 5 pl. | II. Exercices de relevé géométral, 5 pl.

COURS DE COMPOSITION D'ORNEMENT
Par M. EDME COUTY

5 séries de 6 planches (0m,65 sur 0m,50)
1re série parue. — La planche, **1 fr. 50** ; la série (6 planches), **8 fr. 50**

MODÈLES EN RELIEF D'APRÈS L'ANTIQUE

Le Doryphore (hauteur, 1m,20), **55 fr.** | L'Antinoüs (hauteur, 1m, 20), **55 fr.**

ANATOMIE

Modèles graphiés. — Exécutés sous la direction de M. MATHIAS DUVAL, membre de l'Académie de médecine, professeur d'anatomie à l'École nationale des Beaux-Arts, par M. CUYER, prosecteur du cours d'anatomie à l'école nationale des Beaux-Arts.
12 planches en couleur (1m,20 sur 0m90) pour l'enseignement collectif. Prix de chaque planche, **3 fr. 25** ; la collection, **35 fr.**

Modèles en relief. — Composés et exécutés par M. DEBRIE, statuaire, professeur d'anatomie à l'école nationale des arts décoratifs et aux Écoles municipales supérieures de la ville de Paris.
Gladiateur combattant écorché (haut., 1m), **75 fr.**
Tête osseuse (*bas-relief*), **10 fr.** ; (*plein relief*), **18 fr.** — Tête écorchée, **10 fr.**

ENSEIGNEMENT SPÉCIAL AUX JEUNES FILLES
MODÈLES DE BRODERIES, DENTELLES, GUIPURES ET TAPISSERIES
Par M. Fauré, d'après les originaux les plus remarquables.

10 planches de 0m,90 sur 0m,65 pour l'enseignement collectif. 3 pl. parues. — Prix de la planche., **2 fr.**

COURS COMPLET DE DESSIN DE FIGURE	MOULAGES SUR NATURE
Par G. BOULANGER et J. LEFEBVRE	21 modèles en relief. Différents prix
2 planches format 1/2 feuille Ingres parues. — 6 pl. format feuille Ingres parues.	(*Voir Catalogue spécial.*)
Chaque planche 1/2 Ingres, **1 fr. 50**. — Chaque planche Ingres, **2 fr.**	12 dessins correspondants, par J.-P. LAURENS. Format 65 sur 50. — Prix de la pl., **3 fr. 25**. La collection complète, **35 fr.**

Envoi, sur demande, du CATALOGUE SPÉCIAL AVEC FIGURES

OUVRAGES DIVERS

Volumes illustrés, grand in-18 jésus à 3 fr. 50

Mes 21 Jours (croquis pris à Pougues), charmant album in-8°, élégamment cartonné, comprenant 30 grandes compositions de Job, tirées en divers tons. . . . . 3 fr. 50

Une Éducation impériale : Guillaume II, par François Aymé, avec 2 portraits hors texte.

Crèvecœur, par Maurice Lefèvre. Illustrations par Th. Chartran, A. de la Gandara, A. de Paris. Un volume in-12 de 320 pages.
Il a été tiré de cet ouvrage 15 exemplaires sur papier du Japon, numérotés à la presse (n°s 1 à 15). . . . . 12 francs.

La France en bicyclette (étapes d'un touriste de Paris à Grenoble et Marseille), par Jean Bertot. Volume in-8° jésus, illustré par Gaston Bussière et Le Riverend.

La Pampa, par A. Ebelot, 60 illustrations de A. Paris.

Païné et la dynastie des renards, par Estanisles S. Zeballos, traduit de l'espagnol par Mme Menjou, 60 illustrations de A. Paris.

Le Frère lai, par Hugues Le Roux, dessins de Jules Garnier.

Les Gaietés de l'année (1re année), par Grosclaude, dessins de Caran d'Ache.

Les Gaietés de l'année (2e année), par Grosclaude, dessins de Caran d'Ache.

Les Gaietés de l'année (3e année), par Grosclaude, dessins de Job et Bac.

La Vie Galante, par Pierre Véron. Nombreuses illustrations de Draner.

Contes de là-bas, par Suzel. Illustrations de E. Loevy. Couverture en couleurs.

Lequel? par Suzel. Couverture en couleurs de Bouisset.

Stanley au secours d'Émin-Pacha, par A.-J. Wauters, avec carte et nombreuses vignettes dans le texte.

La Crète ancienne et moderne, par Laroche.	3 fr. 50
La Jeune Grèce, par Marie-Anne de Bovet	3 fr. 50
La Charité privée à l'étranger, par Albert Montheuil	4 fr. »
Notes sur l'affaire Dreyfus (édition du *Figaro*), par J. Cornely. Un vol. in-18 de 650 pages	3 fr. 50
Contes et nouvelles pour la jeunesse, par la baronne A. L. de Rochemont.	3 fr. 50
Axël, par le comte de Villiers de l'Isle-Adam. Édition in-8°. . . .	7 fr. 50
Axël, par le comte Villiers de l'Isle-Adam. Édition in-18.	3 fr. 50
Fantasia, par Henri Rochefort, illustrée par Caran d'Ache. . . .	6 fr. »
Douze ans d'alliance franco-russe, par M. F. de Hénaut, préface de Paul Laffite.	3 fr. 50
Essais littéraires et dramatiques, par Ad. Le Mercier du Quesnay.	3 fr. 50
Ce que c'est qu'aimer!... par M. Gabriel Maurel.	3 fr. 50
Les Fleurs et les Jardins de Paris, par Ch. Yriarte. Couverture en couleurs	3 fr. 50
Promenades en Hollande (De Rouen au Helder), par Adrien Chabot.	3 fr. 50
Richard Wagner et le drame contemporain*, par Alfred Ernst.	3 fr. 50
Le Maréchal de Moltke, par ***.	3 fr. 50

L'armée russe et ses chefs en 1888, par l'auteur du *Maréchal de Moltke*	3 fr. 50
Mes Petits Papiers (2ᵉ série), 1871-1873, par Hector Pessard	3 fr. 50
Londres (croquis réalistes), par Jules Degrégny	3 fr. 50
L'École d'amour, par Gabriel Prevost	3 fr. 50
Chants et Chansons (8ᵉ édition), par Paul Avenel	3 fr. 50
Chansons nouvelles, contes, récits, monologues, par Paul Avenel	3 fr. »
Le Japon contemporain (notes et impressions), par Jean Dhasp, préface de Charles Edmond. Ouvrage orné d'une carte. Un vol. in-16 de 350 pages	3 fr. 50
L'Oncle Chambrun (Entre fauves), par Jean Rolland	3 fr. 50
Rives bénies (de Marseille à Naples), par Adrien Marx, préface par André Theuriet	3 fr. 50
Notes et Souvenirs du peintre Joseph de Nittis. Un vol. in-18.	3 fr. 50
PAGES CHOISIES DE MONTAIGNE, par Victor Thiéry. — Un vol. in-18 de 300 pages. — Broché	3 fr. 50
CONSIDÉRATIONS SANITAIRES SUR L'EXPÉDITION DE MADAGASCAR et quelques autres expéditions coloniales, par le docteur G.-A. Reynaud, médecin en chef des colonies. Préface de M. de Mahy, vice-président de la Chambre des députés. Un volume in-18 jésus de 500 pages. Prix, broché	3 fr. 50

ROMANS ANGLAIS CONTEMPORAINS
COLLECTION ÉPUISÉE

VOLUMES PARUS :

Les Belfield, par Miss Braddon, traduit de l'anglais par Germaine Mellor (2 vol.).
Sur la Piste, par Lady Majendie, traduit de l'anglais par B.-H. Gausseron (1 vol.).
Sabina Zembra, par William Black, traduit de l'anglais par B.-H. Gausseron (2 vol.).

Chacun de ces volumes, de format in-16, illustré de nombreux dessins.
Prix, broché . . . . 2 fr.

LIBRAIRIE MODERNE, rue Saint-Benoît, 7, PARIS

Collection de Romans, grand in-18 jésus à 3 fr. 50

Contes modernes, par Gaston Bergeret.
Céleste Prudhomat, par Gustave Guiches.
La Brèche aux loups, par Ad. Racot (couronné par l'Académie française).
La Marie bleue, par Ch. de Bordeu.
Mam'zelle Vertu (nouvelle édition), par Henri Lavedan.
La Grande Babylone, par Edgar Monteil.
Provinciale, par Gaston Bergeret.
Mademoiselle, par Edouard Cadol.
La Mal'aria, par Henri Rochefort.

Lydie, par Henri Lavedan.
L'Ennemi, par Gustave Guiches.
Histoires insolites, par le comte de Villiers de l'Isle-Adam.
Charles d'Arin, par Paul de Champeville.
Sire!... par Henri Lavedan.
Mon Ami Hilarius, par Paul Lindau, préface par Emile Augier, de l'Académie française.
Marc Fane, J.-H. Rosny.
En Secondes Noces, par Alex Boutique.
Les Corneilles, par J.-H. Rosny.

Lamiel (roman inédit), par STENDHAL, publié par C. STRIENSKI.	**Le Dernier Maître**, par CH. DE BORDEU.
Mesdemoiselles de Barberic, par le marquis DE CASTELLANE.	**Les Sports à Paris**, par A. DE SAINT-ALBIN, couverture par JEAN BÉRAUD.
A la Côte, par FRANZ JOURDAIN.	
L'Art en exil, par GEORGES RODENBACH.	**Plaire**, par PAUL DE CHAMPEVILLE.
Les Mémoires de Paris, par CHARLES CHINCHOLLE, avec préface d'ÉMILE ZOLA.	**Le Rêve du baron**, par Mme LOUISE DE CHATILLON.

ALMANACH DE LA CASERNE (1re année 1899). — 80 compositions par E. THELEM. Un élégant album de 50 pages, contenant des nouvelles, trois chansons militaires, avec musique, le tout absolument inédit. Couverture en couleurs. — Prix . . . . 0 fr. 30

ALMANACH DE LA CASERNE (2e année 1900). — 85 compositions par E. THELEM. Un élégant album de 50 pages contenant des nouvelles, deux chansons militaires avec musique, le tout absolument inédit. Couverture en couleurs. — Prix . . . . 0 fr. 30

L'AVANT-GARDE PÉDAGOGIQUE

REVUE MENSUELLE

L'*Avant-Garde pédagogique* est l'organe des intérêts de l'École laïque et de l'Éducation populaire. Nous la recommandons très chaleureusement aux instituteurs, professeurs, délégués cantonaux, aux membres des municipalités républicaines, à tous les amis du Progrès.

Adresser toutes communications concernant la rédaction à M. Th. LEGRAND, Directeur d'École communale, 11, rue de la Plaine, à Paris.

ABONNEMENTS : Un an, 1 fr. 50

Adresser le montant de l'abonnement en timbres-poste à l'administration du journal, 7 et 9, rue Saint-Benoît, Paris.

REVUE DES ARTS DÉCORATIFS

ORGANE OFFICIEL DE L'UNION CENTRALE

consacré à l'étude de toutes les questions concernant

L'ART DANS LA VIE CONTEMPORAINE

Paraissant tous les mois en fascicules de 32 pages de texte, avec nombreuses illustrations et modèles de décoration inédits dans le texte et en planches hors texte, en noir et en couleurs.

Nouvelle série. — Directeur : VICTOR CHAMPIER

JURY DES CONCOURS MENSUELS DE LA REVUE

ORGANISÉS AU CONSERVATOIRE NATIONAL DES ARTS ET MÉTIERS

MM. JEAN DAMPT, L. DE FOURCAUD, GUSTAVE GEFFROY, DE LAROCQUE, GUSTAVE LARROUMET, COLONEL LAUSSEDAT, C. LEFEBVRE, LUCIEN MAGNE, R. MARX ANTONIN MERCIÉ, L.-O. MERSON, THERMAR, VAUDREMER, V. CHAMPIER

L'originalité de ces concours consiste en ceci, c'est que les œuvres des lauréats sont exécutées industriellement et exposées au Conservatoire national des Arts et Métiers. Ils contribuent puissamment à mettre en lumière les jeunes talents.

Prix de l'abonnement : Un an, 20 francs. — Étranger, 25 fr.

S'ADRESSER POUR LA VENTE A LA SOCIÉTÉ FRANÇAISE D'ÉDITIONS D'ART ;
L.-HENRY MAY, directeur, 9 et 11, rue Saint-Benoît.

RÉDACTION ET ADMINISTRATION : 14, RUE SAINT-LOUIS-EN-L'ILE

INDEX ALPHABÉTIQUE DES AUTEURS

AVEC INDICATIONS DES PAGES OU ILS SONT CITÉS

Abot (E.), 24, 25, 31.
Adeline (Jules), 5, 14, 15.
Adcrer (Adolphe), 38.
D'Agon de la Conterie, 65.
Aitoff (D.), 43.
Ajalbert (Jean), 40.
Alberge (Eugène), 38.
Alexandre (Arsène), 5, 58, 63.
Alexandre (Mme), 62.
Anacréon, 30.
Andriveau (P.), 62, 63.
André (Louis), 51.
Anfossi (Marc), 61.
Anthyme Saint-Paul, 20.
Apollonius de Rhodes, 30.
Apulée, 29, 30.
Arnaud (M.), 58.
Astruc (Z.), 32.
Aubanel (N.), 42.
Aubry, 33.
Augé de Lassus, 16.
Audebert de Bovet, 65.
Aulard (F.-A.), 47.
Aulnoy (Mme), 57.
Auriac (Jules), 7.
Avenel (Henri), 35, 49, 51.
Avenel (Paul), 35, 75.
Avril (Paul), 20, 23, 24, 30.
Ayme (François), 74.

Babelon (E.), 14.
Bac, 58.
Badoureau, 72.
Balleyguier (Noémi), 61, 62.
Balzac (H. de), 25, 39.
Banet Rivet, 72.
Bapst (Germain), 12.
Barbey d'Aurevilly, 28.
Baron (Camille), 38.
Barron (Louis), 39, 40.
Barthélemy (H.), 48.
Baudelaire, 29.
Bayet, 14, 15, 68.
Bazire (Edmond), 5, 52.
Beaumarchais (de), 31.
Beauregard, 68.
Beauvillé (V. de), 18.
Bellargue, 61.
Benjamin Constant, 29.
Benoît (François), 17.
Benoît Lévy, 16.
Bérain, 12.
Bérard (A.), 55, 65.
Bère (J.), 72.
Bergeret (Gaston), 51, 75.
Bernard (Ch. de), 25.
Bernardin de Saint-Pierre, 29.

Berson, 67.
Berteaux, 65.
Berthet (André), 35.
Berthier, 68.
Bertot (Jean), 74.
Bertrand (Alph.), 50, 51.
Béthuys (Georges), 65.
Bétolaud, 30.
Bical (Albert), 6.
Binder (Henry), 41.
Black (William), 75.
Blanc (Charles), 3.
Blanc (Claudius), 38.
Blaze de Bury, 21.
Blémont, 35.
Blennard, 56.
Bloche (Arthur), 13.
Bonnaffé, 7, 8, 32.
Bonnardot (H.), 19.
Bonnetain (Paul), 40. 56.
Bonnetain (Mme P.), 42.
Bonhomme (P.), 58, 61.
Bordeu (Ch. de), 75, 76.
Borelli (Jules), 40.
Borelli-Bey, 48.
Borin (Achar), 34.
Bosguérard (Mme de), 61, 62, 63, 64.
Bouchot (H.), 14, 20.
Boucueret, 67.
Bouisset (Firmin), 56, 57, 58.
Boulanger (G.), 73.
Bourdery (L.), 4.
Bourette (Ed.), 36.
Bourget (Paul), 52.
Boursault, 29.
Boutique (Alex.), 75.
Bovet (Mme de), 61, 74.
Boysse (Ernest), 34, 37.
Braddon (Miss), 75.
Breton (G.), 12.
Bréville (de), 62.
Bridgmann, 7.
Brio (Carolus), 61, 63.
Brocchi, 72.
Brouet (V.), 69.
Brunot, 65.
Buisson, 53.
Burty (Ph.), 8.

Cadol (Ed.), 75.
Cadoux (Gaston), 43, 52.
Cahu (Th.), 45, 61, 62.
Cain (G.), 25.
Caran d'Ache, 74.
Carnoy (H.), 60, 61.
Carrau (Ludovic), 67.

Carré (H.), 47, 70.
Castellane (Mis de), 76.
Catulle, 30.
Cazotte, 29.
Chabot (Ad.), 74.
Chaix d'Est-Ange, 35.
Challamel (Aug.), 46.
Chalvin (C.), 65.
Chambon, 55, 65.
Champeaux (de), 12, 14.
Champeville (P. de), 75, 76.
Champfleury, 21, 35.
Champier (Victor), 12, 76.
Champollion, 25.
Charavay (Et.), 46.
Charbonnier (Joseph), 35.
Chasles (J.-B.), 36.
Chasseriau (A.), 37.
Chassin (Ch.-L.), 47.
Chateaubriand, 29.
Chatillon (Louise de), 76.
Checa (U.), 15, 32.
Chemin (O.), 71.
Chenevières, 8.
Cherville (Mis de), 52.
Chesneau (E.), 5, 12, 15.
Chevrier (Jules), 18.
Chincholle (Ch.), 32, 76.
Chipiez (Ch.), 73.
Chovin, 57.
Cellini (Benvenuto), 22.
Ciceri (E.), 15.
Claretie (J.), 18, 25, 52.
Claretie (Léo), 56, 58.
Claris (G.), 42.
Clérice, 57.
Clohars-Carnoët, 37.
Collignon (Max), 14, 16.
Colombey (Em.), 34.
Comandré (A.), 37.
Combe, 67.
Comminges (comte de), 70.
Comte (Jules), 13.
Comte (Th.), 66.
Constant de Tours, 45, 55, 65.
Contades (G. de), 33.
Coppée (Fr.), 21.
Cordier (H), 35.
Corneille, 66.
Corréard (F.), 71.
Cornély (J.), 74.
Corroyer (Ed.), 14.
Cottreau (Oct.), 33.
Cougny (G.), 15.
Coulomb (J. de), 61, 63, 64.
Courboin (Eug.), 20, 22.
Courboin (Fr.), 22, 29.

Courier (P.-L.), 30.
Courtellemont (G.), 20, 41, 44.
Couty (Edme), 73.
Crepet (Eug.), 29, 37.
Croabbon, 35.
Crozals (J. de), 71.
Cucheval-Clarigny, 49.
Cullen-Bryant (W.), 41.
Cuyen (Ed.), 14, 73.

Da Costa (G.), 69.
Darcel, 12.
Daressy (H.), 35.
Daryl (Ph.), 42, 70.
Daudet (Alph.), 25, 52.
Daudet (Ernest), 48, 52.
Daumont (E.), 25.
Dauphin (L.), 38.
Daux (Henriette), 61, 62, 63.
Davillier (Ch.), 13.
Dawant, 24.
Dayot (A.), 5, 10.
Debrousse (J.), 61, 62.
Debucourt, 24.
Deck, 14.
Deflandre (Ed.), 65.
Degrégny (J.), 75.
Delaborde (H.), 14.
Delabrousse (L.), 48, 52.
Delierre (A.), 24.
Deliner (Michel), 38, 40.
Delisle (L.), 8.
Delorme (R.), 63.
Delort (C.), 31.
Del Sarte (F.), 37.
Denis (E.), 53.
Depasse (H.), 52.
Dérivé, 35, 36.
Desjardins (Abel), 4.
Desmons, 67.
Desrat (G.), 38.
Deutsch (H.), 72.
Derèze (Ph.), 52.
Devinat (E.), 68.
Dhasp (Jean), 75.
Diderot, 29.
Dickens (Ch.), 29.
Dilke (sir Charles), 48.
Dolot (G.), 19.
Dombre (Roger), 62 63.
Donnadieu (Fr.), 38.
Donnet (G.) 40, 55, 65.
Doucet (C.), 19.
Doucet (Jérôme), 36.
Doumy (de), 60.
Doy (Mlle S.), 61.
Dreyfus (Camille), 42.
Dreyfus (Ferdinand), 48, 81.
Drujon (F.), 32.
Drumont (E.), 34, 48.
Ducèdre (A.), 32.
Duez, 32.
Duhem (H.), 17.
Dumas (Al. fils), 20, 24.

Dumont (F.), 61.
Duplessis, 12.
Du Pontavice de Heussey (R.), 29.
Dutert, 17.
Dutilleul, 63.
Duval (Mathias), 6, 14, 73.
Duvivier (A.), 25.

Ebelot, 74.
Edmond (Charles), 52.
Ephrussi (Charles), 4.
Ernest (A.), 74.
Estannié (E.), 72.

Fabre des Essarts, 63.
Farcy (Camille), 48, 49.
Faria, 57.
Faugier, 39.
Fauré, 73.
Ferrand (J.), 18.
Feuillet (Oct.), 24, 25.
Flameng (F.), 28.
Flameng (C.), 22.
Flaubert, 25, 28.
Flavien, 72.
Fleurus, 63.
Fleury (Ed.), 18.
Fontenay (E.), 13.
Fontenelles, 33.
Fonvielle (W. de), 65.
Fourié (A.), 25.
Fournel (V.), 37.
Fournier (L. E.), 31.
Fournier (G.), 49.
Fragerolle (G.), 38.
Franco, 24.
Frédé (P.), 49.
Furetière, 29.

Gambard, 57.
Garnier (Ed.), 11.
Garreau (Payen), 50.
Gasnault, 12.
Gassin (Ch.-L.), 46.
Gastine, 3, 32, 35, 66.
Gatouil (Éva), 62, 63.
Gaujean, 23, 24, 25, 34.
Gausseron (B.-H.), 16, 21, 56, 67.
Gayet (Al.), 14, 43.
Gelibert, 57.
Gérard (baron), 8.
Gériolles (Mme de), 61,62,63,64.
Germain (Pierre), 12.
Gervex (H.), 24, 32.
Gerspach, 7, 14.
Gévin Cassal, 61.
Gérard du Boulan, 34.
Géry-Bichard, 25.
Giraldon, 20.
Girard (Paul), 15.
Giraud (J.-P.), 12.
Godefroy, 57.
Gœthe, 22.

Goncourt (J. de), 21, 25.
Goncourt (Ed. de), 21, 25.
Gonse (Louis), 4, 6, 14.
Gosset (A.), 18.
Gourdon de Genouillac, 14.
Gourraigne, 67.
Guérin (Catelin-Maxime), 70.
Guichard (Ed.), 12.
Guiches (G.), 21.
Guiffrey (J.-J.), 4.
Guillaume (E.), 7.
Guillet (J.-A.), 30.
Guillot (Ad.), 18.
Gusman (Pierre), 41.
Guyot (M.), 19.
Graffigny (de), 60.
Grand-Carteret, 9.
Grapin, 67.
Gravière (J. de la), 42.
Grimm, 57.
Grivaz, 57.
Grosclaude, 74.
Grave (F.-C.), 49.
Gsell (Paul), 63, 64.
Guiches (Gustave), 75.
Gumery, 57.

Habay (G.), 38.
Hameau, 62, 63, 64.
Hallez d'Arros, 44.
Haudricourt, 69.
Havard (H.), 6, 7, 11, 15, 41, 49.
Hawkins (L. W.), 58.
Hellé, 64.
Henard (Eugène), 72.
Henaut (de), 74.
Hennet (L.), 47.
Henrique (L.), 43, 44.
Hessen (L. de), 58.
Hillemacher, 19.
Holmes (O.-V.), 21.
Homère, 22.
Horace, 30.
Horn (E.), 21.
Horus, 48.
Hubbard (G.), 37.
Hugo (V.), 22, 26, 27.
Hugues le Roux, 74.

Imhaus, 45.

Jacob (P.-L.), 29.
Jazet, 24.
Jane (tante), 64.
Jaegle (E.), 49.
Jeanny, 69.
Jeanniot (G.), 25.
Job, 57.
Jolleaud-Barral, 62, 63, 69.
Jousset (P.), 55.
Jouin (H.), 7.
Jourdan (Ch.), 49.
Jourdan (Franz), 76.
Jullien A. 18.
Jullien (L.), 36.

Karl Robert, 15, 16.
Kastor Robert, 34.
Katman de Micks-Zath, 21.
Keronan (G.-G.), 16.
Kervall, 61, 62.
Kohr (Rolland), 38.
Kont, 66.
Krudener (Mme de), 29.

Lachenaud, 4.
Lacroix (Sigismond), 46.
Lafagette (Raoul), 37.
La Fayette (Mme de), 29.
Lafenestre (G.), 3, 7, 10, 11, 15.
La Fontaine, 21.
Lalaigne (Eug.), 68.
Lalauze (A.), 29.
Lallemand, 41, 45.
Laloux (V.), 14, 16.
Lançon, 9.
Lamartine (A. de), 25.
Lang, 49, 66.
La Porte du Theil, 30.
La Roche-Aymon, 30.
Laroche, 74.
Larroumet, 53.
Lataste Lodoïs, 36, 37.
Laubot (Mme), 65.
Lauge (M.), 36.
Laurens (J.-P.), 22, 73.
Laurent (Ch.), 51.
Lavedan (H.), 75.
Lavoix (H. fils), 14.
Le Blanc (J.) 25.
Le Bris (Guy), 72.
Le Chevallier Chevignard, 15.
Leclercq (J.), 49.
Leclanché (Léopold), 22.
Lecomte, 67.
Leconte (Alf.), 37, 48.
Leconte (Mlle Marie), 61.
Lecoy de la Marche), 14, 15, 71.
Ledain (B.), 18.
Lefèvre (André), 30.
Lefèvre (J.), 73.
Lefévre (M.), 74.
Lefèbvre Saint-Ogan, 18, 32.
Lefèvre Pol, 72.
Lefébure (E.), 14.
Lefort (Paul), 15.
Legrand (Th.), 76.
Legrand (Alf.), 67.
Legrand (Jules), 67.
Leloir (A.), 30.
Lelorieux, 66.
Lemercier, 20.
Lenoir (Paul), 33.
Lenormand (F.), 14.
Léonis (R.), 63.
Léris (G. de), 40, 49.
Le Roux (Hugues), 20.
Leroy, 67.
Le Roy (Mme), 61.
Le Roy (F.), 65.

Le Sage, 31.
Le Verrier (Urbain), 72.
Lheureux (J.), 61, 62, 63.
Liégard (Stéphen), 40.
Lindau (Paul), 75.
Lion, 66.
Liouvelle (Franz), 39.
Liphart, 56.
Lisbonne (E.), 72.
Loëvy (E.),
Longus, 30.
Loriquet (Ch.), 8.
Loris, 70.
Lorrain (Jean), 32.
Loicq de Lobel, 52.
Loustalot (A. de), 15.
Louveau Kouveyre (Mme), 35.
Luthmer, 12.
Lucius, 30.
Lynch, 23, 24, 25.

Mac Nab, 38.
Mahan (A.-T.), 43.
Mahy, 75.
Mahlinger, 55, 63, 64, 65.
Maindron (M.), 14.
Maistre (X. de), 31.
Majendie (Lady), 75.
Manesse, 23.
Mauget, 66.
Mantz (P.), 3, 15.
Marcou, 34.
Marie (Ad.), 25, 56.
Mariéjol (J.), 71.
Maullac (Michel de), 22.
Mars, 9.
Martha, 14, 36.
Martin (Mlle), 57.
Martimprey (comte de), 48.
Marx (Adrien), 75.
Marthold (J. de), 16.
Max Lyan, 64.
Mas (Em.), 23.
Maspero, 14.
Massé (F.), 32, 57.
Massillon Rouvet, 55.
Mayeux (Henry), 14.
Maulde (de), 11.
Maupassant (G. de), 21, 28, 52.
Maurel Dupeyré, 33.
Meaulle, 24.
Meigney (E.), 42.
Melanari, 58.
Melchior, 84.
Ménorval (E. de), 55, 65.
Mercier du Quesnay (A. Le), 74.
Mercier (G.), 25.
Mercier (A.), 63, 64, 65.
Merson (Olivier), 15.
Meurer, 12.
Mesureur (Mme G.), 61, 63, 64.
Millevoye, 29.
Miln (J.), 18.
Mirzel, 61.

Moireau (A.), 56.
Molenes (Émile de), 47.
Molière, 66.
Molinier, 10.
Monceau (Mme Julie de), 56, 61, 64.
Monceau (Paul), 16, 29, 70.
Monin (H.), 46.
Montalivet, 52.
Montégut (L.), 25, 38.
Montégut (F.), 48.
Monteil (Edgar), 52, 55, 65, 75.
Montet (J.), 58, 63, 64.
Montheuil (Albr.), 74.
Montorgueil (G.), 20, 55.
Mordant (D.), 25.
Motte (H.), 22.
Mouchot, 24.
Moyne (A.-L.), 49.
Muller (L.), 25.
Muntz (E.), 15, 18.
Musset (H. de), 24.
Musée, 30.
Myrbach, 57.

Nac (Paul), 45.
Natal (C.), 61, 63.
Némo, 62.
Nicholson (W.), 70.
Nittes (J. de), 75.
Noël Gaulois, 55, 65.
Notor, 25.

Orazi, 32.
Ovide, 30.

Pagès (A.), 51.
Paloff (Mme de), 61, 62, 63.
Paléologue, 14.
Palustre (L.), 17, 14.
Papa de Nenette, 62, 63.
Pascal (L.), 6.
Pellet (M.), 34, 52.
Pelletan (E.), 52.
Peraté (André), 14.
Perrens (F.-T.), 34, 47, 71.
Perronet, 55, 65.
Pessard (H.), 75.
Pessonneaux, 22.
Petit (Ed.), 48, 67.
Petit (Jules Le), 33.
Peyre (Roger), 71.
Pfnor, 30.
Pichot, 71.
Piedagnel (A.), 31.
Pienne (A.), 15.
Pierre (E.), 50, 51.
Pina (A. de), 49.
Pinard (A.), 52.
Pinloche (H.), 67.
Plantet (E.), 9.
Poë (Edgar), 29.
Poirson (V.), 25.
Pontremoli, 16.
Pons (A.-J.), 30, 35.

Pontavice de Heussey (comte du), 36.
Pontsevrez, 31, 36, 66.
Pottet (E), 19.
Pottier, 16.
Pouvourville (A. de), 14.
Pol (Lefèvre), 71.
Poudra, 51.
Prévost (Abbé), 29.
Prevost (G.), 75.
Priem, 67.
Properce, 30.
Proth (Mario), 52.
Prou, 71.
Provost (Blondel), 13.

Quantin (A.), 61.
Quesnerie (de la), 66.

Rabou (Albert), 48.
Racot, 75.
Ram-Baud, 7.
Raphaël Pinset, 7.
Raunié (E.), 30.
Raux (G.), 47.
Ravaisson Mollien (Ch.), 8.
Rayet (Olivier), 17.
Recouvreur (A.), 15.
Regamey, (F.), 42.
Regla (P. de), 48.
Rejchan, 5, 25.
Renack, 63, 65.
Renan (Ary), 14.
Renouard (P.), 20, 29.
Revone (Mme M.), 63.
Raynaud (G.-A.), 47.
Rhead (L.), 22.
Riat (G.), 14.
Riboulet, 64.
Richet (Ch.), 37.
Richtenberger, 10.
Riou de Maillou, 12.
Rivière (L.), 48.
Robida, 23.
Robiquet (P.), 34, 46, 47.
Rochefort (H.), 75.
Rochemont (de), 60, 74.
Rodenbach (G.), 76.
Roger, 67.
Roger Marx, 6.
Roger Ballu, 3, 11.
Rolland (J.), 75.
Ronald (Gower), 9.
Rosny, 75.
Rops (F.), 21, 23. 24.
Roux (F.), 63.

Rozan (Ch.), 33.
Rudeaux (Ed.), 25.

Sacher-Masoch, 21.
Sadoux (Eug.), 17.
Sageret (J.), 72.
Saint-Albin, 76.
Sainte-Croix (de), 62, 63.
Sand (G.), 23.
Sandoz (A.), 25.
Sapho, 30.
Saverne (L.), 38.
Sarjons (Ed.), 70.
Scott, 22, 30.
Séguier (comte de), 30.
Sentier (Alf.), 4.
Seraud, 72.
Shakespeare, 38.
Sibille (M.), 61.
Simond (Ch.), 64.
Slivitzki, 64.
Sonin (H.), 32.
Sobol (de), 61, 62, 63, 64.
Sosta, 63, 65.
Soubies (Alb.), 14.
Souriau (M.), 71.
Spitzer, 5.
Stanislas-Meunier, 42, 53.
Stendhal, 76.
Steinlen, 57.
Strauss (P.), 39.
Streabbog, 39.
Summer (Mary), 32.
Stupuy (H.), 52.
Suzel, 74.
Sylvin (Ed.), 52.
Swift, 65.

Talagrand (J.-L.), 18.
Talamo, 63.
Tam (capitaine), 65.
Tamenaga Shonnsouï, 34.
Tankerville (J.), 17.
Tarbé (Th.), 19.
Tardif (Jules), 19.
Tatius (A.), 30.
Tencin (Mme de), 29.
Terrasse (Claude), 39.
Thelem (E.), 76.
Thierry (Victor), 56, 75.
Théocrite, 30.
Théo-Crit, 62.
Tillier, (L.), 56.
Tornézy (A.), 32.
Toussaint (H.), 25.
Treney, 67.
Triaire (P.), 6.

Trigant-Geneste, 63.
Troismeaux (E.), 44.
Trojelli (A.), 39.
Turenne (L. de), 49.
Turquet (André), 32.

Uzanne (Oct.), 22, 23, 30, 45.
Ulbach, 52.

Vachon (M.), 7, 12, 18, 19, 43.
Vallat (G.), 32.
Vallat (V.), 62, 64.
Vallery-Radot, 58.
Vallès (Jules), 29.
Valton, 31.
Valentin Dufour, 19.
Valiquet, 39.
Van Muyden (E.), 21.
Varennes (H.), 44.
Vast (H.), 70.
Vernet (Louis), 62, 63.
Vernes (Th.), 61, 64.
Veron (P.), 74.
Veyrat (G.), 18.
Vidal (Ant.), 9, 19, 20, 24.
Vidal (P.), 20, 23.
Vieuxmaire (Al.), 62.
Vigeant, 36.
Virgile, 30.
Vigné d'Octon, 55, 65.
Villars (P.), 40.
Villiers de l'Isle-Adam, 74, 75.
Villiers du Terrage, 33.
Vitu (Aug.), 39.
Vogt (G.), 15, 22, 57.
Vuagneux, 10.

Wagner (Richard), 38.
Wailly (A. de), 62.
Wahl (Maurice), 71.
Wallet, [24, 25.
Wauters (A.-J.), 15, 74.
Weisz, 25.
Willette, 10.
Williams (V.), 17.
Witt (Mme de), 56, 61, 64.
Whistler (E.-V.), 31.
Whitman (Sidney), 48.
Wogan (T. de), 42, 43.
Wogue (Jules), 66.

Yan de Castélis, 62.
Yriarte (Ch.), 74.

Zeballos (E.), 74.
Zeller (J.), 70.
Zevort (E.), 66, 71.
Zier (Ed.), 32.
Zilcken (Ph.), 5.

CATALOGUE

DU

Comptoir Spécial d'Édition et de Librairie

DE

Ch<u>arles</u> MENDEL

118 et 118 bis, Rue d'Assas, 118 et 118 bis

PARIS

BIBLIOTHÈQUE GÉNÉRALE DE PHOTOGRAPHIE

SPÉCIALITÉ D'OUVRAGES
ILLUSTRÉS par la **PHOTOGRAPHIE D'APRÈS NATURE**

Catalogues d'Expositions et Concours photographiques

OUVRAGES SCIENTIFIQUES, INDUSTRIELS, ARTISTIQUES

Bibliothèque des Amateurs de Jeux d'Esprit

JANVIER 1900

TABLE SYSTÉMATIQUE

par ordre alphabétique des matières

Acétylène. Drouin, L'acétylène. Mathet, L'éclairage à l'acétylène.
Agenda. Ch. Mendel, Agenda du photographe et de l'amateur.
Agriculture. Barot, Combes, Griveau, Larbalétrier, Richemont.
Albums humoristiques. Boissonnas, Rouet.
Alimentation. Ferreyrol, Traité de la fabrication des liqueurs. Larbalétrier, Falsifications des denrées alimentaires.
Antiquités. Gaillardie, Les poids anciens des villes de France.
Arts industriels. D'Argy, Brard, Drouin, Fisch, Mathet, Pinsard.
Art vétérinaire. Lucet, De l'aspergillus fumigatus.
Ballons. Fabry.
Beaux-Arts. Labitte, Pinsard, Veyrat.
Blason. Labitte, Traité du blason.
Calcul. Pillas, Enseignement pratique et raisonné du calcul.
Chasse. Labitte, Traité pratique de la chasse à tir.
Chevalerie. Daguin, Les ordres de chevalerie autorisés en France.
Chimie. Clerc, Ganichot, Chimie photog., Traité de la préparation des produits photographiques.
Cinématographie. Brunel, Donnadieu, La photographie animée.
Contes et légendes. D'Enjoy, Légendes annamites, Lavalley.
Dactylographie. Drouin, Les machines à écrire.
Dessin. J. Pinsard, l'Illustration du Livre moderne et la Photographie.
Divination. Santini, L'Art de la divination.
Droit, Bigeon, Coutant, Daguin.
Economie domestique. Bergeret, Ferreyrol, Larbalétrier, Rousseau.
Electricité. D'Argy, Bergmann, Huche.
Enluminure. Labitte, les Manuscrits, le Missel aux papillons.
Esthétique. Arnoult, Esthétique visuelle.
Etrennes. Bastide, Boissonnas, Claretie, Daudet, Giard, Labitte, Lavalley, Lemercier de Neuville, Rémy, Veyrat.
Gravure. Pinsard.
Guides. Bergeret, Bertot, Photo-guides du touriste, Guides du cycliste en France, J.A.M.
Graphologie. Suire, Dictionnaire de graphologie.
Histoire du livre. Brunel, Gravier, Labitte.
Histoire naturelle. Beleze, Combes, Coupin, Panis.
Hygiène. Viaud, la Nature et la Vie.
Hypnotisme. Finot, Santini, Effluves humains.
Impressions photomécaniques. Brard, Fisch, Pinsard, Tournois, Voirin.
Jeux d'esprit. Bouttier, Chaplot, Demauny, L'Esprit, de Reilles, Science en famille.
Jurisprudence. Bigeon, Coutant, Daguin.
Langue française. Demauny.
Lithographie. Fisch, Pinsard (Jules).
Médecine. Choquet, Henry, Lucet, Viaud.
Médecine vétérinaire. Lucet.
Oiseaux. Richemont, les Oiseaux insectivores.
Ombromanie. Bertrand, Lemercier de Neuville.
Optique. Brunel, Mullin.
Ouvrages illustrés par la photographie d'après nature. Bastide, Bergon, Boisard, Boissonnas, Claretie, Daudet, Lavalley, Le Bègue, Pinsard, Ratisbonne, Rouet.

Photographie. Bergeret et Drouin, Bergon, Bigeon, Boyer, Brunel, Choquet, Clément, Clerc, Delamarre, Donnadieu, Dormoy, Drouin, Emery, Finaton, Finot, Fisch, Ganichot, Gautier, Giard, d'Héliécourt, Jouan, Le Bègue. Mathet, Charles Mendel, Mullin, Niéwenglowski, Photo-Revue, Pinsard, Pyro, Reyner, Santini, Sorée, Tranchant, Trutat.
Agrandissements. Brunel, Delamarre, les Agrandissements d'amateurs.
Chimie photograhique. Clerc, Ganichot.
Ferrotypie. Drouin, la Ferrotypie.
Microscope. Mathet, le Microscope et son application à la photographie des infiniment petits.
Optique. Brunel, Mullin, Traité élémentaire d'optique instrumentale.
Papiers photographiques. Finaton.
Photographie animée. Brunel, Donnadieu.
Photographie des couleurs. Drouin, Santini.
Photographie au charbon. Fisch.
Photographie en relief. D'Héliécourt.
Photographie spirite. Finot, Santini.
Photographie stéréoscopique. Drouin, Mathet.
Photogravure. Brard, Pinsard.
Photomicrographie. Choquet, Clément, Mathet.
Photominiature. Dormoy.
Prestidigitation. Toto.
Projections. Trutat, Traité général des projections.
Retouche des épreuves. Ganichot.
Sciences agricoles. Barot, Combes, Larbalétrier, Richemont, Science en famille.
Sciences naturelles. Belèze, Choquet, Clément, Combes, Coupin, Panis, de Riols, Rolland, Science en famille.
Sciences occultes. Finot, Santini.
Sciences usuelles. D'Argy, Bergmann, Combes, Coupin, Fabry, Huche, Mathet, Charles Mendel, de Riols, Science en famille, Tranchat.
Spiritisme. Finot, Santini.
Technologie. Tranchat.
Téléphonie. D'Argy, Les Téléphones à haute voix.
Timbres-poste. Bossakiéwicz, Manuel du collectionneur de timbres-poste.
Travaux d'amateur. Combes, Fabry, Labitte, Lemercier de Neuville, Perroux, Science en famille, Toto, Villanova.
Voyages. Bergeret, Bertot, Boisard, Daullia, J.-A.-M., Rémy, Valoys.

TABLE ALPHABÉTIQUE GÉNÉRALE

PAR NOMS D'AUTEURS

ARGY (D').
Les Téléphones à Haute voix. 1894, 1 vol. in-16 de 122 p. avec 17 croquis originaux . . . . fr. 2 »
Instructions détaillées et précises pour la construction et la réussite des appareils.

ARNOULT (LÉON).
Les Éléments d'une Formule de l'art. 1894, 1 vol. in-4° écu . . . . fr. 3 »

ARNOULT (LÉON).
Traité d'esthétique visuelle transcendantale. 1898, 1 vol. in-4° écu de 512 p., avec 41 fig. et 13 pl. hors texte, en couleurs. . . . . fr. 30 »
Ce traité est fondé sur la fixation des grandes lois des trois hypostases de l'objectivité visuelle scientifiquement ramenées à une unité : à la première forme.

BAROT (A).
Les Plantes Mellifères. 1895, 1 vol. in-16 de 56 p. . . . . fr. 1 »
Conseils sur le choix à faire des plantes pour l'élevage des abeilles.

BAROT (A).
Nos moutardes et leur rôle en Agriculture. 1895, 1 vol. in-16 de 64 p. avec figures . . . . fr. 1 »
L'auteur a entrepris la vulgarisation et la réhabilitation de cette plante humble et délaissée ; c'est au contraire une plante bienfaisante, dont la culture facile et la croissance rapide s'accommodent des sols pauvres ou permet de faire dans des sols riches une double récolte.

BASTIDE (J.-B).
La Petite Maison. 1899, une plaquette in-8° illustrée par la photographie d'après nature. Illustrée en couleurs . . . . fr. 6 »
Illustrée en noir . . . . fr. 3 50
La Petite Maison est une délicieuse nouvelle d'un auteur à peu près oublié, que son talent incontestable aurait dû classer parmi les meilleurs auteurs galants du XVIII° siècle.
MM. Magron et Ch. Mendel ont entrepris de ressusciter cette figure disparue en illustrant le texte de cette bluette par les moyens que prête la photographie aux arts d'impression.
Dans une suite de vingt compositions, M. H. Magron s'est plu à reconstituer un cadre du temps, dans lequel il a fait vivre les personnages de Bastide. Il n'a rien épargné pour que cette suite de motifs, d'ameublements, de scènes, soit rigoureusement exacte, sans anachronisme et sans transposition. C'est une œuvre remarquable que le goût des connaisseurs ne manquera pas de consacrer.

BELEZE (MARGUERITE).
Conseils aux amateurs pour faire une collection de papillons. 1892, 1 vol. in-16 de 82 p., illustré de 27 fig . . . . fr. 1 »
L'auteur, membre des Sociétés botaniques de France, a voulu présenter un ouvrage qui forme une petite encyclopédie suffisante pour les personnes qui veulent se livrer à cette agréable distraction.

BELEZE (MARGUERITE).
Les Bons et les Mauvais Champignons. 1899, 1 vol. in-16 de 64 p., illustré de 46 fig. . . . . fr. 1 »
Etude de Mycologie pratique.

BERGERET (ALBERT).
L'Ordre à la maison. 1890, 1 vol. in-16 de 96 p. avec gravures et 4 tableaux hors texte . . . . fr. 1 25
Il n'est personne à qui ce livre, empreint du meilleur esprit, ne rendrait service. Il donne le moyen facile d'avoir toujours de l'ordre dans son intérieur, dans ses comptes, dans ses papiers, dans ses souvenirs, dans sa correspondance, dans sa bibliothèque. — C'est un *vade-mecum* concis, précis, d'une belle tournure littéraire et qui s'adresse aussi

bien au petit commerçant, à l'ouvrier, à la ménagère, qu'au négociant, à l'industriel, au savant ou à l'homme d'affaires.

BERGERET. (Collection des albums). Albums grands in-quarto de 100 vues photocollographiques sous couverture chromo simili-japon.

Les Villes d'eaux de l'Est. Album contenant 100 vues de sites les plus goûtés des principales villes de cette contrée ; ces vues sont groupées avec goût en pages in-4° raisin, tirées sur papier de luxe, le tout sous couverture illustrée . . . . fr. 3 50

Huit jours dans les Vosges. Album de même format, même genre, comprenant les principales villes des Vosges ; Gérardmer et ses environs, etc. . . . . fr. 3 50

L'Hiver à Cannes. Album comprenant Cannes et les principaux sites, le châteaufort, le carnaval de Cannes, bataille de fleurs, etc. . . . . fr. 3 50

La Côte-d'Azur. De Saint-Raphaël à Menton, Fréjus, Cannes, Nice, Villefranche, Beaulieu, Monaco, Monte-Carlo, Menton . . . . fr. 3 50

Nancy. Place Stanislas, Hôtel-de-Ville (intérieur et extérieur), Arc de Triomphe et tous les monuments et points intéressants de la ville. . . . . fr. 3 50

Paris en Italie par le Saint-Gothard. . . . . fr. 3 50

Ces cent vues constituent un ensemble de toute beauté. L'œil est ravi autant que l'esprit à la contemplation de ces doux paysages lacustres de l'Helvétie, de ces monuments somptueux de la Renaissance italienne, depuis cette divine cathédrale de Milan jusqu'au dôme de Florence, à la Chartreuse de Pavie et au fameux batistère de Florence, dont les portes de bronze, suivant l'expression consacrée, mériteraient d'être un jour les portes du Paradis.

Lucerne et ses environs. 1 album de 85 vues. . . . . fr. 3 50

C'est chose connue que la Suisse est un pays ravissant. Toutefois il faut dire qu'il est un coin de cette terre privilégiée qui semble résumer plus que tout autre les différents caractères, tantôt calmement gracieux, tantôt sauvages jusqu'au sublime, des sites et des coins de l'Alpe.

C'est *Lucerne et le Lac des Quatre-Cantons* :

M. A. BERGERET a donc été bien inspiré en le choisissant pour l'album où, en 85 phototypies, également nettes et brillantes, il nous montre successivement : Lucerne « Perle du Lac enchâssée dans un magnifique écrin », expression qui n'a rien d'hyperbolique et comparaison d'absolue vérité, le Righi, splendide par la majesté de ses lignes ; les bords du Lac, l'Axenstrasse, Altdorf, Tellsplate, tout imprégnés encore du souvenir de l'épopée tellienne, histoire ou légende comme l'on voudra, mais histoire ou légende admirable, étant la robuste personnification du patriotisme helvétique : la vallée de la Reuss, le Pilate et les Gorges de l'Aar, Einsiedeln, l'Engadine ; grandiose spectacle où s'accumulent, s'entassent, voisines, les sublimes horreurs, les vallées que dore le soleil, les pics neigeux et les calmes et travailleuses cités.

L'album que nous signalons vaut un voyage aux lieux représentés, étant le très sincère reflet des merveilles prodiguées par la création à ce charmant coin de terre.

BERGERET ET DROUIN.

Les Récréations photographiques. 1893, 2ᵉ édition, 1 vol. in-8° jésus de VIII-224 p. illustré de 4 pl. hors texte, en photocollographie et de 131 fig . . . . . fr. 6 »

Les auteurs ont ajouté à la première édition des chapitres inédits, illustrés de figures originales sur la photographie en chambre, la photographie à la lumière artificielle, la photographie astronomique et météorologique, la photographie sans objectif et sans chambre noire, la photographie transformisme et la création du matériel nécessaire, la photographie timbre-poste, la téléphotographie, les photo-anamorphoses, la photographie fin de siècle, la simili-gravure au moyen des plaques voilées, la photographie sympathique, etc.

L'ouvrage complet forme un magnifique volume grand in-8°, avec une reproduction par l'héliogravure et gravures sur bois, de POYET, NAGEL et TAUXIER, 3 photogravures hors texte et 4 planches phototypiques, imprimé sur beau papier avec couverture en deux couleurs.

BERGMANN (F).

Le Petit Électricien. 1894, 2ᵉ édition, 1 vol. in-16 de 100 p. illustré de 55 fig. et plans de pose . . . . fr. 1 »

Recueil des expériences que l'on peut faire avec les piles, bobines de Rhumkorff, etc., lumière électrique, allumoirs, sonneries. Ce petit volume rendra de nombreux services aux amateurs électriciens. La première édition enlevée en quelques jours en est un sûr garant.

BERGON ET LE BÈGUE.
Le Nu et le Drapé en plein air. 1899, 1 vol. in-8° de 46 p. illustré de nombreuses reproductions en phototypie obtenues par la photographie d'après nature. . . fr. 3 50
Les auteurs, fort connus pour leurs études de drapé et de nu, hardies et pourtant décentes, admirées aux diverses expositions du Photo-Club de Paris, au Photographic-Salon de Londres, comme à Bruxelles, Hambourg, Vienne, etc., ont essayé de montrer qu'avec les progrès incessants du procédé la photographe artiste pouvait s'aventurer dans le domaine réservé jusqu'ici au peintre et au dessinateur. De nombreuses illustrations dans le texte et hors texte, la plupart inédites, font de cet ouvrage une des publications les plus intéressantes et les moins banales de l'Art Photographique.

BERTOT (J).
Photo-Guides du touriste aux environs de Paris. 1898, 4 vol. illustrés de 400 dessins, par CONRAD, et de 12 cartes et plans dressés sous la direction de l'auteur.
    1er volume. . . . . Seine.
    2e   — . . . . Seine-et-Oise,
    3e   — . . . . Seine-et-Marne.
    4e   — . . . . Grande banlieue.
Prix de chaque volume élégamment relié . . . . fr. 2 50
Il existe peu d'ouvrages dont l'utilité soit comparable à celui-ci.
Frappé de voir qu'il existait des guides à l'usage des étrangers, des simples promeneurs, des cyclistes, des botanistes, même, et qu'il n'en existait pas pour les amateurs photographes, aujourd'hui si nombreux, l'éditeur entreprit de combler cette lacune. Il résolut de publier un guide qui indiquerait à l'amateur les sites, les monuments, les points de vue dignes d'attirer son attention ; qui lui donnerait, sous une forme concise et très claire, les renseignements de nature à lui permettre de diriger ses excursions à coup sûr dans une direction où il trouverait quelque chose d'intéressant et digne de son objectif ; qui lui éviterait les tâtonnements et les hésitations, les fausses manœuvres et les pertes de temps qui résultent de l'indécision du but ; en un mot, qui fût le *vademecum* du touriste aux environs de Paris.

BERTOT (J).
Guides du Cycliste et du Chauffeur en France. 1894, 12 vol. de 200 p. avec cartes, plans, itinéraires, chaque volume . . . . fr. 3 »
  1° De Paris à Grenoble, Lyon et Marseille (Haute-Bourgogne, Dauphiné, Provence). 1 volume.
  2° De Paris à Bordeaux, Bayonne et La Rochelle (Touraine, Poitou, Bordelais). 1 volume.
  3° De Paris à Brest, Nantes (Bretagne). 1 volume.
  4° De Paris à Saint-Malo, Cherbourg et Le Havre (Normandie). 1 volume.
  5° De Paris à Metz et Strasbourg (Champagne, Lorraine, Alsace). 1 volume.
  6° De Paris à Belfort et Genève (Basse-Bourgogne, Franche-Comté, Jura, Vosges). 1 volume.
  7° De Paris à Perpignan et Nîmes (Bourbonnais, Auvergne, Languedoc). 1 volume.
  8° De Paris à toutes les localités des environs, dans un rayon de 80 kilomètres. 1 volume.
  9° Excursions aux environs de Paris. 1 volume.
  10° Les côtes de France (Manche, Océan, Méditerranée). 1 volume.
  11° De Paris à Toulouse et aux Pyrénées (Centre, Gascogne, Pyrénées). 1 volume.
  12° De Paris au Nord de la France (Artois, Picardie, Haute-Champagne). 1 volume.
Le succès des guides Bertot s'affirme de plus en plus ; ils ne sont plus vendus uniquement aux cyclistes, mais encore à des personnes désireuses de posséder sur notre beau pays de France des *renseignements intéressants et surtout exacts*.
Avec le guide d'une région, on peut voyager, non seulement dans le sens de l'itinéraire qui sert de titre au volume, mais sur tous les itinéraires possibles, en suivant une orientation quelconque, de sorte que le cycliste qui possède la collection complète des guides, peut parcourir la France en tous sens.
Les guides Bertot, très clairement écrits, imprimés en beaux caractères, conviennent parfaitement à tous les cyclistes, à tous les voyageurs.

BERTOT (J).
Carte du Cycliste aux environs de Paris . . . . fr. 3 »
Cette carte est divisée en quatre quarts du format 50 × 60 ; elle est tirée en deux couleurs et collée sur papier entoilé indéchirable. Elle est très appréciée des cyclistes

et elle forme le complément indispensable du guide des environs de Paris, du même auteur.

BERTRAND (V.-E).
Les Silhouettes animées à la main. 1893, 1 vol. in-8° de 192 p., avec 65 fig. et 12 dessins d'accessoires . . . . fr. 3 50
Relié genre Bradel. . . . . fr. 6 »
Imprimé sur beau papier, reliure amateur. . . . . fr. 10 »

BIGEON (A). Avocat à la Cour d'Appel.
La Photographie et le Droit. 1894, 1 vol. in-12 de 320 p. . . . . . fr. 3 50
Résumé de la jurisprudence photographique et examen complet de toutes les questions juridiques intéressant les photographes, la contrefaçon, la propriété du cliché, le droit d'instantanéiser, les formalités à remplir, etc.

BIGEON.
La Contrefaçon en matière photographique. (Affaire Reutlinger contre Mariani), avec commentaires de M° A. BIGEON, avocat à la Cour d'Appel. 1899, 1 brochure de 28 p. . . . . fr. 0 50

BOISARD.
Un tour en Corse. 1897, 1 vol. in-8° . . . . fr. 3 »
Récit de voyage, illustré par la Photographie d'après nature, contenant 21 planches en phototypie dans le texte et 5 planches hors texte d'après les photographies de l'auteur. — Médaille de bronze au congrès de Reims 1897. — Ouvrage primé au concours d'illustration de la *Photo-Revue*.

BOISSONNAS (F).
Dans les roseaux. Scènes enfantines en 40 tableaux. 1898, 1 album relié . fr. 3 50
Ce sont des petites scènes exquises, une toute jeune fillette qui joue dans une mare, au bord d'une jonchée de roseaux. Chaque tableau est expliqué par un quatrain dû à D. MASS. Le tout forme un ensemble exquis, admirablement bien présenté ; c'est une nouvelle preuve des délicieuses applications qu'un artiste de talent peut faire de la photographie quand il possède le goût, la science technique et la patience de M. BOISSONNAS.

BOISSONNAS (F).
Un Régal. 1898, 24 pl. en photocollographie réunies en 1 bel album dépliant sous couverture toile artistique . . . . fr. 10 »
C'est l'odyssée d'un bambin joufflu auquel on a confié une assiette, une cuiller et un plat de crème — délicieux faut-il croire. — C'est certainement son avis car les 24 poses nous le montrent successivement gai, enjoué, railleur, réfléchi, suçant ses doigts, léchant la cuiller d'abord, puis s'enhardissant peu à peu pour en arriver à fourrer son bec rose à même le plat et nous montrer d'un air vainqueur sa figure barbouillée de crème. Tout cela avec des poses d'un comique achevé et d'une délicieuse gaucherie enfantine qui fera l'admiration de tous les papas et les mamans — Le tout constitue un vrai petit chef-d'œuvre qui fait le plus grand honneur à M. BOISSONNAS, et qui s'il a été égalé, n'a jamais été surpassé.

BOISSONNAS (F).
Un dessinateur en herbe. 1898, album dépliant de 16 planches en photocollographie . . . . fr. 6 »
Un bébé de trois ans et sa tante, une gracieuse fillette d'une douzaine d'années — La tante fait le professeur et apprend à dessiner à Toto — On fait un cheval et notre jeune dessinateur tout fier de son ouvrage le montre à sa tante quand tout à coup... bébé porte les mains à sa culotte... et prend une mine contrite : absorbé par son travail il a satisfait, sans s'en apercevoir, un petit besoin, chose d'ailleurs bien naturelle à son âge... embarras cruel... honte... désespoir.
Tel est le plan de l'histoire bien innocente qui a inspiré M. BOISSONNAS. Il a su en 16 planches la rendre plus qu'intéressante et nous donner une suite de réels petits tableaux d'une grâce achevée qui feront l'admiration de toutes les personnes qui se rendent compte des difficultés que présente un semblable travail.

BOSSAKIÉWICZ (STANISLAS).
Manuel du Collectionneur de timbres-poste. 1894, 1 vol. de 252 p., illustré de 227 fig. et reproductions . . . . fr. 3 »
Le Manuel du collectionneur de Timbres-Poste de M. Bossakiéwicz, bien que renfermant toutes les notions indispensables aux amateurs, notions qui leur permet-

tront d'éviter des erreurs et de repousser de leur collection les timbres non authentiques, n'a pas la sécheresse d'un traité scientifique. — Il est émaillé d'anecdotes et d'études historiques, géographiques, mythologiques, etc., qui en rendent la lecture attrayante et instructive, même pour les personnes qui ne s'occupent pas de philatélie.

Voici les titres des principaux chapitres :

Le timbre, étymologie et origine. — De la collection. — Conseils pratiques. — Numération des monnaies de tous les pays. — Les filigranes. — Les timbres des postes particulières. — Les surcharges. — Les émissions abusives. — Les nuances. — Les erreurs. — Les essais. — Les réimpressions. — Les timbres faux. — Connaissances que l'on peut retirer de l'étude des timbres : 1° Histoire (41 pages); 2° Géographie (12 pages); 3° Mythologie (8 pages); 4° Zoologie; 5° Botanique; 6° Armoiries; 7° Curiosités naturelles; 8° Ethnographie; 9° Cosmographie; 10° Esthétique. — Explication des principales abréviations usitées. — Dictionnaire anglais, allemand et espagnol, comprenant la traduction des termes les plus usités sur les timbres.

BOUTTIER.
Les Jeux de table. — **Le Jacquet.** 1899, 1 vol. in-18 de 100 p. illustré de nombreuses figures. . . . . fr. 0 75

BOYER (J).
La Photographie et l'étude des nuages. 1898, 1 vol. de 82 p. illustré de 21 fig. . . . . fr. 2 »
Les titres des quatre chapitres qui se partagent cet opuscule donneront une idée des indications qu'il contient et qui se prêtent mal à l'analyse; les voici : I. Coup d'œil historique sur la science des nuages au XVIII° siècle ; II. Classification et définition des nuages; III. Application de la photographie à l'étude des nuages; IV. Mesure des clichés. Calculs et conclusion.

BRARD (D').
La Photogravure nouvelle ou la gravure phototypographique mise à la portée de tous. 1894, 1 vol. in-8° carré de 88 p. avec illustrations dans le texte et hors texte obtenues par le procédé de l'auteur . . . . fr. 2 »
M. le Dr Brard décrit un procédé dont il est l'inventeur et par l'application duquel les amateurs pourront transformer un cliché négatif ordinaire, en une planche d'imprimerie en relief, qui pourra servir à tirer des épreuves aux encres grasses, par conséquent inaltérables, soit par l'opérateur lui-même, soit par n'importe quel imprimeur.

BRUNEL (G).
Encyclopédie de l'amateur-photographe. 1898. Chaque volume comprend 160 p. et est illustré de nombreuses figures, de planches, de reproductions, imprimé sur beau papier satiné, d'un format commode. Prix du volume . . . . fr. 2 »
La collection complète des 10 volumes. . . . . fr. 15 »
N° 1. Choix du matériel et installation du laboratoire. — N° 2. Le sujet; Mise au point; temps de pose. — N° 3. Les clichés négatifs. — N° 4. Les épreuves positives. — N° 5. Les insuccès et la retouche. — N° 6. La photographie en plein air. — N° 7. La photographie dans les appartements. — N° 8. Les agrandissements et les projections. — N° 9. Les objectifs et la stéréoscopie. — N° 10. La photographie en couleurs.

BRUNEL (G).
Variation et détermination des temps de pose en photographie. 1897, 1 vol. in-16 de 82 p. illustré de nombreuses fig. . . . . fr. 2 »

BRUNEL (G).
Traité élémentaire d'optique photographique. 1897, 1 vol. in-16 de 128p. illustré de nombreuses fig. . . . . fr. 2 »

BRUNEL (G).
La Photographie et la projection du mouvement. 1897, 1 vol. in-16 de 115 p. illustré de 45 fig. . . . . fr. 2 »
Historique, dispositifs, appareils cinématographiques.

BRUNEL.
Le Livre à travers les âges. 1894, 1 vol. grand in-4° illustré, couverture en chromo. . . . . fr. 2 50
Il a été tiré quelques exemplaires sur papier impérial du Japon. . . . fr. 10 «

Cahiers tout réglés pour le classement des clichés photographiques, suivant la méthode indiquée dans l'agenda CHARLES MENDEL . . . . . . fr. 0 60

CHAPLOT.
La Théorie et la Pratique des Jeux d'esprit. 1894, 1 vol. in-8°, 214 p. avec 400 modèles de problèmes. . . . . fr. 3 50
Le travail de M. C. Chaplot comprend les définitions de tous les genres, accompagnées des plus beaux exemples connus, des conseils pratiques aux sphinx et aux œdipes et d'environ quatre cents modèles de problèmes différents. Aux personnes insuffisamment initiées, cet ouvrage offre donc toutes les explications désirables sur les cas qui peuvent les embarrasser ; quant aux amateurs déjà habitués, nul doute que ce volume ne leur soit de la plus grande utilité, puisqu'ils pourront puiser là, parmi les quatre cents exemples qui leur sont offerts, l'idée ou la forme des problèmes auxquels ils n'avaient point pensé.

CHAPLOT.
Les Jeux d'esprit. 1898, 1 brochure in-16 de 46 p. . . . . fr. 1 »
Cette petite brochure reproduit une conférence faite par l'auteur ; on y trouvera, sous une forme claire et concise, tous les renseignements de nature à faciliter l'apprentissage de cet instructif et agréable passe-temps.

CHAPLOT.
Recueil complet des mots Janus et palindromes. 1897, 1 vol. in-16. . fr. 1 25

CHAPLOT.
Les Récréations littéraires.
1re année 1893. — 1 vol. in-8 raisin. . . . . fr. 3 50
2e — 1894. — 1 vol. gr. in-8 jésus. . . . . . . fr. 1 »
3e — 1895. — — — . . . . . . fr. 1 »
4e — 1896. — — — . . . . . . fr. 1 »
5e — 1897. — — — . . . . . . fr. 1 »
6e — 1898. — — — . . . . . . fr. 1 »
7e — 1899. — — — . . . . . . fr. 1 »
Paraît tous les ans.
Sous ce titre, sont réunies chaque année les récréations de toute nature qui forment le supplément périodique de la *Science en Famille*, et qui contribuent à lui donner un caractère tout particulier parmi les publications de vulgarisation scientifique.
Les Sphinx et les Œdipes y trouvent un choix de jeux d'esprit, constructions, combinaisons, etc., résultant pour la plupart des concours ouverts entre les lecteurs et les abonnés.

CHOQUET.
La Photomicrographie histologique et bactériologique. 1897, 1 vol. in-8° de 150 p. illustré de 72 fig. et de 7 pl. en photocollographie. . . . . fr. 6 »

CLARETIE (JULES).
Mariage manqué. 1894, 1 vol. in-8° de 26 p. illustré par la photographie d'après nature . . . . fr. 6 »
Tirage à 500 exemplaires numérotés.
Il semblait que cette jolie nouvelle de Jules Claretie, à la fois si humoristique et si sentimentale, fût difficile à illustrer d'après nature ; M. Magron a su trouver des sujets d'une adaptation parfaite, chez lesquels le fin sourire et la douce mélancolie rivalisent de naturel.

CLEMENT (A.-L.).
La Photomicrographie. 1897, 1 vol. in-16 de 115 p. illustré de 95 fig. . fr. 2 »

CLERC (L.-P.).
La Chimie du Photographe. 1897, 1 vol. in-18 de 135 p. . . . . . fr. 1 50
Notions générales de chimie photographique.

COMBES (PAUL).
L'art d'empailler les petits animaux. 1894, 2e édition, 1 vol. in-16 de 42 p. illustré de 16 fig. . . . . fr. 0 60
Ce petit volume sera très utile, aux naturalistes amateurs et collectionneurs. L'auteur leur apprend le dépouillement, l'antisepsie, le bourrage, le montage. Ils y trouvent enfin une liste des petits animaux qu'ils peuvent se procurer facilement en France.

COMBES (PAUL).
L'Eucalyptus et ses dérivés. 1898, 2e édition, 1 vol. de 76 p., illustré de dessins de BERGEVIN, avec une préface de M. NAUDIN, membre de l'Institut. . . . fr. 1 »

Coupin (H). docteur ès-sciences.
Ce qu'on peut voir avec un petit microscope. 1897, 1 vol. in-16 de 120 p , avec 10 pl. renfermant 263 fig. dessinées d'après nature par l'auteur . . . . fr. 2 »
Cet ouvrage n'a aucune prétention scientifique; il est simplement composé d'une série d'observations microscopiques *telles que tout le monde peut les faire*, avec un instrument très ordinaire. C'est le premier livre traitant, à ce point de vue de vulgarisation pratique, de l'emploi du microscope et des moyens de se procurer des matériaux d'étude. Il sera d'une réelle utilité aux jeunes botanistes, et à toutes les personnes qui s'intéressent aux merveilles du monde inconnu des infiniments petits.

Daguin et Bardies.
Les ordres de Chevalerie autorisés en France. 1894, 1 vol. in-8° jésus de 188 p. illustré de 200 fig. et de 16 pl. en couleurs. . . . . fr. 12 »
Il n'existait pas d'ouvrage complet dans lequel on puisse trouver, avec la liste de tous les ordres autorisés en France, les particularités relatives à chacun d'eux, les formalités à remplir pour obtenir les décorations et pour pouvoir les porter. — Celui-ci comble cette lacune et forme un traité complet de toutes les questions qui peuvent intéresser *tous ceux qui ont des décorations ou désirent en avoir*. — Chacun des 210 ordres comporte une notice historique et descriptive et est accompagné d'une gravure représentant l'insigne ; 16 planches *en couleur* donnent la reproduction exacte de chacun des rubans. — Enfin, un chapitre spécial donne le moyen de déterminer sans recherches, sur le vu d'un simple ruban, l'ordre auquel il appartient.

Daudet (Alphonse).
L'élixir du Révérend Père Gaucher. 1894, texte de A. Daudet, illustration photographique d'après nature de H. Magron.
Il a été tiré de cet ouvrage :
26 exemplaires imprimés sur papier impérial du Japon avec une suite de gravures avant la lettre sur chine ; numérotés à la presse de 1 à 26 . . . . fr. 100 »
75 exemplaires imprimés sur papier vergé à la cuve avec une suite de gravures avant la lettre sur chine ; numérotés de 27 à 101. . . . . fr. 50 »
400 exemplaires imprimés sur papier vergé à la cuve, numérotés de 102 à 501. fr. 25 »
Planches héliographiques, photogravure en creux, de P. Dujardin, tirées dans le texte, sur les presses de Eudes et Chassepot, typographie en caractères gothiques de Mensch, couverture artistique en couleurs tirée en héliogravure.
Cet ouvrage a obtenu :
Le Diplôme d'honneur à l'Exposition du Livre, 1894. La Grande Médaille de Vermeil, décernée par la *Société française de Photographie*, à la meilleure application de la photographie à l'illustration du Livre. Les deux plus hautes récompenses.
On lit dans le *Temps* :
« Tout le monde a lu ce délicieux conte de Daudet, *L'Elixir du R. P. Gaucher*.
« — De ce bijou littéraire, l'éditeur Charles Mendel vient de donner une édition
« de la *plus haute originalité artistique* qui, pour l'illustration du livre, marque le
« point de départ d'une voie nouvelle et d'un procédé nouveau.
« — Au lieu de confier à un dessinateur le soin d'interpréter le sujet du livre selon
« son tempérament ou sa fantaisie, M. Charles Mendel a, en quelque sorte, mis le
« livre à la scène ; avec une merveilleuse abbaye gothique pour décor, un vrai labora-
« toire avec ses alambics et autres instruments. Là-dedans se meuvent des person-
« nages costumés, composant de véritables tableaux vivants. Toutes les scènes de
« l'ouvrage photographiées et reproduites en héliogravure constituent l'illustration
« du livre. Ajoutons que le luxe du tirage s'allie merveilleusement à celui de l'illus-
« tration. *L'Elixir du R. P. Gaucher* constitue donc *un des plus brillants spécimens de*
« *l'art du Livre à notre époque*. « *Le Temps*. »

Daullia (E).
Le Tour du Mont-Blanc. 1899, 1 vol. in-8° jésus de 305 p. illustré de 16 pl. en photocollographie . . . . fr. 7 50
C'est la relation humoristique des excursions entreprises autour du *Géant des Alpes*, et la description fidèle des sites parcourus, par l'auteur du *Voyage impressionniste en Suisse*.
Ecrit sans prétention, mais dans une langue pure et colorée, cet ouvrage se recommande aux lettrés, qui goûteront un certain charme à sa lecture. Les touristes éprouveront également du plaisir à suivre le narrateur dans ses pérégrinations ; de même

que les artistes à lire ses descriptions imagées, que viennent heureusement compléter de magnifiques illustrations.

DELAMARRE (ACHILLE).
Les Agrandissements d'amateur. 1898, VI-144 p. 1 vol. in-16 illustré de 26 fig. . . . . fr. 2 »

DEMAUNY (CH).
Recueil complet des homonymes français. 1894, 1 vol. in-16 de 82 p. fr. 1 »
Tout en s'adressant plus particulièrement aux amateurs de jeux d'esprit, ce petit ouvrage est en même temps d'utilité générale, car il pourra être consulté avec fruit par toutes les personnes qui ne sont pas bien familiarisées avec cette question d'orthographe pratique.

DONNADIEU (A.-L).
La Photographie animée. 1897, 1 vol. in-16 de 40 p. . . . . fr. 1 »
Dans cette étude qui a pour origine l'émotion causée dans le public par le sinistre de la rue Jean-Goujon, l'auteur examine les principaux modes d'éclairages employés dans l'exploitation des cinématographes ; il passe en revue les causes d'incendie qui peuvent se produire et signale certaines précautions qu'il y aurait lieu de prescrire pour éloigner tout risque d'accident et empêcher de nouvelles catastrophes de se produire.

DORMOY (LÉON)
La Photominiature. 1894, 2ᵉ édition, 1 vol. in-16 de 75 p. . . . . . fr. 1 »
Procédé de peinture des photographies, donnant des résultats comparables aux plus belles miniatures, pouvant être pratiqué par les personnes qui ne savent ni peindre ni dessiner, avec indication du matériel nécessaire.

DROUIN (F).
La Ferrotypie. 1893, 2ᵉ édition, 1 vol. in-16 de 56 p. illustré de 13 fig . . fr. 1 »
Cet ouvrage, qui en est à sa deuxième édition, est une monographie complète du procédé. Une seule méthode est indiquée, et avec tous les détails désirables. En la suivant, le lecteur est assuré d'arriver à un bon résultat.

DROUIN (F)
Les Machines à écrire. 1890, 1 vol. in-8° de 60 p. illustré de 33 fig. . fr. 1 75
L'ouvrage en question, où la machine à écrire est l'objet d'une étude très détaillée, tant au point de vue de sa construction qu'au point de vue de son emploi, sera lu avec fruit par tous ceux, de près ou de loin, s'intéressent aux progrès de la Mécanique appliquée.

DROUIN (F).
La Photographie des couleurs. 1896, 1 vol. in-16 de 116 p. avec fig. . fr. 2 »
Procédés par impressions en couleurs fondamentales. — Obtention des clichés. — Obtention des épreuves. — Projections en couleurs. — Chromoscopes. — Méthode interférentielle. — Procédés divers.

DROUIN (F).
Le Stéréoscope et la photographie stéréoscopique. 1894, 1 vol. in-16 de 192 p. illustré de 104 fig. et de 2 photocollographies hors texte.
Broché . . . . fr. 3 50
Relié toile . . . . fr. 4 50
C'est un ouvrage complet, dans lequel les amateurs de stéréoscope trouveront, avec toutes les notions théoriques et techniques relatives aux merveilleux effets de l'appareil, les indications pratiques et de détail pour produire, avec les appareils usuels et les appareils spéciaux, des épreuves positives, sur papier ou sur verre, donnant le relief stéréoscopique.

DROUIN (F).
L'Acétylène. 1899, 2ᵉ édition, revue et augmentée, 1 vol. in-16 de 210 p. illustré de 52 fig. . . . . fr. 3 50
L'étude de ce gaz merveilleux, de ses propriétés, de ses usages, des appareils pour le préparer, forme le fond de cet ouvrage. L'auteur y expose d'une façon claire, précise et ordonnée les renseignements qui intéressent l'acétyléniste, l'amateur ou simplement le curieux. Il n'est plus permis en effet, même aux gens du monde, de rester étrangers aux progrès que la science fait chaque jour autour d'eux, surtout lorsque ces progrès

se traduisent par des améliorations dans l'existence matérielle. Un ouvrage de ce genre, assez complet pour être utile au praticien, assez clair pour intéresser l'amateur, ne peut qu'être bien accueilli du public.

DROUIN (F).
La Pellicularisation des clichés au gélatino-bromure. 1898, 1 vol. in-16 de 32 p. . . . . fr. 1 »
Cet opuscule décrit minutieusement un procédé de pellicularisation poussé à sa dernière limite de simplicité. Ce procédé permet de transformer en très peu de temps, sans accessoire ni produit spécial, un cliché sur verre en pellicule susceptible d'être imprimée dans les deux sens.

ÉMERY (H).
Formulaire pratique de photographie. 1897, 1 brochure in-16 de 26 p. fr. 0 50
Indiquant les termes photographiques, les formules traitant du développement, du renforcement, du tirage, des procédés au charbon, enlèvement des divers voiles, etc.

ENJOY (D').
Tap-Truyen (*Contes et légendes annamites*). 1897, 1 vol. in-8° raisin . . fr. 10 »
« J'ai goûté, dit M. ARMAND SYLVESTRE, une joie d'une saveur tout exotique en lisant les récits curieux recueillis et publiés par M. PAUL D'ENJOY sous ce titre : Tap-Truyen (contes de la bouche), en un volume d'aspect tout à fait japonais et contenant une série très curieuse de contes et de légendes annamites, traduits en un français très pur et très vivant. Il y en a vraiment de très dramatiques et de fort beaux, tel *Con Dann Me* (l'enfant qui frappe sa mère), et de tout à fait pittoresques, comme *Caicho* (le Marché), plein de couleur locale et de mouvement ; j'en recommande la lecture à tous ceux qui ont l'instinctif amour de ces terres de l'Extrême-Orient, aux civilisations à la fois lointaines et menaçantes pour l'avenir. »
L'ouvrage comprend 22 contes précédés chacun d'un dessin japonais hors texte.
En outre, et pour rester tout à fait dans « la couleur locale » l'éditeur a tenu à présenter au public un volume qui fût aussi original par la forme que par le fond. Aussi a-t-il fait imprimer et brocher cet ouvrage « à la chinoise ». Cet essai est des plus intéressants et donne à l'ouvrage de M. D'ENJOY un cachet tout particulier.

Exposition d'art photographique du Photo-Club Roannais (catalogue illustré de l'). 1897, 1 vol. in-8° raisin de 104 p. illustré de nombreuses reproductions photomécaniques. . . . . fr. 1 »
Pour donner au public une idée de la perfection des œuvres exposées, les organisateurs ont fait reproduire en photogravure un certain nombre de compositions, heureusement choisies, qui font du catalogue de l'Exposition un charmant recueil de planches *d'illustration photographique d'après nature*.

Exposition d'art photographique de Bruxelles (album de l'). 1896, édition de grand luxe, contenant 28 pl. imprimées en différentes teintes, reproduites en similigravure et choisies parmi les œuvres les plus remarquables de l'Exposition.
1 vol. in-4°, reliure artistique, en pleine toile anglaise, dont il a été tiré :
10 exemplaires sur papier du Japon . . . . (*Épuisés*).
490 exemplaires sur papier vélin, numérotés de 11 à 500. . . . . . . fr. 10 »

FABRY (EUG), prof. à la faculté des sciences de Montpellier.
L'art de construire les ballons en papier. 1894, 1 vol. in-8° raisin de 140 p. avec 19 pl. . . . . fr. 2 »
L'ouvrage de M. FABRY est l'un de ceux qui instruisent en amusant ; à ce titre, il doit être mis entre les mains de tous les jeunes gens. Voici les titres des principaux chapitres :
Notions générales. — Construction d'un ballon de 0^m50, de 1^m, de 1^m50, de 2^m, de 2^m50 de diamètre. — Réduction des dimensions. — Gonflement des ballons. — Théorie de la construction d'un ballon. — Théorie de l'ascension. — Accessoires et parachutes.
Le volume contient en outre, 19 planches côtées, permettant de découper facilement et scientifiquement les différentes pièces et de les assembler comme il convient.

FERREYROL (M).
Manuel pratique pour la fabrication économique des liqueurs et des spiritueux sans distillation. 1894, 1 vol. in-16, 135 p., broché . . . . fr. 1 25
M. FERREYROL enseigne à fabriquer avec hygiène et économie, la plupart des

liqueurs connues. Son manuel a donc sa place marquée dans la bibliothèque de tout maître de maison soucieux de la santé des siens.
La fabrication des liqueurs, d'après les procédés de M. FERREYROL, offre l'avantage de ne pas demander d'appareils spéciaux.

FINATON (CH).
Les Papiers collodionnés à pellicules transférables. 1898, 1 vol. in-16, avec une épreuve transparente reportée sur celluloïd. . . . . fr. 2 »
Dans un travail extrêmement consciencieux, l'auteur étudie toutes les applications qui peuvent découler de l'emploi général, comme surface sensible, d'un papier transfert de l'une des marques qui existent actuellement dans le commerce.

FINOT (J).
La Photographie transcendantale. Les esprits graves et les esprits trompeurs. 1898, 1 vol. in-16 de 45 p. broché avec 25 gravures et reproductions. . . . fr. 1 »
Sans approfondir le secret des images mystérieuses apparaissant sur les plaques photographiques, M. FINOT a pensé qu'il peut être opportun d'exposer l'état actuel de la photographie spirite qui est à la veille de conquérir son entrée dans la science contemporaine.

FISCH (A).
Traité pratique des Impressions photo-mécaniques. 1898.
Première partie. — La Photolithographie, 1 vol. grand in-8° 90 p. avec planche en photolithographie . . . . fr. 2 50
Deuxième partie. — La Photoglyptographie, 1 vol. grand in-8° de 45 p. avec planche . . . . fr. 2 50
M. A. FISCH a écrit ses livres comme il a exécuté ses travaux avec la même patience, la même conscience et la même logique. Son traité est très déductif, il initie à tous les genres d'impressions photomécaniques et, dans chaque genre, à tous les procédés, nous en donnant toujours le *pourquoi*, nous décrivant complaisamment les *tours de main* qu'il a pratiqués, qui lui ont réussi, dont il aurait emporté le secret dans la tombe, s'il n'avait confié, avant de mourir son manuscrit à l'éditeur.

FISCH (A).
La Photographie au charbon, et ses applications à la décoration du verre, de la porcelaine, du métal, du bois, des tissus, etc., ainsi que la production des portraits simili-camaïeux, des photographies lumineuses, des lithophanies, des filigranes, suivie des procédés au bitume de Judée, de photocalque indélébile en noir et en couleurs, et de divers autres procédés pour la reproduction des dessins. 1894, 1 vol. in-16 de 185 p. contenant 8 reproductions tirées directement, d'après les planches préparées par l'auteur . . . . fr. 3 50
La photographie au charbon de M. A. FISCH est certainement l'ouvrage le plus complet qu'on puisse lire sur la matière ; il ne donne pas seulement le procédé sur papier, mais il donne encore toutes les applications sur verre, porcelaine, métal, etc.

GAILLARDIE (Dr).
Les Poids anciens des villes de France. 1897, 1 album in-4° écu, relié fr. 10 »
Dans cet ouvrage, très intéressant pour les archéologues et les collectionneurs, l'auteur, à la suite de patientes recherches, est parvenu à reconstituer l'histoire de tous les poids anciens de France avec leur signes respectifs et leurs légendes. De plus, 75 planches, avec l'historique des poids, viennent ajouter à l'intérêt de cette publication unique en son genre.

GANICHOT (PAUL), chimiste.
Traité théorique et pratique de la Retouche des Epreuves Négatives et Positives. 1899, 3° édition revue et augmentée. 1 vol. in-16 de 124 p. . . fr. 1 »
Si l'on étudie le petit traité de M. GANICHOT, on arrive même sans avoir la moindre notion du dessin et de la peinture, à améliorer singulièrement les clichés, à les rendre plus artistiques, à corriger certaines erreurs du soleil, car le soleil lui-même se trompe, exagérant les lumières et les ombres dans les paysages, creusant les rides et faisant saillir sur les visages des protubérances désagréables.

GANICHOT (PAUL), chimiste.
Traité élémentaire de chimie photographique. Description raisonnée des diverses opérations photographiques. Développements, fixage, virages, renforcements, etc. 1898, 2° édition revue et augmentée. 1 vol. in-16, de 120 p . . . . . fr. 1 »

Le traité de M. GANICHOT est dépouillé de toutes les formules inutiles, de toutes les phrases qui n'ajoutent rien à la clarté du texte ou aux connaissances photographiques ; il condense ainsi, en un petit volume, *tous* les renseignements techniques nécessaires au débutant et à l'amateur.

GANICHOT (PAUL).
Traité pratique de la Préparation des produits photographiques.
Avec le petit traité de M. GANICHOT, plus de tâtonnements, plus de gaspillage, mais une voie économique, sûre, aboutissant à des résultats certains. Chacun peut préparer soi-même les solutions et les produits dont il aura besoin et sera certain de leur pureté.
L'ouvrage se divise en deux parties.
Première partie. — Préparation des produits chimiques employés en Photographie. Tous les produits étudiés sont rangés par ordre alphabétique pour faciliter les recherches. 1899, 2ᵉ édition revue et augmentée. 1 vol. in-16, de 135 p. . . fr. 1 50
Deuxième partie. — Préparations photographiques proprement dites. Etude et composition de tous les bains. Formules et préparations en usage dans les procédés négatifs et positifs. Traitement des résidus, etc. 1899, 2ᵉ édition revue et augmentée. 1 vol. in-16, de 120 p. fr. 1 50

GAUTHIER (G.-E.-M.), ingénieur-agronome.
La représentation artistique des animaux. Application pratique et théorique de la photographie des animaux domestiques, particulièrement du cheval, arrêté et en mouvement. 1894, 1 fort vol. in-12, de 320 p. contenant 4 pl. hors texte. . fr. 5 »
Cet ouvrage convient à tous les photographes, mais plus particulièrement aux artistes, aux officiers, aux vétérinaires, aux éleveurs, etc. en un mot à toutes les personnes qui s'occupent du cheval.

GIARD (E).
Lettres sur la Photographie. 1895, 1 vol. grand in-4° écu, de 360 p. avec couverture artistique en 3 couleurs. fr. 12 »
Ouvrage de grand luxe contenant de magnifiques portraits et 150 compositions originales de SCOTT, BERTHEAULT, THIRIAT, MORENO et PARYS, et une grande planche en phototypie.
L'ouvrage de M. GIARD n'est pas un recueil de lettres, mais une seule épître écrite pour un jeune élève du lycée Saint-Louis, qui débutait dans la photographie.
En adoptant cette manière, l'auteur s'est affranchi du ton doctoral qui rend la phrase indigeste et endort le lecteur. Sa plume alerte, familière, est aussi celle d'un artiste et c'est en artiste qu'il nous décrit tous les procédés capables de former un amateur de goût, ayant le sentiment le plus élevé de l'art. C'est dans ce but également que l'ouvrage est illustré, à profusion, de dessins dus au talent de véritables maîtres.
L'ouvrage lui-même est donc tout à fait artistique, c'est à la fois le *traité le plus complet et le plus littéraire* qu'on puisse mettre entre les mains des amateurs et un bel ouvrage de fond, digne de figurer dans toutes les bonnes bibliothèques.
P. DE C.
Bulletin de la Société Française de Photographie.

GRAVIER (CH).
Le Livre. 1898, 1 brochure avec gravures. . . . . fr. 0 50
Voici les titres des principaux chapitres de cet intéressant et utile petit volume : L'écriture et le livre avant l'imprimerie, le livre illustré, la reliure, les bibliothèques, les bibliophiles, les bibliomanes.

GRIVEAU (MAURICE).
Le Blé. La famille du blé, les origines, la végétation, le grain, la germanisation, la tige, la fleur, la reproduction, la terre, engrais et amendements, le labourage, le semis, la moisson, battage, vannage, le moulin, la boulangerie. 1898, 1 vol. in-16 de 45 p. illustré de 15 gravures. . . . . fr. 0 50

HÉLIÉCOURT (RENÉ D'), rédacteur en chef de la *Photo-Revue.*
La Photographie en relief ou Photo-Sculpture, et ses principales applications, bas-reliefs, médaillons, lithophanies, terres cuites, filigranes et gaufrages, damasquinure, niellure, timbres en caoutchouc au trait et en demi-teintes, moulages par voie galvanoplastique, procédés divers. 1898, 1 vol. in-16 de 85 p. avec fig. fr. 1 25

Cet ouvrage contient une étude très documentée au point de vue historique en même temps qu'un recueil précieux de recettes, procédés, tours de main, etc..., qui seront de première utilité à l'amateur désireux de s'engager dans cette voie nouvelle.

HENRI (docteur B.-H).
Le Diabète sucré. Ses causes, ses effets, sa guérison. 1897, 4ᵉ édition, 1 brochure in-8° de 60 p. . . . . fr. 0 75
Cet excellent ouvrage, écrit spécialement pour le malade, renferme tout ce qui peut intéresser le diabétique sur son affection.

HUCHE (G).
Conseils pratiques aux amateurs d'électricité. Pour la fabrication économique des piles, sonneries, accumulateurs, allumoirs, appareils de sûreté, etc. 1898, 4ᵉ édition revue et augmentée, 1 vol. in-16 de 80 p. illustré de 59 fig. . . . . fr. 1 »
La nouvelle édition, outre les renseignements nécessaires à la fabrication économique des piles et des accumulateurs, au montage des sonneries et des appareils de sûreté de toutes sortes, donne de très nouvelles méthodes, entre autres une manière originale et inédite de faire sonner l'heure à la fois à tous les timbres électriques d'une maison ou d'un appartement et une amusante mystification qui en est la conséquence.
L'ouvrage est d'ailleurs sérieux, d'une lecture aisée et d'une application facile pour qui veut mettre économiquement les courants électriques à son service, tant pour sa commodité que pour l'amusement des siens.

J.-A.-M.
Le Mont Saint-Michel et ses merveilles. L'abbaye, le musée, la ville, les remparts. D'après les notes du marquis DE TOMBELAINE. Mises en ordre par J. A. M. 1898, 10ᵉ édition, 1 vol. de 140 p. avec nombreuses illustrations de BERGEVIN. fr. 1 »
En publiant ce volume, nous avons eu surtout en vue de montrer aux yeux les scènes grandioses que le visiteur rencontre au Mont Saint-Michel, surtout depuis qu'une heureuse initiative a fait revivre le passé dans un musée qui supplée à ce qu'avaient de froid et de morne les constructions admirables de l'antique abbaye.

JOUAN (P).
Formulaire photographique. Recueil de recettes, procédés, formules d'usage courant en photographie, suivi d'un vocabulaire donnant l'explication de certains termes usités en photographie. 1895, 2ᵉ édition revue et augmentée. 1 vol. in-16 de 115 p. . . . . fr. 1 »
Le Formulaire, donne toutes les recettes nouvelles dont l'amateur peut avoir besoin.
Comme les formules y sont classées dans l'ordre des opérations photographiques, on les trouve sans tâtonnements.
Ce petit livre trouve donc sa place dans tous les laboratoires de photographie.

LABITTE (A).
Traité pratique de la chasse à tir. 1894, 1 vol. in-18 de 120 p. avec gravures. . . . . fr. 1 50
Ce petit livre est un guide indispensable pour tous ceux qui chassent. Il donne tous les renseignements nécessaires pour trouver, lever et prendre le gibier ; il conseille le choix de l'arme qu'on doit employer de préférence, la meilleure manière de la nettoyer et de l'entretenir, les vêtements les plus commodes, l'équipement le plus rationnel, etc.

LABITTE (ALPHONSE).
Traité élémentaire du blason. 1893, 1 vol. in-8° de 280 p. illustré de 562 fig. explicatives et accompagné d'un vocabulaire de tous les termes propres à cette science.
Broché. . . . . fr. 3 50
Relié genre Bradel . . . . fr. 6 »
L'ouvrage comprend deux parties :
1° Le traité qui nous enseigne la valeur des figures et des termes.
2° Un dictionnaire qui nous permettra de retrouver immédiatement le sens exact d'un terme oublié.

LABITTE (A).
Missel aux papillons. 1893.
Prix du Missel prêt à être enluminé avec une planche tout enluminée pour servir de modèle, le tout dans un élégant cartonnage. . . . . fr. 6 »
Sur papier simili-japon . . . . fr. 8 »

52 Encadrements différents, dessinés au trait et préparés pour l'Enluminure.
On peut y écrire l'ordinaire de la Messe, les cérémonies de la Messe du Mariage.
En doublant ces bordures, on obtient un beau livre d'Heures de 104 pages.
On peut également se servir *du Missel aux Papillons* pour y transcrire, soit des poésies, des pensées, des maximes ou des proverbes.
Tous ces encadrements ou bordures sont, pour notre époque, d'un genre tout à fait moderne, mais ayant cependant une certaine analogie avec les bordures du célèbre Livres d'Heures d'ANNE DE BRETAGNE, si splendidement édité par CURMER.

LABITTE (A).
Les Manuscrits et l'art de les orner. 1893, 1 vol. in-18 de 400 p.
Trois livres composent ce magnifique ouvrage :
1° Le premier est consacré à un aperçu général sur les manuscrits et leur ornementation à toutes les époques.
2° Le deuxième contient des descriptions, fac-simile et spécimens de manuscrits depuis le VIII° siècle jusqu'au XVII° siècle.
3° Le troisième traité de l'*Enluminure Moderne*.
Avec 286 reproductions, la plupart en pleine page . . . . fr. 20 »
Relié demi-chagrin . . . . fr. 27 50
Reliure d'amateurs, coins, tête dorée . . . . fr. 30 »
Il a été tiré de cet ouvrage 15 exemplaires numérotés à la presse sur papier du Japon, des manufactures impériales de l'Insetsu-Kioku, à Tokio. . . . fr. 100 »
Extrait de la table des matières de la deuxième partie :
Comment on applique l'or sur le parchemin. — Comment il faut traiter les couleurs et les délayer avant de les poser. — Comment les couleurs doivent être employées pour la première couche et pour les autres. — Comment on doit peindre la chair du visage et des membres. — Comment on doit faire reluire les couleurs après leur application. — Comment se font les mélanges des couleurs pour les livrer. — Comment on pose l'or et l'argent sur les livres. — De toute espèce de colle dans la peinture d'or.
Il est superflu d'insister sur l'importance qu'aura cet ouvrage auprès de toutes les personnes qui, par goût naturel, s'intéressent à ces beaux monuments légués par le moyen âge. En écrivant ce livre, l'auteur a cherché à mettre à la portée de tous : amateurs, artistes, libraires, etc., et d'une manière absolument pratique, les nombreux documents qu'il a été à même de recueillir, afin d'en offrir au public, un assemblage aussi rationnel que possible, pouvant lui servir de guide instructif et facile pour la connaissance des époques et pour le mettre à même de reproduire ou d'imiter les chefs-d'œuvre anciens et modernes.

LARBALÉTRIER (A).
Les Falsifications des denrées alimentaires. 1894, 1 vol. in-16 de 115 p. avec figures . . . . fr. 1 25

LARBALÉTRIER (A).
Les Plantes dans nos habitations. Sur les fenêtres les terrasses et les balcons. 1895, 1 vol. in-12 de 215 p. illustré de nombreuses gravures . . . . . . fr. 2 «
M. LARBALÉTRIER, qui est à la fois un botaniste distingué, un ami des plantes et un homme de goût, nous apprend l'hygiène des plantes, il nous les décrit, il nous initie enfin à l'art de la mise en scène qui les fait valoir en mettant en relief leurs qualités et en masquant leurs défauts. L'ouvrage est illustré de nombreuses figures.

LARBALÉTRIER (A).
Acclimatation pratique des Plantes et des Animaux, utiles à l'industrie, aux arts et à l'agriculture, avec une introduction de M. DE QUATREFAGES, membre de l'Institut. 1895, 1 vol. in-12 de 135 p. illustré . . . . fr. 2 »
M. LARBALÉTRIER nous fait assister aux phases de l'acclimatement ; passant ensuite en revue les sujets acclimatés, il nous étonne en nous apprenant qu'indépendamment de beaucoup de fleurs, la plupart de nos légumes et de nos animaux domestiques ont été importés, acclimatés, ont subi la loi du transformisme et ne ressemblent plus au type primitif.
Ce livre attrayant et instructif a sa place marquée dans toutes les bibliothèques scolaires et entre les mains des jeunes gens.

LAVALLEY (G).
Le Maître de l'œuvre de Norrey. Légende normande. Nouvelle édition avec illustrations par la photographie d'après nature, par H. MAGRON. 1894, 1 vol. in-4° de 100 p. . . . . fr. 6 »

LAVALLEY (G).
Un Chanoine enlevé par le diable. 1893, Légende normande, illustrée de seize reproductions aux encres grasses, d'après des clichés photographiques de personnages, motifs d'architecture, pris sur nature par MAGRON.
Cet ouvrage étant presque épuisé, et ne devant pas être réimprimé, les quelques exemplaires qui restent sont vendus. . . . . fr. 10 »

LE BÈGUE (RENÉ).
Douze petites études de Femmes. 1897, photographies imprimées en photocollographie, formant 1 album de 12 pl., sous cartonnage spécial. . . . . . fr. 2 »
Charmantes études, gracieuses, fines, très artistiques, prises d'après nature et reproduites en phototypie. Attitudes, modelé, décor, tout est très harmonieux, tout en restant décent.

LEMERCIER DE NEUVILLE.
Les Pupazzi noirs. Ombres animées, construction du théâtre, machination des personnages, intermèdes et pièces, cinquante-trois modèles d'ombres, cinquante-six planches détaillant le mécanisme. 1895, 1 vol. de 310 p. in-8°. . . . . . fr. 6 »
Cet ouvrage est unique dans son genre, il forme un beau volume grand format, de 312 pages, c'est un joli cadeau à faire aux enfants et aux jeunes gens.
Nous avons fait tirer à part de la grandeur nécessaire à la confection des Pupazzi les planches prêtes à être collées sur carton pour la machination des personnages. Ces planches simplifient énormément la besogne.
La planche. . . . . *fr.* 0 25
La collection complète renfermée dans un élégant cartonnage . . . . . *fr.* 20 »

L'ESPRIT (A).
Eléments de Cryptographie. Ecriture secrète, écriture chiffrée, polygraphie, cryptographie, sténographie. 1899, 1 vol. in-16 de 24 p. . . . . fr. 0 60

L'ESPRIT (A).
Histoire des chiffres et des 13 premiers nombres, aux points de vue historique, scientifique et occulte. 1894, 1 vol. in-16 de 135 p. avec nombreuses fig. fr. 2 »

LUCET (ADRIEN).
De l'aspergillus fumigatus chez les animaux domestiques et dans les œufs en incubation. 1897, ouvrage couronné par la Société centrale de Médecine vétérinaire, et récompensé par l'Académie de Médecine. 1 vol. de 110 p. illustré de 14 microphotographies. . . . . fr. 3 »
L'Aspergillus fumigatus est une *moisissure parasitaire, un Champignon* qui envahit certaines cavités du corps des animaux, *même de l'homme,* et y occasionne des désordres entraînant fatalement la mort. Il est répandu dans toutes les substances alimentaires des animaux. L'auteur l'a trouvé dans 48 échantillons de grains sur 60 et dans 18 de fourrages sur 24.
Ayant eu à plusieurs reprises l'occasion de constater la présence de l'*Aspergillus fumigatus* sur des animaux malades, l'auteur a poursuivi l'étude biologique et expérimentale de ce parasite. Il nous donne ses caractères, la façon dont il se comporte dans des milieux de culture naturels et artificiels, sa résistance aux causes de destruction spontanées ou provoquées, son action pathogène chez différents animaux, les moyens à opposer aux affections qu'il provoque.
Contrairement à l'opinion reçue, il a constaté que l'aspergillus fumigatus est capable de développer une affection spéciale, autonome, ayant sa gravité propre, parfois contagieuse et épizootique.
Enfin, l'auteur a retrouvé le parasite dans les *œufs en incubation,* il en détermine donc l'origine, expose ses recherches expérimentales et en déduit les moyens pratiques de *préserver* les œufs.

MATHET (L).
L'éclairage à l'acétylène. 1897, 1 brochure in-8°, illustrée d'un dessin. . fr. 0 50
M. MATHET, bien connu du monde photographique, est un chimiste chercheur infatigable. L'apparition de l'acétylène, les vertus attribuées au nouveau gaz, l'ont naturellement séduit. Il s'est mis à l'étudier et bientôt, à la suite des recherches méthodiques auxquelles il s'était livré, il était parvenu à installer, d'après ses plans et pour ses besoins, un appareil de production et de combustion dans lequel il avait écarté toutes les causes de nocuité ou d'explosion.

C'est le résultat de ses recherches, la construction pratique de son appareil, c'est en un mot une installation à la portée de tous, de l'appareil et de ses accessoires, que M. MATHET expose dans cet opuscule.

MATHET (L).
Traité pratique de Photographie stéréoscopique, 1899, 1 vol. in-16 de 125 p. illustré de 25 fig. . . . . fr. 2 »

MATHET (L).
Les Insuccès dans les divers procédés photographiques. 1893.
Première partie. — Procédés négatifs. Insuccès provenant du matériel, de la nature, de l'éclairage du laboratoire, de la mauvaise qualité des préparations sensibles et des produits. Insuccès se produisant pendant les opérations du développement, du fixage, du renforcement, du vernissage, etc. 1 vol. in-12, de 165 p. . . . . . . fr. 1 50
Deuxième partie. — Epreuves positives. Insuccès provenant du bain d'argent sensibilisateur, du tirage, du virage, du fixage, du lavage, du satinage, de l'émaillage, du papier au charbon et des positives sur verres pour vitraux et projections. 1 vol. in-12, de 140 p. . . . . fr. 1 50

MATHET (L).
La Photographie durant l'hiver. Effets de neige, photographie à l'intérieur, diapositives, reproductions, agrandissements, projections, travaux divers, etc., etc. 1895, 1 fort vol. de 320 p., avec nombreuses grav. et une pl. en phototypie. fr. 3 50
Le négatif, n'est pas seulement susceptible de fournir des positives sur papier à un plus ou moins grand nombre d'exemplaires, il est encore le point de départ d'une foule d'autres applications, parmi lesquelles il suffira de mentionner les agrandissements, les dispositives à utiliser comme vitraux, comme épreuves à projections, les positifs sur verre opale, les émaux, etc.
L'auteur nous enseigne également comment on reproduit les effets de neige et de givre, il nous montre l'intérêt que présentent les paysages d'hiver, etc.
L'ouvrage est illustré de nombreuses gravures et d'une planche en phototypie.

MATHET (L).
Le Microscope et son application à la photographie des infiniments petits. (Traité pratique de photomicrographie). 1899, 1 vol. in-16 de 260 p. illustré de nombreuses gravures et planches hors texte. . . . . fr. 4 50

MENDEL (CH).
Traité élémentaire de Photographie, à l'usage des amateurs et des débutants. 4e édition revue et augmentée. 1898, 1 beau vol. in-16, de 120 p. illustré de 80 gravures. . . . . fr. 1 »
La quatrième édition de cet ouvrage est en vente, et très demandée par les amateurs, c'est dire son succès et par conséquent sa valeur. Cette édition est au courant des formules nouvelles. Nul traité pratique n'est plus clair et mieux ordonné ; il conduit le débutant pas à pas, à travers les opérations photographiques, lui indiquant le mode d'emploi de chaque objet et de chaque produit, le moyen de réussir avec économie.
Tous les procédés surannés sont rejetés de ce manuel qui donne exclusivement les méthodes les plus récentes, celles qui ont été consacrées par le succès, celles qui sont marquées au coin du progrès et sanctionnées par l'approbation unanime des photographes.
Une table alphabétique des matières permet à l'amateur de trouver immédiatement les renseignements dont il peut avoir besoin dans le cours de ses opérations.

MENDEL (CH).
Agenda du Photographe et de l'Amateur. 1 vol. in-8° jésus de 300 p., illustré de nombreuses gravures . . . . fr. 1 »
Année 1895. . . . 1 franc. franco. . . . . 1 fr. 75
— 1896. . . . 1 — — . . . . 1 fr. 75
— 1897. . . . 1 — — . . . . 1 fr. 75
— 1898. . . . 1 — — . . . . 1 fr. 75
— 1899. . . . 1 — — . . . . 1 fr. 75
— 1900. . . . 1 — — . . . . 1 fr. 75

Lorsque plusieurs Agendas nous sont demandés ensemble nous faisons l'envoi par colis postal et le port est le même que pour un seul, quel qu'en soit le nombre.
L'agenda CHARLES MENDEL paraît régulièrement tous les ans depuis 1895. Il est attendu chaque année avec impatience par les amateurs photographes, qui s'en disputent les éditions. Il contient tous les ans de nombreux renseignements pho-

tographiques, un formulaire, une partie scientifique, une partie littéraire et humoristique très goûtée par les lecteurs, une revue de l'année écoulée. Enfin, un concours doté de nombreux prix est ouvert entre tous les lecteurs de cette publication, laquelle constitue sans contredit le plus grand succès de librairie photographique.

MULLIN (A), professeur de physique au lycée de Chambéry.
Traité élémentaire d'Optique photographique. 1898, 1 fort vol. in-8° de 350 p. avec 190 figures . . . . fr. 10 »
Dans la première partie, qui est consacrée à l'*Optique instrumentale*, l'auteur étudie les lois de la propagation de la lumière, les modifications qu'elle subit en traversant des milieux différents ; il explique le phénomène de la vision ; enfin il expose la théorie des premiers instruments d'optique : loupe, microscope, lunette de Galilée, etc.
La deuxième partie est réservée à l'*Optique photographique*; elle contient les chapitres suivants :
Chapitre VII. — Actions chimiques produites par la lumière photographique.
Chapitre VIII. — Ecrans colorés, préparations orthochromatiques.
Chapitre IX. — Production de l'image lumineuse au moyen d'une petite ouverture.
Chapitre X. — Production de l'image lumineuse au moyen d'un objectif. Lentilles épaisses et systèmes centrés quelconques.
Chapitre XI. — Aberrations présentées par les lentilles suivant l'axe principal. Leur correction.
Chapitre XII. — Aberrations présentées par les lentilles en dehors de l'axe principal. Leur correction.
Chapitre XIII. — Objectifs photographiques. Leurs constantes.
Chapitre XIV. — Description des principaux types d'objectifs photographiques.
Chapitre XV. — Organes accessoires des objectifs.
Chapitre XVI. — Essais des objectifs.
Chapitre XVII. — Choix des objectifs.
Chapitre XVIII. — Téléobjectifs.
En résumé, l'ouvrage de M. MULLIN constitue un travail complet et définitif ; il demeurera l'un des plus estimés et des plus durables des livres consacrés à la Science photographique.

NIEWENGLOWSKI (G.-H).
Dictionnaire photographique, donnant tous les termes employés en photographie, avec leur explication précise et détaillée. Publié avec la collaboration de MM. A. ERNAULT, A. REYNER, H. LAEDLIN et A. BIGEON. 1895, 1 vol. in-12 de 230 p. illustré de nombreuses gravures, broché . . . . fr. 3 »
Reliure souple, pleine toile. . . . . fr. 3 75
Ce dictionnaire est un véritable traité complet ayant cette supériorité de présenter les matières dans l'ordre alphabétique, ce qui permet de les trouver instantanément.

PANIS (G).
Les Papillons de France. 1894, 1 vol. in-12 de 320 p. avec 4 planches hors texte . . . . fr. 3 50
Catalogue méthodique, synonymique et alphabétique des espèces et des genres, contenant plusieurs chapitres sur la classification et la conservation des Lépidoptères, la manière d'élever les chenilles, les emplois des papillons dans l'industrie et les travaux d'agrément, la description des principaux genres, etc., etc., suivi d'un catalogue de 2599 espèces avec leur nom vulgaire.
L'ouvrage forme un manuel complet du Lépidoptériste.

PERROUX (JULES).
Manière de fabriquer soi-même les capuchons à incandescence par le gaz. 1899, 3ᵉ édition 1 brochure in-16 de 32 p. illustrée de 7 fig. . . . . . . fr. 1 »

Photo-Revue. (Edition rose). Journal des amateurs de photographie, publié sous la direction de CHARLES MENDEL, paraissant le 15 de chaque mois.
Le numéro . . . . fr. 0 10
Abonnement d'un an pour le monde entier . . . . . . fr. 1 »
Photo-Revue. (Edition verte), paraissant le 1ᵉʳ de chaque mois.
Le numéro . . . . fr. 0 10
Abonnement d'un an pour le monde entier . . . . . . fr. 1 »

L'édition verte est le *complément* de l'édition rose, mais chaque édition forme un *tout* complet. — Les articles commencés dans une édition sont continués dans la même édition. Les matières parues dans une édition ne *paraissent jamais* dans l'autre.
Collections complètes de la *Photo-Revue*. Editions rose et verte.
Du 15 avril 1893 au 15 avril 1895 (34 numéros) . . . . . fr. 5 »
— 15 — 1895 au 15 — 1896 (24 —) . . . . . fr. 3 50
— 15 — 1896 au 15 — 1897 (24 —) . . . . . fr. 3 50
— 15 — 1897 au 15 — 1898 (24 —) . . . . . fr. 3 50
— 15 — 1898 au 15 — 1899 (24 —) . . . . . fr. 3 50

Photo-Revue. (Edition de luxe) publiée sous le titre de *Revue illustrée de Photographie.*
Abonnement d'un an. . . . . fr. 6 »
Etranger. . . . . fr. 8 »
Cette édition comprend les deux éditions de la *Photo-Revue* ordinaire, imprimées sur beau papier à grandes marges. Chaque numéro contient des gravures hors texte, des encartages artistiques et des suppléments du plus grand intérêt.
Collection complète de la *Photo-Revue*, édition de luxe :
Du 15 avril 1893 au 15 avril 1895 (34 numéros). . . . . épuisée.
— 15 — 1895 au 15 — 1896 (24 —) . . . . . fr. 6 »
— 15 — 1896 au 15 — 1897 (24 —) . . . . . fr. 6 »
— 15 — 1897 au 15 — 1898 (24 —) . . . . . fr. 6 »
— 15 — 1898 au 15 — 1899 (24 —) . . . . . fr. 6 »

PILLAS (CH.).
Enseignement pratique et raisonné du calcul, à l'usage des familles et des écoles maternelles, des cours élémentaires, des écoles primaires et des lycées. Méthode approuvée par la Société scientifique et littéraire des Instituteurs de France. 1893, 1 brochure in-16 de 100 p. avec figures . . . . fr. 1 25

PINSARD (JULES).
L'illustration du Livre moderne et la Photographie. Avec préface de VICTOR BRETON, officier d'Académie, Professeur technique à l'Ecole Estienne, de Paris. Douze fascicules de 32 p., grand in-8° (20×29) sur beau papier américain et en édition de grand luxe. Chaque fascicule, outre de nombreuses gravures dans le texte, contiendra une dizaine de planches hors texte, en noir et couleur : photozincogravure, photogravure, phototypie, photolithographie, héliogravure, photoglyptie, photochromotypie, etc.
Prix pour les souscripteurs : Le fascicule mensuel . . . . fr. 2 50
L'ouvrage complet . . . . fr. 25 »

L'ouvrage que nous présentons aujourd'hui au public qu'intéressent les étonnantes gravures nées de la coopération de l'imprimerie et de la photographie sera pour les pays de langue française ce que le remarquable ouvrage de THÉODORE GOEBEL, *Les Arts graphiques du présent*, a été pour les pays de langue allemande.

L'auteur, sans parti pris d'aucune sorte, y passe successivement en revue tous les procédés en les accompagnant de nombreux spécimens des illustrations qu'ils permettent d'obtenir. — Cette méthode bien qu'elle ait été peu employée jusqu'à ce jour offre l'immense avantage de parler aux yeux et de rendre ainsi réellement attrayante, une étude qui, malgré le talent de l'auteur, serait parfois aride et difficilement assimilable si la plume seule était chargée de l'interpréter. — Ces spécimens sont pour la plupart de véritables œuvres d'art dus aux établissements artistiques les plus en renom en Europe et en Amérique.

L'Illustration du Livre moderne et la Photographie est de nature à intéresser l'imprimeur, typographe ou lithographe, qui y trouvera un exposé complet des nouveaux procédés que leurs multiples appellations rendent si difficiles à nettement distinguer. L'artiste, le dessinateur, aura en lui un guide sûr dans le choix souvent embarrassant du procédé qui conviendra le mieux à la reproduction de son œuvre; le photographe, amateur ou professionnel, y apprendra à mieux connaître les nouvelles images, avenir de son art qui s'y engage chaque jour davantage. Enfin, et de par son sujet même, l'excellence et la variété de ses illustrations, le luxe répandu en ses pages, l'ouvrage aura sa place marquée dans la bibliothèque de tout bibliophile.

PYRO.
Carnet des temps de pose. Sans mathématiques pour tous les objectifs. Carnet de poche avec tableaux et instructions . . . . fr. 3 50

RATISBONNE (LOUIS).
Petite Mère. Poésie. 1897, illustrée de 8 pl. en phototypie, reproduisant les photographies de E.-D. DE NANCY . . . . fr. 2 »

REILLES (N. DE).
L'art de composer les vers. Petit abrégé de versification française à l'usage des Sphinx et des Amateurs de joux d'esprit. 1893, 1 vol. in-16 de 30 p. . . . fr. 0 50
Ce petit ouvrage s'adresse à tout le monde, et aux jeunes gens surtout, auxquels nous le recommandons tout particulièrement, comme le traité de poche le plus facile qu'on puisse leur proposer.

RÉMY.
L'élixir de Frigidus. 1898, 1 vol. in-8° de 184 p. ill. par MAISONNEUVE . fr. 7 50
Peu d'ouvrages atteignent au degré de curiosité que suscite le livre si original de M. RÉMY. *L'élixir de Frigidus.*
Penseur ingénieux autant qu'ironiste distingué, l'auteur nous offre l'histoire humoristique de notre petit globe dans le passé et dans l'avenir, et son imagination fertile a su tirer le plus avantageux parti des données récemment acquises à la science.
De charmants dessins de MAISONNEUVE enrichissent de leur fantaisie artistique ce conte attrayant qui rentre dans la catégorie des meilleurs ouvrages que l'on puisse offrir comme *étrennes.*

REYNER et NIEWENGLOWSKI.
La Photographie en 1892. Première Exposition internationale de Photographie. Progrès de la chromophotographie. Union nationale des Sociétés photographiques de France. Enseignement de la photographie, etc., etc. 1893, 1 vol. in-16 de 125 p. fr. 1 »

RICHEMONT (ODYSSE).
Les Oiseaux insectivores. Utilité et protection. 1897, 1 vol. in-16 de 32 p. médaille d'argent du Ministre de l'Agriculture. . . . . fr. 0 60

RIOLS (J. DE).
Les grandes Lois de la Nature exposées clairement. 1897, 1 vol. in-16. fr. 1 »
Sous la forme d'une causerie familière, M. DE RIOLS nous conduit à travers ces régions mystérieuses de l'espace qui confondent l'esprit par l'infini de leurs horizons et la puissance des phénomènes qui les remplissent.
Nous assistons, conduit par l'auteur, à la manifestation de ces phénomènes et, pour les suivre, nous prenons parfois avec lui, notre essor, parcourant les mondes interplanétaires avec une vitesse vertigineuse, tantôt sur un rayon de lumière, tantôt sur les ondulations plus lentes et plus calmes provoquées par le son ; et quand nous avons accompli ces voyages, quand nous nous retrouvons enfin dans l'atmosphère terrestre, ravis mais non fatigués, sortant comme d'un rêve, *nous avons passé en revue toutes les lois physiques de la Nature, nous nous sommes instruits en nous amusant.*
Cet excellent livre sera très bien placé entre les mains des enfants et des jeunes filles.

ROLLAND (J.-G).
Études sur les temps préhistoriques, des silex taillés, de l'âge de la pierre, de l'origine de l'homme. 1898, 1 vol. in-8° de 140 p. . . . . fr. 3 50

ROUET.
Le loup et l'agneau. 1894, adaptation photographique, illustrée par *la Photographie d'après nature,* de la fable de LA FONTAINE. 6 pl. en photographie, réunies en un album dépliant et renfermées dans un étui artistique. . . . . fr. 2 »

ROUSSEAU (Mme LOUISE).
Fourrures et plumes. L'art de les connaître, de les porter et de les conserver. 1893, 1 vol. in-8° de 124 p. avec nombreuses gravures . . . . fr. 2 »

SANTINI (E.-N).
Les couleurs réelles en photographie. Historique et discussion des procédés actuels d'après les travaux de MM. CH. CROS, DUCOS DU HAURON, LIPPMANN, etc. Avec figures dans le texte et un portrait avec autographe de M. DUCOS DU HAURON. 1898, 1 vol. in-16 de 104 p. fr. 1 »
Cette étude est écrite d'une façon très consciencieuse et remplit parfaitement le programme contenu dans son titre. La lecture en peut être conseillée à toute personne qu'intéresse le si captivant problème des couleurs en photographie.

SANTINI (E.-N).
La photographie à travers les corps opaques. Par les rayons électriques, cathodiques et de Roëntgen, avec une étude sur les images photofulgurales. 1896, 1 vol. in-16 de 100 p. illustré de 17 gravures (4ᵉ édition) . . . . fr. 2 »
Le légitime succès de cet ouvrage, qui ne constitue pas un traité de radiographie, mais un exposé des phénomènes qui ont amené l'emploi des rayons X, l'a conduit à sa quatrième édition.
Cette nouvelle édition est d'autant plus intéressante que la théorie, dépourvue de toute démonstration scientifique aride, est à la portée de tout le monde.

SANTINI (E.-N).
L'art de la Divination. 1894, 1 vol. in-16 de 132 p. . . . . fr. 2 »
M. SANTINI, passe successivement en revue les principales façons dont usaient les anciens ; comme aussi les pratiques chères à leurs successeurs d'aujourd'hui, et décrit *cent trente-trois procédés différents* pour prédire l'avenir.

SANTINI (E.-N).
La photographie des effluves humains. 1898, 1 vol. in-8° de 130 p. illustré de nombreuses reproductions. fr. 3 50
Ce livre se divise en deux parties : 1° La force psychique ; 2° Photographie des effluves humains.
Dans la *première partie*, qui est à proprement parler une étude historique et anecdotique, l'auteur passe en revue les diverses hypothèses relatives à l'existence et à la manifestation du fluide dépendant de la *force psychique*, lequel fut appelé, selon les temps, éther, fluide astral, od, etc.
La *deuxième partie* vise plus particulièrement le côté expérimental de la question : photographie de l'od, des effluves digitaux, thermiques, humains.

La Science en Famille. Revue illustrée de vulgarisation scientifique. Publication couronnée par la « Société d'Encouragement au Bien ». Médaille d'honneur et honorée d'une Souscription du Ministre de l'Instruction publique de plusieurs Gouvernements.
Cette publication se recommande à toutes les personnes qui recherchent les distractions intelligentes. Elle s'occupe presque exclusivement de Science pratique, de Travaux d'Amateur et de Récréations. Chacun de ses numéros contient en outre un ou plusieurs articles sur la Photographie d'amateur. Aussi engageons-nous débutants et praticiens à la lire régulièrement.
Abonnement : France. . . . . fr. 6 »
— Etranger. . . . . fr. 8 »
Le numéro . . . . fr. 0 25
La collection complète de la *Science en Famille* forme au 1ᵉʳ décembre 1899, **13** magnifiques volumes de bibliothèque. Format grand in-8 jésus, illustré de nombreuses gravures, imprimés sur beau papier teinté et constituant une véritable *Encyclopédie de l'amateur* dans laquelle on trouvera de très nombreux et intéressants articles sur la Photographie, l'électricité, les travaux d'amateur, les fantaisies et distractions scientifiques dont la *Science en Famille* s'est fait une spécialité.
Prix du volume broché . . . . fr. 6 »
— — relié . . . . fr. 8 »
La collection complète brochée. . . . . fr. 78 »
— — reliée . . . . fr. 104 »

SORÉE (PAUL).
Chlorophillo-Photographie. Photographie sur papier et sur verre. Monochrome et en couleurs par l'emploi du suc des feuilles, fleurs et fruits. 1890, 1 brochure de 40 p. . . . . fr. 1 »
M. SORÉE a observé que les feuilles, les fleurs et les fruits prennent une coloration d'autant plus accentuée qu'elles existent dans un endroit plus éclairé. Il a songé à extraire des plantes les principes qui leur permettent de se colorer à l'air et à la lumière ; il a été ensuite amené à fonder un nouveau procédé de photographie en employant la chlorophylle comme substance impressionnable.

SUIRE (ANTONIN).
Dictionnaire de graphologie. 1893.
Première partie. — Psychologie, physiologie de l'écriture, 1 broch. de 80 p. fr. 1 »
Deuxième partie. — Reproduction en fac-simile de 200 autographes d'hommes célèbres, auteurs, etc., avec notes et commentaires. 1 vol. . . . . . . fr. 2 50

La première partie analyse les passions, la deuxième montre comment elles se traduisent par l'écriture. Ces deux parties se complètent réciproquement et renvoient le lecteur de l'une à l'autre.

Le deuxième volume renferme une biographie d'hommes célèbres et plus de 200 autographes.

Toto.
Le livre des amusettes. 1899, 1 vol. in-16 de 180 p. illustré de 43 pl. . . fr. 2 »
Le but de ce volume est tout entier dans son titre. En effet, Toto n'a d'autre but que celui d'amuser les enfants. Y réussira-t-il ? Il est permis de le croire, étant donné que son ouvrage contient 104 amusettes, plus intéressantes les unes que les autres.

La partie instructive n'a pas été négligée non plus et plus d'un qui eut fait la grimace devant quelques problèmes posés au lycée ou à l'école, sera enchanté d'apprendre les amusettes qui se font avec les chiffres; il travaillera ainsi tout en s'amusant.

Le succès de cet ouvrage est certain et Toto — pseudonyme sous lequel se cache un de nos écrivains les plus connus — deviendra sûrement l'ami de ses petits lecteurs.

Tournois (A).
La photocollographie pour rien. Sans étuve, ni presse, ni lavages. 1896, 1 vol. in-18 de 32 p. . . . . fr. 2 »
Épreuves photographiques obtenues aux encres grasses *en quelques minutes.*
Dans cette brochure on trouvera indiqué un procédé d'une extrême simplicité pour le tirage à l'encre grasse. Rien de plus pratique et de moins coûteux, le matériel se réduisant à la rigueur à un simple rouleau de gélatine.

Tranchant (L).
Le vade-mecum du cycliste-amateur photographe. 1897, 1 vol. broché in-18, de 50 p. illustré. . . . . fr. 1 »
Le cycliste, le touriste, qui veulent rapporter de leurs voyages ou de leurs promenades d'intéressants souvenirs, doivent lire cet opuscule. Ils y apprendront, s'ils ne le savent déjà, les méthodes à suivre pour obtenir de bons clichés et de bonnes épreuves; s'ils sont déjà experts en l'art de développer et fixer les clichés, s'ils ont déjà tiré des photocopies, ils feront leur profit des chapitres qui s'adressent tout spécialement au photo cycliste en voyage et en excursion.

Tranchat (CH).
La science pratique appliquée aux arts industriels. 1892, 1 vol. in-16. fr. 1 »
L'auteur de ce petit volume a voulu faire œuvre d'utilité générale, en y réunissant toutes les formules, recettes et procédés recueillis dans les publications industrielles ou scientifiques. Il s'est placé surtout au point de vue des questions métallurgiques et de leurs dérivés ; néanmoins tout le monde peut puiser dans ce travail une foule de renseignements qu'on peut avoir à utiliser chaque jour.

La deuxième partie du volume comprend la photocopie industrielle.

Trutat (Eug.), docteur ès-sciences, directeur du musée d'histoire naturelle de Toulouse.
Les épreuves à projection. Tirages par contact, tirages à la chambre noire, tirages par tranfert, coloriage, montage. 2ᵉ édition, 1897, 1 vol. in-16, de 72 p. broché illustré de nombreuses gravures. . . . . fr. 1 »
Cet ouvrage est un abrégé de l'excellent « Traité général des projections », du même auteur.

On y trouve, particulièrement détaillés, les divers procédés d'obtention des diapositives pour projections et le montage des épreuves.

Trutat (Eug).
La lanterne à projections. 1897, 1 vol. in-16, 104 p. illustré de 38 gravures dans le texte. . . . . fr. 1 25
Cette brochure est, comme le traité des épreuves à projections, un abrégé du « Traité général des projections ». On y trouve tous les renseignements relatifs à la lanterne, à sa construction, à son réglage, à son usage, à son installation dans les salles de conférences.

Trutat (Eug).
Traité général des projections. — Description des appareils. — Divers modes d'éclairage. — Confection des positifs. — Épreuves mouvementées. — La leçon à l'école, au lycée, à la Faculté. — Conférences scientifiques, géographiques, humoristiques. — Disposition de la salle, etc., etc. 1897, 1 vol. grand in-8° de 400 p. illustré

de 185 gravures, avec 200 planches. . . . . fr. 7 50

Personne n'ignore que M. Thutat est l'un des premiers vulgarisateurs de la lanterne à projections et des conférences illustrées.

L'auteur nous décrit en détail les procédés de fabrication et de montage des épreuves transparentes de toutes espèces ; il nous initie aux trucs de la projection animée.

L'ouvrage n'est donc pas seulement *technique et descriptif*, il est par dessus tout *pratique*. C'est un guide précieux pour les sociétés, les écoles, les conférenciers qui font usage des projections ; c'est un conseiller avisé pour les personnes qui veulent apprendre à faire des conférences. Toute la troisième partie est consacrée à ce sujet.

Valoys (H).

Les voyages présidentiels de M. Félix Faure. 1895. Ouvrage composé de deux volumes.

Premier volume. — Sathonay. — Voyage de Normandie. — Rouen et Le Havre. 1 vol. de 158 p. illustré de 54 grav. d'après les photographies de Pierre Petit. fr. 3 50

Deuxième volume. — Bordeaux. 1 vol. de 200 p., illustré de 94 gravures, d'après les photographies de Pierre Petit. . . . . fr. 5 »

Sous ce titre, nos confrères H. Valoys et Pierre Petit fils ont eu l'heureuse idée de réunir, l'un les notes qu'il avait prises; l'autre, les clichés photographiques qu'il avait exécutés pendant les voyages de M. F. Faure à Sathonay, en Normandie et à Bordeaux.

De la collaboration d'une plume alerte et d'un appareil photographique, plume et appareil maniés par deux artistes, est issu un ouvrage d'un haut intérêt. C'est une page d'histoire contemporaine prise sur le vif par deux témoins dont la déposition fait foi, une page d'histoire relevée de détails pittoresques.

Veyrat (Georges).

La Caricature à travers les siècles. 1895, 1 vol. de 92 p. orné de 72 gravures, dont 17 hors texte, couverture en deux couleurs, de Chouhrac. . . . . fr. 6 »

Il a été tiré de cet ouvrage 25 exemplaires numérotés à la presse, sur papier du Japon . . . . fr. 20 »

Viaud (Gabriel).

La Nature et la Vie. Régénération de l'homme par le végétal. Ouvrage couronné par la Société d'Encouragement au Bien. 1897, 1 fort vol. in-16 de 250 p. . . fr. 3 50

L'auteur, M. Gabriel Viaud, qui a mené en faveur du végétarisme une campagne vigoureuse, dont toute la Presse a parlé, développe en fort bon style dans cet ouvrage les idées dont il s'est fait le fervent adepte, ainsi que la théorie si originale des *végétaux médicamenteux* dont il est le créateur.

Tout le monde lira cette œuvre sincère, attachante, d'une haute moralité. Sa place est marquée dans toutes les bibliothèques et surtout entre les mains des jeunes gens auxquels elle enseignera la tempérance et la *frugalité*, au sens propre du mot.

Villanova (L. de).

La Papyrographie. Étude donnant le moyen de produire des dessins en superposant des papiers d'épaisseurs différentes qui, présentés à la lumière du jour ou d'une lampe, donnent l'illusion de la photographie. 1897, 1 vol. de 80 p. illustré de 80 dessins . . . . fr. 2 »

Cette ingénieuse distraction sera particulièrement agréable aux jeunes filles, à qui elle permettra de produire des écrans, des abat-jours, des images donnant par transparence, à la lumière du jour ou à celle de la lampe, l'illusion de photographies diapositives et de lithophanies allemandes. On obtient cet effet en superposant et en collant des papiers d'épaisseurs différentes.

Cette ingénieuse distraction est donc à la fois économique et à la portée de tout le monde, nous la recommandons aux familles.

Voirin (J).

Manuel pratique de phototypie. Manuel pratique à l'usage des amateurs et des praticiens. 1892, 1 vol. de 90 p. avec nombreuses gravures et deux phototypies hors texte . . . . fr. 1 25

Collection gr. in-18, à 2 fr.

ANDRÉ FONTAINAS
L'Ornement de la Solitude, roman . . . . 1 vol.
GUNNAR HEIBERG
Le Balcon, 3 actes. Trad. du norvégien par le COMTE M. PROZOR . . . . 1 vol.
PIERRE LOUŸS
Mimes des Courtisanes, de LUCIEN. — Traduction littérale (5me édition) . . . . 1 vol.
GEORGE MEREDITH
Essai sur la Comédie, De l'Idée de Comédie et de l'Exemple de l'Esprit Comique, avec une Introduction d'ARTHUR SYMONS, traduit par HENRY-D. DAVRAY (ouvrage suivie d'une Bibliographie détaillée des œuvres de George Meredith) . . . . 1 vol.
AUGUSTE STRINDBERG
Margit, (La Femme du Chevalier Bengt), drame en 5 actes, traduit par GEORGES LOISEAU . . . 1 vol.
OSCAR WILDE
Ballade de la Géôle de Reading, texte anglais, traduction française par HENRY DAVRAY . . 1 vol.

Collection gr. in-18, à 1 fr.

MARCEL COLLIÈRE
Les Syracusaines, Scènes intimes de la Vie Alexandrine, d'après THÉOCRITE ET SOPHRON. . . . 1 vol.
JULES DELASSUS
Les Incubes et les Succubes. . . . . . 1 vol.
DIVERS
Concours de Poésie de l'Odéon, 23 avril 1898 :
Les douze Poèmes retenus par le Jury et le Résultat du Concours. Détail des votes et nombre de voix obtenues pour chacun des poèmes . . . . 1 vol.
A.-FERDINAND HEROLD
Sâvitri, comédie héroïque en deux actes, en vers 1 vol.
RENÉ PETER
La Tragédie de la Mort, préface de PIERRE LOUŸS.
1 vol.
COMTE M. PROZOR
Le Peer Gynt d'Ibsen . . . . 1 vol.
ARCHAG TCHOBANIAN
L'Arménie, son Histoire, sa Littérature, son rôle en Orient, avec une Introduction d'ANATOLE FRANCE, de l'Académie Française . . . . . 1 vol.

Collection petit in-18, à 2 fr.

LÉON BLOY
La Chevalière de la Mort . . . . 1 vol.
ANDRÉ GIDE
Le Prométhée mal enchaîné, roman . . . 1 vol.
EDMOND GLESENER
Histoire de M. Aristide Truffaut, artiste-découpeur, roman . . . . 1 vol.
FRANCIS JAMMES
Clara d'Ellébeuse, ou l'Histoire d'une ancienne Jeune Fille, roman (2e édition) . . . . . . 1 vol.
EUGÈNE MOREL
Les Boers, roman . . . . 1 vol.
HUGUES REBELL
Le Magasin d'Auréoles, roman (2me édition) 1 vol.
HENRI DE RÉGNIER
Le Trèfle blanc (2me édition) . . . . 1 vol.
J.-H. ROSNY
Les Xipéhuz (2me édition) . . . . 1 vol.

Formats et prix divers

AGHASSI
L'Assassinat du Père Salvatore par les soldats turcs, témoignage d'AGHASSI, un des quatre chefs de l'insurrection de Zeïtoun, traduit de l'arménien par ARCHAG TCHOBANIAN, préface de PIERRE QUILLARD. Brochure gr. in-18. . . . . 1 fr. »
Zeïtoun, depuis la chute de la royauté roupénienne jusqu'à la dernière insurrection, avec reproductions de dessins et de photographies. Préface par VICTOR BÉRARD. Un vol. gr. in-18 . . . . 3 fr. 50
ANONYME
Les Massacres d'Arménie, témoignages des Victimes. Préface de G. CLEMENCEAU. Vol. gr. in-18 (3e édit.) . . . . 3 fr. 50
G.-ALBERT AURIER
Œuvres Posthumes, 1 vol. gr. in-8 de 512 pages. Notice de REMY DE GOURMONT. Portrait de G.-Albert Aurier (eau-forte) par A.-M. LAUZET. Lithographies d'EUGÈNE CARRIÈRE et HENRY DE GROUX. Dessins et croquis de VINCENT VAN GOGH, EMILE BERNARD, PAUL SÉRUSIER, JEANNE JACQUEMIN, PAUL VOGLER. Quatre croquis de G.-ALBERT AURIER (tirage : 259 ex.) : 200 ex. pap. teinté, à 12 fr. (sans lith.) ; — 40 ex. hollande à 25 fr. (épuisés) ; — 10 ex. japon à 50 fr. (épuisés).
HENRY BATAILLE
La Chambre blanche, poésies, avec une préface de MARCEL SCHWOB. In-16 Jésus (tirage : 263 ex.) : 243 ex. papier teinté, à 2 fr. (épuisés) ; — 15 ex. hollande van Gelder, à 4 fr. ; — 5 ex. japon impérial, à 6 fr.
ALOYSIUS BERTRAND
Gaspard de la Nuit, réimprimé sur l'édition d'Angers (originale), 1 vol. petit in-18 (tirage : 299 ex., tous numérotés) : 258 ex. papier vergé à la forme, à 5 fr. (épuisés) ; — 20 ex. hollande van Gelder, à 8 fr. (épuisés) ; — 7 ex. chine, 7 ex. whatman et 7 ex. japon impérial, à 10 fr. (épuisés).
Gaspard de la Nuit, nouveau tirage sur papier teinté . . . . ; épuisé.
ÉMILE BESNUS
Le Navire d'Isis, Reliquiæ. Préface de MAURICE POTTECHER. Portrait d'Emile Besnus gravé sur bois par MAURICE BAUD. Vol. gr. in-18 tiré à 275 ex. numérotés. Prix : 5 fr. Il a été tiré en outre et numéroté à la presse 25 ex. sur hollande, à 15 fr.
AD. VAN BEVER
Contes de Poupées. Vol. in-16. Prix . . . . 2 fr. »

Paul Blier
La Flûte de Roseaux, poème. Tir. unique à 30 ex. sur papier vergé . . . . 2 fr. »

Léon Bloy
Ici, on assassine les Grands Hommes, avec Portrait et Autographe d'Ernest Hello. Brochure in-8° carré (tirage : 252 ex.) : 243 ex. papier teinté à 1 fr. 50 ; — 9 ex. japon impérial à 4 fr.

Albert J. Brandenburg
Odes et Poèmes. Vol. gr. in-18. Prix : 2 fr. — 10 ex. hollande à 5 fr.

Paul Briquel
Les Joies humaines, poèmes. Vol. gr. in-18. Prix : 3 fr. 50. — Tiré et numéroté à la presse : 3 ex. sur japon, à 15 fr.; — 10 ex. sur hollande, à 10 fr.

P.-J. Édouard Callon
Hercule vainqueur de la Mort, suivant l'*Alceste* d'Euripide, par interprétation intégrale. Vol. in-4° couronne. Prix : 4 fr. — Il a été tiré et numéroté à la presse 20 ex. sur hollande, à 12 fr.

Victor Charbonnel
Les Mystiques dans la Littérature présente, *première série (Les Précurseurs. A la Recherche du Mysticisme. A travers les Chapelles mystiques. Croyants ou Crédules. Mysticisme épars. Le Jeune Idéalisme).* Vol. in-12 carré. Tirage à petit nombre sur papier vergé. . . . . 3 fr. 50

Paul Claudel
L'Agamemnon d'Eschyle (traduction). Volume in-4° tellière . . . . 2 fr. »

Gaston Danville
Contes d'Au-Delà, in-16 soleil, 20 vignettes originales de L. Cabanes, couverture enluminée (tirage : 268 ex.) : 240 ex. papier teinté à 6 fr. ; — 20 ex. hollande à 12 fr. — 8 ex. japon à 20 fr.

Eugène Demolder
Le Royaume authentique du Grand Saint Nicolas, *décrit pour les petits et les grands enfants*, vol. gr. in-8 pittoresque; couverture à l'aquarelle de Félicien Rops, reproduite par la photographie des couleurs ; frontispice de Félicien Rops, et 5 dessins hors texte d'Etienne Morannes; 30 croquis de Félicien Rops dans le texte (dessins et croquis tous inédits). Prix de l'exemplaire : 10 fr. — Il a été tiré : 10 ex. sur japon, à 50 fr.; — 5 ex. sur chine, à 40 fr. ; — 15 ex. sur hollande, à 30 fr.

La Légende d'Yperdamme, vol. gr. in-8 pittoresque ; couverture coloriée d'Etienne Morannes; frontispice, dessin hors texte et 3 vignettes de Félicien Rops; 9 dessins hors texte d'Etienne Morannes (dessins et vignettes tous inédits). Prix de l'exemplaire : 7 fr. 50; — Il a été tiré : 10 ex. sur japon, à 40 fr.; — 5 ex. sur chine, à 30 fr. ; — 15 ex. sur hollande, à 25 fr.

Quatuor (*La Dame au Masque. La Fortune de Pieter de Delft. La Sainte-Anne de Ploubazlanec. La Légende de Seppé-Kaas au jour des Morts*). Vol. gr. in-18, avec une couverture et trois croquis de Félicien Rops, et treize ornementations d'Etienne Morannes. Prix : 2 fr. 50. — Il a été tiré : 5 ex. sur chine, à 12 fr.; — 5 ex. sur japon, à 10 fr.; — 10 ex. sur hollande, à 6 fr.

Sous la Robe, *Notes d'audience, de Palais et d'ailleurs, d'un Juge de Paix.* Vol. in-16 long. Couverture et 16 ornementations d'Etienne Morannes. Prix : 3 fr. 50. Il a été tiré : 5 ex. sur hollande, à 10 fr.; — 3 ex. sur japon, à 15 fr.

La Mort aux Berceaux, Noël en un acte, orné de cinq dessins par Etienne Morannes. Plaquette in-8. Prix : 1 fr. Il a été tiré 6 ex. sur japon, à 5 fr.

Louis Denise
La Merveilleuse Doxologie du Lapidaire, in-16 raisin, avec la reproduction d'un bois du XVIe siècle (tirage : 99 ex.) : 45 ex. bis, à 2 fr. ; — 18 ex. pourpre à 3 fr.; — 12 ex. topaze brûlée et 12 ex. vert prasin à 4 fr.; — 6 ex. saphir sombre à 6 fr.; — 6 ex. japon à 10 fr . . . . *épuisé*.

Divers
L'Almanach des Poètes pour 1896, vol. in-12 coquille large orné de nombreux dessins par Auguste Donnay, tirés en couleur. Poèmes de Robert de Souza, André Fontainas, André Gide, A.-Ferdinand Herold, Albert Mockel, F. Vielé-Griffin, Gustave Kahn, Saint-Pol-Roux, Henri de Régnier, Adolphe Retté, Charles van Lerberghe, Emile Verhaeren. Tirage : 517 ex., savoir : 500 ex. sur papier vergé, à 3 fr. 50; — 5 ex. sur vieux japon, à 10 fr. (*sorte épuisée*); 12 ex. sur chine, à 7 fr.

L'Almanach des Poètes pour 1897, vol. in-12 coquille large, orné de nombreux dessins par Armand Rassenfosse, tirés en couleurs. Poèmes de : Gustave Kahn, Stuart Merrill, Francis Jammes, Francis Vielé-Griffin, Albert Mockel, Henri de Régnier, Robert de Souza, A.-Ferdinand Herold, André Fontainas, Camille Mauclair, Emile Verhaeren, André Gide. Tirage : 517 ex., savoir : 500 ex. sur vergé d'Arches à la cuve, à 3 fr. 50; — 5 ex. sur japon impérial, numérotés de 1 à 5, à 10 fr. (*sorte épuisée*); — 12 ex. sur chine, numérotés de 6 à 17, à 7 fr.

L'Almanach des Poètes pour 1898, vol. in-12 coquille large, orné de nombreux dessins par Auguste Donnay. Poèmes de : Saint-Pol-Roux, Henri Ghéon, Albert Saint-Paul, Camille Mauclair, Georges Rodenbach, Tristan Klingsor, A.-Ferdinand Herold, Robert de Souza, Francis Jammes, Francis Vielé-Griffin, Stuart Merrill, Charles van Lerberghe. Tirage : 517 ex., savoir : 500 ex. sur alfa teinté, à 3 fr. 50; — 5 ex. sur japon, numérotés de 1 à 5 à 10 fr.; — 12 ex. sur chine, numérotés de 6 à 17, à 7 fr.

Alfred Douglas
Poèmes, texte anglais et traduction française, avec le portrait de l'auteur en héliogravure : 3 fr. 50. — Il a été tiré 5 ex. sur japon, à 15 fr.; — 20 ex. sur hollande à 10 fr.; tous les exemplaires de luxe numérotés à la presse.

Édouard Ducoté
Renaissance, poèmes. Vol. in-18 jésus. Prix : 3 fr. 50 — Il a été tiré 113 ex. de luxe, numérotés, format in-8 ornés d'un frontispice en lithographie de Paul Berthon, savoir : 3 ex. sur japon impérial, à 25 fr.; — 10 ex. sur hollande, à 15 fr.; — 100 ex. sur alfa, à 10 fr.

Le Chemin des Ombres heureuses, poèmes. Vol. in-12 jésus large tiré sur beau papier à 225 ex. Prix : 3 fr. 50.

Louis Dumur
La Motte de Terre, un acte. In-16 jésus (tirage : 262 ex.) : 247 ex. papier teinté à 2 fr.; — 10 ex. hollande à 4 fr.; — 4 ex. japon impérial à 5 fr.

La Nébuleuse, un acte. In-16 jésus (tirage : 262 ex.) 247 ex. papier teinté à 4 fr. ; — 10 ex. hollande à 4 fr. — 5 ex. japon impérial à 5 fr.

Albert Fleury
Pierrot. Vol. petit in-18 tiré à petit nombre. Prix 2 fr.
Poèmes, 1895-1899 (*Paroles vers Elle. — Sur Route. — Impressions grises. — Pierrot*). Vol. gr. in-18. Prix : 3 fr. 50. — Il a été tiré et numéroté à presse 12 ex. sur hollande, à 10 fr.

André Fontainas
Nuits d'Épiphanies, in-16 jésus (tirage : 212 ex.) 200 ex. papier des Vosges à la cuve, à 3 fr.; — 12 ex. papier de chine à 15 fr.

Paul Fort
Il y a là des cris. Fort vol. in-16 jésus (tirage : 2 ex.) : 249 ex. papier teinté à 3 fr. 50 (*épuisés*); 15 ex. hollande à 7 fr. (*épuisés*); — 5 ex. japon impérial à 15 fr. (*épuisés*).

Ballades (*Ma Légende. Mes Légendes. Premières Nuits. Première Lueur*), vol. in-16 jésus, orné de dessins inédits d'Emile Bernard et de Maurice Dumont, et d'un bois original d'Henry Guérard (tirage : 294 ex.) : 270 ex. vélin, à 2 fr. 50; — 15 ex. hollande à 7 fr.; — 9 ex. japon impérial, à 15 fr.

Ballades (*La Mer, Les Cloches, Les Champs*), vol. in-16 jésus, orné de bois inédits de Maurice Dumont, Maurice Dumont, Alfred Jarry, Hua (tirage : 160 ex.) : 140 ex. vélin, à 2 fr. (*épuisés*); — 15 ex. hollande, à 5 fr. (*épuisés*); — 5 japon impérial, à 8 fr. (*épuisés*).

Ballades (*Louis XI, curieux homme*), vol. in-16 jésus. — Tirage : 150 ex. vélin, à 1 fr.

Ballades (*Les Saisons. Aux Champs, sur la Route et devant l'Atre. Mes Légendes* (nouvelle série

L'Orage), vol. in-16 jésus (tirage : 320 ex.) : 300 ex. vélin, à 2 fr. 50; — 15 ex. hollande, à 7 fr.; — 5 ex. japon impérial, à 15 fr.

Gustave Fréjaville

Près de toi, poèmes. Vol. gr. in-18. Prix : 2 fr. — Tiré et numéroté à la presse 7 ex. sur hollande, à 4 fr.

Paul-Louis Garnier

L'Été. Vol. gr. in-18. Prix : 3 fr. 50. — Il a été tiré 4 ex. sur japon, à 15 fr.; — 2 ex. sur chine, à 12 fr.

Henri Ghéon

Chansons d'Aube, poésies. Vol. gr. in-16. Tirage : 200 ex. sur vélin, à 2 fr.; — 10 ex. sur hollande numérotés à la presse, à 4 fr.
La Solitude de l'Été, poèmes. Vol. in-18 jésus. Prix : 3 fr. 50. — Il a été tiré et numéroté à la presse : 5 ex. sur japon, à 15 fr.; — 12 ex. sur hollande, à 10 fr.

René Ghil

ŒUVRE
En Méthode à l'Œuvre (Livre-Préface, 4me édition du *Traité du Verbe*), 1 vol. in-18 . . . . . 2 fr. »
I. DIRE DU MIEUX
Le Meilleur Devenir. Le Geste ingénu (L. I et II), 1 vol. in-32 colombier
La Preuve égoïste (L. III), 1 vol. in-18 . . 2 fr. »
Le Vœu de vivre (L. IV), 3 vol. in-18. Prix de chaque vol. . . . . 2 fr. »
L'Ordre altruiste (L. V), 3 vol. in-18. — Prix de chaque vol. . . . . 2 fr. »
II. DIRE DES SANGS
Le Pas humain (L. I), 1 vol. in-18. . . . . 2 fr. »
bier, tirée à 150 ex. . . . . 2 fr. »

André Gide

Le Traité du Narcisse, plaquette in-16 colombier, tirée à 70 ex. sur vélin teinté ; — 10 ex. japon, à 5 fr. (*épuisée*).
La Tentative amoureuse. Plaquette in-16 colombier.
Les Cahiers d'André Walter. Vol. in-32 colombier tiré à 190 ex. dont 125 sur vélin teinté, à 7 fr. (*sorte épuisée*); — quelques exemplaires sur hollande, à 15 fr. (*sorte épuisée*); — sur japon, à 25 fr.; — sur chine, à 30 fr.
Les Poésies d'André Walter, plaq. in-16 colombier, tirée à 190 ex. sur vélin, à 2 fr.
Le Voyage d'Urien. Vol. de luxe tiré à 300 ex. sur hollande antique, format anglais, orné de nombreuses lithographies en 2 couleurs par Maurice Denis. 12 fr. »
Paludes, vol. de luxe tiré à 400 ex. sur hollande antique, format anglais . . . . 5 fr. »
Réflexions sur quelques points de Littérature et de Morale, vol. petit in-16. Tirage : 100 ex. sur papier vergé, à 2 fr.; — 12 ex. sur hollande, à 4 fr.
Feuilles de Route, 1895-1896, vol in-16 carré. Tirage à petit nombre. . . . . 2 fr. »
Philoctète (*Le Traité du Narcisse*, *La Tentative amoureuse*, *El Hadj*).Vol. gr. in-16, tiré à 300 exemplaires numérotés sur vergé d'Arches. Prix : 4 fr.

Remy de Gourmont

Le Latin Mystique, 1 vol. in-8. Préface de J.-K. Huysmans, miniature de Filiger . . . . *épuisé*.
Le Latin Mystique, 3me édition (dessin de Filiger non en couleur). . . . . 10 fr. »
Litanies de la Rose, plaquette de luxe (tirage : 84 ex.), nuances isabelle, rubis oriental, gris de fer, havane. . . . . *épuisée*.
Le Fantôme, 1 vol. gr. in-12, broché avec gardes spéciales, contenant 2 lithographies originales de Henry de Groux (tirage : 337 ex.) : 300 ex. vélin teinté (lith. vélin); — 17 ex. rose fané (3 épr. des lith., vélin, rose fané et chine); — 13 ex. hollande (4 épr. des lith., vélin, rose, chine, hollande); — 7 ex. japon (5 épreuves des lith., vélin, rose, chine, hollande, japon). . . . . *épuisé*.
Le Fantôme, 2me édition, 1 vol. gr. in-12, avec 2 lith. de Henry de Groux. . . . . 4 fr. »
Lilith. Vol. in-8 écu (2me édition). . . . . . 5 fr. »
Théodat, poème dramatique en prose.Vol. in-12 carré, couverture d'après une étoffe byzantine (tirage : 290 ex.) : 260 ex. vélin teinté à 2 fr. 50; — 18 ex. vert byzantin à 6 fr. (*sorte épuisée*); — 6 ex. vergé d'Arches et 6 ex. whatman à 10 fr. (*sortes épuisées*).
L'Idéalisme. Vol. in-12 écu, avec un dessin de Filiger (tirage : 170 ex.) : 155 ex. vélin teinté à 2 fr. 50; — 15 ex. vélin de Hollande à 6 fr.
Fleurs de Jadis, in-16 écu, édition élzévirienne, 47 ex. hollande van Gelder, numérotés et signés, à 2 fr. 50.
Histoires Magiques, vol. in-12 carré, contenant une lithographie de Henry de Groux (tirage : 301 ex.) : 280 ex. vélin ivoire; — 7 ex. hollande van Gelder, 7 ex. Japon impérial et 7 ex. chine, à 20 fr. l'exemplaire . . . . *épuisé*.
Histoires Magiques, 2me édition, avec une lithographie de Henry de Groux. . . . . 3 fr. 50.
Histoire tragique de la Princesse Phénissa, expliquée en quatre épisodes, in-8° royal : 100 ex. japon français écru, à 2 fr. 50.
Proses Moroses, 1 vol. in-24 Jésus (tirage à petit nombre). Vélin : 3 fr. ; — japon : 10 fr. . . *épuisé*.
Proses Moroses (2me édition). . . . . . . 3 fr. »
Le Château Singulier, vol. petit in-16, orné de 32 vignettes en rouge et en bleu; tirage à petit nombre sur vergé d'Arches, à 5 fr. ; et 7 ex. sur chine grandes marges, à 5 fr. (*sorte épuisée*).
Phocas, vol. avec une couverture et 3 vignettes par l'auteur. Plaquette in-12 ymagier (tirage à petit nombre); papier vergé : 2 fr. ; — 15 ex. vélin d'Arches à 3 fr.; — 7 ex. petit raisin Ingres en diverses couleurs, à 5 fr. . . . . *épuisé*.
La Poésie Populaire, avec un air noté et des images (tiré de l'*Ymagier*), gr. in-4° écu . . . 2 fr. »
Le Miracle de Théophile, de Rutebeuf, texte du XIIIe siècle, modernisé (tiré de l'*Ymagier*), gr. in-4° écu. . . . . 2 fr. »
Aucassin et Nicolette, chantefable du XIIIme siècle, traduction de Lacurne de Sainte-Palaye, revue et complétée d'après un texte original (tiré de l'*Ymagier*), in-4 couronne. . . . . 2 fr. »
L'Ymagier. Ouvrage complet en 2 tomes gr. in-4°, contenant environ 300 gravures, reproductions d'anciens bois des XVe et XVIe siècles, grandes images coloriées, pages de vieux livres, miniatures, — lithographies, bois, dessins, etc., de M.-N. Whistler, Paul Gauguin, Filiger, G. d'Espagnat, A. Seguin, O'Conor, L. Roy, etc. Les 2 tomes : 30 fr. ; — Edition Z, en numéros, avec toutes les primes offertes aux abonnés et aux souscripteurs d'éditions de luxe (10 eaux-fortes et lithographies), les 2 tomes : 45 fr.; — Edition hollande van Gelder : 70 fr.— Editions japon français et japon impérial (*épuisées*).
Almanach de l'Ymagier. Orné de 25 bois dessinés et gravés par Georges d'Espagnat. Vol. petit in-4°. Vignettes en rouge et en noir. Couverture en 4 coul. Tirage : 95 ex. sur chine, à 5 fr.; — 15 ex. sur japon français moiré, à 10 fr.; — 5 ex. sur japon impérial, à 20 fr.
Le Vieux Roi, tragédie nouvelle. Vol. in-12 tiré à 300 ex. numérotés et paraphés, savoir : 285 ex. sur papier d'alfa, à 2 fr. 50; — 15 ex. sur hollande van Gelder, à 5 fr.
Les Saintes du Paradis, *Dix-neuf petits poèmes*. Vol. in-12 cavalier, orné de XIX bois originaux dessinés et taillés par Georges d'Espagnat. Tir. à 125 ex sur vergé d'Arches à la cuve et 20 ex. sur grand vélin d'Arches à la cuve. Prix : 6 et 20 fr.

Charles Guérin

Le Sang des Crépuscules, poésies, avec un Prélude en musique de 32 pages par Percy Pitt, un vol. in-16 soleil (tirage : 350 ex.) : 320 ex. vélin teinté, à 5 fr.; — 20 ex. hollande, à 10 fr.; — 10 ex. japon impérial, à 15 fr. (Les exemplaires de luxe contiennent, hors texte, une Préface de Stéphane Mallarmé, à deux exemplaires : fac-similé autographique et typographique.)
Sonnets et un Poème. Vol. in-16 raisin. Tirage : 113 ex. sur hollande, à 2 fr.; — 5 ex. sur japon impérial, à 5 fr.; — 8 ex. sur whatman, à 6 fr.; — 1 ex. sur chine (H.C.).
Le Cœur Solitaire, poèmes. Vol. gr. in-16, à petit nombre, numérotés. Prix : 3 fr. 50. — Il a été tiré : 12 ex. sur hollande, à 10 fr.; — 5 ex. sur whatman, à 12 fr.; — 3 ex. sur chine, à 15 fr. (*épuisés*); — 3 ex. sur vieux japon à la cuve, dont un seul est mis en vente, avec deux pièces manuscrites de l'auteur : 100 fr.

A.-Ferdinand Herold
La Légende de Sainte Liberata, *Mystère*, 1 vol. in-8 écu (tirage : 200 ex.) : 150 ex. papier vergé, à 2 fr.; — 40 ex. vergé des Vosges à la cuve, à 3 fr. 50; — 10 ex. vergé d'Arches à la cuve, à 5 fr.
Paphnutius, comédie de Hrotsvitha, traduite du latin, in-8o carré orné de plusieurs dessins de Paul Ranson, K.-X. Roussel et Alfonse Herold (tirage : 274 ex.) : 249 ex. vélin teinté, à 2 fr.; — 25 ex. japon impérial, à 3 fr.
L'Anneau de Çakuntalâ, Comédie héroïque de Kalidasa. Vol. in-24 jésus (tirage : 515 ex.) : 500 ex. à 3 fr.; — 15 ex. japon impérial, à 10 fr.
Le Livre de la Naissance, de la Vie et de la Mort de la Bienheureuse Vierge Marie. Vol. in-4o carré, orné de 57 dessins de Paul Ranson (tir. : 550 ex.) : 500 ex. vélin teinté, à 6 fr.; — 20 ex. hollande, à 10 fr.; — 10 ex. japon impérial, 10 ex. whatman et 10 ex. chine, à 15 fr.
Intermède Pastoral, plaq. in-4o couronne (tir. : 165 ex.) : 150 ex. sur hollande, à 2 fr. 50; — 15 ex. sur whatman, à 10 fr.

Charles-Henry Hirsch
Priscilla, *poème*. In-16 jésus (tirage : 270 ex.) 250 ex. papier vergé, à 2 fr.; — 16 ex. hollande van Gelder, à 4 fr.; — 4 ex. japon impérial, à 6 fr.
Yvelaine, poème dramatique. Vol. in-16 raisin à petit nombre : 2 fr.; — 16 ex. hollande, à 4 fr.; — 4 ex. japon, à 5 fr.

Jean d'Hoc
L'Aventure sentimentale, poèmes. Vol. gr. in-18. Prix : 3 fr. 50. — Tiré et numéroté à la presse 10 ex. sur hollande, à 10 fr.

Francis Jammes
Un Jour, un acte en vers, suivi de poésies, in-16 jésus (tirage : 319 ex.) : 299 ex. vélin teinté, à 2 fr.; — 10 ex. hollande, à 4 fr.; — 10 ex. japon impérial, à 5 fr.

Alfred Jarry
Les Minutes de Sable mémorial, vol in-16 carré, orné d'un frontispice et de gravures sur bois (tirage : 216 ex.) : 197 ex. vergé d'Arches à la forme, à 4 fr.; — 19 ex. petit raisin Ingres en couleur, à 8 fr. *épuisé*.
César-Antechrist (tirage : 206 ex.) : 197 ex. sur carré vergé, à 3 fr.; — 7 ex. petit raisin Ingres en couleur, à 8 fr. (*sorte épuisée*); — 2 ex. sur chine, à 8 fr. (*sorte épuisée*).
Ubu Roi, cinq actes en prose. Vol. pet. in-18. Prix : 2 fr. Il a été tiré 15 ex. sur hollande, à 6 fr., et 5 ex. sur japon impérial, à 10 fr. (tous les ex. de luxe épuisés).

F. Jollivet Castelot
L'Alchimie, in-12 carré (tirage : 105 ex.) : 100 ex. papier teinté, à 1 fr.; — 5 ex. japon impérial, à 3 fr.

Gustave Kahn
Domaine de Fée, vol. gr. in-16, tirage à petit nombre . . . . 2 fr. »

Tristan Klingsor
L'Escarpolette, poésies. Vol. in-16 carré à petit nombre. Prix : 2 fr. Il a été tiré : 15 ex. sur hollande, à 4 fr.; — 10 ex. sur japon à 6 fr.
Filles-Fleurs, poésies. Petit in-18. Tirage : 170 ex., savoir : 140 ex. sur papier vergé, à 2 fr. ; — 21 ex. sur hollande, à 3 fr.; — 9 ex. sur vieux japon à la cuve, à 5 fr.
Squelettes fleuris, poésies. Vol. gr. in-16. Prix : 2 fr. Il a été tiré : 5 ex. sur japon impérial, à 12 fr.; — 10 ex. sur hollande, à 6 fr. (Tous les exemplaires de luxe numérotés, avec une reliure d'Aabals).
La Jalousie du Vzir. Vol. pet. in-18. Prix : 2 fr.

Jules Laforgue
Moralités Légendaires, tome I (*Salomé. Lohengrin, fils de Parsifal. Persée et Andromède*). Vol. in-8 couronne, imprimé avec les caractères de Vale et orné de lettrines, d'une double bordure et d'un frontispice gravé sur bois par Lucien Pissarro. Tirage : 220 ex., dont 200 pour la vente, à 20 fr.
Moralités Légendaires, tome II (*Hamlet ou les suites de la Piété filiale. Le Miracle des Roses. Pan et la Syrinx*). Vol. in-8 couronne établi et publié dans les mêmes conditions que le tome premier. 20 fr. »

Daniel Lantrac
L'Imagier du Soir et de l'Ombre. Vol. in-16 raisin. Prix : 2 fr.

André Lebey
Les Poésies de Sapphô, *traduites en entier pour la première fois*. In-24 coquille (tirage : 275 ex.) : 250 ex. papier vergé à la forme, à 2 fr. (*sorte épuisée*); — 10 ex. hollande van Gelder, à 4 fr.; — 10 ex. chine, à 5 fr.; — 5 ex. japon impérial numérotés et signés, à 8 fr.
La Scène, un acte. In-12 coquille (tirage : 269 ex.) : 239 ex. papier vergé à la forme, à 2 fr.; — 30 ex. whatman, à 5 fr.
Le Cahier rose et noir, poésies. In-4o carré (tir. : 240 ex.) : 200 ex. vélin teinté, à 4 fr.; — 15 ex. hollande, à 8 fr.; — 10 ex. whatman, 5 ex. chine, 5 ex. vieux japon à la cuve, 5 ex. japon impérial, à 10 fr.
Chansons grises, *poésies*. Vol. in-18. Tirage à petit nombre sur hollande : 3 fr. 50 — Il a été tiré 4 ex. sur japon, à 8 fr.; — 4 ex. sur chine, à 8 fr.
Les Poèmes de l'Amour et de la Mort. Vol. gr. in-18. Prix : 3 fr. 50. — Il a été tiré et relié à l'anglaise : 25 ex. sur chine, à 25 fr.; — 25 ex. sur hollande, à 15 fr.; — 100 ex. sur alfa vergé, à 12 fr.
Chansons mauves, poèmes. Vol. in-8 cavalier. Tir. numéroté à 100 ex. sur hollande (dont 50 reliés), à 20 fr. (rel. ou non), et à 3 ex. sur chine, dont un seul en vente à 60 fr.
Elégies du Jardin Mélancolique, poèmes. Vol. in-4o couronne, tiré à petit nombre sur vergé d'Arches. Prix 4 fr. — 10 ex. japon à 10 fr.; — 5 ex. chine à 12 f.

Maurice Le Blond
Essai sur le Naturisme, *Études sur la Littérature artificielle et Stéphane Mallarmé, Maurice Barrès, la Littérature allégorique, quelques Poètes et les Naturisme de Saint-Georges de Bouhélier*. Vol. gr. in-18 : 2 fr. 50. — Il a été tiré 25 ex. sur chine, numérotés, à 5 fr.

Paul Leclercq
L'Etoile Rouge. Vol. petit in-24 long. Prix : 2 fr. — Il a été tiré : 4 ex. sur japon, à 10 fr.; — 6 ex. sur chine, à 8 fr.; — 10 ex. sur hollande, à 5 fr.

Sébastien Charles Leconte
Les Bijoux de Marguerite. Poèmes. Vol. in-4 couronne. Tirage : 280 ex. sur beau vélin, à 5 fr.; 25 ex. sur japon, à 15 fr.
L'Esprit qui passe, poèmes. Vol. in-4o couronne. Tirage : 200 ex. sur beau vélin, à 6 fr.; — 5 ex. sur chine, 5 ex. sur whatman, 10 ex. sur japon impérial, à 15 fr.; — 10 ex. sur hollande, à 10 fr. Tous les exemplaires de luxe numérotés à la presse.
Le Bouclier d'Arès, poèmes. Vol. in-4o couronne. Tirage à 200 ex. sur beau vélin, à 5 fr.; 5 ex. sur japon impérial à 15 fr.
Salamine, poème couronné par l'Académie Française. Plaq. in-4 couronne. Tirage : 200 ex. sur beau vélin, à 2 fr.; — 10 ex. sur japon impérial numéroté, à 5 fr.

Lucien Legouis
Les Sept Branches du Candélabre, poésies. Vol. in-18 jésus. Prix : 3 fr. 50. — Il a été tiré 10 ex. sur hollande, numérotés de 1 à 10 (*sorte épuisée*).

Pol Levengard
Les Pourpres Mystiques, poèmes. Vol. gr. in-18. Prix : 2 fr. 50. — Tiré et numéroté à la presse 10 ex. sur hollande, à 7 fr.

Jean Lorrain
Contes pour lire à la Chandelle. Vol. petit in-18 tiré sur papier vergé. Prix : 2 fr. Il a été tiré et numéroté à la presse : 4 ex. sur japon, à 10 fr.; 5 ex. sur chine, à 8 fr.; — 12 ex. sur hollande, à 6 fr.

Pierre Louÿs
La Femme et le Pantin, *roman espagnol*. Vol. in-8 carré, contenant en frontispice une reproduction héliogravée du *Pantin* de Goya. Tirage à petit nombre numéroté sur alfa. Prix : 10 fr. — Il a été tiré : 9 ex. sur japon impérial, à 30 fr. (*épuisés*); — 10 ex. sur whatman, à 30 fr. (*épuisés*); — 40 ex. sur hollande, à 20 fr. (*épuisés*); — tous les exemplaires de luxe numérotés à la presse de 1 à 59.

CATALOGVE DES PVBLICATIONS
DV
MERCVRE
DE
FRANCE

INDEX

	Pages
Table alphabétique par noms d'auteurs.	2
Collection gr. in-18, à 3 fr. 50 le volume	3
Collection d'auteurs étrangers, gr. in-18, à 3 fr. 50 le volume	4
Collection gr. in-18, à 2 fr. le volume.	5
Collection gr. in-18, à 1 fr. le volume	5
Collection petit in-18, à 2 fr. le volume.	5
Formats et prix divers	5
Fac-similés autographiques	11
Musique.	11
Estampes et Dessins	11
Mercure de France..	12

PARIS
SOCIÉTÉ DV MERCVRE DE FRANCE
XV, RVE DE L'ÉCHAVDÉ-ST-GERMAIN, XV

—

Décembre 1899

Table générale

PAR NOMS D'AUTEURS

A

Claudius Ælianus . . 10
Aghassi 5
Claire Albane . . . 3
Henri Albert . . . 4, 9
Pierre d'Alheim . . 3
Anonyme (*Les Massacres d'Arménie*). 5
G. Art 9
G.-Albert Aurier . . 5

B

Raoul Bardac . . . 11
Edmond Barthèlemy. 3, 4
Henry Bataille . . 3, 5
Marcel Batilliat . . 3
Paterne Berrichon . 3
Aloysius Bertrand . 5
Emile Besnus . . . 5
Ad. van Bever . . . 5
Ch. de Bigault de Casanove . . . 4
Paul Blier 6
Léon Bloy . . . 3, 5, 6
Henry Bourgerel . . 3
Albert J. Brandenburg 6
Paul Briquel . . . 6
E.-A. Butti 4

C

P.-J. Edouard Callon . 6
Thomas Carlyle . . 4
Victor Charbonnel . 6
Jean de Chilra . . . 3
Paul Claudel . . . 6
Marcel Collière . . 5

D

Gaston Danville . . 3, 6
Henry-D. Davray . 4, 5
Albert Delacour . . 3
Jules Delassus . . . 5
Louis Delattre . . . 3
Eugène Demolder . 3, 6
Louis Denise . . . 6
A.-M. Desrousseaux. 4
Henry Detouche . . 3
Divers (*Concours de l'Odéon, 1898*) . . 5
Divers (*Almanach des Poètes pour 1896*). 6
Divers (*Almanach des Poètes pour 1897*). 6
Divers (*Almanach des Poètes pour 1898*). 6
Alfred Douglas . . 6
Edouard Ducoté . . 3, 6
Edouard Dujardin . . 3
Louis Dumur . . . 3, 6

E

Georges Eekhoud . . 3
Max Elskamp . . . 3
Eschyle 6

F

Gabriel Fabre . . . 11
Louis Fabulet . . . 4
Georges Flé 11
Albert Fleury . . . 6
André Fontainas . 3, 5, 6
Paul Fort . . . 3, 6
Franc-Nohain . . . 11
Gustave Fréjaville . 7

G

Paul-Louis Garnier. 7
Paul Gérardy . . . 3
Henri Ghéon . . . 7
René Ghil 7
André Gide . . . 3, 5, 7
Edmond Giesener . . 5
Remy de Gourmont . 3, 7, 11.
Charles Guérin . . 7

H

Gerhart Hauptmann. 4
Gunnar Heiberg . . 5
A.-Ferdinand Herold 3, 4, 5, 8.
Charles-Henry Hirsch . 3, 8.
Jean d'Hoc 8
Hrotsvitha 8
V. Robert d'Humières 4

J

Jeanne Jacquemin . 11
Edmond Jaloux . . 3
Francis Jammes . 3, 5, 8
Alfred Jarry . 3, 8, 11
F. Jollivet Castelot . 8
Virgile Josz 3
Albert-Juhellé . . . 5

K

Gustave Kahn . . 3, 8
Kalidâsa 8
Khalil-Khan . . . 4
Georges Khnopff . . 4
Rudyard Kipling . . 4
Tristan Klingsor . . 8
Hubert Krains . . . 3

L

A. Lacoin de Villemorin 4
Jules Laforgue . . . 8
Daniel Lantrac . . . 8
Paul-Albert Laurens . 11
A.-M. Lauzet . . . 11
André Lebey . . . 8
Maurice Le Blond . 8
Paul Leclercq . . . 8
Sébastien Charles Leconte 8
M. Lécuyer 4
Lucien Legouis . . 8
Camille Lemonnier . 3
Pol Levengard . . 8
L. Littmanson . . . 4
Georges Loiseau . . 5
Jean Lorrain . . . 8
Pierre Louys . . 4, 5, 8
Lucien 5, 9

M

Emerich Madach . . 4
Maurice Maeterlinck 4, 9.
Roland de Marès . . 9
A. Mariotte 11
Camille Mauclair . . 9
Henri Mazel . . . 9
Méléagre 9
George Meredith . . 5
Stuart Merrill . . . 4
Adrien Mithouard . 9
Albert Mockel . . . 9
Laurent Montésiste. 9
Eugène Montfort . . 9
Eugène Morel . . . 5
Alfred Mortier . . . 9

N

Gérard de Nerval . . 9
Frédéric Nietzsche . 4, 9

O

Odilon Redon . . . 11

P

Walter Pater . . . 4
René Peter . . . 5, 9
François Peyrey . . 9
Edmond Pilon . . . 9
Georges Pioch . . . 9
Georges Polti . . . 9
Alfred Poussin . . . 9
J.-G. Prod'homme. . 9
Comte M. Prozor . . 5

Q

Pierre Quillard 4, 10, 11

R

Rachilde . . . 4, 10
Yvanhoé Rambosson . 10
Louis Raymond . . 4
Hugues Rebell . 4, 5, 10
Henri de Régnier 4, 5, 10
Marcel Réja 10
Jules Renard . . 10, 11
Jehan Rictus . . . 4
Lionel des Rieux . . 10
Arthur Rimbaud . . 4
Léon Riotor . . . 10
Pierre de Ronsard . 10
J.-H. Rosny 5
Eugène Rouart . . 10

S

Saint-Georges de Bouhélier . . . 10
Saint-Pol-Roux . 4, 10
Frédéric Saisset . . 10
Albert Samain . . 4, 10
Sander Pierron . . . 10
Sapphô 8
Robert Scheffer . . 10
Marcel Schwob . 4, 10, 11
Henry Simon . . . 11
Robert de Souza . 4, 11
Auguste Strindberg 4, 5, 11.
A.-Ch. Swinburne . 11

T

Archag Tchobanian . 5
Claude Terrasse . . 11
Albert Thibaudet . . 11
Jean de Tinan . . 4, 11
Marcelle Tinayre . . 4
Albert Trachsel . . 11

V

Charles Vellay . . 11
Emile Verhaeren . . 4
Francis Vielé-Griffin 4, 11
E. Vigié-Lecocq . . 4

W

L. Weiscopf 9
H. G. Wells . . . 4
Oscar Wilde . . . 5

Collection gr. in-18, à 3 fr. 50

Claire Albane
L'Amour tout simple, roman . . . . . 1 vol.
Pierre d'Alheim
Moussorgski, avec un portrait de Moussorgski en héliogravure (2me édition) . . . . 1 vol.
Sur les Pointes . . . . 1 vol.
Edmond Barthélemy
Thomas Carlyle, Essai biographique et critique; portrait de Carlyle d'après Samuel Lawrence, gravé sur bois par Julien Tinayre (2me édition) . . 1 vol.
Henry Bataille
Ton Sang, précédé de La Lépreuse. . . 1 vol.
Marcel Batilliat
Chair Mystique, roman (2me édition). . . . . 1 vol.
Paterne Berrichon
La Vie de Jean-Arthur Rimbaud. . . . 1 vol.
Léon Bloy
La Femme Pauvre, Épisode contemporain, roman (3me édition) . . . . 1 vol.
Henry Bourgerel
Les Pierres qui pleurent, roman. . . . . . 1 vol.
Jean de Chilra
L'Heure Sexuelle, roman (8me édition). . . . 1 vol.
Gaston Danville
Les Reflets du Miroir, Mémoires d'un Inconnu, roman. Préface de Bjoernstjerne-Bjoernson . 1 vol.
Albert Delacour
Le Roy, roman . . . . 1 vol.
Louis Delattre
La Loi de Péché, roman . . . . 1 vol.
Eugène Demolder
La Route d'Emeraude, roman. . . . . . 1 vol.
Henry Detouche
De Montmartre à Montserrat (D'un Moulin à un Monastère), orné de gravures de l'auteur. . . 1 vol.
Édouard Ducoté
Aventures . . . . 1 vol.
Édouard Dujardin
Les lauriers sont coupés (Les Hantises. Trois Poèmes en prose. Les lauriers sont coupés). Portrait de l'auteur d'après Anquetin . . . . . 1 vol.
L'Initiation au Péché et à l'Amour, roman (8me édition) . . . . 1 vol.
Antonia, Légende dramatique en trois parties (Antonia. Le Chevalier du Passé. La Légende d'Antonia.) 1 vol.
Louis Dumur
Pauline ou la liberté de l'amour, roman (4me édition). . . . . 1 vol.
Georges Eekhoud
Le Cycle Patibulaire (2me édition) . . . . 1 vol.
Mes Communions (2me édition) . . . . . 1 vol.
Escal-Vigor, roman (2me édition) . . . . 1 vol.
Max Elskamp
La Louange de la Vie (Dominical. Salutations dont d'angéliques. En Symboles vers l'Apostolat. Six Chansons de pauvre homme). . . . . 1 vol.
André Fontainas
Crépuscules (Les Vergers illusoires. Nuits d'Épiphanies. Les Estuaires d'Ombre. Idylles et Elégies. L'Eau du Fleuve.). . . . . 1 vol.
Paul Fort
Ballades Françaises, avec une préface de Pierre Louÿs (La Mer. Les Cloches. Les Champs. Le Hameau. Les Saisons. La Nuit. Un Livre d'Amour. La Route. L'Orage, etc. — Orphée. Endymion. Bacchus. Glaucus. Hercule, etc. — Louis XI. Coxcomb. Les Fous. Les Clowns. La Mort. Satan. Les Rois, etc. — Les Premiers Pas. Les Cris. Les Mauvais Songes. Les Demoiselles de mes Larmes, etc.) (2me éd.) 1 vol.
Montagne, Ballades Françaises, IIme série (Ballades de la Montagne, des Glaciers et des Sources. — Ballades de la Forêt, des Bois et des Ruisseaux. — Ballades de la Plaine, des Prairies et des Fleuves. — Ballades de la Mer, des Ports et des Rivages. — L'Amour et l'Aventure. — D'Anciens Jours). 1 vol.
Le Roman de Louis XI. Ballades Françaises, IIIme série . . . . 1 vol.
Paul Gérardy
Roseaux (Les Chansons naïves. Les Croix. Les Ballades naïves. Les Chansons du Prince Lirelaire. A tous ceux de la Ronde.) . . . . 1 vol.
André Gide
Le Voyage d'Urien suivi de Paludes (2me édition) 1 vol.
Les Nourritures Terrestres (2me édition) . . 1 vol.
Remy de Gourmont
Le Pèlerin du Silence (Phénissa, Le Fantôme, Le Château Singulier, Le Livre des Litanies, Théâtre muet, Le Pèlerin du Silence.) Frontispice d'Armand Seguin (à la pointe sèche et tiré à la poupée dans les exemplaires de luxe) (2me édition) . . 1 vol.
Le Livre des Masques, Portraits symbolistes, Gloses et Documents sur les Ecrivains d'hier et d'aujourd'hui (Les masques, dessinés par F. Vallotton, au nombre de XXX, savoir : M. Maeterlinck, E. Verhaeren, H. de Régnier, F. Vielé-Griffin, Mallarmé A. Samain, P. Quillard, A.-F. Herold, A. Retté-Villiers de l'Isle-Adam, L. Tailhade, J. Renard, L. Dumur, G. Eckhoud, Fr. Adam, Lautréamont, T. Corbière, A. Rimbaud, F. Poictevin. A. Gide, P. Louÿs-Rachilde, J.-K. Huysmans, J. Laforgue, J. Moréas, Stuart Merrill, Saint-Pol-Roux, R. de Montesquiou, G. Kahn, Verlaine) (2e édition) . . . . . . 1 vol.
Le IIme Livre des Masques (Les masques, dessinés par F. Vallotton, au nombre de XXIII, savoir : F. Jammes, P. Fort, H. Rebell, F. Fénéon, L. Bloy, J. Lorrain, E. Dujardin, M. Barrès, C. Mauclair, V. Charbonnel, A. Vallette, M. Elskamp, H. Mazel, M. Schwob, P. Claudel, R. Ghil, A. Fontainas, J. Rictus, H. Bataille, E. Mikhaël, G.-A. Aurier, les Goncourt, E. Hello.) . . . . 1 vol.
Les Chevaux de Diomède, roman (2me éd.) 1 vol.
D'un Pays lointain . . . . 1 vol.
Esthétique de la Langue française (La Déformation. La Métaphore. Le Cliché. Le Vers libre. Le Vers populaire) (2me édition) . . . . 1 vol.
Le Songe d'une femme, roman familier . 1 vol.
A.-Ferdinand Herold
Images tendres et merveilleuses (La Joie de Maguelonne, La Fée des Ondes, Floriane et Persigant, La Légende de Sainte Liberata, la Victorieux) . . . . 1 vol.
Charles-Henry Hirsch
La Possession, roman (2me édition) . . . . 1 vol.
Edmond Jaloux
L'Agonie de l'Amour, roman. . . . . . . 1 vol.
Francis Jammes
De l'Angelus de l'Aube à l'Angelus du Soir, poésies, 1888-1897 (2me édition). . . . . . 1 vol.
Alfred Jarry
Les Jours et les Nuits. Roman d'un Déserteur. 1 vol.
Virgile Josz et Louis Dumur
Rembrandt, drame d'art et d'histoire (2me éd.) 1 vol.
Albert Juhellé
La Crise Virile, roman. . . . . 1 vol.
Gustave Kahn
Premiers Poèmes (Les Palais Nomades. Chansons d'Amant. Domaine de Fée), précédés d'une Etude sur le vers libre. . . . . 1 vol.
Le Livre d'Images . . . . 1 vol.
Le Conte de l'Or et du Silence . . . . . 1 vol.
Hubert Krains
Amours rustiques . . . . 1 vol.
Camille Lemonnier
Un Mâle, roman, édition définitive, avec une préface de J.-H. Rosny. . . . . 1 vol.
La Petite Femme de la Mer (2me édition) . 1 vol.

Pierre Louys
Aphrodite, roman (60ᵐᵉ édition). . . . . . 1 vol.
Les Chansons de Bilitis, *Roman lyrique* (14ᵐᵉ édition). . . . . 1 vol.
La Femme et le Pantin, *roman espagnol* (25ᵐᵉ édition). . . . . 1 vol.

Maurice Maeterlinck
Le Trésor des Humbles (12ᵐᵉ édition). . . 1 vol.
Aglavaine et Sélysette (5ᵐᵉ édition) . . . 1 vol.

Stuart Merrill
Poèmes, 1887-1897 (*Les Gammes. Les Fastes. Petits Poèmes d'Automne. Le Jeu des Epées*) (2ᵐᵉ édition). . . . . 1 vol.

Pierre Quillard
La Lyre héroïque et dolente (*De Sable et d'Or. La Gloire du Verbe. L'Errante. La Fille aux mains coupées*) (2ᵐᵉ édition) . . . . 1 vol.

Rachilde
Les hors nature, *mœurs contemporaines*, roman (5ᵐᵉ édition). . . . . 1 vol.
La Tour d'amour, roman (4ᵐᵉ édition) . . . 1 vol.

Hugues Rebell
La Nichina, roman (10ᵐᵉ édition) . . . . . 1 vol.
La Femme qui a connu l'Empereur, roman (4ᵉ édition). . . . . 1 vol.

Henri de Régnier
Premiers Poèmes (*Les Lendemains. Apaisement. Sites. Episodes. Sonnets. Poésies diverses*) (2ᵐᵉ édition). . . . . 1 vol.
Poèmes, 1887-1892 (*Poèmes anciens et romanesques. Tel qu'en songe*, augmentés de plusieurs poèmes) (3ᵐᵉ édition). . . . . 1 vol.
Les Jeux rustiques et divins (*Aréthuse. Les Roseaux de la Flûte. Inscriptions pour les treize Portes de la Ville. La Corbeille des Heures. Poèmes divers*) (2ᵉ édition) . . . . 1 vol.
La Canne de Jaspe, contes (2ᵉ édition) . . 1 vol.

Jehan Rictus
Les Soliloques du Pauvre (*L'Hiver. Impressions de promenade. Songe—Mensonge. Espoir. Déception. Le Revenant. Le Printemps. Soliloque du Chanteur ambulant. Farandole des Pauv'tits Fanfans*) (6ᵐᵉ édition) . . . . 1 vol.

Arthur Rimbaud
Œuvres de Jean-Arthur Rimbaud (complètes en un volume), avec un portrait par Fantin-Latour. (Voy. *Paterne Berrichon*). . . . . 1 vol.
Lettres de Jean-Arthur Rimbaud (*Egypte, Arabie, Ethiopie*). Introduction et Notes de Paterne Berrichon . . . . 1 vol.

Saint-Pol-Roux
La Dame à la faulx, tragédie . . . . 1 vol.

Albert Samain
Au Jardin de l'Infante augmenté de plusieurs poèmes (3ᵐᵉ édition). . . . . 1 vol.

Marcel Schwob
Spicilège (*François Villon, Saint Julien l'Hospitalier, Plangôn et Bacchis, Dialogues sur l'Amour, l'Art et l'Anarchie*, etc.) (2ᵐᵉ édition). . . 1 vol.

Robert de Souza
La Poésie populaire et le Lyrisme sentimental (*Etudes sur la Poésie nouvelle*). . . . 1 vol.

Jean de Tinan
Penses-tu réussir!, roman (2ᵐᵉ édition). . 1 vol.
L'Exemple de Ninon de Lenclos, amoureuse, roman. Couverture en lithographie de Henri de Toulouse-Lautrec (2ᵐᵉ édition) . . . . . 1 vol.
Aimienne ou le détournement de mineure, roman. Portrait de l'auteur d'après une lithographie d'Henry Bataille. Couverture lith. en couleurs de Maxime Dethomas (2ᵐᵉ édition) . . . . . 1 vol.

Marcelle Tinayre
Avant l'Amour, roman (4ᵐᵉ édition). . . . 1 vol.
La Rançon, roman (2ᵐᵉ édition). . . . . . 1 vol.
Hellé, roman . . . . 1 vol.

Emile Verhaeren
Poèmes (*Les Bords de la Route*, et deux ouvrages épuisés : *Les Flamandes, Les Moines*, augmentés de plusieurs poèmes) (2ᵐᵉ édition) . . . 1 vol.
Poèmes, nouvelle série (*Les Soirs. Les Débâcles. Les Flambeaux noirs*) (2ᵐᵉ édition) . . . 1 vol.
Poèmes, IIIᵐᵉ série (*Les Villages illusoires. Les Apparus dans mes Chemins. Les Vignes de ma Muraille*) (2ᵐᵉ édition) . . . . 1 vol.

Francis Vielé-Griffin
Poèmes et Poésies (*Cueille d'Avril. Joies. Les Cygnes. Fleurs du Chemin et Chansons de la Route. La Chevauchée d'Yeldis*, augmentés de plusieurs poèmes) (2ᵐᵉ édition). . . . . 1 vol.
La Clarté de Vie (*Chansons à l'Ombre. Au gré de l'Heure. In Memoriam. En Arcadie*) (2ᵐᵉ éd.) 1 vol.
Phocas le Jardinier, précédé de *Swanhilde. Ancœus. Les Fiançailles d'Euphrosine* (2ᵐᵉ édition) . . 1 vol.

E. Vigié-Lecocq
La Poésie contemporaine, 1884-1896 (*Introduction. Nature. Amour. Mysticisme. Altruisme. Art décadent. Art symboliste. Technic. Langues*) (2ᵐᵉ édition). . . . . 1 vol.

Collection d'auteurs étrangers, gr. in-18, à 3 fr. 50

E. A. Butti
L'Automate, roman, traduit de l'italien par M. Lécuyer . . . . 1 vol.

Thomas Carlyle
Sartor Resartus, *Vie et Opinions de Herr Teufelsdroeckh*, traduit par Edmond Barthélemy (2ᵐᵉ édition) . . . . 1 vol.

Gerhart Hauptmann
La Cloche engloutie, conte dramatique en 5 actes, traduit de l'allemand par A.-Ferdinand Herold. 1 vol.

Rudyard Kipling
Le Livre de la Jungle, traduit par Louis Fabulet et Robert d'Humières (8ᵐᵉ édition) . . . 1 vol.
Le Second Livre de la Jungle, traduit par Louis Fabulet et Robert d'Humières (6ᵐᵉ édition) 1 vol.

A. Lacoin de Villemorin et Dʳ Khalil-Khan
Le Jardin des Délices, traduit du persan (*Histoire de Behram Gour et de Joues de Rose, ou sept jours et sept nuits, suivie de contes divers*) (2ᵐᵉ éd.) 1 vol.

Emerich Madach
La Tragédie de l'Homme, traduit du hongrois par

Ch. de Bigault de Casanove . . . . 1 vol.

Frédéric Nietzsche
Pages Choisies, publiées par Henri Albert avec une préface ; portrait de Frédéric Nietzsche gravé sur bois par Julien Tinayre (3ᵐᵉ édition) . . 1 vol.
Humain, trop Humain (1ʳᵉ partie), traduit par A. M. Desrousseaux. . . . . 1 vol.
Le Crépuscule des Idoles, *Le Cas Wagner, Nietzsche contre Wagner, L'Antéchrist*, traduits par Henri Albert. . . . . 1 vol.

Walter Pater
Portraits imaginaires, avec une Introduction d'Arthur Symons, trad. par Georges Khnopff. 1 vol.

Auguste Strindberg
Inferno, roman. Avant-propos de Marcel Réja 1 vol.
Axel Borg, roman. Trad. de M. L. Littmanson. 1 vol.

H. G. Wells
La Machine à explorer le Temps (*The Time Machine*), roman, traduit par Henry-D. Davray (2ᵐᵉ éd.) . . . . 1 vol.

Astarté, poèmes, couverture en couleur de A. BESNARD, in-4º couronne (tirage : 100 ex.) : 75 ex. hollande ; — 12 ex. japon ; — 9 ex. whatman ; — 4 ex. chine................ *épuisé.*
Poésies de Méléagre, trad. par PIERRE LOUŸS, vol. in-16 écu (tirage : 525 ex.) : 500 ex. vélin blanc, à 3 fr. ; — 10 ex. hollande (*épuisés*) ; — 10 ex. japon (*épuisés*) ; — 5 ex. chine (*épuisés*).
Lêda, plaq. in-8 carré (tirage : 125 ex.) : 100 ex. hollande, à 3 fr. — 20 ex. chine, à 5 fr. ; — 5 ex. vieux japon, à 10 fr. . . . . *épuisée.*
Chrysis, plaq. in-8 carré (tirage : 125 ex.) : 100 ex. hollande, à 3 fr. — 20 ex. chine, 5 fr. ; — 5 ex. vieux japon, à 10 fr. *épuisée*
Ariane, plaq. in-8 carré (tirage : 125 ex.) : 100 ex. hollande, à 3 fr. ; — 20 ex. chine, à 5 fr. ; — 5 ex. vieux japon, à 10 fr. . . . . *épuisée.*
Scènes de la Vie des Courtisanes, de LUCIEN DE SAMOSATE, trad. par PIERRE LOUŸS, vol. in-16 carré (tirage : 525 ex.) : 500 ex. vélin blanc, à 3 fr. ; — 10 ex. hollande ; — 10 ex. japon. — 5 ex. chine. . . . *épuisé.*
La Maison sur le Nil, plaq. in-8 carré (tir. : 125 ex.) ; 100 ex. hollande, à 3 fr. — 20 ex. chine, à 5 fr. ; — 5 ex. vieux japon, à 10 fr . . . . *épuisée.*
Les Chansons de Bilitis, vol in-16 grand colombier (tirage : 500 ex.) : 480 ex. vélin blanc, à 10 fr. ; — 10 ex. japon et 10 ex. chine, à 20 fr . . . . *épuisé.*
Aphrodite, *mœurs antiques*, vol. in-8 carré, tirage à petit nombre numéroté sur beau vélin. Prix : 10 fr. — Il a été tiré : 9 ex. sur japon, à 25 fr. (*sorte épuisée*) — 10 ex. sur whatman, à 25 fr. (*sorte épuisée*) ; — 40 ex. sur hollande, à 20 fr. (*sorte épuisée*) ; — tous les exemplaires de luxe numérotés à la presse de 1 à 59.
Les Chansons de Bilitis, *roman lyrique*. Vol. in-8 carré, orné d'un portrait de Bilitis en couleurs par PAUL-ALBERT LAURENS. Tirage à petit nombre numéroté sur beau vélin. Prix : 10 fr. — Il a été tiré : 9 ex. sur japon impérial, à 30 fr. (*sorte épuisée*) ; — 10 ex. sur whatman, à 30 fr. (*sorte épuisée*) ; — 40 ex. sur hollande, à 25 fr. ; tous les exemplaires de luxe numérotés à la presse de 1 à 59.
Lêda, cahier gr. in-4, orné de dix dessins en couleurs de PAUL-ALBERT LAURENS, reproduits dans le texte par des procédés spéciaux. Tirage à petit nombre numéroté sur vergé d'Arches. Prix : 10 fr. (*sorte épuisée*). — Il a été tiré : 10 ex. sur japon impérial et 10 ex. sur whatman, à 50 fr. (ces 20 ex. avec une des planches tirées à part) (*sortes épuisées*) ; — 30 ex. sur hollande, à 25 fr. ; tous les exemplaires de luxe numérotés à la presse de 1 à 50.
Les Amours de Marie (Voy. RONSARD.)

MAURICE MAETERLINCK
Alladine et Palomides, Intérieur, et La Mort de Tintagiles, trois petits drames pour marionnettes, vol. in-18 raisin. Prix : 3 fr. 50.

ROLAND DE MARÈS
En Barbarie, 1 vol. in-18 raisin. 150 ex. sur similijapon, à 4 fr.
L'Ame d'Autrefois, in-16 raisin. 157 ex. papier teinté, à 2 fr. 50.

CAMILLE MAUCLAIR
Stéphane Mallarmé, plaquette gr. in-8 (tirage : 100 ex., dont 45 hors commerce) : 55 ex. numérotés, à 1 fr. . . . . *épuisée.*
Jules Laforgue, essai. Introduction de MAURICE MAETERLINCK. Gr. in-18. Tirage : 560 ex., savoir : 550 ex. sur vélin, à 2 fr. 50 ; — 10 ex. sur hollande, à 6 fr.

HENRI MAZEL
Le Khalife de Carthage, pièce en 5 actes. Vol. gr. in-18. Prix . . . . 3 fr. 50
L'Hérésiarque. Vol. gr. in-18. Prix : 3 fr. 50. — Il a été tiré 10 ex. sur japon, à 15 fr.

ADRIEN MITHOUARD
Les impossibles noces, poèmes. In-18 jésus. Tir. : 559 ex., savoir : 549 ex., à 2 fr. 50 ; — 10 ex. japon impérial, à 10 fr.
Le Pauvre Pécheur, poème. Vol. in-18. Prix : 3 fr. 50. — Il a été tiré dix ex. numérotés sur japon, à 15 fr.

ALBERT MOCKEL
Chantefable un peu naïve, poème, avec une introduction musicale. Vol. in-8, tir. à 200 ex. sur hollande. *épuisé.*
Propos de Littérature, *Notes d'esthétique* : H. de Régnier et F. Vielé-Griffin. Vol. in-12. Prix : 3 fr. — 12 ex. sur hollande, à 5 fr.
Un Héros : Stéphane Mallarmé. Vol. gr. in-18. Prix 1 fr. Il a été tiré 10 ex. sur hollande, numérotés, à 3 fr.
Émile Verhaeren, avec une Note biographique par FRANCIS VIELÉ-GRIFFIN. In-12 coq. (tirage : 256 ex.) ; 139 ex. papier vergé, à 2 fr. ; — 10 ex. hollande, à 4 fr. ; — 5 ex. japon et 2 chine, à 5 fr.

LAURENT MONTÉSISTE
Histoires Vertigineuses, *Contes symboliques*. Vol. gr. in-18 . . . . 2 fr. »

EUGÈNE MONTFORT
Sylvie ou les Emois passionnés, avec une préface de SAINT-GEORGES DE BOUHÉLIER. Vol. gr. in-16 : 2 fr. 50. — Il a été tiré : 5 ex. sur japon, à 15 fr. ; — 20 ex. sur hollande, à 7 fr.
Chair, roman. Vol. gr. in-18. Prix : 2 fr. — Il a été tiré 10 ex. sur japon, à 10 fr.

ALFRED MORTIER
La Vaine Aventure, vol. in-18 raisin, sous couverture lithographiée en couleur par GEORGES DE FEURE (tirage : 324 ex.) : 299 ex. papier teinté, à 3 fr. ; — 20 ex. hollande, à 5 fr. ; — 5 ex. japon impérial, à 7 fr.
La Fille d'Artaban, un acte en prose. In-16 soleil. Tirage : 360 ex., savoir : 270 ex. sur vélin, à 2 fr. ; — 20 ex. sur hollande, à 4 fr. ; — 10 ex. sur japon impérial, à 6 fr.

GÉRARD DE NERVAL
Les Chimères et les Cydalises, poésies. Préface de RÉMY DE GOURMONT. Portrait de Gérard de Nerval par F. VALLOTTON. Vol. petit in-16 (Collection de la « Ciguë », I), sous couverture repliée, en vieux papier peint. Tirage : 300 ex), savoir : 280 ex. sur papier d'alfa, à 2 fr. 50 ; — 20 ex. sur grand hollande, à 5 fr.

FRÉDÉRIC NIETZSCHE
Ainsi Parlait Zarathoustra, *un livre pour tous et pour personne*, traduit par HENRI ALBERT. Fort vol. in-8 . . . . 10 fr. »
Par Delà le bien et le Mal, traduit par L. WEISCOPF et G. ART. Vol. in-8 . . . . 8 fr. »

RENÉ PETER
La Tragédie de la Mort, préface de PIERRE LOUŸS. Vol. in-8 carré, tiré à 150 ex. numérotés, savoir : 100 ex. alfa, à 2 fr. ; — 30 ex. hollande, à 3 fr. ; — 10 ex. chine à 6 fr.

FRANÇOIS PEYREY
Les Folles Navrances, poésies, préface de MARCEL PRÉVOST. Vol. gr. in-18 raisin. Prix : 3 fr. — Il a été tiré 12 ex. sur hollande, à 7 fr.

EDMOND PILON
La Maison d'Exil, poésies. In-16. Prix : 2 fr. — Il a été tiré 10 ex. sur hollande, à 5 fr.

GEORGES PIOCH
Le Jour qu'on aime, poèmes. Vol. gr. in-18. Prix : 3 fr. 50. — Il a été tiré 10 ex. sur hollande, à 5 fr.
Instants de Ville, poèmes. Vol. petit in-16. Prix 2 fr.
La Légende blasphémée, poésies. Vol. gr. in-18. Tirage à petit nombre. Prix . . . . 2 fr. »
Toi, poésies. Vol. petit in-18. Tirage à petit nombre. Prix . . . . 2 fr. »

GEORGES POLTI
Les Cuirs de Bœuf, *Un Miracle en XII Vitraux, outre un Prologue invectif*. Vol. in-12 jésus large. Prix : 3 fr. 50. Il a été tiré 7 ex. sur hollande, à 10 fr. et 1 ex. japon écru (hors commerce).
Les 36 Situations dramatiques. Vol. in-18 raisin (tirage : 503 ex.) : 480 ex. papier teinté, à 3 fr. 50 ; — 18 ex. hollande, à 7 fr. ; — 5 ex. japon impérial, à 10 fr. (*sorte épuisée*).
Notation des Gestes, broch. in-18 . . . . . . 0 fr. 75

ALFRED POUSSIN
Versiculets, Préface de JEAN RICHEPIN. Notice d'ALFRED VALLETTE. Vol. in-18 raisin. Prix : 3 fr. — Il a été tiré 10 ex. sur hollande, à 7 fr.

J.-G. PROD'HOMME
La Damnation de Faust (*Le Cycle Berlioz*

Essai historique et critique sur l'œuvre de Berlioz, avec de nombreux exemples en musique. Premier volume). Vol. in-12 carré large. Prix 3 fr. — Il a été tiré : 10 ex. sur hollande, à 8 fr. ; — 10 ex. sur japon, à 12 fr.
L'Enfance du Christ (*Le Cycle Berlioz*. Essai historique et critique sur l'œuvre de Berlioz, avec de nombreux exemples en musique. Deuxième volume). Vol. in-12 carré large. Prix : 3 fr. 50. — Il a été tiré : 5 ex. sur hollande, à 8 fr. ; — 5 ex. sur japon, à 12 fr.

PIERRE QUILLARD

Les Lettres Rustiques de Claudius Ælianus, Prénestin, *traduites du grec en français, illustrées d'un Avant-Propos et d'un Commentaire latin*, 1 vol. in-18 coquille (tirage : 373 ex.) : 349 ex. papier vergé à la forme, à 2 fr. ; — 12 ex. japon impérial et 12 ex. chine, à 5 fr.

RACHILDE

Le Démon de l'Absurde, préface de MARCEL SCHWOB, portrait de l'auteur par FRANÇOIS GUIGUET. Vol. in-18 raisin, avec reproduction autographique de 12 pages du manuscrit (tirage : 332 ex.) : 299 ex. papier fort (*sorte épuisée*) ; — 20 ex. hollande van Gelder, à 8 fr. ; — 10 ex. japon impérial, à 10 fr. ; — 3 ex. whatman, à 15 fr.
Le Démon de l'Absurde, 2e édition, avec 12 pages en autographie et un nouveau portrait, Préface de MARCEL SCHWOB. . . . . (*épuisé*)

YVANHOÉ RAMBOSSON

Le Verger Doré, poésies, vol in-16 jésus (tirage : 299 ex.) : 279 ex. vélin teinté, à 3 fr. 50 ; — 14 ex. hollande, à 7 fr. ; — 5 ex. japon, à 12 fr. ; — 1 ex. chine (hors commerce).

LOUIS RAYMOND

Sur les Chemins, au Crépuscule, poèmes. Vol. gr. in-18. Prix : 2 fr. — Tiré et numéroté à la presse : 3 ex. sur japon (h. c.), et 10 ex. sur hollande, à 4 fr.

HUGUES REBELL

Baisers d'Ennemis, roman. Vol. gr. in-18. . . 3 fr. 50
Chants de la Pluie et du Soleil. Vol. in-16 colombier. . . . . 3 fr. 50

HENRI DE RÉGNIER

Le Trèfle noir. Vol in-18 coquille, orné par ALFONSE HEROLD (tirage : 531 ex.) : 498 ex. papier vergé à la forme, à 2 fr. 50 ; — 20 ex. hollande van Gelder numérotés (dont 10 hors commerce) à 5 fr. (*sorte épuisée*) ; — 7 ex. japon impérial (dont 3 hors commerce) et 6 ex. chine (dont 3 hors commerce), tous numérotés, à 10 fr.

MARCEL RÉJA

La Vie Héroïque, poésies. Vol. gr. in-18, orné d'un frontispice à l'eau-forte par HENRI HÉRAN. Prix : 3 fr. 50. Il a été tiré et numéroté à la presse : 5 ex. sur japon impérial, à 15 fr. ; — 12 ex. sur hollande, à 10 fr.
Ballets et Variations. Vol. gr. in-18. Couverture en lithographie de HENRI HÉRAN. Prix : 3 fr. 50. — Il a été tiré et numéroté à la presse : 3 ex. sur japon, à 15 fr. ; — 5 ex. sur chine, à 12 fr. ; — 10 ex. sur hollande, à 10 fr.

JULES RENARD

Le Vigneron dans sa Vigne, in-32 Jésus, en deux textes superposés, tirage en 3 couleurs : 300 ex. sur papier de hollande, à 2 fr. . . . . *épuisé*.

LIONEL DES RIEUX

Le chœur des Muses, poèmes. Vol. gr. in-18. Prix : 3 fr. 50. Il a été tiré et numéroté à la presse : 12 ex. sur japon, à 15 fr. ; 12 ex. sur chine, à 12 fr. ; 12 ex. sur hollande, à 10 fr.
Les Prestiges de l'Onde, féerie. In-12 raisin (tir.: 65 ex.) : 60 ex. hollande van Gelder et 5 ex. japon impérial (tous hors commerce).
Les Amours de Lyristès, poésies épigrammatiques. In-12 coquille large (tirage : 264 ex.) : 249 ex. papier vergé à la forme, à 2 fr. ; — 10 ex. hollande van Gelder, à 4 fr. ; — 5 ex. japon impérial, à 5 fr.
La Toison d'Or, poème. Vol. in-12 coquille large à petit nombre : 2 fr. ; — 10 ex. hollande, à 4 fr. ; — 5 ex. japon, à 5 fr.
Les Colombes d'Aphrodite, poèmes. Vol. in-12 coquille large à petit nombre : 2 fr. ; — 10 ex. hollande, à 4 fr. ; — 5 ex. japon, à 5 fr.

LÉON RIOTOR

Les Raisons de Pascalin, 11 cahiers in-16 soleil (tirage : 145 ex.) : 137 ex. vélin (*épuisés*) ; — 5 ex. hollande et 3 ex. japon impérial (*épuisés*).
Les Raisons de Pascalin, 1 vol in-16 soleil (tirage à très petit nombre) : vélin : 5 fr. ; — hollande : 10 fr. ; — japon : 15 fr.
Le sage Empereur, poème légendaire. Fort volume in-16 soleil. Prix : 3 fr. 50.
La Vocation merveilleuse du Célèbre Cacique Piédouche. Vol. in-18 jésus. Prix : 3 fr. 50.

PIERRE DE RONSARD

Les Amours de Marie. Édition précédée d'une *Vie de Marie Dupin*, par PIERRE LOUYS. Vol. in-18 (format Tauchnitz). Prix : 3 fr. 50. Il a été tiré et numéroté à la presse : 10 ex. sur japon impérial, à 15 fr. ; — 5 ex. sur chine, à 12 fr. ; — 12 ex. sur hollande, à 10 fr.

EUGÈNE ROUART

La Villa sans Maître, roman. Vol. in-18 jésus. Prix : 3 fr. 50. — Il a été tiré et numéroté à la presse : 5 ex. sur japon, à 15 fr. ; — 20 ex. sur hollande, à 10 fr.

SAINT-GEORGES DE BOUHÉLIER

L'Hiver en méditation ou les passe-temps de Clarisse, *suivi d'un opuscule sur Hugo, Richard Wagner, Zola et la Poésie nationale*. Vol. in-8 carré : 6 fr. — Il a été tiré : 5 ex. sur japon, à 20 fr. ; — 10 ex. sur hollande, à 10 fr.

SAINT-POL-ROUX

L'Ame noire du Prieur blanc, *légende dramatique*, vol. in-16 colombier (tirage : 320 ex.) : 300 ex. pap. de luxe à 4 fr. ; — 15 ex. hollande à 15 fr. ; — 5 ex. japon impérial à 20 fr.
Épilogue des Saisons humaines, vol. in-16 colombier (tirage : 195 ex.) : 150 ex. à 4 fr. ; — 30 ex. pap. de luxe à 4 fr. ; — 10 ex. hollande à 6 fr. ; — 5 ex. japon impérial à 20 fr.
Les Reposoirs de la Procession, tome premier, 1 vol. in-8 écu, contenant le portrait de l'auteur (tirage : 537 ex.) : 500 ex. papier de luxe à 4 fr. ; — 20 ex. hollande à 20 fr. ; — 10 ex. japon impérial et 4 ex. chine à 25 fr. ; — 3 ex. whatman à 30 fr.

FRÉDÉRIC SAISSET

Les Soirs d'Ombre et d'Or, poésies. Vol in-4. Prix : 2 fr. 50.

ALBERT SAMAIN

Aux Flancs du Vase, poèmes. Vol. petit in-8, tirage sur beau papier : 550 ex. à 3 fr. 50 ; — 30 ex. sur hollande, à 10 fr. ; — 9 ex. sur japon, à 15 fr. ; tous les exemplaires numérotés de 1 à 589.
Au Jardin de l'Infante, poésies, 1 vol. in-16 soleil (tirage : 335 ex.) : 299 ex. beau papier, à 5 fr. ; — 20 ex. hollande à 10 fr. ; — 10 ex. japon à 15 fr. ; — 3 ex. whatman à 20 fr. ; — 3 ex. chine à 25 fr. — *épuisé*.
Au Jardin de l'Infante, 3e édition, 1 vol. in-18 jésus. . . . . *épuisé*.

SANDER PIERRON

Jours d'Oubli. Vol. in-8 couronne. Prix . . . . 2 fr. »

ROBERT SCHEFFER

La Chanson de Néos, poème. Vol. gr. in-16. Couverture en couleur par GRANIÉ. Tirage : 199 ex. sur hollande, à 3 fr. ; — 2 ex. sur vieux papier à la cuve, numérotés 1 et 2 (*épuisés*) ; — 8 ex. sur japon impérial, numérotés de 3 à 10, à 10 fr.
Herméros, poèmes. Un vol. gr. in-18. Prix : 2 fr. — Il a été tiré et numéroté à la presse : 5 ex. sur japon, à 6 fr., et 5 ex. sur hollande, à 4 fr.

MARCEL SCHWOB

Mimes, in-16 carré, couverture en couleur de JEAN VEBER (tirage : 270 ex.) : 250 ex. vergé à la forme ; — 20 ex. japon . . . . *épuisé*.
Mimes, 2e édition, in-16 carré . . . . 3 fr.
Annabella et Giovanni, conférence faite au Théâtre de l'Œuvre. Plaquette in-8° carré (tirage : 247 ex.) : 233 ex. papier teinté à 1 fr. ; — 9 ex. hollande à 1 fr. 50 (*sorte épuisée*) ; — 5 ex. japon impérial à 2 fr.
La Croisade des Enfants, in-16 carré sous couverture lithographiée en couleurs par MAURICE DELCOURT. Tirage : 500 ex., savoir : 460 ex. sur vergé, à 3 fr. 50 ; — 25 ex. sur hollande, à 6 fr. ; — 10 ex. sur japon impérial, à 10 fr. ; — 5 ex. sur chine (*réservés*).

Le Livre de Monelle. Vol. petit in-16. . . 2 fr. »
HENRY SIMON
L'Illusoire Déclin, poème. Vol. in-16 carré. Prix :
2 fr. — Il a été tiré 10 ex. sur hollande, à 5 fr. (*sorte épuisée*); — 20 ex. Ingres vert (hors commerce).
ROBERT DE SOUZA
Fumerolles, poèmes. In-8 colombier (tirage : 510 ex.) :
500 ex. vélin, à 3 fr. 50; — 10 ex. hollande, à 10 fr.
épuisé.
Sources vers le Fleuve, poèmes. Vol. gr. in-18 jésus. Prix : 3 fr. 50. — Il a été tiré 3 ex. sur japon, à 15 fr.; — 12 ex. sur hollande, à 10 fr.
AUGUSTE STRINDBERG
Introduction à une Chimie unitaire, *première esquisse*, plaq. in-8 carré, 500 ex. à 1 fr. 50.
ALBERT THIBAUDET
Le Cygne rouge, mythe dramatique en trois actes, un prologue et un épilogue. Vol. in-18 jésus : 3 fr. 50. — 12 ex. hollande, à 10 fr.; — 3 ex. japon, à 15 fr.
JEAN LE TINAN
Érythrée, conte. In-18 Jésus, orné par MAURICE DELCOURT. Tirage : 300 ex., savoir : 275 ex. sur vélin, à
2 fr. 50; — 25 ex. sur hollande van Gelder, numérotés de A à Z et signés, à 10 fr.
ALBERT TRACHSEL
Les Fêtes réelles, poème architectural en 50 planches reproduites par la phototypie, reliées à onglet, du format de 0.36 sur 0.46. Préface de l'auteur. Poème de MATHIAS MORHARDT. Tirage : 140 ex., savoir : 100 ex. sur papier fort, à 40 fr.; — 40 ex. sur japon impérial, à 100 fr.
CHARLES VELLAY
Au lieu de vivre, poésies, vol. gr. in-18 (tirage : 260 ex.) : 250 ex. vélin, à 2 fr.; — 10 ex. hollande, à 4 fr. (*sorte épuisée*).
FRANCIS VIELÉ-GRIFFIN
Παλαι, poèmes, in-16 Jésus (tirage : 537 ex.) : 500 ex. papier teinté, à 2 fr.; — 25 ex. hollande, à 4 fr.; — 10 ex. japon impérial, à 6 fr.; — 2 ex. chine (hors commerce).
Laus Veneris, poème de A.-CH. SWINBURNE. In-24 coquille long (tirage : 283 ex.) : 233 ex. papier vergé à la forme, à 2 fr.; — 25 ex. hollande van Gelder, à 3 fr.; — 20 ex. japon impérial, à 4 fr.; — 5 ex. chine, à 5 fr.

Fac-similés autographiques

REMY DE GOURMONT
Hiéroglyphes, poèmes, manuscrit autographique de 19 feuillets in-folio oblong (o m. 34 sur o m. 44), avec une lithographie originale de HENRY DE GROUX en frontispice (tirage : 25 ex.) : 22 ex. japon français teinté, à 25 fr.; — 3 ex. japon impérial, à 50 fr.
ALFRED JARRY ET CLAUDE TERRASSE
Ubu Roi, texte et musique. Manuscrit autographique. Vol. gr. in-18 tiré à 300 ex., savoir : 280 ex. sur papier teinté, à 5 fr.; — 10 ex. sur chine et 10 ex. sur japon, numérotés de 1 à 20, à 20 fr.
PIERRE QUILLARD
La Fille aux Mains coupées, poème dramatique, avec une notice bibliographique et dramatique, manuscrit de 32 pages in-8 raisin, titre en typographie (tirage : 50 ex., dont 21 hors commerce) : 18 ex. hollande, numérotés et signés, à 10 fr.; — 11 ex. japon impérial, numérotés et signés, à 15 fr.
JULES RENARD
Deux Fables sans Morale, manuscrit de 16 feuillets in-8 carré, avec titre en typographie (tirage : 50 ex., dont 21 hors comm.) : 18 ex. hollande numérotés et signés; — 25 ex. japon numérotés et signés. . . *épuisé*.
MARCEL SCHWOB
Mimes, manuscrit de 104 pages in-4º pot (tirage : 25 ex., dont 10 hors comm.) : 12 ex. hollande; — 3 ex. japon à fausses marges. . . . . *épuisé*.

Musique

RAOUL BARDAC
Fleurs de Crépuscule, musique sur des poésies d'ANDRÉ LEBEY. Prix net. . . . . 7 fr »
GABRIEL FABRE
Sonatines sentimentales, quatre mélodies : 1º *Chanson de Mélisande*, de MAURICE MAETERLINCK, 2º *Ronde*, 3º *Ballade*, 4º *Complainte*, de CAMILLE MAUCLAIR. Couverture en couleur d'ALEXANDRE CHARPENTIER. Nouvelle édition. . . . . 5 fr. »
GEORGES FLÉ
Poésies mises en musique (pour chant et piano). Ornementation en couleur par THÉO VAN RYSSELBERGHE. Prix : 12 fr.
A. MARIOTTE
Plainte, musique, paroles et dessin. . . net 3 fr. »
CLAUDE TERRASSE
Ouverture d'Ubu Roi, pour piano à 4 mains. .
La Marche des Polonais (extraite d'*Ubu Roi*), pour piano à 2 mains. . . . . net 2 fr. 50
net 1 fr. »
La Chanson du Décervelage (chantée au Vº acte d'*Ubu Roi*), paroles d'ALFRED JARRY, avec accompagnement de piano. . . . . net 1 fr. »
La Chanson du Décervelage, sans accompagnement. . . . . net 0 fr. 30
Trois Chansons à la Charcutière, paroles de FRANC-NOHAIN :
a) *Du Pays tourangeau*. . . . . net 1 fr. 50
b) *Malheureuse Adèle*. . . . . net 1 fr. 50
c) *Velas ou l'officier de fortune*. . . net 1 fr. 50
La Complainte de M. Benoît, avec accompagnement de piano. . . . . net 1 fr. 50
Paysage de Neige, avec acc. de piano. net 1 fr. 50
Berceuse obscène, avec acc. de piano. . net 1 fr. 50

Estampes et Dessins

PAUL-ALBERT LAURENS
Portrait de Bilitis, frontispice de l'édition in-8º des *Chansons de Bilitis*, de PIERRE LOUYS, obtenu en couleur par des procédés spéciaux. . . . . . 5 fr. »
Suite des dix illustrations de Léda, de PIERRE LOUYS, obtenues en couleur par des procédés spéciaux. . . . . 40 fr. »
A.-M. LAUZET
La Fin m'un Jour, d'après un pastel de Mme JEANNE JACQUIN (prime aux abonnés du *Mercure*; tirage en plus : 88 ex.) : 49 ex. hollande : format du Recueil : 1 fr. 25; — gr. in-4º : hollande, 14 ex. : 2 fr., et 4 ex. avant lettre : 5 fr. (*sorte épuisée*); — japon et chine,
5 ex., à 3 fr., et 2 avant lettre, à 10 fr.; — whatman : 5 ex., à 5 fr., et 2 ex. avant lettre, à 15 fr.
Portrait de G.-Albert Aurier, avant lettre : quelques ex. in-8 : 3 fr.; — gr. in-4 : japon, hollande, peau d'âne, 4 ex. de chaque papier : 5 fr. l'ex.; — whatman, chine appliqué, 3 ex. de chaque papier : 10 fr. l'ex.
ODILON REDON
La Maison hantée, album de 6 planches, et un frontispice surchiné volante. Il a été tiré 60 ex., plus 1 ex. de radiation des planches. Prix. . . . . 30 fr. »
La Maison hantée, planches gr. in-plano (45 x 60), avant la lettre. La planche. . . . . . . 10 fr. »

MERCVRE DE FRANCE

Fondé en 1672

(*Série Moderne*)

paraît tous les mois en livraisons de 300 pages et forme dans l'année 4 volumes in-8 avec tables.

Rédacteur en chef : ALFRED VALLETTE.

Littérature, Poésie, Théâtre, Musique, Peinture, Sculpture, Philosophie, Histoire,
Sociologie, Sciences, Voyages, Bibliophilie, Sciences occultes,
Critique, Littératures étrangères, Portraits, Dessins et vignettes originaux.
Revue du mois internationale

PRIX DU NUMÉRO

France : 2 fr. » | Etranger : 2 fr. 25

(*Les Numéros anciens se vendent au même prix que les nouveaux.*)

ABONNEMENT

France		Étranger	
UN AN . . . . 20 fr.		UN AN . . . . 24 fr.	
SIX MOIS . . . . 11 »		SIX MOIS . . . . 13 »	
TROIS MOIS . . . . 6 »		TROIS MOIS . . . . 7 »	

On s'abonne **sans frais** dans tous les bureaux de poste en France (*Algérie et Corse comprises*), et dans les pays suivants : *Belgique, Danemark, Italie, Norwège, Pays-Bas, Portugal, Suède, Suisse.*
Abonnements étrangers par lettre chargée : Russie : 9 roubles ; — Allemagne : 20 marcks ; — Autriche : 12 florins ; — Italie : 26 lires.

COLLECTION DU RECUEIL

Tomes I à XXXII, trente-deux forts volumes brochés, avec deux tables par volume . . 199 fr.
Les tomes I et II comptent dans ce prix pour 20 fr. chacun et ne se vendent qu'avec la collection complète. Tous les autres volumes, sauf les tomes V et XVII, se vendent séparément au prix de 5 fr. l'un jusqu'au tome XXIII inclusivement. Le prix de chaque volume est de 6 fr. à partir du tome XXIV.
Tables des tomes I à XX (années 1890-1896), *précédées d'une Table de Concordance entre les années, les tomes, les mois, les numéros et la pagination.* I Table par noms d'auteurs des articles publiés dans la Revue. II. Table des principaux noms cités. III. Table systématique des matières.
Un vol. de cent pages . . . . 3 fr. »

Imp. C. RENAUDIE, 56, rue de Seine, Paris.

LIBRAIRIE RELIGIEUSE
H. MIGNARD
26, rue Saint-Sulpice, 26
PARIS

OUVRAGES DE LA R. MÈRE MARIE DE LA CONCEPTION
CARMÉLITE D'AIX
à l'usage de toutes les Communautés religieuses.

MOIS :

De Saint Joseph (6ᵉ édition). In-18, franco. 1 15	Du Précieux Sang (3ᵉ édition). In-18 . . . 1 15
De Marie (7ᵉ édition). In-18. . . . . 1 15	De sainte Thérèse (2ᵉ édition). 1 25
Du Sacré-Cœur (8ᵉ édition). In-8. . . . . 1 15	Chaque mois, relié toile, franco 1 75

Les **Quatre Mois** réunis (saint Joseph, Marie, Sacré-Cœur, Précieux-Sang), beau vol. in-18, relié toile noire, 4 75 ; tr. rouge et brune, 5 fr. 25 ; cuir anglais noir, tr. rouge et brune, 6 fr. 50 ; plein chagrin, 7 fr. 50 ; 1ᵉʳ choix, 8 fr. 75. Franco, en plus 0 fr. 50.

RETRAITES :

De Dix jours (4ᵉ édition). In-18, franco. . . 1 40	De la Profession (dix jours avant). 2ᵉ édit. 1 10
Sur l'Abandon (3ᵉ édition). 0 70	De la Vêture (trois jours avant). 2ᵉ édition. 0 55
De l'Ascension à la Pentecôte (3ᵉ édition). 1 10	Postulantes, Novices, Professes du Noviciat. 0 55
Pour les Sœurs Tourières (huit jours). . 0 60	Chaque retraite séparée, reliée toile, en plus 0 65

Les sept Retraites ci-dessus réunies. 1 fort volume relié toile. Prix, 6 fr. 30 ; franco. 6 90

PENSÉES :

Sur la charge de Prieure, grand in-18. . 1 50	Sur la charge de Maîtresse des Novices. 1 50
Neuvaine à saint Joseph. 0 35	Neuvaine à saint Jean de la Croix. . . 0 25

APPROBATION. — Les ouvrages de la Mère *Marie de la Conception* sont d'une solidité et d'une utilité incontestables ; la pieuse Carmélite y a très heureusement résumé, sous une forme aussi satisfaisante que pratique, tout ce que l'état religieux impose de perfection, et les profès comme les novices, *de n'importe quel Ordre monastique ou quelle Congrégation religieuse*, en feront usage avec fruit.
(Mgr *l'Archevêque d'Aix*.)

Vie de la R. M. Marie de la Conception (Athénaïs d'Olivary), 1802-1881, Carmélite d'Aix, par les Religieuses de sa Communauté. 2ᵉ édition. 1 joli vol. in-8. Prix, 4 fr. 50 ; relié 1/2 chagrin. . . . 6 50

Cette biographie est appelée à faire le plus grand bien aux âmes. La première partie, d'un intérêt palpitant, attirera surtout l'attention des personnes du monde ; on est saisi et émerveillé à la fois des énergies et des brisements de ce pauvre cœur dans les luttes de la vocation. La seconde partie sera très utile aux religieuses, qui gagneront à cette lecture de précieux et forts encouragements. Elle fera connaître aussi l'esprit vrai du *Carmel* que le public ignore trop.

La Communion réparatrice en union avec Marie, par le R. P. BLOT, auteur de *Au ciel on se reconnaît*. 25ᵉ édition, approuvée par Mgr l'évêque de Strasbourg. Petit in-32 de 96 pages. Prix, le cent, 10 fr. ; l'exemplaire 0 fr. 15 ; franco. . . . 0 20

L'auteur divise son opuscule de 96 pages en 7 chapitres : I. *L'Union avec Marie* ; II. *Le Cœur de Jésus et le Cœur de Marie* ; III. *Notre-Dame du Sacré-Cœur* ; IV. *Le Cœur eucharistique* ; V. *La sainte Messe réparatrice* ; VI. *La Communion réparatrice* ; VII. *L'Adoration réparatrice et un choix de Prières indulgenciées*.

Avec ses 25 éditions, près de cent mille exemplaires de cette brochure ont été répandus.

Conférences de Sainte Valère (Souvenirs des), prônes et instructions. 12ᵉ édition, augmentée des Stations du Calvaire. 2 beaux vol. in-12. Prix, 4 fr. ; reliure toile. . 5 50

Cet ouvrage est formé des analyses des sermons prononcés à l'église Sainte-Valère de Paris (aujourd'hui Sainte-Clotilde) par le curé de la paroisse, M. Landrieu, un saint prêtre qui a laissé de touchants souvenirs. Ecrites par une femme du monde pour son usage personnel, elles ont été publiées pour être utiles aux gens du monde, qui y trouveront la doctrine dépouillée de ce qu'elle peut avoir de trop scientifique et mise à la portée des plus simples intelligences. De là le succès obtenu par cet ouvrage arrivé en fort peu de temps à la douzième édition.

Il y avait dans l'enseignement de M. Landrieu un plan facile à saisir, qu'on retrouve à la table et qui porte sur tous les points essentiels de la vie chrétienne.

Les ecclésiastiques y puiseront à leur gré le sujet d'excellentes instructions sur la piété, ou de lectures très attrayantes pour les réunions du soir.
(*L'Ami du Clergé*.)

Les Contes des Anges, par le R. P. W. FABER, supérieur de l'Oratoire de Londres, traduits de l'anglais par Lérida GEOFFROY. 1 beau vol. in-16 sur papier teinté, encadrement violet, lettres ornées, gravure et jolie couverture. Prix, br., 1 fr. 50 ; *franco*. 1 75

Les *Contes des Anges*, composés par l'illustre fondateur de l'Oratoire de Londres, ont pour but, dans de lumineux et poétiques enseignements, de raffermir la dévotion aux saints Anges, surtout aux Anges gardiens : puis de consoler et d'encourager par la foi les âmes éprouvées dans leurs affections les plus chères : la perte de leurs jeunes enfants.

Librairie H. MIGNARD, 26, rue Saint-Sulpice, PARIS

SAINTE CATHERINE DE SIENNE
(1347-1380)
Par Mme la Comtesse de FLAVIGNY

Nouvelle édition entièrement refondue, précédée des approbations de l'Ordre et de celles de NN. SS. COLLET, archevêque de Tours, et LAGRANGE, évêque de Chartres.
1 beau vol. in-8 écu de 700 pages, orné d'une héliogravure de DUJARDIN. Prix : br. **5 fr. 50**

Approbation de Mgr Lagrange, évêque de Chartres.

« Vous aviez, Madame, à peindre une âme extraordinaire, favorisée des grâces les plus étonnantes de Dieu et mêlée aux plus grands événements de son temps. Pour bannir de vos récits la *légende* et ne nous présenter que l'histoire, rien ne vous a coûté en fait d'études et de recherches. On est presque effrayé de la somme de lectures dont témoignent les documents consultés par vous, et avec une conscience et un sens critique qui vous concilient singulièrement la confiance des lecteurs sérieux : théologie mystique, mémoires, biographies, imprimés, manuscrits, actes de canonisation, vous avez tout ramassé et fouillé.

« Et ce n'est pas tout : il restait la mise en œuvre, la question d'art, le choix, la composition, le style ; sans quoi on n'a qu'un amas de matériaux et non pas un monument ; *vous nous avez donné un monument.*

« Et la voilà cette jeune et incomparable Sainte, élevée si haut dans toutes les sublimités de la grâce et si mêlée cependant à la vie contemporaine : les pieds sur la terre, la tête dans les cieux. »

Puis appréciant en artiste l'ensemble du travail, Monseigneur de Chartres demande à l'auteur la permission de lui poser cette question : *Est-ce donc agenouillée aussi vous, Madame, comme Fra Bartolomeo, que vous peignez sur fond d'or vos Saints et vos Saintes ?*

Conversion de S. A. la Princesse Alexandrine de Dietrichstein, née comtesse de Schouvaloff, racontée par elle-même, d'après le manuscrit de l'auteur publié par la princesse de Dietrichstein-Mensdorf, sa petite-fille. 1 joli vol. in-16 encadré. Prix. 1 25

Nous voyons dans ces pages l'état d'âme d'une grande dame, née dans les ténèbres du schisme, élevée dans l'indifférentisme et presque l'impiété. D'une nature droite, ne pouvant passer à côté de la vérité qu'elle a entrevue, la princesse se fait instruire de nos dogmes et ne se rend que parfaitement convaincue.

La Dévotion aisée, par le R. P. LE MOINE, de la Compagnie de Jésus. In-18 sur beau papier, 0 fr. 80 ; reliure toile. 1 40

Cet ouvrage, d'un mérite incontestable, démontre que la pratique de la dévotion est facile, qu'elle n'ôte rien aux nécessités ni aux agréments de la vie.

La Divine Eucharistie. Sujets pour l'adoration du Très Saint Sacrement. Extraits des écrits du T. R. P. EYMARD, fondateur de la Société du Très Saint Sacrement.

1re série. — La Présence réelle ou la vie de Jésus-Christ au Très Saint Sacrement. In-18. 8e édition, 2 fr. ; *franco* 2 25

2e série. — La sainte Communion et la vie d'union à Jésus-Eucharistie. In-18. 7e édition, 2 fr. ; *franco* 2 25

3e série. — Retraites aux pieds de Jésus-Eucharistie. In-18. 6e éd., 1 fr. 75 ; *franco*. 2 »

4e série. — L'Eucharistie source et modèle de la perfection chrétienne et religieuse. In-18. 5e édition, 2 fr. 75 ; *franco* 3 15

PRIX DES RELIURES A AJOUTER A CHAQUE VOLUME :
Reliure toile noire. 0 65
—   —   tranche rouge 1 15
Chagrin noir, tr. dorée ou rouge. 3 »

Approbation de S. G. Mgr l'évêque de Tarbes.

Tout, dans les écrits du R. P. Eymard, respire la piété la plus douce, la plus vraie, la plus édifiante. On comprend mieux que jamais, en lisant ces pages, que l'adorable Eucharistie est le centre de tout dans le catholicisme, que c'est vraiment l'*Evangile* qui se renouvelle et se perpétue à travers le temps et l'espace.

† P.-A., *évêque de Tarbes.*

L'Église ou la Société de la louange divine, par Dom GUÉRANGER, abbé de Solesmes. Nouvelle édition in-18. 0 40

Ces pages s'adressent à *tous les fidèles sans distinction*, prêtres et laïques, et tous y trouveront la direction très sûre d'une vie vraiment chrétienne.

Explication des Prières et des Cérémonies de la Messe, suivie de l'Ordinaire de la Messe, texte latin, avec l'explication en français à l'usage des fidèles, par Dom GUÉRANGER, abbé de Solesmes. In-16 sur papier chiné. 2e édit. Prix, 1 fr. 50 ; *franco*. 1 75

L'Étoile de la vie spirituelle (Nouveau Mois de Marie), ou Marie conduisant à Jésus, par l'auteur des *Fleurs de sainte Gertrude*. 3e édition. 1 joli vol. in-32, elzévir. Prix : 1 fr. ; toile noire, tr. rouge. 1 50

Approbation de Mgr l'archevêque d'Albi.

Je ne saurais vous dire, mon Révérend et cher Père, avec quel plaisir j'ai lu l'excellent opuscule qui a pour titre : *l'Étoile de la vie spirituelle*, ou *Marie conduisant à Jésus.*

Vous avez composé là des *Bouquets* d'une fraîcheur et d'une senteur ravissantes ; de chacune des pages que j'ai entre les mains s'échappent, les plus suaves parfums. Mais, à mon avis, vous avez conçu votre œuvre de façon à la rendre la lecture profitable dans tous les temps de l'année ; il suffira de l'ouvrir au hasard pour y trouver une foule de pensées qui font du bien à l'âme.

Ce charmant petit livre est à la fois d'un bon style et d'une saine doctrine. Les âmes pieuses ne se contenteront pas de le lire, elles le savoureront avec délices. JEAN-PAUL, *archevêque d'Albi.*

Fleurs de sainte Gertrude, sujets pour l'oraison de foi, d'amour de Dieu, d'humilité, d'anéantissement, de reconnaissance, etc., par un Religieux de Cîteaux. 3e édition, approuvée par Mgr l'archevêque d'Albi. in-32, elzévir. 1 fr. ; toile, tr. rouge. 1 50

Ce petit volume contient ce que la piété peut offrir de plus sûr et de plus attrayant. Il est *l'abrégé de la doctrine de sainte Gertrude* : c'est le Manuel de la Vie intérieure s'épanouissant aux radicuses clartés de la foi et aux doux rayonnements de l'amour divin. Tout y est caractérisé par une dévotion solide, large et féconde, qui remplit le cœur d'amour pour Notre-Seigneur et de zèle pour les âmes.

Librairie H. MIGNARD, 26, rue Saint-Sulpice, PARIS

LA VIE D'INTIMITÉ AVEC LE BON SAUVEUR
Par M. l'abbé MAUCOURANT

1° Édition à l'usage des religieuses (40° mille). Prix, br., 0 fr. 60; *franco*. 0 75 } Reliure toile noire
2° Édition des personnes du monde (25° mille). Prix, br., 1 fr.; *franco*. . 1 20 } en plus 0 fr. 60

Cet opuscule avait été composé d'abord pour les âmes religieuses, mais les âmes pieuses vivant dans le monde en ayant eu connaissance, ont supplié l'auteur d'approprier *ce trésor* à leur usage. La même faveur accueille *cette édition spéciale*, adaptée tout exprès aux devoirs des personnes pieuses qui vivent dans le monde.

DU MÊME AUTEUR :

Probation sur la **Chasteté** (vient de paraître). In-18, 0 fr. 60; *franco*. 0 75
Probation sur l'**Humilité** (20° mille). In-18, 0 fr. 60; *franco*..... 0 75 } Reliure toile noire
Probation sur la **Pauvreté** (15° mille). In-18, 0 fr. 60; *franco*... 0 75 } en plus, 0 fr. 60
Probation sur l'**Obéissance** (15° mille). In-18, 0 fr. 60; *franco*... 0 75

Légendes historiques de sainte Geneviève, recueillies par Édouard DELALAIN et suivies d'une Neuvaine en son honneur. Beau vol. petit in-8 illustré. Prix. . . 1 50

Voilà un livre que nous pouvons pleinement recommander aux familles chrétiennes pour leurs enfants. Les légendes de sainte Geneviève, mises en œuvre par M. Delalain, font bien connaître la Sainte si populaire, non seulement à Paris, mais dans toute la France. — Ces pages simples, émues, écrites dans un style facile, sont bien à la portée des jeunes lecteurs et lectrices auxquels elles sont destinées et elles leur feront aimer davantage et prier la grande patronne de Paris. Une neuvaine à sainte Geneviève termine cet excellent ouvrage d'une exécution typographique fort soignée. (*L'Univers*.)

Lettres à une jeune fille après sa 1re Communion ou Bonheur de la Vie, par Mme DURAND DE LA GRANGÈRE. 4° édition, approuvée. Joli in-18 avec bel encadrement de couleur.
Prix, broché. . . . . 2 »
Reliure toile noire. 2 75
Cuir anglais grenat, tranche dorée. . . 3 75
Chagrin poli, couleurs variées, tr. dor. 7 50

Dans cet ouvrage, l'auteur parle avec son cœur au cœur des enfants, et chacune de ses lettres est faite pour lui inspirer un progrès dans le bien.
L'amour filial, la religion, la sagesse, le bon caractère, la douceur, la bonté, l'esprit de famille, l'amitié, la charité, le travail, la piété tour à tour sont rendus aimables; la morale, devenue attrayante, est présentée dans son livre comme le *bonheur de la vie*. De hautes approbations le recommandent à tous les suffrages.

Lettres sur la Première Communion, à une Enfant du Sacré-Cœur, par le R. P. TESNIÈRE. 1 vol. in-18. Prix. . . . . 3 »

Lourdes, hier, aujourd'hui, demain, par Daniel BARBÉ. 1 vol. grand in-8 illustré de 12 superbes aquarelles de Hauffbauer, préface de Mgr l'évêque de Montpellier et approuvé par trente de NN. SS. les évêques. Prix de propagande, 1 fr. 75; *franco*. . . . 2 25

Mois de Marie d'une jeune fille, par Mme la baronne MARTINEAU DES CHENEZ. 2° édition. Joli vol. in-18, encadrement couleur. Prix, broché . . . . 2 »
Reliure toile noire. 2 75
Chagrin poli, 4 grav., tr. dor. . . . 7 50

Approbation de S. G. Mgr Perraud.

Vous avez réussi très heureusement, Madame, à faire entrer dans le cadre d'un ouvrage de dévotion toute spéciale, un traité complet de la morale évangélique, approprié dans le langage le plus pur, le plus élevé et le plus vivant, aux besoins des personnes du monde ; car ce n'est pas seulement aux jeunes filles que votre ouvrage pourra rendre de précieux services : quiconque aime la piété solide, substantielle, nourrie de la moelle des saints Évangiles, lira votre livre avec grand profit.
† ADOLPHE-L., *évêque d'Autun*.

Mois du Très Saint Sacrement, comprenant pour chaque mois : une *Méditation* extraite des Œuvres du T. R. P. EYMARD, un récit de *Miracle* eucharistique, un *Exemple* et une *Pratique*, par le R. P. Eug. COUET, de la Cong. du T. S. Sacrement. 1 vol. in-18 de 320 pages. Prix. . . 1 25

Les Mystères du Rosaire proposés pour l'Adoration du Très Saint Sacrement, par le R. P. TESNIÈRE, de la Congr. du T. S. Sacrement. 3° édition. in-18. . . . . . 1 50

Notions sur la vie religieuse et monastique, par Dom Prosper GUÉRANGER, abbé de Solesmes. 1 joli vol. in-16. Prix. 1 »

Le livre de Dom GUÉRANGER se divise en trois parties. La première est consacrée aux « Notions de la vie religieuse et monastique » et traite de l'essence de la vie religieuse, de la vie monastique considérée comme la première forme de la vie religieuse. Dans la seconde partie, l'auteur nous initie à la formation de la vie chrétienne, base de la vie religieuse, et énumère tous les moyens efficaces par lesquels s'accomplit cette œuvre. La formation à la vie religieuse forme l'objet de la troisième partie : il y est naturellement question de la pratique des conseils évangéliques.
Ces simples indications suffisent pour faire connaître le plan du livre et donner une idée de son importance. (*Polybiblion*.)

Nouveau Manuel du Chrétien, par le R. P. Fulgence BOUÉ, de la Compagnie de Jésus. Approuvé par NN. SS. de Bourges, Angers, Poitiers, Versailles, etc. 67° édition. 1 vol. in-32 de 460 pages.
Relié 1/2 toile noire, titre doré. Prix, 0 fr. 70; *franco*, 0 fr. 90; par douzaine. . . 0 55
Les 50, 26 fr.; — le cent, 50 fr. *Port en plus*.
Relié toile noire, tranche rouge. Prix, 1 fr.; *franco*, 1 fr. 20; par douzaine. . . . 0 80
Les 50, 36 fr.; — le cent, 70 fr. *Port en plus*.
Relié chag. soup., tr. dor. Prix du vol. 3 »

Lettre d'approbation de S. G. Mgr l'Évêque de Versailles à l'auteur.

Il suffit de parcourir votre *Nouveau Manuel du Chrétien* pour être convaincu de son utilité, non seulement pour la jeunesse des écoles et des catéchismes et la classe des travailleurs, mais aussi pour les gens du monde qui aimeront à avoir un *Vade-Mecum* court et substantiel. Sous un petit format, ce livre renferme tout ce qui est nécessaire au chrétien : Prières quotidiennes, Offices de l'Église, Exercices pour la confession et la communion, Évangiles des dimanches et fêtes, Indulgences, Méditations pour chaque jour du mois, Cantiques les plus usités, etc. Je l'approuve donc bien volontiers et fais des vœux pour qu'il continue de se répandre et de procurer la gloire de Dieu et le bien des âmes. † PAUL, *évêque de Versailles*.

Librairie H. MIGNARD, 26, rue Saint-Sulpice, PARIS

GUIDE PRATIQUE DU SERVANT DE MESSE
Nouvelle édition améliorée, augmentée des Prières après la Messe (36° mille).
Tableau carton solide (mesurant 29 sur 20) imprimé rouge et noir, recto et verso, indiquant la manière de bien servir et répondre à la sainte Messe. Prix net, 0 fr. 25 ; *franco*, 0 fr. 40 ; 6 ex. *franco*, 1 fr. 90 ; 13/12 ex., 2 fr. 70 ; *franco gare*. 3 30
Le même tableau, sur carton très fort, bords rouges. Prix, 0 fr. 50 ; *franco*, 0 fr. 75 ; 13/12 ex., 5 fr. 40 ; *franco gare*. . . . . 6 »
Ce Guide a été recommandé aux Retraites ecclésiastiques dans un grand nombre de diocèses.

Méditations de Mme Louise de France, fille de Louis XV, avec préface et notice par M. l'abbé BERNARD, docteur ès-lettres et en théologie, vice-doyen de Sainte-Geneviève. 1 joli vol. in-18 de 350 pages, avec portrait et autographe. Prix, br. . . . 2 »

C'est comme promoteur du diocèse de Paris pour les causes de Béatification et de Canonisation que M. l'abbé Bernard a eu à examiner les écrits de Mme Louise de France et, parmi ceux-ci, les Méditations que la pieuse princesse avait composées étant encore à la cour. Dès les premiers feuillets, son âme, écrit-il, s'est attachée à ces charmants colloques, confidences pleines de grâce et de candeur, où Mme Louise semble quitter la terre et les grands de ce monde pour s'envoler au ciel et s'entretenir avec Dieu.

Madame Louise est sans contredit l'un des modèles les plus gracieux à offrir aux âmes chrétiennes et surtout aux jeunes filles, qui la connaîtront ainsi par elle-même avec son cœur et son esprit, dans son aimable simplicité.

Les Plus faciles indulgences, par l'abbé CLOQUET, ancien vicaire général. In-32 de 64 pages. Approuvé par la Sacrée Congrégation des Indulgences et par S. G. Mgr l'archevêque de Bourges. Prix. 0 25

Cet opuscule traite : 1° De l'utilité des indulgences ; 2° Des conditions pour gagner une indulgence ; 3° Des indulgences plénières : 4° De la journée indulgenciée, et 5° de l'année indulgenciée.

Le Purgatoire d'après les révélations des Saints, par l'abbé LOUVET, missionnaire apostolique. 3° édition. 1 vol. in-12 . 3 »

La lecture de votre *Traité du Purgatoire* sera utile à toute âme qui a la foi ; les paresseux, les lâches, les tièdes et ceux qui sont presque arrivés à l'indifférence pratique, en seront profondément impressionnés ; les fervents, dans le clergé ou dans la vie religieuse, se sentiront portés à plus de perfection. † ISIDORE, *évêque de Samoate*.

La Sainte Messe, par Mgr ISOARD, évêque d'Annecy. Méthode pour assister au Saint Sacrifice, d'après saint LÉONARD DE PORT-MAURICE, suivie des Vêpres du Dimanche et des Prières les plus usuelles, etc. Vol. in-18 de 120 pages. Prix, br., 0 fr. 60. — Reliure toile noire, tr. rouge 1 15

Outre la *Méthode de saint Léonard de Port-Maurice*, cet ouvrage indique :
1° L'usage à faire de ce livre ; 2° La méthode ordinaire pour entendre la sainte messe ; 3° Une autre méthode pour les grandes fêtes : Noël, Pâques, Ascension, Pentecôte, les fêtes de la sainte Vierge, la Toussaint ; 4° La méthode pour la messe des défunts ; 5° Celle pour les jours où on a le bonheur de faire la sainte communion.

Avec ce petit livre, très portatif et très lisible, on assiste avec fruit au saint sacrifice de la messe, on occupe son esprit et on prie de manière à plaire à Dieu et à recevoir de Lui la grâce.

La Veuve chrétienne, d'après saint François de Sales et les Pères de l'Église. Nouvelle édition, augmentée du *Traité des Veuves* de saint Ambroise, précédé d'une lettre de Mgr DUPANLOUP. 1 joli vol. in-16. Prix, 2 fr. 50 ; *franco* 2 80

« Cet ouvrage, puisé aux sources les plus autorisées des Pères de l'Église et en particulier de saint François de Sales, ce grand directeur des âmes, sera d'un merveilleux secours aux âmes blessées de cette cruelle blessure du veuvage, une des grandes épreuves de la vie, et qui en entraîne une infinité d'autres. Mgr DUPANLOUP. »

Vie chrétienne de l'enfance, lectures quotidiennes, par Mme FOUQUES-DUPARC. Nouvelle édition (8° mille). Ouvrage approuvé et recommandé par dix-huit de NN. SS. les archevêques et évêques. 1 beau vol. in-18 de 800 pages. Prix, broché. 3 »
Reliure toile, tr. dorée ou rouge. . . . 4 »
Chagrin plein. 6 50
— 1er choix. 7 50

Approbation de S. G. Mgr l'évêque de Carcassonne.

J'estime, Madame, que votre livre sera *un véritable trésor* pour les familles et les institutions qui auront le bonheur d'en faire l'acquisition, et je suis assuré qu'à sa lecture, il n'est aucune mère digne de ce nom, qui ne vous bénira d'avoir si bien interprété les sentiments de son âme et de lui avoir rendu si facile et si doux le devoir le plus sacré de sa mission sublime.
† FRANÇOIS DE SALES-ALBERT, év. *de Carcassonne*.

Vie de la vénérable Mère Thérèse de Saint-Augustin (Mme Louise de France, fille de Louis XV), carmélite du monastère de Saint-Denis-sur-Seine, par une religieuse de la Communauté. 4° édition, avec portrait et *fac-simile*. 2 vol. in-12, br. . . . . 6 »

Vie du prince Alexandre de Hohenlohe (1794-1849) ou l'action de la foi dans une famille princière du XIX° siècle, par les Carmélites de Marienthal (Alsace). 1 beau vol. in-16 de XXIV-380 pages, avec portrait. Ouvrage approuvé par Mgr l'évêque de Strasbourg. Prix, 3 fr. ; *franco*. . . . 3 50

La mission du prince de Hohenlohe fut au début de ce siècle une mission providentielle.

En reconnaissance d'une vie toute de foi qui, de bonne heure, produisit les fruits les plus exquis, Dieu lui fit part du don de guérir les maladies du corps par la seule puissance de la prière. Les guérisons obtenues de près, comme à distance, par son intervention furent innombrables ; il en était résulté une renommée européenne.

Cette mission, quasi céleste, si féconde au temps où elle s'exerça, nous a paru d'une opportunité tout actuelle de la faire revivre. Aujourd'hui plus que alors, ce qui trouble les cœurs, agite les esprits, tue la vitalité de la société entière, c'est l'absence ou tout au moins l'affaiblissement de la foi inébranlablement confiante en la toute-puissance et infinie bonté de Dieu.

Paris. — J. Mersch, imp., 4°°, Av. de Châtillon.

L. MONAQUE, Éditeur

LIBRAIRIE
DU
**VICTOR HUGO
ILLUSTRÉ**
13, rue Thérèse, PARIS

OCTOBRE 1899

MONAQUE.

2,200 DESSINS

DE MM.

MEISSONIER, DE NEUVILLE, J.-P. LAURENS, G. BRION, E. BAYARD
BENJAMIN CONSTANT, DAUBIGNY, RAFFET, GAVARNI
VIOLLET-LE-DUC, ROLL,
K. BODMER, TONY JOHANNOT, E. MORIN, DANIEL VIERGE
PUVIS DE CHAVANNES, T. ROBERT-FLEURY, L. FLAMENG
JACQUE, F. FRÉMIET, L. MÉLINGUE, FÉRAT, FOULQUIER, LEMUD
A. MAIGNAN, MÉRYON, E. DE BEAUMONT, L. BOULANGER
EUGÈNE DELACROIX, DECAMPS, H. DAUMIER, A. CHENAVARD
J. ADELINE, L. BENETT, BRAUN, DE BAR, BURDET, BRUN
CHIFFLART, CHAPUIS, CHOVIN, DUPLESSY
GOYA, FERDINANDUS, GILBERT, GERLIER, GARCIA, HAENENS
HILLEMACHER, HOFFBAUER, CH. HUGO, LANÇON
LUMINAIS, LIX, LÉCURIEUX, D. MAILLARD, A. MARIE, MÉAULLE
C. NANTEUIL, MOUCHOT, MISS PATERSON
HENRI PILLE, PRUD'HON, PÉLISSIER, PERNOT, RIOU
G. ROCHEGROSSE, H. SCOTT, STEINHEIL, T. SCHULER
TAYLOR, TRIMOLET, THÉNARD
VOILLEMOT, VALNAY, VOGEL, G. VUILLIER, F. ZIER
VICTOR HUGO

AUBE. — Dessin de VICTOR HUGO

VICTOR HUGO ILLUSTRÉ

Entre les œuvres illustres des contemporains, l'œuvre de Victor Hugo est, sans contredit, celle qui a le plus profondément pénétré dans la grande masse du public, dans la vaste foule, dans le peuple. De là l'immense et universel succès de la grande édition artistique et populaire du *Victor Hugo illustré*.

C'est dans cette magnifique édition, qui s'adresse en même temps aux amateurs et aux travailleurs, qu'on voudra lire et relire les immortels ouvrages dont se compose la renommée toujours grandissante de Victor Hugo ; — tous ces grands romans, si émouvants et si amusants à la fois, pleins de péripéties si palpitantes : *les Misérables, Quatrevingt-treize, Notre-Dame de Paris, les Travailleurs de la mer, l'Homme qui rit*, avec leurs personnages, gracieux, spirituels, touchants ou terribles, que chacun connaît et nomme : Jean Valjean, Gavroche, Fantine, Cosette, la Esmeralda, Quasimodo, Gilliat, Déruchette, la Flécharde, Gwynplaine, Josiane, Ursus, Dea ; — les poésies, qui toutes inspirent l'amour des faibles, des déshérités, des vaincus, le culte de la justice, de la patrie et de la liberté ; l'adoration et la tendresse pour la femme et pour l'enfant, la colère généreuse contre les oppresseurs : *la Légende des siècles, les Châtiments, l'Année terrible, les Feuilles d'automne, les Orientales, l'Art d'être grand-père, les Contemplations;* — ces drames, qu'il suffit de citer pour éveiller dans le souvenir tout un monde de grandeur, de charme et de poésie : *Hernani, Ruy Blas, Lucrèce Borgia, le Roi s'amuse, les Burgraves, Marion de Lorme*, et le dernier, qui n'est pas moins puissant, *Torquemada*.

Noublions pas dans cette nomenclature le superbe et tragique récit de *l'Histoire d'un crime*.

L'édition du *Victor Hugo illustré* a sur les autres éditions des œuvres du grand poète trois avantages incontestables :

1° Elle est de toutes *la moins chère*. Elle sera, dans son ensemble, meilleur marché même que la nouvelle édition in-18 sans gravures.

2° Elle sera *la seule complète*. Elle seule, en effet, contient les œuvres inédites, publiées au fur et à mesure de leur apparition. Elle a donné déjà *Choses vues, la Fin de Satan, le Théâtre en liberté*, ces chefs-d'œuvre égaux aux plus beaux du maître.

3° Elle est la plus splendidement illustrée ; supérieure, non seulement par la qualité de *ses dessins*, aux éditions coûtant 10 et 30 francs le volume. Elle renferme plus de 2.200 dessins signés : Meissonier, de Neuville, Jean-Paul Laurens, Puvis de Chavannes, Brion, Bayard, Raffet, Flameng, Henri Pille, Tony Robert-Fleury, Mélingue, Daniel Vierge, Daumier, Daubigny, Gavarni, Albert Maignan, Luminais, Fremiet, Rochegrosse... Il faudrait pouvoir les nommer tous. Parmi ces dessinateurs, le plus illustre, c'est Victor Hugo lui-même, qui, outre une trentaine de dessins à la plume répandus dans divers ouvrages, en a donné soixante au seul roman *les Travailleurs de la mer*, et cinquante-cinq au volume de voyage *le Rhin*.

RENTRÉE DE VICTOR HUGO A PARIS LE 5 SEPTEMBRE 1870
Dessin de L. Mouchot

VICTOR HUGO ILLUSTRÉ

2,200 dessins

CATALOGUE

ROMAN

Notre-Dame de Paris............		Un vol. br.	**8 fr. 50**
Les Misérables (cinq volumes).			
I. Fantine..........	**5** fr. »		
II. Cosette..........	**4** 50		
III. Marius..........	**4** »	Les cinq vol.	
IV. L'Idylle rue Plumet et l'Épopée rue Saint-Denis...	**5** 50	brochés..	**24** fr. »
V. Jean Valjean.......	**5** »		

VICTOR HUGO ILLUSTRÉ.

ROMAN (suite)

Quatrevingt-treize	Un vol. broché.	6 fr. »
Les Travailleurs de la mer. — L'Archipel de la Manche.	—	8 fr. »
L'Homme qui rit	—	8 fr. 50
Le Dernier jour d'un condamné. — Claude Gueux.	—	2 fr. »
Bug-Jargal.	—	2 fr. 50
Han d'Islande.	—	5 fr. »

HISTOIRE

Histoire d'un crime.	Un vol. br. .	6 fr. »
Napoléon le Petit.	—	3 fr. »
Choses vues	—	4 fr. »
Littérature et Philosophie mêlées.	1 fr. 50	Réunis en un vol. broché. 4 fr. »
William Shakespeare	2 »	
Paris.	» 50	

ACTES ET PAROLES

Victor Hugo raconté par un témoin de sa vie	4 fr. »
Actes et Paroles : — Avant l'exil.	3 fr. »
Pendant l'exil.	3 fr. »
Depuis l'exil	4 fr. »

LES MISÉRABLES. — Dessin de J. VALNAY

MONAQUE.

VICTOR HUGO ILLUSTRÉ.

ŒUVRE POÉTIQUE

CHAQUE OUVRAGE SE VEND SÉPARÉMENT

Odes et Ballades........	1 fr. 50		
Les Orientales	1 »	Réunis en un vol. broché. 4 fr. »	
Les Feuilles d'automne	1 »		
Les Chants du crépuscule...	1 »		
Les Voix intérieures........	1 »		
Les Rayons et les Ombres..	1 »		
Les Contemplations........	2 »	Réunis en un vol. broché. 4 fr. »	
Les Chansons des rues et des bois.............	1 »		
La Légende des siècles.			
Les cinq volumes en un seul broché		4 »	
L'Art d'être grand-père.....	1 »		
Le Pape	» 50	Réunis en un vol. broché. 4 fr. »	
La Pitié suprême	» 50		
Religions et Religion......	» 50		
L'Ane................	» 50		
Les Quatre vents de l'esprit..	2 »		
Les Châtiments.........	Un vol. broché.....	4 fr. 50	
L'Année terrible. — La Libération du territoire......	—	4 fr. »	
La Fin de Satan.........	—	1 fr. 50	
Dieu	—	1 fr. 50	
Toute la Lyre..........	—	4 fr. »	
Les Années funestes......	—	1 fr. 50	

LE RHIN. — Dessin de VICTOR HUGO

MONAQUE.

VICTOR HUGO ILLUSTRÉ.

THÉATRE

CHAQUE PIÈCE SE VEND SÉPARÉMENT

Hernani.	1 fr.	»
Marion de Lorme	1	»
Le Roi s'amuse.	1	»
Lucrèce Borgia.	1	»
Marie Tudor	1	»
Angelo, tyran de Padoue. . . .	1	»
La Esmeralda.	»	50
Ruy Blas.	1	»
Les Burgraves	1	»

Réunis en un vol. broché. 6 fr. »

Cromwell	2	50
Théâtre en liberté	1	50
Torquemada.	1	»
Amy Robsart.	1	»
Les Jumeaux.	1	»

Réunis en un vol. broché. 6 fr. »

EN VOYAGE

Le Rhin. . . . . (Un vol. broché.) . .	4 fr.	»
Alpes et Pyrénées	2 fr.	»
France et Belgique.	2 fr.	»

Les volumes cartonnés toile, tranches dorées, en sus. . . . . . 3 fr. **50**
— demi-reliure, tranches dorées . . . . 4 fr. **50**

Envoi **franco** *des volumes contre le prix en un mandat-poste à l'adresse de l'éditeur.*

Librairie du *VICTOR HUGO ILLUSTRÉ*, rue Thérèse, **13**, Paris.

16922.— Lib.-Imp. réunies.

ANNÉE 1900

Librairie Illustrée
MONTGREDIEN et Cie
Éditeurs
8 Rue St Joseph 8
Paris

Les Ouvrages contenus dans ce Catalogue
sont en Vente
Chez tous les Libraires de France et de l'Étranger
Ce Catalogue annule les précédents

Table par ordre des Matières

	Pages
Architecture, Archéologie, Beaux-Arts	3
Chasse	4
Commerce, Comptabilité	4
Courses	4
Cuisine	4
Dessin	4
Economie domestique	5
Education, Morale	5
Encyclopédies	5
Etudes de mœurs	5
Expositions	5
Fantaisies littéraires	6
Géographie	6
Histoire, Mémoires et Souvenirs, Romans historiques	6
Histoire naturelle	9
Industrie	9
Jeux divers	9
Langues vivantes	9
Législation	9
Littérature, Romans illustrés	9
Médecine, Hygiène	10
Mode, Costume	10
Musique	10
Pêche	10
Philosophie, Morale	10
Photographie	11
Politique	11
Publications illustrées	16
Publications périodiques	15
Récréations scientifiques	11
Romans	11
Savoir-vivre	13
Sciences, Vulgarisation scientifique	13
Sciences occultes	13
Théâtre	1
Vélocipédie	13
Voyages et Aventures	13

PUBLICATIONS PÉRIODIQUES

Journal de Voyages et des Aventures de terre et de mer. Hebdomadaire.
Le Numéro . . . . » 15

Chansons Illustrées (les). *Monologues, Duos, Saynètes, Parodies.* Hebdomadaire.
Le Numéro . . . . » 10

Baïonnette (la). Journal hebdomadaire, satirique et humoristique, absolument militaire, publié sous la direction de Charly.
Le Numéro . . . . » 10

Science Illustrée (la). Hebdomadaire.
Le Numéro . . . . » 25

CATALOGUE
DE LA
LIBRAIRIE ILLUSTRÉE

Montgredien & Cie

8, RUE SAINT-JOSEPH, 8

ARCHITECTURE, ARCHÉOLOGIE

BEAUX-ARTS

Les Chefs-d'œuvre de l'art au XIXe siècle. — Edition de grand luxe, illustrée de cent très belles gravures à l'eau-forte des plus éminents artistes de notre époque.

Nombreuses esquisses et gravures dans le texte. Cinq très beaux et très forts volumes in-4°. Prix de l'ouvrage complet :
Relié fers spéciaux............ 130 »
Chaque volume se vend séparémentt :
Relié...................... 26 »

Tome I : La peinture française de Ingres à Delacroix, par André Michel.

Tome II : La peinture française de Delacroix à Regnault, par A. de Lostalot.

Tome III : La peinture française actuelle, par A. Lefort.

Tome IV : La peinture étrangère, par T. de Wyzewa.

Tome V : La sculpture et la gravure au XIXe siècle, par L. Gonse.

HAVARD (Henry). La France artistique et monumentale. — Ouvrage publié avec la collaboration des Architectes du gouvernement, des Inspecteurs généraux des beaux-arts, des Archivistes, Conservateurs des musées nationaux, etc. 6 volumes format in-4°, renfermant de très nombreuses gravures dans le texte et 150 planches hors texte tirées en taille-douce. Prix de l'ouvrage complet :
Broché............... 150 »
Avec reliure artistique..... 180 »
Chaque volume séparément, broché 25 »
Avec reliure artistique..... 30 »

Tome I : Édifices religieux de Reims, par L. Gonse. — Palais et Jardins de Versailles, par Guiffrey et Philippe Gille. — Hôtel Carnavalet, par J. Cousin. — Église de Brou, par Henri Havard. — Château de Pau, par L. de Fourcaud. — Château des Papes à Avignon, par Eugène Müntz. — Château de Bagatelle, par Ch. Yriarte.

Tome II : Louvre, Palais et Musée, par A. de Kaempfen. — Monuments religieux de Rouen, par L. de Fourcaud. — Palais de Fontainebleau, par E. Molinier. — Palais de la Légion d'honneur, par A. de Lostalot. — Château d'Amboise, par Léon Palustre. — Château et Edifices publics d'Angers, par H. Jouin. — Mont-Saint-Michel, par Edouard Corroyer.

Tome III : Château de Blois, par Léon Palustre. — Palais de l'Institut, par le comte Henri Delaborde. — Château de Maintenon, par Philippe Gille. — Cathédrale de Lyon, par Georges Guigue. — L'Hôtel Soubise, par Jules Guiffrey. — Monuments civils de Bourges, par L. Gonse. — Aigues-Mortes, par Henry Havard. — Palais des Thermes et Musée de Cluny, par A. Darcel.

Tome IV : Hôtel de Ville de Paris, par Hippolyte Stupuy. — Eglise abbatiale de Vezelay, par Henry Havard. — Monuments antiques de Nîmes, par Georges Lafenestre. — Monuments religieux de Laon, par Mgr C. Dehaisnes. — Château d'Ecouen, par A. de Lostalot. — Poitiers, par L. de Fourcaud. — Château de Chambord, par Léon Palustre. — Château de Meudon, par le vicomte de Grouchy.

Tome V : Cathédrale d'Amiens, par Mgr C. Dehaisnes. — Monuments civils et religieux d'Autun, par L. Paté. — Château de Chantilly, par Germain Bapst. — Château de Villebon, par Georges Duplessis. — Monuments civils et religieux de Bordeaux, par L. de Fourcaud. — Les Trois châteaux de Coucy, Pierrefonds, Vincennes, par Henry Havard. — Hôtel de ville de Saint-Antonin, par Ch. Normand. — Hôtel de ville de Lyon, par Georges Guigue.

Tome VI : Notre-Dame de Paris, par L. de Fourcaud. — Monuments civils et religieux de Dijon, par M. Cunisset-Carnot. — Cathédrale et Monuments divers de Chartres, par Louis Gonse. — Conservatoire des Arts et Métiers, par A. Laussedat. — Monuments civils de Rouen, par L. de Fourcaud. — Monuments civils et religieux d'Orléans, par Georges Lafenestre. — Remparts, château et églises de Carcassonne, par A. Molinier. — Château de Chenonceaux, par Léon Palustre. — Kermaria-an-Isquit, par Armand Dayot.

Ce magnifique ouvrage, écrit par des spécialistes en la matière, sous la haute direction de M. Henry Havard, constitue une œuvre remarquable, d'un puissant intérêt. Ces beaux volumes seront utilement consultés par les savants, les chercheurs, les archéologues, en un mot par tous ceux qui désirent s'instruire en étudiant, chez eux, les merveilleuses richesses artistiques et monumentales que renferme notre pays.

HAVARD (Henry). **L'Art à Travers les mœurs**. Très beau volume in-8º. Illustrations de C. Goutzwiller.
Broché . . . . 25 »
Relié . . . . 32 »

HAVARD (Henry) et VACHON (Marius). **LES MANUFACTURES NATIONALES. Les Gobelins, La Savonnerie, Sèvres, Beauvais.** — Ouvrage de grand luxe illustré de 75 planches hors texte et de nombreuses gravures dans le texte. — Un beau volume in-4º. *Épuisé.*

MANTZ (Paul). — **Antoine Watteau, sa Vie et ses Œuvres.** — Un très beau volume in-8º, illustré de planches hors texte en couleurs et à l'eau-forte et de nombreuses gravures dans le texte. (Tirage à 500 exemplaires numérotés.) *Épuisé.*

Cent dessins de Watteau gravés d'après Boucher, précédés d'une préface de Paul Mantz et suivis d'une table descriptive par Ed. de Goncourt.
Un très beau volume in-8º. (Tirage à 500 exemplaires numérotés.) *Épuisé.*

RAYET (Olivier) et COLLIGNON (Maxime). **Histoire de la Céramique grecque.** — Un beau volume in-4º, orné de nombreuses gravures dans le texte et de 26 gravures hors texte tirées en noir et en couleurs. *Épuisé.*

ROBIDA (A.). **La Vieille France pittoresque et monumentale.** — Edition de luxe enrichie de très nombreux dessins au crayon et à la plume dans le texte et de 160 lithographies hors texte.
NORMANDIE. — BRETAGNE. — TOURAINE. — PROVENCE.
Chaque volume broché . . . . . 25 »
Cartonnage fers spéciaux . . . . 30 »
Reliure amateur . . . . 35 »

ROBIDA (A). **Le Vieux Paris.** — Edition de luxe enrichie de très nombreux dessins au crayon et à la plume intercalés dans le texte, et de 50 planches hors texte : eaux-fortes, lithographies et chromo-typographiques.
Deux forts volumes in-4º :
    I. Paris de siècle en siècle.
    II. Le Cœur de Paris.
Chaque volume broché . . . . . 25 »
Reliure fers spéciaux . . . . . . 30 »
Reliure amateur . . . . 35 »

ROUAIX (Paul). **Dictionnaire des Arts décoratifs** à l'usage des amateurs, des artisans, des artistes et des écoles. Ouvrage illustré, avec nombreuses gravures hors texte, dont plusieurs en couleurs, formant un répertoire d'inépuisables renseignements sur les arts industriels. Deux volumes in-8º.
Prix de chaque volume . . . . . 5 »
Voir publications en livraisons.

CHASSE

BOUSSENARD (Louis). **La Chasse mise à la portée de tous** : *le Fusil, le Chien, le Chasseur, le Gibier, les Ennemis du Gibier, Jurisprudence et Législation.*
Un fort volume in-12 cart. 3 50

COMMERCE, COMPTABILITÉ

COZIC (H.). **La Bourse mise à la portée de tous** : *ce qu'elle est ; ce qu'elle sera.*
Un beau volume in-8º, cartonnage anglais . . . . 12 »

LEFÈVRE (H.). **Le Commerce** : *Théorie, Pratique et Enseignement.* — Ouvrage suivi du Dictionnaire du commerçant, comprenant tous les termes de Commerce, Banque, Bourse, Finance et Navigation, le Droit commercial, les Usages des principales places, etc.; Poids, Mesures, Monnaies, etc.
Un beau volume in-8º, broché . . . 4 »
Voir publications en livraisons.

LEFÈVRE (H.). **La Comptabilité** : *Théorie, Pratique et Enseignement.* — Comptabilités et tenues de livres du Commerce, de l'Industrie, de l'Agriculture, de la Banque, de la Finance, des Assurances et des Chemins de fer ; Comptabilité publique, Notions générales de change et de bourse.
Un beau volume in-8º, broché . . . 4 »
Voir publications en livraisons.

COURSES

MALBESSAN (baron de). **Dictionnaire des courses**, précédé des codes des courses et du Règlement de la Société d'Encouragement pour l'Amélioration de la race chevaline.
Un vol. in-18 raisin, broché . . . 1 »

CUISINE

MARINETTE. **La vraie cuisine pratique.** — Guide économique de la bonne ménagère, contenant des prescriptions faciles à exécuter dans tous les ménages et à la portée de toutes les bourses.
Un beau vol., très abondamment illustré.
Broché . . . . 4 »

DESSIN

VALTON (Edouard). **Le dessin théorique et pratique** : *Premiers exercices, Géométrie, Perspective, Tracé des ombres, Anatomie, Composition, Architecture, Ameublement, Costume.* — Un beau vol. grand in-8º, très illustré.
Broché 7 50
Relié toile pleine 11 50

ECONOMIE DOMESTIQUE

Trésor de la Vie pratique. — Indispensable à tous les ménages. *Préface de Mme Louise de Salles.*
Habitation, Cuisine domestique, Habillement, Liqueurs et boissons, Pêche, Ménagerie domestique, Equitation, Gymnastique, Politesse, Savoir-vivre, Cyclisme, Jeux et leurs règles, Récréations, Vie rurale, Photographie, Canotage, Médecine et hygiène, Chasse, Droit usuel, Jardinage.
Un très fort volume de 750 pages in-8° avec illustrations.
Broché . . . . 4 »

EDUCATION, MORALE

DEFERT. **L'Enfant et l'Adolescent dans la Société Moderne**, avec préface de M. Th. Roussel. — Protection de l'enfance et direction dans la vie.
Un volume in-12 raisin . . . . . 2 »

GAUSSERON. **La Vie en famille.**
Tome I : Doit-on se marier ? Un volume in-12. Broché. 3 50
Tome II : Comment vivre à deux? Un volume in-12. Broché. 3 50
Tome III : Comment élever nos enfants? Un volume in-12. Broché. 3 50
Tome IV : Que feront nos garçons? Un vol. in-12. Broché. 3 50
Tome V : Que faire de nos filles? Un vol. in-12. Broché. 3 50
Tome VI : Où est le bonheur? Un volume in-12. Broché. 3 50

ENCYCLOPÉDIES

JOSSIER. **Encyclopédie du Bâtiment.** — Ouvrage destiné aux ouvriers, jeunes apprentis, écoles professionnelles, etc.
1 volume in-8° relié toile anglaise. 4 »

TROUSSET (Jules). **Encyclopédie usuelle des connaissances utiles** : Inventions et découvertes. — Histoire naturelle. — Géographie usuelle. — Législation pratique, etc. — Un très fort volume in-8° colombier, illustré de nombreuses gravures.
Solidement relié avec coins. . . . 20 »

TROUSSET (Jules). **Nouveau dictionnaire encyclopédique universel illustré.** — Répertoire des connaissances humaines, rédigé par une Société de littérateurs, de savants et d'hommes spéciaux, sous la direction de Jules Trousset.
Linguistique, Histoire, Géographie ancienne et moderne, Théologie, Jurisprudence, Médecine, Philosophie, Economie, Littérature, Poésie, Histoire naturelle, Architecture, Peinture, Beaux-Arts, Industrie, Commerce, Agriculture, Découvertes modernes, etc., etc. Ouvrage formant 7 gros volumes in-4° ornés d'environ 3.000 gravures, dont un atlas de 110 cartes en couleurs.
Broché . . . . 150 »
Relié solidement . . . . 180 »

ETUDES DE MŒURS

COFFIGNON. **La Corruption à Paris.**
Un volume in-18, broché. . . *. . 3 50

GRAND-CARTERET (John). **Les Mœurs et la Caricature en France.** — Un très fort volume in-4°, orné de 500 illustrations dans le texte, de 36 planches hors texte et de 8 planches en couleurs.
Broché . . . . 40 »

EXPOSITIONS

L'Exposition de Paris de 1878. — Ouvrage publié avec la collaboration d'écrivains spéciaux. Edition enrichie de Vues, de Scènes, de reproductions d'Objets d'art, de Machines, de Dessins et Gravures par les meilleurs artistes.
Un très beau volume in-folio . . *Epuisé.*

L'Exposition de Paris de 1889. — Ouvrage publié avec la collaboration d'écrivains spéciaux. Edition enrichie de Vues, de Scènes, de reproductions d'Objets d'art, de Machines, de Dessins et Gravures par les meilleurs artistes.
Deux très beaux volumes in-folio . *Epuisé.*

L'Exposition de Paris de 1900. — Magnifique ouvrage grand in-folio avec trois grands Panoramas et suppléments hors texte en couleurs, rédigé avec la collaboration d'écrivains spéciaux et illustré par des artistes en renom.
En cours de publication depuis le 1er octobre 1898 ; un fascicule par semaine . » 50
L'ouvrage formera 3 splendides volumes de 40 fascicules chacun.
Chaque volume broché, avec couverture lithographique en 15 couleurs . . . 20 »
Relié fers spéciaux avec biseaux . 25 »

Abonnements payables à raison de 5 fr. par mois ou en 3 versements de 20 fr.

Voir publications en livraisons.

L'Exposition pour tous, Visites pratiques à travers les Palais. Volume in-8°, orné de nombreuses illustrations de MM. Bombled, Fraipont, Garen, Hoffbauer, Robida, Toussaint, etc.
Ouvrage complet . . . . . » 60

L'Exposition Illustrée. Grand Panorama in-4°, format oblong, le fascicule. . » 30

Voir publications en livraisons.

Les Merveilles de l'Exposition de 1900. — Ouvrage publié sous la direction de JULES TROUSSET, très abondamment illustré.
Deux forts volumes in-8° colombier.
Chaque volume broché . . . . . 10 »
Voir publications en livraisons.

FANTAISIES LITTÉRAIRES

GOZLAN (Léon). **Les Émotions de Polydore Marasquin.** — Illustrations de Fraipont et Mas. Un charmant volume in-12.
Broché 3 50

GYP. **En Balade.** — Illustrations de l'auteur, 80 dessins en couleurs.
Un volume in-12 broché 3 50

GYP. **Ohé! les Dirigeants!** — Images coloriées du *Petit Bob.*
Un volume in-12, broché. . . . . 1 »

MORIN (Louis). **Les Carnavals parisiens.** — Ouvrage humoristique, illustré de nombreuses gravures en noir et cortèges en couleurs. Dessins de l'Auteur : Bals des Quat'z'Arts, Vache enragée, Bals du Courrier, Bœuf Gras, Cortèges des Étudiants, Cortèges du Moulin-Rouge.
Un volume in-12, broché 3 50

ROBIDA (A.). **Le Dix-Neuvième siècle.** — Nombreux dessins dans le texte, 48 planches hors texte en noir et en couleurs. Un volume in-4°, broché. . . . . 25 »

ROBIDA (A.). **Le Vingtième siècle.** — Nombreux dessins dans le texte, 50 planches hors texte en noir, en couleurs et en héliogravure.
Un volume in-4°. . . . . *Épuisé.*

ROBIDA (A.). **La Vie électrique.** — Nombreux dessins dans le texte, 30 planches hors texte en noir, en couleurs et en héliogravure. Un volume in-4". . . . . . *Épuisé.*

ROBIDA (A.). **La grande Mascarade parisienne.** — Un volume in-4°, très abondamment illustré en noir et en couleurs. *Épuisé.*

ROBIDA (A.). **Le Portefeuille d'un très vieux Garçon.** — Petits mémoires secrets du XIXe siècle. Un charmant volume in-12, imprimé en plusieurs couleurs. . . . . . *Épuisé.*

ROBIDA (A.). **Voyages très extraordinaires de Saturnin Farandoul,** dans les 5 ou 6 parties du monde et dans tous les pays connus et même inconnus de M. Jules Verne. Ouvrage illustré de 450 dessins en noir et en couleurs . . . . *Épuisé.*

ROBIDA (A.). **Voyage de Monsieur Dumollet.** — Un volume in-8° colombier, illustré de gravures dans le texte et hors texte.
Épuisé.

ROBIDA (A.). **La Guerre au Vingtième Siècle.** — Illustrations en noir et en couleurs. Album format oblong. . . . . . . *puisé.*

ROBIDA (A.). **Œuvres de Rabelais.** — Édition conforme aux derniers textes revus par l'auteur. Notice et glossaire par Pierre Janet. Très nombreux dessins, grandes compositions hors texte tirées en noir et en couleurs.
Deux beaux volumes in-4°, brochés. 40 »
Reliés fers spéciaux . . . . 50 »

ROBIDA (A.). **Les Cent Nouvelles nouvelles.** — Édition revue sur les textes originaux et illustrée de plus de 300 dessins par A. Robida. Deux beaux volumes in-8°.
Brochés . . . . 12 »

ROBIDA (A.). **Une Vie de Polichinelle.** Un volume in-12, broché. . . 1 »

ROBIDA (A). **La Clef des Cœurs.**
Un volume in-12, broché. . . . . 1 »

GÉOGRAPHIE

VARIGNY (C. de). **Nouvelle Géographie moderne des cinq parties du Monde.** — Ouvrage couronné par l'Académie française, illustré de 50 cartes et nombreux plans en couleurs, de 150 gravures hors texte, de très nombreuses vues, scènes, types, etc. répandus dans le texte. 5 gros volumes in-4°.

  I. L'Asie.
 II. III. L'Europe.
 IV. L'Amérique.
  V. L'Afrique et l'Océanie.

L'ouvrage complet, relié . . . . 130 »
Voir publications en livraisons.

HISTOIRE

MÉMOIRES ET SOUVENIRS
ROMANS HISTORIQUES

ARMOISES (Olivier des). **Avant la Gloire :** Napoléon enfant ; Napoléon et ses compatriotes. — Un volume in-18.
Broché 3 50

BIGARRÉ. **Mémoires Militaires du général Bigarré,** Aide de camp du roi Joseph. — Un volume in-8°.
Broché 7 50

BLÉMONT (Émile.) **Wattignies,** 15 et 16 octobre 1793. — Un beau volume in-4° avec illustrations hors texte de MM. Armand Dumaresq, Dunki, H. Dupray, Moreau de Tours, Henri Pille.
1 vol. in-8° broché . . . . 15 »

BORDIER (H.) et CHARTON (Ed.). — **Histoire de France pour tous** depuis les temps les plus anciens jusqu'à nos jours, d'après les documents originaux et les monuments de l'Art de chaque époque, illustrée de plus de 1.000 gravures sur bois répandues dans le texte, mise à jour des événements les plus récents par **G. Ducoudray**. Deux volumes in-8° d'environ 1.600 pages. Prix de chaque volume . . . . 5 »

Voir publications en livraisons.

BOUCHOT (Henri). **Le Luxe Français.**
  Tome I : L'Empire.
  Tome II : La Restauration.

Deux superbes volumes, format in-4°, renfermant environ 80 planches hors texte, tirées en taille-douce et en couleurs, et de nombreuses gravures dans le texte.
Prix du volume broché. . . . . . 40 »
Relié amateur . . . . 50 »

BOULART. **Mémoires Militaires du général baron Boulart**, *sur les guerres de la République et de l'Empire*. — Un volume in-8°.
Broché. 7 50

CLARETIE (Jules). **Le Drapeau**. — *Ouvrage couronné par l'Académie française*. — Edition avec encadrements tricolores autour de chaque page, illustrée de quatre dessins originaux de *A. de Neuville* et de dessins par *Edmond Morin*. Très beau volume in-4° colombier.
Broché . . . . 15 »

DASH (Comtesse). — **Mémoires des Autres**. — Ces ouvrages comprennent la période qui commence aux Cent-Jours inclusivement pour finir au Second Empire. C'est une chronique élégante, alerte, enjouée, informée à ravir qui, embrassant successivement tous les aspects, répercutant tous les échos de la vie politique, mondaine, littéraire et artistique, forme la chronique même de la plus grande partie du siècle.

Chaque volume se vend séparément.

I : Souvenirs anecdotiques sur le 1er Empire et les Cent-Jours. Un vol. in-18, broché. 3 50
II : Souvenirs anecdotiques sur la Restauration. Un vol. in-18, broché. 3 50
III : Souvenirs anecdotiques sur le règne de Charles X et la Révolution de Juillet. Un vol. in-18, broché. 3 50
IV : Souvenirs anecdotiques sur le règne de Louis-Philippe. Un vol. in-18, broché. 3 50
V : Souvenirs anecdotiques sur le second Empire. Un vol. in-18, broché. 3 50
VI : Mes Contemporains. Un vol. in-18, broché. 3 50

DAUDET (Ernest). **Histoire de l'Émigration** : *Les Bourbons et la Russie pendant la Révolution Française*, d'après des documents inédits.
1 volume in-8°, broché. . . . . 6 »

DAUDET (Ernest). **Histoire de l'Émigration** : *Coblentz, 1789-1793*, d'après des documents inédits.
1 volume in-8°, broché . . . . . 6 »

DAUDET (Ernest). **Histoire de l'Émigration** : *Les Émigrés et la seconde Coalition, 1797-1800*, d'après des documents inédits.
1 volume in-8°, broché. . . . . 6 »

DELLARD. **Mémoires Militaires du général baron Dellard**, *sur les guerres de la République et de l'Empire*. — Un volume in-8°.
Broché. 7 50

GEOFFROY (L.). **Napoléon apocryphe**. — Préface de J. Richard. Un volume in-12.
Broché . . . . 1 »

GRAND-CARTERET (John). **La France jugée par l'Allemagne**.
Un volume in-12, broché. . . . . 1 »

HENNEBERT (Lieutenant-Colonel). **Nos Soldats**. — Volume in-4°, illustré de 126 gravures coloriées.
Broché. . . . . 12 »
Voir publications en livraisons.

LEPELLETIER (Edmond). **Mme Sans-Gêne**. Roman tiré de la pièce de MM. V. Sardou et E. Moreau.
Tome I : La Blanchisseuse. Un vol. in-12, broché. 3 50
Tome II : La Maréchale. Un vol. in-12, br. 3 50
Tome III : Le Roi de Rome. Un vol. in-12, broché. 3 50

LEPELLETIER (Edmond). **Les Trahisons de Marie-Louise**. (Épisode complémentaire de Mme Sans-Gêne.)
Tome I : La Barrière Clichy. Un vol. in-18, broché. 3 50
Tome II : La Belle Polonaise. Un vol. in-18, broché. 3 50
Tome III : Les Fourberies de Fouché. Un vol. in-18, broché. 3 50

LEPELLETIER (Edmond). **Martyr des Anglais !** (Épilogue de Mme Sans-Gêne.)
Le Rocher (Sainte-Hélène). 1 vol. in-18, br. 3 50

LEPELLETIER (Edmond). **Le Fils de Napoléon**. (Épilogue de *Martyr des Anglais*.)
Le Palais (Vienne). Un vol. in-18, broché. . 3 50

LEPELLETIER (Edmond). **Fanfan la Tulipe.**

Tome I : Deux Orphelins. Un vol. in-18, broché. 3 50
Tome II : Soldat et Marquise. Un vol. in-18, broché. 3 50
Tome III : Les Amours de Louis XV. Un vol. in-18, Broché. 3 50

LEPELLETIER (Edmond). **Le Serment d'Orsini.**

Tome I : Un Caprice de Napoléon III. Un vol. in-18. Broché. 3 50
Tome II : Le Clairon de Magenta. Un vol. in-18. Broché 3 50

LEPELLETIER (Edmond). **Patrie.** — Roman historique tiré du drame de V. Sardou. Un volume in-18.
Broché. 3 50

MARIN (Capitaine Paul). **Dreyfus ?** — Ouvrage documentaire. — Un volume in-12.
Broché. 3 50

OLLIVIER (Marie-Thérèse). **Valentine de Lamartine.** — Un vol. in-18 broché. 3 50

OMÉGA (Lieutenant-colonel). **L'art de combattre.** Traité de tactique positive écrit en langue usuelle. Procédés matériels d'attaque et de défense des troupes en campagne. Un très gros volume illustré de plus de 350 gravures dans le texte.
Broché. . . . . 10 »

PATRY (Lieutenant-colonel). **La guerre telle qu'elle est.** 1 vol. in-18 br. 3 fr. 50.

PROUDHON (P.-J.). **Napoléon Ier.** — Manuscrits inédits et lettres du général Brialmont publiés par Cl. Rochel. Un volume in-12.
Broché 3 50

RICHARD (Jules). **La Jeune Armée.** — Un très beau volume format in-4°, illustré de 40 aquarelles de L. du Paty et de dessins de Louis Trinquier.
Broché . . . . 20 »

RICHARD (Jules). **L'Armée et la Guerre.** — Illustrations hors texte. Un volume in-12.
Broché. . . . . 1 »

ROUSSET (Lieutenant-Colonel). **Histoire générale de la guerre franco-allemande, 1870-1871.** Édition de bibliothèque. Ouvrage couronné par l'Académie française.

L'Histoire de la guerre est l'ouvrage le plus complet, le mieux documenté qui ait été publié sur cette terrible campagne de 1870-71. Il présente toutes les garanties qu'on est en droit d'exiger pour un tel sujet.
L'auteur, professeur à l'école supérieure de guerre, était ce qu'on ne peut mieux préparé par ses travaux spéciaux, pour retracer d'une plume autorisée les diverses phases de cette lutte meurtrière, dont le souvenir restera gravé dans la mémoire des générations.

Six volumes in-8°.

Tome I : L'armée impériale (*) ; Déclaration de guerre ; Campagne d'Alsace ; Campagne de Lorraine.
Tome II : L'armée impériale (**) ; Campagne de Lorraine (Suite) ; Campagne des Ardennes ; Le blocus de Metz.
Tome III : Le siège de Paris ; L'investissement ; Les sorties ; Le bombardement ; L'armistice.
Tome IV : Les armées de province (*) ; La première armée de la Loire ; La guerre dans la Beauce ; Coulmiers ; Beaune-la-Rolande ; Orléans.
Tome V : Les armées de province (**) ; La deuxième armée de la Loire ; Vendôme ; Le Mans ; Campagne du Nord ; Amiens ; Rouen et l'Hallue ; Péronne et Bapaume ; Saint-Quentin.
Tome VI : Les armées de province (***) ; Campagne de l'Est ; La guerre dans les Vosges ; La guerre en Franche-Comté : La guerre en Bourgogne ; Villersexel ; La catastrophe ; Les opérations maritimes ; Les places fortes ; Conclusion.

L'ouvrage complet broché. . . . . 45 »
Relié demi-chagrin. . . . . 60 »
Chaque volume séparément, broché. 7 50
Relié. . . . . 10 »
Index, une brochure in-8°. . . . . » 50
Atlas de 56 cartes complétant l'histoire générale de la guerre franco-allemande.
1 volume in-8° broché. 7 50
Relié demi-chagrin . . . . 10 »
Le même ouvrage. — Édition format in-18 en 7 volumes brochés, dont un atlas de 56 cartes.
Prix de chaque volume 3 50
Voir Publications en livraisons.

ROUSSET (Lieutenant-Colonel). **Histoire abrégée de la Guerre Franco-Allemande, 1870-1871.** — Illustrations de Pallandre.
Un volume in-18 . . . . 3 50

ROUSSET (Lieutenant-Colonel). **Les Maîtres de la Guerre** : *Frédéric II, Napoléon, Moltke.*
Un volume in-18 . . . . 3 50

THOUMAS (Général). **Mes Souvenirs de Crimée, 1854-1856.** — Illustrations de Pallandre.
Un volume in-8°. Broché . . . . *Épuisé.*

THOUMAS (Général). **Souvenirs de la Guerre de 1870-1871** : *Paris, Tours, Bordeaux.* — Un gros volume in-8°.
Broché. 7 50

TROUSSET (Jules). **Nouvelle Histoire de France Illustrée, depuis les Temps les plus reculés jusqu'à nos jours.** — Vingt volumes format in-8° très abondamment illustrés de batailles, scènes historiques, portraits, vues, cartes, d'après les tableaux des musées, des monuments nationaux, etc.
L'ouvrage complet, broché . . . . 150 »
Chaque volume séparément, broché. 7 50

LIBRAIRIE ILLUSTRÉE — 9 — Montgredien & Cie.

TURQUAN (Joseph). **Souveraines et Grandes Dames**, d'après les témoignages des contemporains.

La Générale Bonaparte. Un vol. in-18.
Broché 3 50
L'Impératrice Joséphine. Un vol. in-18.
Broché 3 50
Les Sœurs de Napoléon. Un vol. in-18.
Broché 3 50
La Reine Hortense. Un vol. in-18.
Broché 3 50
La Citoyenne Tallien. Un vol. in-18.
Broché 3 50
Les Favorites de Louis XVIII. Un vol. in-18.
Broché 3 50
Une Illuminée au XIX siècle. La Baronne de Krudener (1766-1824). Un vol. in-18.
Broché 3 50

Napoléon amoureux. Un vol. in-18,
Broché 3 50
Le Monde et le Demi-Monde sous le Consulat et l'Empire. Un vol. in-18, broché 3 50

Tous ces volumes ont été accueillis par le public avec le plus grand succès. Parmi les nombreux ouvrages historiques, mémoires, documents, publiés ces dernières années, il en est peu qui puissent être comparés au remarquable travail de M. J. Turquan. L'auteur, véritable bénédictin, s'est entouré des documents les plus complets et les plus variés, mais inédits, sur la curieuse époque qu'il nous retrace. Son œuvre se recommande par sa rigoureuse exactitude, l'entrain et la gaîté du récit, l'originalité de la pensée.

Tous ces ouvrages, quoique se reliant ensemble, sont absolument indépendants les uns des autres et chacun d'eux forme un tout.

HISTOIRE NATURELLE

RENGADE (Dr J.). **La Création Naturelle et les Etres vivants, Histoire Générale du Monde terrestre**. — Deux gros volumes in-8º, ornés de nombreuses gravures en noir et en couleurs.

Brochés . . . . 30 »
Chaque volume séparément, broché . 15 »

Tome I : Géologie, Botanique.
Tome II : Zoologie, Races humaines.

INDUSTRIE

MANUEL. **Les Petites Industries d'Amateur**.
Un volume in-18 raisin illustré, cart. 2 50

JEUX DIVERS

MOULIDARS (T. de). **Grande Encyclopédie des Jeux**, méthodique, universelle, illustrée. Divertissements de l'esprit et du corps.

Tome I : Jeux de plein air et d'appartement. Un beau volume in-8º.
Broché . . . . 4 »
Tome II : Jeux de cartes et divertissements divers. Un beau volume in-8º très illustré.
Broché . . . . 4 »

LANGUES VIVANTES

BAUER. **L'Allemand simplifié**. — Nouvelle méthode à la portée de tous, destinée aux Ecoles, aux Familles, aux Commerçants, Employés, etc. Complétée par le corrigé des exercices. Un volume in-8º.
Broché . . . . 4 »

ENGELBRECHT. **L'Anglais simplifié**. — Nouvelle méthode à la portée de tous, destinée aux Ecoles, aux Familles, aux Commerçants, Employés, etc. Complétée par le corrigé des exercices. Un volume in-8º.
Broché . . . . 4 »

LÉGISLATION

MORIDE (P.). **Les Lois françaises expliquées** : *Législation Civile, Pénale, Commerciale, Industrielle, Rurale, Financière, Militaire, Municipale, Administrative*, etc. — Ouvrage accompagné de 100 formules des actes les plus usuels.

Un beau volume in-8º cartonné . . 12 »

LITTÉRATURE

ROMANS ILLUSTRÉS

CLARETIE (Jules). **Le Prince Zilah**. — Edition de luxe, illustrée par Tinayre.
Un volume in-8º broché . . . . *Épuisé*.

DAUDET (Alphonse). **Jack**. — Edition de luxe, illustrée par Montégut.
Deux volumes in-8º . . . . . . *Épuisé*.

MORIN (Louis). **Histoires d'autrefois. Jeannik**. — Un charmant volume in-12, orné de 87 dessins de l'auteur, tirés en noir et en couleurs . . . . *Épuisé*.

MORIN (Louis). **Le Cabaret du Puits sans Vin**. — Un charmant volume in-12, orné de 95 dessins de l'auteur, tirés en noir et en couleurs . . . . *Épuisé*.

MORIN (Louis). **Les Amours de Gilles**. — Un charmant volume in-12, orné de 178 dessins de l'auteur, tirés en noir et en couleurs.
Épuisé.

OHNET (Georges). **Serge Panine**. — Edition de luxe, illustrée par P. Destez.
Un beau volume in-8º raisin . . . *Épuisé*.

OHNET (Georges). **Le Maître de Forges**. — Edition de luxe, illustrée par Sahib.
Un beau volume in-8º raisin . . *Épuisé*.

OHNET (Georges). **La Comtesse Sarah**. — Edition de luxe, illustrée par A. Marie.
Un beau volume in-8º raisin . . *Épuisé*.

OHNET (Georges). **Lise Fleuron.** — Edition de luxe, illustrée par Tofani.
Un beau volume in-8° raisin, br. . 10 »

OHNET (Georges). **La Grande Marnière.** — Edition de luxe, illustrée par Myrbach.
Un beau volume in-8° raisin . . *Épuisé.*

OHNET (Georges). **Les Dames de Croix-Mort. Noir et Rose.** — Edition de luxe, illustrée par E. Mas.
Un beau volume in-8° raisin, br. . 10 »

OSMOND (comte d'). **Reliques et Impressions.** *Études, Silhouettes et Croquis.* — Préface d'Alexandre Dumas, de l'Académie française.
Un vol. in-8°, broché. 7 50

SERVIÈRES (Georges). **Richard Wagner jugé en France.** — Un vol. in-12, br. 3 50

ZOLA (Emile). **Germinal.** — Un beau volume in-4°, orné de nombreuses illustrations, par Ferat.
Broché . . . . 6 »

MÉDECINE, HYGIÈNE

BEAULAVON (Dr Paul). **La Phtisie.** — *Hygiène, Cure, Guérison,* Extinction de la phtisie, Cicatrisation du poumon, Contagion, Hérédité, Prédisposition, Préservation, Hygiène des prédestinés, Suralimentation, Cure d'air, Cure de repos, Sanatoria.

C'est par la diffusion de ce livre, livre de vulgarisation et non de science, dont le plan est basé sur ces deux phrases : « La tuberculose est *évitable* ; la tuberculose est *guérissable,* » qu'on en enrayera la marche, en indiquant à tous, les moyens de prévenir et les moyens de guérir.
Un volume in-18 raisin, broché . . 2 »

MANTEGAZZA (P.). **La Physiologie de la femme.** — Un volume in-18 raisin.
Broché. 3 50

MANTEGAZZA (P.). **Comment se marier?** — Un volume in-12, broché. . . . . 1 »

MANTEGAZZA (P.). **La Physiologie de la douleur.** — Un vol. in-12, broché. . 1 »

RENGADE (Dr J.). **Tempéraments et Maladies.** — Guide pratique et populaire de Médecine.
Un volume in-8°, broché . . . . 4 »

RENGADE (Dr J.). **Les Grands Maux et les Grands Remèdes.** — Traité complet des maladies qui frappent le genre humain.
Un gros volume in-8°, orné de nombreuses gravures en noir et en couleurs, br. . 15 »

RENGADE (Dr J.). **La Vie Normale et la Santé.** — Traité complet de la structure du corps humain. Un gros volume in-8°, orné de nombreuses gravures en noir et en couleurs.
Broché . . . . 15 »

RENGADE (Dr J.). **Les Besoins de la Vie et les éléments du bien-être.** — Traité pratique de la vie matérielle et normale de l'homme.
Un gros volume in-8°, orné de nombreuses gravures en noir et en couleurs, br. . 15 »

MODE, COSTUME

BOUCHOT (Henri). **La Toilette à la Cour de Napoléon.** — Chiffons et politique de grandes dames (1810-1815), d'après des documents inédits.
Un volume in-8°, broché . . . . . 5 »

BOUCHOT (Henri). **Les Élégances du second Empire.** — Nombreuses photographies.
Un volume in-12, broché 3 50

COFFIGNON. **Les Coulisses de la Mode.** — La Mode et sa physiologie, Fleurs et Plumes, les Chapeliers, les Tailleurs, l'Art du Couturier, les Grands Magasins, le Bijou, la Fourrure.
Un volume in-12, broché. . . . . 1 »

ROBIDA. **Mesdames nos Aïeules.** — Dix siècles d'élégances. Un charmant volume in-12, renfermant de nombreux dessins en noir et 30 aquarelles hors texte. . . . . . *Épuisé.*

MUSIQUE

GIRARD et ARRENAUD. **La Musique sans professeur en 50 leçons,** à l'usage des familles, des amateurs, des institutions de jeunes gens et de jeunes filles, des Sociétés chorales et instrumentales, etc. Voix et Instruments.
Un volume in-4°, broché 7 50

PÊCHE

RENOIR (Edmond). **La Pêche mise à la portée de tous.** — Engins, Matériel, le Pêcheur, la Pêche, le Poisson, Petites et Grandes Pêches, Législation, Jurisprudence. Un joli et fort volume in-12, avec gravures en noir et en couleurs.
Broché 3 50

PHILOSOPHIE, MORALE

BALFOUR (A.-J.). **Les Bases de la Croyance.** — Traduit de l'anglais par G. Art. Préface de F. Brunetière, de l'Académie Française.
Un volume in-8°, broché 7 50

LIBRAIRIE ILLUSTRÉE — 11 — Montgredien & Cie.

PHOTOGRAPHIE

DILLAYE (Frédéric). **La Pratique en Photographie,** avec le procédé au gélatino-bromure d'argent. Un beau volume in-8° orné de 200 illustrations dont 13 phototypographies, d'après les phototypes de l'auteur.
Broché . . . . 4 »

DILLAYE (Frédéric). **L'Art en Photographie :** *Art et Nature, Le Paysage, La Figure.* — Un beau volume in-8°, orné de nombreuses illustrations d'après les phototypes de l'auteur.
Broché . . . . 4 »

DILLAYE (Frédéric). **Le Développement en Photographie,** avec le procédé au gélatino-bromure d'argent. Un beau volume in-8" illustré d'après les phototypes-négatifs de l'auteur.
Broché . . . . 4 »

DILLAYE (Frédéric). **Le Paysage artistique en Photographie** — Un volume in-8° illustré d'après les phototypes de l'auteur.
Broché . . . . 5 »

DILLAYE (Frédéric). **Les Nouveautés photographiques** (Compléments annuels à *La Pratique* et à *L'Art en photographie*).

Année 1893. 1 beau vol. in-8° très illust. Br. 5 »
Année 1894.   —   —   — 5 »
Année 1895.   —   —   — 5 »
Année 1896.   —   —   — 5 »
Année 1897.   —   —   — 2 »
Année 1898.   —   —   — 2 »
Année 1899.   —   —   — 2 »
Année 1900.   —   —   — 2 »

POLITIQUE

BERGERET (Gaston). **Principes de Politique.** — Essai sur l'Objet, la Méthode et la Forme des divers gouvernements, l'Organisation des peuples et les Théories de la Souveraineté, avec un aperçu des principales questions constitutionnelles.
Un beau volume in-8°, broché. . . 7 50

RÉCRÉATIONS SCIENTIFIQUES.

FAIDEAU. **Les Amusements Scientifiques.** — Récréations sur les illusions ou erreurs des sens.
Ouvrage orné de 128 gravures et suivi d'une description des sens.
Un beau volume, format in-8°, br . 3 50

FAIDEAU. **La Botanique amusante.** — Récréations scientifiques en plein air et dans l'appartement. Expériences et récréations sur la Tige, la Racine, la Feuille et la Fleur, Germinations rapides, Mouvements des Plantes, Dissémination de graines, Cultures bizarres, Jouets rustiques, Plantes à formes animées, Curieuses particularités sur les végétaux. Un beau volume petit in-8°, très illustré.
Broché 3 50

FAIDEAU. **La Chimie amusante.** — Métalloïdes, Métaux, Sels, Précipités arborescents, Cristallisation, Arbres métalliques, Encres sympathiques, Bulles de savon, Couleurs d'aniline, les Flammes, Expériences à la portée de tous.
Un beau volume in-8°, très illustré.
Broché . . . . 4 »

ROMANS

COLLECTION IN-12

A 3.50 LE VOLUME

D'AIGREMONT (Paul). **Mère inconnue.**
. . . . 1 vol.

Monté Léone. . . . . 3 vol.
Tome I : Intrigue Mortelle.
Tome II : Frère et Sœur.
Tome III : Justice suprême.

Reine-Marie. . . . . 3 vol.
Tome I : Portes Closes.
Tome II : Le Supplice d'un Ange.
Tome III : La Vierge d'Orient.

BAULNY (Baronne de, née Rouher). **Scrupule.** . . . . 1 vol.

BOUBÉE (Simon). **La Marchande de Frites.** . . . . 2 vol.
Tome I : Le Testament d'un Martyr.
Tome II : Maman Fricoteau.

CAHU (Th.). **L'Enfant Martyr. Petit Pierre** . . . . 1 vol.

— **Un Héritage dans les Airs.** 1 vol.

— **Perdus dans l'Espace** . . 1 vol.

DECOURCELLE (Pierre). **Gigolette.** 2 vol.
Tome I : Amour de Vierge.
Tome II : Amour de Fille.

— **Le Chapeau gris** . . . . . 1 vol.

DEMESSE (Henri). **La Fleuriste des Halles.** . . . . 1 vol.

— **La Jeune Veuve.** . . . . . 3 vol.
Tome I : La Baronne Isabelle.
Tome II : Claude Renard, dit « Biribi. »
Tome III : L'Accusée.

GASTYNE (J. de). **Cœur Sacrifié.** 1 vol.

MAHALIN (Paul). **Le Filleul d'Aramis.**
. . . . 1 vol.

— **Les Aventuriers de Paris.** 1 vol.

— **Mademoiselle Monte-Cristo.** 1 vol.

— **Les Espions de Paris.** . . 1 vol.

— **Les Sergents de La Rochelle.** 1 vol.

— **La Fin de Chicot** . . . . 1 vol.

MAHALIN (Paul). **Haute Pègre.** 2 vol.
Tome I : Un Notaire au Bagne.
Tome II : La Boyarde.

MARY (Jules). **La Valse des Maris.** 1 vol.

— **Foudroyé** . . . . 1 vol.

— **La Pocharde!** . . . . . . 2 vol.
Tome I : La Mère aux Sept Douleurs.
Tome II : Celui qui venge.

MARY (Jules). **Les Aventures de Fanchon** . . . . 2 vol.
Tome I : La Mère sans enfants.
Tome II : A la recherche du Mari.

MARY (Jules). **L'Ami du Mari** . 1 vol.
— **Les Pigeonnes** . 1 vol.
— **Je t'aime** . . . . 1 vol.
— **Frédérique** (La Course au Bonheur.) . . . 1 vol.
— **Tante Berceuse.** 1 vol.
— **Quand même!** . 1 vol.
— **Le Boucher de Meudon.** 1 vol.
— **La Sœur Aînée** . 1 vol.
— **La Belle Ténébreuse.** 1 vol.
— **Roger la Honte.** *Épuisé.*
— **Guet-Apens.** . . 1 vol.
— **Paradis Perdu** . 1 vol.
— **Le Régiment** . . 2 vol.
— **En Détresse** . . . 1 vol.
— **Les Enfants Martyrs** (Deux Innocents.) 1 vol.
— **La Fée Printemps.** 1 vol.
— **Diane la Pâle** . . 1 vol.
— **Pantalon Rouge.** . 2 vol.
— **Blessée au Cœur.** 1 vol.
— **Mademoiselle Guignol** . 2 vol.
— **Miséricorde.** . . 1 vol.
— **Crime de Passion.** 1 vol.
— **La Charmeuse d'Enfants.** 2 vol.

MAUREL (André). **Les Justes Noces.** 1 vol.

Mémoires de M. d'Artagnan, Capitaine-lieutenant de la 1re compagnie des Mousquetaires. . . . . 3 vol.
Tome I : Le Cadet.
Tome II : Le Lieutenant.
Tome III : Le Capitaine.

PONT-JEST (René de). **La Meunière de Saint-Cado.** . . . . 1 vol.

RICARD (Xavier de). **Un Officier de fortune.** . . . . 1 vol.

ROCHEL (Clément). **Roméo et Juliette.**
1 vol.

SPOLL. **Le Pré-aux-Clercs** . . 1 vol.

— **La Belle Diane de Parthenay.**
1 vol.

— **La Guerre des Amoureux.**
1 vol.

VILLEMER (Maxime). **Maudite!** . 2 vol.
Tome I : Femme sans Cœur.
Tome II : Tous Réunis.

COLLECTION DES
ROMANCIERS CONTEMPORAINS
A 2 FR. 75 LE VOLUME

DEMESSE (Henri). **La Fille du Forgeron.**
1 vol.

MAHALIN (Paul). **La Brigande** . 2 vol.
Tome I : Devoir et Amour.
Tome II : Entre Blancs et Bleus.

MARY (Jules). **Mortel Outrage.** 2 vol.
Tome I : Soldats des Alpes.
Tome II : Le Secret de Marie-Rose.

MÉROUVEL (Ch.). **Misère et Beauté.**
2 vol.
Tome I : Sans Tombeau.
Tome II : L'une ou l'autre.

PONT-JEST (René de). **Le Mort qui se tue** . . . . 1 vol.

ROUSSET (Léonce). **Contes lointains.**
1 vol.

NOUVELLE
COLLECTION MODERNE,
A 1 FR. LE VOLUME

Aventures du comte de Rochefort. 1 vol.

BARRET (F.). **Péril de Mort.** (Roman d'aventures.) . . . . 1 vol.

GYP. **Ohé! les Dirigeants!** (Images coloriées du *Petit Bob*) . . . . . . 1 vol.

HOCHE (J.). **Autour d'un million.** (Mœurs d'aujourd'hui.) . . . . 1 vol.

HOGIER-GRISON. **Le Monde où l'on flibuste** . . . . 1 vol.

HUARD (L.). **Cherchons la Femme.**
1 vol.

INAUTH. **Cancans de plage..** 1 vol.

LADOUCHE (M.). **Souvenirs d'Aix-les-Bains.** . . . . 1 vol.

LE GOFFIC (Ch.). **Le Crucifié de Keraliès.** (Couronné par l'Académie française.)
1 vol.

LEGRAND (Ch.). **L'Homme de quarante ans.** (Roman moderne.) . . . . . 1 vol.

LIBRAIRIE ILLUSTRÉE — 13 — Montgredien & Cie

LEROY (Ch.). **Le Secret du sergent.** (Préface d'Alphonse Allais.) . . . . . 1 vol.
LEVALLOIS (J.). **Mémoires d'un critique.** (Souvenirs anecdotiques.) . . 1 vol.
MAILLARD (F.). **La Légende de la femme émancipée.** . . . . 1 vol.
MAUREL (André). **Les Trois Dumas.**
. . . . 1 vol.
MONTBARD (G.). **Le Cas de John Bull,** en Egypte, au Transvaal, au Vénézuéla et ailleurs. . . . . 1 vol.
ROCHEL (Cl.). **Les Cœurs stériles.** 1 vol.
SILVESTRE (A.) **Récits de Belle Humeur.**
. . . . 1 vol.
— **Contes désopilants.** —
— **Facéties de Cadet-Bitard.**
. . . . 1 vol.
— **L'Effroi des Bégueules.**
. . . . 1 vol.
— **Contes divertissants.**
. . . . 1 vol.
— **Au Pays des Souvenirs.**
. . . . 1 vol.
— **Qui lira, rira...** —
— **Histoires réjouissantes.**
. . . . 1 vol.
— **Fantaisies Galantes.** —
— **Contes au gros sel.** —
— **Histoires Inconvenantes.**
. . . . 1 vol.
— **Fariboles amusantes.** —
— **Histoires abracadabrantes.**
. . . . 1 vol.
— **Au fil du rire....** —
— **Histoires joviales.** —
— **Nouvelles gaudrioles.** —
— **Histoires extravagantes.**
. . . . 1 vol.
— **Nouveaux contes incongrus .....** —
— **Contes hilarants...** —
— **Histoires gauloises.** —

SAVOIR-VIVRE

PARISETTE (du *Figaro*). **Le Protocole mondain.** Un volume in-12.
Cartonnage souple, toile anglaise. . 3 50

SCIENCES
VULGARISATION SCIENTIFIQUE

FIGUIER (Louis). **Les Nouvelles Conquêtes de la Science.** — *Les Nouvelles applications de l'électricité. Grands Tunnels et Railways métropolitains. Voies ferrées dans les deux mondes. Isthmes et Canaux.*
Deux forts volumes in-4°, très richement illustrés, brochés. Chaque volume . . 10 »
Voir publications en livraisons.

FIGUIER (Louis). **Les Mystères de la Science.** — Deux beaux vol. in-8° illustrés.
Epuisé.

« **La Science Illustrée.** » Journal hebdomadaire fondé par Louis FIGUIER, rédigé par les principaux vulgarisateurs de notre époque : C. Flammarion, F. Dillaye, Dr J. Rengade, G. Moynet, Faideau, etc.
Chaque semestre forme un très beau volume. Broché. . . . . 6 »
Datant de 1888, la collection complète forme, à la fin de l'année 1899, 24 volumes in-8°. Chaque volume, broché. . . . 6 »
Chaque numéro, 16 pages in-4°, avec nombreuses illustrations . . . . » 25
Voir publications périodiques.

SCIENCES OCCULTES

UN INITIÉ. **Mystères des sciences occultes.** Principes fondamentaux des sciences occultes. Un très fort volume in-8° de 596 pages, orné de nombreuses illustrations.
Broché . . . . 10 »

DAVIS (Dr P.). **La Fin du monde des esprits.** — Un volume in-12.
Broché. . . . . 1 »

THÉATRE

MOYNET (Georges). **Trucs et décors.** — La Machinerie théâtrale, Explication raisonnée de tous les moyens employés pour reproduire les illustrations théâtrales, Parallèles des différentes machineries, Théâtres en bois et en fer, Application de la vapeur, de l'hydraulique, de l'électricité, les grandes Scènes d'opéra en France et à l'Etranger, Equipes et trucs des féeries et des pantomimes à clowns, les Appareils d'optique, les Théâtres géants, le vol de la Mouche d'or, La Loïe Fuller, l'Eclairage, les grands Trucs récents, le Décor et la mise en scène, etc., etc. Un très beau volume in-8° orné de nombreuses gravures.
Broché. . . . . 10 »

VÉLOCIPÉDIE

BAUDRY de SAUNIER. **Le Cyclisme Théorique et Pratique.**
Un très beau volume in-8°, orné de nombreuses gravures en noir et en couleurs.
Cartonnage anglais. . . . . . . *Epuisé.*

VOYAGES ET AVENTURES

BOUSSENARD (Louis). **Aventures, Périls et Découvertes des Grands Explorateurs en Afrique et en Océanie.** — Un fort vol. gr. in-8°, illustré de nombr. gravures de C. Clérice, J. Férat, E. Mas, Sahib. Broché. 10 »

BOUSSENARD (Louis). **Sans le Sou.** 1 vol. in-12 broché 2 75
BOUSSENARD (Louis). **Voyages et Aventures de Mlle Friquette.** 1 vol. in-12 b. 2 75
BOUSSENARD (Louis). **Le Tigre Blanc.** 1 vol. in-12 broché. . . 2 75
— **Le Secret de l'Or.** 1 vol in-12 broché. . . 2 75
— **Les Mystères de la Forêt Vierge.** 1 vol. in-12 broché . 2 75
BOUSSENARD (Louis). **Le Sultan de Bornéo.** 1 vol. in-12 broché 2 75
BOUSSENARD (Louis). **Les Pirates des Champs d'Or.** 1 vol. in-12 broché . 2 75
BOUSSENARD (Louis). **Les Drames de l'Afrique Australe.** 1 vol. in-12 br. 2 75
BOUSSENARD (Louis). **L'Ile en Feu.** 1 vol. in-12 broché. . 2 75
— **Le Trésor des Rois Cafres.** 1 vol. in-12 broché 2 75
BOUSSENARD (Louis). **Aventures Périlleuses de Trois Français au Pays des Diamants.** 1 vol. in-12 br. avec grav. 2 75
BOUSSENARD (Louis). **Aventures d'un Héritier à travers le Monde.** 1 vol. in-12 broché avec gravures. 2 75
BOUSSENARD (Louis). **Deux Mille Lieues à travers l'Amérique du Sud.** 1 vol. in-12 broché avec gravures 2 75
BOUSSENARD (Louis). **De Paris au Brésil par Terre.** 1 vol. in-12 br. avec grav. 2 75
BOUSSENARD (Louis). **Le Tour du Monde d'un Gamin de Paris.** 1 vol. in-12 broché avec gravures 2 75
BOUSSENARD (Louis). **Aventures d'un Gamin de Paris en Océanie.** 1 vol. in-12 broché avec gravures. 2 75
BOUSSENARD (Louis). **Aventures d'un Gamin de Paris au Pays des Lions.** 1 vol. in-12 broché avec gravures . 2 75
BOUSSENARD (Louis). **Aventures d'un Gamin de Paris au Pays des Tigres.** 1 vol. in-12 broché avec gravures . 2 75
BOUSSENARD (Louis). **Aventures d'un Gamin de Paris au Pays des Bisons.** 1 vol. in-12 broché avec gravures . 2 75
BOUSSENARD (Louis). **Les Mystères de la Guyane.** — Au Territoire contesté. 1 vol. in-12 broché avec gravures . 2 75
BOUSSENARD (Louis). **Les Secrets de M. Synthèse.** 1 vol. in-12 broché avec gravures 2 75
SALGARI. (Traduction de J. de Casamassimi.) **Les Mystères de la Jungle Noire.** 1 vol. in-12 broché avec grav. . . . 2 75
SALGARI. **Les Robinsons Italiens.** 1 vol. in-12 broché avec grav. . . . 2 75

DEBANS (Camille). **Aventurier malgré lui.** 1 volume in-12, broché. 3 50
DE FOË (Daniel). **Aventures surprenantes de Robinson Crusoé.** — Splendide édition complète, ornée de 120 gravures sur bois.
1 vol. in-8° jésus, broché. . . . 10 »
Relié . . . . 12 »
CHILD (Théodore). **A Travers l'Amérique du Sud.** — Les Républiques Hispano-Américaines. Un beau volume grand in-8°, très richement illustré de gravures sur bois.
Relié, fers spéciaux . . . . 12 »
CORTAMBERT. **Nouvelle Histoire des Voyages et des Grandes Découvertes Géographiques dans tous les Temps et dans tous les Pays.** — Deux beaux volumes grand in-8°, très abondamment illustrés.
. Deux vol. . . . . *Epuisé*.
HAVARD (Henry). — **La Hollande à vol d'oiseau.** — Très beau volume in-8°. Illustrations de Maxime Lalanne.
Broché. . . . . 25 »
Relié . . . . 32 »
HAVARD (Henry). **La Flandre à vol d'oiseau.** Très beau volume in-8°. Illustrations de Maxime Lalanne.
Broché . . . . 25 »
Relié . . . . 32 »
MONTBARD. **En Egypte.** — Notes et Croquis d'un Artiste. Un beau volume in-8°, orné de nombreuses gravures sur bois.
Broché. . . . . 20 »
MONTBARD. **A Travers le Maroc.** — Notes et Croquis d'un artiste. Un beau volume grand in-8°, orné de nombreuses gravures sur bois, broché. . . . . 10 »
Relié, fers spéciaux. . . . . 12 »

Journal des Voyages. — Recueil hebdomadaire très abondamment illustré par nos premiers artistes, donnant, en inédit, les Romans d'Aventures de Voyages des Auteurs les plus célèbres, les Récits d'Exploration des grands Voyageurs et Explorateurs français. Description des principales Villes du Monde. Mœurs et Coutumes des Peuples. Grandes Chasses et Grandes Pêches.
Chaque N°, 16 pages, format in-4°. » 15
Il paraît chaque semestre :
Un volume, broché. . . . . 4 »
La collection complète se compose, à la fin de l'année 1899, de 45 volumes in-4° à . 4 »
Cette collection unique constitue à elle seule une véritable bibliothèque, tant par la variété des sujets traités que par l'abondance des matières qu'elle renferme. Les lecteurs de tous les âges y trouveront amplement de quoi s'instruire ou se récréer, suivant leurs goûts.

Voir publications périodiques.

PUBLICATIONS ILLUSTRÉES
EN SOUSCRIPTION PERMANENTE

LIVRAISONS A 0.10 CENTIMES

AIGREMONT (P. d'). **Les Mystères du cœur:** Reine-Marie ; Mère inconnue; Monté Léone. — (248 livraisons.)

AMERO. **Le Tour de France d'un Petit Parisien.** — (100 livraisons.)

BAUER (E.). Professeur aux associations polytechnique et philotechnique. — **L'Allemand simplifié.** — (52 livraisons.)

BOUSSENARD (Louis). **Les Robinsons de la Guyane.** — (240 livraisons.)

BOUSSENARD (Louis). **Le Secret de Germaine.** — (153 livraisons.)

BOUSSENARD (Louis). **Le Tour du Monde d'un Gamin de Paris.** — (210 livraisons.)

BOUSSENARD (Louis). **Aventures, Périls et Découvertes des Voyageurs à travers le Monde.** — (202 livraisons.)

BOUSSENARD (Louis). **Aventures d'un Héritier à travers le Monde.** — (232 livr.)

DECOURCELLE (Pierre). **Les Amours d'aujourd'hui.** — (298 livraisons.)
Gigolette ; Fanfan ; Le Chapeau gris ; Le Crime d'une Sainte.

DEMESSE (Henri). **Les Drames de la Famille.** — (98 livraisons.)

ENGELBRECHT, Professeur aux associations polytechnique et philotechnique. — **L'Anglais simplifié.** — (42 livraisons.)

FIGUIER (Louis). **Les Nouvelles Conquêtes de la Science.** — (204 livraisons.)

FIGUIER (Louis). **Les Mystères de la Science.** — (170 livraisons.)

HENNEBERT (Lieut.-Colonel). **Nos Soldats.** — (127 livraisons.)

JACOLLIOT. **Les Grands Chercheurs d'Aventures.** — (262 livraisons.)
Le Coureur des Jungles; Les Mangeurs de feu; Les Ravageurs de la Mer.

LEFÈVRE (H.). **La Comptabilité et le Commerce.** — (77 livraisons.)

LEPELLETIER (Edmond). **Les Grands Succès Dramatiques.** — (343 livraisons.)
Madame Sans-Gêne; La Closerie des Genêts; Fualdès; Le Fils de la Nuit.

MÉROUVEL (Charles). **Les Crimes de l'Amour.** — (300 livraisons.)
Chaste et Flétrie ; Abandonnée; Mortes et Vivantes.

MÉROUVEL (Charles). **Les Crimes de l'Argent.** — (300 livraisons environ.)
La Fille de l'Amant; Vierge et Déshonorée.

MONET (Henri). **Les Drames de Grands Chemins.**
L'Éventreur, la vie mystérieuse et les crimes de Vacher. (120 livraisons.)

MORET (Eugène). **Les Confessions Galantes.** — (204 livraisons.)
Confessions de Ninon de Lenclos ; de Mademoiselle de La Vallière; de Madame de Pompadour.

NOIR (Louis). **Le Grenadier Sans-Quartier.** — (280 livraisons.)

OHNET (Georges). **Les Batailles de la Vie.** — (357 livraisons.)
Le Maître de Forges ; La Comtesse Sarah; Serge Panine; La Grande Marnière; Les Dames de Croix-Mort ; Lise Fleuron ; Dernier Amour ; Volonté ; Le Docteur Rameau.

RICHEBOURG (Emile). **Cendrillon, la Fée de l'Atelier.** — (153 livraisons.)

ROBIDA (A.). **Paris à travers l'Histoire.** — (101 livraisons.)

ROUSSET (Lieutenant-Colonel). **Histoire Populaire de la Guerre de 1870-71.** — (237 livraisons.)

TROUSSET (Jules). **Encyclopédie Usuelle des Connaissances Utiles.** — (200 livr.)

TROUSSET (Jules). **Les Merveilles de l'Exposition de 1900.** — (200 livraisons environ.)

VARIGNY (C. de). **Nouvelle Géographie Moderne des cinq parties du Monde.** — (220 livraisons.)

VILLEMER. **Les Détresses de la Vie.** — (104 livraisons.)
Les Crimes d'un Ange.

LIVRAISONS A 0.15 CENTIMES

ROBIDA (A.). **Œuvres de Rabelais Illustrées.** — (125 livraisons.)

LIVRAISONS A 0.25 CENTIMES

GIRARD et ARRENAUD. **La Musique sans Professeur** *en Cinquante leçons* (51 livr.)

VALTON (Edmond). **Le Dessin théorique et pratique.** — (49 livraisons.)

LIVRAISONS A 30 CENTIMES

Exposition Illustrée (l'). Panorama in-4° oblong (8 pages).

LIVRAISONS A 0.50 CENTIMES

EXPOSITION DE PARIS DE 1900 (l'). Ouvrage complet en 120 livraisons à 0 fr. 50.

TROUSSET (Jules). **Nouveau Dictionnaire Encyclopédique Universel Illustré.** — (300 livraisons.)

LIVRAISONS A 60 CENTIMES

BORDIER (H.), CHARTON (Ed.) et DUCOUDRAY (G.). **Histoire de France pour Tous** (16 ou 17 fascicules.)

ROUAIX (Paul). **Dictionnaire des Arts Décoratifs**, à l'usage des amateurs, artisans, artistes, etc. (16 ou 17 fascicules.)

LIVRAISONS A 1 FRANC

HAVARD (Henri). **La France Artistique et Monumentale.** — *Publication de luxe, avec illustrations dans le texte et hors texte.* (150 livraisons).

Table alphabétique par Noms d'Auteurs

	Pages
Aigremont (P. d')	11, 15
Amero	15
Armoises (Olivier des)	6
Arrenaud et Girard	10, 15
Artagnan (d')	12
Balfour (A.-J.)	10
Barret (F.)	12
Baudry de Saunier	13
Bauer	9, 15
Baulny (Baronne de)	11
Beaulavon (Dr P.)	10
Bergeret (G.)	11
Bigarré (T.)	6
Blémont (T.)	6
Bordier, Charton, Ducoudray	7, 15
Boubée (S.)	11
Bouchot (H.)	7, 10
Boulart	7
Boussenard (L.)	4, 13, 14, 15
Cahu (Th.)	11
Charton (Voir Bordier et Charton)	
Child (Th.)	7, 15
Claretie (J.)	14
Coffignon (A.)	7, 9
Collignon (M.) et Rayet (O.)	5, 10
Cortambert	4
Cozic (H.)	11
Dash (Comtesse)	4
Daudet (A.)	7
Daudet (E.)	9
Davis (Dr P.)	7
Debans (C.)	13
Decourcelle (P.)	14
Defert	11, 15
De Foë (D.)	5
Dellard	14
Demesse (H.)	7
Dillaye (F.)	11, 12, 15
Ducoudray (Voir Bordier & Charton)	7, 11
Engelbrecht	9, 15
Expositions	5, 6, 15
Faideau	11
Figuier (L.)	13, 15
Gastyne (J. de)	11
Gausseron	5
Geoffroy (L.)	5
Girard et Arrenaud	10, 7
Gonse (L.)	3
Gozlan	6
Grand-Carteret (J.)	5, 7
Gyp	6, 12
Havard (H.)	3, 4, 14, 15
Hennebert (Lieutenant-Colonel)	
Hoche (J.)	7, 15
Hogier-Grison	12
Huard (L.)	12
Inauth	12
Initié (Un)	13
Jacolliot	15
Jossier	5
Ladouche (M.)	12
Lefèvre (H.)	4, 15
Lefort (A.)	3
Le Goffic (Ch.)	12
Legrand (Ch.)	12
Lepelletier (Edm.)	7, 8, 13
Leroy (Ch.)	15
Levallois (J.)	13
Lostalot (A. de)	3
Mahalin (P.)	11, 12
Maillard (F.)	13
Malbessan (Baron de)	4
Mantegazza (P.)	10
Mantz (P.)	12
Manuel	4
Marin (Capitaine P.)	8
Marinette	4
Mary (J.)	12
Maurel (A.)	12, 13
Mérouvel (Ch.)	12, 15
Michel (A.)	3
Monet (H.)	15
Montbard	13, 14
Moret	15
Moride (F.)	9
Morin (L.)	6, 9
Moulidars (T. de)	9
Moynet (G.)	13
Noir (L.)	15
Ohnet (G.)	9, 15
Ollivier (Mme)	8
Oméga (Lieutenant-colonel)	8
Osmond (comte d')	10
Parisette	13
Patry (lieutenant-colonel)	8
Pont-Jest (R. de)	12
Proudhon (P.-J.)	8
Rayet (O.) et Collignon (M.)	4
Rengade (Dr J.)	9, 10
Renoir (Ed.)	10
Ricard (X. de)	12
Richard (J.)	8
Richebourg (E.)	15
Robida (A.)	4, 6, 10, 15
Rochefort (comte de)	12
Rochel (Cl.)	12, 13
Rouaix (P.)	4, 15
Rousset (Lieutenant-Colonel)	8, 15
Rousset (Léonce)	12
Salgari	14
Salles (Mme Louise de)	5
Servières (G.)	10
Silvestre (A.)	13
Spoll	12
Thoumas (général)	8
Trousset (J.)	5, 8, 15
Turquan (J.)	9
Vachon (M.)	4
Valton (Ed.)	4, 15
Varigny (C. de)	6, 15
Villemer (M.)	12, 15
Watteau	4
Wyzewa (T. de)	3
Zola (E.)	10

PUBLICATIONS

techniques

pour les Arts et Industries

DU LIVRE

PARIS
Arnold MULLER, 36, rue de Seine
Téléphone 269-07

Janvier 1900

TABLE SYSTÉMATIQUE

PAR ORDRE ALPHABÉTIQUE DES MATIÈRES

Adresses. Annuaire de l'Imprimerie.
Annuaires. Annuaire de l'Imprimerie.
Arts et Métiers. Annuaire de l'Imprimerie, Greffier, Hesse, Revue des Industries du Livre, Tarif parisien de la Composition typographique.
Arts Industriels. Annuaire de l'Imprimerie, Greffier, Hesse, Revue des Industries du Livre, Tarif parisien de la Composition typographique.
Bibliographie. Annuaire de l'Imprimerie, Revue des Industrie du Livre.
Enseignement. Annuaire de l'Imprimerie, Greffier, Hesse, Revue des Industries du Livre.
Fabrication. Annuaire de l'Imprimerie, Greffier, Hesse, Revue des Industries du Livre, Tarif parisien de la Composition typographique.
Industrie. Annuaire de l'Imprimerie, Greffier, Hesse, Revue des Industries du Livre, Tarif parisien de la Composition typographique.
Langues étrangères. Annuaire de l'Imprimerie.
Lithographie. Annuaire de l'Imprimerie, Hesse, Revue des Industries du Livre.
Machines. Annuaire de l'Imprimerie, Hesse, Revue des Industries du Livre.
Métiers. Annuaire de l'Imprimerie, Greffier, Hesse, Revue des Industries du Livre, Tarif parisien de la Composition typographique.
Photographie. Annuaire de l'Imprimerie, Hesse, Revue des Industries du Livre.
Statistique. Annuaire de l'Imprimerie, Revue des Industries du Livre.
Technologie. Annuaire de l'Imprimerie, Greffier, Hesse, Revue des Industrie du Livre, Tarif parisien de la Composition typographique.
Travaux manuels. Annuaire de l'Imprimerie, Greffier, Hesse, Revue des Industries du Livre, Tarif parisien de la Composition typographique.

Annuaire de l'Imprimerie

Paraît tous les ans depuis 1890

Par Arnold MULLER, Typographe

AVEC LA COLLABORATION DE PLUSIEURS PRATICIENS DES ARTS GRAPHIQUES

Relié en toile, **2** fr. l'exemplaire

L'Annuaire de L'Imprimerie est suffisamment connu pour que nous n'ayons pas besoin de le présenter. Il donne tous les ans d'inédites notices variées techniques, historiques et des principaux faits de l'année; les adresses de toutes les associations, de tous les journaux et des publications nouvelles des Industries du Livre; les adresses de tous les imprimeurs typographes, lithographes et autres de France, de Belgique, d'Alsace-Lorraine, du grand-duché de Luxembourg et de Suisse, mises annuellement à jour. Il se termine par un *Semainier* en couleurs, de 52 pages, pour notes quotidiennes.

L'Annuaire, avec ses illustrations et ses nombreux renseignements utiles, est fait avec le soin qu'exige une publication destinée a l'Imprimerie.

EXTRAIT DE LA TABLE DES MATIÈRES

Fournisseurs de l'Imprimerie.
Journaux techniques de France, de Belgique et de Suisse.
Publications nouvelles.
Imprimeurs typographes de Paris.
Imprimeurs lithographes de Paris.
Imprimeurs en taille-douce.
Imprimeurs en phototypie.
Imprimeurs typographes et imprimeurs lithographes des départements et des colonies françaises.
Imprimeurs typographes et imprimeurs lithographes de Belgique.
Imprimeurs typographes et imprimeurs lithographes d'Alsace-Lorraine.
Imprimeurs typographes et imprimeurs lithogr. du gr.-duché de Luxembourg.
Imprimeurs typographes et imprimeurs lithographes de Suisse.
Sociétés et syndicats de Paris, des départements et des colonies.
Ecoles professionnelles.
Cours publics et gratuits.
Législation de la presse.
Loi sur les accidents du travail.

Tarifs postaux.
Les hommes célèbres des Industries du Livre.
Les principaux faits de l'année.
Notices techniques.
Guide pour la composition des langues étrangères.
Notices historiques.
Extrait du Tarif parisien de composition typographique.
Tarif approximatif de travaux à façon, impression typographique, impression lithographique, façonnage, assemblage, réglure, numérotage, perforage, brochage, reliure, laminage, gommage, vernissage, photogravure, similigravure, galvanoplastie, stéréotypie.
Table typolignométrique.
Barème du prix de la rame de papier basé sur le prix des 100 kilog.
Table de concordance des différents formats de papier.
Modèle de corrections.
Typomètre-centimètre.
Modèles d'impositions

Les années 1891, 1892 et 1893 de l'*Annuaire de l'Imprimerie* sont épuisées.
Les autres années sont en vente au prix de **2 francs** l'exemplaire, relié en toile.

La Chromolithographie
et la
Photochromolithographie

par Frédéric HESSE

Directeur technique des ateliers lithographiques de l'Imprimerie nationale de Vienne

ÉDITION FRANÇAISE, revue et augmentée, avec 87 figures dans le texte
par ALBERT MOUILLOT, *Rédacteur à la Revue des Industries du Livre, et* G. LEQUATRE
Professeur à l'École municipale Estienne
Préface de A. VALETTE, Directeur de l'École des Arts graphiques Jean de Tournes, de Lyon

Prix : 15 francs

EXTRAIT DE LA PRÉFACE

Tout est passé en revue et soigneusement développé dans cet ouvrage, la pierre et le zinc, le matériel nécessaire au dessinateur, à l'imprimeur, au papetier, les essais de couleurs, les tirages sur papiers ou métaux, à la presse à bras ou à la presse mécanique.

La photochromolithographie en divers procédés, la photogravure et l'héliolithogravure, qui sont à peu près inconnues jusqu'à ce jour, de la plupart des ouvriers lithographes, sont aussi expliquées en termes aussi clairs que précis par le maître viennois, et forment l'ouvrage technique, traitant des dérivés de la lithographie proprement dite, le plus complet et le plus instructif paru à ce jour.

A. VALETTE,
Directeur de l'École des Arts graphiques
Jean de Tournes, de Lyon.

TABLE DES MATIÈRES
PREMIÈRE PARTIE
LES PROCÉDÉS DIRECTS DE LA CHROMOLITHOGRAPHIE

INTRODUCTION. — *I. Principes généraux de l'impression lithographique.* — *II. La chromolithographie :* Le dessin à la plume. Le crayon. L'autographie. Le report. La gravure. La gravure à l'eau forte.

CHAPITRE PREMIER. — MATÉRIEL, OUTILLAGE, PRESSES A BRAS, PRESSES MÉCANIQUES. — *I. Pierres lithographiques et zinc.* — *II. Instruments et matériel de dessin :* Les matières grasses. Instruments divers. — *III. Les papiers :* Papier à calquer. Papiers autographiques. Papiers à report. — *IV. Vernis et couleurs :* Vernis. Siccatifs. Encres pour impression en noir. Encres pour impression en couleurs. Bronzes. Encres à report et de conserve. — *V. Acides et matières diverses :* Acide nitrique ou azotique. Acide phosphorique. Acide chlorhydrique ou muriatique. Acide acétique. Acide citrique.

Acide oxalique. Acide gallique. Alun. Ether. Essence de térébenthine. Gomme arabique. Bitume. Colophane. Huile de lin. Essence de lavande. Glycérine. Suif. Cire. Savon. Gomme laque. Mastic. Gomme-gutte. Colle. Amidon. Pierre ponce naturelle. Pierre ponce artificielle. Sable quartzeux. Seiche ou sèche. Poudre de talc. Poudre de riz. Magnésie. Plâtre. — *VI. La presse à bras et ses accessoires* : Les presses mécaniques.

CHAPITRE II. — LA CHROMOLITHOGRAPHIE. — *I. La préparation mécanique des pierres* : Le dressage. Le ponçage. Le grainage. Le polissage. Le doublage des pierres. — *II. La calque, la pierre matrice, les décalques*. — *III. Analyse et composition des teintes* : Nombre et choix des teintes. Analyse des teintes. Superposition des teintes. — *IV. Exécution des pierres de teintes* : Procédé au crayon. Procédé à la plume. Autographie. Gravure sur pierre. Eau-forte. Gravure à la machine.

CHAPITRE III. — L'IMPRESSION CHROMOLITHOGRAPHIQUE. — *I. Préparation chimique des pierres* : Acidulation. Préparation en creux. Montage en relief. — *II. Tirage des épreuves* : Crayon. Plume et report. Gravure et eau-forte. Ordre de tirage des couleurs. La gamme des couleurs. — *III. Le registre* : Registre à la marque. Registre aux aiguilles. Influence du papier sur le registre. — *IV. Le report* : Report du dessin à la plume. Report du crayon. Report de dessin en creux. Report autographique. Report négatif. Report par l'appareil à réduction. Report combiné. Impressions en couleurs par report de réseaux. — *V. Tirage à la presse à bras* : Impression. Altérations pendant le tirage et moyens d'y remédier. Impressions aux bronzes et aux couleurs en poudre. Séchage des diverses couleurs. — *VI. Tirage à la presse mécanique* : Rouleaux et encrage. Tamponnage et mouillage de la pierre. Le cylindre. Position du dessin sur la pierre. Calage de la pierre. Tirage en couleurs.

CHAPITRE IV. — DIVERS PROCÉDÉS ACCESSOIRES. — *I. La métachromatypie* : Impression. Transport. Préparation des papiers. — *II. La diaphanie* : Observations générales. Couleurs pour la diaphanie. Vernis pour la diaphanie. — *III. Impression sur métal* : Impression directe à la presse à bras. Préparation du métal. Emploi de la métachromatypie. Impression indirecte à la presse mécanique. — *IV. Impression en imitation ou à empreinte* : Observations générales. Préparation des pierres. Impression. Machine à gaufrer.

SECONDE PARTIE

LA PHOTOCHROMOLITHOGRAPHIE

INTRODUCTION. — CHAPITRE PREMIER. — LE CLICHÉ. — *I. Négatif humide* : Préparation des plaques de verre. Collodionnage et sensibilisation. Mise au point et exposition. Développement et renforcement. Fixage. Renforcement après fixage. — *II. Négatif sec* : Exposition. Développement. Fixage. Lavage. — *III. Renversement du négatif* : Photographie au moyen du prisme. Négatifs renversés par exposition de la plaque. Négatifs transposables. Enlèvement et transport des pellicules négatives. — *IV. Retouche du négatif*.

CHAPITRE II. — LA PHOTOTYPIE APPLIQUÉE A L'IMPRESSION EN COULEURS. — *I. Préparation de la planche phototypique* : Préparation des glaces. Première préparation. Seconde préparation. Tirage à la lumière. Lavage. — *II. Impression de la planche phototypique* : Mouillage au caustique. Impression. Papier. Presse phototypique à bras. Machine phototypique. — *III. Impression phototypique des couleurs*. — *IV. Phototypie et chromolithographie*. — *V. Report phototypique et chromolithographique*.

CHAPITRE III. — LA PHOTOGRAVURE ET L'IMPRESSION EN COULEURS. — *I. Photogravure*. — *II. Photolithographie à l'aide de papier préparé à la gélatine bichromatée*. Préparation et sensibilisation du papier. Exposition. Encrage de la copie. Renversement de l'épreuve. — *III. Photographie à l'aide de la copie directe* : Procédé au bitume, au blanc d'œuf. Procédé à l'émail. — *IV. Préparation des planches de couleurs*.

CHAPITRE IV. — PROCÉDÉS DIVERS. — *I. Procédé au bitume Orell, Füssli et Cie*. — *II. Procédé Bartos*. — *III. Gravure héliographique*. — *IV. Gravure héliographique sur pierre*.

APPENDICE. — IMPRESSION AUX TROIS COULEURS PRIMAIRES. — TABLE ALPHABÉTIQUE. — TABLE DES MATIÈRES.

Les
Règles ^de_la Composition
Typographique

par Désiré GREFFIER, correcteur=typographe

❦ ❦ ❦ ❦ ❦

EXTRAIT DE LA PRÉFACE

DEPUIS une vingtaine d'années, le caprice et le désir de se singulariser ont introduit dans les imprimeries une infinité de *marches* qui n'ont rien de typographique — parce qu'elles sont sans logique et sans beauté — et qui ont porté à son plus haut degré la négligence des véritables lois de la composition. Ce sont ces lois, créées par les maitres et un long usage, que j'expose dans ce livre.

Les cas habituellement discutés ont été soumis à un examen consciencieux, et, déterminé à ne pas faire œuvre personnelle et à ne pas apporter mon contingent à la variété des opinions, je me suis prononcé pour l'usage toutes les fois qu'il n'était pas en désaccord avec la logique.

Les règles typographiques, qui ont fait de la correction, selon l'expression de Crapelet, « la plus belle parure des livres, » ne sont pas un hors-d'œuvre, un superflu.

Elles sont un nécessaire dont l'ignorance entraine d'onéreuses corrections aux compositeurs et d'éternelles discussions entre correcteurs et compositeurs.

J'ai exposé ces règles avec le plus de clarté qu'il m'a été possible, et j'ai exposé les raisons qui, dans les cas discutés, m'ont fait adopter telle forme plutôt que telle autre.

❦ ❦ ❦ ❦ ❦

EXTRAIT DE LA TABLE DES MATIÈRES

Orthographe.	*Nombres.*	*Tirets.*
Espacement.	*Titres d'ouvrages.*	*Renvois de notes.*
Séparation des mots d'une ligne à l'autre.	*Majuscules.*	*Alignements.*
	Alinéas.	*Accolades.*
Division d'un mot à la fin d'une ligne.	*Sommaires.*	*Vers.*
	Ponctuations.	*Pièces de théâtre.*
Abréviations.	*Parenthèses.*	*Signes de correction.*
Chiffres romains.	*Guillemets.*	*Appendice.*

Prix : 1 franc

MANUEL
DES
Signes de la Correction
TYPOGRAPHIQUE

à l'usage des Auteurs, Correcteurs et Compositeurs

Par Désiré GREFFIER, Correcteur-Typographe

╋ ╋ ╋ ╋ ╋

Exposé des Signes de la Correction
Lecture des Épreuves typographiques — Correction des Journaux
Revision des Tierces — Tableau de Répartition des Blancs
Modèle de Corrections

Prix : 75 centimes

Les signes de la correction typographique, langage conventionnel adopté dans les imprimeries de tous les pays du monde, méritent, par leur clarté, leur saisissante expression, d'être scrupuleusement conservés, ainsi qu'ils l'ont été depuis plusieurs siècles.

Trop souvent, les auteurs retournent à l'imprimerie des épreuves où les signes de la correction sont imparfaitement figurés, ce qui expose à des fautes ou à des pertes de temps.

Ce petit *Manuel des Signes de la correction typographique*, contenant un exposé détaillé des signes, mettra à même tous les écrivains, après quelques instants d'attention, de corriger leurs épreuves conformément aux habitudes typographiques.

Ce *Manuel* contient des conseils pratiques sur la lecture des épreuves (lecture en typographique, lecture en bon à tirer et lecture des journaux).

L'instruction pour la revision des tierces est accompagnée d'une définition complète du mode de répartition des blancs des garnitures et d'un tableau pratique des blancs à répartir.

Ce petit livre sera d'une grande utilité pour les auteurs, les correcteurs, les imprimeurs et compositeurs.

Il est le complément des *Règles de la composition typographique*, du même auteur, et ces deux livres, réunis, pourraient s'intituler : *Le Guide pratique du Correcteur.*

PUBLICATION FONDÉE EN 1894

Revue

✣ ✣ Des Industries

Du Livre

Imprimerie } *et tout ce qui*
Librairie   } *s'y rattache*
Papeterie   } Paraissant tous les mois

Arnold MULLER, Directeur

ADMINISTRATION : | ABONNEMENTS :
36, rue de Seine, PARIS | France, 2 fr. -- Étranger, 3 fr.

On s'abonne sans frais dans tous les Bureaux de Poste

TARIF PARISIEN
de la
Composition Typographique
élaboré par la Commission patronale de 1878

Prix : 50 centimes

Librairie classique
Fernand Nathan
18, rue de Condé, PARIS

Publ. N° 1507.   Ce Catalogue annule les précédents.   Mars 1900

Enseignement des Écoles maternelles.
Enseignement primaire. — Enseignement primaire supérieur.
Enseignement des Écoles normales.
Enseignement secondaire moderne et classique.
Enseignement secondaire des jeunes filles.

Agriculture. BOUVIER et LETRAIT. DAVID, DEGHILAGE, LABEYRIE, H. DE PUYTORAC.
Anthologie. PIERRE et LETRAIT, J. STEEG.
Antialcoolisme. J. STEEG, LEMOINE, LEGRAIN, GALTIER-BOISSIÈRE, PÉRÈS, VALETTE.
Arithmétique. A. LACLEF, E. JACQUET, LABEYRIE et GILLET, GUYON.
Cahiers d'écriture. HEISSAT.
Cartes géographiques. BONNEFONT, DODU, VAST.
Classiques. Divers.
Dessin. AZAÏS, E. BOCQUILLON, Mlle BRÉS, CHANCEL et AZAÏS, FONTAINE et COLMONT.
Droit. BOURGUEIL.
Économie domestique. BOUVIER et LETRAIT.
Éducation et Enseignement. Divers.
Géographie. DODU, HEISSAT et AZAÏS, LABEYRIE et GILLET.
Grammaire. LABEYRIE et GILLET, PESSONNEAUX et GAUTIER, POSTEL.
Histoire. AMMANN et COUTANT, LABEYRIE et GILLET, Mlle KŒNIG.
Histoire littéraire. VINCENT et BOUFFANDEAU.

Histoire naturelle. LABEYRIE et GILLET, D^r VAN GELDER.
Industrie. BAUDRILLARD et LETRAIT.
Langues vivantes. HEYWOOD, LOMBARD.
Lecture. ANGOT et BONHOURE, BAUDRILLARD, BOUVIER et LETRAIT, Mlle KŒNIG, PIERRE et MINET, LETRAIT, J. STEEG, A. VINCENT.
Livres d'enseignement. Divers.
Matériel scolaire. AZAÏS, Mlle BRÉS, Mlle KŒNIG, DE PUYTORAC, PIERRE et MINET. — Collection de Maximes murales.
Morale. LABEYRIE et GILLET, PIERRE, J. STEEG, PIERRE ET LETRAIT.
Musique. BOUTIN, ISORÉ, MINARD, SOURILAS.
Pédagogie. Mlle J. BRÉS, CORNOT et GILLET, PAVETTE, P. VINCENT.
Physique. D^r VAN GELDER.
Poésies. OCT. AUBERT.
Sciences naturelles. LABEYRIE et GILLET, D^r VAN GELDER.
Théâtre de la jeunesse. Divers.
Travaux manuels. Mlle S. BRÉS.

ÉCOLES MATERNELLES

Matériel des Écoles Maternelles. Il nous est impossible, dans le présent Catalogue, de donner le détail des nombreux objets qui composent ce matériel : nous prions les lecteurs que ce matériel intéresse de nous en demander le *Catalogue spécial et raisonné* qui leur sera adressé *franco*.

Le Ménage de la poupée, *collection d'objets en nature*, accompagnés de plus de 60 plans de Leçons de Choses à l'usage des Écoles maternelles, des Cours préparatoires, des classes élémentaires, etc., et des professeurs de langues vivantes, par Mlle **Marie Kœnig**, ancienne inspectrice des Écoles maternelles, lauréate de l'Académie française, officier de l'Instruction publique. La boîte et la brochure explicative.. » »

Jeux et occupations pour les petits, par Mlle **S. Brés**, *Jeux de balles, enfilage des perles, construction, le carrelage, modelage, dessin, piquage et broderie, tressage, tissage, pliage, découpage*.

1 beau vol. in-4° orné de plus de 1 000 gravures, broché.............. 3 50
Relié f. toile................ 4 50
Adopté par le Ministère de l'Instruction publique pour les Bibliothèques scolaires et pédagogiques.

La Boîte d'application, charmante boite composée de tous les objets dont il est question dans le livre et permettant d'exécuter tous les travaux qui y sont indiqués................... 7 50

LECTURE — ÉCRITURE — RÉCITATION — MORALE
MES PREMIÈRES LECTURES
Cours complet de Lecture et de Morale
Par A. PIERRE, A. MINET et Mlle A. MARTIN

Les Tableaux muraux de la Méthode de lecture de *A. Pierre*, inspecteur général de l'Instruction publique, *A. Minet*, inspecteur primaire à Lille, et Mlle *A. Martin*, agrégée des lettres. *18 Tableaux* double face, de $0^m,63 \times 0^m,90$ de hauteur, *imprimés en gros caractères* visibles de loin, sur papier très fort simili-japon *indéchirable* munis d'œillets, prêts à placer au mur. *La collection des 18 tableaux*.. **12 50**

Appareil spécial pour suspendre au mur....................... » **90**

Carton pour enfermer la collect. **2** »

Assez grands pour être vus de loin, les caractères employés sont nets, clairs. Les dessins sont du maître dessinateur Fernand Fau, qui n'a pas dédaigné d'apporter à ces modestes dessins ses qualités maîtresses de clarté. Le format 0^m63 de largeur sur 0^m90, a été très étudié : il n'est pas encombrant et peut trouver place dans toutes les écoles ; assez grands cependant, ces tableaux peuvent être maniés facilement. Nous n'insisterons pas sur les principes qui ont présidé à la réalisation des **tableaux muraux**: ce sont les mêmes qui ont guidé les auteurs dans leurs livrets de lecture et cependant il y avait ici une difficulté; on ne pouvait reproduire toutes les leçons de la *Méthode* et il fallait faire un choix. C'est à quoi se sont exercés les auteurs, et ils ont réussi pleinement dans leur tâche.

Méthode de Lecture et Récits enfantins (1er degré, PRÉPARATOIRE), appropriée à l'âge et à l'intelligence des enfants.

1er **Livret**. 1 v. in-8, cart. (11e *éd.*). » **30**
2e **Livret**. 1 v. in-8, cart. (7e *édit.*). » **50**

Chaque difficulté est présentée séparément et successivement, de sorte que l'enfant apprend vite à les résoudre. On sent, dans toute cette méthode, la collaboration des deux hommes passionnés pour l'enfance, dont l'un est un homme de pratique (M. MINET, ancien instituteur), et dont l'autre est un homme de science (M. PIERRE, agrégé de grammaire). Il était difficile de faire neuf et mieux après tant de méthodes et cependant les auteurs y ont réussi.

Nos petits Amis (2e degré, ÉLÉMENTAIRE) (9e *édit.*). 1 vol. in-12, cart. » **60**
Le Livre du Maître. 1 vol. in-12, cartonné.................... **1** »

Contes et Historiettes morales (3e degré, ÉLÉMENTAIRE ET MOYEN). 1 vol. in-12 (8e *édition*), cartonné...... » **80**
Le Livre du Maître. 1 vol. in-12, cartonné.................. **1 20**

Mon Cousin Jacques, *histoire d'un candidat au Certificat d'études* (4e degré, MOYEN ET SUPÉRIEUR) (3e *édition*). 1 vol. in-12, cartonné................. **1 40**
Le Livre du Maître. 1 vol. in-12, cartonné.................... **2** »

Lectures et Récitations morales. Lectures. — Petit cours de morale pratique. — Récitations. — Orthographe. — Exercices variés d'invention et de vocabulaire préparant à la composition française (3ᵉ *édition*), avec un petit appendice pour l'instruction civique, par *A. Pierre*, inspecteur général de l'Instruction publique, *Léon Letrait*, instituteur, et Mᵐᵉ *Zélie Bodin*, directrice d'École maternelle. 1 vol. in-12, cartonné...................... » **70**

Lectures et Récitations morales. *120 morceaux choisis extraits des grands auteurs.* Notes explicatives. — Résumés. — Préceptes et questions de morale. — Exercices de vocabulaire. — Notions de littérature. — Sujets de rédaction du Certificat d'études. Avec un petit appendice pour l'instruction civique et le droit usuel (3ᵉ *édition*). 1 vol. in-12, cartonné...................... » **90**

Le Livre du Maître, contenant le livre de l'élève et le corrigé de tous les exercices. 1 volume in-12, cartonné........................ **2 »**

Cours de Morale théorique et pratique conforme aux programmes des Écoles primaires supérieures (filles et garçons), par *A. Pierre*, inspecteur général de l'Instruction publique, directeur de l'École normale supérieure de St-Cloud. 1 vol. in-12, relié.............. **0 00**

Instruction morale et civique. *L'homme, le Citoyen.* — Ouvrage rédigé conformément au programme officiel, avec des gravures intercalées dans le texte, des lexiques, des exercices et des questionnaires, par *Jules Steeg*, inspecteur général de l'Instruction publique. 1 vol. in-12, cartonné (17ᵉ *édition*).... **1 25**

Le Livre de Morale du petit Citoyen. Lectures. — Résumés. — Devoirs écrits. — Exercices oraux. — Devoirs du Certificat d'études. 1 vol. in-12, cartonné, par LE MÊME (3ᵉ *édition*)......... **1 25**

L'Honnête Homme. — Cours de morale théorique et pratique, à l'usage des Instituteurs, des Écoles normales, des Écoles primaires supérieures et des Cours complémentaires, par LE MÊME. 1 vol. in-12 (4ᵉ *édition*), broché, **3 fr.**; relié toile..................... **3 50**

La Vie morale. — Lectures choisies et annotées, à l'usage des Instituteurs, des Écoles normales primaires, des Écoles primaires supérieures et des Cours complémentaires, par LE MÊME. 1 vol. in-12 (3ᵉ *édition*), broché, **3 fr.**; relié toile..................... **3 50**

Tous les ouvrages de M. Steeg ont été adoptés par le Ministère de l'Instruction publique pour les Bibliothèques populaires, scolaires et pédagogiques.

Petites Lectures-Leçons de Choses. Lectures, expériences, exercices d'observation, sujets de rédaction, par *J. Baudrillard*, inspecteur primaire, et *L. Letrait*. 1 vol. in-12, cartonné, illustré de nombreuses gravures..... » **60**

Lectures-Leçons d'Industrie et d'Hygiène. Applications pratiques des leçons de sciences physiques et naturelles ou d'agriculture de l'École primaire. Promenades-lectures, lectures-leçons, expériences et exercices d'observation, sujets de rédaction donnés aux Examens du Certificat d'études primaires, par *J. Baudrillard*, inspecteur primaire de la Seine, et *L. Letrait*, directeur d'école primaire. 1 vol. in-12, cartonné, orné de très nombreuses gravures **1 50**

Nous ne saurions trop recommander ces deux ouvrages à l'attention des maîtres: au courant des derniers progrès, ils introduisent les enfants à l'usine, à l'atelier et en même temps qu'ils servent de livres de lecture.

Dans les **Lectures-Leçons d'Industrie**, les auteurs ont suivi le programme des **Lectures-Leçons d'Agriculture** qui a été si goûté: des promenades-lectures, suivies de leçons claires et où chaque notion est précisée par une lecture plus développée.

Le cahier d'Écriture, par *Heissat.* Adopté par les Villes de Paris, Lyon, Saint-Quentin, etc., pour leurs Écoles communales.

Le cent...................... 9 »
Le cahier.................... » 10

Nº 0. Le Cahier des débutants (*Écoles maternelles et Cours élémentaire*);

Nº 1. Le Cahier préparatoire (*Cours élémentaire*), contenant les principes de la cursive et amenant à une bonne cursive;

Nº 2. Le Cahier des examens (*Cours moyen*), étude de la cursive.

Pour nos Chers Enfants! *poésies de l'école et du foyer,* par *Octave Aubert,* préface de François Coppée.

1re SÉRIE. *Édition classique.* 1 vol. in-12, cartonné................ » 60

Édition populaire (nouvelle édition). 1 vol. in-12, relié bradel....... 1 50

Édition reliée pour étrennes, plats dorés, tranches dorées............ 2 50

Édition de luxe, papier Japon français. 1 vol. in-12, broché........ 2 »

2e SÉRIE. *Édition populaire...* » 90

Adopté par le Ministère de l'Instruction publique pour les Bibliothèques populaires et scolaires.

Zigzags à travers les choses usuelles, *livre de lecture courante,* à l'usage des Classes élémentaires, des Lycées et Collèges et de l'Enseignement primaire, contenant de nombreuses gravures dans le texte, des exercices, des questionnaires et un lexique, par *G. Renard* et *P. Martine.* 1 vol. in-12 (4e *édition*), cartonné........................ 1 40

La Récitation du Certificat d'études. 24 morceaux choisis. — Sens général des morceaux. — Explication des mots. — Diction. — Biographie, par *P. Labeyrie* et *Édouard Gillet* (3e *édition*). 1 vol. in-12, cart.......... » 30

Livret de Morale et d'Enseignement civique, par LES MÊMES (3e *édition*). 1 vol. in-12, cartonné................. » 30

Aimons les Champs. Simples récits. — Initiation aux sciences. Pour les enfants de 7 à 9 ans. Couronné par l'Académie française, par Mlle *Marie Kœnig,* ancienne inspectrice, officier de l'Instruction publique, lauréate de l'Académie française. 1 vol. in-8, illustré de nombreuses gravures, cartonné........................ » 80

Édition de luxe, relié, couverture chromo...................... 1 20

En route vers la Majorité. Lectures-leçons sur les devoirs et les droits du citoyen, à l'usage des Cours moyen et supérieur et des Cours d'adultes, par *L. Angot* et *F. Bonhoure,* inspecteurs primaires. 1 vol. in-12, cart..... 1 10

Dans le mouvement irrésistible qui emporte nos écoles vers l'instruction et l'éducation des adultes, il faut, croyons-nous, des ouvrages assez complets pour être lus et étudiés avec profit par nos jeunes gens. Nos élèves seront bientôt *citoyens;* dans quelques mois ils seront *soldats, électeurs.* Ne devons-nous pas les éclairer sur leurs devoirs, sur leurs droits? C'est pour combler cette lacune de notre outillage scolaire que deux de nos inspecteurs les plus distingués ont écrit ce livre.

Pour lire le soir. Proses et vers, pour lire en classe ou le soir au Cours d'adultes, par *A. Vincent.* 1 vol. in-12, broché....................... 3 »

Adopté par le Ministère de l'Instruction publique pour les Bibliothèques scolaires.

ANTIALCOOLISME

15 Maximes antialcooliques murales, imprimées sur papier idéal et prêtes à être placées sur les murs de l'école et de l'atelier, *franco*.............. **1** »

20 Bons points antialcooliques, chromo avec notices, par le **D*r* Galtier-Boissière**, conservateur du Musée pédagogique. La collection.... » **60**
Le cent................. **2 50**
Le mille................. **22 50**

Il ne suffit pas de lire ou de faire lire aux enfants des livres contenant la bonne doctrine. Il faut que l'enfant rapporte au foyer des images suffisamment intéressantes et artistiques pour qu'il ait l'envie de les garder. Vues par les parents, par ceux qui l'entourent, ces gravures seront le germe qui lèvera, et feront connaître les horreurs du vice.

Il n'est pas besoin d'ajouter que l'auteur, avec son expérience et la connaissance de la question, a su trouver la note juste, ne la forçant pas, mais arrivant à produire l'effet cherché sur l'imagination du lecteur.

20 verres pour projections sur l'alcoolisme. La collect. de 20 verres... **20** »
Emballage en sus............ » **75**
Chaque vue se vend séparément. **1** »
Location de ces 20 verres pour projections, pour 8 jours....... **2** »
Port aller et retour à la charge du demandeur.

Le prospectus spécial sera envoyé sur simple demande.

Histoire de Trois Amis, *livre de lecture antialcoolique*, à l'usage des élèves des Cours primaire et supérieur et des Cours d'adultes, par **S. Flainville** (*Jules Steeg*). 1 vol. in-12, cart.. » **35**

L'Enseignement antialcoolique à l'école, par le **D*r* Legrain**, président de la Société contre l'usage des boissons spiritueuses (Ligue antialcoolique), et **A. Pérès**, directeur d'école. 1 vol. in-12, cartonné, illustré de nombreuses gravures................. **1 25**
Adopté par le Ministère de l'Instruction publique pour les Bibliothèques.

Quand un apôtre, comme le docteur Legrain, consent à publier un volume, c'est qu'il a trouvé qu'il avait quelque chose de nouveau à dire et quelque bien à faire.

C'est la sensation qu'auront tous les lecteurs de ces *Lectures antialcooliques* où ils trouveront successivement traitées les questions de morale la plus élevée et de science la plus certaine en même temps la plus compréhensible. Ce livre doit être entre les mains de tous les éducateurs, de tous ceux qu'intéresse la lutte contre le fléau.

Les Dangers de l'alcoolisme. Lectures. — Maximes. — Problèmes. — Rédactions, par **Jules Steeg**, inspecteur général de l'Instruction publique. 1 vol. in-12, cartonné (3ᵉ *édition*)...... **1 25**
Adopté par le Ministère de l'Instruction publique pour les Bibliothèques pédagogiques, scolaires, populaires.

Contre l'Alcoolisme. Recueil de devoirs pour chaque semaine de l'année. Dictées. Maximes. Récitations. Problèmes. Devoirs de rédaction. Indications de lecture, par **A. Lemoine**, inspecteur primaire, officier de l'Instruction publique, et **Villette**, instituteur, président et lauréat de Sociétés de tempérance. 1 vol. in-12, cart. » **80**

L'Alcool ne réchauffe pas

Réduction d'une Maxime au 8ᵉ.

LANGUE FRANÇAISE ET COMPOSITION

Livret de Grammaire et principales règles orthographiques, par *P. Labeyrie* et *Éd. Gillet*. 1 vol. in-12....... » **30**

Cours méthodique de dictées. Cours moyen — Cours supérieur — Cours complémentaire. — Plan entièrement nouveau : 316 dictées. — Application des règles. — Orthographe d'usage. — Orthographe raisonnée. — Familles de mots, par **Toutey**, inspecteur primaire, licencié ès lettres, et *E. Fichaux*, instituteur. 1 vol. in-12, cart....... **2 25**

Lexicologie élémentaire, à l'usage des Écoles primaires supérieures, des Cours complémentaires, des Classes de grammaire de lycées et collèges (*filles et garçons*), par *R. Pessonneaux*, agrégé de l'Université, professeur au lycée Henri IV et à l'École supérieure de Fontenay, avec des Questionnaires et des Exercices, par *F.-E. Postel*, inspecteur de l'Enseignement primaire. 1 vol. in-12, cartonné............ **1 25**

Spécialement recommandé aux lecteurs étrangers.

Cette **Lexicologie élémentaire** ne fait pas double emploi avec la **Lexicologie française** que nous avons publiée avec le regretté M. Gautier. Elle en est la préparation : La **Lexicologie française** est à l'usage des maîtres, et des élèves déjà avancés dans leurs études. La **Lexicologie élémentaire**, ainsi que son nom l'indique, s'adresse à des lecteurs plus jeunes et moins instruits.

Lexicologie française, *origine, formation, signification des mots*, à l'usage des Écoles normales primaires, des Écoles primaires supérieures, de l'Enseignement secondaire des jeunes filles et de l'Enseignement secondaire moderne, par *R. Pessonneaux*, agrégé de l'Université, professeur au lycée Henri IV et à l'École normale supérieure de Fontenay, et *G. Gautier*, ancien directeur d'École normale (*quatrième édition revue et corrigée, et augmentée d'exercices et de devoirs*). 1 fort vol. in-12, broché, 3 fr. ; relié toile.. **3 50**

Adopté par le Ministère de l'Instruction publique pour les Bibliothèques de quartier, des Lycées et Collèges et pour les Bibliothèques pédagogiques.

La première partie n'est qu'un court exposé des éléments étymologiques de la langue française, où nous passons en revue les trois catégories des mots français : mots populaires, mots savants, mots étrangers.

La seconde partie est consacrée aux procédés de formation des mots : composition et dérivation. Après avoir analysé les divers éléments qui constituent les mots et qui contribuent à leur signification, nous donnons la liste détaillée des préfixes et des suffixes, et nous nous efforçons d'en fixer la valeur à l'aide de nombreux exemples.

La troisième partie, dont les deux autres ne sont en quelque sorte que l'introduction, traite environ de 6 000 mots, qui tous figurent au Dictionnaire de l'Académie, et de leur signification. Nous avons adopté le groupement par familles, parce que cette disposition s'adresse autant à l'intelligence qu'à la mémoire. Nous nous sommes toujours efforcés d'indiquer la filiation des mots et d'expliquer comment chacun d'eux se rattache à l'idée générale dont ils expriment les différentes modifications.

Rien n'est plus animé, rien ne remue plus d'idées et n'intéresse plus les jeunes gens que ce genre de leçons contenues dans ce volume où les exemples, les anecdotes, les souvenirs historiques, les rapprochements inattendus tiennent constamment la curiosité en éveil. Ce n'est pas seulement l'esprit de la recherche qui se développe, c'est l'intelligence tout entière qui s'élargit et s'éclaire.

Spécialement recommandé aux lecteurs étrangers.

100 Dictées *préparatoires au Brevet élémentaire et aux divers examens*, avec des explications grammaticales, des explications sur l'origine des mots, les suffixes, les préfixes, etc., par *R. Pes-*

Langue française. — 7 — **Fernand NATHAN**

sonneaux. 1 vol. in-12, relié toile (3ᵉ *édition*).................... **3** »

Adopté par le Ministère de l'Instruction publique pour les Bibliothèques pédagogiques et pour les Bibliothèques de quartiers, des Lycées et Collèges.

Dans ces deux volumes, chaque dictée est commentée au triple point de vue de la grammaire, de l'étymologie et de la littérature, et peut servir en même temps pour la lecture expliquée. Nous avons ménagé, après chaque commentaire, sous la rubrique de *Notes du Maître*, une demi-page de papier blanc pour que le maître puisse ajouter ses remarques personnelles ; à la fin du volume, 24 pages sont réservées pour que le professeur puisse y copier ou y coller les dictées qu'il rencontrera au cours de ces lectures quotidiennes, et qui lui paraîtront dignes d'être jointes à nos **100 Dictées** et à nos **100 Nouvelles Dictées**.

100 Nouvelles Dictées préparatoires au brevet élémentaire et aux divers examens avec des explications grammaticales, des explications sur l'origine des mots, les suffixes, les préfixes, etc. 1 vol. in-12, relié toile......... **3** »

Le succès qui a accueilli les 100 *Dictées* nous a engagé à demander à M. RAOUL PESSONNEAUX un nouveau volume de dictées. Dans les 100 *Nouvelles Dictées* comme dans les dictées précédemment parues, chaque dictée est commentée au point de vue de la grammaire, de l'étymologie et de la littérature, et peut servir en même temps pour la lecture expliquée. Nous avons ménagé, après chaque commentaire, sous la rubrique de *Notes du Maître*, une demi-page de papier blanc pour que le maître puisse ajouter ses remarques personnelles ; à la fin du volume, 24 pages sont réservées pour que le professeur puisse y copier ou y coller les dictées qu'il rencontrera au cours de ses lectures quotidiennes, et qui paraîtront dignes d'être jointes à nos **100 Dictées**.

Principes et Exercices de composition française, ouvrage contenant 430 exercices, des notions usuelles de logique, de rhétorique et de littérature, adaptés à l'Enseignement secondaire moderne et des jeunes filles et à l'Enseignement primaire supérieur, par **M. Rauber**, ancien professeur d'École primaire supérieure, inspecteur de l'Enseignement primaire. 1 vol. in-12, relié f. toile. *Troisième édition corrigée*. **2** »

Exercices de Style et de Composition française. Modèles. — Sujets traités. — Plans détaillés. — Directions et Conseils, par **M. Rauber**, professeur d'École primaire supérieure. *Ce volume sert de Livre du Maître au précédent :* **Principes et Exercices de composition**, *du* MÊME AUTEUR (*troisième édition*). 1 vol. in-12, relié f. toile............ **3 50**

Sujets de Compositions françaises, recueil de compositions de littérature et de morale, accompagnées de Causeries et de Plans expliqués, et précédées d'une introduction ; ouvrage préparant au Brevet supérieur et aux baccalauréats de l'Enseignement secondaire, par *R. Lavigne*, agrégé des lettres, professeur au lycée Henri IV. *Nouvelle édition*. 1 vol. in-12, broché...... **2 75**

Adopté par le Ministère de l'Instruction publique, pour les Bibliothèques pédagogiques et les Bibliothèques des Lycées et Collèges.

1 300 Sujets de Rédaction *pour la préparation du Certificat d'études*, par *A.* **Pierre**, agrégé de l'Université, inspecteur général, et *A.* **Minet**, inspecteur primaire, officier de l'Instruction publique. — Sujets de morale, — d'Instruction civique, — d'Histoire et Géographie, — d'Agriculture, — de Sciences en général, — d'Hygiène, — d'Économie domestique.— Sujets divers (*4ᵉ édition*). 1 vol. in-12, cart..... **1 40**

Le Livre du Maître, comprenant tous les sujets traités ou des plans très développés (*ces sujets peuvent servir de dictées*) (*3ᵉ édition*). 1 vol. in-12, rel. toile. **3** »

Leçons d'Histoire littéraire, rédigées conformément aux programmes des Écoles normales primaires, des Écoles primaires supérieures et de l'Enseignement secondaire moderne, par *P.* **Vincent**, inspecteur primaire de la Seine, officier d'Instruction publique, et *F.* **Bouffandeau**, directeur de l'École normale de Douai. *Sixième édition*, complètement revue et remaniée, augmentée d'un index des noms d'auteurs. 1 vol, in-12, br., **3 fr. 50** ; rel. toile. **4** »

HISTOIRE ET GÉOGRAPHIE

Cours AMMANN et E.-C. COUTANT

ÉCOLES PRIMAIRES
Couverture bleue.

Petite histoire générale. 1 vol. in-12, illustré de nombreuses gravures, cartonné............ » »

Cours normal d'histoire des Écoles primaires.
(Prog. de 1894.) Couverture bleue.

NOUVEAU COURS PRÉPARATOIRE ET ÉLÉMENTAIRE. Petite histoire de France (histoire et anecdotes), avec la collaboration de M. RIGAL, professeur de classes élémentaires au collège Chaptal. 1 vol. in-12, cartonné...................... » 60

NOUVEAU COURS ÉLÉMENTAIRE ET MOYEN. Petite histoire de France, des origines à nos jours (histoire et anecdotes). 8e édit. 1 vol. in-12, cartonné. » 80

NOUVEAU COURS MOYEN ET SUPÉRIEUR. Histoire de France, des origines à nos jours (histoire et civilisation). 9e édition. 1 vol. in-12, cartonné.... **1 40**

Couverture jaune.

COURS ÉLÉMENTAIRE. Récits et entretiens sur l'histoire nationale jusqu'en 1328. 1 volume in-12, cartonné........................ » **80**

COURS MOYEN. Cours élémentaire d'histoire de France, depuis 1328 jusqu'à nos jours, précédée d'un résumé jusqu'en 1328. 1 vol. in-12, cart. **1 40**

COURS SUPÉRIEUR ET COMPLÉMENTAIRE. Notions sommaires d'histoire générale et revision de l'histoire de France. 11e édition. 1 volume in-12, cartonné........................ **2 50**

ÉCOLES PRIMAIRES SUPÉRIEURES
Programmes de janvier et août 1893.

ÉDITION COMPLÈTEMENT NOUVELLE

Couverture marron.

PREMIÈRE ANNÉE. Histoire de France, depuis le début du seizième siècle jusqu'en 1789. 4e édition. 1 vol. in-12, relié f. toile................. **2 50**

DEUXIÈME ANNÉE. Histoire de France depuis 1789 jusqu'à nos jours. 4e édition. 1 vol. in-12, relié f. toile........................ **3** »

TROISIÈME ANNÉE. Histoire générale de 1789 jusqu'à nos jours. *Tableau économique et politique du monde contemporain.* 3e édition. 1 vol. in-12, relié f. toile....................... **3** »

PRÉPARATION DES BREVETS
Reliure toile rouge.

L'Histoire de France du Brevet élémentaire. 1 vol. in-12, illustré de nombreuses gravures, relié toile...................... **2 50**

Cours normal d'histoire

Couverture toile grise.

Histoire de France, depuis les origines jusqu'à nos jours (ANCIENNE PREMIÈRE ANNÉE). 11e édition. 1 vol. in-12, broché, 3 fr. ; relié toile............. **3 50**

Histoire générale jusqu'à la mort de Henri IV (ANCIENNE DEUXIÈME ANNÉE). 11e édition. 1 vol. in-12, broché, 3 fr. 50 ; relié toile................ **4** »

Histoire générale depuis 1610 jusqu'à nos jours. (ANCIENNE TROISIÈME ANNÉE). 11e édition. 1 vol. in-12, broché, 4 fr. ; relié toile.............. **4 50**

ÉCOLES NORMALES
Nouveau Cours normal d'histoire des Écoles normales primaires.

Couverture toile bleue.

PREMIÈRE ANNÉE. Histoire ancienne, grecque et romaine. — Histoire générale du moyen âge jusqu'à la guerre de Cent ans. 6e édition. 1 vol. in-12, broché, 3 fr. 75 ; relié toile...................... **4 25**
Chaque trimestre se vend séparément..... **1 25**

DEUXIÈME ANNÉE. Histoire générale du moyen âge et des temps modernes de 1328 à 1789. 5e édition. 1 vol. in-12. broché, 3 fr. 50 ; relié toile. **4** »

TROISIÈME ANNÉE. Histoire générale. Époque contemporaine de 1789 à nos jours. 4e édition. 1 vol. in-12, broché, 3 fr. 50 ; relié toile..... **4** »

ENSEIGNEMENT SECONDAIRE
DES JEUNES FILLES

Cours de l'enseignement secondaire des jeunes filles.
Nouvelle édition conforme au programme de 1897

Couverture grise.

PREMIÈRE ANNÉE. Histoire de France et notions sommaires d'histoire générale jusqu'en 1610. 1 vol. in-12, cartonné...................... » »

DEUXIÈME ANNÉE. Histoire de France et notions sommaires d'histoire générale de 1610 à 1789. 1 vol. in-12, cartonné...................... » »

TROISIÈME ANNÉE. Histoire de France et notions sommaires d'histoire générale (depuis 1789 et époque contemporaine). 1 vol. in-12, cartonné...... **3 50**
QUATRIÈME ANNÉE. Histoire de l'antiquité. 1 vol. in-12, relié toile.......... **3 50**

ENSEIGNEMENT SECONDAIRE
CLASSIQUE ET MODERNE
Couverture toile verte.

CLASSES DE SIXIÈME ET CINQUIÈME (classique). CLASSE DE SIXIÈME (moderne). Histoire de l'Ancien Orient et de la Grèce. 5e édition. 1 vol. in-12, relié toile............. **2 25**
CLASSE DE QUATRIÈME (classique). CLASSE DE CINQUIÈME (moderne). Histoire romaine. 5e édition. 1 vol. in-12, relié toile...... **2 25**

CLASSE DE TROISIÈME (classique). CLASSE DE QUATRIÈME (moderne). Histoire de l'Europe et de la France jusqu'en 1270. 3e édition. 1 vol. in-12, relié toile........... **3 50**
CLASSE DE DEUXIÈME (classique). CLASSE DE TROISIÈME (moderne). Histoire de l'Europe et de la France de 1270 à 1610. 3e édition. 1 vol. in-12, relié toile....... **3 50**
CLASSE DE RHÉTORIQUE. CLASSE DE DEUXIÈME (moderne). Histoire de l'Europe de 1610 à 1789. 3e édition. 1 vol. in-12, relié toile..... **3 50**
CLASSE DE PHILOSOPHIE ET CLASSE DE PREMIÈRE (moderne). Histoire contemporaine (1789-1889). 4e édition. 1 vol. in-12, relié toile......... **4 »**

A. AMMANN. **Sujets et Compositions d'histoire** (La composition : sujets, plans et développements de devoirs). 1 vol. in-12, broché.. **2 50**

Récits d'Histoire de France pour les petits enfants, par Mlle *Kœnig*. 1 vol. in-8, cartonné................ **» 80**
Édition de luxe reliée, couverture chromo................... **1 20**

Histoire sommaire de la Colonisation française, par *Léon Deschamps*, préface de PIERRE FONCIN. 1 vol. in-12, broché, 1 fr. 50 ; relié................ **2 50**
Adopté par le Ministère de l'Instruction publique pour les Bibliothèques des Lycées et Collèges et pour les Bibliothèques pédagogiques et scolaires.

Histoire et Chronologie, par *P. Labeyrie* et *Ed. Gillet*. 1 vol. in-12, cart. **» 40**
Les Instituteurs et les Institutrices sont à la recherche d'un petit livre simple où ils puissent trouver, clairement exposée, notre *Histoire de France* en peu de pages : ce petit volume présente d'abord des *résumés*, puis une chronologie, mais imprimée d'une façon si claire que les dates et les faits s'imposent à la mémoire.

Livret de Géographie de la France et de ses colonies, avec cartes, par LES MÊMES. 1 vol. in-12, cartonné.... **» 30**

Tableau politique et économique du monde contemporain (*3e édition*), par *A. Ammann* et *E.-G. Coutant*. 1 vol. in-12, relié f. toile............ **3 »**

La Géographie enseignée par les Cartes ardoisées, par *H. Vast*. Cartes murales muettes imprimées sur toile ardoisée 1^m,60 × 1^m,40. *La France*, 24 fr. ; *l'Europe*, 24 fr. ; *France-Europe*, 30 fr. ; *Europe centrale*......... **25 »**

La Chronologie par l'aspect. Histoire de France, par *F. Comte*, directeur d'École communale, membre du Conseil supérieur de l'Instruction publique, et *E. Bocquillon*, instituteur.

Le Tableau mural en 2 couleurs, 1^m,20 × 0^m,40, en feuille........ **2 »**
Le Tableau mural collé sur toile et muni d'œillets................ **3 »**
La carte à l'usage des élèves, 0^m,60 × 0^m,70, tirée en 2 couleurs sur papier très résistant et destinée, à l'aide d'un gommage, à être ajoutée à tous les cours d'histoire............... **» 25**

Géographie à l'usage des Écoles primaires, des Pensionnats, des Classes primaires, des Lycées et Collèges, par *Heissat et Azaïs*.

Cours préparatoire et élémentaire avec un résumé d'histoire de France. 1 vol. in-4°, 25 figures coloriées ou noires, 12 cartes en couleurs, cartonné................... **» 75**

Nouveau Cours Moyen (*Certificat d'études*). 1 vol. in-4°, 36 cartes en couleurs, 21 figures coloriées ou noires, cartonné................ **1 60**

Cours Moyen et Supérieur (*Certificat d'études et Concours primaires*). 1 vol. in-8°, 13 cartes en couleurs, cart. **1 50**

Cartes muettes d'exercices (format de $0^m,34 \times 0^m,45$), d'après **Bonnefont**.
Prix de chaque carte.......... » 10
Le cent...................... 7 50

Ces cartes, d'une clarté parfaite, remises complètement à jour, rendront les plus grands services aux professeurs et aux élèves; n'indiquant que les contours et les grandes divisions intérieures, elles laissent une *large part de travail* aux élèves tout en leur évitant une copie fastidieuse. Nous ne saurions trop les recommander pour les compositions et les exercices quotidiens.

1. Planisphère terrestre.
2. Europe.
3. France.
4. Bassin de la Seine.
5. Bassin du Rhin.
6. Bassin de la Loire.
7. Bassin de la Gironde.
8. Bassin du Rhône.
9. Belgique, Hollande.
10. Iles Britanniques.
11. Danemark, Suède, Norvège.
12. Russie d'Europe.
13. Prusse et Allemagne du Nord.
14. Autriche et Allemagne du Sud.
15. Empire d'Allemagne.
16. Suisse.
17. Italie.
18. Espagne et Portugal.
19. Turquie d'Europe et Grèce.
20. Asie.
21. Asie occidentale (Turquie d'Asie et Perse).
22. Asie orientale (Hindoustan, Chine, Japon et Cochinchine).
23. Afrique.
24. Algérie.
25. Amérique du Nord.
26. États-Unis.
27. Amérique du Sud.
28. Océanie.

Cours de Géographie, par E. Dodu, inspecteur d'académie, docteur ès lettres. *Cours des Écoles primaires supérieures*, avec de nombreux croquis et cartes.
1re et 2e années, Notions générales, Afrique, Océanie, Amérique, Europe, Asie.
1 vol. in-12, relié f. toile.. » »

3e année. France et Colonies. 1 vol. relié f. toile.................. » »

La Géographie du Brevet élémentaire. 1 vol. in-12, relié f. toile....... » »

SCIENCES PHYSIQUES ET NATURELLES
AGRICULTURE

Cours VAN GELDER

A l'usage des aspirants et aspirantes au Brevet de deuxième ordre, des élèves des Cours complémentaires et supérieurs et des élèves des Cours d'enseignement commercial et industriel.

Le livre unique de Sciences physiques et naturelles à l'école primaire, par le Dr **G. Van Gelder**. 1 vol. in-12, cartonné......................... 1 25

Dans ce volume, l'auteur a voulu permettre aux enfants de n'avoir qu'un seul livre de sciences depuis l'âge de 8 ans jusqu'à celui de 12 ou 13 ans. A cet effet, les leçons sont arrangées de telle sorte que les connaissances acquises se complètent par des paragraphes complémentaires ménagés dans le texte.

Éléments de Sciences physiques (*Physique et Chimie*), avec leurs applications à l'agriculture, à l'industrie et à l'hygiène, illustrés de nombreuses figures (6e *édition*). 1 vol. in-12, relié f. toile........................ 2 »

Éléments de Sciences naturelles, avec leurs applications à l'agriculture, à l'industrie et à l'hygiène, illustrés de nombreuses gravures (7e *édition*). 1 vol. in-12, relié f. toile............. 2 »

Agriculture. — 11 — **Fernand NATHAN**

Lectures-Leçons d'Agriculture et de Sciences physiques et naturelles, appliquées à la vie rurale, promenades-lectures, leçons, expériences, agriculture pratique, par MM. *E.-L. Bouvier*, ancien instituteur, professeur agrégé à l'École supérieure de Pharmacie de Paris et au Muséum d'histoire naturelle, et *Léon Letrait*, instituteur, lauréat du Ministère de l'Agriculture et de plusieurs comices agricoles (6° *édition corrigée et augmentée*. 1 vol. in-12, cart., orné de près de 400 grav.. **1 50**
Édition des régions du Nord et du Nord-Ouest, par *M. David*...... **1 50**
Devoirs et exercices de Calcul, de Comptabilité agricole, etc. Br.in-12. » **15**

Les Lectures-Leçons d'Agriculture ont trouvé un accueil chaleureux près des maîtres : c'est qu'en réalité les auteurs leurs offraient un livre vraiment nouveau par sa rédaction, par son plan : au lieu d'un volume difficile à digérer, d'une lecture rébarbative pour les enfants, par les promenades, par les expériences, par l'exposition des leçons, les élèves peuvent retrouver un peu de la vie si animée, si instructive, si agréable, que procure l'existence à la campagne en même temps qu'un volume plein de faits, plein de renseignements.

Lectures-Leçons d'Économie domestique, d'Agriculture et de Sciences physiques et naturelles appliquées à l'hygiène. Promenades-Lectures. Expériences. Jardinage. Menus propos mensuels d'économie domestique et d'hygiène. Sujets de rédaction donnés aux Examens du Certificat d'études (*3° édition*). 1 vol. in-12, cartonné.... **1 50**

Ces deux volumes ont été honorés d'une médaille de la Société protectrice des animaux et de souscriptions du Ministère de l'Agriculture.

Livret de Sciences usuelles, appliquées à l'agriculture et à l'hygiène, avec figures, par *Labeyrie* et *Gillet*. 1 vol. in-12, cartonné............... » **40**

La dépopulation des campagnes, les causes, les effets, les remèdes, par M. *Deghilage*, inspecteur primaire. 1 vol. in-12, broché........... **3** »

Notions élémentaires d'Anatomie et de Physiologie du corps humain, appliquées à l'étude de la gymnastique, à l'usage des aspirants et aspirantes au Certificat pour l'enseignement de la gymnastique et au Brevet de premier ordre, par le Dr *Georges Van Gelder*, avec de nombreuses gravures dans le texte (4° *édit.*). 1 vol. in-12, broc. **2 75**

Ouvrage adopté et honoré de souscription par le Ministère de l'Instruction publique pour les Bibliothèques pédagogiques.

Guide hygiénique et médical de l'Instituteur, par les docteurs *Delvaille* et *Breuc*, de Bayonne. *Troisième édition, revue, corrigée et précédée d'une lettre préface* du docteur *Jules Rochard*. 1 vol. in-12, broché............ **1 25**

Les Oiseaux utiles, collection de 40 planches de 22 cent. 12 sur 16 cent., imprimées en chromo.

Les quarante planches, montées sur 10 cartons, avec œillet pour suspendre au mur (*collection classique*)............... **25 »**
Chaque planche, séparée, montée sur bristol avec entourage artistique et filet or (*récompense scolaire et accessits*)... **1 »**
Les quarante planches, montées sur bristol avec entourage artistique et contenues dans un album avec fers spéciaux.... **40 »**
Les quarante planches, non montées. **22 50**
Chaque planche, non montée (*récompense scolaire et accessits*).................. » **70**
Le volume de texte illustré de 60 gravures, broché................. **1 25**

Sociétés scolaires protectrices des animaux utiles. Ouvrages publiés sous les auspices de la *Société protectrice des animaux*, par *P. Labeyrie*.

Livret de Sociétaire de Société scolaire protectrice des animaux. 1 vol. in-12, cartonné................ » **25**
Guide pour la fondation de Société scolaire protectrice des animaux. 1 vol. in-12, cartonné................ » **50**
Diplôme de Sociétaire de Société scolaire protectrice des animaux. 1 feuille de 0^m,37 × 0^m,27............... » **25**
Grand-Livre pour la tenue des comptes des Sociétés scolaires protectrices des animaux. 1 vol. in-4°.. » **75**

Tableaux démonstratifs d'agriculture, 2 tableaux imprimés en chromo sur carton rigide, munis d'œillets et prêts à être placés sur les murs. Largeur de 1m,05 sur 0m,98 de hauteur, par *H. de Puytorac.*

Les deux tableaux, accompagnés d'une notice explicative.......... **6 50**

Ces deux tableaux ont pour but de placer sous les yeux des enfants les résultats acquis par les expériences que l'on peut réaliser à l'école et de leur en faire garder sous les yeux une trace permanente. Dessinés par un de nos professeurs d'agriculture les plus distingués, ils réalisent un véritable progrès dans l'outillage scolaire et apportent une contribution à la décoration de l'École.

Fleurs et Légumes (1re *Série*). Bons points artistiques en couleurs, avec notice, imprimés sur carte forte glacée (7 cent. × 9 cent.). 40 fleurs — 40 légumes. Le cent................ **1 50**
Le mille.................... **14** »

Dans cette série que nous offrons aux Instituteurs, nous avons poursuivi cette idée, que tout doit concourir à l'enseignement désormais obligatoire de l'Agriculture. Même pour l'enfant de la ville, il est nécessaire de posséder des connaissances élémentaires à ce sujet. Nos bons points, avec leurs notices, feront pénétrer les bonnes méthodes dans les milieux agricoles. Le bon marché de nos *Bons points* ne nuit pas à leur parfaite exécution; très soignés, ils donnent la sensation de la fleur, du légume réels.

ARITHMÉTIQUE

Livret d'Arithmétique, Comptabilité, Géométrie pratique, avec figures, par *Labeyrie* et *Gillet.* 1 vol. in-12, cartonné......................... » **40**

L'Arithmétique du Brevet élémentaire et des Cours complémentaires renfermant de nombreux problèmes et exercices, par *E. Jacquet*, professeur agrégé de mathématiques, et *A. Laclef*, inspecteur primaire. 1 vol. in-12, broché............................ » »
Relié toile........................ » »

Cours d'Arithmétique théorique et pratique, à l'usage des Écoles normales, des Écoles primaires supérieures, des Écoles professionnelles et des candidats au Brevet supérieur. 1 vol. in-12, broché........................... » »
Relié toile..................... » »

Tableau mural du Système métrique, par *Guyon*, architecte. Superbe tableau en 6 couleurs de 1m,25 × 0m,90. En feuille...................... **3** »
Collé sur toile avec gorge et rouleau......................... **6** »

Grand tableau mural du Système métrique, par LE MÊME. Superbe tableau en 6 couleurs de 1m,50 × 1m10. En 2 feuilles..................... **5** »
Collé sur toile avec gorge et rouleau........................ **10** »

DESSIN

Comment on prend un croquis. Éducation de l'œil. La perspective à vue rendue simple et pratique. Objets usuels. paysage. Figures. A l'usage de l'Enseignement primaire, de l'Enseignement secondaire et des amateurs, par *Émile Bocquillon*, professeur de dessin et peintre. 1 vol. in-4° couronne, orné de 174 croquis d'après nature, br. **2** »
Cartonné................... **2 50**

Adopté par le Ministère de l'Instruction publique pour les Bibliothèques scolaires.

Divers. — 13 — **Fernand NATHAN**

Le dessin à l'Ecole primaire. 80 Leçons-modèles murales (0ᵐ,53 × 0ᵐ,43). Imprimées sur papier fort, munies d'œillets et prêtes à être placées sur les murs de l'école. Une notice explicative accompagne la collection, par *J. Azaïs*, directeur d'école à Paris, professeur diplômé de dessin et de travail manuel (*nouvelle édition*). Prix **12 50**

Carton pour enfermer la coll.. **1 50**

Appareil spécial pour l'accrocher au mur.......................... » **60**

Le Livre du Maître pour l'Enseignement du Dessin, 250 leçons-modèles, accompagnées de questionnaires, d'indications pour le travail manuel, etc., par *Abel Chancel*, architecte diplômé, lauréat de l'Institut, et *J. Azaïs*, professeur de dessin. *Troisième édition.* 1 vol. in-8, relié faç. toile............ **3 50**

Le même, sous forme d'album. **3 50**

(Sous cette forme, les feuilles détachées peuvent être mises entre les mains des élèves).

Fournir aux maîtres le moyen de donner des leçons graduées de dessin depuis le début jusqu'au moment où l'élève passera aux plâtres, de pratiquer un enseignement qui ne soit pas purement empirique, mais au contraire raisonné et progressif, voilà le but recherché et atteint par les auteurs. — Chaque croquis est accompagné d'explications, d'indications, de sorte que chaque leçon se trouve toute préparée. Ce livre est le vrai *vade-mecum* de l'Instituteur chargé d'enseigner le dessin.

La Perspective à l'École primaire, par *Abel Chancel* et *J. Azaïs*. 2 tableaux format raisin (65 × 45) en chromolithographie. En feuilles..... **1 50**

Sur carton, double face....... **2 50**

Sur deux cartons............ **3 50**

Enseignement progressif du Dessin par les plâtres (43 modèles progressifs inédits d'ornement en plâtre haut relief), par *Emm. Fontaine*, statuaire, professeur de dessin des écoles de la Ville de Paris, et *Ed. Colmont*.

Prix de la collect. complète. **100 »**

Emballage de la collection complète..................... **12 »**

Deuxième et Nouvelle série de modèles, comprenant des figures esquissées et terminées, par LES MÊMES. *Les 6 plâtres*..................... **21 »**

Voir le Prospectus détaillé.

Cours de Dessin, *à l'usage des Maîtres des Écoles primaires et des Cours d'adultes*, par LES MÊMES. 1 vol. in-8, broché....................... **3 75**

250 modèles de dessin pour apprendre à dessiner soi-même, par *A. Chancel* et *Azaïs*. 1 vol. in-8, relié f. toile, 3 fr. 50; relié toile..................... **5 »**

DIVERS

Le Chant à l'école et dans la famille. Notions élémentaires de théorie musicale. — 100 exercices gradués de solfège à 1 et à 2 voix. — 50 chants à 2 et à 3 voix (*Marches et Mélodies*), par *Octave Isoré*, directeur d'école, professeur de musique, lauréat de divers concours. *5ᵉ édition, revue et augmentée*. 1 vol. in-12, cartonné........................ **1 20**

Manuel-Revision du Certificat d'études primaires (*classes du jour et Cours d'adultes*) sur un plan nouveau, d'après les programmes et les plus récentes circulaires ministérielles, par MM. **P. Labeyrie** (I. ⚜), inspecteur de l'Enseignement primaire, chevalier du Mérite agricole, et **Édouard Gillet**, instituteur, officier d'académie.

Prix du *Manuel-Revision*, complet, cart. 1 vol. in-12.............. **1 50**

Livret de Morale et d'Enseignement civique...................... » **30**

Livret d'Histoire et de Chronologie, avec cartes.................... » **40**

Livret de Géographie de la France et de ses Colonies, avec cartes...... » **30**

Livret d'Arithmétique, comptabilité, géométrie pratique, avec figures.. » **40**

Livret de Sciences usuelles, appliquées à l'agriculture et à l'hygiène, avec figures........................ » **40**

Livret de Grammaire et principales règles orthographiques......... » **30**

La Récitation du Certificat d'études. » **30**

Le Livre du Certificat d'aptitude et des conférences pédagogiques, par *Émile Cornot*, professeur à l'École Diderot, et *Edouard Gillet*, instituteur, rédacteur au *Journal des Instituteurs*. Préface de **M. Ad. Seignette**, professeur agrégé au lycée Condorcet, directeur du *Journal des Instituteurs*.

PREMIÈRE PARTIE : Le Certificat d'aptitude. — Conseils et directions. — Éducation. — Discipline. — La pédagogie historique. 1 vol. in-12, br. **2 25**

DEUXIÈME PARTIE : Les Institutions scolaires et post-scolaires. — Les lois fondamentales. — La législation et la jurisprudence usuelles. 1 vol. in-12, broché............................. **2 25**

Mémento de langue et de littérature anglaises (*Baccalauréats de l'Enseignement moderne et classique*), par **C. Heywood**, professeur agrégé. 1 vol. in-12, relié toile................. **1 80**

Mémento de langue et de littérature allemandes (*Baccalauréats de l'Enseignement moderne et classique*), par **E. Lombard**, professeur agrégé au lycée Michelet. 1 vol. in-12, relié toile........................ **1 80**

Droit usuel et Économie politique, par **A. Bourgueil**, procureur de la République, chargé de cours aux écoles supérieures, volume rédigé conformément au programme des Écoles primaires supérieures. 1 vol. in-12, cartonné........................ **2 25**

Cours de Pédagogie, rédigé conformément au programme officiel. *Troisième édition*, revue et augmentée, par **P. Vincent**, inspecteur de l'Instruction primaire de la Seine, officier de l'Instruction publique. 1 vol. in-12, relié toile............................ **3 40**

Le même, broché........... **3** »

Histoire de la Pédagogie, suivie d'extraits pédagogiques, rédigée conformément aux programmes officiels. 1 fort vol. in-12, broché.............. **4** »

Le même, cartonné.......... **4 50**

Législation et Administration de l'Enseignement primaire, Code annoté des lois organiques, comprenant les lois en vigueur, décrets, arrêtés et règlements, suivi d'une table analytique et synthétique, par **P. Vincent**, inspecteur primaire de la Seine, officier de l'Instruction publique, et **Aubert**, inspecteur primaire. 1 fort vol. in-12, br.... **3 50**

Pédagogie pratique, Conseils et Directions, à l'usage des Instituteurs et Institutrices (Préparation au Certificat d'aptitude pédagogique), par **O. Pavette**, ancien instituteur, inspecteur primaire, officier d'académie, chevalier du Mérite agricole.

L'Enseignement de la Morale et de l'Instruction civique. 1 br. in-12. » **30**

L'Enseignement des Sciences et de l'Agriculture (Nouvelle édition). 1 brochure in-12.................. **0 30**

Petite Bibliothèque théâtrale de la Jeunesse

Pièces, Monologues, Chœurs, pour les fêtes scolaires. Cours d'adultes, etc., etc.

Sous ce titre général, nous avons commencé la publication d'une *série de pièces*, de *monologues* et de *chœurs*, destinés à être joués et chantés par les enfants et les jeunes gens, qui a obtenu le plus franc succès.

Faciles à jouer, n'exigeant ni décors ni costumes, elles sont toutes d'une moralité parfaite, tout en n'étant pas banales.

Nous nous sommes adressés à des auteurs connus que des pièces jouées dans de grands théâtres ont mis en vedette et qui ont su plier leur talent à la jeune clientèle, acteurs et spectateurs que nous désirons distraire.

Nous espérons que les Instituteurs, les Institutrices, les Maîtresses de pension, les Mères de famille accueilleront ces pièces et ces chœurs avec la faveur qu'ils méritent.

MONOLOGUES A 25 CENTIMES

La première Robe longue (pour filles), en prose, par Mme L. ROUSSEAU.
Que dois-je faire ? (pour petits garçons), en prose, par la MÊME.
La Panade, monologue comique en prose, pour filles ou garçons, par la MÊME.
Un brave Défenseur ou ce bon Azor, monologue comique en prose, pour filles ou garçons, par la MÊME.
La Béquille (en vers), par Octave AUBERT, lauréat de l'Académie française.
La Pièce d'or ou Bon Cœur, monologue sentimental, en vers, par E. JAUBERT.
La Lettre au grand frère. — Réponse. Monologue en vers, pour petits garçons, par L. HAMEAU.
Un vilain quart d'heure ou la dent de lait, monologue comique, en prose (pour filles ou garçons), par la MÊME.
Trop petite, en prose (p. filles), par le MÊME.
Confidences à ma poupée. Confidences à Polichinelle, par L. HAMEAU.
C'est la faute à Coco, monologue comique pour petit garçon ou petite fille, par JACQUES YVEL.
Je n'aime pas l'arithmétique, monologue comique pour garçon, par LE MÊME.
Mes Premiers souliers de bal, monologue pour jeune fille, par LE MÊME.

PIÈCES A 75 CENTIMES

Le Calumet ou la pipe de l'amitié, comédie en un acte et en prose (4 garçons, 2 petites filles), par Eug. et A. ADENIS.
Tel est pris... ou Rira bien qui rira le dernier, pièce en un acte, prose et vers (6 garçons, un personnage pouvant être tenu par une petite fille ou par un petit garçon), par Ernest JAUBERT.
L'Atelier du Diable ou Paresse et désobéissance, 1 acte en vers et prose (6 petites filles ou 6 petits garçons ou petites filles et petits garçons *ad libitum* (les variantes sont indiquées), par le MÊME.
Sottise et Désespoir de Mathurine, pièce comique en un acte (5 garçons et une petite fille), par Mme L. ROUSSEAU.
Le Pantalon trop raccourci, pièce comique en 2 tabl. (2 garç., 5 petites filles), par la MÊME.
Les braves Gens ou Père et fils, pièce dramatique en un acte (4 petits garçons), par la MÊME.
Lequel des trois, comédie en un acte, 6 garçons, par Oct. AUBERT.
Trois dialogues, pour petits garçons, par L. HAMEAU.

A Triffouilly-les-Asperges, quiproquo-vaudeville, 5 garçons, par YVEL.
Treize à table, vaudeville (3 garçons plus un rôle pouvant être joué, soit par un garçon, soit par une fille), par le MÊME.
Berlingot femme de chambre, pièce bouffe en un acte, 4 filles et 1 garçon (ce rôle peut aussi être tenu par un garçon), par le MÊME.
J'ai du bon tabac, tu n'en auras pas..., comédie en un acte (4 garçons), par Louis HELAN.
La Dame en noir, comédie en un acte (4 filles), par JACQUES YVEL.
Napoléon passe les Alpes, comédie en un acte (4 garçons), par J. YVEL et René DUBREUIL.
Une partie manquée, comédie en un acte (4 filles), par L. HAMEAU.

CHŒURS A 20 CENTIMES

Musique de SOURILAS. — Poésie de L. HAMEAU.

L'Hymne aux travailleurs, à 2 voix, pour filles ou garçons.
France, en avant ! ou Imitons-les, à 2 voix, pour garçons.

Musique d'Octave ISORÉ.

Pro Patria, à 2 voix, pour filles ou garçons. Poésie de J. PIERSON.
Travaillons, à 2 voix, pour filles ou garçons. Poésie de de Laprade.
Je voudrais être petit oiseau. Mélodie à une voix. Poésie de Miriam.

Poésies d'AUBERT.

Le Devoir, chant scolaire, pour filles ou garçons, à 2 voix.
Petits soldats, chant scolaire pour filles ou garçons, à 2 voix.
La Tour-d'Auvergne, pour filles ou garçons, à 2 voix.

CHŒURS A 30 CENTIMES

Chagrin d'enfant. Mélodie à 2 voix. Paroles d'H. SECOND.
Union-Charité, chant des Associations amicales d'anciens élèves. Paroles d'E. BARRAS.
La Chasse, musique de CH. MINARD, paroles de J. YVEL.

CHŒURS A 40 CENTIMES

Hymne à l'automne, musique de BOUTIN, paroles de J. YVEL.
Hymne à la Terre, musique de SOURILAS, paroles de H. HÉMON.

De nombreux monologues, chœurs et pièces sont en préparation.

Collection de Maximes murales, imprimées en gros caractères sur papier *idéal* fort et prêtes à être placées sur les murs de l'école. Prix *franco* de chaque série, 1 franc.

On demande que les murs de l'école parlent aux yeux de l'enfant et de tous côtés les inspecteurs primaires ont recommandé l'affichage de **Maximes murales** : c'est pour répondre à ce désir que nous avons fait imprimer ces diverses séries de *maximes* bien pensées, bien frappées, dont le prix de vente est tel qu'un écrivain ne pourrait les établir à si bon compte.

14 Maximes antialcooliques murales (5e édition).
15 Maximes murales d'Hygiène (2e édition).
15 Maximes murales du bon Écolier.
15 Maximes murales d'Agriculture.
15 Maximes murales de la petite Ménagère.
15 Maximes murales du petit Citoyen.
15 Maximes murales de Mutualité.
15 Maximes murales de Morale (devoirs envers les parents).

La vaccine préserve de la variole

Réduction d'une maxime au 8e.

L'ÉCHO DE LA SEMAINE
POLITIQUE ET LITTÉRAIRE
Journal hebdomadaire paraissant tous les Dimanches.

France		Union postale	
Le Numéro	» 15	Le Numéro	» 20
Un An	6 »	Un An	8 »
Six Mois	3 50	Six Mois	4 50

Abonnement d'essai

| Trois mois | 1 75 | Trois mois | 2 25 |

Directeur littéraire : **Édouard PETIT**. — *Directeur politique :* **Charles GUIEYSSE**

L'*Écho de la Semaine* est un journal de vulgarisation ; il s'adresse à tous ceux qui veulent être au courant de ce qui se passe en France et à l'Étranger, au point de vue littéraire, politique, social, musical, dramatique, etc.

Il apporte vraiment avec lui, chaque dimanche, l'*Écho de la Semaine*. Tout y est relaté, commenté d'une façon claire, précise, et dans un esprit largement libéral et démocratique.

A l'affût de nouveautés littéraires, il donne des extraits des volumes nouvellement parus et présente le portrait de l'homme du jour. En outre d'un grand nombre de littérateurs qui lui apportent un concours répété, les collaborateurs : MM. Edouard Petit (*Semaine littéraire*), Charles Guieysse (*Notes politiques*), Henri Hauser (*Politique étrangère*), Henry Bérenger, Gausseron, Marillier, Le Goffic, J. Cases (*Chroniques*), Marie Baerschi, Daniel Halévy (*Variétés*), Marsillon (*Quinzaine scientifique*), Jacques Dallys (*Chronique dramatique*), L. Schneider (*Chronique musicale*), Lutecia, F. Molina, etc., donnent des articles d'une vie intense et d'un intérêt chaque semaine renouvelé. Un roman intéressant et s'adressant à la famille, des poésies inédites et d'actualité complètent chaque numéro.

Tous les mois, nous offrons à nos lecteurs un **Supplément musical** : une valse, un duo, une romance, etc., d'un de nos compositeurs les plus en vogue.

Enfin, avantage que l'*Écho de la Semaine* est seul à présenter : nous **remboursons** le prix de l'abonnement par des primes d'une grande valeur.

Un numéro spécimen sera envoyé à toute personne qui en fera la demande à M. l'Administrateur de l'*Écho de la Semaine*, 18, rue de Condé, Paris.

Paris. — Imp. E. Capiomont et Cie, rue de Seine, 57.

CATALOGUE

DE LA

LIBRAIRIE

NONY & CIE

PARIS
63, BOULEVARD SAINT-GERMAIN, 63

—

Mars 1900

Téléphone 806.04

DIVISIONS DU CATALOGUE

	Pages
Annuaire de la Jeunesse	1
Publications annexes (Programmes, etc.)	2
Bulletin de l'Enseignement technique	5
Dessin	5
Géographie et Histoire	7
Langue et Littérature françaises. Philosophie	7
Langues vivantes	9
Manuels	10

Mathématiques :
    Algèbre, p. 13 ; Arithmétique, p. 16 ; Cosmographie, Topographie et Levé des plans, p. 17 ; Géométrie et Géométrie analytique, p. 18 ; Géométrie descriptive, p. 20 ; Mécanique, p. 20 ; Trigonométrie, p. 21 ; Périodiques, p. 11.

Physique et Chimie	21
Sciences naturelles, Agriculture	24
Sténographie	25
Sujets de concours et d'examens	25
Technologie	28
Table Alphabétique par noms d'auteurs	29

Voir à la page 11 l'annonce
de l'ÉDUCATION MATHÉMATIQUE

Mars 1900

CATALOGUE
DE LA

LIBRAIRIE NONY & CIE
Boulevard Saint-Germain, 63, à PARIS
(*Anciennement : rue des Écoles, 17*).

ANNUAIRE DE LA JEUNESSE
ET **PUBLICATIONS ANNEXES** (*Lois, décrets, règlements intéressant l'avenir des jeunes gens, plans d'études et programmes, etc.*).

ANNUAIRE DE LA JEUNESSE (10° Année)
PAR H. VUIBERT

MOYENS DE S'INSTRUIRE. — CHOIX D'UNE CARRIÈRE

« Si quelqu'un vous dit que vous pouvez vous élever autrement que par l'instruction, le travail et l'économie, fuyez-le. »
FRANKLIN.

Un beau vol. in-12, de 1160 pages ; broché, **3 fr.** ; cart. toile rouge,
titre doré, **4 fr.** ; relié maroquin bleu, **5 fr.**

Il n'est pas une famille un peu éclairée, en France, qui ne soit appelée à avoir entre les mains l'*Annuaire de la Jeunesse* : c'est un guide *indispensable* à tous les pères de famille soucieux de l'éducation et de l'avenir de leurs enfants.

En publiant ce manuel d'éducation et d'instruction, l'auteur s'est proposé un triple objet : 1° faire connaître toutes les ressources offertes à ceux qui veulent s'instruire, à quelque degré d'instruction qu'ils désirent s'élever ; 2° montrer comment l'instruction doit être dirigée quand on a en vue une carrière déterminée ou, simplement, quand on appartient à telle ou telle catégorie sociale ; 3° indiquer les conditions d'accès des différentes carrières, les avantages et les inconvénients de chacune d'elles.

La première partie du livre : **Instruction**, fait connaître les programmes et l'organisation de tous les établissements d'enseignement, primaires, secondaires ou supérieurs, publics ou libres, pour garçons ou pour jeunes filles, avec le régime de chacun d'eux, l'indication du niveau où les études s'y arrêtent, les prix de l'enseignement, de la pension, du trousseau ; les programmes des conditions à remplir et des examens à subir pour y obtenir des bourses ; les statistiques du nombre des candidats à ces bourses, des admissibles, des admis, avec la nature des bourses ou fractions de bourses accordées ; les certificats ou les diplômes qui sont délivrés comme sanction des études et les portes auxquelles ces parchemins permettent de frapper, etc., etc.

L'auteur ne se limite pas, bien entendu, aux établissements universitaires ; il s'étend, au contraire, beaucoup sur tout ce qui a un caractère professionnel, spécial, et donne, pour chaque école d'enseignement technique, industrielle ou commerciale, une nomenclature bien complète des professions auxquelles elle prépare.

Il ne s'étend pas moins sur l'organisation de l'enseignement secondaire. Les élèves puiseront là de précieuses indications. Les pères de famille y trouveront de sages conseils sur le choix à faire entre l'enseignement classique et l'enseignement moderne, sur les considérations qui doivent guider quand la nouvelle bifurcation se présente, presque au terme des études, etc. Ils y trouveront aussi les recommandations que, de temps à autre, le ministre de l'instruction publique tient à faire aux familles.

La deuxième partie du livre : **Écoles spéciales**, intéresse surtout les jeunes gens qui se destinent aux écoles où l'on va couronner son instruction : elle leur montre ce que sont ces écoles, les moyens de s'y préparer, les difficultés des concours, la nature de l'enseignement, les débouchés qui s'offrent à la sortie, etc. Le candidat sait ainsi où il va et peut se rendre compte de ses chances de succès. Les grandes divisions de cette seconde partie sont les suivantes : écoles militaires ; écoles maritimes ; école coloniale ; écoles des ponts et chaussées et des mines ; écoles industrielles ; écoles d'enseignement technique du degré secondaire ; écoles commerciales ; écoles d'agriculture et de sylviculture ; écoles vétérinaires et des haras ; écoles préparatoires à l'enseignement ; écoles de notariat ; écoles de hautes études ; écoles des arts du dessin ; écoles de musique et de déclamation ; écoles d'aveugles, de sourds-muets, de bègues. Chacun de ces groupes d'écoles comprend toutes les subdivisions que le sujet comporte.

La troisième partie de l'ouvrage : **Carrières et Professions**, est en quelque sorte une application des deux autres, puisque son objet est de montrer quel est le meilleur parti à tirer de l'instruction acquise.

Elle se vendra également : brochée 3 fr., cart. 4 fr. Cette partie se terminera par des ANNEXES, comprenant des lois, décrets, règlements, et en particulier les textes qui intéressent les jeunes gens à la veille de faire leur service militaire, de s'engager ou de se créer une position. (Le tome II : *Carrières et Professions*, paraîtra cette année.)

Nous n'avons pas la prétention de donner, dans cette courte notice, une idée un peu complète des sujets abordés dans l'*Annuaire de la Jeunesse*; mais nous pouvons dire que, par le choix du caractère employé à l'impression, on est arrivé à faire tenir dans un même volume de cet ouvrage la matière de 5 volumes in-8° ordinaires à 3 fr. 50. C'est l'importance de son tirage qui permet de le vendre à un prix extrêmement minime, qui ne contribuera pas peu à en faire, comme on l'a dit, « le livre de chevet que tout petit Français devra feuilleter et refeuilleter sans cesse. »

PUBLICATIONS ANNEXES
de l'*Annuaire de la Jeunesse*.

Aptitude physique au Service militaire (INSTRUCTION MINISTÉRIELLE DU 14 MARS 1894 SUR L') ET SUR L'APTITUDE PARTICULIÈRE AUX DIFFÉRENTES ARMES. — Brochure in-12, de 92 pages . . . . 0 fr. 50

Considérations préliminaires : Exemption. — Ajournement. — Service auxiliaire. — Dispenses. — Engagements. — Réformes et retraites.

Mode d'examen des hommes.

Maladies, infirmités ou vices de conformation qui rendent impropre au service militaire : AFFECTIONS EN GÉNÉRAL (Liste de 66 affections et de la situation dans laquelle chacune d'elles met les hommes qui en sont atteints). — AFFECTIONS LOCALISÉES (Liste de 249 affections et de la situation, etc.).

Aptitude au service auxiliaire. — *Aptitudes particulières aux différentes armes.*

Attribution des emplois publics (DÉCRET DU 28 JANVIER 1892 RELATIF AU MODE D'). — Broch. in-8°, de 72 p., donnant les progr. des examens et des concours . . 1 fr.

Les Dispensés commerciaux. LE SERVICE MILITAIRE D'UN AN : Application de la nouvelle loi militaire aux élèves de l'école des hautes études commerciales et des écoles supérieures de commerce reconnues par l'État, par A. DUBOIS, Ingénieur. — Brochure in-12. — 3° édition . . . . 0 fr. 50

Cette brochure servira de guide non seulement aux élèves des écoles supérieures de commerce, mais encore à ceux de toutes les écoles qui se trouvent dans la même situation au point de vue de la loi militaire.

Les Dispensés des Écoles d'Agriculture et de l'Institut agronomique (LA NOUVELLE LOI MILITAIRE ET). Commentaire et application de la loi. Guide des candidats et des élèves par R. NITHARD, secrétaire à la Direction à l'École nationale d'agriculture de Grignon. — Brochure in-12 de 24 pages, avec modèles. . . . 0 fr. 50

Emplois publics (Voir ci-dessus *Décret du 28 janvier 1892*).

Inscription maritime (LOI DU 24 DÉCEMBRE 1896 SUR L'). — Dispenses, service d'un an dans la flotte, etc. Brochure in-12 . . . . 0 fr. 30

Loi militaire DU 15 JUILLET 1889 ET **Décret** DU 23 NOVEMBRE 1889 **sur les Dispenses**. — Brochure in-12, de 84 pages, tenue au courant des modifications . . . . 0 fr. 30

Cette brochure se termine par onze modèles de demandes de dispense, d'engagements décennaux, de certificats de toute nature.

Notice sur l'École des Mousses et des Apprentis-Marins. — Broch. in-12. 0 fr.50
    But de l'institution et considérations générales. — Conditions d'admission à l'École. — Formalités à remplir. — Classement et désignation des candidats. — Envoi et arrivée des enfants à Brest. — Régime de l'École. — Enseignement. — Mousses mécaniciens. — Solde habillement, nourriture et couchage. — Discipline. — Visites à bord, permissions et vacances. — Sortie de l'École.
    Modèle de consentement. — Modèle de certificat médical.

PLANS D'ÉTUDES

Plan d'études et programmes des écoles primaires supérieures. (Décret et arrêté du 21 janvier 1893 et modifications ultérieures). — Organisation pédagogique. Bourses, etc. — Un volume in-12 . . . . 0 fr. 60

Plan d'études et programmes de l'enseignement secondaire classique et de la division élémentaire. — Un volume in-12 . . . . 1 fr.

Plan d'études et programmes de l'enseignement secondaire moderne et de la division élémentaire. — Un volume in-12 . . . . 1 fr.

Plan d'études et programmes de la classe de Mathématiques élémentaires et de la classe supérieure de Mathématiques élémentaires. — Brochure in-12 . . . . 0 fr.50

Plan d'études et programmes de la classe de Mathématiques spéciales. Consulter le *Programme des conditions d'admission à l'école polytechnique* : 0 fr. 30.

PROGRAMMES

Baccalauréat.

Baccalauréat de l'enseignement secondaire classique (*Lettres-philosophie ; lettres-mathématiques*).	0 fr. 30	condaire moderne (*Lettres-philos. ; lettres-sciences ; lettres-math.*).	0 fr. 30
Baccalauréat de l'enseignement se-		Baccalauréat ès sciences . . .	0 fr. 30
		Baccalauréat de l'enseig.t spécial .	0 fr. 30

Certificat d'études physiques, chimiques et naturelles . . . . . . 0 fr. 30

Écoles spéciales.

Administration de la marine (École d')	0 fr. 30	Electricité (École d')	0 fr. 30
Agriculture (Écoles nat^{les} d') . .	0 fr. 30	Electricité (École supérieure d') .	0 fr. 30
Agriculture de Grignon (Progr. officiel de l'enseignement à l'École d'); édition de 1900.	0 fr. 75	Electrotechnique (Ecole) de l'Université de Grenoble	0 fr. 30
Agricult^{re} de Tunis (Ecole coloniale d')	0 fr. 30	Horlogerie de Paris (École d'). . .	0 fr. 30
Application de cavalerie (École d') [Saumur]	0 fr. 50	Horticulture de Versailles (Ecole d').	0 fr. 20
		Hydrographie (Ecoles d') : élève de la marine marchande, capitaine au	
Architecture (École spéciale d') . .	0 fr. 30	long cours et maître au cabotage	0 fr. 50
Architecture (Progr. détaillé de l'enseignement de l'école spéciale d').	1 fr. »	Hydrographie de Dieppe (Ecole libre d')	0 fr. 30
Arts et Métiers (Ecoles nationales d')	0 fr. 30	Hydrographie de Fécamp (Ec. libre d')	0 fr. 30
Arts et Métiers (Section normale de Châlons)	0 fr. 50	Ingénieurs de Marseille (Ecole d') .	0 fr. 30
Centrale des Arts et Manufactures (École)	0 fr. 30	Institut agronomique (et école des eaux et forêts, école des haras) .	0 fr. 30
Centrale lyonnaise (Ecole) . . .	0 fr. 30	Institut chimique de Nancy . . .	0 fr. 30
Céramique de Sèvres (École de) . .	0 fr. 30	Institut électrotechnique Montefiore (et École préparatoire) . . .	1 fr. »
Chimie agricole et industrielle de Bordeaux (Ecole de)	0 fr. 30	Institut industriel du Nord de la France	0 fr. 30
Chimie industrielle de Lyon (Ecole de)	0 fr. 30	Mécaniciens de la flotte (Apprentis et élèves)	0 fr. 30
Cluny (École nationale d'ouvriers et de contremaîtres de)	0 fr. 30	Mécaniciens pour la marine (Ecole d'apprentis, au Havre) . . .	0 fr. 30
Coloniale (École)	0 fr. 30	Militaire d'infanterie (École) [Saint-Maixent]	0 fr. 30
Commerciale de Paris (École) . . .	0 fr. 30	Mines (École nationale supérieure des)	0 fr. 30
Dentaire de Paris (Ecole). . . .	0 fr. 50	Mines de Saint Etienne (Ecole des) .	0 fr. 30
Dessin du service géographique de l'armée (Ecole de)	0 fr. 20	Mousses et Apprentis-marins (Ec. des)	0 fr. 50

Navale (Ecole)	0 fr. 30
Notariat de Nantes (Ecole de)	0 fr. 20
Notariat de Paris (Ecole de)	0 fr. 20
Physique et Chimie industrielles (Ecole municipale de)	0 fr. 30
Polytechnique (Ecole)	0 fr. 30
Ponts et chaussées (Ecole des)	0 fr. 30
Postes et télégraphes : Ecole professlle supre, Rédacteur au Ministère et Emplois dans l'Administon.	0 fr. 30
Pratique de commerce et de comptabilité de Paris (Ecole)	0 fr. 50
Saint-Cyr (Ecole de)	0 fr. 30
Santé de la marine (Ecole du serv° de)	0 fr. 30
Santé militaire (Ecole du service de)	0 fr. 30
Section normale annexée à l'école d'Arts et Métiers de Châlons	0 fr. 50
Section normale annexée à l'école des Hautes études commerciales	0 fr. 50
Sections normales annexées à l'école pratique de commerce et d'industrie de filles du Havre	0 fr. 30
Supérieure d'industrie de Bordeaux (Ecole)	0 fr. 30
Travaux publics (Ecole spéciale de)	0 fr. 50
Vétérinaires (Ecoles nationales)	0 fr. 30
— militaires (école de Saumur)	0 fr. 30

Supérieure de commerce :

De Bordeaux (Progr. des condit. d'admission à l'école)	0 fr. 30
De Bordeaux (Progr. de l'enseignement à l'école)	0 fr. 50
Du Havre (Ecole)	0 fr. 30
Du Havre (Progr. de l'enseignement de l'école)	0 fr. 75
De Lille (Ecole)	0 fr. 30
De Lyon (Progr. des condit. d'admission à l'école)	0 fr. 30
De Lyon (Progr. officiels de l'enseign. à l'école)	0 fr. 50
De Marseille (Ecole) (Progr. d'admiss. : commerce et marine)	0 fr. 30
De Marseille (Ecole) (Progr. de l'enseignt : commerce)	0 fr. 75
De Marseille (Ecole) (Progr. de l'enseignt : marine)	0 fr. 75
De Montpellier (Progr. d'admission)	0 fr. 30
— (Pr. offic. des cours)	0 fr. 75
— (Règlements intérrs)	0 fr. 50
De Nancy (Ecole) (Prog. d'admission)	0 fr. 30
De Paris (Progr. des condit. d'admission à l'école)	0 fr. 30
De Paris (Ecole) (Progr. officiels de l'enseignement)	1 fr. »
De Paris (Ecole) (Règlements généraux et règlement intérieur)	0 fr. 50
De Rouen (Programme d'admission à l'école)	0 fr. 30
De Rouen (Progr. des cours de l'école)	0 fr. 75
De Rouen (Règlement intérieur de l'école)	0 fr. 50
Hautes études commerciales (Progr. des conditions d'admission)	0 fr. 30
Hautes études commerciales (Progr. officiels de l'enseigt à l'école des)	1 fr. »
Hautes études commerciales (Règlements de l'école des)	0 fr. 50
Institut commercial (Progr. des conditions d'admission)	0 fr. 30
Institut commercial (Progr. de l'enseignement)	0 fr. 75
Institut commercial (Règlements intérieurs)	0 fr. 50

Divers.

Banque de France et établissements financiers (et École prépre)	0 fr. 30
Certificat d'aptitude au professorat industriel et au profes. commercial.	0 fr. 40
Conditions d'admission à l'emploi de percepteur surnuméraire	0 fr. 30
Conditions d'admission au Commissariat de surveillance administrative des chemins de fer.	0 fr. 30
Conditions d'admission à l'emploi d'inspecteur particulier de l'exploitation commerciale des chemins de fer.	0 fr. 30
Conditions d'admission à l'inspection départementale du travail dans l'industrie (inspecteur et inspectrice).	0 fr. 30
Conditions d'admission dans les différents services du ministère des finances : administration centrale ; inspection des finances ; Cour des comptes ; comptables du Trésor ; administrations financières (contributions directes et indirectes, douanes ; enregistrement, Domaines et Timbre ; manufactures de l'État ; monnaies et médailles) ; trésorerie d'Algérie et de Cochinchine ; caisse des dépôts et consignations.	0 fr. 50
Conditions d'admission dans le corps du commissariat de la marine (École d'administration de la marine. — Commissaires)	0 fr. 30
Conditions d'admission et d'avancement dans le personnel administratif secondaire de la marine (manutentions, directions de travaux, comptabilités, matières, agents du commissariat)	0 fr. 50
Conditions d'obtention des bourses des lycées et collèges de garçons et de jeunes filles et des bourses de séjour à l'étranger	0 fr. 25
Condit. d'obtention du diplôme d'élève de la marine marchande et des brevets de capitaine au long cours et de maître au cabotage, et conditions d'admission dans les écoles d'hydrographie	0 fr. 50
Conditions d'admission aux Bourses commerciales de séjour à l'étranger et programme des matières du concours	0 fr. 30
Connaissances exigées pour l'admission aux grades de premier-maître mécanicien théorique, second-maî-	

tre mécanicien théorique, quartier-maître mécanicien théorique . . . . 0 fr. 50 Connaissances exigées pour l'admission aux grades de premier-maître et maître mécanicien pratique, second-maître mécanicien	pratique, quartier-maître mécanicien pratique . . . . . . 0 fr. 30 Examens du certificat de capacité pour la conduite d'automobiles, motocycles, etc., et règlement relatif à la circulation de ces véhicules . . . . 0 fr. 30

Outre les programmes énumérés ci-dessus, nous avons un approvisionnement de tous les programmes, sans exception, publiés par les différents éditeurs. La liste complète de tous les programmes, au nombre de plus d'une centaine, publiés par les éditeurs français et ayant trait à l'instruction, aux écoles spéciales et aux carrières, est donnée dans l'*Annuaire de la Jeunesse*, avec l'indication du prix de chacun.

BULLETIN DE L'ENSEIGNEMENT TECHNIQUE

Publié sous les auspices du Ministère du Commerce, de l'Industrie, des Postes et des Télégraphes, paraissant le samedi (en général tous les 15 jours). Format in-8°. 3e année. Abonnement annuel (partant du 1er janvier) : France, 6 fr. ; Étranger, 7 fr.

A quelque époque de l'année que l'on s'abonne, on reçoit tous les numéros parus depuis le 1er janvier.

Le *Bulletin de l'Enseignement technique* comprend deux parties :

La première, sous la rubrique *Documents officiels*, reproduit les communications du Ministère du Commerce et de l'Industrie, c'est-à-dire les lois, décrets, règlements, circulaires, programmes d'enseignement, vacances d'emploi, nominations intéressant les établissements d'enseignement ressortissant à ce ministère (Conservatoire national des arts et métiers, école centrale des arts et manufactures, école des hautes études commerciales, écoles supérieures de commerce, institut commercial, écoles nationales d'arts et métiers, école nationale pratique d'ouvriers et de contre-maîtres de Cluny, écoles nationales professionnelles, école d'apprentissage de Dellys, écoles manuelles d'apprentissage, écoles nationales d'horlogerie, écoles pratiques de commerce et d'industrie), ainsi que des avis de toute nature (époque et formalités des concours, délivrance de diplômes, attribution de bourses commerciales de séjour à l'étranger, de bourses industrielles de voyage, etc.).

La seconde partie est affectée à des communications de toute nature destinées à tenir les lecteurs au courant du développement de l'enseignement industriel et commercial en France et à l'étranger.

Chacune des années 1898 et 1899 (1re et 2e années) se vend en un vol. in-8°, broché, avec tables, 6 fr. ; relié . . . . 7 fr. 50

DESSIN

Cartes topographiques (Recueil de) au 1/20000 et *Tableau des signes conventionnels*. — Un atlas in-8° raisin. 3e édition. . . . . 3 fr. 50

Ce recueil est destiné à apprendre à dessiner les cartes topographiques (trait et écritures). Il renferme, outre les modèles de cartes, de difficulté graduée, le papier à dessin quadrillé nécessaire à leur reproduction à différentes échelles.

DEMARQUET-CRAUK (N.), professeur à l'école spéciale militaire de Saint-Cyr. — **Dessin de Paysage**, comprenant deux parties qui se vendent séparément :

1° Texte : **Notions de Perspective** *appliquée aux croquis rapides de Vues d'après nature*.— Un joli vol. illustré, format de poche, cartonné toile souple, 2e édition   2 fr.

Ces notions de perspective, destinées aux candidats à l'Ecole militaire de Saint-Cyr, s'adressent également aux amateurs et à toutes les personnes qui veulent étudier le dessin de paysage.

Les règles de perspective indispensables à la mise en place d'une vue d'après nature sont exposées rapidement ; elles sont mises en application en une suite d'intéressants croquis pittoresques qui rendent attrayante la lecture de ce petit guide de l'élève paysagiste.

2° PLANCHES : **Croquis rapides de Vues d'après nature,** avec le tracé des principales lignes de perspective. — Atlas de 24 planches. — Format 31 × 45. 8 fr.

Les modèles de cette collection, exécutés conformément aux indications du programme, forment une série d'études légèrement graduées analogues aux paysages qui font l'objet de l'épreuve de dessin au concours d'admission à Saint-Cyr. Ils offrent aux candidats une variété suffisante d'excellents exercices raisonnés.

Enseignement primaire du dessin : Notice et conseils *pour l'application des quatre premiers paragraphes du programme officiel, avec l'indication des modèles,* à l'usage des écoles primaires et des classes élémentaires des lycées et collèges. — In-12, avec 62 figures dans le texte. 0 fr. 60

Cette notice fournit de précieuses directions pédagogiques.

Exécution des Epures et Lavis (Instructions et conseils). — 7° édition. In-12, avec 28 figures dans le texte. . . . . 1 fr. »

Cette brochure, écrite par une sommité de l'enseignement du dessin, rendra les plus grands services aux jeunes gens qui apprennent le dessin graphique ; elle est indispensable à ceux qui se destinent aux écoles spéciales.

GUIOT (H.), peintre, professeur au lycée et aux écoles normales de Chaumont, etc., et PILLET (J.), professeur au Conservatoire national des Arts et Métiers, à l'école des Beaux-Arts, à l'école Polytechnique, à l'école des Ponts et Chaussées, etc. — **Le dessin de paysage,** *étudié d'après nature.* — (5° édition). Un album gr. in-8° oblong, avec 60 colonnes de texte, 46 figures théoriques, 80 motifs divers et 33 grandes planches d'ensemble (1899). . . . . 3 fr. »
Reliure d'amateur. . . . . 6 fr. »

L'ouvrage est divisé en trente-deux leçons graduées et conduit insensiblement et sûrement l'élève des premiers éléments aux études d'ensemble.

Cette 5° édition, tirée sur de nouvelles planches, a été augmentée de 15 planches d'ensemble, dont quelques-unes à la plume avec des considérations générales sur ce genre.

SOMMAIRE. — *Principes généraux du dessin* : Perspective. Applications. *Eléments du dessin de paysage* : Feuilles et herbes; Masses d'arbres ; troncs et branches. Terrains. Fabriques. Eaux. Objets accessoires. Personnages. Animaux.

Applications d'ensemble : Leçons de mises en place. Leçons d'applications pittoresques avec texte explicatif, croquis et esquisses.

Planches supplémentaires : Modèles divers et exercices. Dessins à la plume.

COLLECTION DES ÉPREUVES DE DESSIN

données aux concours d'admission aux Ecoles :

Ecole spéciale militaire de Saint-Cyr. Recueil des Paysages donnés au concours d'admission de 1891 à 1899. — Planches 28×38, 2 fr. — En carton . . . . . 2 fr. 50

Ecole Centrale des Arts et Manufactures. Dessins d'architecture, de machines et d'ornement. Concours de 1890 à 1898, sessions de juillet et d'octobre. — 18 planches format raisin (50×65). . . . . 6 fr. 75

Ecoles d'Arts et Métiers. Concours de 1874 à 1899. — Un atlas, 30^{cm}×38^{cm}, renfermant les dessins linéaires et les dessins à la plume. (Voir p. 26).

Ecole de Contremaîtres de Cluny. Dessins graphiques donnés aux concours de 1891 à 1899. (V. p. 26.)

Ecole des Apprentis mécaniciens de la flotte. Dessins graphiques donnés aux concours de 1891 à 1898. (Voir p. 26.)

Ecole Polytechnique. Lavis donnés aux concours de 1890 à 1894, feuilles de Whatman prêtes à être lavées, ne portant que le trait et identiques à celles que les candidats ont reçues le jour du concours. — Les cinq . . . . 1 fr. 25

GÉOGRAPHIE ET HISTOIRE

DEVILLE (V.), professeur agrégé au lycée Michelet. — **Manuel de géographie commerciale**, à l'usage des candidats aux écoles supérieures de commerce. — 2 vol. in-8°, reliés toile . . . . 10 fr.

HAUSER (H.). — **Histoire** (Voir *Manuel du Baccalauréat*, p. 10).
— **Géographie** (Voir *Manuel du Baccalauréat*, p. 10).

JORAN (J.), professeur d'histoire (cours de Saint-Cyr) au collège Stanislas, à Sainte-Barbe et à l'école Lacordaire. — **Biographies d'hommes illustres** : HOMMES DE GUERRE, DIPLOMATES, SAVANTS ET ARTISTES, *suivies d'un abrégé des littératures allemande et anglaise depuis la fin du XVIIIe siècle*, à l'usage des candidats à l'école de Saint-Cyr et aux baccalauréats. — Un vol. grand in-12, 2° édition . . . . . . 2 fr.

JORAN (J.). — **Recueil de compositions françaises** SUR DES SUJETS TIRÉS DE L'HISTOIRE MODERNE (Voir ci-dessous).

REBIÈRE (A.). — **Mathématiques et Mathématiciens** (Voir p. 8).

REBIÈRE (A.). — **Les Femmes dans la Science** (Voir p. 8).

REBIÈRE (A.). — **La Vie et les Travaux des Savants modernes** (Voir p. 8).

REBIÈRE (A.). — **Pages choisies des Savants modernes** (Voir p. 8).

LANGUE ET LITTÉRATURE FRANÇAISES
PHILOSOPHIE

BARREAU (H.), inspecteur primaire de la Seine, et BOUCHET (A.), principal du collège de Brioude. — 321 sujets de composition française, donnés aux examens du certificat d'études primaires (livre de l'élève). — Un vol. in-12 cart., 3° édit. 0 fr. 90

LIVRE DU MAITRE, renfermant 450 dictées, le plan de tous les sujets de composition française et le développement d'un grand nombre d'entre eux. — Un vol. in-12 cart. 2 fr. 50
(Voir *Sujets de concours*, p. 27).

Circulaire ministérielle ayant pour objet d'interdire l'abus des exigences grammaticales dans les examens et concours. — In-8° . . . . 0 fr. 20
Cette circulaire est pleine d'aperçus intéressants sur les bizarreries de notre langue.

JANET (P.). — **Philosophie** (Voir *Manuel du Baccalauréat*, p. 10 et 11).

JORAN (J.). professeur d'histoire (cours de Saint-Cyr) au collège Stanislas, à Sainte-Barbe et à l'école Lacordaire. — **Biographies d'hommes illustres** : HOMMES DE GUERRE, DIPLOMATES, SAVANTS ET ARTISTES, *suivies d'un abrégé des littératures allemande et anglaise depuis la fin du XVIIIe siècle*, à l'usage des candidats à l'école de Saint-Cyr et aux baccalauréats. — Un vol. grand in-12, 2° édition . . . . 2 fr.

JORAN (J.). — **Recueil de compositions françaises** SUR DES SUJETS TIRÉS DE L'HISTOIRE MODERNE, à l'usage des candidats à l'école spéciale militaire de Saint-Cyr. — Un vol. in-8°, 2° édition . . . . 4 fr.

Ce recueil renferme environ 360 textes de compositions françaises (discours, lettres, narrations, dissertations), 72 plans, 126 développements, parmi lesquels les sujets donnés aux concours de l'école de Saint-Cyr dans 34 récents concours et à Saint-Maixent depuis 10 ans.
Les élèves trouveront dans cet ouvrage, en même temps que des modèles, d'excellents conseils, notamment sur la composition historique.

JULLIEN (E). — Voir SUÉRUS ET JULLIEN.

LHOMME (F.), agrégé de l'université, professeur au lycée Janson-de-Sailly, membre du Conseil supérieur de l'Instruction publique, et **ÉDOUARD PETIT**, agrégé de l'université, docteur ès lettres, professeur au lycée Janson-de-Sailly. — **La composition française aux examens du baccalauréat de l'enseignement secondaire moderne**, AUX EXAMENS DE L'ENSEIGNEMENT SECONDAIRE DES JEUNES FILLES ET AUX CONCOURS D'ADMISSION AUX ÉCOLES SPÉCIALES. — 2º édition. Un beau vol. in-8º, de 521 pages, renfermant 646 sujets . . . . 4 fr.

Cet ouvrage renferme les sujets de composition française donnés, dans ces dernières années, aux examens du baccalauréat de l'enseignement secondaire moderne, dans toutes les académies, et un très grand nombre de sujets donnés par les auteurs et répondant aux parties nouvelles du programme du baccalauréat moderne.

Il renferme aussi les sujets de composition française posés depuis un grand nombre d'années et, dans la plupart des cas, depuis l'origine, aux concours d'admission aux écoles suivantes : Agriculture, Beaux-Arts, Fontenay-aux-Roses, Hautes Études commerciales, Institut agronomique, Institut commercial, Mines de Saint-Étienne, Navale, Physique et chimie industrielles, Polytechnique, Saint-Cloud, Sèvres, Supérieures de commerce, Vétérinaires, — ainsi qu'aux examens du certificat d'aptitude et à l'agrégation de l'enseignement secondaire des jeunes filles, aux concours généraux, etc.

Des conseils appropriés à chaque genre d'examen sont donnés par les auteurs, des indications de lectures, des plans (en très grand nombre), des développements, quelques copies d'élèves, etc.

REBIÈRE (A.), ancien élève de l'École normale supérieure. — **Mathématiques et Mathématiciens**. *Pensées et curiosités*. 3º édit. Un beau vol. in-8º, de 566 pages. 5 fr.
Reliure d'amateur, demi-chagrin, avec coins, tête dorée . . . . . . 8 fr.

TABLE DES MATIÈRES : Morceaux choisis et pensées. — Variétés et anecdotes. — Paradoxes et singularités. — Problèmes célèbres et classiques. — Problèmes frivoles et humoristiques. — Notes bibliographiques. — Index alphabétique.

REBIÈRE (A.). — **Les Femmes dans la Science**. — Un très beau vol. in-8º de XII-364 pages avec portraits, autographes et fac-simile, 2º édition . . . . . 5 fr.
Reliure d'amateur, demi-chagrin, avec coins, tête dorée . . . . . . 8 fr.

... Ce livre est un intéressant monument élevé au génie des femmes; les portraits et les autographes ajoutés lui donnent un charme de plus.   *The Nature* (Londres.)
.. On imagine difficilement le trésor d'observations sagaces, de remarques pénétrantes contenues dans ce livre qui représente un travail des plus étendus, des plus minutieux.
... Cet ouvrage vient à son heure, en un moment où la question féministe se pose et se discute avec la belle ardeur que l'on sait... fort avisé, l'auteur y a ajouté une gerbe de citations prises d'Orient comme d'Occident, de toute la terre habitable, qui amuse, récrée, instruit, fait réfléchir et dont le prix est fort grand. Que les dames veuillent posséder cet ouvrage, rien de plus naturel ; mais que les hommes l'acquièrent, rien ne leur sera plus utile pour rendre au sexe faible une justice que trop souvent ils lui refusent.
(*Revue Chrétienne*.)

REBIÈRE (A.). — **La Vie et les Travaux des Savants modernes**, d'après les documents académiques. — Un vol. in-8º de VIII-456 pages, ornée de 38 portraits (1899). 5 fr.
Reliure d'amateur, demi-chagrin, avec coins, tête dorée . . . . . . 8 fr.

L'Académie des Sciences : La science antique. Les grands précurseurs. L'ancienne Académie. L'Institut et la nouvelle Académie des Sciences. Les prix et les lauréats. Les documents académiques. Les secrétaires perpétuels.
Les mathématiciens et les astronomes : Cassini, Huyghens, Newton, Leibniz, les Bernoulli, Euler, Clairaut, d'Alembert, Lagrange, Herschel, Monge, Laplace, Delambre, Legendre, Carnot, Fourier, Gauss, Poncelet, Cauchy, Chasles, Le Verrier.
Les physiciens et les chimistes : Mariotte, Volta, Watt, Coulomb, Lavoisier, Berthollet, Biot, Ampère, Malus, Thénard, Davy, Gay-Lussac, Dulong, Chevreul, Arago, Fresnel, Faraday, Dumas, Regnault, Wurtz, Sainte-Claire Deville, Pasteur.
Les naturalistes : Tournefort, Réaumur, les de Jussieu, Buffon, Linné, de Saussure, de Lamarck, Haüy, Humboldt, Cuvier, Bichat, Geoffroy Saint-Hilaire, de Blainville, de Candolle, Flourens, Élie de Beaumont, Milne-Edwards, Agassiz, Darwin, de Quatrefages, Claude Bernard.

REBIÈRE (A.). — **Pages choisies des Savants modernes** EXTRAITES DE LEURS ŒUVRES. — Un vol. in-8º de 624 pages, orné de gravures et portraits (1900). . . . . 5 fr.
Reliure d'amateur, demi-chagrin, avec coins, tête dorée . . . . . . 8 fr.

... « On a publié de nombreux morceaux choisis des écrivains, des poètes, des historiens et des philosophes. Mais ce qui a été fait — avec une certaine outrance — pour les Lettres restait encore à faire pour les Sciences. On peut en être surpris, étant donnée l'importance toujours croissante de ces dernières.

Nos savants classiques ne se bornaient pas à instruire leurs disciples directs, ils parlaient aussi aux autres hommes... D'après Montesquieu, « les sciences gagnent beaucoup à être traitées d'une manière ingénieuse et délicate ; c'est par là qu'on en ôte la sécheresse, qu'on en prévient la lassitude et qu'on les met à la portée de tous les esprits. »

On trouvera dans ce recueil des aperçus purement scientifiques, des extraits sur l'histoire et la philosophie des sciences et aussi sur les méthodes de découverte et d'enseignement. »

Le texte a été illustré d'une nouvelle série de 40 portraits. Les portraits des savants cités qui ne figurent pas dans ce volume se trouvent dans le précédent ouvrage de M. Rebière : *La Vie et les Travaux des Savants modernes*, dont celui-ci est une suite extrêmement intéressante.

SUÉRUS (R.), agrégé d'histoire, censeur, sous-directeur des études au lycée Saint-Louis, et **E. JULLIEN**, licencié ès lettres, répétiteur du cours de Saint-Cyr au lycée Saint-Louis. — **Choix de lectures** MORALES, PATRIOTIQUES, SCIENTIFIQUES, à l'usage des candidats aux écoles militaires. — Un vol. in-8° (1900), relié toile . . . . . 4 fr.

SUÉRUS ET JULLIEN. — **Science et Patrie**. — Edition sur beau papier fort du volume précédent (pour bibliothèques, distributions de prix, etc.). — Un vol. in-8° broché ; titre rouge et noir (1900) . . . . 4 fr.
Reliure d'amateur, demi-chagrin, avec coins, tête dorée . . . . 7 fr.

LANGUES VIVANTES

FLEURY (H.), Professeur. — *Examens oraux de Saint-Cyr et Polytechnique* : **100 Examens d'Allemand** (Explication. Questions de grammaire. Conversation. Thème oral, avec *fac-simile* des cartes postales allemandes lues et expliquées par les candidats). — Un vol. in-18.

GAUSSERON (B.-H.), professeur agrégé au lycée Janson-de-Sailly. — **Le Thème anglais** AUX EXAMENS DU BACCALAURÉAT DE L'ENSEIGNEMENT SECONDAIRE MODERNE ET AUX CONCOURS D'ADMISSION AUX ÉCOLES SPÉCIALES. — 2 vol. in-8° (textes et traductions) . . . 4 fr. 50
On vend séparément : le volume des textes, 3 fr. ; le volume de traductions, 1 fr. 50.

GAUSSERON (B.-H.). — **La version anglaise** AUX EXAMENS DU BACCALAURÉAT DE L'ENSEIGNEMENT SECONDAIRE MODERNE ET AUX CONCOURS D'ADMISSION AUX ÉCOLES SPÉCIALES (1899). — 2 vol. in-8° (textes et traductions), 4 fr. 50 : Textes, 3 fr. ; Traductions, 1 fr. 50.
Pour le plan de ces deux ouvrages, voir LANG : *Le Thème allemand*.

LANG (E.-B.), agrégé de l'Université, professeur à l'école spéciale militaire de Saint-Cyr et au lycée Janson-de-Sailly. — **Le thème allemand** AUX EXAMENS DU BACCALAURÉAT DE L'ENSEIGNEMENT SECONDAIRE MODERNE ET AUX CONCOURS D'ADMISSION AUX ÉCOLES SPÉCIALES. — 2° édition. 2 vol. in-8° (textes et traductions) . . . . 5 fr.
On vend séparément : textes, 3 fr. ; traductions, 2 fr.

Cet ouvrage renferme environ 300 thèmes allemands, donnés aux plus récents examens du baccalauréat moderne dans toutes les Facultés, aux vingt derniers concours d'admission à Saint-Cyr, aux concours d'admission à diverses autres écoles (Ecoles des services de santé militaire de Lyon et de la marine de Bordeaux, Ecoles normales de Sèvres, Fontenay-aux-Roses, Saint-Cloud, Ecoles de commerce, etc.) et aux concours généraux. Ces thèmes sont classés par ordre de difficulté : thèmes très faciles, faciles, assez faciles, assez difficiles, difficiles, très difficiles ; tous sont annotés ; un thème sur deux seulement est traduit, de sorte que le livre, tout en rendant de grands services aux élèves qui travaillent seuls, peut être distribué sans inconvénient dans les classes et fournir la matière des exercices à faire faire aux élèves. Le volume des traductions se termine par l'ordonnance ministérielle qui fixe les règles de l'orthographe nouvelle.

LANG (E.-B.). — **La version allemande** AUX EXAMENS DU BACCALAURÉAT DE L'ENSEIGNEMENT SECONDAIRE MODERNE ET AUX CONCOURS D'ADMISSION AUX ÉCOLES SPÉCIALES. — 2 vol. in-8° textes et traductions . . . . 4 fr. 50
On vend séparément : le volume des textes, 3 fr. ; le volume des traductions, 1 fr. 50.
Cet ouvrage est fait sur le même plan que *le Thème allemand*.

LORBER (TH.), professeur au collège Stanislas, officier interprète d'état-major. — **Recueil de manuscrits allemands**, à l'usage des candidats à l'école spéciale militaire de Saint-Cyr. — Un vol. in-12 de 212 pages, élégamment relié (deuxième édition) . . . . 3 fr.

MANUELS

CAUSTIER (E.). — **Manuel d'histoire naturelle**, à l'usage des candidats à l'école centrale. — 3° édition. Un vol. in-16, avec 571 figures, relié toile (1900) . . 3 fr. »

DEVILLE (V.), professeur agrégé au lycée Michelet. — **Manuel de Géographie commerciale**, à l'usage des candidats aux écoles supérieures de commerce.— 2 vol. in-8°, reliés toile . . . . 10 fr.

Manuel de préparation aux concours d'entrée des écoles supérieures de commerce, contenant le développement des programmes officiels de 1893. — 3° édition. 2 vol. in-8°, reliés toile . . . . 10 fr.

Manuel des candidats aux écoles nationales d'Arts et Métiers : Physique et Chimie, par J. Basin. — Un vol. in-16 relié toile . . . . (Sous presse.)

Manuel des candidats à l'Institut agronomique (Mathématiques). Voir ci-après *Manuel du baccalauréat* (classe de Mathématiques élémentaires).

Les derniers programmes de la classe de Mathématiques élémentaires ayant été adoptés, en ce qui concerne les Mathématiques, comme programme des matières exigées pour l'admission à l'Institut agronomique, le volume Mathématiques (classe de Mathématiques élémentaires) se trouve être aussi le *Manuel des candidats à l'Institut agronomique*.

MANUEL DU BACCALAURÉAT

DE L'ENSEIGNEMENT SECONDAIRE CLASSIQUE	DE L'ENSEIGNEMENT SECONDAIRE MODERNE

Classe de Rhétorique :

Mathématiques : Arithmétique, Algèbre et Géométrie, par M. Antomari, ancien élève de l'Ecole normale, agrégé de mathématiques, docteur ès sciences, professeur au lycée Carnot : Cosmographie, par M. Maluski, ancien élève de l'Ecole normale, agrégé de mathématiques, professeur au lycée de Lyon. — 3° édition. Un vol. in-16 de 368 p., relié toile . . . . 3 fr.

Classes de Rhétorique et Seconde moderne :

Histoire, par M. Hauser, ancien élève de l'École normale, agrégé d'histoire, docteur ès lettres, professeur à la Faculté des lettres de l'Université de Clermont. — 2° édition. Un vol. in-16 de 95 p., broché . . . . 1 fr.
Géographie, par M. Hauser. . . . . (Sous presse.)

Classes de Philosophie :

Physique et Chimie : Physique, par M. Boisard, ancien élève de l'École normale, agrégé des sciences physiques, professeur au lycée Carnot; Chimie (notation atomique), par M. Didier, ancien élève de l'École normale, agrégé des sciences physiques, docteur ès sciences, examinateur d'admission à l'École de Saint-Cyr.— Un vol. in-16 de 376 p. avec 263 fig., relié toile . . . . 3 fr.

Classes de Philosophie et de Première-lettres :

Philosophie et Histoire : Philosophie, par M. Janet, ancien élève de l'École normale, agrégé de philosophie, docteur ès lettres, docteur en médecine, professeur suppléant au Collège de France ; Histoire, par M. Hauser. — Un vol. in-16 de 550 p.; relié toile . . . . 4 fr

On vend séparément : *Philosophie*, 3 fr. 50; *Histoire*, 1 fr.

Classes de Philosophie et Première (Lettres et Sciences) :

Histoire naturelle, par M. Caustier, agrégé des sciences naturelles, professeur au lycée de Versailles. — Un vol. in-16 de 580 p. avec 683 fig., relié toile, 4° éd. (1900). 3 fr. 30

Le même Ouvrage sans les Notions de Paléontologie, sous le titre *Anatomie et Physiologie animales et végétales* [édition A], un vol. in-16 de 492 p. avec 580 fig., relié toile. 3 fr.

Les **Notions de Paléontologie**, seules, un vol. in-16 (1899) . . . . 1 fr.

Classe de Mathématiques élémentaires :

Mathématiques : **Arithmétique**, par M. Tartinville, ancien élève de l'Ecole normale, agrégé de mathématiques, professeur au lycée Saint-Louis, membre du Conseil supérieur de l'Instruction publique; **Algèbre** et **Géométrie descriptive**, par M. Antomari; **Géométrie**, par M. Guichard, ancien élève de l'Ecole normale, agrégé de mathématiques, professeur à la Faculté des sciences de l'Université de Clermont; **Trigonométrie**, par M. Humbert, ancien élève de l'Ecole normale, agrégé de mathématiques, professeur au lycée Louis-le-Grand; **Mécanique**, par M. Carvallo, agrégé de mathématiques, docteur ès sciences, répétiteur et examinateur d'admission à l'Ecole polytechnique; **Cosmographie**, par M. Maluski.— Les sept parties renfermées dans un vol. in-16 de 720 p., contenant 525 fig., relié toile . . . . 5 fr.

Physique et Chimie : **Physique**, par M. Boisard; **Chimie** (notation atomique), par M. Didier. — 2° édition. Un vol. in-16 de 420 p. avec 286 fig., relié toile. . 3 fr.

Classes de Mathématiques élémentaires et Première-sciences :

Philosophie et Histoire : **Philosophie**, par M. Janet; **Histoire**, par M. Hauser. — 2° édition. Un vol. in-16 de 318 p., relié toile . . . . 2 fr.

On vend séparément : *Philosophie*, 1 fr. 25; *Histoire*, 1 fr.

Les autres volumes du Manuel (baccalauréat classique et baccalauréat moderne) sont en préparation.

MATHÉMATIQUES

PÉRIODIQUES

Annales : Baccalauréat, Licence, Agrégations (Voir à *Sujets de concours et d'examens*, p. 25).

Education mathématique (L') (2° année : 1899-1900), Journal in-4° paraissant le 1er et le 15 de chaque mois, du 1er octobre au 15 juillet, et publié par Ch. BIOCHE, ancien élève de l'Ecole normale supérieure, professeur agrégé au lycée Louis-le-Grand, et H. VUIBERT, rédacteur du *Journal de Mathématiques élémentaires*. — Prix du numéro, 0 fr. 30. Prix de l'abonnement annuel, France, 5 fr. ; Etranger, 6 fr.

A quelque époque de l'année que l'on s'abonne, on reçoit tous les numéros parus depuis le 1er octobre.

Ce journal, — créé pour les débutants qui ne peuvent pas encore suivre le *Journal de Mathématiques élémentaires*, — s'adresse aux élèves des classes de lettres [enseignement classique (de la 4° à la Philosophie) et moderne (de la 4° à la Seconde)] des lycées de garçons, aux élèves des trois classes supérieures des lycées de jeunes filles et aux élèves des écoles primaires supérieures, des écoles de commerce et d'industrie et des écoles normales ; — aux aspirants et aspirantes au certificat d'études primaires supérieures, aux certificats d'études pratiques industrielles et commerciales, au brevet supérieur ; — aux candidats aux écoles d'arts et métiers, de Cluny, des mécaniciens, d'agriculture, de commerce, etc. ; — aux nombreux jeunes gens qui, n'ayant pas fait d'études régulières ou n'ayant pu les poursuivre assez loin, désirent compléter leur instruction et ont besoin d'être guidés. Il intéresse enfin bien des pères de famille qui prennent une part un peu active aux études de leurs enfants.

Bien que limité à l'arithmétique, à l'algèbre et à la géométrie très élémentaires, il est aussi d'un grand secours aux trop nombreux élèves qui entrent dans les classes de Mathématiques élémentaires, de Première-Sciences ou dans les divisions de Saint-Cyr sans être suffisamment préparés à recevoir l'enseignement qu'on y donne.

Des *questions proposées* sont livrées aux recherches des abonnés. Les solutions insérées dans le journal sont rédigées avec les plus grands détails, de manière à ne laisser dans l'ombre aucune partie de la démonstration, et en rappelant les théorèmes à l'appui. Les fautes qui peuvent se trouver dans les solutions envoyées sont signalées et expliquées d'une façon générale, sans indication de personnalité, de manière à faire profiter tous les lecteurs des enseignements qui peuvent se dégager des erreurs de quelques-uns.

« Mais surtout nous nous attacherons, disent les rédacteurs, à montrer comment on cherche un problème. Pour les questions les moins faciles, nous essaierons de matérialiser le travail d'investigation, de montrer les différentes voies où l'on peut s'engager, d'indiquer les raisons qui en font préférer une particulièrement. »

L'*Education mathématique* publie, entre autres choses :

1° Des sujets de mathématiques et de sciences physiques et naturelles donnés aux examens du certificat d'études primaires supérieures ;

2° Des sujets d'arithmétique donnés aux concours pour l'admission dans les écoles normales primaires ;

3° Les textes d'épreuves du brevet supérieur ;

4° Les sujets scientifiques donnés aux examens pour l'obtention des bourses dans les lycées et collèges de garçons et de jeunes filles ;

5° Les sujets de mathématiques, de physique et d'histoire naturelle donnés aux concours généraux de Paris et des départements dans les classes de Troisième moderne, de Rhétorique, de Philosophie et de Première-lettres ;

6° Les questions de mathématiques, physique et histoire naturelle posées aux examens du baccalauréat classique (2e partie, 1re série) ;

7° Les sujets de concours pour l'admission aux écoles suivantes : administration de la marine, agriculture coloniale de Tunis, nationales d'agriculture, arts et métiers, Cluny, hautes études commerciales, institut commercial, mécaniciens de la marine et de la flotte, Saint-Maixent, Saumur, supérieures de commerce de Paris, Bordeaux, le Havre, Lille, Lyon, Marseille, Montpellier, Nancy, Rouen ; supérieure des postes et des télégraphes, vétérinaires, Vincennes, etc.

La collection de la 1re année de l'*Éducation Mathématique* forme un beau volume broché, in-4°, de 176 pages, avec table . . . . 5 fr.

Journal de Mathématiques élémentaires (24e année : 1899-1900), publié par H. VUIBERT. — In-4°, avec figures et épures dans le texte.

Ce journal paraît le 1er et le 15 de chaque mois, sauf pendant les mois d'août et de septembre (20 numéros par an).

Les abonnements sont annuels ; ils partent du 1er octobre et expirent le 15 juillet.

A quelque époque de l'année que l'on s'abonne, on reçoit tous les numéros parus depuis le 1er octobre précédent.

	FRANCE	ÉTRANGER
Prix du numéro année en cours	0 fr. 30	0 fr. 35
Prix du numéro années écoulées.	0 fr. 40	0 fr. 40
Prix de l'abonnement annuel	5 fr. »	6 fr. »
Les 23 premières années, brochées.	115 fr. »	
Une seule année, brochée	5 fr. »	

Le *Journal de Mathématiques élémentaires* publie, entre autres choses :

1° Les problèmes de mathématiques et de physique donnés aux examens des Baccalauréats ;

2° Les sujets d'examens et de concours pour l'admission aux écoles suivantes : architecture, beaux-arts, institut agronomique et école forestière, navale, navigation, normales primaires supérieures de Fontenay-aux-Roses et de Saint-Cloud, normale secondaire de Sèvres, physique et chimie industrielles, Saint-Cyr, Versailles. (Les sujets donnés aux concours pour l'admission aux écoles polytechnique, normale supérieure, centrale, des ponts et chaussées, des mines de Saint-Etienne, sont traités dans la *Revue de Mathématiques spéciales*; mais les candidats à ces écoles n'en ont pas moins, plus encore que les autres, besoin du *Journal de Mathématiques élémentaires*) ;

3° Les sujets de mathématiques, de physique et de chimie donnés aux examens pour l'obtention des principaux grades universitaires et autres ;

4° Les sujets de mathématiques, de physique, de chimie et d'histoire naturelle donnés aux concours généraux de Paris et des départements, dans les classes de Seconde moderne, de Première-sciences et de Mathématiques élémentaires ; — des copies couronnées.

Revue de Mathématiques spéciales (10ᵉ année), rédigée par MM. E. HUMBERT, ancien élève de l'École normale, professeur agrégé de mathématiques spéciales au lycée Louis-le-Grand, et G. PAPELIER, ancien élève de l'École normale, professeur agrégé de mathématiques spéciales au lycée d'Orléans, avec la collaboration de MM. N. CHARRUIT, ancien élève de l'École normale, agrégé de mathématiques, professeur au lycée de Lyon; E. DESSENON, ancien élève de l'École normale, agrégé de mathématiques, professeur au lycée Saint-Louis ; P. LAMAIRE, ancien élève de l'École normale, agrégé de mathématiques, professeur au collège Chaptal ; CH. RIVIÈRE, ancien élève de l'École normale, agrégé de physique, docteur ès sciences, professeur au lycée Saint-Louis ; H. VUIBERT, directeur du *Journal de Mathématiques élémentaires*.

La Revue paraît mensuellement (12 numéros par an). In-4° de 24 pages, avec figures et épures dans le texte. — Les abonnements sont annuels et partent d'octobre. A quelque époque de l'année que l'on s'abonne, on reçoit tous les numéros parus depuis le mois d'octobre précédent.

Prix de l'abonnement annuel : France, 8 fr. Étranger, 9 fr.
TOME I (1890-91 et 1891-92), avec table : broché, 14 fr. ; relié, 18 fr.
TOME II (1892-93 et 1893-94), avec table : broché, 14 fr. ; relié, 18 fr.
TOME III (1894-95 et 1895-96), avec table : broché, 15 fr. ; relié, 19 fr.
TOME IV (1896-97 et 1897-98), avec table : broché, 16 fr. ; relié, 19 fr.

La collection de la 9ᵉ année (1898-99) forme un beau volume in-4°, de 312 pages, broché . . . . 8 fr.
Chacune des quatre premières années, brochée 7 fr. ; chacune des suivantes, 8 fr.
Prix du numéro : année en cours, 0 fr. 75 ; années écoulées, 1 fr.

La *Revue de Mathématiques spéciales* publie, entre autres choses, les sujets de concours pour l'admission aux écoles Normale, Polytechnique, Centrale, des Ponts et Chaussées, des Mines, des Mines de Saint-Étienne, Navale ; les sujets donnés au concours général de mathématiques spéciales, à l'agrégation, aux bourses de licence, etc.

Tous ces sujets d'examen et de concours sont résolus (mathématiques, physique, chimie, épures).

La Revue est divisée en deux parties : la première est plus particulièrement destinée aux candidats aux écoles Normale et Polytechnique ; la seconde, aux candidats aux autres écoles. Les énoncés relatifs à ces deux groupes d'élèves sont séparés ; mais, bien entendu, les meilleurs élèves du second groupe et les nouveaux du premier groupe ont souvent intérêt à suivre aussi la partie qui ne leur est pas spécialement destinée.

ALGÈBRE

ANTOMARI (X.). — **Algèbre** (Voir *Manuel du Baccalauréat*, p. 10 et 11).

BARBARIN (P.), ancien élève de l'École normale supérieure, agrégé des sciences mathématiques, professeur au lycée de Bordeaux. — **Recueil de calculs logarithmiques** à l'usage des candidats aux baccalauréats d'ordre scientifique et aux écoles du gouvernement : Saint-Cyr, navale, centrale, polytechnique, mines, ponts et chaussées, etc. — Un vol. in-4° . . . . 3 fr. 50

BOREL (E.) ET DRACH (J.). — **Algèbre supérieure et Théorie des nombres** (Voir TANNERY, p. 15).

CARONNET (TH.), docteur ès sciences, professeur au collège Chaptal. — **Problèmes de licence ès sciences mathématiques** donnés à la Sorbonne, avec les solutions développées. — Un vol. in-8° . . . . 2 fr.

CARVALLO (E.), professeur agrégé de l'Université, docteur ès sciences mathématiques, répétiteur et examinateur d'admission à l'école polytechnique. — **Méthode pratique pour la résolution numérique complète des équations algébriques ou transcendantes**. — Une brochure in-4° . . . . 1 fr. 50

COR (N.), ancien élève de l'École normale supérieure, agrégé des sciences mathématiques, professeur au lycée Carnot, et J. RIEMANN, ancien élève de l'École normale supérieure, agrégé des sciences mathématiques, docteur ès sciences, professeur au lycée Louis-le-Grand. — **Traité d'algèbre** à l'usage des élèves de Mathématiques élémentaires, des aspirants au baccalauréat classique (2ᵉ série) et au baccalauréat moderne (2ᵉ et 3ᵉ séries), avec des *compléments* destinés aux candidats aux grandes écoles du gouvernement. — Un beau vol. in-8° de 468 pages, avec figures dans le texte . . . . 6 fr.

DAUZAT (M.). — **Éléments de Méthodologie mathématique** (Voir *Arithmétique*, p. 16.)

DRACH (J.). — Voir TANNERY, p. 15.

Formulaire [*Mathématiques, Physique, Chimie* (notation atomique)] à l'usage des aspirants aux Baccalauréats de l'enseignement secondaire classique et moderne, des candidats aux écoles du gouvernement et des élèves des écoles normales, par **R. PIALAT**.
— 9e édition, mise en harmonie avec les nouveaux programmes des baccalauréats. Un joli petit volume de 108 pages format de poche $22^{cm} \times 12^{cm}$, avec pages blanches pour notes. Broché, 1 fr. Relié toile, 1 fr. 50.

Ce *vade-mecum* de l'étudiant en mathématiques contient :
Toutes les formules dont on a l'application dans les classes de mathématiques et de l'enseignement moderne : arithmétique, algèbre, géométrie, trigonométrie, cosmographie, mécanique ;
Des exemples destinés à rappeler les règles qui ne peuvent se traduire par des formules ;
Les valeurs numériques des quantités qui reviennent le plus souvent dans les calculs, des tables de racines carrées, de nombres premiers (de 1 à 10,000), de sinus, cosinus, etc. ;
Des tableaux synoptiques des mesures des aires et des volumes ;
Les formules qui traduisent les principales lois physiques : pesanteur, chaleur, électricité, acoustique, optique ;
Des données numériques relatives aux poids spécifiques, aux coefficients de dilatation, chaleurs spécifiques, points de fusion, d'ébullition, chaleurs latentes, équivalents, poids atomiques, etc. ;
Trois tableaux synoptiques des principaux composés oxygénés ou hydrogénés des métalloïdes, rangés par familles, avec formules et indication des principales propriétés ;
Quatre tableaux synoptiques résumant le mode de préparation des métalloïdes et de leurs principaux composés, avec les formules représentant les réactions ;
Treize tableaux synoptiques résumant d'une façon tout à fait remarquable la chimie organique exigée au Baccalauréat de l'enseignement moderne.
Enfin, le *Formulaire* renferme, sous forme d'*Annexes* à la fin du volume, des notes, tableaux, formules, etc., qui ne se rattachent pas absolument aux programmes des baccalauréats, mais qui sont cependant très utiles aux élèves de mathématiques.
Pour déférer à un désir souvent exprimé, on a ajouté à cette édition, après chaque partie et à la fin du formulaire, des pages blanches destinées à recevoir les notes, formules, observations, que le lecteur peut tenir à conserver et qu'il retrouvera là aisément.
L'emploi du Formulaire évite de longues recherches, qui n'aboutissent pas toujours ; il évite bien des calculs et les pertes de temps qu'ils entraînent.
Le Formulaire est aussi un aide-mémoire ; il permet de revoir rapidement, à la veille d'une composition ou d'un examen, les parties essentielles du cours.

GIR (Th.), ancien professeur de mathématiques au lycée et aux cours secondaires de jeunes filles à Niort. — Les problèmes d'arithmétique résolus par la méthode algébrique :
Leçons élémentaires d'Algèbre à l'usage des élèves des cours secondaires de jeunes filles, des candidats au brevet simple et des aspirantes au brevet supérieur.
2e édition. — Un vol. in-12 . . . . 2 fr. 50

GRÉVY (A.), ancien élève de l'École normale supérieure, agrégé des sciences mathématiques, docteur ès sciences, professeur au lycée Saint-Louis. — **Algèbre** à l'usage des élèves des classes de Troisième, Seconde, Rhétorique et Philosophie et des aspirants au baccalauréat classique. — Un vol. in-12, avec figures, cartonné toile . . . 2 fr.

GRIESS (J.). — Voir WEBER.

HENRY (Charles), maître de conférences à l'École pratique des Hautes Études, bibliothécaire à la Sorbonne, membre de la Société mathématique de France. — **Abrégé de la Théorie des fonctions elliptiques**, à l'usage des candidats à la licence mathématique. — Un vol. in-8° . . . . 3 fr.

Cet ouvrage élémentaire n'exige du lecteur que la connaissance des premiers principes de la théorie des fonctions ; encore les rappelle-t-il plus d'une fois. L'auteur aime la clarté ; il a par surcroît l'élégance, et, ce qui est plus rare, la vie. En remplaçant autant que possible le calcul, qui apprend peu, par le raisonnement, qui explique et instruit, il a fait tenir dans un petit volume tout ce que la doctrine a d'essentiel, jusques et y compris des notions sur la difficile problème de la transformation. Son livre, plus original que ne le représente une préface trop modeste, est moderne sans injustice pour le passé.

JAMET (V.), docteur ès sciences mathématiques, professeur au lycée de Nantes. — **Essai d'une nouvelle Théorie élémentaire des logarithmes**. In-8°. 0 fr. 60

LORIDAN (ABBÉ J.), licencié ès sciences, supérieur de l'Institution Saint-Jean, à Douai. **Problèmes de baccalauréat ès lettres** (MATHÉMATIQUES, PHYSIQUE, CHIMIE). — Problèmes ; solutions ; conseils. — Un vol. in-12, de 244 p. ; broché 1 fr. 60 ; relié toile . . . . 2 fr.

Cet ouvrage n'est pas seulement utile aux élèves de lettres : il convient très bien aussi aux élèves de Quatrième et de Troisième moderne. Il fournira également de bons exercices aux candidats aux écoles d'arts et métiers, d'agriculture, de commerce, vétérinaires, aux candidats à Saint-Maixent, Saumur, etc...

MACÉ DE LÉPINAY (A.), ancien élève de l'École normale supérieure, professeur de mathématiques spéciales au lycée Henri IV. — **Compléments d'Algèbre et notions de Géométrie analytique**, à l'usage des élèves de Première-Sciences et des élèves de Mathématiques élémentaires se destinant à la classe de Mathématiques spéciales et des Aspirantes à l'Agrégation des Jeunes filles. — Un vol. in-8° de 482 pages avec 224 figures dans le texte, 4° édition . . . . 4 fr. 50

Avant qu'on ait introduit, en 1891, dans le programme d'admission à Saint-Cyr les compléments d'algèbre et des notions de géométrie analytique (supprimés en 1896), nous songions à publier un livre ouvrant aux bons élèves de Mathématiques élémentaires quelques horizons sur les mathématiques spéciales. Le nouveau programme de Saint-Cyr ayant paru sur ces entrefaites, notre projet s'est trouvé réalisé par le fait même de la publication du livre de M. Macé de Lépinay, destiné aux candidats à Saint-Cyr.

Actuellement, ces matières complémentaires ne sont plus exigées des candidats à Saint-Cyr ; mais le livre n'était pas destiné qu'à eux : il intéressait vivement de bons élèves de Mathématiques élémentaires ou de Première-Sciences qui regrettaient d'être obligés d'abandonner leurs classes après le baccalauréat ; il intéressait surtout ceux-là même qui, reçus bacheliers et se préparant à entrer en Spéciales, avaient hâte de s'initier quelque peu, pendant les vacances, aux méthodes rapides qui allaient faire l'objet de leurs études nouvelles ; il intéressait enfin nombre de lecteurs et parmi eux beaucoup d'instituteurs n'ayant en vue aucun examen et poussés uniquement par l'amour de l'étude. Ces besoins variés auxquels le livre répondait sont restés les mêmes, et c'est pour y donner satisfaction que nous venons de le réimprimer.

MAUPIN (G.), licencié ès sciences mathématiques et physiques, membre de la Société mathématique de France. — **Questions d'Algèbre** à l'usage des élèves des classes de Mathématiques spéciales et des candidats aux Écoles polytechnique, normale, centrale, etc., — avec une préface de M. C.-A. LAISANT, docteur ès sciences. — Un vol. gr. in-8° . . . . 5 fr.

L'ouvrage est divisé en 17 chapitres qui correspondent aux diverses parties du programme d'entrée à l'École polytechnique. Il contient d'ailleurs un très grand nombre de questions ayant été posées, dans ces dix dernières années, aux examens d'admission à cette école. 125 questions sont complètement traitées, et, pour les 1300 autres, les énoncés sont souvent accompagnés d'explications qui mettent sur le chemin de la solution.

MAUPIN (G.). — **Exercices d'Algèbre à l'usage des élèves de Mathématiques spéciales**. — Un vol. in-8° . . . . 2 fr.

Ce recueil contient des exercices simples de calcul, avec les solutions. Il s'adresse plus particulièrement aux élèves de première année de Mathématiques spéciales.

RIEMANN (J.). — Voir **COR** et **RIEMANN**.

TANNERY (JULES), directeur des Études scientifiques à l'École normale supérieure. — **Introduction à la Théorie des nombres et à l'Algèbre supérieure**. Conférences faites à l'École normale supérieure et rédigées par Émile BOREL et Jules DRACH, élèves de 3° année. — Un vol. gr. in-8° . . . . 10 fr.

TARTINVILLE (A.), ancien élève de l'École normale supérieure, agrégé des sciences mathématiques, professeur au lycée Saint-Louis, membre du Conseil supérieur de l'Instruction publique. — **Théorie des équations et des inéquations du premier et du second degré à une inconnue**, à l'usage des aspirants aux Baccalauréats d'ordre scientifique, des candidats aux écoles du gouvernement et des élèves des écoles normales. — Grand in-8°. 2° édition . . . . 3 fr. 50

Ce traité aplanit toutes les difficultés que rencontraient les élèves dans l'étude un peu aride de la fonction du second degré.

VOGT (H.) ancien élève de l'École normale supérieure, professeur à la Faculté des sciences de l'Université de Nancy. — **Éléments de Mathématiques supérieures** à l'usage des physiciens, des chimistes et des élèves des Facultés des sciences. — Grand in-8° . . . . *(En préparation.)*

VOGT (H.). — **Leçons sur la résolution algébrique des équations**, avec une préface de M. Jules Tannery, directeur des Etudes scientifiques à l'Ecole normale supérieure. — Un vol. gr. in-8° . . . . 5 fr.

VUIBERT ET BOUANT. — **Problèmes de baccalauréat** :

Première partie (*Mathématiques*), par H. Vuibert. — 2° édition, renfermant. 681 problèmes d'arithmétique, algèbre, géométrie, trigonométrie, géométrie descriptive, mécanique, cosmographie, avec les solutions.
Un beau vol. in-8°, de 528 pages en petit texte. . . . . 5 fr.

Première partie (*Mathématiques*). — *Enoncés seuls*. — Un vol. in-8°, de 126 p. 1 fr. 50
(On ne vend pas séparément la partie : *Solutions*).

La seconde édition se distingue de la première en ce que : 1° le nombre des problèmes a été triplé ; 2° presque tous les problèmes sont résolus ; pour ceux qui ne le sont pas, on a indiqué le résultat auquel on doit parvenir, et, quand il y a lieu, la marche à suivre ; 3° tous les problèmes donnés aux baccalauréats d'ordre scientifique dans ces dernières années et susceptibles de figurer dans le livre y ont été introduits ; 4° au contraire tous les problèmes de la première édition qui ont pu être remplacés avantageusement par des problèmes similaires récents ont été éliminés ; les problèmes, classés méthodiquement comme dans la première édition, sont en outre placés sous des rubriques qui apportent plus de netteté dans les subdivisions.

La première partie : Mathématiques, des *Problèmes de baccalauréat* est un excellent recueil d'exercices pour les candidats à l'Institut agronomique.

Deuxième partie. (V. *Physique et Chimie* : Bouant, p. 21).

WEBER (H.), professeur à l'Université de Strasbourg. — **Traité d'Algèbre supérieure** : *Principes.* — *Racines des équations.* — *Grandeurs algébriques.* — *Théorie de Galois.* — Traduit de l'allemand sur la seconde édition, par J. Griess, ancien élève de l'Ecole normale supérieure, professeur agrégé au lycée Charlemagne. — Un vol. grand in-8° de xii-764 pages, avec figures . . . . 22 fr.

ARITHMÉTIQUE

ANTOMARI (X.). — **Arithmétique** (V. *Manuel du Baccalauréat*, p. 10 et 11).

BOREL (E.) ET DRACH (J.). — **Théorie des nombres** (V. *Algèbre* Tannery, p. 15).

DAUZAT (M.), inspecteur d'académie. — **Eléments de Méthodologie mathématique**, à l'usage de tous ceux qui s'occupent de mathématiques élémentaires, comprenant :
  1° des Considérations générales sur les mathématiques élémentaires et leur enseignement ;
  2° un Résumé raisonné des Théories arithmétiques, algébriques et géométriques ;
  3° un Exposé des Méthodes et des procédés de démonstration et de résolution des questions élémentaires de mathématiques ;
  4° l'application de ces méthodes à l'étude de plus de 500 questions.

  1er Fascicule : **Arithmétique**.
  2e Fascicule : **Algèbre et Géométrie**.
  Formant ensemble un très fort volume in-8° . . . . 10 fr.

Formulaire (Voir *Algèbre*, p. 14).

FOURREY (E.). — **Récréations arithmétiques.** — Un vol. in-8° avec 106 figures dans le texte . . . . 3 fr. 50
Reliure d'amateur, demi-chagrin, avec coins, tête dorée . . . . . 6 fr. 50

I. Curieuses particularités des nombres. — Les opérations. — Les progressions. — Les nombres polygonaux. — Les carrés. — Les cubes. — Les diviseurs. — Problèmes sur les nombres.
II. Le jour de la semaine. — Les nombres pensés. — Problèmes anciens. — Problèmes curieux et amusants.
III. Les carrés magiques. — Carrés magiques à enceintes — à croix — à châssis et à compartiments. — Carrés diaboliques et hypermagiques. — Transformation des carrés magiques. — Carrés magiques à progression géométrique. — Rectangles magiques. — Cercles magiques. — Cubes magiques.

GIR (Th.). — **Les problèmes d'arithmétique** (V. *Algèbre*, p. 14).

GOULARD (A.), ancien élève de l'École normale supérieure, agrégé des sciences mathématiques, professeur au lycée de Marseille. — **Problèmes d'arithmétique**, à l'usage des candidats au baccalauréat et aux écoles de Saint-Cyr, navale, polytechnique, centrale, etc. — Un vol. in-8°. . . . . (*En préparation.*)

GRÉVY (A.), ancien élève de l'École normale supérieure, agrégé des sciences mathématiques, docteur ès sciences, professeur au lycée Saint-Louis. — **Arithmétique** à l'usage des élèves des classes de Troisième (classique et moderne), de Rhétorique et de Philosophie et des aspirants au baccalauréat classique. — Un vol. in-12, avec figures, cartonné toile, 2ᵉ édition . . . . 2 fr.

GRIESS (J.), ancien élève de l'École normale supérieure, agrégé des sciences mathématiques, professeur au lycée Charlemagne (Cours de Centrale). — **Approximations numériques**. Théorie et pratique des calculs approchés. — Un vol. in-8° de 64 pages en petit texte . . . . 1 fr.

Cet ouvrage s'adresse surtout aux candidats à l'École centrale, à l'École navale et aux écoles d'arts et métiers.

HUMBERT (E.), ancien élève de l'École normale supérieure, agrégé des sciences mathématiques, professeur de mathématiques spéciales au lycée Louis-le-Grand. — **Traité d'Arithmétique** à l'usage des élèves de mathématiques élémentaires, des aspirants au baccalauréat classique (*2ᵉ série*) et au baccalauréat moderne (*3ᵉ série*), et des candidats à l'institut agronomique, — **avec des compléments** destinés aux candidats aux grandes écoles du gouvernement et **une préface** de Jules Tannery, directeur des études scientifiques à l'École normale supérieure. — Un vol. in-8°. . . 5 fr.

LORIDAN (L'ABBÉ J.). — (Voir *Algèbre*, p. 15).

MARTIN (E.), chef d'institution à Nîmes. — **Note sur la preuve par 9 des opérations arithmétiques**. — In-8° . . . . 0 fr. 50

MATROT (A.), ingénieur en chef des Mines. — **Démonstration élémentaire du Théorème de Bachet**: *Tout nombre entier est la somme de quatre carrés au plus.* Brochure in-8° de 16 pages . . . . 0 fr. 60

SALOMON (Mᵐᵉ A.), ancienne élève de l'École normale supérieure de Sèvres, agrégée de l'enseignement secondaire des jeunes filles, professeur au Lycée Lamartine, à Paris. — **Leçons d'Arithmétique**, à l'usage des élèves de l'enseignement secondaire des jeunes filles. — 3 vol. in-12, cart. toile :

1ʳᵉ Partie : Leçons d'Arithmétique à l'usage des classes préparatoires et 1ʳᵉ année secondaire et des établissements d'enseignement primaire, ouvrage contenant les Notions de Géométrie. — Un vol. in-12, relié toile (1899). . . . 2 fr.

2ᵉ Partie : Leçons d'Arithmétique à l'usage des élèves de 2ᵉ et 3ᵉ année secondaire. — Un vol. in-12, relié toile (1898). . . . . 2 fr.

3ᵉ Partie : Leçons d'Arithmétique (Compléments) à l'usage des élèves de 4ᵉ année secondaire. — Un vol. in-12, relié toile (1899) . . . . 1 fr.

TANNERY (J.). — (Voir *Algèbre*, p. 15).

TARTINVILLE (A.), ancien élève de l'École normale supérieure, agrégé des sciences mathématiques, professeur au lycée Saint-Louis, membre du Conseil supérieur de l'Instruction publique. — **Cours d'Arithmétique**. Un volume in-8° de 516 pages, 2ᵉ édition. . . . . 5 fr.

Écrit en vue de la préparation aux examens pour lesquels la théorie de l'arithmétique est exigée, et, par conséquent, *surtout théorique*, cet ouvrage sera étudié avec fruit par tous les bons élèves candidats aux baccalauréats et il rendra de grands services aux candidats aux écoles de Saint-Cyr, Polytechnique, Centrale, Navale, etc.; aux candidats au professorat des écoles normales, etc.

VUIBERT (H.). — (Voir *Algèbre*, p. 16).

COSMOGRAPHIE, TOPOGRAPHIE ET LEVÉ DES PLANS

Cartes topographiques (Recueil de) 1/20000 avec le *Tableau des signes conventionnels*. — Un atlas in-8° raisin, 3ᵉ édition. . . . . 3 fr. 50

CROUZET (E.), lieutenant-colonel du génie, ancien examinateur de topographie à l'école de Saint-Cyr, chef de la section des levés de précision au service géographique de

l'Armée. — **Éléments de la Topographie**, précédés de notions sur la construction des cartes, 3° édition. Un volume in-8°, avec planches. . . . . 2 fr.
Voir aussi MALUSKI ET CROUZET.

GRIGNON (A.), licencié ès sciences mathématiques et physiques. — **Cosmographie** à l'usage des élèves des classes de Rhétorique et de Seconde moderne. — 4° édition, un vol. in-12° de 144 pages, cart. toile (1900). . . . . 1 fr. 75.

GRIGNON (A.). — **Traité de Cosmographie** avec des *Notions sur l'histoire de l'Astronomie*, à l'usage des élèves de Mathématiques élémentaires et de Première-Sciences, des aspirants au baccalauréat classique (*2° série*) et moderne (*2° et 3°. séries*) et des candidats aux écoles. — Un vol. in-8°, avec fig. dans le texte et planches . . . . (*Sous presse*.)

MALUSKI (A.), ancien élève de l'Ecole normale supérieure, agrégé des sciences mathématiques, professeur au lycée de Lyon et E. CROUZET.— **Leçons de Cosmographie et de Topographie**, conformes au dernier programme d'admission à Saint-Cyr. — Un vol. in-8°, avec planches . . . . 2 fr.

MALUSKI (A.). — **Cosmographie** (Voir *Manuel du Baccalauréat*, p. 10 et 11).

VUIBERT (H.). — (Voir *Algèbre*, p. 16).

GÉOMÉTRIE ET GÉOMÉTRIE ANALYTIQUE

BARBARIN (P.), ancien élève de l'Ecole normale supérieure, agrégé des sciences mathématiques, professeur au lycée de Bordeaux. — **Notions complémentaires sur les Courbes usuelles**, à l'usage des élèves des classes de Mathématiques élémentaires et Supérieure de Mathématiques élémentaires. — Broch. in-8°, avec 24 figures (1899) . . . . 0 fr. 75

DAUZAT (M.).— **Éléments de Méthodologie mathématique** (Voir *Arithmétique*, p. 16).

DESSENON (E.), ancien élève de l'Ecole normale supérieure, agrégé des sciences mathématiques, professeur au lycée Saint-Louis. — **Éléments de Géométrie analytique**, à l'usage des candidats à l'Ecole navale et à l'Ecole centrale. — Un vol. in-8°, 2° édition. . . . . 7 fr. 50

FONTENÉ (G.), agrégé de l'Université, professeur au collège Rollin. — **Géométrie dirigée : Les angles dans un plan orienté avec des droites dirigées ou non dirigées**, à l'usage des élèves de mathématiques élémentaires. — Un vol. in-8° . . . . 2 fr.
Ce livre est venu combler une lacune qui avait été souvent ressentie par ceux qu'intéressent les questions de méthode en géométrie. On sait quels importants progrès a fait faire à la géométrie l'introduction des valeurs algébriques des segments et quelle clarté a été apportée de ce fait dans les énoncés des propriétés des figures. La notion d'angle algébrique, qui existe en trigonométrie pour les droites issues d'un même point, n'avait pas été introduite en géométrie, sauf dans des cas particuliers, et elle ne faisait l'objet d'aucune étude systématique en ce qui concerne les droites issues de points différents. M. Fonteué a montré avec beaucoup de clarté que l'introduction de signes dans les angles de droites dirigées ou non est aussi facile que celle des signes des segments et rend autant de services.

Formulaire (Voir *Algèbre*, p. 14).

GRÉVY (A.), ancien élève de l'Ecole normale, agrégé des sciences mathématiques, docteur ès sciences, professeur au lycée Saint-Louis. — **Géométrie** à l'usage des élèves des classes de lettres et des aspirants au baccalauréat classique.—Un vol. in-12 cart. toile . . . . 2 fr. 50
On vend séparément :
Géométrie plane, à l'usage des classes de Quatrième et de Troisième. — Un vol. in-12, cart. toile . . . . 1 fr. 50
Géométrie dans l'espace, à l'usage des classes de Seconde et de Rhétorique. — Un vol. in-12, cart. toile . . . . 1 fr. 25

GRIESS (J.). — Voir KLEIN.

GUICHARD (C.), ancien élève de l'École normale supérieure, professeur à la Faculté des sciences de l'Université de Clermont. — **Traité de Géométrie** à l'usage des élèves de mathématiques élémentaires, des aspirants au baccalauréat classique (*2e série*) et au baccalauréat moderne (*2e et 3e séries*), avec des **compléments** destinés aux candidats aux grandes écoles du gouvernement :

Géométrie élémentaire (*plane et dans l'espace*). — Un vol. in-8° (1899) . . 5 fr.

Compléments . . . . (*Sous presse.*)

GUICHARD (C.). — **Géométrie** (Voir *Manuel du Baccalauréat*, p. 11).

KLEIN (F.), professeur à l'Université de Gœttingue. — **Leçons sur certaines questions de géométrie élémentaire. Possibilité des constructions géométriques ; les polygones réguliers; transcendance des nombres e et π** (démonstration élémentaire). Rédaction française autorisée par l'auteur, par J. Griess, ancien élève de l'École normale supérieure, agrégé des sciences mathématiques, professeur au lycée Charlemagne. Un vol. in-8° . . . . 2 fr.

MACÉ DE LÉPINAY (A.). — **Compléments d'Algèbre et notions de Géométrie analytique** (v. page 15). — Un vol. in-8° de 482 pages avec 224 figures dans le texte, 4e édition . . . . 4 fr. 50

Voir aussi *Algèbre*, page 15, la note qui suit l'annonce.

MOSNAT (E.), agrégé des sciences mathématiques, professeur au lycée de Toulon. — **Problèmes de Géométrie analytique** A DEUX ET A TROIS DIMENSIONS (avec les solutions), 3 vol. in-8° . . . . 20 fr.

TOME I, à l'usage des candidats aux écoles navale, centrale, des ponts et chaussées, des mines de Paris et de Saint-Etienne et des aspirantes à l'agrégation de l'enseignement secondaire des jeunes filles, 2e édition . . . . 6 fr.

TOME II (*Géométrie à deux dimensions*), à l'usage des candidats à l'école polytechnique, à l'école normale, à l'agrégation . . . . 7 fr.

TOME III (*Géométrie à trois dimensions*) à l'usage des candidats à l'école polytechnique, à l'école normale, à l'agrégation . . . . 7 fr.

PAPELIER (G.), ancien élève de l'École normale supérieure, professeur agrégé de mathématiques spéciales au lycée d'Orléans. — **Leçons sur les coordonnées tangentielles**, à l'usage des élèves de mathématiques spéciales, avec une préface de M. P. Appell, membre de l'Institut. — 2 vol. in-8°.

PREMIÈRE PARTIE : **Géométrie plane.** — Un vol. de 325 pages . . . . . 5 fr.

SECONDE PARTIE : **Géométrie dans l'espace.** — Un vol. de 358 pages . . . 5 fr.

Relations entre les éléments d'un triangle (au nombre de 230). — 3e édition ; in-8°. 0 fr. 40

Relations entre les éléments d'un triangle. Recueil de *273 formules relatives au triangle,* **avec leurs démonstrations.** — Un vol. in-8° . . . . . . 2 fr. 50

RÉMOND (A.), ancien élève de l'École Polytechnique, professeur de mathématiques spéciales à l'école préparatoire de Sainte-Barbe. — **Résumé de Géométrie analytique** A DEUX ET A TROIS DIMENSIONS, à l'usage des candidats aux écoles Polytechnique, Normale, Centrale, Navale, des Ponts et Chaussées et des Mines. 2e édition. In-8°, avec figures dans le texte . . . . 4 fr.

Cet ouvrage est surtout utile pour la résolution des problèmes. Ce n'est pas un *Abrégé ;* il contient au contraire l'énoncé de *toutes* les propriétés exposées et étudiées dans les cours les plus largement traités ; mais ces énoncés sont dégagés de toute démonstration.

Les paragraphes que peuvent laisser de côté les candidats à certaines écoles sont marqués par des astérisques.

SALOMON (Mme A.). — **Notions de Géométrie** (Voir *Leçons d'Arithmétique*, 1re partie, page 17).

Théorie des projections (NOTE SUR LA), à l'usage des candidats au baccalauréat, à l'Institut agronomique et aux autres écoles, par un ancien élève de l'école Polytechnique. — Br. in-8°, de 21 pages . . . . 0 fr. 60

VOGT (H.). — **Éléments de Mathématiques supérieures** (Voir *Algèbre*, page 15).

VUIBERT (H.). — (Voir *Algèbre*, p. 16).

GÉOMÉTRIE DESCRIPTIVE

ANTOMARI (X.), ancien élève de l'École Normale supérieure, agrégé des sciences mathématiques, docteur ès sciences, professeur de mathématiques spéciales au lycée Carnot. — **Cours de Géométrie descriptive** à l'usage des candidats aux écoles Polytechnique, Normale supérieure, Centrale, des Ponts et Chaussées, Supérieure des Mines et des Mines de Saint-Etienne. — Un vol. gr. in-8° avec 425 figures dans le texte. . . . . 10 fr.

ANTOMARI (X.). — **Traité de Géométrie descriptive**, à l'usage des élèves de mathématiques élémentaires, des aspirants au baccalauréat classique (2e *série*), au baccalauréat moderne (3° *série*) et des candidats à l'Institut agronomique.— Un vol. gr. in-8°, avec figures et épures dans le texte . . . . 3 fr.

ANTOMARI (X.). — **Géométrie descriptive** (Voir *Manuel du baccalauréat*, p. 11).

CHARRUIT (N.), ancien élève de l'école Normale supérieure, agrégé des sciences mathématiques, professeur au lycée de Lyon. — **Cours de géométrie cotée** à l'usage des candidats à Saint-Cyr, conforme au dernier programme. — Un vol. gr. in-8° avec épures dans le texte . . . . 5 fr.

CHARRUIT (N.). — **Problèmes et épures de géométrie descriptive et de géométrie cotée**. — 2 vol. gr. in-8°.

PREMIÈRE PARTIE, à l'usage des candidats aux écoles de Saint-Cyr et Navale, à l'Institut agronomique et des aspirants aux baccalauréats, 2° édition. — Un vol. avec figures et épures dans le texte . . . . 5 fr.

Cet ouvrage renferme 472 énoncés de problèmes et 432 énoncés d'épures (descriptive et cotée), notamment les épures données au concours d'admission à Saint-Cyr depuis 1862 et à l'école navale depuis 1853. Une partie des problèmes et des épures est résolue et graphiquée.

DEUXIÈME PARTIE, à l'usage des candidats aux écoles Polytechnique, Centrale, des Ponts et Chaussées, des Mines, etc. — Un vol. . . . . (*En préparation.*)

NICOL (J.), ancien élève de l'école Normale supérieure, agrégé des sciences mathématiques, professeur au lycée Janson-de-Sailly. — **Cours de Géométrie cotée** à l'usage des candidats à l'école Navale. 2° édition, mise en harmonie avec le dernier programme d'admission (1900). — Un vol. gr. in-8°, avec figures et épures dans le texte . . . . 4 fr.

VUIBERT (H.). — (Voir *Algèbre*. p. 16).

MÉCANIQUE

ANTOMARI (X.), ancien élève de l'école Normale supérieure, docteur ès sciences, professeur agrégé au lycée Carnot. — **Cours de Mécanique**, à l'usage des candidats à l'école spéciale militaire de Saint-Cyr. — Un vol. in-8°. . . . . . 3 fr. 50

ANTOMARI (X.).— **Leçons de Mécanique** à l'usage des candidats à l'école spéciale militaire de Saint-Cyr, conformes au dernier programme. — Un vol. in-8°. 2 fr. 50

ANTOMARI (X.). — **Leçons de Cinématique et de Dynamique** SUIVIES DE LA DÉTERMINATION DES CENTRES DE GRAVITÉ, à l'usage des élèves de Mathématiques spéciales. — Un vol. in-8° . . . . 4 fr.

ANTOMARI (X.). — **Leçons de Statique** à l'usage des candidats à l'école Polytechnique, conformes au dernier programme. — Un vol. in-8° . . . . . . 2 fr. 50

ANTOMARI (X.). — **Application de la méthode cinématique à l'étude des surfaces réglées ; — Mouvement d'un corps solide assujetti à cinq conditions**. — Un vol. in-4°. . . . . 5 fr.

ANTOMARI (X.) et LAISANT (C.-A.), docteurs ès sciences. — **Questions de Mécanique**, contenant le résumé de toutes les propositions importantes et de nombreux exercices, à l'usage des élèves de Mathématiques spéciales. — Un vol. in-8°. 3 fr. 50

CARONNET (TH.), docteur ès sciences, professeur de mécanique au collège Chaptal. — **Problèmes de Mécanique** (avec les solutions), à l'usage des classes de Mathématiques élémentaires et de Première-sciences et des candidats au baccalauréat et aux écoles du gouvernement. — Un vol. in-8° . . . . 5 fr.
On vend séparément :
    Première partie : **Statique.** — Un vol. de 188 pages . . . . 2 fr. 50
    Deuxième partie : **Cinématique et Dynamique.** — Un vol. de 218 pages 2 fr. 50

CARVALLO (E.), professeur agrégé de l'Université, docteur ès sciences mathématiques, examinateur d'admission à l'école polytechnique. — **Leçons de Statique** à l'usage des élèves de Mathématiques spéciales. — Un vol. in-8°, 2° édition . . . 2 fr.

CARVALLO (E.). — **Traité de Mécanique** (Statique) à l'usage des élèves de Mathématiques élémentaires, des aspirants au baccalauréat de l'enseignement classique (*2° série*), au baccalauréat de l'enseignement moderne (*3° série*) et des candidats à l'Institut agronomique. — Un vol. in-8°. . . . . 2 fr. 50

CARVALLO (E.). — **Mécanique** (Voir *Manuel du Baccalauréat*, p. 11).

Formulaire (Voir *Algèbre*, p. 14).

GRILLIÈRES (L.), colonel du génie en retraite, ancien élève de l'école Polytechnique. — **Etude des modifications apportées par la rotation diurne de la terre aux lois de l'équilibre et du mouvement des corps pesants.** — In-8° . . 1 fr. 50

VUIBERT (H.). — (Voir *Algèbre*, p. 16).

TRIGONOMÉTRIE

DESSENON (E.), ancien élève de l'École normale supérieure, agrégé des sciences mathématiques, professeur au Lycée Saint-Louis. — **Cours de trigonométrie rectiligne**, à l'usage des candidats aux écoles du gouvernement et des aspirants aux baccalauréats. — 2° édition. Un vol. in-8° de 294 pages . . . . 3 fr.
    Cette trigonométrie se distingue des autres par la large application qui y est faite de la théorie des projections. Elle répond pleinement au programme des conditions d'admission à l'école spéciale militaire de Saint-Cyr, ainsi qu'aux programmes des baccalauréats ; elle convient très bien également aux candidats aux écoles navale, centrale, etc.

Formulaire. — (Voir *Algèbre*, p. 14).

HUMBERT (E.). — **Trigonométrie** (Voir *Manuel du Baccalauréat*, p. 11).

Relations entre les éléments d'un triangle (Voir *Géométrie*, p. 19).

Théorie des projections (Note sur la). — (Voir *Géométrie*, p. 19).

VUIBERT (H.). — (Voir *Algèbre*, p. 16).

PHYSIQUE ET CHIMIE

Annales scientifiques (Voir *Sujets de concours et d'examens*, p. 25).

BASIN (J.), professeur agrégé au lycée de Coutances. — **Leçons de Chimie** (*notation atomique*), conformes aux derniers programmes de l'enseignement secondaire classique et de l'enseignement secondaire moderne. 3° édition. — Gr. in-12. Un volume, broché, 8 fr.; relié toile . . . . 8 fr. 50
On vend séparément :
    Tome 1er : **Métalloïdes.** Programme de Troisième moderne, avec des compléments en petits caractères intéressant les élèves de Mathématiques élémentaires, les candidats aux écoles de Saint-Cyr, navale, centrale, à l'Institut agronomique, etc. — 4° édition (complétée par une Note sur l'air : nouveaux gaz de l'air et air liquide). — Broché, 2 fr. 50 ; relié toile . . . . 3 fr.

Tome II : **Métaux**. Programme de Seconde moderne, avec des compléments. 4ᵉ édition. — Broché, 2 fr. ; relié toile . . . . 2 fr. 50

Tomes I et II réunis, à l'usage des élèves de Mathématiques élémentaires. — Un vol. 4ᵉ édition. — Broché, 4 fr. 50 ; relié toile . . . . 5 fr.

Tome III : **Chimie générale, Chimie organique, Analyse chimique**. Programme de Première-sciences, avec des compléments à l'usage des élèves des écoles industrielles et des élèves des Facultés des sciences (préparation au P. C. N. 1ʳᵉ année de médecine). 3ᵉ édition. Broché, 3 fr. 50 ; relié toile . . . . 4 fr.

BASIN (J.). — **Leçons de Physique**, conformes aux programmes de l'enseignement secondaire moderne, avec des *Compléments* en petits caractères à l'usage des candidats aux écoles spéciales et des élèves des écoles industrielles. — Gr. in-12.

Tome I : **Pesanteur. Hydrostatique. Chaleur**. Programme de Troisième moderne. — 2ᵉ édition. Broché, 2 fr. 50 ; relié toile . . . . 3 fr.

Le tome I peut être utilement mis entre les mains des candidats à l'école navale.

Tome II : **Acoustique, Optique, Électricité et Magnétisme**. Programme de Seconde moderne. — 2ᵉ édition. Broché 3 fr. ; relié toile. . . . . 3 fr. 50

Tome III : **Compléments**. Programme de Première-Sciences. — Un magnifique vol. avec 435 figures. . . . . (*Paraîtra en février* 1900.)

BASIN (J.) — **Manuel des candidats aux écoles d'Arts et Métiers (Physique et Chimie)**. — Vol. in-16. relié toile. . . . . (*Sous presse*)

BOISARD. — **Physique** (Voir *Manuel du Baccalauréat*, p. 10 et 11).

BOUANT (VUIBERT ET). — **Problèmes de Baccalauréat** :

Première partie : **Mathématiques** (Voir p. 16).

Deuxième partie : **Physique et Chimie**, par Émile Bouant, ancien élève de l'École normale supérieure, agrégé des sciences physiques, professeur au lycée Charlemagne. — 3ᵉ édition entièrement refondue (1899) ; un vol. in-8°, avec les solutions. . . 3 fr.

Ce recueil contient 253 problèmes résolus de physique et chimie et 297 problèmes proposés. Dans cette édition où figurent les problèmes donnés aux plus récents examens du baccalauréat on a cru devoir faire figurer un certain nombre de problèmes de chimie, bien que le problème, au baccalauréat, porte constamment sur la physique.
On a pensé que les candidats aux écoles seraient bien aises d'en trouver un choix dans cet ouvrage qui leur est aussi destiné.

DARY (G.). — **A travers l'Électricité** (1900). — Un volume gr. in-4° (21×31ᶜᵐ), titre rouge et noir. — Broché, 10 fr. ; relié toile, fers spéciaux, 14 fr. ; relié dos maroquin, coins, tête dorée . . . . 16 fr.

Cet ouvrage sera lu avidement par tous ceux qui sont désireux de s'initier aux plus belles applications de la science. Imprimé en grand format, sur beau papier et avec un caractère neuf, il est enrichi d'un nombre considérable de magnifiques illustrations et ne se vend cependant qu'un prix relativement minime.
De nos jours l'électricité envahit tout ; elle s'associe de plus en plus à notre existence. On est arrivé à assouplir, à domestiquer cette force inouïe, et chaque jour marque de nouveaux progrès ; de sorte que celui qui vit sur les souvenirs d'un passé cependant très rapproché et qui cherche à comprendre ce qu'il a sous les yeux, est souvent dérouté.
Le livre de M. Dary sera pour tous un guide précieux. Mais il n'a pas l'aridité d'un traité technique. C'est avant tout un *livre de vulgarisation*, où la science se fait aimable, où le côté historique a sa large place et où les anecdotes abondent. Il est d'une lecture attachante, passionnante même en raison des merveilles qu'il étale sous les yeux du lecteur.
Voici les titres des chapitres :
Qu'est-ce que l'électricité ? — L'électricité atmosphérique. — Télégraphie. — Téléphonie. — Éclairage électrique. — Traction électrique. — Galvanoplastie. — Navigation électrique. — Phonographe et ses applications. — Horlogerie électrique. — Médecine et chirurgie. — L'électricité sur les côtes. — Marine de guerre. — Applications à la guerre. — Applications à l'agriculture. — Applications industrielles. — Chemins de fer. — Applications domestiques. — Applications diverses (théâtre, etc.) — Dangers de l'électricité. — L'électricité à l'Exposition de 1900.

DIDIER (P.). — **Chimie** (Voir *Manuel du Baccalauréat*, p. 10 et 11).

Formulaire Mathématiques, Physique, Chimie. — (Voir p. 14).

FRÉCAUT (J.), ancien élève de la Faculté des sciences de Paris, professeur de chimie à l'école J.-B. Say. — **Analyse chimique** *qualitative des sels dissous*, à l'usage des élèves de l'enseignement secondaire classique et moderne, de l'enseignement primaire supérieur et des candidats aux Écoles Centrale, Normale supérieure, Polytechnique, des Mines de Paris et de Saint-Étienne, de Physique et chimie industrielles, à l'Institut agronomique et aux Instituts chimiques ; des élèves des écoles normales supérieures de Saint-Cloud, Sèvres, Fontenay et des candidats au Professorat des écoles normales et au certificat d'études P. C. N., et des étudiants en pharmacie de première année. — Un vol. gr. in-12 (1900). Broché, 2 fr. 50 ; relié toile. . . . 3 fr.

L'ouvrage est divisé en trois parties : la 1re partie est le « Dictionnaire » des caractères des bases métalliques, ou du métal de ces bases, à l'état de sels solubles ; la 2e partie est le « Dictionnaire » des caractères des acides minéraux, à l'état de sels sodiques. Ces deux parties sont suivies de deux *tableaux* résumant la voie à suivre pour déterminer la base ou l'acide minéral d'un sel. Dans la 3e partie, sont étudiées les réactions les plus importantes des principaux acides organiques.

L'auteur, en donnant, chaque fois qu'il est possible de le faire, le nom du précipité, sa formule ; en traduisant au moyen d'une équation chimique le *mécanisme de la réaction*, s'est efforcé de guider toujours l'élève et de l'empêcher de faire fausse route. L'ouvrage renferme aussi des *Recommandations* ; enfin les caractères communs aux différents groupes de sels métalliques sont *résumés* à la fin de chaque chapitre.

GARIEL (C. M.), membre de l'Académie de Médecine, ingénieur en chef des Ponts et Chaussées, professeur à la Faculté de Médecine et à l'École des Ponts et Chaussées. **Études d'optique géométrique.** *Dioptres, systèmes centrés, lentilles, instruments d'optique.* — Un vol. gr. in-8°, avec figures dans le texte . . . . 5 fr.

Cet ouvrage s'adresse à toutes les personnes qui veulent être au courant des questions d'optique géométrique ; il rendra de réels services aux candidats à la licence ès sciences physiques et à l'agrégation, ainsi qu'aux élèves de la classe de Mathématiques spéciales.

L'HUILLIER (MLLE L.). — (Voir Mme MARGAT-L'HUILLIER).

LORIDAN (L'ABBÉ J.). — (Voir p. 15).

MARGAT-L'HUILLIER (MME L.), ancienne élève de l'École normale supérieure de Sèvres, agrégée de l'enseignement secondaire des jeunes filles, professeur au lycée Sévigné, à Charleville. — **Leçons de Chimie** à l'usage de l'enseignement secondaire des jeunes filles, avec des *Compléments* en petits caractères pour les aspirantes au Brevet supérieur. — Un vol. in-12, relié toile . . . . 3 fr.
On vend séparément :
TOME I : **Métalloïdes** (progr. de 3e et 4e années). — Un vol. relié toile . 1 fr. 50
TOME II : **Métaux** et **Chimie organique** (progr. de 5e année). — Un vol. relié toile . . . . 1 fr. 75

MARGAT-L'HUILLIER (MME L.). — **Leçons de Physique** à l'usage de l'enseignement secondaire des jeunes filles. — In-12 cart. toile.
TOME I : Pesanteur, Chaleur (progr. de 3e année). — Un vol. in-12, cart. toile.
(*Sous presse.*)
TOME II : Acoustique, Optique, Magnétisme, Électricité (progr. de 4e et de 5e années). — Un vol. in-12, cart. toile . . . . (*Sous presse.*)

PIALAT (R.), ingénieur civil, ancien élève de l'école des mines de Saint-Étienne. — **Caractères des sels métalliques**, à l'usage des aspirants au baccalauréat de l'enseignement moderne et des candidats aux écoles du gouvernement. 2e édition. In-12 . . . . 2 fr. 50

PIALAT (R.). — Voir **Formulaire**, p. 14.

RIVIÈRE (CH.), ancien élève de l'École normale supérieure, docteur ès sciences physiques, professeur au lycée Saint-Louis. — **Problèmes de physique et de chimie** A L'USAGE DES ÉLÈVES DE MATHÉMATIQUES SPÉCIALES. — In-8° . . . . . . 5 fr.

Cet ouvrage est nécessaire aux candidats à l'École normale. Il est très utile aussi aux candidats à l'École polytechnique, qui peuvent avoir un problème de physique à l'examen, comme en **1897**.

SCIENCES NATURELLES, AGRICULTURE

BOREAU (S.), ancien élève et Chef de pratique de l'Ecole nationale d'Agriculture de Grignon. — **Conférences sur la Pratique agricole.** 2ᵉ édition. — 1 vol. in-4°, illustré . . . . 3 fr.

Cet ouvrage contient l'étude d'une exploitation agricole dans ses moindres détails et les renseignements techniques sur la manière de se servir de tous les instruments et du matériel sur le terrain ; labours, semailles, récoltes, personnel, animaux, etc., etc.

Ce travail, avec de nombreuses figures explicatives à l'appui, est le résultat de plus de 40 ans d'expérience ; il est essentiellement pratique et rendra les plus grands services non seulement aux jeunes gens qui se destinent à la carrière agricole, mais aux Chefs d'exploitations rurales, propriétaires, agriculteurs, régisseurs.

C'est en quelque sorte le livre indispensable de la ferme.

Bulletin de l'Association amicale des anciens élèves de Grignon, année 1898.
— Un vol. in-8°, avec phototypie et plan . . . . 8 fr.

CAUSTIER (E.), agrégé des sciences naturelles, professeur au lycée de Versailles. — **Anatomie et Physiologie animales et végétales** [*Edition A*], à l'usage des élèves des lycées et collèges de Garçons (classes de Philosophie, Mathématiques élémentaires, Première-lettres et Première-sciences), des Ecoles normales primaires et des Ecoles primaires supérieures, des aspirants aux Brevets de capacité et des candidats aux Ecoles nationales et coloniale d'agriculture et aux Ecoles nationales vétérinaires. 3ᵉ édition. — Un volume in-16, relié toile, avec 580 figures (1900) . . . . 3 fr.

CAUSTIER (E.). — **Anatomie et Physiologie animales et végétales** [*Edition B*], à l'usage des élèves des lycées et collèges de Jeunes filles (classe de 4ᵒ année). — Un volume in-16, relié toile, 3ᵉ édition . . . . 3 fr.

CAUSTIER (E.). — **Notions de Paléontologie** à l'usage des élèves de Philosophie de Première (sciences et lettres) et de Mathématiques élémentaires. — Vol. in-16. 2ᵉ édition (1899) . . . . 1 fr.

CAUSTIER (E.). — **Conférences de Géologie** à l'usage des élèves de Seconde classique et de Troisième moderne. — Un vol. gr. in-12, cart. toile (1899) . . . . . 2 fr.

CAUSTIER (E.). — **Géologie et Botanique** à l'usage des classes de Cinquième (classique et moderne). — Un vol. gr. in-12, relié toile (1900) . . . . . . 2 fr. 50

CAUSTIER (E.). — **Histoire naturelle** (Voir *Manuel du Baccalauréat*, p. 11).

CAUSTIER (E.). — **L'Homme et les Animaux.** — Un très beau vol. gr. in-12, de 315 pages avec 431 magnifiques gravures ; titre rouge et noir.
Broché . . . . 2 fr. 25
Relié toile, fers spéciaux . . . . 3 fr.

CAUSTIER (E.). — **Les Pierres et les Plantes.** — Un très beau vol. gr. in-12, avec de nombreuses figures ; titre rouge et noir ; broché . . . . 2 fr. 50

CAUSTIER (E.). — **Manuel d'histoire naturelle**, à l'usage des candidats à l'école centrale, conforme au programme. 3ᵉ édition (1900). — Un volume in-16 avec 580 figures, relié toile . . . . 3 fr.

CAUSTIER (E.). — **Zoologie** à l'usage des classes de Sixième (classique et moderne).
— Un vol. gr. in-12, relié toile, 2ᵉ édition . . . . 2 fr. 25

MÉNARD (A.), ancien élève de l'école normale du Mans, ingénieur-agronome ; et **J. MÉNARD**, professeur d'école primaire supérieure, diplômé de l'enseignement agricole. — **Cours élémentaire d'Agriculture moderne**, à l'usage des candidats au certificat d'études primaires élémentaires et des élèves du cours supérieur des écoles primaires . . . . (*Sous presse.*)

STÉNOGRAPHIE

BOUTILLIER (A.), licencié en droit, président de l'Association sténographique unitaire. — **Eléments de sténographie Prévost-Delaunay**. 2° édition. — Un vol. in-12 . . . . 0 fr. 50

BOUTILLIER (A.). — **Notions générales sur la sténographie** : SES ORIGINES ET SON HISTOIRE ; SES SERVICES, SON ÉTAT ACTUEL ET SON AVENIR ; SES PRINCIPES ET SES MÉTHODES. Un vol. in-8° . . . . 1 fr. 25

SUJETS DE CONCOURS ET D'EXAMENS

Baccalauréats.

Annales des baccalauréats scientifiques : CLASSIQUE (*lettres-mathématiques*), MODERNE (*lettres-mathématiques* et *lettres-sciences*), — chacune des **années 1895 à 1898**. — Vol. in-12 . . . . 2 fr. 75
   Années antérieures : 1885 ou 1886, 1 fr. 50 ; chacune des années 1887 à 1890, 2 fr. 10 ; 1891 ou 1892, 4 fr. 50 ; 1893, 5 fr. ; 1894, 2 fr. 75. — Les 10 années 1885 à 1894 en 2 vol. reliés, 15 fr.

Licences.

Annales de la licence ès sciences (mathématiques, physiques, naturelles). — Sujets donnés aux trois licences dans toutes les facultés. — In-12 .
Chacune des années 1888 à 1896 . . . . 3 fr.
   Chacune des années 1897 et 1898 (*Certificats d'études supérieures*). — Un vol. in-12 renfermant près de 60 sujets portant sur les matières formant les 25 ou 30 Certificats d'études supérieures qu'on délivre actuellement . . . . 3 fr.

Agrégations.

Annales de l'agrégation des sciences mathématiques.
   Programme publié à l'avance. — Composition du jury. — Epreuves préparatoires. — Sujets de leçons, pour chaque candidat. — Épreuves définitives. — Agrégés nommés.
Années 1876 à 1888 . . . . 6 fr 50
Chacune des années 1889 à 1895, 1897 et 1898 . . . . 0 fr. 75
Annales de l'agrégation des sciences physiques. — Chacune des années 1889 à 1893 . . . . 0 fr. 75
Annales de l'agrégation des sciences naturelles. — Chacune des années 1889 à 1893 . . . . 0 fr. 75
   Les Annales de l'agrégation des sciences naturelles de 1892 contiennent la liste officielle des animaux à reconnaître.
Annales de l'agrégation de l'enseignement secondaire spécial (section des sciences mathématiques). — Années 1880 à 1891 . . . . 5 fr.
Annales de l'agrégation de l'enseignement secondaire spécial (section des sciences physiques et naturelles). Années 1889 à 1891 . . . . 2 fr. 25

Certificats d'aptitude.

Certificat d'aptitude au professorat des écoles normales d'instituteurs (ordre des lettres), depuis l'origine jusqu'en 1898. — In-8° . . . . 1 fr. 75
Certificat d'aptitude au professorat des écoles normales d'instituteurs (ordre des sciences), depuis l'origine jusqu'en 1898. — In-8° . . . . . . 1 fr. 75
Certificat d'aptitude au professorat des écoles normales d'institutrices (ordre des lettres), depuis l'origine jusqu'en 1898. — In-8° . . . . . . 1 fr. 75

Certificat d'aptitude au professorat des écoles normales d'institutrices (ordre des sciences), depuis l'origine jusqu'en 1899. — In-8° . . . . 1 fr. 75

Certificat d'aptitude aux fonctions de professeur des classes élémentaires de l'enseignement secondaire. — Années 1890 à 1899. — In-8°. . . . 1 fr. 50

Écoles normales.

École normale supérieure (section des lettres). — Concours de 1891 à 1897. — In-8° . . . . 1 fr. 25

École normale supérieure (section des sciences). — Concours de 1891 à 1896. — In-8°, contenant à partir de 1896 les trois sujets pour l'épreuve de version 1 fr. 25
Concours de 1880 à 1890 (sujets scientifiques seulement : mathématiques, physique) . . . . 4 fr. 40

École normale secondaire de Sèvres (section des lettres). — Concours de 1881 à 1896. — In-8° . . . . 1 fr. 75

École normale primaire supérieure d'institutrices, à Fontenay-aux-Roses (section des lettres), depuis l'origine jusqu'en 1897. — In-8° . . . . 1 fr. 75

École normale primaire supérieure d'instituteurs, à Saint-Cloud (section des lettres), depuis l'origine jusqu'en 1897. — In-8° . . . . 1 fr. 75

Écoles diverses.

Administration de la Marine (École d'). — Concours de 1871 à 1898 avec développements, solutions de problèmes et traductions . . . . 2 fr. 50

Agriculture (Écoles nationales d') : Grignon, Montpellier et Rennes. — Concours de 1889 à 1899, avec développements et solutions des problèmes . . . . . 2 fr.

Arts et Métiers (Écoles d'). — Concours de 1874 à 1899, avec les solutions des problèmes. — Un beau vol. in-8°, renfermant : dictée, écriture, composition française, problèmes d'arithmétique et de géométrie, épures d'exécution des épreuves manuelles (ajustage, forge, fonderie, menuiserie), — et un atlas de planches (format 30cm × 38cm) renfermant les dessins linéaires et les dessins à la plume. — Texte et planches. 6 fr. 50

Beaux-Arts (École des), section d'architecture. — Concours de 1895 à 1899, chacun . . . . 0 fr. 40

Centrale (École). — Concours de 1880 à 1899 (deux sessions par an), avec des solutions de problèmes et épures. — Atlas in-4° . . . . 6 fr.

Centrale (École). — Dessins d'architecture, de machine et d'ornement donnés aux concours de 1890 à 1899, sessions de juillet et d'octobre. — 24 planches format raisin (50 × 65cm) . . . . 7 fr. 50

Cluny (École nationale d'ouvriers et de contremaîtres de). — Concours de 1894 à 1899. — Texte avec solutions et planches . . . . 2 fr. 50

Hautes études commerciales (École des). — Recueil des sujets de concours :
1° pour l'admission à l'École des Hautes Études commerciales ; 2° pour l'obtention des bourses de l'État à cette école ; 3° des bourses de la Ville de Paris et du Département de la Seine ; 4° de bourses diverses à la même école ; — le tout depuis la fondation de l'École, et avec solutions de tous les problèmes.
5° pour l'admission aux Écoles supérieures de commerce de Paris, Bordeaux, Le Havre, Lille, Lyon, Marseille (commerce et navigation), Rouen, et à l'Institut commercial — avec solutions des problèmes.
6° pour l'obtention des bourses commerciales de séjour à l'étranger (1re et 2e catégorie), depuis l'origine.
Tout cet ensemble de sujets est renfermé dans un même volume in-8°, renfermant les concours jusqu'à l'année 1899 inclusivement . . . . 5 fr.

Institut agronomique. — Concours de 1888 à 1898 (avec solutions et épures). 2 fr. 50

Institut commercial. — Voir *Hautes Études commerciales*.

Mécaniciens de la flotte (Apprentis et élèves). — Concours de 1891 à 1898, avec solutions et dessins . . . . 3 fr.

Militaire d'infanterie, à Saint-Maixent (École). — Concours de 1890 à 1894, avec solutions des problèmes . . . . 1 fr. 50

Mines de Saint-Étienne (École des).—Concours de 1885 à 1899, avec des solutions des problèmes . . . . 4 fr.

Navale (École). — Concours de 1885 à 1899, avec des solutions de problèmes et épures. Atlas in-4°. . . . . 5 fr.

 Les seuls sujets donnés antérieurement à 1885 qui soient de même nature que ceux qui font l'objet des concours actuels, sont :

 1° Les sujets d'épures ; on les trouvera tous, depuis 1853, dans le recueil de *Problèmes et Épures de géométrie descriptive* de M. Charruit ;

 2° Les sujets de composition française ; on trouvera 49 sujets récents de composition avec conseils, plans, développements, dans le recueil de MM. Lhomme et Petit : *La composition française aux examens du baccalauréat de l'enseignement moderne et aux concours d'admission aux écoles spéciales.*

Physique et Chimie industrielles de Paris (École de). — Concours de 1884 à 1899, avec solutions de problèmes . . . . *(En préparation.)*

Polytechnique (École). — Concours de 1880 à 1899. — Atlas in-4° . . . . . 5 fr.

Polytechnique (École). — Lavis donnés aux concours de 1890 à 1894 (feuilles de Whatman prêtes à être lavées, ne portant que le trait, et identiques à celles que les candidats ont reçues le jour du concours). — Les cinq . . . . 1 fr. 25

 Examens oraux : 100 examens d'Allemand, recueillis par H. FLEURY, professeur (Explication. Questions de grammaire. Conversation. Thème oral). — Un vol. in-18 jésus . . . . *(Sous presse.)*

 Les examens oraux de *Mathématiques* sont publiés dans la *Revue de Mathématiques spéciales.*

Ponts et Chaussées (cours préparatoires) **(École des).** — Concours de 1885 à 1899 . . . . 4 fr.

Ponts et Chaussées (Élèves externes) **(École des).** — Concours de 1885 à 1899 . 4 fr.

Postes et Télégraphes, 1re section (École professionnelle supérieure des). — Concours de 1888 à 1891, 1896 à 1899, les 8 années . . . . 3 fr.

Postes et Télégraphes, 2e section (section des élèves ingénieurs) **(École professionnelle supérieure des).** — Concours de 1891, suivi d'un aperçu des questions posées aux examens oraux . . . . 0 fr. 50

Saint-Cyr (École spéciale militaire de). — Concours de 1880 à 1899, avec solutions et épures. — Atlas in-4°. . . . . 5 fr.

 Paysages : Recueil des Paysages donnés au concours d'admission à Saint-Cyr de 1891 à 1899. — Planches 28 × 38cm, 2 fr. ; en carton, 2 fr. 50.

 Examens oraux : 100 examens d'Allemand recueillis par H. FLEURY, professeur (Explication. Questions de grammaire. Conversation. Thème oral, avec les *fac-simile* des cartes postales allemandes lues et expliquées par les candidats). — Un vol in-18 jésus . . . . *(Sous presse.)*

Supérieures de commerce (Écoles). — (Voir *Hautes Études commerciales.*)

Vétérinaires (Écoles). — Concours de 1887 à 1899, avec les solutions des problèmes et développements des compositions françaises . . . . 1 fr. 75

Certificat d'études primaires.

Choix de sujets donnés aux examens du certificat d'études primaires élémentaires, recueillis par H. BARREAU, inspecteur primaire de la Seine, et A. BOUCHET, principal du collège d'Aubusson.

 LIVRE DE L'ÉLÈVE, renfermant 321 sujets de composition française, 630 problèmes, des sujets d'agriculture, de dessin et de couture, 80 examens oraux d'histoire et de géographie, le tout donné aux plus récents examens dans tous les départements. — Un vol. in-12 cart. 8e édition (1899) . . . . 0 fr. 90

 LIVRE DU MAITRE, renfermant 450 dictées, le plan de tous les sujets de composition française, le développement d'un grand nombre d'entre eux, et la solution de tous les problèmes. — Un vol. in-12 cart. . . . . 2 fr. 50

Bourses pour études à faire en France.

Bourses dans les Lycées et Collèges (*Enseignement secondaire classique.— Enseignement secondaire moderne. — Enseignement secondaire des jeunes filles*). — Concours de 1890 à 1899, pour chacune des 18 séries de candidats. — In-8°. . 2 fr. 75

Bourses de licence ès sciences mathématiques. — Concours de 1880 à 1898. . . . . 2 fr. 50

Bourses de licence ès sciences physiques. — Concours de 1880 à 1898. . 2 fr. 50

Bourses de licence ès sciences naturelles. — Concours de 1880 à 1898. . . 2 fr.

Bourses de médecine et de pharmacie. — Concours de 1889 et 1890, pour les sept catégories de candidats . . . . 0 fr. 50

Bourses pour études à faire à l'étranger.

Bourses en faveur des élèves des écoles primaires supérieures depuis l'origine jusqu'en 1893. — In-8° . . . . 1 fr. 75

Bourses en faveur des élèves des écoles commerciales. — (Voir *Hautes Etudes commerciales*.)

Bourses en faveur des élèves des écoles industrielles (y compris les écoles d'Arts et Métiers, l'école Centrale, etc.) (*En préparation*.)

Bourses en faveur des professeurs d'écoles normales et des candidats pourvus du diplôme de professeur, depuis l'origine jusqu'en 1893. — In-8° . . 2 fr. 20

Divers.

Surnumérariat de l'Enregistrement, des Domaines et du Timbre. — Concours de 1891 à 1898. — Vol. in-8° . . . . 1 fr.

Surnumérariat des Douanes. — In-8° . . . . 0 fr. 75

Surnumérariat des Postes et des Télégraphes, avec les solutions des épreuves facultatives comme des épreuves obligatoires. — Concours de 1891 à 1899. — Vol. in-8° . . . . 3 fr. 25

TECHNOLOGIE

MEYRAT (P.) ET DARDANT (A.), professeurs à l'Ecole de Commerce de Limoges. — **Cours de Marchandises** à l'usage des élèves des écoles de commerce. — Gr. in-12.
  1ᵉʳ Fascicule : **Métaux**. — Un vol. avec 50 fig. . . . . 2 fr.
  2° Fascicule : **Produits chimiques**. — **Engrais**. — **Explosifs** . (*Sous presse*.)
  3° Fascicule : **Matériaux de construction**. — **Porcelaine**. **Verrerie**. — **Pierres fines**. — **Combustibles ; dérivés**.
  4° Fascicule : **Produits tirés des animaux et des végétaux**.
  5° Fascicule : **Substances alimentaires**.
  6° Fascicule : **Matières textiles**. — **Papiers**. — **Matières colorantes**.

TABLE DES OUVRAGES
PAR NOMS D'AUTEURS

Pages		Prix fr. c.
1	Annuaire de la Jeunesse, br. 3 fr.; cart. 4 fr.; relié 5 fr.	
25	Annales.	
10	Automari : Algèbre et géométrie descriptive. V. *Manuels*.	
20	— Application de la méthode cinématique	5 »
20	— Cours de géométrie descriptive	10 »
20	— Cours de mécanique	3 50
20	— Leçons de mécanique	2 50
20	— Leçons de cinématique et de dynamique	4 »
20	— Leçons de statique	2 50
20	— Traité de géométrie descriptive	3 »
20	Automari et Laisant : Questions de mécanique	3 50
2	Aptitude physique au service militaire	0 50
13	Barbarin : Recueil de calculs logarithmiques	3 50
18	— Notions complémentaires sur les courbes usuelles	0 75
27	Barreau et Bouchet : Choix de sujets donnés au certificat d'études : *Élève*.	0 90
	Maître.	2 50
21	Basin : Leçons de chimie, br. 8 fr.; cart.	8 50
	— t. I : Métalloïdes, br. 2 fr. 50 ; cart.	3 »
	— t. I : Métaux, br. 2 fr.; cart.	2 50
	— t. I et II réunis : br. 4 fr. 50 ; cart.	5 »
	— t. III : Chimie générale, chimie organique ; br. 3 fr. 50 ; cart.	4 »
22	— Leçons de physique	
	— t. I : Pesanteur, chaleur ; br. 2 fr. 50 ; cart.	3 »
	— t. II : Acoust. Opt., Élect., Magnét.; br. 3 fr. ; cart.	3 50
	— t. III : Compléments	
11	Bioche ; V. Education Mathématique.	
10	Boisard : Physique et Chimie (V. *Manuels*.)	
24	Boreau : Conférences sur la pratique agricole	3 »
13	Borel et Drach : Algèbre supérieure et théorie des nombres	10 »
22	Bouant : Problèmes de baccalauréat.	3 »
27	Bouchet ; V. Barreau et Bouchet.	
25	Boutillier : Éléments de sténographie.	0 50
25	— Notions générales sur la sténographie	1 25
24	Bulletin de Grignon	8 »
5	Bulletin de l'Enseignement technique. Abonn. ann.: France, 6 fr. Etr. 7 fr.	
13	Caronnet : Problèmes de licence	2 »
21	— Problèmes de mécanique	5 »
	Statique seule	2 50
	Cinématique et Dynamique.	2 50
5	Cartes topographiques	3 50
21	Carvallo : Leçons de statique	2 »
10	— Mécanique. V. *Manuels*.	

Pages		Prix fr. c.
13	Carvallo : Résolution numérique des équations	1 50
21	— Traité de mécanique	2 50
24	Caustier : Anatomie et physiologie animales et végétales, édition A	3 »
24	— Anatomie et physiologie animales et végétales, édition B	3 »
	— Notions de Paléontologie	1 »
	— Conférences de Géologie	2 »
	— Géologie et Botanique	2 50
	— L'Homme et les Animaux : br. 2 fr. 25 ; cart.	3 »
	— Les Pierres et les Plantes	
11	— Manuel d'histoire naturelle (Baccalauréat)	3 50
24	— Manuel d'histoire naturelle (Ecole Centrale)	3 »
	— Zoologie	2 25
20	Charruit : Problèmes et épures 1re partie.	5 »
	— 2e partie (en préparation)	
20	— Cours de géométrie cotée	5 »
7	Circulaire ministérielle sur l'orthographe	0 20
13	Cor et Riemann : Traité d'algèbre	6 »
17	Crouzet : Éléments de la topographie.	2 »
18	— V. aussi Maluski et Crouzet.	
28	Dardant (V. Meyrat et Dardant.)	
22	Dary : A travers l'Électricité, br. 10 fr. relié toile. 14 fr. ; maroquin	16 »
16	Douzat : Méthodologie mathématique.	10 »
2	Décret sur les emplois publics	1 »
5	Demarquet-Crauk : Paysage ;	
	1e Texte : Notions de perspective	2 »
	2e Planches : Croquis rapides	8 »
21	Dessenon : Cours de trigonométrie.	3 »
18	— Géométrie analytique	7 50
10	Deville : Manuel de géographie commerciale	10 »
22	Didier : V. *Manuels*.	
15	Drach : Voir Borel.	
2	Dubois : Les dispensés commerciaux.	0 50
11	Education Mathématique (L'). Abonn. France, 5 fr. ; Etr. 6 fr.	
2	Emplois publics (décret sur les)	1 »
6	Enseignement primaire du dessin	0 60
9	Fleury : 100 examens oraux d'allemand	
18	Fontené : Géométrie dirigée	2 »
14	Formulaire, br. 1 fr. ; cartonné	1 50
16	Fourrey : Récréations arithmétiques	3 50
23	Frécaut : Analyse chimique, br. 2 fr. 50 ; cart.	3 »
23	Gariel : Etudes d'optique géométrique.	5 »
9	Gousseron : Le thème anglais	4 50
	Textes : 3 fr., traductions	1 50
9	— La version anglaise	4 50
	Textes : 3 fr., traductions	1 50
14	Gir : Les problèmes d'arithmétique par la méthode algébrique	2 50
17	Goulard : Problèmes d'arithmétique.	
14	Grévy : Algèbre	2 »
17	— Arithmétique	2 »

Pages		Prix fr. c.
18	**Grévy** : Géométrie	2 50
	Géométrie plane 1 fr. 50;	
	Géométrie dans l'espace 1 fr. 25.	
18	**Griess** : Leçons sur la géométrie	2 »
17	— Approximations numériques.	1 »
14	— Traité d'algèbre supérieure	22 »
18	**Grignon** : Traité de cosmographie	
18	— Cosmographie	1 75
21	**Grillières** : Modifications aux lois de l'équilibre	1 50
19	**Guichard** : Traité de Géométrie	5 »
11	— Géométrie (V. *Manuels*.)	
6	**Guiot et Pillet** : Dessin de paysage	3 »
10	**Hauser** : Histoire (Rhétorique)	1 »
11	— Histoire (Philosophie)	1 »
10	— Géographie	
14	**Henry** : Théorie des fonctions elliptiques	3 »
11	**Humbert** : Trigonométrie. V. *Manuels*.	
17	— Arithmétique	5 »
13	V. aussi Revue de Math. spéciales.	
2	Inscription maritime (Loi sur l')	0 30
2	Instruction sur l'aptitude physique	0 50
6	— sur les épures et le lavis.	1 »
14	**Jamet** : Théorie des logarithmes	0 60
10	**Janet** : Philosophie (classe de Philosophie)	3 50
11	— Philosophie (classe de Mathématiques élémentaires)	1 25
7	**Joran** : Biographies d'hommes illustres.	2 »
7	— Recueil de compositions françaises	4 »
12	Journal de Mathém. élément. Abonnement annuel : France	5 »
	Etranger	6 »
9	**Jullien** (V. Suérus et Jullien.)	
19	**Klein** : Leçons sur la géométrie	2 »
20	**Laisant** : Voir Antomari.	
9	**Lang** : Le thème allemand	5 »
	Textes : 3 fr., traductions	2 »
9	— La version allemande	4 50
	Textes : 3 fr., traductions	1 50
8	**Lhomme et Petit** ; La composition française	4 »
22	**L'Huillier** (Mlle) : Voir Margat-L'Huillier (Mme)	
2	Loi militaire	0 30
2	Loi sur l'inscription maritime	0 30
10	**Lorber** : Manuscrits allemands	3 »
15	**Loridan** : Problèmes de baccalauréat ès lettres, br. 1 fr. 60 ; cart.	2 »
15	**Macé de Lépinay** : Compléments d'algèbre et notions de géométrie analytique	4 50
10	**Maluski** : Cosmographie. V. *Manuels*.	
18	**Maluski et Crouzet** : Leçons de cosmographie et de topographie	2 »
10	Manuel de préparation aux écoles de commerce	10 »
10	Manuel des candidats aux écoles d'Arts et Métiers (Physique et Chimie)	
9	Manuel d'histoire naturelle (Centrale)	3 »
10	Manuels des baccalauréats.	
23	**Margat-L'Huillier**(Mme): Leçons de chimie	3 »
	t. I : Métalloïdes	1 50
	t. II : Métaux et chimie organique	1 75
23	— Leçons de Physique	
	t. I : Pesanteur, Chaleur	
	t. II : Acoustique, Optique, Magnétisme et Électricité.	

Pages		Prix fr. c.
17	**Martin** : Note sur la preuve par 9	0 50
17	**Matrot** : Démonst. du théor. de Bachet.	0 60
15	**Maupin** : Exercices d'algèbre	2 »
15	— Questions d'algèbre	5 »
24	**Ménard** (A. et J.), Cours d'agriculture	
28	**Meyrat et Dardant** : Cours de Marchandises ; 1er fascicule, Métaux	2 »
19	**Mosnat** : Problèmes de géométrie analytique, tome I (2e éd.)	6 »
19	T. II et T. III, chacun	7 »
20	**Nicol** : Cours de géométrie cotée	4 »
2	**Nithard** : Les dispenses des écoles d'agriculture	0 50
19	Note sur la théorie des projections	0 60
6	Notice et conseils sur l'enseignement du dessin	0 60
3	Notice sur l'École des mousses et des apprentis-marins	0 50
19	**Papelier** : Leçons sur les coordonnées tangentielles, Tome I, 5 fr., T. II, 5 fr.	
8	**Petit** : Voir Lhomme et Petit.	
23	**Pialat** : Caractères des sels métalliques	2 50
14	— Formulaire, br. 1 fr., cart.	1 50
6	**Pillet** : Voir Guiot et Pillet.	
3	Plans d'études.	
3	Programmes.	
	Rebière : Mathématiques et mathématiciens	5 »
8	— Les Femmes dans la science.	5 »
8	— Les Savants modernes	5 »
8	— Pages choisies des savants modernes	5 »
5	Recueil de cartes topographiques	3 50
19	Relations entre les éléments d'un triangle	0 40
19	Le même, avec les démonstrations (273 formules)	2 50
19	**Rémond** : Résumé de géométrie analytique	4 »
13	Revue de mathématiques spéciales. Abonnement, 8 fr. Etranger, 9 fr.	
15	**Riemann** : Voir Cor et Riemann.	
23	**Rivière** : Problèmes de physique et chimie	5 »
17	**Salomon** (Mme): Leçons d'arithmétique : 1re partie (1re année et cours préparatoires)	2 »
	2e partie (2e et 3e années)	2 »
	3e partie (Compléments)	1 »
9	**Suérus et Jullien** : Choix de lectures	4 »
9	— Science et Patrie	4 »
25	Sujets de concours et d'examens.	
15	**Tannery** : Théorie des nombres et Algèbre supérieure	10 »
17	**Tartinville** : Cours d'arithmétique	5 »
15	— Théorie des équations et inéquations	3 50
11	— Arithmétique. V. *Manuels*.	
19	**Théorie des projections**	0 60
15	**Vogt** : Éléments de Mathématiques supérieures	
16	— Leçons sur la résolution des équations	5 »
1	**Vuibert** : Annuaire de la Jeunesse ; br. 3 fr., cart. 4 fr., relié.	5 »
16	— Problèmes de baccalauréat.	5 »
	V. aussi Education mathém.	
	Jour. de math. élém.	
	Weber : Traité d'Algèbre supérieure.	22 »

EN COURS DE PUBLICATION

FAISANT SUITE A LA « BIBLIOGRAPHIE FRANÇAISE » ET TENANT CETTE DERNIÈRE A JOUR
TOUTES LES SEMAINES

MÉMORIAL
DE LA
LIBRAIRIE FRANÇAISE
REVUE HEBDOMADAIRE DES LIVRES
Complément de la **Bibliographie Française**

Paraît le jeudi de chaque semaine et contient : 1° Une Revue des livres de la Semaine ; 2° Le Sommaire des principaux journaux ou revues ; 3° Des Echos et Nouvelles, tant de France que de l'Etranger, sur tout ce qui peut intéresser le lecteur, qu'il soit libraire ou bibliophile ; 4° Des articles de fond, sur des sujets d'actualité ; 5° Une liste de tous les ouvrages nouveaux de la semaine parus en langue française à Paris, en Province et à l'Etranger ; 6° Une liste des ouvrages à paraître ; 7° Une liste des Publications étrangères nouvelles de la semaine, parues en langues allemande, anglaise, espagnole, italienne, suédoise, etc., et, à la fin de chaque mois, une

TABLE SYSTÉMATIQUE MENSUELLE DES NOUVEAUTÉS

Un spécimen est envoyé gratis sur demande.

ABONNEMENTS : UN AN, FRANCE, **10 FR.** — ÉTRANGER, **12 FR.**

Tirages à part, extraits du « Mémorial de la Librairie Française »

BULLETIN MENSUEL
DES
NOUVELLES PUBLICATIONS FRANÇAISES
CONTENANT LA TABLE SYSTÉMATIQUE DES NOUVEAUTÉS
Paraît à la fin de Chaque Mois

Un an : Paris, **2 fr. 50** ; France et Union, **3 fr.** — Tirage au nom des Libraires :
par mois, **4 fr. 50** le cent.

ANNUAIRE DES JOURNAUX
REVUES ET PUBLICATIONS PÉRIODIQUES

Parus à Paris jusqu'en Décembre de chaque année, suivi d'une Table systématique et du Tarif postal pour la France et l'Etranger.

Un volume in-8° broché. . . . . **3 fr.**

ANNUAIRE DE LA LIBRAIRIE FRANÇAISE
REVU, AUGMENTÉ ET MIS A JOUR CHAQUE ANNÉE

Contenant la liste complète des Libraires par ordre alphabétique de noms et de villes et une foule de renseignements utiles à tous.

Un volume in-8° cartonné . . . . **4 fr.**

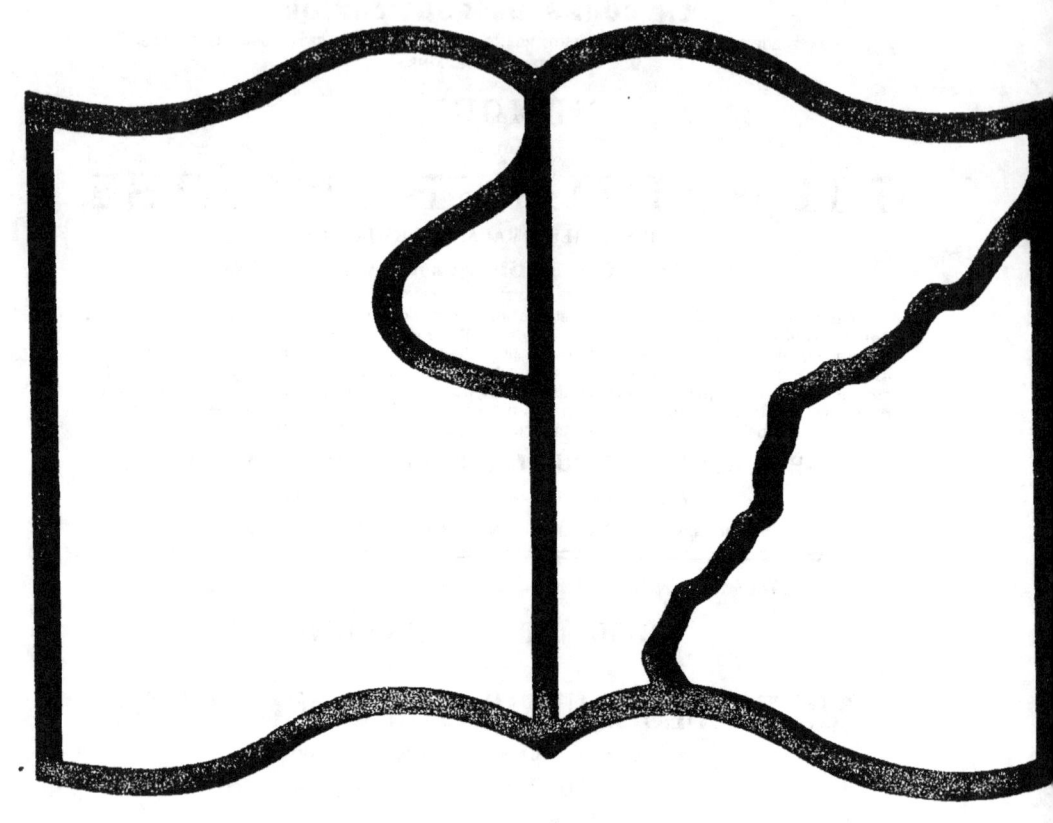

Texte détérioré — reliure défectueuse

NF Z 43-120-11

www.ingramcontent.com/pod-product-compliance
Lightning Source LLC
Chambersburg PA
CBHW071426300426
44114CB00013B/1336